为了人与书的相遇

WILL DURANT

THE STORY OF CIVILIZATION

OUR ORIENTAL HERITAGE

文明的故事

1

东方的遗产

[美] 威尔·杜兰特 著　台湾幼狮文化 译

天地出版社 | TIANDI PRESS

致读者

差不多在20年前，我就不揣谫陋地想写一本《文明的故事》，现在我总算实现了这一心愿的一部分，完成了这第一卷。在这有限的篇幅里，我想尽我心力之能及，把人类的文化遗产——如在其原因、特性与成果方面，在发明的进步方面，在经济组织的变动方面，在政府组织的尝试方面，在宗教的热情方面，在伦理与礼仪的盛衰方面，在文学的精华方面，在科学的发展方面，在哲学的智慧方面，以及在艺术的成就方面，都能依时代并用默察方法有条理地进行叙述。不要说我这一企图是如何地荒唐，也不必说这一观念是如何不自量力。因为我花了好几年的工夫，仅仅完成五分之一[1]，而我已明显地感觉到，只靠一人的心力，只靠一人的有生之年，是难以完成这一工作的。但是，我还是梦想完成此工作，虽然或许会存在一些问题，但是对于那些热爱哲学的人，可能多少有些用处，因为他们对于事物总想作一全面了解：在时间上，他们想透过历史去追求远景、统一与领悟；在空间上，他们又想透过科学去实现这远景、统一与领悟。

[1] 杜兰特原计划仅出5大卷。——译者注

我一直觉得，我们的分类历史写作法——如经济史、政治史、宗教史、哲学史、文学史、科学史、音乐史、艺术史等——对人类整体生活的批判都有欠公正。历史的写作，一定要经纬兼顾，分析与综论并用。同时，最理想的历史纂述应设法把每一时代的每一国家的文化、组织、变动与路线等整个错综复杂的现象，都加以综述。然而，知识的积累已将历史分成无数孤立的专史，像科学就是一例。而且一般拘谨的学者，他们也把自己局限于某一领域而不愿从任何整体观点来写历史，不管是从整个物质世界着眼，还是从我们人类过去的生活着眼，他们都不愿这么做。因为论述范围广，错误的几率也就多，因此，任何人要把他的精力放在历史综述上，势将变成悲剧的箭靶，受到无数专史学者的围攻与抨击。5000 年前，古埃及人普塔霍特普（Ptahhotep）就说过："你应想到，在议会中你可能会受到专家怎样的攻击，最笨的人才无所不谈。"《文明的故事》涉及面广，无所不及，对每一方面都难窥全豹，因此，它必须承担每一位理论批评家毫不客气的指责。像哲学一样，这种冒险是没有理由求谅于人的，最多博得个愚勇之名而已。但是，我也希望像哲学一样，这本《文明的故事》永远能诱导出一点进取的精神，使我们能冲进文明史的致命深处。

《文明的故事》计划共出 5 卷，每卷内容如下：

第 1 卷《我们的东方遗产》：从埃及与近东方面叙述到亚历山大之死为止；在印度、中国与日本方面则写到目前为止；另加一篇导论，将文明的性质与条件略加叙述。

第 2 卷《我们的古典遗产》：叙述希腊、罗马以及在希腊与罗马统治下的近东文明史。

第 3 卷《我们的中古遗产》：叙述天主教与封建制度下的欧洲、东罗马帝国的文明，伊斯兰教与犹太教在亚洲、非洲与西班牙的情形，以及意大利文艺复兴的经过。

第 4 卷《我们的欧洲遗产》：叙述从宗教改革到法国大革命为止的欧洲各国的文化史。

第 5 卷《我们的现代遗产》：叙述由拿破仑即位到目前为止的欧洲史，包括发明与政治、科学与哲学、宗教与伦理、文学与艺术各方面。

我们之所以由东方开始，不是因为亚洲乃我们所熟知的最古老的文明之地，而是因为亚洲的文明形成希腊与罗马文化的背景与基石，亨利·梅恩爵士（Sir Henry Maine）却误以为古希腊罗马文化乃是现代文明之源。当我们获知大多数重要的发明、经济与政治组织、科学与文学、哲学与宗教，都是来自东方时，我们定会惊讶不已。当此时——即当欧洲文明优势迅速结束时，当亚洲复苏日渐扩大时，以及 20 世纪的主题似乎注定是东西方之间卷入全面冲突时——我们传统历史之本位主义，叙述史必始自希腊，把亚洲也归入此线之内，不仅是学术上的谬误，而且也可说是前途与智慧上的致命败笔。未来要面对太平洋，只有如此，才能由那一地区而获得对历史的理解。

但是一个西方学者怎样才能对东方从不理解进而到理解呢？我是花了 8 年时间，研究并亲自到东方旅行才仅仅获得这一点知识而著成本书，而这也不过是多一点证据而已。因为对一个西方学者而言，即使耗尽毕生精力来钻研东方微妙的特性与奥秘，也是不够的。因此，本书中的每一章或每一节，都可能冒犯了东方文明而使热爱东方文明并对东方文明获有秘传的人士为之惊愕。例如：在论耶和华（Yahveh）的那几页中，恐将需要请犹太正教徒用他古老的全部容忍德性来加以曲谅。关于印度哲学部分，习形而上学的印度教徒恐也将悲叹作者的一知半解，乱写一通。关于远东部分，中国与日本的贤哲之士可能要纵声大笑，讥我在丰富的远东文学与思想宝藏中，却选这一点东西，实在是短而无当。在论犹太的一章中，有些贻误已承哈佛大学沃尔夫森教授（Harry Wolfson）予以改正。波士顿美术学院的库马拉斯瓦米博士（Dr.Ananda Coomaraswamy），对印度部分也费了不少心机，给予校订，不过对于结论部分可能存在的任何错误，则由我负全责，与库马拉斯瓦米博士无涉。华盛顿大学著名的东方学者高恩教授（H.H.Gowen），他的东方知识似乎取之不尽，助我对中国与日本的那几章，也校正了不少不可原谅的错误。索克思先生（Mr.George Sokolsky）对于远东现代史部分，也给以不少指正。虽然如此，必将仍有贻误，如果专家学者以及读者对于本书有任何进一步的校正，请予公开指教，以便本书再版时有加以改正的机会。不过，任何一个对著作深感厌倦的作者，都可能对 13 世纪的一位中国学者戴侗的话产生共鸣，他在《六书故》（*History of Chinese Writing*，成书于 13 世纪）一书中有这样几句话：假如我等到完美无疵再出书，则我这本书恐将永无完成之日。（原文为："欲于待，则书之成未有日也。"）

因为这些传闻时代的历史，所论乃遥远的事物，只有世界公民对此会产生兴趣，因此，这种昂贵的书是不易普遍流行的，故这一套书的出版，可能由于经济上的原因而延缓出版时间。但是，假如这种综论式的历史工作受到欢迎，则又可能使其工作不致中断，则第 2 卷在 1940 年秋就可望问世，而其余各卷，只要财力许可，其后每隔 5 年也可陆续出版。如果每卷都能如期出版，则没有什么事能令我更轻松愉快的了。只要时间与环境许可，我将尽快地写作，我希望有几个同代人愿意和我一起学习到老，我也希望这一套书能有助于我们的孩子，使他们之中有几个能领会并且能享受到他们继承的无尽宝藏之乐。

威尔 · 杜兰特

1935 年 3 月于纽约大尼克城

总　目

目 录

第三部 印度与南亚

第一部

文明的建立

巨石阵
位于苏格兰索尔兹伯里的史前遗址圆形石林，又名巨石阵，建于史前时代。

第一章 | 文明[1]的条件

文明[2]是增进文化创造的社会秩序。它包含了四大因素：经济的供应、政治的组织、伦理的传统及对知识与艺术的追求。动乱终结之时即是文明的起点，因为一旦恐惧被克服，好奇心与进行建设的欲望不受约束，人们自然便会产生进一步了解并改善生活的冲动。

某些因素形成了文明，这些因素可能激励文明，也可能阻碍文明的发展。

首先是地质条件。文明诞生在冰河时代的一个中间期：冰河融化的水流，随时都可能再度高涨，流水夹杂着坚冰石块，摧毁了人们辛勤的成果，将人们的生活空间逼限于地球的某一狭窄部分。我们建立了城镇，但魔鬼般的地震又可能摇耸双肩，使我们无一幸免地遭受灾害。

其次是地理条件。热带的炽热和蔓延遍地的寄生植物都是文明的劲敌。懒散与疾病，早熟与夭折，也转移了人们生活中创造文明的精

---

[1]“文明”一词在本书中解释为：社会的组织和文化的活动。就内容来说，意为实际的习俗与艺术或民族的体制、习惯和艺术的总和。晚近的“文明”（culture）一词是用来论述原始的或史前时期的社会。

[2]“文明”一词（拉丁文 *civilis*，与 *civis* 有关，即 *citizen*），出现得较晚，英国作家塞缪尔·约翰逊（Samuel Johnson，1709—1784 年）没有采纳博斯韦尔（James Boswell，1740—1795 年）的建议，在他于 1772 年编著的字典中，“文明”一词使用的是“civility”。

力，使人们专注于饥饿与再生，以致不能进行艺术与心灵的创作。雨水是必需品，因为水是生活的媒介，甚至比阳光更重要。自然界这种难以理解的任性，可能使一度工业繁荣的王国沦为枯竭的地域，如亚述的首都尼尼微（Nineveh）或巴比伦即是如此，但也可能使一些地域偏僻、交通不便的城镇，迅速成长与富庶起来，如大不列颠、美国华盛顿州西北城市或太平洋海岸的普吉湾（Puget Sound）海峡各城市即是如此。土壤肥沃，则适于种粮食与谷物；河流交错、沿海多天然良港，则便于商船停泊。假如具备了以上一切条件，又位于世界通商要道，如雅典或迦太基、佛罗伦萨或威尼斯——虽然仅凭地理条件绝对不能产生文明——更易于接受文化，其文明也更加充实。

经济条件更为重要。一个民族可以拥有典章制度和崇高的伦理法规，甚而有如美洲的印第安人，对少数技艺有其独到的见解。但是，假如这些民族停留在狩猎时期，或者一个民族只依靠狩猎的成果而存在时，则绝不会从野蛮进入文明。如阿拉伯游牧民族贝都因（Bedouins）的苗裔，他们格外聪敏与活跃，更能表现其勇敢、大方、高贵的气质。但是，假如没有最起码的文化的必需条件——粮食的不虞匮乏，则其智慧将在狩猎的冒险与交易的诡诈中消失殆尽，不会有花边彩衣、礼仪与雅致、艺术与享乐等属于文明的事物遗留下来。农耕是文化的第一种形式，是人们定居后，为了不可知的未来而耕作储粮，使人们有时间与理性成为文明人。因此，我们构筑房舍、庙宇及学校；发明生产工具；豢养狗、驴、猪等牲畜来充实自己的生活；学习并改善工作的方法与程序；保持长久的寿命；将祖先在精神与伦理方面的传统，加以充实与健全后，再留传到下一代。

文化激发农耕业，而文明又促进城市的成长。一方面，文明是礼仪的习惯；另一方面，礼仪又可能仅是市民们表现在言谈与思想上的高尚气质。财富与智慧聚集在城市，但财富与智慧仍然产生于乡村。在城市，发明与工商业的兴起，使物质与精神生活都得以提升。在城市，商人们频频接触，交换货物与意见。在繁复的交易中，各方相辅相成的心智交织，加强并激发了创造力。在城市，有些人未从事实物的制造，却“生产”了科学与哲学、文学与艺术。文明在农舍里播种，但只在城市里开花。

文明没有种族的限制。任何大陆和任何肤色的人种都可以产生文明：无论在北京还是在德里，在古埃及的孟斐斯城还是在巴比伦，在意大利的拉韦纳（Ravenna）还是在伦敦，在秘鲁还是在中美洲的尤卡坦（Yucatan）半岛。文明不是由伟大的种族创造的，相反，伟大的文明创造了民族。地理环境与经济条件创造某种文化，而文化又创造了某种典型。英国人没有创造不列颠文明，而是文明创造了英国人。如果英国人带着不列颠文明，不论他来到何处，即使到西非洲蒂姆巴克图城（Timbuktu），他穿戴整齐赴宴，这也不是他在那里重新创造了文明，而他自己也会承认，即使当地的文明是不可思议的神秘，也不会影响他的心灵。若给予某一民族以相似的物质条件，则该民族也会有相似的文明之果，正如日本在20世纪重演了英国19世纪的历史。文明与种族仅在这样的意义下，即经常由不同的世系交相婚配，才有所关联，并由此逐渐同化而成为一个同种的民族。[1]

这些生理与生物的条件都只是文明的先决条件，而不是构成文明的充分条件，不会因此就产生出文明。一些微妙的心理因素必须加上，因为它们也发生作用。即使它非常靠近有如在文艺复兴时期的佛罗伦萨或罗马的那种混乱，都必须有政治体系作为背景。简单地说，人们必须感觉不到自己时时要在缴税或死亡之间做出抉择。文化必须有某种程度的统一语言，以作为心智交流的媒介。同时，也须有统一的道德规范、一些甚至是曾违犯过的人也知道的生活规律，而由教会、家庭、学校或其他场合，以诱导秩序、规则、方针和激励奋发，也许还要有一些基本的统一信念，某种信仰、超自然或乌托邦的思

[1] 血统有异于种族，它可以影响文明，一个国家可能由于这种生物学而非种族的或优或劣的繁殖，造成其进步或退化。

想，使伦理道德由空洞的话语升华到虔诚的奉献。且不论生命如何短促，人仍要使生活具有崇高重大的意义。最后，为了文化的传递必须接受教育。无论由模仿、创意或传授，或借父母、教师或教士，部落的传统与见解，或其他的任何手段，包括语言与知识、伦理与风俗、技艺与艺术等在内的一切，都必须传给年轻的下一代，这也正是人类由野兽变成人的媒介。

一旦这些条件消失，即使只是其中的一项，也足以毁灭某一文明，如：一种地质上的变动或一次剧烈的气候转变；一种非人力所能控制的传染病，像在安东尼统治下的罗马帝国，正是它攫去了一半人口的生命，又如黑死病，正是它帮忙结束了封建时代；因为土地的过度利用或城市的大量开发，而造成农业的没落，造成仰赖毫不可靠的国外食物供应；燃料或原料等天然资源的匮乏；通商路线的变更，致使一个国家脱离了世界商业的主线。以下种种也可能促使文明萎亡：都市生活的紧张、刺激；社会纪律的传统因素被破坏，而又无良好的衔接，形成精神与伦理的沦丧；放纵的性生活、美食享乐、悲观或无为的哲学思想，致使世系衰颓；愚昧无知导致领导无能，致使狭隘的家庭将此种文化的遗毒留传给后代；病态的聚敛财富，足以导致阶级斗争、分裂的革命及财政的枯竭。文明不是自生的，更不是永不朽灭的，它必须经由每一世代的不断更新，如在其进程中遭遇了任何财政上或传递上的中断，皆可导致其灭亡。人类与兽类的分别仅在于教育，教育也可视为文明传导的技术。

文明是世世代代种族的灵魂。如家族的形成与持续和文字的记载，使代代相传，再将衰亡之道传给后代，如此铭记与交流，再通过各种渠道多加联系，致使文明结合，以之作为我们今后有利于世代因袭的全部文化。在我们行将离世之前，搜集我们的遗产而传诸后人。

第二章 | 文明的经济条件

古代的部落将他们的遗产郑重其事地传给他们的后代，因此从这一重要的意义看来，“未开化”也是接受了文明。这些遗产，是包括经济、政治、精神及伦理习惯与体制等的综合体，“未开化”的人类将之发扬光大，使他们在地球上继续存长，并享受生命的乐趣。所谓“未开化”的观念谈不上科学，因为我们将其他人类称呼为“未开化”与“野蛮”并无客观的事实根据。这仅是以另一种不同的方式，表现出我们自己强烈的偏爱与胆怯的退缩性而已。无疑，我们低估了这些单纯的民族，他们在宽厚待人与伦理道德上，给了我们不少的教训，如果我们列举文明的基因与要素，我们会发现这些赤手空拳的民族，已经发明了一切或已到达了一切他们能做到的地步。他们仅有一项工作留给我们后人加添而完成，就是讲述、修饰与写作。可能他们也曾一度接受过文明，但终觉麻烦、累赘而陷于停顿。提起我们“同时代的祖先”，我们必须尽量少用“野蛮”与“未开化”等名词，宁可称之为“原始的”部落，因为在当时还没有生产的时代中，他们对使用文字来记事，既无准备，也从未想到。相对地，接受过文明教化的人，可以定义为读写能力的提供者。

从狩猎到农耕

“一日三餐是高度发达的社会才有的。草莽初民一有填饱肚子的机会，便把食物吃个精光。”在美洲印第安人较野性的部落中，部落成员认为储备隔日之粮，是软弱的行为而不屑为之。澳洲土著不事劳作，对劳务报酬也不立付。南非洲的霍屯督人（Hottentot）则闲散成性。而布须曼人（Bushmen）不是大吃大喝，就是挨饿。这种只顾眼前不问以后的愚笨想法，也与其他“未进化”的生活方式如出一辙。自人类走出伊甸园进入欲望谷之后，即开始有了思想，烦恼也因此进入了人们心里，食欲剧增，繁荣继之而起，无忧无虑的天真淳朴因而消失。皮尔里（Robert E. Peary）问一个爱斯基摩人向导：“你正在想什么？”爱斯基摩人回答说：“我没有什么要想，我有足够的肉食。”无须思考时不必去花脑筋——如将此点作为人类智慧的总结，实在需要不少的解释。

然而，在这混沌懵懂的日子里，仍有不少困难，而这些过分长成的机能，在与兽竞存的环境下竟成了真正的有利条件。狗埋藏了骨头以绝食欲，松鼠集果预为后食，蜜蜂储蜜满窝，蚂蚁未雨筑巢——这些都是文明的创始。正是它们，及像它们一样机智的动物教会了我们的祖先，如何为明天存储所需品，或利用丰收的夏日为寒冬的一切预做准备。

不论这些祖先用什么样的方法技术，从陆地到海洋，粮食总是单纯社会里的基本需要。他们赤手空拳，从土地中挖出可食用的东西来；他们模仿兽类，使用爪与牙，用象牙、骨头或石头做成工具；他们制作网与陷阱，用纤维与草根制成绊网，并设计无数的诡计以捕鱼或猎取走兽。大洋洲东部的波利尼西亚人的网有1000古尺（每古尺等于45英寸）长，要100个人才能操纵。由这样的操作方法，才产生了经济的规则，并连带地产生了政治的组织。而对食物的共同需要，有助于国家的形成。阿拉斯加州的印第安人特林吉特（Tlingit）

部落里的渔人，把形状如海豹头的帽子戴在头上，将身体掩藏在岩石丛里，装出海豹的叫声，海豹闻声而来，于是他们毫无愧怍地以矛来刺杀它们。有许多部落把麻醉药投入河里，使鱼麻醉，然后相互合作，将之一网打尽。南太平洋的塔希提的居民，将一种由胡特奥坚果（*huteo* nut）或采自澳洲的一种赫拉植物（*hora* plant）混合制成的麻醉剂投入水中，鱼即沉醉浮于水面，任由渔人捕捉。澳洲土著潜入水中，用芦草管呼吸，可以潜游至野鸭群，用腿将野鸭夹至水底，然后捉住它们。墨西哥南部的塔拉乌马拉人（Tarahumara）抓鸟是用丝线穿上果仁，一半埋入土里，鸟食果仁，即被捉住。

现在一般人将狩猎视为游戏，我们的兴趣似乎是基于一种神秘感的刺激。但在古时，就猎人与猎物来说，这是生死攸关的问题。因为狩猎并不只是为了寻找食物，也是为了安全和获得主宰地位的一场战争，这场战争有异于有史以来的其他战争，它们至多仅有微弱的声响而已。在丛林中，人们总是为了生存而战斗。一般的野兽，除了奋不顾身地求食，或被追赶到没有退路的时候，是不会主动伤人的。但也并不是每个人随时都可以获得食物。有时，只有格斗者与随他出猎的家畜才有得吃。我们在博物馆里所见的陈列的战斗武器，如刀、棍、矛、弓箭、套索、链锤、诱鸟器、陷阱、飞标、投石机等，都是原始的先民用来占有陆地的工具，也是他们传给忘恩负义的子孙防范野兽的众多礼物。甚至到今天，在这些战斗消失之后，地球上仍不知移居了多少的人类！有时，漫步林中，人们因发现一些说不同语言的同类及古老的爬虫、肉食动物和鸟类而恐惧，并感到人类处在这熙攘的环境中必定会扮演一个掠夺者；同时，人类也是普遍畏惧与无止境敌对的目标。也许有一天，这些吵嚷不休的四脚兽，讨好卖乖的蜈蚣，曲意巴结的杆状菌，将吞食人类和人类所有的成果，使地球从具有掠夺性的双脚人类手中，从神秘而非自然的武器下，重获自由！

狩猎与渔猎在经济发展中不能算作一个阶段，而只是活动的方式，这些活动都会延续到最高度文明的社会。过去渔猎是生活的中心，现在仍然存在，不过在我们的文学与哲学、仪礼与艺术的背后，充当了野味店的粗鲁的刽子手罢了。我们现在打猎，是表演性质——是要在田野一显英雄的本色，而且由此也回想到儿时游戏中对弱小者追逐的快感，甚至就是为了“游戏”这个词。分析到最后，文明是基于食物的供应。教堂与神殿，博物馆与歌剧院，图书馆与学校，这些都是文明这栋建筑物辉煌的正面，而在其背面都是屠宰场。

最初，人类仅以狩猎为生，他们与其他肉食动物似乎没有什么不同。只是在一次狩猎后，发现了畜牧生活的安全与可持续时，他们才开始变为人类。豢养家畜、繁殖牛羊与饮用兽奶，在人类发展中具有举足轻重的作用。我们不知道究竟何时人类开始豢养家畜，但可认为多半开始于兽类被捕杀后，遗留了一些嗷嗷待哺的幼兽，人们将它们带回营地，供儿童嬉戏用。不过，此时这些豢养的牲畜仍充作食用，但经一段不算短的时间后，人们才把它们作为驮兽，而且逐渐为人类社会普遍接受。家畜遂成为人们的伙伴，人畜共同负担劳务，而且同宿共寝。牲畜繁殖的奇迹是人可以控制，而且捕获雌雄两只兽，由两个就可变成一群。动物的奶也可供妇女喂哺幼儿之用，这降低了幼儿的死亡率，并成为一项可靠的食物。人口因而增加，生活也更加安定、有序。人，这个胆怯成性的暴发户，对地球上的一切统治变得更加有效了。

同时，妇女们对土地的使用也做出了最大的贡献。男人们外出打猎时，她们即将地面上足可使用的东西，用来搭架帐篷或盖茅屋。在澳洲，众人皆知，在男伴外出打猎时，妻子们可以掘洞而居，上树采摘果实，去野外采集蜂蜜、野菌、种子、杂粮等。甚至到今天，澳洲仍有某一些部落将稻谷撒在田里，不经任何栽植与整理，任其长成后便收获食用。印度萨克拉门托（Sacramento）河谷一带，仍停留在这一阶段，毫无进步。我们可能永远不会得知，究竟人类在何时发现种子的功用，又怎样将它们收集起来，再行种植。这些起源都是历史上的神奇之事，只可凭猜测与意会而不知其所以然。很可能是人类首先采集了一批未经过种植的谷物，这些谷物在搬回营地的沿途散落在地上，渐渐地，人们发现这就是种子发芽成长的秘密。南太平洋智利属地的巨昂（Juang）群岛上的居民，将种子撒在地面上，然后窥探它们怎样发芽成长。婆罗洲的土著在田地里边走边用有尖端的棍子，在土中掘洞并将种子投入洞里。地球上最容易了解的文化，就是由这根棍子或者叫“掘孔器”带来的。以前游历过马达加斯加岛的人，还可以看见一大群妇女，每人手持一根尖头棍，站列在田间，行列分明，有如军队一般，一声号令，她们就用棍掘地，翻土，投下种子，再覆盖泥土，如此一行行地如法炮制。第二阶段该谈到锄头的文化。最早的锄头是一根棍，尖端是骨头，再装上横木以承受脚的压力。西班牙征服者（Conquistadore）来到墨西哥时，他们发现当时统治墨西哥中部的阿兹特克人（Aztec）部落使用的唯一农具，就是锄头。在驯养家畜和锻造铁器的帮助下，较重的工具可作耕地之用。以后又将锄头发展为犁头，掘土较深，土沟内施用肥料，这改变了人类过去的经历。野生的植物被农耕种植，新的被发现，旧的又加以改进。

最后，大自然教会了人类贮存食物的技艺、小心谨慎的美德和时间的观念。眼见松鼠将果子存放在树洞里，蜜蜂存蜜在蜂窝里，也许是经过了1000年来只顾眼前的未开化生活，人们接受了贮存食物以备将来之需的教训。人们发现利用烟熏可以保存肉类，接着是盐腌、冷冻，后来学会搭盖谷仓以避潮湿的雨水与鸟兽的偷盗，并贮存粮食以备荒年食用。人类又慢慢发现，和狩猎相比，农耕获得的食物既好又稳当。经此认识，人类从兽类步入文明的三个步骤中——语言、农耕与写作，获得了其中一个。

人类从狩猎发展到耕种并非一蹴而就。在美洲，有不少印第安部落一直谨守男人打猎、女人耕地的传统而永不改变。变化是渐进的，而且永不会十全十美。人类也只不过在获取食物的方法中加入了新的方法而已；历史上许多例证显示出人们并不热衷于新的食物。我们想象得到，早期的人类为了内心求得安适，付出了极高的代价寻找地面生长的上千万种植物、发现哪些是可以吃的，人类的食谱才得以加上更多的浆果与硬果。肉与鱼是人类常见的食品，但他们仍怀念猎取的野物。原始人类虽以谷类、蔬菜和乳品为生，但仍嗜肉欲狂。他们仍要捕杀野兽，以满足食欲，其结果近似于野性的堕落。他们经常不愿费时劳神去做熟食，捕来的兽即生吃，狼吞虎咽，除骨头以外全部吞食。全部落人聚集一起，在海滩上大摆宴会，聚食鲸鱼可达一周之久。南美洲印第安火地岛人（Fuegian）部落会烹调熟食，但仍喜生食。他们捕到鱼时，在鳃后将它咬死，然后从头到尾吃下去。是否由于下列这些食物的供应，人类变成了十足的杂食者，不得而知：贝类、海胆、青蛙、蛤蟆、蜗牛、鼠、蜘蛛、蚯蚓、蝎子、蟑螂、蜈蚣、蝗虫、毛虫、蜥蜴、蛇、狗、马、树根、虱子、昆虫、爬虫的卵、鸟卵等——在这些食物里，有些对人类具有微妙的功用，甚至是最实惠的食品。有些部落是捕蚁专家；有些将昆虫晒干，贮存作为宴会之用；有些从毛发里找出虱子，吃得津津有味；有些用一大堆虱子炖成一小锅食物，一阵欢呼之后将它们吞食。一些低级的部落，他们所吃的东西与猩猩所吃的几乎没有不同。

火的发明多少限制了不分青红皂白的暴食乱饮，并配合农耕，使人类脱离了狩猎。煮熟植物而食，避免了在不消化的情况下破坏细胞组织，又分解了淀粉，使人类更多地仰赖于杂粮与蔬菜。同时，煮熟更可以使不易软化的食物易于咀嚼。因此，这也使代表着文明之一的牙齿开始发生龋病。

除了我们列举的一些可吃的食品外，人类又加上了最微妙的一项——同类。我们会发现，最原始的部落几乎都是食人的，甚至包括较晚近的部族，如爱尔兰人、西班牙伊比利亚人（Iberian）、苏格兰东部的皮克特人（Pict）及 11 世纪的丹麦人。在这些部落中，人肉是大宗的交易品，人死之后是否举行葬礼则不得而知。在上刚果（Upper Congo）居住的人，不管男女老幼都被公开地当作食品买卖。在南太平洋新几内亚东北的新不列颠岛上，人肉如同今日的猪羊肉一样，在市场出售。在所罗门岛上，有些人宁愿把妇女养得肥肥胖胖，像猪一样作为牲祭品。火地岛的印第安部落将女人（的肉）排在狗之上，他们说，因为“狗肉有水獭味”。在塔希提，一位波利尼西亚族的酋长向一位新闻记者解释他的口味，他认为白种人烤熟后吃起来像熟了的香蕉。南太平洋新西兰北部的斐济岛上的居民埋怨说，白种人的肉太咸太粗，欧洲来的水手很难下口，倒是波利尼西亚的人好吃一些。

到底何时人类开始同类相食？是否因为其他的肉类一度缺乏之故？这些已不可考。若果真如此，那么食人一经尝试虽然弥补了这个匮乏，但即变成狂热的嗜好了。在各地自然人的眼里，血都被视为佳肴，更不足可畏。甚至素食的原始人对血也感兴趣。人血在部落里一直是经常饮用的，而且被认为是和气与大方的饮料。它有时用作药物，有时又用在祭祀或盟约里，通常又被认为可以增加饮用者去作牺牲品的胆力。嗜食人肉并无惭愧的感觉，原始的人类认为，在道义上吃人肉与兽肉并无不同。大洋洲美拉尼西亚（Melanesia）群岛上的酋长用一盘烤人肉待客，认为这是一般盛行的礼貌。巴西的一位颇有哲学家意味的酋长说：“我手刃一个敌人时，总认为吃掉他比让他就这样死去为好，最坏的就是让他白白地死去。如果我被杀死，我部落的敌人吃我或不吃我都一样。但我总想不到还有比一饱口福更好的妙招。你们这些白种人，真是太讲究了！”

无疑，这风俗具有某种社会的效用。斯威夫特（Dean Swift）有一个计划，就是为了使过多的孩子们获得成长的机会和资源，最好能让老年人有机会有价值地死去。从这一观点来看，对死者的送葬仪式就成了一项不必要的浪费。在法国大文豪蒙田（Montaigne，1533—1592 年）看来，蒙上怜恤的面具来掩饰虐待一个人致死是更过分的野蛮，依当时的时尚，倒不如等他一死烤来吃掉。

工业的基础

若人类由语言开始，则文明的开始就是农耕，而工业的开始就是火。人类并未发明火，可能是大自然借树叶或细枝的相互摩擦、闪电的一击或化学元素偶然的结合等奇异景象显示给人类。人类不过是借这些已有的知识去模仿大自然，再因尝试的结果而有所改进。人类又将这些奇异景象广泛地使用。可能最初人类利用火做成火把，用以征服可怕的劲敌——黑夜。后来用来取暖，更进而将之由土生土长的温带移往更荒凉的地区，慢慢地遍及全球的人类。此后更将之用于金属的加工，烧熔软化、淬炼与雕琢，使金属较以往更坚硬并弯曲自如。原始人类的心中一直把火看成一项奇迹，并膜拜为神。无数的祭祀与虔诚的礼拜都使用火，火成了生活与家庭的重心与焦点。人类在游牧与移居时总是小心翼翼地带着它，使它永不熄灭。罗马人甚至会将允许这神圣的火熄灭的漫不经心的维斯太贞女判处死刑。

同时，在狩猎、畜牧与农耕中，发明有很多。最初，原始的头脑一直为生活上的困扰所迷惑，而求助于机械式的回答。人类显然对接受大自然的奉献感到满意——如大地出产的果实可作为饮食，兽的皮毛可作为衣服，山洞可作为穴居。此后，也许（大部分的历史基于猜测，其余则是偏见）人类模仿了兽类使用的工具与它们的辛勤工作，他们眼见猴子掷石头与果子来打击敌人，或用石头来打开硬壳果与蚝子，看见海狸筑水坝，鸟筑窝与巢，黑猩猩堆起像房屋一样的住所。人类由羡慕而妒忌它们的利爪、尖牙与长角，及它们坚实的藏身之处。因此，人类开始仿造它们使用的工具与武器。富兰克林说："人类是使用工具的动物，但是这和我们加于自身的其他特点一样，不过是程度上的差异而已。"

不少工具潜伏在原始人类的周围。用竹子，他们可以做成筏、刀、针与容器；用竹枝，可以做成竹签、竹铗与钳子；用竹皮与细丝，可织成各式的绳索与衣裳。最后，他们为自己做了棍棒。这是一项普通的发明，但有许多不同的用法。人们一贯以棍棒作为代表权力与权威的象征，从渡船使用的撑篙与牧童用的牧棍，直到摩西或其兄亚伦（Aaron）所执的手杖，罗马执政官手执的象牙杖，占卜官所执的弯形棍，及魔术师或国王所执的权杖。农耕时棍棒变成了锹，战时则用为枪、标枪或长矛、剑或刺刀。之后，人类又使用矿物界的东西，将石头做成各种形状的兵器与用具，如锤、钻、釜锅、刮刀、箭头、锯、石板、锲子、杠杆、斧与钻等。从动物界，人类将贝壳类做成勺子、水瓶、瓢、盘、杯、剃刀及钩子，用角或象牙、牙与骨、毛发与窝巢，做成粗略或细致的用具。以上这些用具还可以用木头来做成非常巧妙的手把，用动物的筋腱做成的丝带系着，有时还用血合成的胶水来粘上。原始人类的精巧，可能不亚于甚至超过现代的一般人。我们与他们的不同，并不在于天赋和智慧的高超，而是我们有社会上不断累积下来的知识、物质、工具等的综合知识。事实上，原始的人类乐意使用创意来适应环境所需。对于爱斯基摩人来说，离开家乡去一个艰苦而荒凉的地方，想方设法相互竞争和发明工具来满足简陋而朴素的生活需要，是一个有趣的挑战。

纺织是原始的技艺中值得夸耀的一门技术，这也是动物提示给人们的方法。蜘蛛的网、鸟的巢、森林中树木本身错综形成的纤维与外面交相生长的叶子，都带给人类某种范例，也说明了纺织很可能是最早的艺术之一。树皮、叶子与草索可织成衣服、地毯与挂毡，有些如此精巧，即使使用当代的机器设备，也不能与之颉颃。阿留申岛的妇女要用一年的时间才能织成一件衣袍。北美洲印第安人制成的毯子与衣服，多使用缝边，并用毛发与由浆果汁染成鲜艳彩色的筋线织成图案。狄奥多（Théodut）神父说："色彩多么的生动，我们身上穿着的几乎都比不上它。"随着大自然的展示，艺术又开始展现：鸟与鱼的骨刺、竹子的细枝可以削细成针，动物的筋腱可抽出来作线绳，更巧妙的是这种线绳与现代的线绳一样可以穿过细针头的小孔。树皮可压成席子与布帛，皮或外壳也可晒干做衣服与鞋子，树纤维可绞成强有力的纱，细枝与有色的细丝可编成篮子，其形式的美观并不亚于现代。

与编篮类似，也可能由它而来的是陶器的技艺。为了防止柳条加热过度而烧焦，因此在柳条编织品上加上黏土，有时又用防火的贝壳外罩黏土，使之加热变硬来保持形状不变。这可能就是发展到当今十全十美境界的中国瓷器的第一个阶段。或者是将一堆黏土经过日光晒烤变硬，有如烧窑的技术。之后是一个由火来代替日光的阶段，制作出不少奇形怪状、有很多用途的容器，如厨房里用于贮存的器物，最后还在这些容器上加一些装饰雕塑，变成珍贵的物品。用手指甲或工具压印在湿的黏土上，做成各种样式的设计，成为最初的技艺形式之一，这也可能是书写的起源。

原始部落用经日光晒干的黏土做成砖形物品与砖块，并使用由陶土制成的用具等。在亚述王朝的首都尼尼微与巴比伦，所见到辉煌的砖瓦都是从“未开化”时代用泥土筑屋经过不断的发展、到近代阶段才有的建筑技艺。一些原始的民族如今天的斯里兰卡的维达人(Veddah)，就没有居住的房屋可言，他们对天空与大地已觉满意。澳洲东南塔斯马尼亚（Tasmanian）岛上的人，睡在树洞里。新南威尔士（New South Wales）的人，则住在山洞里。其他如非洲的布须曼族，随地用树枝搭盖避风所，或偶尔把木桩打入土中，上面盖一些青苔与树根细丝。将这些防风棚各边加以连接搭盖，进而形成茅屋，这就是在澳洲的土著使用树干、草与泥土筑成的茅屋从容纳 2 至 3 人加大到足以容纳 30 多人的全部发展过程。一般猎人或牧人，为了便于行猎游牧，乐于使用帐篷。再高级一些的人，如美洲的印第安人用木头来造屋。北美洲的易洛魁（Iroquois）部落使用带树根的大树干，一直延伸到 500 英尺长，可以容纳很多户人家。最后是大洋洲的居民，他们把木头锯成木板来细心地构筑真正的房屋，这算是用木料建筑房屋的发展历程的完结。

另外，有三项进一步的发展是原始人类用来创造经济文明的必要要素：运输的机械装置、贸易的进展与交易的媒介。运输史上代表最早期与现代化阶段的两种要素出现在如下画面中：搬运工从一架新式飞机上将行李一件件地搬卸下来。无疑，一开始人就是自己的搬运工，直到他能运用工具为止。以后人发明了绳索、杠杆及滑轮，人才会驯服动物，并让动物与机械配合来运载物品。人们制成的第一个雪橇，是用牛拖着一根树干，在橇上盛放物件，沿地面拖曳着[1]；在橇下加上圆木当作滚子；又一段段地砍断圆木变成了轮子——这是在机械发明里最伟大的一件事：轮子装在雪橇上就变成车子。他们又用其他的圆木拼合起来成为筏子，或钻空了树干变成独木舟。此后，河流便成了最方便的运输大道。最先是人在无路迹的原野上出没，渐渐走出小径来，最后演变成为道路。人类研究星辰，根据天空星辰的位置来引导行旅，穿过沙漠，越过丛山。人们使用桨橹并张着帆勇气十足地往来于岛与岛之间，最后扩展到海洋，使大陆与大陆之间相互交换着最新的文化。在有记载的历史开始以前的一些重要问题，也因此得到解决了。

由于人类的智巧与自然资源，非常不均匀地分散于各处，通过智慧的发展或其他类似资源的应用，一个部落可以生产出某些比其邻近部落更为廉价的物品。而这些物品的大量生产导致供过于求，只得用这些剩余物品和邻近部落交换以获得自己所需的物品，通商贸易因而产生。例如，居住于哥伦比亚的印第安族奇布查族（Chibcha），将他们过剩的岩盐输出，换取他们所缺乏的谷类；某些美洲的印第安族村落几乎全部从事制造箭头；一些居住在新几内亚的村落专事制陶；有些非洲的部族从事铁工、造船或造枪矛。这些具有专长的部落或村落，有时用他们从事的行业作为姓氏，如铁匠、渔人、窑匠等（Smith，Fisher，Potter…）。随后，这些姓氏便成为家庭区别的依据。剩余品的交易最先被视为礼物的互换。而在计算精确的今日，甚至仅仅是一餐的馈赠，有时也成了一项交易。交换可由战争、抢夺、

[1] 美洲印第安人对这一设计感到相当满意，从未使用轮子。

进贡、罚款及赔偿而来。而所有交换物品又必须保持流通！渐渐地，产生了一个有秩序的交换系统，所有的贸易站、市场与市集到最后都定期与不定期地、永久性地建立起来。在这些地方，拥有过剩物品的人，通过交换满足了自己的所需。

很长一段时间，商业都如上述那样纯粹地以货易货，几个世纪后，发明了有价值的通行媒介，交易才畅通与活跃起来。即便今天，可能仍能见到婆罗洲的原始人——达雅克人（Dyak），在一个市集上，手执一块蜂蜡，往来穿梭了好几天，为了寻找顾客来交换他所需要的物品。最早期的交换媒介，都是一般必需品，任何人都可以用下述物品买东西：椰子、盐、兽皮、兽毛、饰物、用具、武器等。其交易比率，通常是 2 把刀换 1 双袜子，2 双袜子换 1 床毯子，2 床毯子换 1 支枪，2 支枪换 1 匹马；2 个鹿牙换 1 匹小马，8 匹小马换 1 个妻子。当时，黄豆、鱼钩、贝壳、珍珠、串珠、可可、种子、茶叶、辣椒及而后加上的羊、猪、牛与奴隶等，几乎没有一样物品未被拿来当作交换媒介使用。牛在当时轻而易举地变成了猎人与畜牧人用来做交易的媒介，并用来作为价值的标准。因为在游牧中携带较方便，牧人对饲养牛群极感兴趣。甚至在荷马时代，人与物的价值仍用牛来衡量：希腊武士狄俄墨得斯（Diomedes）的盔甲值 9 头牛，一个身怀技术的奴隶只值 4 头。罗马人使用两个很类似的词—— pecus 和 pecunia 来代表牛与钱，并在早期使用的钱币上印上牛的形状。我们所用的词，如资本、动产（chattel）及牛都是由拉丁文 Capitale 一词经法文传下来的，该词原义就是财产（property）。“capital”又由 Caput 一词衍化而来，原意为“头”（head），也就是说，牛的头数。金属被开采使用后，逐渐取代了使用其他物品来作为价值的标准：先是铜、青铜、铁，最后是轻质而又可以代表较大价值的金与银来作为人们使用的金钱。由物品进而使用金属的通货钱币，这一文明，原始人似乎没有能够完成，而是留等人类发明了钱币与信物等，才更加便利了剩余物品的交换，进而增加了人们的财富与安适。

经济组织

贸易在原始社会引起了相当大的骚动，因为它的出现带来了金钱与利润，进而有了财产，然后有了小的政府组织。在经济发展早期，财产大部分限于个人使用之物。财产专指那些有独占意味的东西，要随主人殉葬，甚至连妻子也包括在内，不是指那些非个人使用的物品。而且，他们所谓的财产，不是天然生成的，是需要经过长期心血充实与改进的东西。

在原始社会中，几乎所有的土地都是公有的。北美洲的印第安族，秘鲁的土人，吉大港（Chittagong）的部落，婆罗洲人，及南太平洋的岛民，都是土地公有、公耕，并共同分享收成。奥马哈的印第安人称土地像水与风一样，不能出售。在南太平洋的萨摩亚群岛，在白人到来以前，连变卖土地都未曾听过。英国人类学家里弗斯教授（William Halse Rivers，1865—1922 年）发现土地共有意识仍然存在于大洋洲的美拉尼西亚与波利尼西亚两个地区，在非洲利比里亚现今也仍被遵守着。

只有食物的共有意识不太广泛。在“未开化”地区有食物的人，总是与缺乏的人分享。一些过路人在行经的沿途，都可以选定停留的人家接受饮食招待，而且一般遭受灾害的地区，总是受到邻近居民的接济。一个人如果在树林里吃饭，唯恐自己独享，总是大声呼叫，希望旁人来与他分享。美国历史学家特纳（Frederick Jackson Turner，1861—1932 年）告诉萨摩亚人关于伦敦穷人的事时，这个“未开化”的人显得很吃惊，问他：“怎样穷？没有吃的？没有朋友？没有房子住？他在哪里生活呢？他的朋友们也没有房屋住吗？”饥饿的印度人可以讨乞食物，不管多少，只要他讨，就有人给。只要有玉米生长的地方，就没有讨乞不到的。在南非霍屯督蛮族里有这样的风俗，富有的人必须将剩余的分给他人，直到大家均分为止。白人游历非洲时发现，在赠送当地黑人一些食物或其他珍贵的礼品后，黑人立即将这些礼品分给他人。假如是一批衣物之类，不久即可发现这些分享的人，你戴帽子，我穿裤子，他着上衣。爱斯基摩的猎人对自己猎得的东西无权享有，必须与同村居民一起分享。工具与用器也是公共财产。卡弗（Jonathan Carver）船长说："北美洲的印第安人除家用品外，对财产的识别毫无经验。他们彼此之间极为随便，只要自己有多余的，总是分给那些缺少的人。"一个传教士说："当你看见他们相互之间是如何以礼相待，而这些都是在极度文明的国家里所看不到的，你一定会大为吃惊。"无疑，这些都是出于一个事实，正如君士坦丁主教克里索斯托（Chrysostom，347—407 年）所说的"我的"与"您的"两个词的概念，已熄灭了我们慈悲的火焰，点燃了贪婪的欲火，这些都是野蛮民族闻所未闻的。另一位观察家说："我曾看见他们在分配猎得物给每个人时，个人从未因分得不公平而发生过争执，或因此提出抗议等事。他们宁愿自己空着肚子睡觉，也不愿将责任委于他人。他们都把自己当成一个大家庭里的人来看待。"

为什么人们进入所谓的文明以后，这种原始的共产意识就消失了呢？美国历史学家萨姆纳（William G. Sumner，1840—1910 年）认为共有意识是非生物学的，是生存竞争中的一个障碍，不能激励各项发明、工业及繁荣。尤其是对有能力的没有奖励，低能的也没有处罚，又不能形成一种对抗破坏生产的、足以与其他种族一争长短的力量。据洛斯基尔（Loskiel）的报道，"美洲东北部印第安人的一些部落极为懒惰，他们自己懒于种植，完全仰赖有人不会拒绝他们的求食而给予他们分享的期望。既然勤奋的耕种者，所享受的并不优于懒散的人，因此勤耕者也不再每年多种"。达尔文认为南美洲火地岛部落这种完全平等的想法，是他们步入文明的致命伤，如果他们要文明的话，这样的文明必将破坏他们之间的平等。共有意识给由于贫穷与无知而生活在疾病与灾害盛行的原始社会中的原始人类带来了安全感，但这些安全感绝不能使他们摆脱贫穷。个人主义带来了财富，但也因此带来了不安与奴隶制，激起了超人的潜力，也加强了生活的竞争，使人们深深地觉得，假若所有的都平均分配，就绝不会再感受到贫穷的压力。[1]

原始的共产主义容易存在的地方，是那种经常有动乱、危险，存在未满足需求的社会。猎人与牧人不需要土地上的私产，但一旦农耕变成了人们固定的生活方式后，人们很快就发现一个勤奋耕作者所得的报酬，可以供养一个家庭，于是土地被有效地开发了。后来，因为体制和理想的自然产生及团体和群落的形成，人类从狩猎进入农耕阶段，并由此引发了由部落财产变为家庭财产的改变。绝大多数经济生产单位，随之变成这一单位所有权的主人。由于家庭人口愈来愈多而形成家长制，权力集中在最年长的男人手中，财产又逐渐走上个人化，因而出现了个人遗产制。有进取心的人常常离家企求发展，并借个人的力气去荒野丛林、沼泽大山开拓土地，然后将之据为己有。最后，社会也承认那是他的权益，这又产生另一类私人财产的形式。人口压力增加、原有土地被利用殆尽时，这种拓地方式得以发展，圈地

[1] 为什么原始的共产主义会在文明的开始，就有显著出现的趋势呢？可能是因为：当饥饿这一共同的危险，纠合个人而成为集体时，这即是它风行的时候。当丰收来到，这一危险期平静了下来，社会的融合性因此冲淡，个人主义因而抬头。丰衣足食的开始，亦即原始的共产主义宣告死亡的开始。由于社会生活渐趋复杂，将人们分为各行各业，因此造成更多的不同，但这些行业对于整个团体来说，其价值都应相同。不可避免，一些较能干的人，他们担任了较重要的工作，必然取得较多的酬劳。每个文明的长成，就是一些不平等的倍积。人类天赋的不同，加上而后的机遇不同，便产生了财富与事业的人为不平等。加之没有法律或专制政权来平息这一人为的不平等，形成了一个导火线，贫穷的人使用暴力，而革命的动乱又将人们聚合成贫穷的社会集团。

因此原始的共产主义的梦想，潜入了每个现代的社会，就像对单纯而又平等生活的一个种族性的怀念；一旦不平等与不安定溢出了忍耐的限度，人们就会陷入乐于回味记忆中的平等而忘却了贫困的境况。定期性地，不管合法与否，土地被重新分配，如罗马的改革家格拉古兄弟（公元前 2 世纪）、法国的雅各宾派（18 世纪）等。定期地，财富本身也有了新的变动，或由于暴力的没收，或强制征收所得税与遗产税。因此为财富、货物与权力的竞争又起，形成金字塔般的尖锐化社会结构。在法律之下，较有能力的人依法巧取致富，地位愈高，分肥愈多。等他羽翼长成，足以统治国家，由是重定法律。到时不平等的差距悬殊，一如往昔。从这方面来看，所有的经济历史是自然地集中财富和爆发革命的社会历程。

面积愈来愈大。一直进入更复杂的社会，个人所有权才约定俗成。金钱的发明，加之这些因素，便利了财产的增加、转让与交易。旧有部落的权力与传统，由村落社区或国王依土地所有权来重新确定，并定期进行土地的再分配。但经过新旧之间一段自然的动荡时期后，私人财产在社会和历史中名正言顺地成为基本的经济机构。

农业虽然创造了文明，却也带来了私人财产制度，还带来了奴隶制度。在纯粹狩猎社会里是没有听说过奴隶制度的，猎人的妻子儿女足够去做那些卑贱的事务。男人则在打猎或战争等激烈的活动与饱食终日、无所事事的和平生活之间，选一即可。原始人类的懒惰特性有其根源，一般推测是源于由战斗与打猎造成的过度的疲乏而养成的慢慢休养恢复的习惯。当然还未懒到一直躺在床上不起来。要使这类无规则的活动转变为有规律的工作，有两件事是必需的：耕作的常规与劳力的组织。

若人们为自己工作，劳力组织就显得松懈与自然。若他们为他人工作，劳力组织就要依靠武力。农业的兴起与人类的不平等，导致社会上强者雇用弱者。农业化之前以强凌弱早已有之，通常战争胜利的一方认为，最好的战俘是一个活的战俘。这样，屠杀与同类相食的现象减少，奴隶制度兴起。人类终止了同类之间的杀害与相食，仅仅是使之成为奴隶，这是伦理上的一大进步。现今即使两国交战，胜利者已不再杀戮以灭绝它的敌国人民，而是代之以战争赔偿。奴隶制一旦建立并被认为大有裨益时，便被运用到对逾期不还的债务人和拒不服从的罪犯的处罚，并出现了专事捕人为奴的习惯。战争助长了奴隶制，奴隶制也助长了战争。

可能奴隶制经历了很多世纪后，我们的后代子孙养成了劳役的传统与习惯。不过，如果一个人不受身体、金钱或社会性的种种处罚而可以免去劳役的话，他是一定不愿去做任何太过艰苦与长期的劳役的。奴隶制也变成了人们进入工业社会的基础之一。由于奴隶增加，财富也随之增多，而为少数人提供了悠闲，也更间接地促进了文明。

又过了数世纪后，奴隶成了人类相互的馈赠品。亚里士多德认为奴隶是自然的、不可避免的，圣保罗在他的祝福式中认为在当时必须视奴隶制为一种神授的制度。

渐渐地，经过了农耕与奴隶制，由于分工和人类天赋的不同，不平等与阶级的区分代替了自然社会里的不平等。“在原始的团体里，我们发现了一项规则，即奴隶仍然有一定的自由，没有农奴与世袭地主之分，即使酋长与其顺民之间的分别也很小。”慢慢地，由于工具与贸易等因素的增多与复杂，便有了强者、技艺者与弱者、无技艺者之分。每种新的发明，都是强者手中的工具，用来作为增强主宰地位并使役弱者之用。天赋再加上优厚的机会使优越的财富集团形成，更使本来是同一的社会一变而为阶级与层次分明的社会。富与贫成为牢不可破的财富与穷困的意识，阶级的斗争像一条红线贯穿了全部的历史，进而国家兴起并成为阶级管理、财产保护、战争发动及和平组织的不可缺少的手段。

第三章 | 文明的政治条件

政府的起源

人是不情愿的政治动物。男人们纠合群党大多是由于习惯、模仿与环境的迫使，少数是由于一种欲望。他喜爱社会并不及他恐惧孤独的程度。他与其他人结合，是为了免于孤单的危害，也因为一个人的力量有限，而人多力量大。在他心中，他是勇敢地与世抗衡的强人。如果每个人都我行我素，则国家无从诞生。如果人们要求法律规章，那只是因为他深信这是他的邻居们所需要的。就个人来说，他是一个非理性的无政府主义者，依他个人的意见，法律真是多此一举。

在最单纯的社会里，几乎没有任何的政府组织。原始的猎人们只是在他们加入打猎的队伍，而有一些行动需要有所准备时，才接受规范。非洲布须曼人经常生活在单独的家庭里。矮黑人、俾格米人（Pygmy）及澳洲最单纯的土著，只有临时的政府组织，通常由各家族集团分散管理。澳洲东南塔斯马尼亚岛上没有酋长，没有法律，更没有经常性的政府组织。今斯里兰卡的维达人依家庭的关系组成了小的团体，并无政府组织。苏门答腊的库布人（Kubu）生活在无人管辖的状态下，每家各自为政。南美洲印第安族火地岛人很少有超过

12 个人聚集在一起的。通古斯族很少有 10 个帐篷连在一起的。澳洲的原始游牧民族很少有超过 60 个人在一起的。在这些状况下——除了特别的原因，如打猎，大家才组合协调在一起——他们从不组成永久性的政治机构。

最早具有持续性的社会组织形式是家族——一大群有亲戚关系的家庭。拥有同一片土地、同一种血统，并生活在同一风俗与规条的管辖下，几个家族结合起来，在同一个酋长的管辖之下就形成了部落，这是成为国家的第二个步骤。这种发展是缓慢的，有些集团根本没有首领，有一些似乎仅在战争状态下才组合在一起。依我们的现代民主看来，这样的组织形式的确不值一提，仅仅是几个原始团体的结合。如果说有政府存在的话，也只是在他们家族中，有一些家族的长老们出来管理家族，但并不具有专断的权力。北美洲的易洛魁与特拉华州的印第安人都认为在家庭与家族自然的习惯法之外，不需要任何的法律，或受任何的拘束。他们的酋长有适当的权力，而这些权力随时都可以由部落的长老予以解除。奥马哈（Omaha）印第安族是由 7 人组成的议会来统治，他们决定某件事，必须经过详尽的讨论，获得大家一致的同意，再将这一决议提诸负有盛名的易洛魁联盟（League of the Iroquois）。通过这一组织，印第安人使各部落联结在一起，以尊崇其决议为荣，并借此维护部落的和平。有人认为，这与现代各国所拥有的保持和平的国际联盟没有很大差别。

战争产生了酋长、国王及国家，正如他们又酝酿了战争。萨摩亚的酋长在战时拥有权力，在平时则无人理睬。婆罗洲的达雅克族，除各家由家长来管理外，并无任何政府组织的存在。战时，他们选出最勇敢的战士来领导他们，并严格地服从他。但一旦战争结束，战士会被自动解职。在平时，祭祀与大巫师有极大的权力与影响力，但最后如果大部分部落中有了一般政府形态的永久性的王权产生，那么战士、家长与祭祀的组织将合并起来。社会由两种权力管制：平时用言语，战时用刀剑。武力仅在教化失败时才使用。法律与神话在世代的交替中并肩齐步，一起或轮流地为人类所用。直到我们自己的时代，没有国家敢去分开它们，可能就在明天，它们又将再度结为一体。

战争如何导致国家的建立呢？这并非由于人类天生倾向于战争，一些原始的民族大多是爱好和平的。爱斯基摩人不明白，为什么同样热爱和平的欧洲人竟如海豹般互相残杀，并互相盗取土地。他们指着土地喃喃自语："如果地上覆盖着冰雪，那该多好。如果你的岩石中有了连基督徒也同样渴望染指的金与银，但深藏在雪堆里，而他们也无法获得，那该多好！你的贫瘠不毛使我们感到欣慰，并使我们远离骚扰。"不管怎样，原始的生活仍然助长了间歇性的战争。猎人为了丰富的捕获物而争夺良好的狩猎区，牧人为他的牲畜获得新草原而战，耕者为处女地而争夺。有时，一切都是为了复仇，或为了壮大与训练年轻的一代，或为了改变单调的生活，或单纯为了掠夺与奸淫，很少为了宗教。那时有规则和惯例限制屠杀，正如我们现在，在某几个钟头，某些日子、星期或月份，在这些时间不能杀人；有一些人不能冒犯，有一些道路是中立的，有一些市场与收容所出于和平的目的被保留。正是规则使易洛魁联盟竟维持"伟大和平"达 300 年之久。大体上来说，战争是原始的国家与团体之间自然选择的有利手段。

战争的影响是深远的，它残酷地充当了衰弱民族的清除器，而提高种族在勇气、暴力、残忍、智慧和技能上的水准。它刺激发明，使武器变成有益的工具并使战争的艺术变成和平的艺术。（今日有多少铁路的铺设始于军事战略，却达到贸易的目的！）最重要的是，战争消除了原始的共产主义意识和无政府状态，代之以组织与规律，并导致囚犯的奴役、阶级的服从和政府的成长。繁荣为国家之母，而战争则为其父。

国家

尼采说："国家起源于一群金黄色的猛兽、一些征服者与统治者的民族，凭借好战的组织及所有组织的武力，有如利爪般加诸数量占优势但无组织的民族。”美国社会学家沃德（Lester Ward，1841—1913 年）说：“国家与部落的组织不同，它起源于甲民族征服了乙民族。”美国物理学家奥本海默（J. Robert Oppenheimer，1904—1967年）又说：“我们到处都可以发现一些好战的部落，突破了疆界，侵占其他较弱小的民族，形成崇高的阶层，并建立了国家。”奥裔德国社会学家拉兹恩霍弗（Gustav Ratzenhofer，1842—1904 年）说：“暴乱是造就国家的原动力。”波兰裔奥地利社会经济学教授贡普洛维奇（Ludwig Gumplowicz）说：“国家是征服，是胜利者统治战败者的结果。”美国社会经济学家萨姆纳说：“国家是武力的产品，并凭借武力而存在。”

狩猎与游牧部落经常对定居的农耕集团施以暴力。因为农耕是教人以和平的方法过着平淡无奇的生活，并终生从事劳动。他们日久成富，却忘了战争的技巧与情趣。猎人与牧人习于危险，并长于砍杀。他们认为，战争只不过是另一种形式的狩猎而已，而且不会觉得危险。一旦树林里的猎物被捕杀殆尽，或由于草原的枯萎而使牛群的畜牧减少，他们便妒忌邻近村落的肥美原野，并编造一些理由去攻击、侵略、占领、奴役与统治。[1]

国家是一项晚近的发展，几乎不曾在有记载的历史之前出现过。因为它预示着同一个社会中组织原则的一个转变——由王权到统治权。而在原始的社会里，王权才代表统治。凡是结合了一些不同的自然集团而成为一个有系统与贸易的有利单位，便是统治权行使得最成功的地方。即使这样的征服很少能持久，但若能运用新的工具与新的武器来促进发明与进步，那么统治者自身力量的增强足以平定

[1] 法律在早期的社会并不存在，因为在比较复杂的条件下，如财富的增加、武器的精良、高度的智慧，都可以决定争端的结果。因此，埃及不仅被希克索斯（Hyksos）、衣索比亚、阿拉伯、土耳其等游牧民族征服，更被亚述、波斯、希腊、罗马、英国等进步文明征服——虽然不一定要等这些国家都变成帝国主义式的猎人与游牧民族。

反叛。在长期稳固的征服下，统治的原则势将趋于隐匿，而且几乎无人知晓。在1789年法国大革命时，直到革命领袖德穆兰（Camille Desmoulins，1760—1794年）提醒，人们才觉悟，那些使用武力来征服他们达1000年之久的贵族政治来自德意志。时间认可了一切，甚至劣迹昭彰的赃物，在强盗子孙手里一变而为神圣与正当的财产。每个国家，一开始都是强制的。但服从的习惯竟变成了良知，不久每个人都会为忠于国家而深受感动。

人们是真实的，然而国家一经成立，立即成为典章制度不可或缺的支柱。当贸易通商联结了家族与部落，这些关系不依于王权，而是全靠相互不断的接触而长成，因此必须有一套人为的规则。村落的组织可作为一个范例。它以地方组织的形式来取代部落与家族，并通过吸纳一些家族头领，成为一个小地区中既简单又近似民主的政府。但这些组织的存在与数量增多，需要由外在的力量来规范组织之间的关系，并将之编织到一个较大的经济网。虽然就起源而论，国家像食人的妖魔，但它提供了这项需要；国家不仅是一个有组织的武力工具，也是调整那些构成复杂社会的无数有冲突的团体利益的工具。国家将其权力与法律向外逐渐扩张，对外的战争带来的破坏远超过了以往，它仍然扩大并维持内部的和平。国家为了对外的战争，必须致力于内部的安宁。人们缴纳赋税，认为这较内部自相争战为好；宁肯供奉匪首，也不贿赂所有的匪徒。由社会进而为政府，这可以从巴干达人（Baganda）的事迹来判定：国王一死，无法之人借机叛乱，肆行劫掠，每个人都武装起来应付这一变乱。如英国政治家斯宾塞（Charles Spencer，1674—1722年）所说："没有独裁的统治，就不可能有社会的进化。"

一个国家若全凭武力，是不会持久的。因为人们虽易于上当，但也是难于控制的。而且，国家权力如征税权，成果可观，在于其运行得既间接又无形。因此，一个国家为了维系其存在，必须使用并设置许多教化的机构，诸如家庭、教堂、学校，借此将爱国心与个人的自尊感，习惯般树立在每个国民心中。这样，可以省去上千名警察，培养国民在战时不可或缺的同仇敌忾之心。总而言之，统治的精英阶级，尽量寻求将其强大的统治权转变成法令规章，运用得宜即可向人民提供一些乐于接受的安全与秩序，并承认“属民”（Subject）[1]的一些权利，以争取大众乐于守法并与国家结为一体。

法律

法律与财产、婚姻、政体同时而来，在最低等的社会没有法律亦可。英国探险家华莱士（Alfred R. Wallace，1823—1913年）说：“我曾与南美洲和东方的未开化的人类居住一起，他们没有法律，也没有法庭，但村庄的舆论可以自由地表达。每个人小心翼翼地尊重他人的权利，因此很少有侵犯他人权利的事情发生。在这样的团体中，所有人都近乎平等。”美国小说家赫尔曼·梅尔维尔（Herman Melville）在写《马克萨斯岛民》（*Marquesas Islanders*）一书时同样说：“我住在波利尼西亚泰皮族里，没有一个人公开做出违规的事情。人们一直过着空前和谐与安定的生活。我敢冒昧且极审慎地说，这是基督徒精诚与虔诚的结合。”俄国政府曾在阿留申群岛上设立了法庭，50年内从未使用过。美国人类学家布林顿（Daniel G. Brinton，1837—1899年）报道说：“罪犯与犯法行为在易洛魁人的社会里很少出现，他们似乎没有一部刑法。”这就是无政府主义者长久以来渴望的理想状态。

对这些描述，必须做某种程度的修正。自然的社会拥有相对的自由，主要是因为人们受风俗的规范，而这些风俗像法律一样严格而不可冒犯，其次人们将犯罪视为个人私事，可以由个人的残酷报复来了结。

在所有的社会现象之下，风俗具有巨大的稳定作用。当法律阙

[1] 注意此词如何显示出国家的起源。

如、变换或中辍时，这个被思想与行为依赖的基石，提供了一些安定社会与维系秩序的工具。风俗为团体也提供了同样的安定力量，借此带给人类以遗传与本能，并予个人以习惯。这些常规使人们心智健全，假若没有一些习惯来遵循，那么思想与行动在不知不觉中失之悠闲，精神彷徨不定而流于疯狂的行为。经济法则使人们依自己的本能与习惯、风俗与传统的不同而各行其是，对重复的刺激或惯例的情况，最方便的反应方式就是自动的反应。思想与革新都对常规构成骚扰，除非为了不可避免的再适应或前途的美景，否则人们是忍受不了的。

当宗教将超自然的良心制裁，注入这一习惯风俗的自然基础，而且人类祖先的生活方式被视为神的意志时，风俗习惯的拘束力会比法律更强而有力，并因之减少原始社会的自由。违犯法律会受到一半以上民众的羡慕，因为他们暗自嫉妒善于哄骗之人。但冒犯了风俗，就会招来普遍的敌对，因为风俗来自人民内心的信服，而法律是靠上级对下级的强制来执行。一般说来，法律是统治者的法令，而风俗是从团体里流传已久、在最感方便的行为法则中自然选择出来的。国家取代了家庭、家族、部落与村落组织等自然体系后，法律即部分地取代了风俗。随着文字的出现，法律更彻底地取代了风俗，逐渐从长老和祭祀记忆中所存的典范蜕变为行之于文字的立法制度。但这些取代不可能是完全的。在人类行为的决定与判断上，风俗是隐匿在法律之后的最后武力、王权之后的力量，是“人类一生中最后的主宰”。

法律演进的第一个阶段是个人的报复。原始的人都说，报复随我，我要复仇。在美国南加州一带的印第安部落中，每个人都是自己的警察，并以他的报复方式来执行正义。因此，在许多早期的社会里，甲被乙谋害，引起甲的儿子或朋友丙去杀害乙，丙又被乙的儿子或朋友丁谋害，诸如此类地延续下去。这个复仇的原则一直在整个法律的历史中保留着，在诸如罗马法里的“复仇法”（*Lex Talionis*）、巴比伦的《汉谟拉比法典》及摩西律的“以眼还眼，以牙还牙”中，都占有重要的地位，甚至到今天，仍潜伏在许多合法的惩罚中。

在惩治犯罪方面迈向法律与文明的第二步，是以赔偿损害取代报复。酋长通常为了维持内部的和谐，使用权力与影响力来要求报复的家庭以索取金钱或物品代替血的偿付。不久即制定了固定的价目表，规定多少钱足以偿付一只眼、一颗牙、一只手臂或一条人命。《汉谟拉比法典》中就制定了这些条例。阿比西尼亚人在这方面规定得非常琐碎，一个小孩子与同伴一起爬树时，从树上跌下来压死了同伴，法官判定遇难者的母亲可将她的另一儿子从树上摔下来，跌在凶手的脖颈上。处罚的轻重将依罪状的不同而不同，如犯罪者和受害者的性别、年龄与阶级。在斐济岛上，普通人只要犯一点点的偷窃罪，竟被认为比酋长杀了人的罪还大。在整个法律的历史里，罪犯的量刑曾与罪犯的社会地位和阶级相关，位尊者与位卑者犯同样的罪，却获较轻的判罚。[1] 使用赔偿法来取代报复行为，便进入了法律的第三阶段——设立与组成法庭来对犯罪者与受损者进行裁决：由酋长或长者，或祭祀来审判，以决断人们之间在法律上的争端。法庭不是经常的判决所在，有时若双方自愿和解，则由调解会议来执行一些和解的办法。[2] 多少世纪以来，在许多民族中，诉诸法庭只是解决争端的可选项之一。而且，只要受害的一方认为判决不公，他们仍旧可以寻求私人的报复。

在很多场合，纠纷的裁决通过双方采取公开比赛的方法，从聪明的爱斯基摩人的非致命的拳击到决斗至死，这些方法各式各样却同样残酷。一般来说，原始心灵求助于神裁法，而不是基于中世纪理论——神将揭示犯罪者，而更多的是相信神裁法会终结纠纷，以免这种纠纷扰乱部落几个世代。有时，原告与被告要在两碗食物中进行选

[1] 大概有一种例外，在印度根据从祖先那里流传下来的《摩奴法典》（*Code of Manu*），较其他犯同一罪行的低等阶级，四大等级的最高级婆罗门（僧侣们）犯罪会受加倍处罚。这一规定虽受到责难，但仍然大受赞誉。

[2] 最现代的一些城市正准备修正这些古代的、用来节约时间的规则。

择——其中一碗是有毒的。选错的一方可能中毒，但通常不会致死，争执即告结束，因为双方都相信古老裁决法的公正。在一些部落里，也有一种风俗，认罪的一方把腿伸出来让对方用矛去刺，或由被告的一方提请原告用矛掷他。如果原告没有刺中，则被告被视为无罪。假若刺穿或掷中，就被判定有罪，这一争执即告结束。这种古老的判决由摩西律与《汉谟拉比法典》一直沿用到中世纪，决斗也是这种方法之一，原来被历史学家们认为已消失的在我们的时代重演了。从某些方面来看，原始人与现代人之间的距离是如此的短暂与微小。文明的历史是多么短促！

法律进展的第四步是国家或元首承担防止与惩罚犯罪活动的义务。这也是从解决争执和处罚违犯者到做各种努力避免社会动荡的一个步骤。因此，首领不仅是法官，也是立法者。来自团体习惯的普通法（common law）的主要部分，被加入到源于政府法令的制定法（positive law）。法律一方面因此而形成，另一方面又得以流传后世。无论哪一方面，法律保留着祖先的印记，但也充满着我们力图取而代之的报复观念。原始的刑罚是残酷的，是因为原始的社会没有安全感，一旦社会组织变得比较安定，刑罚也因而减轻。

一般说来，在自然的社会里，个人的权利较在文明的社会里要少些。人随处都受到束缚，如遗传、环境、风俗、法制等桎梏。原始的人多半在一个非常严峻与复杂的、网络似的规定下活动：上千的禁忌拘束他的行动，成千的恐怖限制了他的愿望。新西兰土著很明显是没有法律的，但事实上严峻的风俗管制了他们生活的每个方面。孟加拉的土著依一些不能改变与不可非议的传统来决定他们的一起一坐、一立一动、饮食与睡眠。个人与自然的社会如出一体、不可分离，唯一存在的就是家庭与家族、部落与村落，而这些正是土地的所有者与权力的运用者。私人财产的出现带来了经济的权势，国家的组成带来了法律的地位与确定的权利，个人因而发现了自己是独特的实体。权力并非来自天然，除了奸诈和强力，原始人并不知道权力为何物。团体给予个人的利益是以不违背公共利益为准。自由是安全的奢侈品，自由的个人是文明的产物与标记。

家庭

人类基本的需要是温饱与爱抚，因此，社会组织基本的功能是经济上的供给与生理上的维护。世代繁衍的重要性犹如食物不可或缺。社会经常将种族延续的惯例加入寻求物质福利与政治体系的制度里。直到国家（从历史文明的肇始）变为社会体系的中心与源泉，家族才负起了规范两性之间与世代之间关系的微妙任务，甚至在国家建立以后，人类的主要统治行为仍然基于这种根深蒂固的历史性体制——家庭。

因为人在生理上防御力的缺陷，早期的人类，即使是在狩猎时代也不会生活于孤立的家庭中，否则早已成为野兽佐餐的佳肴了。很自然地，这些生理上防御脆弱的个人聚族而居，而且发觉在这个充满长牙利爪和扎不透的兽皮的世界，唯一的生存之道便是团结一致地行动。可能由于这个缘故，人们总是集体住在打猎区，并与家族厮守在一起。经济关系与政治统治取代了王权而作为社会组织的主体时，家族便失去了社会基层组织的地位，在下层由家庭取代，在上层又为国家接替。政府处理为维持法纪而遭遇的诸多问题，家庭则负起工业改进与种族延续的任务。

较低级的动物对子孙是没有照顾的。结果，蛋生了一大堆，大部分却被吃掉了或遭到破坏，仅少数能幸存。一些种类的鱼每年生出数百万的卵，只有少数的鱼类对它的后代有适度的照应，而且能得到如此照顾的卵也不过半数而已；鸟类对幼鸟的照顾要好一些，每年可孵出 5 到 12 只小鸟；哺乳类的动物，每一类对幼儿都有双亲的照顾，多半是平均每 1 雌性每年哺育 3 个幼儿。对于整个兽类世界来说，双亲的看顾增加了，生殖与死亡就减少。对于人类世界来说，出生率与死亡率随文明的进步而下降。较好的家庭养育可能延长了孩子的青春期，使他们能在自谋生活之前，获得充分的教育与发展。较低的生殖率，可以使人们将精力转用于除生育以外的其他事业。

既然家务大部分由母亲来承担（据我们从历史的透视看来，一开始家庭的组织就是基于这一构想，男人们在家庭的地位是象征性的、附带性的，而女人才是基本的、最主要的），在某些现存的部落与可能在最早的人类团体中，男人在生殖上扮演的生理角色完全像其他动物一样不被重视，因为动物的起兴、交配与繁殖都发生和完成在不知不觉的过程中。新几内亚东部的特罗布里恩（Trobriand）岛上的人，认为怀孕不是由于两性的交合，而是由于有个叫“*Baloma*”的鬼怪物进入了妇人体内。通常是妇女们在洗澡时鬼就进入体内。一个女孩说：“有一条鱼咬过我。”波兰裔英国人类学家马林诺夫斯基（Bronislaw K. Malinowski，1884—1942 年）说：“我问她谁是这个私生子的父亲，只有一个答案——没有父亲。因为这个女孩子未结婚。假使我以极平和的语气再问：‘谁是生理上所谓的父亲？’这个问题仍旧不会有答案……因为可能得到这样的回答：‘是 *Baloma* 给她的孩子。’”这些居民有一个奇怪的想法：*Baloma* 格外喜爱进入与男人关系放浪的女孩体内。为了避孕，女孩们宁愿避免在高水位处洗澡，而不是避免与男人先发生关系。这是一个很有趣的故事，它已充分说明了任何事即使难堪，只要慷慨地接受结果，即是一大方便。如果这是人类学家为丈夫们杜撰的谎言，那不是更有趣吗？

大洋洲的美拉尼西亚地区认为性交是受孕的原因，但未出嫁的女孩则坚持并抱怨说，她们的受孕是由于某些食物。甚至，虽已了解男人在生育上的功能，但性关系还是很不正常，以致要知道父亲是何人，并不是一件简单的事。结果是，所有原始时代的母亲，很少有人去问她孩子的父系。孩子是属于她的，而她并不属于丈夫，但属于她的父亲，或她的兄弟及她的家族。她与他们一起生活下去，而这些人也就是她的子女唯一所能知道的男性亲属。兄弟姐妹之间的感情经常比丈夫与妻子之间的要强些。丈夫多半是依存在他母亲的家庭与家族里，仅将他的妻子看成一个神秘的访客而已。甚至在古典的文明里，兄弟较丈夫为亲：因塔弗内斯（Intaphernes）的妻子从波斯大流士王的暴怒里拯救的是她的兄弟，而不是她的丈夫；在希腊神话中，安提戈涅（Antigone）牺牲自己也是为了她的兄弟，而不是她的丈夫。男人认为妻子是世界上与他最亲近的人的想法，是比较现代的观念，也仅限于人类的小部分而已。

在原始社会大多数部落里，男女两性经常不在一起生活，以致父亲与孩子的关系很冷淡。在澳洲与英属新几内亚，在非洲与太平洋的密克罗尼西亚（Micronesia）群岛，在印度的阿萨姆与缅甸，在阿留申人、爱斯基摩人与萨莫耶德人（Samoyed）中，全球各地仍可发现一些看不见家庭生活的部落：男人与女人不在一起生活，仅仅是偶尔来往。在新几内亚巴布亚北部，男女社交被认为不当，即使她是他孩子的母亲也不例外。在塔希提，家庭生活对于他们来说从未听说过。由于这种两性的隔离，在各处的原始种族中产生了秘密的组织——一般都由男人组成，而且通常成为对抗妇女的避难所。从另一点来看，这就像是现代的兄弟会——男性的等级制组织。

因而，家庭最简单的形式是妇女与她的子女、母亲与兄弟们一起住在家族中。这样的安排是动物的家庭形式与原始人类对血亲关系无知的自然结果。另一种早期的家庭方式是“母系制的婚姻”：丈夫脱离他的家族居住在妻子的家族，为妻子服劳役，或共侍她的父母。这样的世代递传是遵从女方系统，一切继承也在母方，甚至有时王权的世袭也舍男从女。这样的“母权”并不即是“母治”，它不意味着女性统治男性。即使女方遗传下来的财产，她也只有少量的支配权。女性只是作为方便追溯关系的方法，否则世代和家族关系将因原始两性关系的含混与随便而暧昧不明。事实上，在任何社会的组织里，女性总有一定的权威，这种权威由于她在家庭中的重要性，由于她处于食物分配者的地位，由于她被男人所需要，及她有权拒绝男人等原因而自然升高。在南非洲的一些部落就曾出现一些女性统治者。在菲律宾的帛琉（Pelew）群岛，酋长对任何人的处决必须经过一个由年长女性组成的委员会的咨议。在易洛魁族中，女人在部落议会里与男人一样有发言权与投票权。在北美洲塞尼卡（Seneca）的印第安族中，女人握有较大权力，甚至可以选举酋长。当然这都是极少而特殊的例子。总之，妇女在早期社会里也是处于近乎奴隶般的顺服地位。她们周期性地体力不济，又不惯于使用武器，生理上免不了的生育与哺养子女，致使她们在两性争权的斗争中败下阵来，也注定了她们几乎从最低到最高的社会中一直处于从属的地位，她们的地位也不会因文明的发展而提高。在公元前 5 世纪希腊伯里克利时代的女人，命中注定了她们的地位较北美洲印第安人低下。女人的地位随自己在社会中的关键性作用而升降，而不取决于男性文化与伦理。

在狩猎时代，除了实际的夺取猎物外，其他工作多半由妇女去做。相对地，男人除了为猎取野兽时付出的辛苦与冒险犯难外，一年里的大部分时间都在休息。妇女们大量地生育儿女，哺育婴儿，不断整修房屋，在原野与森林里采集食物、烹调、洗衣及制作衣服与鞋具。由于男人们在部落移居时必须随时准备击退一切外来的侵害，他们只携带武器，其他的东西全部落在妇女们身上。布须曼族的妇女像仆人与牲畜一样被驱使着，如果她们实在不胜负荷之苦，只能随时被遗弃。澳洲南部墨瑞（Murray）河的下游土著看见荷重的牛，便以为是白种人的妻子。现今依体力不同来分别男女性别，在那个时代几乎不存在，这些差异皆是环境的产物，而非基于天赋。妇女除生理上的缺点外，在外表、忍耐性、机智与勇气等方面与男人几乎一样，她们不是装饰品、美的东西或性感的玩具，而是健壮的动物。她们能从事长期而吃力的工作，必要时也会为她的子女与家族拼命。北美洲奇珀瓦（Chippewa）印第安人的酋长说：“女人是为工作而生。一个女人能拉曳或背负两个男人能拉曳或背负的重物。她们为我们架设帐篷，为我们制作衣服或修补破旧，到了晚上为我们取暖。我们在行旅中绝对少不了她们。她们工作多而索取少，她们还必须终日不停地烹调，否则会闲得舐指头。”

在早期的社会里，经济的发展是由女人而不是男人来成就。世代相袭，男人习惯于祖先遗传的狩猎与畜牧方式，妇女则在营地附近从事农耕，而这些忙碌的家事便是晚近时代中最重要的工业。从希腊人称棉树为“长毛的树”起，原始的妇女将它卷成线再织成棉布。显然，缝补、编织、编篮、陶器、木工及营造都是由她们发展起来的，在许多情况下连经商都是她们去做。她们发展了家庭，渐渐地将男人纳入她们的“家畜阵营”，并将社会的事务与礼仪全部教给男人，而这些正是人性的基础与文明的基石。

农耕逐渐扩大并变得复杂，进而带来了更多的报酬，较强性别的一方，逐渐将它纳入掌握。兽类的豢养不断发展，成为男人新的财富、稳定与权力的来源。甚至一直被上古嗜猎的宁录（Nimrod）式的男人认为是闲散的农耕，最后还是被这些游荡者接受，而一度为妇女拥有并成就了她们经济领导地位的耕种也被男人抢去。当初妇女从事的豢养家畜、耕种田地等一切管理和操纵事务，也由男人取而代行。由使用锹进而用犁，在体力上减轻了劳力，更使男人确信他的优越性。自从牛羊与收成可用作财产的转让后，财富的增加使妇女更处于性的附属地位，因为此时男人需要的是妇女的贞节，他认为这样才能将他的产业直正遗传给他自己的子女。渐渐地，男人有了自己的办法：父权被承认，财产由父方遗传，母权屈服于父权。父系制家庭变为社会上经济的、合法的、政治的、伦理的单位，一些以往大都是女性的神也一变而为长有胡须的男性，这些男神——一些充满野心的男人在他们寂寞时——会憧憬妻妾。

这一由男人统治的父系制家庭的转变给妇女的地位以致命的打击。在很多重要方面，原先属于父亲或长兄的她或她的子女，现已变成她丈夫的财产了。在买卖式的婚姻中，她已然与在市场上待价而沽的奴隶一样。丈夫一死，她即变成可以遗赠的财产。在某些地方，如新几内亚、澳洲东南的新赫布里底（New Hebrides）群岛、所罗门群岛、斐济群岛、印度等，女人在丈夫死后要被勒死殉葬或自杀来跟随丈夫去另一个世界。父亲也具有随心所欲的支配、馈赠、出售或租赁妻子与女儿的权力，仅受制于其他拥有相同权力的父亲的舆论。男人也保留了一项特权，将其对性的偏好由家庭向外扩大，妇女们依父系制的规定，婚前要谨守童贞，婚后严守贞节。这个双重的标准由此产生。

在狩猎时代已存在并在母权时期渐形消失的妇女顺服性如今竟变得较之前更显著、更残忍。在古代，俄罗斯女孩出嫁时，父亲用皮鞭轻轻抽打她后再将鞭子交给新郎，这象征着对她的支配有了接班人。虽然美洲的印第安人的女性权利仍然存在，但对待妇女们还是很严厉，交付她们很多劳役，并经常称她们为狗。女人的生活在任何地方都比男人低贱：生了女孩时就没有生男孩般的欢喜若狂，有时母亲竟将刚出生的女孩扼死以避免日后的不幸；在斐济群岛，妻子可以随意出卖，价格通常等于一支滑膛枪；有些部落夫妻并不共床，他们认为，女人的气息会使男人变得软弱；在斐济岛上，一个男人不宜经常在家睡觉；在澳洲东部的新喀里多尼亚（New Caledonia）岛，男人睡在屋内，女人睡在外面的棚里；在斐济岛，人们允许狗进入某些庙堂，妇女却不在允许之列。无疑，妇女怀念失去的操纵地位，故而喋喋不休，那时男人会被申斥、吼叫甚至常常挨打。但不管怎样，男人总是主人，女人则是奴仆。南非洲的卡菲尔（Kaffir）黑人买女人如买奴隶，并视为一种人寿的保险方式：如果他有较多的妻子，他就可以颐养天年，而且妻子们可以终身侍奉他。古代印度的一些部落把妇女与家畜一起当作家里的遗产。这在摩西最后的一诫里也没有非常明白地显示出来。在非洲的黑人中，妇女几乎与奴隶毫无区别，唯一的不同是她们可提供在性需要和经济保障上的满足。婚姻开始成为财产法的一种形式，也成为奴隶法规的一部分。

第四章 | 文明的伦理条件

社会的存在是靠秩序，维系秩序的是规章。我们可以以此作为历史的一个定律，即各式各样的法律是由风俗的力量转变而来，如同各种不同的思想是由本能的冲动转变而来一样。有些规章是生活必需的，它们可因不同的团体而异，但在同一团体中必须是一致的。这些规章可能是惯例、风俗、伦理或法律。惯例是被一个民族认为有利的行为模式。风俗是由于连续不断地被各个世代沿用，并由尝试、错误、消除等自然的选择后被一民族接受的惯例。伦理则是一些风俗，而这些风俗被大家认为是他们利益与发展不可或缺的重心。在没有成文法的原始社会，凡人类居住的场所全靠不可缺少的风俗与伦理来维系，并带给社会秩序以安定和连续性。随着时间的渐进，风俗因长久反复地沿用而变为人们的第二天性。如果触犯了它，就会给人们带来某些恐惧、不安与羞耻。这就是良心或伦理意识的起源，即达尔文认为是人与动物最大的区别所在。在其较高的发展阶段，良心成为社会的良知——个人有属于团体的感觉与对社会应有的忠诚与体念。伦理是个人与团体以及每个团体与其他较大团体应有的协调合作之道。当然，没有伦理，不可能产生文明。

婚姻

构成团体伦理典范的种种风俗习惯的首要使命，就是规范两性之间的关系，因为两性关系正是失调、暴力与堕落的根源。婚姻是两性关系最基本的形态，也可以说是为了养育后代才使两性有了结合。它是不断改变而且未定型的风俗，在整个历史过程中，它历经每种料想得到的形式与实验，从原始无配偶结合的生育到现代有配偶而不愿生育的结合等。

我们的动物祖先发明了婚姻。一些鸟兽以永不离弃的一夫一妻制来生育后代。在大猩猩与巨猿中，配偶的结合会持续到哺育期，而且具备不少的人性。雌猩猩如有任何近似有失妇道之处，立遭雄猩猩的严厉惩罚。德·克雷皮尼（De Crespigny）说："在婆罗洲的猩猩，一家里住着雌、雄与一个幼儿。"萨维奇博士（Dr.Savage）关于大猩猩的报道则说："常见老猩猩聚坐在树下，大吃果实并高谈阔论，下一辈的则围绕左右，跳跃嬉戏于枝叶间，高声笑闹，其乐融融。"它们的婚姻较人类为早。

没有婚姻制度的社会确实少见，但忠于研究调查的人在从较低级的哺乳动物的乱交到原始人类的婚姻中，发现了不少转变的形迹。在斐济岛东北的富图纳（Futuna）岛与夏威夷，大多数的人都不结婚，非洲西南部黑人卢布斯（Lubus）族里的择偶自由而且乱交，并无婚姻观念。婆罗洲的一些部落杂居一处，也没有婚姻关系，比鸟类还自由。在上古俄罗斯的一些民族里，男人与女人乱交乱配，因此妇女没有一个是有固定丈夫的。非洲的俾格米人"没有婚姻法制，完全依照动物的本能行事，毫无拘束"。这种原始的"妇女国有化"配合着原始土地与食物的共有制，在人类社会早期就已消失，几无蛛丝马迹可寻。一些记忆仍以各式各样的形式遗存着：原始人类认为，一夫一妻制即是一个女人被一个男人独占，这是不自然也是不道德的；在定期举行的狂欢节里，他们暂把性的约束放在一边，婚前的女孩要在如巴比伦的迈利塔（Mylitta）庙中，将她们奉献给向她们要求的任何男人；租妻的风俗在许多原始好客的行为准则中还是相当重要的一部分；在上古封建欧洲，妇女所谓的初夜权，是由领地的首领代行古代部落的权柄，先行夺取新娘的贞操，再由新郎完成结婚仪式。

这些杂乱的关系逐渐被各种不同的暂时的结合方式取代了。在马来半岛的山里人（Orang Sakai），女孩子有一段时期要与每个男人单独地交合，然后周而复始。对西伯利亚的雅库特（Yakut）、南非洲的博托库多斯（Botocudos）及许多其他的民族而言，婚姻颇富实验的意味，只要任何一方愿意即可解除婚姻，而不必陈述理由。在布须曼族，只要一方提出异议而结束同居后，马上就可与新的对象结合。在非洲西南部的黑人达马拉（Damara）土著，依英国科学家、作家弗朗西斯·高尔顿（Francis Galton，1822—1911 年）爵士所说："配偶多半每星期都交换一次，假若不去查问，根本就不知道这些妇女的临时丈夫为何许人。"在白拉（Baila）族里，"妇女也被男人相互交换着，一经双方同意即可离弃现任丈夫而投奔另一个男人。年轻的女孩通常都有四五个丈夫，而且多是健在的"。在夏威夷，婚姻最早的意义是尝试。在 1 个多世纪以前的塔希提，如双方同居后长久没有生育，便可以随意分居。即使只有一个孩子，父母也可将其害死，而他人无权过问，或是夫妻带养孩子而保持较永久性的关系；男方为了让妻子担任哺养孩子的任务，相应地要答应援助女方的要求。

马可·波罗写到，在 13 世纪居住在现今中亚的克里雅（Keriya）部落，"男人婚后离家 20 日，如妻子情愿，她就有权再找一个丈夫，同样地，男方也可以在他居留的地方再次结婚"。现代婚姻与伦理的革新看来是何其陈旧。

法国人类学家莱图尔诺（Charies J. M. Létourneau，1831—1902 年）对婚姻的说法是：每一种野蛮或未开化社会时期里所有可能的实验都曾试过，或仍在各种族里沿用着的（婚姻结合），一点也没有那些普遍流行在欧洲的伦理观念。在婚姻关系的实验之外又加上了亲戚关系的实验。在某些情况下，我们发现“集体的婚姻”，即属于同一团体的男人与属于另一团体的女人同时结婚。例如，在个别地方就有这样的风俗，弟兄一组与姐妹一组结婚，而且在这两组婚姻中实行性的共通制，任何男女皆可同居。恺撒说在古代大不列颠也有同样的风俗。另一个风俗产生于犹太人与其他古代的民族里，就是男人有义务与其兄弟遗下的寡妇结婚，这项规矩对美洲的奥南（Onan）印第安人是一大困扰。

人类是怎样以个人的婚姻来取代原始社会里的半杂交呢？既然绝大多数原始人类在婚前关系方面不受约束，显然生理的欲望不会带来婚姻法规的产生。由于婚姻带有它的诸多限制与心理上的冲动，以致不可能与可以满足人类情欲的性的共通制度相提并论。个人婚姻的建立也不是在一开始就有了任何优于由母亲、母系家族和部族来哺育孩子的方法。某些强有力的经济动机诚然有助于婚姻的进展。在所有的可能性里（我们必须提醒自己，到底我们知道有多少的可能性），这些动机都与新兴的财产制度有关。

个人的婚姻源于男人想获得廉价奴隶，并避免将自己的财产遗留给其他人的子女的欲望。多配偶在各地所见都是一妻多夫制，如在印度北部的托达人（Toda），在这些地方，男人的数目远超过女人，因此这个风俗一直保存下来。但这种风俗不久就改变，女人成为征服者——男人的猎物，多配偶就变为我们通常所称的一夫多妻制了。很多原因促成了它的普遍性。在早期的社会，因为狩猎与战争，男人的生活较为危险，故死亡率远较妇女为高。妇女数量的过剩，迫使她们要在一夫多妻制与不生育的独身生活之间做出选择。那些要求高生育率以补偿高死亡率的人无法容忍女子成为怨女，鄙视无配偶与无子女的妇人。又因为男人喜好变换，喜新厌旧，如安哥拉的黑人所说，他们“不会老吃同一样菜”。同时，男人喜欢有一个年轻的配偶，而在原始的集体里，妇女们衰老得很快。妇女们自己也较喜欢一夫多妻制，这样便可有充裕的时间来哺养子女，在减少妇女过分劳累的同时，并不干扰男人好色和多子的倾向。有时，第一个妻子为家事操劳所苦，宁愿为丈夫找一名小妾，这样可减去她本身的劳役，而多生子女也可以增加家庭生产的力量与财富。子女是经济的资产，男人在妻子身上投资是为了获得有如利息似的子女。在父系制里，妻子与子女简直是男人的奴隶，多妻多子也便于增加财富。穷人只能一夫一妻制，但总认为这是耻辱的现象，并不断向往有一天也能成为一夫多妻的男人，拥有受人尊敬的地位。

无疑，一夫多妻的婚姻在女人多于男人的原始社会里盛行一时。一夫多妻制较当代一夫一妻制具有较高的优生价值：因为在现代的社会里，有能力与精明的人结婚愈晚，子女也便愈少；在一夫多妻制里，愈能干的人可以获得最好的配偶，而子女也很多。因此，一夫多妻制在所有未进化的民族中一直遵循着，甚至也存在于大多数文明的人类中。某些条件阻止了它的发展。由于安定的农耕生活减少了危险与动乱，两性人数趋于均衡。在这种环境里公开的一夫多妻制，即使是在原始的社会里也变成少数富豪的特权。大多数人采取一夫一妻制可以防止通奸，而其他情愿独身或不打算生育的少数人，也可以使一夫多妻的富豪造成的影响得到淡化。在两性数量接近时，男性的妒忌与女性的占有欲便促成更有利的状况。因为强者不能多妻，除非是夺取他人的妻子，再不然就是违背他们自己的初衷，一夫多妻制成为一件困难的事情，因为只有绝顶聪明的人才能做到。随着财产的增多，男人们不愿将资产分散为小股馈赠，因而转变为将妻子分为嫡妻与庶妾，只有嫡妻的子女可以继承遗产。逐渐地，嫡妻成为唯一的妻，而妾则变得不公开、分开居住甚或渐渐消失。自基督教义倡行以来，在欧洲，一夫一妻制已取代了一夫多妻制而成为合法的两性结合的表面形式。但一夫一妻制像文字与国家一样是人为的，它属于文明的历史，而不是属于文明的起源。

不管双方采取怎样的结合形式，婚姻对于几乎所有的原始人类来说，都是义务的。没有结婚的男人在团体里没有地位，或被视为半个人。与外族通婚同样是强制性的，也就是说，一个男人总希望从外族娶妻而不从自己本族择偶。这一风俗的兴起是否因为一种近亲繁殖带来不良后果的心理暗示，或是因为这种团体与团体的结合可以缔结或加强政治上的联盟，提高社会地位或减少战争的危险，或者因为从外族部落娶妻是当时流行的时尚，或是因为近亲繁殖受轻蔑与疏远，而这些都增加了这一风俗的魅力——这些我们并不清楚。在任何状况下，这种限制几乎在初期的社会都很普遍。虽然不断地被埃及的法老、托勒密王及南美洲的印加人（Incas）破坏，因为他们偏爱兄弟与姐妹通婚，但这项限制仍然存留在罗马与现代法律中，并自觉或不自觉地决定了现代人的行为。

男人如何从其他部落获得妻子呢？只要是母权制的地方，男人们都必须前往女方家族居留。自父权系统发展后，男方在一段服侍期届满后，可向女方家长请求携同他的新娘回到男方的家族。如雅各（Jacob）为了妻子利亚（Leah）与拉结（Rachel），而去侍奉她们的族长拉班（Laban）。有时男方全凭赤手空拳赢得缩短服侍的期限。去偷抢妻子是一件有利的事，也就是说，不仅她会成为一个廉价的奴隶，并且能生育一批新的奴隶。这种抢夺的婚姻尽管不是当时的惯例，但仍不时发生在原始的世界里。北美洲印第安人的妇女常常像战利品一样被瓜分，在某些部落里，丈夫与妻子之间说的是彼此都不了解的语言。俄罗斯与塞尔维亚一带的斯拉夫人，直到上个世纪（19 世纪），还偶尔实行着这种抢夺式的婚姻。[1] 这种抢夺式婚姻的痕迹仍留在一种风俗里，便是在某些婚礼仪式中发动新郎抢劫新娘。总之，这些都合情合理地发生在部落之间没完没了的战争里，也是两性之间永无止

[1] 英国人类学家布里福认为，抢劫的婚姻主要产生于与妻子家族同住一起进而变为父系制家庭的过渡时期。男人们为了不与妻子同住娘家或她的家族里，便用武力强迫她回到自己家里。利珀特（Lippert）相信，异族结婚起源于用和平的方法来代替抢劫，不断地盗窃渐进为贸易。

境的战争的逻辑出发点，而它的终止犹如梦幻虚无，永不会出现。

随着财产制度的兴起，付给女子的父亲丰富的物品或一笔金钱都较方便，因而无须服侍外族或去冒因抢婚引起的暴力与争执的危险。因此，在初期的社会里，这种父母安排下的婚姻，便成了一种惯例。一种转变的形式发生在大洋洲的美拉尼西亚地区的部落，他们诱走妻子后只要给予女方家庭一定的补偿，这一偷盗就被认为是合法的。在新几内亚一些土著中间，男人诱拐了女孩将她藏起来，再找人去与她父亲磋商价格。为了平息在伦理上发生的争执与责难，滋生了用金钱贿赂之风。一个新西兰的土著毛利（Maori）母亲大声咒骂与她女儿私奔的青年，直到那个青年向她奉上一条毯子。她说："这就是我要得到的，我只要这条毯子，因此我才哭闹半天。"一般来说，新娘总要比一条毯子值钱：在南部非洲的霍屯督蛮族，她值一头公牛或一头乳牛；在北部非洲的克鲁（Croo）族，她值三头乳牛与一只羊；在南部非洲的黑人卡菲尔族，依女孩家庭的等级值 6 至 20 头牛；在西非的多哥（Togo）族，她可换取 16 元现金和 6 元的货品。

在原始的非洲，盛行买卖婚姻制，这在古代印度与朱迪亚（Judea）、哥伦布以前的中美洲与秘鲁等地都曾盛行一时，同样的例子在现代的欧洲也有。父亲视女儿为己物，在相当的范围内，只要他认为适当，就有权处置她，这些都是父系制下自然发展的产物。南美洲奥里诺科（Orinoco）河沿岸的印第安人认为男方应给予女方父亲一定的补偿，作为抚养费用。有的家庭甚至将女孩在新娘展览会中亮相，让男士们来挑选。因此在非洲东部的索马里（Somali），新娘都盛妆并洒上香水，骑马或步行来吸引男方争出高价。没有一项女方反对买卖婚姻的记录出现，相反，却以能获高价而沾沾自喜，并对获价低廉者予以冷嘲热讽。她们相信，在婚姻交易里，男子总是付出很少而所获较多。另一方面，女方家长在获得男方付款后，也礼尚往来地回赠礼物。时日运转，礼物的价值愈来愈接近男方所付之数额。富有之家为了大肆渲染女儿出嫁而渐渐加重礼物，进而演变出日后例行的嫁妆。后来演变到由女方家长为女儿买进丈夫，代替（或同时并行）了男子买妻子的惯例。

在所有这些婚姻的形式与种类里，很难找出带有罗曼蒂克爱情的意识来。我们在新几内亚的巴布亚（Papuan）地区找到了少数带有爱情的婚姻。在其他原始民族里也找出了一些爱情的事例（基于相互的忠诚更甚于相互之间的需要），但这些附带的故事与婚姻本身毫无关系。在单纯的生活里，男人为了廉价的奴隶、光耀门第与一日三餐而结婚。英国探险家理查德·兰德（Richard L. Lander）说："在非洲的雅里巴（Yariba），土著举行婚礼极其简陋，不值一谈。男人眼里的娶妻有如去田里砍伐一车玉米，毫无情感可言。"因为在原始社会里，风行婚前关系，情欲不可能凭克己来杜绝，因此对妻室的选择并不会造成影响。同一原因——欲望与满足之间几乎没有时距——对起伏不定的内在欲望没有时间去抑制并进而使它理想化，这种情欲的抑制正是少年时期出现的罗曼蒂克爱情的根源。这样的爱情迟至高度发展的文明社会才能产生。在文明的社会里，伦理的出现规范了欲望，财富的产生致使某些男人能出高价，而女人提供奢侈与优美的罗曼蒂克气氛。原始民族生活穷困，何来罗曼蒂克呢？在他们的歌词中我们很难发现有爱情诗般的韵味。传教士将《圣经》译成北美洲阿尔冈昆（Algonquin）印第安人语时，竟找不出一个与"爱情"相同的词来。南部非洲霍屯督人的婚姻被描写为："彼此之间冷淡无味与漠不关心。"在黄金海岸，丈夫与妻子之间甚至连表面的亲昵都没有。在原始的澳洲也是这样。卡利耶（Rene-Auguste Caillié）谈及塞内加尔的黑人说："我问巴巴（Baba），为什么他不与他的妻子们一起欢笑呢？他说假若与她们嬉戏欢笑，他就无法管治她们。"又问澳洲的土著，为什么要结婚？他很坦白地回答说，因为他要一个妻子来为他调制食物、取水与采集木材，在移居时为他携带家具。美国人认为不可或缺的接吻，原始人类则闻所未闻，假若知道的话也少不了一顿咒骂。

一般看来，"未开化的人"对性欲在心理与神学上的怀疑与在哲学上的领悟，并不比一般动物为多。他不会因为这些而陷于沉思，也不会因之而勃然大怒。这之于他们与食物之于人一样，被视为理所当然。对不切实际的动机，他不会制造一些虚伪的口实来掩饰。婚姻之于他们绝不像圣礼那样神圣，他们也不会将之视为一项隆重的仪式，而仅作为一项商业的交易。他不用情感而是基于现实的考虑去选择配偶，并不因此感到惭愧，反而认为情感的考虑是一种耻辱，如让他与我们一样“肆无忌惮”的话，他还会要求我们来解释一下：依照我们的风俗，为何因为一时性欲的需要，而将男女双方几乎为了生活而结合在一起。原始的男人对婚姻的看法，不是基于性的放肆而是基于经济的合作。他希望女人——她也盼望自己，不要过分庄重与美丽（虽然他也欣赏她的这些气质），只要能供使役而且工作勤快即可。女人始终被看成是一项经济上的资产，不然，讲实际的“野蛮人”也绝不会想到婚姻。婚姻是一项有利的合伙生意，不是个人的纵于淫乐，它是由男女来共同工作的一种方法，这样可比仅由任何一方单独工作要获利得多。从文明史来看，只要某一地区的妇女在婚姻制度上不再是一项经济上的财产，那么这个地区的婚姻关系也就衰微了，有时文明也因而衰微。

性的伦理

伦理最大的使命经常是性的规范。因为生殖的本能引起的问题不仅在婚姻中，而是包含了婚前与婚后，而且随时都可能因它的固持、强烈、藐视法律与随意而扰乱社会治安。第一个问题是有关婚前的男女关系——他（她）们是应有所限制，还是自由放纵？即使是动物，性也不是完全没有限制。在动物界中，除了在发情期，雌性通常会拒绝雄性的要求，以减少性的需求到适当程度，不像如今人类的好色。法国剧作家博马舍（Beaumarchais，1732—1799年）说：“除了在极其饥渴的情况下，人与禽兽在吃喝方面是不同的，而且性行为的无节制也异于禽兽。”我们发现，在原始人类中，与月经期中的妇女发生性行为被列为禁忌，这一点与动物界中的限制相似。除此以外，婚前的性交在最单纯的社会里是毫无约束的。北美洲的印第安男女自由婚配，这些婚前性关系对婚姻不构成障碍。在巴布亚新几内亚，人们很年轻时就开始性行为，婚前乱交已成定规。西伯利亚索约特族(Soyot)、菲律宾伊戈罗特族（Igorot)、缅甸北部的土著、南非洲卡菲尔黑人与布须曼族、非洲中西部尼日尔河与东部乌干达的一些部落、南太平洋的新乔治亚岛、澳洲南部默瑞岛、印度洋安达曼群岛、塔希提、波利尼西亚、印度阿萨姆等地，都有婚前性行为的自由。

在这样的情况下，原始社会里不可能发生很多的卖淫勾当。这个“最老的行业”还是比较年轻，它是随着婚前性自由的消失、财产与文明的诞生而来。在各地，我们发现一些女孩借短暂的卖身获得一笔嫁妆，或为庙堂捐献。但必须是当地的伦理法则认为这是一种救济贫困的父母或为了祭神的虔诚奉献，方能这么做。

贞操观念是相当晚近才发展起来的。原始时代的少女不怕失去童贞，而怕不能生育。婚前怀孕非但不会有所阻碍，反而有助于找到归宿，因为这可以澄清一切对不育的怀疑，也是多子多孙有力的保证。在财产观念没有产生以前，比较单纯的部落并不重视贞操观念，因为贞操的保留表示该女子并不为人喜爱。在堪察加半岛，新郎若发现他的新娘是处女，会非常难堪，并责骂她的母亲为何对养育女儿如此疏忽大意。有些地方竟认为童贞是婚姻的障碍，因为它将使她的丈夫面临违犯禁忌的困扰，该禁忌不准他使任何族人流血。有时，女孩竟因此自动奉献与陌生人，以免除丈夫违犯禁规。在印度西南的马拉巴(Malabar)，女孩子主动服侍过路的客人，都是出于处女找不到丈夫的缘故。在有些部落，新娘在结婚当天自愿献身于参加婚礼的客人，然后再与新郎同房。另一方面，新郎也可以雇用人来先行夺取新娘的童贞。在菲律宾的某些部落，特别任命一位拿高薪的官吏，专司为这些未来的新郎先行破身的任务。

是什么原因使童贞从被视为缺点，转变为妇女的美德，并使它成为所有较高文明沿用的道德律中的要素之一呢？无疑是财产制度所致。婚前的贞操对于一般少女来说，是父系制里的男人将他的妻子视为财产所有权的一项延伸。在买卖式的婚姻里，当一个处女的新娘卖价比她那些瘦弱的姐妹要高时，处女的价值就提高了。处女是用她的过去清白以保证未来婚姻的忠贞，现在男人之所以对贞操如此重视并对之疑虑重重，主要是因为这样可以避免把财产遗留给非自己亲生的子女。

男人从未想到用同样的限制约束自己。在历史上，从没有坚持男人婚前的贞操，在文字里也从未有过绝对的“处男”。在希腊，所说的童贞女神也是专为女孩而设，并对之有百般压制。北非撒哈拉的图阿雷格族（Tuareg），对犯过失的女孩或姐妹都处以死刑。苏丹北部努比亚、阿比西尼亚、索马里等族对他们的少女施以残酷的锁阴器——在外阴唇上加上环形物或锁以防止性交。又使用隔离的方式以避免少女受到外来的诱惑。在所罗门群岛内的新不列颠岛，富有的父母一般将女儿幽禁5年（这段时期被认为是危险时期），并派可靠的老妇人监守门户。女孩绝不许外出露面，仅能见亲戚几面。在婆罗洲的一些部落，将未婚少女幽禁在偏僻地区。从这些原始的风俗到印度妇女隔幔的深闺习惯仅一步之差，再次说明了“文明”是多么接近“野蛮”。

端庄的气质来自纯真与父权制。许多部落至今仍不以赤身裸露为耻，事实上有些人会因穿衣服而感到羞耻。苏格兰传教士利文斯通（Livingstone）要求主人穿上衣服接待他的夫人时，所有非洲人都为之捧腹。巴隆达（Balonda）的皇后在接见利文斯通时也是一丝不挂。此外，有少数部落对公开性交并不引以为耻。端庄的气质起初被认为是妇女在月经期中的一种感觉，而在这一时期，对女性的接近被列为禁忌。当买卖式婚姻出现后，少女的童贞带给她们的父亲一些好处，使用隔离与强制来维系童贞引起少女对贞操产生义务感。其次，妇女的端庄也是在买卖式的婚姻下，妻子对丈夫一种财务上的义务感，它杜绝任何未能带给丈夫报酬的红杏出墙。虽然使用衣物来遮体的动机还未发生，穿衣服的需要却在此时出现：许多部落少女在婚后才穿衣服，这是为了表示她已有了丈夫，也为了遏止男人对她大献殷勤；原始人并不赞同《企鹅岛》（*Penguin Isle*）著者的意见——穿上衣服会激发淫荡。不管怎样，穿衣与贞操没有必然的瓜葛存在。一些游历者的报道说，非洲的伦理竟与衣服的多少成反比，很显然，男人认为的耻辱完全是根据团体的禁忌法则与风俗而定。但古埃及的妇女、19世纪的印度妇女及20世纪荷属东印度的巴厘岛人一直认为露出乳房并不可耻。

我们绝不能由于伦理因时与地的不同而大异其趣，便下结论认为它毫无价值，不如立即抛弃各个团体自己的伦理风俗，而将历史上所见的全部伦理风俗加以统一。然而，仅凭借单一的人类学说是挂一漏万和极危险的事，如法国小说家阿纳托尔·法朗士（Anatole France，1844—1924年）所说："伦理是一个社会里所有偏见的总和。"这的确是一针见血的说法。又如，阿纳卡西斯（Anacharsis）在希腊人当中曾这样说："一个人将一些团体认为神圣的风俗混合一起，随后又将一些被团体认为不道德的风俗全部取消，最后将一无所得。"但这并不能证明伦理毫无价值，它只是说明社会的体系以各种不同的方法加以保留。社会体系仍是必需的，运动游戏也必须有规则才能进行。人们更需要了解，在日常的生活环境里，人们彼此之间盼望的是什么。因此，在社会里大家一致遵行的伦理与伦理的内容同样重要。由于伦理相对性的发现，我们过分地否定了群体的风俗与伦理，而这正表露出我们心理上的幼稚无知。也许再过10年，我们才会了解在一个团体的伦理规范中可能具有更多的学问，这一种族历代相传且系统的经验比现在大学里的课程有过之而无不及。不久，因那种不成熟的认识而让我们不能了解的都将被认为是真实的。由惯例、传统、风俗与法律组成的复杂的社会结构，是历经千万个年岁与亿万个心智形成的结晶。而一个人穷毕生的心智也不可能窥其全貌，何况以短短的几十年。谨以伦理是相对的与不可或缺的来作为我们的结论。

既然古老与基本的风俗经过多少世纪不断地尝试与改进，选择一些足以代表团体的方式，撇开它们在历史上的相对性、与买卖婚姻的结合及对神经衰弱症的贡献，我们定可在童贞与端庄的气质里找出一些社会的效用或生存的价值来。端庄的气质是一种战略性的后退，它能使少女在选择配偶时有较多的考虑，并可迫使对方为了争取她的芳心而表现出他的高尚气度来，也会因情欲导致的罗曼蒂克爱情意识来提升女方在男方眼中的价值。这种对于童贞的谆谆教诲，足可消灭原始人类性生活的纯粹和无拘束。但由于阻止过早的性发泄和防止未成熟的母性，童贞可以填补存在于个体的性成熟与心理成熟之间的空隙，更可借此加强个人生理与精神的健全，延长少年期与学习期，进而提高种族的水准。

由于财产制度的发展，私通渐渐地由可原谅的过失变为不可赦的大罪。据我们了解，一半的原始人类对此并不重视。财富的产生不仅带来了男人要求妇女绝对的忠贞，并促成男性视女性为己物的态度，甚而产生因拥有她的身体与灵魂才将她转借宾友的畸形意识。风行于印度的寡妇殉死（*Suttee*），即是这一构想的具体体现：妇女必须随同主人的其他遗物一同下葬。在实行父权制的地区，私通与偷盗被列为同等罪行，也被认为是对专利品的侵犯行为。对通奸的惩罚因其程度而有差别，如在最单纯的部落里无须受罚，但在美国加州的某些印第安部落里，通奸的妇女要剖腹自杀。经过多少世纪以来的处罚，妻子贞节的新妇道才真正建立，并在妇女的心中培养出一种相当的“良知”来。许多印第安部落对他们的统治者从未接近过女色的美德，感到非常惊奇。一些男性游客也希望某一天欧洲和美洲的妇女也能与非洲祖鲁人和巴布亚新几内亚人的妻子一样忠实于她们的婚姻。

在早期的巴布亚与更原始的民族，男人不难寻得借口与妻子离婚。美洲印第安人的婚姻很少有超过几年的。美国人种学家亨利·斯库克拉夫特（Henry R. Schoolcraft，1793—1864 年）说：“很多老年与中年男人有不少妻子及遍布各地的子女，而他们互不认识。”他们嘲笑欧洲人终其一生只有一个妻子，他们认为天生我材是为了享乐，而不是为了长相厮守，除非妻子与他们性情相投、水乳交融。北美洲印第安切罗基族人（Cherokee）一年换妻 3 至 4 次。较保守的萨摩亚人夫妻也只生活在一起 3 年。自从安定的农业生活开始，夫妻结合的时间变得较为长久。在父权制的体系下，男人发现离婚并不经济，因为失去一个妻子等于少了一个奴隶，自然减少了利润。因为家庭变成了社会的生产单位，共同耕地是按土地的大小与耕种人的同心协力来获得效益——其他的生产活动也是一样。另外一点是夫妻结合的结束必须要一直等到最小的孩子长大成人。更因为生活的忙碌没有时间再谈新的情爱，双方由于甘苦共尝、患难同担，而有长相厮守的必要。等到进入城市工业化阶段，随着家庭的人口规模减小与经济重要性的降低，离婚又渐次普遍了。

一般而言，有史以来，男人为了多要子女而重视母性，而妇女对生育的知识不断增加，却秘密地设法来减轻此重担，使用众多的方法来减轻母性生育之苦。原始的人类并不在乎人口的众多，一般情况下子女即是财产，而男人唯一的遗憾是这些孩子不能都是男孩。妇女发明了堕胎、杀婴与避孕——甚而在原始人类中已在使用避孕，这的确是一项惊人的发现。为了避免生育，自“未开化”进而到“文明”的妇女，她们所有的动机何其相似：逃避哺育下一代，保存青春美貌，避免过分生育以期善尽母道，求长生不死等。最简单的减少生育的办法，是在哺乳期中避免与男人同房，如此可以多年不育。在美国明尼苏达州的夏延（Cheyenne）印第安人妇女中曾流行一种风俗，在第一次生育后须隔 10 年才生第二胎。在所罗门群岛的新不列颠岛，妇女婚后 2 到 4 年才生育。巴西圭亚库鲁斯（Guaycurus）族的人口不断地减少，因为妇女 30 岁以后才选择生育。在巴布亚族流行堕胎，因为妇女一致认为子女是一项负担，宁可死去也不愿生育。新西兰棕色毛利人妇女用草药或借人工使子宫偏位以免受孕。

如堕胎不成，即行杀婴。在很多原始民族中，新生儿若畸形或患疾病，或是私生子或生产时母亲已死，则被准许杀害。还有些部落，若他们自认为孩子出生的环境不吉利，也要将之杀害。为了限制人口，似乎每种可行的节育方法都是有益的。因此，邦代（Bondei）居民将凡是出生时头向前的婴儿统统勒死；堪察加半岛的人对凡在暴风雨时出生的婴儿也加以杀害；马达加斯加部落将凡出生在3月或4月或在每个月最后一周的星期三或星期五的婴儿全部抛于野外、投水淹死或活埋；若生了双胞胎，则被认为犯了通奸罪，因为一个人不可能同时做两个孩子的父亲，因此其一或两个婴儿都要被处死。杀婴在游牧民族中最为流行，因为生育抚养是长途跋涉中的一大难题。加拿大维多利亚省邦杰朗（Bangerang）部落在全部出生的婴儿里要杀害一半；巴拉圭伦瓜人（Lengua）只许每一家每7年生一个孩子；南美洲阿比庞（Abipon）印第安族部落在人口方面实行法国式经济思维，只许每家生一男一女，其余都在出生时杀害；遇上灾荒歉收或存在潜在威胁时，很多部落将新生婴儿杀害，一些部落竟将婴儿权充食物。一般来说，女婴总是杀婴的唯一对象，间或也有被虐待致死的，为了诱使她的灵魂在下一次投胎时变为男性。他们对杀婴的行为没有残酷与怜恤的感觉，因为母亲在生育时为痛苦所扰，对子女毫无本能的爱意可言。

如婴儿出生后能生存多日，则已安全，不至于遭受杀害，不久因其天真无邪、嗷嗷待哺而唤起了父母之爱。更多原始的父母对子女的爱护竟较高级文明里一般子女获得的周全，亲情也更深厚。由于牛奶和软质食物的缺乏，母亲哺乳婴儿多达2至4年，有时竟达12年之久。一位游历者描述，一个男孩在他断奶之前，曾学过抽烟；常常见小孩在与其他孩子游戏中或工作中，要抽出时间去母亲那里吃奶；黑人妇女在工作时将孩子背在背上，有时将乳房撩过肩头让孩子吃奶。原始的生活纪律松弛，但并不颓废；孩子在幼年粗鲁无知、好勇斗狠，但能不断学习迅速成长。孝顺与亲情在自然的社会里得到高度的发展。

原始人类在幼年的成长中不断受到危险与疾病的残害，死亡率颇高。青年期也因早婚与婚后家庭责任的负担而减短，不久又因充任群体的成员与执行保卫群体等艰巨的任务而消耗了宝贵的时光。妇女的精力消耗在子女的养育上，男人则尽心尽力来保护与支援她们。等到幼儿长成，父母也近衰老，个人的生活从生命的诞生到生命的衰老很少有享受的余地。个人主义同自由观念一样，是文明的奢侈品。只有在历史开始发展之际，大多数男女不为饥饿、生育与战争所苦时，才能获得实际的悠闲，并创造文化与艺术。

社会伦理

亲子关系有助于伦理规范的传承。起初，孩子的动物性成分高于人性的成分，由于不断地接受种族的伦理与精神的遗传，才渐具人性。由于他的本性仅适合传统的与基本的情况，并更易于接受来自原野森林的诸多刺激，就生物学的观点来看，这些本性离文明的要求尚远。每种恶性都是来自渴求生存的挣扎，它一度是善意的，它变为恶性，是由于在它存在后成了不可或缺的必然性，因此它不是行为进步的形式，而经常是返祖性的现象。伦理规范的一个目的，是规范不变的或缓慢变化中的人性冲动，以适应社会生活中变化的需要与环境。

贪婪、虚伪、残忍与暴行多少世代以来一直出现在动物与人类中，并不符合我们的法律规则。教育、伦理、宗教等可以将它们全部根绝，但无疑，有一些直到今天仍有其存在的价值。动物狼吞虎咽、大吃大喝是因为它不知道何时再能获得食物，这种不可知的因素就是贪婪的起源。西伯利亚东部的雅库特人一天吃 40 磅肉，爱斯基摩人与澳洲的土著也有类似的情况。经济的安全是近代的一项文明成就，但不足以消除这种天然的贪婪。直到如今，贪得无厌的心理仍然存在，如惶惶不可终日的现代男女贮存金银及其他物品，以在紧急之时可以换取食物。对水的渴求不像对食物的渴求那么普遍，这是因为人们聚居之处就必有水源存在。但对酒的陶醉各地皆然，这并不全是因为人类的贪婪，也有可能是因为寒天饮酒取暖，或苦闷时举杯消愁，或水源可得却不适于品味。

虚伪并不如贪婪古老，这是因为饥饿的出现较财产为早。最单纯的“未开化的人”似乎最诚实。南部非洲霍屯督族的库尔本（Kolben）说，他们的言语是神圣的，他们“不知道欧洲的腐败与虚伪为何物”。随着国际性交流的发展，这些天真无邪的诚实就消失了，欧洲也教会了霍屯督人一些“文雅”的技巧。一般来说，虚伪与文明俱来，在文明世界里，个体的交往关乎利益，有更多的事物必须窃取，教育又使人们更加聪慧。自从财产在原始人类中出现，谎言与盗窃就层出不穷。

暴行犯罪与贪婪同时出现。为了争夺食物、土地及配偶而世代砍杀、血染大地，使忽明忽暗的文明之光陷入黑暗。原始人类是残忍的，因为生活的经验告诉他们必须如此，必须随时随地准备格斗，也必须有适于嗜杀成性的心情。人类学上最黑暗的一页就是原始的屠杀，及许多原始的男女从对他人的残酷刑罚中似乎得到了乐趣的一些记事。多数的残忍与战争有关。在部落里，日常的生活则没有那么残忍，他们以十足文明化的慈爱方式相互对待——甚至是对奴隶。但自从有了战争而人们在战斗中又必须勇于杀戮，他们竟在平时也学会了砍杀。因为在原始人类的心中，只有一方被杀死，才算是纠纷的结束。在许多部落里，谋杀即使发生在同一家族里，也不像今日这样令人感到震惊。南美洲印第安族火地岛部落对谋杀者的处罚仅仅是将他放逐，直到其他族人忘记了这项罪行为止。南部非洲卡菲尔黑人认为谋杀者不净洁，必须用木炭将其脸孔涂黑。但过了一段时间，他洗去脸上的黑颜色，漱漱口，再将自己漆成棕色，就会再为社会接纳。斐济群岛东北的富图纳岛的人与我们一样，将谋杀者视为英雄。在有些部落里，女人不嫁给没有杀过人的男人，不论他使用公平的决斗或使用有损名誉的暗杀，只要杀过人的便可。直到现今，菲律宾人犹有猎人头的行为存在。婆罗洲的达雅克人，他们在猎人时，谁猎得人头最多，谁就有权在全村的女孩子里挑选他所爱的。这种行为十足地鼓励了他们的嗜杀，妇女也自认经此一来，自己可以成为勇士与英雄之母。

食物稀有的地方，人的生命还不如草芥。爱斯基摩人的儿子们在他们的父母老弱到无用时，即将之杀害。如不照办，则被视为违背孝道。甚至自己的生活如原始人类一样不堪时，他自愿自杀。如果受害的一方自杀或切断自己的四肢，凶手也必须仿效对方的自杀或断肢，否则必被视为下贱无耻；古时所行的切腹也是属于这类的自杀行为。那时，若要自杀，很容易找到充足的理由：北美洲印第安的妇女自杀，是因为男人利用特权责骂她们；新几内亚东部的特罗布里恩岛上的青年因为妻子抽完了他所有的烟草，就要去自杀。

把贪婪变成节俭，把暴行变成论争，把谋杀变成起诉，把自杀演进到哲学，这些都是文明任务的一部分。强者愿循法律程序去商请被迫害的弱者，这就是一大进步。假若社会容许它的成员彼此的行为像一个团体对待其他团体的行动那样，它即不可能存在。内部的合作即是对外竞争的第一法则。为生存的竞争不因互相帮助而结束，而是被融入或转移到团体中。其他的事也是一样，如两个团体相较量，其竞争力将依团体内个人之间与家庭之间相互融合的程度来决定。因此，每个社会都要谆谆地灌输伦理的规范，使它们根深蒂固地存在于每个人的心中，并以此作为他们之间无形的结合与互助。社会性格缓和了生活的自然战争。个人的一些德行或习惯，凡有利于团体的则称为善性；反之，有害于团体的则称为恶性。

个人由外在的力量而社会化了，使“未开化的人”的心灵中产生社会的情感，几乎比在现代人心中培植出社会情感更为容易。生活的斗争激发了地方自治主义，而争夺财产又加强了个人主义。相较当代的人，原始人类与同伴的合作易于达成：因为他们与团体在危险和利益方面的重叠较多，而为财产与团体的分歧要少，在他们之间易于产生社会的团结力。原始的人类是粗暴与贪婪的，但也是和气与慷慨的，甚至对陌生人也愿意分享所得，并对客人馈赠礼品。在很多部落，主人使用一种原始的待客方法，即把自己的妻子或女儿赠送给游历的客人。假如受赠的人显出不愿接受的表情，便被认为是一种严重的冒犯，不止是冒犯了主人，也冒犯了被赠送的女人，这些都是传教士遭遇的一大难堪。以后待客的方式，通常取决于客人卸脱这些责任的态度。“未开化的人”具有所有权的意识，但这种意识并不包括性欲、妒忌等方面：如他的妻子在婚前与男人相好过，或现在与客人同床共衾，都不会使他困扰难堪；但作为她的主人与作为爱人不同，若妻子不经过他的同意去与他人同居相好，一经发现他定会激愤万分。一些非洲的丈夫为了酬报而将他们的妻子租与陌生人。

礼仪的规矩在极单纯的民族与先进的国家中同样繁杂。每一团体有正式的相见与辞别的礼节规定。两人见面互相用鼻摩擦，或互相闻嗅，或轻轻地相互拍打。至于现代西方素行的接吻，他们从未做过。有一些较原始的部落的礼节比现代的还要周到，也更具礼貌：我们曾提到过的婆罗洲猎人头的达雅克族，在他们平时的家庭生活里充满了“文静与和气”；中美洲的印第安族认为，白种人的高声谈话与粗鲁的行为是下等人与原始文化的表征。

几乎在所有的团体里，都视其他的团体不如自己。美国的印第安人认为他们是被选择的民族，是由天神创造的人类至高的楷模。一个印第安部落称自己是“唯一的人类”，另一些称自己为“人中之人”。西印度群岛的加勒比人（Carib）说：“只有我们才是人。”爱斯基摩人相信欧洲人曾去过格陵兰岛学习美德与礼仪。同时，原始人类很少将他们自己部落里通行的伦理法规，扩大使用于其他的部落。他们率直地认为这些伦理的功用，是赋予他们团体力量、使他们的团体一致来对抗其他的团体。戒律与禁忌只是在他们的部落里面使用，其他人，除了他的客人外则任其自由行事。

历史上伦理的进步，不在于伦理准则的改良，而在于其适用范围的扩大。虽然原始与现代的两种伦理准则在内容、实践与信仰上有很大的差别，现代人的伦理并非毫无疑问地优于原始的人类。但在正常的时期，现代伦理即使已减低了其扩展程度，仍比过去适用于更多的人群。[1] 由于多数的部落聚集在一起变成一个大的单位——国家，伦理道德超出了部落的束缚；更由于交通——有时被看成一个共同的危险——结合了所有国家，伦理道德进而突破了疆界，而一些人种开始使他们的戒律扩大到欧洲地区，影响所有的白种人，最后影响所有的人类。大概经常有一些理想家，愿将其善待邻居的爱心推及所有的人类，也可能在每个世纪里，他们徒费口舌地狂喊民族主义与战争的野蛮。但也可能这些人的数目——甚至在社会中的相对数量已经增大。在外交上是不讲伦理道德的，政治上也不谈怜悯同情；但在国际贸易上是要讲道义的，因为贸易的进行不可能没有某种程度的限制、规章及信用，以兹共同遵行。因此，贸易从海盗的行为中开始，而在商业的道义与规范中登峰造极。

极少有社会乐于将他们的伦理准则像经济的与政治的效用一样纯粹建立在理性的基础上。因为个人并不愿将自己的利益附属于团体，或服从那些没有明显的执行手段又令人生厌的规章。因此，需要有一个无形的监视者，借强有力的希望与恐惧来加强社会的一切措施，以抑制个人主义的冲击滋长，于是社会利用宗教的力量。古希腊地理历史学家斯特拉博（Strabo，公元前 63—公元 24 年）早在 1900 多年前就针对以上情况表达了一种极为进步的观念，他做了以下说明：

> 至少在面对一群妇女或一些良莠不齐的群众时，一位哲学家不可能仅用道理影响或劝告他们感恩、怜恤与信服，还需要借宗教的恐惧，而这种恐惧又需要带有神奇鬼怪的意味。如雷电、神的庇护、海神的制海权、火炬、蛇、酒神的魔杖——神的手臂等，都是带有神性色彩的，全部是古代的神学。但国家的创始者

[1] 自从中世纪民族主义兴起，伦理准则应用的范围也缩小了。

将他们制定的刑罚委诸鬼神，借此来吓吓一些头脑单纯的人。因为这些具有神话性，也在社会和民间生活的常规里，及所有历史的记载中占有了它的地位，一般老年人就以它来作为子女教育的依据与成年人在行为上的准则，更用诗歌的方式使人们相信在不同的生活里都会得到应得的报应。过了很长一段时间，如今，历史的著作及当代的哲学思想出尽了风头。然而，哲学总是为了少数人，而诗歌才是适合大众的胃口。

因为神秘与超自然假借了一种力量，而这种力量绝不附着于人们能经验性地认知的事物，伦理很快就被赋予了宗教的意义。相较于科学，人类更容易受幻想的管制。但伦理的这种效用是否就是宗教的渊源或起源呢？

宗教
——原始的无神论者

如果我们将宗教视为对超自然能力的崇拜，那首先我们必须注意，一些民族显然没有宗教意识可言。非洲某些俾格米部落就没有显著的祭祀或礼拜仪式，他们没有图腾、偶像，也没有神。他们埋葬死人也不需要任何仪式，似乎对这些已死的人不再过问。如果我们相信一个可信任的游历者的报道，他们甚至连迷信也没有。在西非洲的喀麦隆族（Cameroon），他们认为只有恶毒的神，但他们对之不予理睬，因为他们认为不值一试。今斯里兰卡的维达人也只是承认有神灵与不朽的灵魂的可能性，但他们没有任何祈祷与祭祀等仪式。如果问他们有关神灵的事，他们的回答总是像现在的哲学家一样怀疑与迷茫："他是在岩石上吗？在一棵树上？我从来没有看见过神！"北美洲的印第安人认为有一个神，但没有去膜拜它，与希腊哲学家伊壁鸠鲁（Epicurus，约公元前341—前270年）一样，觉得他太遥远以致无法扯上关系。南美洲印第安族的阿比庞人（Abipon）颇具孔子作风地回绝一位形而上学者说："我们历代祖先一贯独自经营大地，他们希望的只是土地里长出草与涌出水来养活他们的牲畜。他们从不为天堂里的事及谁是宇宙的创造者或主宰的问题而困扰自己。"当问爱斯基摩人谁创造了天堂和大地，他们总是回答说："我们不知道。"再问非洲的祖鲁人："你眼见太阳升起与落下、树木生长时，你知道谁使它们这样？是谁来管理这些呢？"他们很简单地回答："我不知道，我只是看见过，但我不能告诉你它们是怎样来的，我认为它们是自己发展起来的。"

这些状况都是例外的。古老的信念认为宗教是普遍存在的，实际上这也是正确的。就哲学家看来，这是历史学与心理学最特殊的事实之一。但，与其说他不认同所有的宗教都包含许多无稽之谈，不如说他对信仰的古老与源远流长的问题感到困惑。那么，什么是人类坚贞不渝的虔敬的来源呢？

·宗教的来源

如罗马诗人卢克莱修（Lucretius，约公元前99—前55年）所说："恐惧是神灵的第一个母亲，尤其是对死亡的恐惧。"原始的生活充满危险，很少有人能随生命的自然凋谢而走完人生旅程。距衰老之年尚有一段漫长岁月时，暴行或疾病就会夺去大多数人的生命。因此，早期的人类并不相信死亡是自然现象，而认为是一些超自然的力量在控制。在新不列颠岛土著的神话里，人类的死亡是神灵的错误所致，善神卡姆比那那（Kambinana）告诉他愚笨的弟弟库尔沃瓦（Korvouva）说："到人间去告诉人类，只要能蜕皮，他们就可以免去死亡。另外告诉毒蛇，它们必定要死。"愚笨的弟弟将这两件事混淆了，他把长生不死的秘诀交给了蛇，而把阴森的死亡送给了人类。很多部落认为死亡是皮肤的收缩所致，人若能蜕皮的话，他就可以长生不死。

对死亡的恐惧出于对未可知和突发的事件感到不可思议，而寄望于神助并祈求好的命运，于是产生了宗教信仰。惊奇和神秘总是与性、梦幻及人和大地之上的浩瀚星空密切相关。原始的人类对梦里所见的一切都感到诧异，更为在梦中眼见所识之人竟变成死人而惶恐万分。他埋葬死人入土是怕他再回来；他又将粮食物品随尸体埋入土中，也是怕死者回来责骂他；有时又将死者曾住过的房屋留给他用，自己迁往别处去住。在有些地方，人死后将尸体不经大门而改从墙上穿孔抬出屋外，再急忙绕屋奔驰3次，这样可使死者迷失，记不清从何门而入，如此他将永远不能再回到家中。

这些经验使早期人类相信每个有生命的事物，都有一个灵魂或秘密的生活，遇到生病、睡觉或死亡时它就与身体分离。在古代印度《奥义书》（*Upanishads*）中一位哲人曾说，一个人睡觉时，切不可突然将他唤醒，因为他的灵魂会因他的刹那醒来而未能及时返回他的身体，这将是无法医治的。不仅人类，其他东西也有灵魂。外在世界并非无感觉或麻木不仁，而是活灵活现的，如果不是这样的话，原始的哲学思想与大自然的物性都成了费解的现象，如太阳的移转、致命的闪电或树林的声响。个人理解目的与结果的方式，优于与人无关的抽象思考，宗教优于哲学。如此的泛神论就是宗教的诗文，及具有诗意的宗教。当风把一张纸吹起，飘落到最低级的动物——狗的面前时，可以从狗的眼中看出它是何等地惊异，它可能以为纸里面有一个精灵在动。同样，我们也可以在最高级的诗文里发现相同的感觉。从原始的心意和各个时代的诗文来看，山岳、河川、岩石、树木、星辰、太阳、月亮以及天空莫不充满了神圣的事物，因为它们都是内在和无形灵魂的表面及有形的象征。在古代希腊，天空神是乌拉诺斯（Ouranos），月亮神是塞勒涅（Selene），地球神是该亚（Gaea），海神是波塞冬（Poseidon），而在各地森林里的是潘神（Pan）。在古代日耳曼原始森林里的是神仙妖怪、小精灵、山神、巨人、矮人与小神仙，这些森林里的众生均活现于德国作曲家瓦格纳的歌剧和挪威剧作家、诗人易卜生的诗歌与戏剧里。爱尔兰较单纯的农民，如今仍相信有妖精存在，爱尔兰文学复兴时期的诗人或作家都采用它们作为题材。在泛神论里也有智慧与美感，它将万物看作活灵活现般，这是一件善事并有意义。对有知觉的神灵，当代最敏感的作家曾做如此的描述：

> 大自然一开始就以各种不同的姿态出现，某些是可见的，而某些则不可见，但皆具有生命、心智和物质的实质，再掺杂神秘的性质……世界被诸神充斥！从每一星球，每一岩石发射出一些具有各式各样类似神灵的力量，这些强烈的、微弱的、巨大的、微小的力量，依它们秘密的目的，运行于天空与地面之间。

·宗教的对象

既然万物都有灵魂或一些隐藏的神灵，宗教信仰便有了无数对象。他们可归为 6 类：天上、地上、性别、动物、人类、属神的。我们永不会知道在宇宙万物中，哪一个是最先被信奉膜拜的。可能第一个就是月亮。就我们自己的民俗学家所说，像“月中人”这类原始的神话中，月亮犹如一个勇敢的男人，他诱惑妇女使她们有了月经。他成了妇女宠爱的神，并被视为保护妇女的神明。这个苍凉的天体也可作为时间的计算法，一般认为它掌管气候，并司职下雨与降雪，甚至青蛙也要向它求雨。

我们还不知道在原始的宗教里，什么时候太阳取代了月亮成为天空之主。大概是因为农耕渐渐取代了狩猎，而太阳的运行决定了耕耘与收割的季节，而且太阳的热度被认为是土壤带给人类恩赐的主要原因，此后土地由热力的滋养而变成女神。人们因此信奉这个伟大的星球，尊它为万物之父。从此，对太阳的崇奉成为古代“异教徒”的信仰，而众多神祇不过是太阳的化身而已。古希腊哲学家阿那克萨戈拉（Anaxagoras，公元前 500—前 428 年）被一群希腊学人放逐，原因是他妄称太阳不是神，不过是一团火球而已，大小也不过有如希腊南方的伯罗奔尼撒半岛（Peloponnesus）一样。在中世纪尤其保留了对太阳信奉的一个圣迹，人们在圣徒的头上画有环绕的光环，而在近代，日本天皇又被他的人民认作太阳神的化身。今天，仍可发现一些古时的迷信，盛行在世界上某些地方。文明是不可靠的成就，也是少数人的奢侈品；人类基本的群众的信仰，从黄金时代到太平盛世几乎是一成不变的。

跟太阳与月亮一样，每个星辰都含有（或者本身就是）一个神，在它们内在的精灵指挥之下运行。依基督教义，这些精灵都变成了导引的天使，或星体的导航者。德国天文学家开普勒（Johannes Kepler，1571—1630年）认为这没有科学上的根据，是不能令人信服的。天空本身就是一个伟大的神，先民将它当作雨水的所有者与赐雨者而虔诚地膜拜。在许多原始民族里，他们视天为神。在非洲，刚果的鲁巴里人（Lubari）与苏丹的丁卡人（Dinkas）认为神就是雨。蒙古人认为至高无上的神是“腾格里”（Tengri）——天；在中国是“天”；在印度的吠陀梵语是“道斯”（Dyaus pitar）——天父；在希腊是“宙斯”（Zeus）——天云神（cloud-compeller）；在波斯是“阿胡拉”（Ahura）——蓝天；现在，我们自己仍然在求“上天”来保佑我们。许多原始神话的中心仍是天与地无穷尽的配合。

其次，就地来说，它也是一个神，在各个主要的方面也有一些神来管理。树木与人一样具有灵魂，将它们砍倒也是十足的谋杀行为。北美洲印第安人有时将他们的失败与衰落归罪于白人将树林夷平，而树木正是“红色人种”的保护者。荷属东印度群岛的马六甲群岛认为开花的树正在怀孕，凡大声、火烧或其他足以扰乱它的行为都被禁止，否则，它将像受惊吓的妇人一样，有早产之险。阿姆波那（Amboyna）城于稻米开花时，不许在附近大声喊叫，否则稻米就会变成稻草。古代西欧的高卢人崇拜某些被奉为神圣的森林里的一些树木。英格兰德鲁依（Druid）教派里的教士一直将橡树的寄生小枝视为神圣，因为它使人联想到愉快的仪式。对树木、瀑布、江河及山岳的崇敬是亚洲遗留下来的最古老的宗教形式。许多山岳都是神圣的地方，是雷神之家。地震被认为是由于神灵厌烦与发怒时，耸动双肩而引起的。斐济岛的人将地震看成土地神睡觉时感到不舒服翻身的结果。萨摩亚人说，地震时人们趴在地上用嘴啃地，并向土地神马伏伊（Mafuie）祈求停止，以免它把地球抖散成片。几乎世界各地都把地球视为伟大的母亲，我们的语言常常是原始的或无意识的信仰的沉淀物，如我们今天所称的“物质”（materia）与“母亲”（mater）这两个名词，便很相似。巴比伦的爱神伊什塔尔（Ishtar）与小亚细亚的圣母西布莉（Cybele），希腊的谷神德墨忒尔（Demeter）与罗马的谷神克瑞斯（Ceres），希腊的爱神阿佛洛狄忒（Aphrodite）、罗马的爱神维纳斯（Venus）与条顿的爱神弗雷娅（Freya）——这些都是古代与现代地面上的女神，她们带来了大地的富饶。她们的生育与婚娶、她们的死亡与欣欣向荣被认为是草木萌芽、衰颓及复苏回春的象征或原因。这些神灵以她们的性别说明原始的农业与妇女结下了不解之缘。当农业变成人类生活中的主要生产方式时，主持生长的众女神便立于最高的统治地位了。大多数早期的神都具有较温和的性格，它们逐渐为男性的神灵替代，这也可说是人间父系制家庭的胜利在天堂的一种反映。

正如充满了原始精神的诗文所意识到的，一种神秘的力量促使树木长成，因此同样也有一个超自然的动力助人怀孕或生育孩子。“未开化的人”并不知道有关精子与卵子的事，他们只看见了生殖器的外部形状，并视之为神明。它们也具有心灵，也必须受到崇拜，这些神秘的创造能力神奇之极。在它们里面，甚至在土壤里也会出现更多生殖与成长的奇迹，因此它们必须是最直接的神力的化身。几乎所有古代的人都以某种膜拜的形式与仪式来敬拜男女的性器官，而不仅是最低级的人，即使是高级的文明也在仪礼中毫无保留地将此表现出来。我们可在埃及与印度、巴比伦与亚述、希腊与罗马等地发现类似的膜拜仪式。原始神灵的性方面的特性与职事都受到高度的敬意，不是由于任何心灵的猥亵，而是由于妇女与土地代表着丰盛的激情。有些动物，如奶牛与蛇都被膜拜，成为具有生殖的神圣力量的象征。蛇在伊甸园的故事里，无疑是一个男性生殖器崇拜的象征，表达了性欲是邪恶的来源，使人想到性的觉醒即是善与恶的知识的开端，并暗示出精神纯洁与幸福天堂之间的某种众所周知的联系。

从古埃及的圣甲虫（Scarab）到印度的大象，自然界的动物几乎没有未曾被人类当作神明崇拜的。在北美洲的印第安奥吉布瓦人（Ojibwa），将图腾的名字给予他们特别神圣的动物、他们的家族及家族里的每个人。这个令人混淆不清的现象也曾被人类学家误认为是图腾制度，并含糊地解释为对任何一个独特目标的信奉——经常是一个动物或一棵树，特别是团体里被视为神圣的东西。各种不同的图腾制，从北美洲的印第安部落到非洲的土著，从印度南部的达罗毗荼人（Dravidian）到澳洲的部落等地区，都可以发现。被视为宗教崇拜对象的图腾主要用来帮助部落团结，每个人都认为他与它休戚相关，或由它世代递传而来而团结在一起。易洛魁人相信他们是太古的妇女与熊、狼及鹿交配产生的后代。代表目标或象征的图腾变成原始民族中一个有用的辨认相互之间关系的符号，并在世俗化的过程中不知不觉地成了吉祥物或一种标记，如代表国家的狮子或鹰，代表现在兄弟会的麋或大角鹿，及一贯代表政治党派的既笨拙深沉又固执刚毅的一群不能言语的动物。在初期基督教义的象征符号中，鸽、鱼、羊都是图腾崇拜的圣物，即便低贱的猪也一度被作为史前期犹太族的图腾。在很多情况下，这些代表图腾的动物都被列为禁忌，不许触碰。在某些状况下它们又可以当作食物，但仅限于宗教的行为——圣餐的仪式。[1] 阿比西尼亚的加拉人（Galla）在庄严的仪式中将他们信奉的鱼

[1] 弗洛伊德（Sigmund Freud，1856—1939 年）基于特有的幻想，相信图腾是一个父亲的变形象征，对于他的全能又崇敬、又怨恨，最后被他叛逆的儿子杀害并吞食。法国社会学家、哲学家涂尔干（Emile Durkheim，1858—1917 年）则认为图腾是一个家族的象征，它因全能与招致厌烦的独裁受到人们的尊敬与怨恨（也可视之为神圣与不洁）。这种宗教的态度源于人们对专制者的一种感觉。

当作食品，并解释说:“我们吃它时，立即感到它的精灵在动。”一些传教士在加拉传福音时感到非常惊异，因为他们发现在这样单纯的乡野，竟存在与弥撒仪式有着意想不到的吻合的行为。

许多祭礼仪式显示，恐惧可能是图腾制的起源。又因为动物是强壮有力的，应与它们和谐相处，因此人们必须向它们祈求祷告。狩猎流行时，森林原野的野兽绝迹，空出的土地带来了较为安全稳定的农业生活，对动物的崇拜因此衰退，但并未全部消失。而第一位人类神的凶恶就是遗传自被取代的那些人类信奉的动物神。这一过渡时期还可以在一些著名的寓言故事里，或在罗马诗人奥维德（Ovid，公元前48—公元17年）的诗集中看出来并告诉我们：这些神过去曾是动物，或又如何变为动物。此后动物的特质就在它们身上生了根，就如马厩的臭味永远附在冒险家们的身上一样。甚至诗人荷马也颇为复杂地描述希腊女神雅典娜有一对猫头鹰眼，另一位女神赫拉有一对牛眼。埃及与巴比伦的神或食人魔是人面兽身，这显示了同样的转变，并使人相信许多人类神一度都是动物神。

大多数神在一开始，似乎仅是理想化的死人。死人在梦里出现，即足以建立对死人的崇拜，因为就崇拜而言，如果不是由恐惧产生，也至少是与之有相当大的关联。那些在生前一直很有权势、受人敬畏的人，等到死后更被敬拜为神。在一些原始的民族里，“鬼神”一词的意义，是指“一个死去的人”。直到今天，英文的“Spirit”与德文的“Geist”都是指鬼与灵魂。希腊人向死人祈求，正如基督徒向圣徒祈祷。人死后继续有生命，原始人对此是坚信不疑的——最初出现在梦里。原始人有时用极其一本正经的方法将他们的意思传达给死者：一个部落的酋长要送一封信给死人，他先口诵给奴隶听，然后将奴隶的头砍下作为特别差遣，如果酋长漏了什么话，他将如此这般再送一个特别差遣，算是补充。

渐渐地，由对鬼神的祭礼变为对祖先的膜拜。所有的死人都是恐怖的，必须给他们超度，否则死者对生者要降祸与诅咒。这种对祖先的祭祀非常适合增进社会的权威性、持续性、保守性与秩序性，因而渐次扩大到世界各地。它曾盛行于埃及、希腊与罗马，而在中国与日本保存直到今日。许多民族祭祀祖先而不再敬奉鬼神。[1]尽管历经多少世代的仇恨，这些惯例将家族牢牢地结合在一起，而且为早期的社会形成提供一种无形的结构。强制内化成为良知，致使恐惧逐渐转变成热爱。祭祖的礼仪可能源于恐惧心理，而后又掺进了敬畏的情感，最后发展到虔诚与献身。这一发展过程是神灵由一开始像食人魔到最后像慈爱的父亲，由偶像进而变为一种理想，信仰者滋生的安全、宁静与道义的意识安抚并转移了一度肆虐的凶恶神灵。诸神亲切形象的迟缓变化，反映出文明进步的进程是多么缓慢。

人类神灵的观念处于一个长期发展中较成熟的阶段。这一观念经过多少年代，从许许多多的构想或居处在各地的众多精灵与鬼怪中，慢慢地衍化而来。从恐惧和对模糊又无形的精灵顶礼膜拜起，人类似乎经历过对天空的神力、地面的生长力与两性的生殖力感到惊异，进而敬仰动物并发展出对祖先的崇拜。将神比作天父的想法可能起源于对祖先的崇拜，最初意味着人类的身体是神灵赋予的。在原始的神学里，人类与神灵在属类上没有太大的区别，如古代的希腊人，他们的祖先就是神灵，而他们的神灵就是他们的祖先。进一步的发展在混杂的祖先之外，一些特别超群的男女被挑选出来作为更聪颖的神明。因此，一些较优异的国王兼代了神灵，甚至在他死之前就被尊为神灵了。总之，经过这些发展，我们才达到历史性的文明。

· 宗教的方式

原始人意念中有了神灵世界，但又不知道他们的性格与意向，因此原始人寻求与他们保持和谐的方法，并向他们寻求帮助。原始人宗

---

[1] 敬拜祖先的遗迹，在我们自己的生活中即可发现，如不断探访坟墓，及对亡故膜拜与祈祷的祭礼。

教的主要部分即是泛灵论加上代表原始礼拜的灵魂——魔力。波利尼西亚人承认一种神通广大的魔力，他们称之为“马那”(mana)，他们认为巫师不过是将这不可思议的魔力无穷尽地抖出来而已。而后，崇拜神明和神灵的方式被人类因为某些目的而吸收，成为“交感巫术”最主要的部分。所谓“交感巫术”，是一种有所欲望的行动，通过人们行动的一部分或由人们模仿式的表演，而向神明建议。原始的巫师祈求雨水时，将水泼在地面上，而不是从树上泼下来。南部非洲黑人卡菲尔族在受天旱威胁时，便请求传教士打着伞站在田野间，象征雨将要降临。在苏门答腊岛，不生育的妇女为了怀孕，将一个婴儿的木偶放在腹部衣服下面，希望因而得子。澳洲西北的巴巴尔（Babar）群岛，已婚的妇女为了求孕，便做一个洋娃娃，外穿红袄，佯装喂它奶，并不断使用巫术处方，之后她向村中人宣称她已怀孕，因此亲友们都来贺喜。只有极端倔强的人，才会拒绝效法此种幻想。达雅克族的巫师为了减轻孕妇生产时的痛苦，会转动婴儿在母体内的位置，并移动胎儿；有时又将一块石头缓慢地从孕妇的肚子上滚过，让它掉到地上，这样做是为了使胎儿如法炮制地生下来。中世纪时，人们用针刺在敌人的蜡像上，并念符咒制服他。秘鲁的印第安人将人像烧毁，认为这样就烧死了他的灵魂。

诸如以下列举的方法，特别适用于土地肥沃的地区。祖鲁族的药剂师将英年早逝的男性的生殖器油煎后，再磨成粉末撒遍田里。某些民族选出5月的王与后，或圣灵降临节（Whitsun）的新郎与新娘，让他们公开结婚，这样土地就会获得保护并得到滋养。在一些地方，仪式包括了成婚的公开场面，如此，即使新娘是大傻瓜，造物主也没理由不眷顾她。在爪哇，农人与妻子为了保证他们的稻田肥沃，在田里交配。实际上，他们并不知道植物如何育种，他们总以为这与妇女的生育是同一个道理。我们目前知识的进步，抹杀了他们诗一般的信仰。

几乎在所有播种季节里都有乱交节，首先作为伦理的宽容期（回忆着早期时代性关系的自由），其次作为不育的男人欲使妻子生育的方法之一，最后代表着春天一到，土地解冻，种子萌芽，暗示着将来粮食丰收有望。这些节日大多出现在原始的民族里，特别是非洲刚果的喀麦隆族、好望角的卡菲尔、蛮族霍屯督及中南非洲的班图（Bantu）族。班图族的巫师罗利（Reverend H. Rowley）曾做了以下描述：

> 他们的丰收庆祝会在性质上与希腊酒神巴克斯（Bacchus）的宴会相同……假若我们去窥视他们，定会面红耳赤。不仅新手可享受全部性行为的自由，而且所有参与节日的人都沉溺在放纵性的享受里。卖淫被无限制地放任，通奸也不被认为是罪恶的行为。参与狂欢节日的人绝不允许与自己的妻子性交。

类似的节日出现在历史的文明里，如希腊酒神巴克斯的庆祝、罗马的农神节（Saturnalia）、中世纪法兰西的愚人庆典（La Fête des Fous）、英格兰的五月节，及当代举行的嘉年华会或“丰富的星期二”（Mardi Gras）。

世界各地如北美洲的印第安联盟波尼人（Pawnee）与中美洲厄瓜多尔的印第安人中间，植物的祭礼很少采用动人的形式。早期是以人为祭品，近期才改为动物，因为人或动物的血能使这些土地肥沃，收获时期的到来被认为是死人的复活。被当作牺牲品的人在行祭祀前，都觉得是神赐予他这项荣誉。这样一来，几乎所有宇宙里的神都以不同的形式，为他们的子民而死，而后再荣耀地转回到人世。诗文渲染了巫术，再将它变成神学。太阳的神话与对万物的礼拜交相融合，神灵死亡与复生的传说，不仅引申至土地在冬天被视为死亡，在春天意味着复活，而且适用于秋分与春分及日月的盈亏盛衰。夜晚的出现只不过是这个悲剧里的一部分而已，每天都有太阳神的出生与死亡，每次日落都是十字架的酷刑，而每次日出也成了神的复活。

在这各类牺牲中，只有人类的牺牲一直为各个民族所赞美。在墨西哥湾卡罗来纳（Carolina）岛上，发现一个巨大中空的金属制墨西哥老人神像，人像里遗存着一具尸体，他显然是被烧死作为对神祭祀的牺牲品。人所共知的，火神摩洛（Moloch）是由腓尼基、迦太基及（偶尔地）闪米特（Semite）共同供奉的。在我们的时代中，罗得西亚尚流行此种风俗。可能这与嗜食人肉的恶习有密切的关系，人们认为神灵与他们有着同样的嗜好。由于宗教信仰的变迁比其他的教条要慢，而祭礼仪式的变动又远较信仰为慢，因此，神的食人恶习在人类相食的习性消失后仍然存在。渐渐地，发展中的伦理甚至将宗教的仪式也改变了。神灵模仿了信奉者不断增进的文雅性，并使他们自己接受了以动物代替人作为牺牲。一只母鹿代替了希腊神话里的女性牺牲伊菲吉妮娅（Iphigenia），一头羊也代替了亚伯拉罕的儿子。有时神灵甚至连动物也不接受；僧侣们喜欢美食，因此，牺牲中可食的部分全被吃光，只剩下骨头与内脏奉上神的祭坛供神食用。

初民相信他吃什么就长什么，因此很自然地有了吃神的观念。在很多状况下，他吃那些养得肥肥胖胖作为牺牲用的肉身神灵的肉，并饮其血。食物供应不断增加，人们变得更人道时，才使用其他形象来代替活人，并对吃掉这些代替物也感到满意。在古代的墨西哥，神的形象是用谷物、种子与蔬菜做成，并掺和做牺牲的孩子们的血，然后作为吃神灵的宗教仪式被吞食。同样的仪式也出现在许多原始部落里。经常参与仪式的人必须在吃神圣的形象之前斋戒，而巫师利用魔法的力量将这些形象变为神灵。

魔法由迷信开始而终于科学。泛灵论产生了一些漫无限制的荒谬信仰，并带来不少怪诞的信条与祭礼。印度阿萨姆库基（Kuki）部落在战时用一种信仰来鼓励自己，认为在战时杀死的敌人，会变成他们来生的奴隶。南部非洲的班图人杀死一个仇敌时，便将自己的头发剃去，并在秃出的地方涂上羊粪，这样就可以避免死人回来找他的麻烦。几乎所有的原始民族都相信诅咒是灵验的，而“邪恶之眼”具有毁灭性。澳洲土著确信凡是具有神力的巫师，经其诅咒，可杀人于百里之外。其次，对巫术的信仰始于人类历史的初期，而且一直没有消失。拜物教——信奉偶像或其他具有魔力的事物，仍然是相当古老而且不可磨灭的。既然许多护符只限于用来作为一种特殊的力量，人们通常准备了很多护符，以应不时之需。具有魔力的圣徒遗物是晚近和当代的事。欧洲人佩戴护身符与垂饰品，他们相信这些物品会给他们带来不可思议的护卫与帮助。历史文明的每个阶段都告诉我们，一种文明的结构是多么的纤弱与肤浅，若再将贫穷及被压制的野性、迷信和无知，加于永不熄灭的火山顶上，又是多么的危险。现代性好比一顶高高戴在中世纪之上的帽子，它将永垂不朽。

哲学家由衷地接受了人类亟须超自然的辅助与慰藉，正如泛灵论促进了诗文、巫术带来了戏剧与科学。英国人类学家弗雷泽告诉我们，由于巫术的愚昧，科学方能生根。巫术经常失败，致使巫师发现自然界的运行，以形成超自然的力量来达到人类欲求与向往的事。渐渐地，巫师借助自然的方法在人类中保持着优越的支配地位，尽量掩饰这些自然的方法，而代之以超自然的巫术——这正如我们的民众经常以信赖巫术的法力与丹丸来取代对自然诅咒的膜拜。由此，推动了物理学、化学、冶金及天文学的发展。

紧接着魔法形成了僧侣阶级。逐渐地，由于宗教祭礼的增多与复杂，他们节外生枝地制定了一门不为常人所知的学问，形成宗教的特殊阶级，并使自己经常出没于所有的祭礼仪式，专司此类职事。由恍惚而来的美感或秘密的祈祷，神父犹如巫师一样接近精灵或神灵的意识，并可以为了人们的目的而改变神意。原始人类认为这些学问与技术对于他们来说具有重大的价值，更认为超自然的力量能够影响人类全部的命运，因而神父们的权力渐渐与国家一样大。从近代至现代，牧师与武士为了统治与管辖人民，相互竞争，交相轮替。从埃及、罗马及中世纪的欧洲可找出充分的例证来。

牧师并未创建宗教，他只不过有如政治家利用人类一时的情感冲动与风俗习惯来利用宗教。宗教并非出自祭司的发明或欺骗，而是出于人们永远的迷惑、恐惧、不安、失望与寂寞。牧师借纵容迷信以垄断某些知识形态，但他限制并不断地打击迷信，给予人们教育的基本原理，在种族文化遗产的成长中扮演了受托人与传达工具的角色。他安抚那些被强者欺凌的弱者，他也有这样的作用：借宗教孕育艺术，并配合超自然的协力，加强结构薄弱无力的人类伦理。如果他不存在的话，人们也会另外创造出一个他来。

·宗教的伦理作用

宗教使用两种主要手段来维持伦理：神话与禁忌。神话创造了超自然信条，以此来行使上天的制裁、影响人们的行为方式；借对上天的期望与对上天的恐惧，使人们能够忍受统治者与其团体加诸自己的一切约束。人服从、温和或纯洁的性情并非来自天生；除此以外是上古时代的强制，最后产生了良心——它不会由于畏惧神灵而引起不合适的德行。财产与婚姻的制度，在某些方面有赖于宗教的制裁，并在以后对信仰产生怀疑的时代里渐失其活力。政府本身是最不自然的，却是必要的社会机构。一般而言，它需要忠顺与牧师们的协助，如聪明睿智的异教徒——拿破仑与墨索里尼即发现此种需要，因此神权政治有出现于所有政府组织里的趋势。借助巫术与邪道，原始酋长们的权力倍增。甚至我们自己的政府也从一年一度的朝拜圣地诸神灵的活动中得到神圣不可侵犯的权威。

波利尼西亚人将禁忌列入宗教惩罚的范围。在高度发展的原始社会里，禁忌相当于今天文明世界的法律。但它们都没有一定的形式，一些条款与对象被认为是“庄严的”或“不净洁的”，这两个词实际上是一个警告——“不可以碰的”（untouchable）。因此约柜（Ark of Covenant，藏有刻着摩西十诫的石板）就是禁忌，乌撒（Uzzah）就是立即死亡，我们被告知：“碰它是为了不让它沉下去。”希腊历史学家狄奥多罗斯（Diodorus，公元前 1 世纪）在他的历史著作中说，古代的埃及人在饥荒时宁愿食人充饥，也不愿将奉为部落图腾的动物充作食品。在原始社会里，有数不清的禁忌：一些字与姓名绝不能使用，一些日子与季节也是禁忌，在这些日子与季节里禁止任何工作。原始人类对食物的认识（某些属于无知和愚昧）完全表现在饮食禁忌里，对卫生学的认识也是借宗教去谆谆教诲，而不信任科学或去服用一般的药物。

原始禁忌中众所公认的目标是妇女。从古到今，无数迷信认为妇女是不可以碰的、可怕的、不净洁的。世界上一些神话的始作俑者就是一些失败的丈夫，他们认为妇女是万恶之源。这种观念不仅在希伯来与基督教的传统里，即使在异教的神话里也被认为是神圣不可侵犯的。不可接近月经期中的妇女是原始禁忌中最显著的部分，任何男人在此期间接触她，会被认为没有德行、没有出息。非洲西岸英属圭亚那的马库斯族（Macusi）禁止经期中的妇女在河里沐浴，以免污浊河水，并禁止她们在这段时期进入树林，以免被迷恋她们的蛇咬伤。甚至，年幼的女童也被列为不净洁之列，而且在月经后，由母亲经过繁缛的宗教仪式才能使她净洁。大部分原始人类将月经期、怀孕期，甚至喂奶期的性交行为视为禁忌。可能这些禁忌都起源于妇女本身，或出于她们的一番好意，为了保护与方便她们自己。但这些原因很容易被遗忘，随之，妇女将自己认定为“猥亵”与“不净洁”。最后她们又接受了男人的观念，在这段经期中，甚至怀孕期中都有了羞耻的感觉。除此以外，原始的禁忌还产生了端庄的气质、罪恶的意识、性欲不净洁的观念、禁欲（苦行）主义、牧师的独身主义、妇女的顺从等。

宗教并非伦理的基础，但有助于伦理。可以想象得到，即使没有宗教，伦理一样可以存在，但经常在进展中遭遇宗教的一些冷漠与顽固的阻力。在早期与近代的社会里，伦理常与宗教毫无关联而且完全各立门户。此时的宗教并未掺杂伦理的行为，而是运用了巫术、祭礼与牺牲，人的善与恶，全凭是否按期从事与完成各项礼拜仪式聚会、是否虔诚地捐献出他的财富来判断。通常，宗教的处罚并非绝对好

(一贯如此)，但是凭他们的经济力量与社会环境造成的行为规范——如法律——则是通过追溯过去来判断，规范的变动则将留待状况的变异与伦理的改变来定。因此，希腊人的神话里仍在标榜乱伦的神灵时，他们已经了解了乱伦的可憎；基督徒实行一夫一妻制，但《圣经》又认为一妻（夫）多夫（妻）制是合法；奴隶制已被废止，但牧师又以无可指责的《圣经》权威来对之加以尊崇。最后，世俗的力量占了优势，伦理渐渐适应了经济的发明，而宗教也不得不适应伦理的改变。[1] 宗教的伦理作用与其说是创造新的价值观念，不如说是保持已有的价值观念。

因此，宗教与社会之间某种程度的紧张即象征文明步入了较高的阶段。宗教一开始就借奇迹的力量来困扰与迷惑人们；再由带给人们宗教的信仰与伦理的统一，以达到政治运用与艺术创造的巅峰；最后，在为过去失败的主张做一场毁灭性的奋斗中结束。知识的成长与改变是承续不辍的，因而与神话和神学有了抵触。在知识的成长中，牧师对艺术与文学的控制，有如可憎的手铐和可恨的障碍，而知识的历史又突显了这一“科学与宗教冲突”的特性。最初教士手中掌握的制度，诸如法律与刑罚、教育与伦理、结婚与离婚，渐有从基督教会管制下脱离而变为现世与凡俗的趋势。一般知识阶层放弃了古代的神学，经过一阵迟疑后，理性就与伦理法规结合在一起，文学与哲学变成了反教权的。这一解放运动形成了对理性的充分信仰，而又失落为建立新的、整体的教义与理想的全盘幻想。失去宗教支持的行为堕入了享乐主义的混乱，缺乏信仰慰抚的生活，竟变成自觉的贫乏与乏味的丰富的双重负担。最后，社会与宗教像灵与肉一样，相偕沉沦在和谐的死亡里。同时，另一个被压抑的神话出现了，并带给人们一个新的希望，对人类的努力给予新的鼓励，历经数个世纪的混乱后，建立了另一种文明。

---

[1] 现代工业社会生育率的控制，已逐渐为教会所接受。

第五章 | 文明的心理条件

文学

人之所以为人，在于他有语言文字。若没有这些叫作一般名词的奇怪声音，思想就会局限在个人的个别事物或经验中——大部分是可见的、有感觉的记忆或想象。他很难从个别的事件中区分它的等级，也不可能从目标的不同而区别它的特质，更不可能从特质的不同而想起它的目标。一个阶层若没有名字，很可能只想到这个人，或那个人。一个人也不能臆想到在他眼里看到的不是人类而仅是人，不是一些种类，而是个别的事物。人性开始的标志是：一些怪物或怪人散居在石穴或树上时，动动他的脑筋而发明了第一个普通名词，第一个声音的记号，代表一群相同的目标：房屋即表示所有的房屋，人表示所有的人，光亮也会表示所有照射在陆地或海上的光。从那时起，种族心理的发展出现了一条新的、无止境的道路来。因为思想需要文字，就像工作需要工具一样；产品大都有赖于工具的发展。

因为所有有关语言起源的说法只是猜测，语言就在想象中以任意的描绘开始。可能语言最早出现的形式——也可认作通过记号来沟通，是一个动物向另一个动物爱的呼唤。从此种意义可想象到，森林里、树丛中及田野里都充满了语言。用作警告的喊叫、恐惧的呼号、母亲对子女的呼唤、悠闲的"咯咯"声或得意忘形的哓哓不休、树上的饶舌吵嚷，这正是在兽国里为人的庄严演说而准备的一幅幅写照。在法国沙隆（Châlons），一个野生的女孩被发现与一群野兽生活在一起，她除了可怕的尖叫与吠嗥外，不能说出任何其他语言来。这些树林里活生生的声音对于我们人类的耳朵来说毫无意义，就像具有哲学意识的狮子狗里奎特（Riquet）说的那样："我发出的任何声音，都具有某些意义，但从我的主人口里发出的声音，却是满口胡言。"美国诗人瓦尔特·惠特曼（Walt Whiteman，1819—1892 年）与英国作家爱德华·克雷格（Edward G. Craig，1872—1966 年）发现，在鸽子的行动与呼叫之间有一种奇特的相互关系。杜邦（Dupont）曾从猫头鹰与鸽子的叫声里发现经常使用的 12 种不同的声音，并学会了如何区别它们。他发现狗里也有 15 种，牛羊里有 22 种。美国作家加纳（J. W. Garner，1871—1938 年）发现猩猩在日常不断的闲聊中使用了至少 20 种不同的声音，并加上一些辅助的手势，从这些适当的词汇再经过一些步骤，竟能带来足够一般人日常使用的 300 个单词。

在早期，思想的传达似乎主要凭借手势，其次用语言来辅助。一旦言语不通，便立即不断地使用手势与表情来沟通双方意识。在北美洲的印第安人有数不尽的方言。男女结婚，双方属于不同的部落，平时都使用手势代替语言来沟通意见。美国人类学家刘易斯·摩根（Lewis Morgan，1818—1881 年）认识的一对夫妇，竟使用无声的记号标识来沟通达 3 年之久。手势在印第安人的语言里相当重要，以致美国科罗拉多州印第安阿拉帕霍人（Arapaho）和现代人一样，在黑暗里很难交换双方的意见。大概人类第一次出现的单词是感叹语，像在动物群里表达情感一样，以后就用指示的单词辅以说明的手势；再用声音模仿即将要指的目标或行动，便成了这些目标或行动的代替词。甚至如今，不知经过了几万次语言学上的改变与丰富，每种语言仍包含着上百的拟声词，诸如吼叫（roar）、匆忙急促（rush）、喃喃自语（murmur）、战栗（tremor）、傻笑（giggle）、呻吟（groan）、嘶嘶声（hiss）、扛起来（heave）、哼哼声（hum）、咯咯声（cackle）等。[1]古代巴西的特库那（Tecuna）部落有一个完美的动词是打喷嚏（*haitschu*）。除了这些最早的，可能出现了每种语言的词根。法国语言学家、宗教历史学家勒南（Ernest Renan，1823—1892年）将希伯来语减少到500个词根，英国语言学家斯基特（W. W. Skeat，1835—1912年）几乎将所有的欧洲单词减到400个词干。

原始民族的语言并不见得有多么简单：一些在词汇与结构上简单，但一些与当今所用的一样复杂与冗长，而且比汉语更有组织和条理。几乎所有原始的语言都局限在感觉与个体上，没有普遍性或统一性。比如，澳洲的土著给狗的尾巴是一个词、牛的尾巴又是另一个词，尾巴一词没有一个共通的名字；澳洲南部塔斯马尼亚岛上的人们对每种树都有不同的叫法，但对树本身没有一个共通的名字；北美洲印第安人乔克托（Choctaw）部落对黑橡树、白橡树、红橡树各有名称，但对橡树也没有一个通称，更没有树这一名称。无疑，这些专用名词在普通名词中不再出现时，已经经过了不少时代。许多部落对有色彩的东西，缺乏具有不同颜色的代替词，也没有针对抽象事物的词汇，如音调、性欲、种类、空间、精神、本能、理性、数量、希望、恐惧、物质、知觉等。这些抽象名词似乎在思想发展中，由于因果关系而产生，变成微妙的工具与文明的象征。

带给人类这么多的礼物，文字对于人们来说，似乎成了神赐恩物与神圣的东西，在最无意义的时候它们成了灵丹妙药的东西而最受崇拜，而且在神秘的地方，如基督道为肉身之处，它们也神圣地存在着。它们不仅使人类获得更清楚的思想，进而使人群成为更好的社会组织；它们更借教育、知识与艺术的传授作为更好的媒介，使世世代

---

[1] 这些拟声词仍然在语言沟通的紧要关头起作用。英国人在中国第一次吃饭时想知道他吃的肉是哪一类，便用盎格鲁-撒克逊的尊严与含蓄询问说：“嘎嘎，嘎嘎？”中国人一听摇摇头，兴高采烈地回答：“汪，汪。”

代在心灵上坚固地结合在一起；它们建立了一个新的沟通机制，借一种主义或信仰将一个民族铸为一体。它们为传达与沟通观念开拓了新的道路，并无限地加速生活的节奏，扩大生活的内容与里程。还有其他能在威力与成果上媲美普通名词的发明吗？

其次是思想的拓展。在语言里能被视为一项最伟大的赠品的，便是教育。文明是一种累积，是艺术与智慧、风俗与伦理的一大宝藏，个人可以从这个宝藏中获取精神生活需求的一切营养品。假若每个时代缺乏了先前的种族为他遗留的周期的必需品，文明便会立即陨灭。这些都有赖于生活中的教育。

在原始人类中，教育只是点缀品而已。对于原始人类及动物来说，教育主要是技艺的传递与性格的磨炼，它也是师徒之间在生活方式上的一些友好的关系。这种直接而实际的教导激发了原始儿童的迅速成长。在美国奥马哈的印第安部落里，10 岁的孩子已经学会了他父亲的全部技艺，因而可以独自求生。阿留申群岛的孩子 10 岁时已经拥有了自己的事业，并已娶妻成家。在非洲尼日利亚，6 岁或 8 岁的孩子就要离开父母，另建茅屋自居，并靠狩猎与捕鱼自谋生活。一般来说，这些教育的过程随着性生活开始便告结束，这种早熟往往促成它的早衰。在这些情况下，孩子们 12 岁就已成人，25 岁就进入老年。这并不是说一般“未开化的人”只有幼稚的心灵，而是说他们没有具备如今的孩子需要的一切与机会，他也没有享受到长期的、受保护的青春期，而这一时期可带给他相当完整的文化遗传，并使他具备各种不同的、具有弹性的反应力来适应当前的环境。

原始人类的四周环境比较固定，因而心智的敏捷远不如勇气与性格重要。原始时代的父亲重视性格，有如现代重视智慧一样。他要的并不是成为学者，而是成为一个大男人。因此，在原始人类的部落里，庆祝成年与成为部落社会分子的仪式，通常是考验成员的勇气，而不是考验他的智力。它的作用是让年轻人面对即将来临的战争，善于摆脱险难并对婚姻家庭负起保护与养育的责任，做一些必要的准备。同时，使一批老年人目睹年轻人在试验中遭受的痛苦而纵情欢笑。一些入会仪式的考验的确令人恐怖而不忍目睹耳闻。仅举一个轻微的例子：南部非洲卡菲尔族的孩子若列为成人候选者，便被派服劳役——白天整日做苦工，夜晚不许睡觉，直至精疲力竭倒地为止。更使考验逼真的是，人们很残酷地对之鞭笞，使其痛苦如绞，直到鲜血流出体外。大部分孩子因此而丧生，而老年人似乎颇具哲学意味地一旁坐观，视其为自然的选择。通常，这种加盟仪式表示青年时代的结束与婚姻的预备，新娘一般坚持要新郎提供能忍辱负重的证明。在刚果的一些部落，其加盟仪式以受割礼为主，如受割的青年躲闪畏缩或喊叫呼痛，亲友们即趋前鞭打，而在一旁注目察看的未婚妻会立即责骂他的无能，并拒绝许婚。她的理由是，她不能答应一个女孩子样的人成为她的丈夫。

文字在原始的教育里，很少出现，也没有用途。欧洲人能以片纸只字与遥远的朋友互通音讯的能力，真使原始人震惊不已。许多部落学会模仿文明进步的殖民者的书写，但像在非洲北部的原始民族，历经 5000 年与有文字的国家断断续续的交往接触，最后仍然没有文字。单纯的部落大都生活在比较孤立的状态下，没有历史也一样过着愉快的生活，很少感到有书写的需要。由于他们没有书写的帮助，所以记忆力特别强，他们学会了还要保存着，只要他们认为这些是历史记载和文化传递所必需的，他们就以背诵的方式教予他们的孩子。可能正是将口头的传述与民间的流传运用到书写上，便成了文学写作的开端。无疑，书写的发明曾经遭遇过长期而神圣的反对，好像一些有预谋的事物要逐渐损毁伦理与种族的基础。在埃及的传说里，古埃及智慧与魔法的神透特（Thoth）将他发明的文字呈献给塔莫斯（Thamos）王时，国王竟将它比作文明的敌人而加以斥责，并做自卫性的解释说："孩子们与年轻人，必将因此竭力学习与保存他们学习到的，这样他们会忽略一贯使用的记忆力。"

当然，我们对这个奇妙玩意的起源只能加以猜测。也可能如我们随后了解的，它是陶器的副产品，用以在陶土制的容器上标示商标。也可能这一套书法记号的系统是源于部落之间的贸易不断增加后必须采取的一项措施，最初的形式是按商品与说明，用极为粗俗与传统性的图画来标示。进行贸易的各部落用不同的语言互相接触后，一种可以相互了解的记录与沟通法则势所必需。我们可以假定数字是最早的书写符号，通常用与手相同的记号来代替数目。我们说出数字时，用手指来表示，是说多少个手指头。如英文“five”一词，在德文是fünf，在希腊文是pente，回溯它的原意是一只手。因此罗马语里的“V”即代表张开的手掌，“X”是两个“V”联结一起。中国与日本的文字开始是一种绘画的形式，也是书写的艺术。人类还不能使用文字时，原始人只好用手势代替，而凡是对一种涉及时间与空间的思想的传达就用图画来表示。每个字与每个字母都曾是一幅图画，有如今日使用的注册商标与天文上的十二宫记号一样。在使用文字之前，中国早期绘画式的文字叫作甲骨文，即“象形文字”。图腾柱都是象形文书，诚如英国小说家梅森（Alfred E. Mason，1865—1948 年）指出的，这些都是部落的文字真迹。一些部落使用有凹痕的棍子来补助记忆，或是传送口信。其他如北美洲印第安人阿尔冈昆部落不仅使用凹痕棍，还将一些人物像画在上面，作为小型的图腾柱，有的杖上所刻的凹痕非常复杂。秘鲁的印第安族是用绳结与圈环涂上各种的颜色来表示数目与一些较复杂的思想。大概文明的曙光已从南美洲印第安族的发源地放射出来，而同样的风俗仍存留在智利的东方群岛与波利尼西亚的土著中。中国的大哲学家老子也曾要求人们回到自然的生活，并建议人们回到用结绳记事的时代。

在原始人类中陆续地出现了一些高度发展的书写形式。古代埃及式的书写法在复活岛已被发现。在加罗林群岛的一个岛上曾发现一份手迹，有 51 个音节的符号，描绘了一些人物与思想。由传说可知，复活岛的祭司与酋长如何设法来了解这些笔迹的由来，及该地人民在每年一度的集会时一起来恭聆这些木板上刻画的字句。在初期，书写很显然被视为奇异与神圣的事——如古埃及的书法或雕刻。我们不能断定在波利尼西亚留下的笔迹是来自一些失落的文明。总之，书写是文明的记号，是文明人类与原始人类最低限度的区别。

初有文学时，不管它的名字是什么，是由一些单词而不是字母连成的。它的起源是赞美的诗歌或巫术的符咒，由于祭司经常背诵而传下来。如罗马人把诗叫 Carmina，代表诗句与符咒；在希腊文里，Ode 一词的原意是巫术咒语；在英文里所用的“rune”与“lay”也是一样；在德文里是 Lied（诗）。韵文与韵律可能是出诸自然与人体生命的谐和，由巫师加以改良而保存，传播下来并借以宣扬他们诗文里的魔咒。古希腊人认为第一个六音韵是从太阳神德尔菲（Delphi）的祭司而来，并相信他们发明了这一韵律，并用在神谕里。渐渐地，除了这些祭司的创作外，诗人、演讲家、历史学家等便有了区别，并与宗教分离：演讲家被誉为国王官方的赞颂者或神灵的辩护者；历史学家是皇家事迹的记录员；诗人则是原本神圣的赞美诗歌唱家，是英勇的圣徒的传记撰文者和藏书家；音乐家则将这些故事制成音乐，以供皇室与民间讲授之用。因此，在斐济岛、塔希提及法属新喀里多尼亚岛都有官方的演讲家和讲述者在庆祝仪式中发表演讲，将过去祖先的事迹一一细述，将过去所有的彪炳功勋大肆渲染，借以激起部落战士的勇气。现代历史学家与这些人的区别是多么微小呵！非洲东部的索马里有职业性的诗人。他们游唱于各个村落，有如中世纪法国的吟游诗人和 11 世纪至 13 世纪的抒情诗人。唯一不同的是，这些诗都是爱情诗，有时也涉及英雄事迹或战斗，或父母子女的关系。下面这首诗是从复活岛的木板中得来，是一首描述无情的战争把父亲和女儿分开的哀歌：

> 我女扬帆远去，外族武力绝不能破；
> 我女扬帆远去，霍尼蒂（Honiti）的阴谋亦难得逞！
> 每战必胜，她不会受诱饮黑曜石杯中的毒酒。

虽然我们远隔重洋，我的悲伤难道永无平息？
啊！我女啊！我女！
我极目远眺，一片天水相连。
我女啊！我女！

科学

英国哲学家斯宾塞认为，经由专家们搜集证据并加以判断后，科学与文字一样，创始于祭司们，起源于对天文的观察，这种星象学管制宗教节日，并将观察结果保存在庙宇里，有如宗教传统一样世代流传下去。我们不能说我们了解科学从何而来，我们只是推测而已。可能科学和其他一般的文化一样，是从农业开始的：几何，如它的名字所称，是一种丈量土地的方法；对农作物与季节的计算则必须借助观察星辰与制造日历，进而产生了天文学。航海促进了天文，贸易发展了算术，而工业的技艺奠定了物理与化学的基础。

计算可能是语言最早的一种形式，在许多部落里，计算仍然显现出它的单纯性。澳洲塔斯马尼亚岛民只计数到2——“1，2，很多”；巴西的瓜拉尼人（Guaranis）计数多一点——“1，2，3，4，无数”。荷兰人没有3或4，3是2加1，4是2加2。非洲的达马拉人（Damara）不愿用2头羊去换4根棍，宁愿用1头羊换2根棍，连续换两次。计数是用手指，因此产生了用10计数的十进位法。经过一段时间，12的观念产生了，这个数字深受大众喜爱，因为这是可以被前6个数字里的5个除尽的数字。因此产生了以12为单位的制度，现今仍在英国的度量衡里根深蒂固地保持着：12个月为1年，12便士为1先令，12个为1打，12打为1箩，12英寸为1英尺。另一方面，13不能除尽，一般人都认为不好，因此一直是不吉利的象征。脚趾加上手指是20或称之为一个20（Score）也成了计算单位。用这个计算单位来计数维持了相当长的时期，在法国有4个20的用法，即以80作为单位。

身体的其他部分也用来作为度量的标准：如一手长作为“1 拃”，一大拇指长是“1 英寸”（在法国“拃”与“吋”这两个字没有区别），由手到肘长是“1 腕尺”，一臂长是“1 古尺”（45 英寸），一只脚长是“1 英尺”。在初期，小石子也曾作为计数的补助：“算盘”（abacus）与“小石头”（calculus），这两个词是包含在“计算”（calculate）这个词中的，它使人们觉悟到从上古到现代的人类之间的距离是多么的短促。梭罗（Henry D. Thoreau，1817—1862 年）渴慕这样原始、简单的生活，并流露出一种思古之幽情，他说：“一个诚实的人几乎是不需要计算到比他的 10 个指头更多的数目，在特殊情况下最多加上他的脚趾，其余的不妨笼而统之。我想让我们的事情都像 2 或 3 那样简单，可不要像上百或上千那样的复杂。最好用半打就可以代替百万的计数，使你的计算在你的手脚之间吧！”

时间的计算可能从天文学上开始，它是借天体的移动换算出来的。“计算”（measure）一词也和“月份”（month）一词一样（或者也可说和“人”[man] ——“计算者”[measurer] 这个词一样），很明显地是由“月亮”一词而来。人用月来计算时间，远在用年来计算之前。太阳，犹如父亲，是较后的发现。甚至今天，复活节的计算仍是根据月亮的盈亏。在波利尼西亚，曾有过根据月亮来划分的 13 个月的年历，当他们的阴历年从四季运行中偏离得太多时，他们就去掉一个月，以此恢复平衡。但对天时如此清晰的运用也有例外，可能是因为在天文学之前即已存在的星象学，让我们对预言自己未来的命运比预言时间更感兴趣。无数迷信的出现，人们常奢言星辰对性格与命运具有影响力，而且这些迷信一直流行到我们现代。可能这些并不是迷信，不过是科学以外的另一种错误吧！

原始的人类没有物理学，却能运用物理学。他虽然不会画出一条抛物线，但精于射箭。他也没有一些化学的符号，但一眼就能看出哪一种植物有毒，哪一种是可食的，并用一些草药来治疗肉体上的创伤。说到这里，我们也许又要请女性出场，因为早期的医生可能都是妇女，不仅因为她们是男人的天生护士，而且因为她们学会了助产——一门最古老的专门职业，又不唯利是图；更重要的是，她们与土地有较多接触，使她们对植物有高深的了解。因而她们发展了医术，但又与巫师的巫术贩子有别。人类从最早期直到有记忆为止，一直由妇女来治疗病痛。只有在妇女医治不好时，才将病者交给男性医生或巫师。

这是一件很有趣的事，姑且不论他们的疾病学理论如何，到底有多少疾病经由这些原始的医生治愈？对于这些淳朴的初民来说，疾病似乎是身体被外来的一种力量或精灵控制——这一观念本质上与现代的细菌学理论相同，而细菌学也可以视为现代医药学的进一步扩展。最普通的治疗方法是使用巫术般的符咒，借此解除或驱走恶性的精灵。这种治疗方法到底维持了多久，可以从古城加达雷里（Gadarene）关于猪的故事中看出来。直到如今，癫痫症还被许多人认为是一种着魔；某些当代的宗教还采用一些驱邪降魔的方法来减轻病痛，祈祷仍被不少人认为是对医药的一大辅助。大概这些原始的方法与现时的方法同样是基于一种可以治病的催眠暗示的力量。那些初期的医生使用的技巧远比而后接受更多文明的后代具有戏剧性：他们戴上恐怖的面具，披上兽皮，呐喊呼叫，拍手，摇动身体，并通过一根空心管将恶鬼吸出来。用这样的方法，他们以为可以把恶鬼从病人身上吓跑。古代格言有这样的说法："当治疗方法使病人感到愉快时，就是天然治病法。"巴西南部印第安博罗罗（Bororo）部落为了医治子女的病，父亲先服用药物，这样的做法把科学带入了一个较高的阶段，子女也往往因而痊愈。

在这些医疗用的草药里，我们发现在原始人类使用的处方药品中有一种催眠剂药类，可以止痛或便于行手术时使用。法国探险家卡蒂埃（Jacques Cartier，1491—1557 年）报道说，北美洲印第安易洛魁部落如何使用毒胡萝卜的叶子与云杉的树皮来治疗坏血病。原始的外科医生也知道各种不同的手术操作与医学器材，婴儿出生也处理得妥当顺利，外部的破裂与伤口都能有效包扎与裹伤。他们使用黑曜石的刀或锋利的火石，或鱼类的利齿割破出血，让脓肿消失，并对皮肤组织开刀。用圆锯进行头骨开刀，也是从古代巴西印第安族的原始外科医生到近代美拉尼西亚岛的土著医生都使用过的。在后者所行的手术里，平均10次有9次会成功，但1786年在巴黎的一家医院进行同样的手术，却导致了不幸的结局。

我们一方面讥笑原始人的无知，一方面又对现代昂贵的治疗感到焦灼。美国内科医生、作家霍姆斯（Oliver W. Holmes，1841—1935年）一生从事医疗工作，他在著作中做了以下叙述：

> 为了维护健康、保全生命，人类任何事都可以做，也没有什么事他们没有做过。他们把自己浸在水里窒息得半死，或用毒气闷得半死；他们把自己埋在土里只露出鼻子；他们用烙铁自灼有如受刑的奴隶；他们用刀自割，有如剖鱼一般；他们曾用针刺穿过肥肉；他们点火烧身；他们吞服下一切苦药。一点皮肤烫伤灼伤似乎用不着这样大的代价，起一点水泡似乎也不必祈祷，被水蛭叮了一下似乎也没有什么了不起，但他们觉得生命如此重要，以致要付出上述种种痛苦。

艺术

艺术诞生5万年后，人们仍在争论它的本性与历史的起源。什么是美？我们为什么爱美？我们为什么致力于创造美？避开心理学上的论述不谈，我们可以做出简单而不确定的答复：美是任何一个对象或一种形式具有的性质，它使眼见者感到某种愉悦。主要的并不是因为一个对象具有美而使人感到愉快，而是因为它使人愉快而被人称作美。任何一个对象只要能满足人的欲望，就近似于美。对于一个饥饿的人来说，食物就是美。我们认为一件物品赏心悦目，可能持有者本人并不这么认为。在我们的内心里，没有任何其他的形象足以和我们本身具有的美相比，艺术源于个人身上精致的装饰。起初，美好之物可能就是我们思慕的对象。后来，美感的意识可能表现为强烈与亢进的性欲，并将这美的气氛传遍有关她的每样东西与每个像她形状的物体，所有能装饰她、使她满意或让她说出来的颜色，所有她喜爱的装饰品与衣服，及所有可以使她匀称和优雅的式样与姿态动作，这些都是美的。或许这一喜爱的形体，正是梦寐以求的“白马王子”；在吸引力以外——充斥了满意信服的意识，随之产生了崇拜的力量，因而创造了最高尚的艺术。最后，由于人的充分合作，大自然本身变得更崇高、更美丽，它不仅激发了妇女的娇美并诱起男人的活力，而且将我们自己的感觉与命运、我们对他人的情爱及我们的青春气息注入其中——享受从暴风雨般的生活里脱逃出来的宁静。在整个生活中，由青涩的青年和成熟的壮年，直到“芳醇的老年”与无情的衰老，我们都与它生活在一起，并将它认作赋予我们生命的母亲，将迎接我们于死亡之门。

艺术是美的创作，它以一种近似美丽与崇高的形式表现出一种思想或感触，进而唤起男女双方原始的喜悦。这种思想可能在生活的每个旨趣上俯拾可得，这份感触也可能在生活急流的起伏中呈现，这一类的方式也可能因和谐而使我们满足，并符合我们呼吸变换的频率。血脉的跳动与神秘而有规律的四季的交替、潮汐的涨落、黑夜与白昼的变更，或其他这类的方式，都是通过协调使我们喜乐。它是一种静谧的调和，代表着力量，并使我们忆起植物与动物、女人与男人的均衡。或是借助颜色，使我们的精神蓬勃或我们的生活有意义。或者，最后的方式是经由真实——因为它的清澈与透明接近自然与真实，使它获得了一些植物或动物的非凡魅力或境遇的外在意义；并让我们一直拥有它，作为我们长久的享受或悠闲的领悟。众多因素产生了这些生活上的高贵珍品——歌唱与舞蹈，音乐与戏剧，陶器与书画，雕刻与建筑，文学与哲理。哲学是什么？不过是一门艺术——又一个将

“有意义的形式”赋予混乱繁多的经验的尝试。

如果美的意识在原始社会里不够强烈，那可能是因为在性的欲望与实现中，缺乏了缓冲，以致没有时间去加强对目的物的想象，而这种想象能使目的物产生相当多的美感。原始的人类很少会因为美貌而去选择妇女，他想到的只是能否役用而已，绝没有想到因为丑陋而拒绝一个臂力强劲的新娘。印第安酋长被问到谁是他最心爱的妻子时，他抱歉地回答说，他从未想到过这点，接着以富兰克林式的睿智口吻回答说：“她们的面孔倒有美丑的不同，但其他方面呢？女人都一样。”假若在原始人身上有美的意识存在的话，有时会因为这种美感与现在的差别太大而使我们感到莫名其妙。赖查德（Reichard）说：“就我知道的黑人种族，他们对妇女的审美，不在于束腰，而在于从两肩边缘直到臀部是否是一样的宽度——有如沿海的黑人所说‘像是一架梯子’。”像大象般大的耳朵与凸出悬吊的肚子，算是女性的美，对一些非洲男性颇具有诱惑力。肥胖的妇女，即使走遍非洲，都被认为是最可爱的。在非洲的苏格兰探险家帕克（Mungo Park，1771—1806年）说：“在尼日利亚，肥胖与美似乎是被视为同义的名词。妇女甚至佯装肥胖，必须要由两个奴隶在臂下扶着，方始举步。而十全十美的女性是要骆驼驮载才能动步的人。”英国人类学家、小说家布里福（Robert S. Briffault，1876—1948年）说：“大部分未开化的民族，有一种在我们看来是极少见到的观念，认为妇女们的优美身段体态，就是长而悬吊的乳房。”达尔文说：“这一现象大家都已知道，南非洲的霍屯督妇女将臀部向后突出，形成一个相当奇怪的样子……经安德鲁·史密斯（Andrew Smith）爵士证实，这样的奇形怪象是当时的男人崇拜的。他有一次看见一个被认为很美的妇女，她的臀部特别肥大，她坐在地面上要起来时，显得非常困难，必须移到有斜坡的地方才能起来……依英国探险家伯顿（Richard F. Burton）所说，在非洲索马里地区，传说男人选择妻子是将被选的妇女排成一列，从侧面去察看，谁的臀部最突出谁就当选。对于这些妇女来说，没有什么比臀部不大更丑的了。”

很可能，“未开化”的男性认为的美是以他自己的标准，而不是以女性的标准——艺术是从家庭开始的。原始的男人与现代的男人在夸大这个方面完全一样，对于妇女来说，这似乎是不可思议的事。在单纯的民族里，有如动物一样，为了美，身上戴上装饰品，而且大多是男人而不是女人。在美拉尼西亚、新几内亚、南太平洋新喀里多尼亚岛、新几内亚东南的新不列颠岛与新汉诺威岛，及北美洲印第安族都是这样。在某些部落里，装饰耗费了不少时间，甚至比做其他的事还要费时。很显然，艺术的第一个形式是人工文身——有时用来吸引女性，有时用来吓唬敌人。澳洲土著有如现代美国的漂亮女人，经常带着装着红白黄三色颜料的袋子，以备不时涂抹，保持美观。一旦颜料用完，他们不惜长途跋涉，尽快补给，以免中断。平日里，他们喜欢在两颊、两肩与乳部两边涂上几点颜色；若逢节日，则全身涂上色彩，而且认为只是裸体而身上没有色彩是一种耻辱。

在某些部落里，人们保留着涂染身体的权利。在其他的部落，婚后妇女的颈部不许涂色。而且，妇女们使用这种最古老的艺术——化妆——的时间，倒不是很久。库克船长在新西兰逗留时，他们探险完毕回到海岸，发现船上的水手都用人工方法在鼻上涂抹红或黄的颜色，这些来自澳洲土著的颜色便与他们结下了不解之缘。在中非洲费拉他（Fellatah），妇女每天总要花几个钟头在化妆上：她们晚上将手指甲与脚趾甲全部用凤仙花叶子来摩擦，使它们染成紫红色，这要耗去整晚的时间；她们用染料将牙齿轮流染成蓝色、黄色与紫色；她们用靛青染头发，并用硫化锑描画眼睑。非洲东北部邦戈（Bongo）妇女在随身化妆箱里带有修饰睫毛与眉毛的镊子、发针、指环、小铃、纽扣等。

原始早期的人，如伯里克利时代的希腊人为毫无意义的描画而焦急，因此发明了文身与衣服来作为较为长久的装饰。在许多部落里，男女都甘愿忍受有色彩的针刺，而且毫不畏缩，甚至在唇上刺色。在格陵兰，母亲提前为女儿文身，以便早日出嫁。但大多数人，往往认为文身不够显眼，也不足以令人印象深刻。因此在各大洲，都有一些部落在肉体上留下深刻而明显的疤痕，以此来取得同伴的赞美或让敌人见之胆怯，如法国诗人、小说家戈蒂埃（Théophile Gautier，1811—1872 年）所说："因为没有衣服可以绣上花纹，竟在自己的皮肤上绣起花来。"用火石或贝壳将肉割开，通常用圆球形的土敷在伤口上，让伤口扩大变成疤痕。在澳洲与新几内亚间托列斯（Torres）海峡的土著两肩上的疤痕，有如士兵的肩章那样大。在尼日利亚西南的阿贝奥库塔（Abeokuta）城的人使疤痕像蜥蜴、鳄鱼、龟等形象。乔治说："（他们）身上没有一个地方是完整的，都是经过装饰、变形、描画、漂白、文身、整形、伸长或缩短，为了装饰，他们极尽虚荣和欲望。"巴西东南部印第安族博托库多（Botocudo）部落，他们的族名起源于木塞，他们在 8 岁那年就将木塞插入下嘴唇与两耳，并不断地更换较粗的塞子，直到开口大到 4 英寸为止。南非的霍屯督族妇女经常拉扯下唇，想使它拉长成为"霍屯督式的围巾"，如此才会为男人称颂。耳环与鼻环被视为必需品：在澳洲墨尔本东部吉普斯兰（Gippsland）的土著相信一个人在死时，假若没穿鼻环，在来生会受到很严厉的责罚。一位现代的女士，当她戴上耳环，涂上口红并涂抹了两颊，修饰了眉毛，带上眼睫毛，脸颈与手臂上都扑上了粉，并穿上过于紧脚的鞋，她会说这些都是野蛮的勾当。文身的水手谈及他们所知的"野蛮人"的情况时，不觉间流露出高度的同情心；这些陆地的陌生客一方面吃惊于原始人的文身，另一方面又炫耀他们自己身上留下的疤痕。

衣服，就它的起源来看，显然也是装饰的一种方式，与其说是用来御寒与遮羞的物品，不如说它是性欲的遏阻，或称它为娇媚吧！上古日耳曼民族辛布里人（Cimbri）有裸体乘坐平底雪橇由山顶而下的习惯。达尔文眼见火地岛人的赤裸而怜恤，赠予红色衣服给他们御寒时，土著将衣服撕成碎片，将这些碎布条作为装饰之用。英国探险家詹姆斯·库克（James Cook，1728—1779 年）说："他们永远乐于裸体，但也向往美观。"同样的情形发生在南美洲沿奥里诺科河一带，罗马天主教的耶稣会神父送给当地妇女一些布匹作为衣服穿用时，她们也将布匹剪成碎片，将剪成的丝带编成环并绕在颈上，她们坚持认为穿衣是一种耻辱。一位年老的作家叙述那些经常裸体的巴西土著时说："现在已经有一些妇女穿上了衣服，但并不很重视，她们之所以穿衣是为了时尚而不是为了荣誉，也是奉命行事，以便让一些从国外来的人看着感到美观而已。他们的穿着也只是一件短衫，长不过脐，没有任何装饰，或仅戴一顶小帽，将其他的衣服留在家里。"当穿衣变得不只是一种装饰时，这部分地表示了一个忠贞妻子的已婚地位，也部分地凸显出妇女的外表与美观。原始的妇女对衣装的要求与晚近的妇女注重的大都相同——不仅为了遮盖身体，更为了足以显示她们的妩媚。除去女人与男人本身，其他的统统在变化。

从一开始，男女两性都喜爱装饰胜过穿衣。原始的贸易很少贩卖日用物品，一般只限于装饰品与玩具。珠宝是文明中最古老的要素之一，2 万年前的古墓里就发现项链上已串有贝壳与牙齿。装饰物从简陋的开始，不久即成为不可或缺的日常用品，进而扮演了生活中的主要角色。非洲衣索比亚游牧民族加拉的妇女戴的耳环达 6 磅之重，而一些苏丹的黑人丁卡族的妇女要戴上 50 个装饰品。一个非洲的美妇人戴着铜质的饰物，而这种饰物一经日晒即变热，因此必须有随从专为她张伞遮阳或摇扇消暑。刚果瓦布尼亚族（Wabunia）的皇后戴一条铜领圈，重达 20 磅，她必须时不时躺下休息片刻。贫苦的妇女很不幸，只能戴上一些轻质的饰物，但还要装作像戴了沉重珠宝般蹒跚举步。

艺术的第一个来源似乎是雄性动物在求偶时展示的鲜艳的色彩与外表；它源于装饰和美化身体的愿望。正如自爱与配偶之爱太多，多余之爱加诸天性上，使这一美化的冲动从个人表现延及外部世界。灵魂将借色彩与外表，以客观的方式表达美的感觉。艺术的出现是由人们从事美化事物而开始。大概第一次使用的外在媒介物是陶器。像陶器上的车轮，像书写与版画，代表了历史文明的一部分，但即使没有它，原始人将这种古时的工业提升到艺术境界，也仅仅是使用黏土、水，加上灵巧的手指，就可以做出各种惊人的匀称形式来。我们可以从南部非洲的巴龙加族（Baronga）或美国西南部的普韦布洛（Pueblo）印第安族里目睹他们用陶器做成的各种器物。

陶器工人将一种颜色图案用在他铸成的容器的表面时，他就有了书画艺术的创作。在原始人的手中，绘画并不是独创的艺术，它依附于陶器与雕塑。早先的人类用黏土做成颜料。安达曼人（Andamanese）则用赭石加上石油或动物油来做油画颜料，将它用在武器的装饰上及工具、杯子、衣服、建筑物上。有许多非洲与大洋洲的狩猎部落在他们居住的洞穴的四周或邻近的岩石上，画上一些他们想要捕获的野兽的生动形象。

雕刻如书画一样，可能也来自陶器：陶器工发觉他们不仅会铸造器物，也会铸造作为护身符的模拟形象，及一些他们认为具有美感的器具。爱斯基摩人在鹿角与海象的牙齿上雕刻一些兽类与人类的画像。原始人又用一些形象来表示他们的茅屋，或图腾柱，或坟墓，用来代表膜拜的对象或已死去的人。他们最初只是在一根柱上刻上一张面孔，之后刻一个头部，最后整根柱上都刻满了。通过子女为表孝道而修建的坟墓，雕刻变成了艺术。在复活岛，古时的居民在死者的屋顶上，加上一块巨大的石人像。这样的像有很多，有的有 20 英尺高，有些到现在虽已倒卧地上变成了废墟，也有 60 英尺高。

建筑是怎样开始的呢？我们不愿使用夸大的语句来形容原始茅屋的建造。因为建筑不仅指建造了一些房屋，而且要求它们是美观的建筑物。最初一个男人或女人想到要有一个外表美观、可以使用的居所时，建筑就算是开始了。可能具备美观或庄严这样的要求的建筑物首先是坟墓，而后才是房屋。具有纪念意义的柱子发展到雕刻时，坟墓也演变成了庙宇。就原始人类的想法而言，死者远较生者更为重要、更具权威。在他们看来，死者能存留在一个固定的地方，生者则到处漂泊，无法获得永久的归宿。

甚至在早期，可能更远，在想到雕刻对象或构建坟墓之前，人类就已发现韵律中的乐趣。再由野兽的吼叫与家禽的啼鸣，兽类的高视阔步与飞禽的梳羽理毛，进而发展到音乐与舞蹈。可能与动物一样，人类唱歌是在学会讲话以前，舞蹈则与唱歌同时。的确，没有任何艺术可以像舞蹈这样影响或反映出原始人类的性格。他们从原始的单纯进步到在文明里无可匹敌的复杂，进而衍化出各种各样的形式。在部落最大的节日里，经常是用集体与个人的舞蹈来表示庆祝；大的战斗也用战斗的步伐与高唱战歌来揭开序幕；而最大的宗教祭祀也是夹杂着歌唱、戏剧与舞蹈。在我们看来，用什么样的方式从事这些活动，可能是早期人类认为相当郑重的事情。他们的舞蹈不仅表现自己，而且表示对大自然与神灵有所建议。例如，对多产的周期性刺激主要是通过舞蹈的催眠来实现。英国哲学家斯宾塞研究舞蹈的起源，认为它源于欢迎一位酋长从战地胜利归来的仪式。弗洛伊德则认为它源于意识欲望的自然表露，及情欲冲动时团体技艺性的表演。如果有人坚持认为舞蹈是自庄严的祭礼与哑剧而来，则我们可将这三种说法合而为一，这样的结果就成为舞蹈来源的构想，并可能为现代的人们所接受。

我们相信可能是舞蹈带来了乐器与戏剧。制作这样的音乐除了用声音来表示与加强情感外，更产生了舞蹈的节奏，再以尖锐的声音或具有节奏的音调来加强团体协作或从事生产所必需的激励。这些器具在技艺与规格上都有限制，但种类大都不统一。他们就地取材并配合工艺制成了号角、喇叭、锣、大鼓、拍板、音响器、响板、笛，及由角、兽皮、贝壳、象牙、铜、竹子、木头做成的鼓，并用精致的雕刻与色彩加以装饰。弯弓拉紧的弦成为上百种乐器的来源，从最初的七弦琴、意大利人斯特拉底迪瓦里（Stradivarius）的提琴到现代的钢琴。职业歌唱家有如职业舞蹈家从各部落中涌现，而大多数短音阶不够明显的音调也得到发展。

“未开化的人们”将音乐、歌唱与舞蹈配合在一起，从而带给我们戏剧与歌剧。因为原始的舞蹈通常是出于模仿，仿照人与动物最单纯的动作，而达到模拟动作的效果。有如一些澳洲的部落举行一种表现性欲的舞蹈，将一些灌木围绕在圆形土坑的周围，象征女性的阴户，众人做出一些色情的、心醉神迷的姿态后，高视阔步地将手执的长矛象征性地投入坑里。而此岛西北部的部落演出死亡与复活的戏剧，与中世纪的神秘仪式及现代的耶稣受难剧唯一不同的地方，仅有一点而已：这些舞蹈者慢慢地蹲到地下，将头藏在随身携带的树枝里，象征死亡；随后在领导者信号的暗示下，猝然起身，狂欢般呼喊与起舞，宣称灵魂的复活。上千种不同形式的哑剧，用同样的方式，描写一些有关部落历史的重要史事，或一些个人一生中重要的事迹。韵律从这些表演中渐渐消失后，舞蹈就变为戏剧，这种最伟大的艺术形式即告诞生。

文明前期的人类，借助这些方法创造了文明的形式与基础。回顾原始文化的一些简陋成果，我们发现除了书写与国家之外，其他要素都已具备。所有经济生活方式都被发明并带给了我们，诸如打猎与捕鱼、畜牧与农耕、运输与建造、工商业与财务。所有较简单的政治生活的结构都已组成，如家族、家庭、村落组织与部落，自由与秩序——二者互相敌对，而文明也环绕二者运转——也有初步的调整与和谐，法律与正义也出现了。伦理的基础因而建立：子女教育，两性之间的调节，荣誉与端庄、风度与忠诚的培育。宗教基础也已建立，借其希望与虔诚来激励伦理、加强团结。语言也发展到复杂的阶段，医药与内外科医学也已出现。就是以上这些适度的发展创造了科学、文学与艺术。总之，这些奇异的创造，正是从混乱走向有序，及从动物到智者的种种进化阶段的写照。若没有这些所谓的“未开化的人类”及他们上万年的经历与暗中摸索，文明还能存在吗？几乎所有的事情，我们都受到祖先的惠泽，借着祖先长久辛劳所获的结晶，青年获得了文化、安全与悠闲，这是幸运，也可能是堕落啊！

第六章 | 史前期文明

旧石器时代

我们约略将这些原始的文化加以叙述，以作为研究文明要素的方法，这些原始文明不一定是我们祖先的成就，因为我们知道的这些文明，可能是高级文化的残留品，当人类的领导者在冰川消退，从热带地区向北温带移民时，这些高级文化就退化了。我们一直想了解，文明是如何兴起、如何形成的。我们仍须追溯自己特有文明的史前源起。我们在此仅是简单地探讨有关历史前期，人类是怎样一步一步走上历史文明的道路的：在森林或穴居的人类如何变成埃及的建筑师、巴比伦的天文学家、希伯来的预言家、波斯的统治者、希腊的诗人、罗马的诗人或工程师、印度的圣哲、日本的艺术家及中国的哲人。我们必须经由人类学，通过考古学再到历史。

遍及全球各地的探求者，正在向地下挖掘。有人为了淘金，有人为了白银，有人为了铁，还有人为了煤，但也有不少人为了求知。人们从法国的索姆河畔发掘旧石器时代使用的工具，这是一项奇特的工作，有人专门研究一些在史前期山洞顶部一些画像残存的容器的颈状部分。在中国周口店发掘出上古人的头骨；在西巴基斯坦发现了被埋没的城市古迹；在埃及受诅咒的坟里找出了篮篷车的碎片；在希腊泥沙里挖出米诺斯（Minos）与普里阿摩斯（Priam）的宫殿废墟；在伊朗的南部发现了波斯首都波斯波利斯（Persepolis）的遗迹；在非洲的土地里挖掘出一些迦太基人的遗体；在柬埔寨的森林里发现了神圣的吴哥窟（Angkor）。1839 年，法国考古学家布歇·德·彼尔特（Jacques de Perthes，1788—1868 年）在法国阿布维尔（Abbeville）发现第一个石器时代的燧石，世界各地都嘲笑他受了愚弄，这一嘲笑竟达 9 年之久。1872 年，德国考古学家施里曼（Heinrich Schliemann，1822—1890 年）独自出资（几乎仅使用他的双手），发掘了最早期在小亚细亚西北部古城特洛伊的一些城镇，但全世界都付之一笑而不以为然。历史上，从来没有一个世纪对像法国青年商博良（Jean-Francis Champollion，1790—1832 年）与年轻时的拿破仑在 1796 年远航埃及那样的求知行为感兴趣。拿破仑无功而返，商博良则得到了古今全部的埃及史迹。每一代都会发现新的文明或文化，这就使我们对人类发展史的认知更向前推进一步。在我们这个凶杀成性的世界，实在找不出多少事要比这种崇高的好奇心更有价值，比这种永不休止与积极的求知热情更为有益。

· 旧石器时代的人类

我们已经耗费了巨大的篇幅来卖弄我们的知识，并暴露出我们对原始人类的无知与浅薄。我们将描写旧新石器时代人类的任务留给其他富有想象力的科学来执行，我们的着眼点将是追溯旧新石器时代的文化，及对我们当代生活的贡献。

我们必须有一个叙述此段事实的背景认知，即古时的地球与今天我们所居的地球的景象有相当大的不同：我们姑且假定地球经过多次的冰河期变动，后经上千万年才形成现在的北极和温带区，像现在的喜马拉雅山、阿尔卑斯山及法国和西班牙交界的比利牛斯山，则是

史前时期人种与文化

地理划分：时期	地理划分：阶段	人种划分	人种	发现时间	文化	主要遗迹位置	高度	头盖容量（c.c.）	设想年代（公元前）
第四纪			北京人	1929		周口店，中国			1000 000
更新世	第一间冰期		猿人	1891		特里尼尔附近，爪哇	5英尺7英寸	930	475 000
	第二间冰期		海德堡人	1907		海德堡，德国			300 000
			皮尔丹人	1911	前舍利文化	萨塞克斯，英格兰；圣阿舍利，法国		1300	125 000
	第三间冰期	旧石器时代			舍利文化	谢勒（塞纳-马恩省），法国			100 000
					阿舍利文化	圣阿舍利（索姆河区），法国	5英尺3英寸	1600	75 000
	第四间冰期		尼安德特人	1857	莫斯特文化	德国，穆斯蒂耶尔(多尔多涅省)，法国	5英尺3英寸	1600	40 000
					奥瑞纳文化	奥里尼亚克（上加龙省），法国	5英尺3英寸		25 000
	后冰河期		克鲁马努人	1868	梭鲁特文化	梭鲁特（梅肯），法国			20 000
					格德林文化	马德莱娜（多尔多涅省），法国	6英尺	1590	16 000
		中石器时代（过渡时期）			中石器文化	马达济尔（阿列日省），法国			10 000
					贝冢	丹麦，等地			7000
		新石器时代			湖上居民	奥伯豪森，等地，瑞士			5000
全新世		青铜时代（4000—1800BC，东方；2000—1000BC，欧洲）			最初文明	美索不达米亚，埃及，等地			4500
		铁器时代（1800BC，东方；1000BC，欧洲）				（现代欧洲人）	5英尺3英寸	1450	

在近代冰河期以前由岩石堆积而成。[1]如果我们接受了当代科学这些推测性的理论，那么那些借学习语言而变为人类的动物，就是从冰河期以后数世纪就适应生存在这个地球上的物种之一。在两冰河期之间（Interglacial Stages）是冰川融化期，这一期间这种奇异的生物发现了火，进一步使用石头与骨头来制作武器与工具，因而铺就了步入文明的大道。

以下是一些史前期的各种人类遗迹的发现，在此作为史前人类的一些证明：1929 年，中国一位青年古生物学家裴文中在距北平（今北京）37 英里的周口店一个山洞里，发现了一个人头骨，该人种被法国人类学家步日耶（Henri Breuil）与澳洲人类学家、解剖学家埃利奥特·史密斯（G. Elliot Smith）等专家鉴定为人类的祖先。在头骨附近还发现了火的遗迹与用石头做成的一些工具。他们将这些人类的遗物拼凑在一起，共同确认它是属于 100 万年以前更新世（the Early Pleistocene Epoch）的动物骨头。这个北京人的颅骨头骨，一般被认为是我们所知的最古老的人类化石。而他使用的工具，也是历史上第一个人类制造的物件。在英格兰苏塞克斯（Sussex）地区的辟尔唐（Piltdown），加拿大地质学家道森（John W. Dawson）于 1911 年发现了一些人类的碎骨，现在被称为“辟尔唐人类”或“最早出现的人类”。这一时期被认为是从公元前 100 万年至前 125 万年。同样地，1891 年在爪哇发现了头骨与大腿骨及附带的一些不明来历的物品，1907 年在德国西南部海德堡城附近发现了腮骨，1857 年，在德国杜塞尔多夫（Düsseldorf）附近的尼安德特（Neanderthal）发现了最早期的真正人类化石，时间大约在公元前 4 万年；犹未证实的相似的人

[1] 现行地质学说将第一冰河时代列在公元前 50 万年；第一间冰期约公元前 47.5 万年到前 40 万年；第二冰河时代约公元前 40 万年；第二间冰期约公元前 37.5 万年到前 17.5 万年；第三冰河时代约公元前 17.5 万年；第三间冰期约公元前 15 万到前 5 万年；第四（最近）冰河时代约公元前 5 万年到前 2.5 万年。现在我们是在后冰河期，这一期的终止还无明确的算定。

类遗体也陆续在比利时、法国与西班牙发掘出来，甚至在加利利海沿岸也发现了类似“尼安德特人”（Neanderthal man）的一个完整的种族遗迹，据称他们的时间较欧洲早4万年。他们比较矮小，但头盖骨很长——比欧洲人类化石的头骨多出八分之一。

这些欧洲古代的居民，约在公元前2万年被一个新的种族——欧洲史前期的克罗马农（Cro-Magnon）人种——取代，后者的遗迹于1868年在法国南部多尔多涅河（Dordogne）流域的一个洞穴里被发现。类似的种类与相近的年代的大批遗迹在法国、瑞士、德国、威尔士等地被发掘。他们是具有强壮的身材与旺盛的精力的一个种族，身高5英尺10英寸到6英尺4英寸。如果与尼安德特人一样，克罗马农人被我们称为“洞穴人”，因为是从洞穴里发现了他们，但并不能证实他们只居住在洞穴里，也可能只是这部分人居住在洞穴，死在洞穴里，遗骨得以保留而被考古学家发现。根据现代的学说，这个著名的种族是从亚洲中部经过非洲再进入欧洲，那时连接非洲与欧洲的意大利与西班牙发挥了沟通欧洲与非洲的作用。这些化石的分布，显示他们与尼安德特人共同占有欧洲而且争战了几十年，也可能是几个世纪。德法之间的争战不也一样古老吗？总之，最后尼安德特人消失了，克罗马农人出现并成为现代欧洲西部民族的祖先，也奠定了我们今天承继的文明的基础。

这些以及欧洲其他类型的旧石器时代的文化遗物，根据时期和重要性分成了7大类，全部以使用没有经过磨光的石器物为标志，前3类的形成是在第三与第四冰河期之间未确定的间期：

1. 旧石器时代初期的前舍利时期文化（Pre-Chellean Culture），或称前工艺时期。约在公元前125万年，在这一地层里发现的大多数燧石，具有成形的特点，可证明它们曾被当作自然物使用过。但有不少石头呈现出便于用手执握的形状，在某种程度上是片状与尖形的，这就是旧石器时代的人类制作的欧洲人习于使用的第一件工具，这个工具叫作“*coup-de-poing*”，或叫“拳击石”（blow of the fist）。

2. 旧石器时代初期的舍利时期文化（Chellean Culture）。年代约在公元前10万年，这一时期使用的器具是两面粗糙的片状物，末端呈尖形有如杏仁形，便于手握。

3. 旧石器时代中期的阿舍利时期文化（Acheulean Culture）。约公元前7.5万年，在欧洲大陆、格陵兰、美国、加拿大、墨西哥、非洲、近东、印度与中国留下了大批的遗迹：不仅制作的“拳击石”更均匀、更尖锐，而且制作了更多的特别用途的工具，如锤、钻、刮刀、平板、箭头、矛头、刀。整个场面看起来真像一幅忙碌的人类工艺活动的写照。

4. 旧石器时代后期的穆斯特时期文化（Mousterian Culture）。这一文化在各大洲皆有发现，特别是与尼安德特人有关的大洲，约公元前4万年。在这些燧石中，“拳击石”比较稀少，似乎太古老而被淘汰了。这些发现的器具由一些较大而单一的片状物制成，较以往的轻、尖，形状更美，在技术上呈现出经过长期发展而应有的技艺传统。在法国南部发现的冰河层上方，又出现了以下的遗迹——

5. 奥瑞纳时期文化（Aurignacian Culture）。年代约在公元前2.5万年，冰河后期，也是一个已知的欧洲史前期克罗马农人的文化。这一时期，出现了一些用骨头制作的针、钻、磨光器及一些石器制作的器具，在石头上发展出一些粗糙的雕刻艺术，在高岩上出现了一些简单的人物小像，多数是裸体的女人。

6. 梭鲁特时期文化（Solutrean Culture）。约在公元前2万年，在法国、西班牙、捷克、波兰出现，该时期的人类开始使用一些尖头器、平板、锤、锯、标枪与矛，及奥瑞纳时期制作的工具与武器。他们用石头做成细长而尖锐的针，用驯鹿的角雕成许多器具，间或又在驯鹿的叉角上刻上一些动物的像，这些都被鉴定为优于在法国南部奥瑞纳（Aurigna）村庄发掘的旧石器时代的艺术品。

7. 旧石器时代末期的马格德林文化（Magdalenian Culture）。约在公元前1.5万年，欧洲各地都有发现。在工艺上形成了另一大类，包括精致象牙制作的家庭用具、骨与角制成的完美的针与别针等。在工艺上属于西班牙北部阿尔塔米拉（Altamira）山洞的画像时代，是克罗马农人最完整、最巧妙的成就。

经过以上这些旧石器时代的文化，史前期人类奠定了各种手工艺的基础，而这也是直到工业革命时代仍留存下来的欧洲人类的部分文明遗产。将门类齐全的旧石器时代的工艺传达到古典和现代文明，就要容易得多了。1921年在非洲罗得西亚发现的头骨与洞穴里的画像，1896年在埃及德·摩根（De Morgan）发现的燧石，在非洲索马里塞顿—卡尔（Seton-Karr）的旧石器时代后期的遗物，在埃及中尼罗河以西的一个绿洲法尤姆（Fayum）盆地的旧石器时代遗物，及在南非洲斯特尔湾的文化，说明了这片黑色大陆几乎同样地经历了我们列举的从“拳击石”到切石成片的欧洲史前期工艺的发展过程。在北非突尼斯与阿尔及利亚发现的类似法国南部奥瑞纳的遗迹，加强了一项假设——欧洲史前的克罗马农人种出自非洲人种，而非洲是他们的当然也是欧洲人类的逗留地。旧石器时代后期的器具曾在叙利亚、印度、中国、西伯利亚及其他亚洲地区发掘出来。尼安德特人的骨骼与穆斯特和奥瑞纳时期的燧石在巴勒斯坦大量掘出，在北平附近发掘出最古老的人类遗骸及其使用的器具。骨头的用具也在美国中部内布拉斯加州被发现，而一些爱国的权威人士竟说这些就是公元前50万年的物品。箭头也在俄克拉何马州与新墨西哥州被发现，发现的人向我们保证这些东西是在公元前35万年制作的。如此繁多的器物，也是史前期人类用来将文明基石传给“历史人”的桥梁。

· 旧石器时代的工艺

如果现在将旧石器时代后期人类制作的器具综合起来，我们就可以对他们的生活有一种比较明确的观念，这远胜过我们用毫无边际的幻想来揣度。石头很自然地成为第一个使用的工具，很多动物都可能将这一手教给人类。因此“拳击石”——一头尖一头圆的石块，刚好握在掌中，就成了原始人类使用的锤、斧、刮具、凿子、刀与锯。直到今天，“锤”（hammer）一词在语源学上的意义仍是一块石头。慢慢地，这种特殊工具有了一些相同类型的形式：石头一头穿孔就可以加上手柄，加上齿形变成了锯；木棍一头加上“拳击石”变成了锹、箭或矛；形状有如贝壳的刮石变成了圆锹或犁头；粗面的石头变成了锉；石头系于绳索变成战时的武器，即使在古典的物件里也有留存。旧石器时代后期的人类用骨头、木材、象牙及石头做出各种不同类型的武器与工具：磨光器、臼、斧、石板、刮具、钻、烛器、刀、凿子、大砍刀、枪矛、钻、蚀刻器、匕首、鱼钩、渔叉、楔子、锥子、扣针及许多其他的器物。每天他遇到新的知识，有时通过对偶然事件的观察，他能运用智慧完成有用的发明。但他最大的成就是火。达尔文曾提出，火山口喷出的熔岩如何启示人类认识火的艺术。根据希腊悲剧诗人埃斯库罗斯（Aeschylus，公元前525—前456年）的说法，希腊神普罗米修斯（Prometheus）在爱琴海东北部利姆诺斯（Lemnos）岛上的火山喷发口点燃了一支茴香茎，而给人间带来了火。在尼安德特人的遗骸里，我们发现一些木炭与烧焦的骨头。人造的火距今最少4万年。克罗马农人将石头磨成碗来盛油脂，作为照明之用。这盏灯也有很长远的历史；火可能就是人类为了应付冰河期带来的酷寒威胁而使用的。动物对这种惊奇之火的恐怖，犹如人类对它的膜拜，火可以使人类入夜后毫无恐惧地睡倒在地上。火征服了黑暗，并成为在历史错综交织的重要网络里的一根宝贵的线索。火创造了悠久又光荣的烹饪艺术，将以往人们未曾食用过的食物加入食谱。而后，火又被用来熔化各类金属，更是自克罗马农时代进入工业革命，在技术方面唯一真正的促进力量。

法国诗人、小说家戈蒂埃曾说，维系皇室与国家靠的是壮丽的艺术。旧石器时代后期人类留下来的遗迹，正是他所说的“艺术”的碎片。60多年前，绍图奥拉（Marcelino de Sautuola）在西班牙北部的阿尔塔米拉发现了一个洞穴。经过数千年之久，下落的岩石密封了入口，经过爆破才打开了入口的通道。3年后绍图奥拉清理洞穴时发现洞壁上有一些奇异的记号。一天，他带着他的小女儿一同进去。不像父亲只能俯身向前走，小女儿通过时可以向上看，观察洞顶。她看见一只大野牛的画像，相当模糊，有壮丽的色彩与描绘。经过仔细察看，发现墙壁与顶上也有一些其他的画像。1880年，他将这些发现公开报道出来，考古学家对他的发现表示怀疑。一些考古学家前往察看这些画像，宣称这些是骗人的伪造物。其后30年，有关这些画像的确切说法一直悬而未决。之后在山洞里又发现了其他画像及未经磨过的燧石工具、磨光的象牙和骨头，这些物品一致被认为是史前期的遗物，这才证实了绍图奥拉的看法与鉴定，但令人惋惜的是此时他已去世。地质学家前往阿尔塔米拉加以考证，证实附着在许多画像上的石笋层是旧石器时代后期的堆积物。现在，一般将这些阿尔塔米拉的画像与现存史前期艺术品的较大部分，视为旧石器时代末期的文化，约在公元前1.6万年。在法国南部的许多洞穴里也发现了一些绘画，时间较晚，但仍属旧石器时代的产物。

许多画像的主题都是动物，如驯鹿、巨象、马、野猪、熊等。这些可能都是饮食方面的珍品，也是狩猎的对象。有时，这些画像中的野兽被箭头贯穿，英国人类学家弗雷泽与法国考古学家雷纳克（Salomon Reinach，1858—1932年）根据观察，认为这是一种具有魔力、足以将野兽降伏在神力之下的幻想，也是画家与猎人们画饼充饥式的仪式行为。很显然，这是一种极平易的艺术，带着美学创造的纯粹享受来描绘，这一极度天然的作品符合了运用魔力的目的，因而这些绘画都以巧妙、力感与技术表现出来，使人产生幻想。从这个方面来说，在人类历史的长期里程中，艺术并没有太多进步。这些绘画只用一两条挺拔的线条就充满了生命，充分显示了高尚的行动与情操，这里只用单调的一两笔（也许其他的已经被时日所蚀）便创造了生命、降伏了野兽。意大利画家达·芬奇的《最后的晚餐》，或西班牙画家埃尔·格列柯（El Greco，1541—1614年）的《圣母升天》（*Assumption*），两千年后，是否能够和这些克罗马农的绘画一样并存不朽？

绘画是经过许多个世纪的心智与技术的发展而产生的复杂艺术。如果我们接受现时的理论（这经常是一项冒险的行动），那么，绘画是从雕刻中发展起来，经由立体雕刻到浅浮雕，再经画轮廓与着色的步骤而来。绘画就是雕刻减去空间。史前期中叶的艺术代表作是在法国洛塞尔（Laussel）城奥瑞纳的悬岩上出现的一座栩栩如生的浅浮雕弓箭手人像。在法国阿列日（Ariège）省的一个洞穴中，贝古昂（Louis Begouën）发现在其他旧石器时代末期的遗迹里，有几个作为装饰的把柄上面雕有驯鹿的叉角，其中的一个手工艺精致而超群，这样的美术品似乎已经承续了许多世代的传统并将之发展、提高。整个史前的地中海沿海各地，如埃及、克里特岛、意大利、法国与西班牙，发现了无数矮小肥胖的女人石雕，这说明初民对母性的普遍膜拜，或许是初民对美的构想。在捷克境内发掘出一些野马、一只驯鹿与一头大象的石像，这些遗物据说是公元前3万年的物品。

我们认为，这些雕像、浅浮雕、绘画等大批的物品，虽然可以说明艺术在极小部分里点缀了原始人类的生活，但就整个历史进程来看，这种艺术仍然停留在较低的文明阶段。在洞穴里也找到了一些遗迹，但在这些遗迹的各种因素里有一些仍是扑朔迷离。这些史前期的人类，是否只有他们在洞穴时才算是艺术家呢？这一点不足为信。他们可能像日本人一样孜孜不倦地去各处雕刻，也可能像希腊人那样热衷于雕像艺术。他们可能不仅在洞穴的岩石上绘画，而且在织品、木头及任何一样物品上——连他们自己也算在内——绘画。他们也可能创造了一些杰作，其优异程度远超过现存的残留物品。考古学家曾在一个洞穴里发现一支管，由驯鹿骨制成，里面塞满了颜料。又发现了石头调色板，虽然经历 2 万年，发现时还有厚厚的红色颜料黏在上面。很明显，这些艺术品早在 1.8 万年前已有高度的发展与广泛的使用了。也许在旧石器时代后期的人类里，已有专业的画家出现。也可能有一些波希米亚的流浪者在不为人知的洞穴里饥渴待毙，斥责市侩般的有产阶级，图谋“焚书坑儒”并伪造古物。

新石器时代的文化

在最近 100 年里，在法国、撒丁岛、葡萄牙、巴西、日本与中国，尤其是丹麦，不时发现大量的史前期的遗物堆积，考古学家称这种堆积为“贝冢”，通过这个词我们可以大致了解上古人类的饮食情况。这些垃圾般的废物包括贝壳，尤其是蚝、贻贝、海螺，各类海陆动物的骨骼，一些用角、骨与未磨光的石头做的武器与用具，及木炭、灰烬与破碎的陶器片等。这些不讨人喜欢的遗迹是明显的文化标志，它们的形成大约是公元前 8000 年——较晚于真实的旧石器时代后期，因为还没有出现磨光石器的使用，故尚不能称其为新石器时代。我们对留下这些遗物的人类几乎一无所知，除了知道他们对坚硬的东西具有某种普遍的喜爱之外。与在法国南部勒马斯达济勒城发现的稍古老一点的文化一样，“贝冢”代表了中石器时代，或在旧石器时代后期与新石器时代之间的这段过渡时期。

1854 年冬，天气异常干燥，瑞士的一些湖沼水位下降，从而得以发现史前的另一个时代。在湖沼区，大约在 200 个地方发现一些一直在水中耸立达 30 至 70 个世纪之久的桩堆。这些桩堆是根据上面支撑的遗物来排列的，有的上面承载着一个小村庄，它们多半是为了隔离或防御之用。每个桩堆都借狭窄的桥梁来连接陆地，这些桥梁的基础有些仍在原位不动。各处的房屋结构主件不断地受到水流的冲击却能屹然不倒。[1]在这些残留的废墟里，有一些骨头与用磨光的石头制作的用具，这就是考古学家用来作为新石器时代的辨认记号，它们在公元前 1 万年流行于亚洲，公元前 5000 年流行于欧洲。类似这些遗物的，是在美国密西西比河谷及河的出口处的神秘种族——我们称之为“筑墩者”的史前印第安人那里，发现了一些巨大的古坟，在这些古坟里，除了形似祭坛、几何形象或图腾动物的土墩外，还发现了石器、贝壳、骨头与锤击过的金属物等。从这些物品来看，这些神秘的人类处于新石器时代的晚期。

我们若从这些遗物里，拼贴出一幅幅新石器时代人类生活的图景，即会发现一个惊人的改进——农业。整体来看，人类的全部历史经历了两个革命过程：从狩猎到农业的新石器时代的过程，由农业到工业的现代过程。没有哪次革命曾像这两次革命那样真实、彻底地改变了人类社会。在遗迹里发现湖上居民食麦子、玉米、黑麦、大麦与荞麦，还有 120 余种不同的水果与硬果。在废墟里没有发现犁具，可能初期使用的是木制犁头——一些坚硬的树枝与树干，上面装有带锋缘的燧石；但在一个新石器时代的石头上很明显地雕刻着一个农人引导着两头牛拉曳犁。这一雕像证实了犁发明于新石器时代。苏格兰人类学家阿瑟·基思（Arthur Keith，1866—1955 年）推测，在农业出现以前，地球上的土地只能供 2000 万人使用，而这些生命又被狩猎与战争带来的死亡削减。现在，人口的增加突显了人类作为地球主人的地位。

新石器时代的人类又建立了另一些文明的基础：家畜的饲养与繁殖。无疑，这是一个长久的过程，也可能早于新石器时代。某种自然

[1] 同样是湖上居住地的遗迹，在法国、意大利、苏格兰、俄国、北美洲、印度及其他地方，都有发现。这些村落在婆罗洲、苏门答腊、新几内亚等地也存在。南美委内瑞拉有“小威尼斯”之称，是由于 1499 年奥赫达（Alonso de Ojeda）发现它时以为回到了欧洲，他发现在西北部的马拉开波湖上住着一些土著，他们住在湖上的桩屋里。

的社交可能已参与了人类与动物的联系。如我们所见，原始人类驯养野兽，住屋内都是猴子、鹦鹉及其他类似的家畜。在新石器时代的遗迹里，最古老的骨骼遗物（约公元前 8000 年）是一些人类最古老、最忠实的伙伴——狗的骨头，稍后一些（约公元前 6000 年）出现了山羊、绵羊、猪与牛，最后是马。这些“伙伴”早在旧石器时代后期就已出现在洞穴的绘画里，从中可以判断出一些被虏获的野兽被关进营地，经过驯服与豢养后变成人类喜爱的奴隶。再经过长期各种不同的役用后，它们渐渐增加了人们的空闲、财富与人力。地球上的新统治者开始利用动物的饲养繁殖，再配合狩猎来补充他们的食物补给。也可能就在同时，人类已学会饮用牛奶充饥。

新石器时代的发明家慢慢地改进并发展了人类使用的工具箱的内容。我们在遗迹中又发现了滑车、杠杆、磨石机、锥子、钳子、斧头、锹、梯、凿子、纺锤、织布机、镰刀、锯、鱼钩、溜冰具、缝针、饰针、扣针等。除此以外，还有车轮，这是人类另一件重要的发明，也是工业与文明最主要的因素之一。在新石器时代，已经发展出圆形车轮与各种大小的车轴。各种石头，甚至黑曜石和闪绿岩都可以磨光、钻孔，并加工制成光亮的形式。燧石被大量地开采。在英国布兰登（Brandon）地区的新石器时代的废墟里，发现了 8 个用鹿角制成的锹头的遗迹，并在这些灰烬的表面上发现了工作者的指纹，他曾在 1 万年前使用过这个工具。在比利时发现了一具新石器时代的矿工的骨骼，他在开矿时遭遇落石而丧生，死时手中仍紧握有鹿角制的锹。经过 100 个世纪，当时的情景仿佛历历如绘，尚可体会出他的惊愕与临难时的痛苦。经过无数个苦难的岁月，这些作为文明基础的古代人类终于从地球的内部被掘出，从而重见天日！

因为制造了缝针与扣针，人类开始了编织，或因为想要编织，他们才去制造缝针与扣针。不久，因不满足于用兽类的毛与皮做衣服，人类开始用羊毛与植物的纤维来编织布料，因而有了印度人的长袍、希腊人的宽外袍、埃及妇女的裙子，及其他人穿的各色各样的服装样式。染色剂由植物的浆液与土地里的矿物，混合在一起制成。衣服经浸染后得到鲜艳的色彩，华服得以成为皇室的专利。最初人们似乎是用编织草索的方法来编织布匹，用一根与另一根交相编合。以后就在兽皮上穿孔，并用粗一些的纤维穿过所有的孔而连串在一起，有如以往女人的胸衣或现在的鞋子。渐渐地，纤维得以精制成线，缝纫得以成为女性的重要艺术形式之一。在新石器时代的遗迹里发现的石头卷线杆与纺锤，揭示了人类工业的最大来源之一。在这些废墟里甚至还发现了镜子，都是为文明而做的准备工作。

在旧石器时代早期的坟墓里，没有发现陶器品。在比利时马格德林的文化遗物里出现了一些陶器的碎片，但只是出现在“贝冢”的中期石器时代的遗物里，而这些也是陶瓦器经过改进后的使用物品。当然，这种工艺的起源还未明了。也许某些机警的原始民族注意到用脚踩跺而成的水槽，很少有漏水现象。这也可能是一项意外的发现——邻近的火将一块潮湿的黏土烘干，带给人类而后不断从事新发明的一个启示，并发现了一种物质在数量上非常丰富，用手可以将它弯曲，用火或日光加热后竟能很容易变硬。无疑，他也曾使用过一些自然的器皿，如葫芦、椰子的空壳、海里的贝壳等，来装盛食物与饮水，并达数千年之久。以后便自制了木头或石头的杯子与勺子，用灯芯草或稻草等制作篮子与有盖的大箩筐。现在用烘干的黏土来做永久性的容器，并制作人类其他主要的工业品。这些遗物显示，新石器时代的人类还不知道制陶用的转轮，但已会用双手将黏土制成一些好看的形状，并在上面用一些简单的图案来装饰。因而，制陶从一开始就不仅是一门手工业，更是一门艺术。

我们在此发现了另一项主要的工业遗迹——房屋。旧石器时代后期的人，没有留下任何痕迹表明他们除了住在洞穴外，还使用任何其他的居处。但在新石器时代的遗物里，我们发现了一些建筑设备，如梯子滑车、杠杆与撑柱。湖上居民是有技巧的木工，用坚实的木制钉来连接梁柱，或在两头各用榫眼或横梁结合两侧的凹口以加强牢固。地板用黏土做成，墙用篱笆编织成架，外面敷上黏土，屋面用树皮、稻草、芦草或灯芯草铺成。房屋使用的材料，都是用滑车与杠杆的支持来回与上下搬运，村庄里所有住屋的地基都用巨石来铺垫。运输也成为一项工业。独木舟被制造出来，用作水面主要的交通工具，贸易在远隔的丛山与陆洲之间展开。琥珀、黑曜石、玉石与闪绿岩都从远地向欧洲出口。相似的文字、文学、神话、陶器、图案设计等，揭示了史前期人类的各个群落之间存在着密切的文化联系。

除了陶器之外，新石器时代没有遗留给我们其他艺术，也没有什么可以与旧石器时代后期人类留下的雕刻与绘画来相比的。从英国到中国各地的新石器时代的景象里，我们发现普遍存在着被称为“墓标”的圆堆石块，被称为“巨石阵”的直立石柱及巨大的石台——用途不明的石头建筑物。有如在苏格兰的索尔兹伯里（Salisbury）平原上的大石柱群，或法国西部的莫比昂（Morbihan）的巨石遗迹。我们可能永远不会知道这些史前巨石的意义与作用如何！姑且假设它们就是神坛与庙宇的遗物吧！无疑，新石器时代的人类也有宗教、神话，对诸如太阳每天的升起与西下、灵魂死亡与复生、月亮的奇异影响力等加以戏剧化。除非我们能揣度这些史前期建筑的源起，否则无法确切了解历史上的各种信仰。大概这些石头的排列是基于星象的考虑，如施奈德（Schneider）认为的——与历法近似。某些新石器时代的头骨上有用过有柄圆锯做手术，及少数人体骨骼上显示肋骨显然有折断又重新复位等现象，也提供了不少有关原始人类的智识的证据。

我们必须提防那些对原始人类生活没有事实依据的想象，而另一方面，我们又怀疑，是否由于时间过于长久而破坏了这些遗物的完整，致使原始人类与现代人类的差距拉长了。因此我们还不能正确地估计出史前期人类的所有成就。即使如此，这些现存的石器时代的记录，也足够使我们深受感动了：旧石器时代后期的工具、火与技艺等；

新石器时代的农业、动物的繁殖、编织、陶器、房屋建造、运输与医药，及人类确实更广大地居住在地球上这一事实。所有的基础都奠定了，都为文明做了准备——除了金属品、文字与国家。若人们找出一个方法来，将他们的思想与各种成就记录下来，借此来更完整地遗留给他的后代，文明便会开创起来。

历史的过渡期

· 金属的出现

人们是从什么时候开始及如何使用金属的？这一点我们不知道，我们仅仅是推测，金属的出现是偶然的。早期的遗留物里并没有它的踪迹，我们假设它的出现是在新石器时代末期，约公元前 4000 年。在我们的人类历史全景中，金属的时代（及文字的时代与文明的时代）仅有 6000 年，而石器时代最少也有 4 万年之久，人类的时代（如果我们承认北京人颅骨是早于冰河期）共有 100 万年之久。金属时期在我们的历史里是多么年轻啊！

最早为人类所知并被采用的金属是铜。我们发现铜在各地出现的时间不一，瑞士罗本豪森（Robenhausen）地区的湖上民居遗址，是公元前 6000 年；史前期的美索不达米亚，是公元前 4500 年；埃及拜达里（Badarian）的古墓，是接近公元前 4000 年；伊拉克南部乌尔坟的遗迹，是公元前 3100 年；北美洲印第安人筑墩者的遗物，却是时间不明。金属时代并不是以其被发现作为开始，而是从被火与人工处理后作为人类的使用品后才算开始。冶金学家相信，铜第一次从矿石里熔流出来是偶发事件。一次原野的营火偶然熔化了遗留在某些岩石里的铜时，岩石表面冒出火焰来，这一现象在我们现代的野外营火里也时有出现。可能就是这个启示，经过多次的重复出现，让这些早期的人类喜欢上了这些难于控制的石头，并寻求将这种可锻的金属制成一些耐用的武器与工具。最初使用时，可能要消耗不少材料，经过很粗糙的手工。这时的金属品有时近乎纯质，但多是大量的合金。稍后，约公元前 3500 年，在东地中海附近，人类发现了熔化金属及从矿床中掘出金属的技艺。而后，在公元前 1500 年左右（这是我们从埃及莱克玛拉的古墓里发现的浅浮雕品加以鉴定的结果），他们发展到铸造金属——将已熔化的铜灌入黏土或沙的容器里，它们冷却后就变成想要的形状，如矛的头或斧头。这种方法自从被发现后，立即被应用到其他各类的金属，并使人类使用这些强韧的材料创造出更伟大的工业品，更使人类进一步征服了陆地、海洋与天空。大概在东地中海的陆地储有丰富的铜矿，因而在公元前 4000 年，在美索不达米亚的伊拉姆与埃及，新文化开始崛起，并得以将之向世界各地扩展传播。

铜本身既柔软又容易弯曲，容易依我们的目的来使用它（在电气化的时代，若少了它，必是不可思议的事）。但在平时或战时用于沉重的任务，铜就显得不太适宜，用合金可以使之坚硬。自然中的铜大都是铜与锌或锡的混合，经再次硬化成为已具形体的青铜或黄铜，但人类确实耽误了几个世纪才采取了进一步的行动：金属之间利用熔化来制成另一种混合的金属，不是更适合人们的需要吗？这项发现最少也有 5000 年之久。青铜于公元前 3000 年发现于地中海克里特岛的遗物里，公元前 2800 年发现于埃及的遗物里，公元前 2000 年发现于小亚细亚古城——特洛伊的第二个城市里。在不同的民族，青铜出现于不同的时代，而且它的时期并不具备编年史的意义，因此严格地说，我们不能称它出现的这段时期为“青铜器时代”。尤其像在芬兰、北部俄罗斯、大洋洲东部波利尼西亚、中非洲、印度南部、北美洲、澳洲与日本等地的文化，是迈过青铜时代，直接由石器到铁器的。在这些文化里，青铜似乎只是作为僧侣、贵族和国王的奢侈品出现，而平民只有石器可资利用。即使旧石器时代与新石器时代期限上的划分，也相当不可靠，它的主要作用是说明两个时期的状况，其次才是划分时间的前后。目前，许多原始民族如爱斯基摩人与波利尼西亚人等，仍停留在石器时代，他们将铁视为珍品，因为这些金属是探险家由远地携来的。1778 年，库克船长在新西兰登岸时，竟用仅值 6 便士的钉子换了几头猪；而另一名游历者形容“狗岛（Dog Island）的居民酷爱铁器，恨不得把船上所有的钉子都买光”。

青铜坚硬而耐久，但制造上所需的铜和锡分布不均，致使人类在工业或在战时急需却不易供应。不久，铁成为必需品。它的出现不会早于青铜与铜，它的量也多，它实在是历史进程中的异例之一。人类使用陨铁来制造武器这一技艺的起源，似乎可从美洲印第安族“筑墩者”处发现，另外一些原始民族将这一技艺传承至今。大概以后他们用火熔化矿石，再用锤打入锻铁里。陨铁碎片已在公元前 3200 年埃及的古墓里发现，在巴比伦的碑文里记述了铁器在公元前 2100 年汉谟拉比王朝的都城里，被视为极贵重的珍品。一所约有 4000 年历史的铸铁工厂在北罗得西亚发现，南非的矿业也不是现代的发明。最早的锻铁是一批刀子，发现于巴勒斯坦的格拉尔（Gerar）城。据英国考古学家、埃及学家皮特里（Flinders Petrie，1853—1942 年）估计，它们是公元前 1350 年的东西。100 年后这种金属又在埃及拉美西斯二世（Ramses Ⅱ）时代出现。又过了 100 年，在希腊爱琴海地区也曾出现。在西欧，它首次出现于公元前 900 年奥地利的哈尔施塔特（Hallstatt）与公元前 500 年瑞士的拉坦诺（La Tène）工业区。而后它随亚历山大去印度，随哥伦布去美洲，又随库克船长去大洋洲。铁器就这样从容不迫地传播开来，风行于世界各地。

· 文字

在进入文明的过程中，最重要的一个步骤是文字。在一些新石器时代的遗物里，偶尔出现了一些画的线条，学者们认为这是一些符号。这是值得怀疑的。但从表达特有的思想而使用绘画符号的广义角度来说，文字起源于将一些记号用指甲或指头印在软质的黏土上，作为陶器的装饰与鉴别之用，这是有可能的。在最早期的美索不达米亚南部苏美尔象形文字里，鸟的象形文就是一只在最古老的陶器品上起装饰作用的鸟的形状，这是在伊拉姆的苏萨地区发现的。谷类最早的象形文是从苏美尔和苏萨地区制造的带有几何形状的谷类装饰的瓶子直接得来。苏美尔一种线形字迹的首次出现是在公元前 3600 年，这些很明显的缩写记号与图画，以符号或绘画等形式出现在美索不达米亚和伊拉姆的原始陶器上。文字与绘画和雕刻一样，可能是用于陶器制作的技艺之一。文字作为蚀刻与绘画的一种形式而产生，正如黏土把花瓶交给陶器工人，人像来自雕刻家，砖瓦给予造屋者，它把书写的工具交给书写人。从这样的一个开始直到美索不达米亚的楔形文字，可看作一个合乎逻辑的发展。

据我们所知，最早的书画符号是由皮特里在埃及、西班牙与近东的史前期，坟墓里的瓷器碎片、瓶子及石头上发现的。他一贯慷慨成性，他贡献了一个有 7000 年悠久历史的时代。这一所谓的“地中海文字”竟有 300 个符号。各地发现的大都一样，它们显示了可远溯至公元前 5000 年的地中海海上商业贸易联系。它们不是图画，主要是商品符号——财物与数量的记号，或其他商业函件。经常被指责的商人，总以为文字起源于商业上的提货单，因而沾沾自喜。这些记号并非文字，但它们代表了全部的字句与想法。而令人吃惊叫绝的是，这当中大部分像腓尼基字母表的文字。皮特里由此断定:“大部分符号不断依各种目的，在原始时代里使用。它们在贸易商之间相互使用，由一地到另一地，最后竟有二十余种符号经常使用，从而成为商业同行共同使用的工具，各地原先独立使用的则因渐渐孤立而被遗忘。”这些符号即是字母的起源，这一看法不失为一种引人入胜的理论，皮特里教授确有其独到的见解。

无论这些早期的商业符号如何发展，随之而起的另一种书写形式是绘画与着色的一支，借图画将有关思想表达出来。美国苏必利尔湖附近的岩石上遗留有粗糙的图画，是美洲印第安族向后裔或同伴炫耀他们如何跨越这一神秘大湖的故事。另一种类似的图画发展成为书法，在新石器时代末期，似乎盛行于所有地中海地区。在公元前3600年，或者更早，在伊拉姆、苏美尔与埃及曾发展出一套思想图画的系统，叫作象形文字，主要的使用者是神职人员。公元前2500年，克里特岛也出现了类似的系统。我们不久即可了解这些代表思想的象形文字如何因使用的传讹而图解并惯例化为字母表——符号的连接成为音节，及最后符号如何不是用来代表整个音节的单字而是它最初的发音，因此才衍生出一些文字。字母书法可能追溯到公元前3000年的埃及。在克里特岛的出现时间是公元前1600年。腓尼基人并未创造字母，但他们在商业上使用着，又将这些字母从埃及带到克里特岛，并零星地输入到地中海沿岸的古都泰尔、西顿和比布鲁斯（皆在今黎巴嫩境内），并用希伯来语名称的前两个字母来称呼它。

文字符号似乎是一项有利于商业交往的产物，在此即可发现通商贸易对文化的贡献何其多也。神职人员设计出一些图画系统来表示他们的魔法、祭祀与医术的信条与处方时，世俗与宗教的事务常常纠缠不清，甚至相互冲突，自有了语言后，两者结合而产生了人类最伟大的发明。文字的发展促进了知识的记录与传播、科学的累积及文学的成长，并给各种不同但相互交往的部落带来和平与秩序，从而建立了文明。文字最早出现之际，即是历史的起点。

· 失去的文明

为了接近文明国度的历史，我们必须注意，不应只选择某种已知文化进行研究，也要叙述某些一度存在于古代的少数文明。我们不该完全忽略那些一直在整个历史中广为传播的某些曾具有高度文明与文化的国度的稗史，虽然它们已为天灾战乱摧毁，而且了无残留。但我们近来从克里特岛、苏美尔及墨西哥南端的尤卡坦半岛等地的发现，说明了这些故事是何其真实。

在太平洋，至少包含了这些失落文明里的一部分遗迹。复活岛巨大的雕像、波利尼西亚人大国的传统及英勇的武士们一度尊崇的萨摩亚与塔希提，它们现有居民的艺术天分与富有诗意的感受力——这些显示出存在着一个个已逝的荣誉，一个个没有升入文明反而从高度文化中衰落的民族。在大西洋，从冰岛到南极，这片海洋中耸立的中央部分（一个海中突出的高地，在海平面下 2000 至 3000 公尺，在中大西洋的南北向，两面的深度是 5000 至 6000 公尺），带来了不少传说，并由柏拉图生动地传给我们。一度存在于欧亚之间的陆岛上的灿烂文明，因地质的大变动而沉入海中。德国考古学家施里曼——特洛伊古城的复活者，相信大西岛（Atlantis）曾作为欧洲与尤卡坦的文化媒介而存在，而埃及的文明也来自大西岛。可能美洲本身就是大西岛，而一些尤卡坦的土著玛雅（Maya）族的前期文化，可能在新石器时代就与非洲和欧洲保持了接触。更有可能，每个发现都是一次再度的发现。

亚里士多德认为，许多文明带来的伟大发明与珍贵物品都被摧毁了，也从人类的记忆中遗失了。这一点确是可能的。培根也说，历史有如沉船的木板，总是流失的多而被拾起来的少。我们安慰自己，总以为人类的记忆与个人的记忆一样，必须忘掉经历的较大部分，才能保持神志的清醒。因此，种族在其文化遗产中保留的，是否只是最生动、最感人的部分或仅是记录最好的部分呢？甚至，即使种族的遗产里只有十分之一的丰富生动，也没有一个人能全部将之吸收。这样的故事真是俯拾皆是。

· 文明的摇篮

在本章未经回答的问题，现在似乎应该总结性地问一声：“文明在什么地方开始？”——这个问题本身也是无法回答的。如果我们可以相信地质学家（他们处理史前期的迷茫，与任何形而上学同样的空虚渺茫），贫瘠的中亚细亚地区也曾肥沃温暖，湖沼与河流交错。最后冰河的后退慢慢地使这一地区干涸了，直到雨水也不能润泽这些城池与国土。城市人民联袂向东西南北迁徙，去寻求水源。众多城市葬身于沙漠，如今天的亚洲西部大夏古都巴克特拉（Bactra）废墟，它幅员达22英里，曾经拥有众多的人口。又如，1868年西土耳其的8万居民，因有受流沙淹没之虑而被迫迁移。仍有不少人相信，现在这些衰败的区域，也曾包罗了组织与规章、风俗与伦理、安乐与文化的众生万象，而且也贡献了文明。

1907年，庞佩利（Pumpelly）在土耳其南部的安诺（Anau）发掘了陶器与其他一些文化的遗物，据他说是公元前9000年的，也可能夸大了4000年。在这里我们也发现了麦子、大麦与玉米的种植，铜器的使用，动物的畜养，陶器的装饰形式从它们的惯例与传统来看，可能具有许多世纪的技艺背景与传统。很明显，土耳其的文化可追溯至公元前5000年。可能一些历史学家也曾努力探求其文明的发源，终于一无所得，而哲学家只能感怀地凭吊这个已故种族的陨灭。

如果我们可以想象一个我们不可能知道的地方，一个民族由于无雨的天空与贫瘠的大地，被迫携带他们的技艺与文明从这一中心向三个方向迁居移民。或许不是种族，而是他们的技艺，向东传播到了中国，再进入北美；南去印度北部；西去伊拉姆、苏美尔、埃及，更远至意大利、西班牙。在现代的波斯[1]（古时伊拉姆的苏萨）发现了与在安诺极其类似的遗物，这种类似的创造力使我们证实了一项假设，即在苏萨与安诺之间存在着文化交流，并发生于文明的创始时期——公元前4000年。类似的早期艺术品与产品，显示了在史前期的美索不达米亚与埃及之间存在类似的关系与连续性。

我们不能确定，在这些文化中哪些首先出现，但这点并不重要，因为在本质上他们都是同一人种、同一家族。如果我们在此破除惯例，将伊拉姆与苏美尔置于埃及之前，这倒不是出于破除自负的虚荣传统的需要，而是因为在我拥有的知识看来，这些亚洲的文明相较

[1] 直至1935年，欧洲人一直使用波斯称呼西亚伊朗高原地区和位于这一地区的古代君主制国家。

非洲与欧洲的文明要深远。一个多世纪以来，沿尼罗河跨越苏伊士运河，进入阿拉伯、巴勒斯坦、美索不达米亚到波斯，对这一地区探寻的成就，以其逐年研究的累积，显示出这一肥美的美索不达米亚的冲河积地，更可能是已发现的文明的历史戏剧里最早的一幕。

第二部

埃及与近东

伊什塔尔门（Ishtar Gate）

古巴比伦城主要通道上的巨大城门，建于约公元前 575 年，为该城第八个设防的城门。

第一章 | 苏美尔

在有历史记载的6000年中，近东至少有3000年是人类活动的舞台。然而何处叫近东？近东是一个相当含混的名词，一般系泛指俄罗斯及黑海之南、印度及阿富汗以西的亚洲西南之地。不过，本书所论的近东，除上述地区外，还把一贯与东方文明脉络相连的埃及也包括在内。

人类在近东地区的活动，说起来真是有声有色。这儿有着不同的种族，不同的文化。这儿的农业、商业、工业、法律、政治、文学、艺术、天文、算术，样样都有极可观的发展。影响人类文化的许多重要发明，如字母、纸张、墨、钱币、历法，也以近东为摇篮。

今天的西方文明，也可说就是欧美文明。欧美文明，与其说起源于克里特、希腊、罗马，不如说起源于近东。因为事实上，“雅利安人”并没有创造什么文明，他们的文明来自巴比伦和埃及。希腊文明，世所称羡，然追本溯源，其文明之绝大部分皆来自近东各城市。

因此，作为在西方文明熏陶下的一分子，我们在开始研究近东前，应先感谢近东，因为，近东才真正是西方文明的创造者。

埃兰

读者如果打开波斯地图，自波斯湾沿底格里斯河向北找到阿马纳（Amara）。再从阿马纳向东跨越伊拉克边境，很快便可发现一座现代意义上的城市——书珊（Shushan）。书珊，就是古代名城——苏萨。苏萨，犹太人称之为“埃兰”（Elam），是高地之意。

埃兰为一片狭窄的高地，西为沼泽，东为高山。再东，就是有名的伊朗高原。在埃兰这块地方，不知从什么时候起，出现了一个民族，直到现在我们还查不出他们属何种族、来自何处。但很显然的事实是，他们在这儿揭开了人类文明的序幕。30 年前，法国一批考古学家来到这里，他们发现，这里保有 2 万年前的历史遗迹，文献记载的历史竟可追溯至公元前 4500 年左右。[1]

从近代史观察，埃兰人过的是渔猎生活，但就古代史研究，很早以前他们就有了铜质武器及工具。他们耕田种地，豢养家畜，还能运用象形文字，使用镜子和珠宝。他们已有商业档案，商业交往对象竟远达埃及和印度。

更往古代追溯，在运用燧石片的时代，即新石器时代，埃兰人不但已能制作精美的陶器，并且还能在其上绘制图案及动植物形象。制作精美陶器，须使用陶器转盘，而埃兰人，显然是陶器转盘的发明者。

与陶器转盘相类似的，是马车轮子。马车轮子的运用，对人类文明的进步帮助之大自不待言。据考古学家研究，埃兰人对马车轮子的运用，远在埃及和巴比伦之前。

在这样的情况下，埃兰人忽起忽落。他们一度勃起而征服苏美尔及巴比伦，旋即又为苏美尔及巴比伦所征服。

苏萨——埃兰人之都（即伊拉姆中心地区），屹立达 6000 余年之久。统治过它的帝国，数起来有苏美尔、巴比伦、埃及、亚述、波

[1] 布雷斯特德教授认为，此一文明的悠久性，未免被德·摩根、庞佩利及其他学者过分夸大了。

斯、希腊及罗马等 7 个之多。苏萨，即后来的书珊城，直至 14 世纪，仍旧非常繁荣。

苏美尔人

· 历史背景

我们现在打开地图，仍从波斯湾看起。波斯湾之北，有一片由历史上著名的两大河流——底格里斯河与幼发拉底河所围成的平原。幼发拉底河在平原之西，再向西，从南到北的一块地方，就是苏美尔人深埋地底的若干古城遗址。这若干古城包括埃利都（Eridu），即今之阿布沙赫赖因（Abu Shahrein）；乌尔（Ur），即今之穆盖耶尔（Mukayyar）；乌鲁克（Uruk），《圣经》称之为埃雷克（Erech），即今之沃尔卡（Warka）；拉尔萨（Larsa），《圣经》称之为以拉撒（Ellasar），即今之桑凯拉（Senkereh）；拉格什（Lagash），即今之西帕拉（Shippurla）；尼普尔（Nippur），即今之尼费尔（Niffer）。

如果我们沿幼发拉底河向北行，在巴比伦方向，我们即可找到著名的美索不达米亚城（美索不达米亚，意即两河平原）。此城正东，是基什（Kish）城。基什乃本区域古文化之中心。再沿幼发拉底河前进约 60 公里，即可到达阿加德（Agade）城。此城为古阿卡德（Akkad）王朝的首都。

研究底格里斯与幼发拉底两河之间古代民族活动的人，大都可以获得如此的印象：这儿的历史，就是一部苏美尔人为确保其独立自主，与来自基什、阿加德及北方其他城市的闪米特人的斗争史。苏美尔人，原系若干不相统属之部落，他们的团结及其文化的发展，可以说均出于对抗异族入侵的结果。[1]

---

[1] 发掘此一久被遗忘的文明，从考古学上来说，是一桩最为有趣的事。对一般不太看重时间观念的人，一说“古代”，大家所想到的不是罗马，就是希腊，再不然就是犹太，至于苏美尔，则鲜为人知。

苏美尔人属于哪一个种族，以及他们经由哪一条路线到达苏美尔，至今仍是一个谜。也许，他们由中亚，或高加索，或亚美尼亚而来，到达美索不达米亚之北，随即沿两河而南。现在沿河到处可以发现他们的遗迹。也许，如一般传奇所说，他们来自埃及或其他地方；到达波斯湾后，舍舟登陆，然后再沿河北上。也许，他们来自苏萨，支持此一说法的，系因在苏萨古物中，发现了一个具有所有苏美尔人特点的颅骨。也许，他们来自远方的外蒙古，因为在他们的语言中，含有许多蒙古语音。凡此种种，我们尚不得而知。

从遗物进行判断，苏美尔人一般的形象是：矮胖，鼻子高而直——和闪米特人大不相同，前额微向后倾，眼略斜向下。男人大部分蓄须，刮光的人也有。在蓄须者中，大部分均把上唇胡须剃掉。苏美尔人的衣服，大多是羊毛制品。妇女，仅左肩穿衣服。男子在早期时，仅腰部以下有衣服；其后，才兴上装。但奴仆，不分男女，在室

（接上页注）希罗多德（Herodotus）不知是没有听说过苏美尔，还是听说过而未留意。也许，苏美尔之于希罗多德，亦如我们之于他，由于时间相隔太久，以致无法留下深刻印象。

古巴比伦史家贝罗索斯（Berosus），对苏美尔算是知道一点，不过，他所知的苏美尔，其外围却笼罩着一层神话的迷雾。他说，有一群怪物，由奥安尼斯（Oannes）领导着从波斯湾中出来。它们发明了农耕、冶金及文字。“总之，自奥安尼斯以后，便什么都有了。人类生活的改善，一切均应归功于奥安尼斯。”

苏美尔的发现，是贝罗索斯两千年后的事。1850 年，欣克斯（Hincks）首先发现，楔形文字——一种以铁笔写在泥板上的文字，流行于近东操闪米特语言的地区——由古代一非闪米特语民族所创始。奥佩特（Oppert）则指出，此一古代非闪米特语民族，即“苏美尔人”。

约与上述发现同时，罗林生（Rawlinson）及其助手在巴比伦废墟发现一批泥简。简上所载，即巴比伦语与此古民族语之对译文字。

1845 年，两位英国学者发现乌尔、埃利都及乌鲁克遗址。19 世纪末，法国探险家在拉格什出土许多遗物。遗物中，含有若干记载苏美尔诸王史迹的泥简。

现代，宾州大学教授伍莱（Wolley）及其他学者就乌尔遗址发掘，结果发现大批文物。从这些文物研究，苏美尔文化竟可上溯至公元前 4500 年。

各国学者共同研究考古结果，神秘故事不断涌现，历史真相却已见端倪。不过，这和近百年来大家对埃及的研究一样，今天我们对苏美尔的研究，才仅仅是一个开端。要明了苏美尔的文化历史，尚待考古学家进一步的发掘。

内时，自腰部以上均裸露于外。不论男女，通常均头戴便帽，足趿拖鞋。苏美尔的贵妇，和近代美国妇女一样，是丈夫财富的象征。她们除穿软皮鞋外，还佩戴手镯、项链、戒指、耳环及踝饰。

约公元前2300年之际，苏美尔人的文化已相当成熟。此时的诗人及学者，已有不少叙述其古代史的作品。在诗文中，他们根据传说写出了创世、乐园与洪水泛滥。洪水为什么泛滥？他们的解释一般是由于一位古代帝王得罪了上天。苏美尔的洪水之说，传至巴比伦，再传至希伯来，最后变成《圣经》的一部分。1929年，伍莱教授在乌尔城发掘，他在很深的地底，发现一个厚达8英尺的淤泥黏土层。据伍莱推断，这个淤泥黏土层，系一次幼发拉底河大泛滥的结果——苏美尔人的洪水之说，也许指的就是这次泛滥。伍莱在淤泥黏土层之下，还发现许多文化遗迹。据信，苏美尔诗人所描述的黄金时代即与这些遗迹有关。

苏美尔人所创造的文化奇迹，如果没有一个悠远的年代相配，似乎显得太突然了。于是，祭师和史学家便开始动脑筋，根据传说和想象，编列了一系列的王朝。这些王朝，自洪水泛滥之时上溯，竟达43.2万年之久！他们还叙述了许多动人的故事。其中最著名的两个，一个说的是坦木兹（Tammuz），一个说的是吉尔伽美什（Gilgamesh）。这两人，在苏美尔是两位国王，可是传到巴比伦及希腊，他们都一齐进了大神庙。吉尔伽美什成为巴比伦诗人心目中最伟大的英雄。坦木兹，到希腊神话里，以阿多尼斯（Adonis）之名，成为男性美神的化身。

苏美尔的历史文化真有这么悠久？祭师可能夸大了。比较可靠的看法是：自尼普尔上溯，约为公元前5262年；自基什上溯，约为公元前4500年；自乌尔上溯，约为公元前3500年。上述推断，所根据的均是出土资料。以尼普尔为例，其出土资料可这样推断：尼普尔在阿卡德之下66英尺，阿卡德在最上层之地层下66英尺，而地层最上层之年代，恰当耶稣降生。

一部近东史，可说就是一部闪米特与非闪米特流血搏斗的历史。闪米特崛起，其王萨尔贡一世（Sargon I）与汉谟拉比对外征服，拉开了血战序幕。其后，高潮迭起，公元前 6 世纪至前 4 世纪雅利安两将军居鲁士（Cyrus）和亚历山大占领巴比伦为第一高潮；11 世纪至 13 世纪十字军与萨拉森人（Saracens）为争夺圣墓（Holy Sepulchre）及通商权利之混战为第二高潮。最后，因英国政府介入，双方血战始近尾声。

乌尔废墟泥简（Clay-tablet）的出土，使我们对于近东自公元前 3000 年以来的历史，获得了相当清晰的印象。这些泥简，历代均由祭师掌管，上面记载的内容有王朝的统治，征伐的情形，乌尔、拉格什、乌鲁克及其他各城诸王的政绩，历朝大事，以及某些名王的葬典。在泥简记载中，有一位值得大书特书之王，就是改造者——乌鲁卡吉那（Urukagina）。乌鲁卡吉那，乃拉格什城之王，以开明专制著称。他颁布过不少法令，目的在于抑制祭师剥削大众，抑制富人剥削穷人。其中一条法律规定，祭师不许擅入民居索取木材，亦不许擅入果园课征税收。另一条法律规定，祭师为人举行葬礼，收费不得超出原定金额的 1/5。又一条法律规定，人民献神之金银及牲畜，祭师及官吏均不许侵吞。乌鲁卡吉那曾经说，他“解救了贫苦大众”。他的法律，的确也是我们现在所知最古老、最简明、最公平的法律。在乌鲁卡吉那统治下，拉格什兴隆繁盛达于极点。可惜好景不长，卢伽尔扎吉西（Lugalzaggisi）的魔掌不久便伸向拉格什。他不但推翻了乌鲁卡吉那的统治，而且把拉格什洗劫一空。

卢伽尔扎吉西攻破拉格什，进行大屠杀。他抢走金银财宝不算，还毁掉所有神庙。当时的一位诗人——丁格瑞德默（Dingiraddamu）在一块泥简上，曾写下这样悲痛的诗句：

> 为了我的大城，啊，为了我的财宝，我的灵魂在悲鸣，
> 我的大城，拉格什，啊，我的财宝，我的灵魂在为你们悲鸣。

在圣洁的拉格什怀抱里孕育的孩子，目前正受苦受难。
恶魔（入侵者），一脚踏进了庄严的神龛，
竟将我们的女神加以亵渎。
啊！拉格什，我们的女神，何时才能恢复你的尊严？

血腥的卢伽尔扎吉西一幕过去，许多苏美尔的王立即登场。他们的大名是：Lugal-shagengur，Lugal-kigub-nidudu，Ninigi-dubti，Lugal-andanukhunga……在此期间，闪米特人在阿卡德建立了一个王国。这个王国，在苏美尔的西北，其首都阿加德和苏美尔各城最近距离不足200英里。

闪米特开国之君，叫萨尔贡一世。就出土的石柱雕像看来，萨尔贡一世是一个服饰华丽、威严无比的高贵君主。可是，他的出身却非常卑贱。历史学家找不到他的父亲，他的母亲则为神的妾媵。苏美尔小说家，以萨尔贡的口吻替他写的自传，一开头便这样说："我那可怜的母亲，怀了我见不得人。好不容易生下了我，却偷偷地把我藏在一只废木箱里。在封箱前，她用沥青涂满了箱盖。"萨尔贡被他母亲丢弃后，一个工人捡到并收养了他。萨尔贡稍长便应征入宫，成为国王的侍童。国王宠爱他，教育他，但他长大后，却推翻了国王，将王冠戴在自己头上。

以阿加德为首都，萨尔贡自封为"主宰万有之王"（King of Universal Dominion）——当时，他实际所统治的，不过为美索不达米亚一小部分。史学家提到萨尔贡，一律尊之为"大帝"（The Great），因为他曾带兵侵略过不少邻国，他所杀过的人盈城盈野，他所掳掠的财宝无可数计。

萨尔贡东征西讨，降伏埃兰，血洗波斯湾，最后，建立了一个横跨西亚，直达地中海的大帝国。在历次战争中，萨尔贡做了一桩大快人心的事。前面我们提到卢伽尔扎吉西，血洗拉格什，并辱及该城之女神，可是现在轮到他遭殃了。萨尔贡把他打败后，用铁链将他锁到尼普尔。

赤手空拳创立一个大帝国，并且统治达55年之久，萨尔贡在人们心目中已不是人而是神。然而当其权势声望如日中天的时候，他的帝国却突然破碎，崩溃的原因是他的亲信部属纷纷走上了他的老路——叛变夺国。继萨尔贡为王者，是他的三个孩子。这三个孩子中，最英武的是幼子，名叫纳拉姆辛（Naram-sin）。此王的事迹见诸一块石碑，上面记述着他征服获胜的经过。

后人对纳拉姆辛进一步的认识，得自于一件艺术品——一块浮雕。这块浮雕由德·摩根于1897年发现于苏萨。此物现珍藏于法国卢浮宫博物馆。从那块浮雕上，我们可以看出纳拉姆辛是一名富有大丈夫气概的男子。他手执弓箭，庄严地向一个垂死之敌前进，显然，他的敌人已身受重创，他前进，可能是去救他。在他与受伤者之间，另一名战争牺牲者咽喉为箭所穿，正摇摇欲坠。画面背景为高耸入云的扎格罗斯（Zagros）山。那座山上，竖着一块以楔形文字刻成的纳拉姆辛纪功碑。

就一座城市而言，一度被彻底摧毁，往往并非是它的不幸。因为，形形色色新建筑的出现以及公共设施的改进，唯有在被彻底摧毁的城市里才有出现的可能。在这方面，拉格什的复兴，便是一个显例。

公元前26世纪，在另一位开明君主古迪亚（Gudea）的治理下，拉格什自废墟上矗立起来，且比以前更加繁荣和美丽。在苏美尔雕塑家刻笔下，古迪亚是短小精悍的典型。目前珍藏在卢浮宫博物馆的一尊古迪亚雕像，除形体短小精悍外，更显露出其内心的慈祥和虔敬。在苏美尔人的眼中，他的地位相当于罗马的奥勒留。他不但对宗教虔诚，而且还富有学术修养。他广建寺庙，鼓励研究，抑制豪强，体恤贫弱。古迪亚死后，其人民奉其为神。他们为他所刻的碑铭，有着如下的字句："七年如一日，王令侍卫与之并行，宫娥与后妃并行。教化所及，国中强者不敢轻侮弱者。"

与此同时，闪米特的乌尔部，经由长时期的发展——自公元前

3500年至公元前700年间——也到达兴盛的顶点，乌尔在乌尔恩格(Ur-engur)主政时代，不但所有苏美尔人归其统治，而且整个西亚亦无不服从其号令。乌尔恩格是一位非常伟大的君主，他为苏美尔制定了一部有史以来最完备的法典。在制定法典时，他曾说："我所制定的法典，应是正义公理的化身。"在整个幼发拉底河上，乌尔因商业发达而富甲一方。乌尔恩格利用乌尔的财富，不但把乌尔的寺庙城池修建得美轮美奂，而且将其卫星城池，如拉尔萨、乌鲁克及尼普尔也修整得面目一新。他的儿子敦吉，继其父统治乌尔。敦吉温厚英明亦如其父，在58年长期经营下，乌尔变成了天堂。乌尔恩格和敦吉死后，乌尔人即奉之为神。人们说："在他们父子治下，使我们重温了一遍伊甸园的旧梦。"

但不久，美梦变成了噩梦。埃兰人从东边杀来，亚摩利人(Amorites)从西边夹击。乌尔王变成了俘虏，乌尔财富被搜刮一光。乌尔的诗人，为乌尔女神伊什塔尔之被亵渎，曾以歌代哭。一位诗人，以伊什塔尔口吻写下了这首诗，即使距今4000余年，读之仍令人感动异常：

我，被敌人奸污了，呀！他连手都没有洗。
那双带血的手，把我吓个半死。
啊！可怜的女人。你的尊严已被禽兽剥夺净尽！
他脱下我的衣裙，去温暖他的妻子，
他抢走我的首饰，去装饰他的女儿。
(现在)我成了他的俘虏——事事得仰其鼻息。
想着那令人发抖的一天，
他闯进我的宫殿，我躲进了夹壁，瑟缩着像只鸽子。
他闯进夹壁，我被迫爬上屋梁，像只飘飘欲坠的小猫头鹰。
他在追，我在逃。逃离神龛，逃离城市，像一只无依的小鸟。
啊！我在叹息：

“何年何月才能回到我那遥远的故乡？”

此后200年，埃兰及阿莫（Amor）统治着苏美尔。在此期间，这里的历史近乎一片空白。但忽然北方的巴比伦，出现了汉谟拉比大帝（The Great Hammurabi）。他先自埃兰人手中夺取乌鲁克及伊辛（Isin），23年后，灭埃兰、亡阿莫、灭亚述，建立起一个前所未有的大帝国。为治理这个帝国，他曾制定一部赫赫有名的《汉谟拉比法典》。自此，历史舞台上再也听不到苏美尔人的声音了。因为两河平原历经若干世纪，在未变成波斯天下之前，一直为闪米特所牢牢掌握。

·经济生活

苏美尔人虽在历史舞台上不复出现，但是，他们所创造的文明却一直流传不绝。在苏美尔人及阿卡德人中，圣人、哲学家、艺术家、诗人及杰出工匠，几乎代代都有。这一批批文明的种子，散播在肥沃的幼发拉底与底格里斯两河流域，不久即开出了绚烂的花朵。巴比伦及亚述，就是两河文明的先期收获者。

作为两河文明基础的土壤，其肥沃无与伦比。这里土壤之所以肥沃，得益于一年一度每逢冬雨的两河泛滥。泛滥，虽极可怕却能令土壤肥沃。苏美尔人对于泛滥，最初缺乏经验，这也许就是洪水之说的来源。慢慢地，他们不但能控制泛滥，而且能利用河水的泛滥。苏美尔人挖掘沟渠，灌溉田畴的历史，可以上溯至公元前4000年。这些沟渠，无可否认是人类最伟大的创作，同时也构成其文明的基础。纵横交错的沟渠，带来了玉米、大麦、小麦、枣及各种蔬菜的丰收。他们犁田用牛，播种使用管状播种机。稻麦收成后，借一种木制而带有硬齿的打谷机之助，使穗和茎分开。穗用作粮食，茎用作饲料。

苏美尔的原始文明，可自多方面观察。他们很早就知道使用铜和锡。慢慢还懂得将两种金属相混造成合金——青铜。逐渐，他们又采用铁做器械。不过，一般而言，金属用具由于原料昂贵稀少，所以并不多见。大体上说，苏美尔人一般所用的工具，多为燧石做成。较精巧的针和锥子，则以象牙和兽骨为材料。苏美尔人的织造工业规模极大，此类工业，例由国王指派大臣负责监督。苏美尔人的房屋，材料多为芦苇和土砖。芦苇用作屋顶，土砖用作墙壁。土砖由黏土和稻草加水混合晒干而成。门窗用木制成，户枢部分以石作臼。草屋数间，井灶相连绕屋而行，时闻牛、羊、猪、犬之声。这种景象，今天在苏美尔地区，依然隐约可见。

物品运输，主要工具为船。石头在苏美尔地区甚为罕见。这一带城市建筑所用石料，实际上都是自波斯湾经两河及其他水道，辗转运送而来。除水道外，陆路运输亦颇发达。牛津考古探险队在基什曾发掘到不少马车轮子。苏美尔一带出土文物，不乏商业印章。就这些印章考证，他们与埃及和印度很早就已有贸易往还。这时，尚无铸币，商业系物物交易，金银是公认的交易媒介。金银虽有一定成色分量，如金锭、银锭或金环、银环等，但在交易中，一般均以重量为标准。契据普通刻于泥板上。从对出土泥简的研究来看，当时商业相当繁荣。一般契约的形式，大致包含两个要件：文书及证人。借贷相当盛行，所借东西，有货物及金银。借贷利息，规定以同类之物偿付。利率以年为准，最低为 15%，最高 33%。依社会安定与利率为反比的原则来观察，苏美尔的政治经济，显然常在动荡之中。

考古学家自苏美尔人之古墓中，掘到不少金银。这类金银，不单是首饰，而且有餐具、武器、工具及其他种种装饰品。由于私有财产神圣不可侵犯，久而久之遂演化成许多阶级。除大富与赤贫之外，尚有中产阶级及奴隶。中产阶级包括学者、医师、传教士及小工商业者。医药相当发达，大体而言，每一种病均已发展出一种特殊治疗的药物。不过，迷信的势力仍然很大。一般人相信，生病一定有鬼，除非把鬼赶开，否则病痛无法痊愈。历法早就有了，但由谁发明，或发明于何年何月，则不可考。苏美尔人的历法，以月圆一次为 1 月，12 个月为 1 年。为求与太阳及季节相适应，每 3 年或 4 年增加 1 月。每月各有一个名称，但各城所叫之名却不一致。

·政府

自远古时起，在苏美尔地区，就是每城一王不相统属的局面。这些王或称天子（Patesi），或称教皇（Priest-king），顾名思义，均极富神权色彩。及至公元前2800年，由于商业发达，这种各自为政的局面一变而成集若干城市为一“帝国”的形态。帝国的国君，成为各城之共主。由于帝国的形成大多出于征服和叛变，因此，凡为国君者无不时时处于戒慎恐惧之中，为了防止篡夺，国君多深居简出。皇宫门禁森严，平时宫门深锁，出入一律通过仅容一人通行的小门。对进出宫门者，严密搜查。遇有形迹可疑之人，身怀匕首的便衣人员便会立即出现。国君祭祀，亦有专庙。为防不测，这类庙大多建于深宫之中。

国君临阵，概乘战车。其部队所用武器，常见者有弓箭、戈矛。国与国之间的战争，今天双方常有许多漂亮的口号，可是古代的苏美尔人则非常坦白。他们常常宣称:“我要你那片土地”“我要你那批粮食”。阿卡德国王玛尼什图苏（Manishtusu），在入侵埃兰时，即公然宣称:“我要你的银矿，我要你的绿玉，因为，银矿可以使我生活得更舒适，绿玉用来刻像可令我死后不朽。”以绿玉做雕像，其人死后不朽，是当时的一般观念。为绿玉雕像而侵入邻国，可谓千古一绝。敌人被击败后，或遭集体杀戮，或被掳为奴。每场战争之后，对神例有献俘礼。献俘采用活祭方式，所用俘虏，一般为所有俘虏的1/10。

苏美尔各城市，与意大利文艺复兴时代的城市，有一点颇为相似。各个城市盲目要求独立，结果城市的艺术文化虽有了极可观的发展，可是由于力量分散，以致一旦发生外患，便一败涂地而不可收拾。帝国之内，社会秩序的维持，依靠一种封建制度。一场普通战争下来，胜利者即为诸侯。每一诸侯，各有一定的封地。诸侯对于国君，平常则进贡朝拜，战时则出粮出兵。政府财政依靠税收维持。税收按实物课征。政府所收实物，一律送入国库。机关费用，官吏薪饷，定期由国库开支。

在帝国与封建制度下，社会秩序的维持概以法律为准。法律的内容，有法典有判例。苏美尔人的法律，在乌尔恩格及敦吉时代，即已颇具规模。其后举世闻名的《汉谟拉比法典》，即导源于此。苏美尔人的法律，可说包罗万象。论及其所牵涉的关系，有买卖、借贷、性行为、收养、遗赠。在苏美尔人眼中，神庙就是法庭，祭师就是法官。对于法律的施行，值得称道的有两大制度：第一，法外调解，由素孚众望的地方人士任仲裁人——仲裁人对于纠纷的排解，一律以情理为依据；第二，高等法院，祭师审理的案件，若是案情重大者，须送呈高等法院复审。高等法院法官一律由专家担任。与其后闪米特人的法律相比，苏美尔人的法律有两大特点：简单，宽大。例如，妻子与人通奸，在闪米特人便非处死不可，可是苏美尔人仅降之为妾。

· 宗教与道德

乌尔恩格王借沙玛什（Shamash）大神之名公布其法律，这是政府用神加强其统治之一例。因为神很有用，苏美尔人创造了无数的神。城有城神，国有国神。人类的每项活动，可说均由神做主。对太阳的崇拜，无疑是苏美尔人一项最古老的信仰。他们相信，沙玛什即光明之神，每天夜里从遥远的北方赶来，天明即把光明赐给人间。他乘坐一辆火轮车行过天空，太阳即火轮车的一个轮子。尼普尔城之神恩利尔（Enlil），他的夫人名宁利尔（Ninlil）。乌鲁克城特别崇拜伊里尼（Innini），她相当于阿卡德的伊什塔尔，为大地的象征，乃近东爱与美之女神。基什及拉格什城所崇拜者为圣母多洛罗沙（Dolorosa），她是慈悲的化身，她是所有弱者及不幸者的守护神。灌溉之神宁吉尔苏（Ningirsu），不但负责灌溉，而且也管制洪水。塔玛扎（Tammuz）亦名阿布（Abu），是负责植物生长之神。最有趣的是，罪有罪神，月亮就是罪神的表征。

在苏美尔人的观念中，空中充满了神。这些神中，有一种称为

“赐福天使”，赐福天使所保护的对象，就是每一个苏美尔人。苏美尔人相信，有赐福天使呵护，邪魔即不敢沾身。

大多数的神均供在庙里。苏美尔人敬神，除诚心之外还献上金钱、食物及美女。据古迪亚泥简记载，献给神的食品，有牛、羊、鸽子、鸡、鸭、鱼、枣、无花果、南瓜、奶油、油膏、饼等。从这一张食品单，我们可以想见，苏美尔人在吃的方面是多么的丰裕。最初，苏美尔人认为，供神最好的食品是人肉！后来，由于人道观念产生，以人为祭之俗才行废止。在一块出土的泥简中，有着这样的记载：“他以羔羊赎命；献上羔羊，即等于献上自己。”

供神礼品这样丰盛，祭师当然肥了。祭师因神得财，因神得势，在苏美尔人中变成特权阶级。他们可管的事情多到不可数计。研究苏美尔史的人，差不多都有这种困扰：国王与祭师的权力简直无法划分。乌鲁卡吉那王对祭师的骄横跋扈非常不满。他像马丁·路德一样起而发言，他斥责祭师贪得无厌，剥削平民，贪赃枉法。一方面，他解除了许多恶名昭彰的祭师的职务，另一方面，他公布法令限制祭师的职权。终其一生，其朝廷里充满着一片清明气象。

根据苏美尔人坟墓里所掘出的大批食物及工具推断，苏美尔人相信“来世”之说。不过，可惜苏美尔人和后来的希腊人一样，把灵魂所去的地方，描绘成一个阴风惨惨的世界，同时认为人死后，不分善恶都非到阴间去报到不可。在苏美尔人观念中，并无天堂地狱、最后审判及永生之说。他们之所以祈祷上供，目的在于祈求现世福祉。在后期传奇中，许多故事所反映的也仅是“长生”而非“永生”。一个故事说，埃利都圣人阿达帕（Adapa）向智慧女神埃阿（Ea）求法，女神什么都告诉他，但保留了一样，即长生之法。另一个故事说，诸神所创造的人，原来非常幸福快乐，可是，由于人自作聪明，造下罪孽，以致诸神震怒，欲以洪水尽灭之。作为洪水孑遗的织工塔迦图迦（Tagtug）本可长生，但因其不听告诫，偷吃禁果，故神一方面减损其健康，一方面缩短其寿命。

苏美尔人的教育，掌握在祭师手中。祭师为了利用教育及神话巩固其权势，在各神庙开设学校。校中所教课程有写、算、公民、宗教、礼俗、法律等。有关学校的泥简，目前出土者不少。从这类泥简观察，在数学方面，他们不但懂加减乘除，而且还懂平方、立方及实用几何。有一块泥简，似为儿童教育的一课，上面刻有这样的字句："人类在原始时代，不知吃饭，不知穿衣。他们在地面爬行，饿了，就地吃草，渴了，就沟喝水。"

苏美尔人也很看重祈祷。下面是古迪亚王对圣母菩（Bau）——拉格什城的守护神——所作的祷告：

啊，圣母，拉格什城的创建者，
看，你的子民，在你的庇护下，多么健康富庶。
求你赐给他们平安，让他们长命百岁。
我们没有母亲，你就是我们的母亲；
我们没有父亲，你就是我们的父亲。
圣母，你知道什么是善，
求你把它像生命一样赐给我们。
万民的母亲，求你庇护我们，
让我们在你的照顾下，生活得平安、幸福、快乐。

苏美尔的女性，几乎和每一座神庙都有关联。如果是女神庙，那么她们是神的管家。如果是男神庙，那么她们是神的妾媵。作为神的眷属，在苏美尔的女孩子看来，那是一种无上的光荣。一家之中，如有女儿被神选中，那这一家人都会感到骄傲。遇到这种事，做父母的总是高高兴兴，选定良辰吉日，把女儿装扮得花枝招展，连着陪嫁的东西送至庙里与神婚配。

对于婚姻关系，苏美尔人很慎重。关于这方面，他们有着不少法律和规定。一般而言，妻子对其嫁妆有管理和支配权。丈夫对于妻子的嫁妆，虽也有权过问，但谈到遗赠，唯有妻子才有决定权。在管教孩子方面，母亲和父亲有着同等的权利。家中事务，特别是关于不动产的管理，按规定，夫在由夫，夫不在由已成年之子，无成年之子，母亲才可以作决定。苏美尔女性有权代表丈夫经营工商业。属于自己的奴仆，她更可以支配和处理。幸运的话，像苏巴德（Shubad），也可成为一国之王。

不过，苏美尔到底是父系社会。男性经常成为一国一家之主。在某种情况下，丈夫可以卖掉妻子，或以妻子与人为奴而抵偿其债务。丈夫与人通奸，没有任何法律责任，但是妻子若有外遇，便会受到很严重的惩罚。苏美尔人视生男育女为女性的天职，对于不能生育的女性，丈夫可以随时和她离婚。不想生孩子，或对所生之孩子不尽哺育责任，在苏美尔人看来罪大恶极。对于这种女性，依法应予淹毙。子女在家庭中毫无地位。对忤逆不孝的子女，父母可当众宣称和其脱离关系。此事是很严重的，因为国家对于这类子女所给予的处分是：一律驱逐出境！

在苏美尔人的坟墓中，珠宝和化妆品屡见不鲜。伍莱教授在女王苏巴德陵寝中曾发掘到不少东西：翠绿孔雀石、金别针、金丝盒、金手镯、金项链、金戒指、金牙签及金镊子等。

· 文学与艺术

在苏美尔人的遗物中，文字是最惊人的发现。在很古老的年代，苏美尔人的文字似乎就已非常成熟。这些文字不单已够宗教、商业之用，而且还能作成诗文，表达极其复杂的感情及思想。最早的苏美尔人文字，一般刻在石头上，出现年代约在公元前 3600 年。公元前 3200 年，泥简出现了。泥简在人类文化史上，真是一份最大的遗产，因为通过它，我们能对古代文明获取较为清晰的印象。泥简以铁笔刻字于黏土制成的板状物上而成。这是美索不达米亚人用以记载一般事物的方式。初制成的泥板，由于润湿松软，铁笔能在上面留下清晰的刻画。

经书写在泥板上，以火或太阳烘干，即可永久保存。以泥简做书写工具，其耐久性仅次于石。苏美尔人留于泥板上的文字，以其笔画若楔，故称楔形文字。在出土的泥简中，其所记载的内容，种类极其浩繁，有官文书、私文书、宗教记录、文学作品、法庭判决和流水账簿。

文字读法，一律由右向左。单字系由符号及图画组成。苏美尔文字，就出土陶器观察，也是象形文字的一种。但因为年代久远，字迹模糊，绝大部分文字已脱离形象，而只能表现为声音。按文字演变的规律，从形象到声音。英文之“b”，即是由“蜂”(bee)的发音脱胎而成。不过，苏美尔人的文字，虽已由形象趋于声音，却未能进一步把声音变为字母。这点，不单苏美尔人，巴比伦人亦未做到。把声音变为字母，到埃及人手里才成功。别认为这是小事，在人类历史上这是一次了不起的文化革命。

从文字到文学，所需时间至少要好几百年。文字初创，主要用于记账、打收条、开运货单、订契约。其后，宗教上许多事务，如祭祀日程的拟定、仪式的记载、祷告的撰述，亦渐倚重文字。文字运用范围日广，操纵日渐灵活，于是，慢慢便产生了故事、传说、诗歌等文学作品。由文字演变成文学作品，由文学作品再汇集成书，不知经历了多少世纪。公元前 2700 年左右，苏美尔人已有许多大图书馆了。法国考古学家德·萨泽克（De Sarzec），曾在特罗（Tello）地方发掘到 3 万多块泥简。这些泥简是古迪亚时期产品。每块泥简都显示出仔细整理分类的痕迹。掘出泥简之处，显然是一规模极为宏大的图书馆旧址。

约在公元前 2000 年之际，苏美尔已出现史学家。他们整理古代史，编纂现代史。这些作品的原作虽多已失传，但由于巴比伦编年史的不惮引述，残简故得保存下来。尼普尔出土的一块泥简，内容是吉尔迦美什史诗。对于这篇东西，在之后论及巴比伦文学时，我们还要谈到。最先出现于苏美尔的诗篇，不是情歌，而是颂圣诗。流行于古苏美尔的颂圣诗，多半谈不上什么技巧。所有颂圣诗，差不多开头几行都一样，其中几行虽略有不同，然大体上其内容皆为前面几句的引申。

除楔形文字外，苏美尔人还发明了居室及庙宇，发明了圆柱、穹隆及拱门的构筑方法。苏美尔的农民所住的屋子，大多是经由这样程序盖成的：第一，把芦苇排成方形、长方形或圆形，并将其深植于地中；第二，将芦苇顶端结成一束。这样形成的屋顶及门，当然便是半圆形或圆形。照此推想，而后圆柱、穹隆及拱门的发明，可以说就是这类基本形式的推演。在尼普尔废墟中，考古学家曾发现一拱门状排水沟。此沟历史长达 5000 余年。至于在乌尔废墟，在公元前 2000 年之际，拱门已处处可见。皇陵拱门之历史，可上溯至公元前 3500 年。上述这些拱门，均名副其实，因为仔细观察便可发现，造成拱门的石头，一块块都是刻意做成楔形的。

苏美尔的富家巨室，常喜于山顶修建堡垒式大厦。这类大厦距地面常达 40 余英尺。也许是为了安全，这类大厦只有一条盘旋曲折的小径，以供进出。因为该地区不产石头，故此类大厦多以红砖修建。红砖表面，常以突出之陶瓦装饰。装饰图案有螺旋形、回纹、三角形及菱形等。至于墙壁内部，一般均以石灰涂平，普通住宅没有任何装饰。住宅均为四合一结构，房子分布四周，中为天井。这种结构可能基于两大理由：第一，凉爽——地中海一带的阳光是够骄横的；第二，安全——门窗一律开向天井，四面除留很狭窄的进出路外，一律为高墙。

住宅附近多半有井。居民生活用水，自井中打取。一般城市几乎都建有宽广的排水沟。城市住民的废水垃圾，一律经由排水沟排出。苏美尔人的家具，种类不多，式样单纯。在所有家具中，床是他们最重视的。中等人家的床，不但精雕细镂，而且还嵌以金银象牙。

在修建神庙上，苏美尔人很舍得花钱。没有石头，从外方运来。用做梁柱的巨石，顶、底、腰部位还饰以铜及其他贵重的金属。美索不达米亚地区最典型的神庙，可能要数乌尔的南那（Nannar）庙。这座庙，屋顶是琉璃瓦；梁栋材料是极高贵的杉柏，梁栋不但加以雕绘，而且还嵌以金、银、珠宝、玉石和玛瑙。在苏美尔地区，每个城中最主要的神庙，多为三四层至六七层的“Z”字形楼子。这种楼子不但建于一城的最高处，而且还设有盘旋而上的护梯。这是一种很巧妙的设计。城市有了这种建筑，平时可作团结人心的象征，战时可作守御城池的堡垒。[1]

苏美尔神庙中，毫无例外均供有神灵、英雄或动物雕像。这些雕刻虽然单纯，但颇生动。在所有雕像中，遗留下来最多的是以绿玉刻成的古迪亚王像。考古学家在特勒·埃尔·乌贝得（Tell el Ubaid）废墟中，发现一个铜牛雕像。据考证，此雕像属于苏美尔人最古时代的作品。此雕像经过岁月洗礼，虽已剥蚀不堪，但自大体上看，这头牛还很有生气。

在乌尔苏巴德女王陵寝中，考古学家发现一个银质牛首，刻得惟妙惟肖。由此可见，由于经验的累积，苏美尔人的艺术也在不断进步。此外，从拉格什的安纳吐姆（Eannatum）王所立的鹰柱、伊布尼萨（Ibnishar）的圆石柱、乌尔尼那（Ur-nina）一种滑稽鬼脸柱头以及纳拉姆辛的胜利柱头，我们都可得出这个结论。

苏美尔人的陶器并不精致。他们最好的作品，我们也许尚未发现。不过就已发现者而言，那不是陶器，而是“土器”。一般而言，苏美尔人虽也有陶器转盘，但他们所制产品，根本不能与埃兰产品相提并论。

比较可观的是金银器皿。在乌尔皇陵中，曾出土不少金器。那些金器，尤其是餐具，设计和制作均极具匠心。这批金器，据考证属公元前4000年左右的产品。在银制品中，最引人注目的当数恩特米鲁（Entemenu）的花瓶。这个花瓶上刻兽纹，颇为精美，现藏于卢浮宫博物馆。在所有金银器具中，公认为最特别的是一把乌尔出土的匕

[1] 此种“Z”字形楼子，经美国建筑家建议，市政当局采用，成为美国一般市区建筑之典型。此种建筑，以其楼层层后退，故不影响邻居光线。看看纽约市现代化建筑，再看看苏美尔的“Z”字形楼子，令人会兴5000年如一瞬之感。

首。这把闪闪发光的匕首，配上华丽的金鞘，真是精致无比。[1]

在苏美尔废墟中，考古学家还发现不少印章。这些印章一律呈圆柱形，其质地或为金属，或为宝石。在印章宽约一二英寸的平面上，刻有很精细的文字或符号。从这些印章，我们可以推知两项事实：第一，古苏美尔人似乎以印章代签名；第二，当时的生活及人与人之间的关系，似已颇不简单。

苏美尔文明有精细的一面，亦有粗陋的一面。精，表现在珠宝方面；粗，表现在陶器方面。不过，不管精或粗，就我们目前所知，在许多方面，苏美尔文明都是人类文化的开端。人类之有国家，始于苏美尔；人类之有灌溉，始于苏美尔；人类之有文字，始于苏美尔；人类之有法典，始于苏美尔；人类之有学校、图书馆，始于苏美尔；人类之有宫室庙宇，始于苏美尔。另外，人类以金银为交易的中准，以文字写成诗文，以金银珠宝作为装饰，建立信用制度，发明圆柱、穹隆及拱门，从事塑像及浮雕，传述“创世记”及洪水灾祸，也都始于苏美尔。

以上，是就好的方面而言，至于坏的方面，被人指称为文明的罪恶者，不少也是由苏美尔人创始的。哪些是文明的罪恶？举几项最显著的：奴隶制度、专制政治、教会统治、帝国主义的侵略战争。

总结苏美尔人的生活，可分强弱两大阶层。强者穷奢极侈，弱者困苦不堪。由此，我们可以获得一个简单概念：阶级分明，活动庞杂，资源丰足，分配不均。苏美尔所显示的，可以说是整个人类历史的基调。

走向埃及

现在所要叙述的历史，虽已相当接近于有记载的部分，可是在谈到和苏美尔有关的几个近东文明，我们却发现一个困难：应该先叙述

[1] 原件存巴格达伊拉克博物馆。

哪个好?

我们认为苏美尔文明是人类最早的文明，固然有许多证据，然而要确切定义，其实还很难说。不过，在尚未发现比它更早的文明以前，我们姑且以它为最早，想还不致有什么大错。

可是，就和苏美尔有关的文明而言，孰为最早?这个问题便不容易回答。例如，在亚述及萨迈拉（Samarra)，我们都曾发现与苏美尔同类的雕像及文物。那两个地方后来都成为亚述的领土。我们很难判断那两个地方的文明，是直接获自苏美尔，还是间接由其他地方传来。再如《汉谟拉比法典》，与乌尔恩格及敦吉法典极为相类，可是我们很难断定，它们之间的关系究竟是一脉相承，还是同气连枝。就巴比伦及亚述文明而言，我们认为它们以苏美尔及阿卡德为其根源，但所举的证据，仅仅是巴比伦及亚述所崇奉之神及与神有关的神话，在许多方面都和苏美尔及阿卡德之神及其传说相似。但事实上这种相似，也许和法国话与意大利话之与拉丁话相似，意义是一样的。

施魏因富特（Georg Schweinfurth）曾经指出一点，尽管在记载上埃及和美索不达米亚对大麦、小麦、小米等的种植，及对牛、山羊、绵羊等的饲养为时甚早，但上述动植物以野生状态存在的地点而论，却非埃及和美索不达米亚而是西亚，特别是也门或阿拉伯。他因此说，专就这两点，即谷类的种植与牲畜的饲养而言，文化似乎是发源于阿拉伯，而广被于美索不达米亚（苏美尔、巴比伦及亚述）和埃及尼罗河三角洲。施魏因富特的说法很有趣。不过，就我们目前对阿拉伯古代所有史料来研究，似乎找不出多少有力证据来支持这种说法。

现在比较确凿的证据，倒是文化先发源于美索不达米亚，然后扩展而至埃及。研究埃及古代史的人都知道，埃及很早就已和美索不达米亚有了商业上的来往，其交通通道，或经由苏伊士而出地峡，或经由古尼罗河河口而出红海。从古代地理环境来研究，埃及在较早一段时期，其文化形态属于西亚而不属于非洲，似乎是很自然的。因为一来，由于尼罗河泛滥；二来，由于沙漠行走不便，这就是埃及难与非洲其他各地交往的原因。相反，埃及与西亚，一方面有地中海，一方面有红海，船舶可来去自如。

对埃及文字有研究的人都知道，埃及文字，越古便越与近东的闪米特文字接近。埃及在建国前，采用的是象形文字。这种文字和苏美尔文字，看起来简直毫无分别。但最显著的，要算圆柱形印章。它最初完全和苏美尔的印章一模一样，后来，才慢慢由埃及风格取代——这可说是一般舶来品的共同命运。在埃及第四王朝以前，陶器转盘并不常见，但这种东西苏美尔人早就有了。据推断，埃及的陶器转盘，是随马车战车一道由美索不达米亚运来的。[1]

古埃及之“权杖”杖端的装饰，和巴比伦所用者，可说毫无二致。考古学家在吉伯尔·埃尔·阿拉克（Gebel-el-Arak）地方发现一柄精致的石刀，此刀为燧石制品，上刻有美索不达米亚风格的图案。据考证，这是埃及建国前遗物。铜由西亚传入埃及，可说毫无疑问。埃及初期建筑的风格也与西亚相仿。另外，陶器、雕像、神像以及种种装饰品，凡是埃及建国以前的，都清楚地具有西亚特征。

就目前所出土的种种证据显示，埃及文化晚于苏美尔文化似乎已成定论。不过，我们可以这样说，尼罗河文化虽曾一度受到两河文化的灌溉，但为时不久，尼罗河文化即往前发展，自成格局。就文化本身而言，尼罗河文化不但风格特殊，而且其深厚、壮阔、细腻，别说刚刚草创的苏美尔文化无法与之媲美，就是拿它和已有高度发展的希腊或罗马文化相比，也不逊色。

---

[1] 史密斯（Elliot Smith），一位极有名的学者，他认为尽管大麦、玉米、小麦不是埃及野生植物，但埃及早就开始种植这类作物了。他相信，苏美尔的农耕文化是由埃及传去的。

美国著名埃及学家布雷斯特德教授，也持同样见解，并认为埃及之陶器转盘，其年代之悠久并不亚于苏美尔。但对施魏因富特所持谷物是阿比西尼亚野生植物的说法，则不赞同。

第二章 | 埃及

尼罗河的恩赐

·三角洲

这是一个最完美的海港。防波堤修长坚固，堤外波涛汹涌，堤内水平如镜。在一个名叫法罗斯的小岛上，索斯特拉塔斯（Sostratus）用纯白的大理石修了一座高达500英尺的灯塔。这座灯塔雄伟壮丽，世无其匹，古人曾将其列为世界七大奇观之一。自悠远的年代起，无数世纪以来，这座灯塔成为往来地中海水手顶礼赞颂的目标。虽然由于岁月无情，大理石灯塔已随海浪俱去，但新的更为壮观的灯塔又自岛上矗起。今天，凡由地中海驶来的轮船，在进入亚历山大港时，首先要找的目标，就是岛上的灯塔。亚历山大港，因年轻的政治家亚历山大而得名。这是一座美轮美奂、人物荟萃的港都。正如其建造者亚历山大所企望的，它代表着埃及、巴勒斯坦及希腊文化的精华。读过历史的人都知道，庞培（Pompey）的头，就是在这里呈献给恺撒的。

如果你乘火车通过这座港都，你便会看到下列景象：一些尚待修整的大街小巷，半裸的工人，背负重物的黑衣妇女，戴头巾着白袍的穆斯林，宽阔的广场，金碧辉煌的宫殿。通过港都，你立刻便会看到一片开阔的原野。火车愈行愈远，港都愈来愈小。最后，港都变成一个黑点而没入有名的尼罗河三角洲。尼罗河三角洲是一个绿色的三角。将它和尼罗河连起来，极像一株棕橄榄。三角洲是树叶，尼罗河是树干。

毫无疑问，三角洲过去是一个海湾。由于河流挟带泥沙，夜以继日地填塞，慢慢变成了这个样子。[1] 今天在三角洲上耕作的农夫，估计不下 600 万。他们的主要作物是棉花。三角洲出产的棉花，年产值达上亿元。

烈日下，沿着散植着棕榈树草堤而缓缓流着的是赫赫有名的尼罗河。在三角洲上，除尼罗河外，沙漠与干涸的河床都看不到。站在这里你会奇怪，埃及的整个命运，竟寄托于这条河。它河面不宽，流量也不大，两岸却都是滚滚的流沙。

再乘火车前进，不久我们便驶入一个冲积平原。此平原由于沟渠纵横，处处有水。田里耕作的农夫（fellaheen）[2] 除腰间系着一块布之外，别无任何遮蔽。

尼罗河每年均有一次泛滥。泛滥期间，大致从夏至之日起，延续 100 天左右。经此泛滥，沙漠变为沃土。大水一退，埃及便处处花开。尼罗河的泛滥对于埃及而言，借用希罗多德的话来说，是“一种恩赐”。埃及之所以成为人类文化发源地之一，尼罗河的泛滥足可以解释。其他河流泛滥，往往都会成灾，可是尼罗河泛滥，不但不成灾，而且利于灌溉，更因泛滥定时，人类可以控制，于是，灾祸变成了福祉。就此而言，仅美索不达米亚堪与之相比。尼罗河每次泛滥，埃及的农夫都不免忧心忡忡。自泛滥之日起，他们便设有专人将水位上升情形，于每日清晨驰赴开罗大街小巷报告。尼罗河泛滥了几千年，几千年都没有成灾，就一般人而言，以过去推演未来，应该可以安心了。可是，埃及农夫却不如此，他们把每一次泛滥，都看成一

[1] 古代地理学者，如斯特拉博等，认为埃及从前是地中海的一部分。
[2] 阿拉伯语“农夫”（fellah）的复数形式。“犁”（plough）一词，由 felaha 一词演化而来。

桩了不得的大事。因为泛滥一旦失去控制，他们一生所经营的沟渠农田，便有被摧毁的危险。沟渠农田是农夫的命根。对沟渠农田的经营，据推断，在史前就已有了。5000 年来，农夫一直在这片土地上辛苦工作——泛滥开始，如何把多余之水导入运河；水位下降，如何利用水车将水抽到田里。农夫往往一面工作一面唱歌。他们的歌声，不是欢愉的，而是凄凉的。埃及农夫的歌声和尼罗河的流水，几千年来都是一个调子。几千年来，埃及的农夫不但歌声未变，甚至语言也未变。虽曾几度受到阿拉伯人的征服和统治，但这些征服和统治，对他们并未产生多大影响。冲积平原的沟渠农田，论历史和金字塔一样悠久。

三角洲上，距亚历山大港东南 50 英里，为诺克拉提斯（Naucratis）城。此城一度住过很多勤勉聪慧的希腊人。往东 30 英里，为赛斯（Sais）城。此城在未被波斯及希腊人征服前，一度成为埃及本土文化的最后据点。从亚历山大港往南 129 英里，有一座非常美丽的城市，那就是开罗。开罗丝毫没有埃及风味，因为它由征服者穆斯林（于 968 年）所兴建；等到法国人来后，浪漫的法国精神取代了阴沉的阿拉伯风味，在此建立沙漠中的巴黎。从开罗乘摩托车南行，不久你便可发现金字塔。金字塔可以说就是埃及，因为它是古埃及文化的主要代表。

在一条路上，远远出现几个小黑点。说那就是金字塔，未免太使人失望了。大老远跑来难道就是为了看这几个小黑点？可是，一转眼间，这几个小黑点却突然大了起来，它们似乎正被一种看不见的力量从地面骤然举向高空。一转身，一片广大无垠的沙漠；一抬头，一片浩浩的晴空。以金黄色的沙漠为背景，再衬上蔚蓝色的天空，这几座原已大得无与伦比的金字塔更显得傲岸不群了。金字塔从来是不寂寞的。在此，你经常可以看到形形色色的游客：骑驴的富商巨贾、乘马的王孙公子、坐车的千金小姐以及高居骆驼背上的俊俏少妇。

徘徊于金字塔前，我不禁想到，这儿，恺撒来过，拿破仑来过。任何伟大的人物，只要站在金字塔前，都会显得非常渺小。号称“历史之父”的希罗多德，曾先于恺撒500年来此。他在此听到许多新奇的故事，这些故事的转述，曾使希腊大政治家伯里克利大为吃惊。金字塔之存在已5000多年，因此，几百年，甚至一两千年，在它看来简直有如一瞬。我突然有一种感觉，觉得此时此刻，恺撒、拿破仑、希罗多德等，好像就在附近似的。

狮身人面像就在金字塔附近。这一座山似的雕像，一半是狮，一半是人。在人这一半，具有一副哲学家的面孔。以狮而言，它正用爪挖掘着黄沙；以人而言，它正默默地注视着往来不断的游客以及那一望无际的原野。这是一个怪物。塑造这个怪物的年代，据考证约在公元前2990年。从这个怪物突出的下颚与残暴的眼光看来，塑造它的人想必脱离野蛮未久。埃及人为什么要塑造这个怪物？是告诫登徒子女性亲近不得，还是吓唬小孩子要他们早点入睡？狮身人面像，据说曾一度为黄沙淹没。不然的话，为什么希罗多德遨游埃及时，很多鸡毛蒜皮的东西都谈到了，唯独对此庞然大物却不置一词？

现在撇开狮身人面像，让我们再回顾一下金字塔。金字塔的构筑，可不是一件简单的事。从五六百英里外，把成千上万重达数吨的巨石运来，同时还要将之举到高达五六百英尺的地方，要是缺乏充足的财富、权威和技术，是万万办不到的。构筑这些金字塔，据估计至少需要10万人工作20年。就算工作的人都是奴隶，不拿工资，但要喂饱这些人，所需要的粮食也极可观。希罗多德在游金字塔时，偶然在一座金字塔上发现一块石牌，牌上所记的就是构筑这座金字塔的工人所吃萝卜、大蒜、洋葱等蔬菜的数量。[1]

伟大、壮观，这是凡亲身瞻仰过金字塔的人都会留下的深刻印象。但撇开其伟大壮观的外衣，所显现的却是荒谬可笑。埃及人为什么要建金字塔？原因只是长眠于金字塔内的那个人希望由此而获永生。

---

[1] 狄奥多罗斯——他的话常常要打折扣——有着下列记载：“在一座很大的金字塔上，有这么一块石刻……上说，为造此塔，工人所耗的蔬菜及泻药（Purgatives）费银逾1600塔伦（合1600万美元）。”

·溯流而上

乘小汽船自开罗逆流而上，南行五六天即到凯尔奈克（Karnak）及卢克索（Luxor）。在这条路上，距开罗 20 英里，我们要经过第三、第四王朝的古都孟斐斯，其人口一度达到 200 万，但现在除了几座小型金字塔和几丛棕榈树外，便只有一片耀眼的黄沙了。孟斐斯的黄沙，令我们联想起地球上一带又一带的沙漠。这些沙漠，西起摩洛哥，东越西奈至阿拉伯、土耳其，再越西藏而达蒙古。沿着这条沙漠，一度出现两大文化。这两大文化，盛时都非常灿烂，可是曾几何时，俱已烟消云灭。沿着尼罗河，上自地中海，下迄努比亚（Nubia），两岸各有一宽达 12 英里的沃土。这两条带状沃土，可说就是埃及人的命脉。然而希腊或罗马的历史，与埃及从公元前 3400 年美尼斯王（Menes）到公元前 30 年克娄巴特拉（Cleopatra）女王的悠久岁月相比，是多么的短暂！

不过一周的水程，卢克索到了。此城就是希腊人所称的底比斯（Thebes）。这座城一度也是埃及名都，繁华富庶，远近知名。可是现在，除黄沙之外，便只剩下了几个阿拉伯式的村落。卢克索有一座为人艳羡的冬宫，其位置在尼罗河东岸。现在这所宫殿，像远在西岸黄沙中的诸王陵墓一样，只剩下供人凭吊的部分。从冬宫向西远眺，可见一大排闪闪发光的东西，那就是哈特谢普苏特（Hatshepsut）女王神庙的廊柱。

一早，我们乘小艇横渡尼罗河，河水非常平静，说它几千年来年年泛滥，简直令人有点不敢相信。舍舟登岸，向西进入沙漠，沿着小道，越过山区，远远看到突出于诸王陵墓之间的建筑，就是哈特谢普苏特女王的杰作。女王本人很美很伟大，然而她希望把她的山陵修饰得更美更伟大。就一座花岗石山的悬岩绝壁，雕琢成若干壮丽无匹的廊柱，不具有绝大魄力是做不到的。这些廊柱，会令人不自觉地联想起伊克蒂诺（Ictinus）为伯里克利所建的廊柱来。那些廊柱，不就是脱胎于这些廊柱？和廊柱一样动人心弦的，是四壁的那些浮雕。那些浮雕所叙述的，大多是历史上最伟大的女王一生的故事。故事美妙，雕刻传神。看完这些故事，你会感到这位了不起的女性，不但属于埃及，更属于人类历史。

在路旁，我们发现两个石刻巨人。这两位巨人，每位高 70 英尺，重 700 吨。难能可贵的是，两位均是分别由一整块巨石刻成。此二巨人，是埃及王阿孟霍特普三世（Amenhotep Ⅲ）时代的作品，希腊学者曾误以为是门农（Memnon）时代的作品。在一个巨人的脚踏上，发现一些以希腊文写成的“某某到此一游”的刻痕。查其年月，有的已达 2000 多年。看看巨人，看看刻痕，我不禁感到 2000 年前简直宛若昨天，根本没有什么两样。从此向北 1 英里，有埃及王拉美西斯二世（Rameses Ⅱ）的雕像。此像亦是以巨石刻成。拿破仑的学者曾对此像仔细量过，所量结果是：耳长 3.5 英尺，足宽 5 英尺，高为 56 英尺，重逾 1000 吨！拿亚历山大和拉美西斯王相比，亚历山大简直是一个乳臭未干的孩子。我们这样说一点也不过分，举几个有关此王的统计数字：活到 99 岁，统治埃及达 67 年，生了 150 个孩子！拿破仑来到他的像前，曾引用歌德的名句“仅见的大丈夫！”（Voilá un homme！）来赞美他。不过，今天，这位“仅见的大丈夫”似乎已失去了往日的威风。从前他挺立在沙漠里，现在他却静静地躺在地上。

尼罗河西岸，似乎是属于死人的世界。专门以研究埃及为务的学者，在这儿已发掘到不少陵墓。皇陵一个接一个出土。也许为了维护陵中所藏珠宝，图坦卡蒙（Tutenkhamon）陵虽一度被掘开，但马上又关闭了。今天正式开放给游人参观的，仅为塞提一世（Seti Ⅰ）的陵墓。进入陵内，你会有一种凉丝丝的感觉。在里面，你可以看到四壁及天花板上的精致雕刻，装饰得富丽堂皇的石棺以及木乃伊。据发掘者说，他们进入皇陵时，偶然还会发现留存在沙上的脚印。学者推断，那些脚印，就是 3000 年前送木乃伊入内安置的人留下的。

不过，埃及文化的精华，不论怎么说，其主要部分还是存在于尼罗河东岸的建筑。就在卢克索，当阿孟霍特普三世统治埃及之际，他利用图特摩斯三世（Thutmose Ⅲ）的战利品修建他的宫殿。他所拟建的蓝图，壮观美丽，举世无敌。可惜修到一半，他便死了，于是工程便停顿下来。等到拉美西斯二世执政，继续修建，始告成功。自辍工至开工，100多年已经过去了。埃及建筑一度均充满这种精神：美为主要目标，但除美之外，尚需雄壮、气魄。换句话说，他们所追求的，乃男性美的极致。阿孟霍特普三世所修筑的宫殿，就是这种精神的代表。一个广大的庭院，现在散乱着黄沙，但从前则是一色大理石拼成的地板。两厢及正厅门前，满排着雕刻精美的廊柱。在每一方面，凡是石头就刻有浮雕。在任何一个不为人所注意的角落，几乎都有一个刻得很生动的雕像，骄傲地站在那里。

闭着眼睛想一想，由八根长长的纸草秆捆成一束，底下是由五条锦带缚起来的几朵含苞待放的鲜花。然而，这些纸草、锦带与鲜花全部忽然幻化成石。这样的石雕，就是建筑史上有名的卢克索纸草状圆柱。再想想，一座宫殿，以那些精雕细镂的圆柱，加上曲折的回廊，并处处缀以新鲜别致的雕像，该有多美！再想想，这座宫殿的建筑，迄今已有3000年。再想想，这样的建筑是出自一些刚由野蛮进入文明的人之手。这一来，你便不能不对埃及人佩服得五体投地了。

卢克索宫殿已经够美，但将之与凯尔奈克的神庙一比，它却又瞠乎其后。此座神庙，经埃及五十多位国王先后经营——始于古王国最后一朝，直至托勒密王朝（Ptolemies）时代——遂成一个占地达60英亩的伟大建筑。这一建筑的目标，似在于就人类之想象所及，以美向神作最虔诚的贡献。

“埃及学”创建者商博良（Champollion），于1828年来到这里后，即写下下面这一段话：

> 我最后到达了一个地方，那似乎是一座宫殿，又似乎是一座城池。这座又像宫殿又像城池的建筑，就是凯尔奈克，是埃及诸

王对神所作的贡献。人类所能想象出来的美，似已毕聚于此。我所说的人类，不单指古代，而且指现代。我所说的美，凡建筑所能表现的，如壮丽、雄伟、高雅，均已全在其内。伟大的古埃及人，其才华实在难以衡量。

要想了解凯尔奈克，三种东西绝不可少：一是地图，二是计划，三是建筑学知识。大体上说，这座神庙是由无数宽广神殿构成。这些神殿，每边长达 1/3 英里。所有神殿里的雕像，大大小小共达 8.6 万余尊。主要的一座神殿，名叫阿蒙庙。殿基宽 1000 英尺，长 300 英尺。这座神殿，是由无数桥塔花门构成的。神庙中最为精美的雕刻，要数图特摩斯三世的石柱。这些石柱的顶端虽已有许多地方出现裂痕，但仔细观察，其设计之精、雕刻之美，仍令人叹为观止。它的另一贡献，就是美轮美奂的献礼厅。这座献礼厅所采用的廊柱，一律刻有凹槽花纹。这种深具表现力的结构，可说是希腊多利安（Doric）圆柱的滥觞。卜塔（Ptah）庙以小巧著名。这里的廊柱，一改壮丽而为优雅。廊柱与廊柱间，杂植着苗条的棕榈，看起来别有风味。大广场上列着一排排石碑石柱，简洁、有力，这可说是图特摩斯三世的杰作。同时，他本人也是埃及的象征。最后的，也是最伟大的，要数"多柱堂"了。它一共有 140 根石柱，每根石柱都大得惊人。每根石柱顶端，均展开成掌状，一块以花岗石石板做成的屋顶，就是由这些手掌托着。[1]

在多柱堂附近，废墟中矗立着两块方尖形石碑。其中一块，是属于哈特谢普苏特女王的。她对世界这样傲然宣称：

花岗石取自南方石厂，赤金选自国外。此一神庙，远自河上，即可眺见。其光辉照耀两岸，灼灼有如朝阳……千万年后，见此庙者，必将曰："不可解，不可解，前人何以竟把全山，遍涂

[1] 纽约大都会美术博物馆藏有此建筑模型一座。

赤金？”……晓谕世人，我筑此庙，斗量赤金，如量黄沙……凯尔奈克有此建筑，乃使世人眼界大开。

看，这就是埃及女王及诸王之所为！在世界最古文化中，埃及文化也许是最为迷人的一种了。但迄今为止，我们所发现的埃及文物，是否就足以代表这个文化最美好的部分？对于这个问题，有的人答复是否定的。在凯尔奈克圣湖附近，不少人还在辛勤地工作。这些人，有的在挑沙，有的在担土，有的在辨识碑文。我亲眼看见一个学者，正从土里拾一块石片。石片上刻有象形文字，他立刻便被这块石片迷住了。这位学者仅为目前从事埃及研究的若干学者之一。今天从事埃及研究的人数以千计，最著名的有卡特斯（Carters）、布雷斯特德（Breasteds）、马伯乐（Maspero）、皮特里（Petrie）、卡帕尔（Capart）及韦戈尔（Weigall）等人。这些学者大多数都在埃及，他们冒着烈日风沙，发掘、搜寻和推求。今天我们能对埃及的历史、艺术、文学及智慧略有所了解，可说就是他们夜以继日默默工作的成果。研究埃及并不是一件简单的工作。在生活上，必须能够忍受风沙烈日的侵袭；在智慧上，必须能够冲破愚昧迷信的包围；在思想上，必须能够将数千年来残缺不全、一鳞半爪的资料连成一气。

然而，研究埃及实已刻不容缓。假定我们现在不研究，将来研究必将更为困难。因为，很多足以代表这一光辉灿烂历史文化的东西，由于岁月的无情摧残，逐渐都会化为尘土。[1]

巧夺天工的建筑师

·埃及的发现

在考古学上，埃及的发现是最辉煌的一章。在中世纪，大家所知

[1] 1899年10月3日，凯尔奈克的11根廊柱，即因受水侵蚀而坠毁。

道的埃及，只是罗马的一个殖民地，或基督教的一个附庸。文艺复兴时代，人们一谈文明，开口便是希腊。即使启蒙时期，大家所知道的文明发源地，也仅限于中国和印度，至于埃及，除金字塔外，可说对其仍一无所知。其后，忽然有了“埃及学”。“埃及学”是拿破仑帝国主义的副产品。1798年，拿破仑远征埃及。他所带去的人，除兵将外，尚有一部分学者及技术人员。他们有的是绘图员，有的是测量员，有的是工程师。拿破仑带他们来的目的，主要是想对埃及的地理历史有较深刻的了解。由于拿破仑的这一念头，埃及遂被发现了。拿破仑带去的学者先是发现卢克索的宫殿，然后发现了凯尔奈克的神庙。1809年至1813年，他们向法兰西学院提出过一篇论文，题为《细说埃及》。这篇论文可以说是人类对此失落文明开始进行科学研究的里程碑。

可是，以后若干年，此项工作毫无进展，原因是大多数人读不懂古埃及人的碑文。对此做科学方法的研究，始于商博良。他是一位学养宏富的科学家，曾立下大愿，要读通埃及碑文。结果他找出了一个读此碑文的妙诀。他发现一块方尖碑，碑上有埃及文和希腊文对译的文字。他是精通希腊文的，通过希腊文，他了解这是记叙托勒密及克娄巴特拉的爱情故事。从一再出现的文字，以及这些文字所在的特殊位置，他找出了11个埃及字母——这件大事，发生于1822年。这是人类得知埃及有字母之始。他用这几个字母去读拿破仑部队拖倒在尼罗河口的罗塞塔（Rosetta）石碑。[1]这是一块以黑石刻成的巨型石碑，碑上共刻着三种文字：象形文、埃及文、希腊文。他毫无困难地读通了。就这样一块碑文又一块碑文地读下去，20余年工夫，他居然读通了所有发现的埃及碑文。在此20余年中，他不但读懂了所有碑文，而且还找出了古埃及的其余字母。于是，研究埃及之门，就此打开。就研究历史的历史来说，这可算是破天荒的一件大事。[2]

[1] 现藏于大英博物馆。

[2] 对罗塞塔碑文的解译，瑞典外交官阿克布拉德（Akerblad）于1802年，英国物理学家托马斯·杨（Thomas Young）于1814年，均有助于它的阐明。

· 史前埃及

时代在不断进步，“埃及学”的面貌也与日更新。“埃及学”的创建者从其所发现的遗物断定，埃及的历史可上溯自旧石器时代。但是，当第一批燧石片在尼罗河谷出土时，皮特里爵士又毫不迟疑地认为，埃及文化即使建国以后，仍属草昧未开。以学识渊博著称的马伯乐就出土陶器研究，竟把埃及新石器时代的东西，推断为公元前2000年左右的遗物。关于埃及历史比较有系统的说法，当自德·摩根始。他于1895年发表过一篇文章，把沿尼罗河出土的遗物，如燧石手斧、渔叉、箭头及锥子等，按欧洲所发现的次序一一加以比较，最后推断，埃及历史当起自旧石器时代。从旧石器时代到新石器时代，包含了公元前10 000年至前4000年这么一段时期。新旧时代之分，主要在于石器制作之精粗。新石器时代之后，接着便是铁器时代。进入铁器时代，花瓶、铜凿、铜钉、金器、银器等物便随即出现。

历史的巨轮不断向前推进，埃及进入了农耕时代。1901年，考古学家在拜达里（Badari）——介于开罗与凯尔奈克间的一个小镇——发掘到一批尸体。据随葬之物显示，这些人生活在公元前4000年。尸体所埋之处，由于尽属干燥之沙地，不单尸体没有腐化，肠胃里的食物也原封未动。经由尸体解剖，从肠胃里发现了大麦。大麦在埃及属非野生植物，于是拜达里人在将近6000年前已知种植大麦，当属合理论断。从这一点观察，我们知道，在很早很早的年代，住在尼罗河两岸的居民，不但已战胜鳄鱼、河马，而且已斩荆棘、辟田畴、修沟渠，为埃及文明的发展奠定了坚实的基础。

就所发现的种种遗物推断，史前的埃及人，自文化形态而言，半属渔猎，半属农耕；自使用工具而言，铁器时代虽已开始，但石器时代尚未结束。这一时期的埃及人，已会造小艇、种五谷、织麻布、编地毯、饲家畜、制香水、打首饰、化妆、理发。至于雕刻、绘画、文字，这时也已萌芽。所雕所绘，主要为其渔猎目标。这类雕绘大都表现在陶器上。在此时期，其雕刻精品，差不多可与吉伯尔·埃尔·阿拉克的匕首相媲美。这一时期的文字，大部分尚未脱离绘画形态。除文字外，他们已会使用和苏美尔人相同的圆柱形印章。

埃及人究竟从哪里来？不得而知。据推断，埃及人一半来自非洲其他地区，即努比亚、衣索匹亚及利比亚，一半来自西亚。来自西亚的闪米特或类亚美尼亚人（Armenoid），大部分具有较高的文化。他们或为和平迁徙，或为武装侵入，此后由于长时间与当地种族互相通婚，一种新文化、一个新民族便从而诞生。据估计，埃及人以一个全新民族的姿态走上历史舞台，约在公元前 4000 年至前 3000 年之时。

· 古王国

公元前 4000 年，尼罗河流域的居民就已有了政府形态。那时，沿着河流出现了许多小部落，希腊人称之为“省”（nome）。构成一个部落，大致需要如下条件：同属一个种族，同用一种图腾，同隶一个酋长，同信一种神道。

在古埃及，这些部落常视法老统御力的强弱，而决定其自治程度。由于商业的发达及战争的影响，最后这些部落便集结而成两个国家。这两个国家，一个在南，一个在北。这项区分，也许就是非洲土著与亚洲移民利害冲突的一种反映。这种南北朝的形势，持续了一段时间，最后美尼斯王才将其统一。在埃及史上，美尼斯王是一个半神半人的传奇人物。他自称，他统一南北朝，是奉透特大神之命。南北朝统一后，他奠都于孟斐斯，并制定法律，广行教化。一位希腊史学家这样说：“埃及人生活方式的进步，用桌凳、知仪节，皆是美尼斯教化之功。”

最耐人寻味的一点，埃及史上第一位具有真实性的人物，并不是君主、征服者，而是一位艺术家兼科学家。伊姆霍特普（Imhotep），除精通医学、建筑学外，普通常识也极为丰富。据说当时的埃及王左塞（Zoser），凡遇疑难之事，都要向他请教。因他曾以医学济众，故其死后，埃及人即奉之为神。在建筑学方面，伊姆霍特普也极有贡献。据说他曾创办过一所建筑学校，下一朝出现那么多伟大的建筑人才，论者都以为是其培植之功。据传说，由伊姆霍特普亲自策划监督完成的建筑有埃及的第一座石造宫殿，埃及最古老的一座金字塔——位于塞加拉（Sakkara）的阶梯式金字塔，这是其后无数金字塔的典型，以及左塞王的石造陵寝。今天，如果到塞加拉观光，我们还可见到这些建筑。莲柱、粉壁、凹纹、廊柱、彩陶浮雕及左塞王塑像，皆精妙无比。这些东西，直接或间接都与伊姆霍特普有关。

在埃及史上，第四王朝显得非常突出。原因何在？有人认为是前朝开矿财富增值的结果；有人认为是地中海商业繁荣所致；有人认为是胡夫（Khufu）——埃及第一位法老的领导有方。[1]

关于吉兹（Gizeh）金字塔的兴建，希罗多德有下列一段记载：

> 现在他们告诉我，在拉美西斯三世（Rhampsinitus）治理下，埃及人生活得富足而快乐，但胡夫即位后，一切都变了。他关闭了所有神庙……他把全埃及人当作牛马。他勒令一半人到阿拉伯去运石块，勒令另一半人把石块从尼罗河运往工地……一次动员的人，便达好几十万。每三个月一轮班，如此工作十年之久，最后完成的东西，其名就叫金字塔。

继胡夫之后的法老是海夫拉（Khafre）[2]。在建造金字塔方面，海夫拉处处想胜过前代。

海夫拉留有一座绿玉雕像，现存开罗博物馆。从这座雕像隆起的鼻梁、炯炯的目光、傲慢的嘴唇来看，他是一位好大喜功的君主。他统治埃及长达 56 年，在他手上又建造了不少金字塔。

---

[1] 即希罗多德所说的“Cheops”，约生活于公元前 3098 年至前 3075 年。

[2] 即希罗多德所说的“Chephren”，约生活于公元前 3067 年至前 3011 年。

法老们为什么要造金字塔？为完成一项伟大的建筑以夸耀后世？否。他们所建的其实是他们的坟墓。金字塔的式样，即脱胎于埃及原始人的坟墓。法老的观念，与普通老百姓并无不同。他们都这样想：人死后，仍然要过日子。既要过日子，便得要有住的地方。住的地方必须安全，因为唯有安全，才能使肉身不朽。修金字塔，即在追求安全及不朽。[1]

金字塔由若干方方整整的巨石堆成，这些巨石，一方一方地结缝，细密得几乎连水都渗不透。在所有金字塔中，以胡夫所建的最为有名。为建一座金字塔，他用过 250 万块巨石。这些巨石中，最重的高达 150 吨，平均下来每块重约两吨半。这些巨石造成之塔，占地 5000 万平方英尺，高 481 英尺。每座金字塔，除留一条很窄的通道，以便将法老尸体送入其中外，其余各处都是封得非常紧密。笔者参观金字塔时，曾随向导战战兢兢深入塔心。由于入口极窄，因此进去时，得俯伏着身体往内爬。爬了一会，忽逢石级，跟着向导拾级而上，大约爬了 100 多级，到达胡夫及其皇后藏骨之所。这是一个阴暗的石室，石室中心存放着石棺。石棺是用大理石做的。现在石棺破了，棺内也空无所有。这是盗墓的结果。藏得这么严、这么密、这么深，仍然不免于盗，人心未免太可怕了。

埃及人相信一种叫作“卡”（Ka，灵魂）的东西。他们说，人会死，卡却不死。它随尸体而存在，并和活人一样，要吃、要穿、要人服侍。在埃及人坟墓中，常发现衣服、食物、用具、武器，有些贵族坟墓里，甚至连厕所都有，这些东西就是为卡准备的。据说在最原始的时代，埃及人和印度人一样曾用活人殉葬。换句话说，一家之主如果死了，为了服侍其卡，其妻妾奴婢便得活生生地随他埋在地下。但是后来，基于人道观念的发展，由聪明人想出一个代替的办法：以妻

---

[1]“金字塔”（pyramid）一词，系来自埃及语“高度”（pi-re-mus），而非来自希腊语“火”（pyr）。

妾奴婢的雕像或画像，作为活人的代替品。

或许由于时代的进步，或许由于死者的家属打经济算盘，相较于后期的埃及人坟墓，实物供给渐渐为绘画所代替。这类绘画有个专门名称，叫作陵墓艺术。陵墓艺术的题材包罗万象，有画田宅者，有画牲畜者，有画食物者，有画用具者。笔者见过两张别出心裁的绘画。一张分为四幅：一幅示耕耘，一幅示播种，一幅示收获，一幅示享用。另一张也分为四幅：一幅示公牛与母牛交配，一幅示母牛产子，一幅示肥犊待屠，一幅示牛肉上桌。另外，在拉赫特普（Rahotep）王子墓中，我们发现一片精美的石灰石浮雕，画面为王子正在享受一大桌食物。

为了保证卡不朽，埃及人除筑金字塔、做石棺材外，还发明了永远保存尸体的办法：做木乃伊。埃及人的木乃伊，做法非常奇特，今天发掘到的许多具木乃伊，为时虽数千年，然毛发肌肉俱皆完整无缺。

木乃伊如何制作？希罗多德对此有极为细致的描写：

> 首先，以铁钩自鼻腔钩出脑髓。脑髓除尽，却以药料注入其中。其次，用石刀把尸体剖开。剖开之处，为尸体侧面。再次，取出内脏。内脏取出后，腹腔以棕酒冲洗，撒以香料，填以没药、肉桂等物，然后加以缝合。以上手续完成，即将尸体置于天然碳酸钠溶液中。以天然碳酸钠溶液浸泡，依法不得超过70天。70天后，取出尸体，冲洗干净，然后以涂有胶质的蜡布细细包裹。包裹完毕，置于人形木匣中。密封后的人形木匣，置于坟中时，使之依壁站立。由以上程序观察，制作一具木乃伊，需要不少花费。

阿拉伯人有句谚语：“世人怕时间，时间怕金字塔。”时间真怕金字塔？不尽然。胡夫的金字塔今天已较初建时矮了20英尺，同时，所有大理石石面也已不翼而飞。文化有如生命，一旦达到顶点，接着便会衰颓。从这个观点来看埃及古王国，胡夫是其顶点，海夫拉已见颓象，及至门卡乌拉（Menkaure）便更江河日下了。[1]

假定把金字塔看作古王国的象征，那从金字塔的大小气派即可窥知古王国的兴衰存亡。胡夫金字塔高耸入云，外面罩的是大理石外罩。海夫拉金字塔和它相比小多了，不过这座塔的外表还不太难看，因为它外面罩的是一层花岗石。可是门卡乌拉金字塔便不行了，它不但又矮又小，而且外面罩的竟是难看无比的红砖。门卡乌拉有座雕像，把这座雕像与海夫拉雕像一比，你便会获得这种印象：门卡乌拉是个文雅柔弱的君主。[2] 一个文雅柔弱的君主，只适于太平时间坐而论道，一旦有变，他便撑持不住了。埃及的金字塔时代，就是在门卡乌拉手里结束的。

· 中古王国

埃及历代君王众多，南北朝后，埃及的统治权差不多就是由一家或一系统的人，一代代往下传，史学家称之为王朝。[3]

古王国前面已经讲过，现在我们所要讲的是中古王国。法老佩皮二世（Pepi Ⅱ）曾统治埃及长达 94 年。他是历史上统治时间最久的君主。他死后，埃及一度陷入混乱。此时，法老失去控制，诸侯纷纷据地自立。这种集权一阵、分权一阵的情形，似为历史演进的惯例。这种分权局面，大概延续了 400 余年。及一位查理曼大帝（Charlemagne）式强人兴起，这种局面才告结束。他以铁腕制伏各地诸侯，集权中央，迁都底比斯，自称阿门内姆哈特一世（Amenemhet Ⅰ），是为第十二王朝。在他的治理下，埃及除建筑外，

[1] 即希罗多德所说的“Mycerinus”，约生活于公元前 3011 年至前 2988 年。

[2] 门卡乌拉及其皇后雕像，现藏纽约大都会美术博物馆。

[3] 史学家为了便于记忆，曾将王朝分为四个时期：(1) 古王国——第一至第六王朝（公元前 3500—前 2631 年），接着一个混乱时期；(2) 中古王国——第十一至第十四王朝（公元前 2375—前 1800 年），接着一个混乱时期；(3) 帝国——第十八至第二十王朝（公元前 1580—前 1100 年），接着一个分裂对抗时期；(4) 塞特王时代——第二十六王朝（公元前 663—前 525 年）。以上数字，除最后一个外，全属概数。前面各数字，上下相差往往达数世纪。

一切文学艺术又创最高峰。在一块碑文中，阿门内姆哈特曾这样说：

由于我勤于农事，虔敬农神，
尼罗河两岸稻米，满坑满谷。
在我当政的年代，老百姓，
没有饥的，
没有渴的，
因为有了我，
老百姓才能安居乐业。

可是，他所获的报答却是叛乱。叛乱领导者，是他一手提拔的两个部下：塔列朗（Talleyrand）和富歇（Fouché）。不过由于他措置得宜，叛乱不久即被扑灭。在叛乱平定后，他曾这样告诫其子波洛尼厄斯（Polonius）：

来，让我说给你听。
在你将来登基之后，
若紧记住下列的话，相信对你必十分有益：
臣属一个也不可信任，
提防那些带有危险性的人，
不可单独接见任何人，
别以为他们是你弟兄，
别以为他们是你朋友，
……
睡觉时千万要警醒，
你要知道，在这种邪恶时代，
人是不可信赖的。

这可当作历来专制君主的座右铭。但为了权位，代价未免太大了。阿门内姆哈特一世，可以说是而后4000年来，一切专制君主的典型。在他之后，埃及又出现一位很有作为的君主：塞索斯特里斯一世（Senusret Ⅰ）。他修了一条运河，从尼罗河通向红海；将入侵的努比亚人赶了出去；在赫利奥波利斯（Heliopolis）、阿比多斯（Abydos）及凯尔奈克等地大修神庙。除十尊巨型雕像外，他还为开罗博物馆留下了不少纪念品。

另外一位塞索斯特里斯也很了不起，他不但再度逐出了入侵的努比亚人，还征服过巴勒斯坦。在逐出努比亚人后，他曾在南方边境上立了一块碑，碑上说："强大的武力，是和平的后盾！"

阿门内姆哈特三世也是一位伟大的君主。他有三大功绩：第一，开运河；第二，修沟渠；第三，取消诸侯统治权，由他派专人去治理领地。在阿门内姆哈特三世逝世后13年，因继承人争夺王位，埃及陷于长期混乱。200年的混乱，使埃及元气大伤。内乱导致外患，西克索人一来，中古王国便寿终正寝。西克索人是西亚游牧民族，趁埃及混乱闯了进来，一方面，纵火焚城，捣毁神庙；另一方面，大肆搜刮钱财和珍宝。他们进入埃及之后便不走了，在尼罗河谷建立王朝，统治埃及达200余年。对这批统治者，史学家特称之为"牧羊君主"。

当时的几个文明古国，看起来颇像几座小岛。在这些小岛四周，尽是蛮族之海。文明代表财富和舒适，野蛮代表饥饿和忌妒。饥饿和忌妒像海浪不断冲向小岛，小岛虽筑有堤防，但一旦堤防破裂，小岛即被淹没。西克索人之于埃及，正如喀西特人之于巴比伦，高卢人之于希腊罗马，匈奴人之于意大利，蒙古人之于中国，刀俎之于鱼肉一样。但为时不久，当征服者为被征服者之膏脂所养肥时，其末日也就到了。埃及人在把他们赶走后，即建立起第十八王朝。此一王朝，使埃及无论在财富、权力和荣耀方面均远胜往昔。

·帝国

异族的入侵，不啻给埃及人注入了一股新鲜血液，使埃及返老还童了。在图特摩斯一世的领导下，埃及不但足以自立，而且还远征西亚，把叙利亚沿海至卡尔基米什（Carchemish）之地，尽置于统治之下。

图特摩斯一世执政了30年，在最后一段时期内，他把国事大部分交付他的爱女哈特谢普苏特执掌。图特摩斯一世死后，哈特谢普苏特的丈夫，也就是她的异母兄弟，以图特摩斯二世之名，统治了一段时期。二世死前虽曾指定其子为图特摩斯三世，但哈特谢普苏特却把小王摆在一边，自己大权独揽。

照埃及传统，埃及君主必为阿蒙（Amon）大神之子孙，也就是说他必须是男性，但哈特谢普苏特却不管这么多，为了巩固她的大权，还一度将自己神化。在她的一篇传记上，曾经有这样的记载：一天，大神驾着祥光，带着异香，与其母相会。临别时，大神宣称，你将生一女，此女所具勇力智慧，必大显于世。但她觉得这还不够，于是又尽量把自己塑造成一个男性化的偶像。从今天我们所发现的雕像中，哈特谢普苏特常被雕刻成一位战士，她胸前之双乳不但已经不见，嘴上还长满胡须。关于她的石碑每提到她时，代名词虽仍用“她”，但当称颂时，却多使用“太阳之子”“南北朝的共主”等男性专用字眼。据古史记载，哈特谢普苏特每在大庭广众中出现时，即着男装，戴假胡子。事实上，以她当时权力之大，她真可以爱做男性便做男性，爱做女性便做女性。

抛开性别不谈，就治绩而论，在所有埃及的统治者中，能够比得上她的，可说不多。对内，不必用严刑峻法，秩序便维持好了；对外，在毫无损失下，获得了和平。她组织了一支探险队，往朋特——非洲东海岸——探险。她替埃及商人找到不少新市场。她协助美化凯尔奈克，在那儿，她立了两块非常精美的石碑。她在达尔巴赫里（Derel-Bahri）继续修完了她父亲所欲修建的神庙。全国各地，凡为西克索人所破坏的神庙，她也一一加以修葺。“凡属沦为废墟者我已一一重建，”在一块石碑上，她很自豪地说，“凡因亚洲人入侵没有完工的建筑，我已使之全部完工。”最后，她为自己在尼罗河西岸的沙山上，构筑了一座庄严华美的陵寝。而后的埃及王亦步亦趋，也把他们的陵寝修建在那儿。那儿的陵寝，总计多达 60 余座，后人因之称那个地方为“帝王谷”。在埃及，每座城市的西端，多半为王侯将相的墓地，因此在埃及，“到西方去”就意味着“回老家”。

埃及在英明的女王统治下，22 年中真可说得上风调雨顺、国泰民安。哈特谢普苏特驾崩之时，其继承人即图特摩斯三世年仅 22 岁。这时，叙利亚人趁女王谢世，企图脱离埃及统治。但他们万万没有料到，他们刚起事，便被 22 岁的年轻皇帝图特摩斯三世彻底击败。

他在女皇未薨前，早就料到叙利亚人有谋逆之心。他一即位，即率领大兵以一日 20 英里的强行军，通过坎塔拉（Kantara）及加沙（Gaza）要道，痛击叛军于美吉多（Megiddo）（黎巴嫩山谷中的一个小镇，为由埃及至幼发拉底河通路上的战略要点，乃自古以来兵家必争之地，也是最近一次大战时英将艾伦比奋战之地）。3397 年后，即 1918 年，英军亦以先占此地，而大败土耳其大军。图特摩斯三世乃趁大胜余威，复携大军横扫叙利亚人及其盟国。[1]

图特摩斯三世奏凯回国，当他到达首都底比斯时，距他即位尚不足半年。雄才大略的三世，以后又打了 14 次很漂亮的大仗，连战连胜遂使埃及成为整个地中海世界的霸主。他不但长于兵略，而且长于治术。他每征服一个地方，必留精兵把守，最重要的是，他必择最贤能之人出任地方长官。有史以来，第一个看出海权的重要性的，就是图特摩斯三世。他为埃及建立了一支强大的海军，靠着这支海军，埃及才能紧紧掌握整个近东。由于百战百胜，三世不但获得了堆积如山的战利品，而且所征服之地，还有贡品源源而来。富裕产生闲暇，闲暇产

[1] 艾伦比前后攻占两次，均获同一结果。拿破仑试行攻占，但未成功。

生文艺，埃及文化随着帝国威势，像正午的太阳，放射出万丈光芒。

埃及在帝国时代究竟有多富？举个例子，国库在收取金银时，一次往往即达9000磅！首府底比斯的商业空前繁荣，神庙里供品堆积如山。坎塔拉最夺人心目的大广场及献礼厅，就是这一时代的产物。图特摩斯三世不单雄才大略，而且多才多艺。战事平息，帝国已定，日理万机之余，他从事雕刻绘书。他所设计绘制的花瓶，据称在埃及花瓶中足可列为精品。大臣每谈到他，就像拿破仑的侍从谈到拿破仑一样："皇帝真是无所不知，无所不能。他料事如神，乃人人尽知。但除此之外，他还能做许多东西，而且所做无不精妙。"图特摩斯三世统治埃及达32年（一说54年）。在他这个时代，埃及一直控制着整个地中海。此时埃及国势，可谓如日中天。

继图特摩斯三世之后，埃及又出了许多有名的君主。阿孟霍特普二世再度征服叙利亚奏凯归国时，他曾将其生擒的7位国王，用铁链系在所乘的舰首上。及至埃及，他又亲手以其中6位国王生祭阿蒙大神。帝国积100余年的威势，传到阿孟霍特普三世时，其富裕可说已无以复加。大英博物馆中存有一座他的雕像，从这座雕像上，我们可看出他是一个既文雅又精干的人物。在使帝国维持原有威势下，他也颇能尽情享乐。想了解阿孟霍特普三世的生活是如何的奢华，只需去看看图坦卡蒙出土的浮雕就知道了。在阿孟霍特普三世时代，底比斯可说是一个世界性的首都。市街上堆满了由世界各地运来的货物，来此贸易的商人摩肩接踵。底比斯的建筑，伟大、堂皇、富丽，不但超越前代，而且世无其匹。乘车坐船到底比斯来观光朝贡的人，每天无可计数。到底比斯来的人，大都要去朝拜一下大神庙。大神庙金碧辉煌，其建筑之美，其所储艺术品之精之富，皆令人叹为观止。底比斯除大神庙外，有两个地方也颇值一观，那就是石柱林立的大广场和风景清幽的人工湖。这两个地方，设计之美妙，后来的罗马帝国的建筑家亦自叹不如。

埃及的文明

·农业

站立在诸王诸帝之后的，是升斗小民。撑持着庄严、华丽、巍峨的神庙、宫殿及金字塔的，是无数工人及农夫。[1]希罗多德约在公元前450年，对这些人有如下描写：

> 埃及人所获土地的收成真可说是不劳而获……他们不必犁、不必锄，就可收获到一般农夫必须辛劳才能得到的成果。他们只等待大河水涨，灌满沟渠田畴，水退后，他们遂即播种。然后赶猪下田，以便把种子踩到泥土中，当猪猡把种子踩入泥土后，他们就等着收获了……然后送谷入仓。

埃及人不但利用猪踩种入土，而且还教猿猴代摘果实。尼罗河不但给埃及的田里带来水，带来沃土，而且还在其沟渠池沼里留下不少水产动物。居民只要把蚊帐拿到池塘里一捞，便有吃不完的鱼虾。这样说来，埃及老百姓过的真是神仙日子了。其实不然。尼罗河两岸的土地，每一寸都是法老的。每一个人，其所以能使用土地，乃是出于法老的恩赐。土地也不是无偿使用，按法老规定，每年应以土地收成的10%—20%为税，按实物征收。

这些土地名义上虽属于法老，但实际上还有很多中间人——大大小小的诸侯，腰缠万贯的富家巨室，他们都拥有一大片一大片的土地。农夫除供应法老外，还得供应这些大地主。诸侯及巨室所拥有的土地大小不一，但从一人可有1500头牛这一点观之，可知其数不小。埃及人的主要食物为谷类、鱼类及肉类等。一篇残简载有学童应食之物，包括：鲜肉33种，干肉48种，饮料24种。富人常以美酒佐餐，

[1] 公元前4世纪，埃及人口估计约为700万人。

穷人也可喝到啤酒。

一般而言，大多数的埃及农夫，生活得并不怎么舒服。撇开农奴不谈，单讲身为“自由人”的农夫，应付地主及税吏之需索就够难的。下面是古埃及农夫生活的写照：

> 每一个农夫仅纳十分之一的税，想象中其负担似乎很轻松，但事实上则不然。麦尚未熟，虫先吃了一半。另一半成熟后，又受害于河马。加之田里的老鼠、蚱蜢、小鸟再吃，收回来的已所剩无几。其实，能收回一点，已算幸运。更倒霉的人遇到恶人半抢半偷，根本一点也拿不回来。犁朽了，耙坏了，正愁中，税吏来了，“要十分之一！”没有。没有？法老的兵丁，加上吆喝的黑人，就动手揍人，打得鼻青脸肿不算，还绳捆索绑地拖到河边。孩子被绑成一串，妻子和农夫用绳系在一块。兵丁凶狠地把农夫头下脚上持着，说一声“去”，头便被浸在水里……

这一段描写，也许稍微夸张了一点。不过，埃及农夫的日子，事实上的确不好过。他们除纳税外，还有不少徭役。修运河，筑宫道，耕公地，运石块，造金字塔，建神庙，建宫殿，可以说一年到头都有做不完的工。

埃及农夫虽穷，虽苦，但还算自由，可是另一批人，情况便悲惨了。这另一批人，便是奴隶。奴隶的来源，一部分是俘虏，一部分是负债无力偿还者。为了补充奴隶，国家有时还组织突击队攻入邻境抓人。从外国掳来的妇女儿童，有时带到市场上公开拍卖。现藏于莱登博物馆的一件浮雕，所描绘的就是埃及掳自亚洲俘虏的惨状。这些俘虏关在一个槛里，他们的手，或反绑着，或伸直绑在头后，或戴着手铐。他们的面孔，都是呆呆的，一律显得非常绝望的样子。

·工业

农业逐渐发展，就有了剩余的粮食和资金。有了剩余的粮食和资金，工商业渐次萌芽。工商业中，最先发展的是矿业。然而埃及没有矿，矿产较近且富裕的地方，是阿拉伯和努比亚。跑那么远去开矿，私人实在没那么大实力。然而，矿产在当时已成为必需品，于是，只有国营。矿业国营，在埃及一直延续了许多世纪。铜的产量微乎其微，铁来自赫梯（Hittites），金来自努比亚东海岸。公元前56年，狄奥多罗斯曾经提到过埃及的矿工，他说，年轻力壮的矿工拿着锄头、火把往下掘。掘到的矿石，由童工搬运。矿石运到石臼里，必须捣碎，除去泥沙。这捣碎和清洗的工作，是年老的男女工人的责任。

下面这段描写，是否过于夸大不得而知：

> 埃及的统治者，常把囚犯集中起来加以利用。这些囚犯，有的是俘虏，有的是罪犯，还有一些是冤屈者。囚犯中，有的是一个人，有的是一家人。这些人常被送到矿坑里去劳动。这种劳动，一小半是为惩罚，一大半是为榨取……这些受到强迫劳动的人，可说是很可怜的。他们常常食不果腹，衣不蔽体，伤了无人恤，病了无人问。一年到头，皆有做不完的工作。无论老弱妇孺，都不做到精疲力竭不准休息。矿工眼前是一片黑暗，工作没有尽头，在这种情况下，每一个人都感到生不如死。

从很早的时候起，埃及人就懂得把铜和锡熔在一块铸造青铜。青铜用处很大：造武器，剑、盔、盾，用它；造工具，车轮、转盘、辘辘、杠杆、滑车、楔子、镟床、钻子、螺钻、锯子，用它；绿玉雕刻及石棺制作，如果没有青铜，根本无法施工。埃及工人很早就会造砖、造石膏、制陶、制玻璃。用木头来造器皿，似乎更是埃及工人的专长。埃及人很早就已有木船、木车、木床、木椅乃至木棺可用。对于兽皮的利用——用来做衣服、做箭袋、做坐垫、做褥子——也发明得很早。从陵墓的浮雕里，我们可以看到埃及皮毛工人的制革情形。他们所用的刮刀和我们现在所用的，可以说毫无二致。

对纸草的利用，可以说是埃及人的一大特长。埃及工人不单用纸草做纸，而且还把它编成席子、坐垫、草鞋、绳子。相当精巧的工艺，像搪瓷、漆器及纺织，埃及工人也早已掌握。4000 年前的一段麻织品，要辨别其为麻为丝，我们现在甚至还得借助于放大镜。史学家佩舍尔（Oscar Peschel）曾这样说："在蒸汽机发明以前，谈工艺，我们所有的东西，几乎古埃及件件都有。同时，就制作而论，他们有些东西且较我们所制者为佳。"

古埃及的工人，除一小部分为奴隶外，大部分都是自由人。一般而言，一行就是一个阶级。在同一阶级中，子承父业，天经地义。

由于战争常带来大批俘虏，因此，许多君主便有了充足的劳动力可用。拉美西斯三世为了修建大神庙，所使用的奴工——大部为俘虏——即达 11 万人之多。自由工人常组成工团从事某些特种工程。工团的领袖称为工头。工头常把工作包下来分给工人去做。大英博物馆现保存着一块石板，上面记着 43 个工人名字，名字下书有"病""为神牺牲""偷懒"等，显然就是工头对于工人所作的考核。罢工很平常。罢工的原因，大部分起于工资没有按时发放。在罢工时，工人总是围着工头咆哮："我们现在又饥又渴。我们现在没有衣服裤子。我们家里，现在没有烧的，没有吃的。赶快奏请上面——法老、爵爷或其他长官，再不发工资我们便活不下去了。"自由工人的遭遇尚且如此，无偿劳动的奴隶的情况自然更糟。据希腊史书记载，埃及曾发生过一次奴隶大暴动。暴动的奴隶，曾攻占一省。他们长期占领那一省，直到他们的所有要求获得圆满解决为止。但自此之后，就再也找不到奴隶暴动的记载了。以埃及统治者对奴工剥削之凶，竟然不闻暴动之事，其镇压手段的严酷即可想见。

埃及工程师造诣的优越，相当令人惊异。希腊人赶不上，罗马人赶不上，工业革命前的欧洲人赶不上，甚至我们今天也很难说已经超过了他们。塞索斯特里斯三世（Sesostris Ⅲ）曾在法尤姆（Fayum）盆地，筑成一条长达 27 英里的水坝，将水导入摩里斯（Moeris）湖。这条水坝，一方面提供了大量灌溉所需之水，同时使约 2.5 万英亩的沼泽全部变成了良田。

埃及人开通了由尼罗河至红海的运河。开河时，他们经常使用爆破技术。埃及人运送重物的本领，也颇吓人。方尖碑巨石，一块往往重达千吨。这种巨石，一运往往数千里。希罗多德的记载和第十八王朝的浮雕，均曾有此显示：巨石在被润滑的巨木上被拖运。起运前必须修路，路要宽直且有一定的坡度。起运时，有挽者、扶者、推者，所需奴隶每次不下数千人。因为劳力低廉，所以机器极为罕见。在一块浮雕上，显示有 800 个划手，分乘 27 只小艇，共拖一艘大平底船，船上放着两块用作方尖碑的巨石。在尼罗河及红海上，长 100 英尺、宽 50 英尺的埃及船只，经常成群结队往来于地中海。陆上运输，先则靠人力，慢慢则用驴，最后则用马。马似乎是由西克索人带来的。古埃及没有骆驼，骆驼的出现，迟至托勒密时代才有。穷人外出，除步行外，只有划小舟。富人则可骑马，坐轿。稍晚，则会出现一种马车。这种马车很笨，因为整个重量都放在了前轴上。

埃及很早就有邮政。在一张很古的纸草纸上，曾留有如下字句："写信给我，用邮寄。"交通一般而言均颇困难。除了有军事价值，如经加沙至幼发拉底河流域的道路，比较宽广外，其他均是羊肠小道。尼罗河可以行舟，但以其蜿蜒曲折，故从甲地至乙地，要走许多冤枉路。由于交通不便，商业都很原始。乡村之间交易，大都是以物易物。国际贸易，开始虽早，但发展极慢，原因是近东各国都厉行"关税壁垒政策"。古埃及远较邻近各国为富，主要有一个原因：进口者为原料，出口者为加工品。埃及盛时，叙利亚、克里特、塞浦路斯等商人来埃及者不绝于途。这时，尼罗河上，除埃及人自己的船外，腓尼基人的船也不少。

铸币尚未产生，国王发给大臣的薪饷，甚至也是实物——五谷、面包、啤酒……税收也是按实物缴纳，因此法老库里所藏的不是钱，而是从田里、店里直接征收来的东西。随着图特摩斯三世远征胜利，外国金银珠宝源源而来，在交易上开始使用金圈子、金锭子作为支付的媒介。由于缺乏铸币，每笔交易均以金子重量为标准。信用制度很早就有了高度的发展。一纸文契，即等于一笔交易或支付。这类文契，在埃及几乎遍地都是。负责书写文契的人，称之为书记。随着商业的发展，这种人开始繁忙起来。

卢浮宫博物馆目前保存着一块古埃及书记的浮雕。一个蹲在地上的男子，全身几乎一丝不挂。他有两支笔，一支搁在耳上，一支拿在手上。浮雕显示他正聚精会神地为其老板工作。书记的工作很多，除书写文契外，还得作许多记录，例如：做了几个工，付了多少钱，单价多少，总价多少，是蚀，是盈，进入屠宰场的牲畜有多少头，进出的谷物共多少斤，该纳多少税……工作虽单调、琐碎、辛苦，但他们常以能凭纸张墨水为生而深感自豪。

· 政府

法老和地方贵族用以维持法律秩序的主要工具，为由一般知识分子所组成的官僚集团。据文献记载，官僚的主要工作有二：第一，查户口；第二，收赋税。官僚于每年尼罗河水涨之初，即以测水仪预测该年的丰歉。依丰歉定税收。中央把本年税收数字配赋给地方，地方再将其转配给农工商各业人民。官僚集团除收税外，还监督工商各业。就某种程度而言，埃及可算实行计划经济的滥觞。

在法律方面，无论民法、刑法，很早即已甚为完备。关于私有财产及遗赠等法，第五王朝时代，就已发展到异常精密而复杂的程度。埃及人早就有了“法律之前，人人平等”的观念。大英博物馆中，现藏有一份世界最古的法律文件，那就是古埃及人所留下的《诉讼事实摘要》。那是一份关于遗产继承的案件，其中案情相当复杂。从这份摘要我们可看出一桩案件的进行，要经过许多繁复的程序，例如：审理、答辩、辩论、举证等。埃及人处理案件非常慎重，诉讼必以书面为之，而伪证者可处死刑。

法院分两级，酋长或诸侯领地内所设的法庭，为地方法院；中央政府所在地，如孟斐斯、底比斯或赫利奥波利斯等地所设法庭，为最高法院。为了逼供，动刑在所难免。刑罚中，打板子最为常见。较严酷者，有割鼻子、割耳朵、割舌头及断手。最厉害者，为流放、罚做矿工及死刑。死刑又分若干种，绞、斩、炮烙及最残酷的——将人活活抛在制木乃伊的一种腐蚀剂中，让其慢慢腐蚀而死！政府高级官吏犯罪，和日本所采取的方式一样，其刑罚为赐其自戕。

古埃及无警察制度，常备兵为数也极有限。埃及四周不是沙漠，就是大海，对于外来侵犯无所顾虑，不养兵不足为奇。但内部秩序的维持，人民生命财产的保护，不用警察，而仅凭统治者威信，除中国外，也许就只有埃及能够办到了。

政府组织相当完善。行政首长称首相（Vizier），总理行政、司法及财政大权。首相秉承法老意旨，治理国事，同时又是贫苦大众的保护者。一座坟墓里的一块浮雕显示，一位首相清早即到民间视察疾苦，很多穷人正在向他申诉。浮雕上的字句为："不分贵贱贫富，既来申诉均受重视。"

下面是一篇帝国时代用纸草纸所书的诏令，这篇诏令是法老颁给一位新首相的：

> 谕达首相：须勤于政事，须公忠为国……首相极不易为，为首相备极辛苦……勿妄自尊大，勿妄自菲薄。人民如有申诉，无论来自上埃及或下埃及，均应依法处断。用以补法律之不足者，一为习俗，一为情理……偏私，神所不容，勿论亲疏，勿分贵贱，王子犯法，与庶民同罪……首相对于王公贵人，除其言行十分在理，可以不必畏惧……（所有法规）均须尊重。

在法律上，法老是最后裁决者。任何案件，如有必要，均可呈请法老裁决。古代雕刻所显示的法老宫殿，极为威严壮观。政府各部，即设于法老殿中。法老之名原为宫殿。埃及人称宫殿——特指法老办公处所——为彼罗（Pero）。此字以希伯来文写出，即法老（Pharaoh）。

和路易十四、拿破仑及任何国家的君主一样，法老也日理万机。他若巡狩，诸侯必亲自郊迎。诸侯对法老及其扈从，除须曲意款待外，临行还要按其封疆地位之大小备上相应的礼物。一位诸侯在阿孟霍特普二世出巡时，所送的礼物即有“金银若干车，象牙及紫檀雕像若干座……古玩、珠宝无数”。所送礼物中，还有盾牌680面、青铜匕首140把。接受诸侯礼品后，法老照例有项恩赐，就是从诸侯孩子中挑选一位，带到京城去学习礼仪——不用说，这孩子是用作他父亲对法老忠诚的人质。

年高德劭的大臣，合组成咨政院（Saru），以备法老咨询。对法老而言，这样的咨政院，似乎是多余的。因为照埃及人的说法，每一位法老都是天纵英明、无所不知、无所不能的。不过咨政院的咨政也有一项作用，就是随着祭师神化法老，并经常以“万岁”“圣明”等口号，来证明法老的不凡。

作为半神半人统治者的法老，其生活自然与众不同。侍候法老的人，不计其数。这些人中，包括总管、衣物洗浆与保管人、御厨以及其他高级官员。单以每天负责法老化妆的官员来说，便有20位：理发师只能修面与剪发，梳发师负责整饰头巾和戴上王冠，指甲师负责修剪并擦亮指甲，美容师负责喷香水、刷眼睑、涂胭脂以及口红等。有一篇墓志铭甚至提到了“化妆箱管理员、化妆眉笔管理员以及穿鞋员——负责国王的鞋子穿得合脚舒服”等侍从。养尊处优，权力无际，腐化乃属必然。为了找刺激，法老无不纵情声色。一位法老在宫中曾乘平底船，令无数美女着薄纱牵引为乐。

· 道德

法老的政制和拿破仑的政制极为相似，甚至在皇族婚配上亦然。法老的结婚对象，常为其同胞姐妹。有些法老甚至以自己亲生女儿为妻！这样做，据说是为了保持皇族血统的纯洁。近亲结婚有害之说，埃及人似不以为然。近亲结婚不但实行于皇族，而且流行于民间。埃及人实行近亲结婚达数千年。据记载，2 世纪时，阿尔西诺伊（Arsinoe）一地，兄妹结婚者即多达 2/3。在埃及诗篇里，“哥哥”、“妹妹”与“爱人”完全同义。法老除以其姐妹或女儿为皇后外，另有许多嫔妃。这些嫔妃有些是掳来的，有些是外国进贡的，有些是王公大臣的女儿为法老所看中者。阿孟霍特普三世，就接受过一位王子的女儿及 300 个美女。也许是上行下效，王公贵族除元配之外，也蓄有许多妾仆。

不过，大部分埃及老百姓行的却是一夫一妻制。除因少数王朝风气淫靡外，夫妻离异者极为罕见。依埃及风俗，凡妻子与人通奸者，丈夫可以无条件和她离婚。但除通奸之外，丈夫离弃其妻子，应付相当数目的赡养费。谈到女性地位，缪勒（Max Müller）曾说：“自古及今，女性在社会上这么有地位，恐怕埃及要数第一。”据埃及文物显示，埃及女性在任何场合皆可以与男性平起平坐。她们不但可以在公共场所吃喝，而且还可在大街小巷做生意。

埃及女性的地位，有时甚至凌驾于男性之上，希腊人对于“河东狮吼”可说早已司空见惯，如苏格拉底的太太詹蒂碧（Xanthippe），但是看到埃及女性的骄悍，仍不禁惊诧不已。埃及女性多半握有属于自己的财产。对于这些财产，生前怎么使用，临死遗赠给谁，都有其完全自由。现存的全世界最早的一份遗嘱，就是埃及第三王朝尼布桑特（Nebsent）夫人留下的，在遗嘱中，她一一说明怎么将她的土地分赠其子女。

对于政治的参与，埃及女性显然也较其他地方突出。哈特谢普苏特及克娄巴特拉两位女性跃上王座，其所作所为即和其他男性国王无异。

埃及人对于女性的看法，大致也和其他民族一样。一位道学先生曾说：

当心那来历不明的女人！看都不可去看她，别说去接近她了。她像一个深不可测的旋涡，谁要是接近她，谁便有没顶的危险。一个丈夫不在即天天写信给人的女人会是什么好货？当心别陷入她的魔网，她在诱你犯罪！

普塔霍特普也这样教训他的儿子：

专注你的事业，美化你的房屋，爱护你的妻子。别使她饿着，别使她冻着……和睦相处，让她高兴，她会使你受益……假定你们相处不善，那你的家庭便会破败。

下面是埃及文献上留下的一位父亲教孩子如何孝顺母亲的话：

绝不可忘记你母亲的大恩……十月怀胎，备极辛苦，哺养怀抱，不辞劳瘁。为你揩屎揩尿，从无一丝厌烦。为你上学，为你备膳，一天到晚忙个不停。

有人认为，埃及女性地位之所以崇高，和母系继承制度大有关系。埃及即使在较近年代中，也如皮特里所说："根据婚姻的默契，丈夫的财产及其而后的收入，通通都得交付妻子掌管。"由于家庭的财产是由母亲传给女儿，为了不使权益外溢，也许这就是造成埃及兄妹结婚的一大原因。埃及母权旁落，西克索人的入侵是一大影响，因为西克索人所行的是父权制。另一种影响，是社会的变革。帝国以前的埃及社会，是一个孤立的静止的农业社会，这种社会对母亲掌权有利。但帝国以后的社会便不同了，这时，是一个流动的以战争和贸易为主的商业社会。这样的社会，当然容易使父权地位提高。最后一种影响，是从希腊来的。在托勒密时代，希腊自由离婚风气，也流行于埃及社会。过去，离婚多由妻子发动，但现在则变成了丈夫的特权。不过，所谓母权旁落，一般是指上层社会而言。至于普通老百姓，母亲及妻子在家庭中的地位，虽然已无过去那么崇高，但仍远居于父亲及丈夫之上。

埃及似无杀婴习俗。家庭不分贫富，均有一大群孩子。埃及没有杀婴习俗，可能基于两大原因：其一，母亲可以决定一切；其二，法律制裁严厉。根据法律规定，杀婴者，须将死婴抱持手中，站立三天三夜。

在男女关系上，女性站在主动地位。今天流传下来的情诗、情书，无论在求爱、幽会及婚姻方面，首先发动的几乎都是女性。在一封典型的埃及情书上，有着这样的语句："我英俊的朋友，你太使我着迷了。我求你让我做你的妻子，永远替你管家。"因此，所谓害羞——指的当然不是贞操——埃及男女根本不知道这是怎么回事。他们均公开谈论性关系，把裸体雕像作为神庙装饰品，甚至在坟墓里也放上许多春宫画。

尼罗河畔的女孩，成熟得特别早，通常 10 岁即已发育完全。婚前性交，在埃及是家常便饭。在托勒密时代，女色和男色同样盛行。一位名妓的积蓄，据说足以用来建筑一座金字塔而有余。埃及的舞女和日本的艺妓一样，是上流社会的玩物，每赴堂会，皆打扮得花枝招展。埃及舞女身穿透明罗衫，腰佩珍珠宝带，手上、脚上、耳上俱有闪闪发光的金环，煞是迷人。

以美女献神，古代并不多见。但自罗马占领以后，底比斯贵族之家，即竞相以美女奉献阿蒙大神。献神之女，必称绝色，人老珠黄者，不堪侍神，退休后还可嫁人。此等女性，周旋于上流社会，颇受人尊敬。

· 埃及人

观察埃及人的性格，不禁令人感到迷惘。他们有时很理想，有时很现实。在一首诗中，有这样的句子：

> 赠面包给无田可耕之人，
> 与名垂千古同为不朽。

大英博物馆存有一份以埃及古纸所写的阿门尼莫甫（Amenemope）座右铭。这篇座右铭约成于公元前950年：

> 别贪恋他人寸土，
> 别行经寡妇门口……
> 自耕自食其乐无穷。
> 宁食上天所赐一口，
> 不爱他人盗粮千钟。
> 宁可穷得干净，
> 不可富得肮脏。
> 粗茶淡饭心安理得，
> 胜于家财万贯愁眉苦脸……

柏拉图提到埃及人，有过一句名言："雅典人爱知识，埃及人爱黄金。"柏拉图乃希腊人，这话也许存有几分偏见。不过一般而言，埃及人是很实际的。他们很像今天的美国人：喜欢大场面，喜欢建造庄严宏伟的东西，勤恳节俭，即使迷信，其出发点也是实用的。在历史上，埃及人是极端的保守派。他们虽极力求变，可是变的目标，却只在求其符合原来的老样子。埃及艺术家对于他们的古代艺术品，临摹了一遍又一遍，四五千年来，一点也不感到乏味。

从埃及人所留文物观察，埃及人的最大特色是实事求是，不发空论。埃及人的人生观，功利第一，所谓人道、良心、感情，一律都是次要的。古埃及战士，常割下所杀敌人的右手和生殖器，送去邀功，心里毫无半点愧怍。在埃及的最后几朝，由于四境宴安，天下太平，人民习于文靡，政府不修武备，以致罗马人一来，几个兵就可使全埃及就范。

从对埃及人的研究，我们往往会产生一种错觉。由于所获资料不是来自陵墓，就是来自神庙，因此，我们会觉得埃及人似乎经常都是一脸秋霜。其实，如果把目光移向塑像、浮雕及记载传说的神话故事，我们便可知道，埃及人的生活也有其轻松的一面。埃及人会玩的颇多，他们不仅喜欢斗牛、摔跤及拳击，而且也喜欢下棋、猜谜及掷骰子。宴会在埃及也颇盛行。宴会时，大酒大肉自不必说，与宴男女也都得簪花戴朵，涂香膏，洒香水。埃及儿童所享有的玩具，其种类之多，与现代相比并无多大逊色。下面几种是最普通的：小石弹、球、玩十柱戏的柱子、陀螺。

就绘画雕刻观察，埃及人一般长相为：肩宽、腰细、足平、唇厚、身材矮小、肌肉发达。埃及统治者及上层社会人士的长相和一般人略有不同，大致都高大、细长、四肢均匀、鹅蛋脸、悬胆鼻、额头高耸、双目炯炯。最突出的是其皮肤。据记载，他们生下来都是白的，后来变黑是光照的影响。即从这一点，史学家推断他们是来自亚洲而不是非洲土著。埃及上层社会人士的皮肤，还有奇怪之处。在画家笔下，男性之脸一律涂成红色，女性之脸一律涂成黄色。为什么？以合理的推断，当是受化妆习尚的影响。埃及奴仆的长相，和上述两种人又有不同。这些人大半身材短小，形态粗劣，鼻梁低，鼻窦宽，秉性聪明，行动笨拙。

埃及人的头发，黑而微曲，但不作蜷发状。妇女一律把头发剪得很短，恰像目前美国最摩登少女的发型一样。男人一律修面戴假发。为了戴假发方便，大都把头剃光。贵妇欲戴假发，也有把头发剃光者，阿肯那顿（Ikhnaton）母后泰伊（Tiy）即其显例。埃及习俗，假发的长短和社会地位成正比，因此，全国以国王的假发最长。

就埃及化妆用具数量之多、种类之繁来看，埃及人可说是全世界最喜欢化妆的民族。脸上打胭脂，嘴上搽口红，头发手脚抹油，指甲涂颜色，眼部画眼圈，是一般埃及妇女常见的打扮。在比较富裕的人家，化妆品通常随人殉葬。有人在一个坟墓里曾发现 7 种香膏、2 种胭脂。另外，凡有坟墓的地方，只要掘下去，便一定可找到镜子、剃刀、梳子、发针、粉盒等东西。现代妇女所使用的最时尚的化妆品眼影，即直接源于埃及。这项化妆品，经由阿拉伯传至西方。阿拉伯人把它叫 alkohl，西方人的“酒”（alcohol）一词，即由此转义而来。埃及人所使用的香料，各种各样，有用来擦脸的，有用来擦手的，有用来擦身体的，有用来熏衣服的，有用来熏房间的。

埃及人的衣着，从最原始到最豪华，莫不具备。10 岁以前，埃及儿童不分男女，都可以不穿衣裤到处乱跑。这段时期的男孩子，大半都仅戴耳环及项圈。至于女孩子，由于天生爱美，因此比男孩子多点东西，就是在腰间挂串珠子。奴隶及农夫，比孩子又多些，那就是在腰下围一块布。古王国时代，埃及人民不论男女自脐以上都全裸着，终年只穿一条窄窄的短裙。这种裙一律为白麻布做成，上至脐，下至膝。害羞是习俗的产物，古埃及人虽然裸着大半个身体，可是仍然心安理得。在第一王朝，即使大祭师也是如此。这种情形从拉诺菲（Ranofer）的雕像即可看出。

其后，随着财富的增加，埃及人的服装也逐渐增加。到中古王国时代，埃及人民除那条短窄裙之外，又多了一条较宽较长的罩裙。及至帝国时代，每人不但有了上衣，而且偶尔还戴帽子。在帝国时代，穿着最神气的，是王公大臣的马夫及卫士。每当其主子外出，这些人都要全身披挂，出来鸣锣开道。

爱美可说是女人的天性。埃及女性在财富稍微允许的情形下，早就把窄裙换成了罩袍。那是一块又宽又长的布，从左肩绕至右肋，然后以带束在腰间。其后，罩袍换成了褶裙，褶裙之上，又是镶边又是绣花。再其后，衣裙时长时短，时宽时窄，埃及女性和现代女性一样，天天都在为不知道穿什么衣服而烦恼。

在埃及，不分男女，对装饰品都很喜欢。他们大都有耳环、项圈、手镯、足环、乳饰。当帝国威震地中海及西亚之际，由外国进贡来的金银珠宝，把每一个埃及人都装点得金光闪闪。从前，金银珠宝只有贵族才能享用，可是现在，即使穷得给人记账的书记，也可混到一颗金质私章。埃及女性对项链似有特别嗜好。今天出土的项链，品类之繁，花样之多，令人叹为观止。这些项链，短的不说，最长的达 5 英尺。从第十八王朝起，埃及境内戴耳环成为一种风尚，无论老少，不分男女，通常都戴上一副耳环。对装饰的喜爱，古埃及女性与现代女性相比，程度上并不多让。令人奇怪的不是埃及女性，而是埃及男性。埃及男性喜欢打扮，几乎可与埃及女性并驾齐驱。他们和女性一样，喜欢戴戒指，戴手镯，戴项链，乃至戴耳环。

· 文字

较富裕人家子弟，都有机会念书。学校附属于神庙。神庙学校与现代罗马天主教教区的附属学校相当。祭师就是教师，负责儿童基本教育。相当于现代教育部部长的职位，由一地位崇高的祭师充任，称之为“文部大臣”。考古人员曾从一个废墟中发掘到一所学校，出土贝壳多片。贝壳上所刻文字，即古代教师所编的讲义。从内容上研究，教师所教导的内容，不外从事书记及书吏所需的知识。

为了鼓励学生研究，教师说了许多读书的好处。一张古代水草纸上这样写着：“专心去求学。爱书如爱娘。”另一张上写着：“万般皆下品，唯有读书高。”再一张又写着：“三百六十行，行行受人管，唯有读书人，自由似神仙。”还有一个早期冬烘先生说：“当兵苦，种田忙，只有读书最快乐；朝读书，晚读书，忧愁痛苦一笔勾。”

从帝国时代留下来的手抄教本，今天还可看到。有些抄本，仍留有老师校正的痕迹。今天的学生，看到这些抄本里那么多的错误，一定会大感安慰。当时主要的教学法，即为教本的听写，或是默写。用以书写的东西，有些是陶片，有些是灰石片。首先，教学内容大部分为商业——埃及人可说是历史上最早及最大的功利主义者；其次，为德行；再次，为规矩。

古埃及留下不少关于教学的教训。一条是："别空想，因为空想毫无益处。"一条是："开卷有益，不耻下问。"对学童，埃及人主张体罚。一条古训说："孩子的耳朵，长在背上。"一位学生写信给他的老师说："如果不是您打我的背，您的教训根本进不到我的耳里。"不过，体罚所获效果似乎有限。从一张古纸上，我们发现有位老师曾经发出这样的叹息："吾未见学童之好书本，如好啤酒者也。"

学生受过神庙祭师所予的基本教育后，一部分升入财政部所属的学校。这是历史上创设最早的公立学校。从这种学校毕业，即进入政府机构实习。如果把官吏当作人民的公仆来看待，通过这种方式训练出来的，也许比我们现在用选举——包括具有偏好的大众及乱糟糟的竞选演说——选出来的要强也说不定。这种利用学习、实习进而出任公职的制度，在发展上，埃及恰与巴比伦同时。

较高年级的学生，书写工具是水草纸。水草纸的经营，在埃及是一大行业。大部分古埃及文化得以保存，靠的也就是这种东西。水草纸由一种名叫水草植物的梗子做成。水草梗子割为长条，两长条交叉成十字压在一起，即成水草纸。水草纸对文化的价值有多大？我们只要想到这一点：写在上面的字迹，历 5000 年而不朽不坏且清楚易读，便可知了。水草纸可以用胶水一张张从一张的右端和另一张的左端相连起来。这种相连起来的水草纸，可卷成一卷。因此，埃及的书不是像我们现在一本一本，而是一卷一卷的。埃及的书最长的为 40 码，再长的没有了，因为古埃及没有好冗言的历史学家。

什么是埃及人的笔和墨？埃及人的笔是一段苇秆。把苇秆切成适当长度，然后在一端做成一把刷子样的东西。埃及人的墨，以油烟、植物胶和水调成。以这种墨写成的东西，可历数千年而不变。有了这种上好的工具，古埃及的文人便大有用武之地。今天，世界最古老的文学作品，就是以这种工具写成的。谈到文学作品，首先离不了文字，埃及人用的是什么文字？

埃及的文字，可能来自西亚。就最古的埃及文字来研究，它处处显示着闪米特的血缘。埃及的古文字，是一种象形文字——一个观念，用一幅图画来代表。例如房屋，埃及人叫 per，表示 per 便画栋房子。有些观念，因为太抽象画不出，于是便只有会意。会意所采用的符号，有的是基于习惯，有的是基于少数人的创造、多数人的跟从。由会意所形成的文字，叫会意文字。埃及属于会意的文字，例如，以狮子的前半部表“权威”，以黄蜂表“忠诚”，以蝌蚪表“一千”等。沿着这条路线发展，有些无法以图画表示的观念，凑巧和某些用图画表示的声音相似，于是遂有假借。假借是用某一幅画来表示此一观念。例如，琵琶这个象形词，埃及人读为 nefer，而“好”的发音也为 nofer，于是，便把这个字借来表“好”。

埃及人有时用几个象形字拼在一块，于是又形成许多同音异义字。例如，“是”，埃及人读作 khopiru，而“是”字无法画出，于是，乃将发音为 kho 之“筛”，发音为 pi 之“席”，及发音为 ru 之“嘴”凑在一块来代表。就这样，埃及文字便形成了。文字与时俱增，最后，埃及人居然便能用这些文字来表达思想。谈到文字，我们便会联想到字母。字母可说是埃及人的一大发明。

埃及人对字母的发明，情形大略如下。以 P 这个字母为例，这个符号，原来的形状是房子，它的读音为 Per。其后，埃及人将其略为 p-r，并在 p 与 r 之间，任意插入 a、e、i、o、u 等母音。再其后，将 r 与母音通通略去，于是 P 字母便出现了。同样，D 字母，原为手的符号。埃及人读手为 dot。当 o 可为其他母音置换，后来又略去 t 与母音时，于是，就得了 D 字母。又同样，R 字母为嘴，读 ro 或 ru ；Z 字母为蛇，读 zt……慢慢地，除母音外，24 个子音都有了。这些字母，由埃及人传给腓尼基人，由腓尼基人带到地中海，最后，由希腊罗马传遍西方。字母可算是东方人留给西方世界的最大的文化遗产。在埃及，象形文字出现的年代，可上溯至古王国创始之际。至于字母的发明，就埃及人留在西奈半岛矿坑内的碑铭记载，最早者约在公元前2500年至前1500年之间。[1]

不知道是愚蠢还是聪明，埃及人虽发明了字母，可是并未完全采用拼音文字。埃及文字，直到其文化式微阶段，竟仍是一个大杂烩。这种文字和现代速记学所用的符号一样，有象形文字，有会意文字，有字母拼音，还有种种辅助符号。这种大杂烩文字，对今天研究埃及学的人而言，是一种相当难以克服的障碍。但这种文字，由于多以形象作依据，也许颇宜于工商业登记账目之用也说不定。拼音文字虽然优点极多，但以英文而言，其拼法与读音差距之大，由此所造成学习上的困难，老实说并不比古埃及文字容易多少。

埃及文字的写法，一种是规规矩矩刻在石头上的“碑铭体”，一种是比较简单方便的“书写体”。书写体，由于是由祭师首先使用，然后传至民间，故又谓之“神圣体”。除以上两种外，还有一种由一般人民所创的字体，这种字体特别简略，故又有“通俗体”之称。也许是基于“古雅”观念，埃及人不刻碑铭则已，一刻碑铭书写总是用“碑铭体”。埃及文的碑铭体，可说是全世界最生动的字体。

·文学

古埃及的文学作品，大部分均以象形文字写成。这些作品，除一鳞半爪外，差不多都已失传。根据这些片断资料来谈埃及文学，难免有瞎子摸象之讥。由于岁月无情，我们可能漏掉埃及“莎士比亚”的作品。不过当我们想到所研究的是几千年前的东西，则虽属一鳞半

---

[1] 马斯顿（Charles Marston）就其近年在巴勒斯坦研究所获，认为字母是闪米特人发明的。他以为发明字母者可能即亚伯拉罕。

爪，又岂非弥足珍贵？从埃及第四王朝一座大臣陵墓中，我们发现一个官衔：书藏大臣。我们现在只知道他是管书的，但他管书的方式，究竟是像现在管理一座图书馆，还是像管理一个充满尘埃的仓库，则已不得而知。

在“金字塔资料”中，有着最古老的埃及文学作品。这类作品目前尚存者，为兴建于第五、第六王朝的5座金字塔上的石刻。[1] 稍晚一点的，则为若干图书馆内所珍藏的水草纸卷本。这类卷本，目前皆贴有标签置于架上，以便检阅。卷本中最古的，可上溯至公元前2000年左右。

从上述卷本中，我们发现一篇故事。这篇故事，可说是后来的《水手辛巴达》及《鲁滨孙漂流记》的蓝本。这是一个非常动人的故事，故事的主人公，叙述自己如何乘船遇难，以及怒海余生的始末。

> 我现在所叙述的，是我亲身的遭遇。一天，我奉命乘船前往皇家矿场。我所乘的是一艘海船，长180英尺，宽60英尺。船上共有水手120人。这些人，全是由埃及精选出来的。这些人，上通天文，下知地理，其心胸……比狮还壮。
>
> 船开行不久，水手预测大风暴即将来临——虽然这时一丝风暴的迹象也没有。
>
> 果然，不久海上起了风暴……御风而前，船去如飞……一浪高达八腕尺……
>
> 船翻了，其他水手无一幸存。我被一个巨浪送至一个荒岛，在那儿我足足待了3天。我最初躺在一株树下。上面所盖的，不是被子而是树阴。我很寂寞，因除了影儿外，再无人和我做伴。休息够了，我觉得饿，便起来找东西吃。

[1] 布雷斯特德及一部分学者，曾将最近于埃及中古王国时期达官贵人棺木内发现的题字，汇成一卷，名为“棺木资料”（Coffin Texts）。

> 谢天谢地，岛上充满了可吃的东西。我找到了无花果，找到了葡萄，找到了韭菜，找到了鱼，找到了山鸡……
>
> ……当我生起了火，弄好了食物，我便拾起一个火把，同时将烧好的东西奉献给过往神灵。

另一个故事，极像西努希（Sinuhe）历险记。那是叙述一位大臣被阿门内姆哈特一世判处死刑的故事。故事的主人公逃出埃及后，曾历经近东各国。半由能力，半由运气，若干年后，取得了富贵。但最后，由于思乡情切，他决心抛弃一切荣华富贵，不辞艰险奔赴家乡。

> 啊，大神！你助我脱离死亡，现在请再助我回归陛下（法老）。回去也许凶多吉少，但是我宁愿把我的尸骨埋葬在我所出生的地方。大神啊，请庇佑我，请降福我，请大发慈悲成全我的愿望。

最后，他果然回到了埃及。由于越过辽阔的沙漠，他全身又肮脏又疲倦。当他向法老请罪时，法老鉴于他思乡念国之心，不但赦免其罪，而且还十分优待他。

> 法老将我安置在一所王宫里。在那所陈设富丽的王宫内，一个澡洗下来，多年的积郁愁闷都抛到了九霄云外。脸刮得干干净净，发梳得亮亮光光。那一身又脏又臭的衣服，被我丢得老远，因为我现在不但有了最精致的新装，而且全身都用香膏涂满。

诸如此类的短篇故事，真可说算得上形形色色。如果把它们分类，我们可以发现其中有神话，有传奇，有侦探小说，有罗曼史，有寓言，有童话。故事的主人公，不乏神仙鬼怪、帝王公侯、佳人才子和平民百姓。最耐人寻味者，从上述故事中，我们发现古埃及人也有他们的灰姑娘：她也备受后母虐待，她也有一双天上少有、地下无双的妙脚，她也迷失了一只漂亮的拖鞋，她也有一个不但醉心于她而且无比忠诚的王子。

如果我们把古埃及的寓言童话给人看，而不说明其来源，看过的人一定会说：这是剽窃《伊索寓言》及法国拉·封丹（La Fontaine）童话而成的作品。因为他们的内容，也是以动物来表现人的言行，来使人获得教训。

其中，最动人的作品是《安纽普和白泰的故事》。下面是这篇故事的大意。安纽普和白泰是两弟兄，安是哥哥，白是弟弟。他们一道生活在乡村里，快活得像神仙一样。安后来取了妻子，但这妇人不爱哥哥而爱弟弟。可是落花有意，流水无情，弟弟的拒绝，使嫂嫂恼羞成怒。枕边一句话："弟弟调戏我！"于是，两弟兄便势同水火。诸神与鳄鱼知道弟弟受了委屈，都愿帮助他对付哥哥，但是白不愿意。为了证明自己的清白，白除自剁一臂外，还退隐于森林之内。白深痛人心险恶，进入森林后，将自己的心取出来，放在一株耸入云霄的花树上。诸神一方面敬重白的高洁，一方面可怜他的寂寞，于是，就介绍一个世界上最漂亮的女子与他为妻。可是很不幸，这个女子太漂亮了，以致尼罗河也爱上了她。尼罗河在白的妻子洗澡时，偷了她一绺头发。这绺头发，在河上随水漂流。事有凑巧，法老正乘船出巡，看见头发拾了回去。这绺头发所散放出来的阵阵幽香，使法老深深入迷。他于是派出钦差，四处寻访这绺头发的主人。白的妻子给找到了。当她被带到法老面前时，法老惊于她的美艳，立刻将她封为皇后。消息传到白的耳里，白又羞又愤又妒。法老为除后患，特遣人到森林里去砍倒白放心的花树。树倒，花落，心坠地，白伤心而死。

埃及初期的文学作品大都和宗教有关。在诗歌方面，最早的也是金字塔上的刻石。古代诗歌大都脱不了"对偶"及"重叠"的形式，埃及诗歌自然不例外。"对偶"及"重叠"的形式，不仅埃及诗人喜欢，巴比伦、希伯来以及而后颂圣诗的作者也喜欢。由古王国进至中古王国，文学也在跟着演变。演变的趋向为宗教性的严肃作品渐少，世俗性的轻松作品渐多。《牧羊人的奇遇》，虽仅寥寥数行，实可作为中古王国时代一般作品的代表。这个故事说：“一天，一个牧羊人在郊外牧羊。由于天气炎热，于是他走到了一个池边。当他脱衣下池洗澡时，一抬头忽然看见池边站着一位天仙似的美女。这位美女已经脱得一丝不挂，头发散乱。”牧羊人在报告这事情时说：

> 说来你也许不信，一天，我向池塘走去……想不到池里已有一位女郎，她看上去不像食人间烟火的人，当我看到她的头发时，真使我毛发直立，因为它的颜色那样的光亮。她要我亲她，但我不敢，因为我对她感到畏惧。

埃及人的情诗情歌，既多且美。不过由于他们具有“兄妹联姻”的习惯，谈起来未免惊世骇俗。下面是《原野情歌集》中之一节。此歌可能为第十九至二十王朝时代之作品。

> 对岸有着我爱。
> 尽管鳄鱼成群，
> 尽管波涛汹涌，
> 我仍浮水而行。
> 勇气高过波涛，
> 渡河如履平地，
> 我爱令我坚强，
> 我爱令我沉醉。
> 爱人向我走来，
> 使我心花怒放。
> 张臂拥着我爱，
> 仿佛得登仙界。

轻吻我爱朱唇，
我爱醉我香津，
从此不饮啤酒，
香津比酒还醇。
我爱家有小奴，
惯常随侍身侧，
但愿化做小奴，
朝暮得亲芳泽。

埃及人早就发现诗歌有两大要素，一是音调，一是意境。在他们的观念中，诗歌似乎只要音调铿锵，意境优美，外形差一点并没有关系。埃及人的作诗技巧，可说和金字塔一样悠久。从许多古诗中可以看出，除“对偶”“重叠”外，诗人还会使用“押韵”“双关”等手法。

女性追求男性，是埃及情诗情歌一大特色。从一个卷本中，我们发现有下面这么一段：

弟是姐的花圃，
姐是弟的园丁。
种满鲜花香草，
引来泉水铮铮。
弟爱泉水明洁，
姐爱北风清凉。
姐弟相携入园，
共赏园内风光。
欢然共叙心曲，
使姐毕生难忘。
但愿月圆花好，
不饮不食无妨。

总之，埃及文学虽属零散片断，却颇为丰富。其中有尺牍，有文告，有历史，有符箓，有祷告词，有纤歌，有情歌，有战歌，有训谕，有哲学论文，有爱情小说。在埃及，可说一切文体均已具备。

有人指称，在埃及文体中，没有史诗和戏剧。关于戏剧，从一种石刻中，我们发现拉美西斯四世（Rameses Ⅳ）夸称，在一出戏中，他曾扮演俄赛里斯（Osiris）大神的捍卫者，由此可见埃及也有戏剧，只不过现已失传。至于史诗，凡到过卢克索的人，如果去参观神庙，在塔门上便可读到刻在石上那密密麻麻的诗句。这些诗句是歌颂拉美西斯二世战功的。这算不算史诗我们不知道，不过就其篇幅之长、内容之乏味而言，正和一般史诗不相上下。

在埃及，历史的编纂，似与其历史同寿。建国以后，斑斑可考自不待言，即使建国以前，所存史料的丰富也远非其他民族可比。法老出征，必有史官相随。史官负责记载法老出征。由于原则上只许记胜不许记败，同时关于胜利细节又可随意渲染，于是久而久之这类记载，便变成了一种歌功颂德的官样文章。约自公元前 2500 年时起，埃及史学家即已作出历代列王纪。在纪中，不仅有名有姓，而且还有统治时期及每年的显著政绩。这种以时间贯穿起来的历史，发展到图特摩斯三世，文采已极可观。及至中古王国时代，埃及史学家对此陈陈相因的历史，大表不满。他们呼吁年轻一代的史学家另辟蹊径。塞索斯特里斯二世（公元前 2150 年）时代，学者克克希皮尔·松布（Khekheperre Sonbu）曾说："抛弃一切陈腔滥调，把你自己心里的话写出来！"

自远处观人，极难辨别妍蚩，研究古埃及学也一样，由于时间拉长了距离，我们也曾发生从古到今迄无变化的错觉。事实上，像近代欧洲文学一样，埃及文学不断地演变。古王国时代作品，当时人读起来相信不会有多大困难。可是由于时间一天天过去，字音变了，字义变了，文法结构也变了，于是一段时期之后，读的人便要花上若干训诂诠释的工夫才能读通。公元前 14 世纪，埃及产生了像但丁及乔叟一样的人物。他们叫出了“古文革命”，主张用当时的语言，来写自己的作品。阿肯那顿所著的《太阳颂》（*Hymn to the Sun*），就是以当代口语写成的。新文学与古文学相比，无论就内容与形式而言都强多了。不过，一段时间过去，这种充满生气充满活力的新文学，渐渐又变成了老八股。阿肯那顿的作品，在塞特王时代，被列为“古典文学”，那一时代的学生也须经过训诂诠释的工夫才能读通。埃及文学所走的老路，希腊走过，罗马走过，阿拉伯人走过，至今，我们也正在走。有人说过一句话：世间什么都会变，只有学者不会变。

· 科学

埃及学者大部分都是祭师。他们有神庙作为靠山，生活安定，时间充裕，因此纵然受到种种迷信的包围，但终究能突破迷信，变成埃及科学的奠基者。根据祭师传说，科学是由透特大神于公元前 18 000 年发明，主宰地球达 3000 年。他是智慧的化身，由他所著的书，多达 2 万余册。埃及人都相信，所有有关科学的书籍，全部包括于这 2 万余册之内。[1]

从有记录可考之时起，埃及数学的发展，就已非常可观，这是十分显然的事。金字塔的设计与建筑，其计算之精密周到，离开数学根本无从着手。尼罗河泛滥，是整个埃及生活之所系。为了计算及保存涨水退水的记录和清理土地的疆界，测量学与几何学应运而兴。

至于数学，约瑟夫斯（Josephus）认为是亚伯拉罕从迦勒底（Chaldea，即美索不达米亚）带到埃及的。不过，近代史学家认为，不仅数学，甚至其他学术，要说埃及是受自迦勒底的乌尔或西亚其他地方均不是不可能。

---

[1] 据扬布利科斯（Iamblichus）、曼内托（Manetho）等埃及史学家估计，透特大神的著作，计达 3.6 万卷。希腊称透特为 Hermes Trismegistus，意即“神的使者”。

埃及人发明了一套记数法，不过这套记数法很笨。1 划代表 1，2 划代表 2，9 划代表 9。到了 10，换个新符号。然后，2 个 10 符号代表 20，3 个 10 符号代表 30……9 个 10 符号代表 90。到了 100，又换个新符号。然后，2 个 100 符号代表 200，3 个 100 符号代表 300……9 个 100 符号代表 900。到了 1000，又换个新符号。及至到了 100 万，则画个人用手摸着头来代表。这好像说："啊！怎么这样多？"埃及人没有零的观念，也没有发明十进位法，也没有用十指及十趾来代表数字的观念，他们记个"999"要费 27 个符号。埃及人也有分数观念，不过表示分数时，总用分子是 1 来表示，例如：表示 3/4 时，他们写成 1/2+1/4。对于乘法表与除法表，其历史和金字塔一样悠久。最早的数学理论，载于公元前 2000 至前 1700 年的水草纸卷本。但在那些卷本中，又曾提到某些远在 500 年前即已出现的数学著作。

从数学理论所举的若干的例子中，我们知道古埃及人由于对谷仓容量及田亩广袤的计算，代数观念已经萌芽。不过，埃及数学中最发达的还是几何。他们对几何的运用，不仅用来计算方圆立体，而且计算圆柱圆锥及球面。埃及人也早已知道圆周率，他们所使用的数值是 3.16。4000 年后的今日，我们才进步到认为圆周率是 3.1416。

关于埃及人的物理化学，至今未发现任何资料。至于天文知识，埃及人所知者似乎不多。祭师认为地是一个长方形的盒子，盒子四角有四座高山，天就是由这几座山撑着。日食月食现象，埃及人所知者，似乎不比美索不达米亚的人为多。埃及人知道的最准确的一点，是尼罗河泛滥开始的日期。由于尼罗河泛滥始于夏至之日，因此埃及人的神庙在修建的时候，特别使其神庙正面中央与夏至早晨初升太阳在同一条线上。

有人这样想，祭师对天文的知识也许相当丰富，只是一来为维持神的尊严，二来为实行愚民统治，因此不欲将其公开。历经无数世纪，为了研究天体的运行，对于某些星球的追踪，祭师保有着上千年的资料。他们能区别行星与恒星。在他们的观测记录中，竟含有五等星——这种星肉眼无法观测——的资料。还有一桩事实，证实以上的推想，即祭师制定了历法——这对人类来说，也是一桩很大的贡献。埃及人把一年分为 3 季，每季分为 4 个月。尼罗河涨水，泛滥，至水退，为第一季。播种五谷使其生长，为第二季。最后收成为第三季。

埃及人把一天分为若干小时，一月分为 30 天。[1] 这种分法较阴历每月定为 29.5 天，计算上来得便利。为了凑足一年之数，使太阳与尼罗河泛滥吻合，他们在第 12 月月尾加上 5 天。埃及人把尼罗河河水涨得最高的一天——这天也是天狼星（一颗最亮之星）与太阳同时升起的一天——定为一年的开始。由于一年只有 365 天——实际上应为 365 又 1/4 天——因此每 4 年便有一天之差。

对这项误差，埃及人始终没有设法校正。若干年后（公元前 46 年），希腊天文学家奉恺撒之命加以修正，即每 4 年加一天，于是便成举世知名的“儒略历”（Julian Calendar）——儒略是恺撒之名。1582 年，教皇格列高利十三世（Gregory XⅢ）再加校正，即逢以 400 不能除尽的世纪年代内，令 2 月减少一天，于是便成目前世界所通行的格列高利历法，也就是我们所称的阳历。今天有历可用，饮水思源，我们不能不对埃及人表示感谢。[2]

---

[1] 水钟来源甚古，据称也为透特大神所创。现存埃及古钟，是图特摩斯三世时代之物，现藏柏林博物馆。此钟由一木条及一十字架构成。木条上分六部分，即时辰。十字架投影于木条上，即可表示时间的早晚。

[2] 以埃及历法为准，随日升起的天狼星，每 4 年慢一日，则 1460 年后，即误差 365 日。换言之，当天狼星行一周天（Sothic cycle），如埃及人所称，则它与埃及历即“纸历”（Paper Calendar）又可互相吻合。

据拉丁学者的研究，139 年天狼星与埃及历一度吻合，以每隔 1460 年吻合一次推算，再度吻合之年当为公元前 1321、前 2781、前 4241……各年。另因，埃及建历显系以 1 月 1 日与天狼星吻合之年为准，故依天狼星可确定埃及建历之年。

最早提到历法的，是第四王朝金字塔上一块有关宗教资料的石刻。由于此一王朝毫无疑义远较公元前 1321 年为早，故可断定埃及历法之建立当在公元前 2781 或前 4241 或较此更早的年代。

过去，大家一度认为公元前 4241 年为埃及建立历法的一年，但沙夫教授则不以为然。他认为，应以公元前 2781 年较有可能。这一来，一上一下便有三四百年的误差。

由于这个问题尚有争论，在未获结论前，本书所采用的资料暂以《剑桥古代史》（*Cambridge Ancient History*）为依据。

埃及人会做木乃伊，可是对人体并无研究。他们以为，血管中所装的是气、水及液体。他们相信，心肝五脏为思想的中心。尽管如此，埃及人对人体主要骨骼的名称、内脏的位置及心脏的机能，还是有相当认识的。一份水草纸卷本曾有这样的记载："血管，发于心脏，通于全身。名医置其指于头、背、手、足……对心脏的情况，皆可查知。"从这一认识到达·芬奇与哈维（Harvey）两人的见解仅是一小步，但是时间已过了3000年。

埃及人在科学方面最大的贡献，要数医学。和其他科学一样，医学也始于祭师，同时其起源也富有神话色彩。就一般平民百姓而言，治病大半靠符箓不靠医药。他们认为，生病是撞到了鬼，送走鬼病就会好。以感冒而言，感冒有感冒鬼。送走感冒鬼，要用下列的话："走，走，走！感冒鬼。你来让他（病人）骨痛、头痛、七窍不舒服。走，赶快离开，滚到地上。臭鬼、臭鬼、臭鬼，赶快滚！"

埃及虽流行送鬼治病，但也产生了不少伟大的医生及医学家。他们所建立的规范，甚至连世称"医学之父"的希波克拉底，也不能不衷心服膺。埃及医学很早就有分类，有专攻产科的，有专攻胃科的，有专攻眼科的。古代埃及医学精深，即已国际知名。在波斯王居鲁士御医中，就有一位埃及医生。除专科医生外，埃及还有全科医生。全科医生的顾主，多半是平民。这些医生除能治各种疑难病症外，附带还会化妆、染发、修饰皮肤手足及灭绝蚤虱等。

现在留传下来的著作中，最有名的一种叫埃德温·史密斯纸草文稿（Edwin Smith papyrus）——此卷本以发现者史密斯命名，长达15英尺，约为公元前1600年之物，就此卷本内容而言，称之为历史上最早的科学著作亦不为过。史密斯卷本曾载临床手术48种——从颅骨碎裂至脊椎骨挫伤，每种手术，均按很严谨的步骤进行：（1）初步诊断，（2）详细查验，（3）症状讨论，（4）再诊断，（5）判病结局，（6）治疗。最令人敬佩的是卷本作者曾以极肯定的语气说："控制下肢的器官，不在下肢而在'脑'部。"此等观点，即便在18世纪的医学家看来，仍属非常新颖。

埃及人所患的疾病，为数不少。就木乃伊及卷本研究，他们所患之病有：脊髓结核、动脉硬化、胆结石、天花、小儿麻痹、贫血、风湿性关节炎、麻风、痛风、乳突炎、盲肠炎、畸形性脊椎炎及软骨发育不全等。梅毒及癌症，没有发现。不过，有些从木乃伊身上找不到的疾病，如脓漏及龋齿，在后来的埃及人身上却极普遍。这也许是拜文化发展所赐吧。人类小脚趾骨的萎缩，一般多归咎于穿鞋，但古埃及人无分贵贱老幼一律赤足，而这种现象也屡见不鲜。

为了对付这些疾病，医生有着不少药性大全之类的东西。埃伯斯纸草文稿（Ebers papyrus）所开的药方，多达 700 余种，从治蛇咬到治产后热，无不应有尽有。卡汗水草卷本（Kahun papyrus，公元前 1850 年）所开的药方中，有一种极现代化的东西，那就是避孕药。

第十一王朝皇后陵寝内，发现一个药柜。柜中藏有药钵、药匙、许多丸药及草药。古埃及的处方，大半处于药物与符咒之间。一般而言，多数是两者并用。埃及人的药物极为奇异，最著名的有：蜥蜴血、天鹅耳、天鹅齿、龟脑、孕妇乳、童女便、人粪、猴粪、狗粪、狮粪、猫粪、虱粪、古书烧灰调油、腐肉、腐油等。埃及人相信，以动物油摩擦，可治秃头。诸如此类偏方，曾由埃及传至希腊，希腊传至罗马，罗马传至欧美各国。今天我们所吃的药物，不少即是尼罗河谷居民发明的。

埃及人认为，人体健康的增进，必须做到：第一，注重公共卫生；[1] 第二，男性割除包皮；[2] 第三，不断清理肠胃。狄奥多罗斯告诉我们：

> 为了预防疾病，他们（埃及人）以下列方法增进健康：灌肠、断食、呕吐等。对这些方法，有的三四天行一次，有的每天行

[1] 考古学家曾发现一个由铜质排水管所构成的下水道系统。
[2] 古墓中有着有关此一习俗的充分证据。

一次。他们的理论是，吃进身体的食物，除一小部分可以滋养身体外，大部分都是废物。这些废物如不清除，久之足以使人致病。[1]

古罗马学者普利尼相信，埃及人之所以有这种理论，可能是从朱鹭学来的。埃及人视之为神鸟，这种鸟为了对付便秘，常常自行灌肠。其所使用的灌肠器，即它那副长嘴巴。希罗多德说："埃及人每月设法轻泻一次，每次连续3天。他们行轻泻的理论为：清除肠胃中足以致病的食物残渣，可以使人延年益寿。"这样做有无效果？这世界第一位文明史的作者说："全世界最健康的是利比亚人，而埃及人的健康，仅次于利比亚人。"

·艺术

在埃及文化中，艺术可说是最为辉煌的部分。埃及人一登上历史舞台，在艺术方面就有非常精彩的表演。其艺术品之瑰丽壮观，除希腊艺术差可媲美外，不但前无古人，而且后无来者。埃及艺术之所以如此辉煌，第一，得益于其孤立和平的环境；第二，由于图特摩斯三世及拉美西斯二世因征服而获得大量财富。有了这两个条件，埃及人创造了很多富丽壮观的建筑、雕像以及其他艺术品。进化论者在面对埃及艺术的成就时，也许对自己的理论都会感到怀疑。

建筑[2]在古代艺术品中，是最为华贵的一种。埃及古代建筑，可说兼具伟大、壮观、耐久与实用诸特点。建筑的进步，启端于居室墓地的改良与修饰。埃及的居室，大部分以泥、土、木为材料。这类居室大都具有几扇日本式的雕花门窗，以及一根坚韧耐久的棕榈屋梁。

埃及人的住宅，大部分都呈现这个格局。环着居室，是一带围墙。围墙之内，是一个天井。要进入居室，得进入围墙，经由天井。

---

[1] 一句古老的格言是：我们赖以维生者，不过我们所吃的1/4；医生赖以维生者，则为我们所吃的3/4。

[2] 古王国时代的建筑，参阅本章第1节。

比较有钱的人家，住宅之内均有花园。一些私人花园，有山有水，设计颇为精美。穷人虽没有私人花园，却有市政机关开辟的公园。一般而言，无论贫富，其住宅附近皆有花木点缀。屋内墙壁四周通常均设有帐幔。很多人家地面都铺着地毯。在古代，埃及人的习惯是不坐椅子而坐地板，古王国时代，人们吃饭时，是围着一个高仅六七英寸的餐桌蹲下来。这点可说和日本人一样，不过，日本人吃东西用筷子，而埃及人则用手。帝国时代，埃及人的生活水准提高了。这时，上层社会就餐时已有椅子可坐。由于奴隶便宜，他们所吃的菜，由奴隶一道一道端上来。

由于石头昂贵，除宫殿庙宇外，老百姓很少用它来盖房子。即使贵族，他们虽有财力及机会获得石头，但也得先让法老及祭师用了再说。在阿孟霍特普三世时代，尼罗河沿岸几乎每英里都充满了石建的宫殿庙宇及陵寝。埃及人一开始就起劲地造金字塔，这种风气，一直延续到第十二王朝时代。等到赫努姆霍特普（Khnumhotep，公元前 2180 年）在贝尼哈桑（Beni-Hasan）依山采用柱廊形式建筑后，又开了一种新风气。其后，数以千计的柱廊式建筑，以各种不同的姿态，出现在尼罗河西岸。不过，埃及的建筑，不管是金字塔或丹达拉（Denderah）地方的哈托尔（Hathor）神庙，其巍峨壮丽，3000 余年来，可说没有任何一种文明，可以望其项背。

廊柱式建筑的大本营，当然是凯尔奈克及卢克索。这两地的建筑，曾经过图特摩斯一世、图特摩斯三世、阿孟霍特普三世、赛提一世、拉美西斯二世，及自第十二至第二十二王朝诸法老苦心经营。约在公元前 1300 年之际，在马迪纳特哈布（Medinet-Habu）出现另一种风格的建筑，许多巨型大厦全由圆柱构成。这种阿拉伯式村庄的构筑，曾延续数世纪之久。

此外，阿比多斯的赛提一世神庙，在一片广大废墟中，显得神秘而阴森；在埃利潘蒂尼（Elephantine），小巧的赫努姆（Khnum）庙“精致幽雅，显具希腊风格”；在达尔巴赫里，哈特谢普苏特女王的柱廊建筑，庄严华丽无与伦比；在上述柱廊建筑附近，由拉美西斯二世的建筑师及奴隶所完成的巨大石像及雕塑，不但多而且美；在菲莱（Philae），由于阿斯旺水坝的修筑，所发现的伊希斯（Isis）神庙，柱廊精美世所罕见。观察埃及建筑，一方面，由于巨石累累柱廊林立——之所以需要这么多巨石柱廊，可能是为了对抗强烈的阳光——颇不均衡、不对称，但在不均衡、不对称中却有一种远东特具的原始风格之美；另一方面，由于拱门圆顶及弓形架构的采用——这种采用，显然不是为了需要，而是为了美观，就此点而言，随后的希腊罗马及现代欧洲，可说均是其衣钵传人——使我们又不禁兴起庄严、崇高、富丽、伟大之感。除此之外，关于装饰图案的设计，关于水草型圆柱、莲花瓣式圆柱（lotiform columns）、复式多利安式圆柱（proto-Doric cloumns）、女像柱圆柱（Caryatid columns）、哈托尔柱头（Hathor capitals）、棕榈柱头、联窗假楼（clerestory）、楣梁（architrave）[1]等发明，均予人以无限美感。埃及人真是历史上最伟大的建筑师。

埃及不仅建筑惊人，雕刻也极惊人。谈埃及雕刻，当自人面狮身像说起。据推测，这尊雕像也许是某位具有极高权威的法老——可能为海夫拉——的象征。这尊雕像不但体形巨大，而且在表情上亦颇美妙。今天的人面狮身像，尽管其鼻子及嘴唇曾有一部分为弹片削去，但此一巨构，由于技巧高超，狮这一百兽之王沉着、勇敢、猜疑、威严的特性，仍能表露无遗。对此雕像，最惊人的一点是当你对它凝视时，似乎有一丝微笑浮现在它脸上。这一丝微笑，足以显示5000年前作此雕像的艺术家及他所欲刻画的法老，对人性已有相当深度的了解。艺术品中人所艳称者，有蒙娜丽莎的微笑，这尊雕像，可以说就是古埃及艺术家用巨石刻成的蒙娜丽莎。

就精细方面来讲，历史上可能再没有任何一尊雕像，比得上目

[1] 联窗假楼，是沿屋顶四周，以一系列窗棂构成。楣梁，为柱头线盘下面的部分。

前尚存于开罗博物馆的那座海夫拉绿玉雕像。5000 年时间，几乎什么都已剥蚀尽净，但这件艺术品，似乎原封未动。由于绿玉经得起时间的考验，因此，由这座雕像所显示出来的决心、勇气、权力、智慧——是海夫拉的，同时也是作此雕像的艺术家的——至今仍活现于人们眼底。我曾经看过与前述雕像同时或稍前的左塞及门卡乌拉的雕像，前者是石灰石刻的，后者是雪花石膏制的，雕刻技巧虽佳，却不能与绿玉雕像相比。

就艺术造诣而言，艺术家为普通人所作的雕像，并不比为贵族所作的差。在普通人雕像中，书记及监工的雕像，就是最著名的。关于书记的雕像，流传于世者有若干件，每件姿态各异，作品年代亦无可稽考。刻得最佳的一件，当数卢浮宫博物馆所藏蹲着记账的那一件。[1]

至于监工雕像，是由阿拉伯工人在塞加拉墓地中掘获。以其颇像阿拉伯地方的酋长，故人们戏称为 Sheik-el-Beled，博物馆也即以此命名——其实，此雕像的真正名字是卡皮鲁（Kaapiru）。监工雕像是以木刻成，由于所用木料相当坚硬，故虽饱经岁月，仍然颇为完整。这座雕像是一中年男子，手持监工标牌，前行作发令状。其大腹便便，乃所有社会丰衣足食者的象征；其面部表情，似对其职位感到非常骄傲。就整座雕像的姿态，及其细部刻画如面部表情、衣褶等观之，作者的艺术技巧可说已臻化境。“假定由我挑选埃及艺术品参加世界艺术展览会，”马伯乐说，“我所挑的，就是这一件。”——可能有人会说海夫拉绿玉雕像比它强。

现在，让我们看看古王国时代的雕像。这个时代比较著名的作品，有拉赫特普及其妻子的雕像，有祭师拉诺菲的雕像，有费奥普斯（Phiops）王及其子的雕像，有鹰首雕像，有啤酒师傅雕像，有侏儒雕像。以上这些作品，件件都能突出个性。一般而言，早期雕刻均颇粗劣。在造型上，埃及雕刻似乎都遵循一个传统：凡属人像，其身体

[1] 参阅本章第 3 节第 2 段。其他书记的雕像，有的现藏开罗博物馆，有的现藏柏林博物馆。

面部均向前方，而手足则皆向侧面；身体部分几乎千篇一律，较有变化的仅为头部；至于躯体，凡女性必苗条柔嫩，凡贵族必粗壮有力。[1]

由于所受传统的束缚太大，艺术家在雕像方面不能充分发挥其天才，于是转而运用其精力于浮雕及绘画方面。浮雕及绘画的发展，一方面是艺术的，同时也是实用的。埃及人为安慰死者，曾以大量的浮雕、绘画及雕像置于墓中。他们认为这些东西，可与死者做伴，可为死者代劳。权威、传统是艺术的克星，由于雕像的制作大部分均是用之于神庙及陵墓，故艺术家除根据祭师及陵墓主人的要求去做外，根本无多大自主性。这也许就是若干世纪以来，埃及没有几件雕像可以媲美最初那几个王朝作品的原因。

到了第十二王朝时代，由于出了好几位英明的法老，艺术渐有复兴之势。此一时期的代表作，有阿门内姆哈特三世黑绿玉头像——此像技巧纯熟，对一位潜沉干练君主的特性，刻画入微；有塞索斯特里斯三世雕像——此像以巨石刻成，其头部姿势及面部表情，足可与历史上任何名作相媲美；有塞索斯特里斯一世雕像——此像仅存躯体，现藏开罗博物馆，其雕刻技术之精，足可与卢浮宫博物馆所藏的海克力斯（Hercules）躯体雕像相媲美。动物雕刻遍于埃及整个历史，一般均雕得栩栩如生。此时期的动物雕刻，具有代表性的有下列几件：老鼠啃花生，猴子弹竖琴，警戒中的豪猪。时序降至牧羊君朝代，埃及艺术似乎进入休眠状态。此后300年中，简直找不出一件值得称道的作品。也许是物极必反，一个光辉的时代又到来了。

在哈特谢普苏特女王、图特摩斯、阿孟霍特普、拉美西斯诸法老统治下，由于国力的伸张，自叙利亚搜刮而来的财富在使宫廷神庙享受之余，无形中也使各种艺术获得了灌溉。此时期的作品，有高耸入云的图特摩斯三世及阿孟霍特普二世的巨石雕像，有充斥于神庙每个角落的雕像，有伟大女王的花岗石刻半身像——此像现藏纽约大都

[1] 能突破此一传统的作品，仅有监工雕像及书记雕像。

会博物馆，有图特摩斯三世的玄武岩石刻雕像——此像现藏开罗博物馆，有阿孟霍特普三世的狮身人面像——此像现藏大英博物馆，有阿肯那顿的石灰石刻坐像——此像现藏卢浮宫博物馆，有拉美西斯二世的花岗石刻雕像——此像现藏于柏林博物馆[1]，有法老献神跪像，有达尔巴赫里的牛刻——对此作品，马伯乐推崇道："其与希腊罗马最佳作品相较，实有过之而无不及。"有阿孟霍特普三世的狮刻——对这一对狮子，罗斯金（John Ruskin）认为是古代艺术雕刻中的精品。有拉美西斯二世雕刻家所刻的巨人石像——此像在阿布辛拜勒（Abu Simbel）乃是就一整块巨石刻成。

考古学家在特勒·埃尔－阿马纳（Tell-el-Amarna）废墟中，曾发现图特摩斯艺术家的一个工作场。那儿有阿肯那顿头部石膏模型——就此模型显示，这位以悲剧终场的君主，眉宇间充满了神秘及诗意；阿肯那顿之后，尚有奈费尔提蒂（Nofretete）的石灰石刻半身像及这位皇后美艳绝伦的头像。以上所举，只不过是此期作品的一部分。但就此部分看来，已可见其精美丰富。伟大帝国时代，一切果然不同凡响，浏览这一时期作品，令人难忘的是埃及艺术家在认真创作中所常常流露出的幽默，他们在雕刻动物、人像甚至帝王皇后肖像时，常有令人倾倒的游戏之笔。

自拉美西斯二世以后，埃及艺术家的创作力即渐告衰退。此后数百年间，所谓艺术品只不过是古代作品的翻版。在赛斯诸王时代，埃及艺术出现了一段回光返照的景象。这一时期艺术家返璞归真，大有追随古王国艺术大师之势。他们大胆采用最坚硬的石料，如玄武岩、角蛮岩、蛇纹石及绿玉等。用此等石料的雕刻品，最著名的有两件，一为蒙图米海物（Montumihait）雕像，一为秃顶人像——这两件作品，现均藏于柏林国家博物馆。赛斯时代的艺术家，对于青铜也颇感兴趣，他们用其铸成神、人及动物。提库斯切特（Tekoschet）夫人铜

---

[1] 一位埃及政治家，在参观欧洲各大博物馆后，不禁叫出："看你们抢了我们多少东西！"

像及铜刻的猫与山羊头，就是其中的佼佼者。最后，波斯人来了。野蛮的波斯人，自侵入埃及后，杀人放火、捣毁神庙。埃及艺术因遭此大劫而濒临灭绝。

建筑与雕刻乃埃及艺术的主干，[1] 但假若我们把浮雕自雕刻中分出，浮雕也可自成一个单元。世界上除埃及人外，可以说没有一个民族，这么热心地把其历史故事乃至民间传说，大量刻在墙上。

参观埃及浮雕，首先使我们大感惊异的是那些古怪的象形文字说明、拥挤不堪的人像以及缺乏远近比例的构图。几乎在所有浮雕中，法老都是又高又大，敌人都是又瘦又小。埃及对于人物的描画，不仅浮雕如此，很多雕刻也如此，常常是眼睛、胸脯正对前方，鼻子、脸、脚却偏向一侧。但在惊异之余，你会为那些美妙的线条及动人的画面所吸引。你看过温尼菲（Wenephe）王陵墓上所刻的鹰与蛇吗？你看过塞加拉（Sakkara）金字塔上关于左塞王（Zoser）的浮雕吗？你看过希塞尔（Hesiré）王子墓地的木质浮雕吗？你看过阿布西尔（Abusir）第五王朝墓上所刻受伤的利比亚人吗？如看过，相信它们会令你低回流连。

最后，当你被浮雕之美迷住时，你便不会感到许多浮雕故事的冗长了。以长篇故事著名的浮雕，有下列几种：图特摩斯三世及拉美西斯二世的战功，塞提一世的治迹——见阿比多斯及凯尔奈克两地的浮雕，以及哈特谢普苏特女王对神秘之国朋特（Punt，疑即 Somaliland）所派遣的远征队。在女王远征队图中，我们可以看见长船数艘扬帆南行。其所经之海，有水母、海螺和蚌。船队行抵朋特，朋特国王亲率人民在海岸恭迎。远征队离开朋特时，他们所携带之土产多达千箱。当土产上船时，朋特的脚夫一面运货，一面高叫：“注意，站稳呀，当心呀！”远征队满载而归，据图中注记，他们由朋特所带回的东西

[1] 雕刻一词，就其通义而言，概指一切所雕刻的艺术品。但在此，我们提雕刻，是用以专指所刻者为立体的东西而言。至于部分或背景，与平面相连的雕刻，我们特称之为浮雕。

有“香料、乌木、象牙、黄金、化妆品、木材、豹皮、猿猴、狗……以及许许多多开天辟地以来埃及人见所未见闻所未闻的东西”。船队自红海与尼罗河间之运河驶入，当其到达底比斯，他们便把所带回来之物一齐献于女王脚下。最后，我们还可看见，由远征队所带回之物，美化了整个埃及。黄金、象牙、乌木，把宫殿神庙装点得金碧辉煌。由朋特移来的花木在底比斯郊外长得茂盛非凡。看见了吗？牛在劳动之余，还可在此树阴下乘凉。以上，就是艺术家用浮雕所叙述出来的埃及历史。[1]

浮雕，可算是雕刻与绘画之间的一座桥梁。绘画之在埃及，除托勒密诸王统治时代因受希腊影响较有发展外，其余时代均是建筑、雕刻及浮雕的附庸。绘画虽无独立地位，却无处不在。根据埃及惯例，每座雕像均加彩饰。但所加彩饰，由于无法经久保持，慢慢都看不见了。古王国时代的绘画，目前硕果仅存者只有一帧，就是画于美都姆（Medum）墓地的六只鹅。单就这帧绘画研究，我们可以断言，埃及绘画技巧，在王朝建立之初，就已相当成熟。中古王国时代，埃及画家对绘画材料有了新的尝试。[2]这项尝试，见之于贝尼哈桑地方阿米尼及赫努姆霍特普墓地的装饰画。“羚羊及农夫”、“注视猎物的猫”，就是此种尝试的产品。这一时期的画家，除材料有所创新外，技巧也大有进步——他们已能抓住所绘物体如何才能生动的要领。

帝国时代，埃及坟墓里充满了各种各样的绘画。在此期间，技术精微奥妙，颜料五光十色。从住宅、庙宇、宫殿的天花板及墙壁上，我们可以找到许多有声有色的作品：鸟在天上飞，鱼在水中跃，野兽在森林里奔跑。绘于墙壁、天花板及地板上的画，画外常以几何图案或花草做框。这一时期作品，由于大部分皆在坟墓里，故有陵墓艺术之称。在陵墓艺术中，最为人所艳羡的作品，有下列几件：“舞女”、

[1] 此浮雕，纽约大都会博物馆第十二埃及文物室有摹本。

[2] 此时期的埃及画家，曾尝试以颜料混合胶水、蛋黄、蛋白作画。

“舟中猎鸟”及“裸女”。埃及绘画和浮雕大致具有同一特色：线条美，构图差；动作的连续性，是以不同画面来表示；不讲究透视原理。在埃及，雕刻和浮雕一般都严肃而刻板，但绘画则不同。它比较轻松幽默，因此看起来足以令人心旷神怡。埃及绘画虽然缺点不少，但在东方文明世界里，除中国外，谁也不能与之相提并论。

埃及在其他手工艺品方面，成就也极为可观。他们做手工艺品，其卖力的程度并不亚于造金字塔及修大神庙。由于他们精于手工艺，因此，其室内陈设、身体装饰以及衣食住行各方面，水准都非常之高。埃及的地毯、挂毡、坐垫，编织精致，花样新奇。他们所设计的式样，不但当时的叙利亚人喜欢，就是今天世界各国，也尚在频频采用。就图坦卡蒙陵墓出土的遗物显示，埃及家具的制作，也极为精美。他们的床、椅、桌、凳，不但设计奇巧，而且嵌金镂玉。在同一陵墓里，我们还发现首饰盒、香料匣及花瓶。埃及人所制的花瓶，其精致与中国所制者几乎不相上下。谈到餐具，埃及人有铜盘、银盘、金盘、水晶杯、绿玉碗。这类东西，不但材料宝贵，而且制作精巧。餐具中，陶制品为数最多。埃及陶制品，自阿孟霍特普三世在底比斯别墅废墟中所出土的饮品观之，其技巧也已很可观。

埃及在中古王国及帝国时代，由于社会财富的增加，故珠宝工艺也极为发达。他们用珠宝所做成的东西，有项链、王冠、戒指、手镯、镜子、胸饰、腰带、奖章等。这些东西所用的材料，有黄金、白银、玛瑙、长石、琉璃及紫石英等。和日本人一样，埃及人对生活上的小东西颇为讲究。珠宝盒上，嵌镶着精美的象牙雕刻。他们穿得不多，戴得却不少。埃及人很会过日子，他们白天努力工作，晚上则尽情消遣。乐器是埃及人的最爱，他们所玩的乐器有琵琶、竖琴、叉铃、笛、七弦琴等。[1]

---

[1] 琵琶为一种弦乐器，用弦绷于狭长之木上而成。叉铃，乐器之一，用绳系若干金属圆盘为之。

神庙及贵族官邸均有乐队。法老宫廷设有乐官。乐官负责宫廷歌舞剧团的表演策划。直到现在，我们在古代文物中没有发现乐谱，然而，这当然只能说是尚未发现而已，因为以埃及音乐的发达程度，没有乐谱显然是不可能的。有两位乐师在古埃及的声誉，与现代歌王卡罗素（Carusos）及雷斯克（De Reszke）一样。我们会听过这样赞美他们的话："凡是法老喜欢听的，他们都唱出来了。"

埃及艺术家之名大都湮没无闻，少数传于后世者，多半是因为他们获某著名法老、贵族及祭师的赏识。因此，我们知道的有伊姆霍特普，他是左塞法老的建筑家；艾纳尼（Ineni），是图特摩斯一世的建筑家——其所作之伟大的建筑在达尔巴赫里；卜穆里（Puymre）、哈卜森伯（Hapuseneb）及森穆特（Senmut），他们是哈特谢普苏特女王的建筑家；[1] 贝克（Bek），一位最骄傲的雕刻家，在戈蒂埃（Gautier）诗歌中会说，他的作品足使阿肯那顿不朽；阿孟霍特普及其子哈甫，是以其身为阿孟霍特普三世之建筑师而得名。阿孟霍特普可算是最幸运的一位艺术家，由于他极获法老的信任，以无穷财富供其天才发挥，故其建筑备极完美，世人因此而尊之为建筑之神。

埃及的宗教与埃及的财富，孕育并促进了埃及的艺术，同时加之帝国的腐败堕落，也扼杀了整个埃及艺术的生命。这可以说是一切文化共有的悲剧：宗教一方面给艺术家提供了创作的冲动、题材及灵感，另一方面却加上种种束缚和限制。我们知道，凡富有生命的艺术品，均是发自艺术家活跃的心灵，一旦艺术家的心灵受到束缚，其所创造出来的作品必然气息奄奄、枯燥乏味了。

· 哲学

不少哲学史家一谈哲学，习惯上皆由希腊谈起。印度人深信，世

---

[1] 森穆特极受女王赏识，女王曾对他说："你是全埃及最伟大中之最伟大的。"这虽是一句普通赞美话，但用于他，则甚恰当。

界之有哲学是自印度始。中国人则说，哲学以中国的最完美，而讥笑我们肤浅。其实，可能我们都错了。因为从古埃及的断简残篇中，埃及在宗教崇拜礼仪中已有道德哲学，虽然还不成熟。希腊人有这样一句谚语：除古代不论，他们的智慧与埃及人的智慧相比，自觉仍是孩子。

就我们现在所知道的哲学著作而言，最早的要数《普塔霍特普之教训》。这篇教训的年代，可上溯至公元前2880年——比孔子、苏格拉底及释迦牟尼要早2300多年。普塔霍特普在埃及第五王朝时代，为法老的首相兼孟斐斯省长。退休后回家教子，下面所引述的，就是他写给儿子的教训。这篇教训，第十八王朝以前的学者曾译成当时的文体。

这位首相开头先向法老请求：

> 啊，我的至尊，臣的生命已似西山上的太阳。臣已老态龙钟，疲弱昏聩。眼也花了，耳也聋了，记性也坏了……请您让您的仆人为他的儿子做一件事，把他从前从神灵从前辈所获的教训，转告他的儿子。

法老允许了他，同时告诉他，“不可过于劳神”——这一劝告对哲学家来说乃是多余的。于是普塔霍特普教训他的儿子说：

> 不可因略识之无而自骄。与愚夫愚妇接谈，也应具有和圣达之士交谈一样的态度。技术无止境，任何人都不能说，我的功夫天下第一。忠言比婢女在碎石堆里找到的翡翠还珍贵……宅心仁厚，人必乐与之交……谨防利口伤人……不可放言高论，无论对谁，不管其为王孙公子或市井小民，喋喋不休，均会令人生厌……
>
> 智者教子应使其顺乎神意。要子弟行正道，莫如以身作则。父慈则子孝……对听话的子弟，应奖励；对不听话的子弟，如行为越轨、言语粗鄙，应严加管束……告诉子弟，做人应堂堂正

正；世间最可贵者为德行而非珍宝。

无论到任何地方，与女性交往均宜慎重……智者必爱其妻，给予房屋，给予情爱……沉静寡言，胜于废话连篇。在议会中讲话，当心受到专家的反驳。最愚蠢的人，才能无所不谈……

能者，必虚怀若谷，必言语温驯……别人谈话，不可插嘴。愤怒时不可发言。愤怒能伤人坏事，智者宜控制自己远离愤怒。

普塔霍特普所作的结论，大有罗马诗人贺拉斯的意味：

我不敢说我所说的一切，必能垂诸永久。不过，谁若能照我所说的去做，他必受人尊重。说话谨慎，行止有方……必终生受益……要你做一个堂堂正正、心安理得的人，这是我所企望的。

在埃及思想中，这只是一面。由于时代的不同，我们又发现了另外的思想。古王国时代的另一位哲人伊普维尔（Ipuwer），鉴于暴乱、饥馑、腐败，曾发出如下悲鸣："大家都在上供，却不知道神在什么地方！"像叔本华一样，由于眼看社会上自杀的人越来越多，他于是说："人类的末日也许就要来临了。看，一方面，生的不生，长的不长；一方面，你争我吵，钩心斗角！"最后，他梦想着救世主的到来：

他来了，所有的火焰（社会战乱）渐趋熄灭。四处传闻，他是全人类的牧者。他心地善良，为了照料他的羊群，他整天席不暇暖。他用慧眼查出世间善恶。他以他的巨臂，扶持善人，除去恶者……但是，今天他在哪里？也许，他还在睡觉；也许，还不到他显示他大力的时候。

这完全是先知的口吻。上面这段话，稍微改头换面，即可置诸希伯来人启示录中。埃及人的这类古训、这种"理想社会的向往"，如果再进一步，即可形成希伯来的“救世主思想”(Messianism)。

从另一件水草纸卷中，我们还可发现中古王国时代人的诅咒。这种诅咒不仅那个时代有，也许每一个时代都有：

今天，我能够把我心底的话告诉谁？
兄弟靠不住，
朋友的情意也是假的。
今天，我能够把我心底的话告诉谁？
人心是这么险恶，
大家都偷偷把邻居的东西往家里搬。
今天，我能够把我心底的话告诉谁？
君子都死光了，
厚颜无耻的人四处横行。
今天，我能够把我心底的话告诉谁？
邪恶的人飞黄腾达，
大家所听得入耳的尽是虚假的话。

这位埃及诗人愤激之余，于是转而歌颂死亡：

今天死神来到我的面前，
他医好了我多年疾病，
他带我进入了一个美丽的花园。
今天死神来到我的面前，
他散发着没药的芳香，
他带我走上一艘扯满风篷的船。
今天死神来到我的面前，
他散发着莲花的芳香，
他送我到一个充满酒香的地上。

今天死神来到我的面前，
他像一股浩荡的激流，
把我从人生战场送回我的故乡。
今天死神来到我的面前，
他亲切有如家人，
接待我这个充满创伤的游子。

悲观主义的进一步发展，必然产生“及时行乐”的思想。在莱登博物馆，有一块2200年前的石刻，其上的诗句，即是此种思想的代表。

我曾经听说，伊姆霍特普及哈德德夫都有过下面这些话语，
这些话语，蕴藏着无限真理：
如今是荒烟蔓草，
从前是高楼大厦，
再过些时，也许连荒烟蔓草也没了。

时光如果能够倒流，
我要和古人晤谈。
今人自古人口中，
可以得到许多领悟。

把忧愁抛到九霄云外，
能快乐尽量快乐。
人生难活百岁，
何不今朝有酒今朝醉？
有没药，洒在头上，
有丝麻，穿在身上，

有金银，戴在手上。

智者及时行乐，
傻瓜愁眉苦脸。
爱吃的，吃点，
爱穿的，穿点，
爱用的，用点。
智者及时行乐，
莫待老病缠身。
生前不求快乐，
死后永远悲哀。
金银满库无法带，
青春逝去永不来。

埃及人的悲观主义及怀疑主义，可以说是由于西克索人入侵、整个民族精神崩溃的结果。希腊沉溺于斯多葛学派及伊壁鸠鲁主义，也是同样情况下的产物。[1]

在埃及历史上，这种思想事实上很快即告消失，因为新的希望、新的思想、新的观念、新的宗教，不久又诞生了。在这里，我们要指出一点，上面的诗篇所代表的只是少数敏感知识分子对于人生的看法。至于成千上万的埃及人，他们的信念是单纯的。在他们看来：神总是站在正义的一边，只要对神虔敬，尽管在尘世有着痛苦悲哀，但升天后就会幸福快乐。

· 宗教

埃及的一切，彻头彻尾可以说都带有浓厚的宗教色彩。展示埃及

[1] 伊普维尔说：“战争绝对有害无益。”

宗教发展，由图腾信仰至神学观念无不具备。埃及宗教的五花八门，只有罗马、印度差堪比拟。在埃及，除道德外，文学、艺术、政府，一切的一切，无不受到宗教的影响。我们可以这样说，不研究埃及的神，便休想了解埃及的人。

照埃及人的传说，混沌初开先有天，其次便是尼罗河。天及尼罗河，便是最主要的神灵。在埃及人观念中，日月星辰诸天体，都是神灵的化身，这些神灵都是有力量、意志，能独往独来的。埃及神话传说因部落不同而异：

一种说法，天如穹隆，笼罩四野。在天之下，有一神牛。此牛即圣母哈托尔（Hathor）。圣母头顶着天，脚踏着地，胸腹上缀着万点星星。

另一种说法，天有天神，名曰斯布（Sibu）。地有地神，名曰努特（Nuit）。天神在上，地神在下。天地交合，即生万物。

众星皆神，神有大小。例如萨胡（Sahu）及索普迪特（Sopdit，亦作 Orion 或 Sirius）就是极大的神。萨胡一日三餐，以其他诸神为食。一般而言他只吃星星不吃月亮，但偶尔他也会吞下月亮。不过，当月亮一落到他肚里，一来是由于人们的哀求，二来是由于其他神灵的逼迫，所以不久他只得又吐了出来——埃及人相信，月食就是这样形成的。

按一般传说，月亮也是神。他不但是神，而且在神中资格最老。月亮是神，太阳当然更是神。在埃及神学中，太阳是光明之父，地球为万物之母。地球之所以能产生万物。全是感受太阳精气的结果。太阳神，经常化身为神牛，每天生一次死一次。每天，黎明即生，生后即开始旅行，行程由东到西。他所乘的是一艘华丽无比的船。这艘船在太空中航行，每当到达终点，神牛即因老而死。对太阳神，还有一种传说。那就是太阳神名叫何露斯（Horus），他的化身是一只非常健壮的神鹰。他每天必从东至西横越天空飞行一次，因为整个大地均由他掌管。由于神鹰孜孜不倦地飞行，故埃及人特取之为宗教及皇室的标志。

无论在任何一种传说中，太阳总是创造之神。据说，当太阳首次光临大地的时候，大地上不是沙漠就是不毛之地。他觉得这样很难看，于是便以其无匹的精力创造了许多东西。这许多东西，就是花草、树木、牛、羊、狮、虎及人。太阳所创造的人，无论男女，最初都是非常完美的。这些人生活得很愉快。不过，当一代一代传下去，不知为什么人一天天变坏了。人类的变坏使太阳大为震怒。有几次，他的震怒摧毁了成千上万的人。关于人类的起源，埃及中比较有知识的人，则另有一种说法，那就是人类的祖先和野兽并无二致，至于语言及其他文化，则是后来慢慢形成的——这与苏美尔部分学者的观点相同。

埃及不仅崇拜生命的源头——太阳和地球，而且崇拜一切和他们生活有关的东西。在他们看来，植物是值得崇拜的——棕榈树是神，因为它在沙漠上给他们遮阴；柽柳是神，因为它给他们造成聚会休憩之所；无花果树是神，因为它的果实可给沙漠旅客充饥。照此推论下去，自然而然，黄瓜、葡萄乃至任何蔬菜尽皆是神。据说，坦（Tain）极其崇拜洋葱，指其为尼罗河畔之神，为此曾使波舒哀（Jacques-Benigne Bossuet）深感不快。

埃及的动物崇拜更是达到了令人吃惊的程度。由于动物皆是神，神皆须塑像供入神庙，因此游埃及大神庙，常使人有置身动物园之感。埃及人对下列动物尤其崇拜：公牛、鳄鱼、鹰、母牛、鹅、山羊、猫、狗、鸡、燕、豺、蛇。由于埃及各部落各时代对这些动物皆极崇拜，所以对它们的保护不遗余力。在印度，牛因为是神物，所以可以四处遨游。在埃及，所有受人崇拜的动物，其所获得的尊重和印度的牛不相上下。埃及的神常以人身且兼具一种或数种动物为形象。例如阿蒙，有时为鹅，有时为羊；太阳神瑞（Ra），有时为蚱蜢，有时为公牛；俄赛里斯有时为公牛，有时为公羊；塞贝克（Sebek）是一只鳄鱼；何露斯是一只鹰；哈托尔是一头母牛；透特，智慧之神，是一只狒狒。由于动物崇拜，因此产生了一种奇怪的风俗。埃及人挑选美女给某些动物作肉体奉献。动物中经常得到这种奉献的，是被视为俄赛里斯之化身的公牛。此外，奉为神圣的公羊，也常获得这种享受。使公羊与美女交合的风俗，据普鲁塔克记载，特别盛行于门德(Mende)。动物是一种图腾，在埃及宗教史上，从头到尾可以说均为图腾思想所支配。埃及有人格化的神为时极晚，史学家都相信，埃及的人格化之神，显然是自西亚移植而来。

在埃及人心目中，公牛与公羊，不但是俄赛里斯的表征，而且是神的本体。这两种动物之所以被视为神圣，显然是因它们在作为创造力代表的性方面表现得强而有力。俄赛里斯的雕像，一般皆有这种特点：性器官刻得特别大。有些俄赛里斯的雕像，其性器官不但大，而且竟有三个之多。当埃及人迎神赛会时，像上述之俄赛里斯雕像绝不可少。在某种情形下，出于宗教上的理由，妇女还得把这类雕像带在身边。[1]

埃及人性器崇拜之风极为普遍。这种风俗除上面所述者外，尚可见于神庙中的浮雕。在许多神庙浮雕上，所刻裸体男性，性器作勃起状者即不在少数。埃及人常以一个十字加个棒槌代表男女交合，这种符号几乎处处皆是。

宗教向前演进，最后人格化的神出现了。在埃及，与其称之为人格化的神，不如称之为神化的人。这一点，埃及和希腊可以说是一模一样。埃及的神也都是许多了不起的人。他们不仅有血有肉，有爱有恨，而且也会吃饭睡觉生孩子。不仅如此，在经过一段时间之后，和人一样，还有老和死等着他们。以俄赛里斯为例，俄赛里斯乃尼罗河之神，他每年要死一次，不过死后不久又会复活。这种死而复活的说法，一说象征河水的涨落，一说象征土壤的肥瘠。俄赛里斯的一生一死，本来是很有规律的，但一次竟有另一位神把他杀死，以致他的复

[1] 同类风俗，见于印度。

活遭到阻碍。俄赛里斯不再复活，显然是指尼罗河一度停止泛滥。

杀死俄赛里斯的神，名叫塞特（Seth，亦作Set或Sit）。他是一个坏神。由于他喷气如火，以致种下去的庄稼都干枯了。后来，幸而又来了一位神，推翻了塞特的统治，并救活了俄赛里斯，于是天下复告太平。俄赛里斯的复活，显然是指尼罗河又已开始泛滥。推翻塞特统治的神名叫何露斯。他是伊希斯女神的儿子。俄赛里斯是伊希斯女神的情人，他的复活就是得益于女神对他的忠心和热爱。俄赛里斯这次复活后，即上升天堂统治埃及，使之成为人间乐土。以上可算是一个相当标准的东方神话。由东方宗教所孕育而成的神话，总是把一切事物一分为二：有创造必有破坏，有盛必有衰，有兴必有亡，有善必有恶，有生必有死……

在这个神话中，伊希斯，这位伟大的母亲，一方面是俄赛里斯的姐姐，一方面又是俄赛里斯的情人。她的神通比俄赛里斯要大——这反映一般埃及妇女的地位——靠着她的忠心及热爱，死居然也被她征服了。毫无疑义，伊希斯所代表的就是肥沃的黑色三角洲。她与俄赛里斯——尼罗河结合，使埃及人有着吃不完用不尽的粮食蔬菜、鸡鸭鱼肉、布匹纸张。据传说，埃及的小麦大麦本来是野生的。人们种以为食，自伊希斯告诉俄赛里斯始。伊希斯对于埃及有着母性的慈爱，她使他生，使他长，使他成熟。她在埃及的地位，有如时母、伊什塔尔、赛比利之于亚洲；得墨忒耳之于希腊；刻瑞斯之于罗马。总之，她是本源、创造、生命、开拓、传统的象征。埃及人对于伊希斯的崇拜，是非常虔敬的。他们尊之为圣母，用一切珍珠宝贝装饰她的雕像。祭师对于她，除每天早拜晚祷外，每逢年冬——大约相当于现在的12月底，即冬至太阳回归之际——还要举行大拜拜。

对伊希斯的大拜拜，皆在何露斯庙中举行。何露斯为太阳神，乃伊希斯所生。据说，她生太阳神时是在马厩里，因此，在拜拜之日，祭师总要做出临盆产子的情景。从这里，我们可以看出基督教深受埃及神话影响的蛛丝马迹。据考证，早期的基督徒，曾以伊希斯及何露斯为礼拜的对象，这可以说是另一形式的圣母与圣婴。以上，瑞（Ra，南埃及称之为阿蒙）、俄赛里斯、伊希斯及何露斯诸神，在埃及算是有名的几位大神。其中，瑞、阿蒙，再加上另一位大神卜塔（Ptah），经过若干时间的演变，曾经结合为一体。除以上几位大神外，埃及还有不计其数的小神。在这些小神中，有 Anubis、Shu、Tefnut、Nephthys、Ket、Nut……由于本书并非埃及封神榜，故对这些小神不具体讨论。

在埃及人观念中，甚至每位法老都是神。照例，每位法老总是阿蒙大神的子孙。他统治埃及，不仅是靠神的权柄，而且因为他是神的后代。埃及人相信，法老本来住在天上，为了治理万民才来到世间。法老的皇冠，其上是飞鹰，鹰是一种图腾，同时也是太阳神何露斯的象征；正面自法老额上突起的，是条蛇，蛇是智慧、长寿及神秘的代表。在宗教上，法老是最大的祭司，他率领万民向神礼拜。通过神，通过宗教，我们可以了解到法老不借多少武力即可统治埃及的道理。

埃及祭师具有两种作用：一、法老权威的支柱；二、社会秩序的秘密警察。利用神道设教，他们一方面扩大法老威权，一方面控制人民思想。凡为祭师，必精于种种宗教仪式及魔术。由于工作性质相似，全国祭师自然形成一个阶级。这是一个富于神秘感的特权阶级，为了维护阶级利益，其职位的递嬗采用世袭方式。祭师这个阶级，一则由于法老的倚畀，再则由于沾神之光，发展得异常壮大。他们的势力，有时凌驾于诸侯甚至皇族之上。作为一个祭师，有着诸多好处：庙宇使他有着宽广的住处，供品使他有着丰美的饮食，强迫劳动轮不到他，可以不当兵，可以不纳税，可以安享庙产收益，可以享有崇高的社会地位。祭师也替埃及做了不少工作，例如，传播文化，保存古迹，教育青年，安定社会。可是，就他所取的与他所予的两相比照，大小却很不相称。

对于埃及祭师，希罗多德这样写道：

> 这批人以拜神为其本务，对于下列典礼仪式，均异常熟悉……他们身上穿的一律都是麻织品。凡属上身衣服，都是新洗过的。洁净似已成为他们第二天性。衣服难看一点不要紧，但不洁净绝不能穿。每隔三天，必从头至足大刮大洗一次……他们习惯于洗凉水澡，每日要洗四次：白天两次，晚上两次。

埃及宗教最为突出的一点，是特别强调“不朽”。俄赛里斯可以死而复活，尼罗河水可以降而复涨，一切植物收割后又可再生，人当然也可不朽。埃及对人可复活的想法，由于尸体埋在干燥沙土里能历久不坏一点，益增强其信念。此种信念，一方面支配着埃及人数千年的思想，一方面进而成为基督教主张基督复活的来源。按照埃及人的想法，人体内住着一种小精灵。这种小精灵和人一模一样。他们把这种小精灵叫“卡”——一说卡就是灵魂，一说它是灵魂以外的东西。不过，不管人体也罢，卡也罢，灵魂也罢，死后均可复活。

当然，复活得具有一定的条件。复活的条件，除人死后在一定时期内要确保肉身不朽外，或者，找到俄赛里斯大神，洗清一切罪愆；或者，获得卡隆（Charon）老人的超度——但此项超度极不易得，因凡要请求超度的人，须其一生清清白白、毫无罪过。人在复活之后，便可得升天国。天国是个极乐世界，那儿的人，不愁吃，不愁穿，快快乐乐，无忧无虑。不过，要上升到天国是很难的，因为进入天国的人，均须接受俄赛里斯大神的考验。俄赛里斯大神在考验时，除详细查问外还要用天平称。称什么？称心。称心的天平，用羽毛做砝码，心里若存有一丝一毫的虚伪，心就会比羽毛重，心比羽毛重便不及格，不能复活。换句话说，也就是经不起俄赛里斯大神的考验，这样的人结局是很悲惨的。这种人得永远躺在坟墓里，在那儿不仅永远不见天日，受着饥渴的煎熬，而且还会给鳄鱼当作点心。

祭师的权威就在这里，他们说有办法可以帮助死者解脱上述困境。他们的办法，一种是尽量将食物饮料及奴仆置于墓中，使死者无饥渴劳累之苦；一种是在墓中放一些为神所爱、为鬼所怕的东西，如鱼、鹰、蛇、圣甲虫等——埃及人相信，这种虫是灵魂的代表；一种是购买《死者之书》（*Book of the Dead*）[1]——由祭师以水草纸做成，上书符箓，据说有取悦甚至蒙混俄赛里斯大神之功。

埃及人相信，人死后他的灵魂便得等候俄赛里斯大神的召见。等候的时间，有的长有的短，短者数十年，长者数百年。最后当他见着俄赛里斯大神时，根据《死者之书》的教导，他应对大神作如下祷告：

> 啊，转动时间之轮的大神，
> 宇宙神秘生命的主宰，
> 请垂听我所做的祷告——
> 神啊，我知道我不配做您的孩子，因为我曾使您蒙羞；
> 我知道您的心里充满忧愁，
> 因为您的孩子在尘世造过不少孽，犯过不少罪。
> 但神啊，请怜悯我的无知，
> 请宽恕我的愚昧。
> 请用您的圣水，洗净我的罪恶。
> 神啊，请让我改过自新，
> 我愿尽我最大的努力，
> 使你荣耀，使你喜悦。

根据《死者之书》，灵魂也可向俄赛里斯做出下面这种否认有罪

[1]《死者之书》书名是德国著名考古学家累普济乌斯（Karl Richard Lepsius）所取的。这种书藏于坟墓之中，目前发现者达2000多卷。书中所载全为符箓，据说，死者持此即可上升天国。埃及人叫《死者之书》为“Coming Forth（from death）by Day”，有“早日超生”之意。《死者之书》成书年代，大部分可追溯至金字塔时代。埃及人相信，这种东西是智慧之神透特创始。《死者之书》在赫利奥波利斯被发现，据称，其上的确“充满神迹”。据说，约西亚（Josiah）在犹太亦曾发现类似的东西。参阅本书第12章第5节。

的自白：

伟大的神，真理正义之主，我赞美您！
主啊！我来了，来到您的脚前，
在您这庄严华丽的殿中，
我要坦白说出我心底的话。
主啊，我是清白的，
我从来没有起过害人之心，
我从来没有倚富压贫，
我从来没有仗势凌人，
我从来没有吃过一文昧心钱，
我从来没有亵渎神圣，
我从来没有教唆奴隶反对主人，
我从来没有杀人、使人挨饿、让人哭泣，
我从来没有不忠不孝，
我从来没有污辱寺庙，
我从来没有侵占供品，
我从来没有在庙里与人淫邪，
我从来没有不敬神灵，
我从来没有制作假账，
我从来没有和婴儿争奶，
我从来没有毁坏鸟窠，
神啊，我是清白的，清白的，清白的。

埃及宗教可以说什么都有，只是缺了一样，那就是“道德”，而这种东西却是最重要的。为什么没有道德？可能是祭师没有时间，因为他们成天为了赚钱，忙着画符、念咒、拿妖、捉怪。虽然《死者之书》大有劝人为善之意，因为它强调，唯有为善才能上升天国。可是，这种东西一开始便已流于形式。由于祭师靠这种东西图利，因此，灵魂的得救便不在于生前行为的善恶，而在于死后买不买得起这种书，以及能不能照书上所讲的去念。在一本《死者之书》上，就公然有着这种字句："死者照念，立可超升。"也就是说，凭嘴巴讲讲就可上天堂。埃及人极为重视符咒。符咒可以抵罪、去邪乃至升天。祭师是画符念咒的专家，需要符咒的人，可出钱向他们购买。身体不舒服，在埃及人看来，不是得病而是有鬼。去鬼就得用符咒。大病所用的符咒要请祭师，小病家里人画画念念即可。下面我们所举的，是一位妈妈为其生病孩子所念的咒语：

> 走，走！你这从黑暗里偷偷进来的鬼。你想亲我的孩子？不行。你想带他走？不行。不许你碰他，我已在他身上擦了香料，香料会烧你的手；我已在他身上挂了洋葱，洋葱能要你的命；我已在他脸上涂蜜，蜜在人是甜的，但在你是苦的。另外我还有伊伯都鱼的刺及鲈鱼的背，这些对你都很不利。你走，你快走！

在埃及神话里，诸神常以法术符咒相对抗。埃及术士在小说家笔下，有的能以一句咒语，便把一个湖里的水吸干；有的能以一道符箓，便能令死人复生。法老为了自己的安全，经常豢养术士。有时，法老也自信具有法术：能呼风唤雨，或使海水倒流。埃及人的日常生活，充满了符箓迷信。每家都有门神，门神能驱走邪魔，带来好运。埃及人相信，每月每日都有神道当职。神有吉凶，逢着吉神便运道亨通，逢着凶神便会倒霉。他们相信，透特月 23 日所生的孩子，其命不长；柯伊阿科（Choiakh）月 20 日所生的孩子，眼睛会瞎。

据希罗多德记载："由于每月每日都有神道主宰，因此人生下来，是富，是穷，是夭，是寿，就已经确定了。"宿命论的流行，也许是埃及宗教不重视道德的另一原因。什么才是通往天国之路？行善并不必要，重要的是符箓斋醮以及对祭师的慷慨布施。

一位著名的埃及学学者，对埃及宗教如是说道：

> 这一来，人死后便处处都可遇到危险。要度过这些危险，唯一的办法就是去找祭师。祭师能画符念咒，死人得了他的符咒，安全即可获得保障。祭师的符咒种类繁多，有的能教你如何走路；有的能保护你的口；有的能保护你的头；有的能保护你的心；有的能助你保持记忆——特别是记着你的名字；有的能助你保持呼吸；有的能助你吃；有的能助你喝；有的能教你不吃自己大便；有的能教你不吃一种魔水——这种水吃后能变成火焰；有的能助你把黑夜变成白天；有的能助你驱走毒蛇；有的能助你赶走妖怪……符咒盛行，祭师发财，古代东方道德观念的不发达，这可说是一个最大的原因。

以上，便是所谓的埃及宗教。诗人兼异端法老阿肯那顿即位，就对这种宗教展开一次革命。但想不到这次革命，却导致了埃及帝国的大崩溃。

异端法老

公元前1380年，阿孟霍特普三世，即图特摩斯三世的继承者，享尽人间荣华富贵后去世了。继之为法老的，是其子阿孟霍特普四世，这就是历史上以阿肯那顿著名的一位君主。在特勒·埃尔·阿马纳这里我们发现了他的一尊半身雕像。从雕像可以看出，他有一副柔和的女性化的脸庞，一种敏感的诗人气质。长长的睫毛，梦似的眼光，鹅蛋形的头，加上一个瘦弱的体形，活像诗人雪莱。

这位具有诗人气质的法老，几乎一即位就与崇拜阿蒙大神的宗教及执掌这个宗教大权的祭师阶级发生冲突。冲突的原因在于，一方面少年君主过于纯洁，一方面祭师阶级过于腐化。我们知道，在凯尔奈克有着埃及最大的神庙，神庙中有着一大批美女。这些美女名义上是神的妾媵，实际上却是专供祭师淫乐的玩物。仅就这一点而言，这位少年君主对于祭师就已不满，事实上祭师的毛病还不止如此。由于他们出卖符咒大肆敛财，倚仗神力左右官府，使用巫术愚蒙百姓，这位少年君主便感到忍无可忍了。“祭师无法无天，”他说，“先王在世已有所闻，现在，其横行不法，更愈来愈不像话了。”凭着少年人不畏一切的勇气，他于是便向阿蒙大神的宗教及祭师宣战。他指称，过去所崇奉的神道，一律都是邪神，那些繁琐的仪式，都是无意义的。他另外提出一个神道，说：“世间唯有太阳神阿吞（Aton）才是真神。”

像印度3000年后的阿克巴一样，阿肯那顿认为，唯有太阳、光和生命的来源，才真正值得崇拜。这种观念不知是否来自叙利亚，不过他所说的阿吞则与阿多尼斯毫无二致。撇开观念来源不谈，阿肯那顿对于阿吞是衷心崇拜的。为了表示他的忠诚，他甚至废掉他旧有的名字阿孟霍特普，因为其中含有阿蒙字根，改用新的名字，为阿吞所喜欢的阿肯那顿。他苦心孤诣找出过去一些歌颂一神理论的诗篇[1]，并精心作成一篇《太阳颂》。

《太阳颂》在埃及文学史上，是一个最长最美的诗篇：

当东方天际泛起朱霞，我们便知道您已到来。
啊，伟大的阿吞，一切生命的源头，
东方，由于您的升起，显得光芒万丈。
世界，经你略加装点，立刻容光焕发。

在宇宙间，您就是美丽，您就是光辉，您就是伟大。

[1] 在阿孟霍特普三世时代，建筑师苏提（Suti）及郝尔（Hor）曾合作过一首歌颂太阳唯一真神的诗篇，并把它刻在一块石碑上。这块碑目前存于大英博物馆。在埃及很早就有称太阳神为Amon-Ra的习惯，Amon-Ra意即最伟大崇高之神，不过，其意仍仅仅限于埃及人所崇拜之神而已。

您，光明的化身，大地的情人，万物的创造者，
用您的力，扶持着软弱的，
用您的爱，凝结着涣散的。
虽然，您在远方，但近处有您的鼻息，
虽然，您在高处，但低处有您的脚印。

神啊，当您没入西边天际，
大地即陷于黑暗与死寂。
人们回家，
蒙头大睡。
借着黑暗掩护，
宵小横行，
狮蛇出洞，
……
这是一个死寂的世界，
这是一个罪恶的世界。

但当您从东方升起，
世界又重见光明。
黑暗见您而远遁，
罪恶见您而匿迹。
您的光，
唤醒了大地，
人们于是忙着，
下床，
洗脸，
穿衣，
欢欣鼓舞，

迎接黎明。

牲畜在草场散步，
花木在迎风起舞，
群鸟在林中飞翔，
小羊在原野跳跃，
一切的一切，
在您的照耀下，
无不生气蓬勃。

迎着光辉的黎明，
每条路上，人来人往，
每条河中，帆樯如织。
水中的鱼，闪耀着金鳞，
跳跃着游向蓝色的海。

伟大的造物主，
您为女人造卵，
您为男人造精，
您把精卵合成一个小生命。
您对每一个小生命，都照顾得无微不至：
未出娘胎，您哺育他；
呱呱坠地，您安抚他；
您给他吃，
您给他穿，
您教他说话，
您教他歌唱。

伟大的造物主，
鸡雏在未破壳而出之前，
就已有了生命。
它的生命就是您赋予的。
是您，使它孵化，
是您，使它呼吸，
是您，使它破壳而出。
鸡雏出壳，
必尽力歌唱，
必尽力舞蹈，
因为它为生命欢呼。

神啊，您是无所不能的，
虽然我们看不见您，
但我们知道，您才是唯一真神。
唯有您具有如此大力，
创造大地，
创造人类，
创造牲畜，
创造天上飞的，
创造地上爬的。
神啊，您对人类的照应是多么妥帖，
您视埃及，
您视叙利亚，
您视库施（Kush），
您视任何国家都为一体。
您把每一个人都安置得恰到好处，
您使他们，

不愁吃，
不愁住，
不愁穿。
奇妙的尼罗河是您创造的，
河水的涨落也全听您的意旨而行，
因为您要它养活您的子民。

您的设计是多么的巧妙，
啊，永生的主，
我想您的天上一定也有个尼罗河，
您那个河里的水便是光。
为了养活万民，
为了养活牲畜，
您给每一个田园，
您给每一片草地，
都用光充满。
光，使禾苗生长，
光，使草木茂盛，
光，使生命绵延。
主啊，为了划分工作与休息，
您不仅创造了昼夜，而且创造了季节。
冬天，您要人们休息，赐给他们和风；
夏天，您要人们工作，赐给他们阳光。
主啊，您住在天上，天上太远我们无法追随。
但当您每天出巡，从您身上发出的万道金光，
我们便知道，世间唯一的真神，
阿吞来了。

黎明，黄昏，又一个黎明，
您，默默地创造着一切：
您创造城市，也创造乡村；
您创造人类，也创造牲畜；
您创造道路，也创造河流。
全世界的眼睛，都在仰望着您，
我们唯一的真主，阿吞。

神啊，您活在我心里，
对您我想没有谁比我更虔敬。
求您赐福给您的爱子，阿肯那顿。
叫他永远具有智慧。
神啊，整个世界均在您掌握之中。
因为这一切都是您创造的。
当您自东方升起，一切便充满生气，
当您自西方隐退，一切便归于死寂。
神啊，您是生命的源头，
人类没有了您，便一天也活不下去。
光明之神，美丽之神，
每天当您从东方走到西方，
都有千万只眼睛在仰望着您。

神啊，您创造了这个世界，
同时把它交付给您的爱子，
……
神啊，求您保佑您的爱子，阿肯那顿，
及他忠心的妻子奈费尔提蒂——
埃及第一夫人，

长命百岁，
永享康宁。

《太阳颂》不但是历史上最伟大的诗篇，而且也是最早主张崇拜一神的文献，以色列的一神理论（monotheism）比它晚了700年[1]。阿肯那顿之所以主张一神，据布雷斯特德推断，显然是基于图特摩斯三世将地中海世界混为一统现状之反映。阿肯那顿心目中的阿吞，显然不只是埃及的神，而是当时世界各国的共主。

阿吞观念中，值得称道之处颇多：这个神不像以前的神强调战争，强调胜利，人们之所以崇拜他，在于他是万物——人畜花草树木生命的创造者；这个神是个令人愉悦的神，他会使"小羊在原野跳跃"，"群鸟在林中飞翔"；这个神，在构想上已超出了人体形象的限制——因为发光发热的太阳能创造、孕育万物，故其本身已具有神性；这个神是颇为具体的——人们可看到他乘着光辉的火焰，每天从东到西周而复始；这个神由于无所不在，光被万物，发育万物，故他又是"爱"和"生命"的象征。基于以上种种观念，阿肯那顿最后给阿吞的综合造型，是一位"慈爱的父亲"，一位充满爱心与和平之神。这种造型，和耶和华——万民之主是不相同的。

说来真是历史上的一大憾事，阿肯那顿基于一个统一宇宙观所创造的这个新宗教并未得到当时埃及人的接受，原因可能是这位年轻的君主太性急、太褊狭、太极端。他一开始便肯定唯有阿吞才是真神，其他都是邪神。他下令，除阿吞外，一切神的名字，无论写的刻的，都该扫除干净。他把刻有他父亲名字的100多块石碑，凡含有阿蒙这个词的部分，一律加以削平。他宣称，除宣扬阿吞外，凡宣扬其他神道均属非法。他关闭了除阿吞之外的一切神庙。他认为底比斯是充满

[1]《太阳颂》与希伯来人的《颂圣诗》，相似之点极多。希伯来人的观念，显然曾受埃及人的影响。

邪神气息的城市不宜再做首都。他另在埃赫塔吞（Akhetaton）建立新都，并把新都叫作“阿吞之都”。

由于政府迁走，底比斯很快便没落了。现在繁荣起来的，是埃赫塔吞。新都充满新的建筑，充满新的艺术气氛。在新的宗教精神影响下，埃及艺术摆脱了祭师及传统的束缚，显得生气蓬勃。皮特里爵士在特勒·埃尔－阿马纳——即埃赫塔吞遗址，发掘到一个精致的“路窗”（pavement）。这个窗上所刻的鸟兽虫鱼，皆生动有致。阿肯那顿鼓励艺术家自由创作，他甚至容许他们各就各的想象所及，为阿吞大神造像。他鼓励他最欣赏的艺术家，跳出祭师及传统圈子，自由描绘自己的心灵。在阿肯那顿的鼓励下，艺术家的心灵获得了解放。他们热诚地创作，画花、画鸟、画树木、画野兽，甚至画他们的王。在他们的画笔下，这位年轻的王，是一个头型狭长、眉目清秀、温和而略带羞怯的少年。这个时期的艺术，总体上是活泼清新、精妙无比的。其精妙处，实为任何地方任何时代所难及。

假使阿肯那顿稍微老成一点，他会明白，一个充满迷信、具有多年历史的多神教，要想一下以一个全新的自然主义的一神教来取代，是很难办到的。他应该慢慢地来，以耐心和信心，逐渐争取人们的同情及信仰。如不采用过分激烈手段，以他那个宗教所具优点之多，我们相信最后他是会胜利的。但可惜，他只是一位诗人，而不是一位哲学家，一切诉诸情感的结果，不但搞垮了他自己，而且搞垮了埃及。说到阿肯那顿，令我们想起诗人雪莱。当雪莱在牛津主教面前宣称“耶和华已寿终正寝”时，不也绝对相信真理完全站在他一边？

阿肯那顿想一脚就把祭师阶级踢开，可是他忘记了这个阶级所具有的权势。因此，当他宣称不许崇拜阿蒙为首的一切神，一开始他便处于劣势。祭师凭借着人们对阿蒙根深蒂固的崇拜，使民众对他所创立的新宗教表示怀疑。由于祭师的煽动，宫廷里的文武百官也不拥护他。

他最失策的一点是把碑上他父亲含有的阿蒙之名削去，以致给了反对者攻击他的借口。不孝，侮慢先人，在埃及是大逆不道。最可悲的是当全国上下背地里仍崇拜阿蒙，祭师正千方百计想打倒他时，他却懵然不知。

这位诗人君主，心地是很单纯善良的。他与皇后奈费尔提蒂感情甚笃，在遗留到现在的一件装饰品上，曾有他俩互相拥抱的样子。皇后只生女儿不生儿子，在一连生出 7 位公主的情形下，依法他应多选嫔妃以求子嗣。可是他说，他的爱情只奉献给一个人，那就是奈费尔提蒂，他宁可绝嗣也不选嫔妃。他允准艺术家为他绘行乐图，图中所绘为他与皇后同车并由 7 位公主陪同出巡的场面。每逢大典，他总令皇后坐在他的旁边。他和皇后携手而坐，7 位公主则环绕在他们膝下。他赠给皇后“幸福夫人”（Mistress of his Happiness）的封号，意思是一听到皇后声音他便感到快乐。一次，他曾对神发誓：“有了皇后和 7 个女儿我已心满意足。”

当他与皇后情爱正浓时，惊人的消息突然自叙利亚传来。[1] 远东各属国由于赫梯人及其他蛮族的入侵而报警，埃及所派的总督纷纷请求发兵平乱。接到这些消息，阿肯那顿所感到的不是慌乱而是迟疑。他想：埃及为什么要使别的国家附属于已？驱遣埃及子弟到边远地方去送死，于心何忍？因他这一迟疑，所有属国赶走埃及所派总督之后便纷纷独立了。

阿肯那顿可能再也不会想到，他的迟疑会导致这么严重的后果。帝国崩溃，财政陷于枯竭，地方治安成问题，他变成了众矢之的。公元前 1362 年，年轻的诗人君主带着一大堆失败辞世，死时不到 30 岁。临死时，他的境况非常凄惨，没有权，没有钱，没有一个朋友或亲人。死后，国人用以纪念他的，是一片恶毒的咒骂。

---

[1] 1893 年，皮特里爵士在特勒·埃尔·阿马纳发现 350 余块楔文书简。这些书简，大部分均是东方总督对阿肯那顿所作的告急文书。

古国沦丧

阿肯那顿死后两年，他的女婿图坦卡蒙因获祭师拥护继位为法老。他上台后第一件大事，就是把岳父赐给他的名字图坦卡吞更改为图坦卡蒙。其次，还都底比斯。图坦卡蒙为了讨好祭师，除宣布解除对信奉以阿蒙为首的诸神禁令外，还把所有碑文上所刻的阿吞及阿肯那顿字样削去。祭师对此犹感不足，还叫他下令：第一，将从前他岳父所改古碑恢复原状；第二，以后民间绝对不许提及阿肯那顿之名——假使有提他的必要，应以“罪魁”二字代之。除以上几件事外，图坦卡蒙再无多大作为。今天，要不是有人从他墓里发现许多珍宝，大家对他的名字，也许早已忘个一干二净。

在图坦卡蒙之后，埃及出了一位比较有名的法老，就是霍伦希布（Harmhab）。他是一位用兵的能手，依靠他，埃及又恢复了内部的和平及对外的声威。接着，塞提一世继位。塞提一世是一位英明的法老，在他的治理下，埃及又日趋繁荣富庶。像以往的许多法老一样，他曾在凯尔奈克建多柱式神庙，在阿布辛拜勒建大神庙，并把他的功绩刻成浮雕。最后，还为自己修了一座十分华美的陵墓。

不久，拉美西斯二世出场了。他是埃及古国落日的余晖。历史上的君主，像他这么多彩多姿者是颇罕见的。拉美西斯二世不但年轻、英俊、勇敢，而且还具有一副孩子般天真烂漫的性格。他在情场上亦是胜利者。在王位竞争上把他哥哥挤掉后，他立刻便派兵征服努比亚。有了努比亚的金矿，他随即开始组织大军远征西亚。不到3年时间，他横扫西亚，进兵巴勒斯坦，在卡迭什（Kadesh）一举击溃亚细亚联军（公元前1288年）。据史学家推断，犹太人之大量进入埃及，即是拉美西斯二世远征西亚的结果。这些犹太人大部分是战俘，小部分是移民，就是《出埃及记》（*The Exodus*）上演时的主角。《出埃及记》中所指的法老，就是拉美西斯二世。

拉美西斯二世辉煌的战功，给他带来了50多块记功碑、1篇史诗和数以百计的后宫佳丽。他生了100多个儿子，50多个女儿。为了“优生”，他立了好几个亲生女儿为妃。拉美西斯二世，真可说得上百子千孙。他的后裔在往后400年间，在埃及自成一个体系。在这个体系中，不断出现优秀的统治者。

拉美西斯二世给埃及留下了不少东西，富丽堂皇的宫殿、美轮美奂的神庙及大得吓人的巨石雕像。在他的统治下，商业非常繁盛。往来地中海及苏伊士地峡的船只，有如穿梭。他自尼罗河到红海，新开了一条运河。开此运河工程浩大，但可惜他死后不久，即为流沙所塞。拉美西斯二世于公元前1225年逝世，享年90岁。史学家评断，他的统治不仅在埃及，而且在所有人类史上，时间是最长的，治绩是最佳的。

在埃及，拉美西斯二世的威权算是最高的了，但还有比他更高的，那就是祭师。君主与祭师斗法，几乎已成各国历史的公例。以拉美西斯二世如此雄才大略，尚且受制于祭师，他的继任者就更不用说了。由于君主受制于祭师，战利品及外国进贡的东西，凡是好的，都让祭师以神的名义占有了。据历史记载，此时祭师握有：奴隶10.7万人，约相当于当时埃及人口的1/30；牛羊50万头；食税169城，有的在埃及，有的在叙利亚。另外，祭师还享有一项优待，就是凡属祭师财产，一律都不纳税。

君主中，对祭师侍候得最周到的，要数拉美西斯三世。在他那个时代，对祭师除维持上述待遇之外，还得经常送礼。他送给祭师的礼物，有案可查者，有黄金3.2万两，白银100万两，粮食18.5万袋。金银是不定期的，粮食则每年非送不可。在给祭师送礼之后，拉美西斯三世往往发现，他的国库已空虚到连官吏薪俸都发不出的程度。当然，最吃亏的还是老百姓。这样年复一年搜刮的结果，祭师日肥，百姓日瘦，有了神吃的，却没有了人吃的。

整个拉美西斯家族执政的朝代，人民是君主的奴隶，君主是祭师的奴隶。然而祭师意犹未尽，最后，大祭师竟公开称王实行统治。这时的埃及，整个为神权所笼罩。祭师的决定，便是神的意旨。神最喜欢的，一是宏伟的庙宇，二是丰盛的供品，而这两样都需要钱。为了供应神，全埃及的财富几乎都集中到了祭师之手。这是一笔极可观的财富，这笔财富祭师固然喜欢，而环绕埃及的许多野蛮民族也垂涎不已。

埃及四境，这时渐渐多事。过去的埃及，一来由于地处地中海交通之枢纽，二来由于其工业技术远非西方之利比亚，东方及北方之腓尼基、叙利亚及巴勒斯坦所能及，因而能够称雄。可是现在情势变迁了，在埃及之外，邻近出现了亚述、巴比伦、波斯等新兴大国。这些国家无论工商技术，皆有凌驾此埃及老大帝国的趋势。腓尼基发愤图强，其以三层桨著称的战船已足以与埃及海上势力相较量。多利安人（Dorian）及阿哈伊亚人（Achaean），在征服克里特及爱琴海后（公元前 1400 年），已建立一个足以与埃及抗衡的商业帝国。这时，做生意的人沿地中海南岸而行，除了要爬高山、越沙漠之外，还得担心盗匪的抢劫。可是走海路便不同了。走海路，从黑海、爱琴海到特洛伊、克里特、希腊、迦太基、意大利、西班牙，省力、省时、省钱，而且平安。由于商业路线的转移，近东亦即地中海南岸诸国因此日趋没落。

地中海北岸诸国，这时如旭日东升，如春花怒放，相比之下，埃及是落寞不堪了。埃及没有了商业、金银、威望和艺术，最后，甚至没有了体面。趁着祭师的专横腐败，强邻一个接一个进来，征服、搜刮，最后使埃及沦为废墟。

公元前 954 年，利比亚人从西方翻山越岭而来，目的是报旧仇。公元前 722 年，衣索匹亚人从南方而来，目的是一雪过去被征服奴役之耻。公元前 674 年，亚述人从北方来，目的在于劫掠珍宝。

在埃及，足以称为回光返照的时期是萨姆提克（Psamtik），即赛斯王子之崛起。他将侵略者驱逐后，使四分五裂的埃及重归统一。在他及其几位继承人的治理下，有一段时期，埃及在建筑、雕塑、诗歌、科学、技术各方面取得的成就又颇为可观。这在埃及史上，就是有名的“赛特文艺复兴”。但在公元前525年，波斯人在康比斯率领下越过苏伊士，于是埃及的独立又告寿终正寝。公元前332年，亚历山大崛起于亚洲，埃及变为马其顿的一个行省[1]。公元前48年，恺撒进兵埃及，占领作为埃及新都的亚历山大，并与有绝世美人之称的埃及女王克娄巴特拉生下一子。他们希望，这个儿子可以成为当时两大帝国的继承人。公元前30年，埃及正式成为罗马的一个省。此后，埃及便不再在历史舞台上露面。

在一段时期中，埃及曾因基督教徒及穆斯林的相继到来而热闹过一段时间。415年，一名狂热的基督教徒曾把希帕蒂娅（Hypatia）拖着游街致死。650年左右，穆斯林征服埃及，除了在孟斐斯废墟上兴建开罗城外，还处处构筑城砦及圆顶教堂。不过，这些已是外来文化，和埃及之固有文化全不相干，同时，这类热闹不久也烟消云散。今天，所谓埃及，除剩一个地名之外，几乎已一无所有。埃及已非埃及人的埃及。所谓埃及人，经由无数次的征服同化，血统、语言乃至风俗习惯均已面目全非。虽然，埃及还有金字塔，然而当一个埃及的仰慕者跋千山涉万水来到埃及后，所谓的金字塔，在他眼中也不过是一堆堆巨石而已。

像亚洲某些国家一样，作为亚非之间桥梁的埃及，也许还有繁荣兴盛的一天。但正如洛伦佐所唱的：“明天的事谁能预料？”就今天言今天，埃及所表现的，处处都是衰象：一大片一大片都是废墟，从乡村到城市都贫穷落后，男女老少皆缺乏生气。还有，一阵又一阵热风，卷起遍地黄沙，更使这个古国显得非常晦暗。

然而，今日的风沙所侵蚀的仅是埃及的躯体，至于埃及的灵魂，则是与世长存的。埃及的灵魂根植于埃及人所创造的文化。这些文化，包括农业的改良，冶金术的发展，工业的进步，玻璃、麻布、纸张、墨水、历法、时钟、字母、几何的发明，衣饰、住宅、家具、社

[1] 传统埃及文化史，均指托勒密诸王及恺撒时代，留在后面叙述。

会生活水平的提高，教育、训练、户口调查、和平秩序政府规模的奠定，文学、艺术、科学、医药的演进，社会正义的呼吁，一夫一妻制的实行，一神教的创始，道德论文的撰写，完善的建筑、雕塑的创造以及各式各样手工艺品（在建筑、雕塑以及手工艺品方面，其精妙至今还很少有人能望其项背）。埃及文化经腓尼基、叙利亚、犹太、克里特、希腊、罗马人的辗转传递，已变成人类文化遗产中的一部分。埃及给人类所留下的这笔文化遗产，虽饱经天灾人祸之损耗，[1] 但以之与其他民族所留者相比，仍然要算是最丰富的。今天我们甚至可以这样说，世界上没有任何一个国家，没有任何一个时代，不受埃及文化的影响。诚如福尔（Faure）所云：“埃及人，在几乎与世隔绝的环境里，群策群力所创造出来的文化，无论就其规模或造诣上而言，都是数一数二的。”

[1] 底比斯毁于公元前 27 年的一次大地震。

第三章 | 巴比伦

从汉谟拉比到尼布甲尼撒

文明有如生命，要生存必须和死亡不断斗争。生命和死亡斗争的方法，最巧妙的就是新陈代谢——不断创造新细胞，不断创造新生命。世界上，许多文明之所以绵延不绝，就是由于它们不断开创新境，不断注入新鲜血液。从这个观点来看，我们可以说，巴比伦及犹太文明是乌尔文明的新鲜血液；尼尼微文明是巴比伦文明的新鲜血液；波斯波利斯、萨迪斯（Sardis）、米利都等文明，是尼尼微文明的新鲜血液；埃及、克里特、希腊、罗马等文明，是乌尔以后各种文明的新鲜血液。

今天，凡是去巴比伦遗址参观的人，差不多都会这样想：沿幼发拉底河这一片干燥的荒丘，竟会是一个拥有璀璨文化富强古国的首都所在地？但历史斑斑可考，巴比伦创造了天文学，丰富了医学，建立了语言学，制定了第一部伟大法典。希腊人从这里学到了数学、物理学和哲学；犹太人从这里学到了神学，并将之弘扬于世；阿拉伯人从这里学到了建筑学，并以之影响了整个中世纪欧洲。但站立在静静的底格里斯与幼发拉底河畔，实在令人有点不相信，这儿会是苏美尔、阿卡德及巴比伦文明的摇篮，而所谓的巴比伦“空中花园”就是在这里。

事实上今天这里流淌的，已非往昔的那些河流。当然这不仅是“涉足于水，抽足复入，已非前水”的问题，而是河流曾经多次改道，以致形成“三十年河东，三十年河西”的问题。和埃及的尼罗河一样，底格里斯与幼发拉底这两条河，不但从南到北数千英里有舟楫之利，而且在其南端每年也有天然泛滥，形成沃土以利农耕。不过，这两条河的泛滥，不在夏天而在春天。因为巴比伦除冬季之外，5 月至 11 月间完全无雨。这一带地区，一旦河流不再泛滥，转眼就会变成不毛之地。古巴比伦之所以成为闪米特传说中的伊甸园、西亚的谷仓[1]，人力之外，主要是靠河流的定期泛滥。

就历史文化及人类血统方面分析，巴比伦是阿卡德人及苏美尔人的综合产物。巴比伦具有阿卡德人的血缘，但其文明却充满苏美尔人的形态。

巴比伦历史的开端者，是一位强有力的人物汉谟拉比（约公元前 1792—前 1750 年）。他是法律秩序的创造者，一共统治巴比伦 43 年。根据历史文献的描绘，汉谟拉比是一位聪明绝顶、脾气火暴的青年。他率领部队，翻山越岭，来去如风。他一生打过很多次仗，每战必胜。他对敌人或叛逆，手段非常残酷，五马分尸是他最喜欢的方式。汉谟拉比以铁腕制服了两河流域诸小邦，同时公布了一部史无前例的法典。

《汉谟拉比法典》于 1902 年在苏萨出土，条文刻于绿玉圆柱之上。此绿玉圆柱，曾于公元前 1100 年以战利品流入埃兰。[2]

像摩西的“十诫”一样，《汉谟拉比法典》也是天赐的。绿玉圆柱的一端，刻有“《汉谟拉比法典》谨受于太阳神沙玛什”字样。下

[1] 据《创世记》2：14，幼发拉底乃流经乐园四河之一。

[2] 此绿玉圆柱现存卢浮宫博物馆。

面是法典的前言，这些话说得神乎其神：

> 当神圣庄严的众神之王安努（Anu），与皇天后土的主宰兼巴比伦命运决定者贝勒（Bel），伴同马尔杜克（Marduk），对全人类进行统治时……当诸神郑重提及巴比伦之名时，当诸神就全世界特别选定巴比伦，并于其上建立1万年不拔之基的王国时，安努及贝勒叫道：汉谟拉比，值得赞美的人君，诸神的虔敬者，你当使正义广被四方，你当铲除邪恶，你当抑强扶弱……你当教化万民，你当增进万民福祉。汉谟拉比，贝勒指着我的名字说，你使巴比伦繁荣昌盛；你敬奉尼普尔及杜里努（Durilu）……你保全了乌鲁克（Uruk）的全城生命；你使百姓用水无缺……你美化了博尔西珀（Borsippa）大城……你为乌拉什（Urash）储藏粮食……你满足了百姓的需要；你保全了巴比伦的生命财产，你确是我们的忠心奴仆，你的所作所为，使我们深感高兴。

在这篇前言中，有些话，例如法律之目的在“抑强扶弱”、“教化万民”和“增进万民福祉”，在近代我们还常常听到。这些话，当然也不是这位东方君主一个人所发明的，因为有些话，距此6000年前，苏美尔人早已说过了。

一部《汉谟拉比法典》，可说是以苏美尔人的法典为依据，并参酌当时巴比伦人的实际情况草拟而成。就现代眼光来看，这部法典有许多地方是不伦不类的。例如，开头假借神的口吻说话，但转入世俗的条文后把神抛开了。又例如，有些条文非常进步，有些条文又非常野蛮——进步的，如精密的审判程序；野蛮的，如采用“复仇法”及许多不合理的婚姻规定等。不过，大体上说，这285条法规，各方面都顾到了。按其顺序，所规定者有“私有财产”、“不动产”、“商务”、“亲属”、“伤害”及“劳动”等。这部法典总的来说是文明的、进步的，不但较它晚出1000多年的《亚述法典》赶不上它，就是以之与现代欧洲某些国家的法规相比，亦并不逊色。[1]

在《汉谟拉比法典》之末有一段话，是历史上任何法典所没有的：

> 这部合乎正义的法典，是汉谟拉比——一代贤明君主制定的。这部法典乃社会安宁、政治清明的根基……他是万民的保护者……无论苏美尔人或阿卡德人，他均给予同等的重视……汉谟拉比之所以要制定这部法典，目的在勿恃强凌弱，在保护孤儿寡妇……任何受压迫的，都可到正义之王的面前来申诉。王会让他知道，这部法典是有效的。汉谟拉比希望每一个人通过这部法典，知道什么是他的权利。汉谟拉比希望他们的问题都能获得解决，（他们当这样说）："汉谟拉比真是爱民如子……他使人民富足，政治修明……"
>
> 在未来乃至永远，汉谟拉比虔诚希望巴比伦的每一位国君，都能重视其所刻的代表正义的这部法典。

一部完整的法典，只是汉谟拉比的若干伟大成就之一。另一成就是，在他的策划下，开了一条沟通基什与波斯湾的运河。这条运河不但使一大片荒地变成良田，而且使南部许多城市永绝水患之灾——未开运河前，这些城市常因底格里斯河泛滥成灾。另就留存于今的许多碑文中，我们还可看到他的其他贡献，诸如，给水（水在巴比伦无论贵贱都是一种奢侈品）、维持治安、抚恤流亡等。

> 当安努及恩利尔（乌鲁克及尼普尔之神），把苏美尔和阿卡德两地治理的责任交付给我时，我即决心要开一条运河。现在运河开通了，大家把它叫作 Hammurabi-nukhush-nishi 运河（意即汉

---

[1]《摩西律法》起源于或直接采用《汉谟拉比法典》。在《汉谟拉比法典》之后，盖有一颗印章，这是当时一般公文书的习惯。

> 谟拉比惠泽运河）。有了这条运河，不但苏美尔及阿卡德两地用水不致匮乏，而且运河两岸，由荒地变成了良田。现在，人民有着堆积如山的粮食，有着喝不完用不尽的水……流亡的百姓，我收容他们。给他们吃，给他们穿，给他们住。

一部尽是规定俗事的法典，汉谟拉比却使其穿上了神制的外衣。这是他的聪明过人之处。因为要利用神，所以大修庙宇，示惠祭师。他为巴比伦之神马尔杜克修了一座巍峨壮丽的神庙，把粮食装满神庙的谷仓。这项投资所获报酬是很丰硕的。人民的守法奠定了社会秩序。社会的安定带来了充足的财富。他美化巴比伦，他美化宫殿，他美化庙宇。他横跨幼发拉底河修了一座大桥，使两岸可以交通，还造了许多大船，每船足容百人乘坐，往来于大河上下。经由汉谟拉比的整顿，巴比伦大城在公元前 18 世纪即已成为世界最为壮观的都会。[1]

巴比伦在种族上有着许多闪米特的特点：黑头发，多胡须，肤色略黑。男女均喜蓄长发。两性，特别是男性，极喜使用香料。男女平素所着服装，均为白麻布长可及地的紧身衣。女性着紧身衣时，常以一肩裸露在外。男性除紧身衣外，加穿披风及罩袍。随着财富的增加，人们对颜色渐感兴趣。此时的罩袍，有红底、蓝底，其上花纹有点、长条、格子、圆圈。苏美尔时代的赤脚风气不见了，大多数人都穿一种精致的凉鞋。汉谟拉比时代，男性都用布包头。女性一般都戴项圈、手镯、护符及首饰。男性喜欢提一根手杖，杖头雕刻得很精致。在男性的腰带上，经常挂着一颗小巧的私章，因为无论公私文书，非盖章不生效。祭师可能是不愿以真面目见人，常戴一顶圆锥形的大帽子。

---

[1] “在汉谟拉比时代，乃至还可稍微推前一点，巴比伦在物质文明方面，即已十分可观。巴比伦的物质文明，此后亚洲没有一个朝代可以和它相提并论。”克里斯托弗·道森（Christopher Dawson）的这个论断，我们认为也许得把波斯的薛西斯一世、中国的唐明皇及印度的阿克巴王除外。

这几乎已成历史公例，财富带来文明，同时也带来腐化。艺术是文明的花朵，安逸是腐化的根源。黄金、白银、锦缎及其他奢侈品是野蛮民族所忌妒的。当他们入侵，由舒适而趋于软弱的文明社会便无法抗拒。

巴比伦的东边山地住着一伙人，自称为喀西特族。这族人对巴比伦的财富早就垂涎三尺。只因慑于汉谟拉比的声威，不敢轻动，等到汉谟拉比逝世，他们便倾巢而出了。最初，他们侵入巴比伦，只是抢劫之后便走。后来，进来之后便不肯走了，他们变成了巴比伦的征服者及统治者。喀西特和闪米特的巴比伦人不是同族。史学家推断，他们可能是新石器时代来自欧洲的移民。他们征服巴比伦，只是西亚种族斗争的一个回合。此后几百年间，巴比伦政治动荡不安，科学艺术也毫无进展。研读过阿马纳书信的人都知道，这一时期的巴比伦、叙利亚，由于图特摩斯三世的东征，已沦为埃及的附庸。这些附庸国的国君，常常以贡品换取埃及的支援——有时为讨平内乱，有时为抵御外患。[1]

600 年后，像埃及人赶走西克索人一样，巴比伦人也驱逐了喀西特人。不过，异族虽赶走了，巴比伦并未振兴。此后 400 年间，巴比伦仍是一片混乱。在此期间，出现了一批不甚有名的统治者。这些统治者那奇怪的名字，如果用作《格雷哀歌》（*Gray's Elegy*）的配音，那倒是不错的。[2]

结束此一混乱局面的，是来自北方的新兴强国亚述。亚述尼尼微

---

[1] 阿马纳书信的内容甚为庞杂，有谄媚的，有争辩的，有恳求的，有埋怨的。举一个例子，美索不达米亚的国君，曾有一封给阿孟霍特普三世的信，信中就是埋怨礼品分量不够：“家母和令尊为了维持彼此的友谊，经常彼此致送珍贵的礼品。他们的礼品，由于事先曾加意挑选，因此没有听说有打回票的事。但是现在，兄长仅赐弟黄金两锭，不错，你所送的和令尊所送的完全一样，但以我们彼此的关系来说这就等于减少一半了，为什么只送两锭黄金？”

[2] 举几个统治者的名字：Marduk-shapik-zeri，Ninurta-nadin-sham，Enlil-nadin-apli，Itti-Marduk-balatu，Marduk-shapik-zer-mati。不过，我们别笑他人，英美人的姓名，如用短杠符号相连，外国人讲起来也是够难的。

诸王统治巴比伦期间，巴比伦曾一度反抗，但那次反抗招来辛那赫里布（Sennacherib）的镇压，几乎使整个巴比伦大城被夷为平地。幸好继之而来的是开明专制的以撒哈顿（Esarhaddon），在他的温厚政策下巴比伦又渐趋繁荣。

米底亚人的崛起，使亚述人的势力大为削弱。巴比伦领导者那波帕拉萨尔（Nabopolassar），趁机借米底亚人之力，使巴比伦挣脱亚述控制。独立后的巴比伦，再传到尼布甲尼撒二世（Nebuchadrezzar Ⅱ）之手。在《旧约·但以理书》中，他是有名的坏蛋，但在巴比伦历史上，他是重建巴比伦的大英雄。尼布甲尼撒的性格及雄图壮志，从下面他的这篇就职文告可以略窥一二：

> 庄严华美的巴比伦，我视你一如我的生命。除你之外，任何地方我都不愿意住……在你仁慈的马尔杜克庇佑下，我愿尽我的力量，使你成为超古迈今、无比繁华、无比昌盛的大城。你将接受万国的进贡以及全人类的膜拜。

他所说的，差不多都兑现了。尽管有人说他不学无术，有人说他有点疯狂，但在他那个时代，他的确是近东最伟大的统治者。他不但是最成功的军事家、最英明的政治家，而且也是最伟大的建筑师。他对巴比伦的贡献，除汉谟拉比外，无人可相提并论。在尼布甲尼撒二世统治时期，埃及与亚述共谋置巴比伦于附庸地位。但当埃军到达幼发拉底河上流要隘卡尔基米什时，经他一邀击，即告全军覆没。趁战胜余威，尼布甲尼撒进兵巴勒斯坦及叙利亚。该地一降，西亚再无和巴比伦抗衡者。此时，巴比伦商人，倚仗国威，控制着从波斯湾到地中海的一切贸易。

尼布甲尼撒利用属国的进贡、本国的田赋及商人的税收，大肆美化其都城及神庙。他说："重建巴比伦并不是我唯一的任务。"他为了与老百姓接近，常常出巡。老王那波帕拉萨尔在世之时，曾拟有重建巴比伦大城的计划，目的在于把此一大城建为当时最大最美的都市，但来不及实现便去世了。现在，尼布甲尼撒有力量，有时间——他统治巴比伦达 43 年——于是便把老王的计划付诸实施。希罗多德 150 年后游历于此，曾这样惊叹："好宽广的都市！"巴比伦大城，环以长 56 英里之高墙。此墙不但长高，而且宽广——足可容一辆 4 匹马的战车在其上奔驰。城内面积，足有 200 平方英里。幼发拉底河横贯其中，横跨此河的是一个极其壮观的大桥。[1]

巴比伦建筑的主要材料为砖，因为美索不达米亚不产石头。这些砖制作极为精致。表面不仅上有蓝、黄、白色之釉，而且刻有动物花卉图案。今天，巴比伦所有出土的砖，大部分均是尼布甲尼撒时代所制。这些砖上大都刻有"尼布甲尼撒，巴比伦之王"等字样。

去巴比伦观光的人，走近大城，首先映入眼帘的是一座深入云霄的高塔。此塔以巨石砌成，共 7 级，高 650 英尺，猛然看去，简直似一座山。塔顶有座华丽宽广的神龛，龛中设有一桌一床，桌床皆精雕细镂。桌上布满黄金，床上睡着美女，这两种东西都是供神用的。它比埃及金字塔还高。据史学家考证，这就是希伯来神话中所提到的"通天塔"（Tower of Babel）。照神话说，有一族人，不知敬奉耶和华，欲造一塔以通天，塔未造成，神即令他们说话彼此互不相通。[2]

通天塔之北 600 码处，有一座富丽巍峨的神庙。庙中所供马尔杜克，即巴比伦的守护神。环着神庙向外延伸，是由街巷、运河、商店、住宅等所交织而成的市区。从神庙至伊什塔尔门（Ishtar Gate），是一条宽广的"圣道"（Sacred Way）。这条路以砖石铺成，以便神走时不会把脚玷污。圣道两旁为五色瓦砌成之墙，墙上刻有 120 只狮子。这些狮子皆作怒吼状，据说这样可以避邪。伊什塔尔门，以彩陶砌成，雄踞圣道之一端。此门上刻动物花卉，色彩奇丽，

[1] 狄奥多罗斯所说如果有据，连通此河两岸者，还有一条宽 15 英尺、高 12 英尺的隧道。

[2] 据神话，通天塔之所以以巴别尔（Babel）命名，即含有 babble 说话混淆或模糊不清之意。但事实上并不如此，据考证，Babel 在巴比伦语中，乃"神的门户"之意。

形态逼真。[1]

通天塔之北，有一高地名叫卡什（Kasr）。在高地上，就是尼布甲尼撒的壮丽宫殿，金碧辉煌，雕梁画栋。居中寝宫，尤为别致，宫墙为一色黄砖，地为白色及杂有花纹之石。门墙俱有浮雕装饰，门外列有巨型石狮。宫殿附近，就是赫赫有名的空中花园——希腊人称之为世界七大奇迹之一。空中花园，建于无数高大巨型圆柱之上，其地面之土深厚，不但可植花草，而且可种大树。支撑花园的圆柱，高75英尺，所需灌溉花木之水，即潜行于柱中，水由奴隶分班以抽水机自幼发拉底河中抽来。此空中花园，是尼布甲尼撒为其宠妃而造。此宠妃据称为米底亚王基亚克萨里斯（Cyaxares）的公主。由于她不耐巴比伦之烈日风沙，因此尼布甲尼撒比照其故乡景物建此花园。空中花园高居天空，绿树浓荫，名花处处。后妃畅游其中，虽不戴面纱，亦不怕被凡人窥见。在空中花园下面，生活着的就是巴比伦的庶民。他们一代又一代，男耕女织，以双手双肩支撑着整个巴比伦。

黎庶

巴比伦一部分开发了，一部分仍未开发，未开发部分是一片充满毒蛇猛兽的荒野。荒野是猎人的天下，同时也是贵族游乐之所。巴比伦的贵族和亚述的贵族一样，有着同一嗜好，喜欢进入丛林，表演徒手搏狮。狮在艺术家笔下是镇静威猛的象征，可是，当人们接近它时，它也会惊惧而逃。对丛林的主人而言，文明可以说是一种干扰。

开发了的土地，除少许自耕农外，大部分是佃农或农奴。早期的巴比伦人，耕田的工具是石头。公元前1400年的一个石锹，是目前我们在巴比伦所发现的最早农具。相信这种农具在两河平原上一定有一段颇长的历史。用牛犁田，犁端放个石锹，犁好后，用一根圆筒播

[1] 柏林西亚细亚博物馆（Vorderasiatisches Museum），有一处仿照伊什塔尔门的建筑。

出种子。这种农耕方式，巴比伦人和苏美尔人完全一模一样。

河水泛滥，不像埃及那样有利。怕水冲走沃土，农人均以土做堤。这些土堤，有的今天还可看到。为了灌溉，巴比伦人修了不少水库及水道。水库及水道，均设有水闸。需水灌田时，打开水闸；不需水灌田时，则把水闸关上。高的田地，水流不进，便用水车。水是巴比伦的生命线。尼布甲尼撒曾把修水库、开运河列为他的一大治绩。他所修的一个大水库，周围足有 150 英里，嘉惠良田无数。今天到美索不达米亚的人，尚可看到水库运河的遗迹。还可在幼发拉底及卢瓦尔（Loire）河谷，看到古巴比伦人所用的原始水车——以若干木筒，借枢轴转动，上下取水。

有了充足的水，土地便有了报酬。在巴比伦可吃的东西有谷物、豆类、水果。所有农产品中，枣类更是有名。面包、糕饼、蜂蜜，在巴比伦人的家里是常见的东西。巴比伦人极喜种棕榈树，为了使它大量繁殖，他们经常摇动树木使雄花落于雌花之上。今天西欧的葡萄及橄榄，是经由希腊罗马人之手，自巴比伦传来。巴比伦人从波斯得到樱桃，经由黑海，把樱桃送给罗马。牛奶在从前是很稀有的东西，现在已成为他们日常必需的饮料。肉类要富人才吃得起，但鱼虾穷人桌上并不罕见。黄昏人静，为了解脱生与死的困扰，他们常一杯在手。他们的酒是用枣酿的，啤酒是用麦酿的。

巴比伦人习惯在地上挖掘，有的人挖到油，有的人挖到铜，有的人挖到铅，有的人挖到铁，有的人挖到银，有的人挖到金。斯特拉博说，他在美索不达米亚挖到了“石油精”（naphtha）或“水沥青”（liquid asphalt）。据说，有人报告亚历山大，在巴比伦找到了一种会燃的水。他起初不信，及至他的侍者将那种“水”点着给他看，他才相信世间真有这种东西。在汉谟拉比时代，工具仍以石器居多。但自那时起，至公元前 1000 年左右，青铜、铁及其他金属工具已很常见。

纺织品原料为棉花、羊毛。染色及刺绣技术已很高明。当巴比伦的布匹呢绒，经商人转运到希腊罗马人之手，希腊罗马人都赞不绝口。在美索不达米亚，人们很早就知道使用的机器是织布的布机及制陶的转盘。砖是巴比伦的主要建筑材料。以黏土和稻草做成的砖，最初，是利用太阳晒干，后来才发展到用火烘烤。自发明用火烘烤之后，巴比伦的制砖即发展成一大行业。在汉谟拉比时代，各行各业已经相当发达。这时，各行业在横向方面，有各种公会的组织；在纵向方面，为便于技术的传授，所采用的是师徒制。

地方性的交通运输，所通行的是驴车。巴比伦人提到马，是公元前 2100 年后的事。驴和马，显然均来自东方。史学家相信，巴比伦的马，是由其征服者自中亚高原带来的，而在其后又经西克索人传入埃及。自马传入后，由于交通工具的革新，巴比伦的商务由国内市场推展到国际市场。巴比伦财富的增加，和它成为近东贸易中心、进一步与地中海诸国发生商业往来，有着直接的关系。尼布甲尼撒深知道路对商业的影响，故对筑路一事不遗余力。他告诉他的史官："记下，我曾把许多羊肠小道拓展为康庄大道。"数不清的商队从世界各地把货品运进巴比伦市场。巴比伦盛时，其商务约占世界之半。经由喀布尔（Kabul）、赫拉特（Herat）及埃克巴坦那（Ecbatana）的，是从印度来的；经由培琉喜阿姆（Pelusium）及巴勒斯坦的，是从埃及来的；经由泰尔、西顿及卡尔基米什的，是从小亚细亚来的。在尼布甲尼撒时代，巴比伦商业的兴盛达到极点。巴比伦郊区，居然成为外国人投资的热点。一位波斯富翁，写信给波斯王居鲁士（公元前 539 年）："我相信，我们这笔房地产，是全世界最好的。因为它坐落在巴比伦郊区，一方面，我们享有大都市的一切便利，同时，回家时也不会感到太拥挤。"

美索不达米亚地区的政府，对经济秩序的维持，比起埃及的法老来费力多了。由于地方上常有割据把持之事，而盗匪又不容易肃清，因此贸易上大受阻碍。生意人的纳税，一遍又一遍。货物起运，不知道会在哪里遇见盗匪，且征收通行税的关卡重重。巴比伦商业的繁盛，有两大原因。第一，安全宽广的国道；第二，幼发拉底河从波斯湾至塔帕萨库斯（Thapsacus）的畅通水路。这两点，都得归功于尼布甲尼撒。尼布甲尼撒对阿拉伯及泰尔的征服，使巴比伦东至印度西至地中海的道路开通了。不过这种开通并不理想。因为，海道的难行和陆路差不多。当时虽已有大船可用，但暗礁、未经测量的航线以及海盗的横行，使许多商人常常遭受生命财产的损失。

巴比伦的商业发展，与其所通行的一项财政制度有关。在这儿没有铸币，但早在汉谟拉比以前，他们就已使用金银为交易媒介。使用金银是用称量，最小单位为雪克尔（shekel）。1 雪克尔，相当半英两之银，合 2.5 至 5 美元。60 雪克尔为 1 米纳（mina），60 米纳为 1 塔伦，1 塔伦约合 1 万到 2 万美元。

借贷一般分两类，一为实物，二为金银。官定利息，金银为 20%，实物为 33%。这样利息算高的了，但民间还有设法跳过官定利息自行借贷的。没有银行，但有富家巨室经营的钱庄。大的钱庄，多半为世业，其所经营的项目，除借贷之外，还有房地产及商业投资。钱庄对于储户，略收少许手续费即开出银票，银票可做交易支付之用。除钱庄外，祭师亦多行贷款。祭师所借贷的对象，多为农民。农民向祭师借贷，多半在青黄不接的时候。法律对债务人，偶尔也加以保护。例如，有条法律这样规定：农人以收成为抵押所行的借贷，如遇旱涝，及其他不可抗力，无所收成时，本年利息自应减免。不过这种例子不多，一般而言，巴比伦法律所保护的对象，主要还是债权人。巴比伦在这方面的一个原则是，欠债必还。因此，债务人如无力履行其债务，债权人可以扣押其儿子或奴隶为人质，如无人质时，可以扣押其本人，不过为时不得超过 3 年。高利贷的流行，可以说是信用制度太过复杂的结果。

巴比伦文明本质上是商业文明。留传下来的文献，大都带有浓厚的商业色彩。就有关买卖、借贷、契约、合伙、佣金、汇兑、遗赠、合同、期票、本票等研究，我们发现巴比伦的物质文明已发展到相当惊人的程度。从巴比伦的文学作品中，我们可以看出，古代巴比伦的生活是繁忙而富裕的，但在此繁忙而富裕的后面，存在着一大群奴隶。自尼布甲尼撒时代起，买卖契约绝大部分皆与奴隶有关。奴隶来源有三：一、战俘；二、经由阿拉伯人掳掠而来的外邦人；三、奴隶所生的子女。女奴隶，一个合 20 至 65 美元。男奴隶，一个合 50 至 100 美元。奴隶除做一切粗重工作外，还得伺候主人。女奴隶对于主人，在劳役之外，还得作肉体贡献。当时的风尚是，一个女奴隶如得不到主人欢心，为他生下许多孩子，在她反是一种耻辱。奴隶及其所有财产，原则上一律皆为主人所有。因此，主人要卖、要押、要用，悉听尊便。甚至，主人认为某个奴隶无用，要置之于死地也未尝不可。逃出的奴隶，任何人均不得收容。捉回奴隶，例有赏金。奴隶和普通人一样，也要服兵役及劳役。对生病的奴隶，主人有为其医疗的责任。年老的奴隶，主人开恩才能获得比较轻松的工作。在主人的恩惠下，男奴隶可以与自由女性结婚。由此所生的子女，可以因母亲之故成为自由人。根据法律规定，与自由女性结婚的奴隶，在死时，能够以其财产之半归其家属。奴隶由主人出面，也可经营工商业，不过应以部分利润奉献主人。奴隶有钱，可以赎身。由于主人宽厚或因服务忠诚，奴隶也可获得自由，不过这种情形相当罕见。由于奴隶生育率远较自由人为高，因此在巴比伦，随着时间的进展，奴隶人口在比率上自然形成多数。在巴比伦帝国内，这样众多的奴隶阶级，就像毒瘤一样，随时有叛乱、倾国的危险。

法律

像上述这样一种社会，民主自然是谈不上的。巴比伦的政治结构，上面是王，下面是富商大贾及封建贵族，再下面是黎民百姓，最下层则是奴隶。原始的巴比伦，王之下，原为据有土地的封建贵族，但因商业的发展，富商巨贾的势力反而逐渐凌驾于原有封建贵族之上。这时的富商巨贾，一面协助国王维持社会秩序，一面作为沟通国王与人民的桥梁。国王晏驾，王位由诸王子之一继承。这种制度，如果仅有一位王子，当然毫无问题，但若诸子相争，互不相让，便会惹起战乱。为了避免独裁专断，中央政府事务常由中央及地方贵族，佐以由国王所任命的大臣，议定推行。地方政府称省或市，在省市中，有长老或贵族组成的议会。此等议会，对中央构成相当大的制衡。由于这种组织颇为强大，即使在亚述统治时期，巴比伦地方政府仍具有一种地方自治形态。

巴比伦当政者，一般为首相，通常包括国王在内，均须熟谙《汉谟拉比法典》，同时确保其有效推行。这种情形，虽然经历了15个世纪，社会情况全变了而它仍然未变。巴比伦法律一般具有三大趋向：一、由天断到人断；二、从严酷到温和；三、从坐牢到罚金。在较早阶段，天断颇为盛行。例如犯巫虫或奸淫者，便会被投入幼发拉底河。被投者如得不死，即证明其有神灵庇护，即告无罪。其后，乃逐渐转入人断。人断初期，祭师就是法官，神庙就是法庭。及至汉谟拉比时代，法官虽由政府指派，但法庭仍设在神庙。

“复仇法”是巴比伦刑罚法的开端。“复仇法”的特色为，公认受害者对施害者采取同等报复手段是正当的。例如，一眼抵一眼，一牙抵一牙，一臂抵一臂。又例如，房子坍塌压死买主，则建筑师必须抵命；但被压死者若非买主而为其子，则抵命者亦非建筑师而为建筑师之子。又例如，在伤人致死案中，如死者为别人之女，则抵命者亦非动手伤人之人，而为其所生之女。由于时代进步，“复仇法”渐为与损害相当的赔偿裁判所取代。最后，罚金变为唯一的刑罚。在此情形下，遂出现伤人一眼，若所伤者为自由人，罚金为白银60雪克尔；若所伤者为奴隶，罚金为白银30雪克尔等规定。至此，刑罚的轻重，除与伤害程度有关外，还与当事人的身份地位有关。巴比伦有许多有趣的规定。贵族与平民相比，伤及贵族处罚就较重，平民若伤及贵族，平民往往会赔到倾家荡产。例如，平民打平民，打人者仅罚白银10雪克尔，但被打者若为贵族，罚金就要加到60雪克尔之多。

为了收到劝告或警惕的效果，巴比伦有着许多极其严厉的规定。例如，子殴父，斩双手。医死人（或医瞎人），剁十指。换婴儿，割双乳。另外，规定处死的罪有一大堆：强奸、拐带儿童、抢劫、窃盗、乱伦、谋杀亲夫、祭师开酒店、收匿在逃奴隶、敌前逃亡、渎职、遗弃妻子及擅卖啤酒等。上述规定，执行得很严格。由于严刑峻法达几千年，以致遵守上述规定已成巴比伦人的第二天性。

有些立法现在看起来还很新颖。工资、物价及劳务收费标准，一律均由政府规定。医生收费，法有明文。关于营造、制砖、成衣、石工、木工、摆渡、畜牧等工资，均曾详细载明于《汉谟拉比法典》。

按继承法，父死，财产由诸子继承。母亲虽仍为一家之主，但除保有其嫁妆、婚礼礼物外，其他财产不得分润。巴比伦不采用长子继承法，一家财产，例由诸子平分。这种办法对平均社会财富颇有帮助。一般而言，《汉谟拉比法典》有一种一贯精神，就是重视私有财产。

巴比伦没有律师。公证一般由祭师负责。书写其他法律文件，如契约、遗嘱、字据等，找书记即可。逢有冤枉，状纸可以自己写，因为法律术语并不多。诉讼不受鼓励，《汉谟拉比法典》开宗明义即这样规定："告人以死罪，无法举证则反坐。"行贿、受贿、伪证，绝无仅有。巴比伦大城设有上诉法院，法官由国王指派。不服上诉法院判决，尚可向国王提出上诉。个人对国家无诉愿权，但据《汉谟拉比法典》第二十二条至第二十四条规定，对于人民生命财产的损失，却有公家赔偿办法。这类规定为："抢劫者，处死刑。抢劫者逃逸，失主对神发誓后，地方政府及其长官应负赔偿之责。如所失者为生命，地方政府及其长官，应对死者家属付出 1 米纳（约合 300 美元）的赔偿金。"政府及官吏，对保护人民生命财产如此负责，除巴比伦外，今天还找不到这样的国家及城市。由此，我们不禁要问，自《汉谟拉比法典》以来，所谓法律的进步，除了繁复艰深之外还有什么？

巴比伦诸神

巴比伦的王权受到三种限制：法律，贵族（含富商巨贾），祭师。以上三种，以祭师最有势力。从某种意义上说，国王是神的代理人。由于征税需借神之名，因此，一部分或大部分直接间接都会流入神库。在老百姓眼里，人君若不自祭师手中获得“权杖”，即不能称之为名正言顺。祭师代表神授权给人君时，一般均有庄严隆重的游行。在游行中，随着巴比伦守护神马尔杜克而行的国王，穿的是祭师服装。这是神权政治的遗迹，同时也是政教合一的象征。

国王以神的代理人名义主政，好处是地位巩固。因为谁想谋叛，不但有脑袋搬家的危险，而且由于亵渎神圣，灵魂会坠入万劫不复的深渊。近东神权政治，历史相当悠久，从苏美尔到巴比伦，一直盛行不替。英明如汉谟拉比，其编纂法典，也不能不托为神授，其他国君一举一动更非仰仗神不可。神权政治的盛行，最占便宜的人是祭师，因为他们可凭借神的势力，使国君俯首听命。

一代一代聚集，神库越来越充盈。每一个国王，都对祭师侍候得无微不至。他们不仅修神庙，送食物，送奴隶，而且指定土地作庙产，指定区域献租税。对外战争如果获胜，战俘及战利品优先送达的地方，就是神庙。在国王领导下，国中无分贫富，都争相向神敬献。于是神库里不仅充满了食粮、蔬菜、水果，而且充满了金银及其他珍珠宝贝。即使这样，祭师犹感不足，他们还设法没收或占有农人土地。举一个例子，国王常指定某些土地所生产的东西，如枣、玉米及水果，每年缴纳若干作为敬神之用。土地所有人，如缴纳不出，祭师即可将这块土地没为庙产。

祭师控制着这么多财富，却不能直接使用或消费。于是，财富就变成了投资资本。有不少巴比伦祭师同时又是大地主、大厂商及大资本家。祭师成为大地主，因为他们握有大片土地。祭师成为大厂商，因为他们握有不少劳动力。他们的劳动力不仅是奴隶，而且也有自由人。祭师所掌握的劳动力，自己用不完还可出售。他们占有的劳动力，从吹鼓手到啤酒酿造师，一应俱全。

作为大资本家的祭师，有的经营商业，有的经营钱庄。神庙经营的商店，所卖的东西差不多应有尽有。这类商店的营业额，在整个巴比伦占有一个相当大的比例。在经营钱庄方面，祭师信用颇佳。他接收存款，接受借贷，取利都很公道。在这方面，最值得称道的一点，他们有时对贫病交迫之人，常常免收利息。这样做，他们认为是体仰神意。最后，祭师在法律方面，还有相当特殊地位：作为公证人，他们可以作证、签约及立遗嘱；作为法官，他们可以调查、审讯及判决；作为仲裁者，他们可以调阅保有公文及调解商务纠纷。

紧急时期，国王间或也征用庙产，不过敢这样做的人很少，因为这会触怒祭师。触怒祭师非常危险，由于在巴比伦祭师对人民的影响力还在国王之上，因此假使祭师不高兴，王位便可能保不住。国王和祭师相争，还有一层不利的是，国王的统治时间是有限的，但神的统治时间是无限的。一国之中，连国王都不敢和祭师相争，所以祭师的势力便越来越大。一句谚语说得非常中肯：建造巴比伦者为商人，享受巴比伦者为祭师。

祭师所凭借的是神，谁是巴比伦之神？巴比伦之神，多至无可计数。公元前 9 世纪，官方做过一次统计，神的“人口”，高达 6.5 万以上！平均每一个市镇都有一位守护神，沙玛什是拉尔萨（Larsa）的守护神，伊什塔尔是乌鲁克的守护神，那纳（Nannar）是乌尔的守护神。守护神之外，家有家神，门有门神，灶有灶神。总之，凡人们之想象所能及者，巴比伦人都认为有神，都该崇拜。巴比伦之神和人毫无二致。对这些神而言，庙就是他们的家。巴比伦人相信，他们和人一样，不但要吃喝，而且，兴致一来也会和女人生孩子。

最早期的神，大都和天文有关。安努就是苍天，沙玛什就是太阳；那纳就是月亮，贝勒或巴勒（Baal）就是大地。巴比伦人相信，人死后都要回到贝勒的怀抱。比较后期的神，多是应乎人事而兴者。

例如，家有家神，家神是每天祷告祭祀的对象。野有野神，野神林林总总，有山神，有树神，有水神。最有趣的是，巴比伦人相信，每人生来便有一个神，这个神能为你驱邪降福。希伯来人的所谓天使，就可能来源于此。

巴比伦似乎没有与埃及阿肯那顿及以色列人相类似的一神思想。不过，由于受到下列两种趋势的影响，颇有由多神趋于一神的倾向。第一种趋势，由于征服及扩张，征服者之神常把被征服者之神列于其统治之下。第二种趋势，由于少数具有野心的城市，常常对他们的神作过分的强调。例如，尼波人（Nebo）说："你当信奉尼波之神，而不可妄信别神！"颇似《摩西十诫》的语调。

最后，巴比伦人常有把次级之神归并于主要之神的倾向。他们或说次神为主神的化身，或说次神是主神某一属性的体现。于是，马尔杜克原来只是太阳神，后来一变而成巴比伦诸神之尊。他们给马尔杜克所上的尊号为贝勒·马尔杜克（Bel-Marduk），意即马尔杜克乃唯一真神。

巴比伦人除崇拜马尔杜克外，还崇拜伊什塔尔。伊什塔尔，希腊人叫阿斯塔特（Astarte），犹太人叫亚斯他录（Ashtoreth），埃及人叫伊希斯（Isis）。与伊什塔尔相当之神，希腊有阿佛洛狄忒，罗马有维纳斯。人们对伊什塔尔最感兴趣的，不仅是此神在各民族中的同音同形，而且，从她可看出古巴比伦人的若干特异风俗习惯。伊什塔尔，除相当于阿佛洛狄忒外，还具有得墨忒耳的特质。她不仅是爱与美的象征，而且还是伟大母性的代表。没有她，一切不生，一切不长。从现在观点看来，伊什塔尔可以说是个怪物：她是战神，她是爱神；她是圣母，她是淫妇——她曾自称，她是一个"悲天悯人的妓女"；她有时是个赤身露体的裸妇——任其双乳让人吸吮。她有时是个威严的男性，嘴上长满了胡须。她有丈夫，但似乎没有结过婚，因为巴比伦人总是叫她为"贞女""圣洁的童贞女""贞女圣母"。但这位圣母贞女，据说曾与不少人和兽发生过爱情，以致失去吉尔伽美什的信任。

无疑，要接受伊什塔尔，我们便得把现有的一套道德观念暂时抛在一边。但不管你如何想，巴比伦人对她的崇拜是无以复加的。请看下面这篇祷告：

伊什塔尔，众神之神，万都之王，全人类的主宰，
你是地上的光，天上的光，月神的爱女……
啊，圣女，你有着无边无际超乎众神的法力，
你所作的一切判决，都是正确的公正的。
你的意旨，就是法律。它管着地上，管着天上，管着庙堂，管着家宅。
神啊，世间没有一处，没有你的灵，没有一个人，不遵行你的诫命。
只要提到你的大名，天也会摇，地也会动，众神也会发抖……
世间受苦受难的人，时时刻刻都在你怜悯照顾下生活。
众所仰望的天上地上之神，你的羔羊正盼望着你的垂怜。
求你看照我，求你加速你的步伐来到我的身边。
求你看照，求你垂怜，我求你，万人之主，胜利之神。
万能的主，天神见你，都会敬畏；恶神见你，都会低头；因为你是万王之王，一切都归你统治。
神啊，你是众生之门的开启者，你的光辉，
照耀着天，照耀着地，照耀着家宅，照耀着万国。
圣母，人类的母亲，你的法力是无边的，
你只要瞬一瞬眼角，不但病者可以痊愈，甚至死人也可复活。
圣母，求你使我的仇敌不再在我面前耀武扬威，
求你，使恶神转向。
伟大的伊什塔尔，月神的爱女，我们的王，
人间天上，再也没有谁像你这么圣洁高贵。

巴比伦人以这些充满人性之神，创造了许多神话。有些神话，曾被犹太人融入宗教故事而流传至今。关于巴比伦的神话，我们要从他们的开天辟地说起。

他们相信，世界之初是一片混沌。“那时，上无所谓天，下无所谓地。其中有一男一女，男的叫阿甫苏（Apsu，意即海洋），女的叫提玛特（Tiamat），万物皆由这一男一女而生。一天提玛特大发雷霆，于是世界被搞得稀烂。这时马尔杜克出来了。当提玛特张开大口想吞他时，他投了一粒药丸在她口中。这粒药丸能变成风暴。提玛特吞下药丸后，肚子随即膨胀起来。马尔杜克一枪投去，正中肚子。‘砰’的一声，提玛特的肚子上出现了一个大窟窿。”这个响声太大，以致马尔杜克也被吓昏了。“等他清醒过来，他便将提玛特像剖鱼一样，一剖两半。他把一半放在头上，于是就化为天，一半踏在脚下，于是就化为地。”在神话里，提玛特又被称为混沌，这一来马尔杜克就成了征服混沌及开创天地的英雄。[1]

马尔杜克既创造了天地，于是又将自己的血混着泥土塑造成人。他之所以造人，据说是为了侍奉诸神。关于人类诞生的神话，美索不达米亚所流传的不止一种。这些神话虽颇有差异，但有一点是共同的，就是人是由神以土造成。据一般神话所云，人自被造成之后，生活在一种不识不知情况中。后来他们之所以有文化，懂艺术、科学、法律、治理国家，完全是由奥安尼斯教的。奥安尼斯是一个半鱼半人的神。他把文化传授予人之后，便归隐到海里去了。据说奥安尼斯写过一本文明史的书。

现在我们要谈洪水的神话了。这类神话的开端是说由于人类惹怒了神，于是神发洪水以摧毁人类及其所制造的东西。那次人类本应悉

[1] 巴比伦开天辟地的神话，载于 7 块泥简中（每块代表一天）。这些泥简是于 1854 年在库云吉克（Kuyunjik，位于尼尼微）一个名叫亚述巴尼拔的图书馆废墟出土。这一神话，显然是由苏美尔传至巴比伦及亚述的。

数毁灭的，但因埃阿（Ea）——智慧之神不忍令人类完全绝灭，于是设法救起了沙玛什拉菲什提姆（Shamashnapishtim）及其妻子。洪水荡荡滔滔，举世尽成泽国。“人在洪水中，一个个泡得像条鱼。”诸神使人绝灭之后，才忽然醒悟：“人固然是可厌的东西，但没有了人，我们靠谁四时祭祀？”诸神想到这里，不禁伤心落泪自承愚蠢。但幸好智慧之神早有了安排，他令沙玛什拉菲什提姆造方舟以防备洪水。故洪水后唯沙玛什拉菲什提姆及其妻子保全了性命。洪水退后，沙玛什拉菲什提姆发现，他的方舟已停在 Nisir 山的山顶。他此时放起了鸽子，同时把带在舟内的东西拿出来谢神。诸神闻到祭品，都惊奇且感激不已。他们纷纷来享受他的祭品。

巴比伦的神话，最可爱的，要数伊什塔尔和坦木兹相恋的故事。在苏美尔神话中，坦木兹是伊什塔尔的幼弟，但在巴比伦神话中，有的说他是她的情人，有的说他是她的儿子。这两种说法到了希腊神话里，一种成为维纳斯和阿多尼斯的故事，一种成为得墨忒耳和珀耳塞福涅的故事。至于本故事所发生的复活情节，在其后神话中，更不下百数。

现在，让我们谈谈伊什塔尔和坦木兹的爱情故事。坦木兹是大神埃阿的儿子，人长得又聪明又英俊。大神叫他去牧羊，他把羊儿放在山上，人却坐在 Erida 树下休息（Erida 是一棵大得不得了的树，它的枝叶可以遮着全世界）。一天，伊什塔尔看见了他，立刻便被他迷住了。伊什塔尔是个热情美丽的姑娘，他们俩正是天上一对地上一双。当他们正誓同生死的时候，像阿多尼斯一样，坦木兹出事了：他被野猪活活咬死。死后的坦木兹，和世间其他死者一样，魂魄必赴阴曹地府——巴比伦叫阴曹地府为阿如鲁（Aralu）。当时阴曹地府的主管，名叫厄里什基迦勒（Ereshkigal）。她恰好是伊什塔尔的姐姐。照说姐姐知道来的是妹妹的情人，应该放他还阳的。可不幸的是，由于坦木兹长得太美，以致厄里什基迦勒因爱生妒，反而把他留了下来。

伊什塔尔不见她爱人的魂魄回来，简直悲痛欲绝。她于是决心冒着万险，亲赴地府寻找情人。霎时伊什塔尔到了地府门口，向门吏要求要见她的姐姐。泥简上这样写：

当厄里什基迦勒听她妹妹来时，
像人斫倒了柽柳（她吃惊），
像人斫倒了芦苇（她拒绝）。
“她掉了心，她（掉了）肝？
她居然来到了这里，
她所要的人，我也要，
我要和他一块吃，一块喝，
我曾为丧妻的人悲泣，
我曾为丧夫的人落泪，
但对她我却不能怜恤。
去，守门的去给她开门，
别把她当我妹妹，一切照规矩而行。”

按阴曹地府的规矩，进门者要脱得一丝不挂。因此，当伊什塔尔一进门，门吏便上来，取去她的钗钿，卸下她的耳环，解开她的腰带，脱去她的衣服，最后，真把她剥得一丝不挂。

伊什塔尔迈步进入地狱门，
她姐姐看着她，无名火更往上升。
她忍辱含羞苦苦求情，
但所得的答复是：
“Namtar（侍者），挑选六十种病给她，
叫她眼痛，
叫她肋痛，
叫她脚痛，

叫她心痛，
叫她头痛，
叫她全身处处痛！”

当伊什塔尔在地府接受她姐姐这般款待时，地面上突然起了变化。由于伊什塔尔不在，万物失却了求爱的兴趣。树不开花，果不结子，禽兽停止交配，人类不再生育。

自伊什塔尔走进地狱，
公牛即不再挨近母牛，
公驴即不再挨近母驴。
少年即不再追求少女，
丈夫对其妻子也不再感兴趣。

这样，人和牲畜便越来越少。人和牲畜少，影响到了对神的供奉。神欠缺了供奉，感到非常恼怒，于是命令厄里什基迦勒赶快释放伊什塔尔。在诸神逼迫下，厄里什基迦勒只好照办，但伊什塔尔拒绝离开地狱。她坚持，不让坦木兹和她回去，她死也不愿离开。最后，她姐姐拗不过她，只好让步。当伊什塔尔穿戴整齐，和她的情郎以胜利者姿态重返人间时，大地又充满了春天的气息：草长花开，谷实累累，牲畜繁殖。

爱战胜了死，神与人均认为理所当然。这在现代人看来，只是一种美妙的神话，它象征四季的循环，它代表卢克莱修所歌颂的维纳斯哲理。但在古巴比伦人看来，这不但是真理，而且是历史。他们为坦木兹之死而悲泣，他们为伊什塔尔之舍命救情郎而惊叹，他们为这对情人双双重返人间而欢欣。为了纪念坦木兹的复活，他们一年一度大举庆祝。在庆祝时，置酒高歌狂欢达旦。

巴比伦人似未建立灵魂不朽之说。他们的宗教是极端现实的。巴比伦人也祈祷，但他们所求的是现世福祉而非永生。神在他们看来并不比坟墓可靠，因此死后，最大的幸福，就是修建一座很好的坟墓。

不错，在传说中，马尔杜克能“起死回生”，洪水孑遗的夫妇，也曾长生不老。不过，一般而言，巴比伦人对来世的构想，和希腊人是差不多的。在他们心目中，人无论贤愚贵贱，均必有死，而死后唯一的去处，就是阴风惨惨的地狱。巴比伦人想象中也有天堂，不过天堂是专给神住的。人只有入地狱，入地狱是去受罪。在可怕的地狱中，毫无欢乐可言，人一到了那里，大都戴着脚镣手铐，永远生活在饥寒状态中。要想少受罪，唯一的办法就是靠儿孙在其墓地四时祀祭。在世作恶多端的人，入地狱后就会受到严厉的惩罚。阎王也分男女，男的叫内尔格勒（Nergal），女的叫阿勒特（Allat），按罪的轻重设了许多刑。这些刑，除世间所有者皆应有尽有外，还有那世间所没有的，就是罚你生种种恶毒的如麻风等疾病。

巴比伦人死后均施行土葬。火葬虽有，但极罕见。葬于墓内的尸体，仅洗净化妆裹以麻布，并不用香料防腐。如为女性，葬时多附以首饰及种种化妆品。他们相信，人死不葬灵魂不安，灵魂不安就会来找生者麻烦。市镇不宁，家宅不安，就是尸体暴露游魂作祟的结果。

酒食是通常的供品。以酒食作供，最有利于祭师，因为供神之后，他们即可加以享受。酒食之外，羔羊是供桌上常见的牺牲。史学家都相信，犹太教及基督教用羔羊做牺牲，显然源于巴比伦。他们都一致认为：“羔羊是人的代替品，奉献羊的生命即奉献人的生命。”以牺牲献神是一种大典，这种大典仪节繁复，非专家——祭师——无法主持。牺牲仪节非常隆重，一举手、一投足、一言、一语，均有规定。巴比伦人相信，这类规定稍有差错，再好的东西神也不会领受。

一般而言，巴比伦的宗教，不在教人为善，教人过一种合理的生活，而是一大堆不可更改不容差错的繁文缛节。人对神，只要供品丰富，只要祷告词念得不错，就算尽到了他的本分，至于其他，神是不过问的。因此，在战争中，挖出敌人的眼睛，剁去俘虏的手足，喝敌人的血，吃敌人的肉，一点也不会受到神灵的谴责。

在巴比伦，一个标准的信徒，就是凡迎神赛会必参加游行，常给马尔杜克献衣、献冠、献香膏，[1]常给伊什塔尔献珍珠、献宝贝、献女儿贞操，常把酒食献神，常焚香祷告，对祭师亦慷慨有加。

从废墟出土的一鳞半爪来推断巴比伦，也许难免像瞎子摸象。不过，无论对巴比伦宗教有何种看法，巴比伦人对于其所信之神还是很虔诚的。下面是尼布甲尼撒向马尔杜克大神所作的一篇祷告：

> 神啊，如果没有你，所谓王也将一无所有，而王也就不成其为王了。
>
> 神啊，王的名号是你定的，
> 是你，引导着我的脚步，
> 因此，我必须服从你。
> 神啊，不仅是我的名，甚至我的身体，也是你所创造的。
> 神啊，你信托我治理万民，
> 我会使万民受到你的恩惠。
> 让我们敬畏你，爱你。
> 让你的灵，充满我的心，
> 让我一时一刻都不离开你。

就目前出土的作品观察，祷词中圣诗的分量是很多的。由于对神的敬畏，闪米特人养成了谦恭的品性。巴比伦人的圣诗不少具有“悔罪诗篇”的形式，读之，令人兴起一种“大卫王”之感。同时，这些诗篇因其结构的美妙，可能成为希腊文学作品模拟的对象。

> 主啊，请容许你的奴仆，在你面前吐露他的悲哀。

[1] 这就是为什么坦木兹又叫“涂抹香膏”之神。

他有着弥天大罪，要在你面前忏悔。
唯有你照看他，他才能活下去……
神啊，请照看我，垂听我的祷告……
我的神啊，
我已很久很久没有得到你的照护了。
神啊，我得罪了你，你要多久才能平复你心里的怒气？
已知未知的神啊，你要什么时候才能不再生我的气？
神啊，求你宽恕人类的堕落和无知。
人们常常以为自己什么都懂，
其实，是好是坏他们都全不晓得。
主啊，求你别不理你的奴隶，求你给他以援手，
他现在掉在泥沼里，完全不能自拔。
主啊，你再不发慈悲，我就要给罪恶淹没了。
主啊，我所犯下的罪，求你一阵风把它带走，
主啊，我所犯下的恶，求你把它撕成碎片。
啊，我犯的是弥天大罪，除你外，无人能够赦免，
圣父啊，圣母啊，赦免我吧，赦免我吧！
赦免你这谦卑的奴隶吧。
神啊，求你以慈母的心怀，
神啊，求你以慈父的心怀，
赦免你的子女，
拯救你的子女。

圣诗是在祈祷时唱的。唱的人有时为祭师，有时为信徒。唱法有时为齐唱，有时为轮唱。唱圣诗的同时大多数还伴有舞蹈。舞蹈又分向左舞及向右舞。历史上有些事很有趣，今天罗马天主教的宗教作品，大半沿用拉丁文。巴比伦及亚述的宗教作品，则大半沿用苏美尔文。从出土的宗教作品中，我们发现在以苏美尔文写成的经文下，同

时有着巴比伦文的翻译。这又和今天的拉丁经文，同时有着各国现代语言的翻译毫无二致。

史学家都相信，犹太教、罗马天主教乃至现代的基督教，对于巴比伦的圣诗及宗教仪节，不仅接受其形式，而且也接受其内容。接受内容中，最显著的一点就是沉重的罪恶感，像下面这几节诗所体现的："主啊，我的罪既深且重！……我沉没于罪恶深渊而不能自拔，仁慈的主，我唯有向你呼救！……主啊，求你可怜我，求你拯救你这可怜的奴隶！"如果不指明是巴比伦写的，说是犹太教、罗马天主教或现代基督教写的，相信亦绝无人置疑。

巴比伦人的罪恶感，似较任何时代的人更为深切。对他们而言，罪恶感不仅是一种精神状态，而且是一种具有切肤之痛的东西。在巴比伦人的观念中，宇宙间凡是阴暗地方都有鬼。这些鬼一有机会就要扑人。鬼到了人身上，这个人不是得病，就是发狂。平常鬼为什么不敢扑人？因为人有神庇佑。但人若犯罪，神便会弃他而去。神既去，人失掉保障，因此随时都有碰到鬼的危险。去鬼有治标治本两种方法：治本，就是诚心忏悔，求神赦罪，神若回来，鬼便去了；治标，就是使用种种避邪的东西。

巴比伦人相信，巨人、侏儒、残废者，特别是妇女，都是鬼所害怕的。他们只要一出现，有时向鬼一瞪眼，鬼就会狼狈而逃。另外，用符咒、神像、素珠、童贞女所纺之纱等来驱鬼，都会有效。除用避邪之人或物驱鬼外，仪式是不可少的。这些仪式包括把圣水——从底格里斯或幼发拉底河中取来之水——洒在病人身上；用纸画个鬼，并扎只小船，以符咒送至河上——如把那只小船弄翻更好。巴比伦人还相信，劝鬼离开人进入牲畜，例如小鸟、猪、羔羊等身上，也是治病的办法。

巴比伦关于符箓、咒语、算命、看相、解梦等东西，多至不可数计。这些东西大都藏在亚述巴尼拔图书馆。巴比伦人相信，人的命运和星象有关。从种种预兆，可以判断吉凶。梦都不是无因的——这与最现代的心理学如出一辙。前途可以预卜，预卜之道，或看牲畜的内脏，或看油滴在水面上的分布情形。以牲畜内脏断吉凶，是巴比伦祭师最喜用的预卜方式。这种方式一直从巴比伦传至现代。牲畜内脏中最重要的部位是肝。他们相信，肝是人或物的主宰，是最有灵性的东西。巴比伦人极相信卜。卜而不吉，国君不敢言战，将军不敢出兵，商人不敢开张，总之，什么事都不能做。但卜是祭师或星象家的专利，因为其中奥妙一般人是不懂的。

巴比伦人迷信之多，为世界之冠。他们相信，一个人的生与死都是命里注定的，而命可由祭师用种种方法推算而出。他们相信，一切变化都是相关联的。因此，河流的改道、星象的变异、反常的人兽行为、夜间所做的梦，大到国，小到家，都是息息相关的。这类关联，一般人看不出，祭师却可看出。

巴比伦人相信，一个国王的治国顺不顺利，从一只狗的动向可以看出。可笑是吗？但我们现在还有人相信，从土拨鼠的举动，可以判断冬季的长短。我们笑巴比伦，是因为巴比伦人的迷信和我们的迷信不一样。我们似乎可以这样说，一切文化不分古今，与法术、咒语、迷信都脱不了关系。迷信是很顽强的，往往一切合理的东西烟消云散了，而它犹巍然独存。

巴比伦道德

巴比伦宗教，连其缺点计算在内，在使巴比伦老百姓驯良、谦卑、服从方面，一定大有帮助，否则，历代国王对祭师那么慷慨，就会叫人无法理解。不过，巴比伦宗教在道德方面，对人民显然并无影响。巴比伦末世，就其敌人——也许怀有偏见——看来，简直就是“淫窟”或“罪恶”的象征。放荡不羁如亚历山大，见到巴比伦人之骄奢淫逸，也为之吃惊不已。

就一个外国人看来，巴比伦最为惊世骇俗的一点，应数希罗多德在其记载中所描述的：

> 居民之每一女性，一生中必有一次进入维纳斯神庙行坐庙礼。坐庙之日，巴比伦男子，不分良莠，皆竞相高车驷马拥入庙中。这些人衣履华贵，仆从如云。他们来此之目的，一方面是夸耀自己的财富，但主要的则在求与坐庙之女行乐。坐庙之女，概以花巾包头，坐成一线，任由游客观赏。坐庙之女，一旦坐庙便不能自由回家。她要离开那里，除非被一位游客选中。游客选中坐庙之女，照例要丢一点银子——银不必多——在她的怀里，并说："愿迈利塔赐福予你。"（亚述人称爱神为迈利塔[1]）女郎受银，无论多寡，照例不能拒绝，因为这是神的意旨。投银之人，如仅一人，女郎即可由之携出，如为多人，则以先投者为准。游客携女郎出庙，即择地与之性交。这在女郎来说，算是对神奉献。对神奉献之后，她便可回家了。自此奉献之后，任何人想和她性交，再多些钱也无法求得芳心。每逢坐庙之日，参加坐庙之女络绎不绝。天生漂亮之女，一次坐庙即可成功，但丑陋或有残疾者，由于无人问津，往往要坐三四年。

这种奇异的坐庙礼是怎么来的？是古代性共产制度的遗迹？是未来新郎放弃初夜权的表示？是新郎对流血的忌讳？是像今天仍盛行于澳洲某些种族中的试婚制？是单纯对神所作的一种奉献？这就不得而知了。

坐庙的女性一律都是良家妇女。但神庙中的确有着各种各样的妓女，她们公开卖淫，有些曾因此致富。神妓（temple prostitute）在西亚相当普遍，不仅巴比伦有，以色列、弗里吉亚、腓尼基、叙利亚等地都有。在吕底亚及塞浦路斯，少女卖淫赚嫁妆，是一种公开的

---

[1] 希腊人往往以亚述人一语称亚述人及巴比伦人。迈利塔为另一形式的伊什塔尔。

秘密。神妓在巴比伦持续时间颇长，直至君士坦丁大帝时代（约 325 年）才消失。神妓之外，巴比伦还有酒家（wine shop）。酒家为一般妇女操贱业之所，这种营业亦颇兴盛。

一般而言，婚前性交在巴比伦似乎已是相当普遍。在他们看来，男女之间，同意就在一起，不同意便分开。与有妇之夫同居的女性，身上应佩戴一种标志——石或瓦的橄榄树枝——以示其身份为妾。

从泥简中，我们发现巴比伦也有情诗、情歌及情书。不过，这些东西成篇的很少，大都只是“爱就是光”或“我要歌唱，因为我的心里充满了欢乐”之类。一封情书，年代约可回溯至公元前 2100 年，其口吻极似拿破仑写给约瑟芬，信上说：“比比亚（Bibiya）……愿沙玛什及马尔杜克永远保佑你使你健康……我特派人前来，主要就是想知道你最近的健康情形。我到巴比伦不能见到你，你知道我心里多么难过。”

巴比伦的婚姻，一般是由父母安排。此类婚姻，是由买卖婚姻蜕变而来，因此，男女双方均需交换礼品。通常，男方先以礼物下聘，女方往往以高于聘礼代价之物为嫁妆。有些女方家长，干脆不收礼品而收聘金。像沙玛什纳扎尔（Shamashnazir）嫁女儿，要男方送 10 雪克尔银子（相当于 50 美元），就是一例。有的比这还干脆，据希罗多德记载：

> 巴比伦有些人家，女儿长成，即带至市场交给掮客出售。这种出售，每年有一次。掮客和出售女孩居中，顾客围着挑选。以色论价，卖完为止。这种买卖彼此有个默契，就是买者必以所买之女为妻……然此种风俗，现在已看不见了。

尽管有着这类奇异的风俗，然而巴比伦人实行的是一夫一妻制。夫妻之间互相信赖，其程度大致和今日基督教国家的情形相仿。

值得注意的一点是，他们婚前男女关系颇随便，但结婚后便绝对不随便了。依法，有夫之妇与人通奸者，奸夫淫妇应行溺毙，但本夫如愿宽恕，则可改罚其裸体游街。由于通奸罪处罚甚严，为了杜绝诬告，《汉谟拉比法典》曾这样规定：“指人通奸而不实者，应予反坐。”丈夫对妻子不满意，只要返还其嫁妆，并说：“你走吧，我不要你这样的妻子！”就行了。但妻子对丈夫不可说：“我不要你这样的丈夫！”如她这样说，依法应予溺毙！丈夫休妻子，依法有许多理由，例如不育、通奸、秉性乖张、不会管家等。妻子不仅可休，丈夫狠毒一点，还可置之于死地，因为法律规定：“为人妻者，如怠惰、游荡、不顾家或轻忽子女，均可溺毙之。”

尽管法律对女性非常严厉，但实际上我们发现，妻子也不是毫无保障的。例如，妻子虽不能申请与其丈夫脱离关系，但假如她能证明丈夫虐待或有外遇，均可携其嫁妆及其应有财产返回娘家居住。别轻视这项权利，这项权利，英国女性直到 19 世纪末才获得。又丈夫若出征或经商在外已达一定年限而生活无着时，妻子可以与人姘居。丈夫回家后，并不得以此项事实作为离婚的口实。

一般而论，巴比伦女性的地位，与埃及罗马相比是差多了。不过，若和希腊及中世纪的欧洲相比，巴比伦女性完全可以知足了。巴比伦女性和男性一样可以自由外出，或在公共场合出现，不过这样做需具有适当理由，例如，找孩子、打水、纺织、磨面、洗衣等。巴比伦女性可以拥有自己的财产。对于此类财产，可买可卖，可借人取息，可遗赠他人。她们可经商，可以当老板，可以做伙计。巴比伦女性替店东管账者不少，由此可证，在巴比伦，女孩子和男孩子一样是有权利接受教育的。

美索不达米亚自古以来差不多都是母权社会，但巴比伦似属例外，在这里，一家最有权威的人是男性家长。巴比伦上层社会，有女子不出闺阁的风俗——这也许是印度人“深闺闲居制度”（purdah）的滥觞，她们如非外出不可，一定要有人护送，护送者或为宦官或为侍童。在巴比伦下层社会，女人只是一种会生孩子的机器。娘家如果有权有势，夫家对她还不错，要是贫穷人家的女孩子，嫁时又无嫁妆，则其地位有的连奴婢都不如。巴比伦人崇拜伊什塔尔，与中世纪欧洲人崇拜圣母玛利亚，似均有尊重母性及女性的意味，但在巴比伦无论如何也找不出欧洲人的那种骑士精神。据希罗多德记载："巴比伦一旦被围，居民为省粮食，多有勒毙其妻。"

埃及人常轻视巴比伦人，说他们没有文化。确实，我们在此找不到足可与埃及相提并论的文学和艺术。在巴比伦盛行我们所发现的一种"女性化的衰象"。男孩子涂脂抹粉洒香水，打扮得花花绿绿，做头发，戴首饰，招摇过市不以为耻。

经波斯征服之后，巴比伦人仅有的一点自尊心更是荡然无存。此时，全国各阶层，只要有钱，一切皆可出卖。名门闺秀公然卖笑者数不胜数，至于"贫寒人家，鬻女为娼"——希罗多德语——更被人视为理所当然。42 年，古罗马史学家库尔提乌斯（Quintus Curtius）笔下的巴比伦是："这是一个奇怪得不得了的城市，其中所充满的肉欲酒香，是任何一地所没有的。"在巴比伦，神庙越富有，道德越堕落。当举国竞相以追逐食色乐趣为务时，喀西特人、亚述人及波斯人来了。但最令人叫绝者，巴比伦人虽在敌人铁蹄之下讨生活，但仍花天酒地欢乐不止。

文字与文学

由商业、迷信及酒色荒唐所交织而成的生活，有无产生文学艺术的可能？也许可能，不过像样的文学艺术，我们目前尚未发现，但巴比伦文化浩如烟海，凭目前仅有的一点资料遽作判断，岂不过于轻率？就目前所有资料而言，巴比伦在文学艺术方面的贡献，虽比不上埃及和巴勒斯坦，但以其商业法律而论，实非其他文化所能及。

巴比伦是与孟斐斯、底比斯齐名的世界名都，当然不乏知书识字的人，不过知书识字并不意味着能成为文学家。懂得书写，在巴比伦虽不能获得很高的社会地位，却是进入政府机关或神庙办事的一块敲门砖。像今天有些人喜欢在名片上印个“某某硕士”“某某博士”的头衔一样，知书识字的巴比伦人，也往往喜欢在其圆柱形印章上刻上一个书记身份的标记。巴比伦人所使用的是楔形文字。这种文字是以铁笔书写在润湿的泥板上。所写之物，如需永久保存，写好后即晒干或烘干。但像信件之类，写好后，首先是扑粉；其次是装入信封——也为黏土制成；最后，则加盖印章送出。书写烘干的泥板称泥简，泥简或藏于瓶罐内，或置于书架上。巴比伦宫廷及神庙，藏有数不清的泥简。巴比伦泥简，现除博尔西珀图书馆所藏的 3 万块外，都已荡然无存。这批泥简，现于亚述巴尼拔（Ashurbanipal）图书馆中，有着完全的摹本。这批宝贵资料，就是现代史家研究巴比伦的主要依据。

求解巴比伦文，是若干世纪以来学术上的一大难题。对这个难题，首先摸到门径者是格罗特芬德（Georg Grotefend）。格罗特芬德是哥廷根大学的希腊文教授。他于 1802 年讲演时，提到他如何希望读懂来自古波斯石刻上的楔形文字，如何费了若干年工夫才认识了 42 个字中的 8 个字，以及如何运用这 8 个字，找出石刻上的 3 个国王的姓名等。这是一个很好的开端，不过不知为什么这个工作后来却停顿下来。直到 1835 年，一位英国外交官驻节波斯时，同样的工作才又展开。展开这项工作的这位外交官，就是罗林森（Henry Rawlinson）。他与格罗特芬德素不相识，却以同样的方法读出了刻于古波斯石碑上的三个王——希斯塔斯普（Hystaspes）、大流士（Darius）、薛西斯（Xerxes）——的名字。

根据这个线索，罗林森不久发现了一个古石刻，这个发现，与商博良发现罗塞塔石碑前后相映成趣。那个石刻，上刻有古波斯亚述及巴比伦的文字。研读这个石刻，可以说非常不易，因为它在米底亚山中一个名叫比索通（Behistun）的地方。石刻刻在一块悬岩上，悬岩距地 300 余英尺，四面无路可以攀登。罗林森每天冒着生命危险，带着绳索往上爬。他先仔细地抄下一笔一画，后怕不正确，于是用石膏将所刻文字全部翻印下来。他一直研究了12年，最后总算大功告成。

1847年，罗林森提出了一份报告，根据大流士一世在比索通所立的纪功碑，他读懂了巴比伦及亚述文。皇家亚洲研究协会（Royal Asiatic Society）为测验这项成果，曾以一个尚未公开的楔形文字文件，分由四位经罗林森训练出来的亚述专家翻译。译时不得“偷看”，不得“传递”，结果，四人所译果然大致相同。今天的史学家，之所以知道巴比伦文化，可说皆是以上学者辛苦耕耘所赐。

巴比伦语言，是闪米特语言的一支。这支语言，是由苏美尔及阿卡德语言混合演变而成。最早的巴比伦文其实就是苏美尔文，其后，由于加进了方言及时间的因素，巴比伦语遂自成一个新体系（此种情形，与法语和拉丁语的关系类似）。

我们相信，古代的巴比伦人是能读懂苏美尔文的，但到了后代，学生若无字典、文法等工具书的帮助，对古代的经文便无法了解。目前存于尼尼微皇家图书馆的泥简中，字典及文法——从苏美尔文译成巴比伦及亚述文——便占了1/4。据专家考证，有些字典成书年代，竟可上溯至阿卡德的萨尔贡王时代——这可算是世间最古老的典籍。巴比伦文字一如苏美尔文字，由若干音节而非由字母组成。巴比伦人没有发明字母，他们的文字约有300多个。在神庙附设的学校中，祭师教给巴比伦孩子的，主要就是对这些文字的记忆。不久以前，有人发掘到一个学校。在这个学校中，男孩女孩正起劲地在泥板上写东西。从种种遗物判断，这些人生活在公元前2000年左右。据推测，他们是在上课时，遭受意想不到的灾祸而葬身的。

和腓尼基人一样，巴比伦人视文字仅为一种商业的工具。他们似乎没花多少工夫，使它变成文学。虽然我们曾发现用韵文写成的动物故事，但这种故事只在一个朝代昙花一现。圣歌不少，不但分章分节，而且还有韵律。诗歌中，非宗教作品极罕见。戏剧及历史故事，更付阙如。巴比伦史官，对历代帝王的祭祀征战，神庙的兴建修复，地方的重大事迹，均有相当详细的记载。贝罗索斯是巴比伦最负盛名的史学家（约生于公元前 280 年）。他著巴比伦史，自开天辟地后的第一位帝王写起。他说，这位帝王奉神之命治理巴比伦，其统治时间计达 3.6 万年。据他推算，自开天辟地至洪水泛滥，为时长达 69.12 万年。

亚述巴尼拔图书馆藏有 12 块残破的泥简——目前这批泥简，已成大英博物馆珍品。这 12 块泥简所记述的就是美索不达米亚文学作品中最动人的吉尔伽美什叙事诗。这篇东西和希腊的《伊利亚特》史诗类似，也是由好几个不同的故事连缀而成。故事所牵涉的时代，上可溯至公元前 3000 年——苏美尔时代，下则到达巴比伦的洪水泛滥若干时期以后。

男主角吉尔伽美什是乌鲁克（Uruk，也作 Erech）之王，其先世出自萨马什·拉菲什提姆。萨马什·拉菲什提姆，即洪水孑遗而获长生不老的唯一巴比伦人。吉尔伽美什是阿多尼斯·参孙（Adonis Samson）一流的人物：高大英勇，天生神力，英俊绝伦。

他三分之二是神，
三分之一是人。
谈英俊，举世无匹……
目光远大，通晓宇宙万物。
经验宏富，断事如神。
别人看不见的，他看得见，
别人猜不透的，他猜得透。
他知道什么时候会刮风，
他知道什么时候会下雨。
为了磨炼自己，
他曾千里跋涉，
历经险阻。
他一生事迹，最后曾刻为碑铭。

但这样的人，难免会受到指控。不少做父亲的说："他强迫我们的孩子去筑城，白天筑到夜晚，夜晚筑到白天！"不少做丈夫的说："他不但使我们的妻子独守空闺，而且还糟蹋了我们的闺女！"伊什塔尔接到指控，便去找吉尔伽美什的母亲阿鲁鲁（Aruru），阿鲁鲁也是一位神。伊什塔尔要求阿鲁鲁：照吉尔伽美什的样，再造一个儿子，让他俩为敌。吉尔伽美什有了对手，便不再去找乌鲁克人的麻烦了。阿鲁鲁手拈一块黏土，吹口气立刻变成了一个人，这个人就是恩吉杜（Engidu）。妈妈赋予他的特点是：有野猪般的体力，有雄狮般的英武，如飞鸟般快捷。恩吉杜幻化成人之后，却不愿做人而愿做兽。他成天与禽兽为伍，有时还下海与鱼虾游戏。

猎人想捕捉他，但用网用陷阱通通不行。一个猎人去求吉尔伽美什，他说："王啊，我要捉恩吉杜，可是捉不到。请借给我一个美丽的女巫，以她为饵，我想恩吉杜再狡猾也逃不掉了。"吉尔伽美什果然挑了一个最美丽的女巫给猎人，同时说："去吧，我的好猎人，去找一个有水有草的地方。当恩吉杜来时，你叫她搔首弄姿，他见了她一定会着迷的。在他着迷后，他的禽朋兽友便会舍他而去。"

猎人带着女巫，果然在一个有水有草的地方找到了恩吉杜。

"看哪，他来了，我的小姐！
解开你的裙带，
除下你的面纱。
当他接近你，
你便应搔首弄姿。
别死板板地躺着，
敞开你的胸衣，
紧紧把他搂着。
让他饱尝人间滋味，

让他忘记禽朋兽友。
记着啊，小姐，
当他躺在你身上，
你要紧紧搂住他。”
于是，
那女巫果然
解开了裙带，
除去了面纱。
当恩吉杜渐行渐近，
她果然搔首弄姿。
她敞开了胸衣，
她紧紧搂抱着他。
她使出了女人所有的本领，
使躺在她身上的恩吉杜
乐不思蜀。

恩吉杜与女巫一连玩了 6 天 7 夜。当他尽兴之后，睁眼一看，所有禽朋兽友都已弃他而去。他孤独，他悲哀，他苦闷欲绝。这时女巫发言了：“你是神的后代，你是金枝玉叶，你和禽兽为友，人人以你为羞。和我走吧，我会带你到乌鲁克。乌鲁克的国王叫吉尔伽美什，他的权力无际无边。”这一番话，带激带赞，使恩吉杜凡心大动，于是他说：“好，让我们去乌鲁克。我倒想和吉尔伽美什较量较量，看看是他厉害还是我厉害。”

这时伊什塔尔和乌鲁克的百姓都以为有好戏看了，但吉尔伽美什毕竟不凡。他先用武力征服了恩吉杜，继而又用情感征服了恩吉杜的心。这哥儿俩，成了知心朋友、生死兄弟。为了确保国土安宁，他们合力进兵埃兰。凯旋之日，吉尔伽美什对恩吉杜更加宠爱了：“他为他卸下征袍，他为他加上荣冠，他要让他继位为王。”

吉尔伽美什的人品行事，转变了伊什塔尔原来对他的态度。但这一转变也带来了麻烦，因为伊什塔尔的个性是凡爱一个人便想占有。她现在爱上吉尔伽美什了，她干脆对他说：

> 来吧，亲爱的吉尔伽美什，我要以你为夫。求你把爱赐给我，我们夫妻相亲相爱。我要给你造一辆宝车，用黄金为轮，以玛瑙做轼。我要命雄狮给你拖车，我要用异香洒满你的居屋……所有沿海的国家将听你管辖，世上所有君王将俯伏在你脚下，世人将以堆积如山的珍宝奉献给你。

但吉尔伽美什说："多谢你的好意，想起被你所爱者的那些结局，会使人不寒而栗。"于是他提到坦木兹、兀鹰、骏马、雄狮及园丁，并说："你现在舍他们而爱我了，我不稀罕你的爱。"这一来，伊什塔尔恼羞成怒，恳求大神安努遣头猛兽去扑杀吉尔伽美什。但安努反驳她说："别生事吧，吉尔伽美什不接受你的爱，只能怪你自己。"可是她威胁说："你不去也好，我将绝灭大地的生机，割断爱的根源，使大家同归于尽！"安努无法，只得依她，于是派一头最凶最狠的猛兽去扑杀吉尔伽美什。不料吉尔伽美什有恩吉杜之助，却把猛兽制伏了。伊什塔尔见弄不死吉尔伽美什，于是破口大骂。此际，冷不防恩吉杜将一块兽腿丢来打在她的脸上。吉尔伽美什见之大笑，但笑声未止，祸事来了。伊什塔尔施放一种恶毒的疾病，立刻置恩吉杜于死地！

吉尔伽美什见恩吉杜死去，于是抚尸大哭。吉尔伽美什爱他的朋友甚于世间任何人。他不能任他死去，于是发下大愿，非把他救活不可。死是什么？人能不能不死？世间有没有人能知不死的要诀？吉尔伽美什仔细推求这些问题。最后，他认为要获得答案，必须去找他的祖先萨马什·拉菲什提姆，因为他是洪水之后唯一逃过死亡的人。吉尔伽美什的决心，使他走遍天涯海角，去寻访萨马什·拉菲什提姆。

最后，他找到一座高山，他听人说萨马什·拉菲什提姆就住在山的那一边。但要到山的那一边，必须通过一道关，而关上有两位巨人看守。这两位巨人头顶着天，脚没入地，任何人都休想通过这座关口。只要有路可通，没有什么困难能难得了吉尔伽美什。他去见巨人，把他决心救友的事一说。巨人很同情他，轻易就让他过关。但这道关很奇特，从关这边到关那边，要通过一条长达 12 英里的隧道。隧道很长很黑，胆小的人根本不敢进去，但吉尔伽美什根本不管这些。

在黑暗中摸索，当隧道走完他以为到了，想不到前面却是大海。管海的是位女神，她名叫萨比图（Sabitu）。她告诉他，萨马什·拉菲什提姆住在乐园里，乐园还在海的那一边。吉尔伽美什于是求萨比图："请渡我过去吧，你知道，如果我的朋友不能生，那么我也只有死！"萨比图为他一片爱友之心所感，于是派船送他渡海。大风大浪 40 天，终于到达乐园见到了萨马什·拉菲什提姆。"我的老祖宗，"吉尔伽美什说，"请你告诉我脱离死亡的秘密，我要救我的朋友恩吉杜。"萨马什·拉菲什提姆于是便把如何遭遇洪水，如何由神指引得救，如何因保全人种有功而获长生的故事说给他听。当他临走时，更赐给他起死回生长生不老之药。吉尔伽美什得了药，欢天喜地往回走。快要到家时，经过一条河。由于长途跋涉，他想先洗个澡除掉疲劳，再回去救他的朋友。但想不到当他下河洗澡时，他放在岸上的药被一条蛇偷吃了！[1]

千辛万苦求来的药被蛇偷掉，吉尔伽美什的悲哀失望可想而知。他失魂落魄地回到乌鲁克，于是见庙便入，见神便拜。他现在唯一的请求是，让他的朋友生还片刻，因为他有许多话要告诉他。诸神鉴于吉尔伽美什的虔诚，于是让恩吉杜复活了。这两位生死朋友相见，其乐可想而知。在畅谈中，吉尔伽美什问："死是什么情况？"恩吉杜说："那种情况不能说。如果我把我的所见所闻告诉你，你会立刻吓

---

[1] 原始民族多崇拜蛇，认为是长生不老的象征。据称蛇仅蜕皮而不死。

昏过去。”“有这样可怕吗？我倒要听听。”恩吉杜被逼不过，只好历述地狱诸惨状。整个叙事诗在此凄凉情调下，于是便告完结。

艺术

巴比伦的文学作品，由以上所举的吉尔伽美什叙事诗可见一斑。我们虽不能说巴比伦人的创作力如何高超，但其丰富的美感是毫无疑义的。巴比伦是个商业社会，商业社会主张享受。巴比伦人如何享受，从其所遗留下来的手工艺品，可以反映出来。在巴比伦文物中，我们可看到精研细磨的花砖、闪闪发光的宝石、精工锻炼的青铜、制作精美的刺绣、五色缤纷的袍挂、柔软耐用的地毯、富丽堂皇的家具，以及种种奇巧的金银制品。就珠宝一项而言，数量相当丰富，但制作技巧与埃及人相比似乎不够精细。巴比伦黄金不少，这儿以黄金制成的神像，数目非常可观。巴比伦乐器种类繁多，计有笛、萨泰利琴（psaltery）、竖琴、风笛、七弦琴、鼓、角、牧笛、喇叭、铙钹及手鼓等。巴比伦宫廷、神庙及富贵人家，每逢祭典与婚丧喜庆，均备有乐队歌星。歌星表演，有时为独唱，有时为合唱。

绘画未能独立存在，仅作为墙壁雕像的装饰品。像埃及的陵墓艺术及克里特的宫廷壁画，巴比伦废墟中迄无发现。巴比伦的雕刻，仍停留在原始状态。就出土的作品观察，其技巧似乎来自苏美尔。也许是受祭师严格控制的缘故，所有人像皆千人一面。帝王总是威武的，俘虏总是瘦弱的，而且无论帝王或俘虏，似均出于同一模子。巴比伦雕像，发现者极少，而且均不足观。

浮雕较好，但仍简陋而欠缺变化。巴比伦与埃及，一衣带水之隔，想不到两者相差如此之大。埃及的浮雕，早它1000年以前即已发展得非常可观。但巴比伦浮雕则停留在极原始阶段。现存作品，除几件关于动物的刻画差强人意外，其余均微不足道。

关于巴比伦建筑，今天最好不作评论。因为今天我们所知的巴比伦建筑，除沙上所留存的几尺残垣断壁外，即无其他资料可做依据。就仅存资料观察，无论宫殿或神庙，似都没有雕刻及绘画的点缀。巴比伦住宅，一般是以泥筑成，富有之家才能用砖。住宅绝少开窗。门虽有，但不向街而向院子。普通人家一般为平房，富有之家则有楼房，楼房有一二层的，有三四层的。

神庙大都先垫高地基，然后再从事建筑。构筑神庙的材料，一般为方形的石块。同住宅一样，神庙也是四边修房子，中央为院子。四周房子，屋檐往往不止一层。中央院子备作宗教活动之用。神庙附近大都有塔。塔下大上小分若干层，有阶梯可逐层而上。塔之用途，可能有二：一为供神之所，二为祭师的观象台。最大之塔在博尔西珀，名为“七星塔”。此塔计七层，每层漆以不同颜色，一层代表一星。最下层，黑色，表土星。其上，白色，表金星。三层，紫色，表木星。四层，蓝色，表水星。五层，红色，表火星。六层，银色，表月亮。最上层，金色，表太阳。这七星，每星为每周一天的代表。

七星塔今天还在。这座塔的结构从上到下处处是直线，从塔上我们嗅不出多少艺术气息。虽然它有许多圆顶及拱门，但这些东西显然是无意中从苏美尔学来的。内外唯一的装饰，除那些表面上釉、刻有简单鸟兽花木的砖外便没有了。这些砖，红、黄、蓝、白，各色俱备。利用彩色上釉的砖，与其说是求美，不如说是求耐久。以上釉的砖为材料，可算近东建筑一大特色。上釉的砖颇为美观，但尽管有这种材料，巴比伦人并未充分使其发挥建筑上的功能。巴比伦建筑，一般而言平凡单调，同时随修随废，并不像埃及人或中世纪欧洲人，对其建筑作千年万世的构想。在巴比伦全盛时期，由于奴隶众多，神庙建筑有如雨后春笋。但不久，这些神庙也就慢慢倾塌了。巴比伦建筑的平均寿命，很难有超过 50 年的。巴比伦没有出现伟大建筑，可能是受砖的限制。砖太脆弱，太平常，任你怎么使用，它也无法永久，无法高贵，而永久及高贵乃是伟大建筑的必要条件。

科学

巴比伦是商业社会，商业社会就科学与艺术而言，比较适于科学的发展。商业必须精于计算，计算便会产生数学。数学加上宗教的要求，天文学便诞生了。美索不达米亚的祭师，一身兼有数不清的职务。他们是法官，是执政者，是地主，是商人，是预言家，是星象家。作为一个预言家及星象家，必须通晓天文。巴比伦祭师，不是为天文学而研究天文学，但天文学的基础却是由他们奠定的。巴比伦的天文学，后来流传到希腊人手里。这门科学，由于脱离了宗教的羁绊，因而获得进一步的发展。

把圆周分为360度，把一年分为360天，是巴比伦人的发明。后来的六十进位法及十二进位法，就是从这个基础引申而来的。巴比伦人的命数法，只有3个符号。1个“一”，反复使用，可到9。1个“十”，反复使用，可到90。1个“百”，反复使用，可到900。关于基本数目的计算，巴比伦人发明了许多表，不仅有乘法表、除法表，甚至1/2、1/3、1/4、平方、立方都有表。由于表的广泛运用，运算时非常简便。几何学相当进步，他们不仅可测量简易规则的面积，而且可测量复杂及不规则的面积。不过有一点令人奇怪的是，巴比伦人对圆周率的数值，只计算到3。这么粗略的数值，对于一个以精通天文著称的民族而言，未免太不相称。

天文学可算是巴比伦的特殊成就，谈这门学问，古代没有任何一个国家比得上它。巴比伦人研究天文，不是为了给船只导航，而是要解答人类未来前途。我们可以这样说，他们先是星象家，然后才是天文学家。在巴比伦，一颗星便是一个神，这些神都与人息息相关。例如，木星就是马尔杜克（Marduk），水星就是那波（Nabu），火星就是内尔格勒（Nergal），太阳就是沙玛什（Shamash），月亮就是辛（Sin），土星就是尼尼布（Ninib），金星就是伊什塔尔。每天每个时刻都有星神主事，而天象又一一与人事相关。例如，月低沉，主远国来降；新月，主强敌必克等。上至国君，下至百姓，巴比伦人无不相信星象，因此祭师兼做星象家者，无不财源滚滚。星象家有真有假：真的星象家，据说他们从小就学，所学的东西，有很多是从阿卡德的萨尔贡时代传下来的；至于假的，对于星象只略懂皮毛，他们满口术语，说黄道白，主要目的是骗人钱财。

星象家的基本技能是观察天象，并绘出星座图。天文学就是随着这类知识的增加而发展起来的。公元前 2000 年，巴比伦人对与日出没的金星，已能做出很精确的记录。由于知识的增加，古代的巴比伦人不但能确定许多星座的位置，而且能绘出整个天体图。喀西特人的征服，使巴比伦对于天文学的研究停顿了 1000 年之久。及尼布甲尼撒中兴，大家对研究天文学的热忱，又复提高起来。这一时期的祭师科学家，测出了日月球的轨道，发现了日月食及朔望道理，找出了行星和恒星的区别，[1] 确定了冬至、夏至、春分、秋分。

根据苏美尔人的办法，巴比伦人将黄道（地球绕日之轨道）划分为 12 宫。他们把整个黄道先分为 360 度，然后，每度分 60 分，每分为 60 秒。他们发明了以漏壶、水钟、日晷来计时。

巴比伦人将一年划分为 12 个月，其中 6 个月有 30 天，6 个月有 29 天。由于这样划分，一年仅 354 天，故每隔几年增加一闰月，即有些年为 13 个月，以符合季节的变化。巴比伦人将一个月划分为 4 周，以对应月之盈亏。有一个阶段，为了建立一种更为整齐的历法，他们曾把一周定为 5 日，一个月定为 6 周。但这种分法因不及以月之盈亏来分方便，因此并未通行。对于一天的划分，巴比伦的算法不是从子夜到子夜，而是以这一次月出到下一次月出为标准。他们把一天划分为 12 个时辰，每一时辰划分为 30 分钟。因此，巴比伦的 1 分钟，相当于我们现在的 4 分钟。由上所述，可知现在世界通行的时制，1

---

[1] 巴比伦天文学家所谓的行星是恒星的对应物，行星的运行，可依观察而得。今天科学家所谓的行星，是以一定规律绕日而行的天体。

月分为4周，一天分为12小时（现改为24小时），一小时分为60分，一分分为60秒，显然来源于巴比伦。[1]

依宗教而发展起来的科学，回头又受到宗教的抑制的，医学较天文学尤甚。医学所受宗教的抑制，不是由于祭师的颟顸，而是由于人民的迷信。约在汉谟拉比时代，医生已由祭师中分离出来。按照法典规定，医生为人治病，可以收费，但对其医术需负责任。医生收费法有明文，一般有钱人多收，无钱人少收。法典上更曾载明，医生因医术不良，致使病人受到伤害，在某种情形下，可剁其十指。

巴比伦医学虽然相当昌明，但医生每感英雄无用武之地。原因何在？因为巴比伦人生病，先是求神问卜，最后才找医生。在巴比伦人的观念中，生病是有鬼附身，而鬼之附身，主要是得罪了神。因此，治病当忏悔求神赦罪，画符念咒驱鬼。如果必须用药，则目的不在帮助病人复原，而在以药吓鬼。鬼最怕的药，是最脏最臭的东西。因此，蛇肉、刨花、尘土、酒、油，加上人或动物的粪便，便是特效药了。偶尔，为了求鬼离开，弄点好东西当药也是有的。所谓好东西，即牛奶、蜂蜜、奶油及闻起来有香味的草等。如果以上种种办法都不灵，最后才去找医生。

事实上，单就有关医学的800块残存泥简，对整个巴比伦医学作判断是不准确的。因为这些片段，不足以窥其全貌。另外，他们这样做或许包含深意。也许，他们以符咒治病，不过是一种催眠治疗的幌子。也许，他们以粪便做药，目的在达成催吐作用。也许，他们所谓的有鬼附身，不过是我们今日细菌作祟的另一种解释。也许，他们所谓的得罪神灵，和我们现在所说的不卫生、贪嘴、生活不正常等同义。

---

[1] 巴比伦在制作天体图后，即开始制作地图。今天我们所知的世界最古的地图，要数尼布甲尼撒的帝国图。这幅图由祭师绘成，其上列有帝国道路及城市。另在格苏尔（Gasur）废墟（巴比伦北200英里），发现一绘于泥板上的沙特阿则拉（Shat-Azalla）省地图。此图虽仅一英寸见方，但其上有山有水有城市。山用曲线表示。水用折线表示。河流用双曲线表示。城市用文字表示。南北指标，则标在图廓上。

哲学

宗教与哲学密不可分。俗语说，如果你在摇篮里有宗教，便有哲学陪你上天国。一切文化的开端，可说都离不开宗教。宗教给你勇气，给你耐心。人总相信，有神扶着，便不至于跌倒。罪恶足以招神怒，获天谴，在此一观念下，一个人乃至一个社会便可迈向胜利和成功。然而当胜利成功后，人们有了和平、安全和财富，于是便把神摆在一边了。由于追逐口腹的享受，追逐感官的快乐，意志薄弱、精力衰败是必然的。此时，如果加上科学发达，削弱对神的信仰，那一个国家或一种文化，便会逐渐走向败亡之路。兴由勤奋，败由奢侈。走在前面的总是阿喀琉斯，走在后面的总是伊壁鸠鲁。《列王纪》之后为《约伯记》，《约伯记》之后为《传道书》，这种顺序好像是每一种文化演变的必然过程。

由于我们所知道的巴比伦思想，大都限于较晚的时期，因此，其本质大都显得虚弱而疲惫。从一块泥简上，我们看见一个约伯的影子。他埋怨道："我对神比谁都虔敬，可是显然我比谁都潦倒！"他失去了父母，失去了财产，甚至仅有的一点东西在路上也给人偷走了。他的朋友告诉他，他的霉运也许是由某些隐微的罪恶带来的，所谓隐微的罪恶即以富骄人之类。他们又对他说，神的意旨是不可猜测的，也许最初看来是祸，最后却正好是福。他们对他说："不要怨天尤人，勇敢地站起来，只要你信赖神，神必赐福予你。再者，害你的人，必得恶报。"这一来，他果然大叫："神啊，请你怜悯我救我！"

就出土的亚述巴尼拔集子中，我们发现一度曾认为是尼普尔之王的一首诗[1]。这首诗也代表着同样的思想：

[1] 此一诗篇的蓝本来自苏美尔，而《约伯记》的作者，可能是受到此诗的影响。

（我的两眼似乎上了把）锁，
（我的两耳闭塞），与聋子无异。
昨天是国王，今天是奴隶。
（我的）朋友，把我当作疯人。
送我来帮忙，（为我）掘坑！……
我只有白天悲叹，夜晚哭泣。
月月的悲叹，年年的苦难……[1]

他于是诉说他以往对神是如何的虔诚，却遭遇这样的厄运：

难道说我对神缺少供奉，
难道说我对神不够虔敬，
难道说我祷告时没有低头，
难道说我不把神放在心上……
我教化我的百姓虔心奉神，
我使我的国家做神的后盾，
我这样做我想会讨神欢喜。

即使这样虔敬，他还是遭到了无情的打击。于是，他问：

是谁在天上左右着神的意旨？
神的意旨，难道神秘得不可捉摸？
人，昨天还活着今天却已销魂。
人，一转眼便会被悲哀淹没，
人，一转眼便会被压成齑粉。
人，前一秒钟还引吭高歌，

[1] 括弧中的字句，是猜想着填进去的。

人，后一秒钟便如丧考妣。
我现在陷入重重网罗，
有眼，不能看，
有耳，不能听，
下体玷污，
五内如焚，
死亡和黑暗将我完全笼罩。
他们白天折磨我，
晚上也不让我喘息。
我全身瘫痪，四肢麻痹。
我住的地方像牛栏，
我像一只小羊，经常污物满身……

和约伯一样，他慢慢又恢复了对神的信念：

但我确信，有一天苦难即将过去，
因为神是慈爱的。

最后的结局，果然非常美满。他所相信的神来了。神治愈了他一身恶疾，用一阵风把所有害他的人吹得无踪无影。他于是高声赞美马尔杜克，把自己最好的东西献上，同时告诉世人，对神灵不可感到绝望。

从此诗篇到《约伯记》，可说是顺理成章的。另外，在稍后的巴比伦文学作品中，我们又发现《传道书》的蓝本。在吉尔伽美什叙事诗中，萨比图曾向我们的英雄说，别求什么永生了，人生在世，吃点、喝点，快快乐乐地过才是最重要的：

啊，吉尔伽美什，为什么要东奔西走？

你所寻求的永生是没有的。
神在给人生命那天，就已注定了死。
生命既在神的掌握之中，人是不能做主的。
吉尔伽美什，有吃，吃点，
一天到晚高高兴兴……
一天到晚快快乐乐，
每天换干净衣服，
每天从头洗到脚。
白天抱抱孩子，
晚上抱抱老婆。[1]

在一块泥简中，我们听到一种由于饱尝人世辛酸，以致成为偏激的无神论者的声音。古巴鲁（Gubarru）——巴比伦的亚西比德（Alcibiades），对一位老人这样说：

啊，我的大智慧者，我的大知识者，别这样自寻苦恼吧！
神在哪儿？神在三十三天之上呢。
智慧是什么？是一个人人难解的谜！

但老人回答得很妙：

你注意到下列事实吗，我的朋友？
世人是否会称赞一个谋杀技术高明的人？
世人是否会轻蔑一个穷而正直的人？
世人是否会对一个积恶如山的人表示赞许？

---

[1] 参阅《传道书》9：7－9："你只管去欢欢喜喜吃你的饭，心中快乐喝你的酒，因为神已经悦纳你的作为。你的衣服当时常洁白，你的头上也不要缺少膏油。在你一生虚空的年日……当同你所爱的妻快活度日。"

世人是否会对一个虔敬神明的人轻加侮慢？
世人是否会对恃强凌弱无动于衷？
世人是否会助纣为虐？

他因此劝告古巴鲁不可对神怀疑，但古巴鲁对神，尤其是对祭师仍持不信任态度。他指责祭师：

他们是一连串谎言的制造者。
他们常以动听的言辞为富人辩护。
为了维护富人的财产，他们可以赴汤蹈火。
在祭师眼中，穷人个个是贼。
他们虐待穷人，他们视穷人如粪土。

然而这种思想毕竟不是巴比伦的主流。我们在巴比伦所见到的是，人们提到祭师，无不毕恭毕敬。神庙里车水马龙，尽是祈神庇佑赐福的人。不过说来可叹，人们对神如此虔敬，神却很少安慰人。巴比伦的祭师说，一切要靠神的启示，而他们就是唯一得知神的启示的人。然而，一切启示到了最后总是说，人不分善恶，死后均将沦入地狱，而地狱是个阴风惨惨的地方。有了以上种种观念，这就难怪享尽人间荣华富贵后的尼布甲尼撒最后要精神错乱了。

墓志铭

尼布甲尼撒的精神错乱，到底是由于传统宗教的无出路或《但以理书》的解释，已不可考。但这件事的发生，实在稀奇。一位贤明的国君，在其长期治理下，巴比伦变得又富又强。他美化了巴比伦大城，为巴比伦修筑了四通八达的道路，建立了 54 座神庙，到最后却发疯了。他的发疯，也别具一格。他自认为是一只野兽，不但四肢在地上爬，而且饿了就吃青草。约有 4 年之久，他的名字在巴比伦史上消失了。可是后来，他又神秘地出现，随后不久，他便与世长辞。他死于公元前 562 年。

巴比伦帝国，在尼布甲尼撒死后 30 年才崩溃。继起的巴比伦王是拿波尼度（Nabonidus），他在位共 17 年。这位国王对考古学极感兴趣。由于他终年以发掘苏美尔古物为乐事，政务便因此荒废了。军队漫无纪律，商人偷税漏税，老百姓追逐欢乐，祭师敛财越权。当波斯大军兵临城下，那些平常就看不惯祭师专权跋扈的人，便争先为居鲁士开门了。波斯人统治巴比伦达 2 个世纪后即转让给亚历山大。亚历山大征服了整个近东，当他打下巴比伦时，曾在尼布甲尼撒豪华壮丽的宫殿中喝得烂醉如泥。

就对人类文明的贡献而言，巴比伦不及埃及有益人类，不及印度深奥与繁杂，不及中国精细与成熟，但我们不能说它毫无贡献。它那动人的神话，曾经由犹太人之手，变成欧洲人的宗教故事。现代数学、天文学、医学、文法、辞典、考古学、历史及哲学的基础知识，也是由巴比伦开创，然后经希腊罗马传给我们的。希腊人关于金属、星座、度量衡、乐器、医药的名词，也大都译自巴比伦。这些名词有些是意译，有些是音译。在建筑方面，巴比伦对希腊影响虽不大——希腊建筑无论精神及形式，均是采自埃及与克里特——但其七星塔之类建筑，却经由伊斯兰教寺院、中古时代基督教教堂及现代“后退式”建筑而传到美国。《汉谟拉比法典》与罗马帝国的法律政治一样，被公认为是古代社会留给今人的宝贵遗产。

巴比伦文化，经由伟大帝国的建立，经由亚述、波斯、希腊的入侵，经由对犹太民族的长期征服及俘虏，经由与伊奥尼亚、小亚细亚及希腊等广大地区的贸易，业已成为人类文化不可分离的部分。诚如某些史学家所说，历史事实，不分好坏，往往都会对千秋万世产生影响。我们对巴比伦文化，亦可作如是观。

第四章 | 亚述

概述

这时，距巴比伦之北 300 英里处，又出现了另一个文化。这个文化由于受到四境蛮族的威胁，自始至终对武力非常重视。武力的建立，最初在于自卫，但进一步发展后就是征服。这个文化在击败威胁它的敌人后，曾先后征服埃兰、苏美尔、阿卡德、巴比伦、腓尼基、埃及，而将整个近东置于其铁腕统治之下。

以上所讲的这个文化，就是史学家所说的亚述（Assyria）文化。苏美尔对巴比伦、巴比伦对亚述，恰与克里特对希腊、希腊对罗马文化的贡献相当。苏美尔及克里特各创造了一种文化，巴比伦及希腊承袭并扩张之，亚述与罗马又承袭并扩张之。最后，这两种文化均为其四周的蛮族所吞没。文明与野蛮在意义上是相对的，在形势上，文明常受野蛮的包围。野蛮之于文明，一有机会即进行兼并。兼并手段，有劫掠，有占领，有殖民。几乎毫无例外，每一部文化史，总是以蛮族入侵宣告结束。

亚述的根据地，是沿底格里斯河流域的四座大城而建立。这四座大城是：亚述（Ashur）——今之舍尔加特堡（Kala'at Sherghat），阿贝拉（Arbela）——今之艾比尔（Irbil），卡拉（Kalakh）——今之尼姆鲁德（Nimrud），尼尼微——今之库云吉克（Kuyunjik）。在亚述，曾经发掘到史前人所用的黑曜石刀片及附有简单图案的黑陶。就这两种古物判断，这儿也可能是亚洲人最早的发源地之一。在靠近尼尼微地方，有一个乡村叫高拉土丘（Tepe Gawra）。最近一个考古队在这儿发掘到一座古城，古城里有神庙，有坟墓，有雕刻精致的圆柱形印章，有梳子，有珠宝，有骰子。根据这些文物推断，古城历史可以上溯到公元前 3700 年。

亚述文明，源于亚述。亚述本是当地居民之神。及至建城，即以神命名城，最后，乃用以命名整个国家。亚述为亚述古都，但一则该地靠近沙漠非常燠热，再则，靠近强邻巴比伦，易受其侵扰，因此稍后即迁都于尼尼微。尼尼微也是因神而得名。尼纳（Nina）之于亚述，相当于伊什塔尔之于巴比伦。尼尼微在极盛时代，有居民 30 万。当号称万王之王的亚述巴尼拔当世，西亚君主前来朝贡者，多到数不过来。

亚述人民，有闪米特人和非闪米特人两种。闪米特人多半从南而来——有的来自巴比伦，有的来自阿卡德——文化程度较高。非闪米特人多半从西而来，文化程度较低。非闪米特人中，有赫梯（Hittite，或称 Mitannian）和库尔德（Kurdish，高加索的山地人）。和巴比伦一样，亚述的语言主要是以苏美尔语言为主干，另加上地方方言。至于风俗习惯，由于环境艰苦，他们不像巴比伦人那样耽于享乐。亚述从兴至灭，其最大特色为武力至上。他们所羡慕的人是雄赳赳气昂昂的勇士。亚述的历史充满下面这种两极现象：统治或被统治，征服或被征服，血腥的胜利或悲惨的失败。亚述先世本为巴比伦藩属，后因巴比伦受制于喀西特人，乃趁机独立壮大。壮大后的亚述，其王甚至有自称为“统制万有之主”者。在人类史上，亚述的确有不少君主，其声势是非常显赫的。[1]

亚述王撒缦以色一世（Shalmaneser Ⅰ），趁巴比伦屈服在喀西特人铁蹄之下，崛起统一北部诸小邦，并建都于卡拉。不过在亚述史上，最早且最有名的君主不是撒缦以色一世，而是提革拉·帕拉萨一世（Tiglath Pileser Ⅰ）。提革拉·帕拉萨一世是一位伟大的猎人，他猎狮的纪录令人惊讶，徒步猎获的有120头，乘车猎获的有800头！

提革拉·帕拉萨猎国如猎狮，一块石碑这样记载："我率勇士远征库姆。陷城池，获珍宝，无可数计。敢反抗者，我必焚其城，使成灰烬……我征阿丹什（Adansh），其民自山中出，俯伏我膝下。我唯令其纳税，并不加害。"这位国君东征西讨，在征服赫梯、亚美尼亚（Armenian）及其他40余小国后，夺取了巴比伦。以其声威浩大，吓得埃及人也来敬献礼品。每次出征，他必大修神庙。亚述之神对于供品，似乎只问有无，不问来源。最后，巴比伦复兴，不但挣脱其统治，打垮其军队，攻占其城池，焚毁其神庙，甚至，连人带神都让他们一齐做了俘虏。提革拉·帕拉萨最后死了，死得很惨。

提革拉·帕拉萨的兴亡，可说即是整部亚述历史的写照。反复进行屠杀与搜刮，即最初他们怎么对待邻人，最后邻人又照样对待他们。继起的一位君主，叫亚述纳西拔二世（Ashurnasirpal Ⅱ）。他征服了十几个小邦，带回来不少战利品。他有两大嗜好：生挖俘虏眼睛，讨一大堆妻妾。他很幸运，竟得善终。撒缦以色三世（Shalmaneser Ⅲ）进兵大马士革，与叙利亚人数度恶战，有一次战役生歼敌人达1.6万之众。他也大修神庙，广蓄嫔妃，不过他晚运不好，老年时，其子在一场叛乱中推翻他的政权。萨姆拉玛（Sammuramat）以母后名义，临朝统治3年。这位女主在希腊神话中，叫萨穆拉玛特（Semiramis）。在狄奥多罗斯描述下，她是一位半人半神的女性。她

[1] 最近于豪尔萨巴德之萨尔贡二世图画馆废墟中发现一块泥简，简上所载亚述君主的世系甚详。自公元前23世纪，至哈达尼拉利五世（Ashurnirari V，公元前753年至前746年）从未中断。

一身兼为皇后、将军、政治家及工程师。

提革拉·帕拉萨三世，是一位有名的君主。他编练大军，重新东征西讨。他征服了亚美尼亚、叙利亚、巴比伦，降服大马士革及埃及，使帝国版图东自高加索，西迄尼罗河。战事甫定，讲求治术，终其一生国强民富。萨尔贡二世是亚述的拿破仑，以下级军官崛起为王，每次出征，必亲临前线。他打败埃兰、埃及和巴比伦，掳犹太人、非利士人及希腊人为人质。萨尔贡二世极善于治国，在他的鼓励下，文学、艺术、手工艺、商业均极发达。他最后死于抗敌战争。他的牺牲使战事获胜，亚述才得幸免于蛮族辛梅瑞安（Cimmerian）的入侵。

辛那赫里布（Sennacherib）是萨尔贡二世之子。他平内乱，占领波斯湾，但进攻耶路撒冷及埃及未获成功。[1]尽管如此，他已囊括了89座城镇，820个乡村；俘获7200匹马、11.1万头驴、8万头牛、80万头羊及20.8万个俘虏。对巴比伦的放荡奢靡，他感到非常痛恨。他率兵围城，城破之日，烧杀齐来。巴比伦血流成河，尸积如山，神庙宫殿，化为灰烬，甚至所有神像也全部变成俘虏。巴比伦的守护神马尔杜克，被他降为亚述大神的仆从。关于这一浩劫，巴比伦人的解释与后来一个犹太人的解释完全一致：神为了惩戒他的百姓，不惜降身辱志以事敌人。辛那赫里布把他从事征服所获的战利品，通通运往尼尼微。他利用俘虏劳力，使河流改道。这样，一面可保护尼尼微，一面可灌溉田地。在他的经营擘划下，尼尼微变得十分繁荣美丽，全国农产品亦大量增加。但他晚景凄凉，在虔诚忏悔之时被自己的儿子手刃而死。

宫廷喋血，父子兄弟火拼，胜利属于以撒哈顿。他是老王诸子之一，即位后，因埃及曾支持叙利亚叛变，于是大兴问罪之师。结果，埃及变成了亚述的一个省。当他由孟斐斯回尼尼微时，带回战利品之

[1] 据埃及人的传说：埃及之所以得免于难，并于次日得以轻易地击败入侵的亚述军，得力于识敌的田鼠之助——它们将宿营于培琉喜阿姆的亚述军队的箭囊、弓弦和盾带都给咬断了。

多，惊骇了所有西亚人。以撒哈顿除把亚述变为近东最富最强的帝国外，还做了两桩善邻的好事：第一，释回巴比伦诸神，并重建巴比伦大城；第二，发粮救济伊拉姆饥民。在充满野蛮记载的亚述史上，他算是一位相当文明的君主。

埃及叛变，以撒哈顿率兵前往镇压，中途病死，继位者即鼎鼎大名的亚述巴尼拔。他继承以撒哈顿所建的基础，使亚述国势如日中天。但物极必反，自他死后，由于40余年内战，国力消耗过甚，亚述从此一蹶不振。最近出土石碑，有一块所描述的就是亚述末世景象。那是战争、围城、饥荒、劫掠交织而成的悲惨画面。亚述巴尼拔在亚述史上，可称得上多彩多姿。一块石碑记载他平定埃兰：

> 经过1个月零25天的行军，我到达了埃兰。（为达成毁坏其农作物的目的）我在其田地里撒盐及散播荆棘的种子，所有埃兰人，无论男女老幼，从皇子皇孙、高官显吏至士兵工匠，所有埃兰牲畜，无论马、驴、骡、牛、羊，我一概都掳来了。除人畜外，我更带走了苏萨、马达卡图（Madaktu）、霍尔特马什（Haltemash）以及其他城市的钱财。仅一个月工夫，我令埃兰完全变成了废墟。我相信，那儿现在已无欢笑、无人声、无牛羊！

在举行庆功宴的时候，亚述巴尼拔将埃兰王的头悬挂在高竿上，供所有宾客欣赏。亚述巴尼拔对埃兰统帅达纳努（Dananu）的处置更加残酷。他把他的皮生生剥下，然后才像宰羊一样放血。对达纳努的弟弟，是先斫头后分尸，把尸体切成肉酱，然后拿到全国去示众。

这样血淋淋的做法，目的在于杀鸡儆猴。亚述帝国所统治的地域太辽阔，民族太复杂，其所统治民族中，有衣索匹亚人，有亚美尼亚人，有叙利亚人，有米底亚人，如果不这样不足以服众。不过，不管对不对，无论如何帝国还是安定了。据他自称，他所获致的太平是空前的。亚述巴尼拔不仅是一位征服者，而且是一位杰出的建筑师、文学家及艺术家。他为了搜求新风格建筑雕刻，曾派出不少钦差大臣。他为了搜古代典籍，曾打发不少学者去苏美尔及巴比伦。在首都尼尼微，他建立了一所规模宏大的图书馆。这所图书馆所保全的资料，历25个世纪仍完整无缺。像腓特烈大帝一样，他不但是战争狩猎的能手，在文学方面也才华横溢、不可一世。据狄奥多罗斯描写，他对男女两性都喜欢，是个荒淫的君主。不过，对于这种说法，从史书上我们却找不出任何证据。

在泥简中，有不少描述亚述巴尼拔的作品。据那些作品显示，他的勇敢自信十分惊人。他面对狮子，有时只带一把匕首，有时只带一支标枪。每次作战，他总是身先士卒，找着敌人主帅硬拼。拜伦对他显然非常崇拜，他曾取其为戏剧中的主角。半由历史，半由传说，在拜伦笔下，他变成了亚述帝国权力、财富均呈巅峰状态的具体象征。

亚述政府

如果说帝国主义可以这样下定义，就是说，用武力的或非武力的方式，将若干国家置于一个政府之下，以使法律、秩序、商业和平运行，那我们得承认，亚述就是帝国主义的始祖。亚述政府，在亚述巴尼拔时代，曾经统治亚述、巴比伦、亚美尼亚、巴勒斯坦、叙利亚、腓尼基、苏美尔、埃兰、米底亚和埃及。这样大的版图，除汉谟拉比时代的巴比伦、图特摩斯三世时代的埃及、亚历山大时代的马其顿外，再无可比拟者。

从某些角度来观察，亚述帝国是很松散的。在它统治下的大城市，大都保有高度自治权，而其属国除朝贡之外，仍可有自己的王、自己的宗教及自己的法律。由于组织不够严谨，一旦中央政府衰弱，则叛乱和割据之事便会发生。亚述历史之所以充满了镇压性的军事行动，理由即在于此。为了防止属国叛变，提革拉·帕拉萨三世制定了一个政策，就是把被征服地区的人民，大量迁移到其他地区，使其丧失反抗的条件。不过，不管怎么做，叛变还是层出不穷，这就是亚述必须随时准备征战的原因。

由于时时准备征战，政府当然就需要军队。在亚述人观念中，政府就是武力的别称，在人类历史上，亚述人的最大贡献就是战争的艺术。亚述军队有战车，有骑兵，有步兵，有工兵。作战时，以这些兵种作适当编组。在亚述，围城工具及技术早就发展得很可观，至于战略战术，更是历代讲究，不遗余力。亚述人的战术，特别注重急行军与各个击破。这种战术就是拿破仑用以制胜的秘诀。

由于作战的需要，亚述的冶金术也很发达。亚述战士所穿的盔甲，其防护力之强已与中世纪欧洲骑士所穿的不相上下。一个亚述弓手或枪手的装束，通常是这样的：头上一顶以铜或铁制成的钢盔，身上一袭皮底外罩铁片铠甲，腰束护胸，手执盾牌。亚述战士所用武器有弓箭，有长枪，有短剑，有槌，有棒，有投石器，有战斧等。临阵时，国王与贵族多乘车前导。上自将帅，下至士兵，皆以马革裹尸勉励。亚述骑兵，创自亚述巴尼拔时代。这一兵种，起初用来给战车助阵，但逐渐发展成为具有决定性作用的兵种。

攻城器械，主要为撞城车。撞城车上有吊索，下有车轮。吊索系有一根附有铁头的撞杆，攻城时，借吊索摇摆，使撞杆增大冲力。防城所用武器，除弓弩、火箭、铰链（用以对付撞城车的武器）外，有时还要动用气体的恶臭弹。

根据惯例，城被攻破，即难逃焚掠的惨剧。有时，焚掠之外，城内城外所有树木，且被一律斫光。掳掠而来的妇孺、玉帛，主帅除留最大的一份外，其余皆分赏有功将士。按近东惯例，将士功劳大小，以所斩敌人首级多寡为标准。由于作战被俘，不是丧失生命，就是沦为奴隶，因此，将士都很勇敢。在亚述，集体坑杀战俘的事，时常发生。对战败一方的贵族，处置非常残忍：有割耳朵割鼻子的，有断手断脚的，有剥皮的，有分尸的，有杀头的，有炮烙的。在亚述人看来，人命似乎一文不值。对敌人的处置，虽极尽残酷之能事，却无动于衷。不过，好在东方生育率高，人虽一大批一大批地死，但不久又可补充起来。在历史上，优待战俘自亚历山大及恺撒始。史学家都相信，他们之所以能称霸地中海，与这种政策大有关系。

亚述君主的第一个支柱是军队，其次就是宗教。为了争取宗教的支持，君主对祭师总是有求必应。在形式上，亚述以亚述大神为主。举凡制度、规章、法令，均是禀亚述大神之命而制定。征税、作战，亦皆出于神意。任何一位亚述君主，本身也就是神。一般说法，他就是太阳神沙玛什的化身。总观亚述宗教思想，其来源和其语言、科学、艺术一样，不是得自巴比伦就是得自苏美尔。不过，和其母体文化稍有不同的，就是在移植过来后，一切都染上了浓厚的军事色彩。

谈到浓厚的军事色彩，最显著的要算法律。亚述法律，可以说就是军法。亚述法律的严厉，举世皆知。关于刑罚，从示众开始，有强迫劳动、打板子、割鼻子、割耳朵、割舌头、剜眼睛、刺杀、斫头等。萨尔贡二世对刑罚曾作过一些精密的补充，例如，赐毒酒及以罪人子女烧烤供神等。不过，这类补充似乎并未付诸实施。在亚述，最重的罪为通奸、强奸及偷盗，犯这些罪一律处以死刑。亚述天判也很流行，被控者绑上手脚投于河中，幸得不死即可无罪。将亚述的法律与《汉谟拉比法典》相比，亚述法律显然比较原始而欠缺理想。[1]

亚述的地方政府，最初原是封建贵族。后以贵族不便指挥，改由国王任命的地方长官治理。这种形式的政府一传而至波斯，再传而至罗马。地方长官的任务主要有三：收税，整治水利，练兵以备出征。为掌握及考核地方长官，国王经常派出大批特务。

总之，亚述政府是国家发动战争的工具。为求每战必胜，因此对其人民特别强调忠贞、纪律及爱国心。在亚述，战争是有利可图的事业，因为一打胜仗，俘虏、战利品即可源源而来。由于亚述以攻城略地立国，农业生产根本顾不上。所以，假定一旦城攻不下，地掠不

[1] 最早的亚述法典，载在亚述出土的 3 块泥简上。此法典共 90 条，约订于公元前 1300 年。

到，便会大闹饥荒。有一次，亚述巴尼拔在镇压其弟弟的叛变、久攻巴比伦不下时，即出现下列景象：

> 亚述城市，空前悲惨……饥荒加上疫疠，满街都是病人。居民与士兵，强者相竞至村中觅食，留下来的尽属老弱之辈。逃亡者“肩踵相接，亚述巴尼拔惧群起效尤，乃尽捕逃者”处以严刑。士兵被捕回者，先拔舌头，再活活打死。对于逃亡百姓，则如50年前其祖父辛那赫里布之所为，进行集体屠杀。尸积如山，久无人葬，以致鸟兽争食。

东方君主政体的最大缺点，就是战乱相循的无可避免。所谓战乱相循，一则为地方或属国的不断反叛，一则为中央的王位争夺。一般君主多半是马上得天下，但当其年迈，王位继承准会带来纷争，在诸子争立局面下，弟兄父子不免血溅宫廷。亚述四境蛮族环伺，因此，内争常为外患之开端。在亚述史上，西徐亚人（Scythian）、辛梅瑞安人及其他种族，就不断趁亚述内争，劫掠亚述诸城市。

史学家笔下的东方诸国，总是不断地战乱流血。论者以为这未免过于夸大，原因是写历史的人总觉得记载战乱流血才比较刺激。因此，我们应当指出一点，东方诸国和平昌盛的时代也是有的，不过这些时代，不太被史学家重视而已。

亚述人生活

从经济生活方面观察，亚述和巴比伦并无二致。因为这两个国家，事实上不过是一个文化的南北两部，巴比伦稍微偏重商业，亚述稍为偏重农业。巴比伦的富人是大老板，亚述的富人是大地主。亚述与巴比伦的共同点极多。他们同河流，同山谷，使用同样的灌溉工具，收获同样的农作物——小麦、大麦、小米、芝麻。[1]在城市里，他们所经营的工商业是一样的，他们所使用的度量衡也是一样的。亚述诸城市，由于太靠北，虽然不能发展成为很大的商业中心，但亚述统治者给它们带来的财富，已经很可观了。

金属半由自采，半由进口。亚述古代，工业及战具原料多为青铜，公元前700年后，青铜地位开始为铁所取代。由于铸铁、制玻璃、染织等工业均相当发达，故尼尼微民间家庭设备，其丰富程度已和工业革命前的欧洲不相上下。[2]

辛那赫里布时代，亚述修了一条运河。这条运河长达30多英里，是尼尼微主要的给水设备。[3]亚述有钱庄，工商业贷款利息为25%。通货兼用铅、铜、银、金。公元前700年辛那赫里布以银铸币，每枚重半个雪克尔，这可以说就是政府铸币的滥觞。

亚述人民分为五大阶级：一、贵族；二、工商业者——以同业公会为基础；三、非技术性的自由农工；四、附属于农场的农奴——这一情况和欧洲中世纪相当；五、奴隶——战俘及无力还债者。奴隶皆穿耳剃头以示区别，他们所担任的工作，一般为最粗重最下贱者。辛那赫里布时代一块浮雕显示：一大群奴隶分为两行，拖着一个木橇；橇上是一个沉重的雕像；在奴隶旁边，奴隶总管正挥舞着皮鞭。

像所有军国主义国家一样，政府在道德及法律方面，均大大鼓励生育。堕胎者处死刑。故意使自己小产的妇女，依法当受炮烙之刑。妇女地位较巴比伦为低。不敬丈夫，要受很严重的处罚。为人妻者，不戴面具不许外出。妻子绝对不得与其他男人发生关系，但只要丈夫高兴，便可讨一大堆姘妇。娼妓很多，但一律受政府管制。亚述国王

[1] 亚述特有的农产品还有：橄榄、葡萄、大蒜、洋葱、莴苣、水芹、甜菜、大头菜、萝卜、黄瓜、苜蓿、甘草等。除贵族外，平民百姓很少吃到肉类。说来颇觉奇怪，这个好战国家，绝大多数人都是素食者。

[2] 约在公元前700年辛那赫里布的一块泥简，已有棉花的记载：“树上所长之果，取下撕开所获之羊毛状物，可用以织布。”亚述棉花，可能来自印度。

[3] 此运河由芝加哥大学东方学院伊拉克考古队发现。

的嫔妃，名目繁多。嫔妃绝对不许离开宫廷，因此，她们除唱歌、跳舞、做针线外，剩下来的时间，便只有互相磨牙斗嘴及暗中倾轧。妻子与人通奸，丈夫可当场杀死奸夫淫妇——这本来只是一种风俗，其后竟获法律认可。其他有关婚姻的规定，大致和巴比伦一样。不过，买卖婚姻的味道更为浓厚。经常有这种情形，妻子住在娘家，丈夫偶然才去一趟。

父权至上，在一个蛮族环伺、以征服为务的国度似乎是很自然的。和罗马一样，亚述在征服中曾使成千上万的战俘沦为奴隶。亚述人似乎从小就习惯于看到把战俘送入狮窟。看饿狮把人体撕成片片，亚述人似乎最为开心。亚述人对于儿童，经常灌输残忍教育。他们教儿童变着花样虐待战俘：火烧、剥皮、杀头还嫌不够，竟当着战俘之面，挖出其儿女眼睛！亚述巴尼拔曾经这样说："我所捉住的叛军首领，有的活剥，有的烧烤，有的埋在城墙脚……有的剁脚剁手。"亚述巴尼拔大言不惭地说："我把所捉住的3000名战俘都活活烧死——一个活口都没有留下。"在另一块石碑上，他又有这样的记载："凡是反叛亚述及反叛我者……有的，我割掉他的舌头，再叫他死；有的，我把他活活埋掉；有的，我斫下他的手足，拿去喂猪喂狗……这样做我相信是合乎神意的。"

一位君主曾命工匠在一块砖上刻下这样的话："我的战车过处，人畜皆化为齑粉……我的记功碑，是由人的尸体堆成。凡为我所活捉到的人，我一个一个斩断其双手。"他刻这些话的目的，是想垂名后世。在尼尼微我们发现许多浮雕，有的刻着剥皮拔舌的景象，有的刻着开肠破肚的景象，有的刻着剜目斩首的景象！

对于矫正残忍倾向，宗教显然无能为力。亚述宗教对政府的影响力，显然不能和巴比伦相提并论。祭师的举措，处处迎合君主的需要。亚述大神是一位好战无情的神。亚述人相信，这位大神所喜欢的就是以战俘给他做活祭。亚述宗教一方面在教人如何忠于君主、忠于国家，一方面在教人如何侍奉神及对神祷告。亚述宗教经典，现在留传下来的，仅有驱邪驱魔及圆梦等书。关于梦兆的解释，读起来有一大串。在几乎无所不包的梦兆下，一一都注有禳灾之法。在亚述人看来，世间充满了妖魔鬼怪，为避免妖魔鬼怪的侵袭，最好的办法就是常佩符箓，勤念咒语。

在亚述，除作战所需的一切知识外，其他学问几乎一概谈不到。亚述医学，就是巴比伦医学。亚述天文及星相学，就是巴比伦天文及星相学。到现在为止，我们还没有发现亚述哲学。亚述语言学家，曾将他们所见到的植物一一列举下来。他们这样做，目的也许在于研究医药，但想不到后来却对植物学发展大有帮助。对于宇宙间许多事物的名称，亚述人不但一一列举，而且加以归类。希腊的自然科学，沿用了不少这类名称。这类名称，不少经由希腊流传到现代。英语中，诸如 hangar、gypsum、camel、plinth、shekel、rose、ammonia、jasper、cane、cherry、laudanum、naphtha、sesame、hyssop、myrrh（分别为棚丁、石膏、骆驼、柱基、色样、玫瑰、氨、碧玉、甘蔗、樱桃、鸦片酊、挥发油、芝麻、牛膝草、没药）等，即来自亚述。

不少泥简记载着亚述国王的功绩。这些历史在古代仅是编年史，稍后，才有润色而近于文学作品的著作。历史内容大部分为帝王的事功，所记大都千篇一律，记胜不记败，记好不记坏。因此，即使事实上帝王是一个屠夫，是一个低能儿，但在亚述史学家笔下，他照样是圣明天纵值得万民景仰的君主。亚述对于人类文化的贡献，应数其图书馆。仅以亚述巴尼拔图书馆而言，就有泥简 3 万块。这些泥简都曾分门别类附有标签。泥简中，不少刻有国王训谕："盗窃此书者……亚述及贝利特（Belit）大神必降祸于他……他及其子孙均必遭陨灭。"泥简中的绝大部分，均为年月不详的代抄本。泥简原本，大都来自巴比伦。所有图书中，文学作品仅占极小部分，其他为政府档案、天文、星象、占卜、预言、医学、药方、符箓、圣诗、祷告词、帝王世系及神的谱系等。在所有图书中，我们发现一篇亚述巴尼拔的自述：

> 我，亚述巴尼拔，受到那波[1]智慧的启发，觉得有博览群书的必要。从它，我可以学到射、御乃至治国平天下的本领……马尔杜克赐给我对知识了解的能力……内尔格勒使我精力充沛，阿达帕使我通晓一切技艺。举凡天上地下的建筑，从书本中皆可知其大略。借书籍之助，祭师所会的星象、占卜、预言，我也样样精通。背诵深奥的苏美尔及阿卡德文经典，我觉得乐趣无穷……在骑马方面，由于我了解马性，因此骑上去总平平稳稳。在射箭方面，由于我知道如何用劲，因此几乎矢矢中的。在掷枪方面……因此举重若轻……我治国，像一个精良的御者……我指导战士以芦苇编织盾牌及胸墙，像个老练的工兵。总之，读书，不但可扩充知识及技艺，而且还可养成一种高贵的气度。

亚述艺术

就艺术方面观察，除浮雕较为突出外，其余皆与巴比伦不相上下。由于征服所获的财富大量流入亚述、卡拉及尼尼微，宫廷、神庙、富家巨室所需要的金银珠宝装饰品越来越多，亚述手工艺急剧发展。在亚述手工艺中，最著名的有设计精巧的首饰及雕琢精致并嵌有金银珠宝的家具。亚述陶器并不出众。音乐绘画大都沿袭巴比伦旧调。绘画和其他东方国家一样，虽无独立地位，但其以蛋黄调和颜料所作的装饰画，颇具特殊风格。这种风格后来传到波斯，曾大放异彩。

浮雕在亚述盛世，如萨尔贡二世、辛那赫里布、以撒哈顿及亚述巴尼拔之世，发展相当可观。亚述浮雕颇多精品现存大英博物馆。最著名的，为刻于亚述纳西拔二世时代的一件。这是一件简朴的雪花石膏制品，所刻画的是马尔杜克大神征服混沌提玛特（Tiamat）的故事。亚述所刻人像，一般而言均粗劣呆板。所有人像几乎千人一面：

[1] 那波为智慧之神，相当于透特、赫耳墨斯（Hermes）及墨丘利（Mercury）。

圆脸，络腮胡子，大肚皮，颈子短得几乎看不见。人像中刻得较好的，仅有两件：一为雪花石膏雕刻的棕树前的精灵，一为在卡拉出土的沙姆希·阿达德七世（Shamsi Adad Ⅶ）的人像石碑。

一般而言，动物雕刻较为动人。就东方诸国而言，亚述动物雕刻，要算得上是最为突出的。也许艺术家对于人像雕刻颇多顾忌，因此不敢刻得真、刻得像，但对动物便不同了，他们真是刻狮像狮，刻马像马，刻羊像羊，刻狗像狗。豪尔萨巴德萨尔贡二世时代的浮雕马，尼尼微辛那赫里布宫殿的浮雕受伤狮，亚述巴尼拔宫殿雪花石膏雕刻的垂死病狮，亚述纳西拔二世及亚述巴尼拔猎狮图中奔跑之狮、卧狮、释放出笼之狮、树阴下休息之雌雄二狮，均可说是世间精品。然而除动物外，其他物体之表现，无论就线条、轮廓、形体各方面而言，技巧均颇拙劣。没有布局，没有透视，肌肉部分常有着不当夸张。这一点，几乎为所有亚述雕刻的缺点。

比较说来，亚述人特别喜欢浮雕。我们可以这样说，浮雕之于亚述，相当于雕塑之于希腊、绘画之于文艺复兴的意大利。亚述人的浮雕，特别是辛那赫里布时代所雕的动物，其技巧之精妙，可以说已至炉火纯青之境。尼尼微及卡拉的艺术家，也许精力都放在浮雕上了，因此，所从事的雕刻便极其有限。而所留传下来的少数作品，一般都谈不上有何技巧。

在雕刻中，较好的是动物。如豪尔萨巴德通道的牛雕，无论精神及形象，均极可观。但人像及神像，便刻得很粗俗。亚述留传下来的人像，除目前尚存于大英博物馆中的亚述纳西拔二世雕像外，一般均颇粗劣。谈到亚述纳西拔二世这座雕像，线条虽仍嫌呆板，但就其对于一个国王的刻画而言，可说已到惟妙惟肖的境地。一个人具有一个厚重而表现决心的嘴唇、一双精明而残忍的眼睛、一个粗短而禁得起打击的颈项、一双巨大有力的脚，就上述特征，不看他紧紧握着的权杖，也可以猜得出他是王者了。

国度不同，审美观念亦有别。亚述人所崇拜的大丈夫，在我们看来也许很不顺眼，因为一般都是粗短的颈项、肥硕的身躯。可是我们所中意的美男子，如普拉克西特列斯（Praxiteles）所刻的赫耳墨斯及阿波罗，在亚述人看来也许又太文弱、太女性化。对亚述建筑加以置评是很困难的，因为古代亚述建筑今已荡然无存。就废墟中所搜寻到的一点资料来判断，我们所知者不过为下列几点：

亚述有点像巴比伦及近代美国，对建筑的追求不是美，而是大。照美索不达米亚传统，亚述建筑师所能采用的建材，大部分都是砖。石头虽然也用，但用得不多，因为石头在这一带是奢侈品。亚述的弓形架构及拱形圆顶，大半学自南方。至于柱型，有些学自别人，有些自己创造。亚述创造的柱头，如女像柱式柱头，及以涡形为装饰的伊奥尼亚式柱头，其后曾盛行于波斯及希腊。

宫殿一般占地颇广。构成宫殿的屋宇，楼房不过两三层。同一个模式的亚述宫殿，大都是中间一个大院子，四周配以一系列的厅堂。宫门外面大都以石兽作为守卫。宫门入口处一般都有浮雕或雕像，上面刻的都是历史故事或历史伟人。宫中地面，大都以石板铺成。门窗均设珠帘锦帐。梁栋及天花板均经刻意雕琢，并嵌以金银珠宝。

亚述史上武功最盛的6位君主，同时也是伟大建筑的创造者。提革拉·帕拉萨一世，用石头为亚述大神修了许多座神庙。在其中的一座，他留下这么几句话："吾欲使其内部美若天庭，四壁灿若星辰，屋顶金光闪耀。"其余几位君主，虽然也修饰神庙，但和所罗门一样，他们最感兴趣的还是修建自己的宫殿。亚述纳西拔二世在卡拉建造了一座宫殿，规模宏大，外石内砖，非常庄严。此宫，壁间饰以浮雕，内容为歌颂神灵及战争的故事。巴拉瓦特丘陵（Tell Balawat）附近显然也有巨型宫殿建筑。因在废墟中，拉萨姆（Hormuzd Rassam）曾出土两扇宫门，为黄铜所铸，坚固美观为所仅见。萨尔恭二世曾在豪尔萨巴德大造宫殿，宫门守护者为若干具有双翼的石雕神牛。四壁饰以浮雕，宫内陈列、雕像及家具异常精美。此宫曾数度修葺，每一次胜利后，萨尔贡二世就带来许多奴隶。胜利既不乏金银珠宝，又不乏劳力——因战俘提供大量奴隶，因此，此宫之美，亚述史上赫赫有名。除宫殿本身外，萨尔贡二世在宫外还修了几座神庙，在宫内还修了一座高塔。据称，此塔高7层，其顶以金银铸成。辛那赫里布所修的宫殿，在尼尼微。这座宫殿取名叫“无双殿”（The Incomparable），意即它是世上最大最美的。据称，此宫四壁及地板所用木石，不但质地高贵，而且上面皆嵌有珍宝。它用的瓦，由于出自精工制造，昼夜都会发光。谈到装饰品，此宫有巨型铜狮铜牛，有巨石刻成的有翼牛阵，有一系列充满牧歌情调的浮雕。以撒哈顿除重修无双殿外，还扩建尼尼微。此项修筑，人力物力动员达十几省，由于他到过埃及，因此在柱头及装饰方面，引进不少新花样。据记载，因为胜利，宫殿神庙完工之日装满了由近东各国送来的金银财宝。

亚述建筑，其无可救药的缺点是朽坏得太快。例如无双殿，虽经辛那赫里布及以撒哈顿两代修葺，但不过60年，已成为废墟。无双殿到亚述巴尼拔时代，又要修葺了。今天距阿叔巴尼帕不知又已过了多少世纪。读到这个国王重建此宫的记载，和他一样，我们也有着无穷的感慨：

> 此宫，原为吾祖辛那赫里布所建，用为皇家居所。居之极其安乐，然今已倾圮不堪。余，亚述巴尼拔，忝为亚述之王，世界共主……幼年曾居是宫，以获阿舒尔、辛、沙玛什、贝勒、那波、伊什塔尔……尼尼布、内尔格勒、努斯库等诸神之荫庇，得由皇太子而登基立极……诸神厚我，使我每战必胜，每攻必克，昼得妙思，夜获美梦……故余乃清除废墟，重加修葺。余重建一殿，基广五十五。余重筑一台，因前有神龛，故不敢过高。良辰吉日，破土奠基，余谨以佳酿致奠。为重建此宫，曾劳动百姓。埃兰，余秉神意所克之地，曾敬献砖瓦。阿拉伯诸王，因背约遭余生擒者，曾亲执畚箕……新宫虽就旧宫修筑，然完成之日，已不同于旧宫，地基广是其一，工作精是其一，屋宇多又是其一。此宫之梁柱，余曾获自思拉拉（Sirara）及黎巴嫩。此宫之门，以具有

异香之木制成，其上且覆以黄铜……环宫，余命杂植花木果树……大功告成之日，余先备牺牲敬献诸神，后择良辰吉日移居宫内。

亚述的消失

在最不幸的时候，自称为“伟大英明亚述及世界之王”的亚述巴尼拔，尽管曾怨天恨地，但最后仍未对神丧失信心。这位亚述王在其最后一块泥简中，曾写下如《传道书》及《约伯记》之类的话语：

> 我自问，无论对神或对人，无论对生者或死者，我都没有稍加怠慢，但疾病与厄运为什么会降临到我身上？国人钩心斗角，家人彼此仇恨，耻辱包围着我，使我束手无策。我知道，由于身心疾病的夹攻，我的末日业已降临。今天是城里守护神的日子，大家在热烈庆祝，但我这个垂死的可怜人，却在死亡边缘挣扎。日夜号泣之余，我只有这样求神：“神啊，求你怜悯我这个罪人，使我重见天日！”[1]

---

[1] 狄奥多罗斯对亚述巴尼拔事迹曾有所描述——可靠与否不得而知。他说，亚述巴尼拔晚年，放纵恣肆，寄情声色，他后来的不幸都是他自找的。下面是亚述巴尼拔的自供：

> 充分明白了人有生必有死，
> 为什么不随心所欲？
> 今朝有酒今朝醉，
> 一滴何曾到酒泉？
> 今天我是天下至尊，但明天就会化为
> 尘土。所以为什么不得乐且乐？
> 有吃的，吃。
> 有玩的，玩。
> 除了吃、喝、玩、乐，
> 一切均可置诸脑后。

也许，这又是亚述巴尼拔的另一面。这一面和那一面同时出现在一个人身上，也许不但不算矛盾，而且彼此因果相连。

亚述巴尼拔到底是怎么死的，历史上并无记载。根据拜伦戏剧化后的故事说，他放起一把火，和宫殿一起在火焰中化为灰烬。这个结局是真是假不管，却是最权威的。亚述巴尼拔之死，就亚述而言，是个凶兆。它象征着亚述帝国的崩溃。亚述经济不能自给自足，它的生存要靠劫掠，然而劫掠要靠武力。因此，一旦武力不足恃，败亡立见。亚述生存靠胜利，然而胜利常会造成不利的影响。首先，胜利的获得要人去死，而死的人多半是最强健最英勇的。第二，享受胜利的果实常使人的身心趋于腐化，而强健的身心却是获胜的必要条件。第三，大批战俘及奴隶人口的充斥，使亚述赖以获胜的军队本质发生改变。综合以上数因，一旦蛮族入侵，帝国便立告瓦解。

亚述巴尼拔死于公元前 626 年。14 年后，巴比伦人（在那波帕拉萨尔率领下）、米底亚人（在基亚克萨里斯率领下）加上西徐亚人的一些部族，组成联军，由高加索向亚述进兵。这支联军不费吹灰之力，便占领了亚述北部各据点。这支联军再进一步，尼尼微便告陷落。从前亚述诸王对付巴比伦及苏萨的惨剧，这时便在尼尼微重演。房屋宫殿庙宇付之一炬；田地被彻底破坏；人民一半被杀，一半变成奴隶。这是一次惨重的打击。经此打击，亚述从此一蹶不振。亚述帝国消失了，可是有些东西却留了下来。在人类文化中，经波斯、马其顿而传至罗马的武器、战术、涡形柱头、女像柱头、分省统治，就是亚述人留下来的。

近东人提到亚述，说那是一个骄横君主征服各小邦所成的一个帝国。犹太人提到尼尼微，说那是一个充满血腥、强盗及谎言的都会。在无情岁月中，所有英明伟大的君主慢慢都会被人忘怀，所有繁华美丽的都市慢慢都会成为废墟。自亚述帝国崩溃后 200 年，希腊将军兼历史学家色诺芬率兵到达尼尼微，他已不大相信那儿就是曾经统治过半个世界的一代名都。今天到达尼尼微的人，对于昔日的繁华，当然更连一点凭证都找不到了。因为即使那些在亚述盛世为荣耀及美化其神庙而从远方运去的石块，也已荡然无存。其实，别谈石块了，就是亚述大神——亚述人相信他是永生的象征——也已找不到丝毫踪影。

第五章 | 民族杂居

印欧族系统

近东，在尼布甲尼撒时代，如果凌空俯瞰，我们所见正如一片汹涌的人海。海中人忽而集中，忽而分散。他们你压我，我压你；你咬我，我咬你；你吃我，我吃你！对这一人海细加分析，我们可以发现，其中有大的部落，有小的集团。大的集团为数少，小的部落为数多。大的集团，总是被小的部落密密包围。那些大的集团，就是埃及、巴比伦、亚述及波斯几个大帝国。那些小的部落，就是辛梅瑞安（Cimmerian）、西利西亚（Cilincian）、卡帕多西亚（Cappadocian）、比希尼亚（Bithynian）、阿斯卡尼（Ashkanian）、密细亚（Mysian）、卡里亚（Carian）、吕西亚（Lycian）、潘菲利亚（Pamphylian）、皮西迪亚（Pisidian）、利考尼亚（Lycaonian）、非利士人（Philistine）、亚摩利人（Amorite）、迦南（Canaanite）、阿拉米人（Edomite），亚扪人（Ammonite）、摩押人（Moabite）及其他数以百计的小国家小部落。

这些小国家小部落，在别人看来，实在微不足道，可是在他们自己看来，他们每一个都是历史的主角、世界的中心。今天写世界史的人，对于他们往往一笔带过，这让他们很不服气。环绕着几个安定帝国的国家或部落，一般均以游牧为生。自有历史以来，这些游牧民族，对于以农耕为主的帝国，一直是一种很大的威胁。周期性的旱灾常迫使他们侵入比较富足的农耕地带。于是，一场战争接一场战争，彼此打得难解难分。战到最后，通常总是游牧民族获胜。环顾全球，凡属文化滋生之地，四周总有游牧民族跟着。

近东一带的游牧民族，随着时代的演进，不少曾具有国家形态。不过对于这些民族，我们所关注的，并不是其国家的活动，而是其人种的渊源。以米坦尼人（Mitannian）为例，我们感兴趣的，并不是他们曾使埃及帝国感到困扰，而是他们是历史上首先露面的印欧种人。米坦尼人崇拜的神，有密特拉神（Mithra）、因陀罗（Indra）及伐楼拿（Varuna）。这一族人，在亚洲出现后，先活动于波斯，后活动于印度。今天我们所称的雅利安族，很有可能就是米坦尼人的后裔。[1]

在最早出现的印欧人中，文化较高、势力较大的一支，叫赫梯。这族人到达小亚细亚，显然是经由博斯普鲁斯海峡、达达尼尔海峡、爱琴海及高加索。他们到达这黑海之南的山区半岛即今日之小亚细亚，以武力征服了农耕土著，以统治阶级自居。

公元前1800年，赫梯势力已伸展至底格里斯及幼发拉底河上游一带。这时，他们对原为埃及属国的叙利亚已大有影响。他们不好对付，由埃及英主拉美西斯二世为了维持和平，不得不和其王称兄道弟可以看出。赫梯在博阿兹柯伊（Boghaz Keui）建立都城。[2]建都后的赫梯开始有了文化。他们的文化，首先，以开采铁矿为中心；其次，

---

[1] 雅利安为米坦尼族的一支。凡居于里海沿岸及其附近的人，皆自称为雅利安人。目前此名称用以特指米坦尼、赫梯、米底亚、波斯及印度的吠陀族。以上所举，事实上仅印欧系统的东支。印欧系统的西支，散布于欧洲各地。

[2] 博阿兹柯伊位于哈利斯河之东。过河不远，即土耳其首都安卡拉，弗里吉亚的古都。由此，我们可以获得一个概念，即土耳其人单凭他们都城之古，即足以君临欧洲。因为在他们看来，他们实在是世界的中心。

制定法典；最后，创造巨型石刻雕像。[1]

赫梯的语言，最近始被解通。研究学者中，最著名的为赫劳尼（Hronzny），他根据温克勒（Hugo Winckler）在博阿兹柯伊出土的1万多块泥简研究结果，发现赫梯语言大部分属印欧语系，其语尾及动词变化和拉丁及希腊语相似，有些单字显然与英语有着极近的血缘。[2]

赫梯所使用者的象形文字，不过其写法很怪——一笔从左到右，一笔从右到左，如此交互前进。他们除自己的文字外，还学巴比伦人写楔形文字。赫梯与克里特人及希伯来人均有交往，克里特人用泥简书写，即学自他们。希伯来人之所以有鹰钩鼻，显然是这两族彼此通婚的结果——希伯来人具有雅利安人的血缘，近代史学家对此毫无疑义。赫梯所留下来的泥简，不少注有巴比伦及苏美尔文字。这些泥简有些是公文，有些是法令，有些是商品价格表。就这些泥简研究，我们可以看出这是一个军事统治的专制国家。这一族人的消失，和他们的出现一样神秘。他们曾数次迁都——这可能与他们对铁的经营有关——其最后一个首都叫卡尔基米什，于公元前717年落入亚述人之手。

亚述之北出现过一个国家，亚述人称其为乌拉尔图（Urartu），希伯来人称其为阿拉拉特（Ararat），后人则称之为亚美尼亚。和其他小国相比，亚美尼亚算是最安定的。这个国家曾独立达若干世纪——自历史黎明时期起，至波斯把整个西亚纳入其版图时止。在号称伟大的王阿尔吉什提二世（约公元前708年）的治理下，亚美尼亚慢慢富强起来。他们开采铁矿，把所获之铁卖给希腊及亚洲其他国家。亚美尼亚相当富庶，他们有石造大厦，有精美雕像及花瓶，有繁复的礼

---

[1] 奥本海姆（Baron von Oppenheim）在哈雷夫（Tell Halaf）及其附近，掘到不少赫梯的艺术品。这些艺术品现陈列于其私人博物馆（柏林一间废工厂）中。据他鉴定，这些艺术品大都是公元前1200年左右的东西，少数可上溯至公元前4000年。这些艺术品中有石狮、石牛及神像。最动人的一件为人面狮身像。这些东西一般而言技巧均较拙劣。

[2] 例如，vadar和water，ezza和eat；uga和I（拉丁语为ego），tug和thee，vesh和we，mu和me，kuish和who（拉丁语为quis），quit和what（拉丁语为quid）等。

节及仪式。这个国家最后衰败，是由于其与亚述连年战争。不过终亚述之世，亚美尼亚并没有灭亡。其灭亡是在波斯大征服者居鲁士崛起之后。

再往北沿黑海沿岸，存在着一个游牧民族，人称西徐亚。他们一半是蒙古人，一半是欧洲人。这是一个躯体强大、颔下多须的人种。他们擅骑，平常食宿都在车上。这族人对妇女施行“深闺闲居制”。对他们的男子而言，生活即战斗，战斗即生活。对俘获的敌人，血液就是饮料，人头就是酒杯。西徐亚人横扫西亚（约公元前630—前610年），所向无敌，凡其行经之处，遇人则杀，遇物则毁。他们向西曾进至尼罗河三角洲，向南曾抵达亚述——亚述的衰弱，就是经其一再攻击造成的。这族人横行各地，后因患了一种怪病，突然衰弱下来。其人口因病死亡枕藉，最后被来底亚所败，狼狈逃回老家。[1]

公元前9世纪末，小亚细亚继赫梯之后出现了一个新的国家。这个国家就其文化而言，是联系赫梯与吕底亚及希腊的桥梁。这个国家的名称叫弗里吉亚。关于弗里吉亚，有着许多动人的神话。据传说，其开国之王叫戈尔迪乌斯（Gordios）。他本来是一个淳朴的农夫，受立为王时仅有两头牛。[2]第二代王弥达斯（Midas），是戈尔迪乌斯之子。他以奢侈浪费而又贪心著称。据说，他一度求神，让他所接触的东西一律变成金子。神准其所请，以致连他所吃的食物也因变成金子而无法下咽。当他快饿死时，才知金子并不可贵。在他苦苦哀求下，神才指示他跳到帕克托鲁斯（Pactolus）河去洗个澡，以便解除

[1] 希波克拉底（Hippocrates）对西徐亚这族人有着如下记载：该族女性，童贞未破，骑、射、战斗，一如男子。照该族惯例，女性未杀死敌人3人者，不许成婚……女子既有丈夫，非遇绝对必要，即不再行骑射。该族女子概无右乳。当其初生，母亲即以铜铁烙其右乳，据称右乳被烙后，发育时，滋生右乳之精血，即可集中于右肩及右臂。

[2] 宙斯大神会对弗里吉亚人显示：“你们的王，就是第一个乘牛车到庙里来拜神的人。”戈尔迪乌斯就是这样被立为王的。戈尔迪乌斯为王后，即以牛车献给大神。宙斯又一次显示：“凡能将系牛轭与旗杆上之结解下者，必将为王统治亚洲。”其中所指之结，就是戈尔迪乌斯所系的。那个结系得极怪，无人能解。亚历山大看到那个结，并听到那个故事。他的解法很妙，就是举剑一挥。

他这个贪心请求的后果。帕克托鲁斯河传说自此之后，便有金沙源源流出。

弗里吉亚人从欧洲进入亚洲，在安卡拉（Ancyra）建都。在颇长的一段时间内，他们对埃及与亚述称霸近东曾加以容忍。这族人自己无神，进入亚洲后，曾选择当地一位女神来崇拜。对那位女神，当地人叫“Ma”，他们则更名为赛比利（Cybele），这一名称得自女神庙宇所在之山，该山名叫卡比拉（Kybela）。弗里吉亚人相信赛比利是大地的精灵，万物的母亲。对女神的祭祀，全依当地的习俗。据传说，女神曾与美少年阿提斯（Atys）[1]相爱，为了保持她的圣洁，她曾令阿提斯把阳物割掉。因此，凡为女神的祭师，亦必以割去阳物为条件。这种神话，曾经传至希腊，并经文学家大肆渲染。罗马曾正式把赛比利迎入其万神庙。而弗里吉亚人一年一度为庆祝阿提斯复活而举行盛会，其种种仪式，自罗马嘉年华会中还可看出。

弗里吉亚在小亚细亚一度称雄后，即被一个新兴国家吕底亚击败。吕底亚之王盖吉兹（Gyges）于萨迪斯建都，统治该国达 49 年之久。在其统治期中，吕底亚的国力，旺盛达于极点。克里萨斯（公元前 570—前 546 年）继盖吉兹为王，借原有之国力四出征服，不久即统一了小亚细亚。克里萨斯征服其附近小国所使用的是两种策略：一种是以重金收买各国最具势力的人，一种是以崇奉各国神道收服民心。他曾举行“百牛大祭”，宣称他是诸神的“宠儿”。关于克里萨斯，有一件事值得大书特书。他曾实行金银铸币，[2]这对地中海世界的商业而言，影响是重大的。过去这一带国家，无数世纪以来，通货虽曾以金、银、铜、铁为中准，但必须用秤来量，这太不方便了。

吕底亚人无文学作品留存。据说克里萨斯为讨被征服地区人民的

---

[1] 据称，阿提斯是处女神那那（Nana）以石榴置乳间怀孕所生。

[2] 最古的钱币，最近曾于印度摩亨佐—达罗（Mohenjo-daro）发现。此钱币，据考为公元前 2900 年之物。至于政府铸币，我们前面提过，是由辛那赫里布（约在公元前 700 年）创始。其币值，每块为半个雪克尔。

欢心，曾以金银制成花瓶奉献土人所奉诸神，但这类花瓶也早已失去踪影。今天我们所见的，仅有卢浮宫博物馆所藏的少数花瓶。这些花瓶自吕底亚人墓中掘出，其制作之精巧与埃及、巴比伦相比并不差。在克里萨斯时代，吕底亚已深受希腊影响。希罗多德游吕底亚时，即发现这个地方的风俗习惯，除少数外已与希腊无异。不同的是，吕底亚人女儿的嫁妆大多是靠卖淫赚来的。

克里萨斯的败亡，相当富有戏剧性。据希罗多德说，这位国王曾在雅典贤人梭伦前显示他所拥有的金银珠宝，随后问："现在你说全世界最快乐的人是谁？"梭伦连说了三个人，都是死者，没有提到他，让他很不高兴。梭伦走后，他即致力于反抗波斯。但谋划未成，波斯王居鲁士已兵临城下。据记载，吕底亚的兵力原不输于波斯，之所以失败，在于他们作战用马，波斯作战用骆驼。骆驼不比马凶却比马臭，马因不耐这种臭味跑了，吕底亚就败了。军队失败，都城陷落，按当时惯例，克里萨斯得自带火葬木材，携妻子儿女及诸王公大臣请死于居鲁士面前。木材已经架好，火把已经点着，这时克里萨斯才感到梭伦所说的话不错。当他正自悔恨时，居鲁士忽大发善心，令人把火扑灭，将他从火焰中救出，并带他到波斯，将他尊为上宾。

闪米特系统

关于近东诸种族，为了便于了解，我们把住在北部地区的视为印欧族系统；住在中南部地区的，即从亚述到阿拉伯，视为闪米特系统。不过，这样分我们必须注意一点，即事实上，种族的散布不可能这样界线分明。我们知道，在所谓近东这一区域内，有高山，有沙漠，高山沙漠都足以使若干地区因交通不便，而使本来相同的语言风俗习惯向不同方向发展。另外，相反的一点是，原来语言风俗习惯本不相同的地区，后来或由于交通便利，例如沿河从尼尼微、卡尔基米什到波斯湾，或由于彼此通商，或由于自愿迁居，或由于被迫放逐，不但语言风俗习惯，甚至血统也有混而为一的趋势。[1]

因此，当我们称某些人属“印欧族系统”，某些人属“闪米特系统”时，是就其主要特征而言。事实上，任何一个种族，其血统、语言、文化，不仅会受其邻人的影响，而且会受其敌人的影响。以汉谟拉比及大流士一世而言，谁都知道他们血统不同，宗教不同，然而就其为人行事看来，这两位伟大的君主简直就是孪生兄弟。闪米特发源生息之地为阿拉伯。阿拉伯除少数绿洲之外，大部分皆为沙漠及不毛之地。这里由于人口繁殖非常快，以致如果不向外迁徙根本无法生存。不过，不是大家都有机会向外发展，于是留下来的便形成阿拉伯或贝都因文化。阿拉伯及贝都因文化的特色有：父权家庭、对长上绝对服从、宿命论及杀亲生女献于神等。阿拉伯人虽早就具有杀亲生女献神的勇气，但真正谈到宗教，还是在穆罕默德降生之后。在颇长一段时期中，他们和远东的商业交往极为频繁。有一段时期，其港口如亚丁堆满了印度群岛的货品。阿拉伯的驼队以负重致远著名。这类驼队载着他们的土产，曾远达巴比伦和腓尼基。阿拉伯人在宽广的阿拉伯半岛上，也建有不少城市、宫殿及神庙，不过由于他们不太欢迎外人参观，因此知道的人不多。几千年来，阿拉伯外界数以百计的王国，忽然而兴，忽然而亡，可是他们仍是老样子。自胡夫及古迪亚时代迄今，阿拉伯人的生活形态几乎一点都未改变。

现在，我们要谈谈腓尼基了。过去，我们曾一再提到这个民族。我们知道，他们到处做生意，他们的船走遍每一处海域。然而，若要真正问起腓尼基是些什么人，几乎每个历史学家都会脸红。例如，问到腓尼基人从哪里来？所得的答案就是不知道。腓尼基人似乎无处不在，可是又不可捉摸。我们不但对腓尼基人来自何地、来自何时不得而知，就是问他们是否属于闪米特系统，也毫无把握。[2]

[1] 闪米特一词，来自闪（Shem）。据传说闪为诺亚之子。闪族人相信，他们是闪的后裔。

[2] 有学者相信，腓尼基为克里特人的一支，因为他们具有与克里特人相同的文化。

关于腓尼基人的来源，就算截至他们到达地中海沿岸之时起，我们除相信泰尔学者的话外，也别无文献可征。据泰尔学者告诉希罗多德，他们（腓尼基人）先世来自波斯湾，在地中海沿岸开始筑城而居，约在公元前 28 世纪。腓尼基这个名词甚至也大大值得争论，它来自希腊文 Phoinix，而这个字有两解：一指泰尔商人所售的红染料，一指盛产于腓尼基海岸的一种棕榈树。所谓腓尼基海岸，指长 100 余英里、宽 10 余英里、位于叙利亚与海之间的一片土地。这块狭长海岸，在黎巴嫩山区人民看来，可以说毫无用处，但在腓尼基人眼里，再没有比这更理想的地方了。它的好处是：背后有山作为天然屏障，不怕好战国家的侵袭；前面是海，船出海正好方便。

由于受山限制，海岸窄狭，所以注定腓尼基人非向海上讨生活不可。在古代世界中，从埃及第六王朝起，腓尼基人的商船就已充斥海上。当埃及极盛时，其处处要受埃及的约束，但自公元前 1200 年左右，埃及式微，腓尼基便成了地中海上的霸王。腓尼基人善于制造玻璃及金属器皿，至于搪瓷花瓶、装饰品、珠宝、武器，也能制造。紫色染料可说是他们的专利品，因为提炼这种原料的东西——一种软体动物（mollusc）——正盛产于腓尼基海岸。泰尔的女性，以善制颜料著名。她们的刺绣，花样多，色泽美，可谓人见人爱。以上所述产品，加上购自印度及近东的货物，如谷物、酒、纺织品、宝石，促使商业更加繁荣。腓尼基商船经常往来于地中海、黑海、塞浦路斯、非洲、西班牙、英国。它们自黑海带回的有铅、金及铁，自塞浦路斯带回的有铜、柏树、谷物[1]，自非洲带回的有象牙，自西班牙带回的有银，自英国带回的有锡。除货品外，为了满足劳动力的需要，他们还四处购买奴隶。

腓尼基人精于贸易。一次他们到西班牙，以一船油换得之银，重得连船都载不动。怎么办？聪明的腓尼基人把船上所用的器皿，甚至

[1] 铜（Copper）及柏树（Cypress）的英文名称，均是以塞浦路斯得名。

锚链，一律用银打成。船就是这样开回来的。这样还不满足，他们再度到西班牙时，还就地雇人大开银矿。[1]

和古代的某些人及某些国家一样，腓尼基人常常商盗不分。他们的行为往往因对象而异：弱则用抢；愚则用骗；不弱不愚，才和你规规矩矩做生意。有时候，他们公然劫夺行经公海的商船，将货抢了，将人抓去做奴隶。有时候，他们把船开到某些国家港口，诱人上船参观。人一上船，便将你运到远方去贩卖。以上这类行为，常使人一提到闪米特商人便痛恨不已，其中受影响最大的是希腊人。不过希腊人被骂也不大冤枉，因为他们的祖先也曾有此行径。[2]

腓尼基人使用的是一种低狭而长的帆船，长约70英尺，船首突出向前。这种设计较埃及帆船船首曲而向后者，无论在破浪、当风、应敌上都较方便。龙骨上有根桅杆，长方形的帆便挂在上面。舱内有桨两排，由奴隶操作。甲板上为战士位置，他们的职责，除应战外，便是做生意。这种船不结实，无指南针，吃水不过5英尺，夜间不能航行，靠岸时更使人提心吊胆。由于经验的累积，腓尼基水手逐渐认识了北极星——希腊人称之为腓尼基星。靠着这颗星，他们慢慢把船驶向大海，越驶越远，最后他们经非洲西北，绕好望角——他们发现了好望角，较达·伽马早了2000多年——竟到达非洲东海岸。“每届秋初，”希罗多德说，“他们便在海岸上播种，及至收成便出海。初出海的腓尼基青年，前一两年，他们最远只敢到直布罗陀。第三年后，他们便能行经直布罗陀，环绕好望角而达埃及了。”看，这是多么惊人的一种冒险！

沿地中海各战略要点，腓尼基人筑了不少要塞。著名的有加的斯、迦太基、马赛、马耳他、西西里、撒丁、科西嘉。他们的要塞，

[1] 吉本（Edward Gibbon）说：“西班牙的命运，在古代极像今天的秘鲁及墨西哥。腓尼基人在发现此一产银地区后，即以种种手段诱使当地人为之开采。这种情形，与近代列强在拉丁美洲所作所为如出一辙。”

[2] 希腊人——在公元前四五百年中，亦常以劫掠为事——对凡喜欢抢骗之人，便骂他是腓尼基人。

甚至有的远至英国。这些要塞随着时间的推移，有的变成了他们的城市，有的变成了他们的殖民地。除以上要塞外，他们还占领了塞浦路斯、米洛斯岛及罗德岛等。腓尼基人从埃及、克里特及其他近东诸国，学到科学和艺术，接着又把它们传授给希腊、非洲、意大利及西班牙。通过商业及文化，他们把东方和西方连接起来。欧洲从野蛮进入文明，腓尼基人功劳也不小。

第一由于贸易发达，第二由于外交手腕灵活，第三由于理财得法，腓尼基各城市很快便臻于富强之境。比布鲁斯（Byblos）是腓尼基历史最悠久的城市，其守护神厄勒（El），自始至终都是腓尼基人崇拜的对象。因为水草纸是腓尼基人做生意的大宗货品，故希腊人把他们的“书”（biblos），用来叫腓尼基人的城市。英文称《圣经》为“Bible”，亦是由希腊的“书”字而来。

自比布鲁斯沿海岸南行约 50 英里，有一座城叫西顿。这座城市原来不过是一个要塞，但因其位置适中，不久就由村而镇，由镇而变成一个大都会。在薛西斯时代，其舰队就从此出入。后来波斯人围攻，守将不屈服，一把火将其烧得干干净净。在这一把火下，城中 4 万居民据说无一幸免。但当亚历山大光临时，此城又已重建。城中不少商人，还随亚历山大军队前往印度“做武装生意”。

腓尼基最大的一个城市，当数泰尔，即大石之意。此城建于距海岸不远的一个小岛上。最初，它也仅为一要塞，但以海港优良，防守便利，不久便发展成一个大都会。泰尔在地中海世界，是屈指可数的商品及奴隶集散地。公元前 9 世纪，泰尔在所罗门之友希兰（Hiram）王的治理下，已经非常富庶。及至撒加利亚（Zechariah）时代（约公元前 520 年），这个都市所集积的金银，更是多如泥沙尘土。由于居民勇敢富庶，因此泰尔在很长一段时期中，均能享有独立自主。不过，像西亚其他城市一样，在亚历山大的威势下，泰尔也不能不低头。亚历山大来到泰尔，也许为了表示他的至上权力，他曾下令从海岸筑一堤与之相通，这一来泰尔由岛变成了半岛。及至亚历山大港筑成，泰尔的繁荣才告结束。

像西亚其他国家一样，腓尼基人也有许多神。大体上说，每城都有一神。在腓尼基人观念中，此神是城的守护者，是国王的祖先，是人民生活资源如谷米、酒、无花果及亚麻的赐予者。腓尼基人称其城之守护神为巴力（Baal），泰尔的守护神名叫麦勒卡特（Melkarth）。这位神像希腊之神海克力斯一样，以天生神力著名。阿斯塔特是腓尼基人的伊什塔尔。她之所以受崇拜，据说由于她是圣洁的象征。另外，和伊什塔尔一样，她又代表美和爱。这也是希腊人常把她和阿佛洛狄忒相提并论的缘故。

比布鲁斯崇拜阿斯塔特，与巴比伦崇拜伊什塔尔·米利塔（Ishtar Mylitta）一样，需以女儿贞操为献礼。比布鲁斯的女孩子，为了表示对阿斯塔特的敬意，首先，是把她头上的青丝剪来奉上；其次，便是在庙中把其贞操献给第一个向她示爱的陌生男子。和伊什塔尔爱上坦木兹一样，阿斯塔特也爱上了阿多尼（Adoni）。和坦木兹一样，阿多尼也曾被野猪咬死。为了庆祝阿多尼之复活，比布鲁斯及帕福斯（Paphos，塞浦路斯中的一座城）和巴比伦一样，也有一年一度的庆祝大典。在庆祝大典中，市民均要捶胸顿足大放悲声，直到他们认为已把阿多尼哭活为止。腓尼基有个最怪的神，叫摩洛（Moloch，意即“王”）。这个神非常可怕，他喜欢以孩子做燔祭。据记载，迦太基被围时（约在公元前307年），居民烧烤供神的孩子，为数多达200人！

腓尼基对文明世界的贡献，值得大书特书的一点是他们的商人，把他们学自埃及的字母传播给了西方世界。字母，一方面是文学发展的基础，一方面是经营商业的利器。如果我们把地中海世界的统一归功于文学与商业，则传播字母之功显然又在文学与商业之上。

尽管希腊人并不否认，他们的字母得自腓尼基人，但史学家对于这一点，总觉得颇有疑问。他们认为比较合理的推想是：腓尼基及希腊对字母均是得自克里特人。

不过，更合理的推想应是，腓尼基人一获得水草纸，便获得字母。因为一个商业国家有那么多账要记，用字母记在纸上，与用一个个由声音构成的单字记在泥板上相比，其便捷程度不可同日而语。据记载，腓尼基人从埃及大批运入水草纸的时间，约在公元前 1100 年。泰尔的希兰王有一个铜杯，其上所刻的文字，即由字母拼成。此铜杯的制作年代，约为公元前 960 年。摩押之王米撒（Mesha，约公元前 840 年）有一块记功碑（此碑现存于卢浮宫博物馆），上面的文字，即由字母拼成的闪语。米撒的记功碑，其书写方法是由右向左。但字母到了希腊人手里，拼写就依照他们原来的传统习惯一律改为由左向右了。欧洲人是希腊人的学生，他们的书写习惯，自然也照老师的样子。

字母是一种了不起的发明。这一套神奇的符号是世界文化最宝贵的遗产。发明它的人值得纪念，传播它的人也值得纪念。不过，据现在所知，最初使用字母拼写文字的人，不是腓尼基人，而是西奈人。皮特里爵士在西奈一个名叫索拉比特·哈迪姆（Serabit-el-Khadim）的小村（古埃及人曾在此开采绿玉）发现一些石刻。这些石刻上的文字很奇怪，据推测，大约为公元前 2500 年之物。石刻上的文字，虽然至今尚无法索解，但有一点是很明显的，即它既不是象形文字，又不是按音符拼成的楔形文字，而是一种用字母拼成的拼音文字。

另外，法国考古学家在叙利亚之南，一个名叫扎布那（Zapouna）的地方，发现了一座图书馆。馆里藏书，均以泥简做成。这些书，有以象形文字写的，有以拼音文字写的。据考证，扎布那于公元前 1200 年即已全部毁灭。基于这项事实，这批泥简成书之日，自然当在公元前 13 世纪或公元前 13 世纪以前。从这一点，即可看出这个地区历史文化之悠久。

叙利亚崛起于腓尼基之后，位于黎巴嫩山区。叙利亚的都城，叫大马士革，叙利亚人自称，这是世界上最早的城市。在一段时期中，大马士革诸王，曾将其附近 10 余个小国纳入其统治之下。由此，叙利亚曾有效对抗亚述的入侵。大马士革的居民多半为闪米特人。他们很富有，致富的方法是组成商队沿着叙利亚平原山地道路从事贸易。

除富商外，大马士革还有不少工匠和奴隶。这些人工作劳苦，生活艰困。为了对付压榨，石工曾组织工会，面包师曾相约罢工。一般而言，叙利亚各城镇的人都忙碌而不和谐。

叙利亚的工匠，技术均颇精良。他们能制陶器、木器，能雕刻象牙，能镶嵌珠宝，能做妇女所喜欢的各种花花绿绿的纺织品。

大马士革的时尚、仪节及道德观念，一切均唯东方古巴黎——巴比伦马首是瞻。神妓在叙利亚和西亚其他国家一样，处处流行。由于圣母是大地的象征，故“性”成了生产与繁殖的代表。把童贞献给阿斯塔特，不但是一种宗教传统，而且是一种生活希望，因为性是人丁兴旺、禽兽繁殖、五谷丰登的表征。每年春分，叙利亚庆祝阿斯塔特，就和弗里吉亚庆祝赛比利一样，有着一种近乎疯狂的仪式。仪式的中心地点在希拉波利斯（Hierapolis）。是日，笙箫鼓乐，杂以哭声——叙利亚人相信，哭声可使阿斯塔特的爱人阿多尼复活——成群祭师在狂呼猛跳之余，更以匕首戳刺自己。这种仪式是很感人的，因为每年都有不少观众为此献上钱财衣物，甚至他们自己——即自愿割掉生殖器，一生侍奉圣母。

上述庆祝仪式，从白天一直持续到夜晚，夜晚是庆祝仪式的最高潮。在黑暗中，祭师神秘地打开阿多尼坟墓，同时宣称他复活了！在这兴奋的一刹那，祭师把香膏擦在所有善男信女的嘴上，同时这样悄悄告诉他们：“有一天，你也会从坟墓中站起来。”

叙利亚的其他神道，并不比阿斯塔特好侍奉。叙利亚祭师也曾宣称，人们可以信奉厄勒——相当于犹太人的艾洛希姆（Elohim），意即众神之灵。不过，这位神道太文雅了，叙利亚人反而不喜欢。他们所喜欢的是腓尼基人所信奉的巴尔。大体而言，每一座城市都有一位守护神。叙利亚人相信，这个神就是太阳。太阳喜欢享受烧烤过的小孩子。叙利亚人对神的最大献礼，就是以自己亲生的子女为燔祭。子女燔祭之时，父母必盛装亲临观礼。作为牺牲之儿童，率先由祭师安排，坐于所献神像怀中。典礼开始，喇叭箫鼓之声大作，淹没了被烤炙儿童的哭叫声。

这种燔祭太过残酷，因此后来出现几种变通办法：一、行燔祭时不放火烧孩子，由祭师自刺全身，使血流遍神龛，以满足神的要求；二、割所燔祭孩子之包皮以代；三、连包皮都不割，出一笔钱了事。有时，有的父母这样说，他们梦中得神启示："神并不希望孩子牺牲，而使其妈妈流泪。"

在叙利亚以南，另外一些操着各种不同方言的闪米特人，也流行着这种风俗。犹太人"令孩子从火中跑过"，是这种风俗的变体。在犹太，虽早就禁止以儿童做燔祭，但亚伯拉罕想用以撒做牺牲，阿伽门农想用伊菲革涅亚做牺牲，追本溯源，就是这种古老风俗所留下的遗迹。这种风俗有着不少可怕的记载：摩押之王米撒，在围城中以其长子行燔祭，围解后，为了谢神，他又杀戮了以色列人的7000个孩子！在这一带地区中，从苏美尔时代起，至犹太人进攻迦南时止，其间亚摩利人曾在阿姆鲁（Amurru）平原劫掠（约公元前2800年），亚述王萨尔贡曾攻占苏美尔，巴比伦王尼布甲尼撒曾攻占耶路撒冷（公元前597年），约旦河谷不断流着鲜红的血液。这些血液有些是为人流的，有些是为神流的。

在人类文明史上，要想把这一大批小种族如迦南、摩押人、亚摩利人、以东人、非利士人及阿拉米人，作一条理分明的叙述是很难的。不过对于他们，我们又不能不提到。例如阿拉米这一族，似乎处处都有他们的踪影。他们的语言变成了近东一带的公用语言，他们的文字——自埃及或腓尼基学来的字母拼音文字——取代了美索不达米亚的楔形音节文字。其取代过程，显然是先用来记账，慢慢变成了文学及传播思想的媒介。这套字母，不但基督徒用它，就是今天阿拉伯人也用它。另外，对于犹太人，我们也得以相当多的篇幅来叙述。我们之所以重视犹太人，并不因其人口众多，也不因其幅员广阔，而是因为他们为世界提供了伟大的文学作品、影响深远的宗教及若干圣智的哲人。

第六章 | 犹太

应许之乡

对于喜欢以地理做历史注脚的史学家，如巴克尔（H.T.Buckle）及孟德斯鸠，巴勒斯坦可以说是最理想不过的题材了。巴勒斯坦是一个很小的地方，从其北面的但（Dan）算到其南面的贝尔谢巴（Beersheba）为 150 英里，从其西面的非利士算到其东面的叙利亚、阿拉米、亚扪、摩押及以东，宽处为 25 英里，窄处为 8 英里。单从其面积来看，谁也不会相信它会在历史上扮演一个非常重要的角色。事实上，它对后世的影响，不但巴比伦、亚述、波斯赶不上，甚至连埃及或希腊也赶不上。

说来也不知道是好运还是坏运，巴勒斯坦不偏不倚，正位于尼罗河各大都市与底格里斯及幼发拉底河各大都市之间。由于其位置冲要，商业固属发达，战争也难避免。这块地区，自古即成兵家必争之地，因此，一次又一次战祸不断向它袭来。希伯来人周旋于诸大帝国之间，时而向这方面输诚，时而向那方面纳贡，时而被这方面征服，时而被那方面占领。巴勒斯坦变成了美索不达米亚及埃及的磨心，这是一种折磨，也是一种熬炼。通过《圣经》，透过圣诗，透过预言，我们不时可以听到这一地区人民对上天作无可奈何的呻吟。

从气候上来研究巴勒斯坦，我们可以看出文明总是多灾多难的——蛮族环伺周围，干旱随时可置其于死地。巴勒斯坦一度是“奶与蜜流经之地”，一如《旧约》所说的。100 年，犹太史学家约瑟夫斯提到这块地区，他仍这样说:“这是一个优美的所在，空气潮湿，适于农耕。春天，有花有树。秋天，更有吃不尽的果品。这些果品，有野生的，有人工培植的……巴勒斯坦，无河流足资灌溉，雨量丰富，空气潮湿，因此颇宜于农作物生长。”古时候的巴勒斯坦，入春即雨水不断。水或储于池，或储于井。整个巴勒斯坦，有着纵横交错的运河沟渠，农田需水，运河沟渠即可灌溉。以上，可以说就是犹太文明诞生的物质基础。

巴勒斯坦土壤肥沃。农作物有大麦、小麦、谷物。这个地区，平地盛产葡萄，坡地几乎处处可见橄榄、枣及无花果。巴勒斯坦的毁灭，第一因素为人祸，第二因素为天灾。战争直接摧毁了适于耕作的土地，间接杀害或带走了照料土地的居民。人祸之后，天灾来了。当沙漠得寸进尺，吞没了地上的树木花草，旱魃即行就地称王。犹太人经过了 18 个世纪的流浪，今天又已重归故土。然而今天的巴勒斯坦，除少许绿洲外，大部分已属不毛之地。

巴勒斯坦有着颇为悠久的历史——其悠久在厄谢尔（James Ussher）主教想象之外。加利利（Galilee）海附近出土的尼安德特人遗物，海法（Haifa）洞穴发现的五具尼安德特人遗骨，即已足够证明公元前 4 万年广泛分布于欧洲的穆斯特文化，是起源于巴勒斯坦。新石器时代的地板及火炉在杰里科（Jericho）出土，这一地区的历史确定已可上溯至中青铜器时代。在公元前 2000 至前 1600 年间，巴勒斯坦及叙利亚诸城市所储积的财富，已多到足使埃及帝国忌妒。

在公元前 15 世纪时，杰里科已发展成为一座很完备的城市。有城墙，有王，王受埃及保护。英国加斯顿（John Garstang）考古队在杰里科诸王陵墓中，曾发掘到成百的花瓶及其他殉葬物品。从这些物品可以看出，这个城市在西克索统治时代，其农耕技术已相当发达，在哈特谢普苏特及图特摩斯三世时代，其文化之发展已极可观。就特勒·埃尔－阿马纳（Tell-el-Amarna）书信研究，对巴勒斯坦及叙利亚人的一般生活情况，可以得知大概。这批书信制作时期，大概也就是犹太人进入尼罗河谷的时期。信中所称的“Habiru”，很有可能就是“希伯来”（Hebrews）。[1]

犹太人相信，其始祖亚伯拉罕之先世，来自苏美尔的乌尔。该族定居于巴勒斯坦，约在摩西降生前1000年（约公元前2200年）。他们征服迦南，是膺天命，因迦南为上帝对他们的应许之乡。《创世记》第14章第1节，所提到的示拿（Shinar，巴比伦的别称）王阿玛帕尔（Amraphael）时代，可能就是汉谟拉比的父亲阿玛帕尔（Amarpal）以及其后继者在巴比伦称王的时代。关于犹太人出埃及及征服迦南，除下面一种间接参考资料外，找不到直接参考资料。所谓间接参考资料，是法老迈尔奈普塔（Merneptah，约公元前1225年）所立的一块石碑。那块碑上有着这样的句子：

> 所有的王都被制伏了……
> 提忽鲁（Tehenu）已成荒野，
> 赫梯业已平定，
> 迦南剥得精光，
> 以色列已无地可耕，
> 巴勒斯坦愿臣属埃及，
> 所有地方都已平定，
> 凡造反作乱者，皆已被伟大的法老迈尔奈普塔所制伏。

[1] 纵观各种发现，足证《创世记》所记犹太先民传统习惯颇多可信。《旧约》所载犹太人事迹，除种种超自然事件尚存疑外，大都经得起考验。因为由一年年所发掘到的文物显示，其记载是很真实的。例如，1935年在特勒·埃尔－阿马纳所出土的陶器，其记载即大致与《列王纪》所叙相符。因此，一般而论，除已发现反证的内容外，《圣经》尽可大胆采用。

不过这并不能证明迈尔奈普塔就是《出埃及记》中所说的那位法老。但可确定的一点就是，埃及军队一度肆虐于巴勒斯坦。关于犹太人进入埃及，我们既不知道时间，也不知道进入时的身份——奴隶还是自由人。[1] 我们也许可以这样推想，进入埃及的移民，人数本来不多，摩西之世，在埃及的犹太人之所以成千上万，可能是生殖率高的结果——犹太人的生殖和苦难常成正比："折磨愈大，繁殖愈多，生长愈速。"

犹太人在埃及受奴役，不堪其苦，这是他们之所以出埃及回亚洲的原因。他们的行为，当然是一种反抗及逃避，最后造成了民族大迁徙。《圣经》对这方面的记载，一遵东方史的惯例，神话、事实兼而有之。摩西这个人，其存在不容否定，不过他的出现颇为突然。因为像先知如阿摩司及以赛亚，对他居然一字未提。这似不合《圣经》惯例。按《圣经》惯例，凡重要的记载，如主要人物出现及重大变故，大都会引用先知神话作为根据。[2]

摩西领导犹太人所走的从埃及到西奈的路线，就是在距他 1000

[1] 也许，他们是随着西克索人进入埃及的。西克索人与犹太人同属闪米特，在西克索统治埃及期间，对他们会有所照应。皮特里同意《圣经》所记，犹太人在埃及住了 430 年，入埃及约为公元前 1650 年，出埃及约为公元前 1220 年。

[2] 据约瑟夫斯引述，公元前 3 世纪一位埃及史学家曼内托曾说，犹太人出埃及是出于埃及人的意愿。当时因穷困而沦为奴隶的犹太人中发生了瘟疫，埃及人怕受传染因而把他们赶走。摩西是埃及的祭师，他的任务是把犹太人带走。埃及祭师从小就养成清洁的习惯，为了防止瘟疫蔓延，摩西曾将这类习惯转教给犹太人。古希腊罗马学者对犹太人出埃及，曾一度采用此种解释。但因其与闪米特人是世仇，故很难为人所采信。英国史学家沃德认为，犹太人出埃及是一种罢工举动。《圣经》中有一节诗也这样说："埃及法老这样问摩西及亚伦：'你们为什么要让人们停止工作？去，叫他们赶快复工。'"

摩西一名不似犹太人而类埃及人。此名可能是 Ahmose 的略称。利物浦大学加斯顿教授宣称，他们在杰里科陵墓中发现一宗资料，该资料说，摩西被弃之后，捡到他的是一位埃及公主（捡到时间为公元前 1527 年）。这位公主就是后来鼎鼎大名的女王哈特谢普苏特。摩西由女王养大，在宫内十分得宠。摩西逃亡，目的在于避免女王政敌图特摩斯三世的迫害。加斯顿教授认为，他所发现的资料，与《圣经·约书亚记》第 6 章所记杰里科的陷落足可互相参证。他推定，城陷之时约为公元前 1400 年，而出埃及之时约为公元前 1447 年。这项时间的推算，由于所依据者为陵墓中的蜕螂雕像（译按：古埃及人的护身符）及陶器，故其可靠性要打一个折扣。

年前埃及人追求绿玉所走的路线。犹太人在沙漠中转来转去，消磨了40年的时光，就现在看来似乎很不可能。但是，当我们知道他们在传统上是一个游牧民族时，便不会感到奇怪了。犹太人征服迦南的事例，在近东可算是家常便饭——一个又饥又渴的游牧部族，向一个比较富足的农耕地区突袭。他们尽可能把当地人杀死，对于能够幸免的，便和他们结婚。当时杀人似乎毫无限制。在杀人者方面，心理上毫无愧疚，因为他们认为这是替天行道。犹太人的英雄基甸（Gideon），连夺两城，杀人12万！这样嗜杀，可以说是亚述历史的重演。在近东，人口被消灭得所剩无几之后，历史学家便这样说："现在天下太平了。"在犹太人中，摩西与约书亚是两个典型的领导者。摩西是一个耐心的政治家，约书亚是一个爽直的战士。摩西的统治是温和的，约书亚的统治是专横的。摩西假神意以行统治，约书亚凭武力以行统治。这两种领导都有效，犹太人便靠着这两种典型的领导获得了他们的应许之乡。

光辉灿烂的所罗门

关于犹太人的本源，我们只约略知道他们属于闪米特。至于他们和西亚其他闪米特有何不同，便说不上来了。犹太人之所以成为犹太人，可以说不是人种的缘故，而是历史使然。从祖先开始，犹太人就已是若干种族的混血儿。在成千种族交错的近东，若是说有一个可以称为"纯种"的种族存在，是不可思议的。不过，我们可以大体上说，以犹太人和其他种族相比，他们的混血程度，不如其他种族那么严重。理由基于此种传统：犹太人除非万不得已，不愿与外族通婚。对于这项传统，他们保持得相当谨严，故虽经过埃及、亚述的杂居，至今在艺术家笔下，犹太人的形象仍是：一个长而带钩的鼻子，[1] 两块

[1] 犹太人这个长而带钩的鼻子，很有可能得之于赫梯人。

突出的颧骨，卷曲的发须，瘦高而结实的身体。除此之外，他们还有一颗刚愎而富于计算的心。

在刚征服迦南的时候，犹太人衣着极其简陋。他们穿着紧身衣，头戴平顶帽，脚踏便草鞋。定居下来后，财富增加了，于是草鞋换成了皮鞋，紧身衣换成了镶边系带长衫。犹太的太太小姐，也漂亮起来。她们涂脂抹粉，画眼圈，戴首饰。她们的打扮，就是以当时名都巴比伦、尼尼微、大马士革及泰尔所最流行的式样为标准。[1]

犹太人说的是希伯来语。这种语言可以说是地球上音调最为铿锵的语言。不错，它也有喉音，不过它的喉音听起来令人毫无粗粝之感。法国语言学家勒南对希伯来语很推崇："如满弓之弦，如铜笛之音，清脆有力，悦耳动人。"犹太人所采用的字母，和腓尼基人所用的非常相似。很多学者认为，犹太人的字母是世界上最古老的。犹太人在书写字母时，总不厌烦写出其母音，即使现在仍是如此。其实，这些母音除辅助子音发音外已全无用处。虽然征服了迦南，可是犹太人并未形成一个统一的国家。在一段很长的时间中，他们以大约12个不相统属的部落的形态而存在。统治部落的，不是王而是相当于家长的酋长。大体上说，他们以家族为单位。每一家族中年高德劭者，共同组成长老会。长老会在全部落中就是最后的裁决者。平常各部落自行管理，唯有遇到紧急事故，各部落酋长才集会。家庭不但是犹太人的社会单位，而且是经济单位。一家人生活在一起，工作在一起。家庭成了他们力量的源泉、权威的象征、政治的基础。

其后，犹太人采用了家族共产制。这一制度的采行，对犹太人影响深远。因为这削弱了家长权威，唤醒了个人独立意识。个人意识的觉醒，经由市镇工业兴起而强化，于是便形成了所罗门统治的基础。

士师常为犹太各部落所信服。不过在犹太人眼中，他们并不是执法首长，而只是酋长和战士——在当时士师也就是祭师。"以色列人

[1] 参看以斯帖（Esther）故事及利百加（Rebecca）、拔示巴（Bathsheba）的描述。

在那个时代，没有王，他们每一个人，只有朝着自己认为对的方向去做。”不过，这种群龙无首的局面，一有战争便不能继续存在。非利士人的威胁，使犹太各部落觉得非在一个王领导之下团结起来不可。可是，即使在这种情形下，他们还考虑过任由一人统治的不利。希伯来士师兼先知撒母耳，即作过下列警告：

> 撒母耳将耶和华的话，都传给求他立王的百姓说，管辖你们的王必这样行。他必派你们的儿子为他赶车，跟马，奔走在车前，又派他们作千夫长、五十夫长，为他耕种田地，收割庄稼，打造军器和车上的器械。必取你们的女儿为他制造香膏，作饭烤饼。也必取你们最好的田地、葡萄园、橄榄园，赐给他的臣仆。你们的粮食和葡萄园所出的，他必取十分之一给他的太监和臣仆。又必取你们的仆人、婢女、健壮的少年人和你们的驴，供他差役。你们的羊群他必取十分之一，你们也必作他的仆人。那时你们必因所选的王哀求耶和华，耶和华却不应允你们。
>
> 百姓竟不肯听撒母耳的话，说：“不，我们定要一个王治理我们，使我们象列国一样。有王治理我们，统领我们，为我们争战。”

于是，犹太人的第一任王扫罗即位了。他做了不少好事，也做了不少坏事。他率领犹太人和非利士人作战异常英勇，他的生活非常简朴，可是对年轻的大卫，他不但加以迫害，而且想置他于死地。由于从《圣经》之外，再也找不到其他证据，因此关于扫罗、约拿单[1]及大卫的故事，我们只能根据《圣经》来说。不过，我们得声明一点，这是传奇不是历史。[2]

---

[1] 约拿单为扫罗之子，大卫爱友。——译者注

[2] 参孙（Samson）也是这一类的传奇。据《圣经》所载，他曾将火把系在300头狐狸的尾上，烧掉非利士人的庄稼。他又拾起一块驴头骨，击杀了1000多人。

继扫罗为王者为大卫。他是击杀歌利亚（Goliath）[1] 的英雄，以容貌俊美深获约拿单及无数美女的爱慕。他不但能歌善舞，而且处理国家大事更是精明能干。从文学作品角度看，大卫这个人创造得相当成功。即使现在读起来，也足以令人感到他是一个有血有肉的人物。基于他所处的时代，所出身的种族，所信奉的神，一方面他是最残忍的，一方面他又是最宽厚的。他像许多亚述君主所做的那样，大批坑杀战俘；他诏示其子所罗门，把咒骂他多年的老头子希梅（Shimei）处死；他为谋夺臣子乌利亚（Uriah）之妻，而借刀杀死乌利亚；他对先知拿单（Nathan）的指责表示接受，可是始终不肯放走美人拔示巴[2]。以上是一方面，但在另一方面，扫罗千方百计要杀他，他却一再加以原谅——一次，他本有机会杀死扫罗，可是他只割下了对方的一块衣襟；他对米非波设（Mephibosheth），一位对他王位的潜在威胁者，大示仁慈；他为起兵叛逆之子阿布萨隆（Absalon）的死而哀哭——“我儿阿布萨隆啊！我儿，我儿阿布萨隆！我恨不得替你死。阿布萨隆啊！我儿，我儿。”

所罗门王登基之前，头脑异常冷静，把他的政敌一个一个加以肃清。这样做，据说奉的是耶和华之命。他自称是神的宠儿，耶和华曾赐给他智慧，要他超越前人和后人。所罗门也许真的聪明过人。他是一位英明之主，确保内外和平，发展犹太工商业，使人民恪守法律秩序。他享尽人间富贵，留下了许多值得后人传诵的东西。[3]

终所罗门一生，其境遇恰与其名相符。[4] 在他统治下的耶路撒冷，和平富足达到极点。耶路撒冷是大卫王所建之都，本来是一座小村庄，村中有一口井，村民环井而居，后以其居高临下改筑为城砦，又以其恰为埃及与两河平原交通枢纽，而迅速发展成为一极尽繁华的近

---

[1] 非利士巨人。——译者注

[2] 即乌利亚之妻。——译者注

[3] “他的言语，后人采为箴言者，为数竟达 3000 条以上。他所作的诗歌，多至 1500 余篇。”

[4] 所罗门源于希伯来文 Shalom，乃福寿康宁之意。

东罕见的商业都市。[1]

所罗门使耶路撒冷与泰尔保持着大卫王与希兰建立起来的亲密关系。他鼓励腓尼基人商队到巴勒斯坦贸易。他令犹太人将剩余农产品，与往来商队交换从泰尔及西顿运来的商品。为进一步发展商业，所罗门组成商运船队，经由红海与阿拉伯及非洲贸易。他更慷慨提供这条路给腓尼基人使用。腓尼基人过去与阿拉伯及非洲贸易，差不多都是取道埃及，但自此之后，他们便都转向巴勒斯坦了。

所罗门有许多黄金和宝石。这些黄金和宝石不知是他派人去阿拉伯开采的，还是阿拉伯女王示巴（Sheba）由于有求于他而送给他的。有记载："某年一年内，所罗门收到的黄金，即达666塔伦。"这批黄金，虽不能与巴比伦、尼尼微及泰尔所拥有的相比，但就巴勒斯坦一地而言，所罗门之富也就值得骄傲了。[2]

饱暖思淫欲，所罗门亦不例外。他"共立了700个皇后，300个贵妃"——尽管史学家都认为，后不过60人，妃不过80人，但为数也很可观了。他之所以要这么多女人，也许有的是出于所谓"政治"婚姻，目的在于加强巴勒斯坦与埃及和腓尼基等国的联系；有的是出于"优生"观念，像拉美西斯二世，目的在于尽量把他的"好种"留传下来。所罗门的财富，用以强化其统治，美化其都城者为数不少。他在全国各战略要点大修城堡。他准许全国分成12个行政区域——划分时，尽可能破除部落疆界，以利国家统一。为了充裕政府财源，他派人四处采矿；他派人从远处买进奢侈品，例如"象牙、猿猴、孔雀"，高价出售给人；他向经过巴勒斯坦的商队抽税；他命国人缴纳人头税及田赋；他规定"纱、马及马车"为政府专卖物品。约瑟夫斯

[1] 于勒·埃尔-阿马纳泥简中，耶路撒冷书作Ursalimmu或Urusalim。

[2] 近东古代塔伦价格，参阅第9章第2节。塔伦价格，因时而异。以购买力为准，所罗门时代，1塔伦约合现在1万美元。所罗门收入黄金数额，史学家可能过于夸大。关于犹太币值的波动，参阅《犹太百科全书》，"钱币与奖章学"及"舍克（Shekel，1舍克约等于8.416克）"条。巴勒斯坦金银铸币（非金锭银锭）的出现，约在公元前650年。

曾经说："所罗门聚集在耶路撒冷的银子，简直和街上的石头一样多。"

如何装点耶路撒冷？所罗门的看法是，修筑富丽堂皇的神庙和宫殿。多年流浪的犹太人从前一直都没有神庙，耶路撒冷没有，其他地区也没有。犹太人敬拜耶和华，或在陋巷的圣所，或在山上的神龛。所罗门修神庙，对犹太人而言，可以说是破天荒之举。

据说，有一天所罗门把城中有权有势的长老传来，向他们宣称，他希望为耶和华修筑一所圣殿。他说："修建圣殿所需金、银、铜、铁、珠宝、木料，大致皆已齐备。但敬神是大家的事，因此也欢迎大家随意乐捐。"修建圣殿用了多少钱？下面是史学家留下的一笔账：5000 塔伦的黄金，1 万塔伦的白银，"珠宝尽其所有"，铜铁木料不计其数。圣殿所在地为一山头。殿之四周，高墙壁立，远望若峰。[1] 这座圣殿的形式，由腓尼基建筑师采自埃及，其装潢一部分是巴比伦情调，一部分是亚述情调。圣殿格局和今天的教堂完全不同，是由若干建筑物所围成的一个四方院子。主要建筑并不宏伟——长仅 124 英尺，宽仅 55 英尺，高仅 52 英尺——就其长与希腊雅典女神之神殿相比，仅及一半，与沙特尔大教堂（Chartres Cathedral）相比，仅及 1/4。

关于圣殿的建筑，所有犹太人皆有所捐献。圣殿建成后，前来礼拜的犹太人，无不惊为奇迹。对于没有见过底比斯、巴比伦及尼尼微神庙的人来说，这的确是世界上最伟大的建筑了。正殿之前，有一"门廊"。此门廊高约 180 英尺，金碧辉煌，华丽无比。如果记载可信，圣殿之梁、柱、门、窗、墙壁、灯台，都是金裱的，另外还有 100 个纯金盒子。进入圣殿，四处珠光闪闪。最引人注目的是约柜上两个由纯金铸成的天使。建筑圣殿之木石，一律都是特选的。天花板、门框、台柱所用之木，有的是香柏，有的是橄榄树。四周墙壁所用的石头，不但大小一致，而且每块都是方方正正的。任何一项建

[1] 圣殿地址，可能即今哈拉姆（El-haram-esh-sharif）寺所在之处。不过，这也只是推测，因该处迄今并无圣殿遗物发现。

筑，均离不了材料人工。圣殿所需材料人工，除次要者就地征发外，其余工料均由腓尼基、泰尔及西顿等名都挑选而来。据记载，因修圣殿所动员的民夫，即达 15 万之众。

修圣殿，所罗门费了 7 年工夫。这座圣殿足足给耶和华住了 400 多年。继圣殿之后，所罗门又开始建造他的宫殿。由于宫殿比圣殿规模更大，因此工作时间也花得更多。据记载，所罗门修宫殿整整费了 13 年。所罗门宫殿，即世所艳称的“黎巴嫩林宫”。这座宫单以一角而言，即较圣殿大了 4 倍。正殿之墙全以巨石砌成，这些巨石每方均长达 15 英尺。宫殿四壁全为亚述式的装潢，其中雕刻绘画皆精致无比。宫殿由无数堂阁组成。这所宫殿除供所罗门自己及其后妃所住外，尚有贵宾室及兵工厂。据记载，这座宫殿千门万户极尽繁华，可是岁月无情，今天到耶路撒冷的人，不但见不到一方巨石，就是宫址何在，也已无人可以指出确切地点。

有了黄金、美人，有了宫室台榭，又值天下太平无事，所罗门当然可以坐下来享福了。据称，所罗门晚年，到寝宫的日子渐多，到圣殿的日子渐少，写《圣经》的人为此曾对他表示不满，说他“宠爱外邦女子”，并顺从外邦女子的心去“顺从别的神”。犹太人敬仰所罗门的智慧，却怀疑他对神的虔敬。所罗门大兴土木，已耗费犹太人不少血汗，宫廷靡费需钱更多。需钱就得征税，任何一位君主，征税太多总是不受欢迎的。

所罗门死后，犹太已民穷财尽。由于没有工作，无法生活，穷苦百姓的信仰也起了根本的改变。他们这时所崇拜的目标，已不是威严赫赫的耶和华，而是一位像众先知所描述的，专以仁爱为怀的救世主。

众神

对犹太人来说，筑圣殿仅次于宣布“律例”。因为圣殿——耶和华之家筑成后，长期流浪的犹太人，在精神上才算有了依托。圣殿标举耶和华为犹太唯一之神，对宗教发展来说，这是一桩值得重视的大事，因为这确定了犹太人的教已由多神教进入了一神教。

犹太人最初登上历史舞台的时候，是一个终年流浪的游牧民族。和其他游牧民族一样，他们也是见着什么都下拜，拜天、拜地、拜石头、拜山、拜洞、拜牛、拜羊。在所有崇拜事物中，犹太人特别崇拜的是公牛、羊和羊羔。埃及人也崇拜牛，犹太人住在埃及时，自然更加深了对牛的崇拜。这就是摩西一再告诫犹太人勿崇拜邪神，而他们还是要崇拜“金牛”的原因。《出埃及记》第 32 章，有着这样的记载：摩西看见犹太人裸体在金牛前舞拜，因而大为震怒。于是，便令利未（Levite）的子孙——即祭师集团——杀了 3000 人，以作为崇拜邪神的惩罚。[1]

在犹太古史中，记载犹太人对蛇的崇拜更是屡见不鲜，摩西铸有黄铜蛇杖。公元前 720 年，希西家（Hezekiah）时代，人们可公然在圣殿中拜蛇。犹太废墟中，经常可以发掘到蛇的雕像。若干崇拜蛇的民族，似乎都比不上犹太人对蛇这么崇敬。人们之所以崇拜蛇，理由可能是：一、蛇为阳具的象征，拜蛇是一种变相的阳具崇拜；二、蛇首尾可以相接，故用以代表智慧、巧妙及永恒。有些犹太部族崇拜巴力。代表巴力的，是一块圆锥形的直立巨石。和印度人所崇拜的林迦（linga）一样，巴力显然也是男性生殖器的象征。犹太人相信，他是一位使万物从大地滋生的神。

犹太人即使在很晚的年代，仍然相信宇宙中有天使、家神的存在。这可以说就是多神教残存的遗迹。在犹太人观念中，魔术与神道密不可分，魔术师必能和神道交往。摩西及亚伦之所以能扮演《出埃及记》的主要角色，显然得益于魔术师的身份。古犹太人常以打卦来

---

[1] 古犹太人崇拜动物的遗迹，尚可见诸《列王纪》12：28，及《以西结书》8：10。另在所罗门后一世纪，以色列王亚哈（Ahab）对小牝牛也很崇拜。

求神指示。打卦在犹太史上持续了一段很长的时间。求神指示，不靠打卦，而靠上供、祷告和奉献，乃是很多祭师长期努力的结果。

信耶和华为唯一真神的观念，在犹太是慢慢形成的。和美索不达米亚其他民族一样，犹太人的宗教最初也是多神教。耶和华原为迦南土著民族所信神道之一，这位神，迦南人称之为雅胡（Yahu）。[1] 犹太人征服迦南后，雅胡也接受了改造，于是便成耶和华。

在犹太人的想象中，耶和华是一位好勇斗狠、秉性倔强、威灵赫赫的神道。他具有不少缺点，但这些缺点都很可爱。他并不说“我无所不知”——一次他告诉犹太人：“我要杀死所有埃及人的头生子，你们每一家赶快把羔羊血洒在门上以便识别。因为唯有这样，才可免被波及。”他有时也会犯错误。他自认第一大错是“造人”。他创造了亚当，然后又感到后悔。他立扫罗为王，然后又自认不当。他经常贪得无厌，性情暴躁，残忍嗜杀，反复无常。他曾说：“我高兴对谁仁慈就对谁仁慈，我高兴对谁施惠就对谁施惠。”雅各以欺诈手段对拉班施予报复，便曾经他认可。他对事的随机应变，和一位善玩政治的主教毫无二致。他喜欢训话，一开口就滔滔不绝。可是他最怕羞，从古至今没有人看见过他。不过，当他喜欢，他有时也会略微显露一点身影。总而言之，耶和华是所有神道中最具人性的神。

最初，耶和华似乎是位雷神，住在山上。其后，到了《摩西五书》（《旧约》前五卷通称《摩西五书》）作者——在他看来，宗教不过是政治的工具——笔下，耶和华乃一变而为帝国主义及领土扩张主义者。为了犹太人，他常起而奋战。摩西曾说：“耶和华是战士。”大卫也说：“耶和华教我作战。”耶和华曾答应犹太人，消灭他们的敌人，把希未人（Hivite）、赫梯人及迦南人赶走。他答应把从别人手里夺来的地方赐给他们。

---

[1] 1931 年迦南出土的铜器时代（公元前 3000 年）陶片上刻迦南神道，或称 Yah，或称 Yahu。

耶和华不是一位和平主义者，他明知犹太人必获其应许之乡，但仍令他们带剑去争夺。使耶和华由一位战神转变而成基督的仁慈天父，其间不知经过多少辛酸过程。在此过程中，有着无数次的军事失败，有着数不清的政治迫害，当然，更重要的一点是若干世纪以来道德观念的提高。作为战士的耶和华，喜欢大吃大喝，喜欢好勇斗狠。当他决心溺死埃及人时，他说："我在法老身上得荣耀，他们才知道我是耶和华。"为了助犹太人争取胜利，耶和华不惜极尽残忍——就现在道德观念看来，他的做法很多是我们无法接受的。他简直像格利佛为小人国作战一样，一举手许多国家便会自地球上消失。耶和华的严厉是极其可怕的。一次，犹太人与摩押妇女奸淫，他便吩咐摩西："把他们的头通通摘下来，同时当我的面拿去挂在高竿上任其日晒雨淋。"——这岂不就是亚述大神及亚述巴尼拔的作风？

他说过，爱我及守我诫命的，我必赐福予他。但狠起心来，他会因父亲惩罚儿子，因祖父惩罚孙子，因十七八代的祖先惩罚其十七八代的后代。耶和华最恨的是崇拜邪神。犹太人崇拜金牛，他便说："我要向他们发烈怒，将他们绝灭！"后来还是摩西对他说："求你转意，不发你的烈怒。后悔，把所说的祸降给你的百姓。"于是，他真的说："后悔，不把所说的祸降给他的百姓。"又一次，耶和华因犹太人向摩西发怨言，又说："我要击杀他们！"结果又是摩西求情，并且开导他："如今你若把这百姓杀了，那些听见你名声的列邦必议论。"于是，他又回心转意说："我照你的话赦免了他们。"

在亚伯拉罕时代，耶和华有一次要毁灭所多玛（Sodom）及蛾摩拉（Gomorrah）。亚伯拉罕和摩西一样，又特别向他求情及开导："若那城里有 50 个义人，你还剿灭那地方吗？"义人的人数，由 50 降至 40，降至 30，降至 20，降至 10，结果，耶和华果然也同意："为这 10 个的缘故，我也不毁灭那城。"由此，我们可以看出，人的道德观念进步，跟着他的神也就会被改造。耶和华对他的"选民"，曾用种种办法相威胁。他曾说，凡不服从他的，他会：

> 在城，降祸于城。在野，降祸于野……降祸于身，降祸于地……在家，降祸于家。在路，降祸于路……使你患痨病，患热病、发炎……患埃及肿疡，患毒瘤，患疥癣，全身发痒，患各种不治之症。叫你发疯，叫你目盲，叫你心慌意乱……各种疾病、瘟疫，一切经上所有与所无的疾病，通通降临于你，至你整个毁灭为止。

耶和华并不以成为犹太人之神为满足。他的第一条诫命，就是“除了我以外，你不可有别的神”。他曾自认“我是会嫉妒的神”，他要求信他的人，摒弃一切“邪神”“偶像”。在以赛亚以前，耶和华很少被人认为是各部族甚至犹太人的神。摩押的神是基抹（Chemosh）。对于他，拿俄米（Naomi）认为路得（Ruth）应该敬奉。巴力西卜（Baalzebub）是以革伦（Ekron）的神。米勒公（Milcom）是阿蒙的神。各部族由于政治经济的隔离，因此所信的神自然也就不一样。

摩西歌颂耶和华：“主啊，众神之中，谁能如你？”所罗门说：“伟大的主，你高高在众神之上。”由此可证犹太人最初不止一神。以坦木兹而言，几乎所有犹太人，特别是受过相当教育的人，皆奉之为神。在一段时间内，对于他的死，犹太人还普遍举行哀悼仪式。以西结（Ezekiel）曾说：“这算什么呢？哀悼坦木兹的哭声，简直连圣殿都震动了。”犹太各部族，即使在耶利米（Jeremiah）时代，几乎仍然各奉各的神。“犹太啊犹太，”耶利米这样悲叹，“算起来有一个城就有一个神！”于是他即力斥侍奉邪神巴力及摩洛之妄。

宗教历来为政治的镜子，耶和华是当犹太在大卫及所罗门统治下结成一体，耶路撒冷修筑了圣殿，然后才奠定其全犹太唯一真神地位的。就犹太人的宗教而言，耶和华奠定唯一真神地位，算是达到了一神教的目标。不过这时所谓的一神教，只能称之为“相对的一神教”（henotheism），[1] 将它和阿肯那顿崇拜日神之“绝对的一神教”（monotheism）相比，其间还有着一段距离。

尽管如此，将犹太人的宗教与巴比伦及希腊人的宗教相比，无论在哲学意义上，还是在实际影响上，其优越性均不可估量。当然，犹太人并不以“相对的一神教”为满足，他们曾努力进一步想将他们的宗教建设为“绝对的一神教”。[2]

犹太人的宗教不像埃及和巴比伦那样，有着那么多繁文缛节。古犹太人面对着一位专制残忍的神，只有战栗的分。经所罗门美化后的耶和华，在人看来也还是怕多爱少。一般人总说，人之所以需要宗教，主要在寻求安慰，可是，对宗教作历史性的分析，它带给人的，常常是恐惧多于安慰。约柜藏着神的诫命，那是绝对不可摸触的。虔诚的乌撒，怕约柜掉到地上，因此将它扶了一把，但好心没好报，“神勃然震怒，立击杀其于地！”

在犹太神学中，“罪”是一个核心观念。罪是德的对应，有史以来，我们从没见过像犹太这么好德的民族。在他们观念中，罪与德就是死与生的问题。他们通常把一切厄运，例如毁灭整个以色列的干旱，都归之于罪。然而由于人是血肉之躯，情欲在所难免，同时诫命与律法又那么多而复杂，因此，犹太人在精神生活上，几乎时时在和罪恶斗争。犹太人没有地狱观念，不过他们所谓的“黑暗之地”也和地狱差不多。他们相信，人死之后，无论好坏，一律都必归于黑暗之地。不去的人也有，但必须要像摩西、伊诺克及以利亚等大圣大贤才可。

---

[1] 此名词为缪勒（Max Müller）所创，用指高举一神，但对其余诸神仍然宽容的一种宗教。明显的如印度，不明显的如犹太。

[2] 以利沙（Elisha）在公元前 9 世纪，即曾发出一神的呼声：“我相信，除以色列人的上帝外，世间并无别神。”事实上，即使近代的一神论，多少也是相对的。说起来很自然，以色列既然可以有以色列之神，则欧洲、英国、德国、意大利，为何不可有他们自己的神？推而广之，中国、印度、日本，所奉之神多至百万实亦不足为怪。传教士往往慨叹：“很多民族不信上帝！”事实上，若不是整个世界因科学技术的发展，在经济政治上结为一体，要想世人同奉一位上帝是很困难的。

人死后在坟里还有没有生活？犹太人似从未加考虑。在犹太经典中，我们也从未发现他们谈论过肉身不朽的问题。德、罪、奖、惩，在他们看来一律都是现世的。犹太人的“复活”观念，是在他们国破家亡后才兴起的。这种观念，可能来自埃及，也可能来自波斯。复活观念的兴起，对犹太人影响很大，因为它，基督教才开始萌芽。

有罪就会收到恶果，如何解除此项威胁？第一是祷告，第二是牺牲。和雅利安族一样，闪米特对神所提供的牺牲，最初也是“人”。以人作牺牲太可怕了，于是慢慢改成动物——“一切头生的公畜”——及田地里所产的东西。但这样做都太靡费，最后干脆改为“赞美”。牺牲供奉的规定最初很严，例如，一切牲畜非经祭师宰杀祝福献神后即不得食。割礼，显然是牺牲的遗迹。用一部分代全体，神享用了包皮，即等于享用了整个的人。犹太人视月经与生产为不洁——精神上的不洁。去此不洁，需祭师为他们作种种祷告及牺牲。在犹太人生活上，禁忌非常之多，他们的心灵中，每一动念几乎都伴有罪恶。犯禁忌与犯罪相等，如何赎罪？对神捐献是一个最受欢迎的办法。

牺牲，必由祭师以一定的仪节提供才有效。祭师是一个特定集团。在犹太人中，唯有利未的后裔才能做祭师。[1] 照惯例，他们不许留遗产，不缴纳一切税捐。他们的生活，靠征牲畜的1/10及所有献神供品维持。从巴比伦和底比斯放逐回来后，此一集团变得颇为富有。他们在耶路撒冷的势力，常常凌驾于国王之上。

尽管祭师权力很强大，尽管宗教教育很发达，可是犹太人始终无法把留存民间的一切迷信——特指异神崇拜——扫除尽净。在山中，在林间，秘密拜神之风还是相当盛行。他们所崇拜的神，有的是石头，有的是蛇，有的是金牛，有的是巴力，有的是阿斯塔特。他们所遵行的仪式，有巴比伦的，也有埃及的。在拜神时，焚香者有之，饮宴者有之，以“儿童跳火”做祭者也有之。

---

[1] 利未为雅各诸子之一。

崇拜异神之风，不但民间盛行，宫廷有时亦难免。像所罗门及亚哈，即以“随从异神”著称。为了破除异神崇拜，犹太人中兴起了一批先知——先知并不一定是祭师——像以利亚（Elijah）及以利沙等，一方面发表言论，一方面以身作则，他们希望使所有犹太人一齐走耶和华的一神道路。先知对犹太宗教的影响不小。由于他们来自民间，深知民间疾苦，因此他们所说的，大都是民众的心声。这批人思想深刻，观察敏锐，感情丰富，犹太教之所以后来能风靡整个西方世界，可以说得益于他们事先所作的一番整理、提高、净化之功。

先知

一个社会，当财富集中于少数人之手，大多数人便自然陷于贫穷了。在以色列，所罗门聚集的财富之多是空前的，因此，在他那个时代，贫富阶级的分化也最明显。所罗门之于以色列，颇像彼得大帝之于俄国，为了使全国从农业社会一跃而为工业社会，便不择手段不计后果。要发展工商业，第一要劳动力，第二要资金，劳动力资金从哪里来？当然从老百姓来。经过 20 多年的精心擘划，犹太社会是工业化了，可是由于长期沉重的徭役赋税，大多数人的生活资源已被榨得精光。

在所罗门的黄金时代，耶路撒冷已充满罗马末世的衰象：宫廷奢华无度，政治时起纠纷，人民生活困苦。人民生活困苦的原因，一方面在于贵族的压榨，一方面在于富人的剥削。阿摩司即这样悲叹：“以法莲（Ephraim）的人出卖正义。在地主，为的是银子；在穷人，为的是鞋子。”基于贫与富、乡与城的冲突，所罗门死后巴勒斯坦便一分为二：北方称以法莲[1]，以撒马利亚（Samaria）为都；南方称犹太，以耶路撒冷为都。南北对立，苦战不休，犹太从此即趋式微。

[1] 以法莲常自称“以色列”（Israel）。但本书以色列一词，专用以泛指整个犹太族。

内争常导致外患，犹太分裂不久，埃及人即长驱入侵。在法老示撒一世（Sheshonk Ⅰ）的围攻下，耶路撒冷陷落了。埃及人攻下耶路撒冷后，便动手加以搜刮。这一次他们把所罗门多年聚集的金银财宝差不多都搬光了。

政治分裂、贫富悬殊、宗教堕落、军事失利，这就是先知产生的时代背景。先知，犹太人叫拉比（Nabi）[1]，其原意颇异于我们现在所说的阿摩司及以赛亚。当时的犹太人，对先知并无多少敬意。因为先知中，有的似星象家，他们常为人看相算命而收取一定的报酬；有的疯疯癫癫，狂呼怪叫。耶利米即自嘲道："没有一个称为先知的人不是疯子。"

一般而言，先知多半具有悲天悯人的性格。他们有的出身学校，有的出身修道院，有的过着苦行的独身生活，有的则有产有家。总之，所谓先知的品类，真可说得上五花八门。犹太人的先知，可以说都是"街头政治家"。他们不满现状，对时代看不惯，对当权者看不惯，对祭师集团看不惯，乃至对整个闪米特看不惯。

先知多半作预言，但我们如把他们的预言，当"天气预报"来看便错了。因为他们的预言，有的代表希望，有的代表恶兆，有的代表他们对宗教的见解。不少预言家，是借预言发表其宗教见解。不少预言家的预言，甚至是在事情发生后才补写上去的。大体上说，一般先知并不以其预言足以兑现为能事，大都只是指出时弊，吐出愤懑，描述希望。从某些角度来看，他们很像托尔斯泰的信徒。他们是一批淳朴的乡下人，进城看到一个畸形的工业化社会，惊愕之余，据其所见，秉笔直书而已。

阿摩司就这样说："我原不是先知，而是来自乡间的牧人。"一天，他偶离羊群走到伯特利（Beth-El）。那里的一切，让他惊呆了。他看见贫富不均，他看见无情压榨，他看见有的人骄奢淫逸，有的人衣不蔽

[1] 希腊人译 Nabi 为 prophetes，意即报信者。

体，于是他如鲠在喉，不吐不快了：

> 你们践踏贫民，向他们勒索麦子；你们用凿过的石头建造房屋，却不得住在其内。栽种美好的葡萄园，却不得喝所出的酒……你们躺卧在象牙床上，舒身在榻上，吃群中的羔羊，棚里的牛犊。弹琴鼓瑟唱消闲的歌曲，为自己制造乐器，如大卫所造的。以大碗喝酒，用上等的油抹身……
>
> （神说）我厌恶你们的节期……你们虽然向我献燔祭和素祭，我却不悦纳……要使你们歌唱的声音远离我，因为我不听你们弹琴的响声。惟愿公平如大水滚滚，使公义如江河滔滔！

从世界文学史的观点来看，这是一种新格调。辩才无碍的阿摩司，借神之口吻所说的这番话，相信当时饮酒唱歌的人听来，会吓一跳。另外需指出的一点是，阿摩司为穷人代言，不但是亚洲文学一贯重视社会良心的开端，而且自此，使犹太宗教走到了一个新方向。从阿摩司到耶稣基督，在精神上可以说是一贯的。

阿摩司有过这么一段预言："耶和华如此说，牧人怎样从狮子口中抢回两条羊腿或半个耳朵，而以色列住撒马利亚的孩子，那些躺卧在床角上或大马士革坐垫上者，其得救也不过如此……象牙造的房子必被拆散，所有巨大的房子亦必被消灭。"[1] 这段预言是应验的，而其应验尚在阿摩司未死以前。

同一时代，其他先知也对撒马利亚提出行将毁灭的警告。何西阿（Hosea）说："撒马利亚的牛犊，必被打碎。他们所种的是风，所收的是暴风。"

在公元前 733 年，成立不久的犹太王国，由于受到以法莲的威

---

[1] 所谓象牙造的房子，显然是指撒马利亚王亚哈及其打扮得花枝招展的王后耶洗别（Jezebel）所住的宫殿。此宫殿约建于公元前 875 至前 850 年。建造宫殿的象牙，最近曾为哈佛大学图书馆考古队于亚哈宫殿废墟中发现。

胁，一方面与叙利亚结盟，一方面求助于亚述。亚述人来后，占领了大马士革，并要求叙利亚、泰尔及巴勒斯坦向他们进贡。犹太人这时又悔而求助于埃及，但埃及未至，亚述兵又已压境。亚述人占领了撒马利亚，逼犹太王订立城下之盟。这次，耶路撒冷虽未沦陷，但人民被掳走者达 20 万之众，所存金银财宝则被抢夺一空。

以赛亚，犹太人最伟大的先知，就是在这次耶路撒冷被围时崭露头角的。[1] 他比阿摩司有技巧。他认为以犹太一邑之地，纵得埃及声援，因远水救不得近火，绝无法与亚述相抗。他先后劝说亚哈斯（Ahaz）及希西家在亚述与以法莲之战中保持中立。他断言撒马利亚必然沦陷。

在耶路撒冷被围之日，以赛亚认为亚述国中将发生变故，劝希西家王谨守勿降。亚述王辛那赫里布不久果然撤围而去，这样一来以赛亚声名鹊起，不但老百姓，甚至国王也敬重他。

就以赛亚看来，世界上没有不灭之国。事实上，摩押、叙利亚、衣索匹亚、埃及、巴比伦，一一都倒下去了。“人人都要哀号”，这是以赛亚的语调，同时也是以色列所有先知的语调。任何一个国家，任何一个社会，凡有经济剥削存在，却又承认经济剥削合理，其势必不能长久。以赛亚可以说最洞察这一点：

> 耶和华起来辩论，站着审判众民。耶和华必审问他民中的长老和首领，说：吃尽葡萄园果子的，就是你们。向贫穷人所夺的，都在你们家中。主万军之耶和华说：你们为何压制我的百姓，搓磨贫穷人的脸呢？……祸哉，那些以房接房，以地连地，以致不留余地的，只顾自己独居境内！……祸哉，那些设立不义之律例的，和记录奸诈之判语的，为要屈枉穷乏人，夺去我民中困苦人

[1]《以赛亚书》虽用以赛亚为名，其实并非一个人的作品。创作此书的人，至少在 2 人以上，其年代在公元前 710 至前 300 年之间。《以赛亚书》第 1 至 35 章，其中所称的以赛亚，应该就是现在我们所说的这位以赛亚。

的理，以寡妇当作掳物，以孤儿当作掠物。到降罚的日子，有灾祸从远方临到，那时，你们怎样行？你们向谁逃奔求救？你们的荣耀存留何处？

以赛亚对那些一方面剥削穷人，一方面假装伪善的人，更是深恶痛绝：

耶和华说，你们所献的许多祭物，与我何益？公绵羊的燔祭和肥畜的脂油，我已经够了……你们不要再献虚浮的礼物。这些是我所憎恶的。我担当便不耐烦。你们举手祷告，我必遮眼不看。就是你们多多地祈祷，我也不听，你们的手都染满了杀人的血。你们要洗濯，自洁，从我眼前除掉你们的恶行，要止住作恶，学习行善，寻求公平，解救受欺压的，给孤儿申冤，为寡妇辩屈。

他对他的同胞，谴责甚严，可是，像阿摩司一样，他对他们并不失望。他最后的预言是，流亡在外的犹太人，有一天必能回到故乡重建家园——这项预言，从目前情况看是兑现的。以赛亚对犹太民族的最大贡献，是提出了弥赛亚救世主的思想。在这个思想中，他相信，将来必有大圣人出，终止犹太人政治上的歧见、种族上的压迫，同时将他们带至和平幸福之境：

因此，主自己要给你们一个兆头，必有童女怀孕生子，给他起名叫以马内利[1]……有一婴孩为我们而生，政权必担在他的肩头上，他的名必称为奇妙、策士、全能的神、永在的父、和平的君……从耶西（Jesse）的本必发一条，从他根生的枝子必结果实。耶和华的灵必住在他身上，就是使他有智慧和聪明的灵，谋

[1] Immanuel，为“神与我们同在”之义。——译者注

> 略和能力的灵，知识和敬畏耶和华的灵……以正义审判贫穷人，以正直判断世上的谦卑人，以口中的杖击打世界，以嘴里的气杀戮恶人。正义必当他的腰带，信实必当他胁下的带子。豺狼必与绵羊同居，豹子与山羊同卧，少壮狮子与牛犊并肥，畜同群，小孩子要牵引他们……他们要将刀打成犁头，把枪打成镰刀。这国不举刀攻击那国，他们也不再学习战事。

这种灵感，这种思想，是很可贵的。由于受到这种思想的熏陶，祭师提高了对神的虔诚，贵族增加了对穷人的怜悯，整个犹太人的精神有了寄托。不过，这类影响的发生，是要以若干代及若干世纪来计算的。至于当时，贵族、商人、地主仍然我行我素；战争仍然时常发生；犹太人被俘为奴之事，仍时有发生。在犹太人被放逐的那些日子，在世界从犹太教演化至基督教的那些日子，先知的言论，常常是具有决定性作用的。阿摩司和以赛亚的思想，可以说是基督教思想的发端。由这种思想所建立起来的理想国，无贫穷，无战争，的确是够令人向往的。众先知所倡导的弥赛亚思想，在犹太人脑中所种下的观念是：弥赛亚应该取得政权，组织政府；这是一个万能政府；这个政府最初仅属于犹太人，最后则扩大为属于全人类的受压迫者。阿摩司与以赛亚所预言的救世主，纯洁、慈爱、友善诸德行，大部分已由耶稣基督体现。他们更共同努力完成了耶和华的改造工作：在此之前，耶和华是“战神”；在此之后，耶和华是“爱神”。由于受到时代环境的限制，在先知的观念中，没有“自由”，也没有“民主”。不过，他们坚持站在不幸者的一边，确信为善则昌，作恶必亡，对后世所发生的影响，的确大不可言。

耶路撒冷的毁灭与重建

犹太对当代世界最大的影响，是他们编撰了《圣经》。《圣经》原是祭师的一种工具，其出现可能是基于这样的概念：当人们不信仰耶和华而信仰外来的神时，怎么去劝他们回来？引一段先知的话，把一条戒律加以解释，这都是很有用的。我们知道，先知的话语和自古相传的戒律，就是《旧约》的主要成分。

但先知的话语和戒律，往往零零碎碎，对耶和华作有系统的描述是必要的。基于这项需要，一个故事开始了。这个故事所牵涉的主要人物有：耶路撒冷之王约西亚（Josiah）和当时的大祭师希勒家（Hilkiah）。

故事说，有一天希勒家向王报告，他在圣殿一个秘密的档案室里，"发现"一卷东西，上面记载着耶和华直接告诉摩西的许多话语。这是一个惊人的发现，据说，王当时就召集了犹太的众长老，到耶和华的殿中，当着几千人的面把这一卷东西，一般称之为"约书"，念给他们听。念完后，王郑重宣誓，他要"尽心尽性地顺从耶和华，遵守他的诫命、法度、律例，成就这书上所记的约言"。民众听后也非常感动，也都愿服从此约。

这所谓的《约书》，到底是《圣经》的哪一部分，已不得而知。也许只是《出埃及记》的第22章到23章，也许包括《申命记》全书。不过，不管是哪一部分，它绝非一时发明，这是可断言的。我们相信，《圣经》是积年累月的产物。写作者不止一人，编订者亦不止一人。《圣经》内容包罗万象，其中有传说，有历史，有诫命，有律法，有预言，有诗歌。这本书究竟成于何年何月已不可考，不过有一点无可置疑的是，在约西亚王时代即已出现。

《圣经》可以说是部奇书，不管你是不是教徒，凡是读到它，甚至仅听人谈到它，都会获得一种难以磨灭的印象。约西亚王也许看准了这一点，因此，于宣读此书之后，立刻便下令清圣殿。他命将"为巴力所造的器皿，都从耶和华殿里搬出来"。他把"拜偶像的祭师"及"向巴力和日月星辰"下拜的祭师通通废去。他"污秽陀斐特（Topheth）……不许人在那里使儿女经火献给摩洛"。他打碎了从前所罗门为基抹及阿斯塔特所筑的神龛。

不过，这项举措并没有使这位王受到耶和华的特别照顾，而他的臣民也并不因此特别拥护他。诚如先知预言，尼尼微是衰落了，但这并没有为蕞尔小国的犹太带来多大好处。因为继臣服于亚述之后，犹太还得臣服于埃及和巴比伦。为了攻击叙利亚，法老尼科（Necho）想借道巴勒斯坦。约西亚恃有耶和华而不允借道，派兵拒之于美吉多。犹太哪是埃及的对手，结果约西亚兵败被杀。

几年后，巴比伦王尼布甲尼撒大败尼科于卡基米什，于是犹太又不能不改换主子。约西亚的继承者约雅敬（Jehoiakim），附属巴比伦几年后，想借埃及之助而独立，但计划不机密，巴比伦大军攻陷耶路撒冷，约雅敬被囚。巴比伦另立西底家（Zedekiah）为王，同时将1万犹太人掳去当奴隶。西底家不久又谋独立，于是巴比伦王大怒。为避免犹太死灰复燃，他在攻下耶路撒冷后：第一，将全城夷为平地；第二，把所罗门所建圣殿捣毁；第三，让西底家亲眼看着其诸子被杀后，再挖出其眼睛；第四，将全城人掳至巴比伦为奴。犹太人的不幸，从下面一首诗可以概见：

> 我们曾在巴比伦的河边坐下，一追想锡安[1]就哭了。
> 我们把琴挂在那里的柳树上。
> 因为在那里掳掠我们的，要我们唱歌。抢夺我们的，要我们作乐，说，给我们唱一首锡安歌吧。
> 我们怎能在外邦唱耶和华的歌呢？
> 耶路撒冷啊，我若忘记你，情愿我的右手忘记技巧。
> 我若不纪念你，若不看耶路撒冷过于我所最喜乐的，
> 情愿我的舌头贴于上膛。

---

[1] Zion，即耶路撒冷。——译者注

在国破家亡之余，犹太出现了一位先知，这位先知所发的言论，是所有先知中最刻薄最雄辩的。他指责犹太的统治者都是顽固的愚夫。他说，巴比伦是上帝之鞭。他宣称，犹太人应绝对服从尼布甲尼撒的统治。这位先知是谁？这位先知就是耶利米。耶利米为何发此怪论？据现代学者研究，他可能是巴比伦收买的间谍。现在让我们引述他的几段话。“现在我将这些地，”耶利米假神的口吻说，“都交给我仆人巴比伦王尼布甲尼撒的手，我也将田野的走兽给他使用。列国都必服侍他和他的子孙。众国和大君王，要做他的奴仆。无论哪一邦，哪一国，不肯服侍这巴比伦王，也不把颈项放在巴比伦王的轭下，我必用刀剑、饥荒、瘟疫刑罚哪邦，直到我借巴比伦王的手，将他们毁灭！”

如果耶利米不是“犹奸”，他怎么会说出上述这些话？《耶利米书》据说是出于其弟子巴录（Baruch）的手笔。这篇书文笔犀利，真实性亦无可置疑。照这篇书的记载，耶利米晚年亦颇自悔。他曾说：“我的母亲哪，我有祸了。因你生我作为遍地相争相竞的人。我素来没有借贷予人，人也没有借贷予我，人人却都咒骂我。”他甚至这样说：“愿我的生日受到诅咒。”在耶利米时代，犹太罪恶充斥，政治腐败，教会堕落。“你们当在耶路撒冷的街上，跑来跑去，在宽阔处寻找，看看有一人行正义，求诚实没有？若有，我就赦免这城。”“他们像喂饱的马，到处乱跑，皆向他邻舍的妻发嘶声。”围城时释奴，围解后反悔，祭师剥削穷人及伪善，以上可以说是导致耶利米对犹太发生反感的原因。

他曾这样呼吁：“犹太人和耶路撒冷的居民哪，你们当自行割礼，归耶和华，将心里的污秽除掉。”可是，不但没人听他，人们反而对他加以迫害。他对犹太反感失望愤恨之余，更进一步冀其毁灭。他曾一次又一次宣称：“耶路撒冷要毁灭了”，“犹太人一定会变成巴比伦的俘虏”。他一度借神的口吻说：“但愿我的头为水，我的眼为泪的源泉，我好为我百姓中被杀的人，昼夜哭泣！”

一次，耶利米拿了副木轭套在颈上，在耶路撒冷街头宣称，全犹太应归顺巴比伦，像牛归顺农人一样，不可抗拒，越快越好。当另一先知将他的轭抢走并加以折断时，他大声叫唤说：耶和华必另造铁轭来套犹太人。为了不让他乱说，祭师把他枷起来。不过，即使如此他仍照说不误。最后，西底家王乃下令将他下在狱里。耶利米的获释，是在巴比伦攻陷耶路撒冷之后。巴比伦王尼布甲尼撒因其有功，故命善待他，不将他和其他被俘的犹太人一般看待。据说，耶利米晚年曾写下“耶利米哀歌”。“耶利米哀歌”后列为《旧约》中之一卷。这卷歌写得非常哀怨动人，现在录几节如下：

> 先前满有人民的城，现在何竟独坐？先前在列国中为大的，现在竟如寡妇！先前在诸省中为王后的，现在成为进贡的……你们一切过路的人哪，这事你们不介意吗？你们要观看，有象这临到我的痛苦没有？

耶利米晚年曾经发过约伯式的疑问，他说：“耶和华啊，我与你争辩的时候，你显为义，但有一件，我还要与你理论，恶人的道路为何亨通呢？大行诡诈的为何得安逸呢？”

以西结是犹太人被放逐于巴比伦时期的一位先知。他出生于教士家庭，这个家庭是第一批由耶路撒冷发配至巴比伦的。像以赛亚及耶利米一样，他也尽量抨击耶路撒冷的别神崇拜及其他腐败堕落。他将耶路撒冷及撒马利亚，比为一对双胞胎姐妹娼妓。他一一列举这两城的罪恶，同时认为它们的陷落及居民的被俘，乃罪恶的结果。像以赛亚一样，他曾预言摩押、泰尔、埃及、亚述及玛各（Magog，这是一个神秘而无从查考的国家）等国，必因罪恶而灭亡。不过对于犹太人，他不像耶利米那么痛恨，他预言犹太诸城必能复兴，耶和华圣殿必能重建。他最后更描绘了一个理想国：祭司大受尊重，耶和华与民同在，并直到永恒。

他的希望是，犹太人保存其民族固有特性，也就是说不要被巴比伦人在文化上及血统上同化。可是事实上，犹太人自到巴比伦后，即在美索不达米亚的沃土上生根发展。他们享有那里的财富，享有那里的自由，采取了那里的生活方式。不少人甚至接受了巴比伦人的神。第一代的犹太人，大多还切念故土，可是到了第二代，对于耶路撒冷，便只剩一个模模糊糊的印象了。

对寄居巴比伦的第二代犹太人说教者，是另一位以赛亚。[1] 由于他的说教，犹太人把宗教推进到了一个新阶段。

这位以赛亚对犹太人说教的时代，也正是释迦牟尼对印度人、孔子对中国人说教的时代。不过释迦牟尼所说的是不生不灭的涅槃，孔子所说的是立身处世的道理，而以赛亚所说的则是，耶和华是宇宙中的唯一真神，他的慈爱无边无际。这位以赛亚所塑造的耶和华，比前面一位以赛亚所塑造的耶和华更为可亲。这样的耶和华，也才更接近耶稣基督所想象的天父。

另外，也可说是最突出的一点，这位以赛亚已不再像其他先知那样，一开口就数落犹太人的罪恶。他用温言安慰他们，同时预言他们很快便会重获自由。“主耶和华的灵在我身上，”这位先知说，“因为耶和华用膏敷我，叫我传好信息给谦卑的人，差遣我医好伤心的人，报告被掳的得释放，被囚的出监牢。”由于以赛亚所塑造的耶和华已不再是战神和复仇天使，而是充满仁爱的慈父，因此，他的内心尽是平安喜乐及赞美。根据天父的慈爱，于是他进一步预言救主的诞生：

> 有人高喊着说，这旷野预备耶和华的路，在沙漠中修平我们神的道。一切山洼都要填满，大小山冈都要削平，高高低低的要

[1] 对于这位以赛亚的身世，我们一无所知。据推断，他执笔的时代约在赛鲁士释放犹太人前后。《圣经》学家认为，他所写的书为《以赛亚书》第40至55章。至于第56至66章，则应属于较晚于他的一位或数位执笔者。

> 改为平坦，崎崎岖岖的必成为平原[1]……看哪，你们的神，主耶和华必像全能者临到，他的膀臂必为他掌权……他必像牧人牧养自己的羊群，用膀臂聚集羔羊抱在怀中，慢慢引导那乳养小羊的。

这位先知所理想的犹太救主，也是不同凡响的。以赛亚说，救主来不是为了统治，而是为了服务。换言之，弥赛亚是“公仆”，是牺牲：

> 他被藐视压弃，多受痛苦，常经忧患……他被藐视，而我们也不珍重他。他诚然担当我们的忧患，背负我们的痛苦，我们却以为他受责罚，被神击打苦待了。哪知他为我们的过错受害，为我们的罪孽压伤，因他受的刑罚我们得平安，因他受的鞭伤我们得医治……耶和华使我们众人的罪孽都归在他身上。[2]

第二个以赛亚预言，使犹太人重获自由者是波斯人。所向无敌的居鲁士，必然夺取巴比伦。他在夺取巴比伦后，犹太人便可自由了。以赛亚更预言，犹太人在重回家园后，便将重修圣殿，重建城池，于是人间天国出现了：“豺狼必与羔羊同食，狮子必吃草与牛一样，尘土必做蛇的食物，在我圣山的遍处，这一切都不伤人不害物，这是耶和华说的。”以赛亚的一神观念，也许是由波斯崛起之事实所获的启示。当时的波斯，其势之盛如日中天。他们将近东各国合并成一个大帝国，这个帝国的组织与统治，与以前各国比起来，高明多了。在以赛亚塑造下，耶和华不像在摩西那个时代那样说：“我是你们的神……你们在我之前，不可崇拜别神。”而是说：“我是耶和华，在我以外并没有别神，除我以外再没有神。”

---

[1] 所指可能为自巴比伦通向耶路撒冷之道。
[2] 现代学者认为，以赛亚所描绘的“公仆”，并非耶稣。

这位预言家兼诗人，在《圣经》中对这位宇宙唯一之主宰曾作过如下的描绘：

> 谁曾用手心量诸水，用手虎口量苍天，用升斗盛大地的尘土，用秤称山岭，用天平平冈陵呢？……看哪，万国都象水桶的一滴，又如天平上的微尘。他举起众海岛，好象极微之物……万国在他面前好象虚无，被他看为不及虚物，乃为虚空。你们究竟将谁比神，用什么形象与神比较呢？……神若坐在地球大圈之上，地上的居民好象蝗虫。他铺张苍穹如幔子，展开诸天如可住的帐棚……你们向上举目，看谁创造这万象。

当居鲁士以世界征服者的姿态进入巴比伦，犹太人的历史便发生了戏剧性的改变。居鲁士宣称，犹太人完全自由了，你们回家吧。他除打开巴比伦金库，将尼布甲尼撒自犹太圣殿中掳来的金银一律还给犹太人外，还命凡有犹太人所住的社区，为犹太人筹措回家旅费。居鲁士的作为，使先知的预言大部分兑现了。唯一美中不足的是，他没有给予巴比伦任何惩罚。为了显示波斯文明的宽大，居鲁士不但对巴比伦及其居民毫无伤害，而且对巴比伦之神礼遇有加。

犹太人可以重返耶路撒冷，就老一辈的人而言，这是一桩非常值得兴奋的事。可是，年轻一代的想法则不相同。对他们来说，巴比伦就是家，这儿土地肥美，商业繁盛，一直住下去并不坏。耶路撒冷是“圣城”，名声好听，可那不过是一个遥远的废墟。不过对某些犹太人来说，可以回家总是好的。约在居鲁士宣布犹太人自由后两年，第一批热衷还乡分子，经过 3 个月漫长的旅途，便回到了他们的故乡。

和今天一样，回到故乡的犹太人，立刻发觉他们竟是不受欢迎者。因为这个地方，自他们离开后，另一批闪米特人来了，在这儿生息繁殖。现在回来的犹太人与当地的居民，由于利害冲突，双方势同水火。

所罗巴伯（Zerubbabel）重建圣殿，是波斯王大流士一世亲口允许的。但这件工程因受到当地居民的阻挠，以致经过 20 多年才算完成。回来的人一天一天增加，耶路撒冷慢慢又成为犹太人的天下。这是一支伟大动人的还乡曲。这支曲子，犹太人在我们这个世纪又重奏了一遍。

《圣经》与犹太民族

凭武力立国是不可能的，因为犹太人既无人力又无资财。然而许多人聚集在一块儿，对内既需要法律秩序，对外又需要代表机构，于是祭师统治出现了。公元前 444 年，一位富于学养的祭师以斯拉（Ezra），凭波斯王命召集犹太人开会，会中宣读《摩西律法》。会开了 7 天，每天从早晨读到中午。读完之后，他、其他祭师和所有犹太领袖，都一致同意接受这部律法为他们立身行事的根本大法。从那时起，直到今天，犹太人尽管颠沛流离，的确从未离开过这部法典。

什么是《摩西律法》？当然不是约西亚所发现的那卷《约书》了，因为那卷《约书》一天可以念上两遍，可是《摩西律法》念一遍即需要一星期。就分量来推测，一个比较合理的假设是，以斯拉所念的可能是《旧约五书》。因为犹太人称此五书为“托拉”（Torah），而托拉即有律法之义。[1]

《旧约五书》是什么时间，什么地点，由什么人写的？关于这个问题，讨论的书多达 5 万本。可是，直到现在还没有得出结论。

不过，一般的看法是，《圣经》中最先出现的部分，当为《创世记》。《创世记》或以“J”为代表，或以“E”为代表。“J”，因以造物者为耶和华，J 即其第一个字母。“E”，因以造物者为艾洛希姆，E 即其

[1] 托拉（Torah），希伯来语亦泛指“规章”“指南”。但希腊语之 Pentateuch，仅为“五书”之义，指《摩西五经》。

第一个字母。[1] 耶和华是犹太的称谓，艾洛希姆是以法莲的称谓。由两种称谓所代表的传说，自撒马利亚陷落后即混而为一。

如果我们把“J”、“E”称作第一、第二部分，则第三部分可以用“D”作代表。D 是《申命记》英文字母的首字。《申命记》显然是由另一位或数位作者撰写后加进去的。第四部分，可以“P”为代表。P 是《祭师法典》（*Priestly Code*）英文字母的首字。《祭师法典》，系指以斯拉所宣布的《律法之书》而言。这当然是祭师插进去的。以上 JEDP 全部出齐，约在公元前 300 年。

创造天地、诱惑及洪水神话，是由美索不达米亚地区神话流传演化而来。这些神话历史悠久，可以上溯至公元前 3000 年。这些神话的雏形，我们在谈及美索不达米亚历史时，约略已经提到。一说，犹太人接触这类神话，是在巴比伦做囚时代。一说，他们得知这类神话，时间远在做囚以前。换句话说，犹太人是由其闪米特的祖先或苏美尔方面得知这类神话的。上帝造人的神话，按波斯人及某些《圣经》注释家的说法，上帝所造的人，最初是一个具有男女两性的连体婴儿——一男一女背靠背连在一起，和著名的泰国连体双生子一样。至于把男女分成两人，那是后来的事。这种说法，令我们想起《圣经》上有段怪话。《创世记》5：2：“他造男造女，取名亚当，并予祝福。”这段经，历来研究神学的人都把它轻易放过了，但有人则指出，这就是上帝所造人类祖先，乃男女连体双生的证据。[2]

---

[1] 这种区别是让·阿斯特鲁（Jean Astruc）于 1753 年指出的。《圣经》中，属于耶和华的传说有：《创世记》第 2 章第 4 节至第 3 章第 24 节，第 4 章，第 6 至第 8 章，第 11 章第 1 至 9 节，第 12 至第 13 章，第 18 至第 19 章，第 24 章，第 27 章第 1 至第 45 节，第 32 章，第 43 至第 44 章；《出埃及记》第 4 至第 5 章，第 8 章第 20 节至第 9 章第 7 节，第 10 至第 11 章，第 33 章第 12 节至第 34 章第 26 节；《民数记》第 10 章第 29 至 36 节，第 11 章等。属于艾洛希姆的传说：有《创世记》第 11 章第 10 至 32 节，第 20 章第 1 至第 17 节，第 21 章第 8 至 32 节，第 22 章第 1 至第 14 节，第 40 至第 42 章，第 45 章；《出埃及记》第 18 章第 20 至 23 节，第 20 至第 22 章，第 33 章第 7 至第 11 节；《民数记》第 12 章，第 22 至第 24 章等。

[2] 参阅《柏拉图对话集》。

乐园的传说，几乎遍布各民族。埃及、印度、中国的西藏、巴比伦、波斯、希腊[1]、波利尼西亚及墨西哥等，均有这类民间故事。伊甸园中有禁果树及蛇等，在其他乐园中也大半都有。不过有的传说把蛇换成了毒龙，并说毒龙能毒化乐园，置人于死地。

乐园中的蛇及无花果，显然是阳具的象征。推求神话的含义，大致说性及知识是罪恶及苦恼之源。这种观念，在《旧约·传道书》中尤为显著。在各民族传说中，一个共通的特点是，女人是一种可爱的罪恶，她往往是蛇及魔鬼的化身。夏娃（Eve）、潘多拉（Pandora）可以说都是一个典型。洪水较乐园传说更为普遍。世界各民族，古代似皆有遭遇洪水之说。在亚洲有不少山，传说洪水泛滥时，其山顶均有像挪亚（Noah）及萨马什－拉菲什提姆（Shamash-napishtim）等人待过。洪水是否真有其事？很难臆断。一说，人类文明多半以河谷为摇篮，河流泛滥，就是洪水之说的来源。一说，洪水不过是一种寓言，有劝人为善之意。

约西亚及以斯拉向犹太人宣读的东西，大体而言就是《摩西律法》。《摩西律法》是而后所有犹太人的生活规范。论及这项法制，萨顿（George Alfred Sarton）说得很中肯：“在历史上任何法制没有比这影响更大更深远的了。”这是一种彻头彻尾的宗教政治，它所规范的，涉及人们生活的各方面。关于《摩西律法》，勒南说：“好比一件紧身衣，每一个犹太人都非穿它不可。”《摩西律法》所管范围非常之广，它管饮食[2]、医药、个人卫生、经期卫生、产妇卫生、公共卫生、性变态、兽交等。对于这些事项，为增强其效果，一律均假托神意立有种种规定。

[1] 参阅希腊诗人赫西奥德（Hesiod，约公元前750年）《工作与时日》一诗：“人们过着神仙日子，无思无虑，无忧无愁，无劳苦奔波。他们与仙人相处，所过生活安静快乐……从前的世界比现在更为美丽，处处都是鲜花香果……百岁之人，容光润泽有如童子。”

[2] 参阅《申命记》第14章。据英国人类学家弗雷泽（James Frazer）研究，禁食猪肉不是由于卫生不卫生，而是由于图腾禁忌。因犹太人的祖先一度以猪（或野猪）为神，大概就是基于这种关系，祭师才以不洁为口实而禁食猪肉。所有禁例，似皆值得进一步探讨。

在犹太民族中，祭师与医师界限的划分为时极晚。在很长一段时间中，祭师曾成为医术发展的绝大障碍。《利未记》第 13 至 15 章，对种种疾病，在隔离、消毒、预防上，均有极详尽的规定。[1]

犹太人是提倡疾病预防的鼻祖，可是关于医学，尤以外科而言，除割包皮外，便什么都谈不到。割包皮，犹太人称之为割礼，在古埃及与现代闪米特间非常盛行。割礼，从一方面来说，是对上帝尊敬、对民族忠诚的表现，[2] 另外，也是预防性病的一种方法。犹太民族虽历尽艰危而不绝灭，也许和这种种洁净规定大有关系。

《摩西法典》的核心在于十诫。十诫见于《出埃及记》第 20 章第 1 至 17 节。这几节经文，半个世界的人几乎都耳熟能详。[3]

十诫中的第一诫，可以说是神权社会的基础。上帝乃这个社会的王，由他实行统治。再没有比这更奇妙的事情了。上帝，看不见摸不着，却能制定法规，施行惩罚。为了尊重神的统治，犹太人甚至改称为“以色列人”。以色列人，乃上帝卫护者之意。犹太人几度亡国，可是其宗教则历久不衰。和罗马教皇一样，犹太祭师的成就，远超乎一切世间君王之上。由于此诫是神权社会存在与否的关键，《圣经》中一再严格规定：秉持异端及诅咒圣名者处死！《摩西律法》创制者，和以后的宗教裁判官，由于确信宗教的统一与社会的统一不可分，不容忍便成了他们的特性。不容忍，显然是一种缺点，但犹太人之所以历数千年而不为人所同化，也许正得力于这一点。

第二诫，是为加强一神观念而设。不过，有了这一诫，艺术即无法发展。因为不可雕刻偶像，这一来就把大部分的艺术扼杀了。加强

[1]《利未记》所定患大麻风检查清洁种种做法，在欧洲中世纪末仍遵行不误。

[2] 以之为一种民族标志。“割礼，”布里福说，“由祭师定成法规一体遵行。割礼之目的，在于避免犹太人与异邦女子交接，以确保其种族血统之纯正。”

[3] 古代法典的制定，大都假托神意。埃及法律，谓受之于透特大神。《汉谟拉比法典》，谓受之于太阳神沙玛什。克里特王米诺斯，用以统治其民的法典，谓受之于山中之神。希腊人相信，法律由狄俄尼索斯（Dionysus）大神所创造。波斯的琐罗亚斯德（Zoroaster）法典，是阿胡拉·玛兹达（Ahura-Mazda）大神所授，授时且雷电交加。“其所以托于神授，”狄奥多罗斯说，“盖以便于使民遵从。”

一神观念，就好处来说，使犹太人及早脱离了“迷信”及“人神同形同性论”（anthropomorphism）的纠缠——尽管《旧约五书》中的耶和华具有不少人性，却使众所共认智力优异的犹太人，除了宗教外，在艺术、科学乃至天文学方面，交的全是白卷。

在所罗门时代，圣殿里是有不少雕像的，可是在新修的圣殿里，便什么都没有了。其实在犹太人早期历史上，不但没有雕像，就是浮雕绘画也很少见。建筑和音乐，算是不犯忌，因此也比较发达。不过这种发达也很有限，犹太圣殿建筑，不能和埃及、巴比伦相提并论，我们前面已经说过。至于音乐，由于歌唱足以使充满苦难的生活获得安慰，乐队基于宗教颂圣的要求，因此皆能得到相当的发展。据称，在犹太圣殿中，经常有一个乐队及一个唱诗班。每当礼拜，唱诗班唱颂圣诗，乐队即以乐器相和。然而乐器种类有限，演奏亦极单调。《圣经》记载：“大卫和以色列全家，在耶和华面前用松木制造的各种乐器，如琴、瑟、鼓、钹、锣，作乐跳舞。”

第三诫，是进一步要求犹太人对神的虔敬。不但“不可诅咒圣名”，甚至连圣名都不许提。对耶和华祈祷，有称耶和华必要时，应以“主”（Adonai，即 Lord）字代之。[1] 像这样的要求，唯印度可以比拟。

第四诫，是定安息日。这种 7 天之中休息 1 天的制度，已为全人类所接受。不过，有人认为，安息日之名——也许连同这个习俗——均是从巴比伦传来的。安息日，犹太人称 Sabbath，巴比伦人称 Shabattu。Shabattu 在巴比伦称为忌日，是日，规定不进烟酒不近女色。除安息日外，犹太人一年中有许多节日。在迦南，当地居民为了纪念播种、收获、日月循环，常对神举行庆典。祭无酵节（Mazzoth），即纪念收获大麦。祭七七节（Shabuoth，此节后称五旬

[1] 希伯来文 Yahveh 写作 Jhvh。Jhvh 之所以误译为 Jehovah，实因原文中凡有 Jhvh 字之上，均注有 a-o-a 之故。这样注，原意为凡遇 Jhvh 均应读作 Adonai 即主，但原译者——文艺复兴及宗教改革时代的神学家——以为那是母音，故译时遂将其插入 Jhvh 几个子音之内。

节，Pentecost），即纪念收获小麦。祭住棚节（Sukkoth），即纪念收获葡萄。祭逾越节（Passover），即纪念牲畜产子。祭岁首节（Roshha-shanah），即纪念新年。犹太人最看重的，仅为最后的一两个。

Passover 现通称逾越节。在此节的第一天，要以羔羊为献，并吃羔羊，同时将羔羊之血洒在门上。这个节，后来祭师又把它和耶和华击杀埃及人头生子一事联系在一起。羔羊本为迦南图腾，他们屠羔羊乃对当地土神作供。[1] 据《出埃及记》记载，犹太人行逾越节迄今已达数千年。将当时的一切仪式，和今天的相比，可以说并无二致。犹太人对宗教传统的谨守固执，由此不能不令我们由衷佩服。

第五诫，确定犹太家庭的地位。家庭是犹太社会的基石，其重要性仅次于教会。这一诫的效力，从当时贯穿中世纪，直到现代化的欧洲。时至今日，由于工业革命，个人地位非常突出，因此犹太家庭才算稍稍有了变化。犹太家庭，是以家长或族长为中心。环绕着这个中心，有妻妾、已婚未婚子女，有时加上奴婢。这是一个经济兼政治的单位。说它是一个经济单位，因为由此形成的组织极便于农耕。说它是一个政治单位，因为族长威权之重，除战时外，国家亦有所不及。

作为一个犹太人的家长，其权力大得几乎毫无限制。土地、房产、子女，统统听其支配。子女的婚配，完全由他做主。未成年子女，他如认为必要，甚至可典卖给人为奴。在犹太人观念中，男孩较受重视。犹太人喜欢将男孩女孩和睾丸相比，说，男孩是右边的一个，女孩是左边的一个。意即男女在生育上两者虽均重要，但男的却较大较强。犹太人在很古的时代所行的婚姻制度，是把男孩子嫁出去。成年后的男孩子，在择定妻子后，即“离开父母，住到妻子家去”。不过这种制度自王朝建立以后便慢慢消失了。而后，犹太人所行的便一直是娶妻制。娶妻制奠定后，妻子一切便得听丈夫的。耶和华对犹太妻子的教训是：“你应以丈夫的意志为意志，因为丈夫为一

[1] 此一图腾，再度演变，即成基督教的复活节羔羊。羔羊现用以象征耶稣之死。

家之主。”

在犹太社会里，妇女常能出人头地。撒拉（Sarah）、拉结（Rachel）、米利暗（Miriam）、以斯帖（Esther）等人，即为犹太女性之光。底波拉（Deborah）曾经做过士师。约西亚王，在祭师报告发现《约书》后，他所去请教的先知户勒大（Huldah）也是一位女性。会生孩子，对犹太母亲是一项莫大的光荣。由于犹太是个小国家，当年的犹太正如今天的以色列，周边的国家都人口众多，因此，如何赶快生孩子便是一桩大事。为了鼓励生孩子，有积极方面：第一，提高母亲地位；第二，规定 20 岁以后必须结婚，甚至祭师也不例外。也有消极方面：第一，痛斥独身主义；第二，视妇女不生育为罪大恶极；第三，严禁堕胎和杀婴。总之，任何限制人口增加的做法，在犹太都是异端和不讨上帝喜悦的。

《创世记》里说：“拉结见自己不给雅各生子，就嫉妒他姐姐，对雅各说，你给我孩子，不然让我死。”由此可见，孩子对女人是如何重要。理想的犹太妻子，一生只有三桩大事，就是：料理家务，服侍丈夫，养育孩子。箴言最末一章论贤妇，贤妇即犹太妻子的典型：

> 有才德的妇人，谁能得着呢？她的价值远胜过珍珠。她丈夫心里倚靠她，一生使丈夫有益无损。她寻找羊绒和麻，甘心用手作工。她好象商船从远方运粮来。未到黎明她就起来，把食物分给家中的人。将当为的工分派给婢女。她想得田地，就买来。用手所得之利，栽种葡萄园。她以能力束腰，使臂膀有力。她觉得所经营的有利，她的灯终夜不灭。她手拿捻线竿，手把纺线车。她张手赈济困苦人，伸手帮补穷之人。她为自己制作绣花毯子。她的衣服，是细麻和紫色布作的。她丈夫在城门口与本地的长老同坐，为众人所认识。她作细麻布衣裳出卖，又将腰带卖与商家。能力和威仪，是她的衣服。她想到日后的景况就喜乐。她开口就发智慧，她舌上有仁慈的法则。她观察家务，并不吃闲饭。

> 她的儿女起来称她有福，她的丈夫也称赞她……愿她享受操作所得的，愿她的工作，在城门口荣耀她。[1]

第六诫，最值得令人鼓掌。“不可杀人”，这太可贵了。任何一部书，似乎都没有《旧约》提到这么多“杀呀，杀呀！”。在《旧约》字里行间，不断出现的有两桩事：一桩是大量杀戮，一桩是大量生育。一部犹太史，除少许年代外，尽皆充满杀戮之声。这些杀戮，有的起于种族恩怨，有的起于内部摩擦，有的起于世代血仇。犹太民族相当好战。尽管他们写有伟大诗篇歌颂和平，可是就先知、祭师乃至他们所塑造的上帝耶和华而言，均非和平主义者。在犹太人 19 个王中，受暗杀而死者即有 8 位。

攻下城池，通常均施予彻底性的破坏。男人杀光，使其土地无法生长作物——这在近东似乎已成惯例。“以色列的子民，一天中即杀死叙利亚步兵 10 万！”没有现代化武器，一天能杀这么多人，也许令人无法相信。不过仅此一例，即可见犹太人之好杀。自视为上帝之选民，造成过度的民族自尊。厉行族内通婚，阻碍了与其他民族协和共进的远景，就此观点而言，犹太人是失策的。不过，犹太是个精力充沛——充沛到横冲直撞，无比虔诚——虔诚到把自己孤立起来，敏感热情——由此创造了近东第一流文学作品，勇敢坚毅——以致历尽折磨仍巍然独存的民族。这个民族是值得我们刮目相看的。

第七诫，是确认婚姻为家庭的基础。与确认家庭为社会的基础一样，一经确认，便运用各种力量予以支持。各种力量中，最大的是宗教力量。他们虽没有说上帝不许婚前性交，但婚前性交被禁止是很显然的，因为另有规章说明，新娘若非处女，便有被乱石打死的危险。

---

[1] 以上的女性，当然是出自男性的观点。至于犹太女性的真面目，就以赛亚的观察则有异于此。她们像其他国家女性一样，也喜欢穿好的、戴好的，更喜欢让所有男子围着她们团团转。《以赛亚书》第 3 章：“锡安的女子狂傲，行走挺项，卖弄眼目，俏步徐行，脚下叮当……”

娼妓相当盛行。所多玛及蛾摩拉，尽管因同性恋盛行而遭毁灭，但在犹太，同性恋之事仍然存在。律法似不禁止与外国妓女发生关系，因此，在犹太各地，生活于小木棚及营帐里的叙利亚、摩押、米甸（Midianite）及来自其他各地的妓女，简直多到不可胜数。耶路撒冷不许妓女卖淫的规定，在所罗门时代并未严格执行。至于其他时代，往往越禁越多。有一段时期，例如马加比（Maccabees）时期，圣殿甚至成了妓女的大本营。

男女之爱，早已发生。例如，“雅各就为拉结服侍了 7 年。他因为深爱她，就看这 7 年如同几天”。不过对夫妇而言，爱情地位并不重要。流放以前，犹太婚姻均是经由父母之命与媒妁之言。抢夺婚姻，也许曾一度存在，尤其是当女性奇缺的时代。耶和华对抢夺婚姻，曾予以公然认可。“吩咐便雅悯（Benjamin）的孩子说，你们去在葡萄园中埋伏，若看见示拉（Shilon）的女子出来跳舞，就从葡萄园出来，在女子中各抢一个为妻回便雅悯地去。”不过，这并不多见。犹太通常所行的是买卖婚姻。雅各以劳务换取利亚及拉结就是显例。波阿斯（Boaz）娶路得，干脆就是用钱买来。先知何西阿在答应以 50 雪克尔银子买得其妻后，又后悔价钱出得太高了。犹太人称妻为 beulah，意即所有物。

但是，观念慢慢进步了。都市中，嫁女儿者大半要赔上一点嫁妆。至此，买卖婚姻渐成过去。新娘有了嫁妆，到夫家便有地位，因为她已与用钱买来的不同。比较有钱的犹太人，除妻外，还可置妾。不育之妻，例如撒拉，还会劝夫纳妾。这样做，不但是为了传宗接代，而且是为了增加人口。例如雅各，有了拉结，有了利亚，又还纳她们的婢女为妾。为什么？目的就在希望多生孩子。在犹太，能生育的女性应使其尽量生育。例如丈夫去世，其小叔大伯——即令他们已娶妻生子——便都有和她结婚的义务。丈夫没有兄弟，这义务就得由其夫之任何男性近亲肩负。

由于犹太人在经济制度上以私有财产为核心，因此形成了一个具有双重标准的社会制度：一个男人可以同时拥有若干女人，但一个女人在同一时期却只能隶属于一个男人。通奸绝对禁止。与他人之妻行淫者，奸夫淫妇都必处死。未婚女性绝对禁止与人相奸，至于未婚男性与人相奸，只算是一种小过失。婚姻中男性可以很随便，他看妻子不顺眼，一纸休书即可解决问题，但在女性，则比登天还难。不过，犹太丈夫滥用这项权力者绝少。一般而言，犹太人对其妻子儿女的爱护，可以说是无微不至的。在犹太，结婚前，男女不一定有爱情，但结婚后，夫妻情谊甚笃者却屡见不鲜。“以撒（Isaac）便领利百加进了他母亲的帐棚，娶了她为妻，并且爱她。以撒自从他母亲去世后，这时才算得到了安慰。”大体而言，在远东世界以外的地方，犹太人的家庭生活，要算是很幸福的。

第八诫，确立私有财产制。[1]宗教、家庭及私有财产制三者，可以说是犹太社会的主要支柱。在所罗门以前，由于工业不发达，所谓财产就只能是土地。当时的犹太，甚至土地也都尚未开发，大部分的人，除种一点葡萄、橄榄、无花果外，就靠畜牧为生。畜牧得逐水草而居，因此，大部分犹太人多无房舍而住帐篷。

社会进步，生产有余，商业乃告发生。慢慢的，大马士革、泰尔和西顿等各大名都，都充满了犹太商人的足迹。至于国内，圣殿变成了他们的交易所。铸币始于放逐之际。此前，交易中准为金、银。每笔交易所需金银分量一律用秤称。由于经济活动频繁，银行也渐兴起。进行借贷的人，都在圣殿交易。这其实是不足为怪的，因为遍及近东各国，神庙同时就是市场。这种风俗，直到今天许多地方尚存。耶和华也很希望犹太财富增加，他曾说：“你只可把钱借人，不可向人借钱。”犹太人之所以发财，也许和这项诫命有关。

像其他近东各国一样，犹太也使用战俘及罪犯做奴工。所罗门兴筑圣殿、宫殿，使用这类奴工动以万数。奴隶主对于奴隶，通常无生

---

[1] 自理论上说，土地皆属耶和华。

杀之权。奴隶一旦有钱，可以赎身。无力偿债之人，可卖儿、卖女或以其自身为奴。这种风俗，直到耶稣降生后还存在。由于祭师及先知均极力反对剥削，因此在近东各国内，犹太富人对穷人比较仁慈。经上曾有此诫语："你们彼此不可互相倾轧。"祭师及先知曾借上帝的口吻，要奴隶主释放奴隶，要债主免除穷人的债。释奴与免债，每 7 年要做一次，后来觉得颇不易行，于是改为每 50 年一次。"第 50 年你们要当作圣年，在遍地给一切的居民宣告自由，这必为你们的禧年，各人要归自己的产业，各归本家。"

上面的要求是否为大家所遵守，我们找不到事实根据。不过祭师的这项善意是不可抹杀的。"在你神的土地上，你弟兄中若有一个穷人，你不可忍心袖手旁观，不帮补你穷乏的弟兄……你就要帮补他，你借钱给他，不可向他取利。"安息日，不但自己休息，也应让雇工、奴隶乃至牲畜休息。在田间收割庄稼，要留一捆，摘取橄榄及葡萄，要留一点给穷苦的孤儿寡妇。以上种种恩惠，不但施予犹太人，甚至也施予外邦人。按犹太人的习俗，对无家可归的外邦人，也要亲切招待，供他吃，供他住，给他礼遇和尊敬。耶和华常常提醒犹太人，要记着你们也曾流落异乡无家可归。

第九诫，要求绝对不作假见证。这是犹太人以宗教支撑法律的一例。在古时犹太人起誓有一定的宗教仪节：对谁起誓，起誓者当用手搁在对方的生殖器上。但现在，起誓者不但以人为对象，而且他的誓有了上帝的鉴临。按照诫命，作假见证害人者，他所受的惩罚，应与受害者所受之痛苦相当。犹太人以宗教法规为法规，祭师就是法官，圣殿就是法庭。祭师的判决就是最后的判决，不遵此判决者可无条件处死。有时也采行天判，例如罪嫌无法证实时，便令涉嫌者饮毒水。除宗教外，别无司法机构。然宗教不能巨细无遗，因此守不守法，大部分得靠个人良心及公共舆论。

小罪，认罪或赔偿即可。大罪，例如谋杀、拐带儿童、偶像崇拜、通奸、打骂父母、拐带奴隶、兽奸、殴打奴隶致死、妇女行邪术等，则必处死。在谋杀方面，耶和华的主张是亲手报复，“报血仇的，必亲自杀那杀人的，一遇见就杀他”。可是，另外又有“逃城”之设，杀人者逃到那里，受害者即应停止报复，不过这以误杀为限。

一般而言，《摩西律法》所采的是复仇主义：“以命偿命，以眼还眼，以牙还牙，以手还手，以脚还脚，以伤还伤，以打还打。”《摩西律法》自写就以来，5000 年迄无变化。这项律法，在当时也许是进步的，但慢慢地便落伍了。

第十诫是最后一诫：“不可贪恋人的房屋，也不可贪恋人的妻子、仆婢、牛驴并他一切所有的。”由此诫，我们可以很清楚地看出，在犹太人观念中，妻子是与财产并列的。这一诫相当重要，人人如果绝对遵行这一诫，说天下即可太平未免过于夸大，但世间大部分的纠纷，应该可以免除了。

读完十诫，令人深感奇怪的有一点，就是影响犹太人言行最重要的一条诫命，仅零碎提到，并未将它特别列举出来。那就是《利未记》第 19 章第 18 节所说的：“当爱人如爱己。”

一般而言，《摩西律法》是一部庄严的法典。基于时代的关系，它有种种缺点，但它的优点无疑远较缺点为多。读《摩西律法》，我们应该记住一点，它虽反映犹太人的生活，但并不就是犹太人的生活。这部律法，实际还不如一般法典能反映人民实际的生活，它只可以说是犹太祭师“想象中的乌托邦”。像其他法典一样，它既被人遵守，也曾被人破坏。它对犹太人的影响，与其说是行为上的，毋宁说是精神上的。诚如海涅（Heinrich Heine）所说，它是犹太人的一个“可携之与俱的祖国”（Portable Fatherland）。犹太人 2000 年来，因它而团结一致，因它而屡仆屡起，因它而愈战愈强。

文学、哲学与《圣经》

《旧约》不仅是一部法典，它也是历史，是诗，是哲学。如果从

《圣经》里抽掉先民传说、宗教神话，如果不用古人的眼光，把它看作人类最正确最古老的历史，我们即可看到《圣经》的庐山真面目。

从《圣经》的记载，我们可以发现远古时代人类活动的实况。由于文笔洗练，技巧成熟，它所描写的人物，至今犹栩栩如生。其中《士师记》、《撒母耳记》及《列王纪》，是一个残败民族流亡转徙之余，为保持其历史传统而精诚团结所作的记载。有人认为，将此类记载并列在一起，似乎有点不伦不类。但撇开这一点，我们仅看扫罗、大卫及所罗门的故事，其清新细腻，实非近东任何历史故事所能及。即使《创世记》，假定我们用欣赏传说的态度来看（不把它看作一种谱系学），你一定会发现它非常有趣。它叙述得非常生动自然。《创世记》，不应当作历史来读，而应当作一种历史哲学来读。这是人类就其过去历史，加以回顾，加以观察，希望就其因果关系，指出目前演变，及未来发展所做的一种努力。这种努力，可以说是破天荒的。《旧约五书》所提供的历史概念，其影响是很深远的。从波伊提乌到波舒哀，也就是说，从希腊、罗马到现代欧洲的思想家，没有一位不深受其影响。

从历史演变到诗歌，一个必经的中途站是爱情故事。路得的爱情故事，是圣洁完美的典型。至于以撒和利百加、雅各和拉结、约瑟（Joseph）和便雅悯、参孙和大利拉（Delilah）的爱情故事，情节也是很动人的。犹太人的诗歌，最早的当数《出埃及记》第 15 章的《摩西之歌》。其次为《士师记》第 5 章的《底波拉之歌》。这两首歌，可以说就是圣诗的滥觞。巴比伦时代的《忏悔歌》，无论在内容上及形式上，对圣诗的形成也有极大的影响。圣诗显然也曾受到埃及的影响，例如第 104 篇，无论内容及形式，均极像阿肯那顿所作的《太阳颂》。圣诗是一部集体创作，一大部分是大卫写的，其余部分的作者则属于公元前 3 世纪，即犹太人被俘后的若干诗人。圣诗可以说也是一种抒情诗，不过这种诗和一般抒情诗不同。一般抒情诗，可以坐下来慢慢欣赏，而这种抒情诗则不适于坐下来慢慢欣赏。因为它所抒发的，是一种纯宗教的感情。

由于圣诗所抒发的是一种宗教感情，因此它充满了恶毒的诅咒、凄苦的呻吟与热烈的赞颂。赞颂的词句，占了诗中的绝大部分，因此圣诗又可称之为“赞美诗”。[1]

圣诗火药味极浓。其格调和基督徒相远，和清教徒相近。当然，像第 103 篇：“……至于世人，他的年日如草一样，他发狂如野地的花。经风一吹，便归无有，他的原处，也不再认识他……”这类比较软性的文字也有，不过为数不多。读圣诗，令人想到古东方人的“旋舞曲”，一唱一和，极有韵致。在修辞上，圣诗有着丰富的譬喻与生动的想象。近东其他宗教也有圣诗，但像犹太圣诗这么动人的实不多见。圣诗中，有许多词造得相当精彩。这些词如第 8 篇“从婴孩和吃奶的口中”，第 17 篇“眼中的瞳人”，第 146 篇“你们不要倚靠君王”等，在英美差不多已妇孺皆知。圣诗中，有些譬喻，例如第 19 篇“太阳如同新郎出洞房，又如勇士欣然就道”。其意境之美，千载之下读之仍令人叫绝。圣诗可以说是诗歌中之最美的。犹太语可以说是语言中最美的。以最美的语言，唱最美的诗歌，实在迷人。[2]

撇开圣诗，让我们看看《所罗门之歌》。《所罗门之歌》亦称《雅歌》。《旧约》中之有《雅歌》及《传道书》等作品，实令人百思不得其解。《传道书》充满怀疑和虚无，《雅歌》充满色情和肉欲。对充满色情和肉欲的《雅歌》，其来路有着种种推测。有人说，这是巴比伦的作品，因它所歌颂的是伊什塔尔及坦木兹式的爱情。有人说，这是希腊的作品，因它含有不少希腊词汇——至少，写作的人曾深受亚历山大所带来的希腊影响。有人说，这是埃及的作品，因为所爱者以兄妹相称乃埃及人的特有风尚。不过，不管从哪里来，它在《旧约》里已占有一席之地。这真是一个有趣的谜：谈上帝崇拜的人，为什么要

---

[1] 圣诗，英文作 Psalm，源出希腊语，意即“赞美之歌”。

[2] 公认为最美的圣诗，应数第 8 篇、第 23 篇、第 51 篇、第 104 篇、第 137 篇、第 139 篇。最后一篇极像惠特曼所写的赞美歌。

把这类充满色情和肉欲的歌词编进《圣经》里？

现在让我们引几节《所罗门之歌》来看看：

我以我的爱人为一袋没药，让它整晚躺在我的胸前。

我以我的爱人为一株凤仙花，让它盛开在隐基底（Engedi）的葡萄园中。

我的爱人你真美，你真美，因为你有着一双鸽子的眼睛。

我的爱人你真美，如果你高兴，让我们暂以青草为绣榻……

我是莎伦的玫瑰，我是谷中的百合……

给我点葡萄干，让我恢复体力。给我几个苹果，让我高兴高兴，因为我正害着相思病。

耶路撒冷的小姐……请勿惊动我的爱人……爱人属我，我也属他。我的他在百合花中牧羊。

爱人哪，天亮了，回去吧。你要快跑，像头羚羊，像头小鹿，飞跃在比特（Bether）山上。

爱人哪，来吧。到野外去也好，到村庄去也好。

让我们一早起来，走向葡萄园里。葡萄也许已经萌芽，石榴也许已经结蕊。我要在那儿告诉你，我爱你。

如果说《雅歌》是属于年轻人的，那么《箴言》[1]就是属于老年人的了。年轻人不顾一切追求爱情，追求欢乐，到头来觉得什么都没有得到，于是乃发为《箴言》。

传说中的所罗门，曾告诉青年提防坏女人："因为被她伤害扑倒的不少，被她杀戮的亦甚多……与妇人行淫的，便是无知。行这事的，必丧掉生命……我所猜不透的奇妙有三样，连我所不知道的共有

[1]《箴言》自非所罗门一人之作。不容否认，《箴言》中有些是他说的，但大部分则另有来源。《箴言》的集成应当在公元前3世纪至前2世纪；作者为深受希腊影响的犹太人；资料来源，有的获自埃及，有的获自希腊。

四样。就是鹰在空中飞的道，蛇在磐石上爬的道，船在海中行的道，男与女交合的道。”所罗门同意圣保罗的观点：“要喜欢你幼年所娶的妻。她如可爱的小鹿，可喜的母鹿，愿她的胸怀使你时时知足，她的爱情使你常常恋慕……吃素菜，彼此相爱，胜于吃肥牛，彼此相恨。”这类言论的确不错，不过，颇不像出之一个拥有700位嫔妃的人之口。

《箴言》所针砭的坏事，好色之外，就是怠惰。“懒惰人哪，你去察看蚂蚁的动作……懒惰人哪，你要睡到几时呢？”“你看见办事殷勤的人吗？他必站在君王面前。”《箴言》的作者也不鼓励雄心壮志。“诚实人必多得福，想要急速发财的，不免受罚……愚顽人发达，必杀己身。”戒多言，也是《箴言》劝世目标之一。智者多做，愚者多说。“诸般勤劳，都有益处。嘴上多言，乃至穷乏……富足人自以为有智慧，但聪明的贫穷人，能将他察透……愚昧人若静默不言，也可算为智慧，闭口不说，也可算为聪明。”

《箴言》中一再提到的是道德和智慧。对于这类问题，《箴言》所采的，显然是苏格拉底的观点。每读这类《箴言》，总会令人联想到“亚历山大学派”。这一学派乃集犹太神学与希腊哲学之大成。“人有智慧就有生命的泉源。愚昧人必被愚昧惩治……得智慧，得聪明的，这人便有福。因为得智慧胜过得银子，其利益强如精金，比珍珠宝贵。你所喜爱的一切，都不足与它比较。他右手有长寿，左手有富贵。他的道是安乐，他的路是平安。”

《约伯记》[1] 比《箴言》成书年代稍早。这是一部寓言式的作品，作者可能经历过巴比伦放逐的艰苦生活。“这是一部非常伟大的作

---

[1] 据某些学者推断，此书成于公元前5世纪。此书内容，曾经掺杂割裂。贾斯特罗（M.Jastrow）认为，此书仅第3至第31章系原本，其余均是后人掺进去的。他还说，即使在第3至第31章内，仍有不少曾遭窜改及误译。例如，第13章第15节“纵他必杀我，而我仍信他”（Though he slay me，yet will I trust in him），应为“然而我无所畏惧”（Yet I tremble not），或“然而我无所指望”（Yet I have no hope）。其他学者，发现希腊悲剧中有类似此书的作品。其内容及形式均与欧里庇得斯之作相仿。第3至第41章的文体，颇具希伯来诗中“旋舞曲”的风格。

品，”英国评论家卡莱尔对之极为推崇，“……，它不但伟大而且高贵。这是一部属于全人类的著作。在讨论一个严肃问题上，它是最古的，也是最先的。这个严肃问题是：上帝与人类的命运……在我们看来，无论在《圣经》之内，或《圣经》之外，没有任何一部著作可以和它媲美。”

《约伯记》所表露的问题，在于犹太人是重现世的。古代犹太，既然无天堂之说，则为善为恶的结果，除报于现世之外，即别无时间地点可报。但现实与理想往往相左，善人颠沛流离，恶人安享尊荣。“看哪，这就是恶人，他们既常享安逸，财宝又不断加增。”善不得善报，恶不得恶报，于是自然有人要问“上帝何在”。《约伯记》的作者，借约伯——犹太民族的化身——之口，所提的就是同样的问题。犹太人敬奉上帝非常虔诚，约伯即是如此。巴比伦人不但不信上帝，而且还加以侮慢，可是巴比伦人却强大兴盛，犹太人却倒霉受罪。你说这算什么上帝？

《约伯记》的展开非常有趣。据说，一天耶和华对撒旦说：“世上再没有谁比约伯更敬我爱我、更虔心向善的了。”撒旦说：“不然，他虔心向善、爱你敬你，全是因你使他和他一家平安富足之故。假定你让他倒霉，看他还信不信你？”耶和华于是允许撒旦向约伯展开试探。初步试探，夺去他的子女财富，约伯颇能坚持，但再度试探，夺去他的健康，约伯信心动摇了。他想死，他向耶和华大发牢骚。他的朋友琐法（Zophar）幸灾乐祸地说：上帝是公正的，对于世上的人，的确善有善报恶有恶报。于是约伯抗声说：

> 你们死亡，智慧也就灭没了。但我也有聪明，与你们一样……你们所说的，谁不知道呢？……强盗的帐棚兴旺，惹神的人稳固。神多将财物送到他们手中……这一切我眼都见过，我耳都听过，而且明白……你们是编造谎言的，都是无用的医生。惟愿你们全然不作声，这就算为你们的智慧。

他又叹生命的短促以及人死不能复生：

人为妇人所生，日子短少，多有患难。出生如花，又被摧残。飞去如影，不能存留……树若被砍下，还可指望发芽，嫩枝生长不息……但人死亡而消灭，他气绝，竟在何处呢？海中的水绝尽，江河干涸。人也是如此，躺下不再起来……人若死了岂能再活呢？

争辩越来越激烈。约伯对神，先是怀疑，最后甚至变为诅咒。他将神喻为魔鬼，愿他将他毁灭。最后他说："约伯的话说完了。"论者以为，原来的《约伯记》即到此为止。《约伯记》和《传道书》所代表的，显然是犹太人中的所谓异端思想。[1]

但在现在的《约伯记》中，却凭空出来一个叫以利户（Elihu）的年轻人。他列举一大堆理由，述说神对人绝对正直。最后，耶和华从云端里亲自发言：

那时，耶和华从旋风中回答约伯说：

谁用无知的言语，使我的旨意暗昧不明？你要如勇士束腰，我问你，你可以指示我。我立大地根基的时候，你在哪里呢？你若有聪明只管说吧。你若晓得就说，是谁定地的尺度？是谁把准绳拉在其上？地的根基安置在何处？地的角石是谁安放的？那时晨星一同歌唱，神的众子也都欢呼。海水冲出，如出胎胞，那时谁将它关闭呢？是我用云彩当海的衣服，用幽暗当包裹它的布，

[1] 一位著名怀疑论者勒南说："怀疑论者所发表的东西不多，同时，发表后可能有的散失了。犹太民族极端重视宗教，怀疑论作品之不见容，是可想而知的。"圣诗第 14 篇第 1 节及第 53 篇第 1 节，曾一再提及："愚顽人心里说，没有神。"可见怀疑论者人数不少。对于怀疑论者，尚可参阅《西番雅书》1：12。

为它定界限，又安门和闩，说，你只可到这里，不可越过，你狂傲的浪要到此止住。你自生以来，曾命定晨光，使清晨的日光知道本位……？你曾进到海源，或在深渊的隐秘处行走吗？死亡的门，曾向你显露吗？死荫的门，你曾见过吗？地的广大，你能明透吗？你若全知道，只管说吧……你曾进入雪库，或见过雹仓吗？……你能系住昴星的结吗？能解开参星的带吗？……你知道天的定例吗？能使地归在天的权下吗？……谁将智慧放在怀中？谁将聪明赐于心内？……

强辩的，岂可与全能者争论吗？与神辩驳的，可以回答这些吧？

因震慑于这一精灵的威力，约伯折服了。约伯认输，耶和华欣慰之余，赦免了他的罪过。不过耶和华对约伯的朋友则表不满，说他们发言浅薄。最后的结局是，耶和华赐给约伯1.4万头羊，6000头骆驼，2000头牛，1000头母驴，7个儿子，3个女儿。除此之外，还让他活到140岁。这个结局令人愉快，可是相当勉强。问题解决没有？没有。这个问题一直纠缠着后来的犹太思想家。到但以理（Daniel）时代（约公元前167年），于是有人想，现世的公道似乎是不可能的。但以理及伊诺克认为，要公道除非相信"来世"。在来世，有冤申冤，有恶受罪，有善获赏。这种思想慢慢变成一种潮流，其后即形成基督教主要思想之一。

《旧约》的《传道书》，[1] 也曾触及这个问题。不过，该书所获答案看来是令人丧气的。其答案是：人生之幸与不幸，全与善恶无关。

有义人行义，反致灭亡。有恶人行恶，倒享长寿。这都是我

[1] 本书作者及其写作年代，均无可考。据萨顿推测，此书可能作于公元前250至前168年。作者曾自称"传教者"（Koheleth）及"大卫之子，耶路撒冷之王"。照此称谓，他似乎是所罗门。

> 在虚度之日中所见过的……我又转念，见日光之下所行的一切欺压。看哪，受欺压的流泪，且无人安慰。欺压他们的有势力……你若在一省之中见穷人受欺压，并夺去公义公平的事，不要因此诧异。

人的命运不由善恶决定，于是，好运、坏运便只有看机会了。而机会是盲目的和无情的。《传道书》作者说："我见日光之下，快跑的未必能赢，力战的未必得胜，智慧的未必得粮食，明哲的未必得赀财，灵巧的未必得喜悦，所临到众人的，在于当时的机会。"甚至财富也靠不住。他说："贪爱银子的，不因得银子知足。贪爱丰富的，也不因得利益知足。这也是虚空……劳碌的人，不论吃多吃少，睡得香甜。富足人的丰满，却不容他睡觉。"进一步观察，他居然得出了与马尔萨斯相似的结论："货物增添，吃的人更加增添。"

回忆过去的黄金时代，向往未来的乌托邦，能不能获得慰藉？在他看来，不能。因为，现在的和过去一样，而未来的和现在亦并无不同。"不要说先前的日子强过如今的日子。""已有的事，后必再有。已行的事，后必再行。日光之下无新事。岂有一件事，人能指着说，这是新的。哪知，在我们以前的世代，早已有了。"在他看来，进步是没有的。文明，兴了再灭，灭了再兴，毫不足怪。

总而言之，他认为生命毫不足贵，因此活与不活无足轻重。纵然生活，也不过是毫无目的地转圈子。努力、奋斗都是徒劳的，因为一切的一切最后终归破灭。

> 传道者说，虚空的虚空，虚空的虚空，凡事都是虚空。人一切的劳碌，就是他在日光之下的劳碌，有什么益处呢？一代过去，一代又来，地却永远长存。太阳出来又落下，急归所出之地。风往南刮，又向北转，不住地旋转，而且返回转行原道。江河都往海里流，海却不满。江河从何处流，仍归何处……因此，

> 我赞叹那早死的人，胜过那还活着的活人。并且我以为那未曾生的，就是未曾见过日光之下恶事的，比这两等人更强……名誉强于美好的膏油。人死的日子，胜过人生的日子。

有一个阶段，他认为生活在于尽情享乐。“于是我就称赞快乐，原来人在日光之下，莫强如吃喝快乐。”可是，最后，他又发现，“啊，原来这也是虚空。”至于谈到女人——传道者对之似乎受过很大的刺激，他说：“1000个男子中，我找到一个正直人。但众女子中，无法找到一个……我得知有这等妇人，比死还苦，她的心是网罗，手是锁链，凡蒙神喜悦的人，必能躲避她。”谈女人谈到最后，他的结论却和所罗门与伏尔泰给人的忠告相似：“在你一生虚空的年日，就是神赐你在日光之下虚空的年日，当同你所爱的妻，快活度日。”所罗门与伏尔泰虽然作此忠告，但他们并未身体力行。

他甚至对智慧也采取怀疑态度。谈到著作与读书，他的妙论是：“著书多，没有穷尽。读书多，身体疲倦。”他又说，如你有天赋，那智慧是好的，但若强求，便等于自取灭亡。（这种论调，颇像耶和华口吻。耶和华一次对摩西说：“你不能看见我的面，因为人见我的面便不能存活。”）在他看来，最后，智愚都将同归于尽：

> 我专心用智慧寻求查究天下所做的一切事，乃知神叫世人所经验的，是极重的劳苦。我见日光之下所做的一切事，都是虚空，都是捕风……我心里议论，说，我得了大智慧，胜过我以前在耶路撒冷的众人，而且我心中多经历智慧和知识的事。我又专心察明智慧、狂妄和愚昧，乃知这也是捕风。因为多有智慧，就多有愁烦，增加知识的，就增加忧伤。

如果有“来世思想”，我们认为上面的愤激，是有转化成希望与勇气的可能的。可是，《传道书》的作者并无此等思想。在他看来，人无论生前与死后，均和动物毫无分别：

> 因为世人遭遇的，兽也遭遇，所遭遇的都是一样。这个怎样死，那个也怎样死，气息都是一样。人不能强于兽，都是虚空。都归一处，都是出于尘土，也都归于尘土……故此，我见人，莫强如在他经营的事上喜乐，因为这是他的分，他身后的事，谁能使他知晓呢？……凡你手所当作的事，要尽力去作。因为在你所必去的阴间，没有工作，没有谋算，没有知识，也没有智慧。

犹太人在作《箴言》时，是何等推崇智慧，现在，智慧竟一文不值了。显然，这是犹太文明趋于衰老的象征。犹太民族由于一再遭受环绕其四邻的强大帝国的折磨，精力业已消耗殆尽。他们虽然虔心敬奉耶和华，可是耶和华似乎并没有帮他们多少忙。国破家亡，流离失所，诉诸笔墨者，当然是一片怀疑虚无了。

耶路撒冷光复了，然而它并未变成上帝不可征服的堡垒。它先是波斯的附庸，现在，希腊又要它称臣纳贡。公元前 334 年，青年政治家亚历山大率兵前来叩关。大祭师原定宁死不降，可是据说他当天晚上做了个梦，就梦解释不降不行。第二天一早，大祭师令祭师及民间领袖穿着素服，和他一起开城，到亚历山大军营请降。亚历山大对大祭师颔首为礼，并说了些他对犹太民族及其所崇拜的上帝感到不胜仰慕的话，最后才开始接管耶路撒冷。

当然，这并不是犹太民族的最后一幕。就 4000 年的历史舞台看来，好戏还在后头。耶稣基督是一幕，亚哈随鲁（Ahasuerus）又是一幕。现在，另一幕正在开始。这一幕自然也不是最后一幕。耶路撒冷，犹太民族的象征，建了毁，毁了建，自有人类历史以来，已不知重建了多少次。看来，耶路撒冷不会毁，犹太民族也不会灭。鉴往知来，犹太人与历史同存，也许它亦与文明同样永恒。

第七章 | 波斯

米底亚的兴亡

在击败横跨西亚大帝国的亚述之战中，米底亚人（Medes）扮演了一个非常重要的角色。谁是米底亚人？他们从哪里来？历史是一本奇怪的书，常常没头没尾。米底亚人首次出现于历史，是在一块石刻上。据这块石刻记载，公元前837年，撒缦以色三世（Shalmaneser Ⅲ）远征库尔德斯坦（Kurdistan）山中一小国。此国称为帕苏亚（Parsua），组织简单，人烟稀少。全国分由27位酋长统率，国人自称阿玛代（Amadai）、玛代（Madai）或米底亚（Mede）。

和其他印欧民族一样，米底亚人可能是于公元前1000年左右，自里海方面移来。《波斯古经》（*Zend-Avesta*）提到米底亚人所居之地，常称之为“天堂”。说那里风景优美，无与伦比。米底亚这个游牧民族，最初似乎是在布哈拉（Bokhara）及撒马尔罕（Samarkand）一带徘徊，慢慢则向南远去，最后才到达波斯。在波斯，他们发现了铜、铁、铅、金、银、大理石及其他宝石，于是便定居下来。米底亚人淳朴而精力充沛，定居之后，他们便在平原或丘陵地带从事农耕。

在埃克巴坦那（Ecbatana）[1]，意即“四方交汇之地”，一个风景宜人的山谷中，第奥西斯（Deioces）崛起，成了米底亚人的第一代王。他就地建都城，建王宫。他所建的王宫，占地广达 2/3 平方英里。据希罗多德记载，第奥西斯因公平正直被立为王，但当其大权在握，却摇身一变而成暴君。他下令：“任何人均不许求见，有话由使者上陈。”在他面前啐吐沫或嬉笑者，皆视为大不敬。他常喜微服出巡，由于化装巧妙，国人从未见到他的庐山真面目。

在第奥西斯领导下，米底亚一天天强大起来。最初，米底亚常受亚述的侵凌，最后反变成了亚述的最大威胁。尼尼微被攻陷，就是米底亚最负盛名的君主基亚克萨里斯的杰作。挟战胜亚述之余威，基亚克萨里斯率领大军横扫西亚。当他叩萨迪斯之门时，忽然天昏地暗起来。日食遏制了基亚克萨里斯进一步侵略的野心，于是，他主动和萨迪斯国王讲和。他们立下“血盟”——互饮对方的血，发誓不相攻击。米底亚由一个附庸国崛起而囊括西亚，成为兼并亚述、波斯的一个大帝国，基亚克萨里斯的勋业是卓著的。但可惜天不假年，由萨迪斯班师回来第二年他便逝世了。

在基亚克萨里斯逝世 30 年后，米底亚大帝国即宣告结束。这个大帝国的寿命太短了，短到根本谈不到什么文化贡献。不过，我们也不能把米底亚一笔抹杀，因为后来的波斯文化，可说就是在米底亚所立基础上，生根发芽开花结果的。

米底亚对波斯文化的贡献有：雅利安语言，36 字母，以羊皮纸和笔代泥板的书具，米底亚柱廊，米底亚道德观念——平时勤俭、战时英勇，以阿胡拉·玛兹达（Ahura Mazda）及阿里曼（Ahriman）为基本观念的袄教（Zoroastrianism），父权家庭，多妻制度，统御一个大帝国所必需的法典。《但以理书》第 6 章第 8 节，曾这样说：“米底亚和波斯人的法，是不可更改的。”至于在文学和艺术方面，米底亚

[1] 可能即是现在的哈马丹（Hamadan）。

对波斯文化有无贡献，由于文献不足，无从置论。

米底亚的勃兴快，而她的衰落更快。继基亚克萨里斯为王者，是其子阿斯提亚格斯（Astyages）。君主专制制度，可以说是一种含有巨大冒险性的赌博。继位者精明能干，则兴；继位者昏庸腐化，则衰。阿斯提亚格斯就是使米底亚迅速衰落的一个继位者。阿斯提亚格斯继承他父亲睿智英武所打下来的天下，一即位便尽情享乐。上有所好，下必附焉。国王要穿好的，住好的，吃好的，臣民当然便跟着来了。当时的上流社会，男衣纹绣，女饰珠宝，马佩金鞍，务以繁华奢侈为尚。至于老百姓，当年辛苦工作，伐木为车，粗衣粝食的民风没有了，一般都是雕车饰马，征逐酒食，享乐不已。

生活腐化，虽有影响，但还不大，最糟的是统治者道德标准的堕落。从前诸王为人处世均战战兢兢，生怕有失公正，但阿斯提亚格斯全凭一己好恶为之。他因为讨厌哈尔帕戈斯，把他儿子砍头剁手尚嫌不足，还要哈尔帕戈斯当场把他儿子的肉吃掉！哈尔帕戈斯说："国王之命，谁敢不从？"但最后的报复是，他死心塌地协助居鲁士，搞垮了这个大帝国。年轻英俊的居鲁士原为米底亚属国波斯境内安申（Anshan）一地之王。现因阿斯提亚格斯暴虐无道，而继其位者又庸懦无能，于是，一兴义师，米底亚便不战而亡。米底亚人对居鲁士不但没有抵抗，而且非常欢迎。居鲁士的崛起，使波斯与米底亚的地位刚好颠倒过来。这一颠倒，可以说就是近东波斯大帝国的起点。

波斯"大君"

居鲁士是天生的领袖人物，他之称王波斯，诚如爱默生所云，是万众归心的结果。这位王的思想言行非常高尚，治国治军非常干练。他能征惯战，但绝不骄矜。他对战败者，异常宽厚。他不但能赢得国人的敬爱，而且能赢得敌人的敬爱。由于他具有这些优点，希腊人一提到他无不肃然起敬。在希腊人观念中，他是最富于传奇性的人物。

他们认为，历史上的大英雄亚历山大出现前就要数他。希罗多德及色诺芬在写历史时都曾尽力描绘他。不过，也许正由于描绘太过，反而使我们无法弄清居鲁士的真面目。希罗多德笔下的居鲁士，历史与神话参半。色诺芬在许多场合，竟把居鲁士写成了苏格拉底。综合二人所写的故事来看，居鲁士已不是人而是神。

剥开一切神话的外衣，我们对于居鲁士可得出六点认识：第一，他是一位美男子——波斯古代艺术家对男子的造型，一律是以居鲁士为模特儿；第二，他建立了波斯帝国，以“阿契美尼德王朝”（Achaemenian Dynasty）名义，统治波斯一段相当长的时间；第三，他把波斯及米底亚部队，编练成一支战无不胜、攻无不克的大军；第四，他攻下了萨迪斯及巴比伦，结束了闪米特人在西亚长达1000余年的统治；第五，他承受了亚述、巴比伦、米底亚及小亚细亚诸国的版图，而形成了罗马以前最大的帝国；第六，他是有史以来最善于统御的一位君主。

波斯居民是强壮勇敢的山地民族。这族人是印欧种的一支，像米底亚人一样，可能由俄国南部迁来。就其语言与宗教来看，他们和越过阿富汗、成为北印度统治阶级的雅利安族是表兄弟。

大流士一世在一块石碑上，刻有这样的话：“余乃波斯人，亦即雅利安人之后裔。”祆教徒称其祖先来自“雅利安之乡”。[1]据斯特拉博考订，“雅利安”（Aryan）与“伊朗”（Iran）是同义语。

波斯人可以说是近东各民族中长得最英俊的。就古代遗留雕像观察，他们大都身材匀称，仪容秀美。任何一个人如果首先有一张长短合度的脸，其次在上面长着一个挺直的希腊鼻子，看起来大概都会讨人喜欢。波斯人大多数都具有这种条件。波斯人的服饰，大都取自米底亚。他们似乎有个观念，人体除脸之外，任何部分都不可暴露于外。因此，他们头上或束巾或戴帽；身上有衫有裤，衫有外衣内衣，

---

[1] 雅利安区域，一般是指阿拉斯河（Aras River）沿岸。

外衣总有很长的袖子，裤也分内外，裤管一般都很长；脚上，除袜外，有的人穿草鞋，有的人穿皮鞋。一般人在衣服外面，大都系上一条腰带。妇女装束，除上衣部分，在胸部有一裂缝外，全和男装无异。王服尚红，衣、裤、鞋子均绣有花纹图案。鞋子上，一般更有着番红花式的扣子。波斯男性大都蓄长须。发式最初听其自然，慢慢地则流行戴假发。帝国鼎盛时代，男女均极讲究装饰。脂粉乃常用的化妆品，为求眼睛漂亮，很多人还使用眼影。因为人人都讲究化妆，美容师竟成了一种新兴行业，而且波斯贵族有自己专用的美容师。每一个波斯人可以说都是香料专家，据说雪花膏就是他们发明的。波斯国王每届出征，不管此去或胜或败，大都要仔细加以装饰，务使看来俨若天神。

在波斯历史上，他们使用过很多种语言。大流士一世时代，波斯宫廷与贵族所使用的是“波斯古语”。波斯古语与梵语极为接近。现代英语和它们也可以说是表亲。[1] 波斯古语其后又分为两支：一支称禅德语（Zend language），袄教经典《波斯古经》就是以此语记录而成；一支称巴拉维语（Pahlavi language），这是印度语的一种，今天的波斯语，即由此发展而来。

在书写方面，石刻碑铭采用巴比伦式的楔形文字，公文书契采用阿拉米（Aramaic）拼音文字。但巴比伦文字太难，为求简便，在300余字中，他们只采用36个。这36个字，经过一段时间演变，由文字变成了字母。这就是波斯楔形文式的字母。在波斯人观念中，学书学

[1] 波斯古语与其他语言血缘示例：

波斯古语	梵语	希腊语	拉丁语	德语	英语
pitar	pitar	pater	pater	vater	father
nama	nama	onoma	nomen	Nahme	name
napat（grandson）	napat	anepsios	nepos	Neffe	nephew
bar	bhri	ferein	ferre	führen	bear
matar	matar	meter	mater	Mutter	mother
bratar	bhratar	phrater	frater	Bruder	brother
ζ ta	stha	istemi	sto	stehen	stand

写，太文绉绉了，人们不应把时间用在这方面，而应习武、下棋甚至谈恋爱。基于这种观念，波斯人在文学方面自然只有交白卷。

波斯贵族有时间读书写字而不肯读书写字，至于平民百姓，由于耕田种地占去了大部分时间，因此只能安于不识不知的状态。祆教经典一味鼓励人从事农业。它说万般皆下品，唯有农民高。从事农作是最讨宇宙间最高之神阿胡拉·玛兹达喜悦的。波斯土地部分属于自耕农，部分属于国家，部分属于封建贵族。自耕农常结几姓为一农庄，协力以耕共有之地。属于国家的土地，由农奴耕种。波斯农奴多为外国俘虏，波斯人绝无做农奴者。属于封建贵族的土地，基本由佃户耕种。佃户每年以收成之一部分，缴给贵族作为地租。耕田以牛为动力。牛在前，犁在后。犁以木做成，翻土之处，以铁为之。灌溉所需之水，是筑沟渠从山上引来。主要作物为大麦、小麦。波斯农家，多饲养牲畜及酿酒。家境小康者，常酒肉不断。

波斯人善饮，居鲁士还以酒供应部队。波斯大臣讨论国家大事前，必定要先喝酒，很多大事都是在喝酒之后决定的。[1] 自然，若决定有误，第二天酒醒时还可更改。一种特制酒名叫豪麻（haoma）。这是用来敬神的酒，波斯人相信，这种酒饮后不但不会乱性，而且还可益神补智。

波斯工业甚为落后。在波斯人观念中，工艺是下等人所做的事情。这些东西应让属国人民去做，帝国人民利用进贡的金钱易取所需。波斯人虽不重视工商业，但对促进工商业发展的条件，却大有贡献。在大流士策划下，波斯工程师在帝国境内的各大都会间修筑了许多大道。一条由苏萨至萨迪斯的大道，全长达 5000 英里。里程以帕拉桑（Parasang）为标准——1 帕拉桑等于 3.4 英里。希罗多德说："此路每隔 4 帕拉桑即设有一站。站有宿舍，设备精美。沿途村镇不绝，

[1] "一边饮酒一边讨论，"斯特拉博说，"波斯人认为，酒后得出的结论，远比不饮酒所得出的正确。"

治安极佳。”自苏萨至萨迪斯，沿途各站均备有驿马传递公文。按规定，公文到站，即换马飞送。故自起站迄终站，普通旅客要走 90 天，但公文只要一礼拜就够了，速度竟和使用汽车差不多。

在这条路上，凡遇河川阻隔，原则上都用摆渡。但如果工程师认为必要，也可架桥通过。不但过幼发拉底河用桥，甚至过赫勒斯滂(Hellespont，现称达达尼尔海峡）也用桥。这些桥修得异常坚固。有人说，就是几百头大象从上面同时通过，也绝无问题。另一条值得一提的是起自苏萨、经阿富汗、直达印度的路。这条路一通，原已开发的东方，其财富即可源源向波斯流来。

透过传奇的迷雾，我们所认识的居鲁士，是有史以来最擅长征服、最宽仁厚德的国君。他的宽仁厚德，也许正是他所向无敌的原因。优待战俘既然成了波斯帝国一贯的政策，于是，当他的敌人面对着他，而又明知不是他的敌手时，便不会殊死作战了。根据希罗多德的记载，居鲁士攻陷萨迪斯时，曾从火堆里释放了克里萨斯。不但免他一死，而且还聘请他做“国策顾问”。另一桩值得大书特书的事是，他攻下巴比伦后，无条件恢复了犹太人的自由。

居鲁士就下列一点而言，真可称得上是一流的政治家。他洞悉，如果较力，国家远不如宗教，因此，他的政策是：波斯国内各民族，应该享有信仰的自由。过去的征服者每到一个地方，第一是刮地皮，第二是毁神庙。但居鲁士绝不如此，每攻下一个城池，他所做的，第一是解除民间疾苦，第二是礼拜城中神庙。巴比伦对居鲁士抵抗最久，但城破后，他仍体恤其人民，敬重其神庙。因此，巴比伦人对他，简直感激到无以复加。像拿破仑一样，居鲁士征服了许多国家，而每到一个地方，那个地方的人都对他表示热烈拥护，因为他给他们以宗教自由。就这一点与拿破仑比，居鲁士似更胜一筹，因为他不但承认当地人的宗教自由，而且还对当地人的神躬身下拜。

居鲁士与拿破仑相同的另一点是，他们的失败都在于野心过大。居鲁士统一近东后，又四处进兵。北逐中亚游牧民族至锡尔河

(Jaxartes)，东至印度。当其大兵西指，其声势如日中天。但想不到这位举世无敌的大英雄，走到里海之滨的南岸，却丧身在一个名不见经传的玛萨基提（Massagetae）人之手。说到这一点，他又像亚历山大了。他们都各征服了一大片土地，但却没有时间来治理享受。

康比斯继位为王，但他完全不像乃父。他狂暴嗜杀，贪得无厌，处理事情更神经兮兮。一上台，他就处死自己的弟弟西米底斯(Smerdis)，说他想争夺王位。接着，他便向埃及用兵，其目的是占有埃及的财富。埃及之役，得失参半。孟斐斯很快便攻下了，但一支派去攻击亚扪绿洲的拥有 5 万人马的军队，竟全军覆没。使康比斯更伤脑筋的是，他派去攻击迦太基的海军，竟不听他的指挥。因为波斯海军是以腓尼基人为骨干组成的，迦太基是腓尼基人的城市，腓尼基人不愿骨肉相残。这些失意的事加在一起，使康比斯精神错乱了。他忘了他父亲所订的宗教政策。他公然侮辱埃及宗教，对埃及人视为神灵的牛，亲自下手屠杀。他从埃及陵墓里拖出木乃伊。他把埃及庙里的神像一律清除焚毁。他这样做是振振有词的——就是替埃及人破除迷信。

不过埃及人并不感激他。他们说神的报应会降临到他身上。果然，不久他就病了。他患的是癫痫性痉挛。他的病使埃及人更坚定了对神的信仰，因为他们认为这是神的显灵。由于神志失常，他竟杀了他的妹妹，杀了他的皇后罗克萨娜，杀了他的儿子普列克撒司佩斯。一次，他一怒之下活埋了波斯的 12 个贵族。他不知为什么讨厌克里萨斯，派人去把他处死。刑官接到命令，迟疑了一下。他一生气，连刑官一并杀了。他从埃及回来，途中听说国内已起了革命，称王者甚得民心。在这种情形下，由于进退两难，他便选择了自尽。自此，他便从历史上消失了。

在波斯闹革命的领导人，其所假借的名义，是皇弟西米底斯。他说他当年巧妙地逃过了康比斯的魔掌，因此并没有死。但实际上，这个人是一个“魔教”首领。他在取得王位后，即以摧毁祆教为务。祆教乃波斯国教。假面具被揭穿后，另一场革命随即爆发。这场革命由7位贵族发起。7位贵族中，有一位就是后来鼎鼎大名的大流士。他是希斯塔斯普之子，在纷乱中崭露头角。靠着无比的决断和机智，他把波斯又推进一个新时代。

大流士受贵族推选为王，照东方君主惯例，一位新登基的君主，一方面要应付宫廷纠纷，一方面要镇压地方叛变。中央多事，正是地方割据称雄的好机会。所以当假的西米底斯一兴一仆时，埃及、吕底亚、埃兰、巴比伦、米底亚、亚述、亚美尼亚、萨奇亚以及其他波斯所属地方，纷纷都闹独立了。大流士稳固了中央，便去收拾地方。他以无边的暴力及迅雷不及掩耳的手段，镇服了各地方的叛变。巴比伦抵抗稍久，为了杀鸡儆猴，攻下城后，他一口气处死了3000人。

全国底定，大流士悉心检讨，认为帝国的安定应从讲求治术着手，于是偃武修文，励精图治。他的治绩曾为后世罗马奉为典范。在他治理下，数十年间西亚获得了无比的安定与繁荣。他实在希望和平，然而，帝国既是以征服得来，则战争即不可免。征服一段时间之后，就须再征服。另外，由于世事变化无常，常有新兴的帝国，起而向老一代的帝国挑战。因此，尽管希望和平，也必须随时准备战争。

由于西徐亚人常常侵扰帝国边界，大流士于是提兵进入俄国南部，越博斯普鲁斯海峡、多瑙河，直达伏尔加河沿岸。在征服伏尔加沿岸后，他更引兵东向，上阿富汗高原，爬千山，涉万水，抵达印度。大流士的东征，行程是艰苦的，但成果非常丰硕。因为此行，他给波斯帝国增加了数以百万计的子民及卢比。对于大流士的远征希腊，希罗多德的解释是由于其宠姬阿托莎（Atossa）在大流士枕边的一句戏言。不过，按照我们的看法，问题没那么简单。史学家都相信，大流士之所以向希腊用兵，原因是他已看出希腊城邦欣欣向荣，大有形成一新兴帝国之势。这个帝国一旦形成，对于波斯的西亚霸权，自然是一大威胁。

基于上述认识，恰好伊奥尼亚接受斯巴达、雅典之助背叛波斯，于是大流士便决心西征。以下便是众所熟知的历史：大流士进入爱琴海，兵败马拉松，丧师归来，企图再攻希腊未成，便忽然生病而死。

波斯生活及工商业

在大流士极盛时代，波斯帝国有20个行省。其版图囊括了整个埃及、巴勒斯坦、叙利亚、腓尼基、吕底亚、弗里吉亚、伊奥尼亚、卡帕多西亚、西里西亚、亚美尼亚、亚述、高加索、巴比伦、米底亚、波斯本土、现在的巴基斯坦俾路支（Baluchistan）、印度河西岸、粟特（Sogdiana）、大夏（Bactria）、玛萨基提及中亚的一部分。这样大的版图，波斯以前还没有过。

古波斯帝国和我们现在所知道的波斯，并不是一回事。古波斯帝国人口近4000万，延续达两个世纪。古波斯帝国中的波斯本土，位于波斯湾东岸，其民自称伊朗。波斯本土面积不大，古波斯人称之为“帕尔斯”（Pars），今波斯人称之为“法尔斯”（Fars，亦作Farsistan）。波斯本土面积既属有限，境内又多山多沙漠。这块地方冬季严寒，夏季酷热[1]，天然河流不多，四季雨量稀少，因此，这里的200万居民要维持生活，除了靠少数商业外，就只有靠附属国进贡。

以上这些道路，最初建筑的目的，原为便利帝国的军事活动及政治联系，但自建成之后，不但促进了贸易的发展，而且使文化、风俗、思想观念，甚至迷信，也皆有了交流的机会。有一个最显著的例子，犹太教及基督教天使魔鬼的神话，就是从波斯传去的。

波斯的水路交通，不如陆路交通那么发达。最初帝国没有自己的海军，若需水战，便只有借重腓尼基或希腊人的船队。大流士为沟通波斯与地中海两大世界，曾修筑运河连接红海与尼罗河。修筑这条运

---

[1] 据斯特拉博称，苏萨夏季的炎热常达到极可怕的程度。如蛇与蜥蜴等动物，从街这边爬到街那边，遇有太阳，爬得不快便有被晒焦的危险。

河，曾费了很大工夫，可惜他儿子没有好好维护，不久便被流沙塞死了。在薛西斯时代，波斯曾企图以自己的海军作非洲环航，但因他们经不起汹涌波浪的考验，刚通过海克力斯之柱（即直布罗陀海峡东口南北之二岬），便铩羽而归。

在观念上，波斯人很看不起商人。他们认为商场充满诡诈，正人君子不宜涉足。因此，一切生意都让外国人，如巴比伦人、腓尼基人及犹太人去做。波斯上层社会认为做买卖是卑贱的事。一个人最值得骄傲的，是无论吃的、穿的、用的，完全取于自己家里。借、贷、还本、取息，最初，多行物物交易。交易物品主要有牛、羊、谷、米。铸币很晚才有。波斯铸币仿自吕底亚。大流士铸有一种叫"达里克"（daric）的金银币。这种币上刻有他的肖像。[1] 其金银比率为 13.5 ∶ 1。这种币制可以说是现代"复本位制"（bimetallism）的滥觞。

政府的试验

影响波斯人生活的主要因素为政治、军事，而非经济。换言之，波斯财富的累积靠的是权力，而不是工商业。凌空俯瞰波斯帝国的结构，上面是一个孤零零的小岛，下面是一片波涛汹涌的大海。那个小岛就是统治阶层。那片大海就是被统治阶层。这是一种非常危险的结构。不过，正因其危险，更足以反映出波斯人的组织力及统御力的不同凡响。帝国组织的最高层为王。波斯人称王为 Khshathra，此语兼有战士之意。[2] 用战士之名称称王，一方面显示了王和军事不可分，一方面亦显示了王的专制本质。

[1] 大流士（Darius）与 daric 音颇相近，但后者并非取自前者。达里克来自波斯语 Zarip，意即 1 块黄金。1 个金达里克，面值为 5 美元。3000 个金达里克，合波斯 1 塔伦。

[2] 今天，波斯王之称 Shah，实即 Khshathra 的简称。波斯省长之称 Satraps，印度武士阶级之称 Kshatriya，显然与 Khshathra 是同一语系。

由于在波斯帝国境内实际上就有好几位臣属之王，因此波斯王亦称“万王之王”（King of Kings）。这种称谓相当自大，但在古代世界从未有人敢于反对。希腊对于波斯王，干脆叫作 Basileus，此字隐有世间一王之义。波斯王的权力，至少就理论上而言是至高无上的。任何人只要他说杀便杀，根本无须通过任何审判程序，或宣布什么理由。不仅如此，他这种随便杀人的权力，有时还可转授给他的皇后或皇太后。

波斯王的意旨具有绝对性。这种意旨一经宣布就得贯彻。对于波斯王的意旨，贵族即使至亲或至尊，也不敢批评或违抗。所谓舆论，对此可以说更毫无影响。只要王高兴，他可当着父亲射杀儿子。这样做不是因为父亲或儿子有罪，目的只在证明他的射箭技术高明。有的王对于罪犯，可以打一阵“脚板心”。对于这阵打，被打者还要感谢“皇恩浩荡”。

波斯帝国就是由这种具有至高无上及绝对权力的王实行统治。不过真正由自己实行统治者，事实上只有少数英主，如居鲁士及大流士一世。至于其他波斯王，他们成天忙着下棋、掷骰子及追逐酒色之乐，国家大事则委托给少数皇亲国戚或宦官。宦官由于其地位特殊，或为王的近侍，或为太子师保，在宫廷中具有莫大的影响力。他们成天制造风云雷雨，每一朝代的权力更迭，他们几乎都曾从中作祟。[1]波斯王有权指定其继承者。一般而言，继任为王者，当为其诸子之一。不过，实际上是谁有势力谁便称王。换言之，指定往往落空，新王的产生常决定于暗杀或政变，而非指定。

王权的行使，实际上受到贵族的限制。贵族居于王与人民之间，起一种缓冲作用。大流士一世之后的贵族，最有权力的就是与大流士一世同时起兵反抗假西米底斯的那六家。这六大家族，除享有一般特权外，还可参与国家大事。贵族参政一般有两种方式。一种作为宫廷

---

[1] 波斯定例，巴比伦每年须选送 500 童男阉割以备后宫役使。

咨政。国王有事，即向他们咨询。他们的发言，对王往往具有很大的影响力。一种各赴封地治理一方。这种贵族在自己封地内有着绝对的权力。他们可以征税、立法、审判、练兵。

王权的真正支柱，也可说整个帝国政府的真正支柱是军队。事实上一旦军队不能维系，整个帝国便会宣告瓦解。波斯是全国皆兵。国家有事，所有 15 至 50 岁的壮年男子，都必须服役。逃避服役，无论任何理由，均属罪大恶极。大流士时代，一位 3 个儿子的父亲，请求容其一子免服兵役，结果，3 个儿子通通被处死！另在薛西斯时代，一位 5 个儿子的父亲，当其 4 子俱上前线后，请求暂留最后一子撑持家务，结果他所得到的是：最后一子被分尸示众。那孩子被砍成两半，置于部队必经之路的两旁！为了强调服役光荣，每逢出征，当部队开拔时，一方面有军乐前导，一方面有民众欢送。

御林军为一切部队的矛头。这支部队由 2000 骑兵、2000 步兵组成，任务是保护王的安全。担任御林军是贵族子弟的特权。常备兵由波斯人及米底亚人组成。守备部队例由常备兵产生。波斯帝国就全国战略据点划分为若干守备区，每一守备区均派有守备部队驻守。一般部队则由附属国组成。原则上，一个附属国一支部队。这些部队有同一种语言，同一种武器，同一种战法。波斯部队由于来源不同，故其装备亦有别。部队的武器有：弓箭、刀矛、匕首、弹弓、盾牌、头盔、胸甲、铠甲；动力有：马、象；随军军属有：传令、司书、宦官、营妓。波斯部队一般均配有战车。这种战车在枢轴上通常都装有又长又大的镰刀。

波斯部队的军力，素以人马众多著称。以薛西斯所编组的远征军来说，人数即多至 180 万。一般而言，波斯部队组织训练均谈不上，其所以能战胜敌人，主要靠人多。因此，任何一支部队只要组织严密、训练有素，即使人数少，亦可使之溃不成军。马拉松与普拉蒂亚之战，就是如此。

在波斯，王命就是法律，军队就是权力。这两种东西，除先王训谕外，几乎没有任何东西可以使之受到约束。谈到法，波斯人最足以自豪的就是他们的法——也就是他们国王说的话或承诺——都是不能更改或违抗的。波斯人相信，国王的决断或命令都是出于阿胡拉·玛兹达大神之意。王法因此也是神圣的。王是最高审判者。不过，这项职权照例由国王委派亲信大臣代行。

国王之下，是一个 7 人组成的高等法院。高等法院之下，是若干地方法院。这些法院星罗棋布，遍于全国。在古代，法官多由祭师充任。其后，一般人甚至女性，也有被任命为法官的。被告除案情重大者外，审理前均可保释。审理有一定的程序。法官审理须同时考量被告的功过。过大者固须受罚，但功大者能获赏。案件审理差不多都定有期限，稽延之事绝无仅有。小的争端常不经由法律途径，直接由仲裁人加以调解。由于审判的依据一般均为判例，而判例是很复杂的，因此，一种相当于“代书”或讼师的阶级便应运而生。他们接受原被告的委托，收取相应报酬，替原被告打官司。

疑难案件常以对神发誓来解决。天判偶尔也加以采用。司法界相当清廉，因为贿赂一经证实，行贿者与受贿者都是死罪。康比斯有一次发现一位法官贪赃枉法，于是下令把那位法官活剥，还把剥下来的皮做成坐垫，给继任的法官——事实上即被剥法官的儿子——在判案时垫坐。

轻微过犯，用鞭，少者为 5 鞭，多者可至 200 鞭。毒死牧羊犬，所罚即为 200 鞭。但过失杀人，则不过 90 鞭而已。鞭可改为课以罚金：1 鞭换 6 卢比（rupee）。所罚之款即供作法院经费。处罚较重之罪，有烙印、使成残废、断手足、剜目、监禁及处死等刑。所犯为单一之罪，依法不能判死刑，即使国王亲判，也不能违此规定。不过，犯下列各罪者，则属例外，那就是：叛国、强奸、鸡奸、谋杀、自渎、焚尸灭迹、私入宫禁、接近嫔妃、私坐龙位以及一切冒犯王室之举动。处死有下列各种方式：令服毒、用桩刺杀、磔、吊（通常为倒吊）、上十字架、活埋、用大石把头压碎、以热灰闷死及惨无人道的

“船刑”。[1] 波斯人所想出的这些杀人花样，后来被入侵的土耳其人学去，土耳其人又把它转教给别的民族。

有了法，有了军队，于是国王便可统御其 20 个行省。波斯王建有许多都城，统御各省即从这些都城发号施令。帕萨尔加德是波斯的古都。波斯波利斯是波斯的首都。埃克巴坦那是波斯的夏都。但许多波王，都喜欢住在苏萨。苏萨本为埃兰古都——近东历史起自埃兰，现在又回到了老地方。以苏萨为都，好处在难于接近，坏处在远了一点。例如，从那里派兵赴吕底亚及埃及平乱，部队至少要走 500 英里。可是，马其顿入侵时，亚历山大为取苏萨，自巴比伦出发急行军得走 20 天。

波斯帝国处处修路，从世俗观点来看，似乎在处处为希腊、罗马征服西亚做准备。不过，就宗教观点来看，这种解释得完全颠倒过来。它加速了西亚征服希腊、罗马。

为便于管理及征税，波斯将全国划分为若干省。这些省由省长，有时由分封诸侯，秉承波斯王之命治理。省长或诸侯任期的长短，全由能否获得国王信任来决定。为防止各省坐大，大流士每省除省长外，又派一位武人、一位文人协同治理。武人称将军，负责军事。文人称监察，负责监督省长与将军的言行。省长、将军及监察，三者均各向国王负责。

除省长、将军与监察三者分立制衡外，国王更常派情报人员为其耳目，这些情报人员以钦差大臣名义，随时赴各省考察。他们考察的

[1] 据普鲁塔克称，波斯战士米特里达脱斯（Mithridates）醉后失言说，在战役中，手刃小居鲁士的不是王而是他。“（阿尔塔薛西斯）于是下令，米特里达脱斯当处以船刑。何谓船刑？取两艘同样大小的船，一艘在下，令犯人仰卧其内，一艘在上，船底朝天，与在下一艘相合。合时，于船边露出犯人之头及手足，然后以钉钉牢。把饮食给犯人吃。他不吃，用针刺眼，强迫他吃。等他吃后，以蜜调奶灌他。蜜和奶一半倒在他嘴里，一半倒在他脸上。在太阳下一晒，苍蝇即成群飞来。船中的身体，由于大小便均在其内，于是蛆蛇虫蚁麇集。这些蛆蛇虫蚁，竞相由肛门进入腹内。人死后，揭船验尸，尸体已千疮百孔，变成蛆蛇虫蚁之窟。受船刑者，死得极慢。米特里达脱斯从受刑至断气，一共整整 17 天。”

范围非常广泛，民政、财政、军事，通通均可过问。失职的省长，轻的丢官，重的赐死。这种赐死经常不加审讯。有些省长前一天还照常问事，可是第二天就无疾而终。要一位省长死很容易，国王只要令其内侍送他一杯毒酒就够了。

在省长之下，实际推动政事的是一批官吏。这批官吏各有各的职掌。他们分职办事，往往无须请示或指导。省长变动，甚至朝代变动，这批官吏仍无变动。在整个波斯历史上，国王可死可废，这批官吏却不死不废。

波斯各省官吏，当然都有薪俸。不过，他们的薪俸不是从国王而来，而是从在他们治下的老百姓而来。作为一位省长，那是很阔绰的。他们有宫室、有园丁、有嫔妃。省长不但不从国王那里领薪俸，而且每年还要以进贡的名义，对国王孝敬大笔金钱或物资。每年各省向国王进贡白银如下：印度是 4680 塔伦；亚述和巴比伦是 1000 塔伦；埃及是 700 塔伦；小亚细亚四省是 1760 塔伦；加上其他，合计是 14 560 多塔伦。这些银子，约合 1.6 亿至 2.18 亿美元之巨。此外，还有实物进贡：埃及年纳谷物 12 万人份；米底亚年纳羊 10 万只；亚美尼亚年纳乳马 3 万匹；巴比伦年纳年轻太监 500 人。

进贡又进贡，波斯财富一年一年增加。这一年一年增加的财富，虽经历代宫廷 150 余年的豪华享受、成百次靡费不赀的战争及大流士三世逃跑时带走的白银 8000 塔伦，但至亚历山大攻下波斯所有都城后，清点库存，尚余白银 18 万塔伦。这笔钱达 27 亿美元之多。老百姓费这么多钱支撑一个政府，代价是够大的。不过，这笔钱花得不算冤枉。因为波斯政府在地中海世界，除后来的罗马外，可算是历来政府中最成功的。事实上，罗马有许多地方，例如政治结构、政府组织、行政方式，大致都是取法波斯。

当然，波斯有些君主非常残忍浪费，有些法律极端野蛮，不过，在其治理下，尽管苛捐杂税一大堆，但老百姓因有和平及秩序，所以渐渐都富足了起来。另外值得称许的一点就是由于政策开明宽大，其所统治的地方自由度很高。在波斯帝国内，每一个地区可以保留自己的语言、法律、风俗、道德、宗教、钱币。有些附属国甚至保留了他们自己的君主和朝代。附属国如巴比伦、腓尼基及巴勒斯坦的居民，甚至有这种感觉：波斯的统治者，远较他们自己的统治者温和；在波斯统治下，税捐负担也较轻。波斯治绩之隆，当以大流士一世为最高峰。历来圣君能够和他相提并论者，除罗马的图拉真（Trajan）、哈德良（Hadrian）及安东尼（Antonine）外，可说寥寥无几。

祆教及其创始

据波斯传说，远在基督降生前数世纪，在雅利安人的故乡，出现了一位伟大的先知。这位先知就是查拉图斯特拉（Zarathustra）。希腊人嫌这个名字不好念，特把他叫作琐罗亚斯德。这位先知的由来可不平凡。先知未降生前，他的守护神先就进入一株哈沫树中。哈沫树的汁可酿酒，一位祭师喝了这种酒——这就是后来波斯人以哈沫酒敬神的根源——于是，守护神和酒即进入了祭师的身体。就在同一个时候，天空有一丝亮光，忽然降临至一位贵族少女的腹中。祭师与这位少女恰巧于是日结为夫妇，于是守护神与天上的光一混合，查拉图斯特拉便诞生了。

奇事还不只如此。查拉图斯特拉降生后即大笑。他的笑声使环绕在他身旁的魔鬼纷纷抱头鼠窜。波斯人相信，每一个生物其四周都有魔鬼环伺。查拉图斯特拉聪明过人，爱好自由与正义，因此他远离人世，独自住在一座山上。那座山也不是一座普通的山，山上有着吃不尽的干酪和水果。魔鬼曾对他多方诱惑及试探，可是他均把持得定。他所受到的试探，有的非常严酷，例如，在他的胸前插上一把剑，或在他的七窍内，灌满熔铅。不过，不管怎么试探，他均虔信，光明之主阿胡拉·玛兹达是唯一真神。

最后，阿胡拉·玛兹达出现在他面前，授他一部经典，同时，命他下山去开导世人。这部经典就是《波斯古经》，又名《知识及智慧之书》。这部书可以说就是波斯人的“圣经”。查拉图斯特拉下山之后，即遵神的指示去开导世人。可是，在很长的一段时间内，世人不但不信服他，而且还对他加以嘲弄及迫害。但最后，一位名叫希斯塔斯普（Vishtaspa，或作 Hystaspes）的伊朗王子听了他的道理，立刻大加赏识。他答应容许并协助查拉图斯特拉在他的国内传播他的思想。有了根据地，祆教便诞生了。查拉图斯特拉就是祆教的始祖。他享寿很高。最后，在一阵雷电声中不见了。据说，他是升天了。

以上的故事，究竟有多少真实性，很难说清。不过，一般人都承认，这个人是存在的。希腊人首先承认他，并且判断他活在他们之前 5500 年。巴比伦学者贝罗索斯，却认为他是公元前 2000 年左右的人物。至于现代史学家，则断定他生存的年代，仅在公元前 10 世纪至前 6 世纪之间。[1]

不管查拉图斯特拉生于哪个时代，当他出生时，他即发现他的同胞——米底亚人及波斯人——所信仰者，有动物、有祖先、有石头土块、有日月星辰。这种情形颇类于《吠陀经》（*Vedas*）时代的印度。祆教建立以前，波斯所信诸神中，主要有太阳神 Mithra、保生地母 Anahita 和牛神 Haoma。牛神据说能死而复生。他常把他的血给人们做饮料，获饮者可以长生不老。伊朗人祀牛神，必献豪麻酒。此酒由山地所产一种植物的汁酿成。查拉图斯特拉对于这种原始宗教颇为不满，于是不顾术士（即信奉这种宗教的祭师）的反对，公然宣称：世间值得崇拜的，只有光明之神阿胡拉·玛兹达，其他神充其量不过是此神之一体或象征。大流士一世接受了这种新信仰。他也许认为这种信仰足以激励他的国民，强化他的政府，因此，他一登基立即宣布以祆教为国教。

---

[1] 假定那位赏识查拉图斯特拉的伊朗王子希斯塔斯普为大流士一世之父，则最后一个推断似较正确。

袄教经典就是这种新信仰的表征。这部经由查拉图斯特拉门徒汇集其教训及祷语而成。这原来只是一本普通的书，但袄教徒为示对其尊崇，特称之为《波斯古经》，即“经”。本来“经”就是“经”，但因为一位现代学者一时不察，遂使它戴了一顶帽子，变成了 Zend-Avesta 了。[1]

所谓“经”，在现代的非波斯读者看来，会感到相当奇怪。查拉图斯特拉由神所赐的，就是这样一本书？它比基督教《圣经》薄很多，内容也显得残缺不全。[2] 现在摆在我们面前的这部经，是由许多祷语、圣诗、神话、药方、仪式、教训等集结而成的一个大杂烩。

从这部经中，我们可以隐隐约约看出袄教徒所崇奉的神及应守的一切诫命。经上的字句，有许多竟与《吠陀经》相类。以致印度学者认为，袄教此经与其说来自阿胡拉·玛兹达，不如说来自《吠陀经》。

经上的故事，有许多显然是来自巴比伦。例如，神造万物计分六

---

[1] Zend，是安基提尔·杜佩隆（Anguetil Duperron）在约 1771 年给它加上去的。其实 Zend 这个词，在波斯所表示的意思，仅是记载或翻译此经的语言。至于经为什么称 Avesta，则不甚清楚。也许像 veda 一样，是由雅利安字根 vid 而来也说不定。

[2] 据波斯传说，比较完整的经，计达 21 卷。这 21 卷经，特别有个名称叫《那斯克》（*Nasks*）。《那斯克》既然只是比较完整，当然即非全部。这 21 卷经，目前保持完整者只有一卷，就是称为 *Vendidad* 的。其余则散见于后人所辑之 *Dinkard* 及 *Bundahish* 集子中。据阿拉伯史学家传说，一部完整的经，用 1.2 万张牛皮都放不下。据说，全经曾由希斯塔斯普王子亲手录成两部。一部于亚历山大攻陷波斯波利斯时，毁于火。一部由希腊人作为战利品带至希腊。（据波斯某权威学者称）希腊古代的科学，大部分即是翻译此经之所获。3 世纪，安息（Parthia，伊朗北部一古国）阿萨息斯王朝的 Vologesus 五世，令人将散见于各书的经文，及信徒尽其记忆所及者，辑成一篇。此篇完成于 4 世纪，即目前的袄教经典。波斯国教所宗者，就是这篇。现在的这部经典，与原篇又略有不同。原因是 7 世纪穆斯林占领波斯后，加以改编的结果。

现存经文计分下列五部：

（1）*Yasna*——含祷告词 45 章，来源是凭袄教祭师的记诵；称 Gathas 者 27 章，内容系以诗歌体所记查拉图斯特拉的谈话及训谕。

（2）*Vispered*——24 章，祷告词的补充。

（3）*Vendidad*——22 章，内容为袄教教义及道德条文。此部分目前为印度拜火教所崇奉的经典。

（4）*Yashts*，即赞美诗——计 21 首，主要内容为歌颂诸天使及守护神。歌颂中穿插有古史传说及世界末日的预言。

（5）*Khordah Avesta*，亦称小经——内容为有关生活上各种细节的祷告。

期（一天、二水、三地、四植物、五动物、六人）。人类的祖先，为一男一女。他们最初所住之地，乃人间乐园。人类堕落使造物者震怒，乃至以洪水毁灭人类。洪水之后，人类孑遗仅余一人。不过，此经亦自有其特色：世间是两种力量彼此抗争的舞台；阿胡拉·玛兹达与阿里曼，一神一魔鬼，彼此抗争之期约为1.2万年；圣洁与诚实为两种最大的美德，凭此美德，人类可获永生；尸体处理，不可像希腊人及印度人那样埋葬及火化，应置诸旷野，任狗鸟分食。

查拉图斯特拉最初所想象之神是天，是“笼罩四野的苍天”。阿胡拉·玛兹达则是天经人格化后的形象。他说，阿胡拉·玛兹达“以苍穹为衣裳……以光明为身体，以日月为眼睛”。其后，当宗教变成政治工具时，神也跟着变了。这时的阿胡拉·玛兹达，是一位威风凛凛的王。由于阿胡拉·玛兹达一方面是造物者，一方面是统治者，因此，他不能没有助手。他的助手最初只是各种自然力量，例如水、火、日、月、风、雨等，但其后，他的助手便一一都人格化了，于是，他便有了一个由诸神组成的参谋团。查拉图斯特拉所作的最大贡献，是把阿胡拉·玛兹达的地位提得很高。他说，这是一位至高无上的神。在他的描述中，有着与《约伯记》相类似的话：

> 这是我所要问的，请明白指示我，啊，阿胡拉·玛兹达：是谁规划日月星辰的轨道？是谁叫月圆月缺？……天之所以不掉下来，地之所以不沉下去，靠的是谁的力量？谁支撑着河海树木？
>
> 谁驾驭着风云雷雨？谁使世界充满“理性”？

“理性”与人性有别，是神的智慧，相当于一般所说的“道”（Logos）。[1]阿胡拉·玛兹达即是以道贯通万有。

---

[1] 法国东方学家达姆斯特泰（James Darmesteter）相信，Good Mind一词，是一种半诺斯替教（Semi-Gnostic）用语，与斐洛（Philo）的Logos theios及Divine Word相当。因此断定*Yasna*是公元前1世纪之产物。

查拉图斯特拉所描述的阿胡拉·玛兹达具有七种特性（或为七方面之代表）：光，理性，正义，统治，虔诚，幸福，不朽。他的信徒由于习惯于过去的多神教，因此把这些特性加以人格化，使之变成阿胡拉·玛兹达创造及统御世界的助手。这一来，原来创始的是一神教，最后却变成了多神教。这种情形简直和基督教一模一样。不仅如此，由于波斯人历来相信有所谓守护神及魔鬼之说，因此，在神学理论上又不能不把这些东西融会进去。于是，祆教越来越像多神教了。

波斯人相信，空中游荡着七种魔鬼（这种观念可能是来自巴比伦）。他们经常向阿胡拉·玛兹达挑战。阿胡拉·玛兹达要人为善，他们则诱人作恶。波斯人又相信，世间每一个人无论为男为女，或大或小，都有一位守护神。守护神与阿胡拉·玛兹达的所有助手，其职责就是在保护每个人免受魔鬼的侵犯。神有头，魔鬼也有头。魔鬼的头，或叫 Angro-Mainyus，或叫阿里曼，或叫“黑王子”（Prince of Darkness），或叫恶魔（基督教之撒旦观念，可能是犹太人获自波斯）。恶魔统治着另一个世界，他们造蛇，造臭虫，造跳蚤，造蝗虫，造蚂蚁，造冬天，造黑暗，造罪恶，造鸡奸，造月经，造瘟疫，造种种害人的东西。

恶魔与神，自始作对。阿胡拉·玛兹达把人造好之后，他安置他们的地方是乐园。但是，恶魔偏不要人住乐园，他把他所造的种种害人东西散布在乐园中。他破坏乐园，要人受苦。按查拉图斯特拉最初的想象，所谓恶魔只是一种抽象的、阻碍人类幸福、安宁、进步的邪恶势力。他之所以称为恶魔，主要是取其便于解释及理解。但这一来，他的信徒便真把恶魔及魔鬼当作有生命的东西。人格化后的魔鬼，其数与时俱增。波斯神学上的魔鬼，最后估计为数不下数百万。

基于查拉图斯特拉的观念，祆教可以说就是一神教，或者说非常接近一神教。它和以一神教著称的基督教可说并无二致。基督教有上帝，它有阿胡拉·玛兹达。基督教有撒旦，它有魔鬼。基督教有天使，它有守护神。按照马修·阿诺德（Matthew Arnold）的看法，阿胡拉·玛兹达与上帝也非常相像：因为二者都是世界上一切正义势力的象征。人类的道德显然即是以符合正义势力的要求为标准。

祆教另有两大特色，显然为其他一神教所不及。第一，它直接提出了人生的另一面，即病态的、邪恶的一面，并标举了救济之道。第二，它跳出了印度禅学和繁琐哲学的圈子，最后对邪恶加以否定，这虽然有点戏剧化，但却易为一般人所接受。

人生最后的结局是什么？祆教对这一问题的答复是，好人是有好报的。他们说，这个世界以每 3000 年为时期，一共有四个时期。在这四个时期中，神与恶魔交替掌权。但当最后一个时期终了时，恶魔势力即永远归于消灭。那时神获全胜，正义伸张，好人上升天国，恶人永堕地狱。地狱是很可怕的，那里没有光明只有黑暗，没有食物只有毒药。

祆教的伦理

在查拉图斯特拉的想象中，宇宙是一大战场，每人是一小战场，在这些战场上，善与恶时时刻刻在斗争。人命中注定一生下来就得作战。人在作战时，不是站在善的一边，就是站在恶的一边。人的一举一动，不是对阿胡拉·玛兹达有影响，就是对阿里曼有影响。以上，与其说是祆教的神学，不如说是祆教的伦理学。在祆教思想中，人是重要的、有尊严的，因为他的一举一动足以对神或其他超自然的力量发生影响。就这一点来看，祆教比中世纪及现代许多学者高明多了。在中世纪学者看来，人仅是一种无助的小虫；在现代学者看来，人仅是一种会动的机械。

在查拉图斯特拉心目中，人虽然命定要参加善恶之战，但他绝不是某一方面的工具。他是有思想、有意志的。阿胡拉·玛兹达既然赋予人思想及意志，因此，为善为恶便有权加以选择。例如你喜欢诚实，你便跟从阿胡拉·玛兹达，你喜欢说谎，你便跟从阿里曼。阿里曼是个大骗子，所有说谎者都是他的奴隶。以上述观念为基础，于是便演化出一系列的道德观念。这一系列道德观念，简化起来又可以变成一句话，那就是："己所不欲，勿施于人。"[1]

按经上说，人之职责有三："使自己由敌人变成朋友，使自己由邪恶变成正直，使自己由无知变成博学。"最大的美德，是确保言行的诚实及荣誉。其次，便是虔诚。波斯人对波斯人，借钱不可取息。但借钱必还，借钱不还等于亵渎神圣。百恶之首，为"不信"（unbelief）——这种规定和《摩西律法》一模一样。不信必死，绝无宽恕。由于处罚这样严，因此在波斯要举个怀疑论者，是很难的。

查拉图斯特拉一再教人慷慨仁慈。不过此种慷慨仁慈，只适用于本国人，而不适用于外国人。因为外国人是异教徒，异教徒不讨神喜欢。在波斯人观念中，只有波斯人才是神的"选民"，其他民族都是劣种。阿胡拉·玛兹达虽然曾说他也喜欢异邦人，不过他这样说只是希望他们不要侵犯波斯。希罗多德说波斯人"自认为各方面都了不起"。他们认为，世界各国的优劣程度当以波斯为标准。即和波斯距离远者劣，和波斯距离近者优。这种民族优越感，其实不仅波斯有，几乎各时代各民族都有。

虔诚特别被重视。人生要务就是斋戒、沐浴、对神礼拜。波斯除祆教外，其他神庙偶像俱在禁止之列。祆教神坛多设于下列地点：山顶、宫中及市中心区。每座神坛，必燃圣火。火不但是为了敬神，其本身也是神。火神叫 Atar，乃光明之神的儿子。火炉为每一家庭之中心。拜火炉是对神崇拜的主要部分。波斯家庭，炉中之火终日均维持不熄。火若熄灭，即被认为是对神的侮慢。

太阳，天空中不熄之火，即阿胡拉·玛兹达或密特拉的化身。波斯人对太阳的崇拜，与埃及法老阿肯那顿对太阳的崇拜，其程度不相

[1] 但 *Yasna* 第 46 章第 6 节说："对于邪恶之人，无妨以邪恶对之。"由此可见，神意也很难一贯。

上下。“敬礼太阳，”经上说，“必须从清晨至中午，从中午至黄昏……敬礼太阳，在于整日行善。敬礼太阳而不行善，敬礼等于不敬礼。”

对太阳、火、阿胡拉·玛兹达经常的献礼是：鲜花、香果、香、面食、牛、羊、骆驼、马、驴、鹿。另外，和其他地方一样，在古代偶尔也曾以活人为祭。所献的东西，神仅闻闻香味，实际上是由祭师和献祭者分享。诚如哲人所解释的：神不在乎吃东西，在乎献祭者是否具有诚心。以豪麻酒献神，尽管经上并无明文规定，尽管查拉图斯特拉相当厌恶，但波斯人对这个雅利安老祖宗所流传下来的习惯，仍照行不误。献神之后的酒，一部分归祭师，一部分由会众分享。对神，有东西献东西，没有东西，便用赞美及祷告。阿胡拉·玛兹达极像耶和华，也很喜欢接受别人的赞美。一切荣耀归于神，波斯人的祷词也是很动人的。据说一个虔诚纯真的袄教徒是绝不怕死的。这也许就是袄教之所以受波斯政府重视的理由。波斯的死神叫阿斯第维哈德(Astivihad)。他像一头精力充沛、具有灵敏嗅觉的猎狗，无论你躲在哪里，他都能找得到。

> 无论谁都难逃其魔掌。从前有个土耳其王把他的宫殿建筑在地底。那是一座铁打的宫殿，有100根柱子，有1000个人叠起来那么高。在宫中有日月星辰，有种种赏心悦目的设备。他法力无边。可是，最后，死神仍然找到了他……从前又有一个人立志要寻长生不死药。从东找到西，从南找到北，药没有找到，却找到了死神……死神是很狡猾可怕的，他来无影、去无踪。他要你走时你就得走，恳求也无用，贿赂也无用。

死神虽然厉害，可是，如果你是虔诚的教徒，死神就不可怕了。一切宗教似乎都有这种特质：使信徒把威胁、恐怖，和快乐、安慰都等量齐观。波斯人既然信袄教，既然自命为阿胡拉·玛兹达的战士，死神对他来说就不足畏。

死神固然可怕，然而比死神更可怕的是地狱和炼狱。波斯人相信，人死后所有的灵魂都要经过一条“善恶分别桥”（Sifting Bridge）。善人到桥上，在仙乐悠扬声中，会有“美丽的仙女”来接引他。他所去的地方，就是阿胡拉·玛兹达所住的天堂。至于恶人，上桥后由于无人接引，就会掉到地狱里。地狱是一个恐怖的地方，那儿有许多罪好受。每一个恶人到那里，都须按他生前所作的恶去领罪。

祆教所谓的地狱，和古宗教之阴间（Hades）已大不一样。阴间是无论好人坏人都非去不可的所在，可是地狱则不然，地狱是专给恶人预备的。他们去那里领罪，要一直待在那里直到世界终结。一个人有善有恶怎么办？善多于恶，则当先下炼狱洗净其罪，然后升天。恶多于善，则先领 12 000 年之罪，然后才能进入天堂。

波斯人把世界历史的过程，划分为四个时期。每个时期 3000 年。查拉图斯特拉的降生，刚巧是最后一个时期的开始。他们相信，继查拉图斯特拉之后，将再有三位哲人出现。等这三位哲人相继把祆教弘扬于世，“最后审判”（Last Judgment）便到来了。最后审判是整个世界的结局。那时的世界，阿胡拉·玛兹达之国降临，恶魔的势力全消，善良的人永远平安幸福，世界再无邪恶、黑暗及痛苦。“死者一律复活……复活的人，有血有肉，能行动，能呼吸……这个世界，是一个永无衰老、死亡、腐化、堕落的世界。”

波斯的最后审判，与埃及的《死者之书》同样具有惩恶劝善的效果。最后审判之说，在波斯占领巴勒斯坦期间传入犹太。犹太神学中之《末世论》（*Eschatology*），可以说就是波斯最后审判的翻版。如果说宗教的主要作用在于劝人为善，使父母便于管教孩子，那祆教的这类设计的确是很精巧的。祆教和它同时代的其他宗教相比，显然还有几个优点，那就是：较少血腥气，较少偶像崇拜，较少迷信。总而言之，祆教是个相当完美的宗教，只可惜其寿命短了一点。

祆教在大流士一世时代，其势之盛，如日中天。但人们渐渐地爱上了密特拉（Mithra）及阿娜希塔（Anahita）——代表太阳之太阳神，及代表植物、生殖及性之保生圣母。说来真是可叹，人们常舍逻辑，就诗歌；舍宗教，就迷信。似乎没有诗歌和迷信，人类就活不下去。阿尔塔薛西斯二世时，皇室碑铭上已逐渐现出崇拜密特拉及阿娜希塔的迹象。此后，密特拉在波斯人心目中的地位越来越高。最后，便完全将阿胡拉·玛兹达的地位取而代之。这种情形一直持续到公元前1世纪。波斯人所崇奉的密特拉，是一位风度翩翩的美少年。他的头上有着一个光轮，那就是太阳的象征。密特拉后来曾被罗马人请入万神庙。在基督教中，他就是最原始的“圣诞老人”。[1]

查拉图斯特拉死后若干世纪，在波斯许多城市忽然兴起了一种神话，那就是，他成仙之后，曾与保生圣母阿娜希塔恋爱。阿娜希塔是波斯的阿佛洛狄忒，即代表爱与美的女神。除此之外，据说查拉图斯特拉因给人驱鬼治病，还制作了不少符咒、卜占及巫术。以上这些传说，显然是古波斯宗教的祭师，号称“智者”、哲人、贤人等的术士（Magi）的杰作。对他们而言，查拉图斯特拉是叛徒，不过这个叛徒名声太大了，要打倒颇不易。于是，他们一面把他丑化，一面把他同化，最后，干脆忘掉他。

波斯古代的术士，说来也颇不简单。他们生活俭朴，厉行一夫一妻制，不食荤腥，熟谙仪节，衣着朴素，因此，不但对波斯人具有很大影响力，而且更能赢得外国人特别是希腊人的敬重。不少波斯国王，均以术士为师，凡属国家大事，都要请教他们。术士贤愚不等，高的，真可置于圣哲之林而无愧，低的，占卜、策命、圆梦，不过江湖郎中之流而已。

祆教一度兴起，随即衰落。在萨珊王朝（Sassanid Dynasty）中，虽曾一度复兴，但后来一蹶不振。今天，信祆教者仅有波斯法尔斯省的一小部分居民。印度拜火教是其旁支，然信徒亦不过9000余人而已。不

[1] 圣诞节最初叫作太阳节。节日为冬至（约12月22日）。冬至后，日渐长，被人视为太阳战胜敌人的象征。密特拉是太阳神，因此，这个节是用来庆祝他的。这个节最后即变成基督教的圣诞节。

过，他们人数虽少，却能维持袄教古风。他们诵经、拜火，视地、水、风为神；人死后不烧不葬，置于“安息塔”（Towers of Silence）上任由飞鸟取食。这些人道德水准相当高，可算是袄教文明的活标本。

波斯礼仪与道德

尽管波斯有着相当完美的宗教，但波斯人及米底亚人所表现出来的野蛮残酷，却是够惊人的。他们最伟大的王大流士一世在比索通一块石刻曾留着这样的话：“弗拉瓦迪什捉到送来，我先割掉他的鼻子，割掉他的耳朵，割掉他的舌头，挖出他的眼睛，继而把他用铁链系着，站在宫门示众。最后，才把他用十字架钉死在埃克巴坦那……阿胡拉·玛兹达是我们的保护者，在他的庇佑下，我军消灭了叛军。叛军领袖西特拉卡哈拉捉到后，我同样割去他的鼻子、耳朵，挖出他的眼睛，锁在宫门示众，然后把他钉死。”在普鲁塔克传记中，我们可以发现波斯帝国的后期有不少嗜杀的君主。阿尔塔薛西斯二世是比较突出的一个。他处置叛逆非常残酷。捉住叛逆之后，为首者上十字架，附和者卖给人为奴隶。攻入叛逆之所，大肆抢劫不算，男孩子一律割掉生殖器，女孩子一律卖给人做仆妾。

不过，我们不能从一个民族的国王来论断一个民族。在波斯，道德很早就受重视。对宽容厚德的人及和平幸福的国家，历史学家总是略而不写。即令如此，在波斯有些国王偶尔还是很慷慨厚道的。希腊人常常对谁都不相信，可是就相信波斯人。事实上和波斯人订约，的确比较可靠。波斯人常常这样自夸：“我们从未食言而肥。”波斯人的民族意识，也较其他民族为重。你可以出钱令希腊人打希腊人，但你要雇用波斯人打波斯人，则非易事。[1]

[1] 波斯在格拉尼卡斯河一役中，用以对抗亚历山大的整个步兵团，就是希腊雇佣兵。在此役中，希腊雇佣兵的人数是3万人。就是这3万人，构成了波斯防线的核心。

波斯的历史尽管充满了血腥味和铁臭味，但其人民生活是极温文尔雅的。一般而言，波斯人都很健谈、慷慨、热情、好客。他们礼数之多，唯中国人可以相比。平辈相见，必拥抱接吻为礼。对长辈，必一躬到地。他们让晚辈吻他们的脸。一般人相见，纵不相识也必鞠躬。波斯人绝不在街上吃东西。在公众场所，他们更很少吐痰、擤鼻涕。

波斯人直到薛西斯时代，饮食还非常简略。他们一天只吃一餐，饮料就是白开水。波斯人对吃喝虽很简略，对清洁却极重视。在他们看来，工作做得再好，如做工时手不干净，所做的东西便根本没有价值。“因为，你还没有做成，便把它毁了。”（也许他们已想到细菌？）另外，他们相信，身体“不洁净，守护神便会离你而去”。凡患有传染病者，不许四处走动。违反此规定者，要受到极严厉的惩罚。假日或宴会，除斋戒、沐浴外，大家都穿着雪白的衣服。

波斯经典和婆罗门与摩西的律法一样，关于典礼仪式中有关斋戒、沐浴的事项，规定得非常详细。他们认为灵魂的洁净，首先要从身体的洁净做起。在波斯，剪下来的指甲、剪下来的毛发、口吹过的东西，都是不洁的。这些东西，如非经过洗涤，绝不可加以触摸。

像犹太人一样，波斯经典亦视肉欲为大罪。手淫者要挨皮鞭。男女苟合被视为大罪。甚至卖淫，亦被视为蛇蝎。希罗多德说，波斯人认为“用强暴手段去诱骗别人女人的人，是恶人。女人被骗走而心心念念想报仇的人，是笨蛋。女人被骗而毫不理会的，是智者。因为，女人如果不动心，无论如何是骗不走的”。他又说，也许是从希腊人那学来的，波斯男色之风非常之盛。历史之父所讲的大半都可采信，唯独这一点，我们认为大有问题。因为对于鸡奸，波斯经典认为是一大罪恶，同时一再说，什么罪都可以原谅，只有这种罪不能原谅。“鸡奸之罪，是无法洗净的。”

经典不但不鼓励独身主义，而且容许多妻及纳妾。一个崇尚武力的国家，希望国民多多生男育女，是理所当然的。经上这样说：

“有妻胜于无妻，有家胜于无家，有子胜于无子，有钱胜于无钱。”这不但是波斯社会的标准，也是一切社会的标准。就一切社会组织而言，家可以说是最神圣的。“啊，造物的主！”查拉图斯特拉问阿胡拉·玛兹达，“天堂之外，世间哪里是最幸福的所在？”阿胡拉·玛兹达这样回答他：“世间最幸福的所在，就是家。家不但是一幢房子，而且还得有妻子、儿女，有鸡、犬、牛、羊。此外，祭师经常光临也属必要。一个最幸福的家，其家必多子多孙，六畜兴旺，福星常至，炉火熊熊。”

波斯人最爱动物。狗受到的宠信，又在其他动物之上。如《摩西律法》的规定，在波斯经典中，狗也被视为家庭的一员。虐待狗，例如给它吃腐败的东西，给它吃太烫的食物，都要受到重罚。一桩很有趣的规定是，“杀害经 3 只公狗交配过的母狗，应挨 400 皮鞭”。公牛亦受到尊敬，因为它是生殖力的象征。母牛则被视为具有神性，人们常对之献祭和祈祷。波斯人不但珍视家畜，就是野兽也很珍视。一条规定是，怀孕中的母兽，距离它最近的人家，有细心照料之责。

婚姻例经父母之命、媒妁之言而成。议婚时期，多在子女青春懵懂之际。议婚对象惊人广泛，其他不论，兄妹婚、父女婚甚至母子婚亦时有所闻。有钱人可以随便纳妾。但贵族之家，则非有战功不能享受纳妾待遇。波斯末世，君主嫔妃之多极为惊人，一般少则 329 人，多可至 360 人。因此，一位嫔妃若不是长得十分美貌，一生很难得到两度宠幸。

查拉图斯特拉之世，波斯女性地位不低。她们在公众场合往来，不必戴着面纱。她们可以拥有财产。她们以丈夫名义，或获丈夫书面同意，可以经营事业。波斯妇女地位的下降，始于大流士之时。不过，这时受限制的女性，仅限于富贵人家。至于平民百姓妇女，因为她们要工作糊口，因此行动还相当自由。但在月经期间的女性，无论贫富，都是绝对不能外出的。

波斯末世，上层社会女性在行动上有着许多限制。公共场所不许露面。有男人的地方不准去。外出非乘有帘幕的轿子不可。已婚女性绝对不许与近亲男性交接，甚至其公公叔伯亦不例外。妾因有招待宾客的义务，因此比妻的行动自由。古波斯碑铭中，几乎找不到女性的名字。不过，在波斯末世，宫廷妇女和太监斗法及帮助君主杀人的事却层出不穷。[1]

儿童与婚姻均深受重视。儿童中，最受重视的是男孩子。在波斯人观念中，男孩子能做工，故对家庭是一笔资产；能打仗，故对国家是一股力量。至于女孩子，因为迟早都要嫁人，因此，价值远不如男孩子。波斯人求神，“只求男不求女。神赐福于人，女孩子也不算数”。对男孩子多的家庭，国王每年例有赏赐。这似乎是对他们的血所下的一种订金。通奸甚至强奸致孕，只要不堕胎，国法并不追究。堕胎被视为大恶，故对堕胎者有杀无赦的规定。波斯有一本书，名为《班达希经》(*Bundahish*)。这本书中载有：“古经云，月经后十日十夜，不经交接，即不受孕。”但该书主旨却非劝人避孕，而是劝人生育。

波斯男孩5岁以前由妈妈哺养。5岁至9岁，由爸爸管教。满7岁，即行入学。一般而言，能入学的孩子，大都要家境小康才够资格。学校通常由祭师主持。施教之所，或者为神庙，或者为祭师之家。波斯有个原则，学校绝对不可接近市场。因为市场诡诈，容易教坏孩子。课程以经典及其注疏为主，其次则为宗教仪节、医药及法律。教学法第一为记忆，第二为背诵。为了便于记忆及背诵，学生在老师教过之后，随即高声朗读。

初阶教育只希望孩子学好三样事情：第一为骑马，第二为射箭，第三为说老实话。至于如何写、如何算，则被认为没有多大必要。孩

---

[1] 斯塔蒂拉（Statira）乃阿尔塔薛西斯二世之后，以不获太后帕里萨蒂斯（Parysatis）的欢心而被毒毙。太后有女名阿托莎，命王纳之。帕里萨蒂斯与王掷骰子，要求以小太监之生命做赌注。太后胜，王即活剥小太监。阿尔塔薛西斯二世捉住一个军人要杀，太后建议：先吊他10天，再挖掉他的双眼。然后，以烧熔的铅，从其耳内倒进去，直到把他灌死为止。

子长至 20 岁至 24 岁，即进入高等教育阶段。受高等教育者，一般仅限于贵族子弟。高等教育的目标有二：培养官吏，培养战士。

高等教育非常严格。学生黎明即起，先跑一大段路，然后骑马。虽然马都是劣马，但学生仍然被要求既要骑得好又要骑得快。一天中除跑步骑马外，有时学游泳，有时学打猎，有时学种田，有时学种树。长途行军，也是必修课程。这种课程多选烈日寒风之日进行，须登高山涉深水。波斯人的行军绝技——抢渡大河，衣裤武器不湿——就是这样训练出来的。这样严格的训练，曾使尼采大为赏识。他认为这种训练方法，对人类的贡献与价值，较之希腊多彩多姿的文化毫不逊色。

科学与艺术

波斯人对于教育，似乎除让孩子懂得如何生活之外，其他便不教了。文学是雕虫小技，根本没什么用处。科学只是商品，必要时可从巴比伦进口。诗歌和小说，略略有点用处，因为它们可以提神益智。小说只要听一听觉得滑稽好笑就够了，坐下来细细阅读欣赏大可不必。因此，正人君子没有写小说的，写小说的只是雇工下人。诗歌，不是用来读，而是用来唱的。因此，一旦没有人唱，便成绝响。

医药是祭师的专长。祭师对于医药，基于下面这个概念：世间 99 999 种病，一律都是魔鬼制造的。因此，治病之道，第一是符咒，第二是斋戒。他们有时也用药，但他们总觉得用药不及用符咒保险。因为，用药有时会出毛病，用符咒则绝不会出毛病。不过，尽管有着上述观念，波斯的医药还是一天天向前发展。在阿尔塔薛西斯二世统治时期，医生这一行已有组织完备的同业公会出现。医生的收费和《汉谟拉比法典》所规定的相当——也是依病家的贫富及地位为标准。穷人付不起医药费，可到祭师那里去求治，因为祭师治病是免费的。初出道的医生必须实习一两年，这和目前各国所采用的方式相同。但稍微有点不同的是：他们实习的对象限定于穷人和外国人。经上这样说：

> 啊，神圣的造物主！如果一位信徒要行医，在刚开业的时候，当以谁为对象？以崇拜你阿胡拉·玛兹达的信徒为对象，还是以崇拜邪神的人为对象？阿胡拉·玛兹达的答复是："当然要以崇拜邪神的人为对象。如果他为崇拜邪神的人开刀，第一个、第二个、第三个人都因此而死，那就证明他不行，他便永远不能行医……如果他为崇拜邪神的人开刀，第一个、第二个、第三个人都因而康复，那就证明他的医术已够水准。这时，他可进而医治我的信徒了。"

波斯人既然已向帝国献身，像罗马人一样，他们除作战之外，已再无余力从事其他工作。不过，好在他们所要的东西，可以从外面买。由于征服所获财富非常之多，因此他们要买什么都不愁没钱。

波斯富贵人家一般都有着宽广的屋宇、美丽的花园。有些花园范围非常之大。里面养有各种各样的动物，以供主人田猎游乐。波斯富丽堂皇的家庭不少。他们的桌椅都用金银镶边，地面都铺有柔软而色泽艳丽的地毯。桌上的花瓶、手中的金杯，差不多都是外国精工巧匠做的。[1]

波斯人最喜唱歌跳舞。他们用以伴奏的乐器有：竖琴、笛子、大鼓、小鼓等。珠宝首饰，应有尽有。头有冠冕、耳环；颈有项圈、项链；足有踝环、鞋饰。波斯人不但女人好装饰，男人也好装饰。每当公共集会，不少波斯少年耳部、颈部、臂部，也是装点得珠光宝气。波斯的珍珠、宝石、翡翠、琉璃等，皆是舶来品，但土耳其玉则是产

---

[1] 1931 年伦敦国际展览会波斯艺术部分，展出很多花瓶。其中一个，由其刻文显示，是属于阿尔塔薛西斯二世之物。

自波斯。不过，波斯贵族所喜欢佩戴的土耳其玉图章、戒指，则是由他们提供原料，由外国工匠加工而成。波斯人喜欢保有巨型钻石。那些钻石多半都雕成可怕的魔鬼形状。波斯王的宝座完全是用纯金铸的。坐椅、华盖、支撑华盖的柱子，因系纯金所铸，看上去金碧辉煌，使人称羡。

唯一说得上带有波斯风格的东西，也许要算建筑了。波斯几位比较有名的君主，如居鲁士、大流士一世及薛西斯一世，皆构筑有宫殿及陵寝，不过这些东西尚正由考古学家发掘中。波斯的艺术是否仅止于此，还是另有成就，现代史学家目前正等待着考古学家的答复。[1]

感谢亚历山大的宽大，在帕萨尔加德给我们留下了居鲁士一世的陵寝。关于居鲁士一世及他那半疯癫儿子的宫殿，随着骆驼商队前进，还可找到其遗址。不过到了那儿，除可见到一个空旷的台阶、几根残存的廊柱、一扇刻有居鲁士形象浮雕的门框外，便几乎什么都没有了。居鲁士一世的陵寝，就在其宫殿附近的平原上。经由 24 个世纪无情岁月的冲洗，现在所剩者，仅是一个台地上一座简单石砌的小教堂。这座教堂高约 35 英尺，处处充满希腊风味。就遗留下来的某些雕像台座看来，这座陵寝显然一度非常庄严华贵，不过就目前的情形而论，除了一片凄凉之外，所谓美已一点也谈不上。

由此向南，在靠近波斯波利斯的鲁斯塔姆城（Naksh-i-Rustam），存留着大流士一世的陵寝。这座陵寝像许多印度的神殿，是由一座石山雕琢而成。入口成宫殿状，四根修长的廊柱，两扇大小适度的门。进门处为一个坛台，托着台的是几个波斯力士雕像。台上刻着国王敬拜阿胡拉·玛兹达及月神景况。瞻仰此一陵寝，颇能令人兴起一种高贵素朴之感。

其他波斯建筑，几经刀兵水火及无情岁月的摧毁，目前所残存于

[1] 在布雷斯特德博士（Dr. James H. Breasted）领导下，芝加哥大学东方研究院考古学家，在波斯波利斯正从事波斯古物之发掘。这批考古学家，在 1932 年 1 月所掘到的古波斯雕像，其数目竟与我们以前所知总和大致相同。

世者，除数处宫殿废墟外，业已一无所有。在埃克巴坦那，波斯开创时期诸王曾以杉木、丝柏、铜铁等材料来建筑宫殿。这些宫殿，在波利比奥斯（Polybius）统治时期（约公元前 150 年），据称仍然存在，可是现在连一块瓦片也已找不到了。古波斯最引人注目的遗迹，显然要数目前日渐展露的波斯波利斯石阶、高台及廊柱。波斯波利斯自大流士一世起，一直是波斯帝国的首都。大流士在那儿兴筑宫殿，那些宫殿，以大流士之雄才大略，规模已够宏大，其后各代踵事增华，自然更加可观。现在这些石阶、高台及廊柱，显然即是那些宫殿的蝉蜕。

在一片平原中要修宫殿，自然必须构筑一座作为宫殿地基的高台。从平原到高台用什么东西连接？于是，这就要建石阶了。波斯人所建的石阶，显然与众不同。这些石阶，据推测可能脱胎于美索不达米亚塔形建筑的外廊。不过，这些石阶虽像塔形建筑的外廊，然本身另有特点。那就是阶与阶之间，升幅非常之缓，同时，每一阶又非常宽。多宽？可容 10 人 10 马并排行走。[1]

这样宽的石阶是必需的，因为不这样便配不上那座高台。那座高台的尺寸：高度最低是 20 英尺，最高是 50 英尺；长 1500 英尺；宽 1000 英尺。[2]

石阶由高台两旁向中央会合，大门口处会合，两旁排有人头牛身有翼雕像若干座。形状仿亚述，但雕刻颇拙劣。台之右侧，是有波斯建筑杰作之称的薛西斯一世宫。此宫也称望楼，连接待室一起算，占地逾 10 万平方英尺——比埃及的凯尔奈克大，欧洲除米兰大教堂外，再没有比它更大的。通往此宫，另有一片石阶。石阶两旁，建有装饰性的栏杆。石阶两边，都有浮雕。这些浮雕的雕刻技术，是迄今所发现波斯浮雕中最精细的。

---

[1] 弗格森（James Fergusson）认为这些石阶，是“目前世界上所发现石阶中最美丽的”。

[2] 台下，构筑有结构精密的下水道系统。这些下水道，直径为 6 英尺。下水道所经地区，大部分为岩石，故下水道多是就石凿成的通道。

薛西斯一世宫，据称原有廊柱 72 根，但现在存留于废墟上者，仅仅有 13 根。这 13 根廊柱疏疏落落，看起来颇像沙漠绿洲中的棕榈树。廊柱材料一律为大理石。这些廊柱现虽残缺不全，但其制作技巧却相当完美。每根廊柱，高达 64 英尺。以其与埃及及希腊廊柱相较，似乎格外苗条。这是一种具有凹槽的廊柱，每根廊柱，共有 48 条凹槽。柱底呈钟状，其上饰有仰拱叶片，柱头呈花状，颇类伊奥尼亚风格——螺旋形上，两头牛或两只独角兽背与背相接，屋梁或额缘即架于其上。

此宫的屋梁或额缘，当然都是木料的。因为廊柱并不坚实，而且廊柱与廊柱间距离又大，换上石做的必无法支撑。门框及窗框，是用黑石装饰。黑石经过打磨，油光滑亮与紫檀无异。墙是砖的，但表面都饰有瓷砖。瓷砖上多绘有动物花鸟。所有廊柱、壁柱及阶梯，或用白色的石灰石，或用蓝色的大理石做成。在薛西斯一世宫之后，相传为“百柱宫”。此宫目前除一根廊柱及由地基显示之大致轮廓外，已一无所有。就一般规模来看，波斯波利斯宫殿，当其完成之日，其华丽壮观，不但在古代独步天下，可能在现代也举世无双。

建筑在苏萨的宫殿，现在除地基外，什么也看不到。这里的宫殿，是阿尔塔薛西斯一世及二世建筑的。主要建筑材料是砖，光洁的瓷砖当然亦会用到。在这里，有着建筑上值得称赞的“射手饰带”。采用这种饰带，想是借神保卫君主之意。射手造型，衣着乃宫装而非战袍，须发均蜷曲有致。这些射手弯弓搭箭，看上去非常神气。

和在其他地方一样，绘画及雕像在苏萨也只是建筑物的附属品。雕像几乎一律是从外国运来，有来自亚述的，有来自巴比伦的，有来自希腊的。你也许可以这样说，岂止雕像，甚至所有波斯艺术品都是舶来品。居鲁士陵寝的形状，仿自吕底亚。细长的廊柱，仿自亚述。列柱及浮雕，仿自埃及。动物柱头，仿自尼尼微及巴比伦。不过，我们别忽略这一点：波斯的综合力也是相当惊人的。他们把取自各国的东西配合得多么巧妙。埃及的列柱，经他们一修改，已不嫌其壅塞；

美索不达米亚的墙壁，经他们一修改，已不嫌其厚重。一切建筑集合在波斯波利斯，令人感到的只是和谐、庄严与华贵。

对于这些美轮美奂的宫殿，希腊人听起来一定是海外奇谈。波斯的一切，经由商人及外交官的描绘，希腊人一定非常向往。由好奇而向往，由向往而模仿，这是最自然不过的。于是，廊柱、柱头、饰带等，慢慢便由波斯移向希腊。希腊人是聪明过人的民族，于是，僵硬的动物式柱头，变成了圆润的叶片式柱头——这就是建筑界有名的伊奥尼亚式柱头；细长的廊柱，变成了粗短的廊柱——廊柱由细长变粗短是有道理的，因为廊柱粗短才有力量，有力量则屋梁及额缘无论为木为石才均可承担。

也就是说，就建筑上看，自波斯波利斯前进一步，即到雅典。其实，岂止建筑如此，波斯花了1000多年的时间统一近东，其所作所为，似乎特意在为希腊的起飞做准备。

波斯的式微

大流士一手所建立起来的波斯大帝国，维持不到100年便烟消云散。波斯的锐气和实力，一挫于马拉松，再挫于萨拉米斯（Salamis），三挫于普拉蒂亚（Plataea）。帝国君主，最初崇拜者是战神，现在，战神不当令，当令的是爱与美之女神维纳斯。波斯的式微，和罗马的式微走的是同一条道路：在上者，残暴、愚昧；在下者，腐化、堕落。波斯人和米底亚人一样，兴起时勤勤恳恳，兴起后，一代一代便只知贪图享乐。

波斯贵族把吃列在第一位。由于他们的祖宗有一天只吃一顿饭的规矩，因此，他们也不敢吃两顿。不过，这时他们虽只吃一顿，但这一顿从中午一直吃到晚上。波斯人所吃的，山珍海味算起来不止1000样。宴客，主人不用全猪全羊，那便显得寒碜。波斯末世，吃的东西常常日新月异，因为全国上下时刻都在研究，什么东西要怎么做才好吃。另外，促使波斯迅速腐化的还有两大因素：第一，稍微有钱的人家，都养有一大群奴隶；第二，喝酒，无论有钱无钱，都已视为家常便饭。因此，我们可以这样说：居鲁士及大流士是波斯帝国的缔造者，薛西斯是继承者，以后的君主，则是败坏者。

薛西斯一世，自外表看来，处处都显示出他是一位君主。因为他高大，有活力，面貌英俊——据说在全帝国中，他可称为最漂亮的美男子。不过，一个人往往外表漂亮，内心便非常空虚。一个人内心空虚，便很难不被女人牵着鼻子走。薛西斯一世，就是这样一位虚有其表的花花公子。萨拉米斯一役，薛西斯一世惨败。这次惨败，可以说一点也不偶然。因为，他的精力完全放在应付女人方面，至于作战应变，则绝对非其所长。薛西斯一世在位共 20 年，除好玩女人外一无建树。最后，他死于廷臣阿尔达班（Artabanus）之手。其死得虽惨，但死后备极哀荣。

自薛西斯一世开始，此后，波斯宫廷谋杀即史不绝书。这种情形惟罗马提比略（Tiberius）以后的历史，可与之遥相辉映。谋杀薛西斯一世者，瞬即被阿尔塔薛西斯一世所杀。阿尔塔薛西斯一世统治了一个阶段，王位交给薛西斯二世。但薛西斯二世登基不到数礼拜，即死于其异父兄弟奥吉蒂阿努斯（Ogdianus）之手。但这位杀兄篡位的人也没有什么好下场。他上台半年不到，大流士二世即谋杀了他。

大流士二世即位，以铁腕荡平特里图卡梅斯之乱。此人心狠手辣，他打败特里图卡梅斯（Terituchmes）后，不但杀了他本人，而且杀了他全家——妻子被剁成肉酱，妈妈和兄弟姐妹通通被活埋。

阿尔塔薛西斯二世，继他父亲大流士二世为王。但在库那克萨（Cunaxa）一役中，他碰到一个非常惊险的场面。他的亲弟弟小居鲁士，想夺王位，要杀他。由于阿尔塔薛西斯二世机警，小居鲁士不但未得王位，反断送了自己的性命。不过，经此打击，阿尔塔薛西斯二世却形成了一种心理偏向。他在统治期间，以谋反罪杀死了他的一个儿子大流士。当他以为天下太平时，他却死于另一个儿子奥库斯

(Ochus)之手。世间恐怕再没有比这更伤心的事了：自知身陷危境，渴望亲人来救，来的是自己儿子，不由大喜过望，但儿子却说："我来是要你死！"

奥库斯杀父自立，统治波斯20余年。他的结局是被他最亲信的一位将军毒死。这位将军名叫巴戈阿斯（Bagoas），刁狡凶残，世无其匹。他杀死奥库斯后，却立奥库斯之子阿尔塞斯（Arses）为王。他假借阿尔塞斯之命，将阿尔塞斯的兄弟一一处死，最后才杀死阿尔塞斯。他有一个温柔漂亮且十分女性化的朋友，叫科多马努斯(Codommanus)，他便立之为王。科多马努斯便是波斯的末世皇帝大流士三世。他当了8年的傀儡皇帝，最后，亚历山大来了。在亚历山大的狂飙下，他最终与波斯帝国同归于尽。波斯领导权的转换方式，是君主专制政体的必然结果。重温一遍波斯历史，对现行的民主政治，我们便觉弥足珍贵了。

东方大帝国，一传再传便即崩溃，似乎是理所当然。因为这类帝国的兴起，完全凭借的是武力。一旦武力不能维持，帝国即会趋于瓦解。创业君主，多为军人领袖，他们自己就是武力的核心。可是，他们的子孙生于深宫之中，长于妇人之手，和武力便越来越疏远。

帝国的土崩瓦解，中央武力衰颓是一层原因，另一层则是被征服者时时均有恢复自由的渴望。一个帝国版图之内，往往原先是许多国家。这些国家由于语言、宗教、道德标准、风俗习惯不同，因此，一旦有机可乘，大家便会分道扬镳。

有些帝国，原也包含许多不同国家，但因统治者目光远大，在其武力鼎盛时代，运用种种办法将这许多国家同化，使整个帝国成为一个有机体。可是，波斯统治者并没有这类想法。他们耽于享乐，安于现状，帝国鼎盛200年间，在其统治下的国家可说原封未动。然而现状是无法维持的，当中央统治力量衰颓，地方势力即随坐大。有些雄心勃勃的地方领袖，首先，以威逼利诱迫使将军、监察就范，集军政大权于一身；继而，扩充部队，联络各省对抗中央。

征服再征服，镇压再镇压，波斯元气大伤。最糟的是，年年征战，整个社会出现了反淘汰现象：组成社会的分子中强壮的、优秀的、英勇的都牺牲了，留下来的不是老弱就是伤残。因此，亚历山大在波斯如入无人之境。波斯用以抵抗亚历山大的部队素质既劣，训练又差，负责指挥的将军又毫无战略、战术训练，因此人数虽多却根本无济于事。波斯的乌合之众，正好是马其顿的长矛方阵冲刺的好目标。部队一垮，将军带着他们的妻妾财物便往后退。波斯部队绝大多数都是庸碌怯懦，也有少数却真能打。可是这少数能打的，却都是希腊雇佣兵——亚历山大的老乡。

自薛西斯当年兵败萨拉米斯之时起，波斯人也许就已看出，希腊有一天必为其帝国的挑战者。一条通商大道，一端是波斯帝国所控制的西亚，一端是希腊所面对的地中海。当时的希腊，城邦各自为政，显不出什么力量。可是，这个地区一旦出了一个强人，把各城邦统一起来，波斯便会有麻烦。

这一天终于来了。亚历山大带着希腊部队，爬过赫勒斯滂，一点也没有遭到抵抗。这支部队仅步兵 3 万，骑兵 5000。[1]

波斯和亚历山大所打的第一仗，是在格拉尼卡斯。亚历山大的兵力是 3.5 万，波斯的兵力是 4 万。一仗打下来，亚历山大的损失是 1.1 万，波斯的损失是 2 万。亚历山大趁胜向南向东推进，一年中，攻下城池无数。意识到希腊人不可小视，大流士三世这时集中了 60 万部队，御驾亲征。60 万部队，加上运输辎重的 600 匹骡子、300 头骆驼，奉令 5 天内架桥渡过幼发拉底河。

两军相遇于伊苏斯（Issus）。亚历山大兵力此时不足 3 万。如果专论数字，亚历山大哪有胜算？说来也是天意，大流士三世所选择的战场，竟小到连他 1/10 的部队都难以回旋。兵多用不上，少数全非

[1] 约瑟夫斯说："马其顿这么一支小部队，当时亚洲真没有人相信，它会敢于前来和波斯相碰。"

马其顿人对手。厮杀过去一清点，亚历山大的损失为450，波斯的损失为1.1万。波斯的损失，大半是败退时自相拥挤践踏而死的。

亚历山大穷追猛打。遇到某些河流过不去，便用波斯士兵的尸体填满。大流士逃得十分狼狈，弃了御帐、御车、母后、妻子、女儿。大流士所弃的人和物，统统被送到了亚历山大的眼前。亚历山大表现了史无前例的骑士风度，他对这些王室公主不仅安慰备至，而且还把东西都还给了她们。如果库尔提乌斯的记述可靠，老太后为了感激亚历山大的照应，特把一个孙女许配给他。甚至最后，亚历山大不幸逝世，她竟伤心到绝食以殉。

亚历山大现在冲劲十足。他的兵在波斯帝国境内，有如秋风扫落叶。他到了巴比伦，巴比伦人出来欢迎他。他们给他城池，给他珠宝，他知道巴比伦人最切盼的是重修神庙——巴比伦的神庙，自薛西斯下令摧毁，不许重修，巴比伦人无不引为憾事——于是他说，你们可以重修神庙。巴比伦人听到亚历山大准他们重修神庙，简直欣喜若狂。

大流士自量不是亚历山大对手，于是派人讲和。讲和的条件是：(1) 以白银1万塔伦换回皇太后、皇后及公主；(2) 答应以一公主许配亚历山大；(3) 承认幼发拉底河以西为亚历山大势力范围。

“如果我是你，”亚历山大的副帅帕尔梅尼奥（Parmenio）对亚历山大说，“我便接受了。因为向前，胜负很难预测。”“如果我是你，”亚历山大说，“我便接受了。但可惜我是亚历山大。我只知向前，不问胜负。”于是，他告诉大流士：“你的条件我不满意。所谓婚姻，我说成便成，用不着你说同意或不同意。至于势力范围，不用你承认现在已是我的了。”大流士求和不成，只有作战。

这时，亚历山大业已取泰尔，下埃及。既无后顾之忧，于是，乃大胆向波斯腹地前进。他的第一目标是苏萨。从巴比伦到苏萨，足足走了20天。攻下苏萨兵不血刃。于是马不停蹄，再向波斯波利斯前进。亚历山大来得太快，以致波斯波利斯的库官来不及把库里的金银珠宝搬走。在这儿，亚历山大在他一生事业上留下了一个污点：为讨一个名女人的欢心，不顾副帅的忠告，下令焚烧宫殿，任兵四处抢夺。[1]

自从获得波斯波利斯的金银珠宝，亚历山大官兵对作战兴趣更浓了。这时，这位年轻的征服者便率兵北向去与大流士会战。

大流士这时集结了一支 100 万人的部队，兵源主要来自东方各省。组成这支部队的有波斯人、米底亚人、巴比伦人、叙利亚人、亚美尼亚人、卡帕多西亚人、大夏人、粟特人、阿拉霍西亚人、萨卡耶人及印度人。这支部队，装备有枪、矛、盾、战车、马、象。这么庞大的兵力，如果有好的领导、好的训练，诚如亚历山大副帅所云，胜负实在很难逆料。可是波斯帝国实在太庞大了，它的庞大使百万部队全成乌合之众。不能战，不能守，于是西亚霸权，只有让位于年轻的欧洲。

亚历山大此时只有骑兵 7000、步兵 4 万，然而，面对波斯百万大军，他竟毫无所惧。会战地点为高加梅拉（Gaugamela），[2] 亚历山大这支小小的部队，凭着精良的武器，凭着卓越的指挥，凭着无比的勇气，一天下来，竟使波斯百万大军全部化为乌有。

大流士又想逃，但他的将军觉得再逃太可耻，于是就在御帐中结果了他的性命。战事终局，亚历山大把谋杀大流士的人捉到，统统处死。他将大流士尸体运至波斯波利斯，并下令以王礼下葬。波斯人看到这位征服者，这么年轻，这么英俊，这么文雅，这么慷慨，皆惊叹不已。然而这位征服者，并不以征服波斯为满足，当他把波斯并为马其顿帝国的一省，并为其留下一个干练的守将后，旋即整兵向印度进发。

---

[1] 普鲁塔克、库尔提乌斯和狄奥多罗斯均不怀疑此项记述的真实性。尽管有人认为此项记述不可靠，但他们认为，就亚历山大冲动的个性观之，此种暴行的发生实在不无可能。

[2] 由于这里是距阿贝拉 60 英里的一个小镇，故此役在战史上称为阿贝拉之役。

近东历史大事年表

（所有日期均为公元前。统治者前的时间段为在位期间，非生卒年。）

埃及（公元前）

18 000 尼罗河旧石器时代文化

10 000 尼罗河新石器时代文化

5000 尼罗河青铜器时代文化

4241 埃及制定历法（？）

4000 拜达里文化

3500—2631 （1）古老王国

3500—3100 第一至第三王朝

3100—2965 第四王朝，金字塔

3098—3075 胡夫（Khufu，希罗多德记载的第四王朝之王Cheops）

3067—3011 海夫拉

3011—2988 门卡乌拉

2965—2631 第五至第六王朝

2738—2644 佩皮（Pepi）二世（最长王朝）

2631—2212 封建时代

2375—1800 （2）中古王国

2212—2000 第七王朝

2212—2192 阿门内姆哈（Amenemhet）一世

2192—2157 塞索斯特里斯（Senusret，或Sesostris）一世

2099—2061 塞索斯特里斯（Senusret）三世

2061—2013 阿门内姆哈特（Amenemhet）三世

1800—1600 希克索斯人统治时期

1580—1100 （3）帝国

西亚（公元前）

40 000 巴勒斯坦旧石器时代文化

9000 土耳其斯坦青铜器时代文化

4500 苏萨与基什文明

3800 克里特岛文明

3638 基什第三王朝

3600 苏美尔文明

3200 苏美尔阿克沙克（Akshak）王朝

3100 拉格什（Lagash）第一位（？）国王乌尔尼那（Ur-nina）

3089 基什第四王朝

2903 乌鲁卡吉那王改革拉格什

2897 庐格尔柴格西征服拉格什

2872—2817 萨尔贡一世统一苏美尔与阿卡德（Akkad）

2795—2739 苏美尔与阿卡德国王纳拉姆辛

2600 拉格什王古迪亚

2474—2398 乌尔黄金时代；第一部法典

2357 埃兰人洗劫乌尔

2169—1926 巴比伦第一王朝

2123—2081 巴比伦王汉谟拉比

2117—2094 汉谟拉比征服苏美尔与埃兰

1926—1703 巴比伦第二王朝

1900 赫梯文明出现

1800 巴勒斯坦文明

1746—1169 喀西特人统治巴比伦

埃及（公元前）

1580—1322 第十八王朝
1545—1514 图特摩斯一世
1514—1501 图特摩斯二世
1501—1479 哈特谢普苏特女王
1479—1447 图特摩斯三世
1412—1367 阿孟霍特普三世
1400—1360 特勒·埃尔—阿马纳时代；西亚人反抗埃及人统治
1380—1362 阿孟霍特普四世，即阿肯那顿
1360—1350 图坦卡蒙王
1346—1210 第十九王朝
1346—1322 霍伦希布（Harmhab）王
1321—1300 塞提一世
1300—1233 拉美西斯二世
1233—1223 麦伦普塔赫（Merneptah）王
1214—1210 塞提二世
1205—1100 第二十王朝Ramessid诸王
1204—1172 拉美西斯三世
1100—947 第二十一王朝：利比亚诸王
947—720 第二十二王朝：布巴斯提斯（Bubastite）诸王
947—925 示撒（Sheshonk）一世
925—889 奥索尔科恩（Osorkon）一世
880—850 奥索尔科恩（Osorkon）二世
850—825 示撒（Sheshonk）二世
821—769 示撒（Sheshonk）三世
763—725 示撒（Sheshonk）四世
850—745 第二十三王朝忒拜（Theban）诸王
725—663 第二十四王朝孟菲斯（Memphite）诸王
745—663 第二十五王朝：衣索匹亚诸王
689—663 塔哈卡（Taharka）王
685 埃及的商业复苏
674—650 亚述占领埃及
663—525 第二十六王朝：赛斯诸王
663—609 萨姆提克（Psamtik，Psammetichos）一世

西亚（公元前）

1716 亚述在沙姆希—阿达德（Shamshi-Adad）二世领导下，逐渐兴起
1650—1220 在埃及的犹太奴工（？）
1600—1360 埃及人统治巴勒斯坦与叙利亚
1550 米坦尼文明
1461 巴比伦王（Burra-Buriash）一世
1276 撒缦以色一世统一亚述
1200 犹太人征服迦南
1115—1102 提格拉毗列色（Tiglath-Pileser）一世扩张亚述
1025—1010 犹太王扫罗（Saul）
1010—974 犹太王大卫
1000—600 腓尼基与叙利亚的黄金时代
974—937 犹太王所罗门
937 犹太人的分裂：犹太与以色列
884—859 亚述王亚述巴尼拔二世
859—824 亚述王撒缦以色三世
811—808 亚述王 萨穆-拉玛特（Sammuramat）（Semiramis）
785—700 亚美尼亚（Urartu）的黄金时代
745—727 提革拉—帕拉萨三世
732—722 亚述占领大马士革与撒马利亚
722—705 亚述王萨尔贡二世
709 米底亚王迪奥塞斯（Deioces）
705—681 亚述王辛那赫里布
702 第1卷《以赛亚》（旧约《圣经》之一卷）
689 亚述王辛那赫里布掠劫巴比伦
681—669 亚述王以撒哈顿
669—626 亚述王亚述巴尼拔Sardanapalus）
660—583 查拉斯图特拉?
652 吕底亚王盖吉兹（Gyges）
640—584 米底亚王基亚克萨里斯
639 苏萨之衰亡；埃兰的结束
639 犹太王约西亚
625 那波那萨（Nabopolassar）恢复巴比伦的独立

埃及（公元前）

663—525　赛斯复兴埃及艺术

615　犹太人开始殖民于埃及

609—593　尼哥（Niku，Necho）二世

605　尼哥开始将埃及希腊化

593—588　萨姆提克（Psamtik）二世

569—526　雅赫摩斯（Ahmose，Amasis）二世

568—567　尼布甲尼撒二世入侵埃及

560　希腊在埃及的势力渐增

526—525　萨姆提克（Psamtik）三世

525　波斯征服埃及

485　埃及反抗波斯人统治

484　波斯王薛西斯再度征服埃及

482　埃及与波斯联合对抗希腊

455　雅典遣往埃及远征军的失败

332　希腊征服埃及；建立亚历山大港

283—30　托勒密诸王

30　埃及被并入罗马帝国版图

西亚（公元前）

621　《摩西五书》之开始

612　尼尼微之衰亡，亚述之结束

610—561　吕底亚王阿利亚特（Alyattes）

605—562　巴比伦王尼布甲尼撒（Nebuchadrezzar）二世

600　耶路撒冷的耶利米（Jeremiah）；吕底亚的币制

597—586　尼布甲尼撒占领耶路撒冷

586—538　巴比伦的犹太俘虏

580　在巴比伦的希伯来先知以西结（Ezekiel）

570—546　吕底亚王克里萨斯

555—529　米底亚与波斯王居鲁士一世

546　居鲁士占领萨迪斯

540　第 2 卷《以赛亚》

539　赛鲁士占领巴比伦与建立波斯帝国

529—522　波斯王康比斯

521—485　波斯王大流士一世

520　在耶路撒冷建筑第二座教堂

490　马拉松战役

485—464　波斯王薛西斯一世

480　萨拉米斯战役

464—423　波斯王阿尔塔薛西斯一世

450　（旧约中之）《约伯记》（？）

444　希伯来僧侣以斯拉（Ezra）在耶路撒冷

423—404　波斯王大流士二世

404—359　波斯王阿尔塔薛西斯二世

401　小塞流士被困于库那克（Cunaxa）

359—338　波斯王奥库斯（Ochus）

338—330　波斯王大流士三世

334　格拉尼卡斯河（Granicus）战役；亚历山大进入耶路撒冷

333　伊苏斯战役

331　亚历山大占领巴比伦

330　阿贝拉（Arbela）战役；近东沦为亚历山大大帝亚历山大国的领土

第三部

印度与南亚

泰姬陵（Taj Mahal）
位于印度阿格拉（Agra）郊外的朱木拿（Jumna）河南岸，莫卧儿皇帝沙·贾汗（Shah Jehan）为纪念其妻所建的陵墓。

第一章 | 印度的渊源

戏剧的史实

现代学者对印度的现况不了解，并得出不正确的认识，这实在是一大耻辱。这个拥有将近200万平方英里的大半岛有美国2/3大，比她的宗主国英国[1]大上20倍；人口3.2亿[2]，超过美洲的人口总和，是世界人口的1/5；从公元前2900年或更早期的摩亨佐—达罗（Mohenjo-daro）时期开始到甘地、拉曼与印度诗人泰戈尔的现代，印度创造并发展了自己的文明；从未开化人的偶像崇拜到万物有灵论，印度人具有种类繁多的信仰；从公元前8世纪的《奥义书》（*Upanishads*）哲学论到8世纪的哲学家商羯罗（Shankara），印度的哲学博大精深；印度的科学家在3000年以前就发展了天文学，并在我们的时代里获得了诺贝尔奖；印度的政治既有远古乡村里出现的民主宪法，也有聪明仁厚的阿育王（公元前269—前232年）与阿克巴大帝（1542—1605年）；既有千古流传的荷马式史诗，也有至今仍拥有世界上大批听众的诗

[1] 本书原著问世时，印度尚未独立。——译者注

[2] 目前印度人口已超过12.7亿。

歌；艺术家在各地建筑供奉印度佛像的辉煌庙宇，或将莫卧儿王朝的帝王与皇后的事迹铭刻在各地——这就是耐心的学者正像开拓新知识领域般探求的今日印度，而往昔，在西方人的思想中，总以为知识文化纯粹是欧洲人才有的东西。[1]

产生印度历史的地理环境是一个大三角形，从白雪皑皑的喜马拉雅山起渐渐收窄至终年炽热的斯里兰卡。在左角上是波斯，其人民、语言与信仰的神灵都与吠陀印度近似。在北部疆界以东是阿富汗；南下到达古代犍陀罗（Gandhara），即今之坎大哈（Kandahar），在此地，古希腊与古印度的雕刻术曾一度有过融合，不久即告分离而大相径庭；在北方就是喀布尔（Kabul），这里曾是穆斯林、蒙古人与印度争战浴血达千年之久的所在。在印度这边便是离喀布尔非常近的白沙

---

[1] 就欧洲人来讲，从麦伽斯提尼（Megasthenes，大约在公元前 302 年，曾向希腊人描述印度）时代至 18 世纪，印度实在还是一个充满奇异与神秘之地。马可·波罗曾含糊地描绘她的西陲毗邻，哥伦布为抵达印度，无意中竟发现了美洲，葡萄牙航海家达·伽马为发现她而绕过了非洲，商人则贪得无厌地说“印度群岛的财富”。然而，学者却荒废这一富矿，几乎从未动过她！荷兰传教士阿伯拉罕（Roger Abraham）首以《走向隐藏的异教世界》而成为“垦荒”的先驱；英国诗人德莱顿（John Dryden）以他的戏剧《奥朗则布》（*Aurangzeb*）（1675 年）显露欧洲知识阶层对她的关注；澳大利亚僧侣巴托洛梅奥（Fra Paolino de S. Bartolomeo）以梵文语法和一篇论印度文化的文章，将我们对印度的认识推进到一个新的阶段。1789 年，印度学专家琼斯爵士以翻译印度诗人迦梨陀娑（Kalidasa）的剧本《沙恭达罗》而崭露头角。这个译本于 1791 年再被译为德文，诗人赫尔德、歌德及全部的浪漫运动（他们希冀发现东方的神秘，但后来在科学方法与西方的启蒙运动笼罩下，这个运动无疾而终）深受这个译本的影响。琼斯曾宣称梵文与欧洲语言有“姑表”之亲，吠陀印度人（Vedic Hindus）也与欧洲人有血统关系，这震撼了整个学术界，并且几乎产生了比较语言学与人性学。1805 年，柯尔布鲁克（Henry Thomas Colebrooke）的论文《论〈吠陀经〉》，向欧洲介绍这一印度文学的古老作品，同时，法国学者安基提尔·杜佩隆译自波斯文《奥义书》一书的译本，使得谢林与叔本华爱不释手，尤其是后者，竟声称在他一生中从未读过像这样玄妙的哲学。一直到法国哲学家比尔努夫（Jean Lavius Burnouf）的论文《论巴利文》（*Essai Sur lepali*）问世后，佛教这一个思想体系，才为人所知。比尔努夫与其门人缪勒（Max Müller）在法国与美国，分别激励学者，唤起慈善家，而使得所有的“东方神圣经典”的翻译成为可能。而戴维斯（Rhys Davids）更进而将他的一生奉献给对佛学的研究。由于这些辛勤的努力，我们才稍稍开启了解印度之门。我们对她的文学的有限认知，正如同查理曼大帝时代欧洲对希腊与罗马文学的了解。今天，在“开垦”的热潮中，我们大肆夸大这些新发现的价值。一位欧洲的哲学家相信：“印度的智慧是既存智慧最深奥者。”一位著名的小说家更说：“不论在欧洲或美洲，我从未见过能与今日印度的诗人、思想家及群众领袖相媲美的人物。”

瓦（Peshawar），外族从白沙瓦向南侵略的习惯，一直持续到今天。值得注意的是，苏俄经帕米尔并沿印度库斯山道即可到达印度，距离如此接近，以致带来了许多政治纷争。印度最北端即是克什米尔，这名字使人想起古代印度纺织手工艺的荣耀。在南方的旁遮普也就是所谓的五大河流经之地，拥有大都市拉合尔（Lahore）与喜马拉雅山山麓的夏都西姆拉（Shimla）。巨大的印度河从旁遮普向西流，长达上千英里。当地土著称它为身毒（Sindhu），波斯人将它改为亨毒（Hindu），并称所有印度以北地区为印度斯坦（Hindustan）——也就是江河之地。除了以波斯语 Hindu 称印度外，入侵的希腊人使用了 India[1] 一词。

从旁遮普省向东南蜿蜒的河流有朱木拿河（Jumna）与恒河。前者灌溉了德里的新都市，并辉映了在阿格拉（Agra）的泰姬陵灵庙；后者一泻奔向圣城贝拿勒斯（Benares），让千万的信徒成日地洗濯清心，并借其十二支流肥沃了孟加拉省和加尔各答。东面是缅甸的仰光金塔与曼德勒（Mandalay）的日照大道。从曼德勒城背后跨越印度到卡拉奇（Karachi）飞机场，这一长距离的旅程与纽约到洛杉矶几乎相等。朝印度南方，在航程上，必经西北拉杰布达纳（Rajputana，即印度英勇武士后裔的领地）的有名城市如瓜廖尔（Gwalior）、奇托尔（Chitor）、斋浦尔（Jaipur）、阿杰梅尔（Ajmer）与乌代布尔（Udaipur）等地。西南部的孟买省（Bombay）城市林立，有孟买、苏拉特（Surat）、艾哈迈达巴德（Ahmedabad）及浦那（Poona）。东南部即是由当地自治的海得拉巴（Hyderabad）与迈索尔（Mysore）两州，它的首府名称与州名同。在西海岸是果阿（Goa），东海岸是本地治里（Pondicherry），这些都是由英国占领后分别转让与葡萄牙及法国的数方英里的土地报酬。沿孟加拉湾是马德拉斯（Madras）行政区，具有优良统治传统的马达纳（Madara）城成为该区的中心，

[1] 有关 Indian 一词，在本书里代表着一般的用语，印度人（Hindu）这一词是一种变体，偶尔使用也代表着同样的印度，这是波斯与希腊一般的习用词。但为避免混淆，Indian 将用于较晚近与较严格的意义上，而仅指代接受当地信仰的印度居民。

庄严而忧郁的坦焦尔（Tanjore）、特里奇诺波利（Trichinopoly）、摩堵罗（Madura）与拉米西瓦拉（Rameshvaram）等庙宇，美化了印度南部疆界。其次是亚当桥（Adam's Bridge）——沉岛之礁——好像呼唤我们通过海峡进入斯里兰卡岛，此地的文明在 1600 年前就已盛极一时。

我们必须承认这是一个具有多样性的国家，不同于埃及、巴比伦或英格兰，而是有着和欧洲大陆一样多的人口，流通着各种不同的语言，并且有众多的种族与各种不同的气候、哲学与艺术。在北部，经常忍受来自喜马拉雅山的寒流以及寒流和南部灼热的暖流交汇而形成的冰雹等天灾。在旁遮普，河流的交错灌溉了广大无比的肥沃平原，但在河谷的南部由于无止境地承受太阳的照晒，以致形成干旱的不毛之地。在该区耕种，虽付出大量的劳动，亦毫无收成可言。英国人每次在印度的停留从不超过 5 年。他们以几万人能够统治多他们人数 3000 倍的印度，大概就是因为他们在印度停留不太久。

原始森林占去了印度陆地的 1/5，处处都是虎、豹、狼、蛇的繁殖所在地。在印度的中南部德干（Deccan）[1] 地区受海洋的暖流调节而形成干燥气候。从德里直到斯里兰卡皆笼罩在一片炽热之下，燠热虚弱了人们的体格，缩短了青春，更影响了居民的静寂宗教与哲理。唯一能解暑的方法就是静坐不动，忘却欲念。间或在炎热雨季，从海上吹来的海风带来凉快的湿气和利于农耕的雨水。假如没有雨季到来，印度一直干旱，成日梦幻着涅槃。

最古老的文明

在历史学家假设历史是发源于希腊的同时，欧洲一直相信印度曾经是一个野蛮未开化人的温床，直到欧洲民族的远亲雅利安族从里海

[1] 这一词来自“右手”(dakshina)，其次的意义是“南方”，因为印度的南部信徒面向东方的日出，他的右手方面为南。

沿岸带着一些艺术品与科学移民来到这蛮荒蒙昧的半岛，定居下来。最近一些研究结果曾否定了这一自圆其说的构想——正如未来的研究结果，也会修改目前的论断。印度与其他地方一样，她的文明的起源已埋在深土下，并不是任何考古学家凭他的铲子就可以一下发掘出来的。旧石器时代不少的遗留物整箱整箱地存放在加尔各答、马德拉斯与孟买的博物馆中，并几乎在各省都发现了新石器时代的东西。虽然这些都是文化的物品，但还谈不上已形成一种文明。

1924年，世界各地的学者一再被来自印度的消息所鼓舞，那就是马歇尔爵士（Sir John Marshall）宣称他的印度助理巴内吉（R. D. Banerji）曾在印度河下游的西岸摩亨佐——达罗地方发现了一些遗物，似乎比现在一般历史学家已知的文明还要古老。从这里向北一百多英里的哈拉帕（Harappa）地方发掘出四五个重叠的城市，成千结实的砖瓦房屋与店铺，排列成宽大的街道与狭窄的弄巷，并重叠有好几层楼高。下面是马歇尔爵士对这些遗物的年代的估计：

> 这些发掘物是在公元前4000至前3000年孟买行政区最北的信德省与旁遮普省的高度城市生活发展出的建筑物。从多数房屋、水井与浴室，及一套完备的排水系统看来，当时居民的社会生活状况与在美索不达米亚南部苏美尔地区所发现的相似，并优于同一时代巴比伦与埃及等地的状况……甚至乌尔城所有的房屋在构造上看来也绝不能与摩亨佐—达罗的同日而语。

在这些地方发现的物品当中大多是一些家用器皿与浴厕的设备，有染色的或洁白的、弯柄的或车轮状的陶器品，亦有赤土陶器、骰子与棋子。在这些地方，硬币较以往所发现的还要古老。上千的印章，大部分是雕刻而成的，并刻印着一些无法了解的象形文字。彩色瓷器都是上等的质料。石头的雕刻远超过苏美尔的。铜制武器与器具以及铜制双轮车的模型（我们有车轮的运输工具中最古老的一个样品）相当精良。金银手镯、耳环饰品、项圈以及其他相当精致与亮晶晶的珠宝饰物，马歇尔说："这些从5000年以前的房屋里发掘出的东西，在品质上，可以说与在今天伦敦第一大街珠宝店里出售的相差不多。"

令人惊奇的是，这些最下地层出土的遗物，似乎比高一些地层的工艺还进步——仿佛这最古老的遗物只有几百至上千年的文明历史。一些器具是石头做的，有些则是铜、青铜做的，显示印度的文化在铜器时代即已兴起——也就是由石器的工具进入青铜工具的过渡时期。这说明了当埃及第四王朝的胡夫建造了大金字塔时，印度正值摩亨佐–达罗时期的巅峰时代。当时的印度与苏美尔地区及巴比伦都有商业、宗教以及技艺上的关联[1]，并保持3000年之久，直到公元前3世纪。[2]我们无法断定是否如马歇尔所说的摩亨佐–达罗是目前所知的最古老的文明。但对史前印度的发掘工作才开始，仅在我们的时代，考古的工作才由埃及经美索不达米亚转移到印度来。一旦印度的土地像在埃及那样被挖掘，我们将会发现在那里的文明较在尼罗河两岸所开放的"人

---

[1] 这些相关联的事实可在摩亨佐–达罗找到。在这里，发现了与菲律宾的拉加（Naga）、美索不达米亚南方的苏美尔，尤其是基什所发现的相似的印章，早期美索不达米亚的蛇头印章亦可提供相关佐证。在1932年，亨利·富兰克弗特（Henri Frankfort）博士在巴格达附近泰勒艾斯迈尔（Tell al-Asmar）地方的巴比伦－埃兰人村庄的废墟里发掘出一些陶器的印章与锤薄了的金属片，经他的判断与马歇尔爵士的认可，这些大约是在公元前2000年从摩亨佐–达罗地方进口的。

[2] 麦克唐纳（Arthur Anthony Macdonell）相信这一令人惊奇的文明系来自苏美尔；美国探险家霍尔（Charles Francis Hall）以为苏美尔文明来自印度；英国考古学家伍莱（Sir Leonard Woolley）认为苏美尔与早期的印度人是从接近伊朗东南的俾路支的共同的祖先与文化遗传下来的。调查家又遭遇了一项事实，就是在巴比伦与印度发现的相似印章是属于美索不达米亚文化的最早阶段（苏美尔前期），但又属于印度文明最晚近的阶段——这说明了印度文明发展的情况。美国考古人类学家柴尔德（Vere G. Childe）作出结论："在公元前4000年的末期，埃及中部的阿拜多斯（Abydos）、苏美尔的乌尔或摩亨佐–达罗的'物质'文化，可与希腊公元前5世纪的伯里克利时代的雅典，或任何中世纪城镇分庭抗礼……经内部建筑、印章雕刻以及陶器刻画的鉴定，这一阶段的印度文明大约在公元前3000年，是在巴比伦之前还是印度文明的晚近阶段，却已可在较早的时代里居于领先地位了。是否原始苏美尔文明不是由巴比伦当地发展出来，而是吸收了从印度来的成果呢？如果是的话，苏美尔文明本身就来自印度，抑或来自深受印度文明影响的地方？这些使人迷惘的问题至今仍没有答案，但它也提醒了我们：由于我们对人类的无知而没能认识到，一种文明可能起源于文化已得到确实发展的较晚近的阶段。"

类之花”要古老一些。[1]

印度—原始雅利安族

姑且不论在信德与迈索尔等地不断发现的古物，我们觉得在我们已知的史料中，在摩亨佐–达罗的全盛时期与原始雅利安族的出现之间，呈现了一大空隙。这或许是我们对以往的“了解”中，偶然发生的缝隙。在印度河流域发现的遗迹中有一个奇特的印章，它由两个蛇头组合而成，蛇是历史悠久的印度民族的特有象征——那些膜拜蛇的半人半蛇的拉加人的形象曾被入侵的原始雅利安族在北部几省的占有物中发现，据说这些拉加人的后代子孙仍流窜在较荒僻的山里。再南面的土地，被一些黑皮肤、宽鼻子的民族占领，我们称他们为达罗毗荼族，这个名字的来源不是很清楚。当原始的雅利安族压境的时候，达罗毗荼族已经有了文明，他们的商人远航到达苏美尔地区与巴比伦，他们城市的奢侈与繁华已闻名于世。很明显，原始雅利安族所倡行的村落组织、土地耕种法以及赋税制都是来自他们。直到如今，印度中南部德干地区主要的风俗、语言、文学与艺术，皆是达罗毗荼族的遗传。原始雅利安族人入侵并占有了这些盛极一时的部落，这是野蛮时代常有的现象——游牧部落定期性地由北部向安定与平静的南部来一番烧杀掳掠。这形成了历史的规律之一，经此一来，文明的兴衰正有如时代的起伏——雅利安族扫荡了达罗毗荼，古希腊的亚该亚人（Achaean）与多利亚（Doria）族征服克里特与爱琴海地区，日耳曼进占罗马，兰巴德（Lambard）族统领意大利，英吉利走向日不落的世界。一贯是北方产生统治者与武士，南方产生艺术家与圣哲，而结果通常是温和终得天助。

[1] 最近在印度南方大城迈索尔的吉德勒杜尔加（Chitaldrug）附近掘出埋藏有六层的文化品，它们是在石器时代的一些用具以及用几何形象装饰的陶器品，属于公元前 4000 年，距今有 6000 年之久。

谁是这些侵略的原始雅利安族？他们认为这个词是高尚人的意思（雅利安文“Arya”是高尚的意思），这种理解可能出于对历史的看法，亦即通过语言学的追溯淡化不名誉的勾当，聊以解嘲。[1] 很可能他们是来自居住在里海地区的波斯族旁系，名叫 Airyana-vaejo——“雅利安族之乡”。[2] 可能就是在同时，雅利安族的喀西特族占领了巴比伦，而吠陀雅利安族也开始进入印度。

有如日耳曼人侵意大利，这些雅利安族与其说是征服者，还不如说是移民。他们都具有强壮的体格，又能喝能吃，残忍成性，好勇斗狠，很快地就统治了印度的北部。他们善用弓箭作战，战士穿铠甲，坐兵车，或舞动战斧，或挥起长矛。他们一点都不装模作样：“天真无邪”地降伏了印度，并没有假借要提高他们文明的口实。他们要的是土地与草原来饲养牛羊。在他们看来，战争这个词与国家的荣誉无关，意思很简单，就是“需要更多的牛羊”。他们渐渐地沿印度河与恒河向东进发，直到全部的印度斯坦纳入其控制之下。

当他们的生活经由战争转变成定居的农耕后，他们成群的部落渐渐地合并成为小小的国家。每一国家由一国王统治，并由一些武士组成的议会来辅佐；每一个部落由一个酋长来领导，他的权力由一个部落议会来限制；每一部落由一些独立的村落组织结合而成，村落组织由一些族长组成的会议来管制。释迦曾问他的弟子：“阿难陀，你曾听说过，跋耆国人民（Vajjians）经常会谈，并且他们的家族时时举行公开会议吗？……阿难陀，只要跋耆国人民不断地会谈，并且家族经常

[1] 有学者认为雅利安一词是来自雅利安语的字根 ri-ar，意为耕地。从这一说法看来，雅利安原来的意思并非高尚人士，而是农人。

[2] 我们在小亚细亚雅利安赫梯族（公元前 1900—前 1200 年），在公元前 14 世纪初期与美索不达米亚西北的米坦尼王国缔结的条约里，发现一些典型的被提到的吠陀神灵如暴风雨神因陀罗、太阳神密特拉以及天空父神伐楼拿；相当特殊的吠陀祭礼里的饮索拉（Soma）神水，亦曾多次地出现在波斯祭礼内。我们的结论是：米坦尼、赫梯、巴比伦的凯赛（Kassite）、波斯的粟戈（Sogdian）、亚洲西部奥都库斯山的大夏、伊朗西北部的古国米底亚、波斯以及入侵印度的雅利安等民族，都是一个已经混杂的“印度—欧洲人种”世系的旁支，这些民族都是从里海沿岸向各地移民而来的。

举行公开会议，他们就不会衰败，而会繁荣起来。”

如同其他所有的民族一样，雅利安族也有与同族和异族通婚的规则——禁止与其他种族通婚，同族血亲相近的也不能婚配。这些规则构成了印度最特有的制度。受统治的多数人被他们自己民族的少数人认为是低贱一等，雅利安族深知若不限制异族通婚，则不久他们就会失去种族的特性，在一两个世纪后他们就会同化并相互融合。是否属于第一阶级，人们并不以地位而是以肤色来分，也从是长鼻还是宽鼻来分，由此可判断一个人是否是从拉加与达罗毗荼而来的雅利安后裔。后来由于世系的复杂以及种族与职业的分工，阶级的系统在吠陀时代渐行消失。在雅利安族内部，除了最近的血统不能结婚外，其余都不受限制，婚后的地位也不受生育的影响。

当从吠陀印度（公元前2000—前1000年）进入了所谓英雄时代（公元前1000—前500），即是印度离开《吠陀经》（*Vedas*）里描述的状况进入《摩诃婆罗多》（*Mahabharata*）与《罗摩衍那》（*Ramayana*）两大叙事诗所描写的时代——一切技艺变得更专门，并形成世袭制，而阶级的区分也迅速形成。最上层的是刹帝利（kshatriya）或称武士，他们认为死在床上是一项罪恶。甚至早期的宗教仪式，也是由酋长或国王依卡塞的主教大祭司来举行；婆罗门的僧侣或祭师仅是在这些奉献牺牲的场合中担任助手。在《罗摩衍那》的诗里，一个武士激烈地反对将出诸战士名门、矜持无比的新娘许配给衣衫褴褛的祭师与婆罗门僧侣。耆那教（Jainism）书里承认武士的领袖地位。佛教的文献里，竟称婆罗门僧侣出身低贱。即使在印度，一些事物也有了改变。

由于战争之后是和平，由于宗教解答了农业上一些不可知的因素，因而在社会上的重要性渐渐增大。祭典繁复，故婆罗门僧侣在人数、财富与权势上相形增加。他们以青年的导师与种族历史、文学与法律的口头传布者的身份，依他们自己的想象，慰藉以往，展望将来，灌输对祭师的尊敬意识，进而建立他们这一阶级的尊严，以期在今后的印度社会里具有优越的地位。实际上在释迦时期，他们已经开始与武士争夺至高无上的权力，相互责难。释迦对双方的争执也感到相当费解。甚至在那个时代，武士对婆罗门仍没有让步，由武士权贵们创立的佛教与婆罗门之争达千年之久。

在这些少数领导者之下的就是吠舍（Vaisya）。在释迦之前，商人与一般民众同属于一个阶级。首陀罗（Shudra）是由大多数的当地民众组成。最后是无身份的人，或称贱民（Pariah）——没有同化的土著部落、旃陀罗（Chandala）战俘以及受刑罚而降为奴隶的犯人。除去以上四种原有的少数集团外，现今在印度还有 4000 万最底层的人，印度称他们为“不可触摸的人”（Untouchable）。

印度—雅利安社会

雅利安印度人过着怎样的生活？他们初期是生活在战争与抢劫中，而后就发展出畜牧、耕种与工艺，这与中世纪的欧洲并无不同。工业革命时代之前，人们在经济与政治生活上，主要仍保留着新石器时代以来的一切。印度雅利安人饲养牛群，并未曾考虑到它的神圣而加以使用。他们以牛肉充饥，也用一部分来供奉给祭师或神灵。释迦在他年轻时，由于禁欲苦行濒临饿死，可能因一餐猪肉而致死。在《吠陀经》时代他们种植大麦，很显然对稻谷还一无所知。土地由每一村落组织来分配给家庭，但灌溉则共同负担；土地不能售给外来的人，但可赠送给家庭的直系且男性承继者。大多数的人都是自耕农，拥有自己的土地。雅利安人视受雇于人为低贱耻辱。我们确信，当时没有地主，没有贫民，也没有百万富翁，更不会有赤贫。

在城镇里手艺盛行，在各自独立的匠人与艺徒之间，于公元前 500 年竟组成金属工人、木工、石工、皮匠、铁工、编篮工人、房屋油漆工、裱糊工、陶器工、油漆匠、捕鱼人、水手、猎人、捕兽手、屠宰夫、糖果业、理发师、洗发匠、花匠与厨师等的工会组织——这一名单同样也说明了印度雅利安族的生活，是多么充实与丰富。工会裁定内部所有的事情，甚至包括夫妻之间的困难与纠纷。货物的价值如现代一样，不仅是由买卖双方来决定，并经由买方的工会来加以评定。国王设有一个专司评价的官吏，他负责检验货物，并算定价格。

贸易与运输已进步到使用马与双轮车的阶段，但小国林立，沉重的税收负担仍是一大问题。河运与海运，也有进一步的发展。约在公元前860年，船都有相当大的帆和数百支桨，可直航美索不达米亚、阿拉伯与埃及。他们贩卖一些印度特产，诸如香水、香料、棉花与丝、围巾与细洋布、珍珠与碧玉、黑檀木与珍贵的石头，以及金银装饰的浮花锦缎。

贸易最初是以物易物，而后用牛来代替通货。正如荷马所称的“牛载来的姑娘”，那时新娘也是用牛换来的。随后就发行了较重的铜制硬币，但仅用作私人之间的信物。那时没有银行，金钱只有贮藏在屋子里，埋在地下，或存放在朋友处。除此之外，在佛教的时代出现了信用制度，各地的商人使用信用状来使交易简便。借贷依罗斯柴尔德（Rothschilds）银行法，可获得18%的款项，但期票就很费口舌。硬币使赌徒感觉不便，骰子已经成了文明的要素。国王开设赌场，让百姓聚赌，已成当时的风尚。部分收入归国王所有，这也许是一种不太光彩的规定。

商业道德达到了很高的水准。吠陀印度的国王，犹如荷马时代的希腊国君，并不以从邻邦窃取牛群为耻。希腊历史学家描写的印度像大同世界，人人讲求理性，讼案绝无仅有，人人讲信修睦，故夜不闭户。商业往来，一诺千金，都很真诚。《吠陀经》四大经典之一的《梨俱吠陀》（*Rig-veda*）虽然谈到了乱伦、诱惑、卖淫、堕胎与通奸，以及同性恋，但我们从《吠陀经》可以得知，家庭生活和两性关系其实非常纯洁正常。

缔结婚姻的方式包括：武力抢夺、金钱购买和自由结合。自由结合的婚姻被视为不名誉，金钱购买的婚姻比较光荣，被劫成婚最为热衷。一夫（妻）多妻（夫）制的婚姻是被容许的，贵族甚至受到鼓励，能供养多妻是能力的体现。德劳帕蒂（Draupadi，即黑公主）同时嫁给五个弟兄为妻，这说明在叙事诗时代这样奇异的一妻多夫制婚姻（通常的多夫都是属于兄弟）也是相当偶然的事件——这种婚姻存在于 1859 年的斯里兰卡，并流行在中国西藏的丛山村庄里。这更体现为男人的特权，在雅利安家族里父亲是拥有无上权威的，他对妻子与子女俨然是主子身份，在某些情况下他可以把他们从家里赶出去，甚至卖给别人。

虽然如此，妇女在《吠陀经》时代仍享有远超过日后印度妇女所有的自由。她们在选择配偶时可以表达自己的意见。她们可以自由地参加宴会与舞会，与男人一齐参与宗教仪式。她们也可以从事研究，并像迦吉（Gargi）一样加入哲学的辩论。如果她是寡妇，她可以自由地改嫁。在英雄时代，妇女似乎失去了一些既有的自由，寡妇的再婚不再平常，深闺制度——妇女的隐居——开始形成，在《吠陀经》时代几乎没有的殉情，也渐渐地风行普遍。《罗摩衍那》叙事诗里的悉多（Sita），成为妇女理想的典范，她忠贞不贰，小心翼翼地顺服着她的丈夫。

吠陀的宗教

入侵的雅利安人在拉加地方发现了印度已知的最古老的宗教，很显然，它是一种精灵与图腾式膜拜，其对象是附着在石头里的各色各样的精灵，栖息在树上、河流里、丛山中的动物，还有天上的众星辰。蛇与蟒都是神怪——年富力强的生殖力的偶像。菩提树是神秘的形迹，代表了对静寂而庄严的树的尊敬。龙神（Naga）、猴神（Hanuman）、牛神（Nandir）以及树神（Yakshas），不断地在古代的印度宗教里出现。由于一些精灵是善性的，一些精怪是恶性的，唯有使用魔术，才能使人们远避这些充斥在自然里的神怪——它们借病痛或癫狂来侵占并折磨人们的身心。因此一些经书里大量掺杂着符咒，一个人为求得子女，避免流产，长生不老，驱避邪怪，安静睡眠，甚至是消除敌害，都必须要背诵咒语。[1]

在《吠陀经》里，最早期的神灵是大自然，天空、太阳、大地、火、光、风、水与性。爱神道斯（Dyaus）——在希腊是宙斯（Zeus），在罗马是朱庇特（Jupiter）——是最初的天空本身；雅利安语为deva，原意就只是光明的意思，经过演变形成了不少的神灵，这些都被人格化了。例如天变成了父亲伐楼拿（Varuna），地变成了母亲普利特维（Prithvi）。雨神是巴尔加鲁耶（Parjanya），火神是阿耆尼（Agni），风神是伐由（Vayu），暴风是楼陀罗（Rudra），暴风雨是因陀罗（Indra），黎明是乌莎丝（Ushas），田里的沟畦是悉多（Sita），太阳是苏里亚（Surya）、密多罗（Mitra）或湿毗奴（Vishnu）。神圣的苏摩树（Soma），它的浆汁是圣洁的，能使神灵与人都陶醉。它本身也是一个神，一个印度的酒神狄俄尼索斯，用它的爽快本质激励人去行善，带给人睿智与愉快，进而使人长生不老。一个民族像一个人一样，一开始有如诗文的瑰丽，最后则如散文般的平凡。正如物之化而为人一样，本质变成了对象，形容词成了名词，诨名也变成了神灵。给予生命的太阳变成了新的太阳神——生命的施主娑维陀利（Savitar），照明的阳光变成了照耀神维婆斯婆特（Vivasvat），促进生命的太阳变成伟大的神钵啰惹（Prajapati），即万物之统主。

有一段时期，在《吠陀经》的诸神里，火神阿耆尼是最重要的。他神圣的火焰将牺牲直送达天堂，他的光亮腾跃天空，他是宇宙炽烈的生命与精神。在万神殿里最普遍的神是暴风雨神因陀罗，他掌握着雷电与暴风雨。因为暴风雨神带给印度雅利安族珍贵的雨，其作用远胜过太阳，所以他们将它看成是家神中最伟大的神。他们作战时，祈求它的雷电来助阵。暴风雨神被描画成有如一位席啖百牛、一饮数

---

[1] 在《阿闼婆吠陀》（*Atharva-veda*）里有妇女驱逐她们的劲敌或使劲敌不能生育所使用的符咒。在《奥义书》里甚至有强奸妇女的符咒。

池酒的大英雄。他的劲敌是黑天（Krishna），在《吠陀经》里不过是克里希纳部落里的一个地方神。用它的步伐来笼罩大地的太阳神毗湿奴，也是一个较低级的神。这是《吠陀经》给我们的一点宝贵价值，从中我们可以知道印度宗教发展的过程。

这些神灵都具有人形，行为有动机，虽然大多是愚昧盲目的。有一位被善男信女所包围的神，竟为了如何接见他们而一再地考虑与沉思："就这样办吧，啊！不，不是那样。我要给他一头牛，还是一匹马呢？我倒怀疑，是否真正能得到他奉献的苏摩？"有一些神是在《吠陀经》时期的后期才出现的。天神伐楼拿一开始就围绕着天堂，他的呼吸就是暴风，他的衣裳就是天空。他逐渐被他的信徒奉为在《吠陀经》里极具伦理与理想的神灵，他的巨眼环顾世界，惩凶奖善，凡向他诉愿的人，总得到他的宽恕。从这方面看来，天神是所谓不朽定律的监守与执行者。最初这一定律是为了规定与保持星辰在轨道中的行止而创立，之后逐渐变成权力的法则。宇宙的以及伦理的节奏，每一个人必须遵从服膺，如他不驯服而误失迷途，则将被毁灭。随着神灵数目的增多，到底谁是造物之统主就引发了争论。一开始这一主要的角色是由火神来担任，之后是暴风雨神，以后又是苏摩树木神，最后是促进生命的太阳神钵啰惹。印度哲学将世界归因于一个轻举妄动的天父，它这样描写：

> 他非常苦恼，没有喜乐，一个人孤单单的，没有乐趣。他切望着有第二个人。他确实是由一个男人与女人紧紧相抱而成的一个巨大的人。他使他自己跌成两片，因而有了丈夫（Pati）与妻子（Patni）。因而他自己就像是一半的碎片一样，在他的空间里有了一个妻子。他与她交合。从此人类有了生育。她反问她自己，他既然从他自己生来了我，现在他怎么会与我交合呢？让我躲藏起来吧，于是她变成了一头乳牛，他就变成一头公牛。他确实是与她交配，因此生出牛群来。她变成一匹母马，他就变公马。她变

母驴，他就变公驴。他俩的交配成了一项事实，之后就生了壮实有蹄的动物来。她变母山羊，他是公山羊。她是母羊，他就是公羊。他俩同样地交配，因而生了山羊与羊群。自此之后只要是他俩对在一起，就可以生育所有的生物，甚至生下了蚂蚁。他知道了：“我实实在在是造物主，因为由我自己产生出所有的一切，因此才有了众生。”

在这奇异的过程里，产生了泛神论与转生的思想。造物主是与万物合而为一，是与所有事物，与各式各样的生命结为一体。每一形式亦曾一度是另一种形式，仅因为偏见与时间才导致了它们的不同。虽然这一观念曾出现在《奥义书》的哲学论里，但迄今仍未被视为《吠陀经》的一般教义。转生的说法，终被印度雅利安族接受为一项简陋的不朽论的信仰。人死后灵魂要么进入一个永远受惩罚的地方，那是黑暗的地狱；要么升到天堂，去享受世间无穷尽与圆满无缺的快乐。《加塔奥义书》（*Katha Upanishad*）哲学论里说：有如谷物供养了人类，但也由人将它再种植出来。

在早期的《吠陀经》宗教里，就而后的证据看来，是没有庙宇与偶像的。祭坛也是像波斯袄教一样，在每一次献牺牲时才重新设立，再用火烧将献品送达天堂。几乎每一个文明的开始，都会发现人类牺牲的痕迹。在波斯，有时人将马火化祭神。一般的祭献多用苏摩汁来做奠酒，并将这浆汁洒进火里。牺牲多被认为属于魔术的誓约，如果能适当地供奉，就可能获得赐福，与奉献者本人行为无关。对这一贯虔诚而复杂的牺牲祭礼，祭师索取相当多的报酬，如没有报酬到手，他们就拒绝念咒——他们的所得必先于神灵的献祭。祭师制订了详细的规定，说明了每一种服侍所需索的报酬——即值多少头牛或马，或是付出多少金子。婆罗门教士写出的《梵书》（*Brahmanas*）教义里指令祭师，如献祭的人对雇用的祭师付出了不当的报酬，他们可按规定在暗中给予他们某一种伤害。还有一些规定说明了在生活的各阶段应当举行的适当仪式，以及祭师的工作。渐渐地，婆罗门教祭师变成了享有特权的世袭阶级，因其利用宗教足以控制所有思想与变动，从而掌握了印度人物质与精神上的生活。

类似文学作品的《吠陀经》

梵文属印欧语系，对我们很有意义。这是一种奇异的感觉，一个文化经过漫长的时间与空间犹能持续不断。梵文、希腊文、拉丁文与英文，它们在数字、家族的称谓与一些联结动词上，[1] 具有惊人的相似。琼斯爵士所说的较希腊文要完整，比拉丁文要丰实，尤其比以上两者都巧妙新颖的古代语言，可能就是雅利安族的语言，它完全与众不同。这一语言尚不为我们所知道，我们只能假定它与早期波斯的方

---

[1] 英文的 one、two、three、four、five，梵文是 ek、dwee、tree、chatoor、panch，拉丁文是 unus、duo、tres、quattuar、quinquo，希腊文是 heis、duo、tria、tettara、pente。(quattuar 变为 four，与拉丁的 quercus 变为 fit 同。）或是英文的 am、art、is，梵文是 asmi、asi、asti，拉丁文是 stum、es、est，希腊文是 eimi、ei、esti。至于家族称谓，德国语言学家格林姆（Jakob L. Karl. Grimm，1785—1863 年）的规则（凡是子音群由于不同人称的习惯母音的不同，因而形成的变动）启示我们所用的语言与梵文有惊人的近似关系，这一规则在多数的情况下可以归纳如下：

1. 梵文的 K(如 kratu，力量）与希腊文 K(kartos，力气)，拉丁文 c 或 qu(cornu，角)，德文 h、g 或 k（hart)，英文 h、g 或 f（hard）等相同；

2. 梵文 g 或 j（如 jan，产生）与希腊文 g（geno，人种、竞赛)、德文 ch 或 k（kind，孩子)、英文 k（kin，血统）等相同；

3. 梵文 gh 或 h（如 hyas，昨天）与希腊文 ch（chthes)，拉丁文 h、f、g 或 v（heri)，德文 k 或 g（gestern)，英文 g 或 y（yesterday，昨天）等相同；

4. 梵文 t(如 tar，横过）与希腊文 t(terma，最终)、拉丁文 t(terminus)、德文 d(durch，通过)、英文 th 或 d（through，通过）等相同；

5. 梵文 d（如 das，十）与希腊文 d（deka)、拉丁文 d（decem)、德文 z（zehn)、英文 t（ten）等相同；

6. 梵文 dh 或 h（如 dha，位于）与希腊文 th（ti-the-mi)、德文 t（tun,do)、英文 d（do，deed）等相同；

7. 梵文 p（如 patana，羽毛）与希腊文 p（pteros，羽翼)、拉丁文 p（penna，feather)、德文 f 或 v（feder)、英文 f 或 h（feather）等相同；

8. 梵文 bh（如 bhri，背负）与希腊文 ph（pherein)、拉丁文 f 或 b（fero)、德文 p 或 f 或 ph（fahren)、英文 b 或 p（bear，birth，brother 等）等相同。

言相接近。《吠陀经》的梵文已成为古典与文学的记号，仅有学者与僧侣才得以掌握。（按梵文，“梵语”，Sanskrit，意即预备的、纯洁的、完整的、神圣的。）在《吠陀经》时代，人们的语言并不是单一的，而是复杂的，每一部落各有其雅利安方言。印度永远不会只有一种语言。

《吠陀经》不能确定为何人所著。直到公元前 9 或前 8 世纪，印度——或是达罗毗荼——商人从西亚带回一些闪米特文字，近似腓尼基文，从中产生了而后印度的字母。几个世纪以来，书写方面似乎仅局限于商业与事务方面，很少用于文学方面。是商人，而不是祭师，发展了文字。甚至佛教的教规，在公元前 3 世纪前也没有落实成文字。印度现存最古老的碑文，是一些阿育王的文件。经过了多少世纪，经由手写与印刷，文学与音乐才充满了我们的周遭。当我们发现印度的历史与文学仅通过口耳相传，却能持续如此长的时间而不中断，真令我们百思难解。《吠陀经》经典与叙事诗都是一些诗歌，代代相传，全凭背诵。他们并不期望用眼去看去读，而是凭声音去听。就是借这种方法，早期的印度满足了对知识的渴求。

我们对古印度的了解大部分来自《吠陀经》，但《吠陀经》到底是什么？“吠陀”（Veda）一字的意义是知识，是一部学问的书籍。这一经典被早期印度人用来研究神圣的学问，正如《圣经》一样。在收集的编辑与分类上，没有比这部经典更晦涩不明了。在这些经典里，唯一现存的，即如下所示：

1.《梨俱吠陀》
2.《娑摩吠陀》（*Sama-veda*）
3.《夜柔吠陀》（*Yajur-veda*）
4.《阿闼婆吠陀》

每一经典内又分为：

第一篇《曼怛罗》(*Mantra*)——赞美

第二篇《梵书》——祭师僧侣所用的祭式、祷告与符咒典范

第三篇《阿兰亚书》(*Aranyaka*)——为隐逸圣哲的“山林文”(forest-texts)

第四篇《奥义书》——哲学家的密谈[1]

其中只有一部经典不是宗教、哲理或魔术，而属于文艺作品。《梨俱吠陀》是一部宗教名诗选集，包含1280首圣歌或赞美诗，对象是印度雅利安人信奉的所有神物，如日、月、天、星、风、雨、火、黎明、土地等。[2]其中极大部分实际是对牲畜、五谷与长寿的祈愿，极小部分够得上文艺的水准，少数的赞美诗歌已达流利与雄美。有一些是单纯而自然的诗文，如一个天真无邪的孩子。一首赞歌惊叹着白色的牛奶竟来自红色的乳牛。另外一首不了解为什么太阳一下山后，竟没有一直掉落在地上。又有一首问道许多的河流流入海洋，为什么海洋永不会填满呢？有一首挽歌是用死亡论的体裁，悼念一个阵亡的伙伴：

我从死者手中取下了挥动的弯弓。
借它带给我们统治权与光荣。

---

[1] 这只是许多可能的资料区分的一种。再加上包含在《梵书》与《奥义书》里的“加入”注释，印度的学者经常将《吠陀经》里包含几篇以警句方式的短篇注解的结合品，称之为Sutras。这些因为不是直接来自天堂，故具有一个古代传统的高度权威，许多部分都简陋得难以理解。它们更便于学生记忆，因为他们不用书写，专靠记忆。

至于这些诗文、神话、魔术、祭典与哲学等的著作人与时间，没有人能说出来。虔敬的印度信徒相信这经久的每一个字都富有神意，并告诉我们，这是伟大的神明梵天亲自用他的手写在金制的叶子上。这就是一种不能反驳的观念。基于他们炽热的爱国心，各地的土著领袖共同为这些诗歌确定了它的年代，是从公元前6000年至前1000年。而这些资料可能是在公元前1000年至前500年间所收集与整理出来的。

[2] 它们一般是由每四行一节的诗文组合而成。每行有五、八、十一或十二个小音节，其数量亦不同，但最后四小音节经常是两个长短格韵，或一长短格韵与一扬格韵组成。

你我天人远隔，充满了英雄的事迹，将摧毁来自所有敌人的袭害。

进入大地的内部，投入母亲的怀抱，她是多么的深远，极度的丰实；宽宏仁爱的物主，求你永葆如羊毛般柔美的青春，永远不辍。

呵！大地，尽情开放吧！不要让重压加诸我身，助我、扶我轻易行进。

有如慈母怀抱中护藏的孩子，安全无虑，啊！大地！

另一首诗记述人类第一对双胞胎，一对双生的兄妹亚马（Yama）与亚米（Yami）之间的坦白对话。亚米唆使她哥哥不要顾及符咒里神的禁令与她同居，并保证她所希望的一切都是为了延续人种。亚马以高度伦理为由，拒绝了她的要求。她使尽诱惑，最后呼他为弱者。这一故事没有结局。我们仅能从客观的证据来加以判断。诗文最崇高的部分是一首令人惊异的万物赞美诗。有一首甚至极具怀疑意识的巧妙泛神论，竟出现在最具宗教意识的民族最古老的书籍里：

既非有，亦非无；悠悠苍天一无所有，太空苍穹无极渺茫。

覆盖何物？遮蔽何物？掩饰者何？

水深无底，何其神秘？

并非死亡，亦无永生不朽，日夜之间并无限界。

唯凭一息尚存，否则自甘死亡，生存于无有之乡。混沌初开，一片漆黑。海际无光，朦胧深奥。壳里胚胎，生灵来自酷暑。首获爱顾之隆，有如春回大地——更在诗人心中表露无遗。

迷茫于造物与非造物之间。是大地抑或太空出现光亮。普及万物？

种子播下，神力继之——在下覆万物，在上具威力与愿望。

谁知此中隐秘？谁来揭露其奥妙？

万象众生从何而生，从何而来？

众神灵自己随后出现，谁知此一伟大造物主来自何处？他是来自所有伟大造物主所来之处。

是随意愿，抑或尽在不言中。

至高无上的先知是在最高的天堂，

它洞悉一切——即使偶然他有所不知。

以上这首诗所提的问题只能留待《奥义书》的作者来答复。

《奥义书》哲学

德国哲学家叔本华说:“在全世界没有一门学问能如《奥义书》经典那样有益与高尚。它曾慰藉了我的一生，使我死也瞑目。”这里除了一些埃及的普塔霍特普伦理断简残篇外，包含人类现存最古老的哲学与心理学理论，是人们为了去了解心灵与世界以及他们相互的关系而付出惊人的巧妙与耐心的结晶。《奥义书》与荷马一样古老，又像康德，仿佛是现代的。

Upanishad 这一字是由 Upa（接近）与 Shad（就座），两词合成。“接近教师而坐”这一句话表示师傅将他的看家本事秘密地传授给他最喜爱的弟子。这里有 108 种论著，是在公元前 800 到前 500 年间，由各圣哲与贤达所集成。其所代表的不是一种有系统的哲学，而只是圣哲的意见、教训与印象。在这些作品中，哲理与宗教意识仍然融合不分，以求对万象事物的本质有所领悟。作品中充满了荒唐与矛盾，偶尔也像黑格尔学派一样，讨论一些沉闷的问题，有时提出一些有如马克·吐温的小说《汤姆·索亚历险记》里医治疣肿般的怪诞无稽的处方，有时又提出一些在哲学史里最深奥的思维来感动我们。

我们知道不少的作家名字，但对他们的生活，除了偶尔在他们的著作里有所表露外，其余一无所知。这中间最生动闪亮的是男性的祭言（Yajnavalkya）与女性的迦吉，这位女性是最早期哲学家里的奇葩。祭言具有犀利口才，他的教师将他视作危险的改革家，他的后代将他的学说作为毫无瑕疵的正教的柱石。他告诉我们，他是如何设法离弃他的两位妻子，以求变为一个隐居的贤哲。由于他的妻子玛特逸（Maitreyi）的请求，他不得已只能带着她。从此我们得到一些强烈的感觉，而这一强烈的意识也正是印度历经千年对宗教与哲学的穷追不舍的表现：

> 之后祭言又想出一种生活方式，祭言对其妻玛特逸说："我将离开邦国去异地漂泊，为你与加亚亚里（Katyayani）去寻求一个最后的居所。"玛特逸答称："如果现在全世界充满了财富，都属我所有，我将能因此永生不朽吗？"祭言说："这是不可能的！经由财富去求永生不朽，是毫无指望的。"玛特逸又说："既不能拥有财富而永生不朽，则我将如何求得永生不朽呢？请就你所知，给我解说明白吧！"

《奥义书》论说的全是这个难以理解的世界里的神怪离奇。诸如我们从哪儿出生？我们住在哪里？以及到底我们往哪里去？"啊！你们这些知道婆罗门神灵的，告诉我们吧！我们该听从谁的支配……是否是时间，或是自然、必然、机缘；抑或四行（地、水、火、风）算是本原；抑或是叫他原人（Purusha），至高无上的神明？"众多的印度人，他们不要百万财富，而只要回答他们的问题。在《奥义书》里，我们读到一个国王，放弃了他的王国，去到森林里过着简朴的生活，清心寡欲地去求领悟与解决宇宙的疑难。经千日的苦行后，一位"通晓灵性"的贤哲来见他，国王说："你是知道真实自然的人，求你告诉我们。"贤者提示他说："选择其他的欲望吧。"国王仍坚持着他的意见，他声言情感的激变背逆了生活和对投生的恐惧（在暗中流行，并充斥了印度所有的思想）：

> 先生，在这臭味的不牢实的躯体内，是骨骼、皮肤、筋肉、骨髓、肥肉、精液、血液、黏液、泪水、鼻涕、尿水、粪便、肠气、胆汁与痰的集成体，欲念的获得究竟有什么好处？在这躯体里，那些是为欲念、怒火、贪婪、幻想、恐惧、沮丧、妒忌、生离、怨结、饥饿、口渴、衰老、死亡、疾病、忧愁与喜爱所苦，欲念的实现，有何可乐？我们眼见，世界有如蚊蚋、蚊蝇般衰退，有如草芥与树木般长成与凋谢……在其他的事物中，像海洋的干涸、顶峰的坍落、北极星的移位……大地的陷落……诸如此类生存的循环，欲念的追求究竟为何？当一个人一生为欲念而生，是否最后又眼见他再回归大地呢？

《奥义书》的贤哲，教授他们学生的第一课就是智能的不正确。这样虚弱的脑子，只不过一块结石大小，竟向望着去了解既复杂又无极的片落空虚？智能并不是一无所用，它有它的适当地位，当它去处理各种关系与事情时，它对我们很有用。但如面对永生、无限或事物的本质，它怎能支吾其词呢！当真实透过表象悄然出现，与所有的良知涌现时，我们需要除去意识与理性以外的其他感知器官。自我（或是世界的灵性）并非来自学习，来自天才，以及大量的书本知识……让一个婆罗门教徒来否定学习，而变成一个孩子……让他不必去追求语言，因为那仅仅是白费口舌而已。如荷兰哲学家斯宾诺莎所说，最高度的了解即是直接地理解，立即洞察；又如法国哲学家柏格森所说，直觉、心灵内向的观察是尽量地求其审慎与接近，是外来意思进入之门。有自知之明的婆罗门神灵深入了意识的初始，故能转为外向。因此人们只看见了外貌，并未深入它的本身。一些聪明的人闭了双目而向往永生不朽，方才领会朦胧的自我。

如果向内看，一个人发现不了什么，只能证明他反省正身。因为如果他早期夭亡，他并不需要去寻求他自己的神。在发现真正的自我之前，一个人必须将他所有的歹念与恶行、所有身体与灵魂身上的骚乱全部除去。经过两周后，一个人必须绝食，仅饮少量水。如此则内心由饥饿而致平静与沉默，理性亦趋明晓与沉静。精神因此稳定而自我觉察，对浩瀚似海的灵性来说，亦不过部分而已。最后自我的意识解脱，出现了合一与真实。从纯一的内向观察，并非观察者所见的个人自己。而个人自己只不过是一连串的思维与心智的状态，只是从内心所察觉的人的躯体而已。人们所寻求的是尘世的灵性（Atman）[1]，是人群里的小我，万灵里的灵鬼，即是当无我浸润在绝对无形中时，竟忘却我们自己的存在。

这就是不可思议的学理的第一阶段，我们自己的本质，不是我们的躯体、内心或是个人的自我意识，而是无声无形深深存在我们体内的尘世灵性。第二阶段是婆罗门神[2]，一个充满了无性、[3]非人性的、万合的、基本的、实有的尘世本体，“真正的实在”，“非人生的不朽与不死”，有如尘世灵性；一个在身后、脚下与顶上掌控所有能力与神灵的力量：

> 维达沙克亚（Vidagda Sakayla）问祭言：有多少位神灵？他回答说：在万神颂赞里所有的神灵，有 303 个，与 3003 个。
>
> 到底有多少呢？维达沙克亚再问。
>
> 33 个。
>
> 是的，真正是多少呢？
>
> 6 个。

---

[1] 这一词不知由来何处，它的原意显然是呼吸，有如拉丁文 Spiritus，之后成为重要的本质，最后便成了灵性一词。

[2] 婆罗门用之于此，其意义是非人性的尘世灵性，与更具人性的众主之主梵天（Brahma，印度三位一体的神灵之一）有区别。婆罗门意味着祭师阶级。这一区别并非一直如此，有时梵天也具有婆罗门神的意念。

[3] 印度的思想家提出最初的神人同形同体论学说。甚至在《梨俱吠陀》经内较晚近的赞美诗里，这至高的神明同样也用“he”或“it”来称谓。这是为了显示他超乎性别之上的特征。

是的，到底是多少？

2个。

是的，到底是多少？

1个半。

是的，最后是多少？

1个。

第三阶段是最重要的部分，尘世灵性与婆罗门神灵合而为一。在我们内心（非个人的）灵魂或力量与具有非人性的尘世灵性同为一类。《奥义书》不厌其烦地将这一学理深深刻入弟子的脑海。在各种形式与无形之后主体与客体结合为一。在否定个别化真实的人类，与万物之体的造物主（God）同为一体。一位教师在一篇著名的谈话里作这样的解释：

"从那边带来一个无花果。"

"先生，在这里。"

"将它切开来。"

"先生，切好了。"

"在那里你看到了些什么？"

"先生，相当漂亮的种子。"

"将当中的一粒，分开来！"

"先生，分好了。"

"在那里你看见了什么？"

"先生，什么也没有。"

"的确，好孩子，你没有察觉到那美妙的小实体吗？正是一株巨大的树木，从它而长出。孩子，相信我，这一极美妙的小实体，也就是整个尘世，它所具有的灵性，那就是本体。那就是尘世的灵性。"

“先生！你愿意再让我了解一点吗？”

“就是这样了！孩子。”

这就是尘世的灵性。婆罗门神灵与他们综合的黑格尔式的辩证法，也就是《奥义书》的本体。还有其他许多的教训在这里也能学到，但都是一些次要的。在这些论说里我们已发现对投生转世的信仰，[1]并渴求解脱肉体转世的锁链。毗提诃（Videha）的国王遮那竭（Janaka）请求祭言告诉他，如何可以免去再生。祭言将瑜伽术（Yoga）详细地告诉他：以苦行与禁欲来除去所有的欲念，这样人就可以除去个别的部分，而与尘世的灵性结合在极乐的世界里，这样就可以逃避再生。此形而上的理论使国王信服，国王回称：“阁下，我将把维哈斯国呈献给你，而我自己亦愿为君之奴仆，听君使役。”祭言向信徒所许愿的是一个玄奥的天堂，在天堂里没有个人的意识，仅有的是一个专一的本体，一些与大一体暂行分离的部分的再结合。“犹如奔流的河川入海即逝，亡名去形，而智者去名隐身，与世无染遁入空门。”

像这样的人生学理将不会为西方人所接纳，他们的宗教是渗进了政治与经济规条的个人主义，但是他们对具有哲学的印度精神的惊人持续性深表诧异。我们将发现《奥义书》的哲理，这一独到的学说，这一神秘而非人性的永生不朽，一直支配了从佛教到甘地、从祭言到泰戈尔的思想。到现代，它仍存留在印度，有如《新约》之于基督教般的不断被奉行与尊敬。甚至在欧洲与美洲，这一神异的通神论仍争取了万千信众，从孤寂的妇孺与劳碌的男人，到叔本华与爱默生。谁会想到，美国最伟大的个人主义哲学家也会对印度的个人仅是一个幻

---

[1] 第一次出现在《百道梵书》（*Satapatha Brahmana*），在里面重复出现的出生与死亡，都被认为是神灵给予罪恶生命的一项惩罚。许多原始部落都相信灵性可能由一个人转移到一个动物的身上，同样亦可能再转回到人身上来。这一观念在雅利安族前期印度的居民里，可能就是转世投生的基本信条。

觉的信仰提出一项完整的解释。以下是一切众生之父梵天的短文：

梵天

如果血腥的杀人者以为他是在杀人，
被害的人以为他是被谋杀了，
他们并不知道这些巧妙的方法，
我保有、传递并转换了它们。

远隔或忘掉了我几乎相似；
阴影与日光，合而为一；
隐去的神灵，对我是显现；
而一个对我来说，是羞辱也是声名。

他们归咎的邪恶，远离我去，
当你飞翔，我即是两翼；
我是怀疑者并不断地怀疑，
我也是婆罗门祭师所歌唱的赞美诗。

第二章 | 佛陀

异教

甚至在《奥义书》的时代，也有怀疑者不断出现在《奥义书》中。有时贤哲嘲笑祭师教士，如《歌者奥义书》（*Chandogya Upanisad*）将正教时代的祭师比喻为一群狗的队伍，每只狗拉着前面狗的尾巴，并虔诚地说：“唵[1]！让我们吃吧！唵！让我们喝吧！”《奥义书》宣称没有神灵，没有天堂，没有地狱，没有转世投生，没有尘世；《吠陀经》与《奥义书》哲学论都是一些自欺欺人的作品；那些观念都是幻想，所有的词句都不真实，即使事实上毗湿奴神与狗并无不同，但人们都为神灵与庙宇以及圣者的如簧巧舌所蒙蔽。另外有一个关于毗卢遮那（Virocana）的故事，说他以一个信徒身份与至高的太阳神本尊同住一起达 32 年之久，并在他那里接受了不少的教训，如“自我的本尊是解脱了邪恶，长生不老，无死亡，无忧虑，不饥不渴，他所唯一的欲望是真实”，然后又忽然地转回到尘世，并将这一令人骇异的学说传播开来说：“一个人的本身在尘世里是会使他快乐的。一个人

[1] Om，婆罗门教徒的习用语，象征三位一体。

的本身是会被祝福的。他在尘世里使自己快乐，也祝福他自己，因而得到这一世与来生的尘世。”大概正是这些坚持他们国家历史的善良僧侣，带给我们一点有关印度神秘与虔敬的一致的意见。

事实上，在释迦之前，较不被重视的一些印度哲学界人士，对一些圣哲想象中的婆罗门神灵所具有的形象并不是一味的信服。从发掘出来的古物，我们发现他们轻视所有的祭师僧侣，怀疑所有的神灵，并对非已统派（Nastiks）、无言者和持怀疑论者亦不予宽恕。不可知论者散若耶（Sangaya）对死后的生命既不接受，也不否定，进而怀疑在学问上的可能性，限制哲学对宁静的追求。迦叶波（Kashyapa）拒绝接受伦理的特性，并告诉人们说：灵性是顺服机会的奴隶。瞿舍罗（Maskarin Gosala）主张命运可以决定一切，不管人类的德性如何。阿耆多·翅舍钦婆罗（Ajita Kasakambalin）要让人决定于地、水、火、风，并说：在分解人的肢体上愚蠢与智慧都是一样，在被肢解、消灭、死后还有什么不同呢？《罗摩衍那》叙事诗的作者在加巴利（Jabali）身上塑造了一个典型的怀疑论者，并嘲笑罗摩（Rama）为了守誓言而拒绝了一个王国：

> 加巴利，一个有学问的婆罗门祭师，一个巧言的诡辩者，就信仰、法律与职责的解释，向阿约提亚（Ayodhya）年轻的王子说：
>
> “罗摩，为什么一些无益的格言会蒙蔽了你的心，拘束了你的意志，格言使简单而又无思想的人误入歧途……”
>
> 啊！我为触犯伦理的人哭泣，他竟为渎职屈膝。
> 牺牲了这些珍贵的享受，直到了此残生。
> 神灵与天父的牺牲品，是空寂无闻。
> 为神灵浪费了食品！我们的虔诚尊敬也不是为了天父；
> 供奉一神，能否颐养他人？
> 狡猾的祭师伪称格言，并徇私地说：

“准备供献，忏悟罪行，抛弃尘世财富，虔诚祈祷！”
此后一无所有，罗摩！没有希望，更无人间的信条；
及时行乐！驱散这些既穷困又空白的幻想吧！

当释迦长大成人后，他发现哲学上的争论充斥于庭院、街市以及印度北部的山林之间，多半是趋向于无神论与物质论。晚近的《奥义书》哲学论丛与最古老的佛教徒书籍，尽是这些人的参考资料。一个人数众多的游说诡辩阶层——Paribbajaka，或是游浪者——利用每年适于游历的时候，逐地游历，寻求授徒或在哲理上发现对敌。他们有的教授逻辑以为求证事物的艺术，并以此赚得“爱讲小道理”与“巧言令色者”的头衔，其他的人说明神灵不存在，道德并非习惯使然。大批群众听他们的解说与争论，宽敞的亭院为他们而建设，有时王公们对这些参与争论而获胜的辩士，加以奖赏。这真是一个惊人的思想自由开放的时代，百家争鸣，百术竞存。

这些诡辩家并未给我们带来多少有益的教化，他们的形象大多是经由劲敌的恶骂酷评而得以保留下来。在这些人当中最早出现的是祭主仙人（Brihaspati），但他的怀疑论经书已经被毁弃了，残留的也只有一首诗，公开抨击僧侣祭师：

没有天堂的存在，没有最后的解脱，
没有灵性，没有其他尘世，也没有阶级的祭式……
这三重的《吠陀经》，三重的克己，
尽是忏悔的尘土与灰烬！
这些为人们赖以求生活的方式
缺少了智能与男性的雄伟……
当变为尘土，肉体能否重回大地？
如一幽灵能经过其他尘世，
为何不具有强大影响，

是否为了眷恋尘世，诱他反顾？
耗费的葬礼，是为慰藉死者，
一些生活方式，亟待策划。
借僧侣祭师的诡诈，不会再多……
生活既要忍耐，何不轻易度过。
善保愉快；纵使告贷亲友，
亦当一饱口福。

除去诡辩家外，还出现了一些唯物论学派，其中之一名叫查瓦卡斯（Charvakas）。他们讥笑《吠陀经》是神揭露的真理，他们争论道：真理一词将永不为人所知晓，只有用意识去领会。甚至理性也不被信服，因为每一个结论是依据它的确实性，并不仅由于它的真实观察与正确理性。就此一点，诚如英国哲学家休谟所说，可能根本就没有真实。查瓦卡斯说，意识所不能理解的就是不存在的，因此灵性是一个幻觉，而尘世的灵性是欺人之谈。我们并没有在经验或历史里观察到，存在于尘世当中任何超自然能力的存在。所有的现象都是自然的，唯有傻瓜才会想到它们是精怪或神灵。物体是一个实质，心智也仅仅是物体在思想。身体是原子的结合体，身体有感觉、视觉、听觉、思想。“谁又看见过灵魂离开身体，单独存在呢？”没有永生不朽，也没有转世再生。宗教是怪诞不经的事，一种病症，或是一项欺骗。使用一个神的假说来解释与了解世界，根本就是无济于事。人们对于宗教的需要，乃是因为感到迷失与一种不安宁的空虚。伦理道德也是属于自然界的，它是社会的惯例与便利，并非是神意的命令。自然并无好与坏、善与恶之分，正如太阳不分歹人与圣哲，一样地照射光亮。如自然有了任何的伦理道德本质，它就超越了永生不朽。用不着去管治本性与情欲，因为这些都是大自然赋予人们的指令。德性是错误的。生活的目的是生存下去，唯一的智慧就是快乐。

这一革命性的查瓦卡斯哲学到了《吠陀经》与《奥义书》哲学

时代，即告终止。它削弱了婆罗门僧侣祭师在印度人心目中的控制力量，并在印度的社会里留下了一个真空地带，亟待一个新宗教的产生。但这些物质论者将他们的工作做得相当彻底，致使这两个起而取代旧《吠陀经》信仰的新宗教，可称为是完全的无神论宗教，是对无神的皈依。两者属于非正统派，或称为虚伪主义的运动，是出于刹帝利武士阶级的人们对僧侣祭师的仪式主义与学理的整合，而不是来自婆罗门的祭师。由于耆那教与佛教的来到，印度的历史开创了一个新纪元。

筏驮摩那与耆那教

大约在公元前 6 世纪（根据传说筏驮摩那［Mahavira］的时代是公元前 599 年至前 527 年；但雅各比［Hermann Georg Jacobi］认为是公元前 549 年至前 477 年较为接近事实），在现在印度的比哈尔省，当时叫梵沙利（Vaishali）城的郊区，离车人（Lichchavi）部落一个富有高贵的家庭里，诞生了一个孩子。他的双亲虽然富有，但他们受异教影响，认为再生是一种天罚，而自杀是受惠的特权。当他们的儿子到了 31 岁那年，他们竟自愿以饿死来结束他们的生命。这年轻人深受刺激，脱离俗世与一切原有的生活方式，脱去身上的衣裳，流浪在西部的孟加拉，过着苦行生活，寻求自身的洁净与领悟。经过了 13 年的自我克制生活，他被一大群弟子高呼为 Jina（渡律者）—— 一个伟大的先师。他们相信生命轮回的学说，并用以启发印度人。他们重新为他们的领袖命名为筏驮摩那，或伟大的英雄。由于这极特殊的信念，他们自己取名叫 Jains（耆那）。筏驮摩那组织了一个由独身的教士与尼姑构成的体系，当他死时，享寿 72 岁，拥有 1.4 万个信徒。

这一教派渐渐地发展成一个在所有宗教历史里最奇异的学术集团。他们以一个实在论逻辑开始，将知识看作是局限在相对与短暂之中。他们认为没有一样东西是真实的，真实性只体现于单一的论点，若从几个观点来看，就可能是假的。他们喜欢用一个故事——“盲人摸象”来加以说明：6个盲人去摸象，摸着象耳的人说，象是一个极大的鼓风扇；摸着象腿的人说，这动物像一个又圆又大的枕头。由此说明，所有的判断都是有限而有条件的，绝对的真实只有从救世军或耆那教那里才有。《吠陀经》亦无用武之地，如果仅是为了没有神的缘故，他们也不为神而激动。耆那教人说没必要去假设一个造物主。任何一个孩子都能拆穿，用一种不是生就的造物主，或没有缘由的显现来作假说，正如对一个没有原因或不是生就的世界，难以了解一样。宇宙的存在是由于所有的永生不朽，它的无限的变动与旋转是由于大自然的固有力量，而非精灵的干涉。

在印度这个大环境里，他们没有始终坚持这一大自然的定律。耆那教曾经一度清扫了天上的神灵，但不久就在耆那的历史与传说中充斥了一些神灵的圣者。他们膜拜与虔诚信奉的这些圣者，在他们看来是同样地投生转世与死亡，并无任何的尘世造物主或统治者的意识存在。耆那的物质论者承认在任何地方都具有双重的本性，一是精神，一是物体，所有的东西，即使是石头与金属，都具有灵性。任何灵性只要是在善行的生活里，就变成一个超然的灵魂或是最高梵(Paramatman)，并暂时地免去了转世投生。当他的奖励相等于他的善行时，就再生为血肉之躯。唯有最崇高与最完整的精神才能达到全部的“解脱”，这就是阿罗汉（Arhats)，或称为超然的统主。他们生活在有如希腊哲学家所说的极乐的神灵生活的遥远阴影边缘，暗中影响着人们。

耆那教的人说，通往解脱的道路是循苦行悔过与完全禁用暴力——节制对生物的伤害。每一个教徒的苦行必须要做五次誓愿：不伤生、不倒睡、不强要、守慈善、戒绝外界的享乐。他们以为感官的享乐是一项罪行，最理想的是苦痛与快乐不分，并与外界事物完全隔离。耆那教禁事农耕，因为翻耕土地必伤害成虫与幼虫。善良的耆那教人连蜂蜜也不吃，因为它是蜜蜂的生命；禁饮水，因饮水会将潜伏在水中的生物消灭；

漱口小心翼翼，担心吸进并杀死空气中的有机体；呼吸也小心翼翼，不让飞虫进入肺；在走路时，先将前面的路扫净，以免践踏了一些生命。教徒绝对不能杀害动物或将动物拿来作牺牲。甚至，他会为衰老或受伤的兽类建造医院或养老院。他唯一能杀害的生命，就是他自己。这个学说允许自杀，尤其是慢慢地饥饿至死，因为这是精神超越了为盲目的意愿而生存的一大胜利。许多耆那教徒都是这样死去，一些教派的领导人物据说直到今天，都是以自行饿毙来了此一生。

一个基于如此玄妙的对生命加以怀疑与摈弃的宗教，可能会在一些生活经常艰苦的国家内，获得普遍的认同。但是甚至在印度，它的极端苦行主义也限制了其吸引力。耆那教信徒人数一直极少，虽然玄奘发现他们在 7 世纪时人数又多，权势又大。但在他们静寂的经历里，这多半是一个已成过去的高潮。约在 79 年，因为裸体的问题造成了一次大的教派分裂。从那时起，耆那教就分裂为所谓的穿白袍的白衣派（Shwetambara）和裸体的天衣派（Digambara）。这两派又曾进一步地分裂，天衣派分为四派，白袍派分为四至八派。这两派在 3.2 亿人口中只有 130 万教徒。甘地曾经受了耆那教的强烈影响，他接受“禁止伤害”（ahimsa），而把它当作生活与政策的信条，满意于一袭腰布为衣，也倾向于饿死自杀。如今耆那教徒仍称他为他们的渡津者之一，是一个伟大精灵的转世。此精灵定期地用他的肉体来救赎尘世。

佛陀的传奇

历经 2500 年之久，由于经济、政治与伦理等而唤起的有如耆那教与佛教那样的苦行与消极，很难被今人了解。雅利安族在统治印度后，无疑带来了不少物质上的发展：大的城市如华氏城（Pataliputra）与梵沙利业已建立，工业与贸易促进了财富，财富产生了悠闲，悠闲发展了学问与文化。印度的富裕产生了公元前 7 世纪与前 6 世纪的享乐主义（epicureanism）与唯物主义。宗教在丰盛荣华之下并不兴旺。如同孔子时代的中国以及普罗泰哥拉时代的希腊，释迦时代的印度，因古老宗教的衰颓产生了伦理的怀疑论与道德的无政府主义。[1] 虽然耆那教与佛教并非孕育于觉醒时代中的忧郁的无神论，但他们在宗教上具有反对一个被解放与世俗化了的悠闲阶级的享乐主义教条的倾向。

根据印度传说，佛陀的父亲净饭王是尘世中人，乃矜持的释迦族部落乔答摩系里的一员，也是迦毗黎国王的王子，居住在喜马拉雅山的山麓。学术界确定佛陀的出生大约在公元前 563 年。在传说里我们经常会看到一些人可能奇奇怪怪地怀孕。当时有一本专讲佛陀前生故事的书叫《本生经》(*Jataka*)。[2] 以下是它的叙述：

> 在迦毗黎城里，公布了满月的节日……摩耶皇后在满月节前七日，要举行庆典，不用具有麻醉性的酒，而用大量的花环与香料等。第七日的一早她就起来，先用加了香料的水沐浴，并捐赠了一大笔为数 4 万件的赠品。盛妆之后，她选吃食物，并奉持八关斋戒（Uposatha，每月 4 次的圣日所行的愿，计满月、新月，以上两日后的各第八日），再进入装饰过的卧室，倒卧在床上，进入梦中，遂得以下一梦。
>
> 似乎有 4 个伟大的国王，将她连床一齐抬起来，带她到了喜马拉雅山的马诺斯拉（Manosila）高地上……他们的皇后再带她到阿诺塔（Anotatta）湖，进入湖里，洗去了人的污染，再为她穿上衣袍，涂抹上香料，并用神的花朵来装饰她。不

[1] 这一阶段一直很被重视，可谓是群星璀璨的时代。在印度是筏驮摩那与释迦，在中国是老子与孔子，在犹太是耶利米与以赛亚，在希腊是苏格拉底前期的哲学家，而在波斯又是查拉图斯特拉。诸如这些同时代的天才，在古代的文化里大量地交流碰撞进而融合并产生影响，值得现代人探究。

[2] 一本有关佛陀诞生的故事的书，5 世纪写成。另外的传说《神通游戏经》是由英国诗人阿诺德爵士（Edwin Arnold，1832—1904 年）加以意译，书名为《亚洲之光》(*The Light of Asia*)。

远的地方是一座银山，在山上有一座金质的大厦。里面他们准备了一张神床，床头向东，并让她睡在床上。现在这菩萨（Bodhisattwa）[1] 变成了白象。在这不远就是一座金山……他到那儿再从山上下来，并从北方接近银山，停憩在银山顶上。在他的躯体里，就像有一根银质的绳子，他握着一株白莲。之后在一阵喇叭声中他进入了金质的大厦，向右旋转并环绕皇后的床 3 次，敲打她的右侧，并进入她的子宫。就是这样他获得了一个新的生命。

第二天皇后醒来，向国王说出她的梦来。国王召集了 64 个杰出的婆罗门祭师，遵奉他们，并用美好的食物与其他礼品来接待，使他们皆大欢喜，任情享受。当他们酒醉饭饱之后，国王将梦告知，并请他们圆梦。婆罗门僧侣说：不必焦急，陛下，皇后定已怀孕，是男孩非女婴，你将得弄璋之喜。如他居住在屋内，即将成为国王，一个宇宙的君主；如他离开住屋远去尘世，他将变为释迦，在尘世里的一个除去面罩的人。

……

摩耶皇后怀胎十月，有如油在碗里，当将临盆时，她想到她亲戚的住地，并向国王净饭王说："王啊！我想去天臂（Devadaha）城，我的娘家。"国王当即允许，并命将从迦毗黎到天臂城这一条道路的路面修平，并装饰着满插车前草、旌旗与标志的车辆，让皇后坐在一个金质的轿子里，并派出一大队的护卫。在这两城之间，属于两城市居民的是一个供游乐的小丛林，种满了沙罗双树（Sal tree），名叫蓝毗尼（Lumbini）国林。当时，从树根到枝丫的顶端，长出一大堆花朵……当皇后看见了这些花时遂产生了一个欲望……她到一棵大的沙罗双树下，想去摘树枝

[1] 一个命中注定要成为佛陀的，在这里就意识着佛陀本身。佛陀意为觉醒，他在俗世的名字是悉达多。家族的名字是乔答摩。他也被称为释迦牟尼或是释迦的圣人与如来，"一个赢得真理者"。就我们所知，佛陀从未用过这一名字来称呼他自己。

> 来。这树枝像一束柔嫩的茅尖样垂下来，让皇后伸手抓到。当她伸手去抓树枝时，竟因产前阵痛而抖动身体。护从人员立即设置坐垫让皇后休息。当手还抓握着树枝的片刻，她即告生产……其他人当在生产时，定有不洁之物流染污秽，但菩萨的出生并没有这些。他像是一个宗教教义的传教师一样，从教义的座位上走下来，也就像是一个人从楼梯上走下来一样，伸展他的两手两脚，峙立在非土地之上，一尘不染，像在圣城贝拿勒斯的服装上镶的宝石那样明亮，从他母亲那里降临下凡。

除以上所记载佛陀降生的状况外，据说当时还有一道巨大的光亮出现在天空，聋子能听，哑子会说话，跛子也可以直立，天上的众神都下凡来帮助他，国王也从宝座上下来迎接他。传说绘有出一幅图画，显出他在少年时代的显荣与阔绰。他像神一样快乐地住在三个宫殿里，由他慈父保护，隔绝了外界的平民苦难生活。4 万宫娥彩女用舞蹈来娱乐他，当他长成后，从 500 宫女中选出一个后妃。作为一个刹帝利阶级的成员，他接受了军事上各种技艺的良好训练，他也跟从一些贤哲学习诗书，成为当时熟知所有哲学理论的大师。他结婚后，变成一个快乐的父亲，生活在富裕、安静与华贵的声誉中。

一天，据传统的记载，他从宫里来到市民的街上，眼见一个老人。再过几天，他又见到一个病人。第三次他见到一个死人。在他弟子们的圣书里，有一段生动的描述：

> 啊！长老，我也具有这样的尊贵与如此过分的柔弱，想想吧：一个无知、平凡的人，他已进入老年，未超出老年的范围，看起来像老年的样子，受烦恼、有耻辱的感觉并被忽视，他自己也会感到这些想法。我也一样要进入老年，不超出老年的范围，我也应该并一样地进入老年……看起来是一个老年人，受烦恼、耻辱与忽视吗？这些对我来说，似乎不合适。假如我这样一

> 反省，所有少年的意气扬扬，霎时便成泡影……这样的话，啊！长老，在我觉悟之前，我自己也是出自母体，我找出了生育的真实。一俟我进入老年，我寻出了老年的本性，病的本性，忧愁的本性，污秽的本性。因此我想到：由于我自己是出自母胎，为什么我要去寻求出生的本质……以及曾经眼见生产的悲惨景象，去寻求涅槃的超然平静？

死亡是所有宗教的起源，如果没有死亡的话，大概就不会有神灵。对佛陀来说，这些景象就是觉悟的开始。就如一个人能超越“转变”，他立即断然地离开他的父亲（他母亲在生育他时就不幸死去）、他的妻子以及他初生的孩子，变成一个漫游沙漠里的苦行者。入夜后他偷偷潜入他妻子的房里，并最后看望他的孩子罗睺罗。就在这时，《佛经》里有一节让佛教的信徒奉为神圣：

> 一盏点着香油的灯正燃着。在床上撒着一堆堆的香片茶叶与其他的花朵，罗睺罗的母亲正在睡觉，她的手放在她儿子的头上。菩萨站立在门口，看着并想道：“如我接近到皇后的手旁去抱我的孩子，皇后将会惊醒，这样对我的远行就成了一个障碍。当我已变成佛陀时，我将要回来看他。”因此他从殿里走下来。

一大早天未亮时，他骑他的马犍陟（Kanthaka）出了城，他的马车夫车惹紧跟在后。邪恶王子魔罗（Mara）出现在他面前，并用伟大的王国来引诱他，佛陀拒绝了他的盛意，策马前行，经过一道宽大的河流，跃马过河。返回旧地探望的欲望一再出现，但他终未返顾。

他停留在一个叫郁卢吠罗（Uruvela）的地方。他说：“在那里我自己揣想，不错，这是一个快乐的地方，一座美丽的树林。清水溪流，正是一个洗澡的地方，周围都是草堆与村庄。”在这里他献身极严厉的苦行中。他练瑜伽术达6年之久，当时瑜伽已在印度各地出现。他借果子与青草为生，有一段时日里，他竟吃粪度日。他渐渐地减少食物，每天仅吃一点点东西。他穿毛布，并以拔去毛发与胡须的痛苦来折磨自己，长期地站立，或卧在刺针上。他让泥土污秽长日积留在身上，以致像一棵直立的老树。他经常出没在人类弃尸之所——鸟兽前来啄食吞咽，并睡在已经腐烂的尸体上。之后，他又告诉我们：

> 我想，如果现在，我咬紧牙关，压紧舌头拒吃食物，并用我的意志来抑制、粉碎与消灭我的意念（我曾这样的做过）。汗水沿我的臂流下……我又想，如果我现在停止呼吸，陷入神志恍惚状态，因此我不再由口吸进与用鼻呼出。当我这样做时，竟来了一阵大风，吹过我的双耳……正如同一个强壮的人用剑尖打击一个人的头那样，暴风扫过了我的头……我又想，如果我想要一点点的食物，竟有如我手掌心能握住的豆汁、野豌豆、雏豆或一些豆谷类……我的身体变得极度瘦弱。我的坐印由于少量的进食，仅只有骆驼的脚印般大。我的脊骨，也由于少量的饮食，当弯曲直立时，就像一排梭子。在一口深水井里的深处，得见微弱出现的水花，由于少量的饮食，在我眼孔里也可见到在深处，微弱出现的我的两眼。一个苦味的葫芦在未熟的时候被摘下，会受太阳与雨水的打击而枯萎，我的头皮也会由于少量的饮食而消瘦起皱。当我想到我要轻松我自己，我就会由于少量的饮食导致体力不支而倒在地上。我用我的双手支持体重，利用肋骨在地面匍匐爬行，当我行进时，羸弱的毛发从身上脱落下来，也是因为我的饮食太少。

但是有一天佛陀发觉自我苦修的想法并非得当。大概他那天是格外地饥饿，或是有一些寂寞的回忆在他心里搅动。他发觉这些苦行并未带来新的觉悟，并未得到超乎人性（真正的崇高）的智慧，看破一切。相反的，自我忍受的某种骄傲的意识，曾破坏了一切可能因此而产生出来的神圣洁白。他放弃了他的苦行，走到一棵大树（即后来佛教徒膜拜的菩提树，现在仍在菩提伽耶供游客观赏）的荫凉处去静坐，平心静气，不再动弹一下，亦决不离开座位，直到觉悟到来。他自问，人们忧愁的本源是什么，受苦难为的是什么，疾病、衰老与死亡又为的是什么？忽然间一个生与死无限延续的幻想出现在他的眼前，他得见每一个死亡被一个新生所掀起，每一平静与喜乐平衡于新的欲望与不满足、新的失望、新的忧伤与苦痛。由于心神的集中、净化与清洁，我引导我的心灵离我而去，并重现再生。以神的、净化的、超人性的幻象，我看见人体死去，以及重现再生，根据因果业报(Karma)，有高有低，有美有丑，有富有贵——根据宇宙的法则，善行或邪恶将在世间或在而后的转世里得到同样的报酬与惩罚。

释迦对这生死延续的怪诞幻想，显然是蔑视人的生命，他对他自己说，生育是一切邪恶的来源，无止境的生育将使人间的忧伤永无宁日。如能停止生育……为什么生育不能停止呢（叔本华的哲学即源出于这一论点）？因为因果报应必须要在转世之后将前世所行的善恶一一清偿完。如果一个人能生活得十全十美、毫无恶行，对所有的一切都忍耐、和气，如他能对永生各物亦是如此的奉行无讹，对生存与死亡无心无牵连，他就可以不必转世再生，邪恶对他来说，根本就不存在了。但如果一个人能解脱欲念，尽量去寻求为善，则个人即人类的最初与最坏的幻想可能被克制，最后灵性与无知觉的无量合并在一起。那里的平静会在内心使每一个人的欲念净化！如在内心里没有得到净化，则不可能求得内心平静。如异教所想象的快乐不可能在这里出现，也不可能在以后出现。只有平静才可能，只有冷静沉着的渴求才能了结，只有涅槃。因此，经过 7 年的酝酿，这位先知者在他了解了人类痛苦的原因后，来到圣城贝拿勒斯地方的鹿园里，将涅槃传授给人们。

释迦教义 [1]

和同时代的其他执教者一样，释迦也使用会话、讲课以及格言来施教。有如苏格拉底或基督，他不借书本来施教，他将它们扼要地做成经典（综合部分），为的是容易记忆。凭他的弟子们的记忆传给我们的这些讲义，不知不觉带给了我们在印度历史里第一个具有崇高的性格，一个具有强烈意志、权威与荣耀，又具有温文风度，言谈又极仁爱的人物。他宣称“觉悟”，但并非“神的启示”，他从未佯装说是受了神灵的托付。相反他具有更多的忍耐心，并被认为是所有人间伟大的先师所不及的。他的弟子们，可能是将他理想化了，一致认为他是全力推行禁杀的。不要伤害有生命的物体，隐逸的乔答摩对伤害生命敬而远之。他（一度是一个刹帝利的武士），曾放下棒与剑，并羞为粗鲁，全心为善，慈悲为怀，并与所有具有生命的万物都和睦相处……远离诋毁诽谤与恶言中伤……因此他专心作为一个意见分裂的调和者，朋友之间的鼓励者，一个和事佬，一个热爱和平者，对和平极具耐心，为和平呼吁奔走。如老子与基督，以德报怨，以爱对恨。他在受误解与凌辱时保持沉默不语。如果一个人愚昧地做了冒犯他的事，他将报以出自本心的爱护；人愈对他坏，他愈对人好。当一个笨愚的人冒犯了他，释迦沉默地听他的咒骂。但一当他骂完，释迦就问他：“孩子，如果一个人拒绝接受人家送他的礼物，这礼物该属谁呢？”这人说：“谁送的，就退还给谁。”释迦说：“孩子，我不接受你

[1] 最早期的文件，用来作为佛教的讲道之用，叫作《三藏经》，或称为《经律经》，为公元前 240 年时佛教长老会所使用，当时被认为是天才的创作，在释迦死后以四国的语言用口译传布出去，最后写成经典，约在公元前 80 年，是以梵语中的方言巴利文写成。这一《三藏经》共分为三部，第一部《经藏》（*Sutta Pitaka*），第二部《律藏》（*Vinaya Pitaka*）与第三部《论藏》（*Abhidharma Pitaka*）。第一部经藏含有释迦的对话语录，李斯·戴维斯列为与柏拉图同一等级，严格说来，虽然这些书籍带给我们的学问并非有关释迦本人的一切，而是专为了佛教的学校。英国外交官、学者艾略特爵士（Sir Charles Eliot）说：“虽然这些述说都是在多少世纪以来所接受到的新东西的集成，我认为没有理由去怀疑这一部最古老的经典，它所包含与收集的资料与见闻的正确性。”

的诽谤，你自己带回去吧！”释迦不像许多贤哲那般严肃，他有幽默感，并知道玄学若没有人粲然一笑，就成了无礼。

他的施教方法是独一无二的，虽然有些得归功于当时的一些游浪者或说客辩士。他从一个城镇到另一个城市，经常是他的弟子们陪伴着他，沿途跟随的信徒多达12 000人。他从不去想明天的生计，但总是有当地的仰慕者馈赠食物。有一次信徒们大肆招待，使他感到不快而加以指责。他停留在一个村庄的外面，就在那附近的园地或树林里，或沿河的堤岸，搭起帐篷来过夜。下午他静坐沉思，夜晚授课。他讲课使用苏格拉底式的询问方式、伦理格言、礼仪上的抵触或简捷的公式，借此将他的思想融汇在简要方便且有系统的教学方法中。他拿手的经典是“四谛”（即四大真理），在这里面，他发表了他的观点，认为生命是痛苦的，痛苦来自欲念，所谓智慧就是如何来平息欲念。以下就是“四谛”的阐明：

> 一、啊！长老！这就是痛苦的真理：生育是痛苦，病痛是痛苦，老年是痛苦，悲伤、哀叹、失意以及绝望都是痛苦……
>
> 二、啊！长老！这就是痛苦的原因：导致再生育的渴望加上了愉快与烦恼，各处去寻求欢乐，诸如渴望情欲，向望着生存，渴求着虚空。
>
> 三、啊！长老！这就是断绝痛苦的真理：毫无眷恋地断绝所有的渴望；放弃、抛弃、解除、隔离。
>
> 四、啊！长老！这就是断绝痛苦方法的真理，也就是八正道：诸如正确观念，光明的需求，正当的言语，正大的行动，正当的生活，适度的努力，适时的谨慎，真正的专一。

释迦相信如果生之痛苦大大地超过了欢乐，那么最好不要被生育出来。他告诉我们，泪水流出来会超过四大洋的水量。每一次欢乐似乎都因其短暂而变成摧残。他问一个弟子：“忧愁或快乐，哪一个较为短暂？”回答说：“老师，忧愁。”并非所有的欲念都是邪恶的，但自私的欲念，为了有利于自我的一小部，竟忽略了全部的利益。尤其是性欲，因为这导致了生育，更进而伸展了生活的锁链，让人一直进入无止境的苦难。他的一个弟子得出结论说：释迦会应允自杀的。但释迦曾责备过他，因为没有净化的灵魂仍将在另一个尘世再投生，直到他达到忘去自身为止，故自杀是无济于事的。

当他的弟子们问他，请将正当生活的构想加以较明显的界说时，他提出了“五项伦理戒规”来作为他们的指针（即佛门五戒），戒律简单明捷，但相当广泛，并较十诫不易遵守。以下即是五项伦理戒规：

一、不杀生。
二、不贪求。
三、不妄语。
四、不饮酒。
五、不邪淫。

在其他方面，释迦早于基督将一些要点介绍在他的教义里：“让一个人用他的温和来克服他的怒气，用善来代恶……胜利滋生了仇恨，因为对被占领者是一场苦难而非欢乐……在尘世里仇恨永远消失不了仇恨，仇恨只有怜爱才得消失。”犹如耶稣，他对妇女的出现感到不安，并在考虑很久之后，才允许她们加入佛教的行列。他的得意弟子阿难陀问他：

“夫子，有关妇女方面，我们如何去与她们交往？”
“阿难陀，就像没有看见她们一样。”
“但如我们必须看见时，又将怎么办？”
“不要谈话，阿难陀。”
“但如她们必须与我们谈话时，夫子，我们将怎么办呢？”

“保持机警，阿难陀。”

他的宗教构想是纯粹伦理的。他注意行为上的任何小节，而形而上学或神学并不重视祭礼或膜拜。当一个婆罗门僧侣准备在恒河沐浴净化自己时，释迦就问他说：“你在这里沐浴，就是这里。啊，婆罗门祭师，请你对众生都要和气。如你不说谎言，不杀害生命，不强索取，保持克己自制——到恒河还有什么得不到的吗？全恒河里的水都是你的。”在宗教历史上，没有什么比释迦创建的这个世界性宗教观更奇怪的，并且他还拒绝介入任何有关永生、不朽或对上帝的争论。他说，无限是一种神秘感，一种出于哲学家的杜撰，这些哲学家没有谦虚的心胸来承认：一个原子不能了解宇宙。他对宇宙的有限与无限的争论一笑置之，正有如他预想物理学家与数学家在无益的天文学上争论着同一的问题。他拒绝评论，诸如：世界是否有一个开始，或一个终极；灵性与实体是否二而为一，或一而为二；即使是伟大的圣哲，在天堂里是否会有一些赏赐。他称这些问题是“空论里的森林、沙漠、傀儡戏，困顿苦恼，纠结混乱”，他对此漠然处之。这些只会导致热烈的争论、个人的怨恨与悲伤，而绝不会产生智慧与安静。崇高的道德与自足并不在于宇宙的学识与造物主，而只在于无私心与有益的生活。因此他以中伤似的幽默暗示说，连神灵自己（即使他们存在的话）也不能回答这些问题：

从前在一帮兄弟当中有一个弟兄叫坚固（Kevaddha），对下列问题发生了一个疑问：“到底这四大——地、水、火、风——去到何处，而无影无踪？”他费尽心思极力寻求答案，竟入心醉神迷状态。如此，在他恍惚的眼光中，那世界之路遂变得非常明朗。

之后这弟兄坚固去到四大天王的领域，并问他们说：“朋友，这四大——地、水、火、风——去到何处，而无影无踪？”当他这样说时，天堂里四大天王的神灵回答他说："兄弟！我们还不知道呢！但这里的四大天王比我们更具权威与荣耀。他们会知道这些的。"

然后这位弟兄坚固到四大天王那里，并提出同样的问题。这问题马上获得同样的答复，并被转送到萨迦天王（Sakka）；又被转送死神阎摩（Yama）处，又被转送到他们的国王苏雅玛（Suyama）；又被转送到图色塔（Tusita）的神灵，又被转送到他们的国王桑图色塔（Santusita）；又被转送到瓦萨瓦蒂（Nimmita Vasavatti）的神灵，又被转送到他们的国王瓦萨瓦蒂；再转送到梵天——尘世的神灵。

之后这位弟兄坚固，由于自己的专一，了解到如何得进入梵天尘世的道路，因而感到宁静。他就走近梵天扈从的神灵，并对他们说："朋友们！四大——地、水、火、风——在哪里会消逝得无影无踪？"当他这样说时，梵天扈从的神灵们就答复他说："老弟！我们不知道，但是有梵天，这伟大的神明梵天，至高者，万能者，至明者，众生之主，万物统主，造物主，至高无上……上帝，众生之父，他比我们更具权威与荣耀，他会知道这些的。"

"那位伟大的梵天现在在哪里？"

"老弟，我们不知道梵天在哪里，也不知梵天为何，从何而来。但是老弟，当他行将出现时，当光亮上升、荣光照明时，他就会有所表示。因为当光亮上升与荣光照明时，那就是梵天显现的预兆。"

不久，伟大的梵天出现了，那位坚固弟兄走近他，说道："我的朋友，这四大——地、水、火、风——在哪里会消逝得无影无踪呢？"当他这样说时，梵天就告诉他："老弟，我就是这伟大的梵天，至高者，权威者，至明者，统治者，万物统主，管治者，造物者，司位的主宰、上帝、众生之父……"

这弟兄听后就回答梵天说："朋友，我没有问你是否就是你刚才所说的一些。但我问你四大——地、水、火、风——在哪里会平息得无影无踪呢？”

随后，梵天用同样的话回答了坚固。那弟兄第三次问同样的问题。

之后，这伟大的梵天带领那弟兄，让他跟在一旁，并对他说：

“梵天扈从的神灵们挡住了我，弟兄，如这样的话，我一点也看不见，一点也不明了，一点也不认识，因此我对他们的出现，并没有答应。老弟，我不知道那四大——风、地、水、火——到哪里才会平息得无影无踪。”

当一些学生提醒他，婆罗门僧侣提出要知道这些问题的解答，他竟付之一笑：“弟兄们，这里有一些隐士与婆罗门祭师，他们扭动着如鳝鱼一般。当一个问题问到他们是这样还是那样，他们就保持在两可之间，如鳝鱼般忐忑不安。”如果他一直是智慧的，这就与他同时代的祭师有了抵触，他轻视祭师的臆断：《吠陀经》是受了神灵的启示。他将各阶级人士纳入他的行列，使得素以阶级自豪的婆罗门大为愤慨。他并未明白地归罪于阶级制度，但他足够明显地告诉他的弟子说：“到各地方传播教义。告诉他们所有贫穷低贱与富有高贵并无二致，终将合一，正如众河流之归于大海。”他驳斥向鬼神献供牺牲，并鉴于屠杀动物作为祭礼时的惊心恐怖，他更反对膜拜超自然鬼神的各项祭式与礼拜。他拒绝所有的念词与符咒。他提出一个宗教应绝对地摆脱教条主义与教士的政略，并提供一个救世方法，公诸信徒与非信徒之间，听其抉择。

此后，这一极负盛名的印度圣哲，从不可知论进到了完全的无神论。[1] 他并没有过分地去否定鬼神，有时他也说梵天不是理想而是一

[1] 在释迦方面，艾略特爵士说，尘世并非一桩有如具有神灵的人所做的手工艺，也没有如他所愿而遵循的伦理法。宗教没有这些观念也能存在的这项事实确实有其重大意义。

个真实。他也没有去禁止对神灵的膜拜，但他讥笑对不可知物祈求祷告的想法。他还说:“想象着另外的人能使我们快乐或痛苦，简直是愚蠢。”——这些快乐或痛苦经常出自我们自己的习性与欲望。他拒绝将他的道德律归之于任何形式的超自然旨意。他认为没有天堂，没有炼狱，也没有地狱。他关注生物学意义上的受苦难与杀害。在秩序与混淆、善与恶并存的状况下，他发现没有永久不变的原理，没有永远真实的中心，只有一成不变如烟似浪的生活，在这里一个形而上的终极是有变化的。

因为他假设了一个没有神的神学，所以他提出一个没有灵魂的心理学。他否定了所有形式的灵魂学，甚至人的灵魂也不例外。他一定赞同希腊哲学家赫拉克利特与法国哲学家柏格森对尘世的看法，也会同意英国哲学家休谟对心灵的看法。我们所有知道的就是我们的感觉，因此我们所能了解的事物都代表了力量，所有的实体都在行动。生活是变的，在存在与消亡中不断流淌。“灵魂”是一个神话，适于我们的愚蠢，使我们不知不觉地就将它置于意识状态之后。这种“良知意识的先验统一”，这种“心意”将感觉与想象编织成思想，便成为鬼魂。所有存在的是感觉与想象的本身，自动地堕入回忆与观念，以致原先的“自我”并不是一个与这些心智状态有差别的本体，只不过是这些状态的延续，借心智与道德的习惯、生物的本性与癖向回想起以前的事来。这些状态的产生并不由过分加诸他们的神怪的心愿来决定，而是由于遗传、习惯、环境与状况。这流动的心意只是一种心智的状态，而灵魂或自我也只是由于先天的遗传与转变的经验所形成的性格或偏见，这些也没有在任何的感觉中形成不朽，从而暗示个人的永续性。甚至圣哲释迦本身也无法起死回生。

但如果是这样的话，转世再生又从何说起呢？如果没有灵魂，那么怎样从现在的生命转入另一个生命的存在，是否是因为身心的结合体受了罪刑的处罚呢？这就是在释迦的哲理中最弱的一点，他一直没有真正地面对存在于他的理性的心理学与未加鉴定的转世两者之间的矛盾。这一信仰在印度是如此的普遍，以致每一个印度人都将它视为公理或定理，并不去证实它。时代的简单与繁复呈现了不可抗拒的力量的转移，或者从学理上说来即是灵魂的转世。释迦接受了这一意见以及他在这些上面所意识到的哲理意味，这是他从未有过怀疑的一件事。他领悟了投生转世的轮回，并认为因果业报是理所当然。他的一个想法是如何逃避这轮回，如何在这里达到涅槃并于此后的消失无踪。

但是涅槃又是什么呢？对此问题倒很难找到一个错误的回答，因为释迦留下了一个费解的论点，而他的弟子们也曾公开地解释出不少的意义。一般说来梵文给它的意义是“寂灭”，有如一盏灯或火光。《佛经》里作以下解释：(1) 是一种快乐的状态，这状态是在全部的自我欲念消失之后，才能得到；(2) 个人对再生的解脱；(3) 自我良知的消失；(4) 个人与造物主的结合；(5) 死后的一个极乐天堂。在释迦的教义里似乎意味着，对个人所有欲念的熄灭及对这无私的一项答报——避免了再生。在佛教的文学里这一名称经常具有现世的意思，阿罗汉或圣哲解释为是在一生中所追求的七大成就：沉着、真理探索、活力、冷静、享乐、专一与豪爽。这只是它的内容，并非它的缘由。涅槃的来源与缘由与自我的欲念有别，在许多早期的论集里，是表示无痛苦的安静，是对个人泯灭了伦理的报偿。释迦说：“现在，对痛苦的转移是人所皆知的一项真实，正因为不断地在转移，因此就没有感情的留存、放弃、避免、脱离、闪避、渴求。”——这些都是强烈的自我寻求的欲念。在教义中，涅槃经常都是与祝福相同，因此灵魂本身的平静并不受肉身的干扰。因为全部的涅槃就包含了消失，而对最高圣哲的报酬是绝不会再生的。

最后，释迦说，我们理解了伦理的不合理与心理的自我意识。焦虑并没有真正地将躯体与精力分开，但在生命的流水里出现了涟漪，在命运挡风网里出现了解与未解的绳结。当我们将自己看作全部的一部，当我们以大我的名义来重组我们自己与重新构成欲念时，我们个人的失望与失败，我们不同的感觉与不可一免的死亡，就不会再像以前那般使我们感觉痛苦，他们就失落在无尽的广原中。当我们学会了爱世人及众生时，我们终究会寻得内心的平静。

释迦的晚年

从这一高度成就的哲理，我们转而来谈谈释迦的晚年生活与他的死亡。不管他对奇迹是如何地谴责，他的弟子们还是捏造了关于他的1000个不平凡的故事。他借神力刹那间漂浮过了恒河，他使一根牙签在一棵树上发了芽。在他的一次讲道结束后，“千重的尘世系统发生了动摇”。当他的敌人提婆达多（Devadatta）送来了一头犀利的野象用来攻击他时，释迦竟对它充满了爱意，并因此而驯服了它。经过一场愉快的争论后，埃米尔·塞纳尔（Émile Senart）与其他的人得出一个结论说：“释迦这一传说的构成是基于上古有关太阳的一些神话。这并不重要，释迦之于我们的这一观念是来自佛教文学里的释迦，而这一释迦是存在的。”

在佛教经典里有他的一幅愉快的画像。许多弟子围绕在他的周围，他的被视为圣哲的声望传遍了北部的各城市。当他的父亲听说释迦已来到了伽毗黎，即派一个信差去请他回到幼时的家乡来停留一日。于是他到了家乡，他父亲曾为了他的出走而悲伤，如今，为了圣哲的归来感到无限快乐。释迦的妻子，在他出走后，一直厮守在家，她跪在他的面前，抱紧他的脚踝，并将他的脚置于她的头上，尊他有如神明。之后净饭王告诉了释迦有关他妻子的伟大爱情：“我的媳妇，当她听说你穿的是黄袍（像是一个和尚），她也穿上黄袍；当她听说你每日只食一餐，她也只吃一餐；她听说你舍去了大床，她也睡在窄床上；她又听说你不用花篮与香料，她也不用它们。”释迦祝福她后，即行上路辞去。

但是现在他的儿子罗睺罗也随他而去，并敬爱他。他说：“快乐是你的阴影与苦行。”虽然罗睺罗的母亲曾希望要看见这孩子将来成为国王，但释迦将他招到门下。此后另一个王子南达似乎在一个梦境中，离开了一个未结束的仪式，放弃了王国而去到释迦那里，要求准许他也入佛门。净饭王知道后，颇感悲痛，并向释迦请求说：“当你脱离了这俗世，这对我没有一点儿痛苦，当罗睺罗离去时也一样，现在甚至又多了个南达。对儿子的爱如切肤之痛，痛及肉体，直达骨髓。佛主啊！求你允许不要让一个孩子未经他父母的许可，就领圣职。”释迦同意了他的请求，并规定父母的同意为授予圣职的先决条件。

这一宗教似乎并不具备一般所谓的教士政略，而是发展成为一个和尚集团。释迦不会在他们受婆罗门包围之前，而长期岿然不动。事实上，有些婆罗门阶级做了第一次转变。加入佛会的青年来自贝拿勒斯城以及邻近的城市。这些比丘（Bhikkhus）或是和尚在释迦的时代里实行了一条简单的规律，他们互相行礼，使用一种仰慕的问候语：“众生平安。”[1] 他们不伤害任何生物，他们也决不安心地接受人家所予的馈赠，他们禁绝虚伪与污辱，他们调解分歧而鼓励和谐，他们经常向所有的人与动物表示好感，他们远避所有感官的或肉体的娱乐，包括所有的音乐、舞蹈、戏剧、游乐、奢侈、闲言碎语、争论或算命看相，他们也不经商，或从事任何一种买卖。总而言之，他们远离淫荡，并远离妇女，保有完美的贞操。顺应许多温和的请求，释迦允许妇女以尼姑的名义入教门，但他一直不满意于这一措施。他说：“阿难陀，如果妇女没有被允许进入教会的话，这纯洁的宗教会保持得长远，且这一良好的规律也会牢牢地历经千年之久。但自从她们得到了入佛会的允许，这一规律就只能经历500年之久。”他是对的。这一伟大的宗教会存留至今，竟长期地用魔术、多神论以及数不清的迷信

[1] 在犹太用一种美妙的问候语“Shalom aleichem”，意思是祝你平安。一般的人们在句尾总不问候快乐，而仅问及平安。

来腐化教主的学理。

在他寿终正寝之前，他的信徒们已经开始将他神化，不管他是如何地激励信徒们来怀疑他。现在，下面录一些后期的对话：

这位受尊崇的长者须菩提来到世尊的住所，先施一礼，再恭敬地坐在他的一旁并说：

“世尊，我具有对世尊的一片虔诚信仰，在我心目中是前所未有的，现在也没有，任何人也没有，至于有关较高的智慧，游浪者或婆罗门，谁能比世尊伟大些，更聪颖一些。”

“雄壮与勇敢都是我口中的词句，须菩提，”教主这样回答他，“真的，你曾高声狂欢歌唱。自然啰！你已知道世尊过去的一切……综合了他们的与你的心智，你熟知他们的行为，也了解了他们的智慧……以及他们得到了哪一些解脱？”

“啊！世尊，不是这样的。”

“自然，你也知道世尊今后的一切……综合他们全部的与你的心智。”

“啊！世尊，不是这样的。”

“现在你已了解，须菩提，你不知道万能者的心意，唤醒了一个人的过去与将来。为什么你的语气是如此的完美与豪迈？为什么你竟如此地狂欢歌唱？”

至于对阿难陀，他将他最伟大与最崇高的学理教给了他：

阿难陀，无论是谁，在现在或是在我死之后，将会成为他们自己的一盏明灯，他们自己的一个庇护，这些将使他们自己不去寻求外界的避难所，但他们有如明灯一般坚定地把持着真理……将不会向他们以外的任何人去寻求避难所——这就是他们……将到达这最顶峰的高地——但他们必须切望地去追求学理！

他在公元前483年逝世，享年80岁。他给信徒们最后的遗言是：“啊！众徒们，我告诉你们，顺服于死亡就是众生，当为真实而奋斗。”

第三章 | 从亚历山大至奥朗则布

孔雀王朝旃陀罗笈多

在公元前 327 年，亚历山大大帝从波斯推进并越过印度库什山，直下印度，经一年在印度西北部的争战，拿下该地并将之作为波斯王国里最富足的省份之一，暴敛了不少的金银财宝。自公元前 326 年，他跨越印度，不停征战，取道塔克西拉（Taxila）与拉瓦尔品第（Rawalpindi）两地缓慢地进逼南部与东部，遭遇到印度王公波鲁士（Porus）的顽强抵抗，战至最后波鲁士大败，被迫投降。亚历山大佩服其勇气，羡慕他的才干与崇高的气质，因而提出条件，问他愿接受何种待遇。他即答称:“大王，请用对帝王的待遇对我。”亚历山大即称:“在我个人来说，你可以得到这样的待遇，对你自己来说，你是否索求了你想要的一切东西呢？”波鲁士说:“所有的都包含在这里面了。”亚历山大对他的答复很满意，令波鲁士王成为印度的国王，并把印度当作马其顿帝国的藩属之一，而后亚历山大发觉波鲁士是一个既忠诚又有力的盟友。此后亚历山大企图向东推进，直到海边，但遭到部属的反对。经多次的争论，最后亚历山大让步。后虽经顽强、极具爱国意识的部落节节抵抗，疲惫不堪的亚历山大部队，步步为营，攻下希达斯皮斯（Hydaspes），沿着格德罗西亚（Gedrosia）行军到俾路支，再进抵海边。当他到达苏萨，已是降伏印度之后第 20 个月，他的部队多是三年以前随他远征印度、身经百战的精锐之旅，而今已是强弩之末的老弱残兵了。

7 年之后，马其顿的权威已烟消云散。率领印度自立的英雄，在印度历史里极具传奇性。武功不及但其文治则超过亚历山大的旃陀罗笈多（Chandragupta）王，是一个年轻的刹帝利贵族，曾被统治的难陀（Nanda）家族自摩揭陀（Magadha）放逐。经他足智多谋的顾问考底利耶（Kautilya Chanakya）的协助，他组建了一小队部队，击败了马其顿的警卫军，并宣布了印度的自由。之后他进抵摩揭陀王国的首都华氏城[1]，策动了一次革命，掌握了皇权，并建立了孔雀王朝（Mauryan Dynasty），这一朝代统治印度斯坦与阿富汗等地区达 137 年之久。考底利耶的狡黠诡诈加上旃陀罗笈多的勇敢，正是如虎添翼，孔雀王朝不久就成为了当时世界上最强大的王国。当麦伽斯提尼奉叙利亚王塞琉古一世（Seleucus Ⅰ）之命来到华氏城做大使时，他因发现了那里文明（一个令人无法置信的几乎是希腊鼎盛时期的文明）竟与当时的叙利亚不相上下而感到吃惊。

希腊对当时的印度非常友好，近乎慈悲，那里与它自己的国家形成了一个有力的对照，因为当时的印度已没有了奴隶制度。[2] 虽然印度人根据职业分成了许多阶级，却能安之如素。这位大使说：“他们生活在快乐的天地里。”并提出以下的报道：

> 他们的生活单纯且朴实，除在献祭牲的场合以外，他们绝不饮酒……他们的法令与契约都很简单，这证明了他们很少有对簿公庭、求诸法律的事件出现。他们也没有为了保证与储蓄之争

---

[1] Pataliputra，也叫波吒利弗城，即现今的巴特那（Patna）城。

[2] “这在印度是一件大事，”古希腊历史学家阿利安（Arrian）说，“所有的居民都是自由人，没有一个印度人是奴隶。”

执而提出诉讼，更不需要印鉴与见证，面对面即完成了信托与存储……真实与美德同样地保持在每个人的言行之中……土地的较大部分是靠水利的灌溉，因此每年可有两期的谷物收成……据证实，印度从没有过饥荒，从食物方面来说，也从来没有过歉收与稀少的现象。

在旃陀罗笈多时代北部印度2000个城市里，最古老的是塔克西拉，在现代的拉瓦尔品第城市西北20英里。阿利安说它是“一个大而繁荣的城市”。希腊历史学家斯特拉博说它是“既广大，而又具有极优异的法律”。那里还是一个军事重地，在战略上来说，正是通往亚洲西部的要冲；从学术上说，在当时印度所有的大学中，那里拥有几所最知名的大学。学生成群结队地拥到塔克西拉，有如中古时代远赴巴黎的盛况。在那里，所有的艺术与科学都可在优秀教授的讲授下进行研究。当时的医科学校，在东方世界里更是负有高度的声誉。[1]

麦伽斯提尼描述旃陀罗笈多的都城华氏城有9英里长，近2英里宽。国王的宫殿是用木料建造，但希腊的大使认为它超过波斯王朝的夏宫苏萨与埃克巴坦那。梁柱都是用金箔敷其表面，并用飞鸟与树叶的图案来装饰，内部装设贵重的金属与玉石等。在这些文物里，有一个东方的装饰品足以显示主人的富足，那是直径为6英尺的金质盛水器。有一位英国的历史学家在见到这里出土的有关文学、图画与实物的遗迹时，作了一个结论说：“在公元前4世纪或前3世纪，孔雀王朝统治下，奢侈珍贵的各种精巧的手工艺品并不逊于18世纪后蒙古帝国的珍玩。”

由于王位的得来全凭武力，旃陀罗笈多深居宫里达24年之久，

[1] 约翰·马歇尔爵士在塔克西拉发掘出一批相当精致的雕刻石器，外表闪亮光耀的雕像，公元前600年古老的钱币，以及一些精致的玻璃器皿，其质料并不低于印度晚近时代里的产物。文森特·史密斯（Vincent Smith）也说：“这说明当时已经具有了高度的物质文明，在各城市的生活里对艺术品与工艺技术的使用与制造，已具备了相当的熟练与技巧。”

有如住在镀金的监狱里一样。偶尔他出现在公众场所，穿着细棉布绣花紫金袍，乘坐金质的大轿或是骑在装饰华丽的大象上。除了外出打猎及娱乐之外，他终日奔忙于帝国日渐繁荣的事务上。他将每天的时间分为 16 节，每节 90 分钟。第 1 节是起床与沉思准备一切的策划；第 2 节研判各地所呈的报告，并发出秘密的指令；第 3 节是与他的咨议们在皇帝御用大殿里会商研讨；第 4 节他出席国家财政与国防上的会议；第 5 节他听取臣民们的奏折与诉讼；第 6 节他沐浴与进餐并读宗教书籍；第 7 节收受捐税与贡献并接见宾客。第 8 节再度与咨议们商讨，并听取各方的谍报，包含一批女性间谍；第 9 节他休息并祈祷；第 10 至 11 节治理军事；第 12 节再听取秘密报告；第 13 节晚间沐浴与进食；第 14 至 16 节就寝。不管历史学家如何向我们描述旃陀罗笈多王的一生，或考底利耶如何希望人民去描画他、渲染他的一切，真实的情形总不会从宫廷里消失的。

政府真正的行政权掌握在机智狡黠的元老们手中。考底利耶是一个婆罗门僧侣，他了解宗教在政治上的价值，但并未从宗教里获得伦理的指导。有如近代的专制者，相信所有在国内施行的措施都是合法合理的。他妄为恣肆，但对他的国王确是例外。他服侍旃陀罗笈多王，历经放逐、战败、冒险、阴谋、谋杀与胜利，他不遗余力，以他的谋术帮助他的主子成为印度有史以来最伟大的皇帝。考底利耶认为应将他的作战方式与外交策略用文字加以保存，传统将其归于最古老的梵文书《政事论》(*Arthashastra*)。从一个巧妙的实在论的例证，我们可以列举一个攻城的方法："阴谋、离间，争取敌方民众，包围与袭击。"——一个聪明而经济的有效方法。

政府并没有自命为民主，但可能是印度前所未有的最有效的政府。阿克巴，这位莫卧儿王朝大帝，"并不喜欢这样，并怀疑可能在古代希腊的城市中就比这些组织还要好一些"。事实上政府的强大都是基于军事力量。据说旃陀罗笈多拥有步兵 60 万、马匹 3 万、大象 9000 头以及一些不明数量的战车。农人与婆罗门僧侣都免服兵役。

据斯特拉博说农人从事耕种，在战乱当中仍与平时一样地安静与不受扰乱。国王的权力在理论上毫无限制，但在实际上要受到一个议会的制约，议会决定了法律，管制国家的财政与对外事务，并任命国家所有重要职务的官吏。麦伽斯提尼证实了这些议员的能力与智慧，以及他们的权力。

政府所辖各部，俱有明确职责，经管财务收支、关税、边疆、护照、交通、国家税务、矿务、农业、畜牧、商业、库栈、林务、航业、公共娱乐、公娼以及造币。国税局的主管管制日用百货与饮料酒类的销售，决定酒店饭馆数量与开设场所，以及鉴定销售饮料的合格原料。矿务主管负责贷让矿区土地与私人申请，由申请人付出一定租金，并将利润送缴政府。农业方面采用同一制度，因所有土地俱属国有。公共娱乐部监督各赌场，负责供应赌具（骰子），并收取费用，从赌场全部收入中抽5%缴送国库。公娼部门专司监督出没公共场所的妇女，管制她们的索价与消费，抽取她们每月两日的收入纳交官府，并经常征调两名到宫里担任接待。各行各业与工业各部都要纳税，富有之家经常被劝募向国王敬献礼品以示乐善好施。政府规定物价并定期查验称量。由国家收购制造厂商，出售蔬菜，并专营矿业、盐、木材、高贵衣料、马匹与大象。

法律由每一村庄的头目或是由五人组成的村议会潘查耶特（Panchayat，五人长老会）负责执行。城镇、县与省设有下级与上级法庭，在国都是由皇家议会组成的最高法庭。刑法最严厉，包括肢解、苦刑与死刑，经常是采取相等的报复原则。但政府并不完全是压制的机关，同时它也从事环境清洁与公众健康，维护医院与救济站，并在各地设立仓库贮存粮食，以备荒年赈济饥民、救急之用，并强迫富家捐献救济贫穷，组织公共工厂，期在荒年安置失业流民。

航业部规范水道运输，保护行旅畅达江河海洋，维护桥梁与港口，除私人经营与自有之外，更以政府力量来支援渡船业，这一措施值得称颂。公平竞争可以鼓励每一个投资者，而私人的竞争更可以减少公家的浪费。交通部门建筑并修铺道路，遍及全国境内，从乡村通行狭窄的轮车道，至32英尺宽的通商大道，更进而为64英尺宽的皇家御道。有一条帝国大道蜿蜒1200英里，从华氏城通到北部边疆——这一距离正等于从美国东岸至西岸的一半距离。麦伽斯提尼说：“几乎每一英里都设有柱子，上置标板将前往各地的方向与距离都一一注明。树阴、水井、警察局与旅舍在沿途相等间隔的地方出现，设置齐全。交通工具是轿车、轿子、牛车、乘马、骆驼、大象、驴子与帆船。象是奢侈的工具，经常为皇室与官吏们专用，而一个妇女的贞操与一头象等值。”[1]

行政部门使用同样的方法来管理各城市。华氏城由一个议会统治，议会由30人组成，分为6组：一组掌工业；一组监视陌生人，专管住宿与补给，并注意其行动；一组专管出生与记录；一组管商业登记，评定售价，制定称量标准与检验；一组管制造物品的销售；一组专抽货物销售收入10%为捐税。“总之，”哈夫尔（Havell）说，“华氏城在公元前4世纪，似乎已经是一个组织完美的城市，并依最好的社会学原理来管理其行政。”文森特·史密斯也说：“以上所说的完善的组织，即使仅作大略的显示已够使人惊异的了。再仔细将内部各节一一查验后，更增加我们的赞叹！——谁能想到在公元前300年的印度已经具有了如此有效的管理。”

这个政府组织的唯一缺点就是专制，因此它必须不断地依赖武力与间谍。如同每一个专制帝王，旃陀罗笈多王虽然大权在握，但总是忐忑不定地生怕被人行刺，每个晚上都要换卧室睡觉，并经常由大批的警卫人员保护。印度有一个传说——经欧洲的历史学家确认过——在他的王国里出现了连续的荒年，一切希望都幻灭之后，旃陀罗笈多离开他的王宫，流浪各地过着有如耆那教的苦行生活，达12年之久，

[1] 他们的妇女都非常地贞节，绝不会因任何理由自甘堕落地为了一头象的馈赠而与他人攀上交情。但印度人对娼妓卖淫以取得象为报酬，则并不认为耻辱。对娼妓来说，她们甚至认为这是一项光荣，因为她们的美貌可以与一头象的价值相提并论。

终于因饥饿而死。法国文学家伏尔泰说:“经过反复衡量，一个船夫的生活比一个国王的生活要好一点，但我相信这中间的不同确实太小，以至于不值得去亲身经历。”

哲学家国王

旃陀罗笈多的继位人频头沙罗（Bindusara）是一个相当精明的人。他曾请求叙利亚国王安条克（Antiochos）送他一个希腊哲学家的头衔作为赠品，频头沙罗在呈文里写道:“为了一个真实的希腊哲学家头衔，我愿付出高价。”这一请求没有得到应允，因为安条克觉得哲学家的头衔是不可以出售的，但最后还是满足了他的愿望，送一个哲学家的名义给他的儿子——阿育王。

阿育王登上王座是在公元前273年，他统治的疆域前所未有地广阔：包括阿富汗、俾路支以及除去极南部的塔米拉卡姆（Tamilakam）以外所有现代的印度。他曾在祖父旃陀罗笈多的精神感召下度过了一段苦行的日子，收获颇多。7世纪来自中国的一位游历者玄奘，在印度居留了好几年，据他记述：在都城北部的一个监狱，在印度传统的记忆里，至今仍称它为“阿育王的地狱”。在监牢里据他所得的消息，所有属于正教会地狱里使用过的严刑拷打，都曾用来对付犯人。国王曾在诏书中加入了这一句话:“任何人只要一进入此地牢，就没有活着出来的。”但是有一天，一位佛教的圣哲毫无缘由地被监禁到那里，投入水锅，但水竟无法烧沸。狱吏将此事呈报阿育王，他感到非常奇怪。这时候狱吏提醒他，他曾宣称过任何人不能活着离去，因此不能让犯人这样活生生地出狱。国王想起了这一回事，当即下令将狱吏投入水锅中。

回到宫廷，阿育王作了一项转变。他下令取消那个地牢，并修正刑法，对犯人从宽发落。同时他得到捷报，他的部队平息了羯陵伽（Kalinga）部落的叛乱，杀戮了上千的叛军，俘虏了不少的叛徒。阿育王为因暴乱而惨遭杀害以及失散的父老兄弟妻室儿女深感悲痛，竟下令将所有的俘虏释放，发还羯陵伽的土地，并发出了一封文书表示歉疚。这一行动真是空前绝后的一大德政。之后他加入了佛教教会，穿上僧侣袍服，禁止打猎并不食兽肉，终于遵奉正道。

直到现今，很难说出到底有多少是神话，又有多少是属于历史，也辨别不出国王的动机究竟为何。也许他眼见佛教的壮大，并想到他们的宽大慷慨与和平可以带给他一些有利的统治人民的方法，因而省却了大批的警察部队。在他统治的第 11 年，他开始发出不少诏书，都是在历史上相当有名且具有重大意义的，并命令将这些内容用简单的词句以当地的方言雕刻在石头与柱杆上，这样较易为大众所了解。岩石布告几乎在印度的每一个地方都曾出现，存在地方上的有 10 座，其他 20 处也已经测出。在这些布告里，我们发现这位皇帝对佛教的信仰是如此虔诚，并断然地将其彻底地实施在人们日常生活的琐事里，在这里面他的治国才能表现无遗。这就有如现代的一些帝王忽然宣布，自今而后就要实行基督教义一般。

虽然这些布告体现了佛教性质，但在我们看来，也不尽然。他们描绘未来生活的图景，并因此暗示出对释迦的怀疑论将在不久的将来由信奉他的信徒来取而代之。但他们表示并没有信奉，也没有提到过一个属于人性的神灵。他们也没有只字提到过释迦本人的一切。这些布告的内容并无半点有关神通的事。萨尔纳特（Sarnath，又称鹿野苑）的布告要求在人们聚会中和谐相处，并制定刑罚来对付那些借分离派系来削弱教会的人。其余的布告大多是一遍又一遍地称颂宗教的宽容博大。每一个人必须施舍与婆罗门僧侣及佛教的教士，每一个人对其他人的信仰不能加以非议。国王宣布所有他的官民都是他的子女，他都一视同仁，绝无厚薄，更不会因他们的信仰不同而有所歧视。以下是在“岩石布告”第 12 号上所发现的内容：

神圣而仁慈的陛下对各界万民，姑无论苦行者与家庭妇女，都有不同的馈赠与借各种方式来表示敬重。

神圣的陛下并不过分重视敬献与外表的崇敬，但必须从各宗各派里产生出一个重要因素。这一重要因素的产生是出自各种不同的方式，但它的根本是要受言语的拘束。即一个人不必要尊敬他自己的教派，或毫无理由地轻视其他人的教派。轻视必须要有特定的理由，因为其他人的教派其所以全力信奉与尊崇，也是具有一些理由，或有特别的缘故。

由是之故，一个人尊崇他自己的教派，而同时也可以为其他的教派服务工作。反过来说，一个人伤害了他自己的教派，损害其他的教派……和谐是值得称颂的。

“凡事的要素”在第2号“柱杆布告”里说得较为明显。《怜恤法》是最好的。但在这部法律里包含了些什么呢？它包含小小的邪恶、许多善行、怜恤、解脱、信赖、纯洁。为了做万民表率，阿育王下令他的官员们不管在何处，都要将人民当作自己的子女，对待他们不要动辄发怒，或是严厉凶狠，绝对禁止苛待他们，并不可无理由地宣判有罪！他命令官吏们将这些命令定期地向人民宣读告知。

这些伦理的布告是否有效？大概他们广布了“不害”的观念，并鼓励在印度上层阶级里禁绝食肉与饮酒。阿育王自己严格遵照训诫，具有一个改革家所有的信心。在“柱杆布告”第15号里，他宣布说奇特的效果已经产生，以下就是他的大意，当可给予我们有关他学说的一个明晰的构想：

现在，神圣仁慈的陛下颁旨奉行怜恤，战鼓击打的回音已变成了法令的执行……多年以来从未发生过的，现在由于《怜恤法》根据了多数的理由，并经神圣仁慈的陛下颁行，增列禁止杀害有生物作牺牲，禁止杀戮活生生的人，善待亲戚，善待婆罗门，顺从父母，听从长者。因此诸如其他方法，加强实行《怜恤法》，并由神圣仁慈的陛下补订该法并颁行遵照。

凡神圣仁慈陛下后世子孙俱遵旨意奉行无怠直至宇宙时代之幻灭。

这位善良的国王夸大人民的顺服以及子弟们的忠心耿耿。他本人为这一新的宗教奔走操劳，他自命为佛教会的首领，并以他的名义在全国各地建立人与动物的医院。他派出佛教僧侣遍历印度各地，并远去斯里兰卡，甚至叙利亚、埃及与希腊，可能在那些地方他们竟帮助了基督伦理的预备工作。到他死后不久，僧侣曾前往中国、蒙古与日本宣扬佛教。除了这些宗教活动之外，阿育王曾积极地为他的王国达成永垂不朽的事业而努力不懈，他长期劳碌，并夜以继日地料理政事，从不休憩。

他最大的过失就是自大狂妄，要想做一个旦夕成功的改革家并非易事。他的自尊自大在每一个布告里表露无遗，并自诩为罗马“哲学皇帝”马可·奥勒留（Marcus Aurelius）的兄弟。他没有想到婆罗门僧侣恨他入骨，声称在他们的时代里必将他毁灭处死，一如古埃及北部底比斯的祭师们在1000年前消灭埃及王阿肯那顿。不仅婆罗门祭师要用屠杀的动物来作为牲畜祭献他们自己与他们所膜拜的神灵，而且成千上万的猎人与渔夫对布告严格的限制捕杀生物也感到怨恨，农人因为规定米糠不可以生火，因为里面可能有生物存在而大为不满。王国内的一半人成天盼着阿育王死。

玄奘告诉我们，根据佛教传说，在最后几年，阿育王的孙子在宫廷的官员们协助之下免去了他的王权。渐渐地他所有的权势都被剥夺了，而他馈赠佛教会的东西也就因而终止了，阿育王本人的一份配给物品，甚至食粮也被减少。直到有一天他全部所得仅仅是半个庵摩勒果，当他看见那半个水果，满面愁苦，竟把它转送给他的佛门弟子，作为他必须付出的全部奉献。事实上我们对他晚年的一切知之甚少，他死去的确切年份也不详。在他死后的一代里，他的王国犹如阿肯那顿一样四分五裂几乎崩溃。这证明了一项事实，即摩揭陀王国的统治是保持在传统的惯性中，远较借武力来维持或华氏城一代一代地摈绝于世系国王的传位，要高明远见得多。阿育王的后裔继续统治摩揭陀，直到 17 世纪。但旃陀罗笈多创建的孔雀王朝，当频头沙罗王被刺后，即告灭亡。国家的建立并不在于理想，而必须顺应人性。

就政治的意义而言，阿育王是失败的，但在另一种意义上，他完成了一项历史上最伟大的事业。在他死后 200 年以内，佛教教义传遍了印度各地，并以不流血的方式开始征服亚洲。直到现今，从斯里兰卡的康提城到日本的镰仓，释迦牟尼以平静的面孔告诫人们善待他人并爱好和平。这部分是因为有一个近似梦幻的圣哲，曾一度掌握了印度王权。

印度的黄金时代

从阿育王的死亡到笈多王朝（Gupta），历时约 600 年。在这段时日里，印度所留存的碑文铭刻与文件相当地少，因此这段时期的历史竟丧失在不明不白的状态下。这当然不是一个黑暗的时代，诸如在塔克西拉一带的一些规模较大的大学仍然在开办中，印度西北部由于亚历山大大帝的入侵，在波斯建筑与希腊雕刻的影响下产生了盛极一时的文明。在公元前 2 世纪至前 1 世纪，叙利亚人以及希腊人与居住在黑海、里海一带的西徐亚人涌进了旁遮普省，占据该地，并经 300 年之久建立了希腊—大夏人（Greco-Bactrian）文化。在亚洲中部一个类似土耳其族的贵霜（Kushan）部落，占领了喀布尔，以该城为首都，将势力延伸到印度西北部，并进入中亚细亚。在迦腻色迦大帝（Kanishka）的治理下，艺术与科学大有进展；希腊宗教式的雕刻术产生了极美好的作品，精美的建筑物也在白沙瓦、塔克西拉与马图拉等城市中出现。查拉卡（Charaka）改进了医学技术，而龙树（Nagarjuna）与马鸣（Ashvaghosha）又奠定了大乘佛教的基础，让释迦牟尼成为中国与日本等地区的信仰。迦腻色迦大帝容纳了不少的宗教，并与各种不同的神灵有了接触，最后他选择了大乘佛教，并将释迦奉为神明。他召集了一个佛教神学派组织的大议会，制定了王国的信条，变成了第二个阿育王来推广佛教的信仰。这一议会写成了30万册的经典，将释迦的哲理降低到适合一般人在情感上的需要，并将释迦提升为神仙。

同时旃陀罗笈多一世（很显然不是孔雀王朝的旃陀罗笈多大帝），在摩揭陀地方建立了当地的笈多王朝。他的继位者沙摩陀罗多（Samudragupta）执政50年，成为在印度亘长历史里在任时间最长的一个国王。他将都城从华氏城迁到艾其亚（Ayqdhya，也就是传说里罗摩神的故乡），派遣大军与税收大员进入孟加拉、阿萨姆、尼泊尔各省以及印度南部，并将各地诸侯进贡来的财产充作增进文学、科学、宗教与艺术作品等之用。在停战休息期间，他俨然成为一个杰出的诗人与音乐家。他的儿子超日王（Vikramaditya，即旃陀罗笈多二世）以征服者的武力与精神来协助伟大的戏剧家迦梨陀娑，并在他的都城乌贾因召集了一个以他为中心的文化圈，成员包括显赫的诗人、哲学家、艺术家、科学家。在这两位国王统治下，印度得到空前的发展。

据法显在5世纪初期在印度的游历所见，我们了解了一些笈多文明。法显是在黄金时代，许多从中国来到印度的佛教徒里的一个。这些远道而来的朝圣者数量上可能比商人与使节少些，但他们不顾山川险阻，从东方或西方进入这安静的印度，甚至有从遥远的罗马而来，带给印度不少外国的风俗习惯与迥然不同的观点。法显在穿越中国西部进入印度的途中，经历不少苦难与艰险，安全到达印度并遍历各地，未曾遭遇过任何的困苦或盗窃。他的旅途据说耗费了6个年头，而在印度又过了6年后，始经由斯里兰卡与爪哇，只费时3年就回到中国。他描述印度人的富裕与繁华，温文而愉快，以及享有的社会与宗教的自由。他惊异于印度城市数目之多、幅员之广以及人口众多，还有在这些土地上点缀着不少医院与其他慈善机构[1]，以及在各大学与修道院里众多的学生，最后是帝国宫殿的壮大与华丽。他的描写除了一些重要的事情以外，极具乌托邦思想，以下就是部分节选：

> 人民众多而都在快乐的气氛里生活着，他们不去登记房产，或是出入任何的司法机关或从属的法庭拘留所，仅当他们耕种皇家的土地，才必须缴纳收成的部分。如果他们想去哪里就去哪里，如想在哪里停留就在哪里停留。国王的统治不必需要斩首与体罚。犯罪的人仅仅是轻微的罚款，甚至对于不断企图谋反的，也只是将右手砍去而已……在全国各地，人们都不伤害有生物，也不食葱或蒜。唯一的例外是旃陀罗人……在这个国家里，他们不养猪与飞禽，也不出卖活的牛羊，在市场上也没有屠宰商店，也没有贩卖酒的商人。

法显很少提到婆罗门僧侣，他们自从阿育王以来就与孔雀王朝不和睦，直到在笈多王朝宽容的统治下又慢慢地再度富有与专权。他们更改了佛教以前的宗教与文学的传统，并将梵文推广到印度各地。《摩诃婆罗多》与《罗摩衍那》两部古文学著作都是在他们的影响与庇护下，使用他们当时写作方式的成果。在这一朝代之下，佛教的艺术也因在阿旃陀（Ajanta）洞穴里出现的壁画而达到了顶峰。当代的一位印度学者判断："仅就迦梨陀娑、彘日（Varahamihira）、求那跋摩（Gunavarman）、世亲（Vashubandu）、阿利耶毗陀（Aryabhata）与婆罗门笈多（Brahmagupta）等名字，就足够证明了这个时代就是印度文化的最高点。"哈夫尔也说："一个公正的历史学家当会感到，英国在印度统治的最大成就，也只不过是给印度人享受印度人在5世纪时即已享有的一切。"

[1] 这些远早于欧洲于7世纪在巴黎所成立的第一个医院 Maison Dieu。

土著文化的全盛时期，竟被匈奴的一股侵略激浪中断了，这一巨浪同时笼罩了亚欧两洲，使印度与罗马俱荒废了一段时期。当阿提拉（Attila）席卷欧洲，多罗摩那（Toramana）占领了马尔瓦（Malwa），以及恐怖的摩醯逻矩罗（Mihiragula）蹂躏了笈多王朝，印度在奴役与动乱中经历了一个世纪之久。之后由笈多一系的子孙曷利沙·伐弹那（Harsha Vardhana，即戒日王）重新恢复领有印度北部，在根瑙杰（Kanauj）建都，经历了42年的平静与平定，扩大了疆土，再度使当地的艺术与文学盛极一时。我们可以从1018年的一次劫掠里——竟摧毁了令人不敢相信的1万所庙宇——来推测出它面积的大小、建筑的壮丽与国家的富庶。这些设备良善的公共花园与免费的沐浴缸，只是这一新朝代的福利的一部分。戒日王本身是一位难得的国王，他施行王政，这是所有政府组织里最使人羡慕的一种。他是一个得人喜爱并极具成就的人，会写诗文与戏剧，而这些都是印度至今犹在阅读的文学作品，但他并没有让这些自负的成就来扰乱用以治理王国的完善的行政制度。玄奘说："他是坚毅不屈的，一天之于他太过短促，他在从事一件善行时，甚至忘记了睡眠。"他亦曾开始信奉印度三大主神的第三位神湿婆（Shiva），但之后就改信了佛教，并在他虔诚的布施里变成另一个阿育王。他禁止食动物肉类，在国内各地建立客栈，并在恒河沿岸修建上千的圆形纪念塔，或是佛教庙坛。

玄奘是中国最有名的佛教徒，他曾不远千里来到印度。他告诉我们戒日王宣布每5年一次的慈善节，在节会里他邀请所有官吏，以及王国内所有的穷苦与待救济的人。在节会里他习惯将国库所存贮的上次节会救济放赈所剩余物品，全部在此次会上发放。玄奘曾眼见巨量的金、银、铜钱、宝石、贵重布料以及精致绸缎堆满了一片广大的空地，四周围有上百的亭台，每台可容1000个座位。前三天是宗教的活动，第四天布施开始。上万的佛教徒在这里会食，每人得一串珍珠、一袭衣服、花束、香料以及100块金子。此后是婆罗门僧侣接受布施，尤丰富于前者，其次是耆那教徒，再次是其他的教派，最后是来自王国各地的贫民与孤儿等民众。有时这一布施延长到三或四个月之久。最后戒日王将他自己贵重的衣袍与身上佩饰的玉器饰品等全部加入了布施。

依玄奘的回忆，我们能发现在当时一般人的心里流露出神意的喜乐。玄奘的记载在其他地方复活了印度的这一美好的景象，以及其持有的声誉。这位中国的高僧远离了他熟悉的生活，从长安穿越中国西部，经塔什罕与撒马尔罕（中亚细亚曾盛极一时的城市），翻越喜马拉雅山进入了印度，并在阿难陀的修道院大学潜心研读了三年。他的学者风度与他的高贵身份，致使印度的王子们竞相聘请他去游历。当戒日王得悉玄奘正在阿萨姆王鸠摩罗（Kumara）的宫里，他即请鸠摩罗陪同玄奘一齐来根瑙杰都城。鸠摩罗拒绝邀请，并说你不是要你的客人而是要我的脑袋。戒日王回答说："我是因你的头脑而打扰你。"于是鸠摩罗就去了。戒日王对玄奘的学问与应对感到相当振奋，当即召集佛教高级人员集议，请玄奘在会中阐明大乘学理。玄奘将他的演讲主题公布在演讲会场的大门口，并在下面附记一项："如在本演讲会堂的讨论中发现有任何错误，经有人证实，请砍下本人的头为报。"讨论历经 18 天，据玄奘说他答复了所有的问题，并使所有与会听讲的人面红耳赤，不欢而散。（另一传说称他的对手们于会议结束后，放火烧毁了大会场。）经历了不少艰险，玄奘才返回长安，当时一位英明的皇帝将圣僧带回的经典放置在一座富丽堂皇的大庙里，并成立一个学术集团将他从印度带回来的文献加以翻译。

戒日王统治下所有的荣誉，由于是基于个人的能力与气度，故基础并不牢固。当他死后，一个太监篡夺了王位，并说出了王室的下层秘密。变乱随起，经历了 1000 年。印度在波斯的侵袭征服、瓜分与掳掠之下饱受如欧洲中世纪一般漫长的苦难。直到阿克巴大帝，印度没有再出现统一与和平。

拉杰布达纳的纪年史

在这个黑暗时代，拉杰布达纳叙事诗曾经有了片刻的光芒。这时在麦华（Mewar）、马尔瓦尔（Marwar）、安贝尔（Amber）、比卡内尔（Bikaner）各州与其他一些有动听的名字的地方，一部分是由土著而另一部分是由入侵的月氏与匈奴的后裔所构成的民族，在好战君王的统治下建立了一个封建的文明，他们注重生活上的艺术，超过了从事艺术的生活。他们自承认孔雀与笈多王朝的宗主权开始，借抵抗游牧民族的侵袭来保卫他们的独立与整个印度。他们的家族都以富有军事热忱与勇敢著名，但并不经常与印度有所联系[1]，如果我们相信他们钦佩的历史学家托德（Tod）所说的，他们每一个男人都是一个不屈不挠的刹帝利，每一个妇女都是女英雄。他们真正的名字拉杰布达纳是表示“国王们的儿子”，有时他们称土地为拉贾斯坦（Rajasthan），意即“忠诚之家”。

荒谬与赞美——一切的勇气、忠诚、美好、仇恨、毒害、刺杀、战争以及妇女的顺从——都是附在武士时代的传统里。而这些都可以在英勇的各国年史中表现无遗。托德又说：“拉杰布达纳酋长被灌输了类似西方骑士的美德，且在心智上远超过了一切。”他们有可爱的妇女，为了她们可以毫不迟疑地赴汤蹈火。妇女认为寡妇殉夫的仪式，只是礼节上的问题。这些妇女都经受这样的教育与婚后节操的熏陶。某些君王是诗人或科学家，一种中世纪波斯风格、精美独特的水彩画在他们之间风行一时。经过400年他们富足了，他们在麦华王的加冕典礼中，竟耗费了2000万元之多。

这值得他们骄傲，也是他们的悲哀，因为他们嗜战争，好杀害，自以为这是最高艺术的享受，也是唯一适合于一个拉杰布达纳绅士的享受。这一尚武精神致使他们能凭借英勇来保卫他们自己，反抗穆斯

[1] 据阿利安称，在古代的印度人是在同一时期居住在亚洲的各种族里非常勇敢的民族。

林，[1] 但因此也使这一小国分裂和削弱。托德认为拉杰布达纳的都城奇托尔的陷落如同亚瑟王或查理曼大帝传奇一样具有浪漫性，（基于当地历史学家对他们的祖国信念大于事实）这些精辟的拉杰布达纳年鉴可能成为有如传统中的英国史诗《亚瑟王传奇》（*Le morte Arthur*）或是《罗兰之歌》（*Le Chanson de Roland*）。在它的译文里，穆斯林侵略者阿拉乌丁（Alau-d-din）并不要奇托尔，而是要公主巴德米妮（Pudmini），“这一称谓仅是为了奉赠女性极高的美德”。穆斯林酋长提出如果奇托尔的统治者将公主献出，即可撤退围城，但被拒绝了。阿拉乌丁同意只要让他一见公主他就撤退，最后他又同意只要能在镜中一见公主就撤退，这一要求仍被拒绝。继之而来的是奇托尔都城里的妇女都加入了保卫都城的战斗，当拉杰布达纳人眼见他们妻子与女儿都死在他们身旁，他们只有战斗直到最后一人。当阿拉乌丁进城，城内一片静寂，所有男人都战死沙场，他们的妻室也在一项祭礼中自焚而死。

南方的极盛

穆斯林进入印度之后，当地的文化逐渐向南退让，直到中世纪的末期，印度文明体现为南部各国的文明。有一段时期查利乌卡（Chalyuka）部落维系了一个独立的王国，进入并越过印度中部，在补罗稽舍二世（Pulakeshin Ⅱ）的支持下获得足够的势力与击退戒日王的光荣。查利乌卡部落接受波斯王霍斯罗夫二世（Khosrou Ⅱ）派来的大使。最伟大的印度壁画阿旃陀就是在补罗稽舍二世的统治与领土内完成的。最后补罗稽舍二世被帕那瓦（Pallavas）所推翻，他经过一段时间变成印度中部的最高权威。在极南部地方，1 世纪潘地亚

[1] 德国哲学家凯泽林（Count Keyserling）说：“世上没有一个地方能找出这样的英武、豪侠，或这种慷慨从容就义的节操。”

(Pandya) 囊括了摩堵罗 (Madura)、廷尼韦利 (Tinnevelly) 以及特拉凡哥尔 (Travancore) 的一部分土地，他们使摩堵罗成为中古印度都市里最美的一个，并建造了一个巨大的神庙与将近1000个建筑艺术品工程。他们也遭到被推翻的命运，最初是朱罗王朝 (Chola)，而后就是穆斯林。朱罗统治的地区在摩堵罗与马德拉斯之间，并向西延至迈索尔。他们相当古老，阿育王叙事诗都曾提到过，当他们开始长期征服的历程，南部印度甚至远到斯里兰卡都一致尊崇朝贡。但我们直到9世纪对他们尚一无所悉。之后他们的力量消失，并被南部最大的国家维查耶那加尔 (Vijayanagar) 纳入统治。[1]

维查耶那加尔这一名字包含王国与它的首都，是被历史遗忘的一页。在那些伟大的岁月里，它包含了现在半岛南方的一些土著王国、迈索尔以及全部马德拉斯行政区。我们可以根据克里希纳·拉亚 (Krishna Raya) 在达利戈达 (Talikota) 一战所出动的步军70.3万人、3.26万匹战马、551头大象以及上10万的商人、公娼及临时被强迫而不愿参战的随军人员，来判定出他的实力与拥有的资源。国王的独裁政治受到村落自治法与间或出现的开明且人道的君主的双重影响，不得不有所缓和。克里希纳·拉亚统治维查耶那加尔约在英王亨利八世的时代，他领导大家过公正礼貌的生活，给予大量的布施，容许对各种教义的信奉，提倡并赞助文学与艺术，对战败敌人不予报复，亦不占领其土地城市，而专心一致于他自己的政事，一位葡萄牙的传教士多明戈斯·帕埃斯 (Domingos Paes，1522年) 对他作以下的描述：

> 可能是一个最可怕与仁慈的国王，本性爽朗，并极愉快，他

[1] 在几乎忘却了王国领地的混杂状态下，这些都是文学与美术（特别是建筑一类）的所有创作，有富饶的都会、华美奢侈的王宫与有权柄的专制君王，但像如此广大的印度，又具有悠久的历史，在这短短的几页里，要说的还没有提到，但我们必须提到有时候人总是想着要去统治全球。例如超日王，他统治了查利乌卡近50年（1076—1126年），在战争方面相当有成就。他想建立一个新的编年史时代，将全部历史分为在他之前与在他之后。可是今天他变成了一个历史的注脚。

> 对外方远来的人们给予礼遇，并殷切接待……他是一个伟大的统治者，大公无私的人，但极易发怒。他是全凭显贵而并非像一般君主依靠拥有军队与土地来统治国土，但事实上即使拥有了他的一切，一个人也几乎不能与他相比，在宇宙里他是多么的豪迈与完美。[1]

这座都会在1336年创建，算得上是印度当时已知最富庶的城市。威尼斯探险家康蒂（Nicolo Conti）约在1420年访问过这座首都，他估计城市周长有60英里，多明戈斯·帕埃斯也说它如罗马般广大，风景极其优美。他又说城市里有不少的林木以及水管，因为在栋格珀德拉（Tungabadra）河上经由他的工程师们构筑了一个巨大的水坝，并修筑了一个蓄水池，水从此输入城内经由长达15英里的导水管，单是埋管所用去的岩石就有数英里之长。阿布杜勒·拉扎克（Abdur Razzak）在1443年见到这座城市，据他说这是在地球上罕见的繁华城市。帕埃斯认为它是全世界设备最好的城市……每一样都丰富无缺。仅仅是房屋，他估计超出了10万之数，可容50万人口之多。他称赞有个宫殿里的一个屋子全用象牙做成，它是那么的豪华与壮丽，使你几乎不可能在任何一个地方找到第二个。当德里的君王菲罗兹·沙（Firoz Shah）在维查耶那加尔王的首都与他的公主举行婚礼时——即使所有的游客都是夸大伪造，也无法否定其奢华——据称道路上皆铺满了天鹅绒、绸缎、金制衣裳以及其他贵重的布匹约达6英里之远。

在这富足的表象之下，仍然有奴仆与劳工群众在贫穷与迷信下生活，顺服在一些野蛮严厉的法纪规条下。刑罚包括肢解手脚、将犯人投入象笼、砍头、用桩穿刺活人肚腹或活活用绳索吊死，强奸与抢劫犯即用最后一种刑罚。娼妓是被允许且受管制的，并将征税纳入皇

[1] 在他所有不夸大的财富里，还有1.2万名后妃。

家的收入。拉扎克说:“在铸币厂的对面，是都会行政首长的办事处，据说有1.2万名的警察人员驻扎该地，他们的薪俸都是来自公娼的收入。她们所住房屋的精美以及撩人心意的美色、曲尽侍奉、媚眼柔情等都难以描述。”妇女处于隶属的地位，可以要求她们在丈夫死难后自杀殉夫，有时还令她们活活地烧死。

在维查耶那加尔王国的君主治理之下，古典的梵文与南方的泰卢固（Telugu）方言为主的文学逐渐兴起。拉亚本人就是一位诗人，也是一位文学的有力赞助者。绘画与建筑风行一时，庞大的庙宇也建造了起来，在庙宇的表面刻满了雕像与浮雕图案。佛教已失去了控制力，而由另一种婆罗门僧侣以尊崇毗湿奴的组织来取代了人民的信仰。牛被认为是神圣，绝对不可杀害，但许多牲畜与禽鸟又被列为供献鬼神的牺牲，并供人们作为食品。宗教是残忍的，但其生活方式是谨慎精练的。

然而所有的权力与浮华终将消失，穆斯林征服者渐渐向南迁移，比斋浦尔（Bijapur）、艾哈迈德讷格尔（Ahmadnagar）、戈尔孔达（Golkonda）与比德尔（Bidar）这几个苏丹王国结合了他们的武力，去打击这硕果仅存的印度土著王国。他们的联合部队与罗摩王50万大军在达利戈达地方遭遇，联合部队以人多势众占了优势，罗摩被擒，当着他的部队被执行斩首，余众一看，丧失勇气，一哄而散。近10万人在瓦解崩溃中被杀害，当地所有的河流被血染红。征服部队乘胜入城，大肆抢掠，尽饱各人私囊，联军士卒都因所劫的金子、珠宝、财物、帐幕、武器、马匹与奴隶而致富。

这样的劫掠历时达5个月之久，胜利者对呼救无门的居民一视同仁地屠杀残害，店铺与民房为之一空，庙宇与宫殿亦不免劫掠毁坏，都城里所有雕像与绘画也尽被破坏。随后胜利者聚众手持火炬，遍经各街道，焚烧所有可燃之建筑，直到最后兴尽而止。维查耶那加尔经此浩劫，犹如经历地震一般，全城倒塌如同废墟，片瓦无存。这一次的抢劫与破坏，最彻底最完全，也最具典型。

伊斯兰教的征服

伊斯兰教征服印度可以说是史上一个悲惨的故事，也是一个令人丧胆的故事。文明的精密复杂的体系与自由、文化与和平都可能随时因来自外方的野蛮侵略与出自内部的相互争夺而瓦解崩溃。印度就是这样由于内部的四分五裂与战乱而积贫积弱。他们曾信奉佛教与耆那教，但这些教义让他们丧失了求生的勇气。他们也没有能组织武力，去保卫他们的疆土与国都、财富与自由，抵抗来自黑海一带的大月氏人、匈奴、阿富汗与土耳其民族在印度边疆的骚扰。它们正待印度的衰弱，俟机加以翦灭。这次征服经历 400 年之久（600—1000 年）。

伊斯兰教的第一次攻击仅是在西部旁遮普省的木尔坦（Multan）作旋风式的袭击（664 年）。同样的袭击也在而后 300 年内不断地重演，结果是伊斯兰教在印度恒河山谷一带建立了他们的根据地，也就在同时，他们同一宗教的信徒阿拉伯人经过图尔（Tours）一战（732 年）就统治了欧洲。但伊斯兰教真正征服印度是在 10 世纪之后才告实现。

在 997 年，一位土耳其的大君主，名叫马哈茂德，成为东部阿富汗的一个小王国加兹尼（Ghazni）的君王。他知道他的王国资源缺乏，眼见只需一跨过疆界，就是那富有而古老的王国印度，该做什么是很明显的了：假借一个神圣的旨意去消灭印度的偶像崇拜，聚集一批以掳掠为目的的部队，一举跨越疆界。在比纳加尔（Bhimnagar）驻防毫无战备的印度军首当其冲，尽被屠杀。侵略者毁弃城镇，破坏庙宇，并搜尽囊括几世纪以来所有的宝藏，呼啸而去。

回到加兹尼，他向外国的使节们展示并炫耀他的战利品，诸如宝石与未穿孔的珍珠，闪亮发光或像酒里加冰样的蓝宝石，以及有如新鲜的桃金娘树的嫩枝般的翡翠，如石榴般大小的钻石。每年的冬季马哈茂德都驰骋南下，宝箱里装满了劫掠的宝物，并纵容他的部属恣意掳掠与杀害。每年春天再回到他的国都，又较往年更为富有。在马图拉（Mathura，古称孔雀城），他将庙里嵌有金铂的石头人像带回，并将所有贮存黄金、银与珠宝的柜子，全部掠空。他对巨佛神殿建筑极为爱慕，估计它的重新建造将要耗去1亿第纳尔（dinar，当时通行的金币）和200年的人工，之后命人浇上石蜡油放火一烧，将其夷为灰烬。6年之后他又吞并了印度北部的一个富饶城市Somnath，杀尽5万居民，将所有财富掳回加兹尼。最后他变为可能是当时闻所未闻的最富有的国王。有时他对一些盛怒之下的民众并不伤害杀戮，而将他们掳回国去卖为奴隶；但是人数太多供过于求，几年之后，竟连出价几先令去买一个奴隶的人也不可得。在每一次重要的战争之前，马哈茂德必跪地祈求神灵降福于他的部众。他执政了30多年，死时可谓寿终正寝，威名远播。穆斯林的历史学家将他列为当代最伟大的君王，以及历代最伟大统治者之一。

由于为寇者可因盗窃大量金银而位列圣哲，其他的统治者有先例可循，于是皆欲效仿。可是后继者，并没有人能超过马哈茂德的功绩。1186年，阿富汗的一个部落进犯印度，占领德里城，毁坏当地的庙宇，没收它的财富，在它的宫殿里驻扎下来，并建立了德里领地——这一外来的专制政体存在于印度北部历经300年之久，仅遭受到暗杀与叛变的动乱。在这些血腥的君王里，库特卜-丁·艾伯克（Kutb-d Din Aibak）是他们的代表性人物——狂热、凶狠、残暴。有如伊斯兰教所称，“他的礼物来自成千上万的人的奉献，而他杀戮的人也多达成千上万”。在这位君王的一次胜利里，“5万人沦为奴隶，从平地一眼望去，印度一片漆黑”。

另外一个君王巴尔班（Balban）惩罚叛逆与盗匪，是将他们投进象群，让象去践踏，或剥他们的皮，让他们吃草，并将他们悬吊在德里城的四个城门上。当一些蒙古居民皈依伊斯兰教在该城居住时，因企图谋反，巴尔班在一天之内屠杀其男丁1.3万至1.5万之多。穆斯林王穆罕默德·图拉克（Muhammad bin Tughlak）弑父之后取得王位，变为一个伟大的学人与文雅的作家，并通晓数学、物理与希腊哲学，但在屠杀与残忍方面竟超过了他的前辈，他将一个叛乱的侄儿的肉用来喂叛乱者的妻子与儿女。物价的不断上涨使这国家濒于毁灭，不停地掳掠与滥杀使得全部居民奔向山林逃亡。他杀戮大量的印度人，正如穆斯林历史学家所说的："在皇家庭院以及民间法庭的前面，经常有一座死人的坟与成堆的尸体，而清除人员与刽子手们都厌倦了拖曳清扫死尸……只能集体掩埋。"

为了在道拉塔巴德（Daulatabad）重建一个新的首都，他将德里的居民全部迁离，顿使该地形同荒漠。听说尚有一个盲人留在德里，他就命人将这盲人从老都城拖曳至新都，等一到新都也只剩下了一条腿而已。这个暴君竟抱怨说，人民都不爱他，或认为他的领导不够公正。他统治印度竟达 25 年之久，死在牖下。他的继任菲罗兹·沙王侵略孟加拉，悬赏每一个印度人的首级，竟付出 18 万颗头颅的赏金，掳掠各村庄的人作为奴隶，死时享年 80 高龄。艾哈迈德·沙（Ahmad Shah）君王大宴三天，每天在他领土内杀戮毫无抵抗的印度人民就达 2 万人之多。

这些君王统主都是一些有能力的人，而他们的随从也极勇猛与辛劳。就是因为这一点，我们不难想到，他们以少数人竟能面对绝大多数的敌对民众，犹能保持他们的统治。所有的穆斯林在作战时，得到宗教的支持。穆斯林统治者们借宣布印度宗教的公开礼拜为非法，以抑制它的吸引力，使伊斯兰教更深入地进入印度人的心灵。

这些专制君王里有一些相当有教化与能力，他们崇尚艺术，并驱使艺术家与建筑家——经常都是印度人——来建造他们的巨大碑铭与坟墓。有一些是学者，经常喜好与历史学家、诗人及科学家讨论交谈。亚洲最伟大的一位学者阿尔贝鲁尼（Alberuni）曾随加兹尼的君王马哈茂德去印度，他写了一部印度科学的调查，可与罗马雄辩家普林尼（Gaius Plinius Secundus）写的《自然史》及德国作家洪堡（Abexder von Humboldt）写的《宇宙》等作品相媲美。穆斯林历史学家与将军一样多，但他们对将军们的嗜杀与好战并不推崇。君王们向每一个人民索取一个卢比的奉献，这点与古代的税收极其相似，此外尚有直率的强索。但是他们留在印度，也在印度耗费了他们的储蓄，等于又转还给印度。不管怎样，他们推行的统治，使一贯在长期消耗体力的气候、不合宜的饮食、政治的纠纷与悲观的宗教里生活的印度人民，在身体上与士气上更是受尽了打击与斫伤。

君主们经常的政策是由巴尔班王来拟订，他要他的谋士们拟具法令与规条来虐待印度人民，借搜刮财富与产物等来防止叛乱与骚动。各地产物半数俱缴纳给政府，当地管理机构支取1/6。一位穆斯林的历史学家说：“没有一个印度人能抬起他的头来，在他们所住的屋子里，也看不见金子或银币……一点剩物也见不到。拳打腿踢、脚镣手梏、监禁与锁链都在征税与搜刮时任意使用。”当他的谋士里有人对他的政策提出异议时，巴尔班就回答说：“啊！博士先生，你是一个有学问的人，但你没有实干的经验；我是一个没有学问修养的人，但我有不少做事的经验。因此你切要记住，印度人绝对不会屈从与顺服，即使是到了穷苦贫乏的境地。因此我已下令每年都这样，只许给他们留下仅够维生的谷物、牛奶与浆汁，绝不容许他们有多余的存贮与产业财物。”

这就是现代印度政治史的秘密。由于分裂而国势削弱，因而被侵略者征服；接着受到征服者的蹂躏，失去全部抵抗力量，遁入深山丛林借大自然的安慰来逃避现世；最后沦于灭亡，尚自解嘲，认为主人与奴隶仅是表面上的幻觉，并下结论说个人或国家的自由，于短暂的人生里，几乎不值得去维持与争取。从这苦难所得来的痛苦教训是永恒的警觉，也是文明的代价。一个国家必须崇尚和平，并将永恒不渝。

阿克巴大帝

政府也具有退化的性质，如雪莱所说：“凡有权者必滥用。”德里领地由于其过分的奢侈浮华，不仅失去了印度人的支持，甚至连其从属人员也不例外。当另一个新的侵略者从北方扑来，这些穆斯林君王同样吃败仗，与过去印度人失之于散漫招致亡国之祸如出一辙。

他们的第一个统治者是帖木儿（Tamerlane，用 Timurlenk 较为恰当），他是一个土耳其人，皈依伊斯兰教并将其作为极有利的武器。他称自己拥有可以上溯到成吉思汗的血缘关系，借以获得蒙古部众的支持。在取得中亚细亚的撒马尔罕王国后，食髓知味、得陇望蜀地进窥印度，当时印度仍充满了异教徒。他的将军们心目中都充满了勇气，议论纷纷，认为只要是撒马尔罕王国能统治得到的异教徒们，早已在伊斯兰教的统治之下。毛拉（Mullahs）从《古兰经》里学到，凡决定一件事情必须先念一段带激励性的句子：“啊！先知，请将战祸加诸这些异教徒及不信仰的人，并严厉地惩罚他们。”基于此点帖木儿王就于 1398 年渡过印度河，长驱直下，残杀并俘虏所有的居民——只要他到达的地方，无一幸免——并击败了穆罕默德·图拉克君王的部队，占领了德里，若无其事地杀害了 10 万俘虏，将阿富汗王朝所积存下来的财富全部抢光，并驱使众多的妇女与奴隶，将这些财物搬运到撒马尔罕，在他足迹所及的地方留下了专制、饥饿与瘟疫。

德里君王再度登上了王位，在真正的征服者来到之前，印度又被苛税暴敛了一个世纪。巴布尔（Babur）——蒙古王朝[1]的创建者，是一个有如亚历山大大帝一般机智、骁勇与迷人的君主。从帖木儿与成吉思汗那里，他承继了亚洲人吃苦耐劳的能力，但没有他们的残忍。他有过人的精力与体力，尤爱战争、打猎与游历。在 5 分钟内他单独一人杀害 5 个敌人，不在话下。两天之内他骑马飞驰 160 英里，并为了契约两次横游恒河。在晚年，他曾述及他从不到 11 岁时起即在斋月禁食两次，一直没有间断。

“在我 12 岁时，”他开始了他的自传，“我已变成哈里发帝国

[1] 莫卧儿是蒙古人（Mongol）的另一支。莫卧儿是真正的土耳其人。巴布尔为蒙古人的绰号，意即狮子。巴布尔是印度莫卧儿帝国的首位统治者，巴布尔原名叫查希尔－乌丁·穆罕默德（Zahir-ud-din Muhammad）。

(Farghana) 的统治者。”在 15 岁时，他围困并即占领撒马尔罕，但因没有钱发饷给他的部队，他又失去了这座城市。他曾因病几乎致死，又在山里躲避了一段时期，之后就以 240 个人重新夺取撒马尔罕。后因部属背叛再度失去该城，在极端穷困下躲藏了 2 年，想回到中国过农人的生活。他以后又编组了一支军队，凭借英勇，在 22 岁那年夺取了喀布尔。在巴尼伯德（Panipat）一城以 1.2 万人配合一队精锐的骑兵击败了德里苏丹易卜拉欣·洛迪（Ibrahim Lodi）的 10 万大军，杀死数千名俘虏，占领德里，建立了在印度所有外来的统治者中最伟大而最有益于地方的王朝，享受了 4 年的和平，写下了极优异的诗文与回忆录，死时 47 岁。就其个人的阅历而言，真可与一个世纪等而观之。

他的儿子胡马雍（Humayun）太懦弱，又不果断，还沉耽于吸食鸦片，无能力去推行巴布尔王朝的政事。阿富汗的一位酋长舍尔·沙 (Sher Shah) 经过两次血战打败了他，并一度将过去阿富汗在印度的权力重新恢复。舍尔·沙没有大肆屠杀居民，并以美好的建筑试图重建德里，及改革政治为阿克巴大帝开明统治做了准备工作。两位皇帝执政了 20 年。之后胡马雍经过 12 年的苦难与流浪，在波斯重建了军队，再进入印度，夺回他的王位。8 个月后胡马雍从他的图书室廊道上摔了下来，不久，即与世长辞。

在他被放逐且生活穷困时，他妻子为他生了一个儿子，他曾虔诚地为其命名为穆罕默德，但印度称之为阿克巴——“最伟大”的意思。阿克巴具有成为伟大者的条件，他的祖先遗留给他很好的先天条件，使他的血管里奔流着巴布尔王朝、帖木儿王以及成吉思汗等的血液。同时，胡马雍又请了很多学养皆佳的家庭教师来教导阿克巴，但阿克巴拒绝了。他自学，从事各项运动来训练与培养他的统御能力。他成为一个优秀的骑士，在皇室里玩马球，并学会如何去控制极其凶猛的象群。他随时准备出动去猎取狮子与老虎，什么都会做，面对一切危险，不免要首当其冲。像一个优良的土耳其人，他没有像妇女那样胆小以至不敢去正视血腥。当他 14 岁时，他被请去手刃一个印度俘虏而赢得武士（Ghazi）的头衔，他弯刀一挥砍掉那俘虏的头。这就是他野蛮的开始，他后来成为历史上已知的帝王中最智慧、聪颖、最具人性而最文明的一位。[1]

在 18 岁那年，他从摄政王那儿取得了全部的治理大权。他的统辖区为印度全境的 1/8——约 300 里宽的一带领土，从西北部边境的木尔坦城到东部的贝拿勒斯。他一开始就以他祖父的热忱与贪婪向外扩展疆界，历经一连串的苦战，除一个小小的拉杰布达纳王国外，他竟成为全部印度斯坦的统治者。回到德里，他脱去甲胄，一心一意地改组他领土内的行政组织。他的权力是绝对的，所有重要职位甚至遥远省份的职位，无不是由他亲自派任。他有四大辅佐要员：一位首相，或称瓦基尔（Vakir）；一位财务大臣，有时叫瓦奇尔（Vazir），有时又叫迪瓦（Diwan）；一位大庭长，或叫巴基什（Bakhshi）；一位大主教，或称萨德尔（Sadr），是在印度的伊斯兰教领袖。由于他的统治来自传统与威望，他对军事力量的仰赖很少，仅有 2.5 万人的常备部队。战时就由各省的军事领袖招募扩充编成临时作战部队——此一不稳定的军备，可能与莫卧儿帝国奥朗则布王的崩溃有关。[2]

贿赂与侵吞公款盛行于各领地首长与其属下之间，因此阿克巴王的时间多半用在防范与惩治这些不法的勾当。他规定朝廷与自己宫殿里的一切开支，并限定所有食物与用品的价格，更进一步决定国内雇用人员劳工的薪给。当他死时，他在国库里遗留了价值 10 亿的金钱，他的王国可以说是世界上最具权威的了。

法律与税收的规定都相当严厉，但比过去为轻。农民耕植总量的 1/6 至 1/3 要送交国库，每年在土地的税收就达 1 亿元之多。国王

---

[1] 不久他就承认了书的价值——尽管自己不能读，只能靠他人念给他听，还经常找那些深奥与难懂的书卷来研究。到最后他变成了一个文盲学者，爱好文学与艺术，并以大批的皇家赠品供给这些艺术家。

[2] 这些军队都装备有最好的兵工器械，至今印度仍有得见，但比当时欧洲使用的要差。阿克巴尽一切努力想取得较精良的枪炮，但没有成功，而这些杀戮器材的落后结合了他的后代子孙的退步，决定了欧洲人征服印度。

集立法、行政与司法三权于一身，比如在最高法庭他就要花费好几个钟头去当众决定对原告、被告的重大判决。他的法令里禁止早婚，并严禁强迫妻子殉葬，解除寡妇不得再婚的禁令，取消俘虏沦为奴隶的惯例，以及阻止杀害动物作为牺牲，允许宗教信仰自由，开放各行各业，全凭各人本事，不受种族与宗教之限制，并废除征收人头税。在他统治的初期，法令里还包括了肢解的刑罚，到后期时已成为 16 世纪所有政府里最开明的法令了。每一个州开始时皆以暴力反抗统治，但经平定，所有人民都能获得自由。

一个统治者的过分专权，通常亦是其政府的弱点，此一制度的运行完全要依赖阿克巴王的超人智慧与性格。一旦他死去，国家就陷入了群龙无首人亡政息的局面。他交往了不少的历史学家，极喜爱古玩美术品，他是最好的运动员、技术熟练的骑士、最优越的剑士、最伟大的建筑师，也是王国里的美男子。实际上，他有长长的臂膀、长久骑坐的弯腿、蒙古人具有的窄距眼，头微向左偏垂，而在鼻上还有一个疣。他极注重外表，衣衫整洁，望之俨然，沉着的两眼晶莹有如日照海水，当其光亮闪烁，大有咄咄逼人使人敬畏之感，有如旺达姆（Vandamme）在拿破仑跟前感到的尴尬。他衣着简单，戴锦缎的帽子，穿上衣与裤子，佩珠宝，赤脚。他只吃少许的肉类，到晚年时几乎全素，并说：“把人的胃作为动物的坟墓，这是不对的。”不管怎样，他的身体与意志总是坚强的，经常从事较剧烈的运动，每天徒步行走 36 英里也不算一回事。他极爱玩马球，并因此发明了带有光亮的球，以便夜间也可以玩马球。他具有家族遗传的暴烈激动的性情，在他的幼年，他竟用刺杀谋害来解决问题。借用威尔逊的话，他渐渐地学会了平息他自己的火山。他绝大部分的时间都在施行德政。菲里什达（Firishta）说：“他的温和、仁慈是没有界限的，他所具有的此一美德超过他所继承的家族。”他慷慨大方，广布教化，他对各阶层的人都很温和，尤其是对低层贫民。有一位基督教传教士说：“他对一般贫穷平民琐碎的请求，皆予以接受，并将这些记在心里，随时解决，但对一般贵族的重金厚礼，并不重视。”有一位同时代的人描写他像一个患有癫痫病的狂人，许多人说忧虑悲凄使他进入了病魔的状态。事实上，他可能饮一般的饮料并吸鸦片，但并不过量。他的父亲与他的子女也有同样的嗜好，但并不像他那样具有自我约束的能力（他的两个儿子都是在幼年死于长期的酒精中毒）。他也有妻妾，足够充实他的皇宫。有一个人在闲谈中告诉我们说：“据可信的报道，国王在阿格拉与法塔赫布尔西格里两地拥有 1000 头象、3 万匹马、1400 匹驯鹿以及 800 个宫妃。”但他不像充满了性欲与好色的样子。他妻子很多，但都是具有政治性的婚姻。他娶拉杰布达纳亲王的女儿为妻以获得亲王的欢喜，这样的婚姻关系自然加强了两国的亲善，并更能支持他的王位。在那段时间，莫卧儿王朝还处在半开化的状态下。一个拉杰布达纳武士当了他的大将军，而一位酋长充任他最高级的大臣。他的梦想是一个统一的印度。他的心灵并不完全如恺撒或拿破仑那样地现实与无情，他具有形而上学的强烈情绪以及权力，如果他被废免，就会变成一个具有神秘性的隐士之流。他经常不停地思想，并不断地有所发明与改进。像哈伦–赖世德（Haroun-al-Rashid）一样，他经常利用夜间微服漫游，获致大量的革新。在百忙之中，他还抽出时间为他的图书室收集不少的图书资料，这些资料包括瑰丽作品的全部底稿，并经由书法家用雕刻术写成仿本。这些书法家在他的统治期间与绘画家、建筑家同样地受重视。他将印刷视为机械的、没有人性的东西，并不重视，但不久他又采纳了他的一个基督教朋友呈献给他的欧洲打字术，为他的图书室去收集图书资料。他对诗人的崇拜是没有限制的，他敬爱其中的一位——印度的比尔巴尔（Birbal）——将他视为宫廷里的宠儿，最后使他成为全国敬重的对象。因一次战争的失利，比尔巴尔竟招致杀身之祸。[1]

[1] 有人仇恨比尔巴尔，在他死时大家欣喜万分，其中有一位历史学家巴道尼（Badaoni）记录了这一事件并幸灾乐祸地说：“比尔巴尔，因为畏惧生活而逃避，但遭杀害，而被打入地狱里与狗为伍。”

阿克巴王推动了波斯语文学的发展——这是他宫廷里的语言——也就是印度文学、历史与科学的杰作，他亲自监督古文学《摩诃婆罗多》的翻译。每一种艺术都在他的推崇与鼓励之下风行一时，印度的音乐与诗文是其中的代表，而波斯与印度的绘画也是经过他的鼓励才得以进入第二个高峰。在阿格拉地方他指导建筑一个有名的城堡，在城墙内矗立起500栋建筑，当时的人们认为它是世界上最壮丽的建筑之一。这些建筑已被鲁莽的贾汗王毁坏，从遗迹判定它可能有如在德里的胡马雍坟墓的遗迹——也就是阿克巴王的好友、苦行的契斯提（Shaikh Salim Chishti）的灵庙所在地。这些都是印度境内最美好的建筑物。

比这些更能吸引阿克巴深切兴趣的是空论清谈。这位几乎全能的皇帝偷偷地想成为一个哲学家——正如哲学家想做皇帝。在征服了世界之后，阿克巴王并不快乐，因为他并不了解这个世界。他说："虽然我是这一广大领土的统治者，所有政府的一切都掌握在我的手中，但因真正的伟人是在于遂行造物主的意志，我的心智永无法从这些繁复的教派与信条中得到片刻的悠闲，更不会为了一些得意自满而不顾这些外来繁复的状况。在这样沮丧的气氛下，我能统治支配这一帝国吗？我在等待一些奉命唯谨而具有原则性的人，他们将可以帮助我解决存在于我内心里的困惑……哲学上的交谈对我颇有吸引力，因为它使我从众说纷纭中去发现事实，它并强迫我使我得以从谏如流，但又不致听信谗言而致祸国殃民。"宫廷编年史家巴道尼说："大量的学者从各地蜂拥而至，各宗教派别的圣哲们来到宫廷，阿克巴王个别召见他们，并与他们举行有关会谈。他们的任务与职事就是相互地协调、咨询与调查，经过夜以继日的会谈，多半涉及科学上的重要精义及各种奇妙的启示、历史的奇观以及自然界的奇谭。"阿克巴王说："人类的优越在于崇尚理性。"

为了成为一个哲学家，他对宗教特别感兴趣。他研读印度古文学《摩诃婆罗多》史诗，并因印度诗人与圣哲的劝诱，而从事研究印度的各种信仰。至少有一段时间，他接受了轮回的理论，并在公开的场合里在前额上绘印度宗教的记号。他有容忍各种宗教信条的雅量：他为讨好袄教教徒，竟在外袍里穿上他们认为神圣的衬衣与腰带，并接受了耆那教的劝告，摒弃打猎，禁止在某些日子杀害牲畜。当他得知了新的宗教——基督教（由于葡萄牙人占领印度东部果阿城而传到印度），他去函给那里的保罗教会，请求派两位具有学问的教士到宫里来。不久，一些派来的基督徒到达德里，他竟因他们的传教而对基督大感兴趣，并叫他的学者们翻译《新约》。他给予基督徒充分的信教自由，并允许教士们每人随带一个儿子在身边。当天主教徒在法国谋害基督徒时，在英国伊丽莎白时代的基督徒同样地谋杀天主教徒，天主教的法庭也在西班牙大肆杀戮并劫掠犹太人，而意大利的科学家布鲁诺（Bruno）被判处火刑。阿克巴王邀请所有宗教的代表们来到他的宫廷举行会议，向他们保证和平相处，发布公告对各种教义与祭礼一视同仁。为了证实他的宽大博爱，他娶了婆罗门、佛教以及穆斯林的女子为妻。

在阿克巴王国里充满了激烈的宗教分歧，形成许多的困扰，并称他们一等他死后就要脱离王国，于是阿克巴王最后决定颁布一个新宗教，包含了双方势不两立的信仰。耶稣教会的巴托利（Bartoli）记录了这些：

> 他召开了一个大会，并邀请了全国各城市的所有学者名流与军事主管，只是没有请里多夫神父参加，对他来说无疑是一项具有渎神目的的敌对行为。他将他们集合在一起，当面用一种机巧而诡诈的态度向他们宣称道："因为一个王国是在一个人的统治之下，因此如果他的部属意见分歧，各自为政，这样将不是一种好的现象……像现在的宗教就十足地表现了他们的分裂不合。我们必须将他们合而为一，但同时要顾及各个宗教的优点不致因统一结合而丧失，更因各自的优点结合后更加有利。基于这一点，最

高的荣誉是要归于上帝。如此，便能带给人民和平安乐，帝国更因此而能安定富庶。”

大会当即同意，他立即颁布法令宣布他本人是教会里的实际首脑，这就是基督教义对这一新的宗教的最大贡献。这一法令成为了在印度传统里最优秀的一个万神合一的一神论，它包含袄教的拜火与光，以及近似耆那教的禁食肉类。杀牛算是对教义的一大冒犯，一切的安排皆以使双方都感到满意为准。不久又公布了一条法令，规定印度全体人民每年至少要有 100 天吃素，更采纳了一些当地的意见禁食大蒜与葱。在法塔赫布尔西格里和平宫的中心，修建了一座联合宗教的大庙（迄今犹存当地），这一构想代表了皇帝个人的愿望，愿所有印度的人民团结如兄弟同胞，信奉共同的神明。

就一个宗教来说，阿克巴创建的丁伊拉赫教派（Din Ilahi）是永不会成功的，他发现印度的传统对他的绝对性有很强烈的影响。几百人聚集在新的祭式里，大都是曲意逢迎，私底下仍坚持着他们一贯信仰的鬼神。从政治方面来说，这一举动也有好的一面。对印度人的人头税与朝圣税的豁免、对信仰宗教的自由（1582 年到 1585 年对伊斯兰教的迫害除外）、种族与宗教的盲信狂热的减低、教条主义与分歧对立、过分重视自我意识以及对阿克巴新启示的格外注重，这些都是阿克巴王所赢得的来自印度人的忠诚，虽然他们并没有接受他的教义，但就他在政治上力求统一的主要目的而言，现在竟大半达成了。

由于使用他自己的教徒来从事这一工作，丁伊拉赫教便成了人民怨恨的来源，由此导致了一个时期的公开叛乱，激起了贾汗季（Jehangir）王子阴谋背叛他的父亲。王子怨恨他父亲阿克巴王统治了王国 40 年，并且体格相当强壮，以至自己无法早点继位。贾汗季编组了 3 万名骑兵，杀死国王宫廷里的史学家，国王最亲近朋友的阿布勒·法兹勒（Abul Fazl），自立为王。阿克巴王劝儿子投降，不咎既往，但是这忤逆不孝的孩子竟又杀害了他的母亲与他的朋友，辜负了阿克巴的一片心意，终告失败。在阿克巴王的暮年，他的子女也忽视他，竟不顾他的死活，为王位而相互争吵。他死时仅有几个亲近的人在旁——据推测死因是赤痢，也可能是遭贾汗季的毒害。伊斯兰教大师们来到他临死的床前要使他再皈依伊斯兰教，但是他们失败了。国王的去世竟没有得到任何教堂或教派的祈祷，也没有人跟随在他简陋葬礼的后面去追悼怀念他。他的儿子们与宫廷里的官员们，虽曾在葬礼当天着丧服，但未及一日都丢弃了，只顾庆幸他们承继了他的王国。这就是亚洲一个前所未有的最公正、最智慧的统治者的悲惨死亡。

莫卧儿王朝的式微

这些子弟很不耐烦地等待着父王之死，不久却发现要将这一帝国纳入掌握是一件困难的事情，因为这一帝国是经过历代精明的帝王们所缔造的。为什么一些伟大的人物，他们的后代常常都是那样的平庸无能呢？是否是遗传因子的缘故——祖先的特性与生物学的可能性的混合——或者仅是一种巧合，不一定就是当然的结果；或许是因为这些天才耗尽了由父母赋予的心智与体力，而只剩下一些虚弱的血气给了他的后代；或许是这些子弟一直耽沉在闲散优渥的环境里，而且早年的幸运剥夺了他们的上进心与奋发图强的努力？

贾汗季并不是一个资质平庸与颓唐无能的人。他的父亲是土耳其人，母亲是一位印度公主，他在幼年享尽了做太子的一切福分，成天纵情在酒色之中，并承继了巴布尔、胡马雍与阿克巴三者所具有的残酷的本性，也潜伏有鞑靼人嗜杀的血统。他很喜欢眼见活人受剥皮之苦，受桩刺穿，或是活活地被大象踏成碎片。在他的自述记事里记载着由于侍从无意中进入了他的猎园里，惊跑了他的猎物，他即将侍从官杀死，并将侍从官的仆从抽去腿筋——也就是在他的膝盖后方割断筋腱，让他终生残废。接着他说："我又继续打猎。"当他的儿子库斯鲁（Khusru）阴谋反抗他时，随同一起谋反的叛军有700人，贾汗季将他们沿拉合尔城的街道活活地穿刺在木桩上。他竟纵声谈笑自若，眼见他们统统死后为止。他的宫廷有嫔妃6000之多，供他淫乐。而后又加入了宠爱的皇后努尔·贾汗[1]——他将她的丈夫杀害，将她据为己有。他的司法机关公正廉明，且极为严酷。由于他过度挥霍，阿克巴王多年来励精图治而积累下来的巨量财富，也无法负担他的奢靡生活。

到他统治的末期，贾汗季更沉耽在他的杯酒中，荒废政事。阴谋叛变时起。1622年他的儿子贾汗（Jehan）图谋篡夺他的王位。当贾汗季死后，贾汗慌忙地从其躲藏的南部德干赶到，宣布继承皇位，并将他的兄弟全部杀害，以免后顾之忧。他父亲遗留给他的，尚有奢侈、狂饮与残酷的习性。贾汗宫里的用度加上众多官吏的高薪给俸，将人民从事工艺与商业所得的国家收入耗费殆尽。阿克巴王对各宗教的开放容忍以及贾汗季王的一视同仁被否定，如今又仅限于信奉伊斯兰教，残害基督教徒以及强行并全部摧毁印度的神坛。

贾汗王也知道应该有所补偿，因此他对他的朋友们与穷苦的人也慷慨起来，爱好工艺美术，热衷于用美好建筑来装饰印度各地，并全心全意地对待他的皇后穆塔兹·玛哈尔（Mumtaz Mahal）。他娶她的时候是21岁，当时他已有由其他嫔妃出生的两个子女。穆塔兹在18年里为她的丈夫辛勤不倦地生了14个子女，在最后一次的难产中丧生。贾汗修建了洁白无瑕的泰姬陵（Taj Mahal）来怀念她的一生，纪念她的多产。随后他恢复以前的淫乱纵欲。世界上最美丽的坟墓也仅是贾汗王所建的1%而已。其中最著名的在阿格拉，其余的都在新德里一带他的建筑计划中。这些昂贵的宫殿、奢侈的庭园、珠光宝气的

[1] Nur Jehan，意即"尘世之光"，他也叫她努尔·玛哈尔（Nur Mahal），意即"宫廷之光"。

孔雀王位，[1]带来了重重的苛税，印度也因此陷入穷苦，面临荒芜败亡。虽然在印度历史上最大的饥荒出现在贾汗王统治时代，但在他30年的治理下，印度仍然达到了富裕与声望的巅峰。

这位君王是一个有能力的统治者，虽然他在对外征战中牺牲了不少的人命，但他的王国获得了30年的和平。一个英吉利驻孟买的行政首长埃尔芬斯通（Mountstuart Elphinstone）写了以下的一段话：

> 从印度的现状看来，一般人可能产生一些怀疑，认为当地的作家对印度过去的富庶过分地夸大形容。但这些我们仍然得见的荒芜不毛的城市、废弃了的宫廷与一些堵塞了的水管、大型的蓄水池与在森林里的土堤围垱、残缺的栈桥、水井、皇家通道与沿途的旅栈，与当时的游历者所见的若干符节，使我们相信那些历史学家所有的赞许是有他们的理由的。

贾汗王在杀死他的兄弟们后，开始了他的统治，但他竟疏忽了，没有杀害他自己所有的儿子，因为其中注定了有一个将来是要推翻他的。在1657年他最有能力的儿子奥朗则布从南方的德干地区发动了一场叛乱。贾汗王像大卫王一样命令他的将军们迅速扑灭叛军，如果可能的话，生擒而不要杀害他的儿子。奥朗则布击溃所有抵抗的皇军，生擒他的父亲，并将他禁闭在阿格拉城堡里。在被幽禁的9年时间里，这位专制的国王一直在那里孤苦伶仃，连他儿子也没有来看望过他一次，仅有他忠实的女儿贾汉娜拉（Jahanara）曾来此聚会过。他仅能从他的监牢茉莉塔越过朱木拿河，凝视他一度宠爱的后妃穆塔

---

[1] 这一王座费了7年才完成，包含有各种珠宝、稀有珍贵的金属及玉石，4根金子的支柱支撑了座位，12个翠玉做的圆柱支撑了光耀平滑的顶部，每一圆柱佩装两个用宝石镶嵌的孔雀，在每一对孔雀的当中直立一树，上面用金刚钻、绿宝石、玛瑙与珍珠镶嵌。全部费用超过700万元。这一王座在1739年被波斯王纳迪尔·沙（Nadir Shah）抢去运到波斯之后，渐渐被分解拆除，用来支付波斯宫廷的费用。

兹死后那用宝玉装饰的坟墓，以消遣他的残年。

他一直认为他这个儿子是伊斯兰教历史上最伟大的一个圣哲，也可能是莫卧儿王朝所有的皇帝里最突出的一个。曾经执教过奥朗则布的伊斯兰教的大师灌输他宗教的意识。有一段时期，这年轻的王子竟对王位与尘世产生了厌弃的情绪，并有了遁世的想法，想终生去做一个隐士。尽管他坚持他的专制独裁、他狡猾的外交以及仅仅用于他的教派的伦理构想，他仍然是一个虔诚的穆斯林，用很长的时间做祈祷，默诵全部《古兰经》，并对异教徒大加杀害。他每日耗费在教会里的时间达好几小时，并有很多天禁食。他利用大部分时间从事宗教活动，并虔诚地求超脱与认罪。在政治方面，他是冷静与精明的，静待国家的安定与神明的赐福。他是莫卧儿王朝里较和气的一个君王。他减少屠杀，几乎没有使用刑罚去惩治犯罪者。他的态度与行为谦虚有礼，盛怒之下也能克制，也能容忍不幸的遭遇。他极度地节制所有的饮食，并坚守基于他的信仰而来的禁忌。虽然他精于音乐，但他只把其当作一项娱乐。事实上他实现了他的决心，只要是借他双手的劳动得来的，他都要撙节使用，从不浪掷费用。

贾汗王曾以他一半的财富用来增进建筑及其他相关艺术，奥朗则布对艺术不重视，摧毁了异教徒敬拜的纪念碑，其长达半世纪的统治消灭了印度所有的宗教，只剩下了他自己的宗教。他颁发命令给各省的首长们及其下属，将所有佛教、基督教的庙宇神堂全部夷为平地，所有偶像菩萨全部毁去，并将所有印度的学校关闭。从 1679 年至 1680 年，仅在安贝尔一个地方就有 66 座庙宇被捣毁拆除，在奇托尔一地有 63 座，在乌代布尔有 123 座。他这一狂热举动的结果是成千上万的庙宇、历经百年代表印度的艺术品，一下变为破瓦残垣。我们绝不会知道在今天所看到的印度，一度拥有多么壮观与美丽的建筑。

在奥朗则布王的高压下，不少印度人都转为信奉伊斯兰教，然而也毁了他的政权与国家。少数人遵奉他为圣哲，但上百万的印度人竟视他为一大怪物，逃避他的税收人员，并朝夕只求他死。在他统治期间，莫卧儿王朝下的印度帝国到达了顶峰，扩展到了德干地区。但这一政权并没有受群众爱戴，因为失去了人民的拥护，一开始即已注定了败亡的命运。这位皇帝在他末期的几年里开始察觉到，由于他心胸的狭隘，他已毁弃了他父亲的所有伟绩。他在临终时写了以下这些悲哀的文字：

> 我不知道我究竟是谁，将往何处去，或将有些什么加诸我这个充满了罪行的人……过去的岁月逝去得何其无益！主曾在我的心中，迄今我这没有视觉的眼睛仍还没有认出他的光来……将来的一切对我已无希望。热情已逝，仅存躯壳而已……我曾犯滔天重罪，不知有多大苦痛、折磨在等待我……求主赐我以安静瞑目……

他遗留诏书，指示他的葬礼要极尽简朴，绝不许多费银钱购置衣服，只许付出 4 卢比用作缝帽之用。棺木顶上用来覆盖的布料可用一块帆布。对穷人们的赈济仅留下他抄写《古兰经》所得的 300 卢比。他死时 89 岁，也算是得享天年。

在他死后的 17 年内，他的帝国崩溃分裂。过去人民对阿克巴王大智的拥戴与忠心已被贾汗季王的残酷、贾汗王的浪费无度以及奥朗则布王的狭隘自私全部耗尽，荡然无存。他们在印度炽热的气候下丧失活力，军人的勇敢以及他们从远祖继承来的充沛体力亦已丧失，也没有从北部来的增援势力来振兴他们的颓唐。同时在遥远的西方，有一个小岛也派出了他们的贸易人员，来到这一富庶地区寻求财富。不久他们可能带来枪炮，一举取代这一积重难返的古老帝国。

第四章 | 人民的生活[1]

财富的创造

印度的本土环境似乎对于文明的发展没能给予太多的助益。它的极大部分是森林，是狮子、老虎、野象、蟒蛇等严密守卫下的窝巢，以及其他卢梭式的轻视文明与思想的人。与猛兽的斗争，仍不断出现在戏剧和现实生活里。阿克巴王在接近马图那的地方射杀老虎，并在至今仍未曾被人们发现的许多地方捕获野象。在《吠陀经》时代，狮子在印度的西北部或中部的任何地区都可能出现，现在却已从半岛上消失了。蟒蛇与爬虫仍然不断地为害作乱，在 1926 年还有 2000 个印度人被野兽吞噬（其中 875 人被老虎杀害），还有为数 2 万的印度人被毒蛇咬死。

渐渐地，地面上的猛兽消失了，取而代之的是稻谷、豆类、玉米、蔬菜与水果的种植。印度大部分的历史里，绝大多数的人口无论贫富都对这类食物偏爱，而对肉类、鱼类与家禽则有节制地食用。

---

[1] 以下的分析，大部分适用于《吠陀经》以后与英国统治前的印度。读者必须记住印度也是在不断地变动的，因此一度曾被视为他们的特质，诸如制度、伦理与生活态度等可能在今天已不存在了。

（维查耶那加尔人是例外，他们除了牛以外，还吃家禽与包括蜥蜴、鼠与猫在内的兽肉。）为了使口味更好，或者是为了有助于性爱，印度人从小就大量地食用咖喱、生姜、丁香、肉桂以及其他的香料调味品。欧洲人对这些香料相当重视，他们为了搜寻这些东西，竟辛苦跋涉走遍了半个地球。谁会知道，美洲的发现是为了爱情呢？在《吠陀经》时代，土地为人民所有，但从孔雀王朝的旃陀罗笈多起，国王宣布所有的土地都归皇家所有，再由人民去耕种，人民每年付出租金、缴纳赋税，这已成惯例。至于水利灌溉，则一向是由政府去负责执行。有一个水坝就是由旃陀罗笈多王修建，直到 150 年还能发生效用。一些古代运河的遗迹到今天在各处都可以见到，还有人工修凿的湖泊的痕迹至今犹存，如在麦华有 1661 年修建的作为灌溉用的蓄水池，在它的周围用大理石修建的围墙长达 12 英里。

印度人似乎是最早开采金矿的民族。希腊历史学家希罗多德与麦伽斯提尼所称的"巨大钻金蚂蚁，其体形比狗小一点，又较狐狸大些"，它们帮助开矿工人用脚爪抓攒沙土，只要把沙土翻出来一看就知道是否藏有金矿（我们还不知道这些所谓的蚂蚁是什么，根据个人的判断可能是穿山甲之类的动物，而不可能是所谓的蚂蚁）。公元前 5 世纪波斯帝国所使用的金子大部分来自印度。至于当时的银、铜、铅、锡、锌与钴等，也都已经开采。铁器早在公元前 1500 年就有了。印度锻炼与铸造铁器技艺的发展，远比欧洲古老。如一座超日王的建筑，大约于 380 年建于德里，它所使用的铁柱直立到 15 个世纪以后的今天，仍未腐锈变形。它所使用的金属质料，或所采用的某种技术的处理与加工致使其能长期地留存，这确是冶金科学里的一个奇迹。在欧洲人入侵以前，铁的熔化还是使用小木炭火炉，这在当时的印度是一项主要工业。工业革命以后，欧洲人学会了使用大规模的机器来从事这些生产，并求其价格低廉，可大量生产，因而印度的工业也就在这一竞争之下衰败了。如今，印度蕴藏的矿源又被不断地开发与大量使用。

棉花业在印度出现得很早。事实上它在摩亨佐—达罗已开始被用来制成衣服，关于棉花的参考资料，希罗多德以一种无所谓的语气说:“这不过是某一种野生的树，不结果实只长出一些羊毛，但其美观与质地都超过了羊身上的毛，致使印度人民都用它来制作衣服穿用。”当时在近东方面曾因它的出现而发生了一连串的争论与臆测，而罗马人也因此知晓了这所谓树上生长的“羊毛”的事实。阿拉伯人在9世纪时曾去印度游历，他们报告说:“在这个国家里他们用一些特别而精致的材料制作了衣服，这些材料我们在其他的地方还没有看见过，它们利用织与编达到这样美观与精致的程度。印度人利用一个中型大小的圆形物从这些材料中抽出一根细细的丝线来。”中世纪的阿拉伯人将这一技艺从印度带了回去，由他们所称的quttan一词变成了我们今日的“棉花”(cotton)。棉布(muslin)原来的意义是指精良的棉花编织品，是指在伊拉克摩苏尔(Mosul)采用印度规格所制成的布匹。因为最初是1631年从印度西南部海岸的卡利卡特(Calicut)港进口，故称它为calico。1293年马可·波罗达到印度西部的古吉拉特(Gujarat)说:“这里的刺绣都是相当的精巧与质美，胜过世界任何其他地方的出品。”克什米尔的围巾与印度的地毯是人所共见的，在图案设计与编织上，即使拿到现代也是优美的产品。织布这一行业仅是当时印度许多工艺行业中的一种，但织布工工会的组织是当时在印度的工商业里独一无二的组织，由这一组织来制订并规定印度工业的各种活动准则。欧洲当时视印度为所有制造业的专家，如木器、象牙、金属、染色、肥皂、玻璃、漂白、制革、火药、烟火、水泥等各行各业。中国也在1260年从印度进口眼镜。17世纪法国旅行家弗朗索瓦·贝尼耶(Francois Bernier)游历印度，他描写当时的印度真是百业兴旺。最早到达印度的英国商人拉尔夫·菲奇(Ralph Fitch)也说，在1585年眼见一队约由180条船组成的商队，满载各种各样的货物，由西北部朱木拿河出发。

国内的商务也极兴盛，每一条道路的路旁从古至今都设有市场，且一直存在着。印度的对外贸易可以说与它的历史同样悠久。在苏美尔地区与埃及所发现的遗物里，可看出在这一带地区里的国家，与印度之间远在公元前3000年就有了交通往来。以波斯湾为通道的印度与巴比伦的商务在公元前700年至前480年之间曾盛极一时。大概当时所罗门的象牙、猩猩与孔雀都是从这些地方，经由这一通道而来。印度的船舶在旃陀罗笈多王的时代就组成商队出海远航驶向缅甸，再去中国。而希腊的商人们，印度称他们为亚安拉（Yauana），他们是希腊属地小亚细亚西岸的伊奥尼亚居民，成群结队地来到了印度南部达罗毗荼地区，群集在当地的市场，时间大约在基督诞生的前后。当时的罗马还充满了享乐主义，全部仰赖印度进口的调味香料、用于化妆的香水与机器使用的润滑油膏等，并大量高价购买印度的生丝、细花布、棉布以及饰有金属品的衣服。罗马作家普林尼指责罗马当局为了购买这些极度奢侈珍贵的物品，浪费了大量的金钱，每年罗马当局付给印度竟达500万元之多。印度的豹子、老虎与象都要在大斗兽场举行的竞技大会与献牺牲的祭式中派上用场。罗马在伊朗北部帕提亚作战，主要就是为了要争取这一通道的开放，保持与印度贸易的畅通。

在7世纪阿拉伯征服了波斯与埃及，因而从欧洲通向亚洲的道路全部落在他们的掌握之中，以致有了十字军东征与哥伦布的远航美洲。在莫卧儿王朝统治下，对外贸易又再度兴起。意大利的威尼斯、热那亚以及其他城市的财富即是因它们是欧洲与东方及印度通商的唯一通道与必经的港口而繁盛起来。文艺复兴的产生，可以说得自希腊文学的少，得自贸易所带来的财富多。阿克巴王有一个海事机构，是专为监督船舶的制造与规划订制海上交通的一些条例而设立。孟加拉与信德两港口为当时有名的造船工业所在地，由于他们的造船业技术优良，且售价又低，致使君士坦丁堡的君王将原在该国亚历山大港内兴建的船只改在孟加拉与信德两港建造。甚至英国的东印度公司也将他们大部分船只改在孟加拉港的船坞内建造。

硬币的流通增进通商贸易的便利，已有好几个世纪的历史。在释迦的时代里就有了一种粗制的长方形硬币，由政治与经济的统治者共同发行使用；公元前 4 世纪之前，当时印度在波斯与希腊的影响下已经在国家担保下实行了一种硬币制度。舍尔・沙发行了一种设计美好的铜、银与金制的硬币，并将卢比作为当时国内通行的基本单位币制。在阿克巴王与贾汗季王统治期间，当时的印度硬币由于其美术设计与金属质料的纯净、贵重，超过了任何现代欧洲国家所通行的货币。像中世纪的欧洲一样，中世纪的印度的工商业成长都受阻于宗教。麦伽斯提尼说："印度人既不会利用金钱去求取利润，也不知道如何去借贷、借贷究竟有何益处。他们一方面耗费金钱，另一方面也承受贫穷的痛苦。他们在使用金钱上既不签订契约，也不去要求保证与安全。"当时印度人还不会使用他们的积蓄来投资企业，他们情愿将这些积蓄隐藏起来，或是用来购买珠宝饰品。在他们的心目中，这是一项最方便且自然的积累财富的方法。也许是亚洲没有发展简便的信用制度，使得欧洲得以轻而易举地支配了亚洲。人们不管婆罗门的仇视与敌对，渐渐地开始放贷。根据借钱人的阶级来决定利率多少，一般是 12%到 60%，平均利率大约是 20%。债务的清理偿还不可借口倒闭与破产来抵赖。如果一个债务人因债务尚未偿还即已死去，他的子孙后代一直要延到第六代都有责任偿清这一笔祖宗欠下的债。

农业与商业都要缴纳重税，这笔赋税被用来支持政府的开支。农民必须缴纳他全部收成的 1/6 到 1/2，正如在中世纪与当代的欧洲，许多的税收都在货品的销售与交换时征取。阿克巴王将土地税加到 1/3，但同时又将其他税收全部豁免。土地税是一项严苛的税收，但它也有好处，多收多缴，但若歉收则税就相对地减轻。在饥荒之年，穷人就是不纳税也无法逃避死亡的厄运。即使是在阿克巴王鼎盛的时代里，灾荒也时有发生。1556 年的那一次饥荒，似乎已到了同类相食的程度，当时全国充满了一片荒芜的景象。一般的道路状况都不好，故交通的来往颇为费时，即使某一地区有了剩余的米粮也只能坐视，而不能即时地送达灾区以为赈济之用。

各地形成了贫富悬殊的现象，但其程度没有今天出现在印度与美国社会那样严重。在最下层的是少数的奴隶。在这之上是首陀罗，他们的人数没有奴隶那样众多，打工赚钱，身份与其他大多数印度人一样是世袭的。迪布瓦（Pére Dubois）在1820年对当时的贫穷有一些描述，他说："这是50年来政治的混乱所导致的结果。在莫卧儿王朝的统治下，人民的生活状况一般较为富裕。薪资一般都很优厚，在阿克巴王的统治下，普通手工艺的工人是每天3到9分钱的工资，而物价相对低廉。在1600年，1个卢比约值32分半，可以买到194磅的小麦，或278磅的大麦。到了1901年，1个卢比仅能买29磅的小麦，或44磅的大麦。"1616年，一位住在印度的英国人说："走遍了王国的每一个地方，都充满了大量的粮食，每一个居民都不缺少面包吃。"另一个在17世纪游历印度的英国人觉得，当时他每天的消耗是4分钱。

这个国家的富裕，在孔雀王朝的旃陀罗笈多王与贾汗王的两个时代达到了巅峰。在笈多王朝的时代，印度的富有是全世界家喻户晓的事实。玄奘形容在印度有一个城市是如此美丽壮观，那里有花园，有池塘，还有一些充满了文学、书籍与艺术品类的学术机构；居民们都过着幸福的生活，而这些家庭也都富裕；水果与花卉充满了各地……人民的外观颇为高雅，穿的是光彩夺目的绸缎，显得干净利落而健谈；在他们之间均匀地分成正教与邪教两派。英国驻印度官员埃尔芬斯通曾说："印度王国被推翻时极为富有，历史学家一直无法知悉到底这些入侵者掳去了多少珠宝金银。"一位威尼斯的游历者康蒂说："在恒河的两岸，约在1420年时，一个接一个的繁盛的城市排列成一线，每一个城市的建筑都很美观，有许多花园与果园，有不少的金与银，商业与工业盛况空前。"贾汗王的财富确是不少，他使用在地下建造的坚固房屋来存放财宝金银，整整装满了两大间，每一间约有15万立方英尺的容量，几乎是堆满了金块与银条。文森特·史密斯也说："根据当时的证实足可相信在多数重要城市里，所有家庭都已达富有小康。”一些游历的人形容当时印度的大城市，如阿格拉与法塔赫布尔西格里，每一个城市都比伦敦要大，且更繁荣。法国一位东方学者安基提尔－杜佩隆，他在1760年游历了马拉塔（Mahratta）地区，发现当时他在印度所谓的黄金时代里的生活是如此简单而愉快……居民们的生活都充满喜悦、活泼与健康。英国驻印度部队的一位将军克莱武[1]在1759年到过穆尔希达巴德（Murshidabad）地区，据他说古代的孟加拉省的都会其城市的广大、人口的众多以及富有的程度都与当时的伦敦不相上下。他又说：“印度是一个永不会匮乏的富足国家。她不断地努力去谋求国家的富足，但其结果并不理想。”他描述了在印度所看见的一些富有的人，一些繁华城市的商人为他准备了贿赂以便转运一些走私赃物，银行家们打开他们所有的金库，里面都是装得满满的金银珠宝。他作了一个结论说：“在这一刹那，我竟为如何去做一个明智选择而迟疑。”

社会的组织

由于道路状况的不良与交通的阻塞不畅，因而征服印度容易，但要统治印度就困难了。由于地形上的原因，除非有了铁道的铺设，否则这一大陆的地区已注定了分裂的局面。在这种状况下，政府必须要有一支强大的军队，必须要有一个不受政治掣肘的独裁领袖，这很自然地就会形成君主政体。人民在当地王朝统治的时代里享有相当大的自由，此种自由一部分来自村落里的自治社区与居住城市里的工会组织，另一部分是经由婆罗门贵族对国王在权势上的一些限制。《摩奴法论》可以说是伦理的法则，而不是现行的立法，它阐明了印度有关君主政体的唯一观念。这样的话，它就必须要严厉与苛刻，并在公益上满足它的愿望。穆斯林统治者对这些观念与措施所付出的努力与注

[1] 克莱武（Robert Clive，1725—1774年），曾任孟加拉总督。——译者注

意，较其前任印度的君王们少之又少。他们只不过是一些少数的征服者，他们所借以来统治的完全是仰赖着他们的武力。一位历史学家以一种得意且肯定的语气说："这些军队就是政府的资源，也就是政府使用的工具。"阿克巴王倒是一个例外，因为他所凭借的全是人民的善意，而这一极强烈的意愿是在他宽大与仁慈的专制政体下孕育出来的。正因如此，他的政体可能是最好的一个。它主要的缺点，也就是我们已经说过了的，一切都要在他的意志下行事。此种绝对的中央集权在阿克巴王运用之下，非常顺利，但在奥朗则布王运用之下，就变成了失败的主因。在暴乱发生后，阿富汗与莫卧儿的君王们都提高了警觉，以免被刺杀。而争取王位继承的战斗，则似乎与现代的选举一样耗费庞大——当然不至于到了扰乱经济生活那样严重的程度。[1]

法律几乎就是皇帝或君王的意志。在印度王朝时代，法律包含皇室的命令、村落社区的传统以及阶级的统治等。家庭的家长、社区村落的头目、阶级的酋长、工会的委员会、省长、国王的大臣或即是国王本身，都是决定一切的权威人士。诉讼简单，判决迅速，律师们都来自英国。每一个朝代与君主都使用严刑拷打去刑罚罪犯，直到菲罗兹·沙才算废弃了这些酷刑。死刑是最重刑罚，施用于如破毁房屋、毁捣皇家财物或者抢劫了有重要地位的人。所有的刑罚都是残酷的，

[1] 这是描述纳西尔乌德丁如何去毒害他的父亲吉亚斯乌德丁的一个故事。当时他是德里的领地统领（Sultan），时间为 1501 年，并说明了当时这不过是一个以和平方式来承继王位的方法。贾汗季王也曾尽了他的所能去废除他父亲阿克巴王的王位，他说出以下的故事：

"此后我就到那栋有哈尔吉苏丹陵墓的大厦。纳西尔乌德丁的墓也在那里，他的脸孔被涂成黑色。他毒害他父亲的卑鄙行为已是尽人皆知的事。他曾毒害过他父亲两次，而他父亲也曾两次使用其臂上附带的护身符发生解毒作用来驱散毒性的侵入。第三次他儿子将毒剂混倒在一杯冷冻的果子汁里，并亲自端到他父亲面前。当父亲察觉了儿子的用心时，他立即将手臂上的护身符解下来掷在他面前，再转身过来以谦卑的态度面向造物主的神座祈祷说：'啊！统主，我的年纪已高达 80，我也曾经过了极丰盛与快活的时代，而这些空前的盛况是没有一个皇帝曾经得到过的。现在如果就是我的末日到来，我求你不要因我儿子谋害我而将他逮捕，就当作我的死是命中注定的事，更不要去报复他。'当他讲完了这些话，他将这杯下了毒的果汁一口喝下，并将灵魂投向造物主。"

"当我到纳西尔乌德丁的陵墓之前，我竟忍不住地用脚去踢他的墓石好几下。"贾汗季激动地说。

包括砍断手脚，割耳或鼻，挖出眼睛，用烧红的铅倒入喉里，用刀轧断手脚的骨骼，火烧烙伤身体，用钉子钉手指、脚部，刺穿肚腹，砍断筋骨，用锯将人体锯为两段或四段，投入锅里活活煮死，抛入象栏遭象践踏致死或投喂饥饿野狗等刑罚。其残酷景象，令人闻之丧胆。

印度全国从没有使用过法律的条文。在日常生活里的一些事情，法律被“法论”（dharmashastras）所取代，即阶级规条与职守，并用诗体写成教本。这是婆罗门的僧侣们依据他们教里严格的观点来制定的。其中最古老的一类就叫作《摩奴法论》。摩奴（Manu）是在神话里居住在德里附近的一个婆罗门部落的祖先，当他从梵天接受了法律，他即是神的儿子的代表。

这一部法典有 2685 条，约公元前 1200 年制定，在 1 世纪时似曾被引证参考过。起初是要设计成一本手册或是指南一类的书，用来规正这些部落的婆罗门祭师在行为上的准则，渐渐地，它被整个印度社会接受为行为的法则。虽然一直没有被君王们承认，但它在阶级的体系上具有法制的最高权威。它的特质将在以后分析印度的社会与伦理时加以讨论。一般说来它代表了人们对古老裁决法的一项迷信的接受[1]，一种严厉的报复法的使用，以及婆罗门阶级里一项永无穷尽的道德、权利与势力的教诲。它的目的是要加强印度社会里牢固的阶级体系，永不动摇。

这一体系自从《吠陀经》时代以来，就愈发坚固与复杂。不仅是因为它具有了训诲的本性，因年代的久远而愈增强，而且因为政治秩序不够稳定，更为了外来的民族与一些教义超越了印度本身，因而加强了阶级的意识，致使穆斯林与印度人之间的血统混合遭遇了阻碍。

---

[1] 虽然迪布瓦对印度不表同情，但他一贯是真实的，他将古代裁判法在他那个时代（1820年）使用的情形告诉了我们。他说：还有几种其他的判定法，也是依据古代裁判的判定。一种是在沸腾的油锅里混合牛粪，被告的人必须将手臂浸入油里，深达肘部；另一种是蛇，将极毒的蛇关闭在一只篮子里，在篮里投入一个小环，或是一枚铜钱，被告将两眼蒙住，伸手入篮内去寻摸圆环或铜钱，到手后将它拿出。若在前一例被告未被烫伤，后一例被告拿出了环或钱来而未被咬伤，则他就不是罪犯，应宣告无罪释放。

在《吠陀经》时代，阶级曾经代表瓦尔纳（Varna，种姓）或是肤色；在中世纪，变成了阇提（Jati），或是生育。它的本质是双重的：身份地位的世袭与佛教律法（Dharma）的接受——也就是传统的义务与个人的原本阶级的职业。

这种制度主要的受惠人是800万婆罗门阶级的男人。在阿育王统治下，佛教的兴起曾一度使他们的势力减弱了一段时间，但婆罗门以他们教士组织一贯固持的特性与坚忍不拔，最后终于在笈多王朝的时代重新将已失去了的权势与领导地位再度夺了回来。从2世纪时，我们就发现了当时馈赠婆罗门阶级的大批礼品的记录资料，经常是土地之类（托德相信这些记录都是借宗教之名而行诈欺）。诸如所有馈赠婆罗门阶级的财物，都是免税的，直到英国人来到印度时才废止。《摩奴法论》告诫国王绝对不要征收婆罗门教徒的税，即使是所有税收的来源都断绝了。因为一个婆罗门教徒一经激怒，他可以口念符咒真言，立即消灭国王的生命与他所有的武力。就印度的传统而言，它规定家庭的财产必须公用，且死者的财产必须自动地传给尚活着的男子，由是在印度并没有必须立遗嘱的习惯（印度南部的达罗毗荼居民，其遗产是由母系去承受）。但是在欧洲的个人主义影响下，遗嘱也传到了印度，并大大地受到婆罗门阶级的赞许，认为此不失为一种敛财的方法。

在任何对神献牲祭礼时最重要的一点，就是要向侍奉的祭师奉上费用，付出金钱越多代表越虔诚。奇迹与成千的迷信是祭师敛聚财物的另一来源，人们认为婆罗门教徒可以使不育的石女怀孕。神谕也被利用来作为骗取金钱的工具。人们也愿意被蒙骗，并自认他们的噩运是对祭师的吝啬所得的惩罚。只要一有病痛、官司诉讼、不祥的征兆、不愉快的梦或新的事业，人们都要去求教婆罗门祭师的指示。

婆罗门的权势来自对知识的独占。他们是传统的监护与改造者、孩子的教师、文学作品的作家或编辑人、《吠陀经》诗文写作的专家。如果一个首陀罗阶级的人想听诵经文时（根据婆罗门法律书籍上的记载)，他的耳里就如同被灌满了熔化的铅溶液一样一无所知；如果他试着要去诵读，他的舌头就会被割裂；如果他去默念回忆，他就会被砍成两段。上述所言，尽管很少实施，然而有了此种威胁存在，婆罗门的教士很容易就能独占知识的领域。婆罗门教义因此形成了独特与神秘性，像筑了篱笆一样地孤立高超，排斥所有低级阶层人的参与。根据《摩奴法论》，一个婆罗门教徒是由神意注定为众生的首领，虽然他并没有在这一神意下享有所应得的权势与特权，在经过多年的努力取得了神圣的三位一体的神职授予后，他才能得到“再生”或转世。从此以后，他变成了一个圣人，他的身份与财产是不可侵犯的。事实上根据《摩奴法论》，“所有存在于宇宙里的，都是属于婆罗门的财产”。

婆罗门仰赖公众与私家的馈赠为生——但这绝非是为了施舍与布施赈济的慈善行为，而是一种神圣的义务。对一个婆罗门教徒的殷勤服侍，是最高尚的宗教职事，而一个婆罗门教徒不为人们殷勤地接待，他可能将这一家之主平日所有的善行、功德全部一笔勾销。[1]

一个婆罗门教徒即使犯了罪行，他也不会被判死刑。国王可能将他放逐，但仍允许他带走他的财产。如有人企图杀害一个婆罗门教徒，他就要在地狱苦度 100 年；如有人将一个婆罗门教徒杀害，凶手要在地狱监禁达 1000 年之久。如一个首陀罗阶级的人诱奸了婆罗门教徒的妻子，他的全部财产将被没收，生殖器将被割除。一个首陀罗杀死一个首陀罗，为了赎罪要给婆罗门教徒 10 头牛；如他杀死了一个吠舍，他要给婆罗门 100 头牛；假若杀死了一个刹帝利，他就得付给婆罗门 1000 头牛；如果杀死了一个婆罗门，他就得处死。只有杀死

[1] 一些有关性欲的赏赐似乎也属于一些婆罗门的集团。在纳姆布迪里（Nambudri）地方的婆罗门教徒采行一种封建统地里的初夜权，在他们的领地内所有的新娘都逃不过这初夜的奉献；在孟买某个地方的祭师也保有此项特权，一直遂行到现今。如我们相信迪布瓦的报道，在印度东南部蒂鲁伯蒂（Tirupati）庙宇里的祭师所称的能治疗不生育的石女，而所有未生育过的妇女都要在他们的庙里住宿一夜，自不难想见个中的道理。

婆罗门才是真正地犯了谋杀罪行。

随着这些特权而来的职事与义务既繁多，又令人不胜负荷。婆罗门教徒不只是作为教士（并非所有的教士都是婆罗门，在晚近时许多婆罗门教徒都不曾做过教士，在联合省里大多数的婆罗门教徒都是做厨师的），他们更训练自己成为祭师、教师以及文学家。他们首先必须学习法律与研读《吠陀经》，其他任何的职事都在其次。多读《吠陀经》，不管在祭礼中或在一些著作里，都可以称呼婆罗门为至福。如果信徒能将《梨俱吠陀》暗记在心，他就能掌控整个世界。他不能与本阶级以外的女人结婚，如他与首陀罗的女子结婚，他的子女就成为最低阶级的贱民，因为《摩奴法论》说："一个人当他坐下来时，是善良的，由于他与低下的人结合，因而变成了低贱，但若一个人生于低贱，他不可能因与高层的人结合而变成为高贵。"婆罗门教徒必须每天沐浴，但若修面与理发是出自下层社会人的手，他必须回家后再洗浴一次；他必须用牛粪去清洁他要睡觉的地方；他在服行本能的义务时，必须遵从一个严格而净洁的祭典；他要禁食所有动物的肉类，并包括鸟卵，更要禁食葱、蒜、菌类以及韭菜；他除饮清水外不能喝任何饮料，而这些饮水也只能由婆罗门的教徒去取来或挑来；他也不能使用药膏、香水，禁止酒色、贪欲与激怒；如他接触了不净洁的东西或任何的外国人（甚至是印度总督），他必须在一项斋戒的典礼中去除已感染的污秽之处；如他犯了一项罪行，他必须接受一项比对低下阶层的人更严重的处罚。例如一个首陀罗犯偷窃罪，他要被罚他所盗窃物品所值或全部金钱的 8 倍，如果是一个吠舍阶级是 16 倍，一个刹帝利阶级则为 32 倍，但如果是婆罗门，则要罚 64 倍。婆罗门教徒从不去伤害有生命的生物。

通过仔细观察上述的规定可知，印度人由于田间工作的过分沉重，以及对于个人天生阶级的过分屈从，以致没有办法摆脱迷信的束缚，致使教士祭师的权力一代一代地增长坐大起来，成为历史上最持久的贵族政治。我们无法在其他地方找出这样令人惊奇的现象来——

在印度竟会有如此缓慢变化的典型——一个较高的阶层保有了它的优势与特权，历经了所有的征服者、王朝与政府长达 2500 年而不坠。唯有那些被罢黜的旃陀罗在维持他们卑贱阶层的长久性方面，可以与其相抗衡。古代的刹帝利阶级曾在释迦时代控制了知识与政治两方面，但在笈多王朝时代就消失了。虽然婆罗门承认拉杰布达纳战士集团来取代刹帝利阶级在军事方面的地位，但自拉杰布达纳王朝衰落后，刹帝利阶级从此就绝迹了。最后仅剩下两大分野，婆罗门是印度社会与精神两方面的统治者，在他们之下的实际工业组织有 3000 个阶层之多。

在一夫一妻制之后，值得一提的是阶级制度。阶级制度具有人种优生的价值，它可以保障由于毫无歧视的人种混杂所引起一个优良血统的淡化与消失。它也建立了某种饮食上的习惯，与视为荣誉惯例的清洁，而为一般人所遵守与群起效法的风尚。它对人们天生的差异与不平等定下了阶级，并免除印度人像现代人那样，终日为求高升而经受的痛苦。它也律定了每一个人在他的阶级里，依其个人得自先天的本性或行为的法则，有了一个序列。它固定了商业与各行职业，将每一行业归于某一技艺，不得轻易更改，并使每一工业成为一个阶层，进一步充实阶层里的人员要具有一致行动以避免分歧与沦为专制独占。它也提供了如何避免财阀政治或是军事独裁，唯其如此，贵族政治乃成为必需的政体。这个国家在遭遇了许多的侵略与革命，以致失去了政治的安定后，还能有一个社会的、伦理的与文化的稳定与连续性，就此而论，唯中国可以相媲美。在上百次的政局动荡中，婆罗门经由阶级的制度保持了一个安定的社会，扩大并传递了印度的文明。这一国家对上述一切已尽了忍耐的能事，甚至引以为骄傲，因为每一个人都知道它是印度政府不可或缺的一个社会体系。

伦理与婚姻

当阶级制度消失，印度的伦理生活将要经过一个长时期的紊乱过程，因为伦理的法则几乎是与阶级紧紧地结合一起而不可分离。伦理也可以说就是本能，即在一个阶级里每一个人在他生活里的常规。作为一个印度人意味着不仅要接受一个信条去参与阶级的系统组织，并接受它的一套伦理法规，或附带一些自古以来的传统与规则；一个虔诚的印度人必须遵从它的指导而生活，也要生活在它当中，去寻找经常的满足，绝不可企图转入另一阶级。《薄伽梵歌》（*Bhagavad Gita*）说："做自己分内的事，即使是做错了也比做非本分内应做的事要好。"天赋对于个人，就像种子对于事物正常发展的影响一般，也就是循着一个注定的本性与天命而作一个有系统的实现。伦理的观念由来已久，甚至现在的印度人亦很难驱除阶级的意识，大多数印度人尚受此观念的引导与束缚。一位英国历史学家说："没有阶级的存在，印度的社会是不可想象的。"

在每一阶级的伦理以外，印度又承认了一个共通的伦理，或是义务，这对所有的阶级都有影响，那就是对婆罗门教徒的尊敬与对牛的重视。次一项义务就是生育子女。《摩奴法论》说："一个男人只有成为三个时，就是他自己、妻子再加上他们的儿子合而为三，这才是完善的人。"子女不仅对父母亲的经济资产有益，而且在父母年老时提供赡养与供奉，子女必须负起家事的操作与对祖先的敬拜。若不即时供奉祖先，这些鬼神将会因此受饥饿之苦。在当时，印度没有节制生育，堕胎被认为是一项罪行，罪同谋杀了一个婆罗门教徒。杀婴事件确曾发生，但多半出乎意外。父亲喜欢多获子女，更为儿孙满堂自鸣得意。老年人对幼年子女的慈爱是印度文明里最美好的一面。

当做父母的人一开始想到他们的婚姻时，对生育子女一项多视为畏途。在印度的制度里婚姻是强制的。一个成人若不结婚会被赶出家门，因为他们没有社会地位，也不为众人所公认，而少女长期保持童贞也被认为是一项耻辱。当然婚姻并不依靠个人的选择，或是经过男女双方的恋爱之后，才达成婚姻。它是社会与种族关切的对象，并不完全信赖一时的感情冲动，或是一见钟情，而是必须经过父母的安排。《摩奴法论》以为它是经过相互选择而结合的超自然的神灵犍闼婆（Gandharva）的婚姻，并称之为生的欲望。但事实上它并没有如此受到人们的重视，仍然是在人为的安排中实现。

印度人都早熟，一个长到 12 岁的女孩与在美国 14 或 15 岁的一样成熟，这样造成一个伦理与社会秩序上的困扰问题。[1] 是否需要将婚姻与性欲的成熟并为同一考虑的条件，抑或是将婚姻后延，如像在美国男孩多要等到能达到经济成熟阶段才能谈到结婚？第一个答案很显然削弱了印度国民的一般体力，不适当地加速了人口的生殖率，并使妇女完全将生命浪费于生育上。第二个答案所产生的问题是不自然的耽搁，导致产生了性冲动的挫折、娼妓以及性病的猖獗等不良后果。印度人选择在幼年时先订婚，并在订婚与成婚之间留出一段时间来杜绝可能产生的流弊。在这段时日里新娘必须与她的父母住在一起，直到青春期的到来。这一贯例由来已久，且被认为是神圣的。它是为了防范在不同阶级间由于一见倾心、性欲冲动而产生爱情，为其所造出的不良后果而采取的一种严格措施。

以上这些措施都相当合理而明智，男人的生物性需求不会被过分压抑，这些也都出现在印度的爱情文学里。《欲经》（*Kamasutra*）是揭发关于性的身心两方面顾忌的名著之一。作者向我们保证它是依照经典的箴言，为了尘世的利益由筏蹉衍那（Vatsyayana）隐士在贝拿勒斯说出的。他负责指导学生们的日常生活，并将他的一生献身于对神灵的侍奉。这位隐士说："他不重视女孩，并认为她是太害羞了，男人在她们的心目中是不值一文，像是一头野兽般没有为女性着想。"

我们没必要去设想印度人在性上的放纵。幼年的婚姻是为了抑

[1] 在这里必须加以说明，甘地否认所谓印度的早熟具有生理上的基础。他曾这样写着："我厌恶并痛恨子女们的早婚，我不忍眼见一个幼儿般的寡妇，我从未听说过有许多的迷信来渲染了这些问题，据我所知道的，这仅是由于印度地区性的气候促使了性的早熟。唯一带来不合时宜的青春萌发期是由于心理与伦理道德的气氛一直环绕在家庭生活周遭。"

制他们婚前性行为的滋生，并将谆谆教诲的妇女贞操用在具有强烈宗教意识的制裁法上，使通奸的情事不致发生或不像欧洲、美洲地区那样层出不穷。娼妓大部分仅止于庙宇里。在南部地区凡有性需要的男人都由庙里的神妓去接待，其名为黛瓦达西（Devadasis）——亦称“神的仆役”——事实上就是妓女。每一个泰米尔族的庙宇里都住有一群所谓的“神圣的妇女”，最初她们专门在神像前载歌载舞，也可能是接待婆罗门祭师的一项礼仪。她们中有一些可能是终生孤独地生活在修道院里；另一些被允许扩大她们的服侍范围，其条件是收入的一部分要缴给祭师。一般庙宇的妓女，或称歌舞（nautch）女郎（这词来自印度语 nach，即舞女），她们出现在公共场合与私人的集会里，担任歌唱与舞蹈，以颇似日本艺伎（Geisha）的方式来达到娱乐的目的。她们有一些还要学习读书，并像古希腊的妓女（hetairai）一样在家里学习一些有关文化的常识与谈话，以便于增进应对与社交，但一般结婚后的妇女都不需要读书与外出结交宾客。在 1004 年，人们从一本神圣的经典书本里发现，在坦焦尔的朱罗国王罗阇罗阇（Rajaraja）拥有为数 400 名的歌伎。

这一习惯因时间的久远被奉为神圣了，因此没有一个人会将其看作是不道德或不符合伦理。一般被尊敬的妇女经常将她们的一个女儿奉献去作为一个庙宇里的职业歌伎，这与她们将一个儿子送去做祭师是异曲同工的行为。迪布瓦描述在 19 世纪初期，位于南部的大多数庙宇几乎都派做了旅社的用途。这些歌伎不管她们原来是何种职业，人们一般都直截了当称之为娼妓，她们也公然以妓女的身份来满足男人。迪布瓦神父没有理由去偏袒印度，以下是一片段摘录：

> 她们公开的职务是在庙里一天两次的舞蹈与歌唱……以及出现在所有的公开仪式里。一开始她们对这些歌舞的职业操作起来相当地满意与爱好，虽然她们的态度有时近乎挑逗，而行动有时也近似无礼。至于她们的歌唱，大都是局限于古老陈旧的词句，

描述她们过去历史里出现的一些放肆淫荡的神话故事等。

在庙宇里的妓女与幼女婚姻的双重状况下，很少会发生我们所谓的“罗曼蒂克式的爱情”。这种由男女两厢情愿的理想化的奉献，仅在印度的文学里出现了一些，例如在刹帝达斯（Chandidas）与胜天（Jayadeva）的诗文里，但经常都环绕着神明的一些象征。在实际生活里，多半是妻子以全部的真心、诚意去对待她的丈夫。爱情的诗文多半是以清教徒的传统的微妙体式，由英国诗人丁尼生（Alfred Tennyson）与美国诗人朗费罗（Henry W. Longfellow）写出，有时也具有伊丽莎白时代那种浓烈的与感官的热情。有一个作家将宗教与爱情联结在一起，并在两者的狂热中发现了一个共通性。另一方面他又列举了 360 种不同的情绪来充实一个爱人的内心，并计算他的牙齿停留在他喜欢吃的肉类上有多少方式，或是用一些绘有花纹的檀香膏贴在她的双乳上，令其美观，以吸引诱惑她的情人。在《摩诃婆罗多》的两篇对话故事中，娜拉（Nala）与达玛嫣蒂（Damayanti）的作者描写出爱人们忧伤的叹息与苍白的、消化不良的面色，都是用 11 世纪到 13 世纪风行于法国南部与意大利的一种抒情诗派的手法写出来的。

这种狂热的情绪在印度很少能决定一项婚姻的成功。《摩奴法论》制定了 8 种不同的婚姻，其中由于爱情与出诸抢劫的婚姻在伦理的尺度下被视为最下等的，而买卖的婚姻还被认为是为了男女双方的结合所采取的一项有意义的方法。就长期的观点而言，印度的立法者认为像这些基于经济基础上的婚姻是最健全的。在迪布瓦时代，结婚与用钱去买一个妻子，在印度是同义语。[1] 最聪明的婚姻是完全听任双方

[1] 希腊历史学家斯特拉博附和阿里斯托布鲁斯（Aristobulus）的说法，并且写道：“在塔克西拉的一些小说与异常的风俗习惯中，凡是为了财产与金钱都不能将他的女儿嫁出去，做父亲的经常都带领他的女儿到市场，用打鼓吹号声音的大小将她们的年岁表明出来。因而聚集了不少的人，每一个走近过来的人都先看她后背部分，直到肩部为止，其次再看前面部分。如果他接受了她的外貌，就允许他俩单独交谈直到相互期许，他就可以娶她。这说明了婚嫁是与金钱买卖无关的。”

父母亲的安排，并全部遵照族内婚姻与外族通婚的一切规定法则来办理。青年必须要在自己的阶级里，与他的家族（Gotra）或团体以外的男女婚娶。他可以娶几个妻子，但他在自己阶级里则只能有一个妻子，而这唯一的妻子也就是妻妾中最大的一位。《摩奴法论》说：每一个男人宁可采用一夫一妻制。（如我们相信托德的话，在印度的拉杰布达纳武士阶层里，王子国君们都是每一天由一个不同的妻子服侍。）妇女要百般顺服与真心诚意，更要具有耐心去爱她的丈夫；而丈夫给妻子的倒不是具有浪漫气氛的爱情，而是一心一意地去保护她的安全。

印度的家庭是典型的父权制，丈夫有至上的权能来管制他的妻室、儿女与奴隶。妇女只是处于一个值得喜爱但地位低于家长的地位。据印度传奇，当造物主（Twashtri）开始创造女人时，他才发现材料已因制造男人而全部用完，再也无坚固的元素了。在进退维谷的情况下，他竟勉为其难地将剩余物拼凑起来，完成了女人的创造：

> 他采取了月亮的浑圆形成了丰满，更具有了爬行动物的曲线玲珑，豌豆卷须紧紧依附般的小鸟依人，刍草随风微微的震颤，芦苇草般的娇柔无力，百花盛开的鲜艳，枝头嫩叶的迎风摇曳，象鼻般的粗细均匀，鹿眼般的惊鸿一瞥，蜜蜂成群成队的欣欣向荣，如阳光般的欢乐愉快，行云流水般的流动轻盈，风起飘浮无影无踪，狡兔般的胆小怯惧，孔雀开屏的浮华虚荣，鹦鹉肚腹的柔嫩，金刚石样的坚硬，蜂蜜般的甜，猛虎样的狠，烈火样的发热生光，冰雪般的冷酷，喋喋不休，像杜鹃般的喁喁情话，野鹤样的矫揉伪善，以及如爱神的贞节。将以上这些性格混合在一起，他造就了女人，并将她赠予男人。

虽然女人具有了这么多的内涵，但印度妇女的处境还是相当地可怜。她们在《吠陀经》时期的崇高身份竟在祭师教士的影响下，以及一些范例下被葬送无遗。《摩奴法论》也以早期基督神学的语调说：

“耻辱的起源来自女人，争斗的来源来自女人，尘世的存在也来自女人；因此必须除去女人。”又记述说：“一个女性有足够的能力将一个愚笨的男人甚至圣哲的男人从一个生活的正道上给拉下来，再将他带到情欲的深渊，或因此而堕落毁灭。”法典因此制定了女人的一生必须要在有人照顾与爱护之下生活的规定，最初是父亲，出嫁后是丈夫，丈夫死后是儿子。妻子以卑躬的口吻称她的丈夫为“夫主”“夫君”，甚至是“我的神明”。在公共场合里她要尾随在他身后，保持相当的距离，不能与他交谈。她要尽心尽力去伺候他，事无巨细都必躬亲操劳，烧茶煮饭，饮食侍奉，在丈夫子女饮食后才能进食，入夜就寝还要拥抱丈夫的双脚为他取暖。《摩奴法论》说：“一个忠诚的妻子，对待她的丈夫必须如同对待神灵，绝对不能对他有任何的不顺服而使他感到烦恼，必须竭尽自己一切的忍耐与柔顺温和去设想他的处境，解除他的困扰。”一个妻子如果违背了她的丈夫，她在转世之后会变成一条野狗。

印度的妇女在我们这一时代以前，也与在欧洲与美洲的情况一样，只有高阶层的贵夫人与淑女或庙宇里的神女才可能接受教育。上学读书被认为对妇女不合适，因为她会因此获得比男人更多的权势，随之而来的是她竟因此丧失了她所具有的诱惑与魅力。泰戈尔的戏剧《齐德拉》（*Chitra*）里说：“妇人就只是一个妇人——她旋风似的扭转她的胴体，用她的颦笑、低泣、曲意服侍与柔情爱抚来使男人心猿意马，如此之后她就获得了快乐。读书与伟大事业的成就对她有什么用处呢？”妇人不许读《吠陀经》。《摩诃婆罗多》书上也说：“一个妇人去读《吠陀经》，在这个领域里就出现了一团混乱。”（我们用不着以当代欧洲或美洲的态度去比较，只要以中世纪祭师制度下不容许妇女读《圣经》或受教育来与此时的印度相较。）麦伽斯提尼记述着：“在旃陀罗笈多的时代，婆罗门教士不容许他们的妻妾去阅读所有具有哲理的书籍，让她们对哲理一无所知。因为如果让妇女学到用哲学的意识去了解快乐与痛苦、生命与死亡，她们就会变得败坏堕落，或更有其他的见解而不再顺服了。”

在《摩奴法论》里有三种人被认为不适宜于掌握财产：妻子、儿子与奴隶。尽管他们也可能为主人挣得产业，却不能获得主人的遗产。虽然一个妻子可以保有她的嫁妆，以及她在婚礼中所获得的馈赠礼品，作为她的私有财产；而一个太子的母亲，也可以在太子年幼无知时代行王权摄政。丈夫可以因为妻子的不守贞操而行离异，但妻子则不能以丈夫的任何事故为借口，而与丈夫离婚。妻子如饮酒，或患疾病，或有忤逆不顺，或浪费成性，或喋喋不休等，随时可为妾室所取代（虽然不一定是离婚）。法典的提倡使妇女渐获得一些开明的措施：她们不再被打骂，也不像过去那样被监视，因为她们的机智狡黠，常使监视带来不幸的后果。如果她们喜爱漂亮衣裳，最好就让她们去尽情享受吧，因为如一个妻子不事装饰，她一定得不到她丈夫的喜爱，对自己来说并不有利。如她喜爱装饰，则整个屋子家庭不是因此而整洁清爽吗？有一些事情要为她们去设想，这与为一个年老的人或是一个教士祭师去设想是同样必要。“孕妇、新娘与少女将被当作贵宾，一般可先取得食物，这是一项尊贵的荣誉。”当然，妇女不可能都被当作妻妾，受到某些拘束，她要有做母亲的待遇；母亲所付出的最大亲切柔和与因而换来的尊敬，应由她的子女来报答。甚至在这父权制的《摩奴法论》里也说：“母亲被尊敬的程度，要超出 1000 个父亲所得的。”

伊斯兰教义观念的一大汇集造成了印度妇女在《吠陀经》时代以后的地位有所衰退。帐帘使用的风俗，是对已婚妇女的一项隔离，是由波斯与穆罕默德时代所带来的，在北部比在南部地区更加盛行。一部分是为了要使他们的妻妾与他人隔绝，印度女人的丈夫才兴起了这一种帐帘制度。这是一个相当严厉的规定，凡被尊敬的妇女只能为她的丈夫与儿子们所得见，如要出现在公共场合里，就必须要用厚厚的布遮盖起来。即使是生病要接受医生的诊断时也只能在一个垂帘的后面将手伸出，由医生诊脉而已。在某些场合里，甚至连询问一个男人的妻妾，或以一个客人的身份向屋内的女宾讲话，也被认为是一件失礼的行为。在丈夫火葬之际，妻子也一并殉葬的习惯，就印度而言，是从外方传入的习俗。

希腊历史学家希罗多德认为它是古代西徐亚人与巴尔干半岛东部的色雷斯人（Thracian）所实行的。如我们信他的话，在色雷斯的妻妾竟为这一在坟前当众自刃的特权而大肆争取，唯恐失去这一表现的机会。这种祭礼可能来自几乎是全球性的原始殉葬，王公或富有的人家在死后用一个或更多的妻妾婢女来殉葬，之后又代之以奴隶，以及其他财物冥礼以供死者在来世使用。《夜柔吠陀》也说到这是一个古老的风俗，但《梨俱吠陀》则说，在《吠陀经》时代已经没有过去那样严厉的要求，寡妇可以在火葬堆前躺卧一段时间以代替殉葬。《摩诃婆罗多》说：这一贯例又恢复了，且有甘之若饴永无悔恨之意。他举出了几个寡妇殉夫的事例，并制定了这样的规定，贞洁的寡妇并不愿她的丈夫死去再活过来，因而以一种骄傲的心情投入火海。希腊历史学家斯特拉博说：印度在亚历山大大帝时代殉葬的风气盛行，而在旁遮普省的卡提尔部落定了一条法律要寡妇殉死，是为了防范妻妾去毒害她的丈夫。在《摩奴法论》里没提到这样的事。婆罗门教徒在最初是反对这一行动的，但之后也接受了它，到最后又假借着是宗教的一种惩罚，解释说是为了婚姻的永恒信守不渝。一个妇人嫁给一个男人，将永远厮守，绝不离去，并将于来世再行结合。

在西北部拉贾斯坦（Rajasthan）小国里，妻妾是丈夫的绝对产业，这里采取一种johur的方式，凡是一个刹帝利面临某一项失败时，先叫他的妻妾殉死后，他再效死沙场。这一种习尚在莫卧儿王朝的时代非常盛行，一些教徒的痛恨、反对并不被理会，甚至是当时极有权势的阿克巴王也无法制止。有一次，阿克巴王曾费尽心力去劝阻一个印度的新娘不要去她心爱的丈夫的火葬堆前自焚身死，虽然婆罗门祭师将阿克巴王的意旨转达给她，要她改变初衷，但她仍坚持着去牺牲殉葬。当火焰触及她时，阿克巴王的儿子达尼亚勒（Daniyal）还在不断地与她争论，她竟呼叫着："不要来烦扰我，不要再烦扰我。"另外一个寡妇也同样地坚持拒绝这样的请求，将她的手指伸向一盏灯的火焰去烧灼，直到手指全部烧焦为止，竟毫无痛苦似的。她还轻视那些来劝她改变初衷的人，一意孤行地去殉葬。

在维查耶那加尔时代，殉葬仪式竟采用了集体举行的方式，并不止是一个或几个，而是王公大臣的成群结队的妻妾奴婢去随他们殉葬。在康蒂的一项报道说：拉亚或君王曾在他们拥有的1.2万个妻妾里选出3000名宠妃侍妾，在他死时她们必须随他了断，而对这一殉死的行为，她们还引以为荣呢。中世纪印度寡妇的殉夫行为是否为了宗教的转世观念，以及希求在来世得与丈夫重新结合，我们很难得到肯定答案。

自从印度和欧洲有了接触之后，殉葬的风俗即逐渐减少了，但印度男人的寡妇却仍要继续忍受各种无助的痛苦。自从结婚后，妻子就成了丈夫永久的从属物，她在丈夫死后再行出嫁就触犯了伦理，而使之后的生活混乱不安。因此这些寡妇须按婆罗门教义里制定的法律规定，不得再婚，削去头发表示与尘世隔绝（假如她本身并不愿去殉葬的话）。这也不失为一个变通的方法，但她必须继续负起抚育子女的责任，并从事一些私人的慈善事业活动。她并不因此而穷困无助，相反，她可依靠她丈夫所遗留的田产房屋供她之后的生活。这些规定仅仅是为印度中高阶级的正统派妇女所遵守——即为约占人口30%的人所遵行，却为一些教徒和低下阶级所忽视。印度寡妇的第二次贞操的观点与基督教义里抱独身主义的修道女颇有相似之处。两者之中，有些妇女拒绝婚姻而自愿终身从事慈善事业。[1]

---

[1] 在考虑到外国的风俗习惯时，我们必须不断地保持警惕，因为不能以我们自己的道德规范来断定外国的一切实际运作。托德说："这位仅就表面的观察家，他竟采用他自己的标准去衡量所有国家的风俗习惯，用情感的博爱心情去同情印度妇女的低贱状况。在这种情形之下，他必将发现她们的意思与他的想法绝少联系在一起。"

礼貌、风俗习惯与性格

就粗俗的观点看来，很难相信一个民族同时竟能忍受像早婚、庙堂艺伎与寡妇殉葬等的惯例，而又在温和、庄严与礼貌上竟表现得优美绝伦。除了庙宇里的妓女外，在印度从事娼妓的妇女还是很少，而一般两性的交往礼节都特别的高尚。迪布瓦说："这一点我们必须承认，在印度的礼貌规矩与社交上的礼仪规定得相当明确，且各阶层的人都能遵照实行，甚至最下层的人也不例外。这种现象比同时期出现在欧洲的社会秩序还要高明。"在西方有关两性的言谈与想法，在上层社会里与印度的态度多有近似，如禁止男女在公开场合中有亲昵的表现，而对跳舞中男女双方身体部分的接触也认为不适当与猥亵。一个妇女可以公开地去任何地方，不必担心受人调戏或侮辱。像这样的一些冒险事情在东方人看来又是另一回事。《摩奴法论》曾警告男人说："女人天生有引诱男人的倾向，因此一个男人必须保持警惕，即使是对你自己最亲近的女性亲戚。"最好只看她们来来往往的脚踝部分，而不去看其他部位。

除了神灵意识以外，在印度亦很讲究清洁，如法国小说家阿纳托尔·法朗士所认为的"这仅是伦理道德而已"，而实际上这是出诸虔敬的重要部分。《摩奴法论》在多少世纪以前就制定了有关肉体精练净化的一个明确的法则。有一条规定是这样的："每天早上，婆罗门教徒要先沐浴，清洁身体各部，刷牙，滴眼药水，再去膜拜神灵。"当地的学校都将养成良好仪表态度与注重个人清洁的课程列为优先。每天高阶级的印度人都要沐浴，并清洗他下次要穿着的外袍。这一点似乎是表示他厌恶再穿同一件衣袍，也不能容忍穿过一天的衣服不洗涤。英国的威廉·休伯（William Huber）爵士说："印度人在亚洲所有民族里是杰出的一个体肤清洁的榜样，事实上我们可以加上一句，也是全世界所有民族里最爱好清洁的。印度人的净身沐浴长期地沿用下来，已成家喻户晓的了。”[1]

玄奘在1300年以前，曾就印度的饮食习惯，作如下的描述：

> 他们清洁净化他们自己，并不是来自强迫而是出诸自愿。在用膳之前，他们必须要先洗涤一下；每膳剩余部分也不可于下一次再食；装盛食物的器皿也不可一再使用，凡属陶器或木制器皿，用后即予遗弃，如是金、银、铜、铁器皿就必须于用后立即清洁擦亮。每膳食后立即使用牙签将牙齿内残存食垢全部除去。在未沐浴以前，相互之间不可有身体上的接触。

婆罗门教徒在每膳之前后都要洗手、脚及牙齿。他用手将盛在树叶上的食物纳入口中，因为他觉得假如用盘子去盛，再用刀或叉去取食物，就等于是经过两次取拿，这样是不清洁的。吃完后还要用水漱口，达七次之多。牙刷经常都是新的——是从树上摘下来的新鲜细枝。印度人以为用动物的毛做成牙刷来刷牙是不体面的事，即使同一牙刷用两次也不合适。因此在这些规定里，人与人就经常相互轻视与争吵。印度人多数是嘴里不断地咬啮着一种属于胡椒科的植物叶子，这类叶汁会将牙齿变黑，故为一般欧洲人所不赞同，但他们我行我素，不以为忤。这种植物叶与鸦片对他们来说是烟草与饮酒的代用品。

印度的法律书籍对月经的卫生有相当明确的规定，并以此来适应自然的需要。婆罗门便后清洁净化仪式的复杂与庄严，是鲜能比拟的。在祭礼中能转世再生的婆罗门教徒也只能使用他的左手，且必须要将之用水洗濯净洁；他还认为他的屋子可能被当时在场的欧洲人所玷污，因为这些人都是用纸张行事。一些不纳入阶级的与许多最下层的首陀罗人，只是在路边上随便地搭盖个人的厕所。而大部分人所住

[1] 一个印度的伟人拉奇普特·雷依（Lajpat Rai）提醒欧洲人说：“在欧洲人知道卫生与认识牙刷、每日沐浴的价值以前，印度人在这方面早已成为生活的习惯了。20年前，伦敦的商店尚无浴缸，而牙刷还算是奢侈品呢！”

的房屋，也只有一条开口的下水道作为公共卫生的唯一设施。

在印度这样暖和的气候里，穿衣服成了多余累赘，下至乞丐上至圣哲，各阶层人士都赞同不用衣服。在南部的一个阶级，如果要强迫他们穿衣服的话，他们就要迁移。直到 18 世纪后期，在南部地区男女都是从腰部以上全部裸露，这似乎已成了风俗习惯（如今在巴厘岛还是这样没有改变）。孩子们身上都穿戴着一些珠子与圆圈。大多数的人都赤脚；如正统派的印度人穿上了鞋子，那么鞋就必须用布做成，因为他们绝不穿着皮鞋。大部分的人使用腰布袋已感到满意。当他们需要更多的遮盖时，他们就用一些布料围系在腰部，并将围绕后的一头搭在左肩头上。刹帝利阶级穿各种颜色与式样的裤子，着短上衣并系腰带，头上围扎围巾，脚上穿草鞋或着短靴，并在头上扎上头巾。头巾是由穆斯林带进来的，而后又为印度人大量采用。他们将头巾缠在头上，有各种不同的形状，用来表示阶级的不同，但经常是使用像魔术师使用的那种冗长的丝织环带；有时一条头巾，解开后可以达到 70 英尺长。妇女穿的是长可及地的袍衣，由有色的丝织布匹或是手织的棉纱布做成，从两肩垂下，紧紧绕过腰围，再垂下直达脚部；经常在两乳下方留出约几英寸的古铜色的裸露肉体。头发用油脂涂过，以免被炎热的阳光灼干；男人的头发是从中央分开，并在左耳后结合成一簇头发；妇女将她们的头发在头顶上卷成一圈，而将其余的自然地垂下，经常又将一些花朵用来装饰在垂发上，或用头巾将它们罩住。男人都显得英俊，而少妇都相当地美丽。他们乘坐美观的马车，出现在公共场合。一个普通的印度人即使只围上一条腰布，但他表现的自尊心都要超过全部装戴的欧洲外交人员。

法国小说家皮埃尔·洛蒂（Pierre Loti，1850—1923 年）认为在印度高阶层里，雅利安种族其美好发展的完整与精练程度已达到了最高的境地，这是一项不容置疑的事实。男女对化妆品的使用都很熟练，而妇女总觉得不戴珠宝为好。在左鼻孔上戴一圆环是表示已经结婚了，在前额上经常是印上一些代表宗教信仰的记号。

因为每一个民族都具有美德的一面，同时亦有其邪恶的一面，而旁观的人总希望从这里找出一些来代表他们的伦理道德与一些有关他们的曲解和闲言碎语，因此也只能在表面上观察印度人的特质，而不可能再深入里层去探个究竟。迪布瓦说："我想我们可以谈谈他们最大的一些缺点，那就是不可信赖、欺诈以及言行不符……这些都是一般印度人的恶习……事实上世界各国，没有一个国家不重视自己的誓言，或好作伪证。"芬兰社会学家爱德华·威斯特马克（Edward A. Westermack，1862—1939 年）也说："撒谎已经被认为是印度国民的一项通病。"英国历史学家麦考莱（Thomas Macaulay，1800—1859 年）说："印度人是狡猾与欺诈的。"按照《摩奴法论》的规定与在尘世里的常例，只要是动机善良的谎言，就是值得宽恕的。例如一个祭师为了要表达出一项真实的事理，便使用虚伪的言论来达成真实的结果，这样的谎言是被容许的。但玄奘告诉我们说："他们并未从事欺骗，并在道义上奉行了他们的誓言……他们并未做出任何不对的事来，他们都是忍让为先，公平收获为次。"阿布勒·法兹勒并非对印度有所偏袒，据他报道说："16 世纪的印度人都像是具有宗教的信念，殷勤温和，朝气蓬勃，热爱公理，忍让，勤奋，崇尚真理，愉快善良，忠实诚恳。"凯尔·哈蒂（Keir Hardie）认为："他们的诚实已成了人所共知的事。他们的借贷都是全凭口说，而债务的拒付是根本没有的事。"一位在印度的英国法官这样说："在我面前曾有过几百件的诉讼事件是关于财产的，自由与生命都全凭他的一句谎言，但他又否定了他所说的。"像这样的话我们将如何去判断这一纠缠不清的证据呢？实际上这也非常简单，我们只要知道有一些印度人是诚实的，而另一些并不是，这不就解决了这一疑问吗？

另一方面来说，印度人非常残酷，而同时又很温和。英文里有一既短而又丑陋的词是出之于这一奇特秘密的社会——几乎是一个阶级。这词就是"黑镖客"（Thug），这是指在 18、19 世纪为了要献牺牲予女神时母（Kali）而产生的成千上万专取人性命的凶残的刽子手。文森特·史密斯对这些凶手（照字面的意思是欺诈）报道了一些与我们现代并不太相关的记述：

> 这一群暴徒很少有畏惧之心，且他们几乎享有完全的豁免……他们总是有权势人物来加以曲意维护。人们在道义上的感觉显得相当地低沉，因为他们所犯的残酷血腥的罪行，并没有在一般的舆论上显出有斥责的迹象来。他们竟被认为是既成事实的一项必然的现象，直到这一秘密组织消失为止……这也是经常很难得到相反的证据，甚至是最有名的凶手。

总而言之，在印度也有犯罪，以及一些暴行。一般而言，印度人对怯懦的认识比较淡泊，过分地膜拜信仰神灵与崇尚善良，在征服者的铁轮与外来的独裁之下，长期忍受这样的委曲求全，除非有举世无双的勇气才能忍受这一痛苦，但他们甘愿作为顺民而不从事反抗。他们最大的缺点可能是冷漠与懒惰成性，但在印度这不能算是过失而是因为气候产生的适应性，就如拉丁民族有一句谚语 *dolce far niente*（生活优裕，不必劳作）。与美国人在经济上的繁荣下产生的优越感一样，印度人是相当地敏感，重感情，易冲动，好幻想；因此他们最好是做艺术家、诗人，而不适合做统治者与执政者。他们足可利用他们的优点启发他们的国民成为遍及全球的企业家。他们也充满了无限的仁慈心，可以说是最殷勤好客的主人，甚至他们的敌人也承认他们是有礼貌的。而一个出身高贵的英国人根据他长期的经验，作了一个结论说，在加尔各答高阶级里才会出现光耀夺目的风采，对事情的洞悉与情感的稳定，以及原则性的保持，而这些都是世界各国所有的上流人士必须通晓、铭记在心以行诸事的必要特性。

印度的天才，在一个外人看来似乎是忧郁的，而印度人毫无疑问并不看重幽默。释迦的对话集里提到很多种类的游戏，有一个极似西洋象棋。[1]

有关这一游戏的来源，印度人说出了一个相当美妙的故事。5 世纪，一个印度君王触犯了一贯赞助他的婆罗门祭师与武士阶级，忽视他们的忠告建议，并忘记了民众百姓的爱护才是王位唯一有力的支撑。一个婆罗门祭师西萨（Sissa）为了要使这位年轻的国王张开他的眼睛，因而发明了一个游戏。在这游戏里代表国王的棋子，虽然位极尊贵，（但像在东方的战争中）他必须单独作战，并多半是在无援助的状况下。象棋就这样被发明出来了。这位君王相当地喜爱这个游戏，因而要西萨说出他所要求的奖励。西萨谦恭地要求赏赐一些米饭，饭粒的数量根据在棋盘上的 64 格里第一格放的第一粒饭来决定，而后每放一格就加倍计算。国王马上答应，但不久就非常吃惊地发现他已经失去了他的王国。西萨利用这个机会向他的君主说出一番道理，一个国君假若不重视他的谋臣的忠言，他是多么容易迷失而误入歧途。

但这些及而后不断出现的都没有西方游戏所具有的活泼愉快与娱乐的价值。阿克巴王在 16 世纪推广马球游戏。马球显然是来自波斯，后传入中国与日本。之后马球进而演成双骰游戏，并在阿格拉四方形宫廷的道路面上画成许多方块形，并让一些美貌的宫女当作活的棋子。

宗教的节会经常给民间的生活增添不少色彩。其中最大的是难近母节（Durga Puja），是为了尊崇最伟大的神母时母。在这节日行将来到的几个礼拜以前，印度人就开始宴会与歌唱。这仪式的高潮是游行队伍，在这游行里每户人家都带着女神的偶像到恒河，并将它们一起投入河

[1] 西洋象棋是相当地古老，在古代半数的国家都说是他们最先发明。据考古学家的观点，这一种游戏源自印度。我们也确实地发现了这一最古老而不必争执的一项事实。Chess 这一词是来自波斯的 Shas，也就是国王；而“将死”这一词原意是 Shahmat，即“国王死”。在波斯叫它作 Shatranj，是包含了这一词与这一游戏两者。从印度再经阿拉伯，在印度又叫它 Chaturanga，或是“四个角”——象、马、战车与步卒。在阿拉伯仍叫它主教（alfil），即象（来自 alephhind，阿拉伯语的意思是“印度的牛”）。

里。在返回的路程里，要施舍放账。其次是洒红节（Holt），是为了崇敬瓦萨提（Vasanti）女神，以一个农神节日狂欢的性质来举行。在游行行列里都带着象征男性生殖器的徽章，以刺激性的欲望。

在焦达纳格布尔（Chota Nagpur），丰收就是代表了一切的放纵。男人可以不受任何传统惯例的束缚，妇女获得适可而止的自由，少女可获得完全的自由。在拉杰默哈尔（Rajmahal）山里居住的农民阶级，他们每年举行一次农耕节会，在这一节会里所有未婚的少女都被允许自由地与人发生性关系。我们在这里无疑又得到一些有关生育魔术的遗迹，以求能增进家庭与田间的多产。比较端庄的是一些婚姻的节会，因为这是代表每一个印度人在一生中最重大的事件。很多父亲为了要使他的儿女在婚嫁中出色，竟因这一大笔豪华奢侈的费用而破产。

在生活的另一个终点就是最后的仪式——火葬。在释迦时代，祆教人士将尸体暴露野外，让禽鸟来啄食掳掠，作为一种死别的方式。一般显贵人士则用火化，将尸体摆在火堆上，焚后的骨灰就放在塔或陵庙里的神坛上。后来火化才变成了每个人的权利。在玄奘的时代，人在死后经常由他们的子女用船将尸体带到恒河的中流，再投入所谓转世的洪流中。自杀在东方比西方容易接受。在阿克巴王的法律里，年老的人与患有不治之病的人，以及自愿将自己的生命作为奉献于神灵作牺牲的人们都可以自杀。上千的印度人都曾活活地饿死，在雪地之下被活埋，或将自己埋在牛粪下放火烧死，或让在恒河里出没的鳄鱼去吞食，通过这些来实现他们作为最后供献的意志。在婆罗门教徒里也有切腹自杀的方式，这种自杀是为了报复一项伤害或指出一项错误过失而行的。当拉杰布达纳王朝里的一个国王在祭师阶级里征收了一些税收时，几个最富有的婆罗门教徒当场就手刃自杀，当即带给国王一些被认为是出自一个行将死亡的祭师最恐怖与最灵验的诅咒。婆罗门教派的法律书籍里规定，谁要决定手刃自杀，必须在前三天绝食；如他在企求自杀时没有成功，他要遭受最严厉的惩罚。生命的来临，人人相同，但它的出路并不止一条。

第五章 | 诸神的天堂

论到宗教的强力和重要性，世上再也没有一个国家比得上印度了。印度人曾经容许外邦政府一再地君临其上，部分是由于他们不大在意什么人来统治剥削他们——无论是本地人或异邦人；他们更看重的是宗教而非政治，是灵魂而非躯体，是无数的来生而非暂驻的今生。阿育王成了圣者，阿克巴大帝几乎皈依了印度教，甚至最强有力的人也领略了宗教的力量。在本世纪内史无前例地统一了印度全境的那个人，与其说是一个政治家，不如说是一个圣者。

佛教的后期历史

阿育王死后 200 年，佛教在印度的影响达到了巅峰。从阿育王到戒日王的佛教成长时期，在很多方面是印度之宗教、教育与艺术的顶点。但当时盛行的佛教与其说是释迦的佛教，不如说是他的叛徒须跋陀罗（Subhadda）的佛教。他在听到师尊死去的时候，向诸僧说："列位，够了！无须哀哭，我们正好解脱了。往昔我们厌烦于这样的啰唆：'汝宜为此，汝不宜为此。'如今我们可率意而行，我们不喜的，尽可勿为！"

首先，他们随意地分裂成许多派别。佛陀死后200年内便有18派佛教的教理，分别承继师尊的遗教。南印度与斯里兰卡一时仍奉持始祖较为单纯之教义，即往后名为小乘者：他们尊佛陀为伟大的教师，而非神明，其经典则为较古教派的巴利文经本。但盛行于北印度、中国西藏、蒙古和日本的佛教则为大乘，这是迦腻色迦王的僧众大会曾予以定义和阐扬的。这些具有（政治）热心的神学家宣言了佛陀的神性，在他身边增添了天使和圣者，采用了帕檀迦利（Patanjali）的瑜伽苦行主义，并且用梵文颁行了一套新“圣经”。它在形而上学与博洽方面虽颇见优长，却宣布并确立了一种比释迦牟尼的严肃悲观的教义更为适合于大众的宗教。

大乘佛教，是用婆罗门的神祇以及修行方法和神话等使之较为缓和了的宗教，适合于迦腻色迦王所统治过的贵霜鞑靼人（Kushan Tatars）和西藏的蒙古人。它的教义设想了上天，其中住着众佛，这里面以赎罪者阿弥陀佛（Amida Buddha）最为民众喜爱。天堂和地狱便是世间善恶的果报，也因此使若干皇帝的民众去转服其他的差役。在这项新的教义中，最伟大的圣者便是菩萨或未来的佛，他们本身虽已具有德慧与法力，却自愿不成涅槃（此处为脱离轮回），以便一再地托生于世间来超度众人。[1] 一如地中海区域的基督教，这些圣者广受民众的膜拜，以致在膜拜与艺术等事上，几乎把万神之首都挤出了万神殿。佛教同中古时代的基督教一样，通行圣迹的崇奉、圣水的使用、香烛、念珠、法衣、用于祈祷的晦涩文字、僧尼、寺院中的髡发与守贞、忏悔、斋戒、圣者的入定、为死者的净罪与诵经等事，而这一切都似乎先发生于佛教。[2] 大乘佛教之于原始佛教，正如同天主

[1] 在《往世书》（*Purana*）的一部之中便有一则典型的传奇故事，一个皇帝虽然应该上天堂，却停留在地狱安慰受苦者，并且不愿离去，直到一切堕地狱者都已脱出。

[2] 詹姆斯·弗格森说：“在发明使用各种典礼和形式上，佛教徒领先罗马教会5个世纪。”爱德蒙（Edmunds）曾详细列明佛教与基督教福音故事之间有着惊人的类似。但我们对于这些习俗与信仰的肇始知识太过模糊，以至于无法在先后方面作出肯定结论。

教之于斯多葛主义与原始基督教。佛陀也像路德那样犯了错误，以为戏剧性的宗教仪式可以被训诫和道德取代。这种具有丰富的神话、奇迹、典礼以及众多居间的圣者的佛教胜利，正如多彩与戏剧化的天主教之胜过朴素的早期基督教与现代新教。

当初损及佛陀佛教的多神主义、奇迹及大众偏爱的神话，最后也破坏了印度的大乘佛教本身。因为就历史学家回顾既往的智慧来说，既然佛教承袭于印度教者如是之多（在神话、仪式、神祇等方面），则不久之后，两种宗教间便鲜少差别了。其中具有较深根基，较能吸引大众，经济来源较充裕及政治支持较有力者，便将逐渐兼并另外的一支。很快，似乎就是人类原动力的迷信，便从古老信仰倾灌而入新兴的信仰，甚至连性力教派（Shaktism）的阳物崇拜热忱也在佛教仪式中占有一席之地。慢慢地，那耐性和坚毅的婆罗门教徒重获势力和帝宠。年轻的哲学家商羯罗重建了《吠陀经》作为印度教思想之基础的权威地位以后，佛教徒在印度的思想领导地位遂亦终止。

最后的一击是外来的，在某种意义下也是佛教自找的，阿育王以后，僧侣的特权使得摩揭陀的精华分子都去做了绝欲和非战的僧众，甚至在佛陀当时已有爱国者在抱怨："乔答摩和尚使父无子，家族灭绝。"佛教和禁欲主义的成长使印度的男子气概枯竭了，再加上政治上的分裂，就使印度易于遭受征服。阿拉伯人来到后，决意要散布一种简单坚强的一神教，他们嫌恶那些懒惰、贪财、以神迹来招摇的佛教僧人；他们粉碎了僧院，杀戮了千万僧众，使得禁欲主义不复为慎重的人们所赞许。留得残生者遂归并到原来产生他们的印度教内，古老的正统教派收容了悔罪的异端，于是"婆罗门教以兄弟的拥抱而杀灭了佛教"。婆罗门教一向是宽容的。在佛教与其他成百教派兴衰的全部历史中，虽无迫害事例，但我们可见到许许多多的争端，与之相反，婆罗门教颁定佛陀为神（作为毗湿奴的一个化身），停止了生物祭祀，并且把佛教众生神圣的理论纳入了正统仪式，借以安抚浪子的回归。经过了 500 年的同化，佛教宁静而和平地从印度消失了。[1]

另一方面，它正在收服几乎整个亚洲。它的思想、文学及艺术南向传播到斯里兰卡和马来半岛，北向到中国西藏和土耳其，东向至缅甸、泰国、柬埔寨、朝鲜和日本；于是这些地域，全部接受了佛教文明，正如同中古时代西欧和俄国从罗马及拜占庭的僧侣那里接受了基督教文明。在这些国家中，大多数国家的文化巅峰来自佛教的刺激。斯里兰卡的阿努拉德普勒（Anuradhapura），从阿育王时代到9世纪衰败为止，曾经是东方世界的主要城市之一。当地的菩提树2000年来一直受人崇敬，在康提高山上的庙宇则为亚洲1.5亿佛教徒的圣地之一。[2]缅甸的佛教大概是现存最纯粹的佛教，那里的僧侣常接近佛陀的理想境界；在他们的作为之下，缅甸1300万居民已经达到一种比印度高出许多的生活水准。斯文·赫定（Sven Hedin）、奥勒尔·斯坦因（Aurel Stein）和伯希和（Paul Pelliot）已在土耳其的沙地中掘出数百卷佛陀的手稿，以及其他的证物——属于一种曾经盛行于当地的文化，从迦腻色迦时代到13世纪为止。7世纪时开明的战士松赞干布（Srong-tsan Gampo）在中国西藏建立了有效能的政府，并占据尼泊尔，以拉萨为首都，使它成为中印之间贸易的中站而致富。他从印度请来佛教僧侣，传播佛教，教育民众，然后自己退隐4年以便学习读书写字，于是开始了西藏的黄金时代。成千的寺院被建造在山间和高原上，333卷的西藏佛书被颁布了，许多经籍得以保存供人研究，然而印度原文大部分已逸失。在这与世隔绝的所在，佛教发展成为一套繁复的迷信、禁欲以及教规至上的系统，只有中古欧洲的早期才能与之相比拟。达赖喇嘛（或统括万有之僧），隐匿在俯视拉萨

[1] 今天在印度本土只有300万佛教徒——只占全人口的1%。

[2] 康提的庙宇收藏有著名的“佛牙”——长2英尺，直径1英寸。它贮在一个镶珠宝的箱内，不示于人，然按时作定期的庄严游行，吸引了东方诸国无数佛教徒的前往。且其庙内壁书，展示出文雅的佛陀，正于地狱杀戮罪人。多数伟人的生平处处使人想起他们死后，会被变形得无可奈何。

城的庞大的布达拉宫里，西藏的百姓至今仍相信他是菩萨转世。在柬埔寨及印度支那半岛，佛教伴同印度教，造就了东方艺术史之黄金时代。佛教和基督教一样，在发祥地以外获得了最大的胜利，它的获胜并没有流过一滴血。

新神

在这时替代了佛教的“印度教”并非单一的宗教，也不纯然是宗教，它综合了许多信仰和仪式，奉行它的人只有四种性质是共通的：他们承认阶级制度和婆罗门的领导地位，确认牛为神的特别代表而崇拜之，接受轮回和灵魂转世的法则，并且以新的神替代《吠陀经》里面的神。这些信仰部分先于《吠陀经》的自然崇拜，并且在后者衰微以后仍继续留存。它们的成长，部分源自婆罗门在仪式、神祇及信仰等的一味纵容，而此等仪式、神祇及信仰既不见于经典，更颇违《吠陀经》的精神。这些信仰即使在佛教思想暂居上风时，也还在印度教思想的巨镬之中不断地煎煮着。

印度教诸神的特色为肢体上的繁复，隐然象征着异常的知识、活动或力量。新的梵天有四面，卡尔凯蒂耶（Kartikeya）六面；湿婆有三目，固陀罗千目；几乎每个神都有四臂。这新的众神以梵天为首，气概昂扬而属于中性，公认为众神之长，但在实际的崇拜中所受的注意不会超过今日欧洲的一位立宪君主。和梵天及湿婆并列为三——不是三位一体——的是护法神，一位仁爱之神，一再地化身为男子来帮助人类。他最大的化身是黑天，降生在监狱，做了许多英雄恋爱的奇事，治愈了聋哑，帮助了麻风患者，济助了贫困，也把人从坟墓中救起。他有位心爱的门徒名阿周那（Arjuna），在阿周那的面前，他超升了。有人说他是中箭死的，有人说是钉在树上死的。他降入了地狱，又升上天堂，并且将在末日重来以审判生者和死者。

印度教徒认为生命以及宇宙之中有三种主要的过程：创造，守护，破坏。因此在他们看来神有三种形式：梵天为创造神，护法神为守护神，湿婆为破坏神。这即是所谓的三相神（Trimurti），是一切印度人——除耆那教徒之外——所崇奉的。[1] 一般人的信仰分别归于护法神教派与湿婆教派。两种教派和睦相处，有时在同一庙宇中行拜神仪式。聪明的婆罗门，为大多数的民众所跟随，对于这两个神同样地给予荣耀。虔敬的护法神教徒每天早晨用红色黏土在前额绘上毗湿奴的三叉志记，虔诚的湿婆教徒用牛屎灰在眉上画出平线或佩戴林迦——男性生殖器的象征——系在臂上或挂在颈间。

湿婆崇拜是印度教最古老、最深刻和最可怕的构成因素之一。约翰·马歇尔报道在摩亨佐-达罗有着湿婆的“确证”，部分的形式为三首的湿婆，部分为小石柱，这些他认定为与它们的现代相对物一样，同是崇拜阳物的象征。他总结道：“湿婆教因而是世界上最古老的现存宗教。”[2] 这神的名字是美化的，意为“吉祥”。湿婆本身则主要被视为残忍和破坏的神，为宇宙间破坏力量的人格化，它一一地破坏实有之象——细胞、有机物、种类、观念、成品、星辰和天地间的其他事物。从来没有一个民族曾如此坦白地面对众相之幻变，自然之无私，或如此明白地认识邪恶配衬良善，破坏和创造并行，以及一切孳生为罪孽，其应有之刑责盖为死。印度教徒遭受了万千劫苦，看出其中有一种跃动之力量似乎乐于破毁创造神梵天所产生的每一物。这是一个永恒在形成、散灭复又形成的世界，湿婆便在依着它的节奏而舞动。

正如同死之为生的刑罚，生亦为死的对敌。同一个象征破坏的神在印度教徒的心目中也代表了那种繁殖的热情和巨潮，种族借此得以繁衍，而胜过了个人的死灭。在印度的若干地区，特别是孟加拉，湿

[1] 据 1921 年的调查，印度人信仰各宗教的情形为：印度教 2.16261 亿人，锡克教 323.9 万人，耆那教 117.8 万人，佛教 1157.1 万人（几乎全部在缅甸与斯里兰卡），袄教 10.2 万人，穆斯林 6873.5 万人，犹太教 2.3 万人，基督教 475.4 万人（主要为欧洲人）。

[2] 然而湿婆的名字像婆罗门神一样不见于《梨俱吠陀》。典籍作者帕檀迦利在大约公元前 150 年时提到湿婆神像与信徒。

婆这种创生或繁殖的力量是由他的夫人时母（或雪山女神、难近母）代表的，并且在很多性力派的仪式上受到崇拜。到前一个世纪为止，这种崇拜一直是一种血腥的仪式，常有活人的牺牲。近来这位女神则以山羊为满足了。这位神祇为大众所知的绘像是一个黑色的人形，大张着口，伸出舌头，蛇虫绕身，在死尸上跳舞。她的耳环是人的尸体，项链是骷髅，面孔和胸乳满涂鲜血。她的四只手中的两只携了利剑和人首，其余两手则伸开做祝福和保护状。因为时母——雪山女神虽是破坏与死亡之妇人，也是生育女神；她能残忍也能温柔，能杀戮却也能微笑；或者她本是在苏美尔的繁殖女神，传入印度以后才变得如此可怕。无疑，她和她的夫君被弄得尽可能地可怕，以威慑胆小的信徒使其行为正当，也或者使其对于僧侣的供奉更大方些。[1]

这些是印度教的大神，但他们只是印度教众神庙里3000万神明之中的5位，这些为数众多的神明仅是开列出名字就要写上100卷。其中有些是天使，有些则是魔鬼，有些是天体如太阳之属，有些是吉祥神如吉祥天女（Lakshmi），有很多是田野的兽，或是天空的鸟。在印度教徒的心目中，动物与人之间并无真正的分隔。动物和人一样有灵魂，而不息的灵魂，从人转到兽，又循转回来。这一切都被编织在一个无限的轮回和转世的网中。例如象变为神明的象头神（Ganesha），被认为是湿婆之子。他象征了人的兽性，同时他的形象又借以祛灾。猴子和蛇是可怕的，因此是神圣的。眼镜蛇一咬几可立时致命，特别受到敬仰。印度许多地区的百姓每年举行盛大的宗教盛宴来崇拜蛇，并且在眼镜蛇的洞口用牛奶香蕉供奉。有些庙是供蛇的，如在迈索尔东部。极多的爬虫在这些建筑中定居，由僧侣喂食照顾。鳄鱼、孔雀、鹦鹉甚至老鼠，都备受崇拜。

一切动物中最为神圣的莫过于牛。用各种材料制作的各种大小的公牛形象见于庙宇和家庭之中，以及城市的广场上。母牛是印度最得

[1] 但湿婆教的僧侣很少是婆罗门，多数的婆罗门对于性力教派表示不屑与惋惜。

人心的动物，可以在街头任意漫步；它的粪便被用作燃料或一种神圣的油膏；它的尿是一种神圣的酒，可洗净一切内外的污秽。这些动物无论在什么情况之下印度教徒绝不可以食用，它们的皮毛也绝不可当作衣物——头巾、手套或鞋子。它们死去时，其葬仪之盛有如宗教仪式。可能曾经有过睿智的政府明令确定禁止食牛，以保存农畜来应付印度渐增的人口。今日它们为数几达全人口的1/4。印度人认为对牛怀有深爱，比对猫狗等家畜一视同仁的感情更为合理。有人尖刻地指出，婆罗门相信牛绝不可杀，昆虫绝不可伤害，但寡妇则当被活活烧死。事实的真相是，动物崇拜在每个民族的历史上都曾有过，动物如果必须要加以神化，则良善而宁静的牛似乎也有权得到一份敬意。我们不可以太自以为是而惊骇于印度神明中动物之多，因为我们也有伊甸园中的蛇魔，《旧约》中的金牛，墓之地窖中的圣鱼以及那和善的上帝的羔羊。

多神教的秘密所在实是简单头脑无法以抽象的方式来思考的：它了解人比了解力量容易，了解人的意愿比了解法则容易。印度教徒怀疑人类的感觉只能及于事情的外表；他认为在这些现象的背后有着无数超乎物质的存在物，有如康德所说的可想知而不可见及的。婆罗门所具有的某些哲学气息的容忍给拥塞的印度教万神堂又加了些神明；地方上或土族的神之所以被收容在印度教的神殿之中，是因为把他们说成是已有神明的化身；每一种信仰只要付出费用便可得到证件。到最后差不多每一个神都变成另一个神的某种过渡阶段，或其性质，或化身，甚至一切的神在成熟的印度教徒的心灵来看，都化合为一个神了。多神教成了泛神教，又几乎是单神教、一元教。如像一个好的基督徒可以向圣母或上千个圣人之一来祈祷，而仍然是一个一神教徒，因为他承认有一位上帝超越一切，印度教徒同样可以向时母、罗摩、黑天或头象神祈祷，而心中丝毫没有把这些当作至高无上的神明。[1] 有

[1] 引录1901年自印度的英国政府的户口调查报告：“各种调查的总结果是印度人绝大多数对一个至上的神具有坚定的信仰。”

些印度教徒奉护法神为至高无上之神，而称湿婆为仅属于次等的神；有些称湿婆为至上之神，而把护法神当作天使。梵天仅为少数人所崇拜，原因在于它的缺乏人格，它的不可触摸和遥远。同样理由，基督世界大多数教堂的建立是为玛利亚或某位圣人，而基督教则一直要等到伏尔泰才来建立一个遵奉上帝的教堂。

各种信仰

和这种复杂的神学理论相混合的是一套既属迷信又甚深刻的神秘理论。《吠陀经》是用死文字写的，因此没有人去读，而婆罗门各派的形而上学又非一般民众所能了解，于是毗耶娑（Vyasa）等人在1000年的时间里（公元前500年至500年），写了18部《往世书》，共40万个对句，向普通民众解释世界的创造，它的时期性的进化与遗散，诸神的世系，以及英雄时代的历史。这些书在文学形式、逻辑次序或数目的适中方面并无足道；它们肯定地说那一对爱人——优哩婆湿（Urvashi）和补噜罗婆——在欢乐与欣愉之中度过了6.1万年。但是由于文字易晓，譬喻动人，立论符合正统，它们成了印度教的第二“圣经”，成了迷信、神话甚至哲学的大贮藏库。例如在《毗湿奴往世书》（*Vishnu Purana*）内便有着印度教的最古老思想，也是不断地闪现的一个主题——个体的分殊为幻，一切生命为一：

> 一千年以后里胡（Ribhu）来了
> 到里大哈（Nidagha）的城市，为要授予更多的知识。
> 他在城外见到他。
> 那时皇帝带了许多侍从正要进城。
> 他站得远远的，离开人群，
> 他从树林回来，带了燃料和草，他的脖子由于禁食而枯瘦。
> 里胡看见他，上前招呼他，说道：

"婆罗门啊，为何独自站在此地？"
里大哈说："看那人群挤在皇帝周围，
皇帝正在进城。故我独自站着。"
里胡说："这些人中谁是皇帝？
谁又是其余的人？
告诉我，因为你好像知道。"
里大哈说："那骑着猛象，如山峰矗立的，
便是皇帝。其余是侍从。"
里胡说："这两个，皇帝和象，你已指出，
但是没有分别的特征；
把分别的特征说给我吧。
那我便知何者是象，何者是皇帝。"
里大哈说："象在下，皇帝在上；
有谁不知道骑者和载者的关系？"
里胡说："教给我，让我知道。
'在下'这个字表示什么，'在上'又是什么？"
里大哈便一冲而上把师父压倒，向他说：
"听着，待我把你要知道的告诉你：
我便在上有如皇帝。你在下，好似那只象。
为要教导你，我给你这个例子。"
里胡说："如果你是在皇帝的位置，我在象的位置，
那么且再告诉我：我们之中谁是你，谁又是我？"
于是里大哈很快倒在他面前，抓着他的脚，说：
"真的你是里胡，我的师父……
由这句话我知道我的师父你来了。"
里胡说："是的，来教导你，
因为你往昔诚心地随侍在我旁，
我里胡现在来到你这里。

我刚教过你的，简单说——

那是至上的真理之核心——便是完全地无人我之分。”[1]

里胡对里大哈说了这话，便离去。

里大哈立刻领受了这象征性的指导后，便一心思索人我的无分。

从此以往，他看一切生物都无殊于他自身。

于是他见到梵。如此他达到最高的得救。

在这些《往世书》以及印度中古时期相关联的作品里，我们见到一种非常现代化的宇宙论。如像《创世记》里的那种创造是没有的；整个世界永远在进化和溃散，生长和腐败，一个循环接着一个，像每一种植物，每一个有机体那样。梵（在这书中更常用的造物主的称呼是梵天），是操持此一无尽之过程的精神力量。我们不知道宇宙是怎样开始的，如果曾有开始，或许是梵像生蛋那样把它生下来，又坐在上面把它孵了出来；或许是造物者一时的差错，或一个小玩笑。宇宙间的每一个劫（Kalpa）被分为 1000 个大时代（Mahayuga，亦译“摩诃宇迦”），各为 432 万年；每一个大时代包括四个时代（Yuga），在这其间人类经历一番逐渐的退化。在现今的大时代已过了 3 个时代，共为 388.8888 万年；我们生活在第 4 个时代，也称为忧患代；这个痛苦时代已过了 5035 年，但还剩下 42.6965 万年。然后世界将遭逢它的一次周期性的死亡，接着梵天将开始另一个梵天日，即又一次 43.2 亿年的循环。在每一循环之中，宇宙借着自然的方式和过程来发展，又借着自然的方式和过程来溃坏。整个世界的毁灭有如一只老鼠的死亡般确定，而对一位哲学家来说，其重要性也并不过之。全部的创造物并不趋向一个最后的目标，“进步”是没有的，有的只是无休止的重复。

[1] 无人我之分、统协（Advaitam），此为印度哲学的关键用语，详见后章。

经过这所有的时代和大时代，亿兆的灵魂从一个种类转到另一个种类，从一个躯体到另一个躯体，从一个生命到另一个生命，疲惫地在转移着。一个人实际并非一个人，他是生命之链中的一环，一个灵魂的编年史中的一页；一个种类并非真的一个种类，因为这些花啊虫啊的灵魂可能昨日已是，或者明日将是人的精神；一切生命皆为一。一个人仅只部分是人，他也是动物；过去较为低级的存在之片断与影响仍然流连不去，使他较近于兽而距离圣贤境界较远。人只不过是自然的一部分，而实非它的中心或主人；一个生命仅为灵魂的生涯之一部分而不是全部；每一形式都是暂驻的，但是每一实相（reality）则为连续和合一的。一个灵魂的许多次投生好似一个生命中的年代和日子，会使得灵魂时而成长，时而腐坏。个人的生命，在有如热带激流的世代演进中是如此短促，又如何能包容灵魂一切的历史，或者为着它的恶与善给予适当的惩罚和奖赏？如果灵魂是不朽的，一个短短的生命又如何能永远决定它的命运？[1]

据印度教徒的意见，生命可以被了解，唯有凭借一项假定，即以每一项的生存为承受着某次前生的善恶的果报。行为无论大小好坏，不会没有后果，每一事都将被知悉。这是“业”的法则——精神世界中的因果法则，这也是至高无上、最可怕的法则。一个人如果行为公道仁慈，他的酬报不会在有限的一生之内来临，它扩展到其他的生命内，而他的德行如果仍能持续，则他再生时会有较高的地位，较好的命运。但如果他作恶多端，则再生时将为弃儿，或鼬鼠，或者做一只狗。[2]这种因果报应律，像希腊的命运，是凌驾于神人之上的，甚至诸神也不能改变它的绝对运行。或者按照神学家的说法，“业”与诸

---

[1] 当印度人被问到为什么人对于过去的各世没有记忆时，他的回答是人同样不记得婴儿时期的事。我们既假定有婴儿期以解释成人期，他则假定有过去的生命以解释人在今生的地位与命运。

[2] 一位僧侣解释他的胃口说他前生曾为象，“业”更换了他的躯体但忘了换他的胃口。一体味浓重的妇人相信她的前生是一条鱼。

神的意愿行动是一体的。但“业”并非命运，命运暗示着人不能决定自身的遭际，“业”则使人（把人的若干生命当作整体来看）成为他本身命运的创造者。天堂和地狱也并不终止“业”的运作，或那一连串的生和死。灵魂在躯体死去后，或可下地狱去承受特别的惩罚，或可上天堂接受迅即的特别奖赏，但没有一个灵魂永久地留在地狱或天堂，几乎每一个进去天堂地狱的灵魂迟早都要回到人间，而在新的转生中实地去承当他的“业”。[1]

就生物学来讲，这番理论很有点道理。我们是祖先的再世，也会在子孙身上再世。父亲的缺点或多或少地（或者并不像标准保守主义者所认为的那样显著）加之于子女身上，甚至经历许多世代。“业”是极佳的一则神话，来劝阻人类，使其勿杀，勿偷，勿惰，勿吝于布施；再者它把道德统一性和责任感推广到一切生命，于是就赋予道德律一种比在其他文明中远为广大及更符合逻辑的应用范围。好的印度教徒是尽可能避免杀死蝼蚁的，“甚至那些道德平常者对待动物也如同对待卑微的弟兄，而不像是由于神意他们可以任意去支配的下等的动物”。以一种哲学的方式，“业”为印度解释了许多本是意义不明或暴虐不公的事实。那一切人与人之间永久的不平等，使人们要求平等公正的急切意愿永久不得满足；那种种的罪恶污黑了大地，染红了历史之流；那一切的痛苦，与生俱来，至死方休，对于认识了“业”的印度人来说似是可以了解的；这些邪恶与不公、愚智之不等、贫富之差异，都是过去生命的后果，都是同一项法则的不可避

[1] 印度人相信七重天，其中之一在地上，其余的层层在上；地狱有 21 处，分为 7 域。刑罚并非永久，但种类繁多。迪布瓦所作的印度地狱的描述可比诸但丁地狱的报告，并且同样地表明了人类的许多恐惧与虐待狂的想象。“火、钢铁、蛇、毒虫、野兽、猛禽、苦汁、毒药、臭气，简言之，一切可能之物都用来折磨罪人。有些鼻间串绳，永远地在尖刀之上拖行；有些被判定要通过针眼；有些置于两块平面的岩石之间，两块岩石相接相碾，却不杀死他们；有些则让饿鹰不断地啄他们的眼睛；而上百万的罪人则不息地泅在一个充满狗尿或人的鼻涕的池中。”这类信仰大概为最低等的印度人与最严格的神学家所专有。我们不会因此蔑视他们，假如我们记起我们自己的地狱（不同于印度）不仅花样百出，而且是永久性的。

免的实际作用，为一个生命或一个瞬间是不公道的，但最后是完全公道的。[1]“业”是许多种这类的拟想之一，人借之以耐心地忍受罪恶，并且有希望地面对生活。多数的宗教所企图担负的任务之一是解释罪恶，为人们发现一套理论，这样他们可以接受罪恶，即便不是兴高采烈，至少可以心平气和。生命真正的问题既然不在于痛苦而在于不该遭受的痛苦，印度的宗教给悲哀和痛苦赋予了意义和价值，借此缓和了人类的悲剧。在印度教的理论中，灵魂至少有此安慰，即它所必须承担的仅为它本身作为的后果。除非它怀疑一切的生命，否则它便能接受罪恶而以之为暂时的惩罚，并且期待本身德行的实际的奖赏。

但事实上印度教徒怀疑一切的生命。受制于一个消磨精力的环境、国家的屈从和经济的剥削，他们倾向于把生命当作痛苦的惩罚，而非一种机会或奖赏。《吠陀经》是北方八主的坚强种族所写的，其乐观几乎像美国诗人惠特曼；佛陀代表同一种族的时间却已在500年之后，他已经否定了生命的价值；《往世书》又在500年后，展现出比西方所知悉的任何思想更为深刻的悲观主义。[2]东方在被工业革命波及以前，一直无法了解西方对待生命的热忱；西方人的无情的忙碌与急迫，不满足的野心，那些省气力却损害神经的工具，那进步，那速度，在东方看来只是浅薄与幼稚。东方不能了解这种对事物表象的深度沉溺，这种拒绝面对终极真理的机巧，犹如西方无法测度那种传统

---

[1] 对于“业”以及转世的信仰是祛除印度阶级制度最大的理论障碍，因为正统的印度教徒假定阶级的区别是由过去生命中灵魂的行为所确定的，并且是神的计划的一部分，若欲加以扰乱则有亵渎之虞。

[2] 叔本华和佛陀一样，把一切痛苦归根于生活与繁殖的意志，并且主张借自动绝育以实行种族自杀。海涅的诗篇中说到死的地方很多，并且他的诗也和印度的诗难有分别：

> 睡眠固甜蜜，死亡应更美；
> 最好是从不曾出生。

康德在责备莱布尼茨的乐观主义时问道：“有没有任何心灵健全的人，在活了足够的年岁之后，又思量了人类生存的价值以后，还愿意再经历生命的蠢剧？我不是说以同样的条件，而是以任何的条件。”

东方之宁静的怠缓，那种“滞止”和“无望”。热是不能了解寒的。

“世间最奇怪的事是什么？”阎摩问坚战王（Yudishthira）。坚战王答道：“在有人死了以后的人看来，人们仍来来往往，好似他们是长生不老的。”“世界因死而受苦，”《摩诃婆罗多》说，“因岁月而受困，夜晚才是永远来来往往的不衰者。我既已知道死亡不能止步，我在空言的隐蔽之下走动又有何希冀？”在《罗摩衍那》里悉多在历经诱惑考验仍坚守贞节之后，所求的酬报唯有死亡：

> 如果我真的已证明是夫君的贞妇，
> 大地之母，把悉多从生命的重负中解脱！

所以，印度教宗教思想的最后真言便是解脱（Moksha）——先从欲望，再从生命得到解脱。涅槃可以是其中任一种，但两者皆有时，最为完满。贤者婆利睹梨诃利（Bhartrihari）叙述第一种解脱道：

> 世上每一事物皆引起畏惧，唯一免除畏惧之道便是绝欲……曾有一段时间，日子在我看来好长，当时我向富者乞求，却弄得内心刺痛。然而在我企求实践一切的世俗愿望和目标时，日子又似乎太短了。但现在作为一个哲学家，我坐在山侧洞中一块坚石上，想到先前的生活，我屡次发笑。

甘地叙述了第二种的解脱。“我不要再生。”他说。印度教徒最高最终极的企望是逃脱转世，摒弃那种个体在出生之后必会复生的自我激情。得救的来临不是凭借信心，也不是凭借努力；它的来临凭借如此毫不中辍的自我否定，如此无私的对于那个沟通部分的全体的直观体验，以至于到最后自我已经死灭，也就没有什么可以再生的了。个体的地狱进入单一完全的天堂，个体完全而无我地被吸收在婆罗门——世界之灵魂或力量之中了。

宗教奇观

在一切关于畏惧和受苦的神学思想之中，迷信——求之于超自然用以疗治生命中小小灾痛的急救良方——遂大肆泛滥了。牺牲、符咒、驱邪、星象、占卜、念咒、立誓、手相、命卦，数达 2 728 812 名的僧人，100 万名相命者，10 万名弄蛇者，100 万托钵僧、瑜伽僧，其他形形色色的圣者——这便是印度历史景象的一面。1200 年来，印度人一直有大批的坦陀罗（Tantra）为他们阐释神秘主义、巫术、命相和魔法，并且拟定几乎事事皆验的神咒。婆罗门僧人对此种魔法宗教不屑置评，他们容忍它，部分由于他们知道人们的迷信应为他们本身权力所赖，部分也因为他们相信迷信是不可毁灭的，某一形式消失了，又会以另一形式产生。他们觉得有知识的人不会同这样一种会变成无数化身的力量去争斗。

心思单纯的印度人如同很多有教养的美国人，相信星象学，深信每颗星辰对于那些随着它的升起而出生的人是有特别的影响力的。月事中的妇女，像奥菲莉娅（Ophelia）一样，不可见阳光，因为这会使她们怀孕。据考希塔克（Kaushitaki）《奥义书》所言，致富的秘密在于有规律的礼拜新月。术士、行妖术者、卜者为着小量的奉献，为人验着手相、便秽、梦境、天空的迹象、布匹上面老鼠所咬的洞，以此解释过去未来。口里念着只有他们才会的咒语，他们镇压魔鬼，摆布毒蛇，驯伏禽鸟，并且连神祇也拘来为出钱者助力。行幻法者，只要有适当的酬劳，便使魔鬼附于仇人之身，或为本人驱鬼；他们使仇人忽然丧生，或使其患不治之症。甚至一个婆罗门在打哈欠时，也要向左右弹指以惊走可能进入他口中的恶鬼。[1] 无论在何时，印度人和许多欧洲的农民一样，总在防备邪眼（the evil eye）的窥视；在任何时候他都可能因仇人的魔法而遭逢厄运或死亡。最要紧的，幻术师能

[1] 同样地，欧洲人每打一次喷嚏都要祝福一回，原来是为防范灵魂因大力的出气而喷走。

够恢复性能力，或使任何人相爱，或使不育的妇女得到子女。

印度人最急切欲求的无过于子女，甚至超过对涅槃的欲求。很可能由于此，他才渴欲性的能力，并且对繁殖的象征供奉如仪。在多数国家曾一度盛行的阳物崇拜，在印度从古代直到20世纪还在盛行。印度人所奉的神是湿婆，阳物则是偶像，那些典范教本则为经典。湿婆所具有的使人精壮的力量，有时被当作他的女伴时母，有时被当作湿婆本性中的一项女性素质，它本身包含了雄性和雌性的力量。这两种力量则以名为林迦或尤尼（Yoni）的偶像来做代表，分别表示繁殖的男女性生殖器。在印度到处可见这种对于性的崇拜：在贝拿勒斯的尼泊尔庙宇以及其他庙宇的阳物图形；在南方湿婆庙的建筑上面或其周围所见的巨型林迦；也有奉持阳物的游行队伍和仪式，以及戴在手臂颈间的阳物形象。林迦的石形或见于公路之侧，印度人在这些石像上面敲破拿来供奉的椰子。在拉米西瓦拉庙，林迦的石像每天都用恒河的水来冲洗，这水随后卖给信徒，就像在欧洲，圣水或祝寿用过的水被出售。通常阳物崇拜的仪式甚为简单而恰当，包括用圣水或油涂抹在石像上，然后用树叶缀饰其上。

印度的下等民众，无疑从阳物的游行队伍中获取若干邪亵的欢娱，但一般民众从林迦或尤尼所得到的淫欲刺激，似乎不会比一个基督徒在冥想圣母紧抱婴孩时所得到的更多。习俗会使任何事显得正当，时间则会使任何事显得神圣。这些物件的性象征好似很久以来便已经被民众忘记了。这些形象现在仅是代表湿婆力量的传统而神圣的方式。欧洲人和印度人在这件事上的想法不同，或者产生于婚姻年龄的差异。早婚发泄了那些冲动，而它们在长久的压抑之下，则会折转向内而产生色欲和浪漫的爱情。印度的性道德与作风一般比欧美为高，并且要端庄收敛得多。湿婆崇拜是印度一切教派之中最为严肃刻苦的。林迦的崇拜者最虔敬的是林迦派（Lingayat）——在印度是最为清净刻苦的一派。甘地说过：“我们到现在为止一直在不知不觉地遵行的许多事，都是等到我们的西方来客来告知我们，说它们是淫秽的。

我是在一本传教士写的书里面才初次知道湿婆林迦（Shivalingam）崇拜竟具有淫欲的意义。”

林迦和尤尼的使用不过是万千种仪式之一，在外来者看来，不仅是印度宗教的形式，而且甚少是一半的精华之所在。几乎生活中每一行为，连洗澡穿衣在内，都有一套宗教仪式。在每一个虔诚的家庭，每天都得崇拜私有的特别神祇，礼敬祖宗。对印度人来说，宗教实在是家庭中仪式之遵行，而不是庙里的盛典——那是要在节日才举行的。但是民众欢享教会年节时的许多盛宴，列队游行或远行到古老的神庙去。他们无法了解庙中的礼拜式，因为所用的是梵文，但偶像他们是了解的。他们给它加上饰物，涂以油漆，缀以珠宝，有时把它当作人来对待——把它弄醒，给它洗澡，穿衣，喂食，又咒骂它，然后在一天的终了将它放上床去睡觉。

公众仪式之大者，是牺牲或供奉；私人仪式之大者，是净身。对印度人而言，牺牲并非空洞的形式，他们相信神祇若是没有食物供奉是会饿死的。人类还在食人阶段时，活人在印度和在旁处一样被供作牺牲。时母女神对男子有特别的胃口，但是婆罗门僧人解释说她只吃下等阶级的男子。[1] 道德进步了，那些神只好满足于动物，供奉的数量是甚多的。在这些仪式中，山羊特别受到偏爱。佛教、耆那教和不伤生主义（Ahimsa）在印度大陆中止了动物牺牲，但印度教取代佛教后又恢复了这种习俗，并一直沿袭到现代，虽然日见微弱。婆罗门僧人拒绝参与任何包含流血的牺牲仪式，在此点他们是颇为可取的。

净身的仪式在印度人的生活中所占时间甚多，因为印度宗教里对于污染的畏惧等同于现代卫生学。在任何的瞬间，印度人都会沾上污秽——由于不宜的食物、腐肉，被首陀罗、游民、死尸、月事中的妇女所碰到，或上百种其他的方式。妇女本身自然是被月事和生产弄得污

[1] 这类活人牺牲的记载直至 1854 年还有。以前有人相信信徒自愿献身为牺牲，如像狂热者之投身于扎格纳特（Juggernaut）神车的轮下，但现在的意见是这些少有的看似自我牺牲的事可能是意外事件。

秽的了。婆罗门教律法在这类情形下规定隔离和复杂的预防措施。在这一切污染以后——或不如说可能的感染——印度人必须接受洁净仪式：轻者是简单的洒圣水的仪式，重者方法较为复杂，更甚者是可怕的 Panchagavia。这种洁净仪式是在违反严重的阶级律法时用作惩罚的，它包括喝下取之于圣牛的“五物”混合物：牛奶、凝乳、清牛油、牛尿、牛粪。[1]

比较适合我们口味的是天天沐浴的宗教观念，在此也是一种卫生方法，在亚热带的气候极易施行，且被加上了宗教形式的外衣以便更成功地教人去做。“神圣的”水池和水槽被造成了，许多河流被称为圣河，人们也被告知只要在此洗澡身体，灵魂便会得洁净。据玄奘所见，每天早晨已经有数百万的人在恒河沐浴。从那个世纪到现在，没有一次日出时不听到沐浴者的祈祷，为寻求洁净和解脱，他们两臂高举向着日神，耐心地呼唤：“欧姆，欧姆，欧姆。”贝拿勒斯成了印度的圣城，是百万香客的目的地，是来之全国各地的那些老年男女的安息所，他们在河中沐浴，以便无罪而洁净地面对死亡。想起来令人敬畏，甚至感到恐怖，这类人 2000 年来一直不断地来到贝拿勒斯，在冬天黎明时浑身打寒战地进入水中，并且不安地闻着火葬场上的尸体的气味，而一个世纪又一个世纪地，对同样寂然的神祇发出同样信赖的祈祷。神的无所反应并不妨碍神的广得人心。印度在今天同样坚强地在信赖着那些长久以来一直漠然地注视着她的贫困艰苦的许多神祇。

圣者与怀疑论者

圣者在印度似比别处为多，因而终使外来客感觉他们是该国的

[1] 清牛油（Ghee）为澄净的牛油，据阿贝·迪布瓦（Abbé Dubois）在 1820 年说，尿液“被认为是最有洁净效力之物。我常见迷信的印度人跟随牛到草地去，等候用杯子或铜器盛这宝贵的液体，然后趁热拿回家去。我也曾见他们等着用手掌接尿液，喝下一点，其余的用来擦脸”。

自然产物。印度宗教思想确认三种主要的入圣之路：惹那瑜伽（Jnana-yoga），即默想之道；行业瑜伽（Karma-yoga），即行为之道；跋谛瑜伽（Bhakti-yoga），即仁爱之道。婆罗门僧人借着入圣四阶段的律法而包容了全部三种途径。年轻的婆罗门开始时须做梵徒（Brahmachari），立誓婚前守贞、虔敬、好学、真实，并且服侍师父；婚后——结婚须在18岁以前——他便要进入婆罗门生活的第二阶段，做个俗人（Grihastha），生子以照顾自己，敬事祖先。在第三阶段（现在甚少人实行），希求入圣者须和妻子退隐而过一种林居者（Vanaprastha）的生活，欣然地接受艰苦的遭际，并且限制性的关系到仅为着子嗣的程度。最后那个愿望达到最高阶段的婆罗门，甚至可以在老年时离开妻子，做一个弃世者（Sannyasi），放弃一切财富、金钱和人际关系，所保留的仅是一张蔽身的羚羊皮、一根手杖和一葫芦解渴的水。他必须每天用灰涂在身体上，经常饮用“五物”，并且完全依靠施舍生活。《婆罗门律法》说道：“他须以平等对待所有人类。他不可为任何的事故所影响，即使帝国将领，他也必须漠然处之。他唯一的事务便是获得智慧与纯净，这将使他和至高无上的神明重新会合，原来我们是因情欲与物质的环境才和神分离的。”[1]

在这一切的虔敬之中有时也会听到刺耳的怀疑论调，那是和正常的印度教语气的庄严颇不协调的。毫无疑问，印度在富有时，怀疑论者颇多，因为人类在兴旺时对于神最为怀疑，而苦恼时则对于神最为崇敬。我们已叙及过佛陀当时的查瓦卡斯和其他的异端分子。几乎同一时间，出现了一部具有印度式长名字的作品，叫作《自明奥义书》。它把神学理论简化为四个命题：（1）凡转世、神、天堂、地狱、世界等皆属子虚乌有；（2）凡传统宗教文字皆是夸诞愚昧之辈所作；（3）创生者自然与毁灭者时间是一切事物的统治者，在予人快乐

[1] 除去他自己的神话外，对一切都怀疑的迪布瓦接着说：“这些弃绝者之中大多数被当作完全的骗子，作如此观者是他们同胞之中最为明智者。”

或悲愁时并不计较善恶；(4) 人们受惑于花言巧语，乃去牢牢地攀附神明、庙宇和僧侣，实际上护法神和狗之间并无差别。就像《圣经》竟然容纳了《传道书》(*Ecclesiastes*) 那样离谱，佛教的巴利文经本提供了一篇凸出的文字，其年代大概和基督教同样古老，名为弥兰陀王（Milinda）的问题，文内所写是佛教法师那先比丘（Nagasena）答复在公元前 1 世纪统治北部印度的希腊及巴库特利亚地方弥兰陀王所提出的宗教问题，那些答复使人感到不安。那先比丘说，宗教不应仅为受苦难者的逃避途径，它应当是一种苦行的追求，为获致圣德与智慧，而并不去假定有上天或神明。因为事实上，这位圣者向我们肯定地说，这些都是不存在的。《摩诃婆罗多》痛责怀疑者和无神论者，那些人否认灵魂的真实，轻视不朽。它说这一类人“在整个大地上面漂泊”；它警告那些人会遭受未来的惩罚，那可怕的榜样，比如一个豺狼，本身之所以属于此类，是因为在前身曾是“一个理性主义者，批评《吠陀经》……一个诽谤者与排斥僧侣者……一个不信者，一个对万事都表怀疑者”。《薄伽梵歌》提到一些异端，这些异端否认神的存在，并且把世界描述为“不过是个欲情泛滥的场所”。婆罗门僧人本身也常是怀疑者，但万事都怀疑时也就不去攻讦人民的宗教了。虽然印度的诗人通常都是虔敬之至的，其中也有如卡比尔与维马拉（Vemana）之类，为无神论作辩护。维马拉是 17 世纪印度南部的一个诗人，他指责苦行的隐士以及进香阶级等事：

> 那是一只狗的孤独——一只鹤鸟的沉思默想——一头驴子的鸣唱——一只蛤蟆的洗浴……身上涂了灰，你又好得了什么？你的心思应当全在于神，一头驴子跟你一样会在污泥中打滚……所谓《吠陀经》的书本好似娼女，欺哄男子，真意难测，但关系神的潜隐莫知有如贞妇……涂了白灰难道便能祛除酒囊的气味？——颈间挂了链子难道能使你再生？……为什么总是要辱骂贱民？他的肉和血难道和我们的不同？那无所不在于贱民之中的

他，又属于什么阶级？……那个说“我一无所知”的人，才是一切人里最聪慧的。

值得注意的是，这类言论在一个心灵被僧侣阶级所统治的社会中，竟可以免于惩罚。除去外来的压制（或者是由于外邦统治者对当地宗教理论的不重视），印度至今享有一种思想自由，比中古时代之欧洲要好得多。婆罗门僧侣运用威权也颇为审慎宽容。他们倚赖贫苦人民的保守主义来保存正统宗教，在这方面他们并没有失望。在异端之论或奇怪的神广得人心的时候，他们予以容忍，然后把它们吸收到印度教的浩大的洞窟里面去。加多一个或减少一个神在印度不会造成多大的差别。

在这纷杂有如森林的信仰之中，如要寻找共通的因素，将会发现印度人实际上一致对护法神与湿婆的崇拜，对《吠陀经》、婆罗门僧侣、圣牛的崇敬，以及对《摩诃婆罗多》和《罗摩衍那》的承认——承认它们不仅是文学性的史诗，且是民族的次要的经典。有意义的是，今日印度的神与教条不是《吠陀经》里面的。在某种意义下，印度教代表了土著德拉威人的印度对于《吠陀经》时代雅利安人的胜利。由于征服、劫掠和贫困的结果，印度在身心两方面都受了创伤，于是便从痛楚的尘世的失败中逃脱，而向神话与想象中的易得的胜利去寻求托庇。即使它是由王子所宣述道出的，其意义是一切的欲望与挣扎，甚至是为着个人或国家自由的，都应当弃绝，而理想之所在则为一种无欲的静止状态。显然，印度那困人的炎热在这一项疲惫的哲学中是有其分量的。印度教延续了印度的衰弱过程，其一贯的方式则经由阶级制度而把自身羁束于僧侣集团的永久奴役之下。它把诸神设想为不道德的，并且一连好多世纪维持了如活人牺牲与寡妇火殉等残酷的习俗，那是好多国家早已革除的。它把生命描述为必然是邪恶的，而使信徒的勇气破损，精神抑郁。它把一切地上的现象转为幻象，因此毁灭了自由与奴役、善与恶、腐败与改进之间的区别。如一位勇敢的印度人所言，“印度宗教……现在已经退化为一种偶像崇拜和沿袭习俗的刻板仪式，形式便是一切，实质则无足轻重”。印度这个僧众跋扈、圣者为害的国家，在以一种清明活泼的渴望，等待它的文艺复兴、宗教改革与启蒙运动。

但我们在想到印度时须保持我们的历史眼光。我们在中古时代也曾崇奉神秘主义而摒弃科学，宁取僧侣统治而不欲多数自治——并且也可能再蹈覆辙。我们无法判断这些神秘主义者，因为我们西方式的判断常是根据肉体的经验和物质的结果，这对于印度圣者似是不相干和肤浅的。假若财富与力量、战争与征服，只不过是表面的幻象，不值得成熟的心灵来思考，则又如何？究实言之，若徒知物质，只重科学，则莎士比亚与基督追根溯源分析起来，只不过是一堆堆化学品的组合物罢了。更有甚者，假使原子与质子的科学假设，奇异的基因与细胞，只不过是一种信仰，且是最奇怪的、最不可信的、最易消逝的一种，则又将如何？东方厌恨奴役与贫困，可能一意从事科学与工业，而与此同时，西方的儿女厌倦于使其枯瘠的机器以及使其感到失望的科学，也可能在一阵混乱的革命与战争中毁灭了城市与机械，然后颓然地、疲惫而饥饿地回到土地之上，然后为他们自己铸造另一项神秘的信仰以给予他们勇气，来面对饥饿、残暴、不公正以及死亡。历史实在是最大的幽默家。

第六章 | 心灵

印度科学

印度在科学方面的工作既古老又年轻：作为一项独立的尘世间的事业它是年轻的，但作为僧侣的附带的兴趣则是古老的。宗教既然是印度生活的核心，则有助于宗教的科学便首先被培植：天文学的成长，是由于对天体的崇拜，观察它们的运行则是为了确定载有节期祭祀等事的历法；文法与语言学的发展，是由于有人坚持认为祈祷与信条虽然用的是死文字，在文体与拼法上仍应正确无误。和西方中古时代一样，印度的科学家，姑且不论利弊如何，都是一些僧侣。

天文学是星象学的旁支，它渐渐地脱出了希腊的影响。最早的天文学论著《增订婆罗门历数全书》(*Rrahma-sphuta-siddhantas*，西文又译为《宇宙的开端》)，是根据希腊科学来命名的，而彘日(Varahamihira）的作品饶有意义地被命名为“自然星象学的完全系统”，则坦白承认他对希腊人的倚赖。印度最伟大的天文学家与数学家阿利耶毗陀（Aryabhata）用韵文讨论了若干“诗意的”题目，诸如二次方程式、正弦、圆周率的值；解释了日食，夏至、冬至以及春分、秋分；宣称了地球的圆形形体以及它昼夜绕轴的旋转，并且写下了文艺复兴时代科学的大胆预告："星体的活动范围是固定的，地球借着它的旋转，产生了行星以及众星每日的升起与落下。"他最有名的继承者婆罗门笈多（Brahmagupta）把印度天文学知识予以系统化，但他摒斥了阿利耶毗陀的地球旋转论，因而阻碍了天文学的发展。这些人以及其门人采用了巴比伦人把天空分为黄道带星座的办法；他们拟定一种历法，分12个月，每月30日，每日30小时，每隔5年插入1个闰月；他们相当精确地计算了月球的直径、日月食、两极的位置以及主要星辰的位置与运行。他们在《增订婆罗门历数全书》里解释了引力的理论，虽然没有形成定律："地球由于其引力，吸引了万物。"

为了作这些繁复的计算，印度人发展了一套数学。除去在几何方面，它比希腊人的数学更好。在我们得自东方的遗产中最重要的部分包括阿拉伯数字与十进位法，两者都是源自印度而经由阿拉伯人传到西方的。阿拉伯数字最早见于阿育王的《岩石垂谕》（公元前256年），比这些数字见之于阿拉伯典籍要早上1000年。伟大而宽宏的法国数学家和天文学家拉普拉斯（Pierre-Simon Laplace）说道：

> 印度给予我们用10个符号表出一切数目的巧妙办法，每一数字都有先后次序的地位，也具有绝对的价值。这是一种深刻而重要的观念，它现在显得这样地简单，以致我们忽略它的真正优点。但就是它的单纯，以及它给予一切计算的巨大方便，使得我们的算术成为一切有用的发明中之最者。我们若能记住，以古代两位伟人阿基米德与阿波罗尼奥斯（Apollonius）的天才都不能够作此发现，则我们将更能够领略此一成就的伟大了。

十进位制出现于阿拉伯和叙利亚人的著作前，早为阿利耶毗陀和婆罗门笈多所知悉；中国人从佛教僧侣那里学得了十进位制；伟大的数学家穆罕默德·伊本·穆萨·花拉子密（Muhammad Ibn Musa al-Khwarazmi，约于850年去世）似乎把它引入了巴格达。零数的最早使用，无论是在亚洲或欧洲，[1] 见之于一份阿拉伯的文件中，日期为873年，这比它在印度为人所知的最早出现要早上3年。但一般公认这也是阿拉伯人从印度带走的，且这个在一切数字之中，最为卑微最富价值的零字，乃是印度对全人类的精妙礼物之一。

非常明显的是，印度人和希腊人各自发展了代数学。[2] 但西方采用阿拉伯文原名（al-jabr，意为调整），表示它是从阿拉伯人传到西欧的，也就是从印度传去的，而非从希腊传去的。在这个领域以及天文学方面，印度的佼佼者是阿利耶毗陀、婆罗门笈多以及婆什迦罗（Bhaskara）。婆什迦罗（生于1114年）似乎发明了根号以及许多代数符号。这些人创造了负数的概念，没有它，代数本是不可能有的；他们创立了获致排列组合的定律；他们发现了2的平方根，并且在8世纪的时候，解决了二次的不定等式，在欧洲这要等到1000年后欧勒（Leonhard Euler）的时候才为人所知。他们用诗的形式表达他们的科学，也就给予数学问题一种优雅的气息，那是印度的黄金时代所特有的。以下两则可以作为较简单的印度代数的例子：

> 一簇蜜蜂有1/5停在一枝花上面，1/3停在另一枝花上，两个数目之差的3倍飞到又一枝花上，余下的一只蜂在空中盘旋飞舞。美好的夫人，试问蜜蜂有多少……8块红玉，10块翡翠，100粒珍珠，这些都镶在你的耳环上，我的爱，这些珠宝我为你购买时所出的价相等，3种珠宝价格之总和为半百减3。告诉我每样的价格，幸运的夫人。

印度人在几何方面取得的成就较为逊色。僧侣在测量及建筑祭

[1] 它在1世纪时曾被美洲的玛雅人使用。布雷斯特德博士（Dr. Breasted）认为古代巴比伦人已具有数字之位置价值的知识。

[2] 世人所知的第一位代数学家是希腊人丢番图（Diophantus），他早阿利耶毗陀一个世纪，但数学史家卡约里相信他从印度得到前导。

坛时创立了“毕达哥拉斯定理”（Pythagorean Law，直角三角形斜边的平方等于其他两边平方之总和），时间在基督降生前数百年。阿利耶毗陀可能是受了希腊人的影响，发现了三角形、不等边四角形以及圆形的面积，并且算出了圆周率（圆形之直径与圆周的关系）为3.1416——此一数字的精确性在欧洲一直要到普尔巴赫（Purbach，1423—1461年）的时代才能赶上。婆什迦罗粗略地草创了微积分，阿利耶毗陀拟定了正弦表，《苏利耶历数书》（*Surya Siddhanta*）则提供了一套三角学的系统，比希腊人所知的要进步得多。

印度思想里有两个系统阐释物理的理论，多少仿佛希腊的物理学。胜论派（Vaisheshika）哲学的创始者羯那陀（Kanada）认为世界是由多种原子构成的，原子的种类好像各种元素那样多。耆那教徒更加接近于德谟克利特，他们主张一切原子的种类相同，由于不同的结合而产生不同的效果。羯那陀相信光与热是同一素质的不同表现；邬陀衍那（Udayana）主张一切的热来自太阳；而瓦卡什帕蒂（Vachaspati）则像牛顿，解释光是由某种物质发出的微粒而对眼睛有刺激的作用。印度很早就出现了论音乐的文章[1]，并且用数学计算音符与音程。那时“毕达哥拉斯定理”也被创立了，据此，震动之频率亦即声音之高度，与弦的固着点与拨动点之间的长度，作相反的改变。也有若干证据显示1世纪的印度航海者使用的一种罗盘针，是一条铁制的鱼浮在盛着油的容器中，鱼指向北方。

化学从两个根源得到发展——医学与工业。我们已提到过印度古代的铸铁在化学构成方面的优异，以及在笈多王朝时工业的高度发展，那时印度被包括罗马帝国在内的1000个国家奉为在染布、制革、制皂、玻璃及水泥等化学工业方面技术最佳的国家。早在公元前2世纪龙树已有专书讨论水银。到6世纪，印度在工业化学方面已远超过欧洲。他们娴熟于各种技术，诸如煅烧、蒸馏、纯化、汽化、凝固，

[1] 例如夏拉玛德娃（Sharamgadeva，1210—1247年）的《音乐之海洋》（*Samgita-ratnaleara*）。

不用烧热而产生光，麻醉与催眠的粉剂之调制，以及金属盐、混合物与合金的制备等。钢的炼制在古代印度已达到完美的地步，这在欧洲一直要到近现代才有。据说波鲁士皇帝选送给亚历山大大帝的特别贵重的礼物，不是金银，而是三十磅钢。穆斯林把印度的化学科学带到了近东与欧洲，例如制造“大马士革刀剑”的秘密，便是阿拉伯人取自波斯人，波斯人取自印度的。

解剖学与生理学，如同化学的某些方面，是印度医学的副产品。早在公元前 6 世纪，印度的医者便描述了韧带、缝线、淋巴管、神经丛、肋膜、脂肪与脉管组织、黏液与关节滑液膜，以及比任何现代的尸体所能显示出的更佳的多种肌肉。基督降生以前，印度的医者也具有亚里士多德的错误观念，以为心是感觉的中心和器官，并假定神经上接于心且由心向下伸展。但是他们颇知消化的过程——胃液的不同功能，从食糜到乳糜，又成为血液的转变。古印度著名医师阿提耶（Atreya，约公元前 500 年）主张父母的种子是独立于父母的身体的，它里面蕴藏着整个父母体的缩型。性能力的检查被建议作为男子结婚的先决条件，《摩奴法论》告诫要结婚而患有肺病、癫痫、麻风、慢性胃弱、痔疾或唠叨等毛病的男女，要注意与别人结合后可能产生的不良后果。最新的教会式的生育节制在公元前 500 年已经被印度的若干医学派别提出，其理论认为月经周期中有 12 天是不可能怀孕的。胎儿的发展有相当精确的描述，据说胎儿的性别有一段时期是不确定的，也有人主张在某些情况，胚胎的性别会受到食物或药品的影响。

印度医学的记载始于《夜柔吠陀》。在这里，夹在一大堆魔法与咒语之中，有一些疾病与症状的记录。医学是伴随着魔法产生的：医者研究并且使用世间的治疗方法来辅助他的精神处方。后来他愈来愈倚赖这种尘世的方法，一面继续施行魔术，就像现在医生所摆出的对付病人的态度一样，是有心理疗效的。《夜柔吠陀》附有一部《长寿科学》（*Ajur-veda*）。在这印度最古老的医学体系里，疾病被归因于四种体质（空气、水、黏液和血）之一的失调，而治疗则用草药及符咒。其中许多诊断及疗法至今仍在印度使用，其有效性使西方的医师都感到羡慕。《梨俱吠陀》举出上千种这类草药，同时主张水是多数疾病最好的药方。甚至在《吠陀经》时代，医师和外科医生已经和用魔法的医者有区分，他们住的房屋围有花园，园中种植医疗用的植物。

印度医学史上最伟大的医生是公元前5世纪的苏思努塔（Sushruta）与2世纪的查拉卡（Charaka）。苏思努塔是贝拿勒斯大学的医学教授，用梵文写了一套诊断与治疗的方法，这套方法的要点是他的老师驮那婆多利（Dhanwantari）传授的。他的书详细地研讨外科手术、妇产科、饮食、药品、婴儿喂食与保健以及医学教育等。查拉卡撰写了一部医学百科全书，至今还在印度被人使用，他给了他的门人一种几乎是希波克拉底式[1]的职业观念："不为己，不为满足世俗贪欲，而仅为有益于受苦之人类；如此对待病者，以此而求出众。"仅次于这些人的是伐八他（Vagbhata，625年），他用散文及韵文写了一部医学概要。还有米斯拉（Bhava Misra，1550年），在解剖学、生理学与医学著作中，他提到了血液循环，这比哈维早了100年。他还为那种新奇的梅毒病开了水银的处方。梅毒是不久以前葡萄牙人传进来的，它算是欧洲给予印度的遗产的一部分。

苏思努塔描述了许多种外科手术——白内障、脱肠、膀胱结石碎石术、腹部开刀分娩术等——以及121种外科手术用具，包括刺胳针、探针、镊子、导尿管以及直肠阴道反射镜等。尽管有婆罗门教的禁制，他仍主张尸体解剖为训练外科医生所不可少的步骤。他是第一个用身体旁处的皮肤移植到破损的耳朵上的人。同样，也是他和他的印度门人开创了补鼻术，一直传到了现代医学。加里森说："古代的印度人几乎每一种大手术都施行过了，除去大动脉结扎手术之外。"四肢切除，腹部切开，接骨，痔瘘割除等都已施行。苏思努塔为手术

[1] 古希腊医者，现代习医者仍诵其医者誓言以自誓。——译者注

的准备定了若干精细的规则，他的伤口须行熏蒸消毒的建议，是消毒手术为人所知的最早努力之一。苏思努塔和查拉卡都提到医疗酒类的使用，以收无痛楚感之效。927 年两名外科医者给一位印度皇帝施行了头骨穿孔手术，所用的一种麻醉剂叫作“Samohini”。[1]

为了侦察他所列出的 1120 种病症，苏思努塔建议用看、触、听的方法来作诊断。一篇日期为 1300 年的论著描述了诊脉的方法。验尿是通用的诊断方法，中国西藏的医者据说无须看病人，只要看他的尿便可治好任何疾病。在玄奘时代，印度的医疗先上来便是绝食七天，在这期间病人常已经复原。如果病延续下去，则最后才用药品。甚至在这时药品也用得很少，大多倚赖的是饮食节制、沐浴、灌肠、吸入剂、尿道或阴道注射，或利用水蛭及放血器放血等。印度的医者在调制毒药解剂方面特别有技巧，他们在治疗蛇咬方面现在仍然比欧洲的医生高明。种痘在 18 世纪以前在欧洲还没有人知道，在印度则早在 550 年以前已为人知，这可见之于一篇被认为是印度最早的医者之一驮那婆多利传下的著作：“取得牛乳房上天花脓疱的液……置于刺胳针尖端，以之刺肩肘之间的上臂部位直至血出，然后将液与血相混，则天花热将会产生。”现代欧洲医生相信阶级的区分之被规定，是因为婆罗门教的信仰，以为有不可见的媒介物传递疾病。苏思努塔和《摩奴法典》所定下的许多健康规则，似乎确认了疾病细菌论。催眠术被当作疗法好像是印度人起头的，他们常把患者带到庙中去借着催眠暗示或“庙中睡眠”来治疗，如在埃及或希腊所见的情形那样。那些把催眠疗法介绍到英国的英国人——布赖德（Braid）、依思达尔（Esdaile）和艾里特逊（Elliotson）——“无疑是由于和印度接触才得到其观念以及若干经验的。”

综观印度医学，在《吠陀经》时代与佛教时代发展迅速，随后数世纪的进展则缓慢而审慎。嗽食、驮那婆多利以及苏思努塔得之于希腊有多少，希腊得之于他们有多少，我们不知道。加里森说，在亚历

[1] 斯里兰卡早在公元前 427 年已有医院创立，而北印度在公元前 226 年也早已有之。

山大大帝时代，“印度医者和外科医生由于超越的知识与技巧，而享有甚为应得的名誉”。某些学者甚至相信亚里士多德的知识有些是得之于他们。波斯人与阿拉伯人的情形也是这样：要说出印度医学得之于巴格达的医者的有多少，以及经由他们得之于近东巴比伦医学遗产的有多少，是困难的事：一方面某些药剂如鸦片水银，以及某些诊断法如按脉，似乎是从波斯传到印度去的；另一方面我们发现波斯人与阿拉伯人在8世纪把已经流传了千年的苏思努塔与查拉卡的医典译成本国文字。伟大的哈伦·赖世德承认了印度医学与医典的优越，便请印度医者到巴格达去筹组医院与医学校。安普西尔（Ampthill）认为中古与现代欧洲的医学体系直接得之于阿拉伯，间接得之于印度。大概这一门最高贵也最不确定的科学在苏美尔、埃及与印度都差不多地古老，而在当时由于接触与相互的影响而获得了发展。

婆罗门哲学六系

印度的先进较明显地表现在哲学而不在医学，虽然这方面最初的起源也是蒙昧不明的，因而每一项结论都不过是一种假设。有些《奥义书》比任何流传后世的希腊哲学都要古老些，而毕达哥拉斯、巴门尼德以及柏拉图，好像都曾受到印度形而上学的影响；但泰勒斯、阿那克西曼德、赫拉克利特、阿那克萨哥拉与恩培多克勒的玄学思想不仅在时间上先于印度的世俗哲学，并且具有一种怀疑性与物理学的格调，它们毫无源出于印度的迹象。法国哲学家库辛（Victor Cousin）相信“我们无法不在这个人类的摇篮里见到最高明的哲学的故乡”。更加可能的是，没有一个已知的文明是任何一种文明的要素的创始者。

但是没有一个地方有过印度这样强烈的哲学欲望。在印度它不是一种装饰品或娱乐，而是生活的主要兴趣与实践。哲人在印度所享有的荣耀，在西方是给予富人与统治者的。在庆祝节日时，可曾有其他的国家想到过让敌对派别哲学的领袖来进行论争？我们在《奥义书》

里读到毗提诃的皇帝在一次宗教性的盛宴中留出一天让祭言、阿思瓦拉（Asvala）、阿塔巴伽（Artabhaga）与迦吉等人作哲学辩论，皇帝答应——并且赐给——优胜者1000头牛和许多金币。在印度一位哲学大师通常的教学办法是用口讲而非笔写。他不撰文攻击对手，人们却期待他以生动的辩论来击败对手，以及去访问其他的教派以迎受争论和辩诘。首要的哲学家如商羯罗便花了许多时间从事这种辩白真理的旅行。有时皇帝也参加这类讨论，带着一个君王在哲学家面前所具有的那种谦虚——假如我们能相信哲学家所作的报道的话。一场重要辩论的胜利者在国内成为大英雄，其伟大一如血战凯旋的将军。

在18世纪一幅拉杰布拉纳的绘画中我们见到典型的印度"哲学教派"——教师坐在树下一张席子上，学生们跪在前面的草上。这种景象到处可见，因为在印度哲学教师的数量堪比巴比伦的商人。再则，没有一个国家有过这么多的思想派别。在佛陀的一番对话中，我们得知在当时的哲学家中间有62种关于灵魂的不同理论。"这种超级哲学之国，"德国哲学家凯泽林伯爵说，"关于哲学与宗教思想所用的梵文比希腊文、拉丁文与德文加在一起还要多。"

> 印度思想的传递既然主要是口传而非笔传，不同教派的理论之流传下来的最老形式乃是"经"——是一些格言式的"经线"，由教师或学生记下来，并非用来向别人解释他的思想，而是用来帮助自己记忆的。这些现存的经，年代各有不同，有些早到公元前200年，有些晚至1400年。所有这些都比它们所概述的思想传统要年轻得多，因为这些哲学派别的原始是和佛陀同样早的，有些如数论派，则大概在佛陀出生时已经是根基稳固的了。

一切印度哲学被印度人分列于两个范畴：正统派（Astika）的体系——是肯定的，以及非正统派（Nastika）的体系——是否定的。[1] 我们已经研究了否定的各系，主要包括察婆伽教徒、佛教徒及耆那教徒的哲学。但是说来奇怪，这些系统被叫作非正统派，异端与虚无的，并非因为它们质疑或否认上帝的存在（它们确实如此），而是因为它们质疑、否认或忽视《吠陀经》的权威性。很多正统派的系统也怀疑或否认上帝，它们却被称为正统，因为它们接受经典的绝对可靠性以及阶级制度。只要是承认这些印度社会之基本要素的派别，其思想的自由，无论其抹杀神明到如何的程度，都不会受到妨害。在阐释圣书方面的自由幅度是很大的，并且聪明的辩证家在《吠陀经》内也找得出任何他需要的教理，于是保持知识方面的可敬地位的唯一实际条件乃是对于阶级制度的承认。这是印度真正的统治根基，摒弃它也就是反叛，接受它则可掩盖许多罪恶。因此实际上，印度的哲学家所享有的自由比之于欧洲情况类似的经院哲学家所享有的要大得多，虽然也许比之于文艺复兴时代开明教皇辖下的基督教地域的思想家，则其自由又稍为逊色。

在正统的若干教派或“论”（darshanas）之中，有六种异常杰出，以至于后来每一个承认婆罗门权威的印度思想家都皈依于其中的一种。此六大教派都作某些的假设，那便是印度思想的基础：即《吠陀经》是神灵启示的；推理之作为引向实相（reality）与真理（truth）的向导，其可靠性不如一个经过苦行与多年修习的个人所具有的直接了悟与感觉，因为他在精神的感受性与精细方面已有了适当的准备；知识与哲学的目标不是控制世界，而是获得解脱；思想的目的则是要免除欲求不得满足之苦，其法为根本地免除欲求本身。这些哲学是人们厌倦了野心、奋斗、财富、“进步”以及“成功”等以后才会去寻求的。

· 正理派体系

这是“婆罗门”系统里面的第一个，按照印度思想的逻辑次

[1] Asti，这是；Nasti，这不是。

序（因为它们按照年代的次序是不确定的，它们的主干部分都属于同时代），是一个系列的逻辑思想，前后延续2000年之久。正理派（Nyaya）意谓一项辩论，是把心灵导向结论的方法。它最有名的经典是《正理经》（*Nyaya Sutra*），一般以为——但并不肯定，是乔答摩所写，日期则为公元前3世纪至1世纪不等。如同一切印度思想家，乔答摩宣称他的作品的要旨是为达到涅槃，或为达到欲望的解脱，到达的途径则为清晰一致的思想。但我们疑心他的单纯意图，乃是给参与印度哲学辩论的混杂搏斗者们一个指点。他为他们拟定了辩论的原则，显示了争论的诀窍，并且列出思想上普通的谬误。像亚里士多德，他在推论式中寻求推理的结构，并发现辩论的要点是在中段部分；[1] 像詹姆斯或杜威，把知识与思想当作人类的需要与意志的工具与器官，其效验要视其导向成功行动的能力而定。他是一个现实主义者，他毫不理睬那种以为世界在无人去留意观照时便会不复存在的高贵的想法。乔答摩在正理派方面的前辈看来是无神论者，他的继承者成了知识论者。他的成就，是给了印度一种研究与思考的推理法和丰富的哲学名词。

·胜论派体系

一如乔答摩之为印度的亚里士多德，羯那陀则为德谟克利特。他的名字原意为“食原子者”，这暗示他可能是历史想象所创造的传奇人物。胜论派（Vaisheshika）体系的肇始日期并无法予以精确的肯定！我们所听到的是不早于公元前300年，又不迟于800年。它的名称来自vishesha，意为特殊。按照羯那陀的理论，世界充满着一连串的事物，但在某种形式之下，它们仅属原子的合成物，形式会改变，但原子无法毁灭。这完全是德谟克利特式的，羯那陀宣称除“原子与

[1] 然而正理派的推论式却有5个命题：定理、理由、主要前提、次要前提与结论。例如：（1）苏格拉底要死；（2）因为他是人；（3）凡人皆要死；（4）苏格拉底是人；（5）故苏格拉底要死。

空无”之外没有一样东西是存在的，而原子的移动并非按照一位智慧的神明之意愿，而是借着一种不具人格的力量或法则——“不可见者”(Adrishta)。天下最保守者无过于一个过激分子的子女，后来胜论派体系的倡言者无法看出一种盲目的力量如何能够给宇宙赋予秩序与统一，乃在原子世界一旁安置了一个满是渺小的灵魂的世界，并且由一位智慧的上帝来监督两个世界。莱布尼茨的“前定和谐论”真是历史悠久之至。

·数论派体系

一位印度历史学家说：“这是印度所产生最富意义的哲学体系。”大半生研究数论派（Sankhya）哲学的德国印度学学者加伯（Richard von Garbe）教授因如此的想法而感到安慰：“在迦毗罗（Kapila）的理论之中，人类心灵的完全独立与自由，对于本身力量的充分自信，在全世界历史上第一次得到了显示。”它是六大体系里面最古老的一个，而且可以说是一切哲学体系之中最古老的。[1] 关于迦毗罗本人的事迹后人一无所知，只不过印度的传统奉他为公元前 6 世纪时创始数论派哲学的人。

迦毗罗兼为实际主义者和繁琐哲学家。他一上来就几乎以一种医学的方式，在他的第一条格言写道：“完全地终止痛苦……是人的完全目标。”他反对借物质方法以逃脱痛苦的企图，认为那是不适宜的。他使了一大套逻辑的法术来打败一切人对于物质的看法，后用一条条简略费解的经文建立他自己的形而上学体系。它的名称得之于他历数（此即是数论派的原意）的 25 种真实（Tattwas）。按照迦毗罗的判断，此 25 种真实构成了世界。这些真实之间的关系复杂，下面的内容也

[1] 它现存最早的典籍，注解者依自在黑（Isvarakrsna）写的《数论颂》(*Samkhya-karika*)，时期仅为 5 世纪，曾经被认为是迦毗罗写的《数论经》(*Samkhya-sutras*) 则不早于 15 世纪。但这个体系的初始似早于佛教，佛教经籍与《摩诃婆罗多》重复地提到它，温特尼兹（Winternitz）也在毕达哥拉斯的思想里找到它的影响。

许可以清楚地表示：

1 物质要素（Prakriti，“生者”），一种无所不在的物质本原，由于它的德力（Gunas）而产生了各种活动。

2 菩提智（Buddhi），知见之力量；由于它的德力，而产生了各种活动。

3 a 五境：

4（a）色

5（b）声

6（c）香

7（d）味

8（e）触；（1 至 8 的真实互相作用而生出 10 至 24）

9 b 意（Manas），即意想力；

c 五根（相应于 4 至 8 之真实）：

10（a）眼

11（b）耳

12（c）鼻

13（d）舌

14（e）身

d 五作业根

15（a）喉

16（b）手

17（c）足

18（d）排泄器官

19（e）性器官

e 五大

20（a）以太

21（b）气

22（c）火和光

23（d）水

24（e）土

25 精神（Purusha，宇宙心），一种无所不在的精神本原，虽其本身不能够有为，却推动物质要素，使其德力作各种之活动。

这好像是纯粹一个物质主义的体系，心灵与自我及身体与物质的世界看来完全是按照自然方式而演化，在其中，各种元素的结合与延续永恒地发展和衰败，从最低到最高然后又转回来。在迦毗罗的思想中有一点拉马克（Jean-Baptiste Lamarck）[1] 的预感：有机体（自我）的需要产生了功能（色、声、香、味、触），然后功能产生了器官（眼、耳、鼻、舌、身）。在这个体系中，有机与无机的世界，植物与动物的世界，动物与人类的世界，彼此间并无间隔，在任何印度哲学中也从没有重大的区分，这些都是一条生命链上的环，进化与涣散以及生生死死的轮子上的轴。进化的过程是被物质本原的三种德力，即净、行、无明，所断然决定的。这些德力并不偏爱发展而厌弃衰败，它们周而复始地生出一种又一种，好像是个蠢笨的魔术师从一顶帽子里取之不竭地拿出东西，又放回去，而无休无止地重复这个过程。每一种进化过程本身便含有一种归于衰败的倾向，这是它命定的结局。同样的观念，后来的哲学家斯宾塞也表示过。

迦毗罗和拉普拉斯一样，认为无须找一个神来解释创造或进化。在这个宗教色彩最浓、最有哲学气息的国度里，不包含神的宗教或哲学倒并非不常见。很多数论派的经文明白地否认一个人格化的创造者之存在，创造是无法想象的，因为“一样东西不会从无有中造出来”，创造者与万有为一。迦毗罗在作品中认为（恰好像康德一样）一个人格神永远不会被人类的理性论证出来。因为据这位心思细密的怀疑者

[1] 19 世纪初法国博物学家。——译者注

说，凡是存在者必然不是受了束缚便是自由的，而上帝两者都不可能是。上帝如为完善的，则他无须造出一个世界；如果他不完善，则不是上帝。如果上帝是善的，且有神圣的力量，则他不会创造出如此不完美的世界，痛苦如此之多，死亡又是如此肯定。印度思想家如此宁静地讨论这些问题，使人受益匪浅。他们很少诉诸迫害或谩骂，并且把辩论保持在一种水准，如今只有最成熟的科学家的辩论才能达到。迦毗罗承认了《吠陀经》的权威，以保护他自己。他说得很简单："《吠陀经》是一项权威，因为它们的作者知道确立不移的真理。"说过这话，他便进行讨论，再也不理睬《吠陀经》。

但他并非物质主义者，相反他是理想主义者和唯心论者，他的作风则是不因袭传统习俗的。他完全从知觉获取真实：我们的感官和思想赋予世界一切的真实、形式与意义，离了它们世界是什么的问题是无聊的，也永远得不到回答。在他的体系内列出 24 种属于物质发展的真实之后，他又搞乱了原先的物质主义，而介绍了最后的一种真实，是最奇怪也或许是最重要的一种——宇宙心。它不像其他 23 种真实之被物质力量所产生，它是一种独立的精神本原，无所不在而且永恒不朽，本身不能有所作为，却是每一作为之不可少。因为物质本原绝不会发展，德力绝不会作为，除非被宇宙心所鼓舞，在无论何处物质总是受了精神本原的鼓舞刺激才去开展的。在此，迦毗罗的言论好像亚里士多德："精神具有统御万物的影响力"（凌驾于不断发生的世界之上），"由于万物的靠近，就像磁石（的吸铁）。那是说，宇宙心靠近物质元素，促使后者经过生产的步骤。两者之间的这种引力导致创造，但在任何其他意义之下，精神不是一个作用者，也与创造丝毫无关"。[1]

精神是多元的，因为它在每一个有机体内皆存在着，但在一切之

---

[1] 一位印度的迦毗罗注释者说："物质元素没有什么用途，仅供给灵魂以壮观之景象而已。"或者如尼采所建议的，观看世界最聪明的方式乃是把它当成审美与戏剧性的景象。

中它是相似的，并没有殊相。殊相是物质的，我们之所以为我们，并不由于我们的精神，而是由于我们的身与心之源起、进化与经验。在数论派哲学中，心灵之为身体的部分，是和其他器官一样的。我们之中那潜隐的、触摸不着的精神是自由的，身体与心灵则受拘于物理世界的规律与性质，精神并不作用或受裁决，身体心灵才如此。精神也不受到身体与人格之衰败与逝去的影响，它是生死之流所不能及的。“心灵是会毁灭的，”迦毗罗说，“精神却不会。”只有和物质及身体相关联的个人自我才出生，死亡，又出生，存在于那构成表象世界之历史的物质形象之无休止的变动中。迦毗罗有本事怀疑任何的事物，却从不怀疑转世。

像多数印度思想家，他把生命看作可疑的幸福，如果那能算是幸福的话。“欢乐的日子无多，忧患的日子无多；财富好似涨满的河，青春时光好似涨满的河之日渐崩溃的岸，生命好似日渐崩溃之岸上的一棵树。”痛苦的产生，是由于个人的自我与心灵为物质所拘役，而被绊住在演化的各种无明力量之中了。这种痛苦有出路吗？唯有哲学——我们的哲学家答道，才了解一切痛苦忧伤、一切自我挣扎的分裂与错乱皆为幻，皆为生命与时间之不实在的幻景。“羁绊之生，错在不能分辨”——受苦之自我与自在之精神，扰乱之表象与不扰不变的根基。要超越这些痛苦，须认清我们的真元即精神，是超越于善恶喜乐及生死的。这一切的行动与奋斗、成功与失败之所以能折磨我们是因为我们未能看出它们并不影响精神，亦不从精神来。开明者看这些都是身外之事，好似一个无动于衷的旁观者在看戏。让灵魂认清它的独立，无所羁于事，则灵魂立得自由，即由此了悟它将逃脱时与空、痛苦与再生的囹圄。“由于了悟 25 种现实而获得解脱，”迦毗罗说，“教人以唯一知识——即我非我，物非我，本无我。”也就是说，个人的分殊乃是幻。一切存在者，一面是浩大的生发及崩散的物质与心灵、身体与自我，另一面是那不变不扰之灵魂的寂然永恒。

这样的一宗哲学，对那些难以释念于疼痛身躯与悲戚回忆的人，将不能带来安慰，但它似乎颇为明白地表现出印度深思的情境。没有任何一支哲学体系——除吠檀多派（Vedanta）外——对印度人的心性有过如此深刻的影响。我们在佛陀的无神论与知识论之理想主义以及涅槃的概念中，都看出迦毗罗的影响。它也见于《摩诃婆罗多》、《摩奴法论》、《往世书》以及典范教本——在这里面宇宙心与物质本原则被转变为创造之雄性与雌性的本原。特别是在瑜伽体系，它仅是数论派哲学的实用发展，根据它的理论，所用的也是它的辞藻。在今日专事崇奉迦毗罗的信徒不多，因为商羯罗与吠檀多派哲学已经抓住了印度人的心灵，但一句古老的谚语在印度有时还是挺响亮的："没有一门知识能比得过数论派，没有一种力量比得过瑜伽。"

· 瑜伽体系

在一处美好、安静的场所
安置了他的住所——不太高，
也不太低——让他居住，他的物件有
一块布、一块鹿皮和吉祥草。
在这儿他努力思索一如，
约束心与意，寂静，镇定，
让他完成瑜伽，达到
灵魂的纯净，把持
身、颈和头部，目光
注视鼻端，周遭无所分心，全神贯注，
精神宁静，了无畏惧，全心在于
他的梵志（Brahmacharya vow），虔敬地，
默想着我，想着我而忘怀一切。[1]

---

[1] 引自阿诺德所译的《薄伽梵歌》（英译为 *The Song Celestial*）。梵志是苦修的生徒所立的守贞誓言。"我"是 Knishna。

在河畔沐浴用的石阶上，夹杂在一些虔敬的印度人、无所谓的呆看着的观光客之中，坐有一些圣者或瑜伽行者，在这些人身上，印度的宗教与哲学得到最高的也是最奇怪的表现。在森林中或路旁也能见到少数这类的人，凝然不动地在那里。有年老的，有年轻的；有的肩上披块破布，有的胯间绕一块布；有的只披一层灰，尘埃洒在全身以及色彩斑驳的头发中。他们盘腿而坐，动也不动，眼望着鼻子或肚脐。有些正视太阳，时复一时，日复一日，使自己逐渐盲目；有些在日正当中的时候用热火围在身边；有些赤足在烧红的煤炭上行走，或把煤倒在头上；有些赤身卧在钉板上 35 年之久；有的身躯在地上打滚经千英里之遥去进香；有些用链子自缚于树或自闭于笼中，直到死去；有些自埋于土到颈项为止，就这样过好多年甚至一生；有些用铁丝贯穿双颊，以致上下颚无法张开，只能借流质维持生存；有些双拳紧握如是之久以至于指甲贯穿手背；有些高举一足或一臂，到它萎蔽残废为止。以一种姿态静坐，有时一坐多年，食用人们拿来的树叶干果，蓄意使每一感官呆钝，每一心念都集中于获致了悟。他们大多数避免出奇的方法，而在家中僻静之处追求真理。

西方在中古时代也有过这类人，但今天在欧美得要去偏僻角落好好地找才行。印度存在这类人已有 2500 年——可能从史前的日子起，那时他们可能是蛮族中的沙门。名为瑜伽的苦行默想的教派在《吠陀经》时代已经存在，《奥义书》和《摩诃婆罗多》都曾经予以采纳，它在佛陀时代盛行，甚至亚历山大也被这些“神秘家”静默地承受痛苦的能力所吸引，而驻足来观察他们，并且邀请其中的一位去和他同住。这位瑜伽行者拒绝了，态度之坚决一如第欧根尼（Diogenes）[1]，表示他一无所求于亚历山大大帝，因为他已满足于本身一无所有。那些苦行者嘲笑那位马其顿人征服世界的幼稚愿望，他们对他说，任何人不论活着或已死，所需不过数英尺之土而已。另外一个圣者加

[1] 希腊哲学家，传说曾拒受亚历山大的恩惠而仅请其勿挡住阳光。

兰（Calanus，公元前326年），陪伴亚历山大大帝到了波斯。在那里他患了病，要求准许他死，因为他宁愿死，不愿患病，于是他镇静地上了一个火葬堆，便一声也不出地让自己被烧死——使希腊人大为惊讶，他们从不曾见过这种不害旁人性命的勇敢。两个世纪后（约公元前150年），帕檀迦利把这个教派的实行方法与相传的道理集合为有名的《瑜伽经》，它到现在仍被从贝拿勒斯到洛杉矶的瑜伽场用作经本。玄奘在7世纪叙说这教派有数千徒众，马可·波罗在1296年左右曾生动地描写它，今天在过了这么多世纪以后，它的较为极端的信徒，在印度的数目为100万到300万之间，仍旧折磨自己来求得了悟的安宁。这是人类历史上最动人的现象之一。

瑜伽是什么？按字义讲，是横轭：倒不是把灵魂与神明加上轭联合在一起，而是苦行与克制的轭，是向道者加之于自身来使他的精神脱去物质的限制，以获致超自然的智慧与力量的。物质是愚昧与痛苦的根，因此瑜伽要使灵魂脱出一切感觉现象与躯体的依恋。它借着在今生补赎灵魂的一切往世的悲愆，而企图达到至高无上的明悟与得救。

这种明悟不是一蹴而就的。向道者必须一步一步地趋近它，任何人若是没有通过这番过程的前一阶段，绝不能了解后面的一个阶段。人唯有借着长久而耐心地研习与自律，才能做到瑜伽。瑜伽的阶段有8个：

1. 禁（Yama），或绝欲。在这里灵魂接受不杀生与梵志的约束，放弃一切自私自利，使本身脱离一切物质利益与企求，并且对万物怀有善意。

2. 劝（Niyama）。若干瑜伽基本原则的恪遵：洁净、满足、去邪、诵习与虔敬。

3. 体位法（Asana）。此处的目标是要安定一切的动作以至于一切的感觉。为此目标的最好的体位是把右脚搁在左大腿，左足搁在右大腿，两手交叉捏住大足拇指，下巴弯低压住胸膛，眼望鼻尖。

4. 呼吸法（Pranayama）。借这些行法，除呼吸外，人能够忘怀一切，这样可以澄清心灵以达到全神贯注，心灵不着一物的境界，同时人可以学到以最少量的空气来生存，并且可以让他自己埋在土中多日而无所损伤。

5. 出神法（Pratyahara）。这时心灵控制一切的官感，收心内敛，脱离一切感觉对象。

6. 注意力集中法（Dharana）。使心灵与一念或一物合一，或使整个心灵及一切官感充满着此一念或一物，而排去其他。[1] 贯注于任何对象时间足够长的时候，将使灵魂脱却一切感觉、一切明确之思想以及一切自私的愿望。然后心灵既已脱离于事物，才能够自由地感觉真实之非物质性的要素。[2]

7. 静虑（Dhyana）。这是由于注意力集中而形成的，近乎催眠的状态。帕檀伽利说连续不停地呼唤圣号"欧姆"，可以产生这种状态。最后，苦行者达到瑜伽的最高境界，即法悦。

8. 定或三昧（Samadhi），或出神的冥想。这时心中思念已经消失净尽，心灵浑然忘却了本身的知觉，有如分隔的存在。它已经与整体相合，而达到一种喜悦的如神的物我一如的了悟。没有言语能够把这种情状描述给局外人。没有一种理智，或推理过程，能够找到它，拟造它。"要知道瑜伽，须经过瑜伽。"

然而瑜伽行者所寻求的并不是神，或与神的合一。在瑜伽哲学里，自在天（Ishvara）并不是宇宙的创造者或维持者，或主持赏罚

[1] 参照霍布斯："总是感觉同样的事就相当于什么也不感觉。"

[2] 为表明这个阶段，艾略特拿叔本华的一段话来作比较，这显然是被他对于印度哲学的研究所激发的："在有突然的原因或倾向使我们突然超出了意志之流时，注意力便不再注于意志的动机，而了解事物并不及于其与意志的关系，于是可以非主观地、纯粹客观地观察它们，完全地沉浸于它们的观念，而不把它们当作动机。于是忽然地，我们一直在觅求的宁静——它在我们原来的欲望之路上一直在逃避着我们的，现在自动地来临了，而且安然地和我们共处。"

者，而只不过是几种供灵魂默想的对象之一，借之以达到注意力的集中与明悟。坦白说，心灵与身体的分开才是目标之所在。据瑜伽的理论，把精神的一切物质障碍移去，将带给精神超自然的了悟与能力。若灵魂已除净了身体的占有与牵连，它将不是和神合一，它将是神本身。因为神恰好是那种潜隐的精神的基础，那无我与非物质的灵魂，也就是在一切感觉的沾惹都消除之后所余留下来的。灵魂尽量地脱离于物质环境的囹圄，相当于灵魂纯净的程度，它本身就变成了神，行使着神的智慧与力量。在这里宗教的魔法的基础又出现了，它几乎侵犯了宗教的根本精神——那种对于超人类的力量的崇敬。

在《奥义书》时代，瑜伽是纯粹的神秘主义——是一种实现灵魂与上帝合而为一的企图。印度神话中曾讲到在古代有 7 位智者，借着苦行默想而获得了关于一切事物的完全知识。在印度历史的较后时期，瑜伽由于魔法的行使而堕落了，在这个教派的思想里，奇迹的力量比了悟的宁静更有分量。瑜伽行者深信借着瑜伽他将可以麻醉并控制身体的任何部分，只要他把注意力集中于这个部分便成了。他将能够随意使自己隐身，或使他的身体无法移动，或一下子从地面任何部分消逝，或愿意活多久便多久，或知道过去未来以及最遥远的星辰。

心存怀疑者必须承认这一切也没有什么不可能的，蠢笨的人会想出许多假想，使哲学家无从批驳，甚至哲学家也常常参加他们的游戏。绝食与禁欲会产生喜悦和幻觉，注意力集中会使人局部或全身感觉不到痛苦。在未知的心灵之中究竟藏有何等的精力与能力是很难讲清的。但很多的瑜伽行者不过是些乞丐，他们实行苦修是希望得到黄金，这种希望，有人或许以为是西方人所专有的，又或者他们的苦修只是想引起人们的注意和赞叹。[1] 禁欲主义是与多欲相应的，至多也不过是控制情欲的企图而已，但是这种企图本身近乎是一种被虐待狂

[1] 率直的迪布瓦把他们描述为“游荡之辈”。行者（fakir）一词，有时候被用来指瑜伽僧，原为阿拉伯文，意为“贫困者”。

的情欲表现，这苦修者对于他的苦痛感到一种几乎是色情的喜悦。婆罗门僧侣聪明地避免了这类事情，并且劝告他们的信徒去忠实地履行日常职责，以求圣性。

· 弥曼差派体系

从瑜伽一步跨到弥曼差派（Mimansa），是从最有名的跨到最不出名的，也是婆罗门六派哲学中最不重要的一派。好像瑜伽之为魔法与神秘主义而非哲学，此一系统与其说是哲学不如说是宗教，它是正统教派针对哲学家轻渎理论的反击。它的作者阇弥尼（Jaimini），反对迦毗罗与坎拿大承认《吠陀经》的权威同时又轻忽它的倾向。阇弥尼认为人的心灵异常地微弱，不足以解决形而上学与神学的问题。理性是一个荡妇，它迎合任何欲望，它所给予我们的不是“科学”和“真理”，而仅是我们经过自我譬解的情欲与骄傲。通往智慧与宁静之路不在于错综复杂的逻辑，而在于谦逊地接受传说与谦卑地遵行经文中规定的仪式。为此，也有一句话可以应用：汝乃愚人也。

· 吠檀多派体系

吠檀多派一词的原意是《吠陀经》之末——也就是指《奥义书》。今天在印度这个词被用来指一个哲学体系，它的目的是要给《奥义书》的基本理论加上逻辑的构造与逻辑的支持。这种基本理论也就是印度思想中到处都有的机体论——就是梵我一如。这种印度哲学中最为人广泛接受的体系，最早见于跋达罗衍那（Badarayana）的《吠檀多经》（*Brahma-sutra*，约公元前 200 年）——包括 555 句经文，其中第一句便揭出了宗旨：“今且立愿亲近梵天。”几乎 1000 年后乔荼波陀（Gaudapada）为这些经作了注解，然后把这个体系的奥秘教给了哥宾达（Govinda）；哥宾达教给了商羯罗；商羯罗撰写了吠檀多派注解中最有名的一部，于是使自己成为印度最伟大的哲学家。

在他短短 32 年的一生中，商羯罗的修养使他得以集贤与圣者、智慧与仁慈于一身，这是印度所能孕育之最高贵典型的特色。他出生于马拉巴的婆罗门种姓南布迪里族（Nambudri Brahmans）家庭。他摒弃世间的荣华富贵，在青年时期便做了世界的弃绝者（Sannyasi），朴素无华地崇拜着印度教万神殿里的众多神明，然而又以神秘主义的方式沉浸于一个无所不包的梵天的意象之中。他认为最深刻的宗教与最深刻的哲学都见之于《奥义书》。他可以原宥百姓的多神教，但不能原宥数论派哲学的无神论与佛陀的不可知论。他以南方代表的身份到了北方，在贝拿勒斯大学获得了普遍的赞誉，校方把最高的荣誉颁给他，并且让他带了一批门徒到印度各地的辩论场，去为婆罗门教辩护。大概在贝拿勒斯他写就了有名的《奥义书》注释以及《薄伽梵歌》。他以宗教的热忱与学术的缜密攻击印度的异端者，恢复了婆罗门教的思想领导地位，这地位经过佛陀和迦毗罗的败坏本已经丧失了。

在这些论文里充塞着形而上学的空谈和枯燥的经文的阐释，但可以原谅的是这个人在 30 岁已经做到了印度的阿奎那和康德。像阿奎那一样，商羯罗承认他本国的经文是圣灵显示并且有完全的权威性，然后他开始在经验与理性之中为经文的训谕寻求证据。但不同于阿奎那的是，他不相信理性能胜任这个任务，相反，他疑心我们可能夸张了理性的力量与角色，以及它的清晰性与可靠性。阇弥尼是对的：理性是一个律师，它会证明任何我们愿望之事；为每一项言论它能够找到同样力量的相反言论，其结果便是一种怀疑主义，它削弱一切性格的力量，埋没人生一切的价值。商羯罗说，我们需要的不是逻辑，而是洞察力，是那种（与艺术有关的）能力，凭借它我们从纷乱中把握要点、从短暂中把握永恒、从部分把握整体，这是哲学的先决条件。第二个先决条件，是为领悟而去观察、探询及思想的意愿，其目的不在于创新、财富或权力。这是精神的一种退避，离开行动的一切兴奋、偏见与成果。第三项是，哲学家必须获得自制、忍耐与宁静，他须学习超越身体的诱惑与物质的挂念。最后在他的灵魂深处必须燃烧着解脱的愿望，从愚昧中解脱，结束自我分殊的感觉，喜悦地沉浸于完全了悟与无限统一的梵天之中。简言之，学者不仅需要理性的逻辑，更需要灵魂的涤除垢污与增加深度的一种训练。这或许是一切有深度的教育的秘密所在。

商羯罗把他的哲学根源建立在一个遥远而微妙的点上，这以后便没有再被人清楚地察见，直到 1000 年后康德写了他的《纯粹理性批判》。知识如何可能？他问道。显然，我们的一切知识来自感官；同时，知识并非真实本身所显露出来的，而是根源于我们感官对真实的采撷——或许是篡改。

因此，依赖感官我们永难完全知悉“真实”。我们所知道的仅是被空间、时间与原因所装饰的东西，那些装饰可能是我们的感觉器官所造成的网，而这些器官之所以被创造或被发展出来，是用以捕捉那种流动与奔逸的真实性。它的存在我们虽能臆测，但它的性质我们永不能客观地描述。我们感知的方式，与感知的对象，将永远是纠缠不清的。

这并非那种认为借睡觉就能毁灭世界之唯心论者的空幻主观主义。世界是存在着的，但它是幻（Maya）——不是幻象，是现象，其表面现象部分由我们的思想所创造。我们不能不透过时空的迷雾去感知事物，以及不能不根据原因与改变来思想事物，是一种生就的限制，一种无明（Avidya），这是一切具有身体之生物的感知方式所本有的。幻与无明是那一个大幻象的主观与客观的两面，借此，心智以为它知道真实。我们是通过了幻与无明，通过了生而有之的蒙昧，而看到了众多的事物与变化的湍流。实在的情形是，终极的存在只有一个，而变化则为形式之表面更易的“名目”而已。在变化和事物的幻或无明之后，便是那无所不在的真实，即梵天——借感觉或心智是不能触及的，唯赖训练有素之精神的直觉与洞察力方能抵达。

由于器官及感觉与领悟的方式所造成的感官之天生蒙昧阻碍了我们，使我们无法感知在一切个人的灵魂与心灵的下面存在着的那个不变的大灵魂。我们的可见可想的自我，如同时空的幻影一般不真实。

个人的差异，性格之特殊，这都是伴随着身体与物质的，它们属于万花筒般变化的世界。这些仅属于现象的自我，将随着那些也包含着他们的物理状况而逝去。但是在我们忘却了时空以及原因与变化时，所感觉到的深藏在底下的生命，乃是我们的本元与真实的所在，是我们与一切有生与事物所共有的神我，它在完整不分与周流遍在的状态之下是和梵天——也就是上帝——合一的。

但上帝是什么？就如同我有两个——自我与神我，世界有两个——现象的与本体的，神也有两个——自在天或创造者，人们经由空间、原因、时间与变化等形形色色而来崇拜他。梵天或纯净的存在，那是被哲学性的虔敬之精神所崇拜的，这种精神勘破一切分殊的事物与自我，寻求并且找到一个周流遍在的真实。它在一切的变化中无所改变，在一切分隔之中无所分隔，在一切杂多的形式、一切的生与死之中，是永恒常在的。多神论，甚至有神论，都属于幻与无明的世界，这些是相当于感知与思想的方式的崇拜形式。它们是我们的精神生活所需要的，如同空间、时间、原因等是我们的心智生活所需要的，但是它们并无绝对的健全性或客观的真实性。

对商羯罗，上帝的存在是不成问题的，因为他把上帝定义为神，并且认为一切真实的存在是和上帝合一的。但是一位作为创造者及赎罪者的人格神之存在，他认为可能有点问题。这位言论和康德相似的哲学家说，这样的一位神是不能被理性证明的，他只能作为一种实际的需要而加以假定，这样的神才给我们有限的心智提供宁静，也给我们脆弱的道德提供鼓励。哲学家虽然会在每一个庙里拜神，向每一位神祇行礼，他却会超越这些民众信仰的可原宥的形式。他会感觉到多元性为虚幻，一切事物为统一[1]，他崇仰至上的存在本身——无可名状的、无限的、无空间、无时间、无原因、无改变的存在，是一切真

[1] 因而吠檀多派哲学也叫非二元主义（Advaita）。

实的来源和本质。[1]我们可以把“觉知的”、“智慧的”甚至“快乐的”等形容词加之于梵天，因为梵天包有一切自我，故可能有这些素质。但一切其他形容词同样可用于梵天，因为梵天包含了一切事物的一切素质。梵天是中性的，超越个性与性别、善与恶、一切道德的差别、一切不同与属性、一切愿望与目标。梵天是世界的因与果，是世界超越时间与奥秘的本质。

哲学的目标便是要找出那种奥秘，并且让寻求者化入他所找到的奥秘之中。就商羯罗说，与上帝合一的意思是超越——或潜过——自我的分殊与短暂，还有那些狭窄的目标与兴趣；对一切部分、分隔、事物，都不复感觉；在一种无欲的涅槃状态之下，宁静地与那个存在的浩瀚汪洋合而为一，在那里没有敌对的目标，没有相争的自我，没有部分，没有变化，没有空间，也没有时间。[2]要找到这种欢喜

---

[1] 商羯罗与吠檀多派哲学并不能算是泛神论的：凡被认为彼此有别的事物不是梵天。它们的梵天，只有在它们的本质，不可分而无所改变的基本与真实中。“梵天，”商羯罗说，“与世界无相似之处，然而舍梵天则无有一物。凡在它的外面生存的事物，其生存的方式纯为虚幻的，如沙漠中的水的幻象。”

[2] 参照布莱克的诗：

我将去实行自我消灭与永恒的死亡。
以免最后审判将来临而发现我犹未灭，
于是我会被捉住而递送给我自己的私我。

或丁尼生的《古贤者》：

不止一次
当我独坐时，心中辗转思索
象征我自己的那个字。
于是自我的生死之限松开了，
进入了无名，如一片云似的
融入天空。我触摸四肢——四肢
好奇怪，不是我的——却又非疑影
但非常清晰，由于自我的失落
而获得的大我
有如旭日的闪耀——不能用文字遮掩，
文字仅是幻影世界的影子。

(Ananda)，一个人不仅需要弃绝世界，也必须弃绝他自己；他必须不在意财货，甚至于善恶；他必须视苦与死为幻，是身体与物质、时间与改变的表面偶然事件；他不得想到自身的素质与命运，稍有自利或傲慢便将毁灭他一切的自在解脱。好的工作成绩不能使人得救，因为它们只有在时空的幻的世界中才有意义。只有圣明的先知知识才能带来得救，它便是关于自我与宇宙、神我与梵天、灵魂与上帝之合一以及部分之化于整体的认识。只有在这种化合完全的时候，转世的轮回才停止。因为在这时才能见出转世的对象，即分殊的自我与个性，是一个幻象。创生自我并且给予赏罚的是表象世界的创造神。“但是当神我与梵天的合一被知道时，”商羯罗说，“灵魂作为漂泊者与梵天作为创生者就都不复存在了。”创造神自在天与“业”，如同事物与自我，本属于吠檀多派的通俗教理，它是适合于普通人的需要的。在这奥秘的教理中，灵魂与梵天为一，从不漂泊，从不死灭，从无改变。

商羯罗把他的奥秘理论归属于哲学家专有，可谓思虑周到。因为如伏尔泰所相信的，唯有一伙哲学家才能够在没有法律的情况下继续生存，因而也只有一伙超人才能超越善恶而生活。评论家们曾抱怨如果善恶是不真实的世界之部分，则一切道德的区别都会失落，魔鬼也将和圣者同样良善。但是据商羯罗聪明的回答，这些道德的区别，在时空的世界内是真实的，对于那些生活在世界之内的人是有约束力的。它们对于已和梵天合一的灵魂是没有约束力的，这样的灵魂不会犯错，因为过错暗示着愿望与行动，而已获解脱的灵魂按照定义讲，是不在愿望与（自私的）行动的范围之内移动的。凡有意伤害别人者都是生存在表面现象的层级上的，因而受约束于它的区别、它的道德与法律。只有哲学家是自由的，只有智慧才是自由。[1]

这是一种精妙而深刻的哲学，而作者还是一个20来岁的小伙

[1] 我们不知巴门尼德那以多为幻，唯有“一”存在的主张得之于优波尼沙的有多少，有助于商羯罗的又有多少，也不能在商羯罗与康德的极为相似的哲学之间建立任何承袭或影响的关联。

子。商羯罗不仅用文字详细叙出，并且在辩论中成功地予以辩护，他并且把其中若干片段以印度宗教诗中极为敏锐的一些诗节来予以表达。在应付了一切挑战之后他隐居到喜马拉雅山中，并且也算是遵照着印度的传统，他在 32 岁便死了。有 10 个僧团是以他的名字创立的，许多信徒接受并发展他的哲学。其中一人——有人说便是商羯罗本人——为大众写了一部吠檀多派的解说，名叫《愚昧的击槌》（*Mohamudgara*），在书里面，这体系的要点被清晰有力地作了概述：

> 傻子啊！放弃你财富的渴欲，从心中驱除一切的欲望。让你的心灵满足于你的“业”所带来的……不要为财富、朋友或青年时光感觉骄傲，时间在刹那间会取走一切。快离开这幻象的一切，进入梵天的所在……生命在颤抖，有如荷叶上的水珠……时间在演戏，生命在消退——然而希望的气息永不终止。身体枯萎了，头发变灰了，嘴中已无牙，手中的杖抖动了，然而人不离开希望之锚……永远保持镇定……在你、我及其他人之中单住着毗湿奴，向我发怒或暴躁是没有用的。在大我之中看每个小我，放弃一切差等之想。

印度哲学的结论

到了 12 世纪的吠檀多派体系，它在商羯罗的思想中本已趋向于一种哲学家的宗教，这时又被罗摩奴阇（Ramanuja，约 1050 年）等圣者重新加以诠释而成为一种崇拜毗湿奴、罗摩与黑天的正统教派。新思想遭禁之后，哲学不仅是烦琐的，也是贫瘠的。它从僧侣阶级接受教条，而详加证明，举出的是表面的相异但没有真正的分别，根据的是逻辑但没有真正的理由。

然而那些婆罗门教徒，躲在僻远的隐居之所，由于其晦涩难懂而得到了保护，乃能够在奥秘的经文与注释之中小心地保存了古老的体系，而把印度哲学的要旨经历若干代和长久的岁月流传了下来。在所有这些体系中，无论其是否隶属于婆罗门教义，心智的范畴都被认为是无能或欺人的，而真实则是当下可感知或见到的。[1] 所有西方在 18 世纪的理性主义对于印度的形而上学家来讲，好像是一种无益而浅薄的企图，要把深不可测的宇宙去臣服在一个沙龙女主人（Salonnière）的概念之下。“凡崇拜愚昧者将进入漆黑一团，凡以知识为自足者将进入更深的黑暗。”印度哲学始于欧洲哲学终止之处——一种对于知识的性质与理性之限制的研究。它的开始，不是泰勒斯和德谟克利特的物理学，而是洛克和康德的知识论。它认为心灵是最直接被感知的，因此拒绝把哲学皈依于一种仅为间接地经由心灵所知晓的物质。它承认外在的世界，但不相信我们的感觉能知其真相。一切科学仅为一番脉络分明的无知，属于表象的世界。它用不断更改的概念与用语来创拟一番关于世界的理论，在其中理性仅为部分——是无尽大海中一注移动的水流，甚至那个推理的人本身也是虚幻，他不过是一些事件的临时凑合，不过是经由时空的物质与心灵之曲线的一个暂时交汇点——他的行为与思想也不过是远在他出生前之力量的抒发完成。什么都不是真实的，除去梵天，那个存在的汪洋，在这其中每一形式都是一时的波浪，或浪上的一点泡沫。德行不是善良行为之静默的英雄主义，也不是什么虔敬的喜悦，它不过是对于自我与在梵天之中每一个其他自我的合一之认识。道德是物我为一的感觉所产生的生活方式。[2]“凡在他的自我中识出众生，又在众生之中识出他的自我者，便不复有不安。他能有什么幻觉、什么忧伤呢？”

某些特殊的性质，从印度的观点看似不足为缺点，却使得这番哲

[1] “从来没有一个印度圣者对于感官与心智所获得的知识，怀抱鄙视以外的感觉。”“印度的圣者从没有陷入过我们典型的错误，把任何心智的拟想在形而上学的意义下予以重视。这些并不比任何幻的形式更为实在。”

[2] 参照斯宾诺莎：“最大的善是知道心灵与整个自然的合一。”“对上帝的心智爱”是印度哲学对此的概要。

学在其他文明中未能有较广大的影响。它的方法，它的玄学术语，以及《吠陀经》式的假想，使它未能在具有其他假想或较为世俗性的国家中获得认可。它的表象虚幻的理论对于道德或积极的德行给予甚少的鼓励。不论“业”的理论，它的悲观主义是一种未能解释罪恶的自白，并且这些体系的部分后果是夸张了一种静止的安宁。然而，在这些思想之中确有一种深度，比较之下，在活力较盛的地区中产生出来的积极行动的哲学便显得有点浅薄了。西方的体系之所以对“知识即力量”具有如此的信心，也许是一个曾经刚强的青年的呼声，夸大着人类的力量与寿期。当我们在对抗公正的自然与敌意的时间所作的奋斗中精力疲惫时，我们更能宽容地对待东方的顺从与宁静的哲学。印度思想对于其他文化的影响最大时，正是其削弱或衰颓的日子。希腊在所向无敌时很少留意毕达哥拉斯或巴门尼德的哲学；希腊在衰颓时，柏拉图与俄耳甫斯主义（Orphism）的僧侣则采纳了转世的教理，芝诺则宣扬一种近乎是印度的命运论与委弃的态度；及至希腊将衰亡时，新柏拉图主义者与诺斯替教徒则深深地吸收了印度思想。欧洲由于罗马覆亡所遭受的困穷，以及欧洲与印度之间的通道被控制，似乎有 1000 年之久阻碍了东西方观念的交流。但是英国人在印度的势力尚未稳固时，《奥义书》的版本与译本便开始扰动西方思想。拉尔夫·菲奇特拟了一种异常像商羯罗思想的理想主义；叔本华几乎把佛教教义、《奥义书》与吠檀多派当作他哲学的一部分；谢林在老年时认为《奥义书》是人类最成熟的智慧；尼采有太长的时间奉持俾斯麦和希腊人的思想，以致不曾去留意印度，但在最后，于一切的观念中，他最重视且一再提及的乃是永恒反复的意念——类似于转世的一种想法。

在我们这个时代，欧洲愈来愈多地汲取东方的哲学，而东方也愈来愈多地汲取西方的科学。再一次的世界大战可能又把欧洲敞开（像亚历山大帝国的分裂敞开了希腊，罗马共和国的覆亡敞开了罗马），来接受东方哲学与信仰的流入。东方对西方日渐高涨的反抗，穷困、内讧及革命所导致欧洲的削弱，可能使这分歧的大陆达到成熟的时机，以接受一种天国希望和尘世绝望的新宗教。大概是偏见使得这种结局在美洲看来似乎是不可想象的：宁静主义与委弃的态度不适合于我们如电气般猛烈的气氛，或者由丰富的资源与辽阔的地带所产生的生命力。无疑，我们的气候在最后将给予我们保护。

第七章 | 印度的文学

印度的语言

就如同中古时代的欧洲哲学以及好多文学是用一种民众所不懂的死语言写的，印度的哲学与古典文学也是用一种普通会话早已不用了的梵文所写的，它是被当作没有其他共同语言的学者们的“世界语”而被保留的。这种文言和本国生活失去了接触，而成为繁琐哲学和高雅用法的一种模范。新词的形成不是民众的自然创造，而是由于学校中专门讨论的需要。到后来，哲学用的梵文遂失去《吠陀经》赞美诗的气概和单纯，而变成一种矫揉造作的妖精，它所用的长字会像一条条虫般横在纸上。[1]

同时北印度的民众在大约公元前 5 世纪，把梵文转变成普拉克里特语（Prakrit），很像意大利把拉丁文变为意大利文。普拉克里特语有一段时期成了佛教徒和耆那教徒的用语，直到它本身也发展为巴利文，即现存最早的佛教典籍所用的文字。到 10 世纪末这些“中古印度”的文字衍生了若干方言，其中主要是印地语（Hindi）。在 12

[1] 例如某些梵文胶合语：citerapratisamkramayastadakarapattau，upadanavisvamasattakakaruapattih。

世纪它又产生了兴都斯坦语（Hindustani），作为印度北半部的语言。最后，入侵的穆斯林在印度官话中加入了波斯词语，于是产生了一种新的乌尔都语（Urdu）。这一些全是“印度、日耳曼”语言，限于印度。德干人保存了各种古老的达罗毗荼语言——泰米尔语、泰卢固语、卡纳拉语（Kanarese）、马拉雅拉姆语（Malayalam）——而泰米尔语成了南方主要的文学媒介。在19世纪，孟加拉语代替了梵文而成为孟加拉的文学语言。小说家查特吉是印度的薄伽丘，诗人泰戈尔则为印度的彼特拉克。即使在今天，印度还是有上百种语言，而司瓦拉吉（Swaraj，意为“自治”或“独立”）所用的则为征服者的语言。

在很早的时候，印度便开始追溯文字的根源、历史、关系与组合。到公元前4世纪自行[1]创造了文法学，并且产生了或许是世人所知的一切文法家中最伟大的一个帕尼尼（Panini，约公元前4世纪）。帕尼尼、帕檀迦利（约150年）以及婆利睹梨诃利（Bhatrihari，约650年）的研究奠定了语言学的基础，而现代的那一门吸引人的口语发生学（Verbal Geneties）几乎就是由于梵文的再发现而产生的。

我们提到过写作在《吠陀经》时代的印度是不流行的。大约在公元前5世纪，佉卢文（Kharosthi）手卷按照闪语的范本改写成了，在史诗和佛教经籍中我们开始听说抄书人。棕榈叶与树皮被用作写作材料，一根铁针便当作笔用。树皮经过处理使其不再脆弱，用笔在上面画了文字，然后树皮涂上墨水，在其余的墨水拭净之后，字迹便留了下来。穆斯林把纸带了进来（约在1000年），但是一直到17世纪才能取代树皮。树皮用绳穿好，这种树皮的书被保存在印度一个叫作“语言女神之宝屋”的图书馆里。大量的这种木质的典籍经历了时间

[1] 巴比伦人也这样做过，见前章。

与战争的蹂躏而保存了下来。[1]

教育

甚至到了19世纪，写作还继续在教育上扮演很小的角色。或许僧侣觉得神圣或学术性的经文一旦成为公开的秘密是没有什么好处的。在印度历史上，我们发现，很早就有一种教育制度老是掌握在僧侣手中，最初仅对婆罗门开放，然后把特权推广到其他的阶级，直到现在贱民仍然排除在外。每一个印度的村落都有教师，由公费供给。单在孟加拉，于英国人来到以前，便有大约8万处本地的学校——每400个人便有一所学校。在阿育王时代识字的人占的比例似比今日印度为高。

儿童在9月至2月间在乡村学校就读，5岁上学，8岁离开。教课主要是宗教性质的，不论科目为何。背书是通常的方法，《吠陀经》是少不了的教材。读写算被包括在内，但并非教育的主要事务。德行被放在智能之上，学校教育基本的要项是纪律。我们不曾听说有鞭笞或其他严厉的惩罚，但我们发现特别注重的是健全适当的生活习惯的形成。8岁时，学生被交给一位师尊（Guru），从而得到较为正式的照顾，学生跟着这位师父一起生活，最好到20岁为止。他须做事，有时是体力操劳，他并且立誓守贞、谦虚、洁净和不食肉。现在给他的教导是“五科学”（Five Shastras）：文法、工艺、医药、逻辑与哲学。最后他被送去“涉世”，怀着那聪明的告诫，即教育只有四分之一从教师那里获得，此外四分之一得之于自修，四分之一得之于伙伴，四分之一得之于生活。

[1] 印刷在19世纪之前没有迹象——可能的原因是，或者和在中国一样，活字与本国字体的配合耗费太多，或者因为印刷被认为是书写艺术的一个鄙俗的后裔。报纸与书籍的印刷是英国人带给印度人的，然后又有了改进。今天在印度有1517种报纸，3627种期刊，以及每年平均出书1.7万种以上。

学生在大约16岁时可以离开师父进入几个最好的大学之一，这些大学是古代和中古时代印度的光荣：贝拿勒斯、塔克西拉、维达巴、阿旃陀、乌贾因、那烂陀。贝拿勒斯在佛陀时代和现代一样，是正统婆罗门教义的坚强堡垒；塔克西拉在亚历山大大帝入侵时是亚洲闻名的印度教研究的首席学府，特别因它的医学院而著名；乌贾因的天文学受到推崇；阿旃陀因艺术的教学而知名，在阿旃陀几座已经颓坏的建筑之残余正面，使人感到这些古老大学的庄严伟大。那烂陀是佛教高级学府中最闻名的，创立于佛陀死后不久，当时朝廷把100个村庄的税赋拨作维持这所大学的费用。它有1万名学生，100间讲堂，巨大的图书馆，6幢庞大的4层宿舍。它的望楼，据玄奘说，“没于晨雾之中，上层房舍高耸云端”。这位年老的中国朝圣者喜爱这些博学的僧侣和那烂陀的林荫，于是一住便是5年。在那烂陀，他说：“欲入学辩经的外来者，多知难而退，博古通今而得入者十之二三。”有幸进入的候选者得到免费修习及食宿的待遇，但须遵守近乎是僧院戒律的那种戒律。学生不准和妇女交谈，或去拜访妇女，甚至看妇女的欲望也被认为是大的罪过，这种态度就像《新约》里面那句最严厉的话。犯了与人发生性关系之罪的学生须有一整年披一张驴皮，驴尾向上，必须到处乞讨，自认有罪。每天清晨全部学生须在校中10个大池内沐浴。学习的过程历时12年，但有些学生待了30年，有些留在校内一直到死。

北印度所有的庙宇都被毁了，无论是佛教还是婆罗门教的。那烂陀在1197年烧毁，所有的僧侣都被杀死。我们永远无法从剩余的这点东西来估量古代印度的丰富生活。然而这些毁坏者并非野蛮人，他们对于美具有鉴赏力，并且有一种几乎是现代化的技巧，利用虔诚的意向从事劫掠的行为。这些蒙古人在登上王位时带来了一种高尚但狭隘的文化标准，他们对于文学与剑同等喜爱，也懂得如何把一次成功的攻城行动和诗联合在一起。教育大多是私人性质的，是由富裕的父亲雇教师施行的。这是一种贵族化的教育概念，把它当作一个处理世务与有权力的人的装饰——有时也是一种帮助。但是对一个命里注定要贫困或庸碌一生的人，教养通常被认为是使人感到厌烦或有害公众。这些教师所用的方法效果如何，我们可以从历史上一封伟大的信来加以判断。这封信是奥朗则布写给他以前的老师的，那位老师正在向皇帝要求一个闲差事和津贴：

> 你要向我要求什么呢，博士先生？你能够合理地希望我叫你做官廷中一个主要的廷臣吗？让我告诉你，假若你当初以正确的方式教导我，那就没有比这更公道的了。因为我相信一个孩子若受了良好的教育，那至少他对老师是和对父亲同样地感恩戴德。但是你给我的那些好的教导到哪里去了呢？首先你教我整个的佛兰吉斯坦（他们好像这样称呼欧洲）不过是个什么小岛屿，其中最伟大的皇帝是葡萄牙的，然后是荷兰的，再便是英国的。至于其他的皇帝，像法国和安达卢西亚[1]的，你说都像我们的小王公，说印度斯坦的诸王比他们加到一起还伟大得多，说他们（印度斯坦诸王）是……伟大的，是征服者和世界的帝王；那些波斯、乌兹别克（Usbec）、喀什噶尔（Kashgar）、勃固（Pegu）和中国的皇帝听到印度斯坦诸王之名便战栗。了不起的地理学，你实在该教我仔细地去分辨所有那些世界上的国家，好好地知道他们的力量、作战的方式、风俗、宗教、政府和目标；借着研读确实的历史，观察它们的兴起、进步、衰颓；再看因为什么意外事件和错误，那些王国如何发生了变化与革命。我从你那里刚好学到了我祖先的名字，这个帝国的有名的创始者。你绝没有教我他们的生平历史，以及他们采取何种途径去完成那种伟大的征服。你有意教我阿拉伯文的读和写。我感谢你，真的，使我将这么多时间花在一种需10年、20年才学得好的语言，好像一个皇帝的儿子会引

[1] 西班牙南部地方。——译者注

> 以为荣地做个文法家或什么法律博士，以及学些并非邻国的、事实上大可不必去学的语言。对于他，时间太宝贵了，有那么多重要的事他需要好好去学。你的办法，竟好像天下有什么人会不感觉勉强和有失尊严，去做像学习生字那种可哀而枯燥的练习，它是那样地孤独和无聊。

“就这样”，法国旅行家弗朗索瓦·贝尼耶说，奥朗则布对他老师之学究气的教导感到厌烦。宫廷的记载显示，他还加上了以下的斥责：[1]

> 你难道不知教养适当的童年，其时通常记忆甚佳，能够学习成千的良好观念与教导，这些在往后成人的年岁将可深深牢记，并且使心灵永远企求伟大的行动？律法、祷词和科学，难道用本国语学不是跟用阿拉伯文一样？你告诉我父贾汗王说要教我哲学。不错，我记得，你多年来用一些空洞的问题供我消遣，那完全不使心灵感到满足，在人类社会里一无用处，空洞的观念和纯粹的幻想，它们只有这点可说，那便是它们非常不易了解并且很容易忘记……我现在还记得，你用你那些了不起的哲学给我消遣了一阵，我也不知道多久，随后我所记得的唯有一大堆粗蠢的晦暗字眼，正可以使最好的头脑感到困惑、惊讶和疲倦，这些字眼的发明便是为了较方便来遮掩像你这种人的虚荣和无知，以使得我们相信他们无所不知，相信在那些含糊的字眼下面藏着一些大的只有他们才懂的奥秘。假如你用那种哲学来陶冶我，使心灵习于推理，不知不觉使其仅满意于确实的理由；假如你给我那些卓越的观念和理论，使灵魂超越命运的侵袭，使它平抑而具有一种无可

[1] 我们无法确定以下的引文（或者以上的引文）里面有多少是弗朗索瓦·贝尼耶写的，有多少是奥朗则布写的。可以确定的是它值得引录。

动摇、常保宁静的气度，允许它富而无骄，困而不馁；假如你让我知道我们究竟是什么，万物之基本原理如何，并且帮助我在心中形成关于宇宙之伟大的适当观念，以及宇宙各部分可赞美的秩序与运动；假如你给我灌输了这种哲学，那我会知恩图报，比亚历山大大帝对亚里士多德还远过之，并且相信我有责任对你报偿，不同于他对其师的报偿。你难道不应该舍去那些谄媚之言，而教我那对于一位皇帝甚为重要的一点，就是帝王之于百姓，百姓之于帝王，相互的责任如何；你难道不应当考虑到，有一天我会被迫用剑和弟兄们相争，以保生命和王冠？……你可曾留意教我，攻城是如何，陈兵列阵又如何？这些事我要感谢旁人，完全不感谢你。去吧，回到你原来的村庄，不要让任何人知道你是何人，你的情况。

史诗

基础学校和大学仅是印度教育系统的一部分。写作不像在其他文明里那样受重视，口述的教导保存并且传播了本国的历史与诗篇，聚众背诵的习惯则把文化遗产中最宝贵的部分传布于百姓之中。如同把《伊利亚特》和《奥德赛》增述传递给许多逸名的希腊说书人一样，印度的背书人和讲书人把愈来愈庞大的史诗，里面装满了婆罗门教徒所加进去的传奇故事，一代一代地从宫廷到民间地传递下去。

一位印度学者把《摩诃婆罗多》列为“亚洲到现在为止所产生的最伟大的想象作品”，艾略特爵士称之为“比《伊利亚特》更伟大的诗”。在某种意义上，这后面的一种判断是没有什么可怀疑的。开始时（约公元前 500 年）是一篇长度合理的短叙事诗，一个世纪又一个世纪后，添加了故事与教训，又吸取了《薄伽梵歌》以及罗摩的部分故事，终于它的长度到了 10.7 万个八音步的对句——7 倍于《伊利亚特》和《奥德赛》加在一起的长度。作者的名字颇多，传统所认定的是毗耶娑，其名字原意为“安排者”。上百的诗人写了它，上千的歌者塑造它，一直到笈多王朝诸王统治的时期（约400年），婆罗门僧侣才把他们的宗教与道德观念大量注入这部原属于刹帝利阶级的书，于是这首诗便被赋予今日我们所见到的巨大形式。

它的主题并不太适合于宗教的训诫，因为它所叙述的是暴行、赌博与战争的故事。第一卷讲到美女沙恭达罗（Shakuntala，她命中注定将成为印度最有名的戏剧女主角）和她的伟大的儿子婆罗多（Bharata），他传下了俱卢（Kurus）和般度（Pandavas）两大亲缘家族，他们之间的血斗衔接了书中时常脱断的线索。般度王坚战输掉了他的财富、军队、帝国、兄弟，终于连他的妻子黑公主德劳帕蒂（Draupadi）也输掉了，在这场赌博中他的俱卢族敌人用的是装了铅的骰子。按照约定般度族家人在被放逐后再收回王国。12年过去了，般度族家人找俱卢族家人收回国土，他们没有得到回音，于是宣战。双方都找了同盟来参战，直到几乎整个北印度都加入了。[1] 这场战争猛烈进行了18天，占去5卷书。所有俱卢族家人都被杀死，几乎全部的般度族家人也是。勇武的毗湿摩（Bhishma）便在10天之内杀了10万人。按照这位诗人统计家的报告，伤亡总共有数亿人。在这血腥的场面，甘陀利（Gandhari）在见到兀鹰在她的儿子难敌（Duryodhan）的尸身上面贪婪地盘旋时，恐怖地哀哭：

> 无瑕的王后，无瑕的妇人，从来是公正而善良，
> 庄严地怀着沉痛的忧伤，甘陀利站在战场上。
> 散布着头颅和血块凝结的头发，污血成渠，
> 无数战士的肢体盖满了猩红的战场……
> 残杀的景象，响彻着拉长的豺狼嗥叫，

[1] 在《吠陀经》里有几处提到《摩诃婆罗多》里面的人物，表明在公元前2000年的一次各族之间的战争，确有其事。

兀鹰和乌鸦在拍着黯黑可厌的翅膀。
痛饮着战士的血，邪恶的魔鬼充斥在空中，
饥饿的罗刹魔在扯食死尸的肢体。

经过这死亡与屠杀的局面，那年老的帝王被人俘走，
俱卢族家的夫人们步履蹒跚地在无数死者中间走过，
一阵尖锐的痛哭忽地在平原上响起，伴着回声，
当他们看见儿子或父亲、弟兄、丈夫在死人中间，
当他们看见林中的狼在吞食已经命定的猎获物，
郁郁不乐的午夜漫游者在白天到处巡行。
痛苦的尖叫和哀伤的惨哭响彻了可怖的战场，
他们微弱的足步逡巡，颓然倒地，
知觉与生命离弃了那些哀哭者，当他们为同一的悲痛昏倒时，
哀伤之后，如死去般的昏晕给他们一时的安息。

然后从甘陀利的胸中发出一声长吁，
望着她悲痛的女儿们，她向黑天这样说：
“留意看我哀痛未息的女儿们，俱卢族家的寡妇们，
为死去的亲人哀哭，像鹗鸟在哭她的伴侣；
那冰冷黯淡的眉目唤起了她们妇女的爱心，
在生命已经消逝的战士中间，她们不息地巡游；
母亲拥抱战死的儿子，他们在长眠之中浑然不觉，
寡妇们俯身向着夫君，哀泣不休……”

如此这般，王后甘陀利向黑天倾诉她的哀思，
在这时，唉，她巡视的目光落在她的儿子难敌身上。
突然的痛苦抨击她的胸膛，她的心智似乎彷徨；
像被风暴摇撼的一棵树，她毫无知觉地躺到地上。

又一次她在悲哀中醒转，又一次她把目光投过去，
望见她的儿子在露天卧于紫色的血污之中。
于是她抓住她亲爱的难敌，紧紧抱在胸前，
抽搐的哭泣摇撼她的胸膛，她紧抱那没有生命的躯体，
她的泪珠好像夏天的阵雨，冲洗他的高贵头颅，
那上面戴着犹未玷污的花环，缀饰着光鲜殷红的花朵。
"'母亲，'我亲爱的难敌在出战时说，
'在我登上战车的当儿，祝福我欢悦，祝福我得胜。'
'孩子，'我向亲爱的难敌说，'上天莫施予残酷的命运，得胜要靠有德行。'
但是他一心作战，以勇敢涤除了本身罪孽；
现今他身在天堂的境域，这是忠心战士应得的赏赐，
我不为难敌哀哭，他战斗、仆倒，恰如王子的本分，
但是我的哀痛的丈夫，有谁能说出他的不幸？……

听那可厌的豺狼叫声，这狼群是如何地彻夜不眠——
往日，善歌的美女惯常守伺他的睡眠。
听那邪恶的血喙兀鹰在死者身上拍翅膀——
往昔，在难敌的床边，少女摇动羽扇……
且看难敌的高贵寡妻，勇敢的罗什曼那（Laksmana）的高傲母亲，
年轻美貌有王后的风度，好像光亮黄金的祭坛，
从丈夫的甜蜜拥抱、儿子的环抱臂膀中被扯开，
年轻而动人，命定要忍受终生的悲哀和痛苦。
扯裂了我的坚硬如石的胸膛，被这残酷的痛苦碾碎了，
甘陀利如何该当活着来眼看高贵的儿子和孙儿被杀？

再看难敌的寡妻，在拥抱他的血污头颅，

以温柔的双手，轻柔地在他的床上抱持他，
又从亲爱的已逝丈夫转向她最亲爱的儿子，
母亲的泪珠哽塞了寡妇的痛苦呻吟；
如同荷花根枝，她的身躯柔嫩而现金黄色。
我的荷花啊，我的女儿，婆罗多的骄傲，俱卢家族的名声！
假如《吠陀经》里面有真理，勇敢的难敌身在天堂；
为何刚离了他的珍爱，我们便长久地忧戚？
假如在教理之中有真理，我的英雄儿子住在天上；
为了他们完成了地上的使命，我们却要长久悲哀？”

在这个爱情与战争的主题上衔接了上千插入的叙述。黑天神把屠杀暂停一会儿，加进一个诗篇谈论战争和黑天的高贵，延后了垂死的毗湿摩的死亡，解释阶级制度、遗赠、婚姻、礼物与葬仪的规则，并说明数论派哲学和《奥义书》的哲学，叙说一大堆传奇故事、传统规范与神话，又长篇大论地教训坚战关于皇帝的职责；此外弥漫着谱系、地理描述、神学与形而上学长段叙说的沙尘与戏剧和情节的绿洲部分分开；寓言与神话、爱情故事与圣者的生平等也使得《摩诃婆罗多》在形式方面比《伊利亚特》和《奥德赛》糟糕，而在思想之宏富方面则过之。原本显然是刹帝利阶级登极之作，英雄主义与战争的作品，在婆罗门的手中则变成了教诲民众关于《摩奴法论》、瑜伽规则、道德观念以及涅槃之美的工具。其金科玉律有许多种形式的表现[1]，美与智慧的道德格言极多[2]，关于婚姻忠贞的美丽小故事也不少，这些故事使得妇女听众知悉婆罗门理想中那忠诚而忍耐的妻子模范。

在伟大战役的叙述之间夹藏着世界文学中最伟大的哲学诗篇——《薄伽梵歌》。这是印度的“新约”，受崇敬的情形仅次于《吠陀经》，

[1] 例如：“己所不欲，勿施于人。”“即使是敌人声求救援，善良者仍会慷慨给予帮助。”“以谦和克服愤怒，用怜悯克制严酷；破除吝啬小气，而以真诚替代谎言。”
[2] 例如：“人生的际遇就像大海中两片木板的聚合分离。”

并且像《圣经》和《古兰经》一样在法庭里被用来宣誓。德国学者、教育改革家洪堡说它是“最美的或许是唯一真正地在任何文字中存在着的哲学性的歌颂……或许是世界所能展示的最深刻最高贵的东西”。印度对于个人一向是不在意的，《薄伽梵歌》也就承受着印度作品特有的神秘感，既无作者名字也无创作日期，被流传到现在。它的年代可以早到公元前400年，也可以晚到200年。

这首诗描述的场合是俱卢家族和般度家族的交战，情况是般度的战士阿周那在和隶属敌军的亲人殊死作战时，不愿意去进攻。黑天这时在他身边作战，好像荷马诗中的神一样，阿周那便对神明黑天讲出一番甘地与基督的哲学：

当我见到——来此欲使人流出
共通的血的，那边的一伙亲人，
我的四肢软弱，我的口舌干燥……
这是不好的，格谢沃啊！没有任何好处
会从互相杀戮生出！啊，我厌恨
光荣与征服，财富与安舒
这般可哀地取得！唉，什么胜利
能带来愉悦，戈文达，什么丰盛的劫掠物
会有利，什么统治能补偿，什么寿命
的年岁是甘美的，当这一切要用众多的血去买得？……
因此我们若杀死
亲人和朋友，热衷尘世的权力，
这是何等罪过！
我看，不如当我的亲人来攻打时，
我就手无寸铁迎上去，露出胸膛
让箭矛刺射，而不必以牙还牙。

于是黑天，他的神性并不因他之欣喜战斗而抑减，便以护法神之子的权威向他解释说，按照经文与最好的正统意见，在战争中杀死亲人是适宜与公正的，阿周那的责任乃是遵从他刹帝利阶级的规则，去打斗杀戮，同时问心无愧，精神勃发，并且归根结底来说，只有身体才会被杀，灵魂仍然是生存的。于是他说明了一番数论派哲学的“宇宙心”、《奥义书》中不变的神我：

> 无法毁灭的，
> 你要知道，这大的生命把生命注入万有；
> 在任何处所，用任何方法，也不能
> 减少它、固定它或改变它。
> 但是它赋予不死、无尽、无限之精神的
> 这些流转的身形——
> 他们会死灭。让他们死灭吧，王子，来战斗！
> 凡是有人说：“我杀死了一个人！”
> 凡是有人在想：“啊，我被杀死了！”这都是
> 不识不知者。生命不能杀戮！生命不能被杀！
> 精神永不曾出生；精神也永不会终止；
> 它永远存在；终止与开始不过是梦幻！
> 无生无死无变化，精神永远是如此；
> 死亡完全不曾触到它，虽然好像它的躯壳已死。

黑天继续指点阿周那的形而上学，他把数论派和吠檀多派的思想混在一起，这是毗湿奴教派所接受的一种奇特的综合性思想。他承认自己是梵天，而说道：

> 攀附着我
> 像一排珍珠攀附穿着它们的线。

我是水的馨香；我是
月的银白，日的金黄，
《吠陀经》里面的崇敬语，也是
以太里面的微颤，也是人的
种子里面的精力。我是潮湿泥土的
甘美芳香，我是火的红光，
在一切活动之物中的生命之气，
神圣的灵魂中的神性，那不死
的根源，从那里生出一切存在之物；
智者的智慧，知者的
心智，伟大者的伟大，
荣耀者的荣光……

对于那个明智的观察者，
这一切，婆罗门僧侣和他的经卷与参拜，
牛和象，不洁的狗，
吞食狗肉的无赖汉，都是一。

这首诗有丰富的、相互搭配的色彩，和很多的形而上学与伦理方面的矛盾冲突之处，反映出生命里的对称与复杂的情形。非常令人惊讶的是，这个人所采取的道德立场好像较为高尚，而那位神却为战争和杀戮辩护，其所根据的是靠不住的"生命无法杀死以及个人的分殊本为虚幻"的理由。作者想要做的，似乎是把印度人的灵魂从佛教信仰的销蚀精力的宁静主义之中唤醒，使其愿为印度而战。这是一个刹帝利在感到宗教削弱他的国家时所表示的反叛，他骄傲地认为很多东西是比和平更可贵的。总之，这是一则好的教训，印度假如在过去听取了它，本可能会使其保持自由的。

印度的第二部史诗是一切印度书籍中最著名和最受人喜爱的，并且比《摩诃婆罗多》更容易为西方人了解。《罗摩衍那》比较短，仅有1000页，每页48行的长度。虽然它自公元前3世纪起到2世纪为止，也曾经有添加和不断的增长，中间插入的部分却较少，并且不影响主题的发展。传统上认定的作者是蚁垤（Valmiki），他也和那篇较长的史诗的传闻作者一样，在故事中作为一个人物而出现。但它更可能是许多路旁的弹唱诗人的产品。今天还有这类诗人在讲诵这些史诗，有时一连90个傍晚，面对着出神的听众讲述史诗故事。

就像《摩诃婆罗多》与《伊利亚特》相类似，是一次神和人都参加的大战故事，其部分的缘起是一国的一位美女被另一国掳去，《罗摩衍那》则好像《奥德赛》，讲到一位多难漂泊的英雄，以及等他回去团圆的耐心妻子。一开始我们见到黄金时代的一幅景象，十车王（Dasaratha）在国都阿约提亚城统治着科萨拉（Kosala，中国史籍又译侨萨罗）：

> 富有着王者的尊贵与武勇，富有着神圣的《吠陀经》学识，
> 十车王统治着他的帝国，在往昔美好的日子里……
> 和平地生活着，那有义的百姓，多财而有德；
> 他们的胸中没有嫉恨，口中不作谎言。
> 为父者家室欢乐，有牛群、谷物和黄金；
> 苦恼的困穷和饥馑在阿约提亚无能为力。

邻近另有一个幸福的王国，是国王遮那竭（Janak）所统治的毗提诃。他亲自“操犁耕地”，像个有力的辛辛纳图斯（Cincinnatus）[1]。有一天，他的犁刚一触到泥土，那田畦中便跃出一个可爱的女儿悉多。不久悉多必须成婚了，遮那竭便给追求者举行一次竞赛：凡能够拉弯遮那竭的一面战弓者可赢得美人。于是十车王的长子罗摩来参加

[1] 古罗马共和时期的一位领导人，本为农民。——译者注

这次竞赛，罗摩“有狮子般的胸膛，硕大的臂，眼如荷花，庄严如林中之象，束发如冠”。只有罗摩能拉弯这弓，于是遮那竭把女儿许给他，说出印度婚事中特有的惯例祝词：

> 这是悉多，遮那竭的女儿，对他比生命还宝贵；
> 今后她一同承受你的德行，王子啊，她是你忠诚的妻子；
> 祸福同享，她是你的，不论在何方；
> 无论欢喜或忧伤，珍爱她，紧握她手在你手；
> 如影随形，她是夫君的忠诚的妻，
> 我的悉多，最好的妇女，生死都跟随你。

于是罗摩回到阿约提亚，带着公主新娘——“象牙般的额，珊瑚般的唇，齿如列贝”——而以他的虔敬、温和与慷慨大量赢得了科萨拉王国百姓的爱戴。忽然罪恶进入了这个伊甸乐园，它的化身便是十车王的第二个妻子吉迦伊（Kaikeyi）。十车王曾应允满足她任何的愿望。这时她对于王后感到忌妒，因为其子罗摩是王储，于是她求十车王把罗摩放逐 14 年。而十车王有这样的一种荣誉感——那是唯有不懂政治的诗人才想得出来的——竟然遵守了诺言，而伤心地把心爱的儿子放逐了。罗摩爽快地原宥他，便准备单独到林中去生活，但是悉多坚持要同去。她所讲的话几乎是每个印度新娘都记住的：

> 高车骏马，涂金的宫殿，在妇女的生活中都是空；
> 对于爱着丈夫和被爱的妻，丈夫的身影最可贵……
> 悉多在林中徜徉，比在父亲的华厦中还更快乐，
> 憩息在丈夫的爱中，不必妄自思念家或亲人……
> 从新鲜芳香的树木，她会采撷野果，
> 罗摩尝过的食物将是悉多珍爱的食物。

甚至罗摩的兄弟罗什曼那也要求去陪伴他：

> 孤零零地带了悉多，你将遵循你的黯黑路途；
> 准许你忠诚的日夜给她保护；
> 准许携带了箭在森林里到处巡行，
> 让他的斧砍倒林木，让他的手建立家屋。

这首史诗在此处变成了森林田园诗，叙说罗摩、悉多如何出发到林中去；阿约提亚的百姓如何为他们哀哭，在第一天跟他们同行；这些被放逐者如何在夜晚从关心的陪行者身边溜走，放弃一切贵重物品和王子的服饰，披上树叶和编织的草，用剑在林中开出路途，依靠林中的果子和坚果为生：

> 时常地，那妻子转向罗摩，非常地喜悦与惊异，
> 询问一些树木爬藤、果子或花朵的名称，因为从不曾见过……
> 孔雀欢喜地绕着飞，猴子在弯枝上跳跃……
> 罗摩在清晨朝阳的红光下跃入河川，
> 悉多轻柔地探入水中，好似水莲凑近溪流。

他们在河边造了小屋，学习去喜爱林中的生活。但是一位南方的公主波娜伽（Surpanakha）在林中闲荡时邂逅罗摩，爱上了他，恨他守德不渝，便唆使她的哥哥魔王（Ravan）来夺走悉多。他成功了，把她捉到远方的城堡里，想要引诱她，但没有结果。因为神明和写书的人都是神通广大无所不能的，于是罗摩募集了大军，攻击魔王的国度，把他打败，救出了悉多，然后（这时他放逐的年限正好已经满了）同她坐了飞车回到阿约提亚，在那里另一个忠诚的兄弟愉快地让出了科萨拉的王位。

在大概是后来添加的一段结语里，罗摩屈服于那些怀疑者，他们

不信悉多在魔王的宫中住了那么久而始终没有让他接近。虽然她通过了火的试验而证明了她的清白，他仍把她遣到森林里去隐居，这实在是遗传的恶作剧：一代人把受之于长辈的罪恶过错再向后来者身上去重复施行。在森林里悉多遇到蚁垤。她为罗摩产下二子。很多年后，两个儿子作为周游的歌者，在不快乐的罗摩跟前唱出蚁垤据悉多的回忆而作的关于罗摩的史诗。他认出这两个少年是自己的儿子，于是送信恳求悉多回来。但是悉多痛于她所身受的怀疑，消失于曾为她的生母的泥土之中。罗摩孤独而忧伤地统治了好多年，在他的仁政之下，阿约提亚又经历了十车王时代的理想生活：

古代的贤人曾诉说，罗摩在位的快乐时期里，
夭折和恶病，百姓从未遭遇；
没有寡妇为早夭的夫君哀哭，
母亲也没有为阎摩[1]勾住了的婴儿痛哭；
强盗，骗子和欺哄者不用巧语诱人，
邻人热爱正直的邻人，百姓爱他们的君王。
树木在季节转换时盛产果子，
土地感恩欣愉，丰收从无缺减。
雨水按时，暴风不起。
熙熙山谷，谷草丰茂。
布机与铁砧，耕就的沃土，各自生产，
举国各沿祖业，生活愉悦。

这是一个使人愉快的故事，甚至一个现代的愤世嫉俗者也可以享受——假如他有这份聪明——有的时候须忍受一点怪诞的片段和歌唱的韵律。这些诗虽然在文学素质方面也许比荷马的史诗逊色，在结

[1] 司死之神。——译者注

构的逻辑次序、文学的华丽、描写人物的深度与忠于事物之基本要素等方面却具有优良的感情，高贵的妇女与男子的理想化，与一种有力的——有时也是实际的——生活描述。罗摩和悉多太好了，不像真实的人物，但是黑公主、坚战、持国和甘陀利，则几乎同阿基里斯、海伦和珀涅罗珀一样是活生生的人物。印度人会理直气壮地抗议说没有一个外国人能够评判这些史诗，甚至了解它们。对他们而言，它们不仅是故事，它们是一些理想人物的画像，他们可以仿效这些人而修养他们的人格；它们是印度民族的传统、哲学和神学的储藏库；在某种意义上，它们是神圣的经典以供诵读的，好比一个基督徒诵读的《使徒行传》那样。虔诚的印度人相信黑天和罗摩是神的化身，并且仍然向他们祈祷。在这些史诗中读到他们的故事时，印度人觉得在得到文学的愉快和道德的感召之外，也得到宗教的好处，并且相信只要读《罗摩衍那》便会洗净一切罪恶，也会得到一个儿子。印度人常以一种单纯的信心接受《摩诃婆罗多》的骄傲结论：

> 假如一个人读《摩诃婆罗多》，且能信奉它的道理，他可解脱一切罪恶，死后上天堂……如奶油之于其他食物，如婆罗门之于其他人……如大洋之于池水，如牛之于一切其他四足兽——此正如《摩诃婆罗多》之于其他的史书……凡留意谛听《摩诃婆罗多》之对句，并且能信之者，在此世就能得长寿和名誉，在来世就能在天堂永居。

戏剧

在某种意义下，戏剧在印度是和《吠陀经》同样古老的，因为戏剧的萌芽至少源自《奥义书》。无疑地，比这些经典更为古老的是戏剧之更具动作性的起源——祭祀与节庆的盛典和宗教性的游行。第三种起源是舞蹈——既不是精力的发泄，也不是交媾的代替，而是一种严肃的仪式，模仿着也暗示着对于本族极为重要的行动与事件。也许第四种来源是史诗当众的生动朗诵。这些因素配合起来产生了印度戏剧，并且给了它一种宗教的明确特性，而表现于古典时期。[1] 这些特性见之于戏剧的严肃性质，其主题取自《吠陀经》或史诗，以及开戏时必定举行的祝祷等。

戏剧最后的刺激或许来自印度与希腊的交通——由于亚历山大大帝的入侵而建立的。我们没有阿育王之前印度已有戏剧的证据，在他统治期间是否有，也仅有不确定的证据。现存最早的印度剧本是新近在中国的新疆所发现的棕榈树叶的抄本。其中有三个剧本，其中之一，作者署名马鸣（Ashvaghosha），是迦腻色迦王朝宫廷里的一个神学导师。这个剧本的技巧形式以及戏中的丑角，近似于印度戏剧中的传统典型，表明在马鸣出生的时候，戏剧在印度已有悠久的历史了。在 1910 年，有 13 个古代的梵文剧本在特拉凡哥尔被发现，它们被疑为是跋婆（Bhasa，约 350 年）所写的，他是迦梨陀娑所崇敬的一位戏剧前辈。在他的剧本《摩罗维迦和火友王》（*Malavika*）的前言里，迦梨陀娑无意之中颇为高明地表现了时间以及形容词所具有的相对性："好不好？让我们把这些名作家如跋婆等的作品放在一边。"他问道："听众们可能够对一位'现代'诗人迦梨陀娑的作品感到一点儿尊敬？"

直到最近，研究工作所获知的最老的印度剧本是《黏土车》。在剧本的本文中表明剧本作者是一位默默无名的皇帝，这一点我们不必去理会。这位皇帝在《吠陀经》里被描述为一个在数学、驯象、恋爱艺术等方面的专家。无论如何，他是戏剧方面的一位专家。他的剧本肯定是印度传过来的最使我们感兴趣的东西——一种通俗剧与幽默剧的聪明糅合，夹杂着极佳且具有诗意的热情以及描述性的段落。

[1] 即文学以梵文为媒介的时期。

把这个剧本的轮廓勾画一下，比写上一本评论更能够表明印度戏剧的性质。在第一幕我们便遇到善施（Charu-datta），他本是富有之人，现在因为用钱太大方和运气不佳而困穷了。他的朋友弥勒（Maitreya），一个愚蠢的婆罗门僧侣，是戏里面的丑角。善施请弥勒向神作一次祭献，但是这位婆罗门僧侣拒绝了，说道："有什么用？你所崇拜的神并没有给过你好处呀？"忽然一位年轻的女子，出身高贵并且极为富有，冲进善施的庭院，想要躲避追赶她的人，那是皇帝的一位兄弟蹲蹲儿（Samsthanaka）——其无恶不作的邪恶和善施的纯良正好是两个极端。善施保护这位女子，把蹲蹲儿遣走了，后者倡言报复，他置之不理。这位女子春军（Vasantasena）请求善施代她保管一箱珠宝，以免她的敌人窃取，也是想有个借口以便再来访问救命恩人。他同意了，接过了箱子，然后送她回到富丽堂皇的家里。

第二幕是一则滑稽的插戏。一个赌徒逃避两个赌徒的追赶而躲在一间庙里。他们进来时，他装作庙神以避免注意。追赶的赌徒掐他，看看他是否真是石塑的神像。他不动。他们放弃不追寻了，便在祭坛边掷骰子玩。这游戏太使人兴奋了，那个"神像"再也忍不住，便从台上跳下来，要求加入。那两个人揍他，他又一溜了，结果被春军救了，然后春军发现他从前曾是善施的仆人。

在第三幕善施和弥勒去参加音乐会才回来，一个小偷夜游闯进屋子偷走了那箱子。善施发现遭窃感到羞愧，于是把他最后一串珍珠送去给春军作为代替品。

在第四幕夜游把偷来的箱子送给春军的女婢酬答她的爱情。她看出是主人的箱子，责备夜游做贼。他用一种叔本华式的尖刻来回答她：

> 一个妇女会为了钱微笑或哭泣
> 任君所好；她使男子
> 对她信任，但是自己不信他。

妇女变幻无常如海洋中的波浪，
她们的感情有如云边的夕阳
瞬时即逝。
她们热切地缠住那个供给财富的男子。
她们榨取他的所有，好像榨着一棵多汁的植物，
然后，弃之而去。

女婢宽恕了他，春军也准许他们结婚。

第五幕一开始，春军到善施家去把他的珍珠和箱子交还给他。在那里一阵风暴来了，她用极美的梵文将它描写了一番。[1] 风暴也善如人意地增加了狂烈，而使她很情愿地被迫在善施家里过夜。

第六幕显示春军第二天早晨离开善施的家。她没有进入他叫的马车，而误入了那个坏人蹲蹲儿的一辆车子。第七幕有关一个附属性的情节，对于主题并无重要性。在第八幕春军下得车来，不在她所预期的自己宫殿住宅，却在她的敌人家，几乎是投入了他的怀抱。她再度鄙视他的爱情，他便扼死了她，然后把她埋了。之后，再到法庭去控诉善施谋取春军的珠宝而害了她的命。

第九幕叙述审判，这时弥勒让珠宝从他的口袋里掉出来，而暴露了他主公的行为。善施被判死刑。第十幕善施绑赴刑场。他的孩子要求行刑者让他以身代父，但他们拒绝了。到最后的一刹那，春军本人却出现了。夜游看到蹲蹲儿埋葬她，他及时把她掘出而救活了。这时春军救了善施，夜游便控告皇帝的兄弟杀人。但是善施不肯为这项控告作证，蹲蹲儿被释放了，人人皆大欢喜。

东方的时间是比西方来得充裕的，尽管在东方几乎一切工作都由人工来做，而在西方则有好多节省气力的工具。印度的戏剧比起今天

[1] 这是特殊的一例。通常在印度戏剧中妇女讲普拉克里特语，理由是一位夫人不宜通晓一种死文字。

欧洲的戏剧要多出两倍那么长。每出戏有 5 到 10 幕，每一幕都按照一个人物的下场和另一个人物的上场而不着痕迹地分为若干场景。并无统一的时空，而想象力之驰骋是毫无限制的。布景很少，但衣饰华丽。有时，活生生的动物使戏剧增加了生气，并且凭借这种自然之物冲淡了人为造作的气氛。表演开始时有一番楔子，由一个演员或经理谈论这本戏。歌德给《浮士德》加上一个楔子的观念好像是取之于迦梨陀娑的。楔子结束后把第一位演员介绍一番，而这位演员便一路演下去。巧事是数不清的，而超自然的影响时常决定事情的发展过程。一个爱情故事是少不了的，小丑更是不可或缺。在印度戏剧里面没有悲剧，圆满的结局是免不了的，忠实的爱情总是胜利，道德总是得到奖赏，这些好像仅是为与世间真相取得平衡罢了。经常闯入印度诗篇的哲学讨论是被摒除于印度戏剧之外的。戏剧有如生活，必须用行动来教人，绝不可用言语。[1] 抒情诗与散文视题目、人物与动作的尊严性而交替使用。在戏里面，上层阶级用梵文，妇女与低阶级者用普拉克里特语。描写的片段甚佳，人物刻画则甚陋。演员们——包括女角——皆能称职，没有西方味的匆促，也没有远东的浮夸。戏剧以尾语结束，这时作者所喜欢的或当地普遍崇奉的神便被要求降福于印度。

自从迦梨陀娑的剧本《沙恭达罗》(*Shakuntala*) 被威廉·琼斯 (William Jones) 爵士翻译，又被歌德赞美过以后，它便闻名于全世界了。然而我们对迦梨陀娑的了解只不过是根据 3 个剧本和敬仰他的追忆而归附于他的若干传奇故事。显然他是超日王在笈多王朝京城乌贾因所荣宠的“九珍珠”诗人、艺术家与哲学家之一。

《沙恭达罗》有 7 幕，部分用散文，部分用生动的诗写成。先是一段楔子，由经理人邀请观众欣赏自然的美景，然后正戏开始，在

[1] 印度的伟大戏剧理论家财胜 (Dhanamjaya，约 1000 年) 写道：“至于头脑简单的人认为从摘取欢乐的戏剧中，所获得的仅是知识——那么向他敬礼吧，因为他回避了可悦之事。”

一片林中的空地，住着一位隐士和他的养女沙恭达罗。这番景象的安逸被一辆战车的闹声所扰乱。坐车的是杜什雅塔（Dushyanta）皇帝，于是以一种文学作品中所惯有的速度爱上了沙恭达罗。他在第一幕便娶了她，可是忽然被请回了京城。他用惯例的一些允诺向她说尽早回来。一位苦行者告诉这位哀伤的女孩，她只有继续保有杜什雅塔给她的戒指，他才会记得她，可是她在洗澡时丢失了戒指。她怀着身孕远行到宫廷去，发现皇帝已经忘了她，就像许多被妇女善待过的男人那样。她设法恢复他的回忆：

沙恭达罗：你不记得吗？在那素馨花荫，有一天
　　你把荷花所贮的一掬雨水
　　倒入了你的手掌心？
皇帝：说下去，
　　我在听。
沙恭达罗：就在那时我收养的孩儿，
　　那个小鹿，跑过来，眯着长而柔和的眼睛，
　　而你，在解自己的渴以前，便给了
　　那个小东西，说："你先喝，
　　温和的小鹿！"但是她不肯从陌生的手中喝水。
　　然而，就在我取了一点水的当儿，她喝了，
　　绝对地信任着我。然后你笑说：
　　"每一个生物对它的同类都有信心。
　　你们两个都是同一处野树林的儿女，
　　每一个都相信对方，知道它可以信托的是哪个。"
皇帝：甜美也是虚伪的！这样的子女能诱惑傻子……
　　女性诡诈的天赋在各种生物都很显著；
　　特别是在妇女。
　　杜鹃鸟下的蛋豆伯去孵，

自己安然又得意地飞去。

被弃和沮丧的沙恭达罗奇迹般被抬举升空，到达另一处森林，在那里生下孩子——便是那伟大的婆罗多，他的子孙必须参与《摩诃婆罗多》里面的一切战斗。同时一个渔人找到了那个戒指，在上面看到了皇帝的印信，把它拿去给杜什雅塔。他想起了沙恭达罗，到处去找她。在飞过喜马拉雅山时，由于一种戏剧性的神意，他正好降落在沙恭达罗那哀苦的隐居之处。他看到男孩婆罗多在小屋前玩耍，而表示对父母的羡慕：

啊，快乐的父亲，快乐的母亲，
抱着小儿子，身上沾了孩童身上的泥灰；
它信赖又欢喜地偎向他们的膝间，
他所渴求的托庇之所——
在他无缘无故自己嬉笑时，
白色花蕾般的稚齿微露，
他又呀呀作无字的言语……
比什么字眼都更能够融化人的心。

沙恭达罗出现了，皇帝请她原宥，并且封她为王后。这出戏结尾是一项奇特的却是典型的向神的祈求：

愿皇帝纯为百姓的幸福治理国家！
愿神圣的娑罗室伐底（Sarasvati），言语的源泉，
戏剧艺术的女神，
永远被伟大睿智者崇奉！
愿那华美的，自我存在的神，
他的精强的生命力弥漫于一切的空间，

救我的灵魂脱离未来的轮回！

在迦梨陀娑以后，戏剧并未衰退，但是没有产生一部像《沙恭达罗》或《黏土车》的作品。戒日王——据传说——写了3部戏剧，盛行了若干世纪。在他之后，一个贝拉尔（Berar）的婆罗门薄婆菩提（Bhavabhuti）写了3部奇诞的剧本，在印度戏剧史上被认为是仅次于迦梨陀娑的作品。但是他的风格太过精细与晦涩，只能够满足少数观众的欣赏——当然他也曾经有过昂然表示。“那些指责我们的人，他们懂得太少了，”他写道，“这番娱乐不是为他们准备的。可能跟我趣味相似的人是有的，或者将来会有。因为时间是无限的，世界也是广大的。”

我们不能把印度的戏剧文学与希腊或英国伊丽莎白时代的戏剧等量齐观，但是把它跟中国或日本的戏剧相比倒是有利的。我们也无须向印度去求取现代戏剧所有的矫饰特色。那毋宁是一时的际会而不是永久的真实，它会消逝——甚至走入相反的方向。印度戏剧超自然的作用力，就和那明智的欧里庇得斯的“神力搭救”（deus ex machina）一样，不易为我们所欣赏，但这也同样是历史上的时尚。印度戏剧的缺点是（假如一个外国人可以小心翼翼地尝试加以评论的话）：矫揉造作的用字，由于字首叠韵与奇幻的说话弄得形象古怪；单纯的角色描写把每个人都归类为不是极好便是极坏；不太可能的情节因难以置信的巧合事件而发展转变；以及关于动作的太多描写和谈论，这动作按照定义几乎便是戏剧借以表达意义的特定媒介。印度戏剧的优点是：创造性的幻想，温柔的情感，敏感的诗句，自然之美以及恐怖的同情描述。关于各国艺术的类型是无从争辩的，并且在多数情况又是通过翻译的棱镜去看的，我们只能从本身狭隘的地域性立场来予以评判。歌德，这位欧洲人中最能超越地域与国家障碍的人，发现读《沙恭达罗》是他平生深刻的经验，他并且还心怀感激地写道：

汝欲并一年之春花、秘果
与一切灵魂所赖以兴悦，饫足之事；
汝欲并天与地而一以名之否？
举君之名，《沙恭达罗》！则万事万物皆在其中。

散文与诗

在印度文学里，散文大抵要算作一种晚近的现象，可以说是与欧洲人接触以后出现的一种有异国风味的腐化表现。对于印度人天生倾向于诗的灵魂，凡值得写的东西都具有诗的内涵，并且期待人们去给它加上诗的形式。他感觉文学应当被高声诵读，也知道他的作品若会流传散播，将要借着口传而不是笔传，因此他赋予自己的作品一种歌韵或是格言的形式以利于背诵。因而印度一切的文学几乎都是韵文：科学、医学、法律与艺术的论文常是按照格律或是押尾韵或两者兼有的，甚至文法与字典也曾有专用诗文的。寓言与历史在西方用散文的形式表现已经很好了，在印度却采用一种音律优美的诗的形式。

印度文学盛产寓言。的确，印度寓言如同国际货币般穿梭于各国之间。[1] 佛教最兴盛的时候，也是有关佛陀之诞生与青年时代的《本生经》、《传奇故事》在一般人中间流传甚广的时日。在印度最有名的书是《五卷书》（*Panchatantra*，约 500 年）。它是许多风行于亚洲以及欧洲的寓言的源起。《金玉良言》（*Hitopadesha*）是从《五卷书》里面的故事选辑而成的。很奇怪的是，印度人把两者都归类于 Niti-shastra——意为政治或道德方面的说教，每一个故事的叙述都是为了指明一项教训、一种行为或治道的原则，通常这些故事都假托是某一个聪明的婆罗门僧侣想出来为教导皇帝的儿子用的。它们常以动物作比喻。有一个寓言讲到一只猴子想用萤火虫的光暖身，而打杀了一只

[1] 据威廉·琼斯爵士报道，印度人宣称他们有三大发明：棋、十进位制及寓言训诫。

指出他的错误的鸟。这正是非常恰当的例子，指出了那个戳破大众迷梦的学者所将遭到的命运。[1]

历史文学未能超越枯瘠的编年史或华丽的传奇故事的水准。也许是由于对时空之中表象化的事件有所不屑，也许是偏爱口头相传而不取文学记载的传统，印度人一直没有写出能与希罗多德、修昔底德、普鲁塔克、塔西佗、吉本或伏尔泰相媲美的历史作品，地方与时间的细节记得非常之少，甚至在人物方面也是如此，以至于印度的学者推断他们最伟大之诗人迦梨陀娑的生卒年月，前后的范围相距有1000年之多。一直到现代，印度人生活于一个风俗、道德、信仰几乎都无所改变的停滞世界之中，他们不大梦想进步，从不为古代的事物去费心。他们心满意足地把史诗当作信史，把传奇当作传记。马鸣写的《佛所行赞》(*Buddha-charita*)，本是传奇的成分多过历史的成分。500年后，波那（Bana）写了《戒日王传》(*Harsha-charita*)，也是那位伟大皇帝的理想化的烘托，而不是一幅可靠的画像。拉杰布达纳的本国编年史看起来好像爱国主义的问答题。只有一位印度作家好像把握了史家的任务。迦尔河那（Kalhana)，《诸王流派》(*Rajatarangini*）的作者，有如下的表示："只有那心胸高贵的诗人才值得称赞，他的褒贬有如法官的判决，在记载过去事迹时不受好恶的牵累。"温特尼兹称他为"印度最伟大的史家"。

穆斯林对于历史的知觉较为敏锐，他们留下某些令人赞赏的散文——记载他们在印度的种种作为。我们提过阿尔贝鲁尼的印度种族分布的研究，以及巴布尔的《回忆录》。与阿克巴大帝同时代，有一位杰出的史家菲里什达，他所写的《印度史》是关于穆斯林统治时代最可靠的向导。比较有欠公正的是阿克巴大帝的首相或政务杂役阿

[1] 在东方学术研究界，有一项热闹的论战在进行，关于这些寓言之从印度传到欧洲或是相反的情形。这项争论我们让有空闲的人去做吧。这些寓言还可能是从埃及经过美索不达米亚和克里特岛传到印度和欧洲去的。但是《五卷书》对《一千零一夜》的影响是毫无疑问的。

布勒·法兹勒，他在《阿克巴治则》（*Ain-i Akbari*）中记载了主公的治理方法，又在《阿克巴本纪》（*Akbar Nama*）一书中叙述主公的生平事迹，带着情有可原的私人情感。皇帝对他也报以感情。当消息传来，贾汗季杀了这位大臣时，阿克巴大帝哀痛逾恒，并且叹道："贾汗季如果想做皇帝，本可以杀我而饶了阿布勒·法兹勒。"

在寓言与历史之间，又有一批批韵文写的故事，是一些勤勉的韵文写作者写来让爱好梦幻的印度灵魂感到欢畅的。早在1世纪便有一位德富（Gunadhya）用10万对句写了《大传奇》（*Brihatkatha*）。1000年后苏摩提婆（Somadeva）写了《故事总汇》（*Katha saritzagara*），浩浩2.15万对句。同样在11世纪一位姓氏不明的说故事者，以超日王大帝每年接受某苦行者送他一只内藏宝石的果子的事，作为他的《吸血鬼二十五个异事》的骨干。皇帝想知道如何表示他的感激，苦行者请他从吊刑架上取来一具尸体，又警告他假若尸首同他讲话，切不可回答。尸首里面附着一个吸血鬼，皇帝在那里蹒跚而行，鬼便讲故事使他听得入迷。皇帝搬了25次尸首给苦行者，并且保持缄默。有24次他听故事听得出神，结果在最后还是回答了问题。那是一座极佳的吊刑台，挂了20来个故事。

同时却也有不少诗人，在那里写我们应称之为诗的作品。阿布勒·法兹勒描写在阿克巴的宫廷有"成千的诗人"，在较小的都城有成百的诗人，无疑地，在每一个家庭里会有那么几十个。[1]最早和最伟大的诗人之一是婆利睹梨诃利，他是僧侣、文法家、大情人，他在退入宗教的怀抱之前，是用桃色事件来教导他的灵魂的。他在所写的《百年之爱》——是海涅式的100首有连续性的诗——里记录了他

[1] 诗在现代的倾向是不如史诗时代之客观，并且愈来愈沉浸于宗教与爱情之交织。格律在史诗里本是松散自由的，诗行长短不一，只有行末的四五个音节才需要规律化，可是它一下子变得严格而复杂了，上千种复杂的韵法介入了，它们在翻译中不能显现出；字与词的技巧增多了，押韵不仅在句尾，且经常见于句的中间，严格的诗艺规律被确立了，形式愈来愈精确，内容则愈见浅薄。

的爱情故事。他以一个爱人为对象写道:“往昔咱俩，心想你是我我是你；为何今朝，你是你来我是我？”他对于评论家没有好感，对他们说:“使无知之人满意是容易的，使鉴赏家满意甚至更容易。可是那个一知半解的人，就是神也无法使他高兴。”在胜天（Jayadeva）的《神圣牧牛之歌》（*Gita-Govinda*，又译《牧童歌》）里面，印度人的情欲转向了宗教，而唱出了罗陀（Radha）与黑天的情欲之爱。这首诗里面有着结实躯体的热情，但是印度人虔敬地解释其为灵魂渴求上帝之神秘象征性的描绘——这种解释，应可被那些心如槁木的圣僧所了解，他们给《万颂之歌》[1]拟定的标题也是非常之虔敬的。

在 11 世纪，若干方言替代了那种古典的死文字，而取得文学媒介的地位，好像 100 年后在欧洲所发生的情形。第一个使用民众语言的大诗人是巴赫代（Chand Bardai），他用印地语写了一首宏大的历史诗，长 60 篇，一直到死才搁笔。苏尔达斯（Surdas），阿格拉的盲诗人，关于黑天的生平与冒险事迹写了 6 万行诗。据说他在写的时候受到这位神的亲自帮忙——来当他的书记，其下笔的速度比诗人口述的速度还要快。同时，钱迪达斯正写着一些但丁式的诗歌给一位农家女贝亚特里齐（Beatrice），诗歌震惊了孟加拉，他以浪漫的热情将她理想化，把她提升为神的象征，并且把他的爱当作他融入上帝的愿望之比喻，同时他也开始了孟加拉语的文学创作。“我在你的足边得到庇护，我的爱。不见你的时候我心不得安宁……我不能忘记你的优雅与妩媚——然而在我心中并没有情欲。”婆罗门僧侣把他逐出教门，理由是他玷污了大家的清誉，于是他同意在一项公开的弃绝仪式中放弃他的爱人拉米。但是仪式进行时，他看见拉米在人群之中，他马上收回了弃绝的誓言，跑到她面前，俯着身子，两手交握作爱慕状。

北印度文学至高无上的诗人是杜尔西达斯（Tulsi Das），几乎和莎士比亚是同一时代的人。他的父母把他遗弃了，因为他的出生是

[1] 亦名《所罗门颂》，见《旧约》。——译者注

应着一个霉运的星辰。一位住在森林中的神秘主义者收养了他，又教了他关于罗摩的传说故事。他结了婚，但是他的儿子死了，杜尔西达斯便隐入森林过一种忏悔沉思的生活。在那里，以及在贝拿勒斯，他写下了宗教的史诗《罗摩功行录》(*Ramacharita-manasa*)。在里面他把罗摩的故事又说了一遍，然后尊他为唯一而至上的神。“神只有一个，”杜尔西达斯说，“便是罗摩，天地的创造者，人类的赎罪者……为了他的忠诚百姓，罗摩大神托生为皇帝；为着我们的神圣化，他过了凡人的生活。”很少欧洲人能读这部印地语作品的原文，有一位读过原文的人认为这部作品确立了杜尔西达斯“整个印度文学中最重要人物”的地位。对印度当地人而言，这首诗是兼有神学与伦理的流行“圣经”。甘地说：“我认为杜尔西达斯所写的《罗摩衍那》是一切虔敬文学里面最伟大的书。”

同时德干人也产生诗作。杜卡拉姆（Tukaram）用马拉塔语写了 4600 首宗教歌诗，它们在印度今天流行的程度好像大卫的赞美诗在犹太教或基督教国家的情形。他的元配妻子死了，续娶到一个悍妇，于是成了一位哲学家。“获取得救不难，”他写道，“因为很可能在背上所负的包里面一找就能找到。”早在 2 世纪，摩堵罗便成了泰米尔语的文学都城，在潘地亚诸王的赞助之下，成立了一个诗人与评论家的“宫廷集团”(Sangam)，它像法兰西学士院一样控制着语言的发展，颁给头衔，并且发放奖赏。一位身为贱民的织工提鲁瓦鲁瓦（Tiruvallavar）用最艰难的泰米尔语韵律写了一部宗教与哲学性的作品《库拉尔》(*Kurral*)，说明道德与政治的理想。据说那个“宫廷集团”的成员——都是些婆罗门僧侣——看到这个贱民写的诗如此成功，便统统蹈水而死。这种事发生在任何的学术团体都是令人难以置信的。

我们把中古印度最伟大的抒情诗人放在最后，虽然按年代算，他的位置不应在此。迦比尔（Kabir，又译卡比尔）是贝拿勒斯城的一个淳朴织工，据说他从事融合伊斯兰教印度教的工作，原因是他有一个穆斯林的父亲和一个婆罗门教的母亲。他被说教者罗摩难陀（Ramananda）所吸引，成了罗摩的信徒，把其扩展（杜尔西达斯也会这样做的）成为一个普遍广大的神明。他又开始写极美的印地语的诗，解释一种信仰，在这种信仰之下不必有佛寺、偶像、阶级、包皮割除等，并且只有一个神。[1] 他说：

> 迦比尔是罗摩与安拉的孩子，他接受一切的 Guru 与 Pir[2]……上帝啊，无论是你或罗摩，我以你的名生存……一切诸神的肖像都无生命；他们不能言语；我知道，因为我已向他们大声呼叫……你净口，数念珠，去圣河里沐浴，在庙宇里弓身为礼，这些又有什么用，假如你在喃喃有词或者朝拜进香当时，心中怀着邪欺？

传说婆罗门僧侣大为震惊，为要驳倒他，便遣一个妓女去引诱他，结果被他说服而皈依了他的信仰。这不难做到，因为他没有教条，只有深刻的宗教感：

> 世界是无尽的，我的弟兄啊，
> 并有一个无名之存在，其真相无可言说；
> 唯有到达此境者心中自知。
> 此不同于一切耳闻口说。
> 在此不见形，不见体，不见长与宽；
> 我如何能告你此物何似？
> 迦比尔说："此不能形诸言语，此不能诉诸文字；
> 正如同哑者尝了甜食——这当怎样说？"

[1] 泰戈尔以其特有的完美方式翻译了 100 首迦比尔之歌。
[2] Guru，Pir，分别为印度人与穆斯林对师父的称呼。——译者注

他接受了当时颇为普遍的再世理论，并且像一位印度教徒般祈求脱离轮回。但他的道德是世界上最简单的一种：凭公道生活，在身边寻找快乐：

> 在水中的鱼口渴着，听见这话我大笑；
> 你不见“真实”在家中，却迷惘地从一处森林到另一处！
> 真理在这里！任你去何处，贝拿勒斯或马图拉，
> 你若找不到你的灵魂，世界对你是不真实的……
> 你欲渡河去那一处彼岸，我的心啊？
> 在你之前没有旅行者，没有路途……
> 在这里没有躯体，没有心灵；能消除灵魂枯竭的处所在何方？你在空虚中将一无所见。
> 振作起来，进入你的身体；因为在那儿你的立足处是坚实的。好好想，我的心啊！不要去别处。
> 迦比尔说：把一切想象撇开，稳稳地站在你的真我之中。

据说他死后，印度教徒和穆斯林争夺他的尸体，并且争论应当把尸体埋葬还是火葬。但是他们还在争论的时候，有人把尸首的盖布揭起，所见只有一大堆花。印度教徒把一部分花在贝拿勒斯烧了，穆斯林则埋了其余的。他死后，他的诗歌在民众之间口口相传。那纳克（Nanak）被这些诗歌所鼓舞，创立了他的坚强的教派。其他一些人把这位贫苦的织工尊为神明。今天有两种水火不相容的教派，都把这位曾致力于伊斯兰教与印度教之联合的诗人的教理拿来遵从，并且供奉他的名字。它们一个属于印度教，一个属于伊斯兰教。

第八章 | 印度的艺术

从属性的艺术

面对印度的艺术，如同面对印度文明的其他方面，我们为着它的年代久远与连绵不绝而感佩。摩亨佐–达罗废墟的遗物并非完全是日常用品，其中有些是有胡须的男子（样子颇像苏美尔人）灰石雕塑，陶瓦制的妇女与动物的像，玛瑙制的珠子和其他的饰物，以及磨制得很精美的金器。有一只印信显示一头公牛的浮雕，其线条的有力与分明，使见者马上感到艺术是有进步的，形式也在变换。

从那时候到现代，经过5000年的兴衰，印度在上百种艺术方面创造着其特殊类型的美。这项记录有断缺之处，并非因为印度艺术本身停滞了，而是因为战争，因为恣意毁坏，无数建筑与人像的杰作被毁了；又由于贫困，其他的杰作未能好好地保存下来。我们在一瞥之下可能会觉得难以欣赏这种艺术，它的音乐显得奇特，它的绘画晦涩难懂，它的建筑乱七八糟，雕刻则显着古怪。我们每一步都须提醒自己，我们的鉴赏力受制于我们狭隘的地域传统与环境因素。当我们评判他们的国家或者艺术时，如果凭借自然地属于我们所有而他们所不习用的标准与宗旨，则对于我们本身以及这些国家都是不公正的。

往昔，印度的艺术家和工匠是不分的，使艺术显得矫揉造作，艺术工作成为劳役。跟西方在中古时代一样，在普拉西战役（Battle of Plassey）[1]以前的印度，每一个成熟的工人都是手艺人，以他的技巧赋予产品形式和个性。甚至在工厂替代了手工作坊，手艺人降为工人的今日，在印度的每一城镇中，仍能见到在摊子与店铺中有些蹲坐在那里的工匠在敲打着金属，铸造珠宝饰物，绘制图形，编织精美的肩巾与刺绣或雕塑象牙和木块。在我们所知道的国家里面，大概没有一个国家拥有这样种类繁多的艺术。

说来奇怪，制陶在印度没有从一种工业变成一种艺术。阶级的规定对于同一碟子的重复使用有许多的限制，以致没有动机来把这微不足道、易于制造的土器装饰得美丽。倘若这器具是用贵重金属制造的，则技艺将可毫无吝惜地用到上面去。试看在马德拉斯的维多利亚学院里的坦焦尔银制花瓶，或者康提的金制料碟。黄铜被锤制成为无数种的灯、碗与容器；一种黑色的锌合金常用来做盒子、盆子和托盘；一种金属会镶嵌或覆盖于另一种，或包一层银或金。木块上面雕着很多的植物或动物的身形。象牙被切割成各种物件，包括神像与骰子；门以及其他的木器也用象牙镶嵌；还有用象牙做出雅致化妆品与香水的容器。珠宝饰物非常之多，富人与穷人都喜欢佩戴作为装饰或仅仅为了收藏。斋浦尔善于在金底上面熏制珐琅的色彩。别针、珠子、垂饰、刀与梳子都做成秀美的形状，带着花朵、动物或有神学背景的图案。有一个婆罗门教的垂饰，在小小的面积上容纳了50个神像。织物的手艺至今无出其右者，从恺撒的时代到现代，印度的编织品向来是全世界最好的。[2]有时在把每一根经线纬线放上织机之前都要非常仔细、非常费事地分别地加以染色，在编织的时候，图案也就跟着显示出来，而且花样在正反面都能显现。从手织的“喀达耳”

[1] 普拉西为孟加拉省一村庄，1757年英国人在此地获胜，奠定在印度的统治地位。

——译者注

[2] 或许用印版在织物上印花最先是在印度发明的，虽然它一直没有发展到用印版印书。

(Khaddar) 棉布到复杂的、金碧辉煌的锦缎，从花哨的睡衣到几乎看不出接缝的克什米尔肩巾，[1] 每一样在印度编织的衣服都有一种美，是来自一种非常古老而到现在已经纯熟非常的艺术。

音乐

一个美国旅客被准许参加在马德拉斯的一次音乐演奏会。他发现听众约有 200 名印度人，看来都属于婆罗门，有些坐在凳子上，有些在铺着地毯的地板上，他们都在谛听一小组的合奏。跟这些演奏者一比，西方交响乐团的大批人马好像是专为演出音乐让月球上的人都听见似的。这些乐器在外国访客的眼中也看不惯，在他少见多怪的眼中，它们像是一处荒芜花园中的不正常产物，有许多形状尺寸不一的鼓、花式繁复的笛、蛇形的号角和多种的弦乐器。这些乐器大多精工制成，有些还镶有宝石。有一只玛尔丹加鼓（mridanga），形状像只小桶，两端都蒙了羊皮纸，如要改变音调高低便用小小的皮带把羊皮纸放松或扯紧。覆盖羊皮纸的一端用锰灰、饭粒和酸豆汁泡制过，使它有一种特殊的音响，敲鼓的人只用他的手——有时用手掌，有时用手指，有时仅用指尖。另一位演奏者有一件塔姆布拉琴（tambura），它的 4 根长弦经常拨出声响作为一种深沉而宁静的陪音。有一种维那琴（vina）特别地敏感与洪亮，它的弦一端，附于一个蒙着羊皮纸的木鼓上的一小片金属，一端是一个发出共鸣的空葫芦，演奏者左手持一个拨子，敏捷地拨弄一根一根的弦而奏出旋律。这位访客谦卑地谛听，一点都不懂。

在印度，音乐至少有 3000 年历史，《吠陀经》的赞美诗像一切印度的诗一样是拿来唱的。诗与歌、音乐与舞蹈，在古老的宗教仪式里合为一体。印度舞蹈在西方人眼中是肉欲而淫荡的，好比西方舞蹈之

[1] 这些精美的肩巾原为几个长条，有技巧地连接成浑然一体的一块织物。

于印度人。可是舞蹈在印度历史的大多时期，乃是一种宗教崇拜的形式，是一种动作与韵律之美的展示，以荣耀神并且陶冶神的性情。只有在现代，那舞者才大量涌出庙宇来娱乐俗人。对于印度人，这些舞蹈不仅是肉体的展示，它们在某方面是宇宙间韵律与过程的模仿。湿婆便是舞蹈之神，而湿婆的舞蹈正象征着世界的律动。[1]

音乐家、歌者与舞者，同一切印度的艺术家一样，属于最低的阶级。婆罗门或许喜欢私下唱几句，或者用七弦琴或其他的弦乐器伴奏，他可能教别人演奏或唱歌或舞蹈，但是他永不会考虑被人雇用去演奏。公开的演奏会直到最近才可见到，俗世的音乐要不就是民众随意的歌唱弹奏，要不就像欧洲的室内乐，是在贵族的家中奏给少数人听的。阿克巴大帝本身精于音乐，在宫廷中有好多音乐家。他的一个歌手坦森（Tansen）被公众所喜爱并且发了财，在 34 岁时死于醉酒。业余歌者是没有的，只有职业音乐家。音乐没有被当作一种社交的修养来教给儿童，小孩子不用挨打以勉强记忆贝多芬乐曲。公众的职务不是轻松地演奏音乐，而是仔细地听。

因为在印度听音乐本身便是一种艺术，需要在耳朵与灵魂方面进行长久的训练。歌词不大重要，而歌者经常像在我们最进步的文学里那样，用无意义的音节去代替它们。乐谱所有的音阶比西方的要精微。在西方十二音的音阶上，它加了 10 种“微音”，于是共有 22 个四半音。印度音乐可以用梵文字母的乐谱来写，通常它并不是写下来的，也没有人去读，而是借着“耳朵”一代传一代，或者从创作者传给学习者。它不是分成小节的，而是圆熟婉转不停地流泻进展，使一个习惯于规律性的强声或节拍的听者不免感到困惑。它没有谐音，也不做出和声；它专门奏出旋律，也许有低音的陪衬。在这种意义上，它比欧洲的音乐要远为简单而原始，虽然在音阶与韵律方面较为复

[1] 这种尘世的舞已经被香卡（Uday Shankar）以他的不甚正统化的艺术在欧美展示过了，舞者身体的每一动作，手、指、眼等对于有修养的观赏者传达一种微妙而精确的意义，并且具有一种波动的优雅，一种精确的躯体诗韵。

杂。旋律一方面是有限的，一方面却又无限：它们必须出自36种传统的音阶法或曲调之中的一种，根据这些曲题，旋律又可以千变万化地织出无数天衣无缝的网络。这些拉格（raga，即曲题）包含5、6或7个音符[1]，音乐家必须经常地返回到这些曲题之一。每一主题都用它所要表现出的情意来命名——“清晨”“春”“沉醉”等——并且和一日或一年的某个特定的时间有关联。据印度传说，这些曲题具有玄妙的力量，据说有一位孟加拉的舞蹈女郎唱了一回《喜雨题》（*Megh mallar raga*）而中止了一次旱灾。这些曲题由于年代久远而具有一种神圣的力量，演奏者必须忠实地遵循它们，好像它们是湿婆所创造的形式一样。有一位演奏者名叫那罗陀（Narada），演奏时漫不经心，被护法神送进了地狱，看到一些男女断肢缺臂地在哭泣，这神告诉他这些便是他在胡乱演奏时所扯裂的曲调。据说那罗陀以后便谦卑地演奏得完美无疵。

印度的演奏者并没有因为必须忠实于他所选取的曲题而受到严重的阻碍，这情况类似西方的奏鸣曲或交响乐的作者不太受到主题的妨碍那样。这两种情况，于自由方面的损失都在结构的一致与形式的和谐方面得到了补偿。印度的音乐家像印度的哲学家，从有限开始而把“灵魂放入无限”，他根据曲题先作一番发挥，直到后来，他借着一阵起伏的旋律和重复，甚至于借着一种有催眠性的单调音符，创造了一种音乐性的瑜伽，而顿忘了意志、个性、物质与时空，灵魂被提高到一种与某种“深度掺和”的东西神秘结合的境界，那是某种深沉、巨大而安详的存在体，某种原始而周遍流行的真实，微笑地俯视着一切挣扎的意志、一切的变化与死亡。

大概我们将永远无法欣赏印度音乐，并且永远无法了解它，一直到我们舍弃挣扎而选择存在，舍进步而取恒常，舍欲求而取被动的接

[1] 更加严格地说共有6种曲题，各具有5种变调，称作ragini。Raga意为色彩、热情、意态，ragini为女性词形。

受，以及舍弃行动而取静止。这会发生的，在欧洲又变做臣民而亚洲又做了主人的时候，但是到那时亚洲应已厌倦于存在、恒常和静止了。

绘画

所谓乡巴佬就是一个以他的狭隘地域为准来衡量世界，并且认为凡不熟悉的东西皆属野蛮的人。据说贾汗季皇帝——一位对文学艺术有修养的人——看到一幅欧洲绘画时，马上认为它一文不值，因为“油腻腻的，他不喜欢”。这倒是蛮有趣的，连一位皇帝也能够成为乡巴佬，要贾汗季欣赏欧洲油画跟要我们欣赏印度的彩绘画是同样的困难。

显然，从新干普尔（Singanpur）与米格拉普尔（Mirzapur）的史前洞穴里所见的围猎动物与犀牛的红色图画，便知印度的绘画已经有几千年的历史。在印度石器时代的遗物中，有好多调色板上面准备着一些底色的颜料。在艺术史上有着很大的空白，因为大多数早期的作品都被气候所损毁了，余下的有很多被穆斯林“偶像破坏者”——从马哈茂德到奥朗则布——所毁坏。《律藏》（*Vinaya Pitaka*，约公元前300 年）讲到在帕塞纳达皇帝的宫殿里有画廊，法显和玄奘描写了很多以优美壁画著名的建筑，但是这些建筑都已荡然无存了。在中国西藏最古老的壁画之一上画着一个艺术家在给佛陀画像，后来的艺术家认定在佛陀的时代，绘画已经是一种颇具规模的艺术了。

印度可以确定时期的最早绘画是一组佛教的壁画，是在中央省色古亚（Sirguya）的一处洞窟中发现的。从那时起，壁画的艺术——即趁新抹泥灰未干时在上面绘画的艺术——逐渐进步，而在阿旃陀的洞窟墙壁上达到一种完美的地步，甚至连乔托或达·芬奇在内无人能够超过。这些庙宇是在一处山边的岩石面上刻挖而建造的，时间是公元前 1 世纪到 7 世纪的若干时期。在佛教衰颓以后，它们有好几个世纪在历史与人类的记忆中消失了；周围长出了丛林，几乎埋没了它们；蝙蝠、蛇虫与其他的野兽聚居在这里，上千种鸟类与昆虫以粪便弄污了画面。在 1819 年，欧洲人偶然闯入了废墟，很惊奇地在墙上发现一些壁画，它们今天位列于世界艺术的杰作之中。

这些庙宇被称为洞窟，因为在多数的情况，它们是在山壁上刻挖而建造的。例如“第 16 号洞窟”，是一个长与宽各 65 英尺的洞，有 20 根支柱，中央大堂两旁有 16 个僧室，前面有一列有柱的廊子，后面有一个神殿。每一面墙壁都绘满壁画。在 1879 年，这 29 处庙宇里面有 16 处有图画。到 1910 年，16 个庙宇里面 10 个庙宇的壁画由于暴露在外而毁损了，其他 6 个庙宇的壁画也由于不恰当的努力复原而残破了。这些壁画曾经是异常鲜明的红、绿、蓝、紫，现在这些色彩只剩下黯淡黝黑的表面了。有些图画由于年代久远与不当的处理而形象模糊，看上去粗糙而怪诞，我们原也不能以佛教徒之心来辨读那些佛教的传奇故事。其他有些图画则是既有力又优雅的，显示了一些手艺人的技巧，他们的名字在作品犹存时早已灭绝了。

尽管有这种种的灾劫，“第 1 号洞窟”仍有许多杰作。这里在一面墙壁上有一个（大概是）菩提萨埵——一位佛教的圣者，本可达到涅槃却宁愿一再投生以救助世人。再也没有对于了悟的忧伤更深刻的描绘了。一个人心里会想，究竟哪一件比较好和比较深刻——这一件，还是达·芬奇那幅类似的基督头像。[1] 同一所庙宇另外一面墙壁上画着湿婆和他的妻子帕凡提（Parvati），满身都是珠宝。附近画着 4 只小鹿，由于佛教徒对动物具有同情而显得柔和。天花板上是仍然生动的精致的花鸟图案。在“第 17 号洞窟”的墙上有一幅半已毁坏的优雅画像，画着护法神与从者从天而降去参与佛陀生活中的某一盛事；另一面墙上是一幅线条整齐、色彩鲜艳的公主与使女的画像。与这些杰作混在一起的还有一大堆似乎画技颇差的壁画，描写佛陀的青

[1] 在他为“最后的晚餐”所作的草稿素描之中。

年时代、出走以及受考验等。

但根据这些作品的残余部分，我们无法评判其原有的形象，它们的优点有些无疑是外国人所不能窥知的。然而甚至西方人也能欣赏主题的高贵，构图的宏伟，笔触的一致，线条的简洁分明，以及许多细节的优点。例如一切艺术家都难以处理的手，在此具有惊人的完美。在想象中我们能见到这些僧侣艺术家，[1] 他们在小室中祈祷并且喜悦而虔诚地在墙壁和天花板上绘画，而欧洲还蒙蔽在中古时代早期的黑暗之中。在阿旃陀，宗教的虔诚熔建筑、雕刻与绘画于一炉，而产生了印度艺术卓越的纪念碑之一。

在庙宇被关闭或毁灭之后，印度人把绘画的技巧用在小规模的形式上。在拉杰布达纳人中，有一派画家兴起了，他们以纤美的彩色绘画表现《摩诃婆罗多》与《罗摩衍那》的故事，以及拉杰布达纳酋长们的英勇事迹。它们经常仅有着轮廓的线条，但是它们总是生气勃勃，构图完美。在波士顿美术博物馆便有这种形式的一个动人实例：一幅画借一位优雅的妇人、一座庄严的塔和云气低垂的天空，象征了一种音乐曲题。另外在底特律艺术馆的一个实例，则异常精妙地表现出《牧童歌》里面的一景。这些以及其他印度图画里面的人的形体很少以真实的人为模特，艺术家只借想象与回忆去模拟。他通常在纸上作鲜艳的图画，所用颜料是调入了水和蛋黄的。他的画笔非常之纤细，是用松鼠、骆驼、山羊或猫鼬的最细的毛制成。他的线条与色彩之雅致，甚至无专门修养的外国人也赞赏不已。

印度其他地方也有类似的作品，特别在康格拉（Kangra）。另一种类似的艺术成长于莫卧儿时代的德里。这种形式出自波斯书法与辨认手稿的技艺，进而发展成一种贵族化的肖像艺术，其精致与高尚方面相当于在宫廷里盛行的一种室内乐。莫卧儿人的画家和拉杰布达纳画派同样致力于线条的纤美，有时使用一根毛发所制成的画笔。他们

[1] 这是一种假定，我们不知道这些壁画是谁画的。

在画手的技巧方面也互相颉颃。但是他们的画较为鲜艳而较少神秘主义的色彩，他们很少涉及宗教或神话，他们专门描绘尘世，并且在谨慎的原则之下尽可能真实。他们所画的对象是皇家身份的男女，都显得盛气凌人。这些贵人一个个地坐在那里让人画肖像，直到后来那位贾汗季皇帝登基的时候，他的画廊里面满是阿克巴大帝即位以后的重要统治者或者廷臣的画像。阿克巴大帝是王朝之中首先倡导绘画的，在他的治期终了时，如果我们可以相信阿布勒·法兹勒的记载的话，在德里已经有上百名画师和上千名业余画家。贾汗季睿智的倡导使这种艺术得以发展，也使它的范围扩大，从肖像画到围猎等有人物在内的自然景色——但仍然是以人物为主。有一幅彩绘画显示一只狮子爬上皇帝坐的象而几乎就要抓住皇帝，而一个侍从则很现实地正在溜之大吉。在沙·贾汗的统治下，这种艺术达到了巅峰，而后开始走下坡。和日本版画的情形一样，这种形式广受一般人欢迎，使得它的观赏者日众，趣味也就渐趋低下了。奥朗则布恢复了反对偶像的铁则，于是使这种衰败中的艺术完全终止。

由于莫卧儿王朝皇帝的眷顾，印度艺术家在德里享有了数百年未有的兴旺。画家的集团自从佛陀的时代以来便存在着，这时恢复了活力，其中有些画家则从默默无闻之中脱颖而出。由于时间的漠然无情以及印度人普遍忽略个人，印度大部分的艺术作品都是佚名的。阿克巴大帝在位期间的 17 名杰出的画家，有 13 个是印度人。在那伟大的莫卧儿人宫廷中最受宠爱的画家是达斯万德（Dasvanth），他那轿夫之子的低微出身在皇帝眼中并没有引起歧视。这个青年有点奇特，不论身在何处都坚持要画画，不管拿到什么他都画在上面。阿克巴大帝察觉他的天才，便叫自己的绘画教师教导他。这个青年不久便成了当时最伟大的画师，可是在名气正高的时候却自杀身亡。

只要有人做出事情，便有别人挺身而出向他们解释，这事该当如何去做。印度人虽不尚逻辑，他们却也喜爱逻辑，并且喜欢用极严格、极理智的规则来规范每一种艺术的过程。1000 年方过，在《印度画艺六法》（*Sandanga*）中，立下了绘画艺术的六项要则：(1) 知表象；(2) 正确的审视、量度与结构；(3) 情感对形式的作用；(4) 高雅或艺术化；(5) 形似；(6) 笔与色彩的技巧运用。后来出现了一部繁复精细的《美学大典》，包容了垂诸永久的各种艺术规则与传统。此大典认为艺术家应该通晓《吠陀经》，“乐于崇敬天神，忠于妻子，避开陌生女人，虔心地学习各种学问”。

我们想要了解东方的绘画，需记住：它所要表现的并非物而是情，而且它所要做到的并非表现而是暗示；它所倚赖的不是色彩而是线条；它所要创造的是审美或宗教的情绪而不是复制真实；它所感兴趣的是人与物的“灵魂”或“精神”，而不是其物质的形式。可是我们再怎么样努力，也不大能够在印度绘画中找出中国与日本绘画所具有的技巧或意义的广度与深度。某些印度人就这一点作了奇妙的解释：他们说绘画的衰颓是因为它太容易了，它不需要太辛劳，不足以供奉神明。或者图画是如此极端地脆弱易朽，不太能满足印度人所具有的永久表彰他所专爱的神的强烈欲望。逐渐地，佛教又重新认可了偶像崇拜，而婆罗门教的祠庙也日渐加多，绘画的色彩与线条便被塑像的耐久石块所取代了。

雕刻

我们无法根据摩亨佐—达罗的小雕像把印度的雕刻史追溯到阿育王时代，我们猜想这是由于我们知识上的短缺，而不是艺术上的中辍。或许印度由于雅利安人屡次入侵而致经济匮乏，不用石块而用木料制作塑像；又或者雅利安人过于热衷战争而忽略了艺术。在印度现存的最古塑像只能追溯到阿育王时代，但是它们显示了一种高度的技巧，这种艺术在当时已经有了数百年的发展史似是无法怀疑的事。佛教对于绘画与雕塑都设置了确实的障碍，由于它厌弃偶像与世俗的肖像：佛陀禁止“以男女形体作想象之绘画”。在这种近乎摩西十诫的戒律之下，绘画与雕塑在印度遭到了厄难，好像当年在犹太教以及日后在伊斯兰教国家的情形。当佛教放弃它的严厉作风并愈来愈多地袭有达罗毗荼人对于象征和神话的热爱后，这种“清教徒主义”好像逐渐缓和了。在雕塑艺术又出现的时候（约公元前 200 年），那是在菩提伽耶和帕鲁德（Bharhut）的“窣堵波”（Stupa）围栏上的石面浮雕，它好像是建筑图案的一个部分而不是一种独立的艺术。而印度雕塑一直到最后大体上还是建筑的附属品，并且多采取半浮雕的形式而少有整体的雕刻。[1] 在马图拉的耆那教庙，在阿默拉沃蒂（Amaravati）和阿旃陀的佛教圣地，这种浮雕艺术达到了相当高水准的完美程度。一位专家认为在阿默拉沃蒂的栏杆“是印度雕塑艺术之最为艳丽和纤美的花朵”。

同时，在印度西北的犍陀罗省，另一类型的雕塑在贵霜诸王的倡导之下发展起来了。这个忽然来自北方的神秘王朝——大概来自希腊化的大夏——带来了模仿希腊形式的倾向。在迦腻色迦王僧众结集时得到胜利的大乘佛教取消了雕像的禁制，而打开了路。在希腊教师的指导之下，印度的雕塑一时具有了一种平滑的希腊外表：佛陀改成了阿波罗的样子，也变做一个想到奥林匹亚山 [2] 的神；在印度的神与圣者的身上开始有波状的披布，式样好像菲迪亚斯 [3] 的人形墙；而虔敬的菩萨则和兴高采烈的、醉酒的“森林之神”（Sileni）混在一起。佛陀与弟子们的理想化而且几乎是女性化的像和希腊腐败的现实主义的可怕实例成为对照，像在拉合尔忍受饥饿的佛陀，便是每根肋条与筋腱毕露，而有着女性的面孔与发式，及男性的胡须。这种希腊兼佛教的艺术使玄奘深为赞赏，也由于他及后来的朝圣者而进入了中国、朝

[1] 这项概括性说法有一例外，即玄奘在华氏城所见的巨型佛陀铜像，高达 80 英尺。而由于玄奘以及其他来印度的远东朝圣者的关系，这个巨型佛像很可能是日本奈良与镰仓的大佛的先祖之一。

[2] 传说中希腊古时诸神所居住的地方。——译者注

[3] 菲迪亚斯（Pheidias），希腊建筑家雕刻家，生于公元前 500 年。——译者注

鲜以及日本。但是它对于印度本身的雕刻形式与方法则甚少影响，经过数百年的兴盛，犍陀罗一派艺术消逝了。印度的艺术在印度诸王下又复苏了，它们承受了帕鲁德、阿默拉沃蒂和马图拉的本国艺术家留下来的传统，对于在犍陀罗这一段希腊时期则不大去留意。

雕塑以及几乎印度的每一样事情，都是在笈多王朝兴盛发达的。这时佛教已经忘记了对偶像的忌恨，而复活了的婆罗门教则鼓励象征主义，以及用各种艺术来装饰宗教。在马图拉博物馆有一个做得甚为完美的石塑佛像，有着沉思的眼睛、厚重多欲的嘴唇、异常优雅的身形与笨拙而方方正正的双足。在萨尔纳特博物馆里另有一个石塑的佛陀像，采取坐的姿势，这种姿势以后注定对佛教的雕塑有重大影响。在这里宁静沉思与虔敬仁慈的风格完全地表露了。在卡拉奇有一尊小型的铜铸梵天像，怪模怪样的，有点像伏尔泰。

在穆斯林入侵以前的1000年间，雕塑者的艺术曾经产生杰作，虽然它隶属于建筑学与宗教，因此而受了限制，但也由此得到灵感。产生于苏丹布尔（Sultanpur）美丽的护法神像，雕刻得很优美的观音像，巨大的三面湿婆是深浮雕的塑像，见于象岛（Elephanta）的洞窟，风格近乎普拉西特列斯的鲁格米尼（Rukmini）女神像；优雅的湿婆舞像，是坦焦尔的朱罗手艺工匠用黄铜浇制的；马默勒布勒姆（Mamallapuram）可爱的石塑鹿形，以及哥印拜陀俊伟的湿婆——这些证据显示了雕塑者的艺术遍及印度各省。

同样的艺术动机与方法越过了印度本土的边界，在土耳其、柬埔寨以至于印度尼西亚与斯里兰卡产生了杰出的作品。研究者会发现若干实例，像斯坦因在和田的沙漠中掘出的石刻头像（看来是一个男孩的），泰国的佛陀头像，那富有埃及风味的柬埔寨诃里诃罗（Harihara）像，印度尼西亚的壮观铜像，普兰巴南（Prambanam）的犍陀罗式的湿婆头像，现存于莱登博物馆、极端美丽的女体像，在哥本哈根博物院完美的菩萨像，在印度尼西亚婆罗浮屠（Borobudur）的伟大庙宇中宁静而有力的佛陀像，以及雕塑精美的观音，或者斯里兰卡阿努拉德普勒那个巨大而古朴的佛陀像，和可爱的“月石”台阶。这沉闷的一长列作品，在建造过程中必曾在很多世纪里使无数人流血流汗，它们可以表示出印度的天才对周边国家所产生的影响。

我们发现，在一瞥之下很难喜欢这种雕刻，唯有深刻而谦虚的心灵才能够在旅行时把自身的环境局限留在后边。我们该成为印度人，或者那些接受印度文化国家的人，才能了解这些塑像的象征主义，这众多的手臂与腿所表示的复杂意义与超自然的力量，这些奇妙的形体所表现的是印度人对那些蒙昧的创造、繁殖以及毁灭力量的体认。我们异常惊奇地看到印度村落里面人人都很瘦瘠，雕塑的人像则都是肥胖的。因为这些像都属于神，他们是最先享受本国的果实的。我们见到印度人把塑像涂了颜色因而感到不安，而希腊人事实上也是那样做的，还有，菲底安（Pheidian）的神像所具有的古典高贵性质，部分是由于其颜色的意外脱落所造成的。我们感到不悦，因为在印度的艺术品陈列处比较缺乏女性的形体。我们因为这件事不禁为妇女的奴役地位而哀叹，而从来没有想到裸女的崇拜并非雕塑艺术不可或缺的基础，并且妇女最深刻的美可能在于为人母的阶段而不是在少女之时，得墨忒耳的美可能胜过阿佛洛狄忒。或者我们也忘记了，雕塑者所刻出的不是他的梦想，而是僧侣的规定，并且印度的每一种艺术都是属于宗教的，是神学的使女。或许我们对一些形体的看法过于认真了，它们在雕塑者的本意原是要当作滑稽像或者凶神恶煞以吓唬妖神的。我们若是见了它们而恐怖走避，正好证明它们的目的达到了。

纵然如此，印度的雕塑从来没有获得文学所具有的优雅，其建筑所具有的高贵，其哲学所具有的深度。它主要反映了宗教的混乱且不定的眼光。它超过了中国与日本的雕塑，但是它没有赶上埃及塑像的冷静完美，或者希腊大理石像的栩栩如生而动人的美。甚至为了明了它的意义，我们该在心中重新温习中古时代的热诚和虔敬情绪。我们对印度的雕塑要求太多了，绘画也是一样。我们判断它们是把它们当作好像在西方一样的独立艺术，事实上，我们是根据西方的惯例与标准而把它们独立隔离开来看待。假若我们能够像印度人那样去看它们，作为该国无出其右的建筑艺术的相关部分，那我们便可算是已经在了解印度艺术之大道上，有了一点小小的开始了。

建筑

·印度建筑

阿育王以前的建筑物至今已荡然无存。我们还有摩亨佐–达罗的砖造物的残余，但是看起来《吠陀经》时代与佛教时代的印度建筑物都是使用木料的，而阿育王时代好像是第一个使用石块作为建筑材料的。我们在文学里读到 7 层的建筑，以及颇为堂皇的宫殿，但是没有一点痕迹留到今天。麦伽斯提尼描写旃陀罗笈多的皇家宫室，认为比波斯的建筑物好，除去波斯波利斯外，好像印度的宫室便是仿照它们的式样而设计的。这种波斯的影响一直延续到阿育王时代，而见之于他的宫殿建筑图样，这宫殿和波斯波利斯的“百柱堂”甚为相像；这种影响又见于阿育王时代之劳里亚（Lauriya）的优美柱子，它的顶端装饰着一只狮头。

阿育王皈依佛教之后，印度的建筑便开始抛弃这种外来的影响，而从这种新的宗教获取灵感与各种象征。这种转变，可明显地见之于一个大型的柱头，那是在萨尔纳特的另一根阿育王时代柱子的残余部分。这件作品的完美令人惊异，约翰·马歇尔认为它可与“任何在古代世界中的这类物件”媲美。这里有四只雄壮的狮子，背对背站着在守卫，在形状与表情上完全是波斯式的，但是在它们的底下有一条饰带，上面很精致地刻着一些形象，包括那非常印度化的宠物大象，以及非常印度化的佛教法轮的象征性物件，在这饰带的下面有很大的一朵石塑的莲花，而早先被人误当作一个波斯的铃形柱头饰物，现在已经被公认是印度艺术中最古老、最普遍和最具特性的象征。它的形象是直立的，花瓣下垂而花蕊微露，它代表世界的子宫；或者，它既然是自然的表象中极美丽的一种，便正好做神的座位。荷花或水莲的象征随佛教的传播而迁移，在中国和日本的艺术中甚为普遍。类似的一种形式，是用来做窗或门的设计图案的，变成了阿育王时代圆形屋顶的“马蹄拱形”，它最初得之于孟加拉的房屋顶部，用弯竹支撑而造成的“篷车”弯形。

佛教时期的宗教性建筑留下了若干残旧的庙宇以及许多的“塔庙”与“栏杆”。这些“塔庙”早先本是坟墓，佛教时期它成为一个纪念性的神庙，通常存放着一个佛教圣者的遗骨。塔庙最通常的形式是一个砖造的圆形建筑，顶端是尖塔，周围有刻着浮雕的石栏杆。最古老的塔庙之一在帕鲁德，但是在帕鲁德那里的浮雕是原始而粗糙的。在阿默拉沃蒂的长栏杆是最为美观的，共有 1.7 万平方英尺的面积盖满了小的浮雕像，其手工异常地精致，弗格森认为这栏杆“大概是印度最杰出的纪念性建筑”。这里面最有名的是桑吉（Sanchi）塔庙，它是波帕尔（Bhopal）一些塔庙之中的一个。那些石造的门看来是模仿古时的木门，也蕴涵了日后远东各地山门（pailus 或 toriis）的形式。在柱子、柱头、横木以及栋梁上面每一英尺的空间都茂密地刻着植物、动物、人与神的形体等。在东面入口通道的一根柱子上很精致地刻着一种永恒的佛教象征——菩提树，佛陀悟道之处；在同一通道里，有一位肉感的女神（Yakshi）优雅地据在一个托架之上，她四肢粗壮，臀部丰满，腰肢纤细，胸乳硕大。

死去的圣者长眠于塔庙之中，活着的僧侣则凿空山石建筑寺庙，以便孤独而安逸地在那里生活，免除风雨日晒之苦。有好几千座洞窟寺庙被建造，其中有的是耆那教徒或婆罗门教徒的，但大多是给佛教僧团用的。我们只要看在今天还有 1200 多个这样的洞窟寺庙存在，便可以判断印度宗教的推动力如何之强了。通常这些毗诃罗（vihara，即僧房）的入口是一个简单的马蹄形或荷花形的拱门。有时候，例如在纳西克，入口则是一列堂皇的、强固的柱子，兽形的柱头，细心雕刻的轩缘。通常入口都有图案精美的柱子、石屏或门廊来做点缀。

寺庙的内部包括一处会堂（chaitya），有一些列柱把本堂与甬道隔开，在两旁有僧室，在里面尽头有一个祭坛，上面放置圣物。[1] 最古老的洞窟寺庙之一，或者是现存最好的，是在蒲那与孟买之间的卡尔勒（Karle）。在这里小乘佛教完成了它的杰作。

在阿旃陀的洞窟，除去隐藏了佛教绘画中最伟大的作品之外，也和卡尔勒一样是那种建筑与雕塑合成艺术的展示所，这种艺术是印度庙宇的特色。第 1 号洞窟与第 2 号洞窟的会堂很宽广，它的顶部有清雅的雕刻与绘画，支持顶部的是有力的刻有凹槽的柱子，底部方正顶端浑圆，周围有花簇的带子做装饰，柱头则甚为硕大。第 19 号洞窟出众之处是一片满是肥硕的塑像与复杂的半浮雕的建筑正面。在第 26 号洞窟，巨大的柱子顶着一列饰带，上面布满了形体，那是唯有最大的宗教与艺术的热诚才能雕刻到如此细致的。阿旃陀是世界艺术史上的杰作。

在印度尚存的其他佛庙中，最动人的是在菩提伽耶的大塔，其纯粹哥特式的拱门特别有意味，然而看起来它的日期是在 1 世纪。总之，佛教建筑的余迹是零碎的，其优胜处也多在雕刻而少在结构。也许是一种流连不去的清教徒主义，使得它们在外表上看来严峻而素朴。耆那教徒对建筑较为关注，在 11、12 世纪，他们的庙宇是印度最好的。他们没有自创一格，而满足于在初期时模仿佛教的办法，在山石中凿空而建筑寺庙，然后又模仿护法神或湿婆式的庙，通常是在山上一簇庙宇外面围一道墙。这些也是外观朴素而内部复杂丰富——正好是谦虚生活的恰当象征。在这些庙宇中，出于虔敬之故安置了许多耆那教徒所崇敬的塑像，后来弗格森在沙查扎亚（Shatrunjaya）山的一簇庙宇中数得了 6449 个像。

在艾霍莱（Aihole）的耆那教庙宇几乎是希腊式的，是方形的，外面有柱，也有门廊，在里面有中堂。在卡杰拉霍（Khajuraho）的

[1] 这内部和基督教圣堂内部的相似，提示了印度风格影响到早期基督教建筑物的可能性。

耆那教徒，包括护法神与湿婆的崇拜者，好像是要展示一下印度人的容忍，而非常邻近地造了大约 28 所庙宇。其中那一座近乎完美的性爱古庙（Parshwanath）里，圆锥形的尖塔，一个个雄伟地高耸，在它的内部各处雕刻的耆那圣者蔚为大观。在阿布山上，海拔为 4000 英尺，耆那教徒造了许多庙宇，其中两座至今犹存，维马拉（Vimala）与代杰巴拉（Tejahpala）的寺庙，是这个教派在艺术方面最大的成就。代杰巴拉庙的圆顶是那种令人心惊目眩的美，使得一切关于艺术的写作都无法准确描述和形容。维马拉庙是完全用白色大理石建造的，有一些不规则的柱子杂乱无章地林立着，它们用一些形状奇妙的架子接到一个比较简单的雕刻过的柱头檐部（entablature）。在上面的大理石圆顶堆满了过多的塑像，但是它周围的雕花工艺则气势夺人。“其细节之精致以及装饰之适宜，”弗格森说，“大概在任何地方所有类似的实例中无出其右者。威斯敏斯特的亨利七世圣堂或牛津的哥特式建筑，比起这些来都显得粗糙而笨拙。”

从这些耆那教的庙宇，以及当时所建造的其他庙宇，我们看出从佛教神庙的圆形式样到印度中古时代的塔形式样的一种转变。会堂中间围列着柱子的本堂现在放在户外了，并且做成了一种门廊的样子，在这后面是僧室，而在僧室的上面有着一层层向后收缩的雕花而形状复杂的塔。印度北方的庙宇便是依据这种规划建造的。这里面气势最动人的是在奥里兹（Orissa）的首府布巴内斯瓦尔（Bhuvaneshwara）的一组，而这一组寺庙中最佳者是 11 世纪时建造的供奉护法神的拉贾拉尼（Rajarani）庙。这是一个巨大的塔形建筑，中间是若干半圆形的柱子连在一处，柱子上面满是塑像，又架了向里缩入的一层层石头，这整个向里弯曲的塔在最上面是一个大的圆形顶冠与一个尖塔。附近有林格拉迦（Lingaraja）庙，比拉贾拉尼庙大，可是不如它美丽。然而这表面的每一寸都受到了雕刻者的刀凿，故有人估计刻工的价钱 3 倍于建筑。印度人表示其虔敬，不仅在于庙宇的宏伟，也在于那些耐心做成的细节上。为了敬神，总是不惜一切代价。

其他印度北方的建筑伟构若要一一列出，而不加特别的描述或图片说明，是会使人厌倦的。然而要讲印度文明绝不能忽略了戈纳勒克（Kanarak）的苏利耶（Surya）诸庙，布里（Puri）的札格纳特派（Jagannath）的塔，沃德讷格尔（Vadnagar）的可爱通路，在瓜廖尔的萨斯巴胡（Sas-Bahu）以及泰利克（Teli-ka-Mandir）的巨大庙宇，还有也是在瓜廖尔的众多宫殿，以及在奇托尔的胜利之塔。超群出众的是卡杰拉霍的湿婆诸庙，而在同一城市里，卡瓦尔·玛斯（Khanwar Math）寺的门廊圆顶再度显示了印度建筑的雄健之力，印度雕塑的富丽与细致。即使已经是一片废墟，在象岛的湿婆庙，其巨大有凹纹的直柱，那些“菌形”的柱头，无可比拟的浮雕，有力的塑像，都使我们想起一个国力充沛艺术精湛的时代，而那个时代至今几乎已无人记得了。

我们将永远无法公正地判断印度的艺术，因为愚昧与狂热主义已经毁去了它最伟大的成就，并且把其余的也残损了。在象岛，葡萄牙人为证明他们本身的虔敬，横蛮地粉碎了塑像与浮雕；在北方各地，穆斯林把5、6世纪印度建筑上的伟构夷为平地，那些建筑一般认为比那些在今天使我们惊奇赞美的后来建筑物远为优异。穆斯林取走塑像的头，拿掉它的肢体。他们把耆那寺庙的优雅支柱拿去放在自己的寺庙里，又大量予以仿制。在毁灭的事上，时间与狂热主义联袂行事，因为正统印度教徒遗弃了，也忽略了那些因异族之手的触摸而遭亵渎的寺庙。

我们借着仍存在于南方的有力建筑，可以猜测到印度北方建筑已经失去的光辉。在南方，穆斯林的统治不甚深入，并且穆斯林在对于印度多少熟悉了以后也就缓和了对印度方式的厌恨。此外，南方寺庙建筑的大时代在16、17世纪才来临，那是在阿克巴大帝已经驯服了穆斯林，教他们对印度文化知所欣悦以后。因此南方寺庙甚多，通常要胜于北方残存的那些寺庙，它们比较大，气势也比较盛。弗格森历数了有大约30座达罗毗荼人或南方的寺庙，其中任何的一座照他的估计，耗费至少相当于一座英国的大教堂。南方稍微修改了北方的式样，在门廊的前面加了瞿布罗（gopuram，即门楼），并且用了大量的柱子来支持门廊。它用了上百种的象征，从卍字形、太阳的标记以及生命之轮，到一些神圣的大动物。[1] 蛇因为会蜕皮，象征了转世；公牛是繁殖力的可羡慕的模范；林迦或阳物，代表湿婆优异的生殖能力，它也就时常决定了寺庙本身的形状。

这些南方寺庙的结构有三项要素：通道、有柱的门廊和塔（vimana），在里面则有会堂或僧室。除去很偶然的例子，像摩堵罗的蒂鲁马拉那耶卡（Tirumala Nayyak）宫殿等，这些印度南方的建筑都是教会的。人们不肯费这番事去为本身造华丽的建筑，却把技艺贡献给僧侣和神。没有一种情况能更明白地显示印度政治是多么自然地倾向于神权化的。那些遮娄其（Chalukya）皇帝以及百姓所造的许多建筑物，现在仅剩下一些寺庙了。唯有一位善言语的印度信徒才能够描述在海得拉巴邦伊塔吉（Ittagi）的神庙之可爱的均匀对称；[2] 或者在土邦迈索尔的索姆纳特布尔（Somnathpur）的寺庙，在那里巨大的石块像绣花一般雕刻得异常精细；或者同在迈索尔、哈勒比德（Halebid）的寺庙——弗格森说："这是有代表性的建筑，拥护印度建筑的人愿意拿它来做其立论的依据。"他又说在此地，"横线与直线之艺术的结合，以及轮廓与明暗的作用，远胜于哥特式艺术中的任何表现。这些效果正是中古时代的建筑家所经常企图达到的，而其成就从来没有像在哈勒比德所做到的这样完美"。

假如我们对哈勒比德寺庙 1800 英尺的饰带及描绘在饰带上 2000 头姿势不同的象所展示的虔诚与辛劳感到惊奇，那么，对于这种能够

---

[1] 卍字形（Swastika）是一个梵文字，其组成系 Su（吉祥）以及 asti（存在）。这种不断出现的符号见之于许多原始与现代的民族，通常是一种幸福与好运的象征。

[2] 据英国作家泰勒（Meadows Taylor）表示，在此处"在某些柱子，以及门楣及门框上轩缘等处，雕刻之佳难以描述。没有金银之属雕镂的作品可能更为精美。这种非常坚硬粗糙的石头究竟是用什么工具刻制与磨光的，在今天完全无法知道"。

在坚实山岩石之中挖凿出一整个寺庙的耐心与勇气，又有何话可说？然而这是印度工匠的一种普通的功业。在著名的“七寺城”马默勒布勒姆（Mamallapuram，马德拉斯附近的东海岸），他们刻出了好几个宝塔，其中最美的是达摩拉贾拉达（Dharma-raja-ratha），意为最高修行的寺院。在海得拉巴邦番客朝圣之地埃卢拉，佛教徒、耆那教徒与正统印度教徒竞相在山岩之中凿挖巨大的独石寺庙，其中最登峰造极的例子是印度教的凯拉沙（Kailasha）寺庙——以湿婆在喜马拉雅山之神话中的天堂为名。在这里，那些不知疲倦的建造者向石中挖了100英尺以使这块造庙的大石浑然脱出，其体积为250英尺长，160英尺宽；然后他们把墙壁刻出柱子、塑像与浮雕；然后他们凿空了内部，又用令人惊眩的艺术无所不至地装饰一番——我们可以让那幅大胆的壁画“爱侣”来做实例。最后，他们的建筑热情还没有用完，便在这挖石场三面的岩石之中，刻挖了一连串的小寺庙与僧院。有些印度人认为凯拉沙寺庙足以和艺术史上任何成就相抗衡。

不过这样的一座建筑是一项力作，像金字塔一样，也必然流了许多人的汗与血。那些工人和大师都是不知疲倦的，因为在印度南方每一省都散布着无数的大庙，以至于初来此地的学习者或旅行者由于它们的数量众多与形象之有力，而混惑了独特的风格。在帕塔达卡尔（Pattadakal），遮娄其国王超日王二世的妻子之一罗卡玛哈德维（Lokamahadevi）皇后建造了维鲁帕卡萨（Virupaksha）寺庙供奉湿婆，它在印度的大庙之中地位甚高。在马德拉斯之南的坦柔尔（Tanjore），朱罗国王罗阇罗阇大帝在平定了南印度和斯里兰卡之后，把征战所得分出一份来为湿婆神造一座庄严的大庙，其设计是为了要表现这位神的繁殖之表征。[1] 在坦焦尔之西的特里奇诺波利，护法神的信徒在斯里兰格姆（Shrirangam）一处高山上建造寺庙，它的特色

[1] 庙顶是单独的一块25英尺见方的大石，重约80吨。按照印度传统说法，它是利用4英里长的斜面拖上去的。这类工作大概使用了强迫的劳力，倒不是什么“奴役人类”的机器。

是一个柱子极多的门廊，很像“千柱厅”，每一根柱子都是单独的一块花岗岩，雕刻得非常精致。印度的匠人正在完成这座庙的时候，英国人与法国人为争夺印度统治权而开战，驱散了这些匠人，结束了他们的劳作。在附近的摩堵罗，那耶卡家的弟兄穆图（Muttu）与蒂鲁马拉建造了一座供奉湿婆的庞大寺庙，它也有一个千柱堂，一处圣池，以及 10 个大门，其中有 4 个非常高，并且雕刻了许多塑像。这些建筑物在一起形成了印度最动人的景象之一，我们可以从这些零碎残余来推知维查耶那加尔诸王富丽而宽广的建筑物。最后，位于印度与斯里兰卡之间的群岛上面的拉米西瓦拉（Rameshvaram），南方的婆罗门教徒于 500 年间（1200—1769 年）建造了一座寺庙，其中有一切柱廊之中最为动人的一个——4000 英尺的双重列柱，雕刻精美，使上百万朝圣的信徒能有阴凉的歇足之处，并且看到太阳与海使人鼓舞的景象。直到今天无数的朝圣者还从远方的城市前来，把他们的希望与忧伤放到那些漠然、无动于衷的神祇膝上。

·印度建筑对亚洲各国的影响

同时，印度的艺术也伴随着印度的宗教，越过海峡与国界，而进入了斯里兰卡、印度尼西亚、柬埔寨、缅甸、土耳其、蒙古、中国、朝鲜与日本。“在亚洲，一切道路都源自印度。”从恒河河谷出来的印度人，在公元前 5 世纪开拓了斯里兰卡。200 年后阿育王遣了一个儿子和一个女儿去弘扬佛教。虽然这个富庶的岛屿有 1500 年之久不停地抵抗泰米尔的侵略，它却能保持一种内容丰富的文化，直到 1815 年英国人入主的时候。

斯里兰卡艺术发端于一些圆顶的古庙达格巴斯（Dagobas），像佛教时代印度北方的塔庙一样，进而发展为一些大庙，其废墟在古都阿努拉德普勒可以见到。这里产生了若干最佳的佛陀塑像，以及许多各色的艺术品。斯里兰卡最后一位伟大的帝王于康提建造“佛牙寺庙”的时候，斯里兰卡的艺术遂告一段落了。独立的丧失使上流阶层趋于腐化，而供给艺术家所必需之刺激、赞助与鉴赏，都不复存在于斯里兰卡了。

说来奇怪，最伟大的佛教寺庙——有的学者愿意称之为世上一切寺庙中最伟大者——在印度尼西亚而不在印度。8 世纪时，苏门答腊的夏连特拉王朝（Shailendra Dynasty）征服了印度尼西亚，立佛教为国教，斥资建造了巨大的婆罗浮屠（Borobudur，意为“多佛”）寺庙，庙的本部是普通大小的，设计颇为奇特——一个小小的圆顶神庙，周围是 72 个更小的塔庙，排列成若干圆形。假如全部仅止于此，婆罗浮屠寺也就算不得什么。这个建筑的壮观在于那个 400 英尺见方的高台。高台是一个分为 7 层的巨大石椁（mastaba），在每一部位都有容纳塑像的壁龛，婆罗浮屠寺的雕塑匠人把佛陀的身形雕刻了 436 座之多，他们意犹未尽，又在各层的壁上刻了 3 英里长的半浮雕，描述祖师的传奇性的出生、青年时期与悟道等，这些由于技术奇佳而成了亚洲第一流的浮雕。印度尼西亚的建筑术随着这个雄伟的佛庙和附近普南巴南（Prambanam）的婆罗门教寺庙而达到了巅峰，又很快地衰颓了。这个岛屿有一段期间成了一个海上强国，也积累了无数财富，孕育了许多诗人。但是在 1479 年，穆斯林开始移居到这个热带的天堂，从此以后便不曾产生有分量的艺术，荷兰人在 1595 年猛扑而至，在以后一个世纪中，一省一省地逐渐吞噬，直到他们取得了完全的控制。

只有一座印度教的庙宇超过了婆罗浮屠的寺庙，而它也是距离印度很远的——事实上是丢失在一处远方的丛林里面湮没了若干个世纪。1858 年，一位法国的探险家通过湄公河谷的上部，忽然在树木矮林之间瞥见一个神奇的景象：一座巨大的寺庙，在式样方面是令人难以置信地庄严雄伟，矗立在森林的中间，被灌木丛林缠绕而几乎盖没了。那一天他见到许多寺庙，其中有些已经被树木所覆盖，或者被树木所分裂了。看来他正好适时而至，来中止自然对这项人类工作成果的侵蚀。在这位探险家穆奥（Henri Mouhot）的故事被别人相信以前，不免经过其他一些欧洲人的实地勘察，然后科学探险队进入了这个曾经是寂静的避世之地，巴黎也有整个一所学院（远东研究所）专门来为这个发现制图并且作研究。今天吴哥窟乃是世界奇观之一。[1]

在忽必烈的使者、中国元朝地理学家周达观（Tcheou Ta-kouan）访问高棉人的首都吴哥时，他发现该国有一个强力的政府，统治着因稻米与人民的劳力而殷富的一个国家。据周达观的报道，皇帝有 5 个妻子，“一位是地位特殊的，其他四位符合罗盘的四个方位”，又有大约 4000 位嫔妃则符合罗盘上面更为微细的刻度。黄金珠宝甚为富足，湖上泛了许多游船。首都的街上满是马车、垂帘的轿子、披着衣饰的大象，而人口则几乎有百万。寺庙附有医院，都配有本身的医护队。

人民虽是华裔，文化却是印度的。他们的宗教基于一种原始的对于蛇虫那伽（Naga）的崇拜，它的扇形头，在柬埔寨艺术中随处可见。然后印度教的三相神——梵天、护法神和湿婆——经过缅甸而传来。几乎在同时佛教也传入了，于是并合护法神与湿婆而成为高棉人喜爱的神明。根据铭文，我们得知百姓向神的侍奉者逐日地供献了大量的米、牛油以及各种珍贵稀罕的油料。

在 9 世纪将近结束时，高棉人为供奉湿婆神建造了他们现今尚存的最古老的庙——巴戎（Bayon）庙，现在是不中看的一座半为坚韧的植物所遮盖的废墟。那些没有用水泥结合的石块在 1000 年的过程中隙裂了，使几乎形成整个塔面的梵天和湿婆的面孔现出了毫无神味的微笑。3 个世纪之后，皇帝的奴隶与征战所获的俘虏建造了吴哥窟，这是一件杰作，比得上埃及人、希腊人或欧洲大教堂的最佳建筑成就。有一条 12 英里长的壕沟围绕着这个寺庙；在壕沟上面有一座铺平的桥，由一些使人不敢亲近的蛇虫石像在看守；然后是一列装饰华美的围墙；再后是宽广的廊道，它的浮雕所描述的是《摩诃婆罗多》

[1] 1604 年，一位葡萄牙传教士述及有些猎人曾报道见过森林中的废墟；1672 年，另一位传教士也有类似的报告，但无人留意这些陈述。

与《罗摩衍那》的故事；再往后便是那庄严的建筑物，底基广阔，一层层地上去形如金字塔般愈上愈狭，而到达200英尺高处的神堂。在这里宏伟的气象无损于美，而帮助它到达一种使人心服的堂皇气象，使西方的心灵惊骇之余，疲弱地感觉到东方文明所一度具有的古老伟观。一个人在想象中见到首都拥挤的人众：那列队的奴隶把巨大的石块割裂、拖移和抬举起来；匠人刻着浮雕和塑像好像时间永不会使其劳作湮没；僧侣欺瞒着也安慰着百姓；庙妓黛瓦达西（Devadasis，其形象仍留在墙上）欺瞒百姓而安慰僧侣；那些尊贵的贵族建造像空中宫殿（Phinean-Akas）般的建筑物，里面有那宽广的荣耀之台（Terrace of Honor）；以及被万民的劳力所高抬在一切之上的，那些有力量的、毫无忌惮的帝王。

帝王需要很多奴隶，便从事了许多战争。他们时常得胜。可是在13世纪将结束时——在但丁生命“到了路途的中间”时——泰国军队打败了高棉人，劫掠了他们的城池，把他们华丽的寺庙与宫殿残毁了。今天很少有观光客在松散的石块之间巡行，观察到树木多么有耐心地在石块缝隙间植根或者伸展枝丫，慢慢地把石块扯散开去，因为石块既无意欲也不能生长。周达观讲到许多安哥人所写的书，但是这批书籍一页也没有留下来。像我们一样，他们在易朽的质料上写下易朽的思想，他们所有的不朽人物也都消失殆尽。那些奇妙的浮雕显示了男女戴着面纱或网络以防蚊虫和黏滑的爬行生物。男男女女都已逝去了，蚊虫和蜥蜴则仍然存在。

在泰国的邻近，一个半藏族半汉族的民族渐渐地驱逐了高棉人，而发展了一种以印度宗教与艺术为基础的文明。泰国人在征服了柬埔寨以后造了一个新都城叫作阿瑜陀耶（Ayuthia），在高棉人一个古城的城址之上。从这个地盘，他们扩展本身的势力，直到1600年左右，他们的帝国包括了缅甸南部、柬埔寨与马来半岛。他们的贸易东向至中国，西向至欧洲。他们的艺人制作各种金银装饰的写本，在木器上用漆绘画，以中国方式烧瓷器，刺绣了美丽的绸缎，偶尔也雕刻了极佳的塑像。[1] 然后遵循着历史公正的进程，缅甸人征服了阿瑜陀耶，把它连同所有的艺术一同毁灭了。泰国人在新的首都曼谷造了一座伟大的宝塔，它的过分装饰也不能遮掩那设计的美。

缅甸人也是亚洲最伟大的建筑者。他们从蒙古地区和西藏地区的肥沃田野走下来，一下子便臣服于印度的影响之下，从 5 世纪开始产生了大量的佛陀、护法神和湿婆的塑像，以及巨大的神庙，其中最为壮观的是堂皇的阿难陀寺庙——这是在他们的古都的蒲甘（Pagan）5000 座宝塔之中的一座。蒲甘遭到了忽必烈的劫掠，有 500 年之久缅甸政府不停地迁都。有一段期间曼德勒成为缅甸的中心建地，也是艺术家安居之地，他们在许多方面创造了美，从刺绣珠宝以至于皇宫的建筑等——皇宫的建造显示了他们用软弱的木质也能有大的成就。英国人由于其传教士与商人受到慢待而感不快，遂于 1886 年接管了缅甸，把首都迁往仰光——一个皇家海军可以方便地施予惩处的城市。在那里，缅甸人建造了他们最好的寺庙之一，那便是有名的大金塔，那个黄金的宝塔，每年吸引着数百万缅甸的佛教香客。

· 印度的伊斯兰教建筑

印度建筑最后的一阵兴旺是莫卧儿人统治时期的事。穆罕默德的信徒已经证明了凡是他们携刀剑所到之处，当地的人就成了伟大的建造者——如格拉纳达（Granada）、开罗、耶路撒冷、巴格达等。这是可以预期的，这个精强的民族在印度的势力稳固以后，将会在已征服的国土上建立一些伊斯兰教寺庙，与耶路撒冷的欧麦尔清真寺（Mosque of Omar）同样华丽，与开罗的哈桑清真寺（Mosque of Hassan）同样宏伟，而且如艾勒汉卜拉宫（Alhambra）那样精致。这固然是事实，这个“阿富汗”王朝使用了印度的匠人，抄袭了印度的事迹，甚至于取用了印度寺庙中的柱子来供本身建筑的用途，而且很

[1] 例如在波士顿美术馆中涂漆的佛陀石像。

多伊斯兰教寺庙也仅只是印度寺庙的修复重建而拿来给穆斯林祈祷崇拜。但是这种自然的模仿很快地发展成为一种非常典型的摩尔人的式样，以至于一个人会奇怪地见到泰姬陵竟然是在印度，而不是在波斯、北非或西班牙。

那美丽的库杜卜高塔（Kutb Minar）代表了这种转变。[1] 它是在旧德里由德里苏丹国奴隶王朝的建立者艾伯克建造的伊斯兰教寺庙的一部分，它的建造是为了纪念那嗜杀的苏丹对印度人作战的多次胜利。为了供给这座寺庙与碑塔的建筑材料，共拆散了 27 座印度的寺庙。在经历了 7 个世纪的风霜之后，这座尖塔——250 英尺高，由精致的红色河石造成，均匀对称，顶层用白色大理石建造——仍然是印度的技能与艺术的伟构之一。一般而言，德里的苏丹都忙于杀人而没有时间顾到建筑，他们所留下的建筑大多是些陵寝，是他们在活着的时候想到自身虽然贵为帝王仍不免一死的情形之下建造的。其中最好的例子便是在比哈尔的舍尔·沙（Sher Shah）陵，巨大，坚固，雄伟，它是较为精强的摩尔风格的最后阶段，再往后便转入纤柔一路而变成了莫卧儿诸王的珠光宝气的建筑风格了。

穆斯林和印度人这两种风格相互联结的趋势，乃是源自阿克巴大帝的折中意向。其匠人为他建造的一些杰作，把印度和波斯的方法与主题交互织成一种精美的和谐形象，象征阿克巴综合信仰中那当地与伊斯兰教两种信条欠巩固的融合。他的王朝第一座纪念性建筑——他在德里附近为他的父王胡马雍所建立的陵墓——已经具有了独特的风格：线条简单，装饰素朴，但是在它的优雅方面隐含沙·贾汗较为美好的建筑物影像。在法塔赫布尔西格里，他的艺术家造了一个城市，那些早期莫卧儿人的粗犷和后期诸王的娴雅遂相互汇合而融为一体了。一段阶梯上面是一个威武的红色沙石正门，经过那神气的拱门便是一个充满着杰作的园子。这里面主要的建筑物是一座伊斯兰教寺庙，但

[1] Minar 即 Minaret，源自阿拉伯文的 Manaret，灯或灯塔之意。

其中最可爱的房屋是皇帝三位宠妃的馆舍，以及他的朋友圣者契斯提（Salim Chisti）的大理石坟墓。在这里，印度的艺术家开始显示那种在石块上雕花的技巧，这种技巧以后在泰姬陵上面才集其大成。

贾汗季在族人的建筑史上甚少贡献，可是他的儿子沙·贾汗由于热爱美丽的建筑，而得以使自己的名字几乎和阿克巴大帝一样灿烂。他在艺术家中间滥施钱财，好像贾汗季在他的嫔妃间所做的那样。像北欧的皇帝一样，他从意大利找来一些艺术家，使其指导本国的雕塑者如何从事 pietra dura（把宝石镶嵌在大理石上的艺术），这便成了他统治期间印度装饰艺术的特征之一。贾汗不很虔信宗教，可是印度两座极美丽的伊斯兰教寺庙是在他的赞助之下造起来的：穆蒂清真寺（Moti Masjid）和贾马清真寺（Juma Masjid）。

贾汗在德里和阿格拉都造了“堡垒”，即一簇簇皇家的楼馆四周围以护墙，他在德里轻蔑地拆毁了阿克巴大帝的粉红色宫殿而代以另外一批建筑，它们造得最糟的像是一种大理石的糕饼之类，而那些最好的则是世间最纯美的建筑。在这里有那华丽的“朝圣厅”，墙壁是佛罗伦萨黑色大理石为底的嵌花板，天花板、支柱与拱形门都是细镂的石刻，纤美到令人难以置信。在这里也有“觐见厅”，天花板是银和金的，支柱是细镂雕花的大理石，那些拱门是有尖端的半圆形，由许多花形的半圆形构成，那“孔雀王座”已经成为世间传说中的珍物，墙壁上还有以珍贵的镶嵌表现出的那位诗人的豪语：“假如在世间任何地方有一个天堂，那便是此处，便是此处，便是此处。”我们又可得到关于莫卧儿时代“印度的豪富”的一点微弱印象，当我们读到最伟大的建筑史家描述德里的宫殿，面积有马德里附近广大的埃尔埃斯科里亚尔（El Escorial）两倍那么大，并且在当时，它的全部形成了“东方最堂皇的宫殿——或许在世界上也是”。[1]

[1]“德里堡垒”原有 52 座宫殿，但现今只剩下 27 座。在 1858 年印度兵变（Jepoy Mutiny）时，有一队困顿不堪的英军曾躲避于此，夷平了几座宫殿以便空出地盘安置其给养。当时经常有劫掠之事发生。

在阿格拉的堡垒已经沦为废墟，[1] 我们只能推想它原有的堂皇气象。在众多的花园之中，有“珍珠寺”、“宝石寺”、“朝圣厅”与“觐见厅”、“镜厅”、皇帝的宫殿、皇帝沐浴馆、贾汗季和沙·贾汗的宫殿、努尔·贾汗的“素馨宫”以及那座“素馨塔”，当年被囚禁的皇帝沙·贾汗便在此地看望朱木拿河彼岸他为爱妻穆塔兹·玛哈尔所造的陵墓。

整个世界都知道那个陵墓，它的名字简称泰姬陵。好多位建筑家把它列为矗立于世的一切建筑物之中最完美的。三位艺术家为它设计了图样：一位波斯人乌斯达德·伊萨（Ustad Isa），一位意大利人杰罗尼莫·韦罗尼奥（Gieronimo Veroneo），一位法国人奥斯汀·德·波尔多（Austin de Bordeaux）。好像没有一个印度人曾参与它的构想，它完全是非印度的，纯然是伊斯兰教式的，甚至那些熟练的匠人也部分是从巴格达、君士坦丁堡和其他伊斯兰教信仰的中心地带找来的。2.2 万工匠历时 22 年之久筑造泰姬陵。虽然斋浦尔的土王送了这些大理石给沙·贾汗当作礼物，这座建筑物以及四周的设置耗费了 2.03 亿美元——在当时是一笔巨大的款项。[2]

唯有圣彼得大教堂才有像这样得体的入口。通过一座有雉堞的高墙，突然展现在面前的便是泰姬陵——架置在一个大理石的平台上，两旁支架着俊伟的伊斯兰教寺庙式庄严的尖塔。在前面广大的花园里有一个池子，宫殿的倒影在水中变成了一种颤抖的动人景象。泰姬陵的每一部分都是纯白的大理石、贵重的金属或者宝石。这座建筑是有 12 面的复杂形体，其中 4 面是入口。每处转角皆有高塔矗立，顶部

[1] 沙·贾汗把这些可爱的宫殿做了堡垒实在是可悲的错误。英国人围攻阿格拉时（1803 年）不得不使用大炮攻打堡垒。印度人一见炮弹打到“觐见厅”，便投降了，认为美比胜利更可贵。稍后英国首任印度总督哈斯丁斯（Warren Hastings）把殿中的浴馆拆下来献给英皇乔治四世。这座建筑的其他部分被本廷克爵士（Lord William Bentinck）卖掉以贴补印度的税额。

[2] 本廷克爵士，几位印度总督之中最仁慈的一位，曾经考虑把泰姬陵以 15 万美元的价格卖给一名印度商人，那人相信这些材料可以做更好的用途。自寇松（George Nathaniel Curzon）爵士的任期以来，印度的英国政府对这些莫卧儿的史迹一直照顾得极妥善。

则是有尖塔的巨大圆形屋顶。正门一度曾经装有厚实的银铸大门，它的大理石的雕花是异常繁复的。镶嵌在墙上的珠宝字体，是引自《古兰经》中的字句，其中一句为邀请“心地纯洁者”进入“天堂的花园”。内部的设置是简单的，原因在于：土著以及欧洲的窃贼共同盗取墓中大量的珠宝，以及当初环绕贾汗与妻后之石棺那包覆着宝石的黄金栏杆。奥朗则布撤走了栏杆，换以一种几乎透明的大理石的八边形围屏，雕刻成一种奇迹般乳白色的工细花样，有些参观者认为人类艺术的小件产品中，在美丽方面似乎没有能胜过这围屏的。

泰姬陵不是一切建筑物中最庄严高贵的，却是最美丽的。它看上去并不使人慑服，而仅仅是悦目而已，只有走近一点去看才知道它的完美是和大小不成比例的。当我们在这匆匆忙忙的时代里，眼看到百层高楼一两年内便造起来，然后去细思 2.2 万人如何在 22 年之中辛苦地建造这高不及百英尺的陵墓，这时我们才开始体会到工业与艺术之间的差别。也许在构想泰姬陵这样的建筑时所运用的意志力，比最伟大的征服者所运用的意志力要更大、更深刻。假如时间有知，它会把其他一切事物先毁灭掉，而留下泰姬陵作为人类具有高贵性的证据，以便使最后生存的一个人感到一点安慰。

·印度建筑与文明

尽管他设置了围屏，奥朗则布对于莫卧儿以及印度的艺术实在是一场灾祸。他狂热地信奉一种排他性的宗教，在他看来，艺术的内容不过是偶像崇拜和虚荣而已。沙·贾汗本已禁止建立印度教的寺庙，奥朗则布不但继续这项禁令，而且对伊斯兰教建筑的支持也颇悭吝，以至于在他的统治期间，伊斯兰教建筑也衰微了。印度艺术在他死时也完结了。

我们回溯印度的建筑，发现其中有两个主题，一雄壮一婉柔，一属印度教一属伊斯兰教，而建筑的交响乐则萦绕着这两个主题而进展。正好像在那阕最有名的交响乐里，一开始先是骇人的鼓击，随着便有一阵异常纤柔的乐音，同样，在印度建筑方面，在菩提伽耶、布瓦内斯瓦拉（Bhuvaneshwara）、摩堵罗以及坦焦尔，印度的天才建造了强劲建筑物，随后便有位于法塔赫布尔西格里、德里及阿格拉那优雅韵致的莫卧儿风格的庙堂，而这两种主题错综复杂地混合在一起直至最后的阶段。有人说过莫卧儿人如巨人般建造，却如珠宝工匠般完成工程。但这句格言不如整个用在印度建筑上：印度人如巨人般建造莫卧儿，莫卧儿人则如珠宝工匠般完成之。印度建筑物以宏大胜，莫卧儿式则以细节为优；前者具有力的高贵，后者则有美的完善；印度人有热情有气魄，莫卧儿人趣味高雅而善于节制。印度人在建筑上面全都盖满了塑像，令人不知该把它们当成建筑抑或是雕塑；穆斯林厌恶偶像，而专做花卉或几何图形的装饰。印度人可算是印度中古时代之歌特式的雕塑兼建筑大师，穆斯林则是文艺复兴时代的旅居国外的艺术家。整个来说，印度的风格达到了较高的地步，就像高贵比可爱要高一级。稍一细思，我们看出德里的堡垒和泰姬陵放在吴哥窟和婆罗浮屠旁边，好似美丽的诗篇放在深刻的剧本旁边——彼特拉克在但丁之旁，济慈在莎士比亚之旁，萨福在索福克勒斯之旁。其中一种艺术是幸运的个人之优雅而片面的表现，另一种则是一个种族的完全而有力的表现。

因而这一番小小的审察在结束时仍像在开始时一样，不得不承认只有印度人才能真正欣赏印度的艺术，才能用文字作阐释而免于错失。对于一个欧洲人，习于希腊以及贵族式的节制与素朴的规律，这一种滥于装饰和繁复不堪的大众艺术，有时会显得几乎是原始而野蛮的。但这也正是具有古典化心灵的歌德斥责斯特拉斯堡（Strasbourg）的大教堂与哥特式建筑风格所用的形容词。它是理性对情感、理性主义对宗教的反动，只有一位本国的信徒才能感觉到印度寺庙的庄严，因为它们的建造，不仅是要赋予美之形式，而且是要促发虔敬的心情，并且扶持坚定的信仰的。唯有我们的中古时代——唯有我们的乔托与但丁一流人——才能理解印度。

我们必须根据这些规范来看整个印度文明——作为一个“中古时代”种族的表现，对于他们而言，宗教比科学来得深刻，尽管其理由在于宗教一上来便承认了人类愚昧的永恒性与人类力量之虚妄性。在这种虔诚心理中包含了印度人的弱点与力量：他的迷信和温和，他的内省和洞察力，他的退缩和深度，他在战争中的软弱和艺术上的造诣。无疑，当地的气候影响了宗教，共同地削弱了他的力量，因此他以委诸命运的态度屈服于雅利安人、匈奴人和欧洲人。历史因为他的忽视科学而惩罚他。当克莱武优势的大炮在普拉西（1757 年）屠杀土著军队时，它们的吼声宣布了工业革命的来临。

第九章 | 一篇基督徒的结语

兴高采烈的海盗们

在很多方面，当克莱武与哈斯丁斯发现印度的财富和宝藏时，那个文明早已沦亡了。奥朗则布的长久而分裂性的统治，以及随后的混乱和内战，使印度再度遭受征服的时机已经成熟，而“命运之显示”的唯一问题，乃是到底欧洲的哪一个现代化强权来执行此事。法国人尝试了，结果失败，他们在罗斯巴赫（Rossbach）与滑铁卢的失败丢失了印度与加拿大。英国人的尝试成功了。

在 1498 年，达·伽马（Vasco da Gama）从里斯本出发航行 11 个月以后在卡利卡特岸边停泊。马拉巴海岸的族长对他甚为礼遇，给了他一封致葡萄牙国王的有礼貌的信：“贵国使者伽马来访本国，本国甚感欣幸。本国盛产肉桂、丁香、胡椒及各色宝石。贵国之金、银、珊瑚、红布则为所需。”那位信基督的葡萄牙皇帝以声言印度是其殖民地作为答复，其理由何在，则为这位迟钝的族长所无法理解。为了把事情弄得更清楚，葡萄牙派了一个舰队到印度，奉命传教及作战。17 世纪时，荷兰人来了，赶走了葡萄牙人；18 世纪时，法国人、英国人来了，赶走了荷兰人。野蛮战争的残酷考验，决定了他们之中的哪一个从事开化印度人，并且去向他们征税。

东印度公司在1600年成立于伦敦，其事务是从印度以及东印度群岛以低价买进货物，然后高价在欧洲出售。[1] 早在1686年，它就宣布了它的意图：“在印度建立庞大、稳固、安定的英国领地，垂诸永远。”东印度公司在马德拉斯、加尔各答与孟买设立了商埠，建造了工事，运来了军队，打了仗，纳贿也受贿，还执行了其他政府的事务。克莱武高兴地接受靠他武力保护的印度君王送的“礼物”，高达17万美元；此外又向他们收取每年规费14万美元；指定米尔·贾法尔（Mir Jafar）为孟加拉统治者而得款600万；他使土王相互为敌，渐渐将其土地归并为东印度公司的产业；他吸上了鸦片，国会施以调查然后又宣告他无罪，后来他自杀身死（1774年）。哈斯丁斯，一位勇敢、博学而能干的人，向土王们征收了25万美元之多的献金归入东印度公司的财库；又接受了贿赂承诺停止征收，而后他却又去征收，并且把付不出献金的土邦收并了；他派兵占了奥德（Oudh），然后把该省以2500万美元卖给一位土王——被征服者和征服者在贪财一事上相互竞赛。印度受辖于东印度公司的部分，须付产物50%的土地税，此外还有其他众多而严苛的索求，以至于2/3的居民逃跑了，余下的人则出卖儿女以应付日增的税额。英国政治家、历史学家T. B. 麦考莱写道：“巨大的财富迅速地在加尔各答聚敛起来，而3000万民众被挤榨到了极端可怜的地步。他们本已习于在暴政下生存，但从不曾遭到过这样的暴政。”

到了1857年，这公司的罪恶已经使东北部印度枯竭到如此地步，以致土著起而从事绝望的反叛。英国政府于是介入这情况，压制了“叛变”，把征服的领土接收过来当作帝国的殖民地，付了东印度公司一大笔钱，然后把这笔购买的花费又加到印度民众所欠的债里面。这

[1] 在印度用200万美元买的东西，在英国则以1000万美元卖出。公司的股票价格增加到每股2.2万美元。

是直截了当的征服。或者，这是无法用苏伊士运河以西所诵习的《十诫》来评定是非的，倒可以根据达尔文或尼采的思想来了解：一个已经失去自治能力或正失去开发本身自然资源能力的民族，不可避免地变成强大而贪婪的国家的猎获物。

这次征服给印度带来了某些好处。一些人物如本廷克、坎宁（Canning）、芒罗（Munro）、伊芬斯通（Elphinstone）以麦考莱在英属诸省的治理方面多少实行了那种在1832年统御着英国的宽宏的自由主义。本廷克爵士，在当地的改革者如罗伊（Ram Mohun Roy）的协助与催促之下，结束了寡妇殉夫与暗杀的事。英国人利用印度的金钱与军队在印度境内打过111次仗以后，完成了征服，于是在整个半岛建立了和平，建造铁路、工厂与学校，设立大学于加尔各答、马德拉斯、孟买、拉合尔以及安拉阿巴德，把英国的科学与技术带到了印度，以西方的民主理想使东方人受到鼓舞并向往西方，又在宣扬印度过去的文化宝藏方面扮演了重要的角色。这些恩典的代价，是一种财政上的暴虐统治，为此就有一伙过渡性的统治者，年复一年地搜刮印度的财富，然后回到北方去养息精力。一种经济上的暴虐统治，毁坏了印度的工业，把数百万的工匠重新投回到贫瘠的土地上；也是一种政治的暴虐统治，在奥朗则布狭隘的暴政之后不久来临，使印度人民的精神历一个世纪之久完全抬不起头来。

末世的圣者

在这种情况之下，印度向宗教求得安慰是既自然又合乎性情的事。有一段时期印度对基督教热诚地欢迎。印度人发现基督教有许多道德和理想是自己数千年来便尊崇的。那位率直的让·迪布瓦神父写道：“在欧洲人的性格与行为被这些人熟知以前，看起来基督教好像会在他们之中生根。”整个19世纪，苦恼的传教士设法使基督的声音超过那些征服者的怒吼，以便让人听见。他们建立了学校与医院，在神学理论之外也散发了药物与慈善救济，并且让贱民初次被承认是人。但是基督的箴言与基督徒的行为对照，使印度人持怀疑与讥嘲的态度。他们指出使拉撒路（Lazarus）复活的事是不值一提的[1]，他们自己的宗教中有更多更为有趣而惊人的奇迹，任何真正的瑜伽行者在今天仍能行使奇迹，而基督教的奇迹似乎已经完结了。婆罗门僧侣傲然地坚守本身的壁垒，并且给西方的正统教派提出了一种同样精妙、深刻而难以置信的思想系统。“基督教在印度的进展微不足道。”艾略特写道。

然而，虽然在300年间基督教吸收的信徒仅及人口的6%，耶稣感人的人格在印度的影响力却不是这实际数字所能衡量的。那种影响力的最初迹象出现于《薄伽梵歌》，最近的确证见于甘地与泰戈尔。最明白的事例是那个名叫梵社（Brahma Somaj）[2]的改革团体，这个团体是1828年由“现代印度之父”罗伊创立的。没有人会比他更加诚心诚意地去研究宗教。罗伊为读《吠陀经》而学习了梵文，为读佛教《大藏经》而学习了巴利文，为研究伊斯兰教和《古兰经》而学习了波斯文与阿拉伯文，为精研《旧约》而学习了希伯来文，为了解《新约》而学习了希腊文。然后他学习了英文，并且写得很自然优雅，以至于边沁（Jeremy Bentham）希望密尔（James Mill）能够以之为范本而学到一点东西。1820年，罗伊出版了《耶稣的理想：宁静与快乐之途径》，书中写道：“我发现耶稣基督的教理比任何我所知的其他教理更能导向道德原则，更适宜于有理性的生物使用。”他向感到愤慨的同胞建议一种新的宗教，它将弃绝多神崇拜、多妻制度、阶级歧异、童婚、寡妇殉夫以及偶像崇拜，并且将信仰一个神——婆罗门。像阿克巴大帝一样他梦想印度会在如此单纯的一种信仰之下联合起来；也像阿克巴大帝一样，他低估了迷信的普遍性。梵社在经过了100年有

[1]《圣经》中耶稣所行的奇迹。——译者注

[2] 字面的意义是“婆罗门协会”，为人所知且更加完全的名称是“至高无上的神婆罗门之信徒的协会”。

成效的挣扎之后，现在已经是印度生活之中一种灭绝了的力量。[1]

伊斯兰教在印度少数宗教群众之中是最有力量、最使人感兴趣的一种，但对这种宗教的研究留到以后再谈。伊斯兰教尽管得到奥朗则布热心的协助，仍未能使印度转向伊斯兰教。奇迹是，伊斯兰教在印度也没有屈服于印度教。安拉在印度现在大约有 7000 万信徒。

印度人从任何外来的信仰那里都得不到什么安慰，在 19 世纪最能鼓舞他们的宗教人物，都是那些把教理与行事根植于印度古老信仰之中的。罗摩克里希纳（Ramakrishna）是孟加拉的一个贫困的婆罗门，有一段时期做过基督徒，也感到了耶稣的吸引力；[2] 他在另一段时期又变成一个穆斯林，也参加了祈祷的严肃仪式。但是不久他的虔敬心便把他带回到印度教，甚至回到那可怕的时母女神，而变成了崇奉她的僧侣；他把时母转变成一种满怀柔情慈爱的母性女神。他摒弃理智的方式，而提倡“奉爱瑜伽”（Bhakti-yoga）——克制与爱的结合。“对于上帝的知识，”他说，“可以比作一个男子，而对于上帝的爱则像女子。知识只能进入上帝的外室，而除了爱一个人之外，没有人能进入上帝内部的神秘。”不同于罗伊，罗摩克里希纳不爱学习，一点梵文、英文也不学，什么也不写，并且避免知性的谈话。一个神气活现的逻辑家问他：“什么是知识、知者和被知的对象？”他回答：“这位善士，我不知道这些学问上的精妙细节。我只知道我的圣母，以及我是她的儿子。”他教导他的信徒，一切宗教都是好的，每一种宗教都是接近上帝的路途，或者是中途的一个阶段，适应于寻求上帝者的心智与情感。从一种宗教转信他种是愚昧的事，一个人只需要在本身

[1] 今天它大约有 5500 位徒众。另一个改革团体雅利安协会，达耶难陀·娑罗室伐底（Dayananda Sarasvati）所创立而由已故的拉奇普特·雷依继续主持，成绩卓越。它贬弃阶级制度、多神崇拜、迷信、偶像崇拜和基督教，并且倡导恢复到较为简单的《吠陀经》的宗教，它的信徒人数现在有 50 万。相反地，印度教对基督教的影响见之泛通神论——这是印度神秘主义和基督教道德的一种混合，是由两位外国女性在印度发展出来的：勃拉瓦茨基（Helena Blavatsky）和贝赞特夫人（Annie Besant）。

[2] 终其一生，他接受基督的神性，但是他坚持认为佛陀、黑天等也是同一的上帝化身。他向印度哲学家辨喜（Vivekananda）坚称他本身是罗摩和黑天的化身。

的路途上继续下去，而到达他本身信仰的精义所在。“一切河流流向大海。流吧，让其他的也流！”他同情地容忍百姓的多神信仰，谦卑地接受哲学家的一元论，但是在他自身持有的信仰之中，上帝是生存于一切人之中的精神，唯一真正对上帝的崇信在于对全人类的慈爱服务。

很多纯良的人——富与贫，婆罗门和贱民都有——选择他做祖师，以他的名字成立了教派。这些信徒之中最引人注意的是一个骄傲的刹帝利青年纳伦德拉纳特·达塔（Narendranath Dutt，辨喜的原名），他读了许多斯宾塞、达尔文的理论，最初见罗摩克里希纳时，他是一个无神论者，却又为着无神论感到苦恼，但是他以为宗教便是神话与迷信，对此，他是不屑一顾的。罗摩克里希纳以耐心的慈爱征服了他，纳伦德拉纳特·达塔于是变成了这位年轻师父的最热心门徒。他重新把上帝定义为“一切灵魂之总和”，并且吁请他的同胞不要作无益的苦行默想，而要借着绝对的舍己为人来遂行宗教的信仰：

> 诵读吠檀多派和沉思默想的事，留待来生吧。让现存的躯体来为他人服务吧！……最高的真理是：上帝存在于一切有生之物。他们是他的复多的形体。此外并没有可寻求的上帝。唯有服务众生者才服侍着上帝！

他易名为辨喜，出国为罗摩克里希纳教会募集基金。1893年，他在芝加哥一文不名，走投无路。一天以后他在世界博览会的宗教大会上出现，以印度教代表的身份演说。他的庄严容貌，他的一切宗教合一的理论，以及他的单纯地服务人类以敬事上帝的伦理原则，使每一个人都为之心折。在他口若悬河的鼓舞之下，无神论变成了高贵的宗教，正统的神职人员则发现他们在向一个“异教徒致敬”，那人所主张的是舍生物的灵魂外并无其他的上帝。回到印度以后，他向他的同胞宣扬一种强健的教理，那是自《吠陀经》时代以来任何一个印度人所未曾提出过的：

> 我们所要的是造成男子汉的宗教……放弃这些使人衰弱的神秘主义，强壮起来……在今后50年内……让一切其他无益的神明从我们的心中消失。这便是唯一清醒着的神，我们自己的种族，到处都是他的手，到处是他的足，到处是他的耳；他覆盖一切……一切崇拜中最先者便是对四周人们的崇拜……这些都是我们的神——人与动物，而我们必须崇拜的最先的神便是我们自己的国民。

从此处到甘地不过一步之遥而已。

泰戈尔

同时，尽管有着压制、痛苦与贫困，印度仍然在继续产生科学、文学与艺术。博斯（Jagadis Chandra Bose）教授以电学与植物生理的研究而举世闻名。拉曼（Chandrasekhara Raman）教授在光学物理方面的工作则获得了诺贝尔奖。本世纪内在孟加拉兴起了一个新的画派，它把阿旃陀壁画的鲜明色彩和拉杰布达纳彩绘画的纤柔线条融会在一起。A. 泰戈尔（Abanindranath Tagore）的绘画，也具体而微地有着那种他叔父的诗篇中显现的热烈神秘主义，以及细腻的艺术手腕。

泰戈尔氏是历史上伟大的家族之一。德宾德拉纳特·泰戈尔（Debendranath Tagore，Tagore 孟加拉原文为 Thakur）是梵社的组织者之一，后来成为该组织的首领。他是一个富有、有教养和虔敬的人，在老年时则变成孟加拉的一个信从异教的大家长。从他这一支传下来的有艺术家阿巴宁德拉纳特（Abanindranath）和戈戈伦德拉纳特（Gogonendranath），哲学家德威岑德拉纳特（Dwijendranath），诗人罗宾德拉纳特（Rabindranath）——后两位是他的儿子。

泰戈尔生长于一种舒适与高雅的气氛之中，音乐、诗歌与高尚的谈话如同他所呼吸的空气。他从诞生起便是一个温和的灵魂，一个不曾夭折、不曾老化的雪莱。他欢喜松鼠爬上他的膝盖，鸟儿站在他的手上。他的观察敏锐，感受强烈，并且以一种神秘性的敏感来察知经验所不易捕捉的含义。有时他会在阳台上伫立几小时，以一种文学的本能留意街上每一位路过者的身形面貌、风度步伐；有时在内室的沙发上，他会安静地在回忆梦想之中消磨半日。他开始时在一面石板上写诗，幻想错误是可以轻易地拭去的。很快地他便写作一些对印度满怀柔情的诗歌——关于印度的风景之美、妇女之可爱、人民的困苦，然后他自己为这些歌写作歌谱。整个印度都在吟唱。这年轻的诗人在旅行经过遥远的乡村时，听到不认识他的粗鲁农夫唱出他的歌，感到非常兴奋。[1] 以下便是其中的一首，是作者亲自从孟加拉文译成的。还有什么人，把罗曼蒂克爱情的妙不可言以这样同情的怀疑主义表现过？——

告诉我这可全是真的，我的爱，告诉我这是不是真的。
这双目发出闪电时，在你胸中的乌云作出风暴般的回答。
这可是真的，我的双唇甜美，像初次意识爱情的微绽花苞？
逝去的五月季节的回忆，是否犹在我的肢体内流转？
大地曾否，像一只只竖琴，在我的足触踏时震颤成音？
那么这可是真的，露水从夜晚的眼里落下，当我被看到时，晨光包覆我的躯体时，它感到欢欣？

---

[1] 其中较重要的诗集是《吉檀迦利》（*Gitanjali*，1913 年）、《齐德拉》（*Chitra*，1914 年）、《邮局》（*The Post-Office*，1914 年）、《园丁集》（*The Gardener*，1914 年）以及《红夹竹桃》（*Red Oleanders*，1925 年）。诗人自己的《我的回忆》（*My Reminiscences*，1917 年）对于了解他个人颇有帮助，比 E. 汤普森（E.Thompson）所写的传记《泰戈尔传，诗人和剧作家》（*R. Tagore, Poet and Dramatist*）为佳。

这可是真的，这可是真的，你的爱情经历了许多世代和世间为着寻找我？

是真的吗，当你最后找到了我，你那历时久远的愿望，在我温和的言谈，在我的眼睛、嘴唇和披垂的头发中找到了完全的安谧？

那么是真的，上帝的奥理写在我的小前额上？

告诉我，我的爱人，这一切可是真的？

在这些诗里面有许多优点——强烈却又理智的爱国主义；一种对于爱情与女人、自然与人类的纤细而女性化的了解；一种对于印度各哲学家之见识的热情的深入把握；以及一种丁尼生式的情感与词句的精致优美。假如它们有瑕疵的话，那便是过于通体一致的美丽，过于单调的理想化和温柔了。在诗里面，每一个女人都是可爱的，每一个男人都是全心贯注于女人、死亡或者上帝的；自然虽然有时是可怕的，但永远是高贵庄严的，而从来不是荒凉、贫瘠或丑恶的。[1] 也许诗剧《齐德拉》的故事便是泰戈尔的故事：她的爱人阿周那，在一年之内对她感到厌倦，因为她是完全而毫无间歇地美丽动人的。只有在她失去了美，而变成强健有力，从事着生活中天然的劳作时，这位神才又去爱她——这正是满足的婚姻的一种深刻象征。泰戈尔以动人的优雅风格承认了他的局限：

我的爱，曾经有一次你的这位诗人在心中开始了一首伟大的史诗。

啊，我不小心，它碰到你叮当作响的踝饰，而遭遇困难。

它分散成诗歌的断片，散置在你的足旁。

[1] 参阅他的佳句："当我离去时这可以当作我临别的话，我所看见了的是无法超越的。"

因此他直到最后唱的都是抒情诗，而整个世界的人，除去评论家，都高兴地谛听。印度人在泰戈尔得诺贝尔奖时（1913年）感到有点惊讶。孟加拉的评论家所看到的仅是他的毛病，加尔各答的教授也将他的诗作为写得糟糕的孟加拉文的例子。年轻的民族主义分子不喜欢他，因为他对于印度道德生活的种种弊端指责之强烈，超过他的政治自由的主张。当他受封为爵士时，他们认为这简直是出卖印度之举。他并没有长久地保有这种荣誉，在一些英国士兵由于一种悲剧性的误会而在阿姆利则（Amritsar）向一群作宗教性集会的人开火时（1919年），泰戈尔把勋绶归还给总督，还附了一封措辞尖利的信。他是一个孤立的人物，或许是世上最感人的：一位改革者，有勇气贬弃印度各种制度之中最基本的阶级制度，和各种信仰之中最被珍重的轮回说法；一位民族主义者，渴求着印度的自由，却敢于反对民族主义运动中所含有的盲目排外主义和自利之心；一位教育家，对于滔滔雄辩和政治感到厌倦，而隐居到他在森蒂尼盖登（Shantiniketan）的学校和栖身之所，把他的道德自由的教理传授给年轻的一代；一位诗人，为着妻子的早死，以及国家的羞辱而心碎；一位沉浸于吠檀多派的哲学家，一位神秘主义者，如钱迪达斯一般徘徊于妇人与上帝之间，然而又由于学识渊博而离弃了祖先的信仰；一位热爱自然者，面对着自然的死亡使者，本身所有的安慰唯有他那种不会老去的吟唱天赋：

> 啊，诗人，暮色临近了；你的头发变灰了
> 你可曾在独处沉思时听得来世的信息？
>
> 天色已暮，我在谛听，因为有人或许会从村庄来拜访，虽然天已经晚了。
>
> 我在看有没有年轻的心在互相傍依，有没有两对热切的眼睛在要求着音乐，为他们打破静默，诉说心声。
>
> 有谁更能给他们编织热情的歌呢，倘若我坐在生命的崖岸

上凝望死亡和彼界？……

这是不足道的事，我的头发转灰了。

我和这村中最年少的和最年长的是同样地年少和老迈……

他们全都需要我，我没有时间为来世思虑。

我和每一个人的年纪相同；有什么要紧呢，倘若我的头发变灰了？

东方是西方

一个快 50 岁的人竟能写出这样好的英文，象征着东方与西方之间的若干隔膜可以很容易地沟通，虽然这两者的结合是另一位诗人曾经否决过的。[1] 因为泰戈尔诞生后，西方已经以上百种方式进入东方，并且正改变着东方各种生活面。3 万英里铁路已经如蛛网般分布在印度的荒野和山地，而把西方面孔带到了每一个村庄；电报线和印刷机给每一个学生带来了具有启示性的、日新月异的世界消息；英国学校传授英国史，为的是造就英国公民，殊不知却灌输了民主与自由的观念。甚至于在东方的情形，现在也证明了赫拉克利特的理论是对的。

印度在 19 世纪由于英国织布机的优越性能与英国大炮的强大力量而沦于贫困的境地，现在她勉强地转过脸来朝向工业化的途径。手工业在消失，工厂在成长。在贾姆谢德布尔（Jamsetpur）的塔塔（Tata）钢铁公司，雇员人数有 4.5 万人，并且在钢的出产量方面威胁到美国厂家的领导地位。印度的煤产量在迅速地增加。在一段时间内，中国和印度可能在工业用燃料和物资的开采方面赶上欧美。这些资源不仅可以应付本国的需要，并且可能和西方竞争世界市场，亚洲的征服者可能在忽然之间发现市场已经丢掉，而他们在本土的国民的

[1] 此是指英国诗人吉卜林（Joseph Rudyard Kipling）“东方与西方永不会相合”的名句。——译者注

生活水准大为降低，由于争不赢低工资的努力——因为她们当初本是顺从而落后的国家。在孟买，现在有若干工厂的经管方式是属于维多利亚王朝中期的，那旧式的工资使得一些西方思想老旧的人眼中饱含了妒羡的眼泪。[1] 在很多这样的工厂里，印度的雇主已经取代了英国人，其剥削同胞时的贪婪，一如那些背负着白人之重担的欧洲人。

印度社会经济基础的改变，影响了社会制度以及人民的道德习俗。阶级制度的构想原是根据一种静止的农业社会状况，它提供了秩序，但是没有给出身平常的天才一条出路，没有给野心与希望一点利益，没有给发明和创新一点刺激。当工业革命到达印度的海岸时，这种制度注定要终结了。机器是不认人的：在多数工厂里人们并排工作而不分阶级，火车与电车，凡是能付钱的人都可以在里面坐着或者站着，合作社或政党使各种阶层的人集合一处，而在城市的戏院或街道上，婆罗门和贱民意外地凑到一起。一位土王宣布每一种阶级和信仰的人在他的宫廷都会被接纳；一个首陀罗做了巴罗达（Baroda）土邦的开明君主；梵社贬弃阶级制度，而印度国民大会的孟加拉省议会则主张即刻废除一切阶级区别。慢慢地，机器产生了一个新的有钱有势的阶级，而把现存的最古老的贵族阶级终结了。

阶级的名称已经逐渐失去意义。吠舍一词今天还在书本中使用，但在实际生活则并不适用。甚至首陀罗一词在北方也已消失，而在南方它是泛指一切非婆罗门的名词。早先较低的阶级实际上已经被3000多“阶级”所替代，它们实际上是一些同业公会：银行家、商人、制造商、农人、教授、工程师、铁轨视察人员、大学女生、屠夫、理发匠、渔人、演员、煤矿工人、洗衣工人、出租车司机、女店员、擦皮鞋工——这些都被组织成职业的社会阶级，其不同于我们的同业公会，主要在于那种认为儿子会承袭父业的一般性期待。

[1] 1922年在孟买有83处棉花工厂，雇员18万，平均工资每天0.33美元。在3300万从事工业的印度人里，51%为妇女，14%为不满14岁的儿童。

阶级制度的大悲剧是，它一代一代地增加了贱民的人数，结果他们的人数众多并心怀叛意，就此毁损了产生他们的那个制度。那些因战争或债务沦为奴仆的人，那些婆罗门与首陀罗通婚而生的子女，那些做清道夫、屠夫、卖艺者、念咒者或刽子手等被婆罗门教律认为贱业的人，所有这些人都加入了贱民的行列。他们那种赤贫者的无所忌惮的繁殖力，又扩大了他们的数量。他们那尖锐的贫穷使身体、衣着或食物的清洁成为不可能得到的奢侈条件。他们的同胞在每一种感觉方面都避免与他们交接。[1] 因此阶级法规禁止一个贱民走到距离一个首陀罗 24 英尺以内，或者距离一个婆罗门 74 英尺以内。假如一个贱民的身影落到一个有阶级的人身上，后者须斋戒沐浴以去除玷污。因此不论贱民碰到什么东西，它们一概都被玷污。[2] 在印度很多地区，贱民不得从公共水井汲水，或进入婆罗门所使用的寺庙，或送小孩上印度教的学校。英国人的政策多少造成了贱民的困穷，但至少给了他们法律之前的平等，以及进入一切英国人控制的学校的平等机会。在甘地号召之下的民族主义运动，有助于减少贱民的困窘。也许再过一代，他们在表面上应可获得自由了。

工业的来临和西方观念的传入，干扰了印度男性从古以来的统治地位。工业化延迟了结婚年龄，也需要妇女的“解放”。也就是说，除非妇女相信家庭是监牢，她是不会被诱入工厂的，她也需要拥有自己保存赚取的金钱的法律权利。许多真正的改革竟因这种解放而实现了。童婚已被正式终止（1929 年），在结婚年龄提高到女子 14 岁之后、男子 18 岁之后；寡妇殉夫消失了，寡妇再婚日有增加；[3] 多妻是准许的，但很少男子实行；观光客也失望地发现庙里的舞蹈者已经消

[1] “完全戒绝肉食的人会养成一种非常敏锐的嗅觉，他们从一个人的气息或皮肤的汗水能够马上说出那个人有没有吃肉。过了 24 小时他们也能发现。”

[2] 1913 年，一个印度富人的小孩掉在井里溺死了。当时在旁边的只有小孩的母亲和一个路过的贱民。后者愿意跳下水去救那个小孩，但是母亲拒绝了。她宁可小孩死掉也不愿井水受到玷污。

[3] 1915 年，有 15 个寡妇再婚；1925 年有 2263 个。

失殆尽了。没有一个国家的道德改革如此快速地推进。工业化都市的生活把印度妇女逐渐引出了深闺，[1] 今天不到 6%的印度妇女遵行这种隐避的生活方式。一些积极的妇女期刊讨论最时髦的问题。甚至有一个生育节制协会也出现了，并且直面印度最严重的问题——过度生育。在很多省内，妇女投票选举，也掌握政治职位。已经有两次，妇女做了印度国民大会主席。她们有许多在大学取了学位，做了医生、律师或教授。很快地，形势必会扭转过来，妇女会居于统治地位。以下是甘地的一位副手对印度妇女所发出的热烈呼吁：

> 抛弃古老的深闺制度！快从厨房里出来！把锅子叮当地丢到角落里！把眼上蒙的布扯掉，看这个新的世界！让你的丈夫弟兄自己去煮饭。要使印度成为一个国家，还有许多事待做！

国民大会党运动

在 1923 年，有 1000 多名印度学生在英国读书，可能在美国有同样的数目，或者在旁处也有这么多。他们惊异于西欧与美国最下等的公民所享有的权利；他们研究了法国和美国的革命，也读了关于改革与反叛的记载；他们贪婪地阅读《权利法案》、《人权宣言》、《独立宣言》、《美国宪法》；他们回到本国，成为民主观念与自由福音的传播中心。西方的工业与科学的进展，以及同盟国家在大战中的胜利，给了这些观念一种无法抗拒的威望，很快地每一个学生都在发出自由的呐喊。在英美的学校中，印度人学到了自由。

这些受了西方教育的东方人在国外受教育的期间不仅择取了政治理想，也放弃了宗教的观念。这两个过程在个人的传记中以及在历史上，常是相伴而行的。他们来到欧洲时是虔敬的青年，一心一意地奉

[1] 印度上流妇女以隐居深闺为常规。——译者注

持着黑天、湿婆、毗湿奴、时母、罗摩……他们碰到了科学，于是他们的古老信仰忽然粉碎。丢弃了宗教信仰——那真正的印度精神，西化的印度人回到他的国家时是清醒而忧伤的，天上成千的神都一下子死掉了。[1] 然后不可避免地，“乌托邦”取代了天堂的位置，民主成了涅槃的替身，自由代替了神。欧洲在 18 世纪下半叶所经历过的事现在盛行于东方。

然而这些观念的发展是缓慢的。1885 年几个印度领袖在孟买开会，创立了“印度国民大会”，但是在那时他们似乎连地方自治都没有梦想到。寇松爵士分划孟加拉省的努力（为了对印度最强大最具有政治意识之社区的力量与单一性加以破坏），促使国大党员怀有更为高昂的反叛意识。在 1905 年开大会时，激进的提拉克（Bal Gangadhar Tilak）提出了“自治”（Swaraj）的强烈要求。他根据梵文的词根创造了这个词，这些词根在它的英译中仍能看出——“self-rule”。在同一年，日本打败了俄国。100 年来畏惧西方的东方，开始拟定解放亚洲的计划了。没有武器的印度，把历史上最奇异的一个人物奉为领袖，而显示给世界一项史无前例的现象，就是一场由圣人领导而不用枪炮来进行的革命。

圣雄甘地

试想象亚洲最丑陋、矮小、衰弱的人，有着黄铜色的面孔和肤色、头发短灰的头颅、高颧骨、慈祥的小眼睛、阔大而几乎没有牙齿的嘴，还有宽大的耳朵、巨大的鼻子、细瘦的臂腿，腰间缠一块布，站在一个在印度的英国法官面前，为了向国人宣说“不合作主义”而接受审讯。或者想象他在一个缺乏陈设的房间里，坐在一小方地毯

[1] 这并不适用于一切西化的印度人。据著名学者库马拉斯瓦米博士意味深长的词句说：“有些人已从欧洲返回印度。”

上，在他位于艾哈迈达巴德的真理学院内：他的瘦削双腿作瑜伽式交叉，脚底朝上，双手忙着纺织，面庞因为责任沉重而满布皱纹，他的心灵在活动着，凡是对寻求自由之事有疑问的，他都能给予胸有成竹的答案。从 1920 年到 1935 年，这位赤裸的纺织者是 3.2 亿印度人的精神和政治的领袖。当他在公众场合出现时，群众围绕上去触摸他的衣服或吻他的足。

一天有 4 小时他纺织那种粗糙的棉布，希望借他的榜样可以劝服他的同胞，来使用这种简单的自制品，而不去买那些毁了印度纺织工业的英国织布机的产品。他仅有的私人物件是三块粗布——两块是衣服，一块做床。他本是一个富有的律师，他的财产都已经给了穷人，他的妻子在经过一番主妇式的犹豫之后，也遵循了他的榜样。他睡在光地板或是泥地上。他以坚果、香蕉、柠檬、橘子、枣子、米饭和羊奶维持生存；经常一连几个月，他除去奶汁和水果外不吃其他东西；他一生中尝过一次肉类；偶尔他一连好几个星期什么也不吃。“我若是能不斋戒，那我也能不要我的眼睛。眼睛之用于外在的世界，好比斋戒之于内在的世界。”他感觉到在血液渐变得稀薄时，心灵变得清明了，不相干的琐事消失了，而基本的东西——有时竟是世界之灵魂的本身——从现象世界脱颖而出，像圣母峰之从云层上出现一样。

在他禁食以求谛观神明的同时，他也留下一个脚趾踏在地面上，而去劝告他的徒众每天灌肠一次，以免正当他们寻得神明时，却因身体自我消耗所产生的酸质而中毒。当伊斯兰教徒和印度教徒为着宗教的热情互相残杀，不理睬他和平的呼吁时，他绝食三个星期来感动他们。由于绝食与克制，他变得如此衰弱，以致当他向大批集合起来听他讲话的群众说话时，不得不坐在一张抬起来的椅子里。他把禁欲主义应用到性的方面，并且希望像托尔斯泰一样，把一切肉体的交接限制于经过考虑的求嗣之举。他在年轻时也曾过度地纵溺于肉欲，他父亲的死讯是在他“鱼水交欢”时被惊起而听到的。现在他一心忏悔，返回到童年时代所聆教的“梵志”——绝对的戒绝一切肉欲。他说服妻子和他如兄妹般共处。“从那时起，”他说，“一切的冲突都停止了。”当他觉察印度的基本需要是生育控制时，他所采取的不是西方的方法，而是马尔萨斯和托尔斯泰的理论：

> 我们了解这种情况的人，应不应当再生育子女呢？我们仅只是繁殖了奴隶和病夫，倘使我们继续繁殖，正当我们感到无所助益与无计可施时……在印度成为一个自由国家之前……我们没有权利生育后代……我丝毫不感怀疑，假如结了婚的人希望国家变好，希望看到印度成为一个有强健壮硕的男女国民的国家，将会实行自制，而暂时停止生育。

他性格中有些部分和那些传说中基督教圣徒所具有的素质出奇地相似。他并不提起基督的名字，但是他的行为显示出好像他完全地接受了《登山宝训》(*Sermon on the Mount*)。自从阿西西的圣芳济（St. Francis of Assisi）之后，不曾有过一个历史人物具有如此突出的温柔、淡泊、单纯和宽恕等素质。他始终不懈的礼貌态度赢得了敌对者礼貌的回应。政府在送他进监牢时还向他道歉。他从不表露怨恨愤怒。他被暴众殴打过 3 次，几乎被打死。他一次也不报复。当他的一个攻击者被捕时，他拒绝提出控诉。穆斯林和印度教徒最猛烈的一次冲突中，莫普拉（Moplah）的穆斯林屠杀了数百名无武装的印度教徒，并且把他们的包皮献给安拉算作盟约。之后不久这些穆斯林遭了饥馑，甘地在全印度募集款项，并且丝毫不顾别人办这类事的先例，而把每一个“安那”[1] 都送给了饥饿的敌人，一点都没有扣除“办事费”一类的款项。

甘地出生于 1869 年。他的家族属于吠舍阶级，奉耆那教派，实

[1] 印度卢比的 1/16。——译者注

行不杀生的戒律。他的父亲是一位能干的吏员，却不擅长理财。他为着诚实而一再地失去职位，把近乎全部的家财都做了慈善的施舍，把剩下的部分遗留给家人。当甘地还是个孩子时便成了无神论者，因为他不喜欢某些印度教神祇的淫秽行为。为了表达他对宗教的永恒的谴责，他吃了肉。肉对他不合适，于是他返回了宗教。

甘地 8 岁订婚，12 岁娶卡丝杜蓓（Kasturbai）为妻，她对他始终忠诚，历经他的各种冒险、富足、贫困、监禁、绝欲和苦修而不改。18 岁时，他通过大学入学考试，到伦敦去学法律。到那里以后的第一年内，他买了 80 本关于基督教的书《登山宝训》，这本书在他初次读到时便直接进入他的心中。他接受了忠告，信从以德报怨，推爱及于自己的仇敌，认为这是人类理想主义最高的表现。他下定决心宁可本此而行遭受失败，也不愿背之而获得成功。

1891 年回印度后，有一段时间他在孟买从事律师业，他拒绝为债务诉讼，并且总是保留着放弃一件他认为不公正的讼案的权利。有一件案子使他到了南非，在那里他发现他的同胞受着如此的虐待，以致他忘记了回国，而全心全力不要报酬地致力于解除在南非同胞之困厄的使命。经过 20 年的奋斗，政府也终于让步了。这时他才返回印度。

在印度游历时，他首次觉察到他的国人的绝境。他惊骇于在田中操劳的骷髅般的人形，以及在城市中操各种贱役的低下贱民。他感到国人在国外所受的歧视仅是国内之贫困与奴役的一个后果。然而他在战争中忠诚地支持英国人，他甚至主张那些不信仰非暴力主义的印度人去入伍。那时他不赞同当时要求独立的人，他相信英国人在印度的错误统治是一个例外，而英国政治本身是良好的。他认为在印度的英国政府之所以不好，正因为它违反了英国本国政府的一切原则。假如能使英国人了解印度人的情况，则他们将很快地接受印度，而在由自由自治组成的国协中，待之如兄弟之邦。他相信一待战争结束，英国计算了印度在人力物力方面为帝国所作的牺牲，便会不再犹豫地让她自由。

但战争结束时，“自治运动”却遭遇了《罗拉特法案》（*Rowlatt Acts*），它终止了言论与出版的自由，接着是在切姆斯福德（Chelmsford）的改革措施下所建立的软弱无力的立法院，最后又遭遇到阿姆利则的屠杀事件。甘地震惊之余，采取了断然的行动。他把历年来从英国政府得到的勋章归还给总督，他向印度发出积极不合作主义的号召来和印度的政府对抗。人民响应他的号召，不是以他所要求的和平抵抗，而是以流血与暴力，例如在孟买他们杀了 53 名不表同情的拜火教徒。誓守不杀生主义的甘地发出了第二次的通告，呼吁民众延迟不合作运动，理由是它已经逐渐堕落为一个群众暴力统治了。历史上没有一个人显示过如此大的勇气，严格根据原则行动，而鄙弃着急功近利和阿附群众。全国对于他的决断感到惊异。民众原以为他们已经接近了成功，他们并不同意甘地认为手段和目标同样重要的想法。圣雄的名誉一落千丈。

就在这时（1922 年 3 月）政府决定拘捕他。他毫不抵抗，拒绝聘请律师，也不替自己辩白。检察官控诉他由于本身著作的内容而应当为 1921 年的叛乱暴行负责，这时，甘地回答的言辞立即使他成为一个高贵的人：

> 我愿确认博学的主辩官员在孟买、马德拉斯和曹里曹拉所发生的事件所给予我的责备。深深地思考了这事，又经过许多夜晚睡眠时的萦念，我是绝然无法把自己脱出这些凶戾的罪恶的……博学的主辩官是对的，他说一个有责任感的人，一个曾接受良好教育的人……我早该知道我每一项行为的后果。我知道我曾经玩火，我冒着险，并且我一旦获释还是要做同样的事。我今天早上感到假如我未能说出我现在的话，那我便未尽到我的责任。
>
> 我本要避免暴行。我现在也要避免暴行。非暴力主义是我信仰中的第一条，它也是我的信条中末一条。但我不得不作选择。

> 或者我必须屈从一个我认为曾经对我的国家施予不可补偿之伤害的一个制度，或者冒险承当我的同胞的暴怒，当他们从我口中得知真相的时候。我知道我的同胞有时是疯狂的。我深感抱歉，因而我来到此地承受的不是轻微的惩罚，而是最高的惩罚。我不要求恩惠。我不要求任何减轻的行动。我在此地，是要请求并且愉快地担当所能加诸我的最高的惩罚——为着一项在法律上属于一种蓄意的罪行，为着在我心目中则是一位公民的最高责任。

法官表示了深切的歉意，因为他不得不把一位数百万他的同胞认为的“一个伟大的爱国者与领袖”送进监狱，他承认即使和甘地意见不同的人也把他视为“一个有高尚理想而生活高贵甚至神圣的人”。他判了甘地 6 年监禁。

甘地被单独监禁，但是他不抱怨。“其他的犯人我一个也见不到，”他写道，“虽然我实在看不出和我共处会对他们有什么害处。”但是“我感到快乐。我的天性喜欢孤寂。我喜爱宁静。现在我有机会来读一些在外面时不得不忽略的书”。他勤奋地修习培根、卡莱尔、罗斯金、爱默生、梭罗以及托尔斯泰的著作，也用琼森（Ben Jonson）和斯科特（Walter Scott）的作品打发冗长的时间。他把《薄伽梵歌》读了又读。他研习梵文、泰米尔语和乌尔都话，这样，他不但可以给学者写东西，也可以跟群众讲话。他在 6 年监禁期间拟定了详细的读书计划，忠实地遵照着进行，一直到有意外事件的干扰。“我总是以 24 岁的青年的喜悦心情坐下来读书，而忘记了我的 54 岁的年龄和衰败的身体状况。”

盲肠炎使他获得释放，他所经常责难的西方医药使他复原了。他出狱时，许多群众在监狱大门欢迎他，他经过时，很多人吻他粗糙的衣裳。可是他躲避政治和群众的目光，以衰病为由而避居在艾哈迈达巴德的学校里，一连好多年安静而与世隔绝地生活，仅与学生在一起。然而从那个避居的场所，他每星期经由他的喉舌《青年印度报》发表社论，阐说他的革命哲学与人生哲学。他要求跟他的人避免暴力，不仅由于那会毁灭自身——因为印度没有大炮——也由于这终究会演变到以暴易暴。他说："历史教训我们，那些无疑具有真诚动机的人，在使用暴力驱逐贪婪的在位者之后，也会沾染上被驱逐者所患的毛病……我对于印度之自由的兴趣会中止，假如她采取暴力的手段。因为暴力的后果不是自由，而是奴役。"

他的信条中第二个要素，是对于现代工业的坚决摒斥，以及一种卢梭式的号召，要大家恢复到村庄务农和家庭工业的淳朴生活。把男男女女关在工厂里，用别人所有的机器制造出一些零件，那物品的整体他们是永远见不到的，这在甘地看起来不啻把人性埋葬在劣等货品所堆成的金字塔下面。他认为多数机器产品都是不必需的，使用它们所省下的劳力都花费在它们的制造与修理上。即使劳力果然有所节省，对于劳动者也没有好处，只是对资本家有好处。劳动者由于本身的生产力而被投入一种"技术失业"的惊惶之中。于是他恢复了1905年提拉克宣布的"自行生产运动"（Swadeshi）。"自行生产运动"和"自治运动"联合为一了。甘地把纺车的使用当作对国大党运动之忠诚的考验。他请求每一个印度人，甚至最有钱的人，穿用手织的布料，抵制英国外来货的机织品。这样一来，印度的家庭在沉寂的冬季也可听得到纺车的呼呼之声。

响应没有覆盖所有人，要扭转历史的行进方向是困难的。但是印度作了这番尝试。各处的印度学生都穿用土织棉布；出身高贵的女士放弃了日本丝的长袍而穿着自己做的粗布衣裙；娼寮中的妓女和监狱中的囚犯开始纺织；在很多城市中安排了盛大的"虚荣之宴"（Feasts of the Vanities），好像当年在萨伏那洛拉（Girolamo Savonarola）[1]时代所举行的那样，这时有钱的印度人以及商人从家里和仓库里拿出全部外国的布匹，抛到火中烧掉。有一天仅仅在孟买，就有15万件被火

[1] 15世纪意大利宗教改革家。——译者注

焰焚毁。

这一项脱离工业的运动失败了，但是它在10年的时间里给予印度一个反抗的象征，给那些沉默的千百万民众在思想上注入政治意识，而使之团结一致。印度人对于这种方式有所怀疑，但对于目标则感到尊崇；对于作为政治家的甘地虽有所质疑，对于圣人的甘地则衷心爱戴，而一时之间全体一致地对他表示着敬仰。泰戈尔这样说甘地：

> 他在千万赤贫之家的茅屋门口驻足，衣着好像他们之中的一个。他用他们自己的语言向他们讲话。终于他们听到了活生生的真理，而不是从书本中引用来的字句。因为这个，印度人所奉给他的圣雄名字，是他真正的名字。其他有什么人会像他那样，感到一切印度人是他本身的血和肉？……当爱来到印度的门口时，那门已是大开了……在甘地的呼唤之下，印度如花卉盛开般去迎接新的伟大，正如同以前有过一次，在较早的时候——那时佛陀宣扬了一切众生之间亲爱与同情的真理。

甘地的任务乃是联合印度。他完成了这项任务。其他的任务有待其他的人去完成。

告别印度

无人能就印度的历史作最后的定论，如对埃及、巴比伦以及亚述的历史所能做的那样；因为印度历史还在被缔造，印度文明还在有所创建。在文化上，印度由于和西方在心灵上的接触而获得了新生，她的文学在今天是和任何文学同样丰富和高贵的。在精神上，她仍然在和迷信以及过重的神学负载斗争，但谁也无法确言那现代科学之酸剂会多么迅速地溶解这些数量过多的神祇。在政治上，过去100年已经给印度带来了以前难得的统一：部分上是一个外国政府的统一，部分上是一种外国语言的统一，但最重要的是一种对自由具有结合热望的统一。在经济上，印度正在脱离中古的情况而进入现代工业，这事的后果利弊参半。她的财富和贸易会增长，在世纪末叶前，她无疑会成为世界上强国之一。

我们无法确言这个文明对于西方文明曾有直接的贡献，如同我们在埃及和近东所曾经追本溯源地加以肯定的。因为后面两种乃是我们本身文化的直接祖先，而印度、中国与日本的历史则是另一个源派，到今天才开始接触并且影响到西方生活的潮流。这固然是事实，横越喜马拉雅山的障碍，印度给了我们这些尚待商榷的礼物，如文法与逻辑、哲学与寓言、催眠术与棋戏，特别是我们的数字和十进位制。但这些并非印度精神的精华，它们比之于我们在将来可以向她学到的，简直是微不足道。当发明、工业与贸易把各大洲联合到一起，或者当它们把我们投入和东方的冲突之际，我们要更加密切地研究其文明，要吸收其习俗和思想，即使处在敌对的形势之下。也许印度在遭遇征服、倨傲和夺掠之余，作为回报，将教我们成熟心灵的容忍与温和、无所贪求灵魂的宁静满足、具有理解精神和统一的镇定，以及一种给予一切众生的融合性、安抚性的慈爱。

印度历史大事年表

公元前

4000	迈索尔（Mysore）新石器时代文化
2900	印度河附近摩亨佐-达罗（Mohènjo-daro）的文化
1000—500	《吠陀经》的形成
800—500	《奥义书》（《吠陀经》之一部，讲人与宇宙之关系，加重古印度教之泛神论观点）
599—527	耆那教的创始者筏驮摩那（Mahavira）
563—483	佛陀
500	医师 Sushruta
500	迦毗罗（Kapila）与数论派（Sankhya）哲学
329	希腊侵入印度
325	亚历山大出印度
322—185	孔雀王朝
322—298	孔雀王朝（Maurya）旃陀罗笈多（Chandragupta）
302—298	麦伽斯提尼（Megasthenes）在华氏城（Pataliputra）
273—232	阿育王

公元

120	贵霜（Kushan）王迦腻色迦（Kanishka）
120	医师 Charaka
320—530	笈多（Gupta）王朝
320—330	旃陀罗笈多一世
330—380	摩揭陀王沙摩陀罗·笈多（Samudragupta）
380—413	摩揭陀（Magadha）王朝超日王（Vikramaditya）
399—414	法显在印度

100—700	阿旃陀（Ajanta）的庙宇与壁画
400	诗人与剧作家迦犁陀娑（Kalidasa）
455—500	匈奴人入侵印度
499	数学家阿耶波多（Aryabhata）
505—587	天文学家彘日（Varahamihira）
598—660	天文学家婆罗门笈多（Brahmagupta）
606—648	戒日（Harsha-Vardhana）王
606—642	遮娄其（Chalukya）王 Pulakeshin 二世
629—645	玄奘在印度
712	阿拉伯人征服信德（Sind）
750	帕拉瓦（Pallava）王国的兴起
750—780	爪畦婆罗浮屠（Borobudur）的建立
760	凯拉沙（Kailasha）寺庙
788—820	吠陀哲学家商羯罗（Shankara）
800—1300	柬埔寨的黄金时代
800—1400	拉杰布达纳（Rajputana）的黄金时代
900	朱罗（Chola）王国的兴起
973—1048	阿拉伯学者阿尔贝鲁尼（Alberuni）
993	德里（Delhi）的建立
997—1030	加兹尼（Ghazni）的马哈茂德（Mahmud）苏丹
1008	马哈茂德（Mahmud）入侵印度
1076—1126	超日王（Vikramaditya）遮娄其（Chalukya）王朝
1114	数学家婆什迦罗（Bhaskara）
1150	吴哥（Angkor Wat）的建立
1186	土耳其人入侵印度
1206—1526	德里的伊斯兰教王国
1206—1210	库塔布丁・艾贝克（Kutbuddin Aibak）苏丹
1296—1293	马可・波罗在印度
1296—1315	阿拉乌丁（Alau-d-din）苏丹
1303	阿拉乌丁占领奇托尔（Chitor）
1325—1351	穆罕默德・本・塔各拉克（Muhammad bin Tughlak）苏丹
1336	维查耶那加尔（Vijayanagar）的建立
1336—1405	帖木儿（Timur，Tamerlane）
1351—1388	菲罗兹（Firoz）苏丹
1398	帖木儿入侵印度
1440—1518	诗人迦比尔（Kabir）
1469—1538	塞克教（Sikhism）的创始者巴巴纳那克（Baba Nanak）

1483—1530	巴布尔（Babur）建立莫卧儿（Mogul）王朝
1483—1573	诗人苏达斯（Surdas）
1498	达·伽玛到达印度
1509—1529	克利斯纳德瓦拉亚（Krishna deva Raya）统治维查耶那加尔（Vijaganagar）
1510	葡萄牙人占领果阿
1530—1542	胡马雍大帝
1532—1624	诗人杜尔西达斯（Tulsi Das）
1542—1545	舍尔（Sher）王
1555—1556	胡马雍（Humayun）之复位与灭亡
1560—1605	阿克巴（Akbar）大帝
1565	在塔利科塔（Talikota）之维查耶那加尔（Vijajanagar）的衰落
1600	东印度公司的成立
1605—1627	贾汗季（Jehangir）大帝
1628—1658	贾汗（Jehan）王
1631	慕塔芝·玛哈（Mumtaz Mahal）皇后之死
1632—1653	泰姬陵（Taj Mahal）的建造
1658—1707	奥朗则布（Aurangzeb）大帝
1674	法国人在印度本地治里（Pondicherry）建立殖民地
1674—1680	西瓦吉（Shivaji）王
1690	英国建立加尔各答
1756—1763	英法战于印度
1757	吉多尔（Plassey）战役
1765—1767	孟加拉省长罗伯特·克莱武（Robert Clive）
1772—1774	孟加拉省长黑斯廷斯（Warren Hastings）
1788—1795	黑斯廷斯（Warren Hastings）之努力
1786—1793	孟加拉省长康华里（Cornwallis）伯爵
1798—1805	孟加拉省长韦尔斯利（Marquess Wellesley）
1828—1835	印度总督威廉·贝内蒂克（William Cavendish Bentick）
1828	罗伊创立婆罗门协会
1829	寡妇殉夫被废止
1836—1886	印度教改革者罗摩克里希纳（Ramakrishna）
1857	印度兵变
1858	印度冠上英国王号
1861	泰戈尔诞生
1863—1902	印度宗教领袖辨喜（ViveKananda Narendranath Duft）
1869	甘地诞生
1875	达耶难陀（Dayananda）创立雅利安协会

1880—1884	总督里彭伯爵（Marquess of Ripon）
1885	印度国民议会的成立
1889—1905	总督寇松（Curzon）男爵
1916—1921	总督切姆斯福德（Chelmsford）男爵
1919	阿姆利则（Amritsar）惨案
1926—1931	总督欧文（Irwin）伯爵
1931—	总督威灵顿（Willingdon）伯爵

第四部

中国与远东

《三教图》轴　明·丁云鹏作

此画中孔子、老子、红衣罗汉坐于树下共同探究玄理。明代，随着儒、道、释三教的融合，宗教题材的绘画具有了较多世俗化的倾向，融入了更多文人的审美情趣。

第一章 | 哲学家的时代

起源

· 中国人的评价

中国文化乃是世界文明重大成就之一。法国大哲学家狄德罗在描写中国人时曾说："这些人在文物、艺术、聪明、才智、政策以及他们对哲学的品味等方面，优于其他任何亚洲人。不但如此，有些作家甚至判断，就上述各方面来说，他们胜过最开化的欧洲人。"法国大文豪伏尔泰则说："帝王的体制持续4000多年，而在法律、习惯、语言甚至服装式样等方面……一切都无任何显著的变化；在世界上的确难见这种至佳的制度。"这些学者的推崇，表示他们对中国文化有了相当深的认识，同时，一些当代的史评家认为此一推崇已达极致。德国大哲学家凯泽林伯爵曾在当代最有益且最具想象力的书中，得出了如下结论：

> 古代的中国，经过人们的苦心经营，完成最完美的社会形态，犹如一个典型的模范社会……中国创造了为今日人们已知的、最高级的世界文明……中国的伟大吸引了我，使我感触良

多……这个国家的伟人，跟我们德国人比起来，代表更高一层的文化水平……那些君子型的人物……代表一种非常高尚社会的典型；特别是他们超群、优越的风范使我印象特别深刻……文明的中国人，谦恭有礼，是多么完美！……中国人高雅的风采，在任何环境里都表露无遗……也可以说，中国人是所有民族中最有深度的。

1860年以前，在一些官方文书里，依中文的习惯把“外国人”称为“夷人”，而且在条约中也必须如此规定。此一译文实在应改正了。像世界上大多数其他民族一样，“中国人常认为他们是最光荣的和最文明的民族”。她的古典诗歌传统可回溯到公元前1700年；她有悠长的哲学传统，它们是理想的也是实践的，是玄奥的也是易于理解的；她有一些优美的陶器和无与伦比的字画；她有一些温厚完美的艺术珍品，只有日本可与之媲美；她更注重伦理道德——随时可以在人群中见到；她的社会组织形式，容纳了更多的人口，历经了更久的时间；她的政体，几乎被哲学家认为是最理想的形态，一直维持到鼎革后才被摧毁；当希腊尚为野蛮民族占据之时，这一社会已经开化了，她目睹巴比伦和亚述、波斯和犹太、雅典和罗马、威尼斯和西班牙的兴衰，甚至在那巴尔干人称欧罗巴回复到黑暗和野蛮的时代，中国依然存在着。维持这悠久的政府、手工业的艺术、安定而有深度的精神的奥秘是什么呢？

·“中华帝国”

假使我们把俄罗斯算作亚洲的国家——直到彼得大帝时期，俄罗斯也确是亚洲国家，同时也可能再变为亚洲国家——那么欧洲就变成亚洲唯一的一个有缺口的海岬，变成一个农业腹地的工业突出部分，变成一个巨大“神州”的手指或门户。统治这块“神州”大陆的就是中国，她的面积和人口也和欧洲相若。根据史书上的记载，她的周围围绕着最大的海洋和最高的山脉，更有一个世界上最广阔的沙漠地带，中国得天独厚，享有这样一个天然环境，安全而持久，巩固又保守。因此，中国人称他们的国家叫作“天域”——普天之下的意思，或者叫作“四海”——居于“四海”之内的意思，或者叫作“中国”——即“正中的王国”，或者叫作“中华国”——“正中的花国”。花，满山遍野，到处皆是；朝阳的照射、飘浮的朦胧雾气的笼罩，带来了奇幻的自然美景；这种美景衬托着险象环生的悬崖峭壁、壮丽宏伟的河流、险深的海峡以及群山乱石间急流壮观的瀑布，真是天上人间。长江流经肥沃富庶的南部，绵延3000余英里；北部则有皇河，又叫作黄河，从西部汹涌而来，流经黄土高原，带来了泥沙，其出海口却飘忽不定，曾一度流入黄海，现在则由渤海湾出海，明天可能又流入了黄海。沿此两江和渭水，以及其他广阔的江河流域[1]，产生了中国文化。驱猛兽，辟草莱，安抚四夷，垦荒地，除虫害，改良硝硗贫瘠地质，填沼泽，战旱涝，疏导河流，惨淡经营，日积月累，数世纪后，人们建筑了茅舍和屋宇，寺庙和学校，村落、都市和国邦。这些长久辛苦建造的文明，人们竟忍心要去破坏它！

没有人能够知道中国人是从哪里来的，他们是什么人种，以及他们的文化有多久，但是从北京人的遗骸来看，大家认为那是中国最早的人猿。美国博物学家安得思推论说，远在公元前2万年，蒙古早已人烟稠密，这一种族所用的器皿，与中石器时代的欧洲阿齐利（Azilian）[2]所取用的正好相符，蒙古人后裔扩展到西伯利亚、中国和蒙古的南部，蒙古枯竭之后就变成了戈壁大沙漠。瑞典地质学家安特生和其他学者在河南省及辽宁省所发现的遗迹，则显示中国这一“新石器时代”的文化，较之埃及和苏美尔在史前期同样的表现，要迟一两千年。在这“新石器时代”里所发现的石器，在形状上与穿孔方面

[1] 上海附近的扬子江约有3英里宽。

[2] 在后期“旧石器时代”与“新石器时代”之间的，叫作阿齐利时期。——译者注

和现在中国北方用以收割的镰刀都极其相似；这种情形虽属细枝末节，但足以显示出中国文化持续 7000 余年的可能性。

经过了这一段混沌的时期，我们不必夸张这一文化的相同点，或中国人的共同点。他们早期在艺术和工商业上所表现的一些素质，都似乎是来自美索不达米亚和土耳其斯坦。譬如河南省“新石器时代”的陶器，差不多与安诺（Anau）及苏萨（Susa）[1]的产物完全相同。现在的蒙古人由原初的族系经过无数次的入侵，与从蒙古、南俄罗斯以及中亚等地而来的移民一再婚配而成。中国就像印度一样，不是一家一室集合而成的，而是集合了人类许多不同和复杂情形的大成，如中国有不同的语言、不同的特性、不同的艺术，以及不同的风俗、道德和政府等。

· 传说时代

中国被称为“历史学家的乐园”。因为好几千年来，这里都设置史官，负责记载每一件发生的事。公元前 776 年以前的记载，我们固未可全信，但是假使我们侧耳倾听之，史官便会有条不紊地细说中国历史远至公元前 3000 年，其中较为热诚者，有如我们的卜者，将会溯及世界的创始。

他们告诉我们，太古首出御世之人——盘古。他手执铁锤，经过 1.8 万年劳苦工作后，锤开了混沌，形成了天地，为时约在公元前 222.9 万年。传说，他的呼吸变成了风和云，他的声音变成了雷，他的血脉变成了河流，他的肌肉变成了陆地，他的头发变成了草原和树林，他的骨骼变成了金石，他的汗水变成了雨，爬满身上的昆虫则变成了人种。但是我们无法证实这个设计精巧的宇宙开辟论。

据中国传奇故事，早期诸王各统治了 1.8 万年，历经艰苦奋斗，才把盘古氏的粗民教化为文明人。并且我们听说：“在这些圣王降临

[1] 系伊朗西部一个古城的遗迹。——译者注

之前，中国人犹如野兽一般，穿的是兽皮，食的是生肉，他们只知母亲，却无法辨认生父。”——此种缺陷，瑞典小说家兼戏剧家斯特林堡（Strindberg）并不认为专属古人或中国人。到了公元前2852年，出现了一位伏羲氏，在他聪敏的皇后辅助之下，他画八卦、造书契、教民婚嫁、学习音乐、结网捕鱼、驯养牲畜、教民养蚕、取丝织绸。及至伏羲氏临终之时，他委托了神农氏做他的继承人。神农一代，讲究农业，发明了木耕，创造了贸易和市场；他亲尝百草树皮，发现治疗疾病的医药。如此，对传奇的理想人物的偏爱，便把许多世代的艰辛成就，委诸少数几个人。

继而，到了一位具有尚武精神的帝王——黄帝。仅经过一个世纪的统治，他发明了指南车，设置史官，建造了第一座砖墙的建筑物，建造了第一座观测星象的气象台，矫正了中国原始的历法，重新划分土地。再后，则是帝尧的统治世纪。1800年后，在那令人兴奋的“现代”时期，孔子一再讲述尧的典范，感叹世风日下。这位古圣哲告诉世人，只要以尧为典范，人人便会有德行。作为改革者的首位典型，尧在其宫门上挂有一鼓，方便百姓鸣鼓诉苦，并置有一牌板，以便百姓书写诤言。名重一时的《资治通鉴外纪》这样说：

> ……其仁如天，其智如神。就之如日，望之如云。富而不骄，贵而不舒。黄收纯衣，彤车乘白马……
>
> 尧茅茨不剪，朴桷不斫。素题不枅，大路不画。越席不缘，太羹不和。粢食不毇，藜藿之羹。饭于土簋，饮于土铏。金银珠玉不饰，锦绣文绮不展。奇怪异物不视，玩好之器不宝。淫泆之乐不听，宫垣室屋不垩色。布衣掩形，鹿裘御寒，衣履不敝尽不更为也。

“五帝”之中，最后的一位即是舜帝，他是一个典型的孝子，也是一位防范黄河水患的坚韧英雄；他改进《历书》，制定度量衡，并因禁止对儿童实施鞭打教育而广为后代学子所钟爱。舜于晚年时（按中国人的传统说法）将其皇位禅让给一位最优秀的助手——大工程师禹；大禹王善治洪水，辟九州，凿九湖，引导洪水于九河；因之，中国人常自嘲地说："没有禹，我们都要变成鱼了。"在禹之世，据说一种米酒出现了，并被献于君王。但禹将其泼溅于地而预言说："后世必有以酒亡其国者！"他疏远了这位酒的发明者，并禁止人民饮用和制造。[1] 因此，为垂训子孙，中国人后来虽也从事酿酒，却将其规定为国营饮料。摈弃君位禅让制，大禹首建夏（文明的意思）朝，采行世袭的家天下制度。因此，不论是天才还是庸俗之辈，都依世袭制做了中国的主宰。夏朝沦亡于一位不肖的君——桀。夏桀荒淫暴虐，为了得到他的爱妾欢心，他竟强迫 3000 人跳进大酒池中，让他们醉而溺死。[2] 你想，他的王朝不就此而毁灭了才怪呢。

我们无法证实中国早期历史学家所流传给我们有关夏朝的种种记载。由记载得知，远在公元前 2165 年，天文学家便已声言确知日食。但能干的评论家早已诘难过这些纪事，认为不可靠。在河南所发掘到的甲骨上列有许多君主的名字，通称是商朝诸君；又有一些远古的青铜色的器皿，年代不可考，也暂时归属于这个时代。其次我们要知道，在这些掌故里，它们的引人处与真实性并不成比例。根据古老的传说，商朝有一位帝王，名字叫武乙，他是一位无神论者，蔑视上帝，谩骂诸神；他刻了一个木偶人谓之天神，而与之博弈，并令佞臣代行，当天神失败时，他就戏弄侮辱之；又为天神设置一个皮囊，内装满了血水，仰首射之而以为快，称之为射天。较富正义感的史家确告我们，说武乙被暴雷击毙。

至于殷纣，乃筷子的发明者，他的暴虐无道导致了商朝的覆灭。他曾说："吾闻圣人心有七窍，剖比干观其心。"他的妻子妲己是一个

[1]《纲鉴易知录》：禹时，仪狄作酒，禹饮而甘之，遂疏仪狄，绝旨酒。——译者注

[2] 刘向《新序》：桀为酒池，可以运舟，一鼓而牛饮者三千人。《韩诗外传》：桀为酒池肉山，脯林糟堤，一鼓而牛饮者三千人。——译者注

最残忍和最淫逸的女子，她的花园里常有欢跃的裸体男女，她的厅堂里常有色情的狂舞。她用种种奇异的酷刑，来镇压那些批评者：令罪犯手握炽热的金属，或足踏下置有炭火的涂膏铜柱。当罪犯坠落炭火上，妲己便非常开心，引以为乐。殷纣政权为其王室叛逆和西部周氏策动推翻，西部周氏遂建立周朝代殷而有天下，周朝乃中国历代最持久的政权。胜利的领导者为酬劳他们的助手，便把掠得的领地分配给他们，使他们享有很完全的自主权，于是封建制从此开始了。此一制度对政府虽诸多不利，但对中国文学和哲学却给予很多的鼓励与刺激。因婚配的关系，东来的新民族和旧民族的血统便互相混杂。此种结合，慢慢地揭开了远东初期历史文明的序幕。

· 中国古代的文明

奉行于中国几千年的封建制度，并非这些征服者所创造的，而是渐渐成长的。在原初时代的农业社会里，人们常共推领袖组成部落团体，以保护田地、防御蛮族，同时，他们彼此之间也时常相互征伐兼并、弱肉强食，因此封建制度便在这种情况下逐渐成长了。在某一时期，竟有 1700 个以上的诸侯国。诸侯国通常是有高墙的城镇，墙外环绕有广阔耕地以及农户，如此遂构建成一个面面俱到的防御屏障。慢慢地，这些诸侯国渐渐合并成为 55 个，其面积包括今天的河南以及陕西、山西与山东的邻近部分。在这 55 个诸侯国中，最重要的乃是齐国与秦国。齐国奠定了中国政府的根基，而秦则吞并六国，建立统一帝国，其国威远播，震撼全世界。

齐国最有组织才干的，即是管仲，他是齐桓公的政治顾问。原先，他帮助桓公的弟弟公子纠争夺齐国的天下，在王位争夺战中，桓公几乎被射杀了。然而，争战结果是桓公获胜取得王位，他俘虏了管仲，却没有杀他，反而任命他为齐国的宰相，这就是“管仲相桓公，霸诸侯，一匡天下”的故事。他起用铁器代替青铜，继而实行盐、铁专卖和管制，推行鱼与盐的税收制，以救济贫民，奖励才干之士，如此，通货积财，富国强兵，遂使桓公称霸诸侯。在他的长期治理之下，齐国大治，变成了一个“国富民安”的国家，行政效率高，币值稳定，文化灿烂。绝少颂扬在位者的孔子称赞管仲说：“民到如今受其赐，微管仲，吾其被发左衽矣！”[1]

中国在封建王朝时，便已孕育出君子谦恭礼让的特质。逐渐地，制定了许多礼节、仪节和荣誉等的法典，而这种法典后来变得非常严格死板，以致在上层社会阶级中，竟成为宗教的代替物。法律的基础也奠定了，但人民常挣扎于习俗和法规之间。秦国和郑国所颁行的法典（分别于公元前 535 年和前 512 年）多数是针对农民的恐惧而制定的，农民预知触犯法典便要受神的惩罚——的确，郑国京城不久就为火所焚毁了。这些法典部分适用于贵族，贵族在自律与自我约束的条件下，可以免除法典的规制；至于身属上流社会的刑犯，则被允许得以自裁。但后来，百姓抗议说他们也具自律能力，并祈求一位哈莫狄奥斯（Harmodius）或阿里斯托吉顿（Aristogiton）[2] 来解救他们，使他们免于专制法律的暴虐。结果，这两股敌对的势力——习俗和法典，终于达到一种互补性的妥协，法典的适用范围仅及于举国重大的问题，而习俗则行于日常事务。然而人际事务概属些微琐事，于是习俗成为维系社会的纲架。

我们可以从《周礼》一书中查知前述各种典制的明确陈述。《周礼》相传为成王的叔父，也就是周朝的宰相周公所著。这部著作或疑其融浸有孔、孟的精神，因而有人认定它可能是周末而非周初的作品。《周礼》树立了 2000 年来中国人的政府概念：君王以“天子”和上帝尘世代理人的身份治理百姓，并因美德与虔敬而掌有权力；贵族半由天生、半由训练而能襄理国是；百姓以耕种为本，生活于族长制的家庭中，可享民权但不能干政；六部分掌君王的起居生活、百

---

[1] 此为孔子的感叹。其意乃为无管仲则君不君，臣不臣，中国皆为夷狄，因为夷狄之人，皆被发左衽。

[2] 皆为雅典刺杀暴君的民族英雄。——译者注

姓的福利与婚姻、宗教的仪式与占卜、战争的筹划与进行、正义的维护、公共设施的兴建。这几乎是一部理想的法典，很可能出自柏拉图类型的某一匿名人士之手，为已沾染权术的政治领袖所著的可能性很小。即使最完善的法制也根绝不了丑陋的恶行。中国封建时代的政治史乃妄作胡为与不时改革的混合史。财富虽然增加，但挥霍无度腐化了贵族，音乐家、凶杀犯、哲学家以及娼妓混杂于朝廷，聚集于洛阳京都。新王朝奠基后，夷狄常袭击骚扰边境。战争本为抵御的必需手段，很快变为攻杀的方法；它渐起于贵族竞屠百姓的博戏——屠杀了数以万计的首级。在此两百多年间，臣弑其君的事件，约有 36 起之多。故此酿成了无政府的状态，使圣贤之士大失所望。

当时的社会既然是这样地混乱，生活既然是这样地艰苦，其进步也就很缓慢。农民的播种与收获通常是为其封建领主，而少计及他自己。农民与其耕地本属封建领主所有，但这一王朝尚未终了之时，自耕农制就已兴起了。这个王朝——封建诸侯的松散联合——征用劳工，从事公共工程，利用广阔沟渠灌溉田地；官吏训导人民从事农业，栽培树木，更详细地督导丝织业。各地的捕鱼和制盐，皆为政府所独占。国内贸易兴盛于各乡镇，产生了一些小资产阶级，他们享有现代化的舒适：穿的是皮靴，着的是丝绸，乘的是马和车，出游则必画舫；至于住的则是精致房屋，桌椅齐全；他们的盘、碟，多为上等的陶器；他们的生活水准，可能高过梭伦（Solon）时代的希腊，或者努马・庞皮利乌斯（Numa Pompilius）时代的罗马王朝。

在四分五裂、异常混乱的情形下，中国的精神生活表现出蓬勃的活力，打乱了历史学家确立的通则。因为这混乱的时代树立了中国的语言、文学及艺术等的基础；建立了新生活，借经济组织和规定而获致新的安定；产生了新文化，这种文化尚未将传统的暴虐与帝国统治熔化于一炉，却为中国精神史中最富创造性的时期的社会架构。在许许多多的乡镇里，诗人咏哦诗歌，陶工回转他们的转盘，创造家铸造精巧的器皿，文雅的作家把语言的特质发挥得无比美丽，巧辩家将其技巧传给热诚的学生，哲学家为世人的败俗和诸侯国的堕落而憔悴。

随后我们可以看到艺术和语言更完美、更具特质的发展，但诗和哲学专属于这个时代，并形成中国思想的极盛时期。孔子以前的诗篇散失殆尽，遗留下来经孔子删定的多数诗篇收集在《诗经》中，其年代经历1000余年，起自商朝的古老作品，迄至相当毕达哥拉斯时代，是非常现代的诗篇。《诗经》共305首，有宗教的礼赞，有战争的苦痛，有征夫的乡思，有爱情的歌颂，有弃妇的幽怨……听，离乡背井、随时面临死亡的战士那无穷的哀伤：

肃肃鸨羽，
集于苞栩。
王事靡盬，
不能蓺稷黍。
父母何怙？
悠悠苍天，
曷其有所！[1]
……
何草不玄？
何人不矜？
哀我征夫，
独为匪民？[2]

[1] 此诗出自《诗经·鸨羽》第1章。《诗序》云："鸨羽，刺时也。昭公之后，大乱五世，君子下从征役，不得养其父母，而作是诗也。"朱熹《诗经集传》云："民从征役而不得养其父母，故作此诗。"——译者注

[2] 此诗出自《诗经·何草不黄》第2章。《诗序》云："何草不黄，下国刺幽王也。四夷交侵，中国背叛，用兵不息，视民如禽兽，君子忧之，故作是诗。"朱熹《诗经集传》云："周室将亡，征役不息，行者苦之，故作是诗。"——译者注

这个时代似乎属于中国的开化初期，但《诗经》充满了爱情诗篇。从这些古老诗篇中的一首，我们听到那青年永不停止的反抗之声，好像在说没有什么事物会比反抗更古老：

将仲子兮，
无逾我里，
无折我树杞，
岂敢爱之？
畏我父母。
仲可怀也。
父母之言，
亦可畏也。

将仲子兮，
无逾我墙，
无折我树桑。
岂敢爱之，
畏我诸兄。
仲可怀也，
诸兄之言，
亦可畏也。

将仲子兮，
无逾我园，
无折我树檀。
岂敢爱之？
畏人之多言。
仲可怀也，

人之多言，
亦可畏也！[1]

·孔子之前的哲学家

哲学是这个时代特有的产物。无疑，在每个时代中，人类的好奇心总是远超过人类的智慧，他们的理想总是为他们的行为高悬一个不可能企及的榜样。追溯到公元前1250年，我们便可以在一些断简残篇中，寻得鬻子所倡议的宗旨。这种宗旨在当时已陈腐不堪，但对一些文字贩子来讲，直到今天它仍然是非常新颖的，因为这些文字贩子并不知道所有的荣耀总以苦楚结束。“去名者无忧”——没有历史的人才是快乐的人，这仍然是一个好忠告。从那个时候起直到今天，中国不断地产生了许多哲学家。

如同印度是形而上学和宗教的圣地，中国乃为人道哲学之家。在中国所有的著作中，《易经》——形而上学唯一的重要作品——是一部奇特的书籍，由此展开了中国思想史的记载。《易经》传为文王——周朝的开创者之一——在狱中所著，但本书的源起也可远溯至伏羲氏，这位传说中的帝王画制八卦——中国形而上学与自然因素、自然法则合而为一。每一卦包括3条横线，连续线代表阳，间断线则代表阴。在这神秘的二元论中，阳代表刚实、强健以及乾天（仁、爱、宽、生）；阴则代表虚灵、柔顺以及坤地（戾、恶、急、杀）。周文王成了不朽人物，但也伤尽千千万万中国人的脑筋，因为他复合笔画符号，把连续线与间断线的可能组合，画为64卦。这些排列类万物之情，而与自然法则相辅相成。不但如此，所有的科学与历史皆包含在这些组合的交互变动中；所有的智慧皆蕴涵在64卦中，即诸卦代表诸概念；归结而言，所有的事物皆能简化为相互对应之宇宙的

[1] 此诗出自《诗经·将仲子》。《诗序》引郑庄公与弟叔段事，而以仲子为祭仲；以为畏我父母，是庄公不胜其母。朱熹《诗经集传》察其不关郑事，然又指为淫奔之辞。——译者注

两大基本因素——阳与阴。中国人把《易经》当作占卜手册，并认为《易经》是他们最伟大的著作；据说，了解这些组合的人便能掌握自然法则。因此，传经义的孔子乃把《易经》列于一切著作之上，并希望“加我数年以学易，可以无大过矣”。

这本奇特的著作，虽然合于中国灵魂的微妙神秘论，却与中国哲学的积极实用精神大不相同。追溯至我们能够探察的古中国时期，我们即可寻得许多哲学家，但这些先于老子时代的哲学家大都已逸名或仅留下一些断简残篇。正如 5、6 世纪的印度、波斯、犹太及希腊，当时中国的文学和哲学也百家争鸣，天才辈出；就像希腊，它也始于理性论者的“启蒙”。战乱时代开辟了布衣才俊上进之途，并且在民间产生了广求精于传授艺术之导师的需要。很快，这些民众导师发现神学的不可靠性、道德的相对性以及政府的不完善，并开始攻击旧制，各自企求各自的“乌托邦”，但多数为当局所杀，因当局发现杀戮比答复来得容易多了。据传说，孔子在鲁国为相时，曾诛一位乱政的官员，其理由乃为“其居处足以撮徒成党，其谈说足以饰袤荧众，其强御足以反是独立”。历史学家司马迁接受这个故事，但是，有许多历史学家否认之。我们希望这不是一件真实的事。

在这些聪慧的反动者之间，最享盛名的即是邓析，在孔子幼年时，邓析为郑驷歂所杀。据《列子》，邓析“操两可之说，设无穷之辞”。他的敌对人士指责他今天证明了某件事，如果有合意的报酬，隔天便又证明极端相反的事件。对到衙门打官司的当事人，他一概予以竭诚的服务，而且一视同仁，并无偏爱。一位仇视他的中国历史学家谈及一则有关他的风趣故事：

> 洧水甚大，郑之富人有溺者。人得其死者，富人请赎之，其人求金甚多，以告邓析。邓析曰：“安之。人必莫之卖矣。”得死者患之，以告邓析。邓析又答之曰：“安之。此必无所更买矣。”

邓析私造刑法——后来证实不太切合郑国的国情。郑国宰相为邓析非难政治的“县书”所激怒，遂下令禁止这种文章的张挂。因此，邓析遂亲自散发这些文章。这位宰相又禁止散发。于是，邓析把这些文章混在他物里，偷偷地送给读者。宰相令无穷而邓析应之也无穷。后来，郑国处死了邓析，结束了这种纷争。

· 老子

老子是孔子之前最伟大的哲学家，智慧高过邓析；他深知清静之智，年寿极永——虽不能考定其年岁多少，但享高寿则属无疑。老子曾任周守藏室之史，素恶政客的阴狠奸猾，中国历史学家司马迁说：“老子修道德，其学以自隐无名为务。居周久之，见周之衰，乃遂去。至关，关令尹喜曰：‘子将隐矣，强为我著书。’于是老子乃著书上下篇，言道德之意五千言而去。莫知所终。”传说他活了 87 岁。老子留传后世的，只有他的姓名和他的书，可是此两者或许都不属于他，老子与《老子》仍然是无法揭晓的谜底。老子是一个描述词，其意义乃是“古博真人”；他的真实姓氏，据说是李——那就是说一棵李树。[1] 很多人怀疑《老子》的真实性，学者更常引经据典争辩它的出处。[2] 然而通常来说《道德经》是道家哲学最重要的范本。据中国学者的意见，道家哲学远存于老子之前，总其大成于老子之后，并且蔚然成风演化为不少中国人的宗教。《道德经》出自何人的手笔，倒是次要的问题，最重要的乃是它所蕴涵的思想，在思想史上，它的确可称得上是最迷人的一部奇书。

道者，道也：是自然之道，也是摄生之道；照字面的意义，即是道路。根究言之，道即是无思无虑；因为就道家来说，思想是非常

---

[1] 或谓老子姓李，乃因家有李树。——译者注

[2] 翟理思教授认为它是一部伪书，于公元前 200 年后，有人从政论家韩非的著作中，剽窃伪造而成；理雅各（James Legge）博士则以为庄子与司马迁屡次提及老聃，这便可证明《道德经》的真实性了。

无聊的东西，思想只适于辩论辞说，对生活却是害多于利；只有弃智绝巧，只有过淳朴自然的节制生活，才能寻得“道”。知识并非美德，教育普及，恶行反而增多；知识并非智慧，圣人与“知识”相去十万八千里。最恶劣的政体，莫过于哲君统治的政府，因为哲君为理论会“弄巧成拙”地破坏了自然程序，而他们那繁杂的识见和空泛的言论，正是无法至治的符号。

> 善者不辩，辩者不善。
>
> 绝学无忧……
>
> 是以圣人之治……常使民无知无欲，使夫知者不敢为也。
>
> 古之善为道者，非以明民，将以愚之。民之难治，以其智多。故以智治国，国之贼；不以智治国，国之福。

智者必危害到国家，因为智者满脑子都是治丝益棼的法令制度。智者希冀建构一个几何学式的社会，却不知法令制度会灭绝生活自由与人生活力。淳朴无知的人从经验得知安乐与工作效率的获得，确实在于自由自在的生活。这种人当权，为害必少，因为他知道法令是危险的事物，并且害多利少。这样的治者一定尽可能少管百姓；其治理国家必弃绝机巧和苛扰，而引导国家走向一个返璞归真的淳朴境界。在这种淳朴之中，生活必以无思自在的自然为依归，就是著书立言，也因其是纷扰自然的方法而要舍弃在一旁。人民自发的经济动力（食与性），在无政府法令的妨碍下，必会朴实且有益地推动生命的机能。在这种社会中，绝少发明物，因为发明物仅能增加富人的财富与强者的权势；在这种社会中，绝无书籍、律师、工业，而仅有农村买卖。

> 天下多忌讳，而民弥贫。民多利器，国家滋昏。人多伎巧，奇物滋起。法令滋彰，盗贼多有。故圣人云：我无为而民自化，我好静而民自正，我无事而民自富，我无欲而民自朴。

小国寡民，使有什佰之器而不用，使民重死而不远徙。虽有舟舆，无所乘之；虽有甲兵，无所陈之。使人复结绳而用之。甘其食，美其服，安其居，乐其俗。邻国相望，鸡犬之声相闻。民至老死不相往来。

老子所企求的是什么？如同卢梭，老子反对人为的一切事物，截然划分文明和自然，这正是“现代思想”异口同声所讲求的。自然即是自然活动，天地万物的无声周行，如春夏秋冬的轮序，日月星辰的运行。道，周行且表现在溪流、岩石及星辰等万物中；它是公正的、非人的及理性的万物法则，假使人要过幸福和平的生活，则其行为必须顺从自然之道。万物的法则是道（宇宙之道），行为的法则也是道（生活之道），根究而言，这两种道其实是二而一、一而二的，人生的本质因而是自然的节奏之一。在宇宙之道中，自然的法则汇合为一而构成斯宾诺沙所谓整个真实的“本质”；在其中，所有的自然形式和种类都能寻得一个适当的位置，并且各种差异与矛盾合而为黑格尔所谓的“绝对”，种种殊相都化为一个至高无上的统一。

老子认为在远古之时，人与其生活皆源自大自然，因而是朴实且安乐的，并且整个世界也是和谐快乐的。但当人类获取“知识”后，生活因种种机巧发明而变得繁忙复杂，心灵与道德的纯真也失落殆尽，人们离弃了田野而涌向城市，并且开始著书写作；从此以后，人类遂陷于悲惨的境地，惹得悲天悯人的哲学家感伤不已。识见高远的人将规避都市的复杂，远离腐败的文明，逃脱衰微的法令迷宫，而自隐于大自然之中，没有城镇、书籍、污吏以及徒劳的改革者，反可以游目骋怀，自寻乐趣。这种无知无虑的满足是人类能够寻得的唯一的长久快乐，此种满足之秘，就在于斯多葛学派所谓的顺从自然，即弃绝所有的人为与智慧，而在本能和感受上虔诚地接受自然的命令，谦下地模仿自然的无息方式。也许再也没有比下述诸言更睿智了：

万物作焉而不辞，生而不有，为而不恃……

万物并作，吾以观复。夫物芸芸，各复归其根。归根曰静，是曰复命，复命曰常。知常曰明……

在每一个领域中，无为（不去强加干涉万物的自然程序）便是识见高远的标志。假使国家秩序大坏，最适当的匡正方法便是不去改革，而使个人生活有序地运行；假使遭遇抗力，最适宜的方针便是不去争辩、争斗或发动战事，而要谦逊，并要软弱、宽容，如此方能制胜；消极常比积极更能获胜。老子曾以几乎和基督相同的声调说：

夫唯不争，故天下莫能与之争。

报怨以德。

善者吾善之，不善者吾亦善之，德善。

信者吾信之，不信者吾亦信之，德信。

柔之胜刚。

天下莫柔弱于水，而攻坚强者莫之能胜……[1]

在老子所有的观念中，就以这种哲人概念最引人注目。只论哲人（sage）不谈圣者（saint）以及讲智多于言善，正是中国思想的特质。对中国人而言，理想并非虔敬的献身，而是熟思与恬静的心灵。因此，虽适于身居高位，但最好隐归田园，返于朴实清静。清静是智慧的起点，而智慧不能口传，只能靠楷模与经验的启发顿悟而传递，所以说："知者不言，言者不知。"识见高远的人都是谦下柔顺的，年届半百时[2]必能发现知识的相对性，得知智慧的缺点；假使他知道得比他人多，他将深藏若虚；"俗人昭昭，我独昏昏"，他所同意的，是无

[1] 他又说："天下之交，天下之牝。牝常以静胜牡……"

[2] 中国人认为哲人年届半百时，他的能力才臻成熟，并因清静与智慧而能活至百岁。

知的人，而非学养渊博的人，但他并不因之而吃亏，或为“生手”的矛盾本能所苦。他不重视富贵，而将七情六欲禁绝到几乎与虔诚的佛教徒相当：

> 塞其兑，闭其门……和其光，同其尘……故不可得而亲，不可得而疏，不可得而利，不可得而害，不可得而贵，不可得而贱，故为天下贵。

我们无须一一列举这些与卢梭论点相对应的观念，他们两人可说是同一模子铸造出来的，只是日期先后有别而已。类似的哲学之所以有周期性的重现，乃因在每个世代中，总有人疲于斗争，倦于竞奇，烦于复杂，并且厌恶城市生活，所以，农村情趣的描绘，理想色彩总是很浓；田园诗的抒发，必定要有长久的城市背景。“自然”或有助于伦理，或有益于神学；它较适于达尔文的进化论和尼采的超人说，但不适于老子与基督那不加计较的亲切人情。假使某人皈依自然，顺从自然而为，则他残杀吞噬敌人的可能性要超过履行他自己的哲学，并且一定绝少谦下与清静的机会。性喜田猎的人，不利于辛劳的耕种；农业正如工业一样也是“非自然的”——但在这种哲学中，顺从自然有医疗的效用；当我们的“火焰”低落时，也许我们将在其中看到智慧，并且在宁静的群山和广阔的田野中，求得诊治的安宁。人生不外是伏尔泰与卢梭，孔子与老子，以及苏格拉底与基督，一下子趋向伏尔泰，一下子趋向卢梭，一下子趋向孔子，一下子趋向老子，一下子趋向苏格拉底，一下子趋向基督。等到每一个想法占据我们的心灵，并且不太明智或过分地为它奋斗过时，我们将倦于战斗。然后我们将和卢梭、老子耽于森林中，而与动物为友，并且比马基雅维利更知足地以朴实的农夫心境相互交谈；令整个世界自生自灭而不费心地企求进一步的改革。或许，除了《道德经》外，我们将要焚毁所有的书籍，而在《道德经》中寻得智慧的摘要。

我们可以想象这种哲学对孔子的刺激程度。当孔子 34 岁时，来到周室的首都——洛阳，问礼于老子。[1] 据说，老子严厉且意味深长地简答如下：

> 子所言者，其人与骨皆已朽矣，独其言在耳。且君子得其时则驾，不得其时则蓬累而行。吾闻之，良贾深藏若虚，君子盛德容貌若愚。去子之骄气与多欲，态色与淫志，是皆无益于子之身。吾所以告子若是而已。[2]

这位中国历史学家说孔子立刻感知这些话的真意，非但不动怒，反而在归途中向他的门人说："鸟吾知其能飞，鱼吾知其能游，兽吾知其能走。走者可以为罔，游者可以为纶，飞者可以为矰。至于龙吾不能知，其乘风而上天。吾今日见老子，其犹龙耶。"然后，孔子开始履行他的任务，并且成为历史上最具影响力的哲学家。

孔子

· 致用求治的圣人

孔夫子——至圣先师，鲁国人，公元前 551 年生于现今山东省曲阜。在中国的传奇中，孔子的年轻母亲生孔子是最令人津津乐道的一件事。据说，他的母亲祷于尼丘而得孔子，当他的母亲在洞穴产下他时，神龙护卫在旁，女神更把香气散满空中。听说他生具龙背、牛唇和阔口。中国系谱家告诉我们，孔子是黄帝的直系后裔，命中注定为孔氏家族的祖先，其家族一直繁衍到今天。百年前，他的子孙约有 1.1 万名；他的出生地几乎全住着孔姓家族——其中之一曾担任中国

---

[1] 这个故事是中国伟大的历史学家司马迁告诉我们的，但或许出自他的虚构。我们很惊讶地得知老子年届 87 岁时，还居于忙碌的中国城市中。

[2] 原文缺注释所致。——译者注

南京政府的财政部长。

当孔子降生时，他的父亲已经70岁，3年后便去世了。年幼失怙的孔子，每当课余的时候，便帮助母亲料理家务，老成持重正是孔子一生的真实写照。虽然如此，他仍然有闲暇而能精于射艺与音乐。尤其是音乐，更是沉溺喜爱，有一次，他在齐国听到了盛美的韶乐后，竟然从此变成了素食主义者，而有“三月不知肉味”之叹。他并不同意尼采所谓“哲学与婚姻不能并存”的主张，19岁娶妻，23岁出妻，以后似乎一直未再结婚。

22岁时，孔子开始他的教书生涯，把他的家当作教室，收取适度的报酬，不论多寡，只要门徒自行奉上的即可。孔子以诗、历史及礼节教导学生。他说:“兴于诗，立于礼，成于乐。”如同苏格拉底，他述而不作。我们所以得知他的思想主要经由他的门人弟子之不可靠的零散记载而来。他为哲学家立了一个楷模——不攻击其他的思想家，且不花费时间于无意义的辩驳上。他不教导学生很严谨的逻辑方法，却小心地指出门人的谬误而使他们的心智得以敏锐，同时，严格地要求他们心思敏捷。所以他说:“不曰‘如之何，如之何’者，吾未如之何也已矣。”又说:“不愤不启。不悱不发。举一隅不以三隅反，则不复也。”他相信唯有上智与下愚不能从教导中获得助益，并且人格与心智若不能平衡发展，就无法真实地研究人道哲学。所以他说:“三年学，不至于穀，不易得也。”

起初，他只有少数几个门徒，后来，列国人都知道他的“牛唇阔口”之外，另有渊博的学识与一颗仁慈的心，因此最后他能夸称门下弟子为数共有3000人，并且多数身居列国的权要高位。大约有70名学生和他生活在一起，这种情形有如印度的新教徒与其教主朝夕共处一样，师生之间产生相当真挚的感情，因此，当孔子遇难或受谤时，其门人也常忠告劝导。虽然孔子对待门徒很严格，但他爱他们甚于自己的儿子。当颜渊死时，孔子悲痛异常，若天丧自己。当哀公问:“弟子孰为好学？”孔子答说:“有颜回者好学，不迁怒，不贰过，不幸短命死矣！今也则亡，未闻好学者也。”又说：“回也，非助我者也，于吾言，无所不悦。”懒散的学者躲避孔子，或者受到他的严厉斥责，对于自放于礼法之外的懒人，他不是以杖击，就是以口诛。他说：“饱食终日，无所用心，难矣哉！”又说：“幼而不孙弟；长而无述焉；老而不死是为贼！”

平日闲居在家，他也一丝不苟，出门时，便如见大宾。他以诗、历史、礼仪及哲学教导学生。中国画家绘画孔子晚年的肖像，把孔子描绘成秃头、倔强的老人，表情严肃，毫无幽默感，更少温柔，但有敏锐的美的感受性。一位乐师描述孔子中年时的模样（《孔丛子》）：

> 吾观孔仲尼有圣人之表，河目而隆颡，黄帝之形貌也。修肱而龟背，长九尺有六寸……然言称先王，躬履谦让，洽闻强记，博物不穷，抑亦圣人之兴者乎？

据传说，他有49个显著的特征。当他周游列国时，有一次，一件偶发事件使得他与跟随的门徒分开离散，由于一位旅行者的描述，门徒很快地寻找到他。旅行者述说他看见一个相貌怪异的人，“累累若丧家之狗”，当门人把这些话从实转告孔子时，他欣然而笑说：“然哉！然哉！”

孔子是旧式的教师，相信师生距离的保持乃是教授法所不可或缺的。究实而言，假使不“正”，他就不算什么了，礼节的规范是他的“食肉”与“饮料”。他尝试制衡本能的自然享乐主义与谨严的禁欲主义。有时他似乎太耽于自我评估。他温和地说：“十室之邑，必有忠信如丘者焉，不如丘之好学也。”又说：“文，莫吾犹人也，躬行君子，则吾未之有得！”又说：“苟有用我者，期月而已可也，三年有成。”通过这些话，他谦逊地表示出他的伟大。他的弟子告诉我们说：“子绝四：毋意，毋必，毋固，毋我。”孔子自认是个传述者，而非创作家，并且声称他仅取法尧、舜的榜样，勉力仿效。他极需名位，但他不愿不依正道来获取或保有；他一再地拒绝不正的列国所给予的高位。他劝门人说：“不患无位，患所以立，不患莫己知，求为可知也。”

在他的学生之中，有一位是鲁大夫孟釐的儿子，通过他们的关系，孔子被引见给洛阳的周王室。但他对官爵并不热衷，就我们所知，他主要去求见垂死的老子。回到鲁国时，孔子发现鲁国秩序大坏，争乱不已，因此，他和几个门徒离开鲁国，去到隔邻的齐国。在跋涉荒凉的崇山峻岭途中，他们很惊奇地发现一位老妇人痛哭于墓旁。孔子叫子路去问妇人何以如此悲伤。她回答说：“昔者吾舅死于虎，吾夫又死焉，今吾子又死焉。”当孔子问她为何老住在这么危险的地方时，她答说：“无苛政。”孔子于是对门人说：“小子识之，苛政猛于虎也。”

齐景公召见孔子，并且称赞孔子关于善政问题的答复。孔子说：“君君，臣臣，父父，子子。”景公想把尼谿的田地封给孔子，但孔子不愿平白接受俸禄，拒绝了。景公打算聘请孔子为处理国事的顾问，但宰相晏婴劝阻说：“夫儒者滑稽而不可轨法，倨傲自顺不可以为下……今孔子盛容锦繁，登降之礼，趋详之节，累世不能殚其学。”孔子在齐国不得志，只好回到鲁国教授门徒，15 年后才出来从政治国。

公元前 6 世纪之初，孔子的机会来临了，他被任命为中都宰。根据中国的传说，在孔子的治理下，中都城的百姓都变得诚实起来，以至于道不拾遗。后来，鲁定公提升孔子为司空，孔子乃别五土之性，并改进农业。不久，擢升为大司寇。据说，孔子就任后，设法律而不用，全国无奸民。中国史籍这样记载：“鬻牛马者不储价，卖羊豚者不加饰。男女行者别其涂，道不拾遗。男尚忠信，女尚贞顺。四方客至于邑，不求有司，皆如归焉。”

这些记载实在太完美了，以至于不可能是真的，无论如何，它总是完美得令人受不了。无疑，反抗孔子的人将深藏不露，而给孔子设了陷阱。历史学家告诉说，邻国很嫉妒鲁国，害怕鲁国日渐强大。齐国一位多智谋的大臣提出一个策略以离间鲁定公与孔子。于是，齐景公选一群能歌善舞的美女和 120 匹的骏马送给鲁定公。定公非常欢喜，沉迷其中，不理孔子的忠告，渐渐疏远大臣，不问政事。子路说："夫子可以行矣。"孔子很不情愿地离开鲁国，开始过着 13 年的游历生活。[1] 后来，他评说："吾未见好德如好色者也。"诚然，那是人类最该受谴责的本性：美德与美色常无法兼顾。

孔子与其少数的忠实门徒不再受到鲁国的欢迎，从一国游历到一国，有时受到礼遇，有时则饱受惊险与匮乏。有两次，受到恶棍的攻击；有一次，绝了粮，以致子路愠怒地说："君子亦有穷乎？"卫灵公欲把国政委托孔子，但孔子不苟同卫灵公的政策，遂拒绝。有一次，当孔子师生一群经过齐国时，途中遇到两位年纪很大的老人，他们如同老子，隐归田园，不再过问政事，过着离群索居的生活。其中之一认得孔子，责备子路跟随孔子，这位隐士说："滔滔者，天下皆是也，而谁以易之？且而与其从辟人之士也，岂若从辟世之士哉？"孔子对这个指责怅然若失，深思良久，但他仍然希望有一个国君会给他一个改正天下无道使人民获得安宁的机会。

最后，当孔子 69 岁时，季康子执掌鲁国政柄，遣派 3 个官吏来探望孔子，送来适当的礼物，并邀请他回到鲁国。孔子在有生的最后 5 年中，过着淳朴尊荣的生活，鲁国的主政者虽常就教于孔子，但孔子聪明地隐退于著述中，献身于经书的考订和撰写鲁国的历史。当叶公向子路探问孔子，子路不回答，孔子知道后，便对子路说："奚不曰：'其为人也，发愤忘食，乐以忘忧，不知老之将至云尔。'"孔子以诗与哲学安慰他的孤寂，并对他的本能与他的理性能相互一致感到

[1]《史记》卷四十七《孔子世家》："……于是选齐国中女子好者八十人，皆衣文衣而舞康乐，文马三十驷，遗鲁君，陈女乐文马于鲁城南高门外。季恒子微服往观再三，将受，乃语鲁君为周道游，往观终日，怠于政事。子路曰：'夫子可以行矣。'孔子曰：'鲁今且郊。如致膰乎大夫，则吾犹可以止。'桓子卒受齐女乐，三日不听政，郊又不致膰俎于大夫，孔子遂行。"——译者注

高兴。他说："吾十有五而志于学；三十而立；四十而不惑；五十而知天命；六十而耳顺；七十而从心所欲，不逾矩。"

孔子死于72岁。有一天清晨，孔子负手曳杖而唱一首悲惨的歌：

太山其坏乎，
梁柱其摧乎，
哲人其萎乎。

当子贡来探望孔子时，他说："夫明王不兴，则天下其孰能宗余，余逮将死。"遂寝病，7日后就逝世了。门人厚葬孔子，表示出他们深厚的感情，并在墓旁搭建茅屋守丧3年，悲痛得像死了父亲。3年后，所有的弟子都离去了，只有最敬爱孔子的子贡哀悼于墓旁，又守了3年丧。

·"四书五经"

孔子留下了五本大书，是他亲自撰写或编订的，那就是中国人所熟知的"五经"。第一部书是他所订的《礼记》，他坚信这些古时的礼节规范有助于性格的成熟与塑造，并且足以维持社会的秩序与安宁。第二部书是他所序的《易经》，《易经》乃是中国对那暧昧不明的玄学所作的最伟大贡献，孔子自己很小心地避免谈论到它。第三部书是他所删订的《诗经》，为了阐释人类生活的性质，并叙述道德的规范。第四部书是他所作的《春秋》，简洁地记述鲁国的大事。第五部书是他所授的《尚书》，记载上代以来的各种传奇，其时中国有几分统一帝国的味道，并且孔子认为当时的领袖都是英雄与无私的文明人。假使我们以严谨客观的眼光来评估孔子的各种著述，那实在有欠公平；孔子是人师，是年轻人的塑造者，其目的在于激励门徒，而不在于履行历史学家的功能，因此，他所精选叙述的事件，感化的成分重于醒觉的因素。在各种记载中，他添加了许多虚构的故事与辞藻，其用意也在于宣扬道德，赞赏智慧。然而即使孔子把上古太理想化了，他所做的也赶不上我们西方对那点古史所渲染的程度；在不到一二百年非信史的时间内，我们许多的先祖都一个个地变成了智者圣人，在1000年间，当然会有德化光四表的尧舜了。

“五经”之外，再加上“四书”，便是“四书五经”，共为九大经典。“四书”的第一部，也是最重要的一部，即是《论语》，经理雅各博士译为《孔子语录》而闻名于英语世界。这部书并非孔子撰写的，而是孔子应答弟子时人及弟子相与问答之言而接闻于孔子的言论，当时弟子各有所记，在孔子死后十几年内，门人编辑论纂而成。《论语》实在是探究孔子哲学最可靠的向导。在“四书五经”中，最发人深省者，莫过于“四书”的第二部——《大学》。儒家学派的哲学家兼编纂者朱熹汇定《大学》，认为就中多数章节出自孔子，某些章节则为曾参所记。[1]1世纪时的学者贾逵把它归属于孔子之孙孔伋的著作。[2]今日心存疑问的学者则认定《大学》的作者不详。“四书”的第三部即是《中庸》，学者通常认为是孔伋所作。“四书”中最后的一部书即是《孟子》，词锋宏畅，我们很快就要讨论到它。我们把《孟子》列于经典著作之末，并不意味中国经典时期到此终结。还有许许多多的“异端邪说”与守旧的杰作（孔子哲学）相互抗衡呢。

·孔子的不可知论

让我们就这个道理平心而论，当我们活了50岁后，就会采取这种人生观，就我们所知，这种人生观可能要比我们年轻时代的诗歌还要睿智得宜。假使我们是异端或是年轻人，但想开导我们的一知半

[1] 朱熹《大学章句》乃据程子之意，分为经一章，传十章。其言曰：“经一章，盖孔子之言，而曾子述之；其传十章，则曾子之意而门人记之也。旧本颇有错简，今因程子所定，而更考经文，别为序文。”——译者注

[2] 虞松《刻石经于魏表》引汉贾逵的话：“孔伋穷居于宋，惧家学之不明，作《大学》以经之，《中庸》以纬之。”——译者注

解，就必须融入这种哲学之中。

我们从孔子的学说中寻找不出一个哲学“体系”——一个为某观念所统摄的前后一贯的逻辑架构、形而上学、伦理学及政治学（就像尼布甲尼撒王的宫殿一样，每块砖都刻有治者之名）。孔子教导学生推论的方法，并不经由各种推理法则或三段论法，只是借着他的敏锐心智，不断地观察学生的看法；因此，当门下弟子离开孔子后，对于理则学或将一无所知，但思路非常敏捷且都能提纲挈领，把握住要点。思想表白以达意而止，不以富丽而工，更不应强不知以为知而妄说，此实为孔子的首要课程，所以说：“辞，达而已矣！”——一般哲学论著常未记取这个教训。又说：“知之为知之，不知为不知，是知也。”在他看来，思想的混淆与言辞的诡巧，都是国家的灾祸。在一个国家中，要是君不尽君道，则不称之为君；臣不尽臣道，则不称之为臣；父不尽父道，则不称之为父；子不尽子道，则不称之为子——如此，才能端正君臣父子之道，才可消弭名不当实之祸。因此当子路问孔子说：“卫君待子而为政，子将奚先？”孔子的回答很叫学生惊讶：“必也正名乎！”

孔子最关注的乃是把他的哲理运用到行为与政治上，因此他避开形而上学，并且训示门徒不要费心于怪异与天理之事。虽然他时常提及“天”与祷告，且劝导门人恪遵祖先祭祀的礼仪和国家的祭典，但他语常不语怪，语德不语力，语治不语乱，语人不语神。对神学问题，一概采消极态度。因此，现代评论家都称他为不可知论者。当子贡问人死后有知还是无知时，孔子拒绝给予明确的答复。当季路问事鬼神，孔子答说：“未能事人，焉能事鬼？”季路又问：“敢问死。”孔子答道：“未知生，焉知死？”当樊迟问智，孔子答说：“务民之义，敬鬼神而远之，可谓知矣。”更有进者，他的门人告诉我们说：“子不语：怪、力、乱、神。”无疑，其门人弟子常困扰于这种务实的哲学，并渴望孔子为他们解答鬼神造化之秘。《列子》有一则故事，孩童讥笑孔子无力回答一个问题：太阳是在黎明看起来大时，还是在中午热时接近地球呢？[1]六合之外，圣人存而不论。孔子唯一的形而上学乃是探求所有现象的一统，以及努力寻觅行为法则和自然规律之间的稳定和谐。因此他向子贡说："赐也，女以予为多学而识之者与？"子贡答说："然！非与？"孔子说："非也！予一以贯之。"一理浑然，泛应曲当，这正是哲学的本质。

孔子最关心道德问题。在他看来，时代的紊乱其实就是道德的紊乱。当时社会之所以分崩离析，就在于远古信仰的式微和诡辩怀疑论的充斥，以至于是非不明，使人无从取舍。匡正之方，不在于恢复过去的信仰，而在于热诚地探求更完整的知识，以及重建一种根植于有序家庭生活的道德。孔子的方案，扼要且有力地表达在著名的《大学》中：

> 古之欲明明德于天下者，先治其国；欲治其国者，先齐其家；欲齐其家者，先修其身；欲修其身者，先正其心；欲正其心者，先诚其意；欲诚其意者，先致其知；致知在格物。
>
> 格物而后知至，知至而后意诚，意诚而后心正，心正而后身修，身修而后家齐，家齐而后国治，国治而后天下平。

这正是孔子哲学的主旨与本质。我们或可忘记孔子与其门人所有的语汇，但生活依然会深受这些"事物之本质"的影响、引导。孔子以为列国之所以争战不休，就是因为列国的政治不上轨道；列国政治之所以不上轨道，就是因为由家庭而来的伦理法则未能取代自然的社会秩序；家庭之所以混乱离散而不能取代自然的社会秩序，就是因为人们忘了如果他们不修治自身，便不能整齐家庭；人们之所以不修治

[1]《列子·汤问》：孔子东游，见两小儿辩斗。问其故。一儿曰："我以日始出时去人近，而日中时远也。一儿以日初远，而日中时近也。"一儿曰："日初出大如车盖，及日中则如盘盂：此不为远者小而近者大乎？"一儿曰："日初出沧沧凉凉，及其日中如探汤，此不为近者热而远者凉乎？"孔子不能决也。两小儿笑曰："孰为汝多知乎？"——译者注

自身，就是因为他们的心意并非真实无妄——那就是说，他们并未洁净他们自己纵欲的灵魂；他们的心意之所以不能无妄，就是因为不诚意，做事殊少公平真实，徒知隐藏自己的本性，而不知显示自己的天性；他们之所以不诚意，就是因为他们让欲念扭曲事实并妄下断语，而不先客观地探查周遭的事物，以增进自己的知识至最高点。让人们的意念真诚，而后才有洁净之心；让人们的心洁净，他们就会修治自身；让人们修治自身，他们的家庭自然就会整齐——不靠道德的说教或是感情的惩罚，而借自身榜样的默思功夫；让家庭用知识、诚意、楷模来整洁，如此，自发自生出的社会秩序，将很容易地导致仁政的政府；让国家保持内部的正义与安宁，那么天下将是和平幸福的乐土——这是一个完美的远景，但忽略人本是捕食的动物。然而，如同基督教，它给我们一个可追求的目标与一条可攀登的阶梯，这正是哲学可贵的主题。

· 君子之道

因此，智慧始于家，而一个有素养的家庭成员，便是社会的基础。孔子与歌德均认为自我发展为社会发展的基石。子路问“君子之道”，孔子说：“修己以敬。”从孔子与其门徒的对话，我们发现孔子心目中的完人，是一个哲圣兼备的圣人。孔子心目中的这个“超人”，是兼备苏格拉底的“智”、尼采的“勇”以及耶稣的“仁”，这个三达德的完人。孔子说：“君子谋道不谋食……君子周而不比……君子于其言，无所苟而已矣！”孔子不仅是个智者、学者，还是个德智兼备的人。孔子说：“质胜文则野，文胜质则史；文质彬彬，然后君子。”所谓智，是能用之于世，始能谓之智。

诚是性的根本。孔子说：“君子胡不慥慥尔？”又说：“君子先行其言，而后从之。”又说：“射有似乎君子，失诸正鹄，反求诸其身。”又说：“君子求诸己；小人求诸人……君子病无能焉，不病人之不已知也。”但孔子又说：“君子疾没世而名不称焉。”又说：“君子耻其言而过其行……君子寡言，言而必中……君子之所不可及者，其唯人之所不见乎。”“君子言行中肯”；“君子中庸”；“夫物之感人无穷，而人之好恶无节，则是物至而人化物也”。[1]

“是故君子动而世为天下道，行而世为天下法，言而世为天下则。”[2]孔子完全接受金科玉律（The Golden Rule），然而他所订定的金科玉律早于犹太贤哲希勒尔（Hillel）400年，早于耶稣500年。仲弓问仁，孔子说：“己所不欲，勿施于人。”这一句话，孔子曾再三反复阐述，并把它归于一个“恕”字。子贡曾问孔子：“有一言而可以终身行之者乎？”孔子答道：“其恕乎。”他不像老子，他不希望以德报怨。有一次，他的门下曾问他：“以德报怨，何如？”孔子答道：“何以报德？以直报怨，以德报德。”

君子的本性，富有恻隐之心。他不因他人的成就而愤懑；他见贤思齐；见不贤而内自省。因为邻人有过，我们皆应分担。君子非礼勿言。君子对人有礼友爱，其言无所苟而已矣！君子居上不骄，为下不卑。君子之风，在于一“重”字，因为不重则不威。君子欲讷于言，而敏于行；君子不巧言、令色、足恭，君子之敏于行，因为敏则有功……这就是君子高贵的缘由。君子对其亲友，因持之以礼，但对其子，则不过分亲昵私爱。孔子对于君子，下了一个结论——这与亚里士多德的大思想家（Megalopsychos或Great-Minded Man）极为相同——孔子说：“君子有九思：视思明，听思聪，色思温，貌思恭，言思忠，事思敬，疑思问，忿思难，见得思义。”

[1] 斯宾诺莎说：“外在的因素，有种种方法来影响我们，像波浪被逆风激起，我们和波浪一样，不知其所以然。”

[2] 康德的“绝对命令”的道德律之一：“对于意志，你行为的极致，可成为一条宇宙性法则。”

·孔子的政治学

孔子认为只有这种人才能够齐家治国。社会必须建立在长幼有序、夫妇有别的这种服从律上，假如这一条律例被破坏则乱起。只有道德律高于服从律，所以孔子说："事父母，几谏，见志不从，又敬不违，劳而不怨。"《礼记》上也说："父母有舛，子应谏之;君命有舛，臣应谏之。"这就是孟子认为人民有神圣的革命权利的理论根基。

孔子并不欣赏革命家，也许他认为革命者与被革命者同是血肉之躯。但是，在《诗经》上，有这样的几句话："殷之未丧师，克配上帝。仪监于殷，峻命不易。"所以，人民才是政治主权的真正和根本的来源。任何一个政府，若得不到人民的信赖，则迟早要灭亡。

> 子贡问政。子曰："足食，足兵，民信之矣。"子贡曰："必不得已而去，于斯三者何先？"子曰："去兵。"子贡曰："必不得已而去，于斯二者何先？"曰："去食。自古皆有死，民无信不立。"

孔子认为为政之道如做人，在于诚正。因此，为政者必先身正，为民模范，故"政者，正也。子帅以正，孰敢不正？"

> 季康子问政于孔子："如杀无道，以就有道，何如？"孔子对曰："子为政，焉为杀？子欲善而民善矣！君子之德风，小人之德草，草上之风必偃……为政以德，譬如北辰，居其所，而众星共之。"……季康子问："使民敬忠以劝，如之何？"子曰："临之以庄则敬，孝慈则忠，举善而教不能则劝。"

为政之道首在以身作则，其次为法度。孔子说："举直错诸枉，能使枉者直。"《中庸》亦言："为政在人；取人以身……"君子为政，为了要使天下太平，提高人民的文明水准，应该避免哪些事呢？第一，尽量避免与外邦发生关系，并尽力达到自给自足的地步，免于卷入战争的旋涡。第二，尽量减少王室宫廷的奢华，把财富均分于天下，因为“财聚则民散，财散则民聚”。第三，尽量少用刑罚，多多教诲民众，因为“君子有教无类，则人皆可以复于善”。第四，对于平庸的人，不必教以高深学问，但必须授予礼乐。《礼记》上说：“故乐行而伦清，耳目聪明，血气和平，移风易俗，天下皆宁……生民之道，乐为上焉。”[1]

善良风俗一事，也是政府必须要注意的，因为习俗败坏，则国亦败坏。孔子说：“不知礼，无以立也。”它对促使人成为彬彬有礼之士亦有助益；我们的行为正显示我们自己。《礼记》说在政治上，礼节可作为人民防恶之堤；那些认为旧的堤防不中用，而将它们毁坏者，必会在河水泛滥时遭到毁灭；今天我们好似听到了孔子严斥的回音，道出他在“四书五经”中所说的那些话，在往昔他的话被镌刻在石头上奉为金科玉律，然而现在遭到了亵渎和遗弃。

但是，孔子也有他的“乌托邦”和梦想，他有时对那些因失去了大道而被罢黜的君王表示怜悯，对那些为了从废墟中建立起一个更好的政府而从事革命的人表示同情。他的最终目标是建立一个理想的大同世界：

> 大道之行也，天下为公。选贤与能，讲信修睦。故人不独亲其亲，不独子其子。使老有所终，壮有所用，幼有所长，鳏寡孤独废疾者皆有所养。男有分，女有归。货恶其弃于地也，不必藏诸己；力恶其不出于身也，不必为己。是故谋闭而不兴，盗窃乱贼而不作，故外户而不闭。是谓大同。

---

[1] 爱尔兰民族领袖奥康内尔（Daniel O'Connel）说：“让我来为国作歌，我可不管谁要为它立法。”

·孔子的影响

孔子之道，虽然是在他死后才大行，但那种成功是完美的。他那日常生活及政治上的哲学，深受中国人的喜爱，他所坚持的哲学被实现的可能性，随着他的死而消失了。因为士并不安于其为士，在孔子死后几百年里，中国的士大夫一直孜孜不倦地奉孔子的学说为教条，并创立儒家学派使它成为这个大帝国中最具影响力的集团。孔子的学说由其弟子传授，全国到处都是孔子的学派。孔子的学说由孟子加以发扬，并代代由其门徒加以修订发扬。这些学派成了中国知识阶级的中心，在几千年的政治腐败中，它们保持了中国的文化。这恰似西方的修道士在罗马帝国没落之后的黑暗时代里，保存了一些西方古代的文化和社会的典章制度。

此时，法家亦兴起，曾在孔子的政治学说中，图争一席的领导地位，这一派曾影响了国家的政策。法家认为，政府要完全依赖贤能的官吏和善良的人民，实在是相当冒险；历史告诉我们，能够成功地实现这些理想原则的君王实在很少。法家坚信，只有法律，才能治国，人是无能为力的；他们主张，法律必须要强制实施，直至使法律变为社会的一种自然力量，使人民自然而然地遵守，直到无须强迫时为止。人民本身并没有足够的智慧把自己管理得很好；他们必须要在专制的统治下，才会表现得很好。甚至商贾之流，也不见得聪明到哪里，他们为了追求财富，而往往损害国家的利益。有些法家认为，国家采行资本社会化、商业专卖化、防止物价操纵及财富的集中等措施，也许要比较好。这些学说曾在中国的历史上不时地出现过。

但最后，还是孔子的学说胜出了。虽然，秦始皇擢用法家李斯为其宰相，命令焚书坑儒，下令将史书、民间私藏诗书百家著作，一律焚毁，仅留医药、卜筮、种树等书，同时严禁私学，学法令须以吏为师，以消灭孔子的思想学说。但文学比刀剑更有力，秦始皇要求烧焚孔子的这些“四书五经”，反而变得更神圣、更珍贵，那些为了要保存“四书五经”而壮烈牺牲的士大夫，变成了受人景仰的烈士。

秦朝仅短短地延续了15年，汉武帝崇尚儒学，立“五经”博士，又置博士弟子员，由博士授之以经，并劝以官禄；武帝更令天下郡国皆立学校官，发扬孔子学说。武帝并令立祠以纪念孔子；将“四书五经”镌刻在石上，孔教变成了国教。魏晋南北朝时，士大夫崇尚老庄自然虚无之说，玄学成了学术的重心。再加上佛学的传入遂使孔学失色不少，直至唐朝，孔教始再抬头，唐太宗下令建立孔庙，在全国各州县置学，讲授孔学。宋朝以理学为主，理学系由儒、释、道三种思想融合而成。孔子的思想传到了海外，尤深深影响了日本哲学的发展。从汉到清，孔子的学说主宰中国达2000年之久。

中国的历史就是孔子思想的影响史。“四书五经”成了学校的教科书，每一个学生都必须熟记。古代哲人的教条深沁于人之心中，使人多多少少都有一种庄严奥妙的感受。由于这种儒学的熏陶，中国遂发展出一种和谐的社会生活，追求知识崇尚智慧的狂热以及稳健的文化。中国虽屡遭侵略，但其文化不但能屹立不倒，而且还能同化异族的文化。除了儒家之外，只有基督教和佛教，才能影响中国人。一如过去，在今天，要医治由于知识的爆发、道德的堕落、个人及国家的品格衰弱，以及那使个人遭到混乱而起的痛苦，实在没有比孔子的学说和教条这剂药方更好的了。

但是，孔学并不是万灵药。它对于抑制混乱和衰弱很有效，但在求变求新的国际竞争压迫下，对于一国的发展，它是个桎梏，那些维系个人和社会秩序的礼教，几乎使得人无法动弹，而造成一套永不改变的模式。孔子的教条彻底地束缚了人类自然而充沛的冲劲。孔子的那些礼教实在太完美了，以至于显得过分的严肃。在孔子的教条下，简直没有豪放和冒险，爱情和友谊也过分地受到拘束。它使妇女一味因循，贬低了自己。它使国家一味保守，阻碍了进步。

但我们不能把这些都归咎于孔子，我们不能苛求一个人要考虑到2000年后的事。我们对思想家的要求是，期望他能引领我们走上认识的道路，在这方面，有几个人能胜过孔子呢？在今天，在知识的广增和环境的变迁下，当我们翻开“四书五经”时，我们愈感书中字字句句的珍贵，我们甚至感觉孔子是在这个时代中，如何地指引着我们，不知不觉中，我们忘了他那些陈腐的话与令人难以忍受的高调，而使我们也同意孔子的孙子子思对孔子的赞语：

> 仲尼祖述尧舜，宪章文武，上律天时，下袭水土。譬如天地之无不持载，无不覆帱。譬如四时之错行，日月之代明。万物并育而不相害，道并行而不相悖，小德川流，大德敦化，此天地之所以为大也。
>
> 唯天下至圣，为能聪明睿智，足以有临也。宽裕温柔，足以有容也。发强刚毅，足以有执也。齐庄中正，足以有敬也。文理密察，足以有别也。溥博渊泉，而时出之。溥博如天，渊泉如渊。见而民莫不敬，言而民莫不信，行而民莫不说。是以声名洋溢乎中国，施及蛮貊，舟车所至，人力所通，天之所覆，地之所载，日月所照，霜露所坠。凡有血气者，莫不尊亲，故曰配天。

社会学家和无政府主义者

孔子之后的200年是百家争鸣、百花齐放的时代。有些人，像惠施和公孙龙，发现了哲学的乐趣，专攻逻辑学，并发明了一套像古希腊哲学家芝诺那样繁杂而又精细的辩论哲学。哲学家都聚集在洛阳，就如同当时希腊的哲学家聚集于贝拿勒斯和雅典。他们在这个中国的首都里，享受着言论和思想的自由；正如希腊的哲学家使得雅典成为地中海世界的文化中心。这些诡辩家又叫纵横家，他们教人诡辩的方法。集在洛阳的有孔子思想的正统继承人孟子，老子最伟大的追随人庄子，性恶说的倡导者荀子，以及兼爱论的墨翟。

· 墨子 —— 利他主义者

反对墨家的孟子说:“墨子兼爱,摩顶放踵利天下为之。”墨子与孔子一样,同是鲁国人。他生时正当孔门正盛的时候。他反对儒家,认为儒家思想不切实际,他主张兼爱。他是中国最早的逻辑学家之一。他用三表法来说明逻辑的问题。他所谓的三表是:

> 于何本之?上本之于古者圣王之事。
> 于何原之?下原察百姓耳目之实。
> 于何用之?发以为刑政,观其中国家百姓人民之利。

根据这个论证法,墨子证明鬼神的存在。他最反对孔子的“天何言哉?四时行焉,百物生焉”的天,认为天是有意志的。墨子像法国哲学家帕斯卡尔一样,认为宗教是一个很好的赌注:假如我们祭祖,祖先地下有知应验,那我们必可得福;假如祖先地下无知,无感于我们的奉献,那么这种丧礼祭礼,可以让我们有一个“聚集亲友邻居,来一同享受这些祭品和美酒的好机会”。

墨子主张兼爱,认为兼爱是解决社会问题的途径,天下兼相爱则治。无疑,这就是一个“乌托邦”了。墨子主张:“天下之人皆相爱,则强不执弱,众不劫寡,富不侮贫,贵不敖贱,诈不欺愚。”自私是一切罪恶的根本,从小孩子的贪婪到一个帝国的征服,都是起于自私。一般人皆认为偷一只猪,就必要受到责备和惩罚,但侵略和篡夺一个王国,却成为人民心目中的英雄和其子孙的楷模。墨子对于这点感到极为惊异。以这个和平主义的论点,墨子更严厉地批评时政。他的这一主张,几乎是无政府主义的论调,震撼了政府当局。那时公输般替楚国造了一种云梯,将要攻宋。墨子用他所主张的兼爱和非攻的道理,说服了公输般。公输般对墨子说:“我不曾见你的时候,我想得宋国。自从我见了你之后,就是有人把宋国送给我,要是有一毫不义，我都不要了。”墨子说：“那样说来，仿佛是我已经把宋国给了你了。你若能努力行义，我还要把天下送给你。”

孔子的弟子和洛阳的政治家，认为墨子的这些论调实在好笑。但毕竟也有拥护墨学的人，200 年间，他的这些主张成了和平主义的墨教了。墨子的两位信徒宋钘和公孙龙，大力发扬墨子和平主义学说。当时最伟大的批评家韩非则极力批评墨学，他认为除非人类真正地产生了兼爱的翅膀，否则战争将继续是国家的仲裁人。当秦始皇下令焚书坑儒之后，墨学亦随儒学遭到了厄运。然而不同的是，墨学遭此大难就一蹶不振，不复再生了。

· 杨朱 —— 自利主义者

同时，又有一股反动的学说极力地表现于中国人的身上。杨朱似是而非地宣称，人生是充满着痛苦，因此，人生的首要目的便是享乐。关于杨朱，我们仅能从他的对手的口中略知一二。杨朱认为世间无神，也没有来世。人类得任由自然力来摆布，使得人类没有选择祖先和改变本性的权利。只有聪明的人才会毫无怨言地接受这个命运。只有聪明的人，才不会被孔子的那套道德、声誉及墨子的兼爱所愚。杨朱认为，道德只是一种聪明人愚弄凡夫俗子的手段；兼爱是一种诱骗不懂得形成生活律法是由于天下的敌对这个道理的小孩子的手段；声誉是一种死后才有的、好看而不中用的东西，只有傻瓜才会付出那样大的代价去追求，而又享受不到。在人生中，好人与坏人同样地受苦，但坏人似乎要比好人更懂得享受。诚如孔子所说的，古代最聪明的人并不是道德家和君王，而那些立法的人和哲学家的运气还比不上那些懂得享乐的人，因为他们每一个时刻都在快乐中。的确，坏人有时会留下恶名，但这与他那快乐的肉体根本无关。杨朱认为好人与坏人的命运是：

> 天下之美归之舜禹周公孔子，天下之恶归之桀纣。然而，舜

耕于河阳、陶于雷泽。四体不得蹔安，口腹不得美厚。父母之所不爱，弟妹之所不亲……及受尧之禅，年已长，智已衰，商钧不才，禅位于禹，戚戚然以至于死。此天人之穷毒者也……

禹纂业事雠，惟荒土功，子产不字，过门不入，身体偏枯，手足胼胝。及受舜禅，卑宫室，美绂冕。戚戚然以至于死。此天人之忧苦者也……

孔子明帝王之道，应时君之聘。伐树于宋，削迹于卫，穷于商周，围于陈蔡……见辱于阳虎。戚戚然以至于死。此天民之遑遽者也。

凡彼四圣者，生无一日之欢，死有万世之名。名者，固非实之所取也。虽称之弗知，虽赏之不知，与株块无以异矣。

桀藉累世之资，居南面之尊；智足以距群下，威足以震海内。恣耳目之所娱，穷意虑之所为。熙熙然以至于死。此天民之逸荡者也。

纣亦藉累世之资，居南面之尊，威无不行，志无不从。肆情于倾宫，纵欲于长夜，不以礼义自苦。熙熙然以至于诛。此天民之放纵者也。

彼二凶也，生有从欲之欢，死被愚暴之名。实者，固非名之所与也。虽毁之不知，虽称之弗知。此与株块奚以异矣。

这与孔子的立论有很大的差异，此时我们不得不怀疑谁是反动分子，谁是最受尊敬的中国思想家，谁几乎吞噬了所有被遗忘的人。时间也许会证明。假如人人心存杨朱的想法，那么人类将无以自存。对于杨朱，唯一的解答是，假如在予和取、持己和忍受的道德规范上，无法与他人合作，那么社会就无法存在；社会不存在，就谈不上发展个人；我们的生活必须依着这些规范来维持。有些历史学家认为中国社会在公元前三四百年之所以分崩，一部分是由于利己主义传播的关系。英国的约翰逊博士（Dr. Samuel Johnson）[1]认为，这时恰恰体现了孟子的价值，他大声疾呼反对杨朱的享乐主义和墨子的理想主义：

> 杨朱、墨子之言盈天下。天下之言，不归杨则归墨。杨氏为我，是无君也；墨氏兼爱，是无父也。无父无君，是禽兽也……杨墨之道不息，孔子之道不著，是邪说诬民，充塞仁义也。
>
> 吾为此惧，闲先圣之道，距杨墨，放淫辞，邪说者不得作。作于其心，害于其事；作于其事，害于其政。圣人复起，不易吾言也。

·孟子——君王的良师

在中国的哲学史中，孟子的地位仅次于孔子。孟子原名叫孟轲，后来鲁国君王为尊称他，而称之为孟子。受过拉丁文训练的欧洲学者，把孟子翻译成 Mencius，这与他们把孔夫子翻译成 Confucius 一样。

关于孟子的母亲，我们是相当熟悉的，因为中国历史学家曾写下许多关于孟母的故事，这使得孟母成为一位家喻户晓的模范母亲。孟母三迁的故事，几乎人人皆知：一迁是因为他们住于坟旁，孟母恐怕孟子学了殡葬者埋葬的行为；二迁是因为住于屠宰场旁，孟母恐怕孟子学了屠夫杀生的行为；三迁是因为住于市场旁，孟母恐怕孟子学了商贾欺骗的行为。最后，他们迁到学校附近，孟母才满意了。当孟子不专心向学时，孟母就故意在他面前把线梭弄断，孟子便问她，为什么这样地不小心，孟母就解释给他听，说这是故意模仿他的那份粗心和缺乏努力向上学习的意志。自此，孟子变成一位很勤勉的学生，并竭力抵抗与其夫人离婚的引诱。他自成一学派，收容许多弟子，接受各国君王的邀请前往论政。孟子曾因孟母年纪已大，而不愿远离，但

[1] 约翰逊（1709—1784年），英国大文豪。——译者注

孟母说了一大段话，勉励他出国：

> 以言妇人无擅制之义，而有三从之道也。故年少则从乎父母，出嫁则从乎夫，夫死则从乎子，礼也。今子成人矣，而我老矣，子行乎子义，吾行乎吾礼。

孟子走了，因为教诲便是统治的一部分，刚教完了一国，又发现他国也需要他的教诲。孟子像伏尔泰一样，比较喜欢君主专制，而不喜欢民主宪政，因为要实施民主政治，则须教育全国人民；而实施君主专制，只需要教育君王一个即可。改正君王思想错误的所在，只要君王改正过来，则国可治矣！孟子首先到齐国，企图改正齐宣王。齐宣王曾给了他一个位尊的官职，但孟子拒不接受俸禄。但不久，孟子发现齐宣王不肯接受他的政治学说，于是孟子转到滕国。滕文公深受影响，变得极为虔诚，却是个不知灵活运用的傻君王。孟子心灰，再回到齐国，为了要证明他的智慧和见识又增长了不少，他接受了齐宣王赐给他的一个厚位。几年之后，孟母去世了。孟子极为铺张地办了这桩丧事，他的门下弟子大感惊骇，孟子对其弟子说，这只是表示他对母亲的孝敬而已。又过了几年，齐宣王发动战争，他不满于孟子那种不合时宜的和平主义论调，而把孟子解了官。孟子听说宋襄公很欣赏他的学说，于是他便到宋国见宋襄公，但他发现他所听到的实在是虚言。每个君王都有许多的借口，不愿接受孟子的规劝。有的说："我有兵甲，我要扬威天下。"有的说："我有兵甲，我要富甲天下。"孟子不再周旋于各国君王之间，他把他晚年的精力全部用在教诲学生和记述他与当时各国君王的对话。虽然我们无法评定他的著述与兰多（Walter Savage Landor）[1]相较，要高明在哪里。虽然我们无法肯定《孟子》一书是他自己作的，还是他的学生记的，也许都不是或都是，

[1] 兰多（1775—1864年），英国诗人及散文家。——译者注

但我们敢说《孟子》一书在中国的哲学史上，具有极为崇高的地位。

孟子的言教，如孔子那样隽永。在《孟子》七篇当中，谈的尽是道德和政治的哲理，而不似老子，所言尽是玄之又玄的形而上学。孟子感兴趣的是如何来追求美好的人生，建立王道的政治。他最根本的一个出发点是认定人性本善。他认为社会问题的发生不是因为人的本性使然，而是由于政府的腐败。因此，他主张应由哲学家来当政，要不然君王必须有哲学家的修养：

> “今王发政施仁，使天下仁者皆欲立于王之朝，耕者皆欲耕于王之野，商贾皆欲藏于王之市，行旅皆欲出于王之涂，天下之欲疾其君者，皆欲赴愬于王：其若是，孰能御之？”
>
> 王曰：“吾惛，不能进于是矣。”

贤明的君王不应与他国交战，而应与大家的共同敌人——贫穷——相抗衡，因为贫穷和愚昧才是罪恶和混乱的根源。“民之为道也，有恒产者有恒心，无恒产者无恒心；苟无恒心，放辟邪侈，无不为已，及陷乎罪，然后从而刑之，是罔民也。”这是孟子对于社会动乱的基本看法。所以，政府应当替人民的福利着想，使他们对上足以侍奉父母，对下足以蓄妻子；并应规划经济的措施。“市，廛而不征，法而不廛。”“关，讥而不征。”全国实施义务教育，为发展文明之首要根基。完善的教育要比美好的法律，容易赢得民心。“人之所以异于禽兽者几希？庶民去之，君子存之。”

当我们了解孟子因他的激进主义而遭到各国君王的反对，因他的保守主义而遭到社会主义者和共产主义者的耻笑时，我们知道我们文明时代所存有的政治、态度以及解决之道这些问题早就已存在了。当楚人许行举起贫民阶级独裁的大旗，疾呼农工阶级治国的宏论，许多“有识之士”相率呼应之时，孟子讥讽这种新说，力主应由饱学之士主政。但是孟子谴责人类怀有利益的动机的说法，他指责宋企图以利益的得失来说服秦楚两国不要交兵：

> 先生之志则大矣，先生之论则不可。先生以利说秦楚之王，秦楚之王悦于利，以罢三军之师；是三军之士，乐罢而悦于利也。为人臣者，怀利以事其君；为人子者，怀利以事其父；为人弟者，怀利以事其兄。是君臣、父子、兄弟终去仁义，怀利以相接；然而不亡者，未之有也。

孟子承认有革命的权利，而且他还当君王的面表示赞成。他指斥战争是一项罪恶，他对于那些崇拜战争英雄的人，这样谴责：“有人曰：‘我善为陈，我善为战。’大罪也。”（孟子并有“善战者，服上刑”的说法。）孟子又说：“春秋无义战。”他谴责宫廷生活的奢华，并严斥君王只会养肥自己家的猎犬，而不顾百姓的死活。有位君王曾向孟子诉苦，说他无法防止饥荒，孟子告诉他应当让位。孟子说：“民为贵，社稷次之，君为轻。”人民不但有权利驱逐君王，而且甚至随时可以杀掉他：

> 齐宣王问卿。孟子曰：“君有大过则谏，反复之而不听，则易位。”
>
> 齐宣王问曰：“汤放桀，武王伐纣，有诸？”孟子对曰：“于传有之。”
>
> 曰：“臣弑其君，可乎？”
>
> 曰：“贼仁者，谓之贼；贼义者，谓之残；残贼之人，谓之一夫。闻诛一夫纣矣，未闻弑君也。”

这实在是一个大胆的论说，孟子的这种革命说已为中国的君王和百姓所承认，他们认为一个君王要是丧失了民心，就等于丧失了天意，因而可以推翻。明太祖看了孟子与齐宣王的这一段谈话之后，非常气愤，下令把孟子在孔庙中的地位降下来——孟子的牌位是在1084年由当时的君王正式训令颁赐的。但不到一年，孟子的牌位又恢复了。直到1911年清朝被推翻时，孟子一直是中国的一位英雄，在中国正统的哲学史中，其影响力和地位仅次于孔子。而孔子也正因为有孟子和朱熹这两大门徒，才使得儒学在中国居于领导地位达2000年之久。

·荀子——现实主义者

孟子的哲学有许多缺点，他同时代的哲学家曾把这些缺点暴露出来。人性本善吗？而人之走向罪恶，只是由不良的教育所促成的吗？或者人之本性应负社会之所以败坏的责任吗？关于这个问题，革新派和保守派一直争论不休。教育是不是灭绝罪恶、增长道德和引人走向乌托邦呢？哲学家适于当政吗？或者他们的学说反而使他们所寻求的症结更恶化了呢？攻击孟子最力、最使孟子头痛的是一位曾任兰陵令的哲学家荀子。荀子生卒年代很难断定，大约是在公元前235年去世，享年70。孟子相信人性本善，荀子则认为人性本恶，甚至尧舜当其诞生之际亦有蛮夷之性。

下面荀子的一段话，恰如英国哲学家霍布斯所言：

> 人之性恶，其善者伪也。今人之性，生而有好利焉。顺是，故争夺生而辞让亡焉。生而有疾恶焉。顺是，故残贼生而忠信亡焉。生而有耳目之欲，有好声色焉。顺是，故淫乱生而礼义文理亡焉。然则从人之性，顺人之情，必出于争夺，合于犯分乱离，而归于暴。故必将有师法之化，礼义之道，然后出于辞让，合于人理，而归于治。用此观之，然则人之性恶明矣。

荀子与屠格涅夫一样，认为自然并不是什么神秘的东西，它提供给我们原始的资源，我们应善加开发利用。他认为人性虽恶，但由教育陶冶，可达圣贤的领域。荀子也是位诗人，看看下面这一首诗，培根简直要黯然失色了：

大天而思之，
孰与物畜而制之？
从天而颂之，
孰与制天命而用之？
望时而待之，
孰与应时而使之？
因物而多之，
孰与骋能而化之？
思物而物之，
孰与理物而勿失之也？
愿于物之所以生，
孰与有物之所以成？
故错人而思天，
则失万物之情。

· 庄子——理想主义者

归返自然，并不是消极。这位自然的代言人庄子，是当时文笔最优美的哲学家。庄子喜爱自然，他的哲学充满着卢梭对自然那份诗般的感受，以及伏尔泰那份讥刺的机智。到现在，谁可以想象庄子忘了自己，“而形容一个长有甲状腺肿的人像一个陶制的瓶子呢？”庄子不但是个哲学家，也是一个文学家。

庄子，宋国蒙县人。《史记》说他曾做过蒙县的漆园吏，与梁惠王、齐宣王同时，看起来和孟子是同时了。但在他的著作中，他从没提到有关孟子的事；也许是他们彼此相敬爱，而不便批评对方。《史记》又说，庄子曾两度拒绝做官。楚威王慕他的盛名，命使者厚币迎之，许之以宰相，但他笑对使者说："千金，重利；卿相，重位也。子独不见郊祀之牺牛乎？养食之数岁，衣以文绣，以入大庙，当是之时，虽欲为孤豚，岂可得乎？子亟去，无污我，我宁游戏于污渎之中自快，无为有国者之所羁。"庄子在濮水垂钓，楚王派遣了两位大夫来看望他，说："要将楚国的政事来麻烦你啦！"庄子握住钓竿看都不看。

> 庄子曰："吾闻楚有神龟，死已三千岁矣，王巾笥而藏之庙堂之上，在龟者，宁其死为留骨而贵乎？宁其生而曳尾于涂中乎！"二大夫曰："宁生而曳尾涂中！"庄子曰："往矣！吾将曳尾于涂中。"

庄子对于政府的看法，与他的祖师老子一样。他喜欢指出君王和盗贼有许多相同的地方。一位真正的哲学家，假如能略为不太矜持于他本身的角色，那么他应会发现他自己是在担当着治理国家的责任。他的正确的治国之道就是无为而治，让人民自由地组织一个他们自己的政府。庄子说："闻在宥天下，不闻治理天下也！"（宥使自在则治）庄子认为尧舜以前盛世时代，并没有政府；自尧舜设立起政府制度以来，夺去了人民盛世时代所享的快乐，庄子认为尧舜应该负起这个责任，而不应受到这般的尊崇。他说："夫至德之世，同与禽兽居，族与万物并，恶乎知君子小人哉？"

庄子认为，聪明的人一见到这个国家有了政府，就应立即拔腿而跑，并尽可能地远离哲学家和君王这两种人。他应当去追求山林的和平与静谧，不让诡计和杂念来困扰，把整个身子浸渍于追求神圣的"道"中。大道无名可称，不能诉之于言语，也不能形之于思想，只想从心灵中体会出来。应该反对使用机械，因为有了机械，便有机械的事情；有机械的事情，便有机械的心理；胸中有了机械心理，便不能具有完整的朴实洁白；没有完备的朴实洁白，精神便不能安定；精神不能安定，便得不到安宁。他应不据有财产，金钱对他是无用的，他应让金藏于高山，珠藏于深渊。“合万物为一体，当死生而无变。”

庄子的中心思想，近似半传奇的老子的思想，庄子认为老子思想要比孔子的更为深奥。庄子的思想亦富有神秘性。因与释迦和《奥义书》的教义极为相似，我们简直要怀疑印度的玄学是不是要比历史记载的早400年就已传入中国了。诚然，庄子是一位不可知论者、宿命论者、决定论者和悲观主义者。但这并不能否定了他是一位富有怀疑的圣人，一位热衷追求“道”的人。我们说他是一个怀疑主义者，可从下面他说的这些话看出：

> 罔两问景曰[1]：“曩子行，今子止，曩子坐，今子起，何其无特操与？”
>
> 景曰：“吾有待而然者邪？吾所待又有待而然者邪？吾待蛇蚹蜩翼邪？恶识所以然，恶识所以不然？”
>
> 其形化，其心与之然，可不谓大哀乎？
>
> 庄子又曰：
>
> “化其万物，而不知其禅之者？焉知其所终，焉知其所始？正而待之而已耳！”

庄子所怀疑的这些问题，由自然事物所引起者少，由我们思维能力的所限制者多。因此，要以有限的思维去理解那充满着矛盾、信仰和迷惑的宇宙，实在不是一件容易的事。所以，企图以有限的部分解释无限的全部，实在是过分地大胆，唯一行得通的是以宇宙所引起的幽默来解释宇宙。因为幽默像哲学一样，它只是整体中一部分，所以宇宙和幽默缺一不可。庄子说，并不是智者就能了解那万事万物的终极或任何深奥的事务，比如一个婴孩的成长。庄子说：“辩也者，有

[1] 罔两是指影外之微影，景是指影。庄子的这一比喻可能是把影子比作身体，而把那微影比作心。

不见也。”为了要了解“道”，必须要严格地压抑使用那智识，道不能够听到，不能够看见，不能够讲说，只能以内心去证悟，所以我们应该摒弃一切理论学说，而以亲身去感悟。教育对于悟道是无所助益的，浸渍于那大自然之流，才是唯一的法门。

何谓“道”？它在宇宙四合之下，生于天地之前，成长在上方之际。在“道”之中，没有矛盾，没有贵贱，没有敌对。从“道”的观点来说，也没有善恶、黑白、美丑、大小之别。[1] 庄子说：“知天地之为稊米也，知毫末之为丘山也，则差数等矣。”万物变化无穷，万物都逃不过进化的过程：

> 种有幾，得水则为㡭，得水土之际，则为鼃蠙之衣；生于陵屯，则为陵舄；陵舄得郁栖，则为乌足；乌足之根为蛴螬，其叶为蝴蝶；蝴蝶胥也化而为虫，生于灶下，其状若脱，其名为鸲掇，鸲掇千日为鸟，其名为干余骨；干余骨之沫为斯弥，斯弥为食醯；颐辂生乎食醯，黄軦生乎九猷，九猷生乎瞀芮，瞀芮生乎腐蠸，腐蠸生乎羊奚。羊奚比乎不箰久竹，生青宁；青宁生程；程生马；马生人。人又反入于机，万物皆出于机，皆入于机。

庄子上面这段话，虽然不似达尔文的《进化论》那样地使人易于了解，但其论说是有相当的价值的。

在这个永无间歇的进化过程中，人可能会进化成另一个样子，现在我们人的形态只是暂时性的，从永恒的观点来说，也许这是真实的。庄子说：

> 昔者庄周梦为蝴蝶，栩栩然蝴蝶也，自喻适志与，不知周也。俄然觉，则蘧蘧然周也。不知周之梦为蝴蝶与？蝴蝶之梦为

[1] 西施是最美丽的女人，但她水中的倒影，却吓跑了池中的鱼儿。

周与？周与蝴蝶则必有分矣，此之谓物化。

因此，死只不过是一种形象的改变而已，也许它会变得更好。庄子说：

> 俄而子来有病，喘喘然将死，其妻子环而泣之。子犁往问之曰："叱避！无怛化。"倚其户与之语曰："伟哉！造物又将奚以汝为？将奚以汝适，以汝为鼠肝乎？以汝为虫臂乎？"子来曰："父母于子，东西南北，唯命之从；阴阳于人，不翅于父母，彼近吾死，而我不听，我则悍矣！彼何罪焉？夫大块载我以形，劳我以生，佚我以老，息我以死，故善吾生者，乃所以善吾死也。今之大冶铸金，金踊跃曰：'我必且为镆铘！'大冶必以为不祥之金。今一犯人之形，而曰：'人耳，人耳！'夫造化者必以为不祥之人。今一以天地为大炉，以造化为大冶，恶乎往而不可哉？成然寐，蘧然觉。"

当庄子快要作古的时候，他的弟子准备为他举行隆重的葬礼。但庄子不要他们这样做。他说："吾以天地为棺椁，以日月为连璧，星辰为珠玑，万物为斋送，吾葬具岂不备耶？何以如此？"弟子说："吾恐乌鸢之食夫子也。"庄子说："在上为乌鸢吃，在下为蝼蚁食，夺彼与此，何其偏也？"

我们之所以花这么大的篇幅讨论中国古代的哲学家，一部分是为了要讨论那引人而又不易解决的人生和命运的问题，一部分也因为这些哲学家是中国对世界贡献最大的部分。

1697年，提倡宇宙论的莱布尼茨，读了中国的古代哲学之后，呼吁要把东方的哲学渗入西方的哲学内。他写道："我们的事务这样地没有条理，道德的堕落有增无减，我想我们需要中国派一些学者来教我们国教的目的和应用……因为我相信，假如要一位聪明的人来判定哪个国家人民最为善良，那么他无疑会选中中国人。”他要求彼得大帝开一条大道通往中国，他提议俄国、德国和中国交往，中国文化和欧洲文化交流。1721 年，德国哲学家沃尔夫步莱布尼茨后尘，在哈雷大学讲授“论中国人的实用哲学”。他被控是个无神论者，结果被解聘。但腓特烈大帝上位后请他到普鲁士，沃尔夫的声誉和地位再度恢复。

欧洲 18 世纪思想的启蒙运动，采纳了中国的哲学，花园是中国式的，室内也是中国的装饰。而当时的重农主义者，似乎也是受到老子和庄子的影响。而卢梭一谈到“道”，[1] 便使我们立刻联想到老子和庄子的天道，就如同我们一提到伏尔泰，就想到孔子和孟子。卢梭和伏尔泰都分别受到老庄和孔孟的影响。伏尔泰说：“我曾好好地读过孔子的‘四书五经’，我从那里撷取到不少的东西，我发现‘四书五经’是最纯洁的道德，丝毫没有半点的虚伪在内。”歌德在 1770 年，曾决心研究中国的古代哲学；43 年后，当炮火响彻整个欧洲，拿破仑大败于莱比锡时，这位白发苍苍的大文豪一点也不屑于那些炮声，而是沉浸在中国的文学里。

笔者对于中国古代哲学所作的浮光掠影的介绍，只希望能抛砖引玉，引领读者去研究中国的哲学家，像歌德、伏尔泰和托尔斯泰这些人一样地去研究。

[1] “奢侈、放荡和奴役往往是大智要我们从快乐的无知中，所闪现出的极大的努力所要责罚的目标。”这一段文字是托马斯教授（Elbert Thomas）从《关于科学与艺术的发展的演讲》（*Discourse on the Progress of the Sciences and Arts*）摘录出来的。托马斯认为，把老子的“道”解释为大智，极为妥当。

第二章 | 诗人的时代

中国的俾斯麦

也许孔子抱憾而终，因为哲学家都热爱统一，而孔子在世时，中原一直处在各国分割的混乱局面下，最后秦始皇平六国，统一天下，却下令烧毁孔子的“四书五经”。我们可以从屈原的故事，来判断这个战国时代是个怎样的时代。曾经矢志作为一个诗人、一度担任高位的屈原，突然发现他自己被革职了。之后，他退居乡间，过着隐士的生活，最后，投汨罗江而死。他问了一位哲人：

> 吾宁悃悃款款，朴以忠乎？将送往劳来，斯无穷乎？宁诛锄草茅，以力耕乎？将游大人，以成名乎？宁正言不讳，以危身乎？将从俗富贵，以媮生乎？宁超然高举，以保真乎？将哫訾栗斯、喔咿儒儿，以事妇人乎？宁廉洁正直，以自清乎？将突梯滑稽、如脂如韦，以洁楹乎？

他为了在这进退维谷之中求得解脱，而选择了自尽一途，在公元前350年，他投入了汨罗江。为了纪念这位伟大的诗人，直到今天，中国人每年在农历5月5日那天举行划龙船的盛会，他们要在每一条江中，寻找他的尸体。

这位统一中国的秦始皇，是中国历史学家眼中最坏的一位君王。我们知道，秦始皇是战国七雄中秦襄王后和宰相吕不韦的私生子。吕不韦自认文章甲天下，他曾在门前悬赏千金，如有人能在他的文章中每增减一字，即赏以千金（他的儿子可没有他这种文学的造诣）。《史记》说，秦始皇逼迫他的父亲自杀，虐待他的母亲，12岁即登上王位，15岁开始东征并吞诸小国。先灭韩（公元前230年），次灭赵（公元前228年），次灭魏（公元前225年），次灭楚（公元前223年），次灭燕（公元前222年），最后灭齐（公元前221年），10年之间，六国先后皆亡。900年来，历史上中国第一次一统，故他自称为始皇帝。

“鼻子高高的，眼睛大大的，鹰胸，狼声，铁面无私，狐狸心肠。”——这是中国历史学家所描述的秦始皇。他是一位粗鲁而固执的人，不信神，唯我独尊。他就像尼采心目中的那位俾斯麦，决心采取铁血手腕，统一天下。秦始皇登基之后，第一件事是修筑万里长城，以抵御北方匈奴的入侵。他发现国内有那么多反对他的人，为了要修筑这座足以代表中国人的伟大的万里长城，他下令征召这些人到北方，做这件伟大的工事。万里长城，东自山海关，西至嘉峪关，全长约2300余公里，并在重要道口设有亚述式的关口，这是人类有史以来最伟大的工程。伏尔泰说：“至于埃及的金字塔，只是个庸俗无用的庞然大物。”修筑万里长城共费了10年，动用了数十万的人工。中国人说：“它毁灭了一代，奴隶死了不知其数。”其实，万里长城并没真正地挡住匈奴，不过多多少少是发挥了一些作用，至少匈奴侵略的次数减少了。

秦始皇与拿破仑一样好大喜功，他扩大疆土，确立中国的疆界。他接受宰相李斯的建议，废封建，行郡县，定官制，明权责，形成进一步的中央集权；同时，修筑驿道，拆毁城郭，决通川防，以利军事行动和交通；并统一文字、法度、定币值、矫正各地政教风俗；销毁军器，迁徙12万家富豪于咸阳，以防止人民的反抗。我们可以说，他是鼓励科学，抑制文学。

所有的文人——诗人、批评家、哲学家，尤其是孔子的弟子——都是他的敌人。在秦始皇的极权统治下，这些文人被激怒了，他们眼睁睁地看到在春秋战国的纷争下，那种学术自由、百家争鸣所开出的灿烂文化的花朵，在中央集权下必将被摧毁无余。于是他们起而反对秦始皇的废弃古代礼俗，但秦始皇根本不加理睬。而在朝的士子，也异口同声地建议秦始皇恢复封建制度，他们说："凡事不师古，而能持之久者，未尝闻也。"但此时的宰相李斯正醉心于从事改革文字，他就发表一篇历史性的文章，以反驳这些批评的人，然而他的这篇文章对中国的文学，并无任何贡献：

> 五帝不相复，三代不相袭……时变异也。今陛下创大业，建万世之功，固非愚儒所知……异时诸侯并争，厚招游学。今天下已定，法令出一。百姓当家则力农工。士则学习法令辟禁。今诸生不师今而学古，以非当世，惑乱黔首……入则心非，出则巷议，夸主以为名，异趣以为高，率群小以造谤。如此弗禁，则主降乎上，党与成乎下……
>
> 臣请史官非《秦记》皆烧之。非博士官所职，天下敢有藏诗书百家语者，悉皆守尉杂烧之。

秦始皇非常赞同李斯的构想，遂下令焚毁各国史书，把过去的一扫而空，要把中国的历史从秦始皇开始算起。医药、卜筮、种树等科学性的书免于遭殃；而许许多多遭到禁止的书，都保存于皇宫的书房里，朝廷的文学士准许在那里研读。所谓当时的书，都是把文字刻于竹简上，所以，一册的书可能就有相当的重量。文人若要把这些竹简藏起来而不交出去，实在是很难。所以，有许多人都被查到，其中有许多人被送去做苦役，修筑万里长城；有460人被活埋。尽管如此，有些士子却可以背诵出“四书五经”来，而以口授相传。秦始皇死后不久，这些遭禁的经书又自由地流传开来。虽然其中不免有些错误，但大致还是保全了原来完整的面目。秦始皇这种焚书坑儒的手段，所得来的一个最终的结果是，反使这些遭殃的经书更博得人们的珍贵喜爱，而秦始皇本人，则反而遭到中国历史学家最坏的批评。直到现在，人们仍然以暴虐无道来形容这个皇帝，而抹杀他的一切丰功伟业。

秦始皇破坏了中国固有的家庭制度，剥夺了新闻和言论的自由，以致在他没落的几年里，几乎没有一个人愿意支持他。有好几次他险遭谋刺，好在及时发现，把凶手制服了。他要随身佩剑，他的王宫有多处，使人不知他身藏何处。像亚历山大大帝，他为了要巩固他的王位，自吹是一个神，但是，他也像亚历山大大帝一样失败了。他下令要他以后的继承人，从二世开始下去，一直到千万世。但他没料到，秦朝只传了一代，到他的儿子秦二世胡亥就亡了。秦始皇到了晚年极为迷信，曾遣人到东海去求长生不老之药。秦始皇死于旅途，他的尸体是被偷偷地运回咸阳的。为了要隐瞒他那尸体的臭味，护卫们曾载了一大车的臭鱼来护送他。据说，有几百位宫女活活地陪葬；他的继承人因为高兴见到他早一点死去，遂大兴土木，替他盖了一座非常豪华壮丽的坟墓，顶上装饰有闪闪发光的星，里面铺的青铜地板上面用水银绘制了一幅全国的地图。坟墓的里面装设有自动砍杀的机器，以防他人侵入，并点燃巨大的蜡烛，好让这位死去的帝王和他的皇后能在永远的明亮中，还能做他们的事。凡是参与安置棺材的所有工作人员，都被活活地陪葬，唯恐他们泄露这座坟墓的构造的机密。

社会主义的实验

秦始皇的死，就像历史上每一位独裁者的死一样，其后带来的必定是一个混乱的局面；此时，只有超人才能收拾这个乱局。人民群起反抗秦始皇的儿子秦二世，当秦二世杀掉李斯后不久，他也就被杀了，秦朝就在秦始皇死后的第五年结束了。此后，又是群雄并立、你争我夺的一个混战时代。最后由一位聪明的亭长刘邦统一了天下，建立了汉朝。汉朝虽然曾有多次的内讧内乱，并曾数度更换首都，但总共维持了400年之久。[1]文帝（公元前179—前157年）即位，崇尚黄老，重开学术自由的风气，为政恭俭，与民休息，表彰气节。

汉朝最伟大的一位帝王是武帝。武帝在位半个多世纪（公元前140—前87年），他赶走了匈奴，把疆土扩大，东至辽东及朝鲜南部，南至南海兼越南东北部，西达玉门关又统属西域，北抵大漠。这是中国第一次获得这样广大的领土。武帝为了要解决日趋严重的民生经济问题，遂推行经济改革政策，实施社会主义，建立国营制度，以防止私人独占山川的资源，避免富者愈富，贫者愈贫。征收盐税，铁、酒公卖。严防投机分子和商人的剥削——他们放高利贷，囤积货物。司马迁说，武帝行“均输”和“平准”之法，以控制物价。国家收买过剩的物品，当物价高涨时，国家便抛售这些物品，于是物价便下跌。这样，如司马迁说的，“商贾便无法暴利……而全国物价都可平稳”。所有的收入都必须申报，并抽5%的所得税。为了方便货物买卖交易，武帝令由官铸五铢钱，通行全国。凡是私人无法承担的大的公共工程事业，一律由政府来负责。武帝还大兴桥梁，开凿运河，灌溉农田。[2]

武帝的这些经济改革措施，一时收效宏大。贸易的数量激增，种类也增多，范围也扩大，甚至与海外诸国通商贸易。长安的人口和财富都激增。国库充盈，学术风气鼎盛，诗人辈出，中国的陶器也达

[1] 西汉（公元前206—公元24年）的国都是在长安，东汉（24—221年）迁都洛阳。现在中国人还自称汉人。

[2] 葛兰言（Marcel Granet）说：“武帝的这些措施是革命性的。假如武帝有一点家族观念的话，这些政策可能就要大大成功，并且创造一个新的中国社会……但是武帝只看到最迫切需要的东西。他天天只想到运用各种的权宜之计，而当这些权宜之计已经充分显露出弊端之后，他还反对把它们取消；而且他喜欢起用新人，每当这些新人有了相当的成就之后，他唯恐他们权力过大，便把这些人牺牲掉了。由于武帝本人的过分专制，以及大臣的过分短视，中国错过了可以成为一个坚固有组织的国家的绝佳机会。”

于精美的地步。国府的藏书非常丰富，计经典方面有 3123 册，哲学方面 2705 册，诗方面 1318 册，算学方面 2568 册，医药方面 868 册，兵法方面 790 册。要想做官必须经过国家举行的公开考试甄选。中国至此达于鼎盛的时代。

但好景不长，天然的灾害加上外戚之祸，使得他的大胆尝试遭遇失败。水灾、旱灾接踵而至，物价飞涨到了无法控制的地步。衣食费用的激增，使得人民开始缅怀过去那个理想的太平盛世时代。于是，人民恨透了这位革新的皇帝，商人亦反对国家的垄断政策，使得商业萧条，失去了竞争。他们拒绝缴付高税。而女人的干政大大地影响了朝政，尤其自武帝死后，这个影响更大。在新的经济政策下到处充斥着骗子，剥削投机事业又重新抬头，100 年后，武帝的这些革新措施，被人淡忘了，并遭到恶言相向。

武帝死后 84 年，另外一位改革家登上了帝位。这位起初自称为摄政、后来做起真皇帝的改革家叫王莽。王莽是最典型的中国绅士。[1] 虽然他很富有，但生活非常有节制，甚至到节俭的地步。他把他的收入分给他的朋友和穷人。他除了沉浸于为国家重新改革经济和政治，还抽出时间，不但奖励学术，而且还竭力奋发使自己亦成为一位学者。在他掌握政权的时候，他的四周围绕的不是一些平庸的政治家，而是一些有相当修养的学人和哲学家。关于这一点，见仁见智，他的敌人认为这是他失败的根源，而他的朋友则认为这正是他成功的地方。

王莽对于奴隶制度深恶痛绝，他一上台，即废除了奴隶制度，禁止买卖奴婢，并改土地为国有，规定土地不得买卖；占田超过限额者，须分予九族邻里乡党；无田者，政府授给，一夫百亩；他继续实施国家专卖事业，凡盐、铁、酒、钱、名山大泽，均由国家经营。像武帝一样，王莽实施平价贸易，由国家收购过剩的农产品，在饥馑的时候，把这些物品抛售出去，并实施国营贷款，以低利贷款给任何从事

---

[1] 除非王莽在公元 5 年弑平帝的谣传属实。

生产事业的人。

王莽把全部的精力放在经济的改革方面，而忽略了人类的本性。他日以继夜地工作，拟订种种计划，以使国家富强康乐。但当他发现社会的混乱竟日益严重时，他心碎了。自然的灾害，如旱灾、水灾，有增无减地破坏了他的经济计划。而那些因他的改革措施而得不到暴利的投机分子，遂联合起来，阴谋推翻他。叛乱随之而起，外表上看是人民揭竿而起，实际上是那些投机分子怂恿的；当王莽奋力要控制这些叛乱时，举国群起打击他的声威，而匈奴亦乘机侵入北方各省。刘家更是带头叛变，刘秀大破莽军，攻陷长安，商人杜吴杀王莽，新朝遂亡。他的一些革新措施全被废除，一切又恢复了原来的面目。

汉朝就在以后几个无能帝王的手中断送掉了。汉亡后，随之是割据混乱的三国时代。万里长城也挡不住了匈奴。北方一大片土地都被匈奴占领。就如同北方蛮族使罗马帝国崩溃并把欧洲投进了 1000 年的黑暗时代，中国的生活也遭到了匈奴的骚扰，中国的文化也停滞了。然而二者相较之下，中国的血性和文化却要比罗马强得多了。中国所遭到的困扰要比罗马来得少，影响也较小。在一阵的战争和混乱之后，中国人和匈奴通婚，中国的文化又复活了。接着是一个灿烂的时代，也许是匈奴的血液注入了这个古老的中国，使得它恢复了活力。中国人接纳了征服他的人，与他们通婚，教化了他们，使得中国的历史向全盛的时代迈进。

光荣的唐朝

中国之所以能够再迈进一个伟大的时代，部分是由于与匈奴血统的混合，部分是由于佛教的传入而引起的精神上的刺激，再一部分是由于中国最伟大的帝王之一唐太宗的贤明。在他 25 岁时，他的父亲唐高祖让位给他，唐高祖在位仅 9 年。他一开始就使用他的铁腕，杀掉企图夺去他王位的兄弟；继之，他运用他的军事天才，把入侵的突厥击退，收回汉朝以后失去的领土。突然，他对于东征西讨厌倦了，于是领兵回国都长安，修治内政。他再三研究儒家“四书五经”，并下令印行“四书五经”，颁行天下。他说：“以铜为镜可以正衣冠，以古为镜可以知兴替。”他拒绝奢侈的生活，把3000宫女遣走。当大臣建议他用严刑峻法来压制罪犯时，他告诉他们：“朕当去奢省费，轻徭薄赋，选用廉吏，使民衣食有余，则自不为盗。”

有一天，他去视察长安的监狱，当他知道有290位犯人被判处死刑时，他下令放他们出去耕田，他是仅凭着他们承诺还要再回来，而把他们放出去的。结果每一个人都又回来了，太宗非常高兴，便把他们都释放了。他把长安修得整整齐齐、漂漂亮亮，远自印度和欧洲的游客都慕名而来。印度佛教自此传入中国，许多印度僧侣都来中国传教；而中国的僧侣，如玄奘，也到印度去取经。拜火教和景教，也于是时传到了长安。唐太宗一律欢迎它们，给予保护和自由，免于纳税。此时，欧洲正陷入贫穷、知识没落和宗教战争的黑暗时代。他自己仍然保持儒家的宽容和大度，他没有什么教条，也没有什么偏见。一位很杰出的历史学家说：“当他的噩耗传出，百姓悲痛欲绝，外国使节甚至自割，把血洒在他的棺木上。”

他为中国奠定了一个最富创造性的时代。中国在这50年的国泰民安之下，开始对外输出稻米、杂粮、丝品和香料，人民过着前所未有的富裕生活。中国的湖泊到处有画舫，江岸河口到处有商船，从沿海的港口扬帆到遥远的印度洋和波斯湾。中国从未达到如此富庶，人民从未享受到如此丰衣足食的生活。中国的丝绸在欧洲以黄金来交易，然而它在中国本土却是一般人都有的一种衣料。在8世纪的长安，穿皮衣的人要比20世纪的纽约人来得多。在长安附近的一个小镇，就有好几家丝织工厂，工人数以万计。李白不禁大喊道：“兰陵美酒郁金香，玉碗盛来琥珀光，但使主人能醉客，不知何处是他乡。”人像是用红宝石雕成，假的人尸埋在珠宝做的床上。这个伟大的民族立即迷上了美，凡是能创造美的人都享有极高荣誉。一位中国评论家曾说:“在这个时代里，人人都是诗人。”

唐朝的帝王，对于诗人和画家都给予高职。约翰·曼维尔爵士(Sir John Manville)[1]也可能被赐予一官半职，只是没人敢向太宗推荐这位约翰·曼维尔爵士会唱又会说的英雄故事。在18世纪，清朝的康熙帝下令编纂唐诗选集，搜集2300位诗人的4.8万首诗共30大册，使得国家图书馆藏书达5.4万册。

默多克（Murdoch）说:“无疑，中国的文化是世界最进步的。当时，它是世界上最强大、最开明、最进步、统治最好的一个帝国。”“它是人类有史以来，最光辉灿烂的一个时代。”[2]

唐朝最鼎盛的一个时代就是明皇的时代，这位开创了“开元之治”的皇帝，统治中国达40年（716—756年）。他是一位全才的皇帝，既善于诗词，也精于武功，使得回纥、吐蕃和波斯等国都来朝贡。他废除死刑，改革监狱和法庭，减轻税役，赢得诗人、艺术家和学者的激赏，并在梨园建立一座音乐学院。他开始统治的时候，像是一位清教徒，关闭了丝织工厂，禁止宫女穿戴珠饰。但在结束时，像是一位享乐主义者，他享受着每一种艺术和奢侈，最后好好的王位断送在杨贵妃的笑靥上。

当唐明皇碰到杨贵妃时，他已是个60岁的老翁了，而她才27岁。10年来，她一直是他第8个儿子的妾。她并不美，胖胖的，经常戴假发，但明皇就是爱她那副固执、善变、专制和冷漠的样子。杨贵妃欣然接受他的宠爱，并介绍她的五亲六族给他，要他在宫廷上给他们安插闲职。明皇从她那里只学到了淫荡。从此，这位天子只知贵妃一人，而不管天下事矣！把国事交给那位腐化无能的右相杨国忠，他是杨贵妃的哥哥。当朝政已到崩溃的边缘时，明皇还日夜沉溺于美

[1] 一位法国医生的笔名，他在14世纪写了一本游记，绝大部分都是想象的，偶尔富有启迪性，但总是扣人心弦的。

[2] 这是亚瑟·威利（Arthur Waley）说的。参照《大英百科全书》:“无疑，中国的唐朝，是世界上最强大、最文明的时代。”

色之中。

安禄山是一个藩将，他也爱杨贵妃。他赢得明皇的信任，而被擢升为身兼平卢、范阳、河东三镇节度使，其麾下为全国最精锐的部队。由于杨国忠继李林甫为相，激怒了安禄山，安禄山遂自称为帝，挥军长安。安禄山声势浩大，势如破竹，明皇奔蜀。而护卫的军队也叛变了，杀死杨国忠和其五族，攫去了杨贵妃，在明皇的面前把她杀掉了。这位老态龙钟的帝王让位了。最后，安禄山攻陷长安，大肆屠杀。[1] 据说，在这次安禄山之乱里，有 360 万人丧失了生命。但安禄山并没有成功，安禄山被其子安庆绪杀害，安庆绪又被史思明杀害，史思明又被其子史朝义杀害。到了 762 年，安禄山之乱被平，心碎的明皇又回到满目疮痍的长安。几月后，明皇驾崩。由于唐明皇的这段罗曼史和悲剧，中国的诗歌达到了空前的高度。

天上谪仙人

正当唐明皇登峰造极的时候，有一天，他接见高丽派来的使节团，这个使节团呈给他一份用番邦文写的很重要的信函，但朝臣中，没有一个人能够看得懂。明皇大叫："堂堂天朝，济济多官，如何一纸番书，竟无人能识其一字！不知书中是何言语，怎生批答？可不被小邦耻笑耶！限三日内若无回奏，在朝官员，无论大小，一概罢职。"

这些大臣焦急万分，赶紧磋商，唯恐丢了官。后来，贺知章走近皇上，说道："在下敢向皇上一提，有一位叫李白的大诗人，隐居在家，他学问极渊博，令他来看看这封信吧！他实在是无所不知。"于是，明皇下令李白马上到朝廷来。但李白拒绝，他说他根本不可能有这个资格来为朝廷做事，因为他的文章曾在最后的一次考试里，被考

[1] 亚瑟·威利说："外藩之推翻唐明皇和攻陷长安，有如土耳其在路易十四时蹂躏凡尔赛一样。"

官打退了下来。明皇安慰他，答应赐给翰林。李白来了，发现他的考官高力士也在大臣之列，遂命高力士替他脱掉鞋子，然后，他才解释这封信函给皇上听。信中说，高丽为了脱离中国的统治，准备与中国一战。李白读完了这信函，马上口授极为中肯而强硬的复函，明皇连看都没看即签上了字，他几乎是听到贺知章对他耳语说——李白是天上谪仙人也。[1]结果，高丽国又派人来道歉，并呈送贡品。明皇便分一些赐给李白。李白又把这些贡品送给客栈的老板，因为他很喜欢酒。

李白的母亲在生他的当天晚上，梦见了太白星，即金星。所以，他的名字即取太白星之名，叫李太白。到了10岁，他已念完了所有的“四书五经”，并能写出不朽的诗句了。12岁那年，他就像个哲学家到山间去过着山林的生活，而且隐居了好几年。他身体强壮，曾习武术，他曾夸言：“虽然身高不及七尺，但力足以抵千万人。”然后，他就过着闲荡的生活，从各种不同的朱唇中，畅饮爱情之酒。他曾唱一首歌献给“吴国”：

葡萄酒，
金叵罗，
吴姬十五细马驮。
青黛画眉，
红锦靴，
道字不正，
娇唱歌。
玳瑁筵中，
怀里醉。
芙蓉帐底，
奈君何！

---

[1] 这是一则很动人的故事，也许是李白自撰。

他虽然曾经结婚，但因为一直贫穷，他的太太不耐这种贫困生活，遂把孩子一起带走，离开了他。下面这首充满了思念之情的诗，是为她而作，还是为那些没有热情的女人而作呢？

美人在时花满堂，
美人去后余空床。
床中绣被卷不寝，
至今三载闻余香。
香亦竟不灭。
人亦竟不来。
相思黄叶落，
白露湿青苔。

他借酒以自慰，成为竹溪六逸之一。他从不为三餐发愁，就靠着歌咏作诗来糊口。听说剡中的酒冠天下，他立刻动身前往这个 300 里外的城市。在途中，他遇到了杜甫。他们彼此赠诗，形影不离，有如亲手足。人人都喜爱他们，因为他们有如圣人，说起话来有骨气，对贫人、对帝王都一样表示友善。最后，他们到了长安；朝臣贺知章非常喜爱李白的诗，他把一些金饰都卖掉，并把这些钱花来与李白饮酒。杜甫曾这样描写李白：

李白斗酒诗百篇，
长安市上酒家眠。
天子呼来不上船，
自称臣是酒中仙。

与明皇在一起的时候，也是他最为快乐的时候，明皇曾因他作歌赞美杨贵妃，而当面赏他礼物。有一次明皇在沉香亭举行了一项牡丹宴，请了李白与会，作诗赞颂杨贵妃。李白虽来了，但已酩酊大醉，不能作诗；侍者在他那可爱的脸上，泼了一盆冷水，李白一清醒，授笔成文，把杨贵妃比作牡丹：

云想衣裳花想容，
春风拂槛露华浓；
若非群玉山头见，
会向瑶台月下逢。

一枝红艳露凝香，
云雨巫山枉断肠；
借问汉宫谁得似？
可怜飞燕倚新妆。

名花倾国两相欢，
长得君王带笑看；
解识春风无限恨；
沉香亭北倚阑干。

谁不会因他的这一赞美而感到兴奋呢？但是杨贵妃认为这位诗人是故意在讽刺她；在她的怂恿下，明皇对李白也生了疑心，他送给李白一袋金子后，就叫他离开王宫。从此，李白又到处流浪，与酒相伴。在长安，他加入八仙之游。他同意刘伶的看法，出门必带两名仆从，一位提酒，一位带铲。当他有一天倒下去的时候，他就用铲子来埋他自己。刘伶说：“人生如浮萍。”中国的诗人决心为中国哲学的清教徒主义而赎罪。李白说：“美酒三百杯，就可清醒头脑，驱走忧愁！”他的声音就像欧玛尔·海亚姆（Omar Khayyam）[1]的葡萄的福音：

君不见
黄河之水天上来，
奔流到海不复回？
君不见
高堂明镜悲白发，
朝如青丝暮成雪？
人生得意须尽欢，
莫使金樽空对月。
……
但愿长醉不复醒。
……
主人何为言少钱？
径须沽取对君酌。
五花马，
千金裘，
呼儿将出换美酒，
与尔同销万古愁。

这些万古愁是什么呢？是爱情的苦恼吗？不是的。虽然中国人和我们一样对于爱情都很敏感，但中国诗人并不如我们的诗人那样喜欢把爱情的痛苦倾诉出来。李白的万古愁是战争和放逐。安禄山的造反，长安的陷落，明皇的幸蜀，杨贵妃的死亡及明皇的落魄，实实在在都使得李白尝到了人间的疾苦。他喃喃自语："战争不止休！"他想到了那些夫婿去出征的可怜妇女：

[1] 欧玛尔·海亚姆（1048—1122年），波斯诗人及天文学家。——译者注

明月出天山，
苍茫云海间。
长风几万里，
吹度玉门关。
汉下白登道，
胡窥青海湾。
由来征战地，
不见有人还。
戍客望边色，
思归多苦颜。
高楼当此夜，
叹息未应闲。

李白自赐金后，一直过着到处流浪的生活，诚如崔宗之所说的："担囊无俗物，访古千里余，袖有匕首剑，怀中茂陵书。"在到处的流浪中，自然给了他莫大的安慰和难以言喻的平静；从他的诗句中，我们看到他那花的世界，我们也感到高度的文明已经深植在中国人的心灵中：

问余何意栖碧山，
笑而不答心自闲。
桃花流水窅然去，
别有天地非人间。

或是：

床前明月光，
疑是地上霜。

举头望明月，
低头思故乡。

现在他的头发已白，心里有一份缅怀过去少年时的悠悠之情。早在长安的那段浮华日子里，他就流露出那种为人之父的亲情和思家的苦楚！

吴地桑叶绿，
吴蚕已三眠。
我家寄东鲁，
谁种龟阴田？
春事已不及，
江行复茫然。
南风吹归心，
飞堕酒楼前。
楼东一株桃。
枝叶拂青烟。
此树我所种，
别来向三年。
桃今与楼齐，
我行尚未旋。
娇女字平阳，
折花倚桃边。
折花不见我，
泪下如泉流。
小儿名伯禽，
与姊亦齐肩。
双行桃花下，

抚背复谁怜？
念此失次第，
肝肠日忧煎。
裂素写远意，
因之汶阳川。

李白的晚景很潦倒，原因之一是他有傲气，从不向人屈身求怜。在这战乱的时代里，他发现没有帝王愿收容他，便欣然接受永王李璘的召辟，作为一个幕僚。但永王璘图谋不轨，擅自领军叛乱，等到永王璘被平，李白也因而下狱。最后，郭子仪敉平安史之乱，并设法营救李白，愿以官爵代为赎罪。李白终被判流放夜郎。然而，李白在流放夜郎的途中，却奉到大赦的命令。他真是高兴极了，立即沿江而上，返回故乡。3年之后，李白因贫病交迫而亡。对于李白的死，传说不一。有的说，李白以疾终。有的说："李白着宫锦袍，游采石江中，傲然自得，旁若无人。因醉，入水中捉月而死。"

李白凭那30卷优美而文雅的诗，成为中国最伟大的诗人。一位中国的批评家这样赞叹道："李白是泰山之顶，高于千万山陵之上；李白是万丈光芒的太阳，亿万的星辰都为之黯然失色。"纵然明皇和贵妃已死，李白仍然还是唱出：

木兰之枻沙棠舟，
玉萧金管坐两头；
美酒樽中置千斛，
载妓随波任去留。
仙人有待乘黄鹤，
海客无心随白鸥。
屈平词赋悬日月，
楚王台榭空山丘。

兴酣落笔摇五岳，
诗成啸傲凌沧州。
功名富贵若长在，
汉水亦应西北流。

中国诗的特质

要了解中国诗，只看李白的是不够的。因而必须好好地沉浸在许多的诗人中，去了解他们各自独特的诗法。中国诗有某些微妙的味道，我们西方人实在不容易翻译出来。我们从来没看到一个字，即一个单音节会有什么生动，竟能表达无尽的意义；我们从来没看到从上到下、从右到左这样的诗句的安排；我们捉不到那种韵律，这是古代诗人所留下来的格律；我们听不懂那些抑扬顿挫的音调；即使我们对这些诗法都了解，但是东方人的诗要是由西方人来念，那就非走样不可。一首优美的中国古诗，就像是一座精美的山楂花瓶。对我们西方人来说，它只不过是一种带点矫揉造作的“自由”或“想象”的诗，我们外国人只能一知半解，无法完全领会，实在是心有余而力不足。

我们所能看得出的最突出的一点是“简洁”。我们会自然而然地认为这些诗有点轻佻，因为它们没有弥尔顿和荷马的那种壮丽和冗杂，而令人感到一种虚空的失望。因为诗是即兴之作，要是拖得漫长，那就不能是诗了。诗的用意如画，一挥即成，一看即知。在短短的几行间，道尽一番哲理。理想的诗是带有韵味，而意境无穷。因为诗的本质是画，而中国文字的本质是形象，因此，用文字表示出的中国语，即自然地流露出诗意。而在画中更可以表现出诗情，规避了不可言喻的抽象。由于抽象，再加上那种文化，中国的文字富有一种微妙启示而神秘的魔力。因此，在相同的形式下，中国的诗融合了启示性和简洁性。而透过它所描述的画，企图揭示某种看不见的、更深一层的东西。中国的诗，不是讨论，而是暗示；是含蓄，而不是明言。

只有东方人才能够体会出诗中的真意。中国人说："古时候的人认为诗的最高境界是只可意会，不可言传。"就像中国人的风范和艺术一样，中国的诗是在平静和简洁中含有无限的优雅。它摒弃了隐喻和比拟，而借着事物的含蓄，来表现出事物的本身。它避免夸张和感情，而是借着了解和约束，诉诸纯熟的心灵；在形式上，它绝少有罗曼蒂克的激动，而只知以宁静的、古典的方法，来如何表示出强烈的感情：

人生不相见，
动如参与商。
今夕复何夕？
共此灯烛光。
少壮能几时？
鬓发各已苍。
访旧半为鬼，
惊呼热衷肠。

有时候，我们可能会厌于这些诗中的那份感伤——由于时光飞逝、人不能青春永驻、国家不能永葆富强，而感到一份无限的怅惘。我们感到中国的文化在明皇的时代里，已经是老态龙钟了。此时的诗人，就像一般的东方艺术家，喜欢重复老题，喜欢把他们的艺术才能发挥到毫无瑕疵的地步。但什么也比不上诗，它那优美的表现、温柔而适度的感情以及那朴实而简洁的诗句里面包含了最深邃的思想。我们知道在唐朝诗风最鼎盛，几乎每一个中国的年轻人都会写诗，而每一位读过书的人无不会朗朗诵诗。假如上面所说不错，那么我们对于这个问题——为什么几乎每一位有教养的中国人，既是一位艺术家，也是一位哲学家？也就很容易找到答案，李白和杜甫即是其中翘楚呀！

杜甫

李白是中国的济慈，除了李白之外，还有好多诗人，也是相当出色的。其中之一便是平淡而坚忍的陶潜。陶潜曾叹道："我不能为五斗米，折腰向乡里小人。"即日解印绶去职。他跟许多人一样，讨厌市侩气的公职生活。他弃官之后，回到林间，追求时光和美酒，从山水间找到了慰藉和快乐：

采菊东篱下，
悠然见南山。
山气日夕佳，
飞鸟相与还。
此中有真意，
欲辨已忘言。
……
久在樊笼里，
复得返自然。

白居易选的是另一条路，过着仕途的生活。他做过杭州刺史。他一共活了72岁[1]，写过4000多首诗词。在数遭贬逐之间，他从自然中获得心灵的慰藉。他知道在众人中求得一份孤独，在熙攘中求得一份安宁。他交友不甚广，因为他认为"书、画、棋、赌纠合众人，而耽于玩乐中"，以致成不了大事。他喜欢与老百姓聊天说故事。他的诗老妪也能理解。因此，他是最受老百姓喜爱的一位诗人。他的诗被写在学校和庙宇的壁上，以及画舫的壁上。有一位歌女对其客人说："你不要以为我只是个卖歌跳舞的女孩子，我会背白居易的《长

[1] 正史为75岁。——译者注

恨歌》呢！”[1]

最后我们要提的一位是杜甫。亚瑟·威利说：“研究中国文学的外国学者，比较喜欢把李白捧为中国最伟大的诗人，但中国人则认为杜甫高于李白。”他 24 岁到长安去赶考，没有考中进士。但他并不因而沮丧，甚至在他的诗中大大谈起这次的失败。他公开宣布，他的诗是治疗疟疾发烧的良药。他似乎就是用他的诗来治疗他自己。明皇读了他的一些诗，便决定亲自再考他一次，这次他成功了。皇上派他做率府参军。[2] 他鼓起勇气，独居长安，暂时把远在江南的妻子忘了，而终日与李白结伴，相从赋诗，以诗买酒。他写李白：

……
怜君如弟兄，
醉眠秋共被，
携手日同行。
……

此时，正是明皇迷恋杨贵妃的时候，杜甫也像其他诗人为这一英雄美人的恋情而赞颂。但当安禄山之乱起，兵灾饥饿肆虐整个中国时，他的笔就转向了战马，道尽战祸的悲惨：

府帖昨夜下。
次选中男行。
中男绝短小，
何以守王城？
……

[1] 此首诗为中国最有名的诗之一，它描述唐明皇迷恋杨贵妃，以及贵妃之死，明皇的心碎。此诗甚长，在此不转载。——译者注

[2] 始授河西尉，后改就右卫率府参军。——译者注

莫自使眼枯，
收汝泪纵横。
眼枯即见骨，
天地终无情。

君不闻，
汉家山东二百州，
千村万落生荆杞。
……
被驱不异犬与鸡。
……
信知生男恶，
反是生女好。
生女犹得嫁比邻，
生男埋没随百草。
君不见，
青海头，
古来白骨无人收。
新鬼烦冤旧鬼哭，
天阴雨湿声啾啾。

乾元元年，他弃官西去，携家度陇。此时，他们几乎不能维持生活，他不得不乞食，而且还得向那些援助和收容他们的恩人跪拜叩头感谢。后来他碰到了严武。这位雄镇一方的持节大吏邀请他做节度参谋检校，在成都的浣花溪畔建一草堂，严中丞不要他做什么事，只是作诗便可。[1] 这使他生活无虞，他又歌咏起山水花月了：

---

[1] 一幅极有名的中国画《在草堂的诗人杜甫》可以在纽约的大都会历史博物馆看到。

词赋工无益，
山林迹未赊。
尽捻书籍卖，
来问尔东家。
剩水沧江破，
残山碣石开。
绿垂风折笋，
红绽雨肥梅。
银甲弹筝用，
金鱼换酒来。
兴移无洒扫，
随意坐莓苔。
……
只疑淳朴处，
自有一山川。

这位严将军很赏识他，把他擢升为工部员外郎，他那平静的生活又起了一阵波澜。而不幸的是严将军不久即逝世，这一下他又陷入无依无靠的窘境。他自己形容他的处境是“痴儿不知父子礼，叫怒索饭啼门东”。他的那间草茅屋顶也被风刮得破损不堪，甚至那些顽童还当着他的面把他的草席抢走，他只有眼睁睁地看着草席被他们带走，因为他已老迈体弱不可支。最糟的是他失去了品酒的味觉，他不能再像李白用酒来解决他的生活问题。到了59岁的那年，他去登衡山，游岳祠，大水遽至，涉旬不得食。后来县令发现了他，以舟楫相迎，并令尝馔牛炙和白酒。杜甫因多年未尝到这样的佳肴美酒，便大吃大喝了一顿。在席间，他曾起身试着咏诗，但终因疲惫而倒了下去，次日就死去了。

散文

前面所论唐诗，只不过是中国诗史中的一部分。而诗在中国文学中，仅是一小部分而已。要一一了解一代代的中国文学的概况或它在民间流传的程度，实在很难。中国的书价廉，原因之一是它没有版权的保障；在尚未与西方接触前，中国的线装书新的一套 20 册，才 1 美元，20 大册的一套丛书才 4 美元，而“四书五经”才 2 美元。虽然书这么便宜，但我们还是很难欣赏到中国的文学，因为中国书价的订定，不是以内容，而是以外表的形式和风格来决定的。中国诗一经翻译，它的形式和风格就变质了。中国人认为他们的文学除了稍逊于希腊外，优于世界其他各国；这也许是东方人谦逊的缘故吧！

西洋人评价很高的小说，在中国却遭到贬值。在清朝以前，中国几乎没有小说可言。甚至在今天，中国的学人仍然不赋予小说在中国文学史中应有的地位，即使是最上乘的小说。他们认为小说只是一种消遣的东西。但市井小民则没有这种偏见，从白居易和李白的诗歌，到匿名的长篇小说，他们都一概欢迎。这些大部头的小说就像是一个舞台，用各种的方言俚语活生生地叙述过去历史中那些具有戏剧性的故事。几乎所有中国有名的小说，都是历史小说的形式。在这些小说中，很少是写实的，关于心理或社会分析的小说更少，像《卡拉马佐夫兄弟》（*The Brothers Karamazov*）、《魔山》（*The Magic Mountain*）、《战争与和平》（*War and Peace*）和《孤星泪》（*Les Miserables*）等这种高水准的小说，实在少见。中国最早的一部小说叫《水浒传》；流传最广的是《红楼梦》，此书大约在 1650 年出世；颇有名的《聊斋志异》作于 1660 年，此书那优美而简洁的风格，受到很高的评价；最有名的是罗贯中的《三国演义》。这些大部头的小说，与 18 世纪的欧洲以恶汉的冒险故事为题材的小说相似。这些小说都是产生于人们有闲暇的古老时代。

在中国的文学中，最受到重视的是历史作品，而其写作的风格也是最受欢迎。世上没有哪国能比得上中国有这么多的历史学家，也没有哪国的历史作品像中国那么多。中国在早期的宫廷里即置有史官，每天逐日记下国家的大小事，从古到今，中国这种史学的作品就量来说，实在浩瀚无比，非他国可望其项背。中国的“二十四史”达219大册，于1747年问世。从孔子删定的《诗经》，一世纪后问世的批评、解释《春秋》使《四书》更为生动的《左传》，到魏王墓里发现的《竹书纪年》，中国的历史传记发展得很快，最后出现了旷世巨著——司马迁的《史记》。

司马迁继承其父的职位，做宫廷的占星家，他上任的第一件事就是改革历制，他也继承了父志，继续编纂他父子已经开始着手记录的黄帝至汉武帝的历史。他无意于创造什么美丽的风格，而只是期求把纪事记得完整。他把《史记》分为五个部分：本纪、表、书、世家、列传。《史记》包括的年代几达3000年，全书共52.6万个字，一字一字地刻在竹简上。司马迁把他的一生献给这本书，他以最谦恭的序言把这本巨著奉献给皇上和全世界的人：[1]

> 臣今骸骨癯瘁，目视昏近，齿牙无几，神识衰耗，目前所为，旋踵遗忘，臣之精力，尽于此书。伏望陛下宽其妄作之诛，察其愿忠之意，以清闲之宴，时赐省览，监前世之兴衰，考当今之得失，嘉善矜恶，取是舍非，足以懋稽古之盛德，跻无前之至治，俾四海群生咸蒙其福，则臣虽委骨九泉，志愿永毕矣。

我们在《史记》里找不到像丹纳（Hippolyte Adolphe Taine）[2]那样的瑰丽，也找不到希罗多德那种引人的杂谈和逸事的风格，也找不到修昔底德那种因果分析，也找不到吉本那种大陆音乐的美感；因

[1] 此段序言出自司马光《资治通鉴进书表》，原著误为司马迁所写。——译者注
[2] 丹纳（1828—1893年），法国历史学及艺术批评家。——译者注

为中国的历史没有从工业走向艺术。晚于司马迁1100年的另一个历史学家司马光，也试图写一部完整的中国史，但中国的历史学家就是那样刻意地忠实记载——有时还记些生活情形——每一个朝代或每一个王朝的事情；他们只求真实，不求美。也许他们是对的，历史应该是科学，而不是艺术。假如历史像吉本那样带着彩色，或像卡莱尔(Thomas Carlyle)[1]那样说教，那么过去的事实就要被蒙蔽了。但我们也有许多无聊的历史学家，他们虽亦能将国事著为巨册，然尽皆无谓的冗言。

中国的散文则比较有生气，因为艺术在中国是不被禁止的，优雅尽可发挥。在这一方面最有名的应是韩愈了。韩愈的文章名重一时，传统上，凡要翻阅他的书的人都先得洗洗手。韩愈出身寒门，但愈困愈厉，刻苦读书，终而登进士第，官至监察御史，后值宪宗迎佛骨于宫中，他以有名的《论佛骨表》进谏，皇帝不听，使他几遭死刑。当时的佛教在中国只被视为一种印度的迷信，此教与他的孔子思想相抵触，他认为宪宗迎这种使人丧失活力的迷信，必使百姓受害。因此，他不顾一切，于803年呈上一纸谏章。这篇谏文，可说是典型的中国散文，文辞朴实无华：

> 今闻陛下令群僧迎佛骨于凤翔，御楼以观，舁入大内。又令诸寺递迎供养。臣虽至愚，必知陛下不惑于佛，作此崇奉，以祈福祥也。直以年丰人乐，徇人之心，为京都士庶设诡异之观，戏翫之具耳，安有圣明若此，而肯信此等事哉！然百姓愚冥，易惑难晓，苟见陛下如此，将谓真心事佛，皆云天子大圣，犹一心敬信，百姓何人，岂合更惜身命，焚顶烧指，百十为群，解衣散钱，自朝至暮，转相仿效，唯恐后时，老少奔波，弃其业次。若不即加禁遏，更历诸寺，必有断臂脔身以为供养者，伤风败俗，

[1] 卡莱尔，英国作家、历史学家。——译者注

传笑四方，非细事也！……

群臣不言其非，御史不举其失，臣实耻之！乞以此骨付之有司，投诸水火，永绝根本，断天下之疑，绝后代之惑，使天下之人，知大圣人之所作为，出于寻常万万也，岂不盛哉！岂不快哉！佛如有灵，能作祸祟，凡有殃咎，宜加臣身，上天鉴临，臣不怨悔。

在这项迷信与哲学的冲突中，你当然可以猜到迷信要获胜了，因为凡人皆贪快乐，而不喜智慧。韩愈终被贬谪到蛮夷群聚的广东做刺史。韩愈无怨言，并尽心以身作则，用孔子的思想来教化这些蛮夷；他在那里的所为极为成功。故至今在他的画像里，还常看到这句题词："所过者化。"[1] 最后他又被召回国都，再为国家效劳，当他死时已重获了应有的尊重和荣耀。他的灵位得以入祠孔庙，因为他曾奋不顾身地为儒家思想而奋斗以抵抗曾经显赫一时而今衰落的佛教思想。

戏剧

要把中国的戏剧归类，实在很难，因为中国人既不把戏剧列入文学里，也不承认它是一种艺术。就像我们人类生活中许多不可或缺的东西一样，它的地位与它所受到的欢迎程度不成比例。很少听说过中国有什么大戏剧家。至于演员，虽然他们把一生都奉献给戏剧，而且还有一番成就，博得美名，但在人们的心中，他们还是属于下等人。无疑，在每一种文化里，演员多多少少都有这种名声，尤其是在中世纪的时期，当戏剧正式脱离了宗教的哑剧之后，演员的名声更噪。

中国戏剧的起源与西方一样。中国早在周朝宗教的仪式中，就有这种挥棒跳舞的仪式。传说这些舞蹈后来是被禁止的，因为它们变得

[1] 语出《孟子》。——译者注

放荡不拘。显然，所谓戏剧就因而产生了。唐明皇是提倡艺术最有力的皇帝，他曾组合一团男女演员叫“梨园子弟”，对戏剧的发展，助了一臂之力。但中国的戏剧要等到成吉思汗的时候，才发展成为一种全国性的娱乐。1031 年，孔子的后裔孔道辅以中国特使的身份到蒙古，当地曾举行盛大宴会，包括演戏，来欢迎他。但戏中的那个丑角扮演孔子。孔道辅一看愤而走出。然而，当他和一些中国的游客返国之后，却把这种比中国更进步的戏剧介绍到国内。当蒙古征服了中国之后，他们把小说和戏剧介绍了进来，中国古典的戏剧实际上深受蒙古的影响。

中国的戏剧发展得很慢，因为它不像西方能受到教会或政府的支持。中国大部分的戏剧是由旅行剧团演出，他们巡回到各乡镇，在一片空地上搭起剧台就演起戏来，村民就站着露天看。偶尔，在私人的宴会上，官员也会充当演员参加演出；有时，行会提供剧本。到了 19 世纪，戏院渐渐多了，然而，直到 19 世纪末，像南京这样大的城市才只有两家戏院而已。中国的戏剧是一种历史、诗和音乐的混合。一则历史故事的罗曼史中的插曲，往往是一出戏的中心；在同一天晚上，用同样的布景可以演好几出戏。演出的时间是没有限制的；可能只有很短几小时，也可能演好几天才结束。通常是像现在美国的话剧，以 6 至 7 小时为最普遍。中国的戏剧里，大多是虚张声势和雄辩，有剧烈的武打和激烈的言辞，但总以善良战胜罪恶为收场。中国的戏剧变成一种教育伦理的工具，教导观众认识他们的历史，灌输孔子的忠孝之道。

戏台的设备很简陋，没有什么布景，也没有出口；所有的演员跟小配角一样，都是坐在戏台上，轮到他上演时，他才起身，演完了还是坐在原来的位子上。偶尔，打杂人员会奉上茶水。在戏台底下，有人穿梭于观众间，叫卖香烟、茶水或点心，在夏夜，还有人专门供应热毛巾，给人擦擦汗；吃、喝和讲话的声音不绝于耳，除非是演到精彩处或有武打场面时，才静下来。演员常常要提高嗓子，不然台下就听不到；他们的装饰有定式，好让观众一看便知他们扮的角色是什么。到了乾隆时候，禁止女演员演戏。因此，女性的角色就由男人来担任。由于男人扮演得实在太好了，等到女人再被准许演戏时，反而她们要学男人的那种演相了。演员必须要有很好的特技，也要精于舞蹈，因为他们的角色往往需要表演一些特技，而且每一个动作都要配合音乐。一切动作都是象征性的，所以必须要演得真实，与古时的习俗相符；像梅兰芳这种杰出的演员，他的手和身体的姿势，就能表现出剧中的诗意。这种动作并不是话剧，也不是歌剧，也不全是舞蹈；在性质上，它是一种综合的动作，几乎含有中世纪的味道，却像帕莱斯特里纳（Giovanni Pierluigida Palestrina）[1]的音乐那样完美，或者说像一座彩色的花瓶那样精美。

中国的音乐很少成为一种独立的艺术，而只是附属于宗教和戏剧。据说，中国的音乐自伏羲氏即有。《礼记》就曾论到音乐；《左传》对于音乐描述得更为尽致，它指出魏国的诗歌已经盛行。在孔子时代，音乐的标准是古代的，凡是革新的都被视为扰乱宁静的心灵；因此，孔子抱怨那种淫风取代古时那种富有道德的音调。自从西域胡人和蒙古人把他们的音乐输入中国之后，中国的音乐充实了不少。中国人虽然知道把音阶分成12个半音，但他们较喜欢用五音来作曲，这五音叫宫、商、角、徵、羽，约等于西洋音乐的F、G、A、C和D。很少有和声，除非用乐器。中国的乐器在吹的方面有横笛、喇叭、箫、竖笛等，在弦的方面有古筝和琵琶等，在敲打方面有鼓、铃、锣、铙和玛瑙及玉作的板等。中国这种乐器所奏出的音响，西方人听来觉得很新鲜奇怪，就像中国人听西洋的乐器所奏出的曲子一样。尽管中国的乐器简陋，但这已使孔子感到狂喜，也足以使人沉醉在其中。韩愈说，圣人“教人音乐以解愁”。他们赞同尼采所说的，人生没有音乐将是一项错误。

[1] 帕莱斯特里纳（1526？—1594），意大利圣乐作曲家。——译者注

第三章 | 艺术家的时代

宋朝的文艺复兴

·王安石变法

唐朝自安史之乱后，国力从未恢复。自明皇之后的几位皇帝，都无力恢复昔日唐朝的国威；经过一世纪的苟延残喘，唐朝终于结束了。接着是战祸绵延的五代，五个朝代才延续了53年。在这种情形下，往往需要一位强人，才能重新建立秩序。在一片混乱中，终于出现了一位军人，这位军人建立了宋朝，因为他是这个朝代的第一个皇帝，故自封为太祖。他又重新恢复了官僚制度、科举制度，并推行一项变法，用一种几乎是社会主义的方法来控制全国的经济生活，以解决开发资源和消除贫穷的问题。

王安石（1021—1086年）是许多能使中国历史增光的伟大人物之一。王安石的外表和性格看来平凡，但他有着最不凡的人格。即使他的反对者——有许许多多——也不否认他是一位与众不同的人，他出自真诚地关心着国事，毫无顾忌地致力于人民的福利，竟无暇照顾自己。不仅如此，在学问上，他也堪与当代最伟大的学者媲美。而且，他以超人的勇气与富豪和有力的保守分子相抗衡。说也真巧，在中国的历史上唯一能与他相媲美的，是那位与他同姓的王莽。这两位极杰出的社会改革家，相距竟有 1000 年之久。

在接受宋神宗任命他为宰相之后，他就提出计划，锐意革新。王安石的一个大前提是政府必须为百姓的福利负责。他说："商业、工业和农业必须要由国家来控制，免得工农阶级受到富豪的压迫。"第一，他实施免役法——以前规定，政府需要人的时候，可以随时征召百姓，即使在农忙时节百姓也得应召。王安石把这种差役改为雇役性质。第二，他实施农田水利法——复兴水利，防止水灾。第三，实施青苗法——以低利贷款农民，惠助农民从事生产。第四，方田均税法——平均赋税，对于失业的，免费供给种子以及其他的援助，使他们重整家园，唯一的条件是等有了生产再偿还。第五，实施均输法——调节物资，派有专人在各地调整工资和生活必需品的价格。第六，实施市易法——官营贸易，各地的产品统一由政府收购，部分贮藏起来以备将来之需，部分转运到各地销售。第七，设置"三司条例司"——建立预算制度，由一个预算委员会从事考核会计，提出预算。由于这些预算与行政相配合，可以节省一笔相当数目的钱。其他还有发放养老金给伶仃的老人，发放救济金给失业和贫困的人。在教育方面，改革学校和考试制度；考试的题目从以前的诗赋改为策论实务；另立明法，试以律令刑统大义。减少使用拘泥和背诵的方法来训练学生。一位中国的历史学者说："一时，甚至连乡村学校的学生也丢掉他们修辞学的教科书，而改学历史、地理、政治和经济。"

为什么这项宏伟的实验会失败呢？第一，理想过高，未能注意实际问题。虽然大部分的税收是从富豪那里征得，但为了应付国家大量的开支，对于各种产品不得不抽重税。不久，连穷人也加入富豪的阵营，反对抽税过重。人总是希望国家能为他做事，而不问自己为国家做了多少。第二，王安石减少驻军，他认为军队太多对民间是一个浪费，但他命令凡每家有壮丁一位以上的，在国家有战事的时候，必须有一人要参军入伍。并实施保马法，由政府提供马和草粮，但有一个条件，必须要好好地照顾马，当战事发生时，这些马由国家来征用。但结果反而增加了侵略和叛乱的机会，这些强兵的方法，反而加速地把王安石的变法带到失败的边缘。第三是用人不当，他发现很难找到忠实的人来推行他的政策；腐化遍及整个官僚政治中，就像许多国家一样，此时的中国面临着不是私底下掠夺，就是公开贪污的困境。

由司马光、欧阳修等领导的一派保守分子，极力反对王安石的这项变法，认为这完全不切实际。他们认为由于人类的腐化和无能，由国家实施国有贸易，是行不通的。他们认为最好的方法是实施放任政策，任由人民发挥其自然的经济动力去从事生产。而富豪因为遭到高税和国有贸易的双重打击，宁愿消耗他们的财产，以抵制王安石的政策，阻挠这项变法的力量，使它导致不良的效果。相反，反对派组织坚强，力量一致，竭力对神宗施以压力。当一连串的水灾旱灾自天而降时，这位天子就免掉了王安石的职，那套“富国强兵”的变法也被废除，他的敌人又重新得势。中国又恢复了原来的老样子。

· 学术的复苏

然而，在经过了所有的战争和叛乱，以及各帝王的统治和变法，中国人民的生活一样平平稳稳地度过，并没有受到什么事情的打扰，直到很久之后，事情才终于发生了。1127 年，北宋亡，随即南宋又建立了。国都从汴梁（开封）迁到临安（杭州）；到了临安不久，这个新都像旧都一样，又是那样奢侈繁华。海外各地的商人又开始集于这里，购买中国的特产。宋徽宗在位 25 年（1101—1125 年），大力提倡艺术，与其说他是一个帝王，不如说他是个艺术家。当金人攻陷汴梁的时候，他正在画图；他还设立一个艺术机构来推动艺术。宋朝对于人类最大的贡献即在于艺术。中国的青铜器、玉器、绘画和缮本，成为收藏的对象；大部头的丛书都被收藏起来，有些是从战火中保留下来的。一时，学者和艺术家都群集于南北两都。

就是在宋朝，印刷术像是一次不知不觉的光荣革命，胜利地走进了中国的文学界。印刷术这个东西是经过好几世纪的演化而来的，到了此时，印刷术已成熟：可以印一整面，可以用金属活字印刷。这种印刷术完全是由中国人发明的。这是继文字的发明之后，人类最伟大的一项发明。

在印刷术发展的过程中，第一步必定是发现比古代中国人所使用的丝、竹更方便的书写材料。丝太贵，竹太重；墨子在周游各地的时候，就需要三部车子来载他的竹简，这些竹简是他最主要的财产。秦始皇每天需要批阅120磅重的公文。东汉，约105年时，蔡伦向和帝报告他发明了一种又便宜又轻的书写材料，这种东西是由树皮、大麻、破皮和渔网做成。蔡伦因而被任命为中常侍，地位极高，但因涉嫌与皇后私通，被命回家洗个澡，梳整一下头发，穿上最好的衣服，然后喝下毒药。这种新的技术很快传了出去，而且传得很广，这可由下面这个事实得到明证：由英国考古学家斯坦因爵士在万里长城所发现的一张最早存在的纸，是一种公文的形式，记载着21年到137年的事情。显然，纸的发明与这些被记载于纸上的最近的事是同一个时代的。因此，我们断定这张最老的纸约在150年出现，就是距蔡伦发表他的发明之后才50年而已。这些早期的纸都是纯破布的性质，在本质上，像现在我们用的牛皮纸。中国人改良他们的纸，几乎达到完美的地步，他们用一层胶和糨糊粘住那些纤维，并可增加吸墨的能力。在8世纪，中国这种造纸术传到了阿拉伯；到了13世纪，又由阿拉伯人传到欧洲。此时的纸就与现在我们用的一样了。

墨水也是来自东方，虽然埃及人曾制造墨水和纸，而被认为可能是最早的，但欧洲人所知道的制造墨水的方法，是学自中国的。墨水原来就是中国人用的。朱墨水是用汞的硫化物做成，早在汉朝，中国就使用朱墨水。黑墨水则在4世纪始出现。自此，朱墨水的使用变成皇帝的特权。黑墨水促进了印刷的产生，因为黑墨水最适用于木模上，几乎擦不掉。至于纸模也已经在中亚细亚发现，他们把纸浸于水内一段时期，好让纸变硬，但是用墨水写在上面，还是相当清楚。

图章的使用可以说是印刷术的起源，中国印刷用的字，和图章刻的字是一样的。最初的图章像近东的，是用黏土做的；到了5世纪，图章开始蘸墨水。在2世纪时，中国人曾把“四书五经”刻在石头上。但自有了墨水之后，顿时兴起了摹拓的风气，把墨水涂在石上，把这些文字拓印出来。在6世纪，我们发现道士曾用好大的木章印符咒；一个世纪后，佛教僧侣曾用各种不同的方法来印刷，这些方法有图章、摹拓、纸板和棉织印刷，最后一种是源自印度。最早大量的木刻印刷出现在日本，约770年，当时印的是用梵文和中文写的咒文，约有100万字。由此也可看出当时亚洲文化交流的频繁。唐朝有许多的木版印刷，但明皇之后，由于战乱绵延，这些木板都被破坏或丧失了。

1907年斯坦因爵士到了甘肃，说服了当地的道士，让他进入敦煌的千佛洞研究。其中有一个洞显然是在大约1035年时被堵塞了，直到1900年再重新打开，里面藏有1130大包的书，每一包有一打以上的缮本；整个洞就是一个藏有1.5万册的图书室，这些书都是写于纸上的原稿，保存得完美如初。在这些原稿中，我们发现了世界上最早的印刷书——《金刚经》，卷末印有这样几句话：“王印于868年5月11日，以便广布流传。”[1]在这一大堆的原稿中，发现另有三本是印刷的；其中一本较为进步，它不像《金刚经》那样是成卷的，而是一本小型折叠的书，这是现代书的形式之滥觞。就如中世纪末叶的欧洲和现代的一些落后地区的原始民族，第一个刺激印刷的是宗教。宗教要求把它们的教义，借着视和声传出去，把它们的咒文、祈祷文和故事传到每一个人的手中。宗教最早的印刷形式是祈祷卡，中国在969年或更早就已出现这种卡片，在14世纪末由中国传入了欧洲。

这些早期的书册都是用木板印刷的。从一封约在870年写的中国书信中，我们发现上面所说的最早的印刷品：我在四川的时候，有一

[1] 原文为咸通九年四月十五日王为二亲敬造普施。——译者注

次我在一家书店里，找到一本用木板印刷的教科书。由是可知，印刷术似乎早已有了。有趣的是这种印刷术的发展，首先是从中国的西部省份而来，像四川，这些地方首先受到印度佛教文化的刺激，有一段时期还独自享受着东方独特的文化。在 10 世纪初叶，宰相冯道说服了皇帝，挪出一笔款项，印行“四书五经”等古书，木板印刷遂传到中国的东部。这项工作花了 20 年，印出 130 大册。这 130 大册中不但包括原文，而且还附有最有名的注释。无疑，这项翻印整理古书的工作的完成，增加了中国古典文学作品的流传，大大地影响宋朝学术的复苏并增强儒家思想的力量。

木版印刷最早的形式之一是纸币的制造。纸币最早出现于四川，那时是 10 世纪。发行纸币变成中国政府最喜欢做的事，故不到 100 年，就导致了通货膨胀。1294 年，波斯人也学会了这一套致富之道；1297 年，马可 · 波罗曾惊异地描述中国人如何显示出这些很奇怪的纸片。欧洲却直到 1656 年才知道这个方法，而发行他们第一张通告的纸币。

活字印刷也是中国人发明的。但由于中国没有字母，而有 4 万个的单字，远东地区无法使用这种奢侈的活版印刷。1041 年，毕昇发明用陶土做的活字印刷术，但用得不广。1403 年，高丽制造出了第一部金属的活字印刷机：首先将字模刻在硬木头上，从木字模再做瓷土字模，再从瓷字模做成金属字模。当这种金属的活字印刷机发明后，高丽那位贤明的皇帝太宗立即决定采用，他认为这对政府极有帮助，同时可保存文化。这位有眼光的君王说：“不论谁想要统治国家，首先他必须要对法律和古代经典有广泛的认识。然后，他对外才会公正，对内可以保持正直的人格。如此，可以带给他的国家和平与秩序。我们东面的国家隔着大海，距我们远，而从西面的中国输进来的书又很有限。用木板印刷常常不完整。再者，也很难把现存的书统统再印出来。因此，我下令把我们的字铸成铜模，凡是我所能取得到的书，都要把它们翻印出来，以便把这些作品的传统流传下去。这对我们和未来都是一件幸事。但这笔费用绝不由人民的税收支付，我和我的家族以及那些赞同此举的大臣，将要私下地负担这些费用。”

金属活字印刷术从高丽传入日本，再从日本传回中国。但显然，活字印刷之再传入中国是在古登堡（Johann Gutenberg）[1]在欧洲发明活字印刷之后的事了。活字版印刷在高丽流行了200年后就衰落了，中国人也用得不多，直到从西方来的商人和传教士带来了欧洲的印刷术，中国才普遍地使用。从冯道（五代时）到李鸿章这900年间，中国主要还是用对他们的文字最为方便的木版印刷。尽管木板印刷有其缺点，但中国的印刷工人印出了大量的书。在994年到1063年间，就印出了几百册的各朝历史，全部5000册的佛经在972年印出来。这时的作家发现他们拥有前所未有的一种武器；他们的读者大大地增加了，从贵族扩大到中产阶级，甚至到部分的平民阶级；文学担负起了更富民主意味的角色，种类也更为繁多。木板印刷是宋朝文艺复兴的源泉之一。

在这种解放性的发明的刺激下，中国文学像一股奔放的洪流滚滚而来。像意大利的文艺复兴的荣耀，中国的文艺复兴却早它两百年，古代的经典有成百种的版本，成千种的注释。古代的精华都被历史学者攫取了，以一种新奇的姿态介绍给成百万的读者。大量的文学选集、巨大的字典和百科全书，都被编纂印行出来的。宋吴淑（947—1002年）编纂了第一部中文百科全书——《事类赋》，因为中国没有字母，该书遂以类别为次；这部书主要是探讨自然界，录事颇为精审。977年，宋太宗下令编纂一部更大的百科全书《太平御览》。这部书共32册，是从1690种书中精选出来编纂而成的，其搜罗颇为浩博。后来，明成祖（1403—1425年）又敕令编了一部更大的百科全书——《永乐大典》，全书达1万册，但因印刷费太昂贵而没有印行，因此，只有一个抄本留传下来，但在1900年的义和团运动中，有160册被

[1] 古登堡（1397—1468年），德国活字印刷发明人。——译者注

烧毁了。从来没有人能够像宋朝的学者这样支配着文化。

·哲学的再生

这些学者不全是儒家学派，在15世纪，反对派的思想已经茁壮，学术界已经激起一股反对儒家的浪潮。渗入了中国人心灵的佛教思想此时甚至已影响到了哲学家。大部分人都受到佛教独居沉思这种习惯的影响；有些人甚至更激烈，蔑视孔子的那套玄学，反对孔子对于解决人生和心的问题的方法，他们认为孔子的那套太表面，不够成熟。内省的功夫变成探求宇宙的方法，中国第一次出现了认识论。君王倡导佛教或道教作为讨好百姓或教化百姓的方法。有时候看来统御着中国的儒家思想，似乎就要寿终正寝了。

朱熹是儒家的救星，就如8世纪印度的商羯罗从《奥义书》整理出一套有智识的系统，而使《吠陀哲学》立于最高之地；也如13世纪欧洲的阿奎那不久即把亚里士多德和圣保罗的哲学，捧上了胜利的经院哲学的地位；所以12世纪的朱熹，从孔子的精华里整理出一套有系统的哲学。这套哲学足以满足这个学术时代的口味，也足以使儒家思想在中国的政治和学术界居于领导地位达700年之久。

此时，最根本的哲学争论点在关于《大学》上一段话的解释。争论的一方是朱熹，另一方是反对儒家的学者。争论的焦点在于“治国必先齐家，齐家必先修身，修身必先诚心，诚心必先格物致知”这段话是什么意思。

朱熹认为这段话的意思就如其文所说，哲学、道德和治国之道应以谦虚地研究实体为开始。他同意孔子的实证主义。虽然，他曾详细地解释孔子的实体论的问题，但因为他解释得太过分，也许孔子不会同意他的这种解释。但他所得到的关于无神和虔敬的这种奇怪的综合结论，也许孔子会感兴趣。就像那部中国的玄学《易经》所说的，朱熹承认在实体中有二元：到处充斥阳和阴——主动和被动，动和静——二者交合作用而产生金、木、水、火、土五行，万物因五行之变化而生。理和气——法与物——也是充塞于宇宙，理与气相倚恃，万物发展的作用于是乎起，而赋万物以形象。但在这理气之上者，统摄主宰它们的则是太极，太极是自然之法，是世界的构造物。朱熹解释说这个太极就是天，即正统儒家所谓的那个天。在朱熹看来，神是一种不具人格或形象的理性的过程。“自然就是法。”

朱熹说，这个宇宙之法也就是道德和政治之法。道德与自然之法相和谐，而治国之道就是把道德之法应用到治国的行为上。自然之最终的本意是善，人性也是善；顺从自然即是智慧与和平的秘诀。周茂叔窗前草不除，问之，则云：“因与自家意思一般。”[1] 因此我们的本能也是善。因此，我们可以自自然然地顺从本能。但是，朱熹把本能视为气，他认为气必须顺从理和法（礼）。要达到道德家和逻辑学家的地步，不是一蹴而就的。

关于这一套哲学，有人持异议。反对最力的是王阳明。但朱熹的这些看法，并没有困扰这位文质彬彬而奇特的王阳明。因为王阳明是圣人，也是哲学家；大乘佛教的那套沉思的精神和习惯已经深深地渗进了他的心灵。他认为朱熹的最大错误不在于他所说的理，而在于方法。王阳明认为格物的方法，不是始于观察外在的宇宙，而是诚如印度教所说的，始于深邃地揭示自我内在的世界。要解释一颗竹芽或一粒稻谷，实非任何时期的物理科学所能胜任的：

> 初年与钱友同论做圣贤要格天下之物，如今安得这等大的力量；因指亭前竹子令去格看。钱子早夜去穷格竹子的道理，竭其心思至于三日，便致劳神成疾。当初说他这是精力不足，某因自去穷格，早夜不得其理，到七日，亦以劳思致疾。遂相与叹圣贤是做不得的。

[1] 这段话为宋儒程颢所讲。——译者注

因此，王阳明摒弃了对事物的观察，甚至抛弃了古代的经典；他认为用沉思来“读”自己的心，要比读所有的东西和书更可获得智慧。他因弹劾小人而被忤旨下狱，谪贵州，与那些未开化土人和毒蛇猛兽为伍，但他与他们交朋友，并教化那些逃避到这里来的罪犯；他教他们哲学，与他们生活游乐在一起。在一个三更半夜的晚上，他突然从他的茅屋里跳出来，惊喜地叫道：“圣人之道，吾性自足，向之求理于事物者，误也。”他的同伴们也不分青红皂白地就随着他，但渐渐地，他把他们引到他那理想的结论：“夫物理不外吾心，外吾心而求物理，无物理矣，遗物理而求吾心，吾心又何物邪？”他不从神是想象的虚构之物来推论；相反，他认为神是一种混沌而无处不存在的道德力量，因为其力至大，绝非一个人，但对人类有同情和愤怒之心。

从这个理想的出发，他获得与朱熹一样的伦理原理的结论：“自然是至善”，人欲达于至善，须完全地接受自然之法。[1] 当有人指出自然的手包括蛇蝎和哲学家时，他以阿奎那、斯宾诺沙和尼采的口吻答道，持善恶者即是偏见，善恶之分是相对的；凡对我有利者，即为善；对我不利者，即为恶；自然本身是超越善与恶，它也不顾我们的善恶之分。他的弟子曾编了下面这一段对话：

> 侃去花间草，因曰：“天地间何善难培，恶难去！”
>
> 先生曰：“未培未去耳。”少间，曰：“此等看善恶，皆从躯壳起念，便会错。”
>
> 侃未达。[2]
>
> 曰：“天地生意，花草一般，何曾有善恶之分？子欲观花，则以花为善，以草为恶；如欲用草时，复以草为善矣。此等善恶，

[1]《传习录》记载：“至善者，心之本体。”又曰：“至善者，性也。性元无一毫之恶，故曰至善。止之，是复其本然而已。”——译者注

[2] 上面一段为杜兰特原著所未加引用。——译者注

皆由汝心好恶所生，故知是错。”

曰：“然则无善无恶乎？”

曰：“无善无恶者理之静，有善有恶者气之动。不动于气，即无善无恶，是谓至善。”

……

曰：“然则善恶全不在物。”

曰：“只在汝心，循理便是善，动气便是恶。”

不错，王阳明和佛教的这种精微的唯心论玄学，在正统的儒家思想之前，听起来是相当响亮的。虽然这些学者对于人性和治国之道，提出了以前哲学所未曾提到的这种很公正的看法，但是他们的智慧太对这些琐事着迷了，以致变成一种令人厌烦的学术官僚，而与每一种有自由和创造性的思想为敌。到了最后，假如朱熹的学派获得了胜利，假如朱熹的灵位能光荣地被置于孔庙内，假如他对于“四书五经”的注释能变成所有正统的思想的一部指针达 700 余年，那是因为他那种健全而明洁的意识战胜了那扰人而繁琐的玄学心灵。但是，一个国家就像一个人一样，它可以一样很敏感，神志很清明，并且绝对地正确。中国之必须来一次革命，原因之一是朱熹和儒家思想完全彻底地战胜其他学派。

青铜、漆和玉

对智慧的追求和对美的热爱是中国人心灵上的两大支柱。我们可以这么说，中国即是哲学，中国即是瓷器。就如中国人对智慧的追求并不是那种虚幻的形而上的哲学，而是一种积极追求个人的发展和社会秩序的完善的哲学；中国人之对于美的热爱也并不是那种奥秘的唯美主义，也不是那种毫无意义的虚构和与人生毫不相干的艺术形式，而是一种世俗的美和实用的结合，是一种最实际的对日常生活的东西和器具的钟爱之情。在西风未吹进中国之前，中国人对于艺术家、艺匠和工匠是不分的；几乎所有的工业都是制造业，所有的制造业都是手工业；工业就像艺术一样，只是把人格表现于东西上。因此，当中国人不像西方人那样透过大规模的工业制造方便的东西供应老百姓时，中国人就自己做出比任何国家都更富有艺术味、种类繁多的、精美的日常生活用品。他们把字写在盛吃的器皿碟子上，懂得享受的中国人要求每一件东西都要有美的形式和出众的外表，包括那象征高度文化的织品。

中国到了宋朝，这种美化个人、庙宇和家庭的艺术，达到了最高的境界。早在唐朝，中国的艺术就已达到相当的地步，由于一段相当长时间的国泰民安，中国人陶醉在一种前所未有的优美和钟爱艺术的生活当中。到了宋朝，织品和金属手工艺已达到空前未有的完美地步。在玉、石雕刻方面，中国也是独步世界；在木和象牙雕刻方面，除了它的“学生”日本，中国也是无与伦比。家具的设计无奇不有，巧夺天工；木匠生活清苦，每天得刻出一个个的小艺术品，才换来一碗白米。这些精美的小艺术品取代了家里昂贵的家具和奢侈品的地位，颇得物主的欢心。这种珍贵的小玩意，在西方只有艺术鉴赏家才看得出来。珠宝虽不太多，但也雕刻得华美。中国的男女都用羽毛或竹或着画的纸或丝做成的华丽的扇子；甚至连乞丐行乞时，也挥动着一把优美的扇子。

油漆的艺术也是始于中国，但传入了日本才达最完美的地步。在远东，油漆是漆树的自然的产物，这种树是中国的特产，现在的日本是最苦心栽培漆树的国家。树汁从树干和树枝取下之后，经过过滤和加热，去掉过多的水分而成树胶。油漆的艺术是慢慢形成的，开始是写在竹片上的一种形式。在周朝，油漆用来刷饰船、马具和车子等；到了2世纪，油漆就应用在建筑物和乐器上面；至唐朝，已有许多的油漆品外销到日本；宋朝的时候，各行业所使用的油漆都有特殊的形式，此时的油漆品已销至印度和阿拉伯的各港口；到了明朝，油漆的艺术又更进一步，有些方面已达到绝顶的高峰；在开明的康熙和乾隆时代，在皇帝的支持下，大的油漆工厂建立了起来，因而有像乾隆殿这样精美的杰作，以及康熙皇帝送给神圣罗马帝国皇帝利奥波德一世（Leopold Ⅰ）[1]的那副油漆屏风。中国的油漆艺术一直在突飞猛进。直到19世纪，当欧洲的商人把战争带到了中国领土，并且欧洲的进口商和客户对油漆品没有爱好，油漆工业失去了帝国的支持，油漆的水准和油漆品的设计遂一落千丈，终于落到了日本的后面。

玉和中国的历史一样悠久，我们曾在最古老的坟墓内发现玉。历史最早记载玉是用来做一种“有声音的石”，那时是公元前2500年，玉被切成一条鱼或其他形状，用线连在一起；切得恰当的话，一敲便发出一阵清脆的、持续很久的声音。英文的玉（jade）这个词，是取自法文的jade，而法文的jade又是从西班牙文ijada（即拉丁文的ilia）而来，其义是腰间。当西班牙征服了美洲之后，发现墨西哥人把玉磨成粉与水相拌，做成许多种疾病治疗用的内服药，他们便把这剂新药方和美国的金带回欧洲。中国人对于玉的解释更有意思，玉是柔软如露水的意思。有两种矿石含有玉，一是玉矿，一是角闪石。前者是矽、铝和钠混合而成，后者是矽、钙和镁组成。这两种矿物都很硬，要把一立方英寸的玉压碎，需要50吨的压力。要打碎一大块的玉石，通常是先持续不断地加高温度，然后再放进冷水，玉石自然地碎裂。中国艺术家把天然毫无色泽的玉石，磨炼成有绿色、棕色、黑色和白色等各种不同光亮的颜色的玉，显示出他们的才华。在他们有耐心的琢磨下，玉被做成各种不同形式的艺术品，在世界上所有的玉器中，绝没有两件是相同的。中国的玉器早在商朝即出现，最早的一件是祭神用的蟾蜍形玉器。到了孔子时代，已有形式很精美的玉器了。世界其他各国都把玉拿来做斧、刀和其他器皿，而中国人却非常珍视它，只把它做成艺术品，他们甚至把玉看成比金银或任何宝石更

[1] 利奥波德一世（1640—1705年），匈牙利国王，1655年至1678年在位。——译者注

贵重的东西。一个小小的玉指环，在中国人的眼中，就要5000美元，某些玉项链甚至高达10万美元。收集家要花几年才能找到一块玉。有人曾经估计过，所有中国现存的玉要比其他的任何艺术品来得多。

在中国的艺术史中，铜器与玉器的历史几乎相埒，在中国人看来，铜器甚至比玉器更可贵。传说，全国九州的百姓送铜给大禹作为贡物，大禹把这些铜铸成九鼎以象征九大州。这些鼎有神奇的力量，可以除毒，可以不用火而能煮熟东西，而且还煮得非常美味。这九个大鼎变成了君王神圣权威的象征，曾一代代小心翼翼地传下来，但到了周亡的时候，却神秘失踪了——这对秦始皇的威望实在是一大打击。于是，铜器的铸造和修饰成为中国最好的艺术之一。要对中国的铜器一一作介绍，需要42大册才能说得清楚。最初的铜器是用作国家和家族祭典用的器皿，后来，演变成成千的各种不同的艺术品。中国的铜器之精美，只有意大利文艺复兴时期的艺术品堪与媲美，也许只有意大利画家及雕刻家洛伦佐·吉贝尔蒂（Lorenzo Ghiberti）为佛罗伦萨的洗礼堂所设计的那些“天堂之门”，才能与之并驾齐驱。

中国现有最早的铜器是近代在河南所发现的祭器。中国学者断定这些祭器是商朝的遗物，但欧洲的鉴赏家则认为它们应是商朝之后的制品。遗留下来的铜器中最早的是周朝的，纽约大都会艺术博物馆里藏有一座很精美的祭皿。大部分周朝的铜器都被秦始皇没收了，因为他怕百姓把这些铜器拿去再铸造成兵器。他命令工匠把这些搜括来的铜器铸造成12座大的铜像，每一座高达50英尺，但没有一件留传下来。到了汉朝，人们又做了许多精美的铜器皿，里头还常嵌有黄金。有几位曾在中国受过训练的日本艺术家，曾为奈良的法隆寺铸造几个很有名的艺术品，其中最突出的是坐在莲花上面的那三座阿弥陀佛像。在铜器的历史上，实在很难有比这三座佛像更好的作品了。宋朝时，青铜的艺术达于巅峰状态，即使不能算是达到最精美的水平，就产量来说，也确是首屈一指：鼎器、酒皿、杯器、香炉、兵器、镜子、钟、鼓、花瓶、针扣饰物和小雕像等，琳琅满目，几乎家家都有。宋朝有一件很引人的铜器，这个铜器是老子骑在一只水牛上的香炉，老子泰然地两足分跨坐在水牛上，显示他那套无为而治的哲学可以驯服凶猛的野兽。这座铜器整个都像纸那样薄，由于年代久远，已生了铜绿，但这更加添了它那份苍老的美。[1]到了明朝，铜器的艺术遭到挫折，铸出的器皿的体积虽加大，但在质量方面却降了下来。铜在大禹时代是一种很神奇的东西，现在变成了最寻常的东西，并且把它的地位让给了瓷器。

雕刻并不是中国的主要艺术之一。由于远东的人富有一种罕有的谦逊美德，他们在审美的规程下，拒绝把人体纳入美的范围内。中国的雕刻家是不公开雕刻人像的，即使他们雕刻人像——绝少雕刻女人像——也只是为了研究或是代表某种形式的意识而已。绝大部分的雕刻家雕刻的人像只限于佛像，而漠视给予希腊艺术家灵感的那种雄壮和谦恭的美感。中国的雕刻以动物为对象的甚至要比以哲学家和圣人为对象的多得多。

我们所知道的中国最早的人像雕刻，是秦始皇所铸造的那12座巨大铜像；那12座铜像后来被汉朝的一位皇帝拿去铸造钱币。汉朝曾留下来一些小动物的铜像，但这个时代里的雕像几乎都被战火和时间湮没了。汉朝所遗留下来最重要的雕像是在山东发现的坟墓浮雕。在这些浮雕中，绝大部分是动物的像，人像极少。比较像雕刻作品的是陪葬用的泥俑——大部分是动物，偶尔有奴婢或妻室的像——他们与男人的尸体埋在一起，以代替活人陪葬的那种仪式。从这个时期所遗传下来的动物像满身都是肉，如守庙的虎视眈眈的大理石老虎，波士顿的加德纳（Gardner）收藏室的咆哮的熊，南京陵墓那有翅膀的巨狮。这些动物和坟墓里头雄壮的马的浮雕像，显示了希腊、亚述和

[1] 铜绿是由于铜接触到湿气或被埋于地下，经过氧化作用而形成。今天在评价铜器方面，铜绿的深浅色泽即为判断的依据之一。

西徐亚三者混合的影响，但这对中国来说并没有什么特殊。

同时，另外一种影响吹进了中国，那就是佛教神学和艺术的形式。佛教首先来到土耳其，并在那里建立了文化，斯坦因和伯希和曾发掘到好几吨荒废的雕像，有些上乘的雕像似乎与印度佛教的艺术相差无几。中国人没有选择地接受了那些佛教的形象，而雕出与犍陀罗或印度一样好的佛陀。最早的是山西大同西北 30 里云冈石窟的造像（约 490 年）；最好的应是河南的龙门石窟的佛像。在这些石窟之外，有几尊巨大的佛像，其中最特殊的是一尊很优雅的观音立像；最壮丽的一尊是毗卢遮那佛像，虽然其底部已损坏，但佛像仍然极为安详自若。在山东，有许多佛教庙宇的墙上都刻有印度形式的佛像，像益都云门山里，到处都刻着雄浑的菩萨。唐朝继续佛教造像的盛况，尤其对释迦坐像的雕刻更为完美，陕西的大佛寺尤其著名。唐之后，有一些巨型罗汉泥塑像的雕刻，有一些是很华美的观音佛像，显然这是一种从神的雕刻到女神的雕刻的转向。

唐朝之后，雕刻失掉了宗教的激励，而以俗人为对象，偶尔诉之于感官的美感。但卫道之士就举起反对的大纛，如同意大利的文艺复兴时代，他们抱怨艺术家把圣人都弄得像优雅和温柔的女人了。而僧侣也立下严格的画像的规条，禁止把佛像的性格特殊化，禁止强调佛像的身体。也许中国人那种强烈的道德观念，阻碍了雕刻的发展。因此，一旦丧失了宗教的动机，他们的雕刻也就丧失了冲劲，宗教破坏了它，使它再也得不到灵感，而那种外在美感的诱惑又被禁，雕刻在中国自此一蹶不振。随着唐朝的结束，雕刻的创造泉源也开始干涸了。宋朝只有少许像样的作品；元朝把精力摆在战事上；明朝也只有昙花一现，他们刻的是一些怪物，这些巨大的石头怪物是装饰坟墓用的。雕刻自屈服于宗教的禁忌之后，把它在中国艺术领域里的地位让给了瓷器和绘画。

宝塔和宫殿

建筑在中国只能算是一种次要的艺术。一些杰出的建筑师在身后都很难留名，他们的地位似乎不如陶工。比较宏大的建筑，在中国并不多见，甚至在敬神这方面的建筑，算得上荦荦大者也极有限。古代的建筑物都已不存，只有一些宝塔可以追溯到16世纪以前。宋朝的建筑师在1103年曾印刻一部8大册精美的书，名为《营造法式》。但书中所举的一些具有代表性的建筑，都是属于木造式的，没有一座留传下来。从巴黎国立图书馆所藏的有关孔子时代中国的住家和庙宇的图案中来看，中国历经漫长的2300年，还是满足于他们祖先所留传下来的那种建筑样式，而无大改变。中国人不愿把建筑物弄得那样壮大雄伟，也许是他们对于艺术的一种感受和口味；也许是他们那种很高的智慧忽略了此点，而不在这方面发挥。最主要的原因是中国缺少了几乎每一个古代的大国都曾出现的三个制度：世袭的贵族制度，势力强大的宗教阶级，强而富的中央政府。在过去，这三个制度是推行较大的艺术作品——庙宇和宫廷，群众的集会场所和歌剧院，有壁画和雕刻的巨大坟墓——的动力。但中国是幸运的，也是得天独厚的：它完全没有这些制度。

曾有一个时期，佛教的思想渗入了中国人的心灵，再加上人民生活富裕、国库充盈，中国也建了不少大的庙宇，这些废墟不久前在土耳其斯坦被发现。现在在中国境内还有一些中型的、颇庄严的庙宇，但它们与印度的宗教建筑比起来，还差很多。中国的寺庙大都坐落于山上，有幽静的通道蜿蜒而上，庙的前面有极醒目、装饰得富丽堂皇的大门，这显然是模仿印度“栏栅”而来；有时在入口处还立有面目狰狞的神像，作为精神上的防卫，意味着要把外来的魔鬼驱逐于外。中国最有名的庙宇之一——卧佛庙，坐落在北京郊外的植物园附近；福开森氏认为这是“中国最好的建筑物”。

在远东，最富有特性的应是宝塔，几乎每一个中国的城镇都有宝塔。就像佛教的庙宇，这些优美的宝塔带着颇受欢迎的道教色彩，这些塔不仅成为宗教礼拜仪式的中心，也是占卜风水和占卜未来的场所。当地建立宝塔是因为他们相信这些宝塔可以驱走灾难，安抚诸鬼，并带来繁荣等。通常，宝塔都是八角形的，全部用砖头砌成，地基是一块大石，塔高五层、七层、九层或十三层不等，因为楼层数字不对也会带来厄运。中国最古老的一座宝塔，是523年建于河南嵩山的颂乐寺；最可爱的一座是颐和园旁的宝塔；最壮观的是北京的玉塔和五台山的瓶塔；最有名的是南京的百节塔，该塔建于1412年到1431年间，完全是用泥土砌成，在1854年太平天国运动中遭到破坏。

中国最壮丽的庙宇是在北京，这些庙宇是国家举行祭典的所在地。孔庙有专人看守。孔庙的哲学味比艺术味来得浓。自13世纪建造以来，已经翻修了好几次。在一个打开的神龛里，立有刻着“至圣先师”字样的木牌；在主祭坛的上面供奉着这位“万世师表”的圣贤。在北京的正阳门外耸立着天坛。这个祭坛给人极深刻的印象，它完全是由大理石砌成，其手法之高超，令人叹为观止。天坛是一座修饰得很精美的三层宝塔，由砖和瓦砌在一块大的大理石平台上。每到农历新年清晨三时，皇帝要亲自驾临此地，焚香祈神保佑国泰民安。在1889年，天坛遭到闪电严重的打击。

比这些庙宇更吸引人的是装饰得富丽堂皇的宫殿，皇帝和宫廷大臣曾居于此。明成祖在位（1403—1425年）的时候，建筑天才呈井喷式地出现，他们在长城附近建起了明陵，还造了一些用高墙围起来的皇家居所，这就是有名的紫禁城。昔时成吉思汗的皇宫亦在此，两个世纪之前，马可·波罗看了这些宏伟的皇宫，曾大吃一惊。石刻的狮子排列注视着两旁大理石做的栏杆，中间的阶梯也是大理石铺设的；随后就是一连串的建筑物，有王宫、接待室、宴会室，以及其他办公用的房间；还有零散的房子，这些房子非常讲究，原来是皇家及其亲属、仆从、太监和宫女的居所。这些王宫的样式差不多一样，它们都有相同的长长的柱子、精美的窗格子、雕刻或书写的飞檐、颜色鲜艳的彩画、用大块的瓦盖的屋顶，两旁屋檐向上翘。与这些紫禁城里的王宫相似的是在北京郊外几英里处的颐和园；也许颐和园要比紫禁城来得更完整、匀称、优美、精巧。

假如我们想大概地说出中国建筑的一般特征，我们首先要指出的是那令人看来不悦的围墙，这道围墙不但隔开了房子和街道，而且也把房子藏了起来。在比较贫穷的地区，这些外墙是一家一家连接起来的，显示了古代社会生活的不安全。墙里面有一个院子，你会首先看到门和格子窗，里面也许是一家住户，也许是好几家住在一起。穷人家的房子显得阴沉沉，入口和走廊都很窄，屋顶低低的，地板还是泥土的；甚至有许多穷人家是猪、狗、家禽与人杂处于一间房子。最穷的人家是住在风刮得进去、雨打得进来的茅屋里。小康之家比较好一点，地板可能是用草席和砖头铺的。至于有钱人家，那就大不同了，院内有花有草有池，或房子的四周都建了花园，这里有人为营造的自然气息和景象。这里没有芳草小径，也没有郁金香的小道，也没有方形或圆形或八角形的花圃，而有曲折的通道、岩石堆砌成的假山、弯曲的小溪、修剪成各色各样形状的林木。点缀在整个大花园之中的是半藏在枝叶之下、供人休息的优美亭阁。

房子的本身并不壮丽，即使宫殿也是一样。从来就没有高过一层以上的房子；假如需要更多的房间，只有在旁边加盖，而不把原来的加以扩大。因此，一座壮丽的房子很少是一个单一的建筑；而是一排房子凑在一起，从前门的入口到后门的出口，依次是从次要到重要，越重要的越排于后面，附属建筑则排于两旁。人们最喜欢用的建筑材料是木头和砖；石头除了用在地基和台阶外，很少用在建筑房屋上；砖通常只用于外墙，泥瓦做屋顶，木头做装饰的柱子和内墙用。在彩色鲜艳的墙上，横跨着一条做装饰用的飞檐。支持着屋顶的既不是墙，也不是柱子。屋顶看来好像很笨重，但它只是架在一些木架上面。屋顶是中国的寺庙和住屋的主要部分。假如屋顶上的瓦是上釉的——皇宫大部分是用黄色的，其他或用绿色、紫色、红色或蓝色——那么这个屋顶不论是在自然的环境中，还是在一片混乱的城市内，都会呈现出一派相当美丽的景象。远东地区的屋檐是用古代撑篷帐用的竹子做的，其目的可能是为了使屋檐两边能向上翘，而显得好看，但更可能只是为了要防雨，因为中国屋子的窗子很少。而朝鲜则用纸糊的格子窗，但这种格子窗很难防雨。

主要的门口不是在山形墙的末端，而是在南面的建筑物的正面；在装饰的正门之内，通常有屏风或一道墙，以免访客一眼就看到里面，同时，也可以防止魔鬼进来，因为魔鬼都是走直线的。厅堂里面很阴暗，因为大部分的光线都被格子状的窗户和突出的屋檐挡住了。也很少有通风的设备，唯一的热是从可移动的火盆或砖砌的灶而来。也没有烟囱和通烟道。不管富人或穷人，都得受冷，他们上床都穿好多衣服。有一位游客曾问一个中国人："你冷吗？"这位中国人答道："当然冷！"天花板上可能吊着有点俗气的纸灯笼；墙上可能饰有卷轴或水墨素描，也可能悬挂颇精巧的丝织刺绣或山水画。家具通常是很重的木材做的，如黑色的檀木，而且还雕刻得很精细；较轻的家具则上油漆。中国人是东方各国中唯一坐椅子的民族，但他们还是比较喜欢靠着或蹲着。在正厅里面，通常有一张长形的桌子，放有祭祖先烧香用的香炉。后面的房间专供女人用。另外分开的房间，可能是作为书房。

中国的建筑留给外国人和对建筑外行的人的印象，是中看而不中用。中国建筑那种雕梁画栋的装饰掩盖了外表的形式，美是美，但无助于壮观。中国的庙宇和宫殿并不想胜过自然，而是想与自然求得完美的和谐，故其建筑的形式只求中庸朴实。也正因为如此，有力、安全和恒久不变这些性质，在中国的建筑物中是找不到的。恐怕一场地震就会使建筑师的辛劳白费了。这些建筑很难和凯尔奈克、波斯波利斯以及雅典的卫城那些建筑，具有相同的艺术价值。就我们西方人来说，它们不是建筑，说它们是木头的雕刻、泥瓦的彩饰和石头的雕塑，也许比较恰当。他们对于瓷器和玉器的设计制造比较精通，至于这种混合机械和建筑术的庞然大厦，他们则不及印度、美索不达米亚或罗马。假如我们不从壮丽和坚固的角度来看——也许这是他们的建筑师所未注意到的地方，假如我们欣然接受在那最不牢的建筑形式中，其建筑上的浮雕很优美，那么他们的建筑可以说是中国艺术的一种最自然、最适度的变化，也是人类所曾造就的最优美的一种形式。

绘画

· 中国画大师

西方人不容易认识中国画，是情有可原的，因为东方的绘画不论在方法或其他方面的应用上，几乎与西方的完全不同。第一，东方人从来不在画布上作画；偶尔，他们作壁画，如在受佛教影响的时期；以后，他们有时在纸上画画，但大部分是画在丝织品上。可是，由于这种材料很脆弱，不易保存作品，这些作品只是在绘画的历史上留下一段回忆和记录而已。第二，东方的绘画有一种薄和轻的风味；大部分是水彩画，缺少欧洲油画中那种强烈而易引起美感的色彩。中国人曾试过油画，但油画太粗糙和笨重，不符合他们那种细腻的笔法，他们遂放弃作罢。对中国人来说，绘画是书法的分支，或是一种漂亮的书法，至少中国最早期的绘画形式是这样；他们用来写字的毛笔，也同样用来作画；有许多的杰作只用毛笔和水墨勾画而成。[1] 第三，他们最伟大的作品都是隐藏起来，不大为西方的游客所知道。因为中国人不喜欢在公共场所或家里面炫耀他们的作品，他们只是小心地把画卷起来，收藏好，偶尔打开来欣赏。中国的画是成卷的，“看”起来好像是“读”一部原稿；较小的画挂在墙上，但很少装在框子里；有时，他们将一连串的画画在屏风上。到了宋朝末期，中国的画派已经

[1] 虽然，在起源上书法是绘画的一种形式，但中国人将绘画视为书法且作为主要艺术……中国最有名的书法家为王羲之。唐太宗从辩才处偷得一幅王羲之的书法。此后，据说辩才颇感人生乏味，悄然而逝。

分成了 13 支，绘画的形式更不计其数。

中国的文学史指出，中国的绘画早在公元前几百年即成为一种艺术；尽管有战争的阻断，但中国的绘画一直延续至今。据说，第一位中国画家是个女人，叫嫘，她是舜帝的妹妹；一位愤愤不平的批评家这样写道："这种神圣的艺术竟然被一个女人创造出来！"虽然周朝并不见有什么绘画遗留下来，但是从孔子对于洛阳太庙上的壁画的惊叹，可见是时早有绘画。汉朝初年，有一位作家就抱怨他所崇拜的一位英雄从没有被人好好画过。他说："杰出的艺术家虽然很多，但怎么没有人画他？"据王子年《拾遗记》记载，是时，有一位叫烈裔的画家，善画，能"含丹青以漱池，即成魑魅及诡怪群物之象。以指画地，长百丈，直如绳墨。方寸之内，画以四渎五岳，列国之图。又画为龙凤，骞翥若飞，皆不可点睛，或点之，必飞走也"。有迹象显示，中国的绘画到近世纪初，达于它的最高峰之一，但战争和时间毁掉了这项证据。从秦兵攻陷洛阳（约公元前 249 年），焚毁他们所不能利用的东西，到义和团运动（1900 年），当东周的士兵把帝王收藏的丝画拿来做包装用时，绘画的艺术和战争即在古代的冲突中交互争辉——绘画虽屡遭破坏，但也从未中断它的创新。

就如基督教在 3、4 世纪改变了地中海地区的文化和艺术那样，佛教在那时对中国的生活也起了神学及美学上的革命性作用。当儒教重新恢复它的政治力量时，佛教糅合了道教，在艺术上产生了支配的力量，刺激了中国与印度在思想、象征、方法和形式等方面的接触。中国佛教派的绘画，最具天才的应是顾恺之了。由于他那种奇特和积极的个性，人们替他捏造了一段奇闻逸事。故事是这样：他爱上了隔壁的一位女孩子，伸手向她示意，但这个女孩子万没料到他将来竟是个著名的人物，因而拒绝了他的爱。顾恺之便在墙上画了一幅她的画像，并用一根针刺在她的心房。自此，这个女孩子开始病倒。此后他再去向她求爱时，她答应了；他遂把针拔掉，这个女孩子也就病愈了。

当佛教徒想募一笔钱在南京造一座庙时，他答应负责筹到 100 万钱；对于他的这个义举，全国的人都把他当笑柄，因为他是一个穷艺术家。他便提出要求："让我使用一道墙。"在他找到了一道可以掩护的墙之后，他便开始在那上面画维摩诘像。他完成之后，召来僧侣，向他们说明他们应如何募到这100万钱。他说："第一日观者请施10万；第二日可5万；第三日可任例善施。"僧侣们照了他的这个方法去做，结果募得了100万钱。顾恺之曾画过许多的佛像和不计其数的画，但一幅也没留传到今天。[1]他曾有三部论画的著作，但留传到现在的只是一些断简残篇而已。他说："凡画人最难，次山水，次狗马。"他也强调作为一个哲学家的重要性；他在帝王画像上这样题道："道罔隆而不杀，物无盛而不衰。日中则仄，月满则微，崇犹尘积，替若骇机。"他的同代人称他有三绝：画绝、才绝、痴绝。

到了唐朝，绘画大放异彩。杜甫说，此时画画的人多如星辰，但称得上画家的寥寥无几。在9世纪，张彦远为最完备画史作者，写了一本《历代名画记》，书中他列举了370位画家的作品。他说，在那时一幅名家的画值2万两银子。但是，他强调不能用金钱来衡量艺术。他说："名画是无价之宝，非金或玉可比，但劣品一文不值。"仅唐朝的画家，我们就可以列出220位，但他们的作品留下来的实在少之又少，因为安禄山攻陷长安之后，把长安洗劫一空，书画荡然无存。从韩愈的故事中，我们闻得出这个混合诗风鼎盛时代里绘画艺术的气息。有一次，韩愈在京师客栈中通过博弈从一位独孤申叔手中赢得了一幅极珍贵的图画，该画在最小的范围内，画出123位人物、83匹马、30只其他的动物、3部马车以及251件器物（详见韩愈《画记》一文）。韩愈说：

---

[1] 大英博物馆藏有一卷据说是顾恺之的画《女史箴卷》，该画有五幅说明模范家庭生活情形。画面虽已模糊不清，但看来仍很可爱；在曲阜的孔庙有一座石雕，是模仿顾恺之画笔；华盛顿弗里尔画廊（Freer Gallery）有两幅极名贵的作品，说是顾恺之画的《洛神赋图卷》。

……意甚惜之，以为非一工人之所能运思，盖丛集众工人之所长耳。虽百金，不愿易也。明年，出京师，至河阳，与二三客论画品格，因出而观之。座有赵侍御者，君子人也，见之戚然，少而进曰："噫！余之手摸也，亡之且二十年矣。余少时常有志乎兹事，得国本，绝人事而摸得之。游闽中而丧焉……"余既甚爱之，又感赵君之事，因以赠之……

就如中国的宗教形成了儒教和佛道教两派，分别由朱熹和王阳明所领导的两学派很快地发展成了哲学上的两个派别，分别代表西方人所谓的古典派和浪漫派；在中国的绘画里，也分成两派，北方的画家严格地遵守古代端庄的古典画风，而南方的画家则主色彩，强调感情和想象的形式。北方一派的努力达至精确地模仿形象和清晰的线条；南方一派就像巴黎蒙马特尔的画家，反对这些限制，蔑视只顾写实，而企图仅把事物当作精神上的经验要素和音乐上的心境音调。在玄宗宫廷里画画的李思训，在宦海浮沉及孤独的流放生涯中开创了北方画风，为北宗一派之祖。他曾首创中国山水画，力求写实。传说玄宗自谓在晚上可以听到李思训在宫廷的屏风上所画的山水画中潺潺的水声；也有传说，他画里的一条鱼跳出求生，后来这条鱼被发现在一座池塘里——每一个朝代的画家都谈论起这些传闻。[1] 南方的一派则自然地对艺术发出革新来，王维是南宗一派的始祖。在他那印象派的风格上，一幅山水画只不过是心境的一种象征。王维不但善画，也工诗，他希望借画表现诗，将这两种艺术融合为一；他的那句名言——"诗中有画，画中有诗"[2]——几乎可以应用在所有的中国诗画中。据

[1] 据我国典籍所载明皇召思训画大同殿壁及掩障。异日语思训曰："卿所画掩障，夜闻水声，通神之佳手也。"有明皇摘瓜图，又尝画鱼，未施荇藻，风吹入池，惟余空纸。

——译者注

[2] 此为苏轼赞王维诗画之语。苏轼有言："味摩诘之诗，诗中有画；观摩诘之画，画中有诗。"摩诘为王维字。——译者注

说，董其昌曾用尽一生去追求这位天才画家王维的神韵。[1]

唐代最伟大的画家同时也是大家公认的远东最伟大的画家是吴道子。其画风超乎各宗派之上，属于偏佛教的传统中国艺术。吴道子的画就如其名。老庄那套精微、难以言说的思想，似乎很自然地从吴道子的画笔流露于线条和色彩上。一位中国的历史学家这样描述他："少孤，天授之性，年未弱冠，穷丹青之妙，浪迹东洛。"据说，他酷爱酒肉，就像爱伦·坡，他也认为喝起酒来，精神百倍，工作效率最高。他样样都行：人物、神像、妖怪、佛像、鸟兽、建筑以及山水，好像信手拈来，水到渠成。不管是在丝绢、纸或壁上，他都画得很精致。他曾为庙寺画过300幅壁画，其中有一幅的人像超过1000个，其艺术地位与欧洲的《最后审判》或《最后的晚餐》等名画相等。在他死后400年，即12世纪时，宫廷中曾收藏他的画达93件，但没有几件留传到今天。据说，他的佛像能表现出生与死的神秘，他所画的地狱能让那些屠夫渔贩怵惕不敢做违背良心的生意，他在画布上所表现出的玄宗的梦幻，直使玄宗深信吴道子是精灵的化身。曾有一位帝王[2]命他到四川，画嘉陵江的山水风景，他竟空手回来，并未作画。这位帝王甚恼，他却答道："臣无粉本，并记在心。"之后，宣令于大同殿壁画之，300余里山水，一日而成。[3]当裴将军希望他替他画像时，他要裴将军不必摆姿作势，只管舞剑。吴道子看罢，画了一幅裴将军的画像。当代人皆认为这幅画是神来之笔。吴道子遐迩闻名，当他画兴善寺的佛像快要完工时，所有长安的居民都赶去看他最后的几笔。一位9世纪的中国历史学家说："凡图圆光，皆不同尺度规画，一笔而成。每画圆光，观者如堵。立笔挥扫，势若旋风，人皆谓之神助。"天才的人往往在懒散的时候，获得灵感。有一则很精彩的故事说，当

[1] 王维留传下来的作品只有日本京都的吉刹院所藏的一幅瀑布画，以及一卷题名为"辋川山水"的画。

[2] 即唐明皇。——译者注

[3] 根据克罗齐（Benedetto Croce）的观点，艺术乃是想象而非实像。

吴道子到了暮年的时候，他画了一幅颇大的山水画，他悄悄地走入画中的山洞，自此人们再没看到他。绘画从来没有这样神秘和美妙。

在宋朝皇帝的提倡下，绘画变成了中国人热爱的一种艺术。此时的绘画已从专对佛像的崇拜上解脱而出，产生出空前众多而繁杂的绘画，而宋徽宗本身即是当代 800 位知名的画家之一。美国波士顿艺术博物馆藏有徽宗的一卷画，徽宗以惊人的简洁笔法，画出仕女带着准备的绸衣穿过舞台的画；他还建立一座艺术博物馆，该馆所收藏的名画之多，超乎以后任何朝代所收藏的；他把一向属于文学学院（Literary College）的画院（Painting Academy），擢升为地位最高的一个独立机构，称翰林图画院，并且在科举考试的学科中，以绘画代替某些学科；他还擢拔那些在艺术上有杰出成就的艺术家，畀予官职，而他们也常能在政治上有卓越的表现。当了然于宋徽宗这重文轻武的内政之后，金兵遂南侵中国，掳了徽宗，攻陷开封，几乎毁了博物馆中所藏的全部绘画。该馆收藏绘画之丰，可从那 20 大册《宣和书画谱》看出。这位皇帝艺术家在囚禁和侮辱中死去。

比这位皇帝画家更有名气的是郭熙和李龙眠。郭熙放手作“长松、巨木、回溪、断崖、云烟变灭，千态万状，时称独步”。[1] 李龙眠是艺术家、学者、清官和绅士，他是中国人所尊崇的一位典型的士子。他从书法进入素描和绘画。他几乎只用墨作画；他接受北宗一派的严格传统，遵守精确和优美线条的画法。他善于画马，以致当他所画过的 6 匹马先后死了之后，他遭到指责，说是因为他夺去了那些马的生命灵魂。一位僧侣警告他，假如再那样勤奋地画马，终将变成一匹马；最后，他接受了这位僧侣的劝告，改画佛像。他曾画过 500 幅罗汉像。当徽宗创设的艺术博物馆被攻陷时，发现其中收藏李龙眠的画达 107 件，由此可见其名气之大。

在宋朝的大画家中还有米芾，他是个有洁癖的怪才，作画之前，

[1] 华盛顿的弗里尔画廊有一幅《江山秋霁》，疑是郭熙之作。

必要洗洗手，宽衣解带。他不落俗套，而用他那“泼墨法”——不先画轮廓，即下墨作画——画出那变了形的山水风景。[1] 夏珪的那幅《长江万里图》——从长江的发源地，经过黄土和峡谷地带，到商船和舢板云集的出口处——许多学者都推他为东方和西方山水画的泰斗。马远的树石山水画，极为出色，波士顿艺术博物馆藏有他的画。[2] 梁楷的李白画像，有独到之处。牧谿的猛虎、无忧的燕八哥，以及忧悒而祥慈的观音等作品，令人赞叹不已。还有一些西方人并不太熟悉的杰出画家，但他们是东方文化遗产中的宝藏。芬诺洛萨（Ernest Fenollosa）说：“宋朝的文化是中国人天才最成熟的表现。”

当我们企图去评估中国的绘画艺术在最辉煌的唐、宋时代的性质时，这与未来的历史学家企图去论断当拉斐尔、达·芬奇和米开朗基罗等艺术家的作品散失时的意大利文艺复兴所处的困境是一样的。在北方的蛮人完全毁了中国的名画，阻断了中国继续进步达几百年之后，绘画这门艺术似乎失去了人们的喜爱。虽然在以后的朝代，也产生了许多杰出的画家，但没有一位能与唐明皇和宋徽宗时代的画家相比。当我们一提到中国人时，我们不能认为那只是个贫穷、衰弱、分裂和遭受凌辱的民族，而在其 4000 多年的历史中，他们也有过堪与伯里克利、奥古斯都和美第奇等这些王朝相媲美的朝代，也许他们今后还会有这种时代的来临。

· 中国画的特质

中国画有什么特殊呢？在世界上，除了受中国文化熏陶的日本外，没有一派的画风与中国的相似。为什么？第一，应是由于它那种成卷或成轴的形式。但这只能算是外表的不同，最重要的是其内在和

[1] 米芾的一幅山水画，可在纽约大都会艺术博物馆中看到。

[2] 最特别突出的一幅是《雪中仕女》，这位在 8 世纪佛教中的女神，像苏格拉底立于雪中，在沉思冥想。这位艺术家似乎在说，只有心才有世界，没有心世界即不存在，但心可以一时摆脱掉这个世界。

实质的不同，那就是中国人轻视透视法和投影。当康熙帝邀请两位欧洲画家来画他的王宫时，他们的画法遭到反对，因为他们把较远的柱子画得比较近的为短；中国人认为最虚伪造作的莫过于显然没有距离的存在，而偏要表现出距离来。双方彼此不能了解对方的看法，欧洲艺术家是从平面看，而中国的艺术家则惯于从上面看。在中国人看来，投影也不适用于艺术的形式上，他们认为艺术的形式不在模仿真实，而在透过这种完美的形式，给人愉快，传达心灵和表现思想。

形式就是画的一切。中国画不求浓烈的色彩，只求韵律和精确的线条。在早期的绘画，色彩是绝对不用的，在名画中，绝少有着色的；一块墨，一支笔，已经足够了，因为色彩无助于形式。诚如艺术理论家谢赫[1]说的，形式就是韵律。第一，中国画是一种看得见的、有韵律的姿势的记录，是由手的运用而产生的舞；第二，中国画是一种有意义的形式，揭示了“精神的韵律”，揭示了真实的本质和静静的动作；第三，韵律的本身即是线条——并不是描绘物体真正的轮廓，而是画其形式，借着暗示和象征表现思想。[2]绘画的技巧，不同于悟解、感觉和想象的力量，中国的绘画几乎完全基于精确和优美的线条。作画时必须要有耐心，在严格的控制下，表现出强烈的感情，清晰地表明他的用意，然后下笔，把他的想象表现于丝绢上，下笔时不能更改，每一次要连续不停，很轻松地画好几笔。中国和日本对于线条艺术的表现，就如意大利和荷兰对于色彩艺术的表现那样地突出。

中国人画画从来不重写实，他们着重于暗示，而不求描画；他们把“真实”留给科学去处理，对于绘画只求美的表现。单单一根树枝，长了几片叶子或几朵花，就足可以成为一位最伟大的画家的题材。他对于空白的背景的处理和分配，就是他的勇气和技术表现的地方。我们拿进入徽宗的“书院”必作的试题之一来说明，也许可以帮

---

[1] 南北朝时齐人，著有《古画品录》。

[2] 谢赫六法为：“一、气韵生动是也。二、骨法用笔是也。三、应物象形是也。四、随类赋彩是也。五、经营位置是也。六、传移模写是也。”——译者注

助我们了解中国之如何强调间接的暗示，而反对明白的表现：试题是要考生用画来表示一句诗——“踏花归去马蹄香”。一位高中了的考生画的是一个骑马的人，马后有一群蝴蝶，跟在马蹄前后飞舞以表现“香”字。

由于形式不拘，题材也就无限。人物绝少作为画的中心题材；出现的人几乎都是老年人，几乎都是相同的形态。虽然中国的画家看来绝不是悲观者，却绝少用年轻的眼光看着这个世界。中国画家也画人像，但并不出色；中国画家对人物并不感兴趣。很显然，他们比较喜爱画花和兽，对人物并不重视。宋徽宗把他的半生精力花费在画鸟和花上。有时，花和鸟兽只是象征，像莲花和龙多半是象征性质，但大部分只是直接表示花和鸟兽，而无他意，因为表现于花鸟的那份动人和神秘的生命，与人类的完全一样。马特别受到喜爱，韩幹就是专门画马。

绘画在中国遭到困难，确是事实，第一是遭到宗教的束缚，第二是遭到学术的限制。临摹古代名家的画，对初学者来说，会造成一种阻碍进步、崇拜偶像的心理。画家在表现其题材上，在许多方面被囿于前人所用的方法里。一位杰出的宋朝批评家说：“在年轻的时候，我赞赏名家，我喜欢他的画，但当我有了鉴赏的能力，我对自己沾沾自喜，因为我所喜欢的与名家所喜欢的一样。”这实在惊人！纵然有束缚和限制。但他所表现的这种艺术的活力是多么地大；这诚如休谟所认为的，这与法国启蒙运动时期那些遭到检查的作家一样：艺术家就是在那些限制的束缚下，逼使自己去争取光辉的成就。

把中国的画家从这个枷锁中解救出来的，是他们自己对于自然的那份真挚的感情。在这方面，道教曾给予启示，佛教更加强他们这种感觉。佛教指示他们，人与自然在生活当中是一体的。诚如诗人发现逃避都市竞争的最好去处是自然，哲学家在自然里寻求道德的典范和人生的指引，画家也在悠悠的溪旁沉思，在深山中忘怀了自己，感到这种莫名的精神在这些无言而永恒的事物中，比在纷扰的人生和人们的思维中表现得更清楚。自然对中国是那样的残酷，不知有多少人死于酷寒和洪水。但中国人视自然为至高的神，中国人不仅在宗教上崇拜自然，在哲学上、文学上和艺术上，亦崇拜自然。自然指出了中国文化的时期和内容。早于克劳德·洛兰、卢梭、华兹华斯和夏多布里昂1000多年，中国人即酷爱自然，并创造了一派山水画，该派的作品遍及远东，而成为人类最杰出的表现之一。

瓷器

当我们提及中国最杰出的陶瓷艺术时，他们不由得要感到尴尬，因为我们一直把这种艺术视为一种行业而不是艺术。中国陶瓷艺术在世界的地位，是最无可置疑的。一提到“瓷器”（china）这个名词，我们就不由得联想到厨房，我们总以为陶瓷厂是制造瓷器的地方；这种工厂与其他工厂无异，而其产品也不会引起人们的赞叹。但对中国人来说，陶瓷器是一种很重要的艺术；在兼具美和用的情况下，陶瓷器颇能取悦于中国人的实用和审美的思想；它提供全国最大的一种风俗——喝茶——的器皿，这种器皿对于人的指头或眼睛，都极为方便可爱。家家户户，甚至连最穷人家，都装饰有各种形式的陶瓷器。陶瓷器是中国人的一种雕刻艺术。

陶瓷器的第一关是制造，把黏土烧成有用的形式；第二，再借助艺术，把这些形式加以美化；第三，经过了制造和艺术化之后，产生出完美的产品。把陶器上釉即为瓷器。做釉的方法是将陶土与某些矿物相混，经过火烧之后，熔化成一种半透明似玻璃的东西。[1] 中国人做瓷器最主要的是用两种矿物：一种是江西省景德镇东诸山所产的高瓴土，这是一种纯白色的陶土，由花岗石的长石分解而形成的；另一

[1] 瓷器（porcelain）首次传入欧洲时，欧洲人以porcellana为名，而porcellana是从它像圆圆的porcella或小猪的背命名而来。

种是白墩土，这是一种易熔化的白色的石英石，可使瓷器成半透明状。将这些材料磨成粉状，再掺水搅成胶状，然后，用手或机器做成模子，再放入火里烧，就变成光亮坚硬的东西。有时候，陶工对这种简单白色的瓷器并不满意，遂直接在模子上涂上一层釉。然后，再放进去烧；有时是在模子烧焙之后，再加上釉彩，然后再烧一遍。通常釉是着色的，但许多的情形是在模子涂上一层透明的釉之前，先行着色，或者在涂了釉而烧过的瓷器上着色，然后再烧焙，把这些色彩熔解于瓷器上。在釉的外面的这些颜料，我们叫作珐琅，是有色的玻璃粉做成的，经调和成液体状，画画用的纤细毛笔就能蘸用。受过专门训练的专家给瓷器上画，专事画花的只顾画花，画鸟兽的专门画鸟兽，画山水的专门画山水，画人物的专门画圣人，通常是画圣人在山中沉思，或在海浪上骑着奇怪的野兽。

中国的陶器早在石器时代即有。安特生教授在河南和甘肃发现陶器，他认为“这些陶器的年代不会在公元前 3000 年之后”。因为这些陶器的优美和精良，我们相信，陶器这行业早在此时即已成为一种艺术。有些很像安诺的陶器。因此，有人怀疑这是不是自西方传入而成为中国的一种文化。比这些新石器时代的产物较拙劣的，是在河南出土的一些陶器碎片，这些被认为是商朝末年的产物。自此至汉朝以前，就不曾发现有艺术价值的陶器，不仅看不到陶器，甚至在被认为远东首用玻璃的中国，在此期间也没有玻璃的遗迹。[1] 到了唐朝，由于茶道之风渐盛，刺激了陶器艺术；在约 9 世纪时，不知是因为中国人的天才还是偶然，发现了制造似玻璃状的器皿的可能，这不只是着了釉的部分可以（如汉以前的那种形式），而是整个都可以，也就是今天所说的真正瓷器。就在这个时候，一位叫苏雷曼（Suleiman）的伊斯兰教徒游客自中国回来向国人说：“中国有一种很好的泥土，他

[1] 埃及人在公元前不知道几世纪有上釉的陶器。从中国最早上釉的陶器的彩饰上看出，显示中国人是从近东学来那套上釉的技术。

们拿来做器皿，明亮如玻璃，可以看透所盛的水。”最近在9世纪旧址底格里斯河上的萨迈拉挖掘出中国制造的瓷器。第二次历史上记载有关在国外发现中国瓷器是约1171年，萨拉丁（Saladin）将41件瓷器作为珍贵的礼物送给叙利亚国王。在1470年前，不曾闻欧洲制造过瓷器；欧洲人之所以认识瓷器，是威尼斯人在十字军东征时，从阿拉伯人那里学来的。

宋朝是中国瓷器的黄金时代。此期的瓷器是现存最古老的，也是最好的一种；甚至几百年后的明朝陶工，对宋朝的陶瓷器都赞不绝口，认为明品绝少能超越宋品。收藏家都把宋朝的陶瓷器视为无价之宝。中国制陶瓷业最有名的地方是江西省景德镇，6世纪时，在景德镇的附近发现有大量可以用来做陶瓷器的矿物。经过朝廷官方准许后，当地开始大量制造空前未有的陶瓷品：各色各样的盘、杯、碗、瓶、罐、盒、象棋盘、烛台、地图，甚至上珐琅镶金的瓷制帽架等，无奇不有。而翡翠色的青瓷，也首次在此时出现。[1]这种东西一直是现代的陶器家长久以来最渴望做的，也是收藏家最希望珍藏的。[2]1487年，埃及国王曾送这种样品给美第奇。波斯人和土耳其人之所以珍视青瓷，不仅因为它的质地光滑，色彩鲜艳无比，而且因为它可以当作试探毒药的器具；他们相信只要有毒物放进去，青瓷器皿的颜色立即改变。艺术收藏家把青瓷视为传家宝，一代代传下来。

明朝的300年间，陶工竭力维持宋朝那种极高水准的瓷器艺术。虽然，他们不能超越宋朝的水准，但倒也相差无几。仅景德镇就有500家窑厂，王朝宫廷就拿去了9.6万个各色各样的瓷器，去装饰它的花园、桌子和房间。此时首次出现了精美的瓷釉——颜料加在釉

---

[1] 英文中青瓷这个词（céladon）是从法文而来，而法文这个词是17世纪时，法国人从杜尔菲（Honore d'Urfe）的小说《阿斯特雷》（*L'Astree*）中的一位英雄取名而来，这位英雄在剧中常常着绿色的衣服。

[2] 不但西方人珍视青瓷，就是东方人也一样珍爱它；日本人收藏有大部分的中国名贵青瓷，但他们拒绝以任何代价出售；今天的陶工在这方面仍然无法与宋朝这种完美的艺术相抗衡。

上。黄色、蛋壳色和白色的瓷器达到最完美的境界；由神宗取名的镶银蓝白色的杯子，是世界上陶瓷艺术的最杰出作品之一。在神宗时代，有一位陶瓷专家叫昊十九，他能做重量不超过 1/48 英两的酒杯。一位中国历史学家说，有一天，昊十九[1]去拜访一位大官，他请求这位官员让他看一看他所藏的一个三脚的瓷器，他断定这个三脚瓷器是宋朝的。昊十九仔细地用手抚摸，并且偷偷地在纸上绘下它的形状，然后把画好的纸条藏于袖子里。半年后，他再去拜访这位大官时，他说："阁下有一个宋朝的白色三脚香炉，我也有一个与你一样的。"这位姓唐的大官，端详了这两个香炉半晌，却看不出有什么不同的地方；甚至他的那个的脚和盖子，与昊十九的也完全吻合。昊十九不由得笑了出来，承认他那个是仿品。然后，他以 60 两银子卖给姓唐的，姓唐的再以 1500 两银子转让给他人。

中国的景泰蓝到了明朝，达到炉火纯青的境界。关于景泰蓝的英文名字和技术都是外来的：Cloisonné 这个词是从法文 Cloison（分割的意思）而来；这种艺术是从近东的拜占庭帝国传入的。中国人偶尔声言他们的青瓷是从鬼谷窑来的。制造青瓷（疑为景泰蓝）的方法是：先将铜、银和金切成细丝，把它们焊接在已经设计好的一个金属物上，再用适当的有色的釉填在金属线之间的空处，然后，再把这个器皿一次又一次放进去烧，再用轻石擦去粗糙的外表，用木炭把它磨光，最后在看得见的线端上镀上金。最早的青瓷的年代确定为元朝末年，最好的是明景泰时代的。中国青瓷最后的一个光荣时代是在 18 世纪的清朝。

景德镇的窑厂在明末的战乱期间被毁了，直到那位与法王路易十四同时代的中国最开明帝王康熙时才恢复。在康熙帝的手谕下，景德镇又重建了起来，不久即有 3000 座窑炉开始冒起烟来。此期所产出的精美陶瓷器之多，不但在中国是前所未有，世上亦无任何一国可

[1] 这里应该是周丹泉，杜兰特博士把二事混为一谈。——译者注

以比拟。康熙时代的陶工，总认为他们所烧的不如明朝的好，但今天的艺术鉴赏家则不这么认为。旧形式的，模仿得完美无疵；新形式的，却颇多创意。利用溶解速度不同的釉，清朝的陶工做出了一种外表有刺有裂纹的瓷器；他们也在釉上吹上有色彩的泡沫，使得这种疏松的瓷器外表敷上一层有圆圈圈的色彩。在素色方面，他们有独到之处；在红色方面有：桃红、珊瑚红、宝石红、朱红和玫瑰红；绿色方面有：胡瓜绿、苹果绿、孔雀绿、青草绿和灰绿；蓝色方面有天蓝、紫丁香蓝、绿蓝；还有黄色，以及那像天鹅绒的白色，我们说它洁白光滑得可以照人。他们创造出法国收藏家所分的玫瑰色、绿色、黑色和黄色等类别不同的颜色。在杂色方面，他们创造了一种艰难的技术，他们在陶器的烧焙中，利用供给和停止输送氧气的交替方法，使得绿色的釉变成耀目的各种颜色，法国人称这种变化叫窑变（flambé）。他们在瓷器上画上清朝大官的画像——着长袍、留辫子，创造这种“清朝”的风格。他们在蓝色的瓷器上画上白色的梅花，制造优美典雅的感觉。

中国瓷器最后的一个鼎盛时期，是在乾隆帝统治的那个又长久又繁荣的时期。瓷器产量之多简直无法估计，虽然新样式没有康熙时代那样出色，但技术仍属第一流的。尤其玫瑰色的瓷器，已达最完美的境界，在这种最灿烂的釉上，加上花果、自然界之画，最令人神怡。而那蛋壳色的瓷器所造的昂贵的灯罩，是专为奢侈的百万富翁而制的。接着是太平天国运动（1850—1864 年），血腥岁月持续了 15 年，蹂躏了 15 省，毁灭 600 个城市，杀死 2000 万男女，清朝元气大伤，无法再重整陶瓷业，只好让他们关起门来，而陶工在这种混乱的社会中也变成了无业游民。

自从这次浩劫后，中国的陶瓷艺术不再恢复元气，也许永远不会再重振昔日的声威了。除了战争的破坏和朝廷的不再支持外，还有其他的因素，压得陶瓷的艺术抬不起头来。对外贸易的增加，使得陶瓷艺术家不再做合乎中国人品味的那种艺术品，却是一味地专做迎合欧洲顾客的东西。根据葛氏定律（Gresham’s law）的劣币驱逐良币的法则，上等瓷器自然遭到下等瓷器的排挤，而无法在市场上竞争。大约在 1840 年，英国在广州设厂，制造品质较差的瓷器，挂中国瓷器的美名，外销到欧洲；法国的色佛尔（Sèvres）、德国的迈森（Meissen）以及英国的伯斯勒姆（Burslem）等地，也相继模仿制造中国的瓷器。由于它们有现代化的机器设备，成本降低，渐渐地把中国国外市场都抢了过去。

如今我们对中国的瓷器只能怀着无限的回忆，它们就像中世纪的彩色玻璃一样，将永远不可能再回来；欧洲的陶工虽然全力以赴，但所制瓷器仍然赶不上中国瓷器那份精细的形式。收藏家年年都以不同的价格收购现存的中国名瓷；他们出 500 美元买一个茶杯，2.36 万美元买一个山楂花瓶；一对 1767 年天蓝色的“吠狗”瓷器的价钱，高出雷尼（Guido Reni）的《耶稣的婴儿》（*Infant Jesus*）画像的 5 倍，也高出拉斐尔的《圣家》（*Holy Family*）一画 3 倍之多。但是，任何人只要看到、摸过和用心灵去感受那可爱的中国瓷器，他将会对这些价钱不屑一顾，而认为此实为亵渎之举；它不是世界上任何美丽的东西和多少金钱可以衡量的，即使它被高价交易出去，仍无损其美丽和高贵的地位。我们可以这样说，中国的瓷器是中国文明的高峰和象征，中国的瓷器是人类所能做的最高贵的东西之一。

第四章 | 人民和国家

历史的插曲

·马可·波罗谒见成吉思汗

在威尼斯的黄金时代，大约是1295年的时候，两位老人和一位中年人历经了千辛万苦，满身灰尘，衣着褴褛，背着包袱，一路向人乞求，坚忍不拔地赶回他们26年前自愿离开的那个家。他们说，他们航经许多危险的海，攀越高山和高原，途经土匪出没的沙漠，4次经过万里长城；他们在中国居住了20年，并在世界上最有势力的帝王手下做过事。他们谈到有一个帝国，其领土之广，人口之众，君王之富，为欧洲闻所未闻；他们谈到用石头取暖，用纸币代替金，胡桃比人头还大等趣闻；他们谈到有些国家视童贞为结婚的一项障碍，有些国家在招待陌生人时，准许陌生人尽情地与主人的妻女欢乐。没人敢相信他们所说的这一切。威尼斯的人给这位最爱说狂话的人取了个绰号叫“百万家私的马可”（Marco Millions），因为他的故事又多又奇怪。

马可·波罗和他的父亲以及叔父都为这次经历深感荣幸。因为，他们从遥远的中国国都，带回了许许多多的无价的宝石，这使得他们成为威尼斯城最有钱的人家之一。当威尼斯在 1298 年与热那亚启开战端的时候，马可·波罗指挥一艘船；当他的船被掳获，他也成了一名俘虏，在热那亚的监狱坐牢一年，就在这一年的铁窗生活里，他完成了在文学史上最有名的一部游记，他以简洁而平铺直叙的方式，述说他和他的父亲尼可罗（Nicolo）以及叔父马费奥（Maffeo）三人如何离开亚克港（Acre）——是时，他还是个 17 岁的小伙子；如何越过黎巴嫩山脉，穿过美索不达米亚，到波斯湾，再经过波斯呼罗珊（Khorassan）和巴尔赫（Balkh），到达帕米尔高原；如何加入商队，缓慢地往喀什噶尔和和阗前进，再越过戈壁大沙漠到唐古持（Tangut，即党项）；最后，经过万里长城到达上都。[1] 伟大的忽必烈就在那里欢迎他们，把他们当作从野蛮的西方国家派来的密使。

他们不曾想到会在中国久留，但当他们发现有利可图时，他们一留就是 20 多年。尤其马可·波罗最为发迹，他甚至被擢升为杭州的行政首长。在他那有趣的游记中，他把杭州描述得比欧洲的任何一个城市都要进步繁荣：房屋和桥梁建筑优美，公立医院众多，别墅优雅，娱乐场所繁多，娼妓美丽迷人，政府命令有效，人民仪态文雅。他告诉我们，杭州城周围达 100 英里：

> 杭州的街道和运河都相当宽，轮船和马车载着生活必需品，来往穿梭于运河和街道上。估计大大小小的桥梁达 1.2 万座。连接运河两岸的街道所架设的桥梁，用极为精良的技术，建起很高的拱形桥，使得高竖着桅杆的船只，都可以自由通过。同时，车马也能走过，尤其是从街道渐渐升高直到拱形桥的顶点，这一斜面的建造技术，最令人称道……城内有 10 处大的广场或市集地方，街道两旁的商店不计其数。每一处广场的长度有半英里，其

---

[1] 上都一地即英国诗人及哲学家柯勒律治（Samuel Taylor Coleridge，1772—1834 年）所指的“Zanadu”。马可·波罗所叙述的这些中亚细亚地方，在 1838 年以前，欧洲人并没有再去探险过，只有一位，但已不详。

对面即是主要的街道，宽有40步，从城的这一边直通到城的另一边。与主要街道平行……有一条很大的运河，靠近河岸的地方，盖有宽敞石造的货栈，供从印度和其他地方来的商人所带的货物和私人物品存放之用。他们可以很方便地与就近的市场交易。在一星期内有3天是交易的日期，每一处市场在集会交易的时候，总有4万至5万人……

街道全部铺设石和砖……主要干道的两旁，各铺10步宽的石和砖，中间的部分是铺小石子、呈横形的阴沟，以便让雨水流到附近的运河，因此，街道常常保持干燥。在这个小石子的道上，马车穿梭往来其间。马车呈长方形，有斗篷、丝织的窗帘和坐垫，可容纳6个人。男男女女都喜欢乘坐……

娱乐的种类相当繁多……人们从15英里外的内海捕得大量的鱼儿，每天逆河而上，带到城里来……当你一看到这么多的鱼儿，你心想这么多怎能卖掉？可是，不到几小时光景，都被抢购一空了，因为城里的居民实在太多……通往市场的街道四通八达，有些市场还设有许多冷水澡堂，有男女的侍者照应。城里人不管是男是女，终年都洗冷水澡，他们自小就养成了这个习惯，他们认为这对身体有益。当然，也有供热水的澡堂，不过这是供外国人用的，因为他们实在忍受不了那冰冷的水。他们每天洗澡，他们洗澡的时间，大部是在晚餐以前……

在另外的街上是娼妓的地区，娼妓之多，我实在不好意思开口……中国的娼妓衣着华丽，粉香扑鼻，娼馆设备豪华，并有许多女仆侍候她们……在另外街上，是医生和占星家的地区……在主要街道的两旁，是高楼大厦……男人和女人一样，皮肤很美，长相潇洒。他们大部分都着丝绸……女人更漂亮，个个眉目清秀，体型纤弱。她们衣着尤为讲究，除了着丝绸外，还佩戴珠宝，其价格之昂贵，令人难以想象。

他对北京的印象，要比杭州为深，但无所不谈的他，没有好好地介绍一下北京的繁华和人口的情形。北京郊外 12 个地区要比北京城美丽得多，因为有钱人都在郊外盖起许多华美的别墅。城内有许多的旅馆、成千上万的商店和摊棚。各种食品无不俱全，每一天，成千担的生丝送入城里，以供市民制作衣物之用。虽然蒙古的皇帝在杭州、上都和其他地方都有宫廷，但以北京的王宫为最大。北京王宫的外墙是用大理石砌成，王宫前的阶梯也是用大理石铺设的；正殿非常广大，“宴会时，可容纳一大群的人”。马可·波罗对于楼阁的设计、精美透明的窗子、各种不同颜色的屋瓦，都赞美不已。他从来没有看过这么富裕的城市、这么雄壮的国王。

无疑，这位年轻的威尼斯人曾学过中国语文；也许，他从官方历史学家那里，去认识忽必烈和他的祖先如何征服中原。由于西北边区渐渐干燥变成沙漠地带，蒙古人无法再向西北扩展，遂被迫向南侵略，以获取新地方；他们的成功使他们更加好战，直到几乎整个亚洲和部分的欧洲陷于他们的铁蹄之下，他们才罢手。历史上传说，他们那位激烈如火的领袖成吉思汗，出生时掌中有一块凝血。13 岁时，他开始一统蒙古各部落，恐怖的是他统一的手段。他把囚犯钉成木头人，或砍成肉酱，或放入锅里煮，或活生生地剥皮。当接到宋朝皇帝宋宁宗的招降书时，他嗤之以鼻，立即下令挥军越过 1200 英里的戈壁大沙漠，进入中原的西部省份。中原 90 个城市被破坏，遂使这些剽悍的骑兵可以在夜间，在一片荒废的地区纵横驰骋，通行无阻。这位“世界之王”（Emperor of Mankind）蹂躏中原北方达 5 年之久。由于星相出现不吉祥的征兆，他移师返乡，在途中病殁。

他的继承人窝阔台、蒙哥和忽必烈继续东征西讨。宋朝由于几百年一直致力于文化，忽略了军事，遂在个人的英雄主义和王朝的屈辱下灭亡。

久宁府（Juining-fu）的首长，曾奋勇抵抗蒙古兵，直到所有的老弱被残杀，所有的壮丁倒下来，只剩下妇孺守卫。然后，他放火烧掉整个城市，自己就在他的衙门里活活地被烧死。忽必烈的部队横扫整个中原，使得宋朝退却到广州一地。陆秀夫负帝蹈海，双双殉国，宋亡。据说，有成千上万的人宁可蹈海而死，也不愿屈服于蒙古。忽必烈对于这位宋朝最后的皇帝予以国葬，并定国号为元。蒙古人统治中国不到100年。

忽必烈自己并不是个没有教养的蛮人。关于这一点，只有一个显明的例外，这倒不是指他那不忠义的外交政策，而是他对于爱国文人文天祥不当的处理。文天祥忠心耿耿于宋朝，拒绝承认忽必烈的统治。他虽被囚3年，但终不屈服。他的那首《正气歌》是中国文学中不可多得的佳作：

> 阴房阗鬼火，春院闷天黑……一朝蒙雾露，分作沟中瘠。如此再寒暑，百沴自辟易。哀哉沮洳场，为我安乐国！岂有他缪巧？阴阳不能贼。顾此耿耿在，仰视浮云白，悠悠我心悲，苍天曷有极！

最后，忽必烈召他入宫，问他："你要什么？"文天祥答道："我受宋朝皇帝的恩赐，作为一个朝臣，我不能侍候两个君王。我只要求一死。"忽必烈答应了他。当他等待刽子手执刑时，他把脸朝向南面，表示宋朝皇帝仍然在位，统治中国。

虽然如此，忽必烈却承认中国文化优美进步，而把蒙古的习俗融入中国文化之中。由于事实的需要，他废除了科举制度，因为这种制度会带给他一个十足的中国官僚政治；他把高官显位都让蒙古人来担任，并一度推行蒙古字母。但他和绝大部分蒙古族接受中华文化，不久即被同化成中国人。他准许各种宗教相存并立，并以基督教为安抚和统治的工具。他修浚天津到杭州的大运河，修筑道路，建立迅捷的邮政。他建立更大的公家仓库，储存多余的粮食，以备荒年之用，并对遭受旱灾、风灾和虫害的农家，免征田赋。他设立国家抚养年老长者、孤儿和残疾人的制度。他竭力保护教育、文学和艺术。他修改历法，重开国家学术研究院。每天，政府官员必带着 2 万条船载的米和稷去分配给穷人家。[1] 忽必烈重建北京为一新国都，其雄伟以及人口之众，外邦异客无不叹为观止。他盖起了堂皇的宫殿，其建筑艺术之辉煌，远超任何一朝代。

"现在这一切的情形，都被梅塞尔 · 波罗（Messer Polo）碰上了。"马可 · 波罗说。他与忽必烈变得非常亲密，他极风趣地描述这位帝王的玩乐情形。他指出，这位帝王除有 4 位皇后外，还有许多宫女，这些从蒙古挑选来的宫女，在帝王的眼中似乎是最美丽的女人了。马可 · 波罗说，每两年，选美的官员就被派到蒙古地区，根据帝王严格规定的标准，甄选 100 位年轻的美女：

> 这些年轻貌美的女孩子被召到皇帝的面前，他要举行一项新的测验，由一组不同的测验官来主持，初选选出 30 到 40 名，然后再作复选……这项复选的工作分别委于宫廷中的老宫女来做，她们的责任是在夜晚的时候，要特别小心地观察这些入选的还有没有未被发现的缺点，看看她们睡觉的时候是不是很静谧，没有鼾声，呼吸时有没有香气，身体各部有没有瑕疵。经过这场严格的检查后，被留下来的是正选。然后她们被分成五组，每一组待在皇帝的内庭三天三夜，做一些应做的事，皇帝高兴时就与她们玩乐。一组结束再换另一组，直到每一组都轮过为止。然后，再重新由第一组开始。

在中国待了 20 年之后，马可 · 波罗和他的父亲及叔父三人，与忽必烈派遣至波斯的特使团结伴同行返国，在最少危险和最省费用

[1] 马可 · 波罗道写道："每一天，政府官员必带着 2 万条船载的米粟和稷去分配给穷人家。由于忽必烈汗对于穷人家这样慷慨好施，人民都敬仰他。"

的条件下，他们返回故乡。忽必烈汗还托他们带一封致教皇的私函。这位帝王对他们真是照顾得无微不至。他们航海绕过马来半岛，到印度和波斯，再经陆路到黑海的特拉布宗（Trabzon），最后，再航行到威尼斯，共费了3年。当他们抵达欧洲后，始知忽必烈和教皇两人均已作古。马可·波罗自己则由于他那种固执的个性，而活到了70岁。在他临终的时候，他的朋友为了使他的灵魂超脱，请求他撤回他书中所说的一些显然是夸张的故事，但他坚决回答道："我所说的还不及我所看的一半。"在他死后不久，在威尼斯的嘉年华会里，一位新出现的喜剧人物立即受到广大的欢迎。这个人物打扮得像一个小丑，用他那吹牛的动作取悦观众。他的名字就叫"百万家私的马可"。

·明朝与清朝

不到400年，中国又进入一个鼎盛时代。元朝很快就衰落，它在欧洲和西亚的力量的没落，以及在中国本土的腐化，使得它元气大减。一个领土如此广大而只虚有其表的大国，在山脉、沙漠和海的分割下，要想保持一统，只有在铁路、电讯和印刷发达的时代才能够做得到。蒙古人在武功方面胜于行政，故在忽必烈汗之后，又被迫恢复科举制度，擢用中原人入主朝廷。蒙古人虽然征服了中原，但对中原的风俗习惯或思想并没有改变，只是把新形式的小说和戏剧介绍进中原文学。再一次，中原人与他们的征服者通婚，并同化了他们，最终又征服了他们。1368年，一位当过和尚的中原人起义，胜利进入北京，遂自封为明朝的第一位皇帝明太祖。30年后，一位贤明的君王登上宝座，在这位贤能的永乐帝的统治下，中国又繁荣了起来，艺术尤其达于高峰。但明朝还是在内乱和外患的交加下灭亡了。就在中国内部纷争不息的时候，一群新的征服者翻过了万里长城，攻陷北京。

满族人定居于现代所称的中国东北已达几百年之久。当他们的武力伸展到北部的黑龙江之后，即向南进攻明朝的国都。明朝的最后一位皇帝思宗见大势已去，遂召集家人，向他们举杯敬酒之后，下令皇后自尽，[1] 而他也在他的袍上写下最后一封诏书后，用腰带自缢。他的诏书是这样：

> 朕自登基十七年，上邀天罪，致虏陷地三次，逆贼直逼京师，皆诸臣误朕也。朕死无颜见先帝于地下，将发覆面，任贼分裂朕尸，可将文官尽皆杀死，勿坏陵寝，勿伤我百姓一人也。

满族人入主中原后，以国礼隆重埋葬了他，建立清朝。

这些满族人也很快被同化成中国人，顺治之后康熙即位，这位清朝的第三位皇帝，使得中国达到空前未有的繁荣、和平和开明。康熙7岁登基，13岁掌握政权。无疑，这是清朝领土最广大、武功最强盛、国家最富庶的时代。他用智慧和正义理国，其政绩堪与他同时代的奥朗则布和路易十四世相媲美。他精力充沛，思维敏捷；他喜欢户外运动，但对文学艺术，也下工夫。他到全国各地巡视，遇有弊端，随即改正，并改革过时刑法。他生活俭朴，撙节国家开支，以造福人民为荣。在他大力的鼓励下，加上他个人的涵养和兴趣，中国的文学绽放出了灿烂的火花，陶瓷艺术又达到了另一个高峰。他容许各种宗教，跟耶稣会教士学拉丁文，准许欧洲的商人在各港口做生意。他在位61年（1661—1722年），当他晚年时，他留下了这几句话："海外如西洋等国，千百年后，中国恐受其累……"

随着中国与西方国家的贸易和接触的增加，这些问题在精明的乾隆时代益加严重。乾隆曾写过3.4万首诗；其中一首《茶》，伏尔泰极为欣赏，他曾向"这位令人激赏的中国帝王致意"。法国的传教士曾为他画像，在这幅画像下题有这么几行不算高明的像赞：

---

[1] 皇后遵命自尽。据说，许多宫女也都追随皇后自尽。

> 世界上最伟大的一位君王，同时又是他王国内最卓越的文学家，他终日孜孜于政事，并普获人民的赞扬与崇拜。

他统治中国达60年（1736—1796年），85岁时，他曾让位，但一年后，他又继续执政，直到1799年去世为止。在他统治的最后几年，发生一件意外的事，这令人想起了康熙临终前的那段预言。英国因为在中国贩卖鸦片而激怒了乾隆。为了此事，英国在1792年派遣一个由马戛尔尼（George Macartney）率领的特使团，来到中国与乾隆协商签署一个商务协定。这个特使团曾向他解释与英国贸易的种种利益，并且向他保证在协定中可以让中国皇帝的地位与英王相等。乾隆回书予英王乔治三世：

> ……其实天朝德威远被，万国来王，种种贵重之物，梯航毕集，无所不有，尔之正使等所亲见，然从不贵奇巧，并无更需尔国制办物件。是尔国王所请派人留京一事，于天朝体制，即属不合，而于尔国，亦殊觉无益，特此详晰开示，遣令贡使等安程回国，尔国王惟当善体朕意，益励款诚，永矢恭顺，以保尔邦共享太平之福……

从这些骄傲的语气中，我们看出中国企图避开工业革命。但这个革命终究避免不了，我们将在下面讨论。同时，我们也要看看构成这个奇特而有益的文化中的那些经济、政治和道德的内容，然而，这个文化似乎注定要遭到这个革命的破坏。

人民与语言[1]

中国的人口众多，据估计，公元前280年的时候，中国的人口约为1400万；到200年，已增一倍达2800万；726年，达4150万；1644年，达8900万；1743年，达1.5亿；1919年，达3.3亿。14世纪有一位欧洲的游客数出中国有“200个城市比威尼斯大”。中国的人口调查是根据一项登记的法律条文，该条文规定每一住家的门上必须订有一块门牌，门牌上写着全家人的名字。但我们无法确知这些门牌的准确性，甚至对于这项说法我们也无可稽考。

中国人的身材不一致，南方的比较矮弱，北方的比较高大；就整体来说，中国人是整个亚洲中最强壮的民族。他们显示出充沛的精力，除了对疾病的抵抗较差外，在忍受困难和痛苦方面有极大的勇气，他们也有很强的适应性，故不论在什么地区，他们都能繁荣起来。

中国人虽然算不上是世界上最美丽的，但确是人类中最具智慧的一种。有些贫民在我们看来实在相当不雅，有些罪犯看来好像电影里的讽刺画，但绝大部分人的相貌是低低的眼睑下隐藏着一份安静的神态，以及那种文明古国之风。微斜的双眼，并不如我们所想象的那样深邃，那黄色的皮肤在阳光底下变成了棕褐色。农家的妇女，其身体之壮不亚于男人；至于富家的千金，都打扮得很标致，施粉墨，涂胭脂，画眉毛，并使自己像柳条或新月那样地苗条。男女头发都显得粗糙，没有卷曲的现象。妇女把头发挽成一个髻，通常还插花。在清朝初叶的时候，清朝统治者强迫汉人采行满人的习俗，男人须把头发的前半部剃光，把剩下的后一半头发结成一条长长的辫子。不久，这种发型反而成了正统，大家竞相引以为自豪。胡子虽然不多，但他们经常刮，理发店就是靠这个生意兴旺起来。

[1] 下面所谈的中国社会情形，主要是以19世纪而言；至于与西方接触后所发生的变化情形，将留在下一章讨论。本节所谈的有保留的必要，因为一种文化不可能在一段很长的时间或一处广大的空间里无所改变而保持完全一样。

中国人通常是理光头;在冬天，男人戴帽檐向上翘的绒帽或皮帽;在夏天，他们戴精编的圆锥形竹帽，帽子的顶上系有一个彩色的球，并有丝缕。至于妇女，大多系有丝或棉带，再插上金属薄片或小宝石或人造花。鞋子通常是厚布做的，因为地面往往都是凉的砖或泥地，中国人在脚底下都垫有一块小的毛毯。约在李后主的时候，朝廷开始流行裹小脚，女孩子在 7 岁的时候就被迫裹脚，等到少女的时候，那双脚就变成了三寸金莲，走起路来可以婀娜多姿，取悦男人。谈论女人的脚被视为最粗野无礼的言语，看女人的脚也被视为最可耻的行为;在女人面前，甚至连鞋这个字也不能提。除了蒙古人和满族人外，中国妇女不分阶级都裹脚。后来竟发展成为一种以脚大小来决定其婚姻的方式。康熙虽曾下令禁止，但无效。今天，它已被解除，成为辛亥革命的一大收获。

男人穿裤子和长袍，衣服几乎都是蓝色的。到了冬天，在裤上还加绑腿，再添加长袍，有时穿上十来件。中国人在整个冬天，日夜都穿这么多，只有随着春天的来到，才一件件地卸去。长袍的尺寸不一，有的到腰部，有的到膝盖，有的到脚跟，直到颈部都扣得很紧;没有口袋，只有宽长的袖子;中国人不说一个人的口袋“装”(pocketed) 东西，而说“套”(sleeved) 东西。衬衣和内衣都很贴身，我们不知道它们是什么东西。至于女人，与男人一样穿裤子，因为她们惯于做男人的工作，甚至比男人做得多;城市里的妇女，则多穿裙子。在城市，丝织品几乎与棉织品一样普遍。她们不系腰带，不着胸罩。一般来说，中国人的衣着要比现代西方人的打扮，来得较合用、方便、有益健康。没有什么款式会困扰中国妇女的生活方式;所有都市的人穿得都一样，而且几乎世世代代穿的款式都一样;其质料可能会不同，但样式则不改;中国各阶层的人都确知其长服与款式必将延续不变。

中国的语言文字不同于世上任何一个国家的，甚至比他们的衣着更奇特。中国没有字母，不要拼字，没有文法，也没有词类;这个世界最古老、最优秀、人口最众多的国家，竟然没有这些困扰西方年轻人学习语文的麻烦东西，这实在令人惊奇。也许在很久很久以前，中国的文字也有语尾变化、动词变化、格、数、时态和语气，但当我们一追溯到它的产生时，这些性质已不存在。每一个字可以做名词、动词、形容词或副词，这视它的上下文和语调而定。因为中国的语言只有 400 到 800 个单音语，而这些单音语必须要表现 4 万个字，那么每一个语有 4 到 9 个音调。因此，根据其音调的不同，其意义也就有所不同。由于表现的形态和上下文可以增加这些音调，可以使每一个音调有好几种用法；所以，一音可以代表 69 个字中的任何一个，Shi 可以代表 59 个字，Ku 可以代表 29 个字。世界上没有任何一种语言一开始就这样地复杂，这样地精微，这样地简洁。

中国的文字甚至比口语更奇特。从河南掘出的商朝古物显示，上面所刻的文字，本质上与今天所用的一样。所以，除了那一部分到现在仍说古埃及语的埃及土人科普特（Copt）外，中国人应算是说世界上最古老语言的民族，而且中国的语言也是分布最广的一种语言。我们从老子的一段话推知，中国人最早是用结绳来传播音讯。后来，也许因为道士要画符，陶工要在陶器上做记号，而导致了象形文字的发展。这些象形文字就是那 600 个符号的原来的形式，这些记号就是今日中国书写的基本单字。其中大约有 214 个部首，它们是构成几乎现在所有单字的元素。现在的单字已变成极端复杂的符号，这是由于原先的象形文字再加上其他的形式，以便能特定地表示意义，通常是用声音来表示。不仅是每一个单字有它自己的符号，即便每一个概念，也有它自己的符号；有一个符号代表一匹马，另外一个符号则表示“一匹腹部有白色的棕色马”，另外一个则表示“一匹前额有白点的马”。有些单字非常简单，在一条直线上有条曲线（即太阳在地平线上的意思）表示“早晨”的意思，日和月并起来表示“明”，口和鸟并起来表示“鸣”，宀下面加女表示“安”……

从某种角度来说，这实在是一种原始的文字，经过极端的保护，才一直沿用到今天。它的缺点显然多于优点。据说，中国人要花 10 年到 50 年才能熟谙这 4 万个单字。但当我们了解到这些字不是字母，而是意思（idea），且要花这么多时间才能精于运用这 4 万个意思，或甚至这 4 万个单字，我们认为我们用时间来与字数相较，实在是不公平、不正确。我们认为要精通这 4 万个意思是需要花 50 年的。在实际应用上，一般中国人都能运用 3000 到 4000 个字，他们可以从这些字的部首，很快就学会应用。这种文字——只表现意思，不表现声音——最显明的好处是，韩国人、日本人与中国人一样，很容易了解其意义，因而汉字成为远东地区的一种国际文字。中国方言之多，使得彼此都不能互通声息，而其文字则全国上下统一，每一个的念法各地不一。

中国这种一统文字的好处不但可从空间看出，亦可从时间获得明证。中国文字历经几千年，并没有什么改变，但是从文字而分出的口语，则达百种以上。两千年前用这种文字写成的中国文学，虽然我们不能确知这些古代的作家怎么读、怎么说这些文字，但到今天，只要识字的人都可以看得懂。虽然有不断创新和变迁的方言，但中国文字持久不变，保存了中国的思想和文化，同时，对保守主义也产生了极大的保护力量；古老的思想仍然在舞台出现，雕塑了青年人的心。中国文字就是中国文化的象征：在变化和成长中保持的统一，深邃的保守主义，以及举世无双的连续性。

这种书写的系统乃是一种极高智慧的成就。在几百个部首加上 1500 个显著的符号，即可包罗整个世界的事物、活动和性质，在它们的完整形式下，它们可以代表在文学上和生活上的所有思想。我们可不要以为我们那种千变万化的语文，会优于这种显然是原始形式的文字。17 世纪的莱布尼茨和现代的罗斯（Sir Donald Ross）都曾梦想有这么一种文字符号的系统，这种系统能独立于口语中，超越了国家、时间和空间的差异分歧，因此，能在不同的民族中，表现相同的思想，走上互相了解的途径。但是，这种如此精确的符号语言，已历经了几千年，并有全世界 1/4 以上的人正在使用。总之，这种东方的文字是合乎逻辑的、值得发扬的：世界上其他各国应当一起来学中国语文。

实际的生活情况

· 农业方面

经过最后分析，可以说中国各种的文学、精微的思想和奢侈的生活，均得之于那肥沃的农田。说得恰当一点，是得之于人民的辛劳，因为农田必须靠人民的勤奋耕耘，才能成为良田。早期的中国人一定与丛林、野兽、昆虫、干旱、水灾、硝石和冰霜等天然的障碍，斗争了几百年之后，始把这块广大的荒野，变成肥沃的土壤。而且，这种奋斗必须始终不懈。否则，森林砍伐之后必留下一块荒芜之地；几年的怠忽，不加整理，必又是草木丛生。这种奋斗是艰苦而危险的，而且野蛮人随时都有可能侵入，把那些辛辛苦苦栽培成长的作物破坏掉。为了保护这些作物，农民不敢独居，都是群居在一起，并把他们的村庄用一道围墙围住，他们集体出外耕作，并经常在田里过夜，以保护作物。

他们耕作的方法虽然简单，但与今天的确没有多大的差别。有时他们用犁耕——最初用木头做，后改为用石做，最后用铁做。但大部分时间里他们还是很有耐心地用锄头来翻土。他们利用任何天然的废物来做肥料，即使人狗等的粪便也舍不得丢掉。在很早以前，他们就开凿许多的河渠，引水灌溉稻田；他们甚至在数英里长的岩石地带开凿很深的河渠，或为引导那易于泛滥的河流，或为改道河水，以灌溉干燥的平原。不用轮耕或人工肥料，也常常不用牛马等动物耕作，中国的大半土地每年都有两到三次收获，他们对土地的利用，实非任何民族所可比拟。

中国主要的农作物是稻米，其次为麦子。稻米可做酒和主食，但农民绝少饮酒。他们最主要的饮料是产量仅次于稻米的茶。茶叶最初用来做药，但后来渐被用做饮料，到了唐朝，茶叶已经作为外销品，并成为作诗不可或缺的东西。至15世纪，所有远东地区的国家都普遍喝起茶来；好茶者开始寻找各种新的茶，还举行品茶比赛，以决定哪种茶最好。其次的农作物是菜类、豆类、豆芽、蒜头和洋葱等的副食以及各种不同的浆果和水果。最缺乏的是肉类，牛只是用来耕作，作为肉用的只限于猪和家禽。有一大部分的人靠捕鱼为生。

米、米粉、面条、一些菜类和鱼，便是穷人家吃的东西；小康之家再加上一些猪肉和鸡肉，富人家对鸭肉有特别的嗜好；在北京，最丰盛的晚餐里必有几道鸭肉做的菜。牛乳和鸡蛋都很少，豆浆代替牛乳和奶油。做菜已成为一种艺术，他们利用每一种东西；他们采摘野菜、海菜和燕窝做可口的汤；比较讲究的菜是由鲨鱼鱼翅、鱼肠、蝗虫、蚱蜢、蛴螬、蚕、马、骡、老鼠、蛇、猫和狗肉等调制。中国人讲究吃，有钱人家一餐40道菜并不算稀奇，一餐需花3到4小时。

穷人家一天两餐也不至于花这么多的时间。农民靠着他们的辛劳，一生仍免不了要遭到饥饿的威胁。一些强豪囤积大批财物，国家的钱财都集中在这些人的手中。偶尔，如在秦始皇时代，土地是按人口分配，但人类自然不平等的现象立即使得财富又集中到少数人的身上。大多数的农民都有土地，但因为人口的增长比土地的开发快，使得农民分到的土地越来越少。

中国的农民面对灾害，以非凡的毅力去忍受。他们有一句格言：“在这短暂的人生中，一个人所需要的只是一顶帽子和一碗饭。”他们非常勤劳，但不讲求效率，他们不喜欢机器的那种嘈杂、危险和速度。他们没有什么周末和礼拜天，但节日倒不少。像农历年、元宵节都可以让农民休息几天，并有唱戏演剧的活动，给这终年单调的生活平添一点光彩。当冬天消逝，在春雨沐浴之下，大地的冰雪融化了之后，农民再荷锄走出家门，去经营他们那小小的田园，唱着那世世代代传下来的希望之歌。

· 商业方面

在西方，18 世纪以前，谈不上有什么工业。然而，我们在中国的历史上发现，中国的家庭里早有忙碌的手工业，城镇上的商业也极为鼎盛。最主要的工业是纺织业和养蚕业，这两种工业都是由妇女在自己家里和附近的茅舍操作。中国的丝织业是一种很古老的艺术，早在公元前 2000 年就有了。[1] 中国人用新摘下的桑叶养蚕，其结果令人惊叹：一磅的蚕子（约 70 万只），经过 42 天的饲养后，重达 9500 磅。然后，把成蚕放于一小间的稻草篷内，这些蚕就围在篷上吐茧。把这些茧放入水中煮，然后抽出丝来，再经过处理和编织，变成上等社会所用的各种丝织品，如缀锦、刺绣品和织锦缎等。[2] 而养蚕人和织丝者则穿棉织布衣。

甚至在公元前几百年，在城镇上，这种家庭工业已催生出了商店。早在公元前 300 年，就产生了一个乡村劳动阶级，把各家的老板组织成一个工业的行会。这种工商业的成长，给镇上带来了众多的人口，就工业上来说，忽必烈时代的中国与 18 世纪的欧洲相似。马可·波罗写道："中国每一个行业都有 1000 家的工厂，每家的工人有 10、15 或 20 个不等，有几家甚至有 40 个工人……比较富有的老板是不必亲自动手的，相反，他们会装出一副文雅而自豪的姿态。"这些行会与我们立法的工业社会一样，规定不准竞争，并统一工资、价格和工作时间；有许多都严格限制生产以维持产品的价格；也许他们这种易于满足的传统方法，必须负起阻碍中国科学发展和工业革命的责任之一，这些障碍的机构直到今天才被破除。

这些行会曾发挥不少作用，以致那一度极其傲岸的西方人，也

---

[1] 西方在古代即听闻从野蚕的茧抽丝编织的事；至于把养蚕和织丝当作一种工业，则是在约 552 年，由景教徒从中国把它输入欧洲的。在 12 世纪，再从君士坦丁堡输入西西里岛；15 世纪时，输入英国。

[2] 中国人在宴客的时候，穿着丝织衣服是常见的事。这与瓷器或书画同样具有炫耀的价值。

屈于国家的管制之下。这些行会自己订定法律，而且很公平地执行法律；它们经过由双方代表组成的仲裁会委员来调停劳资双方的争执，偶尔以停工来处理；它们通常是一个自治和自制的组织，提供了一条介乎今日的自由竞争和集权政策之间相调和的中庸之道。行会的组成不仅限于商人、制造商、工人，即使较低级的如理发师、苦力和厨子也都有他们的行会；甚至连乞丐也联合组成兄弟会，他们也有法规来约束会员。有一小部分城镇里的劳动者是奴隶，他们大部分是做一些家务，通常他们是替主人服务一段岁月或一辈子。在饥荒的年代，女孩子和孤儿只要几块现金就被卖出去了，做父亲的随时可以把他的女儿卖去做奴婢。但这种奴隶制度，不像希腊和罗马那么严重；大多数的工人都是自由的劳动者或行会的会员，大多数的农民都有田地，他们大部分过着村社的独立自治生活，不受国家控制。

农作物的运送是靠人背；甚至人的运输，大部分是靠着由苦力(coolie)[1]抬的轿子。大而重的篮筐或桶子，摆在扁担的两边，用肩膀挑起。马车有时是用驴子拖，但大部分还是用人拉。人力的便宜反而阻碍了用动物或机器来运输的发展；这种原始的运输方法，也阻碍了道路的改良。当欧洲人在中国建筑第一条铁路时（1876 年）——由上海到吴淞的一条 10 英里长的铁路——人民起而反对，他们认为这些铁路将冒犯土地神；后来终因反对者激烈，政府被迫把这条铁路、机车和车厢抛到海里。在秦始皇和忽必烈时代就有国道，这些国有道路用石子铺成，但今日只留下一个大概的轮廓而已。市道的设计主要是为了遮住太阳，故狭窄如巷，只有 8 英尺宽而已。桥梁则不计其数，有的非常壮丽，像北京颐和园的大理石桥。不管通商或旅途，水路几与陆路一样方便；总计 2.5 万英里的运河，就当作铁路用；那条从天津到杭州长 650 英里的大运河，始于 3 世纪的吴王夫差时代，至元忽必烈时竣工，其工程之浩大仅次于万里长城。帆船和舢板往来穿梭其

[1] 英文 coolie 这个词，可能是源自印度坦东尔语 kuli 这个词，意指被雇用的仆人。

间，不但提供廉价的货物运输，也给几百万穷人家提供住所。

中国人是天生的生意人，他们谈生意很有耐心。中国人的哲学和官场都轻视商贾，汉朝尤其重农轻商，对商贾课以重税，并禁止他们乘用舟车，也不准他们穿着丝织衣物。上流社会的人都留长指甲，就像西方的仕女喜穿法国的高跟鞋，以显示他们不是劳动阶级。中国人习惯把学者、教师和官员列为最上等人，农民列为第二等，工匠列为第三等，商贾列为最后一等；因为中国人认为商贾只是借着交易别人劳动的成果，而从中取利，故应视为最末等。然而，他们功劳最大，他们把中国的货物带到亚洲各个角落，为政府赚来不少外汇。虽然他们在国内的贸易受到重税的阻挠，在国外的贸易受到陆上土匪和海上海盗的破坏，但是他们还是找到了出路，他们从海上绕过马来半岛，或从陆上经过土耳其，把他们的货物带到印度、波斯、美索不达米亚，甚至还远到罗马。丝、茶、瓷器、纸、桃子、杏子、火药和纸牌是他们主要的输出品；苜蓿、玻璃、胡萝卜、花生、烟草和鸦片是主要的输入品。

借着古代的信用制度和钱币的铸造，贸易大为方便。商人彼此贷款都行高利贷，利息为3分6厘，虽然这个并没有希腊和罗马那么高。开钱庄的人也是很冒险的，他们要负担钱财损失的风险，而且只有在放款的时候才能取利；中国有一句谚语："大规模的抢劫先对钱庄下手。"中国最早使用的货币是贝壳、刀器和丝织品；最早的金属货币至少可追溯至公元前 5 世纪。在秦朝，政府规定以金为买卖估价的标准。但是，以铜和锡的合金所铸造的比较小的钱币，却渐渐地取代了金币。[1] 当汉武帝所铸造的一种银锡合金的钱币因被人模仿伪造而取消之后，政府改用 1 英尺长的皮条作为钱币，这是日后纸币的滥觞。大约在 807 年，由于铜币的供应如今天的黄金一样，赶不上大宗货物

[1] 铜币仍然是一种有影响力的钱币，它是一种小铜钱的形式，其价值约为 1/3 或半分钱。一两银子等于 1000 个铜钱。

贸易的需要，唐宪宗遂下令将所有的铜币归国所有储藏，改兑成名叫“飞钱”的公债。唐宪宗的这一措施，就如 1933 年的美国，渡过了财政上的一大难关。

当这一难关渡过之后，这种措施立即停止。但木版印刷的发明诱使政府应用这种新的技术去制造钱币。大约在 935 年，当时四川省首先印造纸币；970 年，朝廷在国都长安开始正式发行纸币。宋朝的时候，政府疯狂地大量发行纸币，引起了通货膨胀，毁了不少的产业。马可·波罗对忽必烈的国库这样描写道：“这位皇帝的制币厂设于北京城，其铸造方法确达于完美境界，你可能会说他有炼金术的秘诀，你是对的。因为他会随着这个潮流而制造他的纸钱。”他继续发行纸币，而他的人民也继续嘲笑他这种措施，他们讥讽由桑树的皮所印刷出的纸币，竟被人们视为与黄金具有相等的价值。这就是纸币泛滥的来源。自此，它渐渐地威胁到世界的经济生活。

·发明与科学

中国人精于发明，而不善于利用发明出来的东西。火药好像是在唐朝发明的，但是当时严禁使用火药放烟火。直到 1161 年的宋朝，火药才做成开花弹，正式用于战争上。[1] 阿拉伯人因与中国通商，而认识了制造火药最主要的成分——硝石，他们称硝石为“中国雪”；他们把制造火药的方法带了回去，后来把火药用于军事上。而西方第一位提到火药的人是培根，他可能是从阿拉伯的书本得悉，或从一位中亚细亚的游客鲁布鲁克（De Rubruguis）那里学来的。

指南针在更早以前发明。根据中国历史学家所言，指南针是成王时代（公元前 1115—前 1078 年）的周公发明的，当时是用来指引某

[1] 火药是道教炼丹家发明的。由于他们极端地秘密，所以真正发明的时间无法确定，但在唐文宗时孙思邈创伏火硫黄法，已具初期火药的成分。唐末，军事上已用此做燃烧剂，但制成火炮来用于作战，则自北宋开始。史称金人南侵之际，李纲为保卫汴京，曾下令发霹雳炮击退金兵。——译者注

些外来的使节回到他们的邦国。据说，周公曾送给这个使节团 5 部装有“向南指的针”的指南车。中国人很可能在很早以前就知道磁石，当时只是用来测定建造庙宇的方位而已。关于指南针的记录，最早见于 5 世纪的一部历史书《宋书》，该书作者认为指南针是由天文学家张衡发明的。不过，他只是把中国古代所用的罗盘加以改造而已。关于指南针用于航海，最早的记录见于 12 世纪初叶，该记录认为把指南针用于航海的是外国人，也许是阿拉伯人，他们航行于苏门答腊与广州之间。[1] 欧洲人最早提到指南针的是在普罗温斯（Guyot de Provins）的一首诗中，是时约为 1190 年。

尽管中国人发明了指南针、火药、纸、丝、印刷术和瓷器，但我们还不能认定中国人是一个工业上善于发明的民族。尽管他们在艺术上有创作的天才，能够发展他们自己的艺术形式，而且达到其他民族、任何时代所不可比拟的完美境界。但在 1912 年以前，他们仍然满足于古代的经济方式，嘲笑那种可以增加效率、节省人力的办法。虽然他们是世上第一个使用煤炭做燃料的民族，虽然他们早于公元前 122 年即少量地开采煤矿，但他们并没有发明什么机器来节省人力，以致至今仍有大部分的矿产资源未开采。虽然他们早知道如何制造玻璃，但他们宁愿自西方输入这些东西。他们不曾制造手表、时钟或螺丝钉，他们只有很粗糙的钉子。自汉初到清朝末年的这 2000 年间，中国的工业生活在实质上一点也没变，这和从公元前 5 世纪的希腊黄金时代伯里克利到 18 世纪末叶的工业革命这 2000 多年间欧洲的情形一样。

在举止方面，中国比较喜欢彬彬有礼的传统规矩和学问，而不欣赏刺激的、变化的科学和财阀政治。在中国对世界所贡献出的许多伟大的文化中，物质技术生活的贡献最弱。中国在公元前 200 年，就有

[1] 宋朝期间，中国航海已极为发达，其时中国船只航行南海及海外者甚多，倘不能使用指南针，则不能定航路方向。因此说阿拉伯人首用指南针于航海，恐不可靠。

很出色的农业和养蚕业的著作；在地理学方面，也有杰出的论述。东汉时期的刘徽，曾写了一本论三角与几何的书，他是第一位提出负数理论的数学家。祖冲之能算出 π 的值，精确到小数点第 6 位；他改良“指南车”，并实验过自动船。张衡在 132 年发明了地震仪，[1] 但中国的物理学大都在神秘的风水和阴阳五行中打转。[2] 孔子时代的天文学已经能精确地算出日食、月食，订定中国历法——一日分 12 个辰，一年分 12 个月，以新月为每月的开始；每年并有一次闰月以符合季节和太阳的旋转周期。中国人的生活与天象有极密切关系，中国的节日是根据太阳和月亮订定的，其社会的道德秩序也是依据星象而订。

中国的医学很奇特。中国的医学早在历史记载以前就存在，而且早在希波克拉底之前，就有许多杰出的医生。早在周朝，每年都举行医生资格考试，根据考试的成绩，决定通过者的薪金。公元前 400 年，中国有一位帝王曾下令仔细解剖研究 40 位被处决的犯人的尸体，但在理论的探讨上得不到结果，也就停止了解剖。在 2 世纪，张仲景有关营养学和发烧方面的论著，被视为这方面的经典达 1000 年之久。3 世纪，华佗写了一部有关外科的书，他发明一种作为麻醉剂的酒，以便开刀手术之用，但可惜得很，他的这一配方已失传了。大约在 3 世纪，王叔和曾写了一部很有名的有关脉搏的书。在 6 世纪初，陶弘景曾详细地介绍中国 730 种药；7 世纪，赵元亨曾介绍一些妇科和小儿科的病。医学大典这类的书在唐朝已有不少，医学的专门著作在宋朝也屡见不鲜。宋朝设有医科大学，但其主要的课程着重于临床实验这方面。药物的种类繁多；在 300 年前，每一家药房平均每天可以卖

---

[1] 张衡的地震仪是 8 条铜龙围着一个盘子，盘子的中央蹲着一只张着嘴的蟾蜍，而这 8 条铜龙下面装有精制的弹簧。每一条铜龙的口内含一个铜球。当地震发生了，最靠近地震源的那一条铜龙口中的球便落到蟾蜍口里。有一次，当地人并没感到有地震发生，但其中一条铜龙口里的球落了下来。张衡一时遭到百般嘲笑，甚至被指为骗子，但后来有消息传来，在好远的某地果真发生了地震，张衡得以洗雪这个耻辱。

[2] 风水是一种艺术，在中国非常普遍。堪舆家相信风向、水流、山向等关系房屋、墓穴的休咎。

出 1000 钱的药。诊断非常仔细；光发烧这种病症就列有上万种，脉搏的症状则分有 24 种。中国人也使用种痘的方法治疗天花，这也许是学自印度；在公共卫生、预防药物、卫生学和外科学等方面，并没有多大进步。地下水道和排水系统都是原始的，或几乎根本没有。有些城镇连最基本的卫生措施都没有——获取清洁的水和除去废物。

肥皂是一种极珍贵的奢侈品，虱、蚤、臭虫屡见不鲜。比较无知的中国人会用孔子那种处之泰然的神情去应付这些扰人的害虫。中国的医学自秦始皇至慈禧太后一直没有显著的进步；而西方大致也一样，自希波克拉底至巴斯德这两千多年间，西方的医学亦无大进。西方的医药是随着基督教而传入中国。但中国人直到 20 世纪还只敢在外科上用西药，在其他方面，他们还是比较信赖他们的中医师和那自古留传下来的草药处方。

没有教堂的宗教

中国原始居民的宗教信仰与一般的民族无异：有灵魂的恐惧，崇拜无处不藏的幽灵，虔诚地尊崇给人印象深刻的形象及大地再生的力量，敬畏上天，它那光芒四射的阳光和润湿大地的雨水是人间的生活和上天秘密的力量之间一种神秘的和谐。风、雷、山、林、龙、蛇等都是崇拜的对象。每逢有丰收便举行盛大的庆祝会。春天，青年男女结伴在农田上舞蹈，以丰盛的祭品感谢大地。在初民的时代，帝王和僧侣几乎是一体的，日后历史学家在一些富有教诲意义的历史记载上写道，中国最早的帝王都是圣贤的政治家，他们的丰功伟业常常是得之于祷告和诸神的惠助。

在初民的神学上，把天和地视为构成宇宙的两大单元，就如同男与女、君与臣、阳与阴之相对。宇宙的秩序和人类道德的行为，都是同属于宇宙上必备的和谐——道的过程；像行星间的法则，道德是个体与全体的和谐。上天就是这个强有力的天、这个道德的秩序、这个神圣的秩序，统御人类和万物，规定子与亲、妻与夫、民与臣、臣与君以及君与天之间的关系。他们对道或天的观念虽含混，但极尊贵，它介乎具有人格与不具人格之间。当人们向天——神——祷告的时候，它是人格化的天；当哲学家谈到天的时候，把它视为正义和仁爱，这时它是不具人格的。但是他们并不把支配天、地和人的力量统合为一。随着哲学的发展，人格化的天的观念渐渐地形成于民众间，而非人格化的天的观念则为知识分子所接受，而且也为官方所接受的一种宗教信念。

从这些起源而发展出中国正统宗教的两个大要素：一为举国上下对祖先的崇拜，一为儒教的崇拜天和伟人。每一天，人们对已去世的人奉出最虔诚的祭品，祈求神鬼的保护；因为这些无知的平民相信，他们的祖先仍然生存在某个国度里，他们会带来好运或厄运。至于知识分子虽然也有祭祖的活动，但他们的用意是纪念重于崇拜；这种做法对灵魂和民族都有益，作古的人是应当受到纪念和尊敬，后人将会照前人而做，而不致有所改革，国家便会太平无事。但是中国这种宗教有几个不方便的地方，因为人人要祭祖，坟墓不但到处有，而且庞大、不可侵犯，以致阻碍了国家铁路的建造，限制了农地的耕作。但中国哲学家则认为不然，既然崇拜祖先带来文化与政治的安定和精神的一体，那些不方便又算得什么呢！同时，由于中国交通不便，领土广大，人们彼此来往接触不易，空间距离不易缩短，但这种深邃的宗教在时间上遂产生一种有力的精神团结；这种强韧的传统之网，使得代代密合不离，而个人的生活也在无穷的庄严的人生范围中，获得高贵的享受和人生的意义。

被知识界和国家所采行的宗教，立刻变成一种普遍而有特殊意义的信仰。经过代代有增无减的尊奉，孔子的地位渐渐提高，再加以政府的行政干预，孔子的地位升至仅次于天的地位。每一个学校都有他的像，每一座城都有他的庙；帝王和百官定期拜祭他，把他当作永远是最具影响力的人物。知识界不把他当作神，但许多中国人却把他当作神；那些祭拜他的人也许是没有宗教信仰的无神论者，但假如他们尊敬孔子以及他们的祖先，他们会被当地社会视为虔诚和有宗教信仰的人。每年皇帝都得到天坛去祭拜这个不具人格的神。在这种官方的信仰中，并没有提到什么永生。天不是一个地方，而是神的意志，宇宙的道。

这个简单而又几乎是理性的宗教，并不能使中国人满意。它的教条没有给人们留下幻想的余地，对于他们的希望和梦想，也没有回报的赐予，对于他们日常生活中充满的迷信，也没有鼓励和慰藉的作用。不仅中国人会以表现超自然的诗和散文来夸大现实，其他任何国家亦如此。他们认为不管天上或地下都有善神和恶鬼的存在，他们用符咒或祷告，盼能安慰恶鬼，使恶鬼不伤害他们，并祈求善神能帮助他们。他们付钱抽签卜卦，要从《易经》的签文，或龟壳的占卜，或星相的移动，得知未来的命运；他们请法师来定住家和坟墓的风水，请巫师为他们呼风唤雨。孩子暴毙了，那是因为他生不逢辰，虔诚的女儿有时会自戮以便为她的双亲带来吉或凶。中国人，尤其是南方人，最为迷信；他们遭到极具理性的儒家思想的统御，他们渴求有一种信仰，使中国人像其他国家一样，得到永久的慰藉。

因此，一些知名的神学家便采用老子深奥的哲理，渐渐地把这个哲理转变成宗教。老庄认为道是用以达到个人宁静生活的一个方法；他们似乎从来未料到这个道会被视为神祇，更没有想到可以用金钱为它估价，以求在死后能得到永生。但到了 2 世纪，有些追崇老庄思想的人直接在老子的著作中篡改原意，而配制成一种可以长生不老的药酒。这种药酒变得极为普遍。据说，有几位帝王因过分耽于这种药酒而致死。在四川有一种专卖符咒的人，声言他们的符咒可以治疗百病，每一张符咒值五斗米。当然，因偶然的奇迹而痊愈总是有的，至于那些吃了而治不好的，则被归咎于他们信仰不坚。群众对于这种新的宗教趋之若鹜，为它建庙盖堂，慷慨解囊支援其道士，热衷研读那充满迷信的经典以充实其新的信仰。老子被尊为神，老子的思想变成了超自然的思想；其信徒相信，老子在他母亲的胎内达 80 年之久才被生下来。因此，他一生下来就是个老人，而且具有智慧。他们有自己的鬼和神，他们在庙前欢欣鼓舞地燃放鞭炮以驱鬼神，并且锣鼓喧天地使人不能睡觉而聆听他们那扰人不休的祷告。

1000 年来，道教的信徒达几百万，许多帝王也都皈依它，经过长期的斗争后，道教把儒教的一些特权都夺了过去。但它终于还是崩溃了，这并不是受到儒家思想的打击，而是遭到一个更能迎合一般百姓胃口的新宗教的打击。这个新的宗教便是佛教。因为佛教从 1 世纪开始自印度传入中国时，其教义不像 500 年前释迦牟尼传教时那样晦涩。它不是苦行的教条，而是一种光明而快乐的信仰，相信那助人的诸神和鸟语花香的天堂；时间一久，形成了大乘一派的佛教，神学家把它改编成适合一般民众感情上的需要；它给中国带来不少新鲜而具有人格的神，如天堂之王阿弥陀佛，慈悲之神观音；它给中国的庙宇增添了不少罗汉——释迦牟尼的 18 个弟子——他们轮值看守，帮助混沌受难的人类。当汉朝衰亡之后，中国四分五裂，人民陷入战乱的旋涡，遂转而皈依佛教以求慰藉，就如当时的罗马转而求于基督教一样。道教开门欢迎这个新的信仰，不多时，二者相混深入中国人的心灵。起初，帝王反对、迫害佛教；哲学家认为它是一种迷信，亦加以反对；政治家则关心某些中国人的血性都遭到了寺庙的熏染；最终政府才发现宗教要比政令强；皇帝遂与这些新神讲和，不再反对它们，准许了僧侣托钵募款建庙，而官僚和学者在儒教的尊严不受损毁之下，也只好让步了。这个新的宗教占领了许多以前的旧庙，在道教的圣山泰山上设置了许多的庙寺和僧侣，促使善男信女去朝圣进香。它对中国的绘画、雕刻、建筑、文学和印刷的发展，贡献良多，并给中国人的心灵注入了文明的谦逊之道。然后，它也像道教一样，终于步入衰退之途。僧侣逐渐腐化，教义越来越染上有害的神祇和迷信，佛教那从未具有多大威力的政治力量，被儒学的复兴功臣朱熹彻底地消灭了。今天，佛教的庙宇已不受人重视，财源亦告罄，它唯一的信徒是那些赤贫的僧侣。

但佛教还是藏在中国人的心中，它仍是中国百姓心中那个复杂而非正式的宗教的一部分。因为各种宗教在中国，如在欧洲和美国一样，是可以兼容并存、不相排挤的，它们也没有为这个国家带来宗教战争。它们不但在这个国家内和平相处，也共存于个人的心胸中；绝大部分的中国人都有好几种的信仰，他们相信灵魂说，信奉道教、佛教和儒教。他们是最有修养的哲学家，他们知道没有一种宗教是确定的；也许神学家是对的，天堂可能是有的；最聪明的办法是对各种宗教都不必太认真，不妨让各教派的僧侣道士去为你祷告。当有好运临头的时候，中国人并不去感谢诸神，他们只敬拜他们的祖先，他们让妇女和僧侣道士去拜那些佛堂道观。他们是有史以来最世俗的人，今世深深地吸引着他们；当他们祷告的时候，他们不是祈求能在天堂得到快乐，而是能在现实的生活中获得利益。假如他们的祷告不能应验，他们可能会百般责难这个神，甚至把它丢进河里。东方有句谚语："塑佛的人不会去拜神，他知道它们是什么做的。"

道德的统治

在 20 世纪，儒家和祭祖的习俗虽然遭到许多的非难和无数的攻击，但仍然屹立长存，这是因为它们被认为对于维系中国生活的那个强烈而受赞扬的道德传统是不可缺少的。因为它们是宗教的约束力，所以家庭是这个伦理遗产最主要的工具。从父母到儿女，这个道德的法规是代代传下来的，成为中国社会一个无形的政府。这个道德的法规是如此稳固有力，以至于每当国家不稳的时候，它都能维持其社会的秩序和纪律。伏尔泰说："中国人最了解的、教养最到家的、达至最完美地步的，是道德。"孔子曾说："本固邦宁。"

中国人认为，道德法规的宗旨是要把混乱的男女关系变成有秩序的制度，以养育子女。家庭是以子女为重心。从中国的立场来看，子女不论多少也不能算多。因为一个常常遭到侵略的国家，需要人来防卫，而且中国土壤肥沃，可以容纳大量人口。甚至即使在一个大家庭或人口过多的村社，需要作生存的竞争时，弱者自然要遭淘汰，强者自可生存而再繁殖，以赡养那引以为荣的年迈双亲，以宗教的仪式伺候他们的祖先。祭祖可以产生一种无穷的、再造的链锁，这种链锁的力量愈来愈大；做父亲的必须要生儿子，不但是为了在他死后有人能祭他，也是为了祭祖的香火能够不绝。孟子曾言："不孝有三，无后为大。"

做父母的所祈求的是生儿子，假如做母亲的不能生个儿子，那是她一生的耻辱。因为不管在农田里或战场上，男孩子总比女孩子强；同时还有一条古老的规则，规定只有男孩子才能去祭祖。女孩子是一种负担，因为经过千辛万苦把她养大之后，只能眼睁睁地看着她嫁到夫家，在夫家过着一辈子劳苦的生活。假如生了太多的女孩子，而家境又不佳，做父母的可以不必受法律的制裁，而把那初生的女婴掷于田野间，让夜晚的风霜冻死，或让野猪吃掉。孩子必须要在最细心的照顾下，才能度过那多灾多病的幼年时代；父母以身教来教育子女，而不用体罚的方式；有时，与亲戚家的孩子彼此交换到对方那里住一阵子，以避免父母会过于溺爱而宠坏了孩子。孩子一直是跟他母亲睡于一房，直到 7 岁后才让他与成年男人睡在一起。假如家境不差的话，便把小孩子送到学校去，但严格禁止与女孩子在一起；到了 10 岁，在交友上和寻乐上，都受到父母限制，但往往会造成同性恋和寻男娼，使得父母的苦心完全落了空。

贞操是受到赞扬的，做女儿的必须严格遵守，在父母的再三告诫下她们是非常戒慎的。万一不幸意外地失身，她们会羞赧得自尽。但是对于未婚男人就没有这种要求，相反，寻花问柳被认为是正当的事。食色性也，沉溺于娼馆要比任意的放纵来得体面。[1] 为了要迎合

[1] 有时男人公开地在娼馆宿夜作画、作乐和歌唱。但必须附带一提的是，这种对于已结了婚的男人的特权，实在是太离题了。今天这种特权已不存在了。

男人的这些需要，中国很早就有娼馆这类的场所。早在齐国时候，宰相管仲即设置娼馆，让外国来的商贾投下一笔钱，玩乐一番再走。马可·波罗描述忽必烈时代的国都里的娼妓，数目之多，容貌之美，令人难以想象。她们都是官娼，受到管制，娼馆内分间隔开，最漂亮的用来招待外国的使节。以后，另有一种叫“歌伎”，她们不同于一般的娼妓，她们陪陪年轻人聊天，或陪有品味的已婚的男人作乐。她们通常都通晓文学和哲学，也精于音乐和舞蹈。

男人在婚前可以随便去嫖妓，但庄重一点的少女则严禁与男人接触。因此，就造成男女之间爱情的机会绝少。在唐朝曾有这种罗曼蒂克的文学，不过早在公元前 600 年就传说有这么一则罗曼蒂克的故事：尾生答应要在桥下等一个女孩子，虽然不见女孩子来，但他还是在那里空等待，终于被涨上来的水淹死了。毫无疑问，尾生一定很清楚他可能会遭到不测，但显然，这些诗人认为尾生可能不知道会遭到这个意外。一般来说，当爱情是一种关切和爱慕时，这种爱情存在于男人之间的概率要比存在于男女之间的多得多；在这一点上，中国人的看法与希腊人一样。

结婚与爱情没有什么关系。结婚的目的是让一对健康的男女在一起生儿育女，组织一个子女众多的家庭，中国人认为结婚是没什么爱情可言的。因此，当父母为子女选择对象的时候，男女都保持不接触。中国人认为男人不结婚是不道德的，独身被认为是对祖先、民族和国家的一种反抗和罪恶，即使是负有神职的人也不例外。在古代，还特别有一种官员，专门查访有没有男人到 30 岁，女人到 20 岁还不结婚的。不管有没有媒人说亲，做父母的在其子女 19 岁后，即开始准备婚嫁的事。有些还是小孩子甚至还在娘胎里，就订下了婚约。在择亲的时候，不管对象是同族或异族，都有一些限制的；被选的一方必须是选的这一方的双亲相当熟悉的才行，而且必须要远亲不同宗的。男方通常要送女方一笔可观的聘金，相应的，女方也要有一批可观的嫁妆陪嫁；贵重的礼物通常是在结婚的时候男女双方互相交换。

女孩子要到结婚的当天才能露面。而她的未婚夫也一直不准去看她。除非是另有借口，通常他第一次看到她是在结婚的当天当她卸去了面纱的时候。中国的婚礼繁缛，具有象征性，最主要的一件事是新郎要多喝酒，可以壮壮胆，不会害臊；至于新娘，则早已学会怎么害羞怎么顺从。结婚后她与她丈夫住在夫家，或其附近。自此，她要辛苦地伺候她的丈夫和婆婆一辈子，直至她的婆婆年老死了，她才能摆脱这个苦海。此时她的儿子也差不多到了成家的年龄，这时她可以如法炮制，享受儿媳的伺候了。

穷人家都是一夫一妻制。因为中国人喜欢多子多孙，所以，只要家境富裕，是可以娶妾的。一夫多妻制被认为是优生学，事实是如此，因为有能力再养一个太太，足见他在当地是能力较强的人。尤其假如正室不育，那么她会鼓励她的丈夫再娶个姨太太，而且她会把姨太太所生的孩子当作自己生的来抚养。另一种情形是太太为了使丈夫安于家，干脆就怂恿丈夫把他在外面中意的妓女娶回做第二房。在中国的传统里，明成祖的妻子备受赞扬。据传，她说："我一直要人到附近的地方去物色美女，好把她们送给皇上做王妃。"家家户户都以自己的女儿能被挑上做宫女为无上光荣。为了要保护宫女和做一些宫内的杂务，明成祖的宫内拥有 3000 名太监。大部分的太监在 8 岁以前就由他们的父母亲把生殖器阉掉，他们完全是为了以太监为终身职业才这样做。

在这男人的天堂里，姨太太实际上只有奴婢的地位；至于正室，也只不过是这个家庭的象征性的主子。她的威望几乎完全是以她孩子的数目和性别而定。假如她是个有教养的女孩子，她会把她的丈夫视为主人，假如她每天能平平静静地操持家务，她的生活就可以快快乐乐的；人类是很有适应能力的，在这些由父母包办的婚姻中，其生活似乎要比西方的自由恋爱式结婚相安无事得多。离婚倒是很容易，不育、饶舌等都是离婚的理由，但妻子绝不能要求与丈夫离婚。不过，她可以自动离开丈夫，回到娘家——当然这种事并不多。离婚的事是绝少的，因为女人一遭到离婚，其噩运则不堪想象。再者，中国人坚信顺其自然、听其天命的哲学，他们认为每天受苦乃是命运。

在孔子以前，中国的社会很可能是一个母系社会。我们知道在最早的时期，他们“只知他们的母亲，不知他们的父亲”。“姓”这个字就是以“女”为偏旁。“妻”即“齐”，平等的意思，女人嫁了之后仍保留原来的名字。到 3 世纪，中国的女人掌有很高的权利，甚至还主持国事。慈禧太后只不过是继吕后之后的另一位中国女皇，吕后严酷地统治中国（公元前 195—前 180 年）。这位“残酷而任性”的女皇，随其癖好任意毒杀功臣；任意废立皇帝，把先夫汉高祖的宠妃的耳眼割挖后弃于厕中。到了清朝，虽然中国的女人识字率还不到万分之一，但早在古代，中国上流家庭中的女孩子是要接受教育的，她们大部分都会作诗。中国著名历史学家班固（约 1 世纪）的那位颇具才气的妹妹班昭，即继承兄志把那部《汉书》完成，备受当时皇帝的赞赏。

在中国，也许是封建制度的建立削减了女人的政治与经济的地位，形成一个极端的父系社会。通常，父母都与最年长的儿子住在一起，虽然通常每一位成员都有自己的家和土地，但是长子的权力凌驾于一切之上。到了孔子的时代，父亲的权力几乎是绝对的：在必要的时候，他可以把他的妻或子卖去做奴仆；甚至只要不受大众舆论的攻击，他可以把他的儿女置于死地。通常情况下，他吃饭时都是一人独享，妻子不能与他同桌。当他死后，妻子绝少再改嫁；从前还盛行寡妇殉夫的事，她之被要求这样做是为了丈夫的面子。中国到了 19 世纪末叶还有这种寡妇殉夫的事。他对他的妻子，就如对待外人一样，彬彬有礼，但他与妻子之间必须保持一段相当的距离，这种距离几乎是阶级之分。女人都住在特别分开的房子里，极少与男人混杂在一起；社交生活没有女人的份，除非是那些没名誉的女人。男人不把自己的太太当作妻子，而是视她为儿女的母亲；他敬重他的妻子，不是因为她美丽或教育高，而是因为她会生孩子、勤劳和顺从。班昭在

《女诫》七章中，谦逊地道出女人应有的态度：

> 古者生女三日，卧之床下，弄之瓦砖而斋告焉……谦让恭敬，先人后己，有善莫名，有恶莫辞，忍辱含垢，常若畏惧，是谓卑弱下人也……夫者，天也。天固不可逃，夫固不可离也。

傅玄有诗：

> 苦相身为女，
> 卑陋难再陈。
> 男儿当门户，
> 堕地自生神。
> 雄心志四海，
> 万里望风尘。
> 女育无欣爱，
> 不为家所珍。
> 长大逃深室，
> 藏头羞见人。
> 垂泪适他乡，
> 忽如雨绝云。
> 低头和颜色，
> 素齿结朱唇。
> 跪拜无复数，
> 婢妾如严宾。
> ……

上面所列的，也许不能代表整个中国家庭社会的情形。中国的家庭有明显的阶级存在，夫妻之间，儿女之间，常有争吵的事，但是也有许多家庭非常和谐，充满了爱情、互助和合作。虽然妻子在经济上是从属的地位，但是在发言上她享有特权，她的丈夫可能会被她骂得魂不附体或飞跑而逃。在父系的家庭社会中，是不可能有民主的，因为国家把维持社会的责任委之于家庭，家庭变成了一个托儿所、学校、工厂和政府。

由这种家庭熏陶出来的个性，受到许多外国人极度的赞扬。一般的中国人都孝顺敬爱父母，尊重爱护老人。[1]他耐心地接受《礼记》的教言，毫不费力地遵从它那繁杂的礼仪，以那毫无情感的礼节来约束自己的一举一动，而养成一种从容而优美的风度、泰然而高雅的举止，与西方人那种豪放粗犷的个性迥然而异。因此，一位挑粪过街的苦力所表现的那种修养和庄敬，要比卖给他鸦片的外国商人雅得多。

中国人很懂得妥协的艺术，他会体贴对方，即使对方是最坏的人，他也会顾到对方的面子。他偶尔出口秽语，常常喋喋不休；身体经常不干净，偶尔头脑也不清，喜欢赌博[2]和暴食，贪小利和说谎；他崇拜财神如偶像，像讽刺画中的美国人那样视金如命；他有时也显得残酷野蛮，做出集体抢劫和屠杀的事来。但绝大部分的时候，他是安详仁慈，随时帮助邻居，蔑视罪犯和土匪，生活节俭，工作勤劳，待人真诚，交易诚实无欺。灾祸临头的时候，他泰然处之，忍受承担，不管好运和厄运来临，他都持以明智而谦冲的态度；他用宿命论的自制，来忍受损失和痛苦，他看不起那些沉不住气而号啕恸哭的人；他对于那失去的亲友，极为伤感，他以哲学的镇定来面对自己的死亡。他对美的敏感，恰与他对痛苦的麻木成显明的对照；他用鲜艳的装饰来美化他的城市，用最成熟的艺术来装饰他的生活。

---

[1] 中国古代传说中有一孝子，虽然每天遭受母亲的责打，但绝不哭泣。有一日，当她母亲再打他时，却一反往昔号啕大哭。母亲问他原因，他哭着说，因为打得不痛，可见母亲已渐老迈。(此为闵子骞故事。——译者注)

[2] 在许多城市里，赌徒随时都带着骰子和盘子，准备应付其他赌徒。

假如我们想真正地了解中国的文化，我们必须暂时把它那由于内部的衰败和西洋的船坚炮利而招来的混乱无依的局面抛开不谈；我们必须看一看在周公、唐玄宗、宋徽宗或清康熙等辉煌灿烂的时代。因为，在这些太平盛世、极力追求美的时代里，中国的文化无疑是最高的文化，这种高度的文明实非亚洲国家或任何一洲的国家所能达到的。

伏尔泰所赞扬的政府

中国文化予人印象最深刻的是它的政府组织系统。假如最理想的政府是民主政治与贵族政治相结合的政府，那么中国人实行这种政治已达 1000 年以上；假如最好的政府是管理最少的政府，那么中国人实行这种政治是最彻底的。世上没有一个政府曾统治这么多的人民，又管理得那样少，而其统治的时间又那样长久。

在中国，谈不上什么个人主义或个人自由；相反，个人的观念是微弱的，他只是属于他那个团体的一分子。首先，他是家庭的一分子，他是他的祖先和子孙之间传宗接代的一个过渡的单位；他负责家里其他成员在法律及习俗上的责任，而他们则对他负责。通常他参加某种秘密的社团，在城镇上，他则属于行会的一分子；这些限制了他为所欲为的权利。古代的习俗束缚了他，强有力的舆论威胁着他，假如他胆敢违反道德和传统，那他就要遭到放逐的厄运。这就是这些很普遍的社团组织真正的力量。这些组织乃是应人民自动的合作和需要而产生的，尽管中国的法律微弱，政府不强，但中国之所以能够安定，则确实有赖于这些社团组织力量的维持。

但是在这些自然形成的自治组织中，中国人仍保有政治上和经济上的自由。由于各城市之间的距离以及各城市与国都的距离都相当遥远，由于山脉、沙漠和没有桥梁或不便航行的河流等的阻隔，由于缺少运输的工具和便捷的交通，由于不易维持一个庞大的军队以执行中央的命令，这个国家的各个地区几乎都成为完全的自治区。

地方行政的单位是乡村，由家族的领袖来治理，而政府则派有“耳目”监督；几十个乡村集合起来便成一个县或郡，全国共有 1300 个县；2 个或 2 个以上的县，组成一个府；2 个或 2 个以上的府，组成一个道；2 个或 2 个以上的道，组成一个省；清朝的时候共有 18 个省，省之上即是朝廷或中央政府。每县置有知县，由中央委派，掌理全县的行政，包括税收和审判在内；府有知府，道有道员；省置巡抚一人，下有布政和按察二司，分掌民政、财政、刑名和弹劾。但是这些地方的行政首长实际上是自治的，他们征敛税收，审判那些百姓私下无法解决的案件，其他的一切社会生活就是靠着习俗、家庭、宗族和行会等来维持秩序了。每一个行省都是半独立的状态，只要按时向中央缴付税收，平时不闹出事，朝廷或当局是不会干涉的。由于交通不方便，中央政府实际上只是个象征而已。人民的爱国观念只及于他们的地区和省份，他们绝少有国家的观念。

由于这种松弛的组织，法律是没有什么力量的，而且也不普及，又极为纷杂。中国人比较喜欢接受习俗的约束，他们喜欢在法庭外解决纠纷，以保体面。他们对于打官司有这样的谚语：“告跳蚤，反被跳蚤咬”（Sue a flea and catch a bite），或“赢了官司，输了金钱”（Win your lawsuit，lose your money）。许多有好几千人口的县，甚至好几年不见有讼案。中国自唐朝订有法律，这些法律几乎都是刑事的，而且缺乏系统而明确的条文。审讯是很简单的，因为在法庭上根本就不准有什么律师去辩护，虽然有时候备有公证人代为申辩，但所谓公证人的申辩，只不过是将被告人的一纸申辩书念给县官听而已。中国是没有陪审团的，在法律上并没有保护人民免于遭受官员突然逮捕和秘密拘留的措施。嫌犯都要用指印，往往要用比现在最开明的城市所用的稍为残酷的拷打来诱取嫌犯的口供。刑罚是非常重的，但并不如其他亚洲国家那样野蛮；较轻的是削发、鞭笞；较重的则放逐或处死；假如犯罪的人有特殊的功劳或相当的地位，则被赐自尽。只有皇帝才有权赐予减刑或免于死刑。在理论上与西方人一样，人人在法律之前是平等的。这些法律根本无法制止拦路抢劫的行为，以及衙门内的腐败。但是，它们与习俗和家庭合起来，使中国在 20 世纪以前获得任何一个国家无法比拟的社会安定和人身安全。

在千百万人民之上，是一位地位虽不稳但泰然自若的皇帝。在理论上，他用神圣之权来统治人民；他是天子，代表上天统治人间。[1] 凭着他那神权，他统御着四季。因此，他要人民的生活遵循宇宙神圣的秩序。他的命令即是法律，他的裁判即是最后的裁决；他不但统治全国，也是其宗教的领袖；他任命所有的官员，主持最高的考试，遴选王位的继承人。事实上，他的权力是受到习俗和法律的限制的。人民要求他不要违反过去所留传下来的那些神圣的规则；他随时可能遭到有特殊权利的御史的弹劾；事实上，他也会为显贵的朝臣所左右，他们的忠告皇帝通常都会采纳接受；假如他胡作非为，那么依照一般的习俗和人民的同意，他要失去发号上天命令的权力。此时，虽然他没有违反宗教或道德，但也许要遭到强烈的废黜的厄运。

御史的职责是监察官员有无尽责，即使皇帝本人也不例外。在中国历史上，有好几位皇帝都遭到御史的弹劾。例如，嘉庆帝（1796—1820 年在位）就受到一位姓宋的御史的进谏，要他不要耽于酒肉女色之中。嘉庆帝把这位宋御史召到面前来，愤怒地问他对皇上这样无礼傲慢应该受什么惩罚。宋御史回答："粉身碎骨以死。"嘉庆帝要他选择比较轻一点的刑罚，他答道："砍头。"皇帝又要他再选一项更轻一点的，他提议愿受绞刑。这位皇帝感于他的勇气，任他为巡抚。

清朝的中央政府已是个极为复杂的行政机构。皇帝之下设置内阁，有大学士 4 人，通常是以皇族的人为首；按习惯，这 4 位大学士每天清晨都要集会，以决定国家的政策。尚有枢密院的组织，至于行政的工作则分由六部掌理：设吏、户、礼、兵、刑、工六部。后又设有藩部，掌管蒙古、新疆、西藏诸藩事务。但没有外交部的设置：因

[1] 因为他的王国有时又称"天朝"。欧洲人译为"天国"。

为中国认为世上没有一个国家能与它相比，除了处理一些安排各国使节朝贡的事外，根本不打算与其他国家有所往来。

这个中央政府因受到税收的限制、防卫力量的不足以及其反对与外在世界任何有意义的交往，统治的力量大为减弱。它虽然征收赋税，专营食盐，1852 年后还在全国各要道上实施征收货物运输税，但其实这只有阻碍商业的发展。由于人民穷困、征税困难以及税收人员不法，全国的税收不足以维持一个可以抵御外侮、免遭惨败的强大军队。[1] 也许最大的失败是政府用人不当。整个 19 世纪，清朝的腐化达到了极点，当世界各国联合起来破坏它的独立，攫取它的资源，损害它的制度时，这个国家实际上等于是个无人领导的混乱社会。

但是，这些官员是经由人类所发展出的选择公仆的方法中，最奇特、最令人赞赏的方法所选举出来的。这个方法柏拉图将会很感兴趣；虽然，这个方法已经失败，今天已不再采用，但是柏拉图一定会因为中国有这套方法而喜爱中国。就理论上来说，这个方法最能调和贵族政治和民主政治：人人皆有平等做官的机会，但只有那适合做官的人才有机会做官。事实上，这个方法实施 1000 多年来，给中国带来许多好处。

它始于乡村的学校——很简陋的私塾，许多都是只有一间茅屋——教师只有一位，这位待遇微薄的教师就负起了教导富家人子弟的初级教育的责任；至于那一半以上的穷人家的孩子就没有受教育的机会。这些学校不是政府设立的，也不是教会资助的；教育事业在中国，就如结婚一样，是与宗教毫无关系的，只有儒家的思想才是它教育的圭臬。教学的时间很长，纪律非常严明：小孩子在天刚亮的时候，就得朗诵背书；然后，跟着老师学；到了 10 点，吃过早餐后，再上

[1] 清朝末年中央的岁收为 7500 万美元；地方的岁收为 1.75 亿美元。假如这些岁收用来偿还 1894 年中日甲午战争所签订的《马关条约》的赔款 1.5 亿美元，以及八国联军所订定的《辛丑条约》的 3 亿美元赔款，那么可以说中国的崩溃，只不过是由这两笔账而引起的。

课；到下午5点才放学。放假的次数又少又短：在夏天，下午不必上学，但必须到田里去工作；在冬天，则必须参加夜间的温习课。教师教导学生最主要的工具是“四书五经”、唐诗和一只竹做的教鞭。教学的方法是背诵：这些年轻学生天天都要背诵，跟教师学习孔子的哲学，他们必须背得滚瓜烂熟为止；中国希望透过这种索然无味的方法，甚至可以把一位农家子弟训练成哲学家和绅士。私塾教育的阶段完成后，他们可以说是学得少而懂得多。换言之，在实质上，他们是无知的；在精神上，他们是成熟的。

基于这种教育的方式，中国建立了一套进入仕途的科举制度——始于汉，至唐而制度完善。对中国来说，这种制度对人民是不幸的。因为统治者必须为了管理人民而去学习如何管理，因此，只要可能的话，他们就得在未学会如何管理人时先去管理人。另一不幸是平民没有进入仕途的机会，那只是少数人世袭的特权。但从另一个角度来说，这对人民也是幸福的，因为只有那些有能力和受过训练的人才有做官的机会。以民主的方式，让人人都有接受这种训练的机会，并且以贵族的方式严格地规定只有那些被证明是最好的人，才有谋得官职的机会。就这样，中国得以兴盛，也因此而衰败。

在每一个地区，都定期举行公开考试，凡是男性，不拘年龄，都有资格参加这项考试。考试的内容是要测验他对“四书五经”记得熟不熟，理解得多少，他对中国的诗和历史知多少，他对道德和政治生活的看法如何。凡是落第的人可以卷土重来，不受限制；考中了的便是秀才，这等于他们是属于知识分子阶层了，政府可能会任命他做个地方小官，更重要的是他们有资格参加每三年举行一次的全省性考试，考试的内容与乡试的一样，不过题目要比较难。省试落第的，照样可以再来，许多人都这样，有些人甚至苦读到80岁后，才通过这一关，而壮志未酬的更是大有人在。通过的谓之举人，他们有资格被任命为中央级的职位。同时，他们也有资格参加在北京举行的最后一关，也是最严格的考试。北京的考堂有10 000间小室，参加考试的人必须自备粮食，住宿在每人一间的小室内 3 天，申论试题。这些小室又冷又不舒适，灯光也不好，卫生设备也差，只得靠着一股精神支持下去！通常考试的内容是作一首诗，题目是像“青山绿水，划桨声”这一类；再作一篇散文，从“四书五经”录下一段话作为题目，如曾子曰：“以能问于不能，以多问于寡，有若无，实若虚。”考试的题目是从来不涉及科学、商务和工业的事。其目的不在测验考生的知识，而是测验其判断和个性。中榜的人就有资格在朝廷中谋得较高的职位。

随着时代的进展，这个制度的缺点也愈来愈多。虽然有时考生作弊或试官徇私要遭到死刑的处罚，但道高一尺，魔高一丈，作弊的事仍然无法杜绝。到了 19 世纪，舞弊的事更是屡见不鲜；例如，一位小小的官员就曾被揭发伪造出售 2 万份文凭。而策论也演变成一种固定的形式，考生可以做机械式的准备。学生的科目也流于一定的范围，阻碍了思想的进步，因为学生所学的那些思想已经被定形化达几百年之久。在这种教育的方式下，学生一旦高中，自然就是一位官僚的知识分子，傲慢而自私，专横而腐化，公众撤不了他们的职，也控制不了他们，除非采取激烈的手段来抵制。总而言之，这个制度是有缺点的，凡由人类所构想和推行的政府机构有哪个没有缺点呢？所以，这个制度的缺点是人为的，而不是制度本身的。至于世界其他各国，则比中国的还差呢！[1]

科举制度有许多优点。在这个制度之下，没有操纵的提名，没有伪君子卑鄙的争夺，没有两党可耻的争霸，没有混乱或腐化的选举，没有仅凭巧言而能登入仕途的现象。在最善的本意之下，它是民主的，因为它给人争取领导和职位的机会是平等的；在最好的形式之下，它是贵族的，因为这个政府是由每一代的显贵中公平地选出的最有能力的人来主持的。在这个制度之下，全国上下一心往着学习的道路上

---

[1] 教会历史学家勒托雷（Kenneth Scott Latourette）说：“当中国在最贤明的君王统治之下时，能够把这样众多的人带进太平盛世，这样的政府实在是世上罕有的。”饱学的布瑞克利（Brinkley）舰长也持同样的看法。

走，而所产生的英雄和模范多是有识之士，而非土豪劣绅。[1] 一个国家在社会上和政治上，由有哲学和人文科学涵养的人来治理，实在是令人羡慕的。当这个制度以及由这个制度而带起的整个文化，被那无情的进化和历史破坏推翻时，这实在是一个最大的不幸。

---

[1] 长期任职于中国清政府海关总税务司的赫德（Robert Hart）爵士说："中国人尊重贤能，他们喜爱文学，到处都有求学增智的小社团，他们彼此交换讨论文章诗词。"

第五章 | 革命与更新

西方带来的灾祸

那些强大的国家都在进行工业革命。在发现了机械的力量和应用于增产的机器，从而获得了新生与充满了活力之后，整个欧洲生产的货品，比那些还依靠着手工业的任何一个国家或任何一洲的货品，都要来得便宜。因为工资便宜，雇主遂加大生产，以致这些机器所制造出的货品，远超过欧洲人口的需要。如此，不得不向外寻找市场。所以，在帝国主义的压力下，欧洲走向征服世界的道路。

哥伦布时代的商业革命，开辟了通商的航线，并为工业革命做了开路先锋。探险者重新发现古老的地方，打开新的港口，把西方的思想和新奇的产品，带进有古老历史文化的国家。早在16世纪，好冒险的葡萄牙人即在印度建立了他们的势力范围，控制了马六甲，绕过马来半岛，浩浩荡荡地开进了广州（1517年）。“他们粗鲁，不守法律，视东方的民族为合法的战利品，他们简直就是海盗。”而当地的人也这样对待他们。他们的代表被拘禁，他们要求自由通商的请求被拒绝，该地的葡萄牙人定期地遭到愤怒的中国人的屠杀。但由于他们帮助中国抵抗外来的海盗，终于在1557年获得明世宗的同意，让他们自由定居澳门，自己管理自己。他们便在澳门建立了庞大的鸦片工厂，雇用许多男女和小孩，单单一家工厂每年就要缴付葡萄牙政府156万美元的税。

接着而来的是西班牙人，他们在1571年征服了菲律宾，而后又占领了台湾。接着是荷兰人。随后在1637年，有5艘英国的船只驶进广州，他们借着大炮把中国人压了下来，卸下他们的货物。最先是葡萄牙人教中国人吸食鸦片，到了18世纪，开始从印度输入鸦片。当时清朝政府禁止人民吸食鸦片，但因为人民已上瘾，而且吸食的人也多，禁而无效，年年输入的鸦片有增无减；到了1795年，鸦片进口的数量达4000箱。清朝政府就在这一年正式禁止进口，并在1800年重新颁布禁令，呼吁进口商人和人民共同抵抗这种丧人心志的毒药。虽然政府一再三令五申，但是鸦片仍然源源地输入，其情势已达中国人之急于购买有如欧洲人之急于卖出，而地方官员亦收受贿赂，暗中与商人勾结。

1838年，清朝政府下令严格取缔鸦片的输入，林则徐下令在广州的所有外国鸦片商人交出所有的鸦片来。当他们拒绝交出来时，他下令包围外国人居住地区，强迫他们交出现有2万箱的鸦片，一把火把这些毒品烧得干干净净。英国人退到香港，第一次鸦片战争就这样打了起来。然而英国人不承认这是因鸦片而起的战争；他们认为他们的愤怒是由于清朝政府傲慢地接待——或拒绝接待——他们的代表；同时，他们不满清朝政府所课的重税和不公平的裁决。他们从海岸轰击沿海各城市，攻陷镇江之后，进逼南京。清朝不得已与之订定《南京条约》。在《南京条约》中，对于鸦片问题则略而未谈，其要点为：割让香港，降低关税为5%，开广州、厦门、福州、宁波、上海五口通商，赔款2100万两，英国人在中国犯罪由英国人审判；其他国家包括美国和法国，亦要求享受治外法权的待遇。

这个战争促使这个古老的帝国走上分裂的道路。清朝政府在与欧洲人的交涉上，真是丢尽了“面子”；起初是蔑视，继而反抗，最后屈服了；清朝政府拿不出适当的措辞向有识之士或窃喜的外国人来掩蔽这些事实。这个失败的消息传到哪里，清朝的威信就在哪里打了折扣，更糟的是有人起来公开地反对清政府。1843 年，洪秀全在一知半解地认识基督教义和怀着一些幻想之后，认为他是被上帝遣下来扫除中国人所崇拜的偶像，并且要他们改信基督教的。然而，洪秀全这场带着宗教目的的运动，最后却导致一场推翻清朝的革命，并建立了一个新的朝代——太平天国。他的追随者一部分是受到宗教狂热的驱使，一部分是受到一心改革中国的鼓舞，勇猛奋战，粉碎偶像，残杀人民，毁坏了许多古老的图书馆和学术机构，破坏了景德镇的瓷器，攻陷南京，建号太平天国（1853—1865 年）。当其大军挥向北京时，洪秀全却沉溺于奢侈和自求苟安，以致群龙无首，陷入混乱的局面，终于被清朝击溃，13 年的太平天国运动最终消失在中国人道的大海洋中。

当清朝政府陷于太平天国运动危机的时候，它又要同时抵抗欧洲人所掀起的第二次鸦片战争（1856—1860 年），英国在法国和美国的支持下，要求准许鸦片输入中国，以及派遣使节驻扎北京。当这些要求遭到拒绝后，英、法联军进兵广州，俘总督叶名琛至印度，继又向北攻陷大沽，直抵天津，进逼北京，焚毁圆明园，以报复英法在北京的密使所遭到的迫害。先是强迫清朝政府与之订定《天津条约》，等英法联军二次北伐后，再强迫签订《北京条约》。其要点为：加开 10 个新的商埠，并开放长江的通商口岸；准许各国公使入驻北京，外国人得入内地游历传教；确定领事裁判权；割九龙给英国；准许鸦片进口；两国赔款均为 800 万两白银。

受到英、法那种得来不费吹灰之力的鼓励，欧洲国家纷纷到中国来要求分利。帝俄在 1860 年占领了黑龙江以北、乌苏里江以东的土地；法国为报复传教士被害，在 1885 年，进军越南，将中国在中南半岛的势力驱除殆尽；日本则无端启衅，于 1894 年，掀起甲午战争，迫使清朝政府签订《马关条约》，割让辽东半岛、台湾、澎湖，承认朝鲜自主，赔款 1.7 亿元。继之，帝俄干涉日本归还辽东半岛，3 年后，帝俄却据为己有。1898 年，由于德国的两位传教士被杀，德国据此而占领了山东半岛。这个曾经不可一世的强国竟然被各国划定自己的势力范围，欧洲各国相继取得开采矿产和通商的利益。野心勃勃的日本看得眼红，联合美国，要门户开放：在承认各国特殊利益范围下，所有各国应该基于平等的关税，在中国各地通商。美国为了索取谈判的优越地位，于 1898 年征服了菲律宾，并宣布要求分享与中国通商的意愿。

就在这个外患愈演愈烈的时候，北京的皇宫内亦在闹事。当英法联军攻陷北京时，年轻的咸丰帝逃到热河；一年后，他死于逃难中，把帝位让给他 5 岁的儿子载淳，即同治帝。同治帝的母亲慈禧太后延揽大权，垂帘听政。这位驰名中外的太后残酷、泼辣而专横地统治中国达 30 年。慈禧太后年轻时，以貌美倾国；现在则用她的智慧和意志统治着全国。当同治帝正达法定继承王位年龄的时候，突然死了（1875 年），慈禧太后不顾惯例和反对，立另一位小皇子载湉为帝，即光绪帝，大权还是由她掌握。30 年来，由于卓越的政治家如李鸿章之辈的辅佐，这位倔强的女皇还能使得中国平安无事，并赢得土匪式的列强的尊重。但在日本突然地掀起甲午战争，继之欧洲各国瓜分中国之后，中国发生一场强烈的维新运动，想跟日本人一样，模仿西方的富强之道——即组织一支强大的军队，兴建铁路和工厂，努力获致日本和西方国家之所以能打胜仗的那种工业的财富。但是慈禧太后和一些旧思想的朝臣极力反对这个运动。然而，这派维新分子却也获得已正式继承帝位的光绪的默许。光绪未与这位“老佛爷”（朝廷中都这样称呼慈禧太后）商议，却突然地擅自下令变法图强，假如这些变法能够真正地实施，则将使中国有力地、和平地迈向西化的道路，而且可能不致使清政府覆亡，不致使中国陷入混乱和悲惨的深渊。这位年轻的皇帝下令设立新制的学校，不仅要学“四书五经”，而且要学西方的科学文化；并设立译书局，翻译西方的科学、文学和工艺的名著；兴建铁路；改革陆军和海军，“以应付那些想夺取我们利益，企图联合压制我们，包围在我们四周的列强诸国”。慈禧太后对于这些她认为似乎是太激烈的改革极感震惊，遂把光绪软禁起来，下令取消变法，重新掌握大权。

随之而起的是一股反对西方思想的逆流，这位精明的太后就利用这股反动的力量来达成她的目标。慈禧太后说服了原先是要起来推翻她和她的王朝的叛党义和团的首领，把他们的愤怒转移到侵略的外国人的身上。义和团接受了这项使命，要求所有的外国人滚出中国。在这个疯狂的爱国的美名下，义和团开始在中国各地不分青红皂白地屠杀外国的传教士，并向各国宣战。英、法、美、德、俄、日、意、奥等八国组织联军，进兵北京，保护他们的国人和使馆。慈禧太后挟光绪出奔西安，八国联军攻入北京，大肆屠杀百姓，掠夺或毁坏许多珍贵的国宝。迫使清朝订定《辛丑条约》，赔款 3.3 亿两，分 39 年由关税抵付。后来，美、英、俄、日等国还给中国相当多的赔款，这些偿还的赔款大部分是用来作为中国留学生公费留学之用。这是一种宽大的表示，这项施惠在这次东方与西方历史性的悲剧冲突中，被证明是用来打开古老中国最为有效的方法。

古老文明的结束

这些取得退赔的“庚子赔款”的公费留学生和其他成千的私费留学生，都到那些富强的国家去探讨它们的文化。有许多到英国，到德国、美国和日本的更多。单美国一地，每年就有几百位中国留学生从美国大学毕业。他们都是少年负笈，对其祖国文化价值没有很深刻的了解。他们羡慕西方的教育方式，醉心于西方的科学、历史和思想；他们对西方人舒适而有活力的生活、个人自由的享受和人民权利的享有，感到非常惊奇！他们研究西方的哲学，失去了对祖国宗教的信心，他们在这种教育和新环境的鼓舞下，崇尚激进的思想，而反对他们祖国的旧文化。年复一年，成千的这种激进的青年回到了中国，他们不满于祖国改革的缓慢和物质的落后，在每一个城市种下了怀疑和革命的种子。

同时，一个极为适宜的环境助长了这一趋势的发展。60年来，这些西方的商人和传教士已经变成了传播西方思想的中心；他们的那种舒适豪华的生活方式，正是这些年轻的中国人所渴望的那种文明生活；有少数的激进分子，已经在破坏那个用以维系旧有道德礼法的宗教的信仰，他们鼓动年轻的一代反对年老的一代，要他们放弃崇拜祖先。教会曾温和地宣传基督教义，但是在紧急的时候，他们还是要受到那曾经慑服中国的枪炮的保护。这个起初曾经遭到被压迫的中国人反对的基督教，现在在这些中国的改变中，却再一次地变成革命的推动力。

在这些改变中，为首的就是革命运动。1866年，一位举世闻名的伟人在广州附近的一户农家中诞生了，他就是孙中山。他是个虔诚的基督教徒，他把他村子里庙内的菩萨毁坏了。他那位移民到夏威夷的长兄，把他接到檀香山的一所英国教会学校念书，让他彻底地接受西方教育的熏陶。回到中国后，他进入香港的一所英国西医学校，成为该校毕业的第一位中国学生。由于所接受的都是西方教育，他怀疑中国的那些宗教性的信仰；同时，他看到了自己以及同胞在海关及外国人通商口岸所遭到的凌辱，极为愤慨，从而播下革命的种子。堂堂一个清朝大国，竟然败于小小的日本，并遭到欧洲列强的瓜分，这使得他对于这个腐败的政府感到羞耻与愤怒，他认为要解救中国的第一步，便是推翻清政府。

他的第一步行动显出了他那充满自信、理想和纯真的内心。他搭船航行1600海里到北京，上书李鸿章，要求改革中国，恢复国威。当他的计划不被采纳时，他开始其一生为革命而奔走的冒险生活。首先他到处募款，他获得许多商业行会和有力的秘密结社的支持，他们都痛恨清廷的专制，渴望有一个政府能给制造业和贸易界扮演一个相称的角色。然后他到美洲和欧洲，向华侨募款。在伦敦的时候，中国使馆人员非法地逮捕了他，准备秘密地把他遣送回国。幸赖他的一位英国传教士老师把他救了出来。他在海外奔走了 15 年，走遍各大都市，募得 250 万元，然而他并没有私挪一分钱。突然，他在旅行中接到了消息，谓革命军已攻下了南方，正向北方进军，并选他为中华民国的临时大总统。几星期后，他胜利地回到这个 20 年前他遭到英国海关官员侮辱的港口香港。

慈禧太后死于 1908 年，就在她料理被禁的光绪帝的丧事前一天作古了。慈禧太后死后，帝位由光绪的侄子溥仪继任。在慈禧太后主政的最后几年，清朝政府确实有了一些改革：兴建铁路；设立外务部；废除科举制度；建立新制的学校；1910 年召开国民会议；拟订九年计划实施君主立宪；普及教育以实现全国投票。清朝政府对于这项改革的计划附语："任何激烈的改革措施，将导致丧失许多人力。"但是革命党并不因为清朝政府垂死前的忏悔而裹足不前。在 1912 年 2 月 12 日，这位年轻的皇帝面对着来自各方的反叛，发现没有军队与他站在一边，遂自行退位，由摄政王宣布一道诏书，宣告结束清朝帝国：

> ……今全国人民心理，多倾向共和，中南各省既倡议于前，北方诸将亦主张于后，人心所向，天命可知，予亦何忍因一姓之尊荣，拂兆民之好恶？是用外观大势，内审舆情，特率皇帝，将统治权公诸全国，定为共和立宪国体，近慰海内厌乱望治之心，远协古圣天下为公之义……

革命党对溥仪采取宽大的态度：他们保全了他的性命，给他豪华的王宫、一笔相当可观的养老金、一位嫔妃。昔时，满族人来如猛狮；今者，去如驯羊。

这个在和平中诞生的共和国，却不断被暴风袭击。那位满脑子旧思想的外交官袁世凯拥有相当的部队，他本想阻碍革命军的行动，但他提出以总统的职位为条件，转而支持革命军。孙中山为顾国家利益，将总统的位子让给袁世凯。袁世凯靠着国内外雄厚的财团撑腰，竟自行称帝，改建新朝，他认为只有这样中国才会展露曙光。孙中山责他为叛国者，召集麾下作护国运动，但是在双方还未兴起战端时，袁世凯就病死了。

自此，中国即未求得和平与统一。孙中山是一位太过追求理想的人，是一位卓越的演说家，却不善于政术，以致无法把这个国家带到和平的路上。他的计划和理论都无法实现，由于他容纳共产主义而触犯了支持他的中产阶级，他隐退到广州向青年学生讲学。中国陷于一个分裂的无政府状态，它失掉了那个一统的象征的君王，古老的风俗、法律也遭到了破坏；人们对于国家的热爱也大大地打了折扣，整个国家陷入敌对的战争中，北方反对南方，这一区反对那一区，富人反对穷人，老年人反对青年人。军阀四起，各自为政，他们各自征税，各自种植鸦片，有时还出兵袭击并吞其他地方。工业和商业屡遭课税，陷于混乱和萧条；土匪到处抢劫杀人，政府无力控制他们。那些没饭吃的，只好去当土匪和盗贼；那些遭到土匪抢盗洗劫的，也只好去当土匪小偷了。平生节俭的小康之家和小本生意的商店，往往遭到军阀的侵占和土匪的抢劫。光河南一省，在 1931 年的时候，就有 40 万土匪。

正当中国陷于混乱的时候，苏俄在 1922 年派了两位高级外交官加拉罕和越飞来到中国，他们是奉命要使中国发生共产主义的革命。加拉罕拟以苏俄放弃治外法权的要求，以及签约正式承认革命政府为饵，继之由越飞来说服孙中山。这位狡猾的苏俄外交官发现要使孙中山同情共产主义并不难，因为此时孙中山处处受军阀牵制。在 70 位苏俄人员的策划下，不久，中国即成立了一支新的国民军。这支国民军在孙中山的前任军事秘书蒋介石领导下，由鲍罗廷顾问的协助，自广州出发北伐，终而攻占北京。就在这胜利的时刻，又发生了分裂。

蒋介石抨击共产党从事渗透颠覆活动，建立起军事的领导，实际上这也是一般工商金融业的愿望。

国家和个人一样，幸灾乐祸者大有人在。那个在孙中山的计划中是中国抵抗西方的盟友的日本，那个由于西化运动致强而鼓舞中国革命的日本，看到了以前曾是其宗主国的中国正陷于混乱和衰弱之际，认为这正是解决它西化运动中所面临的许多问题的好时机。因为，日本为了要自卫，抵抗可能遭到的侵略，它不能不加速人口的增殖；为了要维持人口的增加，它不能不发展工业和商业；由于本身资源的缺乏，它不得不进口铁、煤和其他资源，以发展工业；除非它有一块欧洲国家殖民地以外的大市场，否则无法发展商业。而中国的铁、煤被认为蕴藏最丰，中国是最具潜力与最大的市场。在面对着回到农业社会并屈服于走向工业的帝国主义抑或征服这两者之间，有哪一个国家能禁得住伸手即可攫取中国的这个诱惑呢？而此时又正值欧洲各国因在法国相互残杀而无法插手于东方事务。

因此，当第一次世界大战爆发时，日本即对德宣战，占领德国向中国已"租用"16年之久的胶州半岛。然后，向袁世凯提出使中国沦为日本殖民地的"二十一条"。然而因为美国的反对和由中国知识青年领导的抵制日本货运动，日本未能得逞。学生对国家遭到这种耻辱，感慨万千，他们悲愤，甚至焚身自尽。在这个曾经吞噬中国达半个世纪之久的欧洲各国的道德支持下，日本毫不情愿地听命了，只好耐心地等待另一个机会的来临。机会终于到了，当欧洲和美洲正陷于由于生产过剩而导致的经济社会危机时，日本即进占中国东北，立溥仪为"伪满洲国"的总统，继而改为"伪满洲国"的皇帝。日本就借着政治的联盟、经济的渗透和军事的控制，获得开发中国东北资源、利用中国东北人力和从事商业活动等各种利益。而欧洲世界在获得中饱之后，提出停止抢劫的行为，联合美国表示对日本的公然侵略的抗议，结果是在正义的大旗下接受这项胜利。

中国蒙受的最后一次耻辱是在上海。由于中国抵制日货成功，激怒了日本，日本再度派军进犯上海，要求中国政府严禁抵制日货。中国以无畏的精神来保卫自己，从广州而来、装备精良武器的第十九路军与日军相持达两个月之久。最后，南京国民政府提出和解，日本退出上海，中国在受到这些创伤后，决心彻底改革，建立一个新兴而有活力的国家，以便能独立生存于这个强盗遍地的世界中。

新秩序的开始

世界上曾有过巨变，唯有远东不变；现在的远东却无所不变。这个最保守的国家，突然变成仅次于苏俄的一个改革最彻底的国家，它正以无比的毅力去破坏那些曾是神圣不可侵犯的风俗和制度。这不仅仅表示这个自 1644 年所建立的朝代的结束，更是一种文化的蜕变。

变化来得最迟最少的是乡村，因为冷漠的土地激不起改革；甚至新的一代还必须靠着耕作才能过活。但是现在有 7000 英里的铁路横亘于乡村；虽然经过十年的混乱和缺乏保养，这些铁路千疮百孔，虽然战争使得它们超过了负荷，但是，它们还是担负起联络东部乡村和海岸城市的责任，它们每天载运着点点滴滴的西方货品到几百万的农家。你可以在农村中发现有许多舶来品，如煤油、煤油灯、火柴、香烟，甚至还有美国的小麦；有些地方因为交通非常不便，从内地运到沿海省份的货品的价格，往往要比从澳洲或美国进口的还要高。所以，很显然，一国文化之经济成长与交通有密切的关系。2 万英里的公路也修建了起来，6000 辆客车来来往往，常常是满载。当汽油货车的发动机响彻于无数的乡村的时候，它将会使中国发生一次最巨大的变化——饥荒的结束。

在城镇，西方的影响来得较快。由于从海外输入机器制造的便宜货品竞争力很强，手工业的制品走了下坡；几百万的工匠濒于失业的边缘，他们只好挤入由外国人或国内的资本家在沿海所建的工厂。在乡村仍然可以见到的手摇织布机在城市里已销声匿迹了。进口的棉花和棉布大量地涌入中国，纺织工厂的林立给赤贫的中国人带来一种新的工厂化的农奴制度。巨大的锅炉也在汉口点燃了，一点也不逊于西方国家。食品罐头业、面包业、水泥厂、化学厂、酿造业、酿酒厂、电力厂、玻璃厂、制革厂、纸浆厂、肥皂厂、蜡烛厂、糖厂等，都已在中国土地上建了起来，渐渐地把工匠吸入工厂里面。但是这些新工业的发展都遭到了阻碍，因为中国仍然在革命，秩序未定，投资者踌躇不前；再者，运输不便，运费昂贵，国内原料不足，中国人家族观念根深蒂固，在用人上偏袒徇私而不顾能力，以及由此导致的公司或工厂制度的不健全，凡此等等均使中国的工业无法顺利发展。商业也一样遭到阻挠，诸如政府的重税、关税、贿赂或敲诈等，但比起工业来，它还是发展得比较迅速的，在中国经济的改变上，扮演着最主要的角色。

新兴的工业毁坏了行会，致使劳资的关系陷入混乱。以前，产品在地方上没有竞争，价格稳定，行会就是为劳资双方商定工资和价格而存在的。但是当运输方便、商业增加时，工业的产品可以带到很远的乡镇与行会的手工业品竞争。因此，除非不与外国人和资本家的商品竞争，否则，手工业品的价格和工资都无法控制。行会失去了作用，只好解体，分而为两种，一为商会，一为工会。商人讨论的是指令、顺从和经济的自由，而工人关心的则是生活的问题。工人常常罢工和抵制，虽然很成功，但只能迫使外国人向政府当局让步，而劳工本身并没获得什么利益。据上海市政府社会局1928年的调查，纺织厂工人的周薪从1.73美元到2.76美元不等，女工则从1.10美元到1.78美元；面粉厂男工的周薪为1.96美元；水泥厂的为1.72美元；玻璃厂的为1.84美元；火柴厂的为11.11美元；在技术工人方面，电力厂的为3.10美元；机械厂的为3.24美元；印刷厂的为4.55美元。印刷工人之所以享有如此高的优待，是由于他们的组织健全以及他们的身价突然涨高。最早的工会成立于1919年；它们的组织和力量到了鲍罗廷的时代达于最高峰。但当蒋介石与苏俄破裂后，工会遭到贬抑。今天虽然法律对它们管制极严，但它们还是到处成立，这是工人抵抗工业制度的唯一途径。虽然已开始通过和承认劳工法，但此法尚未产生法律效力。那些每天工作 12 小时的贫困工人，随时都面临着为生存而挣扎的痛苦。一旦失业，就得为三餐而苦恼，这种日子实在比以前困苦的农村生活还糟。在以前，大家都穷，没有什么富人，大家把这种贫苦视为人类亘古以来即有的自然现象。

也许这些缺点都可以避免，假如中国的政治改革不要这么快而彻底。中国的官僚政治虽然已失去了活力，沾上了腐化的污名，但是它可以控制住新兴的工业，使得中国慢慢走上正途，而不至于混乱或反而遭到资本家的把持；工业一旦步上了正途，就会渐渐地产生一个新阶级出来，这个新阶级会和平地取得政治的权力，就如英国一样，工业家取代了大地主。但是，中国这个新政府发现它本身没有军队，没有干练的领导人物，没有钱；国民党发现它必须暂时仰赖外国和国内的资本家；它想象着民主，痛恨共产主义，依赖上海的银行家，放弃了民主，采取独裁，企图取消工会。[1] 因为国民党依赖军队，军队依赖金钱，金钱靠借贷而来；当军队强大到足以控制整个中国时，政府却不能向全国抽税；当政府能向全国抽税时，它又必须顾虑到贷款国的意见。虽然这样，国民党仍然有不少的成就。它又重新使得中国控制了它的关税和工业；它又组织了一支经过训练和装备的军队，也许将来有一天需要它来抵御外敌的入侵；它扩大了行政权力，缩小了阻碍国民经济生活发展的土匪的势力范围。它在一日之间推翻了清朝政府，用了将近 30 年时间成立了一个新政府。

中国之不能统一，反映出存在于中国人心中的那份矛盾。今天中国最强烈的感情是痛恨外国人；同样，今天中国最有力的行动是模仿外国人。中国知道西方不值得这样崇拜，但是中国被逼着不得不这样做，因为事实摆在眼前，工业化或殖民化二者任由选择。因此，在中

[1] 1927 年，成千的工人被开除，理由是他们属于工会。

国东部城市的人都越过田地走入工厂，脱下长袍改穿洋装，放弃那简单的古乐器改用西洋管弦乐器；他们放弃了原有的衣着、家具和艺术品，墙壁挂上了欧洲的绘画，模仿建造那最不引人注意的美国式的办公大楼。妇女不再缠小脚了，开始学习西方人走路的风度，尽量把鞋放大[1]。哲学家放弃了讲求谦逊、有礼让的理性主义的孔子思想，而以文艺复兴的热诚，采纳莫斯科、伦敦、柏林、巴黎和纽约的好斗的理性主义。

中国推翻孔子的运动，性质上有点像欧洲 14 世纪至 16 世纪的文艺复兴运动和 18 世纪思想的启蒙运动；中国打倒孔家店的运动，等于是立即推翻了这位中国的亚里士多德和反对神化的诸菩萨。曾有一时，这个新成立的政府曾压迫佛教和寺院，就像法国大革命时期的革命分子；这些中国的反叛分子都是思想自由分子，他们毫不掩饰地公开反对宗教，崇拜理性。儒家思想容忍各种宗教信仰，那是由于只要贫穷就会有神的信仰；这些革命分子坚信贫穷可以被消灭，因此不相信神。儒家思想赐给农业社会和家庭一部伦理规章，以维持这个家和农业社会的秩序；而革命的目的则是迈向工业化，这需要一个新的道德标准以符合都市和个人的生活。儒家思想之能持续，是因为做官觅职需要这种知识，但是现在科举制度已废，在学校中科学已取代了伦理和政治的哲学；现在的人不是要去学做官，而是要到工厂去。儒家的思想是保守的，用古代的规范限制了青年人的理想；革命是青年人的，他们不要这些古代的限制；他们嘲笑先哲所说的："那些认为旧的堤防不中用，而将它们毁坏者，必会在河水泛滥时遭到毁灭。"

当然，革命成功之后，即不再有官方的宗教仪式，天坛上的祭台见不到对那默默无言、不具人格的天的祭品。祭祖的风俗虽然仍有，但已不再那样地风盛；男人渐渐地把一些以前被认为是不适合女人去

---

[1] 有些中国妇女为掩饰她们的小脚，把鞋子里头塞得满满的。

做的事让给女人去做了。革命党中的领袖有一半是教会学校出身的，尽管蒋介石是基督徒，革命党还是反对任何迷信和信仰，学校的教科书没有宗教的色彩。旧有的神被除掉后，用来填补这份感情上的空虚的新宗教是民族主义。但是，这个民族主义并不能完全令人折服，许多贫困的人仍然冒险去求神问卦，以慰藉他们每天贫苦的生活。村民愚夫仍然发现在古老庙宇的那份神秘安静中，可以求得某种安慰。

政府、宗教、经济生活、传统的道德法规，这些在30年前被认为是经久不变的，现在呈几何比例地不断改变。仅次于工业而使中国发生最大变化的是古老家庭制度的破坏，取而代之的是个人主义，这使得人人自由地面对世界。用以维系旧社会秩序的忠于家庭的观念，现在已被忠于国家的理论所取代，但当这个忠于国家的理论还未逐渐地付诸实践时，这个新的社会显然缺少了道德的基石。在使用机械化时代前之农业社会能够维系家庭，因为田地需要在家族和父系的权威下才能集体行最经济的耕作。然而，工业破坏了家庭，因为工业提供不同的工作机会和报酬，是给个人，而不是团体。在工业社会里，是不承认强者有义务要帮助弱者的；在家庭内大家共享的这个观念，在竞争激烈的工商业社会中是不成立的。年轻的一代常常破坏老一辈人的权威，以无畏的意志到城市去寻找符合个人意愿的工作。可能是父亲权力过大，致使他们去反抗去革命，但是这种反抗往往因过分而遭到非难。中国是彻底地被连根拔起了，没人知道它何时会生出新根，开始文明的生活。

古时候那套婚姻的形式，也随着家庭权威的破产而消失了。虽然大多数人的婚姻还是由父母亲来安排，但是在城市，年轻人自由选择结婚对象的现象已渐为普遍。个人不但认为自己有权利自由选择他所喜欢的对象，而且甚至令人震惊的是他们还想把结婚拿来当作实验。尼采赞扬亚洲的女人，称颂她们服从的精神，但是现在的亚洲也走欧洲的路子了。一夫多妻制已不存在，因为现代的妇女反对丈夫纳妾。

离婚的现象虽然不很普遍，这个路子也比以前宽多了。[1] 中国的大学是实行男女合校教育的，在城市，异性交往已是很寻常的事。妇女已经有她们自己的法律和医科学校，甚至有她们自己的银行。那些国民党的女党员都有参政权，她们有的甚至位居国民党或国民政府最高委员会的职位。她们不抵制堕胎，开始实施节育。自从革命成功后，中国的人口即未有显著的增加，也许中国大量的人潮已经开始在下降了。

尽管如此，中国每天仍有 5 万名婴孩被生出来。这些婴孩注定每一样都是新的：衣服和头发都是新样式，教育、职业、习惯、礼仪、宗教和哲学等都是新的。辫子已经没有了，古时那种高雅的礼仪也不复存在；革命分子带来了粗犷的精神，他们对保守分子很难保持礼让的态度。这个古老的冷静的民族，在工业快速发展的影响下，正在变得富有表情和善变。这些不动声色的面孔下面正隐藏着一股积极而兴奋的思想。中国虽历经几世纪的战争，但仍然保有爱好和平的理想。但在遭到列强的瓜分和种种的挫败后，这份理想破灭了，学校正在把学生训练成军人，将军又变成了英雄的偶像。

整个中国的教育制度也都改变了。学校已把儒家思想抛出了窗外，而专事科学。其实这种做法是不太必要的，因为孔子的思想是符合科学精神的。科学和机械学是受欢迎的，因为学了它们就会制造机器；机器可以赚钱，可以制造枪炮，枪炮可以保卫国家的独立。医学教育进步很快，绝大部分是受惠于洛克菲勒基金会。[2] 虽然此时的中国仍然很穷，但是小学、中学、大学却不断地建立起来。这个年轻的

[1] 国民政府准许男女双方提出离婚。但是当男方在 30 岁以下，女方在 25 岁以下，则必须经过父母的同意。古时，男方也可提出离婚，其条件有：不育、不贞、不尽责、饶舌、偷窃、嫉妒或重病。但假如有下面这几种情形，男方不准提出离婚的要求：女方为公公婆婆守丧达 3 年之久，或女方已无娘家可归，或当男方在未发迹以前的那段贫困日子里，女方曾与男方甘苦相共。

[2] 1932 年，（小）洛克菲勒（Jr. John D. Rockefeller）捐出 500 万美元，建立了协和医学院（Union Medical College），招收男女学生。而中国的卫生署，在洛克菲勒基金会的捐助下，资助了 19 家医院、3 家医学院校、65 种奖学金。

中国，希望每个小孩不久都能接受义务教育，希望借着教育的普及，把民主播散于每个角落。

而中国的文学和哲学也发起了革命，其性质类似欧洲的文艺复兴。西方教科书的引进，影响了这一革命，就如希腊的手抄本对意大利思想的影响。意大利在苏醒之后，放弃了拉丁文，改用本国语文。中国也一样，在著名学者胡适的领导下，把已用得普遍的国语应用于文学上，这就是白话文运动。胡适以他学术上的命运作为赌注，用白话文写出《中国哲学史纲要》（1919 年）。他的行为产生了影响，有 500 部的杂志期刊采用了白话文，学校也正式采用白话文。同时，有“千字运动”的推行，要求从 4 万字中选出 1300 字作为常用字。不久，白话文传布全国，也许在 100 年内，中国将只有一种语言，而使中国文化再统一。

这个热忱的民族在白话文的刺激下，产生出灿烂的文学。小说、诗、历史、戏剧等作品不计其数，报纸和期刊遍及全国。西方的文学作品被大量翻译出来，美国的电影配上中文字幕后，大受中国人的欢迎。哲学的讨论渐渐增多，人们对它们重新加以评估，并采纳 16 世纪那充满了活力和激进的欧洲思想。意大利一摆脱教会的束缚，即热衷于毫无宗教色彩的希腊思想；新的中国亦复如此，它热衷于西方的思想家像杜威和罗素的思想，他们那不含任何宗教思想和唯经验实证论的哲学，正合这个试图要推行宗教改革、文艺复兴、启蒙运动和革命运动于一炉的国家的胃口。胡适对我们西方人对亚洲“精神价值”的赞赏大加嘲笑，胡适认为推行工业、改革政府以消灭贫穷，要比所有“亚洲的智慧”更具有精神的价值。他形容孔子是位“很守旧的人”，他建议假如公元前 5 世纪至前 3 世纪的那些非正统的学派，能够在中国的历史上获得应得的地位，那么将更能看出真正的中国思想之所在。在这股“新潮”的冲击中，无疑地，胡适是最活跃的领导者，他有资格去评价，甚至对古代的先圣哲人作公平的批判。他对他的国家提出了一个完美的问题：

> 假如在接受这个新文明时，不作有益的吸收，而只是一味突然地更换，致使原有者的文明消失掉，那对整个人类确是一大损失。所以，真正的问题是我们应该用什么方式对能配合我们自己的文明的这个现代文明，作最好的吸收？

这个有着3000年历史的国家，在好几次的兴衰后，今天在整体和精神上表现出巨大的活力，我们发现这是个最富创造的时期。世界上没有一个民族能像中国人那样精力充沛，那样聪慧，那样能适应环境，那样能抵抗疾病，那样能忍受灾难和痛苦，那样在历史的重压下能沉静忍耐和等待复原。这个拥有如此多物质、劳力和精神资源的国家，加上现代工业的设备，我们很难料想出可能产生怎样的文明。

外来武力的胜利，或外国经济的专制，将无法长久地压迫这个资源和活力如此丰盛的国家。在这只雄狮尚未耗尽其元气以前，侵略者将会先行耗尽其金钱和耐力。在一个世纪之间，中国将会吸收并同化它的征服者，将学会所有现代工业的技术；道路和交通将使全国统一，经济和节俭将带给它富裕，一个强有力的政府将带给它秩序与和平。混乱只是一种暂时的现象。最后，混乱消失，它用独裁求得平衡；旧有的障碍都将被一扫而空，继之而来的是欣欣向荣的自由。革命像是死亡和流行病的化身，它清除垃圾，割除毒瘤，当有许多事注定要死亡时，它才会来。中国在以前死过好多次，之后都复兴起来。

中国历史大事年表

公元前

2852—2205	传说中的几位统治者
2852—2737	伏羲氏
2737—2697	神农氏
2697—2255	黄帝
2356—2205	尧
2255—2205	舜
2205—1766	夏朝
2205—2197	禹在位
1818—1766	桀癸在位
1766—1723	商朝
1766—1753	商汤在位
1198—1194	无神论帝王武乙在位
1154—1123	暴虐典型纣辛在位
1123—255	周朝
1122—1115	武王在位
1123	《易经》作者（？）文王益行善政，诸侯多归之
1115—1078	成王在位
1115—1079	《周礼》作者（？）周公辅政
770—255	封建时代
683—640	齐国宰相管仲执政
604—517	老子
551—478	孔子
501	孔子为中都宰
498	孔子为鲁司空

497	孔子为鲁司寇，摄行相事
496	孔子隐退
496—483	孔子周游列国
450	大哲学家墨翟徒属满天下
403—221	战国时期
390	大哲学家杨朱声誉日隆
372—283	大哲学家孟子
370	大哲学家庄子生
350	大诗人屈原卒
305	大哲学家荀子生
233	大政论家韩非卒
230—222	始皇帝征服诸侯，并吞六国
255—206	秦朝
221—211	“第一位帝王”始皇帝在位
206—公元221	汉朝
179—157	文帝在位
145	大历史学家司马迁生
140—87	革新帝王武帝在位

公元

5—25	社会主义帝王王莽在位
67	佛教传入中国
（约）100	中国首创制纸
200—400	鞑靼人入侵中国
221—264	三国时代
221—588	魏晋南北朝
365—427	大诗人陶潜
364	大画家顾恺之以三绝称之于世
490—640	佛像雕刻之全盛时期
618—905	唐朝
618—627	高祖在位
627—650	太宗在位
651—716	大画家李思训
699—759	大画家王维
（约）700	大画家吴道子生
705—762	大诗人李白
712—770	大诗人杜甫

713—756	玄宗（唐明皇）在位
755	安禄山叛乱
768—824	政论家韩愈
770	最早发明的木版印刷
722—846	大诗人白居易
868	最早发明的印刷书刊
907—960	五代
932—953	中国经典木版印刷本问世
950	中国首先通行纸币
960—1127	北宋
960—976	宋太祖在位
970	第一部伟大的中文百科全书《事类赋》成
1069—1076	社会主义宰相王安石执政
1140—1106	大画家李龙眠（即李公麟）
1041	毕昇发明活字版
1100	大画家郭熙生
1101—1126	艺术家帝王徽宗在位
1126	鞑靼人劫持徽宗，占领汴梁（今开封）
	北宋迁都至临安（今杭州）
1127—1279	南宋
1130—1200	大哲学家朱熹
1161	中国人开始利用火炮作战
1162—1227	成吉思汗
1212	成吉思汗入侵中原
1260—1294	忽必烈在位
1269	马可・波罗离开威尼斯，前往中国
1271—1368	元朝
1295	马可・波罗回威尼斯
1368—1644	明朝
1368—1399	太祖在位
1403—1425	成祖（永乐）在位
1517	葡萄牙人到广东
1571	西班牙人占领菲律宾
1573—1620	神宗（万历）在位
1637	英国商旅到广东
1644—1912	清朝
1662—1722	康熙在位

1736—1796	乾隆在位
1795	第一次禁止鸦片进口
1800	第二次禁止鸦片进口
1823—1901	政治家李鸿章
1834—1908	“皇太后”慈禧
1839—1842	第一次鸦片战争
1850—1864	太平天国运动
1856—1860	第二次鸦片战争
1858—1860	帝俄侵占中国黑龙江以北领土
1860	法国侵占印度
1866—1925	孙中山
1875—1908	光绪在位
1894	中日战争
1898	德国占据胶州（湾）；美国占领菲律宾
1898	光绪下诏维新
1900	义和团运动
1905	废除科举制度
1911	辛亥革命
1912（1月—3月）	孙中山就任中华民国临时大总统
1912—1916	袁世凯总统
1914	日本占据胶州（湾）
1915	日本提出“二十一条”无理要求
1920	中国各学校采行白话文
1926	蒋介石平定北方
1931	日本人占据中国东北

第六章 | 日本的缔造者

日本的历史是一部未完成的戏剧，上演着三出戏。第一出戏，除了原始传奇中的几个世纪外，乃系古典的佛教日本（522—1603年）。此时日本深受中国与朝鲜的影响，受宗教的提炼熏陶，乃创出其文学艺术上的历史性杰作。第二出戏，是德川幕府（Tokugawa Shogunate）下封建而和平的日本（1603—1868年）。此时日本孤立而自治，既未立志拓疆于他域，也不图贸易于海外，满足于农垦耕种，致力于艺术哲学。第三出戏，乃是1853年为一美国舰队所开启的现代日本。此时日本因国内外条件所迫，进而从事工商业，向海外追寻原料与市场，为不可遏抑的扩张而争伐，并仿效西方帝国主义者的想法与手法，于是威胁了白人的优势及世界和平。

日本人对西方文明曾经细心研习，以求吸取其精华而超越之。我们似应如彼等研习我西方文明一样耐心来研习日本文明，以期当危机来临时我们能有清晰的认识，到底诉之于战争，抑或诉之于谅解。

众神的儿女

据日本最早期的历史传说，刚开始的时候是众神、男男女女，有出生也有死亡。直到最后伊弉诺尊（Izanagi）与伊弉冉尊（Izanami）两兄妹受众耆神之命，创造日本。他们立于天之浮桥，掷一宝矛于海中，然后捡起宝矛高举空中。宝矛滴下的水珠乃变成了神圣的岛屿。由观察水中蛙儿诸神学会了交媾之密。于是，伊弉诺尊与伊弉冉尊乃结成连理而产生了日本民族。从伊弉诺尊的左眼生出了天照大神（Amaterasu），即太阳女神。进而由其孙儿琼琼杵尊（Ninigi）传下了大日本天皇神圣而未曾中断的血统。从那时迄今，日本仅有一个皇朝。[1]

宝矛共有水珠 4223 滴，因而日本有如此之多的岛屿。[2] 其中 600 个岛有人栖居，然而唯有 5 个岛面积较为可观。最大的岛——称本岛或本州，长 1130 英里，平均宽约 73 英里，而其 8.1 万平方英里的面积则占诸岛面积之半。其环境位置及其近代历史与英国相似：四海环绕，使其不受外来的征服；而 1.3 万英里长的海岸则使其人民长于航海。地理的激励及商业的需要，注定其广泛支配海洋的命运。从南而来的暖风、暖流与山巅的冷锋相混，给予日本英国型的气候。多雨多阴天，形成很多短促而湍急的河流，益于植物的生长，风景美丽。在此地，除了城市和贫民窟以外，花开的季节，大半土地皆如伊甸园般瑰丽，其山脉并非岩石尘泥的巅踬堆积，却似完美设计的艺术线条，如富士山。[3]

毫无疑问，这些岛屿应地震而生，并非由滴水的宝矛而来。除了南美洲之外，可能再也没有什么地方如日本一般惨受地震之害。599 年，地震在吼叫中吞噬了村庄。是年陨星落，彗星闪，在 7 月中旬雪光竟然照耀街道。紧接而来的便是饥旱之灾，数百万日本人因之殒

[1] 有人怀疑此项记载为不可能，但此种异议在很久以前就由日本最富影响力的评论家本居宣长（Motoori Norinaga）答辩如下："故事极不一贯适为此项记载是真实的证据，因为谁会胡乱发明一个如此可笑与不可置信的故事呢？"

[2] Japan 一语可能系由马来语对该岛屿之称呼——Japang 或 Japun——所转讹。日本人称之为 Nippon，此乃由中国话称太阳出来的地方——日本——所转讹。日本人喜欢在"日本"二字之上加个"大"字，以示伟大。

[3] 富士山是艺术家及僧侣崇拜的地方，山坡缓和成圆锥形，每年均有数以万计的旅客游人登上其高达 12 365 英尺的山峰。富士山为活火山，其最后一次爆发是在 1707 年。

命。在1703年，仅东京一地因地震而死于非命者，即达3.2万人之众。1885年首都再次遭难，大地裂口，吞人数千。拖尸车成列，尸体集体掩埋。1923年的大地震、海啸与烈火剥夺了东京10万条生命，横滨及其附近3.7万条生命，甚至连虔诚敬佛的镰仓也几乎完全焚毁。然而，那巨大的印度圣像在一片废墟中能平静残存，这好像在说明历史的重要教训：神在巨变中仍能保持沉默。当时人民对神所缔造、所统治的土地如此多灾多难，感到无限苦恼。最后他们把这些灾难归咎于一条巨硕的地下鱼，每当这条地下鱼睡觉被扰乱时，即蠢蠢而动，造成地震。尽管在此环境中，日本人似从未想过放弃这险象丛生的土地。在1923年大地震的次日，学童以破碎的壁泥当铅笔，以残破的砖瓦当字板，举国上下耐心忍受环境的鞭挞，屡从毁灭中现出不馁的勤劳与无畏的勇气。

古日本

日本民族的起源，和其他民族一样，失落于理论的宇宙星云之中。在日本的民族中，混合了三种成分。其一为原始的白色种族——虾夷族（Ainu，又称阿伊努人），于新石器时代即从黑龙江一带进入日本；其二为黄色的蒙古种族，这是在公元前7世纪由朝鲜进入日本；其三为黑褐色的马来西亚及印度尼西亚人，由南边的岛屿渗进日本。日本如同其他地区一般，在建立共同语言、创造新文明的新种族形态成形的几百年前，即曾出现复杂的种族混合。迄今为止，种族混合仍未完全，这可由高、瘦、长头的贵族，与矮壮、宽头的百姓之间鲜明的对照得到明证。

4世纪中国历史的记载，曾描述日本人为“倭人”，并且说：“彼等既无牛也无野兽，彼等依其身份地位而纹其脸，彼等仅穿着由一片布所织之衣，彼等仅有矛及以石、铁为尖之弓箭，彼等不穿鞋，守法而多妻，嗜烈酒而长寿……妇人涂粉红于其身。”记载又说，日本没有小偷，争讼之事不常见，文明尚未开始云云。入日本籍的美国作家小泉八云（Lafcadio Hearn）以其溺爱敏锐的眼光，把早期的日本描绘成不为剥削与贫穷所沾的伊甸园。芬诺洛萨则形容其为独立的士兵与绅士组成的农民社会。至3世纪由朝鲜传入了手工艺，并且很快有了行会。在自由的艺匠下面，即为数可观的奴隶阶级。这些奴隶系由监狱与战场中征集而来。当时的社会组织兼有封建与部落的色彩，有些农民投靠裂土封地的贵族，以耕其地。每一家族均有其唯我独尊的家长，而政府组织则松弛且极其微弱。

早期的日本人满足于灵魂信仰、图腾制度、祖先崇拜与性崇拜等宗教需求。举凡天上之星辰，原野之植物与昆虫、草木、鸟兽，以及人类——物物均有灵魂。无数神祇在人之住宅上空徘徊，并在灯火的火焰与光辉中飞舞。往昔人们借炙烙龟壳与鹿骨以施占卜，并由专人解释由火烙壳骨而生之花纹。据中国古史记载："彼等施占卜以探究祸福并预测可否出海或远行。"人们畏惧并礼敬死者，唯恐死者作祟在世上产生更多祸害；死者生前遗物多作为殉葬——诸如男人的刀剑与女人的镜台；甚且人们每日须在祖宗灵位前供奉佳肴并施礼拜。人们的祭品时常被用来求神制止暴雨或佑护建筑与城池的坚固；而贵族去世时其仆人偶亦殉葬，这样才能追随侍候于九泉之下。

最早的日本宗教系源于祖宗崇拜。神道（Shinto）有三种仪式：即家庭祖宗的家祭，宗族祖宗的社祭，与皇家祖宗及创始神的国祭。皇家圣祖每年有7次祭典，由天皇或其代表主祭，并且总是在国家发生重大事件时举行。神道不需要教条，不需要精密的仪式，亦不需要道德的准绳；神道无特殊僧侣，无关于天国与不朽性的抚慰教义；忠实信徒只需偶尔朝圣进香，并对祖先、天皇及历史表示虔诚敬意。神道曾经有一段时间因太不重视对信徒之报偿与需求而遭到挫折。

522年，佛教传入中国500年之后，继传日本，随即急速发展并风靡日本。其所以如此顺利，主要有两个因素：即人民的宗教需求与国家的政治需求。这里所说的佛教并不是释迦佛教抱持神祇不可知论的、悲观的、严守德行的清教徒生活和梦想在极乐中圆寂的主张，而是阿弥陀佛及观音诸神的大乘佛教才重视欢欣热闹的宗教礼仪（菩萨诸神除外）及个人的永生。尤其是该教谆谆勉人以孝顺、和平及服从等德行，益于使人民顺从其政府，且其态度极为庄重圣洁，使人无以为拒；又给予被统治者希望与安慰，从而使其满足于一己之命运；又以似诗的神话与祷告及戏剧似的多彩多姿之盛典，来调剂日常劳苦的生活；同时使人民的感情与信仰得到调和。政治家对此极表欢迎，视其为社会秩序的源泉及国家基础。

我们不知佛教在日本盛行到底是基于政治还是由于虔诚。586 年，当用明天皇（Yomei Tenno）驾崩时，有两家敌对世族以武力争夺继承权。但是两者在政治上均致力于新的佛教信条。据云圣德太子出生时手握圣者遗物，他确立推古天皇（Suiko Tenno）登极，并使东瀛三岛处于皇太子之治理下长达 29 年（592—621 年）。圣德太子广筹款项，兴建佛寺，鼓励并支持佛教僧侣，颁布佛教伦理为国法，大体而言，变成日本佛教的阿育王。他保护艺术与科学，并从中国与朝鲜输入艺人与工匠；他编纂历史，兴绘作画，并监督建造法隆寺（Horiuji Temple），该寺乃日本艺术上最古老、尚残存的杰作。

尽管有如此多彩多姿的文明杰作，以及佛教对德性之教诲与倡导，但在圣德太子驾崩后 30 年内，日本却爆发巨大危机。一位充满野心的贵族中臣镰足（Nakatomi Kamatari）勾结中大兄皇子（Prince Naka）发动宫廷政变，使日本的政治历史发生明显改变，史学家称之为大化革新（Taika Era Reforms，645 年）。皇太子遭受暗杀，一位年老的傀儡被推出来，镰足俨然以摄政自居，虽然后来中大兄皇子被立为皇太子，亦即为天智天皇（Tenchi Tenno），却把日本政府带向专制的帝国政权。君主的权力由原来的对宗族的领导权而扩增至对全部公职官员拥有任命权。所有地方长官由君主任命，所有税收径向君主缴纳，举国之下莫非王田。至此，日本由松散的宗族结合与半封建首长制急速地转变至一密切结合的君主国。

帝王时期

日本的帝王自此后在名义上拥有无上的尊荣。他有时被尊称为“天子”，偶尔被称为“八月门”[1]，但以被称为“天皇”为最广泛。至尊无上的天皇，秉有不少特权。当其驾崩后，享有独一无二谥名的权利；为了保持皇室的绵延不绝，天皇可随心所欲蓄妻纳妾，并有权选择众子中的一位继承皇位，当时嫡系长子继承并非绝对。京都前期的天皇极其虔诚，甚至有些放弃王位而去当佛教僧侣，有位天皇还认为捕鱼有辱佛祖而明令禁止。至阳成天皇乃有变例：他专制滥权，曾将日本的君主政体置于险境。他迫使人民攀登树木，再以弓箭射杀；滥捕街上无辜良家妇女，缚以籐绳，再丢弃于沼泽中；他又喜好在京城街道纵马奔驰，并以鞭挞人民为乐。他的暴虐终遭人民唾弃，导致日本历史上少有的政治罢黜。794 年，帝王政府自奈良（Nara）迁都至长冈（Nagaoka），随即又迁至京都。自 794 年至 1192 年，为史学家所公认的日本黄金时代。迄至公元 1190 年为止，欧洲的城市除了君士坦丁堡（Constantinople）及哥多华（Cordova）等地外，尚无可与人口 50 万的日本京都相比拟。京都城中的一隅，茅庐栉比，老百姓安贫乐道；城市的另一隅，皇室与贵族亦在宫廷中欢度天上人间的生活。文明与技艺发展的结果，使社会阶级的鸿沟也随之加深。当财富的分配是依据其能力、品性与特权时，拓荒时期的公正就无可避免地逐渐失去平衡。当时的大家族如藤原（Fujiwara）、平（Taira）、源（Minamoto）及菅原（Sugawara）任意废立君主，且如意大利文艺复兴时期的地主一般相互征伐。菅原道真为日本人所钟爱，在于他的文学贡献，至今他仍被尊为文学之神，为表示对他的敬意，每月 25 日就被定为学校假日。至于年轻的将军源实朝（Minamoto Sanetomo）杰出之处，在于他在被刺的清晨曾以最淳朴之日式风味，吟了一首小诗：

[1] Mikado 也为日本人对天皇的尊称，只是很少使用。——译者注

倘若我难再登临，
梅树依旧布门旁，
莫忘君者是流泉，
盛况其时花怒放。

接着是由藤原宗族推戴而立的开明的醍醐天皇（Daigo Tenno，898—930年）时期，此时日本继续吸收中国唐朝的文化与繁荣，再撷取日本中古王国时期的文化，创立独具日本风格的衣冠、烹饪、书法、诗歌、管理方式、音乐、艺术、庭园与建筑，甚至华丽的首都——奈良及京都——也极力仿效唐代的长安。1000年前，日本对中国文化就如同近代其对欧美文化一般重视。首先是急遽吸收，然后渐渐地对外来文化加以蔑视，主要在于日本人带有嫉妒心理，想保持其原有文化的精神与特质，并极力采取新方式以达成维护其固有的目标。

当时日本外有强邻中国（唐朝）的激励，内有稳健的政府，于是很快地进入了所谓“延喜之治”[1]时期（901—922年）。至此达到平安时期的鼎盛阶段。[2]此时其财富剧增，生活奢侈华丽，文化发达的程度唯意大利美第奇家族的庭院及法国启蒙时期名流聚合场所的堂皇富丽稍可比拟。京都犹如法国的巴黎与凡尔赛城，举凡诗词、衣饰、仪态与艺术，全国唯京都马首是瞻。人人放纵恣欲，烹饪发明竟为喜好与品评美食者做成小餐大宴。而世风日下，人们把奸淫私通看作可恕之罪，贵人与贵妇衣丝穿织，靡靡之音充斥宫廷庙宇，讲究体面的贵

[1] 延喜乃醍醐天皇三个年号之一。——译者注

[2] 据芬诺洛萨评论，“延喜之治”无疑代表日本高度的文明，犹似中国唐代明皇的“开元盛世”，在中国或日本再也找不到如此富庶华丽、自由的精神……一般而言，此时期的文化及个人身心的豪华优雅，不仅是日本其他时期难与匹比，甚至世界各地亦难再出现如此高尚优美的文化。

族更是居于琼楼玉宇，室内装饰珍珠、象牙、黄金及雕木等富丽堂皇的饰品，竞相奢侈；此时文学也很发达，唯道德日趋低落。

这种华而不实的时代，在贸易不稳、觊觎者的思染及战争贩子的环顾下，终于无法长久维持下去。朝廷的尽情纵欲，使国家财政陷入瘫痪的境地；过分标榜文化的结果，是一些没有行政能力的诗人竟然高居政府要职，对腐败的事情也视若无睹，卖官鬻爵亦时有所闻。罪犯随之剧增，盗贼充斥各地，四处掠夺。地方无赖组社结党，横行各地，肆无忌惮。婚姻习俗、道德价值、军事防卫力量丧失殆尽，政府处于四面楚歌的危局中。于是，豪族承担起防卫的任务，自组军队，互相攻伐，社会不得片刻安宁。贵族的权势遂凌驾于皇室之上，日本再度陷入分崩离析的局面。

独裁者

在这种岌岌可危的局势下，一批有武力的豪族各自拥地自立，每年只向天皇缴纳象征性的税捐。一般庶民因得不到皇室的保护，自然将从前的租税转交给有实力的将军，希望得到保护免受盗贼的蹂躏。封建制度形成的原因，无论在日本或欧洲都如出一辙：中央政府权力式微，不能维持安全与秩序，代之而起的即为地方势力的抬头。

约在 1192 年，源赖朝（Minamoto Yoritomo）集由军士及奴仆组成的兵力，创置幕府（Bakufu）于镰仓，掌握实权。幕府原有“行营”的意义，但在本质上显示出新政权的存在。1198 年，源赖朝谢世后，[1] 继承者年幼体虚，大权旁落至外戚北条氏手中，北条氏建立北条摄政（Hojo Regency）。此后的 134 年中，幕府政治变成摄政政治，即北条挟持天皇发号施令于全国。此时元朝忽必烈汗受朝鲜人的

[1] 据云，源赖朝与其坐骑惊惶撞见被源赖朝所杀害兄弟之幽灵，马跌人落，数月之后，源赖朝谢世，享年 53 岁。此故事常为源赖朝的敌人引用。

怂恿，趁着征服神州的余威，想再席卷日本诸岛。于是大举伐木造舰，编成庞大舰队，中国诗人称山上的树都被砍光了，童山濯濯让山脉也悲叹。据日本人英雄式的追溯称：元军船只约 7 万艘。而据历史学家的估计，元军约为 3500 艘船只，10 万战士。1291 年元军强大舰队进迫扶桑诸岛，日军以临时制造的小舰队仓皇勇敢应战，所幸天不绝人，是时恰逢台风大作，元军船只大都触礁，约有 7 万战士溺毙，其余残存者皆沦为日本俘虏。

北条氏自时宗以后，政治腐败、滥权，当权者生活糜烂又昏庸，遂于 1333 年结束统治。例如最后一位执政的北条高时（Hojo Takatoki）沉溺于养狗斗犬，饲养有四五千条狗，百姓居然可以奉狗以代替交税。高时整日与狗为伍，饰以金银，佐以美馔，甚至让狗坐花轿，荒唐至极。这时，后醍醐天皇（Go-Daigo Tenno）眼见北条氏昏庸，认为时机已到，乃集源氏及足利尊氏（Ashikaga Takauji）推翻北条摄政，北条高时与其 870 位家臣和将军终于败退至一座庙宇，饮尽最后一滴酒后，切腹自杀。

足利尊氏眼见一般武士对新政不满，遂欲再建武家政治，举兵推翻曾受其拥戴的后醍醐天皇，代之以傀儡光严天皇（Kogon Tenno），建立室町幕府于京都，此后足利尊氏幕府统治动荡不安的日本几达 250 年。无可否认，室町幕府统治不得安宁的部分因素，乃因足利尊氏独裁者一意热爱艺术。足利义满（Ashikaga Yoshimitsu）厌倦连年的征伐，专心致力于绘画，终成为当代的大画家之一；足利义政（Ashikaga Yoshimasa）则善交文人画士，曾热心捐助十几位画家从事绘画，他所收藏的作品，今天成为无价之宝。但政府组织与施政未受重视，致使将军幕府如同天皇一般枯朽，不足以维持社会安全与和平。

人民生活在动荡不安的社会，朝不保夕，大家殷切盼望着英明有为的领袖早日带来社会安宁，统一全国，免使生灵涂炭。织田信长（Oda Nobunaga）、丰臣秀吉（Toyotomi Hideyoshi）、德川家康

(Tokugawa Iyeyasu) 等 3 人，在年轻力壮时，即以统一全国为己任，3 人并誓言，任何人若得天皇同意统治日本，则其余 2 人应归顺于他。信长先试不成；秀吉再试虽有所成，不幸早亡；家康恰逢其时，平定全国，建立了德川幕府 (Tokugawa Shogunate)，缔造了日本史上为期最久的和平。此时期艺术上亦臻升华境界。

丰臣秀吉

丰臣秀吉与英国伊丽莎白女王和印度莫卧儿王朝的阿克巴王，同为当时杰出人物并受到人民的敬仰。出身农家的丰臣秀吉，奇丑无比，生性放荡不拘，家人拿他没办法，遂送他到寺庙接受教育。但秀吉本性难移，为寺院徒增不少困扰，终被逐出佛门，转而学商。此后接连不断被开除有 37 次之多，甚至沦为土匪。后又习做武士，时来运转，拯救了师父生命，才正式被提升为武士。随即投身织田信长麾下。在此时期，获益良多。1582 年，织田遇刺身亡，他已是寨主，统率军队转战各地，势如破竹，无往不利，3 年之内竟占领全国半壁江山，并博得天皇敬慕。此时，他更认为并吞朝鲜及中国的时机已成熟，对天皇自诩道："借陛下虎威，再善运朝鲜兵力，我将易如反掌地并朝鲜、中国、日本为一国。"随即（1592 年）进兵朝鲜，恰逢朝鲜人发明铁甲船，大败来侵日军，一天之内竟有 72 艘日舰被毁，海水因而变色。后日本又遣 48 艘船舰来犯，亦同遭毁灭，日本进犯大陆的诡计受到严重的挫折，及至 20 世纪才得逞。这一役，朝鲜国王讽刺丰臣秀吉不自量力，竟敢"以觚测海"。

自此，丰臣秀吉摄政统治日本。其后宫拥有 300 美妾，但他仍支付其离异发妻一笔可观的赡养费；并曾寻找从前一位雇主，偿还他当学徒时偷窃的金钱。丰臣秀吉虽稍有所成，却不敢奢望天皇赐予"将军"封号。但时人誉之为"太阁"，以示其掌握实权，相沿迄今，一般人对于富贵者仍以"太阁"雅号相称。秀吉的作为，正如同一位传教士对他的评断:“狡猾老练”。因为他曾借口虔诚敬佛,熔毁了民家武器铸造京都大佛像,凡此并非表示他对宗教的热忱,说穿了只不过是利用宗教为手段,以达到其在政治上解除人民武装的目的。

1549 年,基督教由第一位耶稣会传教士圣芳济各・沙勿略传入日本。此后,基督教在日本有如雨后春笋,不到 30 年,日本境内竟有 70 余位传教士及 15 万信徒。尤其长崎(Nagasaki)一带信徒更为疯狂,竟然要求郡守采取行动协助推广传教工作。当时情况正如小泉八云所说:“佛教饱受压制,无法立足,僧侣更遭迫害或驱除。”丰臣秀吉眼见外国宗教的压力,深恐其怀有政治阴谋,乃向当时日本耶稣教会的副主教提出 5 点强烈质问:

> 1. 耶稣教士强迫日本民众信教的理由安在?
> 2. 耶稣教士何以煽动教徒拆毁佛教寺庙?
> 3. 为何迫害佛教僧侣?
> 4. 为何耶稣教士及葡萄牙人食用对人类有益的动物——例如牛?
> 5. 为何副主教允许葡萄牙商人贩卖日本人至印度充当奴隶?

上列质问,虽经教会答复,但丰臣秀吉对复文并不满意。他于 1587 年颁布律令如下:

> 据地方官吏奏称,外国传教士前来日本传播违反日本民俗之信条,更鼓动教徒拆毁奉祭日本诸神之庙宇,对于此种大逆不道罪行,为表示吾等宽大,准许彼等于 20 日内离开日本国境,此段期间,吾等将不采取任何对彼不利行动。若在期满后仍发现彼等停滞在日本,将予以逮捕及施予严重的处罚。

丰臣秀吉除抵制耶稣教之外,在其他方面亦采取若干措施,如对艺术家礼待有加，倡导勤劳，发扬茶道，使其成为日本人生活中不可缺少的一部分。1598 年，丰臣秀吉辞世西归。临终前，德川家康曾向他作出建立新都于东京的诺言，并承认其子为摄政的继承人。

大将军

丰臣秀吉去世后，德川家康认为往日起誓盟血非流自手指或口腔而是流自耳根，依据武士道的规矩，誓言对他不具任何拘束力。他击溃敌人，并于关原（Sekigahara）一役中消灭敌军 4 万人，唯慑于丰臣秀吉儿子的势力，只得暂时屈服。时机成熟后，他即要求秀吉之子顺服，但遭到严词拒绝。于是德川家康围攻丰臣氏所据有的大阪城，秀吉之子切腹自杀，德川家康更斩草除根，株连丰臣后裔及亲友。局势安定后，德川家康致力统治日本，为其未来 8 代子孙奠定了良好基业。

德川家康有其理想与抱负，并极重视品行纪律。曾有一佳人指控某官吏为夺取她而谋害了她丈夫。德川聆听后，即命令该官吏剖腹表白谢罪，此佳人亦因感恩而被纳入后宫。德川家康如同希腊圣哲苏格拉底一般，非常重视人的才智，这可由其传给后世的遗训中窥知梗概：

> 人生在坎坷的旅程中如负重担，应脚踏实地稳健前进，切忌半途绊倒。世事十之八九不能称心如意，何必气馁与失望。心有邪念，应思昔日艰辛困苦，当可制止不轨行动。节制乃宁静之本，永持信心勇往前进。视愤怒如仇敌，善加克制。如仅知征服他人之扬威，不察失败之苦痛，祸必将至。待人要宽，律己则严。

德川家康以武力夺取政权后，痛定思痛，决定竭尽一切方法来维护和平。为改变武士好斗习性，乃鼓励他们改习文学、艺术及哲学。因此在其统治之下，文学日昌，武艺式微。他以“民为邦本”，而要求其继承人对鳏寡孤独的照顾应加重视。他的观念中并无民主的倾向存在，他认为叛逆为万恶之首，国人若不安分守己，试图改变身份，可当地处决；叛逆分子的家族，在连坐法实施下也难幸免。他认为封建制度的秩序最适合于人类的政治活动，使中央与地方政府的权限得以平衡。封建制度在社会与经济的组织中，建立了自然的世袭制度，且使社会在不受暴力的侵犯下得以保持不坠。不容否认，德川家康所组成的封建政府，在日本史上算是最完美的政府了。

德川家康，如同大多数的政治家一般，认为宗教信仰乃维持社会纪律的工具。遗憾的是，人类信仰的杂乱分歧，抵消了这种美意。在他的政治意识中，日本民族的精神团结、道德秩序、爱国热诚，得益于传统的信仰——神道教（Shintoism）与佛教的混合。本来他对基督教尚抱着宽大的政策，对丰臣秀吉颁布的禁令也未严格执行。及闻基督教讥毁日本传统信仰为崇拜偶像的迷信时，他的愤怒终于无法抑制。最令他感到震怒的，莫过于有些传教士竟是外国侵犯日本的先锋，对日本极尽阴谋颠覆之能事。[1]1614 年，他禁止基督教徒在日本传教，更斥谕基督教徒离境，否则必须放弃信仰基督，有些传教士因罔视禁令而遭逮捕。但没有传教士在德川家康执政期间被杀害。可是以后的执政者，对基督教徒极其残酷，极力排斥基督教势力于日本之外。1638 年，约有 3.7 万名基督教徒据守在岛原半岛继续为他们的信仰而奋斗，德川家光（Tokugawa Iyemitsu，德川家康之孙）调遣全国

[1] 1596 年，一艘西班牙大型船被日本船只迫航抵日本港口，日本人故意让该船撞碰暗礁使之破碎。是时，基于日本法律规定，地方政府可占有外国迫岸船只，因此该船终为地方首长所掠夺。该船愤怒的水手兰德乔（Mathos del Landecho）曾向丰臣秀吉劳工大臣增田（Masuda）提出抗议，但当增田审问该水手，何以基督教能获得世界各地土地置之于一人统治之下，兰德乔因系海员而非外交家，因此他率直地答称：“吾君凡欲征世界某地，必先遣教士至该国传教，引导该国人民信奉我教，待情况有所进展，再遣军队征战，并与教徒里应外合，由是吾君能顺利逐一吞并。”

16 万精锐部队，围攻岛原半岛达 3 个月之久，始获战胜。是役，除了 105 个教徒幸免于难外，其余均被集体斩首。

德川家康与英国莎士比亚于同年谢世。德川家康将其将军职让与其子德川秀忠（Tokugawa Hidetada）时曾告诫道："善待庶民，敦品励德，捍卫家邦。"并据孔孟思想对大臣贵族作临终托孤："犬子已告成人，寡人不必再为国操劳，倘犬子荒唐无道，君等可取而代之。日本非一人所有，而系国人所有，如寡人后代不因不肖而丧权，寡人夫复何憾哉。"

德川家康的子孙，尚能本乎遗教，表现称职，因此能相安无事地统治一段期间。德川秀忠平庸而治，德川家光代表着较强烈的幕府性格，严厉地压制恢复天皇实权运动。德川纲吉对于文学家及当时两大敌对派的画家，即狩野派（Kano School）与土佐派（Tosa School）等优惠有加，使得元禄年代（Genroku Age，1688—1703 年）更为辉煌。德川吉宗（Tokugawa Yoshimune）始终抱着消灭贫穷的目标。他广向商人阶级贷款，攻击富人的奢侈浪费，竭尽全力缩减政府支出，甚至遣散了宫中 50 名美姬。他生活俭朴，穿着布衣，睡农夫草席，粗菜素饭，如是等等。他曾于大理院前置一意见箱，并鼓励人民批评政府政策及检举贪官污吏。曾经有一位叫山下者（Yamashita）向吉宗谏言批评时政，吉宗大喜，下令读谏言于众，并以其坦诚而赏赐甚厚。

根据小泉八云的见解，"德川幕府时期系日本历史上最安乐的时期"。历史虽未能尽知过去，却倾向于得出相同的结论。当吾人见到今日日本的发达，怎能料想到一个世纪以前，这些岛上住着安贫而知足的人民，他们在军人阶级的统治下，曾享长时期的太平，并能在静寂孤立中追求文学与艺术的最高境界？

第七章 | 政治与道德的基础

假如目前我们想描述1853年以前的日本，总感觉到有如与5000里外的不同肤色、语言、政府、宗教、习俗与道德、性格与观念、文学与艺术的民族相互对抗一般难以了解。小泉八云对日本的研究，远比同时期之西欧学者深刻，他仍然认为:“要洞察及了解日本人的生活内涵，极其困难。”曾经有一位日本作家也对西欧人士坦然指出:“外国人对日本的认识，若非来自走马观花的旅游报道，便得自肤浅的文学翻译，这些有关我们的蛛丝马迹，倒令我们惶恐不安，他们若非将我们描述得高不可攀，便是贬得一文不值。”因此，下述探讨性的研究即针对日本的文明与特性而作最扼要直接的认识。漏误之处，似难避免，尚祈学者本乎个人经验与长期研究，随时作适当的修正。

武士

神圣不可侵犯的天皇，名义上是日本的元首，拥有实权的将军幕府每年须支付皇室约25万美元的费用，以维持皇室绵延不断的统治。食禄的不定，常迫使皇室族民兼操副业以维持家计:举凡雨伞、筷子、牙签、纸牌等都是他们兼营的副业。德川幕府的用意无非是夺取天皇的统治权，隔离天皇与百姓的接触，使之耽于酒色，趋于柔弱懒散。皇室亦合度地让出了政权，满足于贵族装束和上流社会生活。

将军因财富渐增，生活日益奢侈，甚至僭越了许多天皇的特权。凡将军大驾所经之地，所有民房须闭门关窗，熄灭火烛，猫狗加锁，庶民伏跪道旁回避大驾通过。将军本身有无数之侍从人员，包括4位太监及8位妃子。将军之下设有由12人组成称为“用部屋”的辅佐、咨议机关，内有1位大老、5位中老及6位若年寄。此外，更仿效中国设立监察制度，监督中央及地方官吏。大名（daimyo）系臣属于将军的封建领主，他们效忠天皇，但拥有实权，例如岛津氏大名（Shimadzu）在其萨摩藩地不但独行其是，限制将军势力，甚至最后还推翻了幕府政权。

大名之下又有旗本、御家人、陪臣、乡人、浪人等武士供其呼唤。日本封建社会的基本原则认为：武士即为君子，君子就是武士，此与爱好和平的中国在观念上有莫大差异。中国人认为士（读书人）为君子，武夫则非君子。虽然日本武士也喜爱中国《三国演义》的文斗，但一般而言，他们鄙视文人若书呆。武士享有许多特权，如免税权、奉食禄之权、免服徭役之权等。他们重友情而轻视儿女私情，饱食终日，专以打斗、聚赌为业。在德川家康时期，武士的刀剑即为其“灵魂”，且按该时法律规定，武士有权砍杀触犯他的低阶层人。武士又有试刀习惯，为试验新刀是否犀利，常将乞丐视若狗一般加以杀害。传说曾有一位武士，因获得一把新刀，于是俟机在日本桥（Nihon Bashi，即江户之中央桥）附近试刀，恰巧有一农夫喝得大醉蹒跚而来，试刀武士持刀当头一劈直下脚心，而醉汉尚能往前走，直到触及一位苦力时，身子才分成两半倒卧下来。

除了上述荒唐可笑的传言外，武士仍有其光荣的一面使之永垂不朽。他们遵循着武士道（Bushido）的精神[1]，认为“决定某种行为准

[1] 这个词是已故的新渡户稻造（Inazo Nitobe）所创造。

则的权力是依据理性而来，该战斗的时候战斗，该牺牲的时候牺牲，决不犹豫”。武士道对他们的拘束力远在一般法律之上。他们对物质的享受视若天上浮云，金钱借贷更在禁止之列；他们恪守诺言，见义勇为，打抱不平。他们克勤克俭，粗衣素食。他们忍受艰苦，抑制情绪，毫无怨言；其妻妾亦以夫死疆场为荣。他们承认最重要的义务是忠于长官，武士道以忠凌驾于孝之上，当其主人去世时，武士切腹自杀，表示在另一世界追随其主人，这种事时有所闻。1651 年德川家纲去世前，要求其丞相实践“殉死”的义务，丞相即以身相殉，而其几个亲信亦相继殉死。1912 年，当明治天皇驾崩时，乃木将军及其夫人也以殉死表示忠贞。日本武士的勇气、禁欲及自制力，连素称英勇善战的古罗马士兵也望尘莫及。

武士道的杀手锏即为切腹自杀，由于这种风气过于普遍，一般武士均视若常事。倘若贵族被判处死刑，往往要求天皇特惠，准许他以随身携带的短刀切腹自杀。然对于沙场受挫、变节投降的武士，切腹自杀的要求常被拒绝。1895 年，日本在西欧国家的压力下，将辽东半岛交还中国时，即有 40 位军人为此切腹以示抗议。而 1905 年的日俄战役，若干日本海军也宁可切腹自杀，也不愿作为俄国的战俘。通常一位优秀的武士若受主人非难，他将毫不犹疑地在主人家门前切腹自杀。切腹自杀实为每一武士入门进阶必修课题，而当某武士切腹自杀时，其知己朋友更应即刻砍下该武士的首级，成全他的愿望，减少他的痛苦。这种传统武士道精神的熏陶，遂成就了日本军人的大无畏精神。[1]

谋杀有如自杀，偶尔被允许取代法律而存在。封建制度下的日本对警察人员采精简态度，究其因不但是由于武士阶层本身有保卫的职能，而且当时的制度允许被谋害者之兄弟或子弟报私仇。这种为其父

[1] 妇女与平民禁止切腹自杀，但妇女允许以自害自杀，当妇女为对其被触犯表示抗议时，她们被允许以匕首割喉或以戳切动脉自杀。每一妇女切喉均训练有素，极具艺术，并学会于自杀前低绊其四肢在一起，避免死态欠雅。

者长者报私仇的事迹在日本小说及文学中时常看到。然而，武士于实现报私仇的夙愿后，亦将切腹自杀，历史上有名的47位浪人（浪人即无隶属之武士），为报复其主人的死仇，而以最恭敬及诚恳的歉意砍下了吉良上野介（Kotsuké no Suké）的头后，他们即隐退于将军指定的地方，并干净利落地集体自杀了（1703年）。另一方面，当僧侣把吉良上野介的头还其家属时，其家属竟开列了如此简单的收据：

> 品 名：头一件
> 品 名：纸包一件
> 兹证明收到上述物品，此据。
> （签名）鞘田孙兵卫（Sayada Mogobai）
> 齐藤久内（Saito Kunai）

这可能是日本历史上最著名、最典型的复仇事件。由此事件，我们对日本人性格的体认也最为真切。在一般日本人的眼中，仍把这些主角视若英雄或圣贤，至今，到其墓地敬拜者仍不绝如缕。

德川家康摄政后期，有一对兄弟，长兄左近24岁，弟弟内记17岁。他们兄弟为抗议家康诬杀他们的父亲，企图潜入宫内刺杀之，不幸失败为将军部下所捕，并被判处死刑。将军为他们的孝道所感动，特赐予切腹自杀。但由于当时法律的规定，他们家中8岁的小弟亦惨遭株连。据当时照顾这些兄弟的一位医生记载：

> 当他们兄弟三人并排而坐时，大哥转向三弟道："你先干，我要知道你切腹的手法对不对。"三弟立即回答他，因从未见过切腹场面，不知如何下手，要长兄们先行示范，俾便遵循。两位兄长强颜笑道："好的！小家伙瞧着！你将会以吾等为父亲的儿子而引以为荣。"大哥随即将匕首刺入左腹，并向小弟道："现在明白了吧！切勿刺得过猛，避免刀深陷背后，刀倾前些，并注意摆稳

膝盖。”二弟也如法炮制，对小弟说道：“切腹时注意张开眼睛，鼓足勇气，切开腹部，在意识上不可以有切腹的感觉，因为那可能丧失力量。”小弟凝视两位兄长的手法之后，遂宽衣解带，从容切腹。

律令

日本的法律制度对私人谋杀与复仇的风气，无疑是一种有力的补充。律令的来源，半由传统惯例的演变，半取法于7世纪的中国法典，这些律令由中国传入日本时，已混合了宗教的色彩。远在天智天皇时即着手编纂律令，及至702年文武天皇（Mommu Tenno）时期，遂完成“大宝律令”，计律6卷、令11卷。但在封建制度下的日本，天皇的律令无法遍行全国，在若干武士的心灵中，除承认服从大名的命令外，别无法律可言。

1721年之前，日本采取连坐法，每个家庭要负责成员的行动，甚至有“五人小组”的制度，彼此监视，互相负责。在这种制度下，父亲被处磔刑，儿子亦难逃株连。酷刑及拷问曾雷厉风行，及至近代方渐松懈。日本人对基督教徒曾施予拷刑，芝麻小事动辄挥鞭，严则处死。圣武天皇（Shomu Tenno，724—756年）一度废除极刑，但其去世后，犯罪渐增。及至光仁天皇（Konin Tenno，770—781年）又恢复极刑，并明文规定，小偷可当众鞭笞至死。极刑的方式很多，包括绞刑、砍头、磔刑、下油锅、分尸等。德川家康废除双牛分尸及缚之于柱任人砍割的极刑。他虽放宽对人民的刑罚，然对贪官污吏的处罚尤为严厉。至德川吉宗，因鉴于悬狱未断，拖延时日，几至控告被遗忘，证人消失，可谓弊病丛生。促使将军改革狱政，革新司法程序，废除家庭连坐制度，并致力整编日本律令，终于在1721年完成第一部日本封建法典。

庶民

远在帝王时期的日本社会，可以划分为 8 个社会阶级；及至封建时期，各阶级间的壁垒才稍见缓和，只剩下 4 个阶级，即武士、工人、农人及商人。其中以商人地位最不受注目。此外，尚有占人口 5%的奴隶，大都是一些罪犯、战俘及被贩卖拐骗的无辜儿童。[1] 在奴隶之下，尚有所谓秽多阶级，即从事于屠宰、制革、清道等行业者。在信仰佛教的日本，这些人被认为不洁，备受歧视。

农民在全部人口（吉宗时日本人口约 3000 万）中占很高的比例，他们不辞辛劳地在日本 1/8 的可耕地上耕耘。在奈良时期，土地曾一度收归国有，再以 6 年或一生（直到死为止）为期分别租给农民。但这种制度试验的结果使政府发现农民对于暂时属于自己的土地并不尽力垦殖，迫使政府再允许土地私有化，并且提供基金贷款让农民播种或收割。但这些措施也无法阻止农民的地位趋于低落。农民耕地面积狭小，在封建时期，平均一平方公里的土地，竟要负担 2000 人的口粮。农民每年尚需为政府服一个月的劳役，在此服劳役期间，如稍微偷懒，即会被刺杀身死。[2]

政府课征的税收名目极其繁多。在 7 世纪，税收约占农民全年生产额的 6%；到 12 世纪，升至 72%；至 19 世纪，农民负担的税收，仍不下于 40%。重税之下，农民利益所得几被剥削殆尽，除简单的工具、衣服、炊具及破陋的茅屋外，农民别无他物。此外，地震、饥荒等天灾，也对农民构成莫大威胁。在德川幕府时期，农民如为他人工作，其工资须按照政府规定，尽管如此，其工资仍极低。日本一位有名望的作家鸭长明（Kamo Chomei）在其文学作品《方丈记》中，曾就其所见所闻，将 1177 年至 1185 年之间饱受地震、饥荒、火灾摧

[1] 1699 年，日本贩卖及拐骗人口被政府明令禁止。

[2] 在每年 7、8 月期间，中午到下午 4 时准许午睡。生病工人由国家供养，而免费的棺木随时供应给那些服劳役期间去世的人。

残的京都[1]，作了血淋淋的刻画，现就其中有关1181年他目睹饥荒的情况节录如下：

各地的人民置家园于不顾，离乡背井，迁徙至山区居住。平时不受重视的各种宗教祭典，现又不分仪式地盲目开展。居住首都的人民典当家产才能购买食物，但又有谁能加以关心……成群的乞丐阻塞道路，哭泣之声不绝于耳……每个人都失望地坐以待毙。而平时高不可攀的人们，此时也蓬头垢面地沿门托钵，以求度日。骨瘦如柴的饿殍，相继扑倒于地，腐尸充斥墙檐与路旁，臭气冲天，惨不忍睹……人们再也提不起兴趣出售房产家具，盖整载东西换不了一日充饥。金银财宝也丧失价值……更可怜者，恩爱夫妻之间，较富爱心的一半，为节俭食物奉献给另一半，常作牺牲。同样情况，父亲也常较小孩先去世，更有婴儿无知地依偎在母亲的尸体上……京都中部地区的人民，在4、5月期间，饿死者计有4.23万人。

另据凯姆弗尔（Engelbert Kaempfer）对1691年京都手工艺欣欣向荣的记载，恰与上述凄凉景况成对比，记载称：

京都在帝王时期是手工艺与日用品的制造中枢。在此首都的每一间房铺，几乎均在制造或出售货品。他们铸造铜器及钱币，印发书刊，编织刺绣，制造艺术雕刻、各类乐器、图书、漆器、服饰及其他金属制品——其中尤以兵刃武器最令人注目；其他尚有各种活动的玩偶及不可数计的产品。总之，京都各种物品均不匮乏，凡外国的一切制品，本地均能仿效……街道上不售物品之商铺极其稀少，更令我赞叹者，前来购买的顾客竟络绎不绝。

[1] 1657年，江户（东京）火灾是日本历史上最大的火灾之一，约有10万人丧命。

日本早就从中国及朝鲜输入各种工业及艺术制品。在德川幕府时期，其手工艺的制造者在仿效中国、朝鲜等国的艺术之余，其制品甚至青出于蓝；而今天日本在经济有效地组织机械生产方面，又超越西方的制造者。当时日本手工艺的制造，犹似中古时期的欧洲，均由家庭制造，其职业及手艺均世代相传，且经常以其经营的行业命名；再者，大规模的同业公会逐渐形成，可惜此同业公会渐成为雇主剥削技工及限制新会员的组织。在这些同业公会中，尤以钱庄公会势力最为壮大，不仅接受存款、支付传票及期票，并可向工商业界及政府贷款。及至1636年，钱庄公会执行了所有财政上的主要功能。城市中殷商富贾因地位的提高，激起他们追求政权的欲望，而原有的贵族对于这些唯利是图的富商则极其轻视。是故在德川幕府时期，举国财富虽增加，但直到西风东渐，欧美炮弹震惊了日本之际，其国内的贵族与殷商才能携手合作。

人民

在当代国际政治舞台上扮演最重要角色的日本民族，其身材适中，男人平均身高约为5英尺3.5英寸，女人约为4英尺10.5英寸。据称日本最伟大的一位武士田村磨吕（Tamura Maro）“身材魁伟……5英尺5英寸高”。有些营养学家常将日本民族的身材短小归咎于其食物中缺乏石灰质、缺乏牛奶及人多土狭，但这种理论仅属一种假设，尚无实际证实。日本妇女状似虚弱，但她们的力量可能像男人一样，属于一种精神上的勇气，而非是肉体上的力量，因此除紧急应变外，极不易发现。她们的美，是指表情、风采及容貌；她们的姿态优雅，可说是日本艺术的典型产物。

日本古代化妆蔚为风气，京都早期的达官贵人，男人皆施以脂粉，身着香喷喷的服装，随身携带镜子。几个世纪以来，脂粉更为日本妇女脸部化妆的宠物。清少纳言（Sei Shonagon）在其著作《枕草子》（*Pillow Sketches*，991 年出版）中曾描述道："低头挥袖去污粉，还我庐山真面目。"时髦仕女把面颊琢粗、涂指甲、镀下唇；化妆物品在 17 世纪就有 16 种之多，及至 18 世纪更增至 20 种之多。就以发型而言，当时向前梳的发型有 15 种，向后梳的发型也有 12 种；她们为了画眉的方便，将眉毛剃掉，再涂之以新月形，或在眉毛部位点上两撇，与其人工黑齿相称。妇女精于发型的设计与整梳，每天耗费在梳理秀发的时间达 2 至 6 小时之多。在日本平安时期，多数男人均把头顶的前部理光，把其余毛发梳成小辫绕过头顶，使有毛发部分与无毛发部分成为均匀的对称。胡须为日本男性美的象征，但非人人均有美须，因此无须者常带假须，且男士多数带有拔毛的小镊子，以去除脸上杂毛。

奈良时期的衣着大都是模仿中国，内着紧身衣与长裤，外加长袍。迨至京都时期，长袍益形宽大而层数也增多；男女长袍附加之件数达 2 至 20 件之多，颜色按个人身份的不同而有区别，袖口颜色的不同更是光彩耀目。妇女袖长曾过双膝，袖口还系以铜铃，走路时清脆之声不绝于耳。每逢雨天或降雪，她们常穿高跟木屐，以利行动。及至德川幕府时期，因见人民衣着日渐奢侈，政府乃制定禁奢令，限制穿着丝绣短裤袜，禁止蓄须，限定发型，并由警察当街取缔穿着奢侈衣服者。这些法律的限制，虽偶尔被遵守，但绝大部分人找寻到法律的漏洞，使其效力大打折扣。直到人民对多层长袍的奢侈感到厌烦时，才一反昔日风气而趋向于简单朴素的衣着。

日本人民喜好清洁的习惯不在其他民族之下，只要能力所及，都一日三次更换衣着；且不论贫富，均每日沐浴。[1] 仲夏之夜，乡间的居民一面泡在大浴盆中沐浴，一面与邻居畅谈，享受乐趣。寒风刺骨的冬天，则在华氏 110 度的热水下取暖。日本人饮食除偶尔欢宴

[1] 1905 年，东京一地即有 1100 个公共浴室，可容纳 50 万人每日沐浴，费用很少。

外，绝大部分情况下均极简单，合乎养生之道。如中国古典记载曾赞称："日本民族极其长寿，年逾百龄者比比皆是。"稻米为日本人民的主食，此外依各人能力所及常佐以鱼、蔬菜、海藻、水果，猪肉被列为珍品，除王公富豪外，人们简直不知肉味。奇怪的是，进食米、鱼而不吃肉类的苦力，能够在一天中奔跑 15 至 18 英里而无倦容，一旦品尝肉类，即丧失此等能力。[1] 京都时期的天皇，因虔诚敬佛，乃禁止百姓杀生，推行素食，及至后来人民发现连和尚都不守清规食用肉类，于是群起仿效，肉食之风盛行。

日本人也如同中国人及法国人一样地重视烹饪，认为这是文明生活不可或缺的一环。开设饮食业者，也如同艺术家、哲学家一般，以其高明的烹饪法设校授徒，互为竞争；饮食的礼仪与宗教上的礼仪居于同样重要的地位，进食中的姿态随着菜肴的转变而不同。女子进食时不得发出任何声音，男士则可不受此限，以示对主人丰盛酒肴的赞赏。日本人大都席地坐于垫上进食，桌子常付之阙如，即使有也不过离地数英寸高而已。宴食的序幕，常由一壶温酒或米酒而开启。7 世纪一位名诗人太人（Tahito）对于如何借酒消愁曾作如下描述：

> 昔时七贤所找寻，无非是酒。
> 与其轻浮毋宁庄重，有酒必饮。
> 人生难免一死，何不及时行乐。
> 黑夜闪烁的明珠，当非酒后之乐可比。

达官贵人对茶的喜好无以复加。805 年，茶叶即由中国传入日本，原先日本人以为茶是毒药的一种，不敢饮用，直到 1191 年茶才为日本人普遍接受。相传当时因将军饮酒过量，误饮几杯茶水，头脑居然反觉清醒，才赏识到茶的妙用。于是将军乃将茶赏赐给有战功的

[1] 另一方面，有些日本人因采素食，连续食用过量，极易有消化不良症状。

武士，武士又邀请亲友之交共同品茗，饮茶乃蔚为风气。日本人喝茶更是创立了庄严而复杂的茶道。千利休（Sen Rikyu）更是制定饮茶六律：客人需要在木鱼的伴奏下列席而坐，斋碗时时刻刻要盛满清水；茶房保持宁静，不合乎要求或不优雅者即应退席；不为区区小事闲谈，只论经国大事；秽语切忌出口；饮茶时间不得逾 4 小时之久。饮茶不用茶壶，仅将切细的茶叶置于精巧的茶杯中，再冲以热水，饮用之时即将茶杯一一传递，而每位客人以清洁手巾小心翼翼地擦拭杯口后饮用，待大家都饮用后，再周而复始，极具艺术。茶道刺激了陶瓷业的发展，且陶冶了日本人平心静气、彬彬有礼的性格。[1]

种植花木在日本也渐演成一种仪式，是为花道。千利休在创立茶道之余，对花道的建立也极重视。曾经有一次千利休闻悉丰臣秀吉不远千里来参观他的菊花时，他为避免锋芒太露，引起猜忌，乃仅保存一棵菊花，其余概加以毁叶。[2]15、16 世纪，花道伴随着茶道逐渐流传，直到 17 世纪，花道始脱离茶道成为独立的嗜好。花卉栽培者时常指导男男女女种植花木、布置庭院。他们说，光是欣赏开花是不够的，一定要学会欣赏花、枝、茎、叶的整体美，同时更应了解配合颜色、线条的奥妙。茶、花、诗、舞成为高贵仕女必学的技艺。

日本人以宗教狂热的心情来欣赏花木，他们极其注意随着季节而变化的花卉。每当 4 月初，举国上下均置工作于不顾，成群结队竞往樱花盛开的地方赏花。日本人栽培樱花并非为了食用樱桃，而是欣赏它盛开时美丽的花朵——这象征着忠实英勇的战士准备为国捐躯。日本人非常喜爱花卉，行将执刑的犯人，临终之前的愿望是得到一束鲜花。千代女士（Lady Chiyo）在一首名诗中曾描述一位少女前往一口

[1] 茶叶的种植为近代日本主要产物之一。荷兰东印度公司曾于 1610 年在欧洲以 1 磅 4 美元的价格出售茶叶。1756 年汉韦（Jonas Hanway）曾指称欧洲人男士的身材与女士的容貌不若往昔，均为饮茶所致；而主张改革者指责饮茶是一种不洁的野蛮习惯。

[2] 丰臣秀吉与千利休均相互敬仰对方的才华。但后来秀吉指控千利休欺诈，而千利休反唇相讥指控秀吉诱奸其女。最后千利休切腹自杀。

古井汲水，却发现旋花围绕井水而生，因不忍摧残旋花卷须，只好改往他处水井取水。纪贯之（Ki Tsurayuki）的诗句也记载称："人心叵测，莫若家乡花卉芳香如昔。"这些诗句的记载，充分地表露了日本民族完美高深的特质及其罕有的处世哲理。世上找不到像日本人这么爱好大自然的民族，也没有人能像日本人那样能接受天、地、山、海等大自然的陶冶与感受，更没有人能像日本人那样小心翼翼地种植花园、布置庭院。日本人不必等待哲人卢梭及诗人华兹华斯来告诉他们高山是如何壮丽、湖水是如何秀美。凡日本人的住宅均有花卉，凡日本诗人的诗句中均有宜人的景色。正如王尔德所说，英国实不该攻打法国，因为法国人能写出完善的散文；同样地，美国也应对日本谋求和平之道，因为日本人对"美景"的喜好犹如其对"权力"的渴求一样地备受重视。

当中国把佛教及茶叶传入日本之际，同时也把庭园的设计传入日本，而且这些庭园经过日本吸收及仿效后，又发展出独特的风格。日本人发现庭园的设计除对称之外，尚可推出崭新的款式，照样具有美妙而迷人的优点；小心栽培奇木异卉，等于全日本植物的缩影；火山口及峭壁上所寻获的岩石，常是铸铁不可或缺的物质；挖掘小型池塘，连引小河，再跨以天然林木构成优美小桥；庭园小径铺以形形色色的岩层，使人犹如置身于世外桃源般感受到无比宁静。

在财力及空间许可下，他们更在庭园中筑以小屋，房屋纯属庭园的装饰品，与其他国以房屋为主、再辅以庭园的做法不同。他们的房屋脆弱但极其美观。日本因为地震频繁，高大房屋的建筑较为危险，因此木匠均知道如何结合屋檐、屋顶山墙及格子式样而构成一种单纯、完美、独特的木造住宅。屋中全无窗帘、沙发、床铺及桌椅的布置，也不炫耀主人的财富与奢侈，更不陈列画像、雕像及小古董，一切显得朴实无华；室内所能看到的不外乎壁橱上的鲜花，墙上所挂的字画，书桌一座及两侧的书柜与扶手，中间尚有坐垫一席而已，柜橱中则存放着就寝用的被服用具。日本人就在这简陋、朴素的屋宇中，历经战争与革命的风暴、政治腐化与宗教斗争等过程，而绵延不绝地生活，并继续创造他们神圣岛国的文明。

家庭

在东方国家中，家庭为社会秩序真正泉源的事实，远比西方国家明显。在日本或是其他的东方国家，父亲的万能并非显示社会落后的情形，而是表示父亲对家庭制度的喜好远超过其对政治政府的喜好。由于国家较弱，因此东方的国家远不如西欧国家重视个人，他们须求一个强而有力的家庭组织以取代中央权力。家庭才有自由，个人没有自由；因为家庭不但是生产的经济单元，也是成败存亡的社会单元，家庭的成败荣辱是无法分开的。父亲的权力近似专制，但其作为仍脱离不了自然。父亲有权将媳妇或女婿逐出家庭，仅将孙子留下；他可以将淫荡的或犯重罪的儿女处死；他可将儿女卖身为奴或为娼。[1] 他可凭其一言以休妻。贫贱家庭的父亲，宁可过着一夫一妻的生活，但家庭富有者三妻四妾亦不足为奇，他在夫妻关系中的不忠实是无所谓的。当基督教传入日本之际，该教教义认为纳妾、通奸是罪恶，这曾使日本作家感到无限抱怨，因为他们认为这种规定破坏了日本家庭的和谐。

如同中国一样，早期日本妇女的地位曾凌驾于男人之上。在帝王统治时期，前后曾出现了 6 位女皇。京都时期，妇女在社会上与文学上的地位，仍然显得相当重要。在日本文化的鼎盛时期，我们如对她们的私生活作大胆的假设，可以这么说：当时的为人妻者远比丈夫淫荡，且常在一些俏皮话中出卖了美德。散文家清少纳言曾描述一位年轻人代人送了一封情书给他的情妇，却中途变卦向途经该地的一位女郎示爱，文中记载称：“我感到无限惊奇，当这位情夫写好情书系上

[1] 卖子为奴、卖女为娼的事，仅在低阶层的家庭或为环境所迫的情况下才会发生。

鲜艳的花束，托请信差送给他的情妇，何以这位信差犹豫变卦了呢？是不是那位情妇正在接待另一位客人？”及至封建社会的尚武精神抬头，以及社会松紧的自然交替与历史交替，中国男尊女卑的理论又在日本产生影响力，社会变成以男性为中心，妇女应遵守“三从”——在家从父，出嫁从夫，夫死从子。而女人无才便是德的观念，剥夺了她们接受教育的机会，仅能在家中学点礼仪。妇女应恪守贞节，假如丈夫发现妻子有不贞行为，可立刻将奸夫淫妇处死。对此，德川家康曾明文规定：“亲夫如仅杀死淫妻宽恕奸夫，则亲夫当被处死。”哲学家贝原益轩（Kaibara Ekken）也曾建议说，如妻子为喋喋不休的长舌妇，夫可休妻；相反，如丈夫放荡、野蛮，则为人妻者更应温顺体贴。就在这种长期严厉的教养下，日本妇女遂成为最勤勉、最忠贞、最服从的妻子，并且使欧美游客感到惊讶与惋惜，为何这样美好的制度，不能在欧美国家被采用。

与其他东方国家社会习俗相反，崇尚武士道的日本并不鼓励多子多孙，因为岛国人民的增长已使武士感到拥挤。因此他们大多迟至30岁后才成家，且以养育2个子女为最理想。传宗接代乃天经地义的事，如果婚后不育，男人可以要求离婚；又因女人没有继承权，因此若仅育女，势必再收养男孩，以免丧失姓氏与财产的继承权。孩童自幼即以中国孝顺的美德与文学被教导，因为这是维持家庭秩序及国家安定与纪律的源泉。8世纪孝谦女皇（Koken Tenno）即曾明令学堂高挂《孝经》，作为学童进德修业的座右铭。风气所及，除了武士以效忠主人为至高美德外，一般人均以孝顺为最高道德标准；甚至效忠天皇就是移孝作忠的表示。在西方崇尚个人自由的风气来临之前，孝道一直是构成日本道德的典范，无怪当时日本人对基督教义阐释人应远离父母、忠于妻子的理论无法接受。

对忠孝之外的道德观，日本人不如同时期的欧美人重视。贞操观念对于较高阶层妇女仍受重视，贞女殉节者亦时有所闻，只是一般而言此观念几乎丧失殆尽。《源氏物语》为日本最有名的小说，其对当时王公贵人荒唐行径诸多叙述。而清少纳言的小说《枕草子》，也是日本极负盛名的论说文，读来犹如罪恶范例的论著。一般日本人均以为“食色性也”，其对肉欲的追求有如饥渴一般，是极其自然的，每当夕阳西下，多少寻芳客拥至东京的花街柳巷。在此，有1.5万名能歌善舞的艺伎，粉墨登场为这些佳客献艺。

顾名思义，日本的艺伎（geisha）是善于各种表演的女人，犹如古希腊的艺者（hetairai）一样，她们略识文学，更懂得爱情，随着季节的变化也能吟赋几句杂乱无章的诗。家成将军（1787—1836年）因鉴于男女共浴有伤风化，乃于1791年明令禁止，并于1822年对艺伎表演过火者也严加限制。更把艺伎形容为“表面受雇于食堂酒家，以表演歌舞取悦客人，实质上亦兼营伤害风化之行业”。此后艺伎地位形同妓女，充斥乡旅茶室或路巷旅馆。然而，艺伎的正当表演仍然存在，某些家庭或团体仍继续邀请她们在公开场合表演，有些资深艺伎更设校授徒，传授技艺。生活贫困的父母，为环境所迫“同意”子女接受艺伎训练的事更时有所闻；更有成千成百的日本小说，歌颂无数的少女，为接济家庭的生活，不惜卖身学艺。

这些习俗除了在人性的公正、文雅与慈善等方面使人感到震惊外，其在本质上与欧美国家并无差异。我们确信多数的日本少女也与西方妇女一样贞洁，且过着常态而正当的生活，虽然她们未被允许自由恋爱、私订终身，但她们期望于斯。古往今来在日本的文学著作上不乏实例，多少少男少女因受父母压迫无法相爱而自杀殉情，以期“在天愿为比翼鸟，在地愿为连理枝”。爱情并非日本人吟诗的主题，但在他们诗句间，却充满了男女间的纯洁、诚挚与深情。下列一首诗可为明证：

遥远白浪，
激起浪花；
我采斯花，

赠慰伊人。

再者，又有一次那位伟大的纪贯之以混合自然与感情的风格，作四行诗，吟出他被拒爱情的故事：

何事比樱花容易凋谢，
你说……但我对那时刻却难以忘怀，
当生死的花朵在你的一句话中凋萎，
何曾激起一丝轻风。

圣人

举凡人类的爱国心、对爱情的热诚，以及对父母妻子、乡土等的挚爱，都将无可避免地寻求一种放诸四海而皆准的中心力量，以期使信仰更为忠贞，进而使该信仰普及于大众，传诸百世。日本人对宗教的信仰，采中庸之道，既不似印度人那么热衷，又远不如西欧中古世纪天主教苦行僧及 16 世纪宗教改革家那么狂热。他们对宗教仍有诸多信仰与祈祷，并抱着一种圆满结局的哲学观，不似中国那样对宗教抱着怀疑的态度。

佛教的创始带有消极悲观的劝世气氛，旨在为人类找寻死后灵魂的归宿；佛教传入日本之后，迅速转变成保护人民的神祇，具有美好的仪式与各种令人愉快的节日，成为安慰生灵的乐园。在日本佛教的天国中，有 128 层地狱用以容纳各种罪犯和敌人。除了佛圣的天地外，另有一魔鬼的世界，面目狰狞的魔鬼一方面诱拐良家妇女，另一方面又捕食男人。佛教教义揭示生前的阴德可使人再度轮回转世。部分的佛教祭拜仪式是在家庭的祭坛及庙宇中进行，但大部分则在节日庆典的欢乐中实施，每当庆典节日来临时，妇女均衣着鲜艳，男士极尽狂欢以示虔诚与庆祝。有些严肃的佛教信徒，常在严冬寒冷的天气里至瀑布下静坐修养；有些则至各景色优美的神社进香朝拜，乘机利用大自然美景陶冶身心。日本的佛教分成若干宗派，人们可选择信仰，其中包括静思苦虑而求自我认识的忍派，研习《莲花经》而获解救的日莲派，长期祭祠、静待佛祖附身的精神派，主张诚心自救的净土宗等。

总之，佛教在日本是人民崇敬的信仰之一，为人民所广泛爱戴，因此也迅速地传遍了日本全国。而日本人更采取佛教神学作为神道的原理，采取佛教庙宇建筑的方式构成他们的神社建筑，及至后来佛教与神道逐渐混杂，佛教庙宇亦常拨供神社祭祠之用。早期的日本佛教僧侣不乏饱学、慈善之士，在日本文学与艺术的发展上深具影响力；有些僧侣为大画家或雕刻家，有些僧侣则为德高望重的学者，他们从事翻译佛教经典及中国文学的艰苦工作，对日本文化的发展有无比的贡献。然而，这些早期僧侣的辉煌成果，却为后继贪婪的僧侣所抹杀；有些后继者甚至背逆佛旨，招兵买马，争权夺利，以建立或维持其政治权力。而且前几代僧侣的勤俭致使后继者财富剧增凌驾庶民之上。更有僧侣贪得无厌，为了收敛财富，居然煽惑无知信徒，捐建寺院以换取延年益寿，凡 40 岁者若捐建 40 座寺院，可延 10 年寿涯；50 岁者捐赠 50 座寺院，亦可换取 10 年岁月；60 岁者捐建 60 座寺院，更可再得 10 年余生，直到德行已尽，才撒手西归。[1] 德川政权下之僧侣已是罪迹昭彰，诸如酗酒、金屋藏娇、鸡奸[2]、卖官鬻爵等不胜枚举。

至 18 世纪，佛教在日本的势力已渐趋没落。执政之将军转而崇敬儒教教义，贺茂真渊与本居宣长领导了一场运动以复兴日本的神

[1] 默多克说："凡在闹饥荒或瘟疫时期，京都及奈良僧侣寺院常发大财，因在此种非常时期，信徒均捐献求佛，毫不吝惜。"

[2] "1454 年左右……僧侣常买进男童，将其眉毛剃掉、脸涂脂粉，着女孩服装，俨然女孩打扮，再轮以鸡奸；在德川家光时期，因僧侣品行欠佳，影响所及，鸡奸风气似极普遍，特别是在僧侣寺院更为常见。法令虽诸多限制，但并不能纠正此恶习。"

道，而当时的学者如市川（Ichikawa）与新井白石（Arai Hakuseki）更对宗教的迷信给予理性的批判。市川更大胆指出，口头传说绝不如文字记载来得可靠。而有关日本起源自1000年前，宝矛滴水成日本诸岛及日本民族为神的后裔的文字假设，毋宁是皇室运用的一种政治手腕。人类祖先如不是原始人，则应为较接近的动物，我们可以肯定人类祖先不可能是神。总之，日本的古代文明随着宗教而兴，却因哲学之起而告一段落。

思想家

哲学与宗教一样，亦由中国传入日本。佛教在传入中国600年后东传日本，而中国的哲学则以宋朝理学的东渡开创了日本文明的更生期。16世纪中叶，日本世家藤原惺窝（Fujiwara Seigwa）因不满做一个僧侣所能获取的学问，醉心于中国圣贤才识，乃暗思远涉重洋前往中国学习。然而1552年以来日本已禁止国人与中国交往，他不惜冒着生命危险，准备偷渡。恰巧在登轮前夕于所宿的旅馆中偶尔听到一位日本书生朗读儒家著作，欣喜之余乃侧耳倾听，原来该青年书生读的是宋朝朱熹注释的《大学》。他喊道："这原是我梦寐以求的啊！"于是他把握机会，大肆收集宋朝哲学的典籍，中国之行遂半途而废。他认真研究，几年之后已聚集一批志同道合的年轻学者，他们均视中国哲学家的思维为当代思想的主流。德川家康因见惺窝颇具盛名，乃重金礼聘他至京都解说孔孟之道。但惺窝恃才傲物，仅遣其学生至京城，自己则仍刻意进修，引起德川的不满。惺窝在日本的传统研究外另辟途径，而其极具吸引力的讲学更引起京都僧侣的嫉妒，认为惺窝的讲学是蔑视传统的行为，呼吁所有所谓正统的僧侣也应向民众讲学教导，以免被惺窝所迷惑。这些争执由于1619年惺窝的去世而终止。

被惺窝遣往京都谒见德川将军的学生林罗山（Hayashi Razan）终

不负师望，表现突出，其名望与影响力均凌驾其师之上。而德川幕府对他也礼遇有加，授予顾问与发言传达的职位。且自1630年德川家纲亲自聆听讲学后，更激起王公贵族受教的风气。此后他很快激起了群众对中国哲学的研究热情，并使孔孟的道德观念超越了佛教及基督教的信仰，获得人民的支持。他曾批判道:"基督教神学无疑是各种幻想混合组成，而佛教教义的消极颓废，更足以削弱日本民族的民心士气。佛教僧侣曾主张现实世界是短暂的，因此鼓励人们忘怀社会关系，相当于终止了人类应尽的职责与正当的行为。佛教僧侣又主张人之一生充满了罪恶，故应背离父母妻子，谋求神的拯救。但据个人研究所得，人除把握现实的生活，为主尽忠，为父母尽孝外，别无他途可寻。"他曾清享余年，至1657年东京大火，千万百姓罹难。是时，学子曾奔来相告，他只点头示意，仍继续沉醉于书卷中，待火焰已包围四周时，才乘轿离去。三天之后，终因冻寒与世长辞。

在林罗山去世后数年，日本又出现了一位醉心儒教的后起之秀室久操（Muro Kyuso），他年轻时曾在一寺院中潜修，彻夜祈祷深思，坚志追求知识，有似同时期的荷兰哲学家斯宾诺莎。他的座右铭是:

> 我将每晨6时起床，及至每夜12时方始休息。
>
> 除非宾客造访、病痛或其他无可避免的情况下，我绝不偷懒……
>
> 我绝不说谎。
>
> 我不说废话，即使是对卑贱人。
>
> 我将节制饮食。
>
> 倘若有邪念，我将立即节制，绝不让其滋长。
>
> 思想犹豫势必减低读书效率，我应集中精神，避免草率。
>
> 我应克制自己，修养自己，绝不允许名利欲望妨害内心安宁。
>
> 这些信条要膺服在胸，时时遵行。神明共鉴。

室久操并不赞同学者出世隐居，但他具有歌德的宽宏大量，把人的特质纳入现世的巨流中。他说：

> 离群隐居不愧是一种好办法，但独乐乐不如与众乐乐。三人行必有吾师焉，唯有朋友切磋琢磨，才能增进德行。倘若背弃世人而隐居，即有悖于世俗大道……圣贤之辈况且无法脱离世俗而生活……虽然佛教徒断绝其人群关系远离父母妻子而隐居，但他们仍不能去除其爱恶之心……在来世中享福的观念，未免显得自私……不必舍近求远，神灵与心同在。

早期日本儒家人士最引人注意的，即在分类上常不被视为哲学家，就像哲学家歌德与爱默生一样，由于其智慧语句措辞相当优雅，因此文艺界亦把他们归类为文学家。此时有一位出自医生世家的哲人叫贝原益轩，他像亚里士多德一样，因为对医学的精研而产生了一种谨慎的经验哲学。尽管他公务繁忙，但他立志奋发成为当代最伟大的学者。他著作等身，又以浅简的日本文字撰写，容易了解，深得民众喜爱而成为家喻户晓的人物。尽管他有这么高的成就，但他仍非常谦虚地继续作研究。据说，曾经有一位搭船的乘客沿途向其他旅客讲述儒家伦理学，不少日本人均抱着热心好奇的心情前往聆听，但这位讲演者实在讲得单调乏味，令人厌倦，听众拂袖而去，最后仅剩下一人。当这位讲演者讲完之后，他向那位孤独的听众请教尊姓大名，听众平静地答道："贝原益轩。"讲演者发现一个多小时中，他竟不自量力地试图对当代最负盛名的儒学大师传授儒家思想，因而为之汗颜。

益轩对神学的观念几乎与孔子一样抱着"敬鬼神而远之"的态度，认为宇宙是深不可测的，唯有愚人在做坏事之际，才会假借祷告来求取上帝的谅解，以获取心灵的慰藉。他更认为哲学是融合经验与智慧、欲望与德性所作的一种努力。对他而言，德性的修养远比学问的追求来得重要。他恰当地指出：

> 学习的目的，不仅是在于获得广博的知识，更重要在于修养品性。道德上的完人较饱学之士对社会有益，这也是教育的目标……今日所要研究的科目繁多，致使往昔被视为学习重心的道德教育遂被搁置一旁。古代圣贤的金玉良言，反被视为陈词滥调。其结果社会上的主从、上下、老幼等关系，遂在假借神谕“个人权利”的口号下丧失殆尽……圣人遗训所以不得伸张的主因，乃近世学人仅一味显夸个人才识，而对古圣哲理则忽略阐扬。

从这些言论来看，极易被当时的青年谴责为陈腐保守之言，因此他又对年轻人训示道：

> 孩子们，不要对老人的话感到厌烦；当父母、祖父母对你们谆谆教诲时，且勿掉头就走或视为耳边风。或许你们会认为传统过于迂腐，可是那是祖先智慧的结晶，不可毫不顾虑地粉碎它。

他的名著《女大学》（*Onna Daikaku*）对日本妇女地位有一种保守复古的影响力，这些使他颇受指责。但他绝非沮丧的传道者，企图在人们喜爱的事物上找寻罪恶；他认识到教育家的任务应该是教导人们喜欢环境、了解环境进而控制环境，他说：

> 若非过着愉快的生活，绝不让日子轻溜……不要因旁人的愚笨行为而使你感受折磨痛苦……请记住宇宙自古以来即充满了愚笨的行为……让我们不要自寻烦恼，不要丧失生活情趣，纵使是亲子、兄弟、亲戚等偶尔也有私心，忽略我等谆谆教诲的最大努力……酒乃上帝的恩赐。饮喝少许酒量足以振奋心胸、消弭沮丧的精神、消愁解闷与增进健康。是故酒能使人或其友人享受乐

> 趣。但暴饮足使人丧失尊严、语无伦次、有似疯人……饮酒应适可而止，才能得到快乐，暴饮徒伤身心，实为最愚笨的行为，更糟蹋了上帝的恩赐。

与多数哲学家一样，他认为人的生活应融入大自然中，才能得到真正快乐，他说：

> 倘若我们以心为快乐的源泉，以耳目为得到快乐的孔道，摒除诸欲，快乐将源源而至；因为我们融快乐于山、水、花、月之间。快乐并非属于某人专有，我们不必求诸他人，也不必花费分文。能够享受大地景致的人，等于拥有无比的财富，何必觊觎他人奢侈的生活……况乎大自然的景致是千变万化的。世上绝无两个相同的景致……有时心中会偶感美景已逝。但每当大雪飘零，山野笼罩银白一片，渐渐地冬去春来，枯树再度长叶开花……冬天犹似黑夜长眠，但它使我们恢复了青春活力……
>
> 喜爱花朵，匆匆早起，
> 偏好月色，迟迟就寝。
> ……
> 人生来去如同流水；
> 惟明月与天地同在。

一方面儒家哲学思想的影响力压倒了其他学派，一方面日本的儒者也成为一种不可思议的理想主义者，在日本，这种情况远较中国显著。惺窝是所谓的朱熹学派，林罗山与益轩更承袭宋朝朱熹的衣钵，以正统与保守的态度解释中国的经书。不久之后，阳明学派抬头，此即源自中国明朝王阳明的学说。日本的哲学家也像王阳明一样，主张以个人的良知来辨是非，而不是以昔日圣贤或社会传统来辨是非。一位信仰阳明学说的日本哲学家中江藤树（Nakaye Toju，1608—1648年）

曾说:“我本精研朱熹学说有年，及阳明学说东传，若非受阳明学说的教导，我将会感到生命空虚。”于是中江乃致力于阐扬唯心主义的一元学说，认为宇宙系出一元，上帝为一元主体，宇宙万物为其躯壳，自然法为其灵魂。中江也像王阳明、斯宾诺莎及欧洲学者一样，接受了自然法的理论，并说明善恶仅为人类的一种关系，且人类的偏见被认为是不客观的实体。他也如斯宾诺莎一般，发现了个体精神与自然法结合的不朽性:

> 人心除有感觉的领域外，尚有所谓良知存在。良知本身即为理性，不必假于后天的修养而得，良知是无限的与永恒的。良知即只有一个且与理性并存，自无始末可言。倘若我等能遵循良知或理性行事，则肉体的生命即能转变成无限的与永恒的，亦即能得永生。

中江为人德行高洁，但他的哲学思想并不能获得朝廷与人民普遍的爱戴。当时的幕府深恐个人若依其良知分辨是非，独行其是，社会可能缺乏共同准绳。适值另一位阳明学派的支持者熊泽蕃山(Kumazawa Banzan)从研究形而上学更进而批评时政及武士道，幕府遂乃乘机予以逮捕。后来熊泽俟机逃至深山，在森林中度过残年。至1759年，幕府颁布敕令禁止传播阳明哲学。至此阳明学说乃销声匿迹，本为温顺的日本民心渐朝军人本色发展，一改传统对佛教的和平信仰而成振奋人心的爱国武士。

日本学者对中国学术的研究，不仅得自宋朝学者对古代经典的诠注，而且直接从孔子的著作中得以了解，因此像伊藤仁斋(Ito Jinsai)与荻生徂徕(Ogyu Sorai)等人对日本学术的发展均主张建立日本思想的古典学派，并坚持应超越各代评注者而直接对孔子言行加以研究。伊藤仁斋的家人并不赞同他研习儒道，讥骂他的研究是不切实际的，并预言如他继续研究学问将会贫贱至死。因为他的家人认为:“研究学问是中国人的专长，对日本人来说却毫无用处，即使很有学术也卖不出去，倒不如学当医生好赚钱。”伊藤对家人这些劝告听而不闻，不顾家庭的地位与财富，舍弃物质享受，将其房屋财产让给小弟而隐居山野，继续潜研学术。他相貌英俊，时常被误认为皇太子；他衣着朴素有似农夫，并常潜居以逃避大众的眼光，曾经有位历史学家对他描述说：

> 仁斋晚景贫困，甚至过年亦无做糕之米，但他坦然处之。其妻在此困境下曾伏跪于侧倾诉道:“尽管环境困苦，我尚能安贫乐道，唯有一点使我难以忍受，那就是我们的幼孩因不解贫穷处境，对邻居小孩的年糕常起嫉妒之心，虽然我谴责了小孩，但我内心无比心酸。”仁斋并没回答，继续注视他的书。随后，他又脱下了暗红色的戒指交给妻子并说道:“把它卖掉，买些年糕给小孩吃。”

仁斋在京都创立了一所私人学府，在该学府讲学40余年，训练从事哲学研究的学生计达3000余人。他偶尔亦讨论形而上学，他认为宇宙乃是一个有机体，生命应凌驾于肉体的死亡之上。但他仍与孔子相同，赞同现世的实际生活。

> 学问贵在经世致用，如舍弃人伦关系，仅谈经略国家，那是毫无益处的；研究学问不可死背理论或推理……学问之道应于日常生活中得之……舍弃人伦关系而欲得学问之道犹似捕风捉影……平凡之道才显得伟大；此外世上实难有伟大可言。

仁斋去世之后，其子伊藤东涯（Ito Togai）承其衣钵。东涯也淡泊名利，他曾说:“人死后很快即被遗忘，但有些人为求死后留名，著书立说俾便流传千古，这实在是一种错误，因为到头来流传千古者究有几人？”在他有生之年，著作繁多计达242卷。他为人谦恭，天资聪慧。论者曾称赞他的著作远胜于法国作家莫里哀的《道德的催眠》（*Virtus Dormitiva*）。东涯的学生也指出其师在242卷著作中未尝对其他哲学家有中伤之言，诚属难能可贵。在东涯去世后，其学生在墓碑上铭刻着下列词句：

他不道人之短……
他终生献身于学术研究。
他度过平静无事的一生。

继之而起的最伟大的儒家学者荻生徂徕，曾经自豪地说："自日本第一个天皇——神武天皇以来，绝少学者的成就能与我分庭抗礼！"荻生与东涯不同，他喜欢辩论，并常对历代及当代哲学家加以批判。曾经有一位年轻人向他问道："您除读书之外是否别有嗜好？"他答道："人生之乐趣莫过于吃烧豆及批判日本历代伟人。"波川天人（Namikawa Tenjin）曾说："徂徕诚可谓日本伟人，但他自认已通晓所有应被了解的事物，这种习惯未免不太好。"荻生虽然骄狂，但也有谦逊的时候，他曾说："日本人包括他自己都可说是野蛮人，只有中国人才够资格说是文明人；而所有真理名言，都早已为孔子及儒家诸贤所道破。"他的言论曾激起了武士及学者的不满，所幸当时的幕府吉宗将军欣赏他的勇气而对他加以保护，他才得幸免于难。就像中国儒学大师荀子攻击墨翟的兼爱学说，及英国哲学家霍布斯驳斥卢梭性善思想一样，徂徕设立讲坛于江户，并对仁斋的性善理论加以驳斥。他认为人性本恶，唯有透过人为的法律限制、道德观念以及教育的实施，才能培养良好的公民。他说：

人之欲望，与生俱来。我等对无穷的欲望如不知节制，即起斗争；斗争一起，混乱也随即将至。先王因厌恶混乱，乃制定礼节与正义之准绳，用以节制庶民欲望……道德乃帝王用以御制人民之工具，非与生俱来，亦非为人心所趋，而仅是某些圣贤之构思，作为国家统制之准绳。

犹似在证明荻生徂徕之悲观属实，其后一世纪的日本思潮竟放弃效法孔子的中庸之道，并在中国信徒与日本本土崇拜者的痛苦笔战中迷失了方向。在此保守与维新之役中，维新派终以极度赞许日本固有典章制度而获得胜利。汉学者或仰慕中国学者认为日本野蛮无文化，主张智慧学术无不来自中国，并以翻译及评述中国文学与哲学为己任。日本民族学者认为一味学习中国的态度，是阻碍日本进步的绊脚石，同时也是不爱国的行为，并呼吁全国放弃学习中国的一切，在自己的诗与历史的渊源中创新并发扬光大。贺茂真渊曾攻击中国人为本性邪恶的民族，推许日本人是天性善良的民族，并将日本缺乏早期或土生文学与哲学归因于日本人无须德性或智慧上的教训。[1]

有一位年轻的医生叫本居宣长，因访问贺茂真渊时受到鼓舞，尽其34年光阴写成44卷《古事记》评论——该《古事记》系日本传说，特别是神道、传说之古典集。在此评论中有力地对日本国内外一切关乎中国的东西加以攻击。该评论大胆地主张日本三岛、天皇及日本民族起源神圣的故事全部是真实。据德川摄政之特殊看法，该评论在日本学术界激起了恢复自己语言、生活方式与传统的运动，进而复兴神道反对佛教，并恢复天皇至高无上的权威。本居宣长指出："日本系太阳女神的出生地，此一事实证明日本较其他国家更优越。"至本居宣长死后，他的学生平田笃胤（Hirata Atsutane）亦作主张如下：

日本系众神之国，其居民系神之后裔，这方面有两个基本

[1] 据萨道义爵士（Sir Ernet Mason Satow）意译贺茂真渊的训示："在古时人类个性率真憨正，根本不需要复杂的道德系统……其时更不需要是非善恶之分。但是中国人心地诡谲……貌似忠实，内藏奸诈。由于行为恶劣导致社会的混乱。至于日本人则因本性直爽，无待教训即能好自为之。"

> 理论证据竟一直惨遭忽视，真是太可悲了。日本民族与中国、印度、苏俄、荷兰、泰国、高棉及全世界其他民族，仅有种族的差异而无地位的不同。日本国人视其国家为众神之国，绝非出自虚荣心。盖创造各国之众神毫无例外均属神圣时代（The Divine Age）出生于日本者。因此，日本乃是其出生国，全世界均承认日本国名，可说是名实相符。韩国人首先熟谙此一真理，经由他们传布遂遍于全世界，而为世人所共认……外国人当然也是造物者神力所创造，但他们绝非伊弉诺尊与伊弉冉尊所创造，它们更非产生太阳女神的国家，这就是它们地位低落的原因。

以上即创造尊皇攘夷（Sonno Joi）运动，力主尊天皇攘外夷的代表人物及其主张。19 世纪，此运动鼓动日本人推翻幕府，并重建神圣皇室之最高权威。20 世纪该运动扮演重要角色，促成狂热的爱国主义，直到其所谓“天子”能统治复活东方沃野千里的土地时，才会满足。

第八章 | 古代日本的思想与艺术

语言与教育

日本曾从中国学得他们的写作与教育制度，他们的语言有其独特的风格，类似于蒙古语及朝鲜语，但不能证明日本语言是从蒙古语、朝鲜语或其他语言衍生而来。日本语言较简易，不像中文有多音节与复合字体。它很少气音、喉音，没有混合音或尾子音（n 除外）；而几乎每一个母音都是长而好听的。文法方面也是一种自然简单系统，名词里没有数和性的分别，形容词亦不用比较级，动词里亦没有人称变化，有少数人称代名词，而没有关系代名词。从另一方面说，在形容词及动词里过去曾有否定及语气的变化；用修饰的字尾“后置词”而不用前置词；用复合的敬语如“你卑贱的臣仆”及“阁下大人”以取代第一及第二人称代名词。

日本语在早期朝鲜人及中国人把艺术传入日本之前，并未见用于写作上，此后日本几百年间满足于用他们自己华丽的意大利式词句表现表意文学。自从用中国方块字代替日本文字的每一音节后，奈良时代的日本文学写作几乎是最艰难的了。9 世纪时日本语言学里的精简法则使写作演化成两种简化形式，每种均由中国字缩写成草书形式，用以表示构成日本口语的 47 个音节之每一音节；此 47 个音节即用以代替字母。[1] 因为大部分的日本文学均用汉字书写或掺杂汉字与日本文字，西洋学者难以理会原意。因此很多西方人对日本文学的知识也就只是片断，而且不可靠，对它的判断也就鲜有价值。耶稣会教士因受了此种语言障碍的苦楚，曾说日本语言系由魔鬼创造以阻止福音的传入。[2]

写作曾长期属于上流阶层的娱乐，直到 19 世纪才普及于民间。在京都时代，富豪家庭均为其子女设立学堂。8 世纪初期，天智与文武天皇在京都建立了第一所日本大学。在政府的管辖下，省立学校制度逐渐地奠定了，其毕业之学生可进入大学，而大学毕业生经过考试，即可取得官员的任用资格。可惜封建初期的内战阻碍了这种教育的发展，且忽略了艺术的创造。直到德川将军重建和平，才又激起学术文学的发展。家康时发现 90% 以上的武士不会写也不会读，引以为耻。1630 年林罗山在江户设立训练学校以研究行政管理与儒家哲学，后来这所学校发展成为东京大学。1666 年熊泽藩山也在静谷创立了第一所省立学院。政府允许教师佩剑，以夸耀武士头衔，更诱使学者、医生与僧侣等在家乡或寺院设立私人学校以作为国民教育的预备教育。1750 年私立学校已有 800 所，并有学生 4 万人。这些学校只收武士的子弟，商人及农人的子弟只有到公开讲学之处受教，而且仅有少数妇女接受正规教育。日本的普及教育如同欧洲一样，一直等到工业社会生活迫切需要时才能实现。

---

[1] 片假名（Katakana）减少了音节符号成直线字体，其在报刊、告示及近代日本说明性的记号上广被使用。

[2] 印刷也同写作一般，从中国传入，属于佛教徒的特殊技能；世上最古老的现存印刷品为 770 年日本称德天皇（Shotoku Tenno）的敕令，这是由佛教徒做的木板印刷。1596 年由朝鲜传入活字印刷。及至 1858 年，欧洲势力东渐后，日本才流传使用几千字组成的印刷。甚至今日日本报纸的印刷，仍需要几千个字形相同的活用字体。日本的活用印刷术为当代最引人注意的印刷形式之一。

诗

诗是最早期的日本文学，而最早期的日本诗又以道地的日本学者所作的为最上乘。《万叶集》（*Manyoshu*）是日本最早且最负盛名的古书，该书由两位作者编撰，计有20卷，包括4.5万首诗，纵贯400年之久。此书特别显示柿本人麿（Kakinomoto Hitomaro）与山部赤人（Yamabe Akahito）的作品，这是奈良时代诗的鼎盛部分。书中记述柿本人麿的爱妻去世，被施予火葬，火烟冉冉冒上山际，他赋了下列这么一首哀悼之诗：

> 啊！那岂非爱妻？
> 徘徊于那寂静山丘上的云彩！

醍醐天皇对保存日本古诗可谓不遗余力，他曾在一本所谓《古今集》中搜罗了1100首诗，纵贯了150个年代。协助醍醐整编《古今集》的最得力助手纪贯之为该集所写的序言，远比书中片断的诗更引人入胜，序言写道：

> 日本的诗，像种子一样，在人的心中发芽，创造出无数用语言构成的叶子……在这个充满万物的世界里，人们努力着找出优美的字句，来表示他们所见所闻而尚留存于心底的印象……因此人们寻找字眼表达他们对百花齐放之美景、鸟语花香、薄雾笼罩大地、晨露消失等的感触……当人们看到春晨白雪飞扬笼罩着樱花树，大地雪白一片，或看到秋天黄昏时刻的落叶萧萧，当人们为时不我予、顾影自怜……或为草地露珠颤抖所焦虑，他们产生无限心思，赋之于诗。

纪贯之很恰当地表现了日本诗反复出现的题材——天气与景象、

盛与衰、被火山所美化的岛国性格、多雨所造成的翠绿。日本诗人喜爱原野、森林及海洋等的不平常景象——举凡山涧跳跃的鳟鱼，静池突然跃入的青蛙，平静无浪的海岸，浓雾笼罩的山丘，纷落犹似草地上层叠的宝珠般雨珠等，均为诗人吟诗的良好题材。他们也常为其崇敬的世界吟织一首爱的诗歌，或哀悼花的凋谢以及爱情与生命的短暂。然而，这个崇尚武士道的国家，很少以诗来歌颂战争，只偶尔有诗人唱些赞美诗。奈良时期之后，大部分诗篇都是简短的；在《古今集》1100 首诗中，仅有 5 首保存短歌（tanka）形态——一首诗有 31 音节，排成 5 行，首行与第 3 行为 5 个音节，其余每行 7 个音节。在这些诗里没有韵律，因为日本文字几乎都是无变化之母音字尾，使得诗人无取舍韵律余地；而且在这些诗中也无重音、音调或音量。但有诡异的虚词：这是为了音调好听而加上的无意义的字首；另有“序言或句子”附诸诗，使之更显得圆满；尚有“轴字”用以衔接上下联诗句。日本人对这些规则的设计，就像英文中的押韵或韵律一样，是经过相当时间的考验才被认可的。而广大群众对吟诗的投合，并未使诗陷于粗俗。相反，这些古典的诗，本质上均带有贵族的思想与形态。他们因为生长于宫廷的气氛里而养成了傲慢严谨的风格，他们追求诗的形式的完整而非意思的新奇。他们抑制感情而非表达感情；也由于过于高傲，他们事事追求简短。世界各地很难找出像日本诗人所表现出的这种沉默寡言；日本诗人似乎以谦逊的态度以弥补历史学家的自夸。日本人曾谓如为西风描述三页文字，未免显得鄙俗冗长，真正的艺术家不能尽为读者设想，而是诱使他主动地思考，寻出一个新奇的知觉力来启发他的观念与感觉，而这恰恰是西欧诗人所坚持的、以自我为中心并带有独占性的细节。对日本人来说，每篇诗应该是其一时的灵感的静态记录。

倘若我们想从这些诗集里，或从日本的宝藏——《百人吟集》（*Hyakunin-isshu*）里寻找任何英雄史诗与抒情奔放的史诗，我们将会被导入歧途。这些诗人所吟的诗，犹似客栈里美人鱼的急智一样，仅以一绳悬吊以终。因此，当西行法师（Saigyo Hoshi）最亲密的朋友去世时，他削发为僧，后来在一个其借以安慰心灵的寺庙里神秘地被人发现。他仅简单地写了下列几行诗：

隐居此地，
究为何故，
我无所知；
惟我心灵，充满慰藉，
百感交集，苍然泣下。

另外当加贺之千代（Kagano Chiyo）的丈夫辞世时，她也仅仅写了下列几行诗，以示追悼：

万事犹似一场空梦，
我梦寝……我清醒；
床何其宽，
孤单一人。

后来她又痛失幼子，于是她又补上了两行诗：

勇哉蜻蜓猎人！
今日你已远游。

在奈良与京都的宫廷圈子里，作短歌渐成为贵族的嗜好。在古印度须以一头象才能换取的女性贞操，在这宫廷里只要巧妙地吟出 31 音节的诗，就可获得。当时皇帝在接待客人时，常指定客人吟诗助兴；而当时的文学也常反映人民时常以离合诗句交谈，并在街道散步时也背诵着短歌诗句。在平安时代的盛期，皇帝常定期作短歌的比赛，多至 1500 位候选人在学者的裁判下公平吟诗竞赛。951 年，为使这些诗艺比赛得到适当安排而成立了特殊的吟诗会馆，而每次比赛获胜的作品均存于馆内供人观览。

至 16 世纪，日本的诗因厌于短歌的冗长，又渐缩短短歌或俳句(hokku)，和歌共有三行，由 5、7、5 共 17 个音节组成。1688 年至 1704 年元禄时代，和歌的吟作大盛，并渐趋狂热；因为日本人在心智的敏感上与美国人一样，因而其心灵上对诗的喜好形态，升沉急快。男男女女、商人与战士、工匠与农人等竟荒废生活上的职务，沉溺于吟和歌作兴，立刻造成了恶兆。多少日本人在作和歌的竞赛上下了大笔的赌注，更有一些不肖之徒，把这种赌注当作事业来经营，诈取千万人民的金钱，最后政府被迫禁止这种吟诗赌注的行为。最著名的和歌大师乃松尾芭蕉（Matsuo Basho，1643—1694 年），他本为一年轻武士，在为其恩师去世感叹之余，摒弃了宫廷生活及物质享受，到处漂泊、沉思、教学。他在自然诗的片断诗句中，表现出宁静哲学，并为日本文学界誉为对诗浓缩暗示的典范。他的诗很简短：

寂寞古池塘，
青蛙跳入水中央，
扑通一声响。

或：

一片青丛，
蜻蜓点水。

散文

·小说

如果说日本人的诗因为太短不能满足西方人的口味的话，我们可从日本的小说得到慰藉与补偿，日本小说作品有的甚至长至 20 卷或 30 卷。最有名的日本小说是《源氏物语》，这部小说约于 1001 年为紫式部（Murasaki Shikibu，978—1016 年）所著，长达 4234 页。紫式部系藤原为时之女，997 年又嫁于另一族藤原氏，婚后丈夫早死，4 年后即守寡。她借写这本长达 54 篇章的小说来冲淡忧伤。她收集资料归档于一座寺庙，并用该庙的经纸做草稿开始撰写起来。

故事的主角是一位天皇与其爱妾桐壶（Kiritsubo）所生的孩子。桐壶因为长得太美了，惹起了其他妃妾的嫉妒，结果被弄死了。紫式部也许过于强调日本男性对爱的专一，文中描述天皇失掉爱妾而无可慰藉。

> 随着时光的飞逝，天皇并未忘怀死去的爱妃，虽然也有很多位女子被带进宫以博取天皇欢心，但天皇不予理会，他深信世界上再找不到像他所失去的爱妃那样的女子……继而他悲叹命运不该背弃他俩立下的海誓山盟：在天愿为比翼鸟，在地愿为连理枝。

源氏长大之后成为一个勇敢的太子，看来亦颇有德行，他有如汤姆·琼斯（Tom Jones），多才多艺，多少女人为之倾倒，但他对女性的冷淡更让他成为传统式的英雄。他是女子理想中的男人——多情又深具诱惑力。他纵情于脂粉佳人中，偶尔，在扫兴之余也回妻子身旁。紫式部不厌其详地描述他的奇谈，同时以一种不可抗拒之优雅态度，宽恕小说中的主角及她自己：

> 这位年轻的太子如果不是沉溺于一些轻浮行为，他定会被认

为荒废职守，人人均会宽恕他的行为，认为这是自然而恰当的，即使他们并不希望他表现得如同凡人一样……我的确已很勉强地重述了他极力隐藏的事情细节，如果你们发现我有所遗漏而要问我何以遗漏时，也许我只能说我不晓得了，只因为他是皇太子，我必须删除他全部不检行为而给予一些良好的表现，也许你们会认为这不是史实而仅是杜撰的故事，用以影响后世的批判罢了，果真如此，或许我会被认为是可耻的贩子。但我不得不这样做。

源氏纵情生病，他悔恨自己的行为，出家至一庙寺并与僧侣虔诚交谈，却在寺庙里看到一位令人喜爱的公主。由于僧侣谴责他的罪行，他认为公主在迷惑他：

和尚开始讲述生命的无常以及来生的报应，源氏警惕地意识到他的罪行很严重。在以后的岁月里，这些罪行将留在其良心上，但日子总要过的，这将遭遇到怎么样的惩罚啊！就在僧侣的讲述中，源氏对自己的罪行感到悔恨。他想到如能遁世隐居，长住此清静的寺庙，那该多好！但他立即又想到那天下午看到的那张可爱脸蛋是多么迷人；他渴望多了解她，终于情不自禁地问道："谁跟你住在这里？"

在作者的构思情节安排下，源氏发妻因难产而去世，而这个夫人的位置，终由紫式公主取而代之。[1]

也许是本书英译本很杰出，使得它较诸其他英译作品生色不少。或许译者亚瑟·威利先生对原作诸多润色而使之趋于上乘，但我等读其译作，偶尔亦会忘却自己的道德信条，不得不对英国桂冠诗人华兹华斯所说"男女之情犹似苍蝇一样配对"表示赞同。从《源氏物语》

[1] 由于生命的短暂，作者无法将亚瑟·威利所译的《源氏物语》4卷，全部阅读。

里我们发现了深藏于日本文学里的美。紫式部以自然流畅的笔法，使该作品广为文化界朋友所喜爱并作为闲谈题材。在书中所描述男女之情如真实发生的一般；她所描绘的领域虽只限于宫廷，却有身临其境的真实色彩。[1] 书中描述的是属于贵族的生活，与一般描述的面包和爱情之代价关系不大，但就在这有限的贵族生活圈里，不必诉诸其他角色或事务，她却能描述动人的境界。紫式部曾借书中的人物马之守（Uma no-kami）说出某写实的画家：

> 它们宛如普通山川，你亦可到处看到这种屋宇，但它具有和谐与形式上的真实美感——静静地刻画这种景色，或表现出隐藏于世外桃源、浓密的树林，均匀调和，栩栩如生——这种作品唯有高度技巧的画师才能作成，如让平凡的画匠来作将会错误百出。

曾几何时日本小说已臻《源氏物语》之精美，其对文学的发展影响深远。迄至18世纪，小说的发展已达另一个顶点。许多小说家的作品甚至超越紫氏部的著作，且对色情的描述渐趋泛滥。1791年山东京传（Santo Kioden）出版一部小说《有益教化的故事》（*Edifying Story Book*），因其对色情的描述很过火，当局曾引用法律禁止出版，并罚他在家中手铐禁足50天。山东京传原为一卖烟袋与伪药的小贩，他与一妓女结婚，并以一本名为《东京妓院》的小说一举成名。后来尽管渐改笔德，但仍洛阳纸贵。他可说是打破了日本小说出版的惯例，首先向出版者索取出版费，在此之前，出版界仅须对一些先辈作家酌予款待即可出版。多数小说家都像豪放不羁的波希米亚人，人们

[1] 紫式部对普通百姓家庭生活情况亦极了解，远在10世纪，她曾借书中人物马之守对女性接受教育提出呼吁：“热心的主妇，不管容貌如何，整天忙碌于整理家务。夫君在外界经历多少事情，但他们总不能对陌生人吐露，于是他们向枕边人细诉，盖唯有妻子能给予同情与谅解，并共担福祸。但常常当其夫君谈及政治事务时，她们却一无所知，毫无兴趣，问道：‘这是怎么一回事？’因此妇女应被该给予适当的教育，以增广见识。”

常把作家与演员并列于社会的最低阶层。曲亭马琴（Kyokutei Bakin，1767—1848年）的作品虽不如山东京传的作品富于情感，却深具技巧。他的笔路有似英国小说家斯科特与法国小说家大仲马，经常改写历史史迹或言情小说。他曾撰写百卷小说，并深获读者喜爱。同时期之作家北斋（Hokusai）曾对马琴的小说加注解说，终因文人相忌，闹得不欢而散。

后期之日本小说家以十返舍一九（Jippensha Ikku，1765—1831年）最为出色，他有日本的勒萨日与狄更斯之誉。他结婚三次，其中有两次系因岳父大人不了解其文学习性而告分离。他安贫乐道。他买不起家具，于是画了一些家具高悬中堂。假日他以绘画作为最好的奉献供神。由于共同兴趣，他曾受赠浴盆一个，随即将之翻过来戴在头上回家，沿途把它推倒，信口大开玩笑。当出版商来访时，他邀之共浴，待该商人接受邀请时，他就穿着商人衣服。新年拜贺则着正式礼服。他的著作《膝栗毛》（*Hizakurige*）于1802年至1822年间出版共12篇，叙说一个闹剧——具有匹克威克先生遗稿风味。阿斯通（Aston）评称："该书为日文最幽默风趣的好书。"十返舍一九在临终之前令其门徒将其生前谨慎交托给他们的小袋于葬礼举行时置于尸体之上。葬礼开始，僧侣念经，掷木火葬，结果那个小袋里装的竟是爆竹，全部引爆，丧事充满滑稽。他果然信守年轻时的诺言，即尽其一生——纵在死后——亦要制造许多惊奇之事。

·历史

日本历史的编纂并不如其小说那样引人入胜，而日本历史与小说也难有明显的分野。日本文学最古老的作品为《古事记》（*Kojiki*），此系太安万侣（Yasumaro）体承天武天皇之意，将稗田阿礼诵习之《帝纪》、《旧辞》加以笔录的，于712年（和铜五年）用中文撰成。由于传说有模有样，使得神道王朝认为《古事记》是日本的历史。645年大化改革后，政府认为应把过去的史实编修，720年左右乃出现一部

《日本书纪》(*Nihongi*),此书用中文写成,并剽窃中国作品作为点缀,且又包括日本古人口述的史实,然而本书比《古事记》对事实的记载更为严谨,提供了以后日本历史的根基。此后日本历史的记载,一部比一部更具爱国情操。1334年北畠亲房(Kitabatake Chikafusa)为了一本《神皇正统记》书中曾称:

> 大日本乃一神圣国家,唯有我国土之根基才是神圣祖先所缔造。由太阳之神单独地传给她的子孙,外国绝无这种事,因此日本诚为神圣的土地。

1649年本居宣长首次出版以恢复古代日本帝国与信仰的著作。德川家康之孙德川光圀(Tokugawa Mitsukuni)也于1851年编纂《大日本史》(*Dai Nihonshi*),计240卷,包罗过去帝国与封建时代的图片资料,该书充满尊王斥霸的思想,对其国人日后推翻德川幕府不无影响。

或许最有学者风味并且立论最公正的日本历史学家当推新井白石。他的学识在17世纪下半期的江户时代居于领导地位。他嘲笑正统基督教的神学"非常幼稚",他同样大胆地嘲笑本国人民对历史的误解。他的最辉煌作品《藩翰谱》(*Hankampu*)记载了30卷的大名历史,可谓文学的奇书之一。该书仅在数月之间编纂而成,但观其内容必定经过相当长时间的研究。新井从中国哲学家的研究中得到学识与判断,当他在讲述儒家经文时,据说云家信将军在大热天中听得入神甚至连头上的蚊子都忘挥赶,冬天则口涕横流,极其神往。在他的自传里,他画了一帧他父亲的画像,并用最简洁完美的文字表述出来:

> 自我了解世事以来,记得父亲每天的生活均是同样单调。他每天清晨天亮前一小时起床,然后洗个冷水浴,梳梳头。冬日天寒,家母为他准备热水以便淋浴,但他不允,尽量避免这种仆役之烦。当他年过70,家母也近老迈,偶尔天气寒冷冻得难以忍

受，就点火钵，他俩共同把脚放在火钵上取暖睡觉，火钵旁摆着一壶热水以供醒时饮用，二老均虔诚信佛，父亲每当梳理头发、整理衣冠后绝不忘向佛祖致敬……他整衣完毕后就静静地等待天亮，然后离家上班……在我记忆中，父亲从未发怒，就是笑也未忘形。他更不用卑劣的语词去谴责别人。与人交谈则尽可能少说话。他的举止很严肃，我从未看过他表现出惊惶、激动或不耐烦……他的居室保持清洁，墙上悬挂一幅旧画，花瓶里也插些季节性的花。他偶尔也画些黑白画，他不喜欢颜色。他健康状况良好时，从不麻烦仆人，而是事事亲自动手。

·论说文

新井白石不仅是历史学家，同时也是论说文作家，他对日本文学界曾有辉煌贡献。在论说文方面，清少纳言可谓泰斗，她的著作《枕草子》被誉为论说文最早期之佳作。她与紫式部为同时期人物，都是宫廷出身，她选了描述生活上善恶的点滴，我们从译文中可推想出其原著的优雅。她生于藤原，系清原元辅之女，因是太后侍从而成为贵妇。她晚年告退，其后出路传说不一，有谓削发为尼，有谓沦为贫户。但从其著作中并未能看出其沦为尼姑或贫户。她从时代背景出发，采取适时的伦理道德观念，她对煞风景的传教士评价并不高：

> 传道者应容貌英俊，这样方能使听众聚精会神，注视其脸上，否则即难受其益。盖听者如眼睛东张西望，注意力不集中，即难入耳。丑陋的传道者应负此责任……如果传道者年龄适中的话，我更乐于给予较好的评判，事实如此，其罪恶着实恐怖令人不可思议。

她曾经写了一些爱与憎的名单：

快乐的事：

畅游之后满载而归；

众多仆役赶动牛及车子快速前进；

顺水行舟；

齿牙涂黑[1]……

悲伤的事：

育婴室里幼孩早夭；

钵火已尽；

车夫为牛所唾弃；

学者书香之家却养了个女儿来继承。

可恨的事：

当你在讲故事时有人插嘴说："哦，我知道了"，但其见解却与你的有极大差异；

与男人友善交谈时，却听到他称赞其他认识的女人；

……

当你匆忙有事，却碰个长舌访客……

一个人无所事事，睡时又鼾声大作……

跳蚤。

清少纳言在论说文界的崇高地位，唯鸭长明可与之相比。长明拒绝继承他父亲在京都下鸭神社的最高监督，出家为僧，50 岁时退休隐居山林过着静默的生活。在此他写了一部道别烦世的书叫《方丈记》(*Hojoki*)，他先描述都市生活的艰苦与苦恼及 1181 年的大饥荒，然后提及他造了一所方丈七尺高的小茅屋，安居下来，无忧无虑，并与自然宁静为伍。作为一个美国人，读了鸭长明的《方丈记》，就像在 13 世纪的日本听到了梭罗的声音一般。诚然，每一世代均有梭罗

[1] 此为当时日本妇女所喜好。——译者注

的《瓦尔登湖》所表现的自然宁静。

戏剧

日本的戏剧最难了解。在英国传统戏院——从亨利第四剧场到苏格兰玛丽剧场——受熏陶成长的我们，实在很难忍受观看日本以手势表演并带有浮夸味道的“能剧”（No Play）。我们必须从莎士比亚回溯到 Everyman[1]，甚至追溯到古希腊之原始宗教戏剧的演变，才能了解古代日本神道哑剧的发展——从宗教性的神乐舞发展到以对白作说明的日本能乐戏剧的形态。至 14 世纪时期，佛教僧侣在哑剧中又加些合唱，后来又加入个人的角色，并给予动作与言辞，于是日本戏剧随之而生。

这些戏剧像希腊剧一样，以三部作演出，偶尔中间穿插狂言（Kyogen）[2] 来解除情绪及思考的紧张。三部剧的第一部是用来敬神的，几乎就是宗教哑剧；第二部是用武器表演，用以吓走邪恶魔鬼的；第三部为较温和的气氛，用以描述一些天然景象，或一些日本生活的轻松面。该戏剧本多为每行 12 音节的空白填诗。而演员更为贵族中一时俊秀，如 1580 年在一部能乐剧演员名单中曾包括织田信长、丰臣秀吉及德川家康等人。每位演员带着精心雕刻的木头面具，迄今这些面具尚为喜好艺术人士所珍藏。布景并不讲究，故事亦极精简。最为家喻户晓的一个故事是记述一位贫穷的武士砍掉了心爱的樱树给一个游荡的僧侣取暖，后来这位僧侣时来运转当上了摄政，对该武士知恩图报。正如西方人士喜欢常去欣赏歌剧所演出的旧而滑稽的故事，今日日本人也常为一些以老故事为题材的戏剧感动得流泪，此乃因名伶演出逼真，能表现出剧中的力量与情节。但对一些匆忙访客，日本

[1] 15 世纪英国之道德剧中之主角，就叫 Everyman（每一个人）。——译者注

[2] 狂言是随附于能乐而发展的一种戏剧。——译者注

戏剧的表演仅能给予娱乐，很难有深刻印象。一位日本诗人曾评论道："哦！日本能剧所表现的是多么伤感与优美！我经常想假如能剧能适当地介绍到西方，其结果或许能与西方舞台剧相抗衡，意味着一种新的启示。"日本迄今虽仍醉心于能剧的演出，但是自 17 世纪后即无能剧的新著作。

在大多数的国家，戏剧的演变多是由合唱逐渐发展到个人角色的表演。在日本由于演员的演技日益精进，遂逐渐产生为大众喜爱的演员明星，剧情反居次要。后来哑剧与宗教剧渐趋式微，戏剧变成个人角色的争艳表演，且充满了暴力与浪漫。于是歌舞伎（Kabuki）或大众舞台随即而生。第一座歌舞剧院于 1600 年左右为一位尼姑所建，因她厌倦于修道生涯，遂在大阪创立了一座舞台，教舞为生。是时在英国及法国，女人上舞台是惹人厌、被禁止的，上流阶层更对戏剧表演敬而远之，演员遂被视为下流阶层，他们的职业得不到社会的鼓励。且因禁止女人上舞台，男演员必须兼演女人角色。或许由于舞台光度欠佳，演员均涂上鲜艳色彩，更以衣服的华丽与否表明他所演出的各个角色。舞台幕后通常有合唱及独唱，有时演员演出哑剧时亦由幕后发音。观众则席地而坐，或坐在两边包厢座位观看演出。

日本最负盛名的戏剧作家是近松门左卫门（Chikamatsu Monzayemon，1652—1724 年），其国人誉之为日本的莎士比亚。唯英国剧作家对这种比喻并不表赞同，批评近松的剧作是暴力、放纵、大言、不可信的情节，只同意说他的剧作是："一个富有原始活力与华丽的作品。"尽管英国剧作家如此批评，但并不能抹杀近松与莎翁相似之点。西方人观看外国剧只不过把它当作通俗剧罢了，因为语言的差异与复杂使得他们难以了解，也可能是受莎翁戏剧的影响，有了先入为主之见，使得对外国剧难以领会。近松似乎过于用情侣自杀手段来表达罗密欧与朱丽叶式的爱情高潮。自杀，在日本舞台上与现实生活中同样普遍。

这些事情对于一个外国的历史学家来说，仅能加以记述，不能加以批判。日本的戏剧比欧洲戏剧更具有活力，更生动，但不如欧洲戏剧的紧凑与成熟。日本戏剧较为通俗平民化，但不像今日法国、英国、美国戏剧富于肤浅的理性主义。相反，日本的诗就显得脆弱，无生气，太过于贵族化、太文雅，尽是些英雄式的抒情诗篇。此种沉闷的英雄诗，就是希腊诗圣荷马再世，读之也会打盹。日本的小说是富于感情与伤感的，日本小说《源氏物语》及《膝栗毛》可说与英国小说《汤姆·琼斯》及《匹克威克的情书》（*Pickwick Papers*）居于同等地位。而紫氏部手笔的精细、优雅、易于了解比英国小说家菲尔丁（Henry Fielding）有过之而无不及。总之，所有疏远的与不明白的东西都是枯燥乏味的，日本的事物对西方人来说是朦胧不清的，除非我们忘却西方传统，而完全拥抱日本文化。

精细的艺术

日本艺术的外形，就像日本人生活的外在特征一样，是来自中国。而内在的力量与精神，则出自日本人民本身。7 世纪把佛教传入日本的思想潮流与移民，亦来自中国及朝鲜。艺术形态与冲力源自佛教信仰，亦由中国与朝鲜传入而非日本本身具有。日本的文化要素，除自中国及印度传入之外，还从亚述及希腊传入。举例说，日本镰仓市大佛之建筑仍具有希腊风味。但这种外国的元素，在日本被施以创造性的运用。人民很快地学会分辨美丑，富人有时对艺术品比对土地、黄金还重视[1]，而艺术界更热衷于工作本身。那些经长期学徒训练的工人，并没有取得应有的报酬，况且工人即使一时获得财富，也均随意挥霍，不久沦为贫民。日本艺术家的造诣很高，在勤俭、风格与技术等方面能与之相比的，唯有古埃及与希腊的艺术家或早期中国的艺术家。

[1] 丰臣秀吉手下的诸将军，在协助秀吉夺取政权后，有时似乎更满足于得到精致陶瓷器的艺术品作为报偿而非土地与财产等的收益。

日本人的生活方式颇有艺术的意味——他们居家整洁，衣服华丽，装饰精美，更喜爱唱歌与舞蹈。音乐可谓神的恩赐，传说中的伊弉诺尊与伊弉冉尊不就在合唱声中创造了地球？而1000多年前允恭天皇就曾在马车上演奏古琴，皇后则随琴声起舞，来庆贺新宫殿的落成。当他驾崩时，朝鲜王曾派遣一队由80个乐师组成的乐队参加丧祭。这些乐师还教导日本人演奏来自朝鲜、中国及印度的新乐器。752年在奈良寺庙的大佛设置典礼中，即演奏中国唐朝的作品，奈良帝国珍宝馆迄今还展出各色各样古代的乐器。歌唱与演奏，宫廷音乐及寺院舞蹈音乐，构成日本古典音乐形式。而弹奏三味线——一种三弦琴——及琵琶为大众所喜好。日本没有名作曲家，他们简单的曲子是用5个符音的小音阶来演奏，没有大键与小键的区别与和谐。然而，几乎每一个日本人都能弹奏一种自中国传入的20种乐器中的一种；且日本人曾说在舞蹈中演奏这些乐器仍感单调。舞蹈在任何其他国家均享有无比的时尚地位，但在日本却附属于宗教与社会的庆典仪式，有时整个村庄为庆祝某一快乐的节日，也举行普遍性的舞蹈。职业舞蹈家以其高超舞技，赢得不少观众的欣赏，男男女女尤其是上流阶层，对舞蹈的艺术仍甚讲究。紫式部在《源氏物语》中描述源氏太子与其友人在跳蓝海浪舞时人人被感动的情形。她说："从来没有人看过这么优美的脚步舞姿，也从来没人看过在跳舞中其表情如此泰然自若……因为舞姿的优美，天皇被感动得滴下泪水，其他皇太子及王公贵人更是声泪俱下。"

同时日本男女对装饰也很讲究，他们不但穿着织锦与丝，而且也用各种小饰物作点缀。妇女挥动扇子，极其诱人可爱，而男人则夸耀他的"根付"、"印笼"以及高贵的雕刻刀剑。印笼是一个小箱用细绳系于腰带，箱内隔成几个小格，均以象牙或木材雕成，里面则放着香烟、钱币、文具或其他临时需要的东西。为使系于腰带的细绳免于滑落，于是又在另一尾端系上根付，而一些艺术家更别出心裁在其上面雕刻神祇或魔鬼，哲人或神仙，飞鸟或爬虫，鱼或昆虫，花或叶，或生活上的各种景致。我们唯有极细心地观察才能窥知这些饰物的微妙及其代表的意义。只有最小心地观察才会发现这些形象是十分有技巧而且有意义。只是看看肥妇、僧侣、泼猴与飞跃欢腾之甲虫形象浓缩刻于不到一立方英寸之象牙或木头上，即可使学者对日本民族独特而热情之艺术风格了然于心。

左甚五郎（Hidari Jingaro）是日本最有名的木雕刻家。传记曾记载他是如何失掉一条手臂，博得左拐之名：正值一个触怒的征服者向左甚五郎的贵族大名索女儿之时，左甚五郎雕了一个极其逼真的女人头呈献该征服者，征服者误以左甚五郎杀了大名的女儿，勃然大怒，遂命令砍掉他的右手，以示惩罚。左甚五郎技艺极其高超，在日光德川家康神社之象与睡猫木雕，在京都西本愿寺天皇使者之门，均为其杰作。在使者之门的门板上，左甚五郎雕刻了中国古代圣人的一件史迹，即许由隐居于沛泽之中，尧闻其贤，欲以天下与之，许由听到此消息，拒之而洗耳于颍水滨，适有巢父，正牵牛欲喝河水，见状乃责许由玷污颍水，遂牵牛他去。然而左甚五郎仅是许多无名艺术家中之最具风格者，彼等以优美可爱的弯木或漆木装饰了 1000 幢建筑物。漆树在扶桑三岛特别容易培植，小心照顾即欣欣向荣。有时候艺术家雕木成形，上覆多层漆皮、棉花。但是多数时候，他们总利用黏土用心制作形象，由此制成凹形模型，然后灌入数层漆，逐层加厚。日本雕刻家提高了木头在艺术材料上的地位，以与大理石相颉颃，并用亚洲闻名的最绮丽木制饰物来缀饰神庙、坟墓与宫廷。

建筑

594 年，推古天皇因崇信佛教，遂在全国大事兴建佛教寺庙。圣德太子更实践推古皇后的敕令，远至朝鲜聘请僧侣、建筑师、雕刻家、铸铜家、黏土塑模匠、泥水匠、镀金匠、瓦匠、织工以及其他各种技术人员。这种大规模的文化引进几乎是日本艺术的开始，因为日本本身的神道并不赞同装饰大的建筑，认为不该用形象以免误示了神。寺庙的建筑本质上大都与中国寺庙相同，只是更富于装饰与雕刻。寺庙的庄严牌坊或通道表示人的心灵的上升或接近神明；通道之木墙涂着鲜明的色彩，寺庙脊梁之上覆着闪闪夺目的瓦片，而在神殿与四周林木之间更筑以鼓塔。这些外国的艺术家所完成的最伟大之建筑是法隆寺（Horiuji）。该寺位于奈良附近，616 年由圣德太子督建完成。整座寺庙均由木材建成，虽历经无数之地震，至今尚能保存，远比用石头造成的寺庙经久耐用。法隆寺实为建筑家的光荣，之后日本的寺庙建筑很少超越这座老寺庙的单纯与高贵，唯稍为晚期的奈良寺庙能与之媲美，法隆寺尤以金殿的均衡壮观闻名，堪称杰作。诚如美国建筑师、作家克拉蒙（Ralph Adams Cram）对奈良的建筑评价："是亚洲最高贵的建筑。"

日本建筑的另一高潮是在足利幕府（Ashikaga shogunate）时期。足利义满为了使京都成为世上最美丽的城市，曾建立一座高达 360 英尺之高塔，并为其母后建立高仓宫殿（Takakura Palace），该宫殿光一座门即花了 2 万块黄金（约值 15 万美元），其富丽堂皇可见一斑。他更为其自己盖了一座花宫，所需款项高达 500 万美元。而金阁寺的金阁（Golden Pavilion of Kinkakuji）的宏伟建筑更是蔚为奇观。丰臣秀吉疲于和元朝忽必烈敌对，乃建"乐宫"（Palace of Pleasure）于桃山之上，但宫成后数年，其美梦又再次崩溃。我们可从拆下来修饰西本愿寺的天长门廊看出该宫殿的豪华壮观。其崇拜者都说：我们整天观赏该弯曲的门廊，亦看不完其美不胜收之处。狩野永德（Kano Yeitoku）对丰臣秀吉而言，就等于扮演了古希腊建筑家伊克蒂诺及菲迪亚斯的角色，但其建筑物缀饰的是威尼斯式的豪华壮丽而非雅典的含蓄沉静。如此富丽的装饰在日本甚至亚洲可谓前所未有。同时，在丰臣秀吉时代，大阪古城始具规模，有日本之匹兹堡之誉，其子即葬身于此。

德川家康喜爱哲学与文学，在艺术方面则较少建树。但他的孙子德川家光集聚日本的资源，在日光兴建一座东照宫以示纪念德川家康，这座神社在纪念个人的建筑方面，远东无出其右。东照宫在距东京约 90 英里的小丘上，沿途杉木林立，极其庄严，在其入口首先构建一座富丽可爱的阳明门，四周环绕小溪并架着神圣的小桥，中间则是一列壮丽的陵墓与庙宇建筑，装饰非常豪华，建筑结构则较弱，遍地闪耀着红色油漆，犹似万绿丛林中的红色铁丹。诚然，像日本这样每年一到春天即遍地开满红花的国家，可能比其他民族更需要以显明色彩来表示他们的精神。

日本因为地震频繁，因此其建筑很少称得上规模宏大，通常规模狭小，并避免用石头建筑以免被震毁。日本的居屋多为木造，其高度很少超过两层，其城市的居民或怕火灾，或因为政府的命令，在能力负担得起的情况下，则在木造屋上盖着瓦片。王公贵族因其建筑物无法向高发展，于是不管居宅建筑面积不得越 240 码的限制，均向地面发展。宫殿的建筑很少是单调一座，通常有一座主要建筑物接连数座次建筑物。一般民屋之餐厅、起居室或睡房并无明显区别，一个房间能供几种用途，席铺的地板上置一小桌，寝具卷藏隐蔽处，夜间则展开以供睡觉。滑动的格门与可移动的隔墙使房间能自由开启，格子式样的门窗能充分透露阳光与空气。隐蔽之处则以精致的竹帘作隔，窗户非常华丽。贫寒之家，夏天则门户大开享受阳光，冬天则门户紧闭点燃油灯以取暖。日本的建筑给人以一种生长于热带地区之外观，但其影响力极其深远，一直向北伸展到堪察加半岛（Kamchatka）。而在日本较南部地区的乡镇，这种脆弱与单纯的住宅可谓独具风格，为日本人提供了适当而理想的住屋。

金属与铸像

武士的刀剑远比他所居住的房屋来得坚硬，日本的金属工人在铸造刀剑方面不遗余力，因此他们的成品也远比大马士革或托利多的刀剑优越[1]。其锋利程度直可将人从肩膀一劈至膝盖，这些刀剑把柄装饰得很高，并重重地镶着珠宝，因此武士并不完全把它当作杀人的工具。还有些金属工人把铜镜磨得极其明亮灿烂，以致经常在镜中刻字画留传下来，以纪念他们手艺的完美。相传有位农夫买回了一面铜镜，他认得出镜中所刻画者为其先父的面容。他珍藏着这面铜镜有似一贵重财宝，但因他常去窥视这面铜镜，引起了妻子的猜疑，后来被他的妻子发现了。令她惊骇的是，原来镜中刻画的竟是一位与她年纪相若的少妇，显然，那就是她丈夫的情妇。此外尚有一些艺术家铸造巨钟，例如 732 年在奈良的一座 49 吨的巨钟，如在钟表面以木相击，其清脆之声远比西方国家铸造的大钟更为悦耳。

日本的土地缺乏花岗石及大理石，因此雕刻家均以木材或金属作为雕刻的原料而不用石头。尽管雕刻的原料物质缺乏，但他们在雕刻艺术上的成就却超越中国与朝鲜——因为其雕刻家常能耐心地取长去短，精益求精。日本最早期及最伟大的雕刻品是法隆寺之三位一体（Trinity）神像——这是雕刻一座观音佛像坐于莲台之上，两侧是金童玉女，栩栩如生，唯其帘幕与铜像光圈稍逊于印度泰姬陵的奥朗则布神像。我们不知这些庙寺与雕像为何人所制造，但我们可以认为这是接受朝鲜雕刻先进的指导，采取中国雕刻实例，并受印度佛教的影响，甚至远在 1000 年前希腊的作风亦远经亚洲海岸而传抵日本。我们也可断言，三位一体雕像可谓艺术史上至高无上的杰作。[2]

或许由于日本人身材短小，而且由于他们的躯干没法满足其野心，也没法容纳其心智，因而他们特别喜欢铸造巨像，成就甚至超

[1] 叙利亚首都大马士革与西班牙托利多城盛产刀剑。——译者注

[2] 或许日本的伟大政治家兼艺术家圣德太子与雕刻艺术的成就有关系，因他曾铸凿子，并刻了许多木雕像。弘法大师（Kobo Daishi）不仅是雕刻家，也是画家，更是日本的学者与圣人。北斋更是多才多艺，能同时以双手、双足及嘴挥动 5 支笔作画。运庆（Unkei）为许多僧侣及其本人雕塑了好多甚具性格的半身像，并雕刻了阎王地府的鬼神，相貌古怪，用之以逐鬼灵。他的父亲康庆、儿子湛庆及学生均为雕刻名家，协助他把日本木雕艺术推至高境界。

越埃及。747 年，日本天花蔓延，于是圣武天皇任命公麿铸造一座巨大佛像以示向神赎罪。公麿应命铸像，曾使用了 437 吨黄铜、288 磅黄金、165 磅水银、7 吨植物蜡以及数吨木炭，工作长达 2 年 7 个月铸成佛像。这座佛的头部仅铸了一个模，躯干则由几个金属板焊合而成，外表则重重地镀着黄金。另外，镰仓大佛又比奈良佛像更给人深刻印象，镰仓大佛是于 1252 年由小野五郎右卫门（Ono Goroyemon）所铸，这座巨像坐落在广阔的高地，四周林木茂盛，范围大小似经精细布局，铸造这座巨像的艺术家单纯地显示了大佛沉思与和平的精神。奈良曾经有过一座规模宏大的佛教寺庙，但 1495 年海潮倒灌摧毁了寺庙与城镇，在这些废墟中仅留存着一座大佛铜像。丰臣秀吉亦曾在京都铸造一座巨大佛像，动员了 5 万工人历经 5 年才完成，秀吉本人亦相当热心参与工作，好不容易才把这座巨佛铸成，但在 1596 年一次强烈地震中震倒了，佛殿四分五裂。据记载，当时丰臣秀吉大怒，曾用箭射已倒的佛像，并嘲笑道："我花了九牛二虎之力才把你铸造成功，可是你连保护自己寺庙的能力都没有。"

日本的雕塑物，大至巨大的佛像，小至悬挂在腰间的根付，可谓形态万千。有时这些艺术大师，例如现代的名家高村光云（Takamura Koun），花了经年的岁月，却难得雕塑有一尺高的作品，因为他们乐于雕绘一些小玩物，诸如咆哮的老人、快乐的美食家及精通哲学的修道僧等。这些雕塑家的劳动所得大部分为他们狡猾的雇主剥削殆尽，而他们的多数作品也由于僧侣所加的主题与社会习俗限制，无法尽情发挥，他们只有靠幽默感维持着工作兴趣。通常僧侣寄望雕刻家雕塑的是神像而非娼妓，他们希望激发民众虔诚的信仰，造成敬神畏神的德行，而非激发人们爱美的天性。雕塑由于手法与精神均受到宗教的束缚，一旦信心失去了热与力，雕塑随之就趋于朽烂。而且，一如埃及，在虔敬荡然无存的时候，拘泥于习俗将导致灭亡。

陶器

尽管我们说西北欧文明源于希腊与罗马，但却很难说日本是自朝鲜与中国输入文明的。我们可以把远东各民族看作同一人种与文化单元，就如同在一个国家之下有许多省份一样，在其中每一部分因时因地产生与其他各部同种并相互依赖的艺术与文化。因此，日本的陶器可说是远东制陶术的一部分或一个时期，基本上类似中国的陶器，但更为精美。远在7世纪朝鲜艺术家到达日本之前，日本的陶器仅仅是塑造粗料供一般用途的工业而已。显然，在8世纪之前，远东还没有上釉的陶器，更谈不上上釉的瓷器。及至13世纪后，茶传入日本，则促使陶器工业变成艺术。中国宋朝茶杯随同茶传入日本，引起日本人普遍的赞美。1223年，一位日本陶工加藤白左卫门（Kato Shirozemon）冒险前往中国研究制陶术有6年之久，归国后即在濑户（Seto）自设工厂，自后其制品远胜于日本先前的一切陶器制品，而濑户物（Seto-mono）或濑户陶器（Seto-ware）遂变成日本陶器的通称，就像17世纪英文以Chinaware这个名词来称呼瓷器一样。由于赖朝将军（Shogun Yoritomo）曾定出式样将白左卫门的茶罐制品作为赠品酬劳一些略效小劳的人，更提高了白左卫门的前程发展。现在残存的敏郎烧（Toshiro-Yaki）[1]样品已是价值连城，他们将这些样品包以珍贵的锦缎，收藏在最精致的漆器盒里，而其拥有者一提及此陶器便屏神静气，有如贵族鉴赏家。

300年后，另一位日本人村祟（Shonzui）又慕名到中国研习著名的陶器。返国后即在肥前（Hizen）之有田（Arita）设厂制造。然而，他感到苦恼，因为在其本国的土质中极难找到像中国那样适用的黏土来制造一个好杯；其制品据说主要成分乃是他的工匠的骨头。尽管如此，他的回回青陶器（Mohammedan blue）却是极其优

[1] 敏郎（Toshiro）是白左卫门的别字，烧（Yaki）意指陶瓷器。

异，即连18世纪之中国陶匠仍争相仿效并冒名外销。其作品迄今仍被誉为日本伟大画师的杰作（陶器上带画）。约在1605年，朝鲜名匠李三牌（Risampei），在有田地区之泉山发现储量极多的陶石，此后肥前就成为日本制陶工业的中心。同时，在有田，著名的酒井田柿右卫（Kakiemon）从一个中国商船船长处学会了涂瓷釉术之后，经过他不断的努力，其名字几成为他那上过釉外观精美之瓷器的别名。在伊万里（Imari）的港口，荷兰的商人运载了很多肥前制品到欧洲，仅1664年一年之间就运走了44 943件。而此光辉的伊万里烧（Imari-Yaki）变成了欧洲最风行的东西，并且鼓舞了凯泽（Aebregt de Keiser）在荷兰的代尔夫特（Delft）的工厂中开创了荷兰制陶业的黄金时代。

同时日本茶道的兴起也刺激制陶业的进一步发展。1578年织田信长在茶道大师千利休的提示下，向居于京都的一家朝鲜人订购了大量的茶杯与茶具。几年之后，丰臣秀吉以一个金图章相赠以示酬谢，使得该家陶器乐烧（Raku-Yaki）几乎成为茶道的必备珍品。丰臣秀吉侵略朝鲜未果，却带回了很多俘虏，其中有一些是艺术家。1596年岛津义弘（Shimazu Yoshihiro）带给萨摩藩（Satsuma）100多个朝鲜技术人员，其中包括17个陶工。这些人员以及其后继者使得色彩华丽的日本陶器在世界各地建立了良好声誉，更使意大利的一个城镇以陶器（faience）命名。日本陶器艺术的最伟大名家是京都的野村仁清（Ninsei），他不仅首创釉陶，而且精益求精，因此其制品广被收藏家所珍视，也使其商标更容易被冒用。由于他的努力制作，该装饰精美的陶器在京城里产量达到惊人的程度，在京都的某些地区，每一个二流的家庭都变成一个小陶器制造厂。声望稍逊于仁清的是乾山（Kenzan），他是画家光琳之兄。

在制陶业的历史中经常有吸引人的传奇出现，后藤方次郎（Goto Saijiro）怎样设法把制瓷术自肥前带到加贺？在九谷村的附近发现了一层适合于制造陶器的石床，该省封建地主决意在此地区设立一个瓷器工厂，因此后藤被派到肥前去研究烧炼与设计等制陶方法。可是制陶术是极保密而不轻易外传的，因此有一段时间后藤颇感苦恼。最后他假扮仆人到一陶工家充任贱役。3 年后他的主人允许他到制陶厂去，后藤就这样在那里工作了 4 年多。其后他舍妻离子逃回加贺，尽将所学报告其主人。此后（1664 年）九谷的陶器取得主流地位，而九谷烧（Kutani-Yaki）被誉为日本最好的陶器。

在 18 世纪肥前制陶业之所以能保持领导地位，乃系平户（Hirado）的封建地主对其工厂工人仁慈照顾的结果。有一个世纪的时间（1750—1843 年）平户的茶道用陶瓷器，曾执日本瓷业之牛耳。至 19 世纪善五郎（Zengoro Hozen）借仿制精致而超过原平户制品，遂将制陶领导地位带到京都。19 世纪后半叶，日本将从中国进口一直维持粗糙原状的陶器，发展景泰蓝加釉，随后在制陶业上获得世界的领袖地位。在同时期，因别地的制品品质低劣，更由于欧洲对日本陶器的需要量日增，导致一种投合外国人喜爱的装饰夸张的式样，遂影响到制造的技巧，也削弱了此种艺术的传统价值。此地也如同他处一般，该项工业的发展一度蒙上了阴影。大量生产取代了品质鉴赏，大量消耗也取代了区别爱好。也许在发明达到兴盛阶段，以及社会组织与经验已经散播休闲的观念与创造的乐趣时，咒骂也许会变成祝福；工业的发展也许毫不吝惜地赋予大多数人以舒适生活，而工作者付出较少时间于机器操作之后，也许会再变成一个艺人，借着个人喜好的风格，将机器生产变成人格与艺术的作品。

绘画

日本绘画较诸本书前面所述各种题目，更须通于此道者才能了解，虽则日本绘画为行家所惮于评述，但望本节因揭发一般论述的讹误，而使读者对日本文化的本质略窥其全貌。1200 年来，日本画派错综复杂，大部分佳作或年久湮没，或散失于私家收藏。[1] 留传下来的仅存硕果，不论就画貌、笔法、风格与材料而言，都与西画大异其趣，西方人士难以鉴赏评断。

日本绘画的画笔，与中国一样，就是书法上用的毛笔，好像希腊文里书法与绘画均源同一系一般。绘画属于图像艺术，这种现象大致决定了东方绘画从材料的应用到色彩以及线条方面的特性。材料简单：仅具备墨水、毛笔及宣纸或丝布就够了。而画工艰深：绘者将画纸（或丝布）平铺地面后踞伏其上工作，并须熟谙 71 种不同的笔法。早期，佛教精神注入日本绘画时，多表现在壁画上，大部分皆如印度南方的阿旃陀和土耳其的形式。享誉颇高的现存绘画，几乎全是挂轴画或卷轴画，这些轴画并不是展列在画廊里——当时的日本也没有画廊，而是供作绘画持有人及其友朋的私人品赏；或是作为寺庙、宫殿、居室的装饰。作品当中，绝少人物的肖像画，一般多为大自然的素描、战争的景象，或是对禽兽、仕女的嘲讽。

这些绘画充满诗的意境，绝少强调事物的形体；蕴涵哲理，而不表现实像。当时日本画家并不属于写实主义者，很少描仿实物的外貌，他们蔑视光线、阴影，嘲笑西方绘画对远物的配景布置。北斋以满含哲理的口吻说："在日本的绘画中，形式与色彩不是用来表现画物的轮廓。但是欧洲的绘画则不然，意念与轮廓都要讲究。"日本的艺术家着重于表达感受而非物体的描绘。日本的诗系表现作者由其臆想所产生的美，并激发读者的欣赏与共鸣。画家同时又是一位诗人，以其神韵与气势见重，而漠视画物的结构与线条，他们以为只要传神写意，那就是属于写实主义的了。

很可能是朝鲜把绘画传到这个万世一系的帝国来的。日本的《信史》因为从 7 世纪才开始，在此以前，法隆寺中生动彩色的壁画，一般被解释为朝鲜画家的杰作，因为这幅完美无瑕的伟构，无史可推

[1] 狩野学派的最佳珍藏可能在 1923 年的大地震里损毁。

证其为当时日本人的作品。留华返国的僧人弘法大师（Kobo Daishi）及传教大师（Dengyo Daishi），是绘画发展的另一个推动力量。806年，弘法大师回国，带来绘画、雕刻、文学与孝道，以其妙笔，绘制了日本最早的作品。佛教的思想刺激日本艺术的发展，如它以前对中国的影响一样。禅宗的冥想，糅合原有的哲理与诗的意境，使得绘画中的色彩与构图开创了另一新局面。当时的日本艺术品经常出现阿弥陀佛像，如同欧洲文艺复兴时代壁画和图画常常画上十字架或天使报佳音的画像一样。1017 年，惠心源信（Yeishin Sozu）因为绘画阿弥陀佛的出世与修炼成佛经过，而成为日本画史上最伟大的宗教绘画家。与此同时，巨势金刚（Kose no Kanaoka）在日本画界展开了脱离宗教色彩的运动，他的画描绘花卉、飞鸟、走兽，而不以神佛、僧侣为题材。

巨势的作品属于中国画的风格，走着纯粹中国画的路线。9 世纪以后，约有 500 年之久，日本与中国断绝来往，这是其历史上第一次的孤立时代。其间，它自行发展了独特的画风，以本国的山水、景物为描绘的对象。大约在 1150 年前后，在天皇与贵族的主持下，在京都设立了一所国立绘画学校，对外国绘画的精神与格调予以抨击，京畿的豪门巨宅都绘饰着花卉和日本的山水。这所学校由于有许多大师，因而有着各种不同的称呼，如大和流、和流画，到了 13 世纪末，则名为土佐画派，系以土佐权之守而命名。他们画风一脉相承，譬如在描述爱情与战争的卷画上，完全采取本国的作风，其气势与外观，笔法的变化与精神，迥异于中国的绘画。1010 年，高义以巨幅的着色画绘述源治故事。鸟羽僧正（Toba Sojo）以自我嘲讽的方式，借猿猴与蟾蛙为题材，描绘着当时社会的弊象。藤原尊信（Fujiwara Takanobu）在 12 世纪末叶，以其如椽大笔，绘出赖朝等人栩栩如生的巨幅肖像，在当时的中国绘画中，是没有此类肖像的。其子藤原信实（Fujiwara Nobuzane）耐心地为 36 位诗人画肖像。13 世纪小管（Kasuga）之子惠恩（Keion）等人生动的轴画作品，应当列为世界图像画中最辉煌的成就之一。

代表本土精神的画风，以后却又逐渐转回传统的面貌与风格，日本的美术受到中国宋代盛起的文风影响与滋润，模仿之风不可阻遏。日本的画家几乎根本没有去过华夏中土，却毕其一生摹绘中国的人物与山水。张传士（Cho Densu）画了十六罗汉，此幅作品留存至今，现陈列于华府平民画廊。周文（Shubun）生长于中国，迁居日本时，以其记忆与想象绘作中国的山水。

在这个日本的绘画二度浸淫于中国画风的时代里，产生了日本图像画艺术上最伟大的人物。相国寺（Sokoku ji）的画家雪舟，是一名禅派僧人，求学于足利义满将军所创办的一所美术学校，他年少时，其技艺即令乡人惊异。有一项神奇的传说是这样的：他因顽皮，被人缚绑在柱子上，他用自己的脚趾随地画了一只老鼠，因其栩栩如生，此鼠居然咬断绳索，使他得以脱逸而去。他渴望目睹中国明代画家的一手作品，在获得高级僧侣及幕府将军的首肯后，渡海来华。来华后正逢中国画在走下坡，他大失所望。所幸在另一方面，他亲自尝历了这个伟大国家多彩多姿的生活与文化，满怀着兴奋，将无数的意念带回到他的国土。据传说，他起程赋归时，中国有许多文士及王公都伴送他登船，临行向他洒送白色纸片，表示期望他继续作画，否则，他得将这些纸片一一送回。就因有这么一段故事，他才取笔名为雪舟。抵达日本时，义政将军以王子之礼款待，并厚赐赏赉食禄，他一概婉谢，告退隐居在长州的故乡，开始挥洒笔墨，笔法精微遒逸，对中国山水景物及生活实况的绘画，件件皆是不朽伟构。其布局之宏远变异，其意念与画法之新颖生趣，线条之雄浑有力，几为中国画所罕有，而为日本画师所绝无。雪舟晚年时，日本的画家纷纷登门趋谒，以示尊崇。今日，日本收藏家收有他的作品则如获至宝，如同欧美人士拥有达·芬奇的作品一样欢欣。有这样一则传说：一位怀有雪舟作品的收藏家，身陷大火，无法逃生而自知必死，用利剑剖开腹部，把无价之宝的雪舟的轴画塞入其中，火劫过后，这具烧焦的尸首里，那幅轴画依然完美无损。

足利与德川幕府的御用画家延续着中国画的画风。幕府朝廷的官用画家承受敕命，负责教导年轻的画家从事绘饰宫殿的工作。此一时代，寺庙几乎受到忽视，因为社会财富的增加使得艺术脱离宗教而世俗化。15 世纪末叶，狩野正信（Kano Masanobu）受到足利幕府的赞助，在京都设立了一所世俗化的绘画学校，他致力于维护存在于日本艺术中的古典格调及其中国的传统。他的儿子狩野元信（Kano Motonobu）循着此一方向而努力，其成就仅次于雪舟。一则有关他的故事，说明了集中心智与欲望是成就天才的关键。狩野元信奉命画鹤，有人发觉他一连几个晚上，举止行动简直像是一只鹤，因为他每晚模仿鹤的栖止行动状，以便于翌日得以挥笔作画。他是一个每天晚上怀着一觉醒来就非成名不可的欲望而上床就寝的人。狩野元信的孙子狩野永德（Kano Yeitoku）虽是狩野家族的后裔，却摆脱了先辈局促的古典主义，在丰臣秀吉的支持下，另创一种华丽的画风。狩野探幽（Kano Tanyu）将绘画学校自京都迁往江户，他供职于德川幕府中，曾为德川家康在日光的祖坟藻饰绘画。此后，狩野的绘画时代逐渐失去了当代的绘画精神与冲劲，而宣告结束。日本迈入另一个崭新的时代。

约在 1660 年，以光悦—光淋（Koyetsu-Korin）画派为首的一批新画家开始登上日本画坛。新的画家对哲理与风格感到彷徨，也感到中国画的形式与雪舟、狩野画派的主题显得保守与破落，他们转而以本国的山水为作画的题材和灵感。光悦是当时具有多种才华而普受钦羡的伟大人物，他是杰出的书法家、绘画家，以及金属、陶瓷与木器的图案设计家，如同欧洲的威廉·摩里斯（William Morris）一样，他发明了更为精美的印刷术。在一个村子里，他纠合所有的艺匠，在其指导下，发展各种不同的艺术。德川时代的画家当中，唯一能与光悦相匹敌的是光淋。他以草木花卉为题材，画笔惊人，妙笔挥洒，将鸢尾树的叶子绘于丝布上，极其生动活泼。没有一个画家像他那样具有纯粹彻底的日本画风，而在韵味与旨趣上，他是最典型的日本画家。[1]

就最严格的含义所指的日本绘画，其绘画史上的最后一个画派是由18世纪的圆山应举（Maruyami Okyo）在京都所创立的。应举是一介平民，受到有关欧洲绘画知识的刺激，决心抛弃古老风格中的那种衰微的理想主义与印象主义，而想把日常生活中各种简单的景物作具体的描绘。他很喜欢画禽兽，身边摆满写生用的禽兽标本。他画了一张野猪的画展示给猎户观看，结果猎人都说是一只死野猪。失望之余，他奋然习作不懈，直至人人说所画的野猪不是死的而是睡着的为止。当时京都的贵族一文不名，他只好将作品出售给中产阶级。客户群的定位决定了，他所画的题材平易通俗。应举甚至画了京都的美女，使那些老画家震惊不已，应举依然我行我素，坚持他那反传统的作风。森狙山（Mori Sosen）接受了应举自然主义画风的引导，每日与禽兽为伍，与之共同生活，以便能画得惟妙惟肖，终于成为日本以猿猴与麋鹿为题材的最伟大的画家。到1795年应举逝世以前，写实派就已经主宰了日本画坛，这个完全通俗化的画风，普遍引起了日本与全世界的注意。

版画

日本艺术的许多形式在本国地位不高，如果想以其中某种形式而将日本的艺术传入西方，使人人广泛地知晓并且产生影响，那简直是历史上的笑话。雕刻的艺术，随佛教传入日本，500年之后，大约是18世纪的中叶，这种艺术就表现在书籍的插图中以及人民的日常生活里。古老的题材与方法已丧失了新奇与有趣的特性，因为人们一

[1] 纽约大都会艺术博物馆获赠一幅光淋的屏画，勒杜克斯（Ledoux）称赞它是获准运出日本的这类画派作品中的伟大杰作之一。

向被灌输了一些佛教的圣僧、中国的哲人、呆然作冥思状的禽兽、单调毫无生气的花卉等教条，而逐渐崛起的新兴阶级认为艺术应该反映他们周遭的事与物，于是迎合这种看法与需求的艺术家就应运而生。由于作画需要漫长的时间与昂贵的费用，同时，画成之后也只有一幅可供欣赏，因此新的艺术家就利用雕刻的技术来达成艺术上的目的。他们为了符合庶民顾客的需要，将绘画镌刻在木头上，通过版模，印行了无数廉价的印刷品。早期的这些印刷品是用手工着色的。1740 年左右，有三种模版，一种是不着色的，一种是略着玫瑰色的，第三种却是全绿的。印制时，每张纸依次从这三种模版上过一遍。终于在 1764 年，春信（Harunobu）首创了多色画的印刷术，为北斋（Hokusai）与广重（Hiroshige）生动的素描写生画铺路，给予当时毫无文化生气、寻求新奇的欧美人士以一种启发与刺激，也因此诞生了浮世绘（Ukiyoye）派的“现世之画”。

在日本，首先将毫无官衔的庶民作为艺术创作的题材的，并不是这些新派的画家。17 世纪的早期岩佐又兵卫（Iwasa Matabei）在一套有 6 幅版画的屏风上，雕绘了庶民生活中仕女孩童悠然不受拘束的闲态，而令武士贵族阶级震惊不已。这幅雕画屏风曾于 1900 年由日本政府遴送巴黎展览。当时在航程中投了保险 1.5 万美元。1660 年左右，菱川诸信（Hishikawa Moronobu），一名京都的服装设计师，最先创设了模版的版画，也首先印刷书籍中的插图，后来印制的巨幅版画散播民间，有如今日的图画明信片。1687 年，大阪剧院的海报设计家杜留久处元（Toru Kujomoto）迁居江户，教导浮世绘派的人，告诉他们如果印刷当红演员的画像，必将获利更多。而后，这一派新兴的艺术家更进一步从舞台扩展到吉原（Yoshiwara）的妓院，使无数羸弱的国色天香尝获到永恒不灭的滋味——为她们作版画印刷。裸露的乳房与光滑的肢体，带着娇羞作态状，毫无顾忌地迈入一向以宗教、哲学为圣地的日本绘画。

18 世纪中叶，这种蓬勃发展的艺术杰作纷纷问世。春信借用许多版模印制了 12 到 15 种颜色的印刷品，并对他自己在舞台上所印制的早期画品颇多自责。而以典型的日本风味绘印了属于年轻人的欢乐、优美的世界。清长（Kiyonaga）在这一派里可以说达到了艺术的巅峰，将色彩与线条轮廓注入了当时尚未创立的贵妇人物画。写乐（Sharaku）献身于版画印刷仅有两年，他绘印了 47 个浪人的肖像。他有许多画尖酸刻薄地讥讽舞台上的明星，这短暂的两年使他登峰造极。歌麿是才华横溢的天才，专精于线画与图案。穷其一生，从昆虫乃至娼妓，无不雕镂刻绘。他有半生时光是在吉原消磨掉的，沉湎于声色之乐及工作之中，后来，在 1804 年因镌刻了丰臣秀吉将军及其 5 名妾姬的画而获罪，饱尝了一年的铁窗滋味。歌麿厌倦常人那种拘谨的态度，因此，在他为高尚有礼的妇女写生作画时，故意把她们画得像鬼魂般纤细，偏着的头，细长而歪斜的眼睛，拉长的脸庞，加上一幅神秘怪异的身躯，飘飞的杂色的长袍。这种颓唐堕落的嗜好，使得高尚的艺术风格增加了古怪矫饰的特性，而导致浮世绘派的腐化衰败。此后，尚有两位最闻名的大师，使这一派的生命苟延了半个世纪。

自称为“有绘画狂热症的老人”的北斋，享寿 90 年，却为自己大器之晚成与生命的短暂而哀伤：

> 当我 6 岁的时候，有一股要描绘各种不同事物的奇怪念头，终日缠绕着我。等到 15 岁那年，我已描绘出许多可以出版的作品，但无一件是我满意的。绘画在我 70 岁时才真正开始。现在已到 75 岁了，对于大自然的鉴赏力与日俱增。我盼望 80 岁时，对自然景物的直觉有所心得，以便能于 90 岁时有更大的发展，等到 100 岁我即可宣告我的直觉完完全全是属于艺术家的眼光。能否让我过 110 岁年月呢？我渴望真正的领悟能从我的画笔中充分流露大自然的美……我请求那些与我同样长寿的人，届时可知我是否履行诺言。（此论作于 75 岁，以前名为北斋，现已改称为“有绘画狂热症的老人”。）

北斋跟大部分的浮世绘派的艺术家一样，出生于艺匠世家，父亲为造镜匠。早年曾拜艺术家春草（Shunso）为师，在其家中当学徒。后来因作品别出心裁，遭师驱逐，只好回家过着贫困坎坷的生活。无法靠绘画为生，以叫卖食物与历书度日。不久，房子又惨遭焚毁，他只能吟《牧歌》一首以抒伤怀，意为："眼看他，楼焚了，回顾落花，依然自我。"他 89 岁那年始为死神所光顾，万般无奈地离此人世。曾说："若上天再假我十年，我终能成一大画师。"

他死后留下 3 万幅画，分装 500 大卷。他生前醉心于大自然的艺术生涯，一再地描绘他所喜爱的名山、泉石、溪流、小桥、瀑布与大海。北斋所画的《高士山川六景》问世后，他兴犹未尽，如佛教传说中所描述的高僧一般，[1] 又回到这座"神圣之山"的山麓，完成了《富士山百景》的名画。在《诗人的画像》的丛画中，其题材返回到日本艺术中较崇高的那一部分，其中有幅李白在庐山飞瀑与山壑之间的画。而在 1812 年，他开始发行有 15 卷之多，名为"漫画"的画册，是一部细腻刻画庶民实际生活细节的画本，幽默中带有讥讽，诙谐中透露其鄙俗。大笔挥洒，随心所欲而不着雕饰，每月作画十数件，将日本庶民的每一部分巨细靡遗地描述出来。因其画笔的扰乱及画意的通俗，北斋颇为当时日本画界与评家所歧视，如同美国评论家之鄙视惠特曼一般。在他死后，邻人才从其陋室中的作品里，发现了他这位伟大神奇的人物，如惠斯勒身后被追认为西班牙自委拉斯开兹以后最伟大的画家一般。

在西方不甚闻名，而在东方颇受尊崇的是浮世绘派最后期的伟大人物安藤广重（Hiroshige）。数以万计的印刷物显示出他的画作中，日本的风景画较诸北斋的作品更加忠实，而其艺术上的才华，几使他跃为日本最伟大的风景画家。北斋在面临大自然时，不是在描绘景

[1] 北斋曾被放逐，但却眷怀故旧，每日驾舟渡海以瞻仰富士山。

色，而是依据其个人的想象，在勾绘虚空的幻景；而广重热爱世界上各种不同的景象，并对它们作忠实的描绘，其所描绘的景物与轮廓之逼真使旅人游客激赏不已。1830 年前后，他开始起程沿东海道而行，这条海道即日后京都与东京的通道。他和诗人骚客一样，不急于赶路，而怡情陶醉于沿途的景色。当他走完这段旅程后，聚集沿途所见景物的印象，完成他著名的杰作——《东海道五十三胜景》（1834 年）。他嗜绘雨景与夜色的各种形貌，在这方面唯一能超越他的，是惠斯勒的夜景画。广重热爱富士山，为它画了《三十六景》；他也同样热爱故乡东京，谢世前不久完成了《江户百景》的伟构。他享年不如北斋长久，但其画作在内容上闪烁着更为智识的光辉：

我将画笔掷留在阿祖玛（Azuma）
起程前往神圣的极乐西方，
去探访彼界那闻名的景色。

日本的艺术与文明

西方工业文明不断冲击日本精巧微妙的古文化，日本的印刷术可称为这个文化最后一个阶段的代表。同样，在东方勤朴风气的浸润下，今日西方人心中存在的这种讽世的悲观主义就是西方文明注定要灭亡的一种前兆。因为 1853 年以前的日本，无妨于我们，所以我们可以傲慢地去欣赏中古日本的优美。而工商业强盛并且赫赫武力的日本，很难使人发觉其诱人之处、可爱之处。我们了解到古老的日本有着相当多的残酷性，农人穷苦，工人遭受欺压，妇女就是奴隶，在饥荒歉收的岁月被迫卖淫；生命廉贱如草芥，对百姓而言没有法律而只有武士阶级的利剑。同时期，在欧洲，男人相当凶酷，妇女只是附属的阶级。农人穷苦，工人遭受欺凌，生活艰难，有思想者极危险。因而没有法律，而只有地主或国王的意志。

然而，正如我们可以发现古老欧洲的可爱一样，因为在当时贫穷、冒险与迷茫里，人们将雕绘优美的无数砖石砌筑成座座教堂，或前仆后继为争取思想的权利而殉难，或不断为正义而奋斗以创建人民的自由，而成为传留给我们最宝贵的遗产。同样，我们敬重蕴藏在武士阶级狂啸之外的那股英勇，这股英勇给予日本一种超乎人力与财富之上的力量。在懒散的僧尼之外，我们体会到佛教的诗，认识到它给予诗和艺术一种无穷的刺激。除去凶恶的吆喝，甚或强者对弱者的粗暴，我们也看到了温文尔雅的礼节，最宜人的礼仪，以及对大自然的美的虔诚。在对妇女的奴役之外，我们也见到了她们的优美、温柔和无与伦比的高雅。在东方家族的专横里，我们也听到他们庭院里孩童的欢乐嬉戏之声。

日本诗的简洁格式及其难以言传的含意，我们并不深加感赏。然而也正是这种诗，和中国的诗一样，带来了现代的自由诗体与写象诗派。日本的哲学家缺乏创造力，历史学家欠缺高度的公正心，我们期望他们的著作不要变成国家军事和外交力量的附属物。事实上，在日本能够具有此项独立守正者凤毛麟角。日本于是很聪明地从事美的创造，而不是真理的追求。她所赖以生存的土地不甚稳固，使得日本无法建造雄伟的建筑。她所筑建的房舍“就审美的观点言，可说是最完整的”。在制造小巧的物品的优美与精致可爱上，现代没有一个国家能够与日本相匹敌。如日本的女性和服、折扇与阳伞、茶碗与玩具、“印笼”（一种药罐）与“根付”（一种装烟草用具）、华丽的漆器与精致的木雕，其匠艺皆可称独步于世。现代没有一个民族能够比得上日本人在装饰方面的精妙细致，在风格上的优雅稳健。事实上，日本的陶瓷作品，与中国宋、明陶瓷相比，颇为逊色。但是除中国的陶瓷器优于日本陶瓷作品外，日本的陶瓷是凌驾现代欧洲各国之上的。虽然日本的绘画缺少中国画的笔力与深度，虽然日本的印刷最差的仅代表一种张贴的艺术，最好的只不过糅合优美与线条来表现世界上琐细事物的虚幻与浮沉，可是日本画自有其风格，而不同于中国的绘画，日本的印刷术不同于日本的水彩画，其印刷术革新了 19 世纪的图画艺术，并且促进、推动了数以百计的实验，创造了其新颖的形式与面貌。1860 年以后，日本重开贸易的时代里，那些印刷品大量涌入欧洲，深刻地影响了莫奈、德加、惠斯勒，结束了欧洲绘画从达·芬奇到米勒的“褐色”时代。从日本来的印刷品为欧洲画家的画布注入了新的光辉，鼓舞了欧洲的画家：画家应该具有诗人的气息而不是只作一名摄影师而已。惠斯勒曾大言不惭地说：“美的故事已经在富士山下编造完成——内容包括（希腊雅典）帕特农神殿的大理石雕饰、飞禽的刺绣、北斋的扇等。”

古代日本在北斋死后 4 年宣告结束。在锁国时代的享乐升平里，古代日本忘却了一个国家为免于遭受奴役必须怀有世界般广大的胸襟。当日本在雕饰“印笼”、藻绘折扇的时候，欧洲正建立一种为东方所懵然不知的科学；这种经年累月在实验室研究发展出来的科学，深深地改变了世界的潮流，为欧洲带来了工商企业，制造出来的日常用品虽然并不华美，但是比起亚洲匠人用手工制作的大为低廉。随即这些廉价的商品占有了亚洲的市场，使那些处于手工业阶段、宁静闲逸的国家的经济受到冲击，并且改变了他们的政治生活。而更恶劣的是，科学制造了炸药、兵舰与枪炮，较诸英勇的日本武士的利剑，杀戮更甚。对于神出鬼没的炮弹，武士的英勇有何用处？

西方的枪炮猛然震醒了熟睡中的日本，使它从教训中跃然崛起，接受科学、工业与战事，用战争与贸易击败所有的对手。不到两个世代的工夫，日本俨然成为当世最具侵略性的国家，这应是现代史上最令人惊异的一页了。

第九章 | 日本的新面貌

政治革命

一个文明很少因外来因素而灭亡：在外来的影响或攻击结束一个文明，或改变其基本结构以前，该文明的活力必因内部的衰微而遭削弱。一个统治家族甚少具备长久统治所需的坚韧活力与敏捷适应力。因为王朝的开创者在角逐天下时，其家族之精锐已耗费大半，于是乃由平庸之才担负那唯有天纵之士方能负荷的治国重任。家康之后的德川家族治理国事尚可称职，然而除吉宗（Yoshimune）之外，罕有激奋之辈。在家康死后 8 代之内，封建藩主时有叛乱，动摇了幕府统治，他们或拖欠税收，或拒绝纳税。如此，政府虽竭力节俭，而江户财库却仍无力支持保卫国家安全之所需。两百余年的太平盛世既腐蚀了武士的斗志，也使人民难以适应战争所带来的困苦和牺牲。好逸恶劳的习尚取代了丰臣秀吉时代的简朴刻苦。因此，亟须保卫国家主权之际，日本人乃发觉举国上下身心俱缺武装。日本知识界因和外国隔绝而感烦躁，同时对于传闻中欧美文物之盛亦不免好奇。知识界研究贺茂真渊与本居宣长等人作品，私下并视幕府为违反皇朝延续的僭越者。同时，知识界也无法对于天皇神圣与德川家族所宣称的天皇贫乏无能之间取得统一认知。有些人甚至隐藏于吉原及其他地方，向城市秘密散发传单，激昂地呼吁打倒幕府，恢复天皇统治。

当此政府疲惫无力之秋，传来惊人的消息——1853 年，一支美国舰队罔顾日本政府禁令，擅自驶进浦贺湾（Uraga Bay），其统帅坚持要会见日本最高当局。时美国海军准将佩里（Commodore Perry）率战舰 4 艘，兵卒 560 员。佩里并未以这支尚可观的兵力耀武扬威。他仅致幕府家庆将军（Iyeyoshi）一礼貌周到的文翰，保证美国政府所求者，不过是要日本开数处港口以供通商，及日本政府妥作安排，保护在日本海边失事之美国船员。适逢太平天国之乱，佩里一行遂即回航其在中国海域的基地。1854 年佩里率一支更强大的舰队重抵日本，并携带一些准备馈赠日本天皇、皇后及皇族亲王的礼物——包括香水、时钟、火炉、威士忌酒等。新立的幕府家定将军（Iyesada）虽未将那些礼物转给皇室，但却同意与佩里签订《神奈川条约》（*The Treaty of Kanagawa*）。此条约实际上是对美方所有的要求予以让步。佩里对日本人的礼仪称赞备至，且以并不完全的远见宣布曰："倘若日本人前往美国，即可发现全美国可航行的水域对他们都开放。即使是加州的金矿区也不会禁止日本人前往。"在此条约以及后来签订的几个条约规定下，日本乃开放主要港口以供外来之贸易。关税有特别的规定，其数目也是有限的。日本同意欧美国民在日本犯罪归其本国驻日领事法庭审判，并禁止日本对境内所有基督教的迫害。同时，美国答应将日本所需要之军火战舰售予日本，并借给日本军官技士以教导战术。

这些条约使日本人备感悲痛，虽然日本人后来也承认这些条约是演化与命运的公平工具。有些日本人愿不惜代价与外国人一战，以驱逐外国人，恢复一个自主的封建农业政权。也有一部分人则了解学习西方的必要，反对驱逐外国人。他们主张日本唯有尽快学习西方的工艺技术及现代战争之术，才可避免重蹈中国连连败北而受欧洲列强经济宰割的覆辙。西化运动的领袖以惊人的手笔，在封建藩主的帮助下，推翻幕府，恢复天皇统治。然后以天皇的权威推翻封建制度，并介绍西方工艺技术给日本。1867 年，封建藩王说服幕府最后的将军德川庆喜（Tokugawa Yoshinobu）逊位。庆喜说："几乎所有的行政措施均欠完善，本人惭愧地承认，目前这种令人不满的情况乃由于本人的缺点和无能所致。与外国接触既已日趋广泛，除非由一个中央权力集中统治，否则国家基石将告破碎。"明治天皇简要答之曰："德川庆喜恢复朝廷统治的提议已被接受。"于是，1868 年 1 月 1 日，"明治时代"正式开始。其对神道旧宗教加以修改，并广泛展开宣传，使人民相信：复辟的天皇属于神圣的皇朝一系，并且圣明天纵，其命令应如神的谕旨般被接受。

在此新权力的武装下，西化运动倡导者完成了迅速转变日本的奇迹。伊藤博文（Ito Hirobumi）与井上馨（Inouye Kaoru）勇敢地冲破禁令阻碍，到达欧洲学习工艺与制度。欧洲的铁路、汽船、电报及战舰，都令他们叹为观止。两人带着欧化日本的决心回国。于是日本政府雇用英国人监督铁路建设、电报设置及海军的建立；雇用法国人修订法律，训练陆军；雇用德国人参与医学与公共卫生组织；雇用美国人助其建立普及教育制度；为使诸事更臻完善，乃雇用意大利人教授日本人雕刻和绘画。这些措施虽不免引起短暂流血反应，而日本精神亦时起而反抗这种人为的异端变革，但是，获得最后胜利的是机器，工业革命把日本带进了新领域。

这个革命（日本近代历史中唯一的真正革命）必然提高了财富与经济力量而形成一个阶级。这个新阶级——制造商、商人及金融家——在传统的日本曾是社会的最低阶层。他们就是日渐抬头的资产阶级，静静地用其财富与影响，首先摧毁了封建制度，然后企图削弱皇权。1871 年，政府说服封建贵族放弃传统特权，然后以政府公债换取贵族土地，以示安抚。[1] 借着这种利害关系，使旧日贵族仍然忠心

---

[1] 这个程序本质上与 1789 年法国废除封建制度、1862 年苏俄解除农奴制度、1863 年美国解放黑奴相似。

耿耿地效忠政府。政府借此大胆而为，很容易使一个中世纪国家转变成一个现代国家。伊藤博文于二度游欧归国后，又仿照德国建立一个五等爵位的新贵族制度，分爵位等级为公（Prince）、侯（Marquise）、伯（Count）、子（Viscount）、男（Baron）。然而这些新贵系赏赐推行工业化有功人士的头衔，与封建社会的公爵迥然而异。

在伊藤博文锲而不舍的奋斗中，一个民主政治的雏形终于形成，促使各阶级的英才得以毕其精力，共同为国家急剧的经济成长而努力。依据1889年颁布的首部宪法，天皇唯我独尊地居万民之上，拥有全国的土地，统率全国海军、陆军，负有统一全国、维持国脉等特权。基于他个人的同意，赋予参众两院立法之权，国务大臣不但由他任命，而且只向他负责，而非向两院负责。在此之下则是一个由具有严格财产限制46万选民所组成的选举团。渐次放松选举权的限制后，1928年的选民遽增至1300万人，出人意料的是，政府腐败的现象与民主政治的推进等量齐观。

与民主政治俱来的是基于拿破仑法典，并从中古封建社会脱颖而出的日本新法典（1881年）。言论、出版、集会、信仰等自由，通讯及居住地不可侵犯，非依法律正当程序不得任意逮捕或处罚等一系列基本人权都得到相当的保障。严刑迫供也加以废除，对本属于社会阶层的最低阶级——秽多（Eta）——也破除歧视，在法律上与其他人处于平等的地位。监狱获得改善，犯人的工作也有些许报酬，当他们获释时，更有一笔资金供其重建事业之用。尽管法律的规定相当宽厚，但犯罪者仍极鲜少，倘若守法是文明的标志，日本（除少数暗杀事件外）在当今国家中，必定是名列前茅。

日本海军、陆军除由天皇统帅外，不再隶属于其他的人，此乃是新宪法最引人注目的特点，日本人鉴于1853年丧权辱国的条约，决心建立一支强大的军队，一方面得以主宰其本国的命运，另一方面更可称霸于远东。日本不但建立了征兵制度，而且使所有的学校成为军事训练基地及培养国家主义的温床。日本人以其惊人的组织及守纪律的天赋，瞬息构成强大的军力，得以与“外夷”居于平等的地位进行谈判，且着手进行西方列强所不能实现的所谓吞并中国的计划。1894年，日本反对中国派兵赴朝鲜平乱，且对于中国主张对朝鲜的宗主权更无法接受，终向中国宣战。使西方国家为之咋舌的是，日本在短期内居然击败了中国，迫使中国承认朝鲜独立自主，割让台湾与辽东半岛以及旅顺港，此外尚有2亿两银子的赔款。俄国取得德、法的支持，联合“劝告”日本放弃占领辽东半岛，但由中国付给3000万两银子。在三国的压力下，新兴的日本知道无法与之抗衡，对三国的要求让步。然而，日本对俄国所举耿耿于怀，俟机报复。

此后，日本上下一心充实战力，希望在不可避免的帝国主义战争中在俄国面前一雪前耻，并利用英国恐惧俄国势力向印度洋延伸的心理，与“海上王国”之称的英国签订盟约，在此条约下，两国同意，任何一国与第三国发生战争，另一国必须照应。英国外交上付出如此重大的代价是难得一见的。当1904年日俄战火引燃之后，英、美财团曾大力支持日本击败沙皇俄国。乃木大将占领旅顺后，随即挥师北上，制造了空前的沈阳大屠杀。在外交及军事上，德、法都倾向俄国，而美国罗斯福总统则公开表明支持日本。此时，俄国29艘船只所组成的舰队，正绕道好望角东来，从事现代史上最长的海战航行，进而压迫日本本土。日本东乡元帅（Togo）首次将无线电应用于海军通讯上，对俄国舰队的动态了如指掌，在1905年5月27日，终于击溃俄国舰队于对马海峡。是役东乡元帅曾电告其属下说：“日本兴亡决于此役。”结果日本阵亡116人，受伤538人；而俄国则死亡4000人，被俘7000人，舰队除3艘逃离外，均被击沉或俘获。

“日本海之役”为现代史的转折点。此后非但使俄国停止向中国领土的扩张，也使西方在东方的统治告一段落。亚洲再度抬头，成为本世纪政治进展的重心。此后，中国计划掀起革命，印度也开始追求独立。然而，就日本而言，所关心的并非是自由的伸张，而是权力的取得。它获得俄国承认日本在朝鲜的优越地位。更进而在1910年并吞了一度具有高度文明的朝鲜古国。明治天皇不仅是位贤明君主，更是艺术家、诗人，他在位十分长久，当他于 1912 年驾崩时足可告慰创造日本的祖先神明。在明治统治的初期，日本命运仍操纵于西洋人手中，如今已成东方霸主，且正向世界历史的轴心迈进。

工业革命

历经半世纪的奋斗，日本在各方面均以新的姿态出现。农民虽依然贫困，却享有前所未有的自由；他们可拥有农地，每年除向政府缴纳田赋或地租外，别无其他负担。倘若他有意到城市一展宏图，再没有贵族去阻止他。坐落在沿海地带的东京，逐渐形成大都市，有皇宫及贵族的宫廷、广大的公园及拥集的浴室，人口仅次于纽约及伦敦。过去一度作为渔村及堡垒的大阪，而今工棚、工厂以及摩天大楼栉比而立，已是日本工业的中心。拥有巨大码头及现代机器设备的横滨及神户，如今是世界上第二大港，[1] 工业产品经此销往世界各地。

日本人竭尽一切可能方法，将日本从封建社会迅速导入资本主义的社会，其间尚属顺利。首先，重金礼聘外国学者专家，而日本人仅当助手，听从指导。历经 15 年的努力奋斗，日本人终能学而有成。至此，外国专家只好领取重金并被欢送回国。日本模仿德国的经营方式，接管全国的邮政、铁路与电讯。同时，政府贷款给民间企业，提高关税，保护国内萌芽时期的工业，免受外国强大工业的摧残。如同 1871 年法国赔款促进了德国工业化一样，1894 年中国对日赔款，刺激了日本工业化的迅速发展。日本的企业界与 30 年前的德国一般，能够以新机器设备及旧的方法，来与那设备已经陈腐而工人又不驯服的西方工业国家相竞争。日本境内电力便宜，工资低廉，工人秉具服从的天性，唯其

[1] 据最近一次人口调查，横滨人口为 62 万人，神户人口 78.7 万人，大阪有 214 万人，东京则有 531 万人。

工厂法颁布很迟且执行不严。1933 年，大阪新式纺织工厂的一名女工可照顾 25 部纺织机，反观英国兰开夏，6 部机器即需一名女工照应。

1908 年至 1918 年日本工厂数目倍增，1918 年到 1924 年再增加一倍，迨至 1931 年，西方工业呈现不景气时，日本工厂却增加 50%。1933 年日本纺织业输出居世界首位。该年世界消费的 52 亿码棉纺织品中，日本产品占 20 亿码之多。1931 年放弃金本位制度，在国际交易上，日元的价值贬至先前的 40%。然而，这刺激日本外销品的增加，1932 年至 1933 年共计增加 50%的输出。国内外一片景气，富商巨贾——如三井、三菱——聚集财富，迫使军人与劳工阶级结合，同声主张代替政府接管工商业。[1]

商业的成长带来了新的富庶的中产阶级。日本产品之能打开国际市场，工资低廉的劳工阶级居功甚伟。1931 年男工每日平均工资仅为美金 1 元 1 角 7 分，女工仅 4 角 8 分，而女工比例竟占工人的 51%，其他 12%则为年龄 16 岁以下的童工。[2] 至 1931 年全国上下沉醉于战争狂热，一致主张对外扩张之际，工人罢工却此起彼落，共产主义的信仰趋于兴盛，迫使政府不得不宣布此“危险思想”为非法，工会微弱不振，并受到严格的限制。大阪、神户、东京的贫民窟日渐增多，五口之家仅能占有 8 至 10 平方英尺面积的房屋，此面积或仅可容纳一张双人床而已；神户，为数 2 万的罪犯、贫民、精神病者、娼妓等杂居一处，瘟疫流行，每年病故者竟占人口的 1/10，婴儿夭折的比率高于其他地区 4 倍。在政府采取行动扫除贫民窟之前，片山潜（Katayama Sen）及贺川丰彦（Kagawa Toyohiko）均分别采取暴力

[1] 日本境内山岭毗连，陆上交通不如海上贸易发展迅速。与西方国家比较，日本公路欠佳，汽车初时行驶，尚具危险性。19 世纪 80 年代初为美国传教士所发明的人力车，在美国因汽车的发明及 20 万英里公路的铺造，已渐淘汰，但当时在日本仍然存在，东京的地下铁路发展比美国及欧洲国家的城市顺利。日本第一铁道于 1872 年建立，全长仅 18 英里。至 1932 年全日本有铁道 13 734 万英里。日本首次建立的快速铁道，则是在中国东北大连与长春之间，全长 700 公里，行车时速 120 公里。

[2] 女工报酬低的部分原因即因女工一结婚即离开工厂，雇主又得另募新手接替。

及和平手段，要求改善他们的生活环境。

30 年前小泉八云曾就日本的现代政府作过一严厉的批评：

> 在新秩序之下，日本人民正遭受前所未有的煎熬。这种困境可从下面这一事实看出来：即东京房捐 20 日元（10 美分），而无力负担此数的居民竟高达 5 万人之众，在财富聚集于少数人之前，除偶因战争外，人民很少类此困境。

“财富集中于少数人手中”似乎是文明进展所不可避免的现象。日本的资方认为他们所支付的工资与工作效率及生活水准相较，并不嫌低。日本认为，廉价的成本必然由低廉的工资构成，而低成本又是打开国外市场的先决条件，而国外市场的开拓更是仰赖燃料与原料进口的工业国家所不可或缺的因素。以日本全国 12% 的可耕地，要维持众多人口，实施工业化是唯一的途径。况且，工业更是富国强兵与西欧一争长短所必需的。

文化革命

工业革命是否改变了日本人？某些外国新颖的东西的确醒人耳目。分衩而庄严的西装，赢得了日本城市男人的喜爱，但妇女仍继续穿着松弛而多彩多姿的和服，其腰际所缠的锦缎巾与背上的小包相对称。[1] 道路改善后，鞋子取代了木屐，唯市井人士仍喜好赤足而行。大城市里西服与和服杂然并存，象征着急速而未彻底的变化。

日本人的礼仪仍是外交礼节的楷模。虽然男人仍然遵循古制，进出屋宇先于妇女，或单独在街道行走，但是谈吐却彬彬有礼，鲜有秽语掺杂其间。然而，尽管表面恭谦有礼，但他们内心却深藏强烈

[1] 妇女于工作时间亦穿着西方式的制服，惟无论男或女，一下班又穿起传统的和服。

的自尊心，繁文缛节中蕴涵着无限的敌意。日本人的个性，如同其他地区的人一样，充满矛盾。随着时空等环境的改变，必须在暴力与温雅、忍耐与勇气、谦逊与骄傲中任择其一。因此，对日本人的重情感与现实、敏感与坚忍、多情与镇静、激动与自制等性格，不应有任何先入为主的偏见。日本人性嗜嬉乐，富幽默感且好安逸，并且常表现多样的自杀方式。他们喜欢动物及女人，但偶尔也对动物及男人表现残忍。[1] 典型的日本人具有武士的特质——勇敢好斗，视死如归；同时也具有艺术家的灵性——多愁善感，禀赋欣赏力。他们严肃而不矫饰，勤勉而节俭，好奇又好学，忠诚而有耐心，并对细微之杂务具有超人的处理能力；他们狡猾而驯服，与其他身材矮小的民族一般；他们具有灵敏的智慧，缺乏高度创造力，但禀赋有迅速吸收及了解的能力，能适应各种环境，而达预期的成就。总之，他们具有法国人的精神与虚荣，英国人的勇敢与狭隘心胸，意大利人的脾气与艺术才能，美国人的精力与商业才干，犹太人的敏感与精明。

与西方接触及冲突，使日本人在某些道德生活上发生了显著的变化。日本人忠厚诚实的风俗大都继续留传下来。[2] 可惜因选举权的扩大及现代贸易的激烈竞争，部分日本人染上了拜金主义及唯利是图的恶习。武士道精神仍然流传于高级军人阶级中，对于政治及商场上的歪风，多少产生了制衡的作用。尽管一般平民均奉公守法，但暗杀事件却是屡见不鲜——此种暗杀并非针对独裁而发，反而是极端爱国主义的发泄。40 余年来，黑龙会（Black Dragon Society）不断地在日本政府中煽动征服朝鲜及中国东北的政策。为达成目的，他们不择手段地在政治机构里展开暗杀行动。

---

[1] 1923 年大地震浩劫之后，得到美国救难船救济的日本横滨市民，趁火打劫，假借朝鲜人将推翻日本政府、杀害天皇的名义，当街杀害数百（一说数千）无武装的急进分子及朝鲜人。

[2] 小泉八云说："我居住在一块数百年来从未曾有窃案发生的国度里——明治时代新落成的监狱，冷清地搁置在那儿。"

远东与西方国家一样，由于经济生活的重大转变，承受道德上的纷乱。具有狂热感情的年轻人与过分守旧的老年人永存着代沟与争执，而这种现象随着工业的进步、宗教信仰的式微而日趋严重。工业化的结果是，乡村演进成都市，个人代替家庭成为政治及经济上的责任主体，往昔的父权为之削弱，数世纪以来对传统习惯及道德观念的依赖急促地转变成年轻人自行裁断。大体上，年轻人反对父母之命媒妁之言的婚姻。同时，婚后也不愿与父母共处一堂，宁愿外出自行建立自己的天地。伴随着工业化，妇女也提高了在家庭中的地位。日本人的离婚与美国一样普遍，甚且更为方便，只要签署一份文件，缴付相当于 10 美分的代价，即可宣告仳离。纳妾虽为非法，但实际上忽视法律享受齐人之福者亦大有人在。

在日本如同其他地方一般，僧侣总是敌视机器。斯宾塞与密尔的著作与英国的技艺一并传入日本后，结束了孔子思想称霸日本哲学界的局面。1905 年张伯伦曾感慨地说道："目前在学校的年轻一代都是拥护法国哲学家伏尔泰哲学的人。"同样的道理，日本人利用现代的科学技术，终于在当前的科学舞台上崭露头角。[1] 日本的医学以往均依循中国与朝鲜的古法而行。但西风东渐后——尤其德国——使日本医学界产生长足的进步。如高峰让吉（Jokichi Takamine）对副肾及维生素的研究，北里柴三郎（Kitasato Shibasaburo）对破伤风及肺炎的研究，以及在白喉抗体研究方面的发展，而野口英世（Noguchi Hideyo）对梅毒及黄热病的重大成就更使人刮目相看。凡此，均在证明日本医学已离开初新时期，而迈进医学先驱之林了。

野口英世于 1876 年诞生在一个小岛上，家境清寒，以致其父亲听说又有一小孩即将出世竟离家出走。这个不受重视的小孩，曾一度

[1] 1853 年前，日本即有科学存在，唯大部分均自中国输入。日本采用的历法，首先是阴历，604 年朝鲜僧侣又介绍了阳历到日本。680 年中国的修正历法又为日本所采用（目前仍存在）。以中国方法推算历朝天皇的大事。及至 1873 年，日本才采用格里高利历法（Gregorian Calendar，即现在的阳历）。

失足跌倒于火盆上，他的左手被烧成残废，右手则已几乎无法随心应用。残缺不仅妨碍了他接受教育的机会，而且使他一度萌生自杀之念。所幸有一医术高明的外科医生及时抵达他所居住的村落，妙手回春地挽救了他的右手。于是，在他幼小的心灵里播下了从事医学研究的种子。他宣称："我将做一个救人而非杀人的拿破仑。每夜我只要4小时的睡眠便足够了。"由于一文不名，起初他在一家药房服务，后来他说服了药房老板，资助他研究医学。毕业后，他前往美国，在华盛顿陆军医院半工半读。在洛克菲勒基金提供给他的实验室中，他独自从事成果丰硕的实验与研究。首先，实现梅毒菌的培植，这在医学上尚属首次，继之发现梅毒瘫痪的原因及其活动的不规则性。1918年隔离了黄热病寄生菌。他名利双收后，荣归日本，供养其母亲，并屈膝在供其研究医学的药房老板之前，以表谢意。然后，他前往非洲研究蔓延于黄金海岸加纳的黄热病，不幸自己也受感染，壮志未酬，英年早逝，1928年病逝时只有52岁。日本亦如西方国家一样，科学发展使得传统艺术式微。贵族制度的推翻使艺术欣赏的温床也不复存在，每一代的人只得自行摸索适合他们自己的标准。外国人渴望购买日本器皿，促使日本大量生产，然而产品良莠不齐，又影响器皿的水准。购买者争购古董的热潮，使艺术业者对于赝品的制作趋之若鹜，古董复制品在中国及日本成了当代艺术的习尚。而日本唯一从西欧国家受益的，便是景泰蓝瓷器的制作。机器取代手工的趋势，以及西方富庶和优势掩饰下的购买力及鉴定力，逐渐侵蚀了日本独特的本质。

知识阶级历时30年谄媚西方的风尚，可谓新帝国的一大特点。语文上采用欧洲的词汇，报社沿用欧洲的组织形态，并仿效美国设立公共学校制度。日本非常成功地成为世界上教育最普及的国家。1925年，其儿童就学率竟高达99.4%，至1927年为止，全国人民93%均已识字。学生不惜以宗教式的狂热追求新知识，而众多的人却因此而失去健康。政府有鉴于此，不得不竭尽所能地鼓励体操、技能、棒球等活动。教育脱离宗教而独立，这与欧洲国家相比较，迥然而异。全国5所帝国大学及41所其他高校，吸引了成千上万的青年学生。1931年，东京帝国大学注册学生高达8064人，而京都大学亦达5552人。

过去的25年，日本的文学完全处于抄袭与模仿的阶段，因而未能寻出自己的格调。英国的自由主义、俄国的写实主义、尼采的个人主义以及美国的实用主义充斥各种作品之中，直到日本民族精神重新肯定自我的价值，作家才开始以他们自己的风格将本国的景物表现出来。1896年，一位年轻的女作家樋口一叶（Higuchi Ichiyo）在短暂的生涯（24岁英年去世）中，以真实的笔触将日本女性卑贱与悲惨的命运血淋淋地刻画出来，启发了小说的自然主义运动。至1906年，岛崎藤村（Shimazaki Toson）的《破戒》一书，可谓正值自然主义运动的高潮，此部长篇小说以诗歌般的语言，叙述一位曾向其父亲保证绝不透露是秽多出身的教员，凭其教育程度与能力力争上游，与一位教养良好、颇有社会地位的淑女恋爱，后来因为内心耿耿于怀，坦白地向他的爱人说出了自己的身世，放弃了爱人与地位，远离日本而去。这部小说对于以后秽多阶级的废除，有着不可磨灭的贡献。

在西方的影响下，日本人仍能持而不坠的文种，莫过于短歌及和歌。明治维新后的40年，两者仍然是文章的主要形式。但两者在矫揉造作之下，形成了华而不实的骨架，精髓丧失殆尽。1897年，仙台的一位年轻教师藤村，将其富有浪漫主义色彩的诗歌集，以15美元的代价售予出版商。当时大众对讽刺文章已感到枯燥乏味，因此对于追求人性和要求心灵自由的作品，竞相阅读，刹那间竟洛阳纸贵，使出版商大获暴利。自后，其他作家亦步其后尘，竞相著作，而短歌及和歌才渐失势。

尽管新诗崛起，帝国诗文竞赛仍继续举办。每年由天皇宣布题目及一篇范例，皇后亦随之吟诗一首，然后2.5万名日本诗人即将他们的作品寄至皇宫诗局，由日本最有名的诗人加以评判。最杰出的10篇，即由专人吟诵给天皇听，并刊登在每年新年出版的报纸上。这种良好风俗，可令人暂时忘却了商业上的竞争与战争的狰狞面目，这也证明日本人的文学素养在现时的文明各国中，仍占相当重要的地位。

新帝国

尽管新兴日本的财富与国力在急速成长，但基础并不稳固。其人口增加迅速，在圣德太子时仅 300 万，丰臣秀吉时是 1700 万，吉宗时是 3000 万人，及至明治末期（1912 年），人口已逾 5500 万。[1] 百年之间，人口倍增，本来山多地少的日本，颇难维持增加的数百万人口。面积仅为美国 1/20 的弹丸之地，却需供养几等于美国半数的人口，除致力于工业生产外别无他途。然而，更不幸的是日本先天缺乏工业上所不可欠缺的燃料及资源。源自山地流向海洋的河川有利于水力发电，但是全面的开发也只能增加 1/3 的供电量，仍不能满足需求。煤几乎到处都有，可惜大都隐藏于边远的九州及北海道诸岛，石油则储藏在库页岛。但工业上最基本的铁砂，在日本境内最为缺乏。然而日本的生产能力及资源的价值与一般人低等生活水准相比较的话，仍属偏高，这是因为国内的消费远落生产之后，而每年工厂又不断改善装备。因此，国内的剩余产品只得向国外推销。

在这种背景的酝酿下，帝国主义开始萌芽。这是基于经济上的动机，通过政府的推动，某些外国地区成为日本工业燃料与原料的来源，并成为其商品的倾销市场与利润攫取之所在。日本能够从何处寻找此种机会与原料呢？他不能窥视中南半岛、印度、澳洲或菲律宾，因为这些地方已为西方列强预先占有，何况它们对西方国家实行优惠关税，抵制日本货物的售卖。于是近在咫尺的中国，成为日本理想的市场。中国的东北拥有日本最迫切需要且最缺乏的铁、煤，及日本国

[1] 到 1934 年日本帝国总人口包括日本、在朝鲜及中国台湾的达 8000 万。日本如能将中国东北置于其控制下，则将增加至 1.1 亿人口。日本人口每年增加 100 万，而美国人口乃保留原状，则不久两国人口必逐渐趋于相等。

内生产不够理想的小麦，还有工业、税收及战争所迫切需要的人力。基于这些原因，日本注定要夺取中国的东北。这完全与英国取得印度与澳洲，法国占有中南半岛，德国夺取山东，俄国强占旅顺，美国拥有菲律宾如出一辙——列强需要权力。任何借口都是不必要的，所需要的只是武力与机会，依据达尔文的理论：弱肉强食是不择手段的。

第一次世界大战与欧洲经济的崩溃，先后给予日本发展的机会。欧洲大陆正陷于战火之中，日本（与美国一样）不仅加速生产，扩展市场；同时吞并欧洲列强在远东的殖民地，为所欲为。1914 年日本借口英日同盟，进兵中国山东半岛。一年之后，又向中国提出“二十一条”，如果中国接受日本的要求，无异于使庞大的中国变为日本的属地。

条款的第一部分要求中国承认日本对山东的宗主权；第二部分要求日本享有某些工业上的特权，及日本在中国东北以及外蒙东部的特权；第三部分要求中日共同经营大规模的矿业公司；第四部分（为防止美国在福州附近寻找加煤站）迫使中国声明“沿海岛屿、港口一律不得割让给第三国”；第五部分建议中国在政治、经济、军事方面应聘请日本顾问，中国主要都市的警察权力由中日两国共同行使，中国半数以上的军火应向日本购买，日本得在中国建筑三条重要铁道，日本有权在福建省内自由地修筑铁道、开矿及建设港口。

美国抗议日本某些条款违背了中国领土的完整以及门户开放的原则。日本只得撤销第五部分，并对其他部分酌加修改，并于 1915 年 5 月 7 日向中国发出最后通牒。翌日中国被迫接受。唯中国人对日货的抵制亦随之而起。日本人依据历史上的先例，认为经济的抵制难以阻止价廉的引诱。1917 年，温文儒雅的石井菊次郎子爵（Viscount Ishii Kikujiro）设法向美国人说明日本的立场，并游说国务卿兰辛（Secretary of State Lansing）签订美日协定，承认“日本在华的特殊利益，尤其是对于与日本相毗邻的地区”。1922 年在华盛顿会议中，美国国务卿休斯（Secretary of State Hughes）得到日本保证，承认中国门户开放之原则，并同意日本海军吨位达到英、美的60%。[1] 日本并同意将大战期间得自德国人手中的山东部分权利（青岛）交还中国。于是英日同盟随之无疾而终，而美国则陶醉于永久和平的幻想中。

正当美国对未来充满信心之际，其外交政策却陷入了极严重的失败。鉴于日本人大量涌入美国加利福尼亚州所带来的困扰，老罗斯福总统于1907年平心静气地与日本政府秘密谈判，达成“君主协定”，日本政府同意禁止劳工再向美国移民。然而，早在美国定居的日本人，繁殖力之高，令美国西部各州感到惶恐不安，有些州甚至立法禁止外国人置产。1924年，美国国会决定限制移民，规定配额原则仅适用于欧洲，亚洲各民族一概不得援用此项原则。[2] 据此以限制亚洲各民族的移入。当时国务卿休斯曾抗议说：“就立法目的而言，此项立法似无必要。”但此举更激怒原已冲动的议员，他们认为国务卿休斯的评论不过是屈就于日本大使指陈此法将带来“严重后果”的情况而发，于是在反感的热潮中通过了移民法案。

日本举国上下为此蓄意的侮辱而震怒，到处开会、演说，更有一极端的爱国主义者切腹于井上馨的府前，表明对国耻的抗议。唯日本政府领导者了解1923年日本大地震以来，国力大伤，不得不暂时含辱，等欧美一旦衰弱，机会来临时再一雪前耻。

当第一次世界大战结束时，史上最严重的经济危机却接踵而来，日本期待已久的称霸东亚的机会业已来临。日本在中国东北的铁路与投资因受到中国政府的竞争，岌岌可危，于是借口日本商人受到东北当局的虐待，派遣陆军于1931年9月进军中国东北。中国当时正值革命，秩序荡然，各省倡行分治，政客受贿，因此对日本的侵略行动，除再度抵制日货外，别无良策。1932年日本更借口抗议中国抵制日货的宣传标语，进犯上海，但仅掀起中国微小的抗拒。而当时美

[1] 英、美、日三国的海军吨位比例5：5：3，系基于英、美海岸线与属地防御的较大限度，与日本领土所需的防卫力作为决策依据。

[2] 依此原则，各国的移民基数，以1890年该国移民在美国人口的总数为准。

国的反对意见也仅能得到欧洲列强“原则上”的支持，因为列强正为它们各自商业的利益自顾不暇，对于日本在远东对白人霸权的挑战行为，不愿采取联合一致的行动。国联曾任命一委员会在李顿爵士的领导下，作一个彻底而公正的调查报告。日本遂自国联中退出，其所持的理由与1935年美国所持不愿由与其为敌的国际法庭来判决，可谓不谋而合。由于中国对日本货物的抵制，自1932年8月至1933年5月间，输往中国市场的日本货减少了47%，但却在菲律宾、马来西亚、南海各地得到新的市场。1934年，日本外交官得到中国政客之助，与中国签订《最惠国关税协定》，以与西方列强抗衡。

1932年3月日本扶持原清朝皇帝溥仪为新成立“伪满洲国”的行政首长，2年后正式立溥仪就皇帝位，年号康德。设置百官，由日本人或依附日本的中国人任职，每一中国官吏之后必有一日本顾问。表面上虽仍然维持门户开放政策，但实际上则千方百计将“伪满洲国”的贸易与资源设法由日本人加以控制。日本移民“伪满洲国”并不理想，但日本的资金却大量涌入。为了达到商业及军事上的目的，日本人在中国东北广建铁路，改善公路，并与苏俄谈判收购东北铁路问题。日本陆军精明能干，不但幕后主持新成立的“伪满洲国”，并遥控东京的决策。此外，还怂恿溥仪进占热河，进逼北平，唯时机尚未成熟，只好暂为退却。

同时，在南京的日本外交代表，不惜重利引诱中国政府接受日本在中国政治、经济方面的领导地位。日本计划在征服中国或以贷款方式控制中国之后，即转以对付它的旧敌——过去是俄帝，现在是苏联。远东最大的西伯利亚单轨铁道，沿着蒙古骆驼商队之路线，经由张家口与乌兰巴托，或穿越“伪满洲国”的边界而至赤塔，或经过其他数百处易受攻击之点，这几乎团团地把“伪满洲国”包围着，于是日本陆军准备对这条由海参崴通往苏联首都的铁道加以打击或切断。苏俄亦枕戈以待冲突的来临。它在库兹涅茨克及马格尼托哥尔斯克大规模开拓煤矿，兴建钢铁工厂，以便随时可以生产军备；在海参崴，成群的苏俄潜艇正静待着日舰的来临；而数以百计的轰炸机也不断地监视着日本的生产与运输中心，及其以易燃木材建筑的都市。

在日苏对峙的幕后，西方列强亦感到焦虑不安：美国为失却中国市场而烦躁；法国对是否能维持中南半岛也深感疑虑；英国不仅在中国境内受到日本的竞争，在澳大利亚及印度亦受干扰。然而，法国宁可在财政上资助日本，而不愿与之为敌；狡猾的英国，采取旁观的态度，希望在亚洲贸易的每一竞争者自相残杀，以坐收渔人之利，重执世界贸易牛耳。利益的冲突日趋尖锐，而争夺亦日趋明朗。日本坚持在其境内的外国石油公司，应该维持足供日本半年使用的储量，以备不时之需。“伪满洲国”的石油全由日本垄断。纵使在美国的抗议及乌拉圭总统的否决下，日本仍能赢得乌拉圭国会的核准，在拉普拉塔河（River Plate）设置一自由港，便于输入免税货物或日本商品。日本在拉丁美洲商业及财政上的发展，远不及德国，德国在南美洲商业的迅速发展，加快大战的早日爆发，也促使美国参战。当人们开始忘却第一次世界大战之际，另一场大战却正在酝酿。

美国是否必须与日本打仗？美国的经济制度使资产阶级享有科学管理及劳力所创造出的庞大无比的财富，但因国内消费有限，以致生产者无法继续等量的生产。于是极力争取国外市场，避免国内滞销，导致生产中断。然而，此一情形就日本经济制度而言，显然更加迫切。日本必须征服海外市场，不仅为了借以维持其业已集中的财富，而且可以确保日本工业所不可或缺的燃料与原料。无比讽刺的是，1853 年被美国唤醒的农业国日本，当其进入工商业社会后，却汇集了全国的力量与技术，并以武力征服或外交手段等方式，去控制美国所欲推销其剩余产品的亚洲市场。历史证明，当两国竞争同一市场时，其经济竞争处劣势的国家，倘若其武力与资源较为雄厚，势必向他国开战。[1]

---

[1] 本书著于 1934 年。

日本历史大事年表

一、历史背景

（一）原始的日本历史背景

约公元前660	蒙古人进入
约公元前660—前585	神武天皇
412—453	允恭天皇
522	佛教进入日本
592—621	圣德太子摄政
593—628	推古天皇（女）
645	大化革新

（二）帝国的日本

668—671	天智天皇
690—702	持统天皇（女）
697—707	文武天皇
702	大宝律令
710—794	平城时代：定都奈良
724—756	圣武天皇
749—759，765—770	孝谦天皇（女）
794—1192	平安时代：定都京都
877—949	阳成天皇
898—930	醍醐天皇
901—922	延喜之治

（三）封建的日本

1186—1199	赖朝
1203—1219	源实朝
1200—1333	镰仓幕府

1199—1333	北条摄政
1222—1282	日莲——日莲宗之开创者
1291	忽必烈入侵日本
1318—1339	后醍醐天皇
1335—1573	足利幕府
1387—1395	足利义满
1436—1480	足利义政
1573—1582	织田信长
1581—1598	丰臣秀吉
1592	丰臣秀吉征朝鲜失败
1597	丰臣秀吉排除基督教士
1600	关原战役
1603—1867	德川幕府
1603—1616	德川家康
1605	大阪围战
1614	德川家康发出“禁教令”
1605—1623	德川秀忠
1623—1651	德川家光
1657	东京大火
1680—1709	德川纲吉
1688—1703	元禄时期
1709—1712	德川家宣
1716—1745	德川吉宗
1721	吉宗修订日本律令
1787—1836	德川家齐
1853—1858	德川家定
1858—1866	德川家茂
1866—1868	德川庆喜

二、文学

845—903	管原道真，提倡圣学

（一）诗

665—731	大伴旅人
737	柿本人麿
724—756	山部赤人
750	《万叶集》
883—946	纪贯之
905	《古今集》

1118—1190	西行法师
1234	《百人吟集》
1643—1694	松尾芭蕉
1703—1775	加贺之千代（女）

（二）戏剧

1350—1650	能剧
1653—1724	近松门左卫门

（三）小说

978—1031?	紫式部
1001—1004	《源氏物语》
1761—1816	山东京传
1767—1848	曲亭马琴
1831	十返舍一九（逝世）

（四）历史与学派

712	《古事记》
720	《日本书记》
1334	《神皇正统纪》
1622—1704	德川光圀
1630	林罗山创立东京大学
1657—1725	新井白石
1697—1769	贺茂真渊
1730—1801	本居宣长

（五）论说文

约1000	清少纳言
1154—1216	鸭长明

（六）哲学

1560—1619	藤原惺窝
1583—1657	林罗山
1608—1648	中江藤树
1630—1714	贝原益轩
1619—1691	熊泽蕃山
1627—1705	伊藤仁斋
1666—1728	荻生徂徕
1670—1736	伊藤东涯

三、艺术

（一）建筑

约616	法隆寺

约1400	德川义光将军殿
1543—1590	狩野永德
约1630	德川家康陵墓

（二）雕刻

747	奈良大佛
774—835	弘法大师
1180—1220	浑庆
1252	镰仓大佛
1594—1634	左甚五郎

（三）陶器

约1229	白左卫门
约1650	酒井田柿右卫
约1655	野野村仁清
1663—1743	尾形乾山
约1664	后藤才次郎
1855	善五郎

（四）绘画

约950	巨势金冈
约1010	高吉
约1017	惠心源信
1053—1140	鸟羽僧正
1146—1205	藤原隆信
约1250	惠恩
约1250	土佐権之守
1351—1427	张传士
约1400	周文
1420—1506	雪舟
1490	狩野正信
1476—1559	狩野元信
约1600	光悦
1578—1650	岩佐又兵卫
1602—1674	狩野探幽
1618—1694	菱川诸信
1661—1716	尾形光淋
1718—1770	铃木春信
1733—1795	圆山应举
1742—1814	清长

1747—1821	森相山
1753—1806	喜多川歌磨
约1790	写乐
1760—1849	葛饰北斋
1797—1858	安滕广重

四、新日本

1853	佩里海军上将进入浦贺湾
1854	佩里海军上将二度抵日
1854	神奈川条约
1862	理查生事件
1862	炮轰鹿儿岛
1863	伊藤与井上访欧
1868	君主复政
1868—1912	明治天皇
1870	东京定都
1871	废除封建
1872	首建铁道
1877	萨摩兵变
1889	新宪政
1894	中日战起
1895	并吞台湾
1902—1922	英日联盟
1904	日俄战争
1910	并吞朝鲜
1912	明治时期终结
1912—1925	大正天皇
1914	攻占青岛
1915	“二十一条”要求
1917	《蓝辛—石井协定》（美日协定）
1922	华盛顿会议
1924	美国限制日本移民
1925	裕仁天皇
1931	日侵中国东北
1932	日袭上海
1935	日本通知终止《华盛顿协定》

结语　我们的东方遗产

我们已匆匆略述了4000年的历史，以及最大一洲上蕴藏的最丰富的文明。如果说我们已了解这些文明，或者说我们已能十分公平地加以评断，这纯属妄言。因为以一个人的智慧，以一个人有生之年的时间，怎可能了解或评估一个民族的遗产？一个民族的制度、风俗、艺术及道德，代表着那个民族无数次尝试取得的经验，及历代智慧累积的结晶。以一个哲学家的智慧或者一个大二学生的智力，都无法确切地了解，公正的评判更谈不上。欧美可说是亚洲不肖的子孙，他们不曾真正了解亚洲古文化的宝藏。但如以我们目前的知识，总结源于东方而后流传至西方的艺术及方式，我们即可对此文明得到一个大致的认识。

文明的第一个要素为劳动——耕种、工业、运输及贸易。在埃及与亚洲，我们发现史上最早的耕耘[1]，最古老的灌溉系统，以及最早的饮料——啤酒、葡萄酒及茶的生产。显然地，缺乏这些饮料，现代文明不可能存在。在摩西以前，埃及手工艺及工程技艺已有高度发

[1] 在新石器时代，欧洲与亚洲的农耕与畜牧，可能同样久远；但在文化方面，欧洲可能比非洲与亚洲迟。

展，就如同欧洲在伏尔泰以前即有高度发展的文学与艺术一样。以砖块建筑的历史，最少可追溯到萨尔贡一世；拉坯轮车及马车轮最早在伊拉姆即已出现，麻布与玻璃最先出现于埃及，而蚕丝及火药是中国人最早发明的。马匹由中亚驰骋而入美索不达米亚转而传入埃及与欧洲；腓尼基人的船只在伯里克利时代之前即已环绕非洲而航行了；由中国输入的罗盘针，引起了欧洲的商业革命；苏美尔显示给我们第一个商业契约，第一个信用制度，第一个使用黄金、白银计价；而中国首先完成纸币制度，取代黄金、白银的地位。

文明的第二个要素为政府——通过家族与家庭、法律与国家，借以保护人民的生命及社会的组织。乡村社会出现于印度，城邦产生于苏美尔及亚述。埃及曾经从事户口调查、课征所得税，并以少数武力维持数百年境内的和平。乌尔恩格及汉谟拉比铸制了伟大的法典。大流士以其军队与驿站，组织了前所未有、管理最佳的庞大帝国。

文明的第三个要素是道德——风俗与礼仪、良心与操守。法律观念应灌输在人们的心灵上，养成他们具有判断是非的能力，节制欲望与维持秩序的力量。缺乏这些因素，社会将因此失去凝固力，成为一盘散沙，国家将不复存在。埃及、美索不达米亚、波斯等国之宫廷已制定人们所共同遵守的礼仪。时至今日，东方的许多礼仪仍可供粗鲁的西方人学习。埃及首先实施一夫一妻制度，经过长期的考验，终于压倒亚洲某些民族一夫多妻的制度而广被接受。社会正义的呼声，也不例外地源自埃及；犹太首倡四海之内皆兄弟之说，此即为人类道德意识的首次形成。

文明的第四个要素是宗教——人类以超自然的信念来安慰其悲惨的命运，提高其人格，并强化社会秩序及其本能。欧洲最受珍视的神话与传统，即源自苏美尔、巴比伦及犹太。东方诸国寓言中总有开天辟地与洪水、人类灭亡与赎罪等神话。在许多母性女神之上，有一位至尊的女神存在，如同海伦被称为玛丽，即为神的母亲。源自巴勒斯坦的一神教，充满爱情歌曲、文学颂词，以及历史上最孤独、最感人的故事。

文明第五个要素为科学——明察秋毫，记载准确，试验公正，逐日累积知识，足以客观地去预测及控制未来的事务。埃及发展算术与几何，并建立了历法。埃及的僧侣及医师已开始研究疾病，并从事各种不同的外科手术，且能知道一些医学原理。巴比伦人研究星相，制作黄道图，使我们可以将一个月分为4个星期，并将时钟区分为12小时，每小时60分钟，每分钟60秒。印度，经由阿拉伯作为中介，将简单数字及10进位法传入欧洲，并教导催眠及种痘的技巧。

文明的第六个因素为哲学——在浩瀚无涯的宇宙中，人类试图以有生之年去穷理致知；勇敢而不带希望地探讨万物的因果；追求真与美、价值与正义以及理想的人与国家。亚洲人对这些的了解，略较西方人为早。当欧洲人尚滞留于野蛮状态时，埃及人与巴比伦人已对人性与命运沉思过；犹太人也为生命与死亡写下了不朽的评述；印度人研究逻辑及认识论约略与古希腊埃利亚城的巴门尼德与芝诺同时；印度的《奥义书》探索了形而上学，而释迦牟尼早在苏格拉底诞生前的几世纪，即已提出非常新颖的心灵学。如果说印度寓哲学于宗教之中，未能使理智由希望中解脱出来，中国则断然地使其思想世俗化，并在苏格拉底前产生一个思想家，其稳健的智慧，不但可以启迪统治者的英明才智，并且几乎不必更改地适用于当前的生活。

文明的第七个要素是文字——语言的传达，青年的教育，写作的发展，诗歌与戏剧的创造，爱情的激发，以及历史事迹的记载。就我们所知，最古老的学府设立在埃及和美索不达米亚，公立学校也肇始于埃及。显然地，文字创始于亚洲，字母、纸张及墨水来自埃及，而中国发明了印刷术。巴比伦人似乎编纂出最早的文法与字典，并汇集书籍而设立了最早的图书馆，而印度的大学可能创立于柏拉图学院之前。亚述人以编年纪事的方式记载历史，埃及则用诗歌来吟诵历史，远东奠定了现代诗歌的基本格式，其特点无非是以优美的文字表现刹那间的灵感。拿波尼度与亚述巴尼拔二位亚述国王可说是考古学家，至今其废墟才为近代考古学家所开掘。今日许多家喻户晓的童话故事，归根究底是来自印度。

文明的第八要素为艺术——以音韵、风格及多彩多姿的方式来滋润生活的情趣。艺术最单纯的方面——修饰我们的身体——我们发现早在埃及、苏美尔及印度文明发端时期，已经流传着高雅的衣服、精美的珠宝以及迷人的香水。在埃及人的古坟墓中，充满着优美的家具、细腻的陶器、雕刻精细的象牙及木雕。希腊人不仅模仿亚洲及克里特（地中海东部小岛）的雕刻、建筑、绘画及浮雕等技巧，更进而吸收了尼罗河畔的工艺。希腊自埃及和美索不达米亚学得多利安式圆柱建筑以及伊奥尼亚式圆柱建筑，除圆柱之外，尚有圆拱、拱顶、开窗假楼及圆顶的格式等。而古代近东地区的塔庙式（Ziggurat）建筑，在今日美国建筑界仍广被采用。中国和日本的绘画与印刷扭转了19世纪欧洲艺术的风格与思潮，中国精制的瓷器成了欧洲竞相仿效的榜样。格列高利圣歌（Gregorian chant，为教皇格列高利一世所编制）的悲壮，可逐步追溯至古代被放逐的犹太人畏缩在破烂不堪的教堂里低鸣着的哀怨歌曲。

这些是构成文明的几个要素，也是东方赐给西方遗产的一部分。

然而，这丰富的遗产也留下许多让西欧增补的地方。克里特曾建立一个与埃及同样古老的文明，并成为连接亚洲、非洲及希腊文化的桥梁。希腊对艺术追求完美而不计较其范围，使艺术的性质为之改观；它结束了埃及的阳性建筑与构造，使建筑形式上具有阴性的精致，促成艺术境界的登峰造极。它在所有的文学领域中创造丰富的自由心智；它在欧洲文学的发展上贡献了错综曲折的英雄史诗、感人深刻的悲剧、引人欢乐的喜剧以及令人迷恋的历史小说。它成立了大学并建立了世俗的独立思考；它把从埃及与东方传来的数学、天文、物理与医学发展到一个崭新境界；它是生活科学与写实主义的创始；它把哲学掺进了意识与秩序，并以独立的理性来思考人类生活的症结问题；它使知识阶级从宗教迷信中得到解放，并努力尝试着一种超自然的道德独立。它把人当公民而非当庶民看待；它给人民政治自由、公民权利、无与伦比的心智与道德自由；它创造了民主制度并发现了个体存在的价值。

罗马承袭此丰富文化，将之传播于地中海领域，并保护此文化避免沦于野蛮人的摧残达 500 年之久，更进而透过其文学与拉丁语言而将文化传到北欧；它提高了妇女的权利与地位，并促使妇女心灵获得前所未有的解放；它带给欧洲一个新的历法，并教导欧洲之政治组织与社会安全的原理；它在秩序井然的法制下建立了个人的权利；而此法制更有助于欧洲从几世纪以来的穷乏、混乱与宗教迷信中，能团结起来。

同时在近东与埃及，受希腊与罗马之贸易及思想的刺激，又逐渐繁荣起来。迦太基重演了西顿（古腓尼基之首都）与泰尔（古腓尼基南部之一海港）的富强与繁华；在分散而忠实的犹太人手中，其经典《塔木德》又聚集而生；在亚历山大城，科学与哲学迈向兴盛，更由于欧洲与东方文化的融合，产生了一种宗教，将希腊与罗马的文明部分予以淘汰、保存或发扬光大。事事均为所谓时代之高潮做准备：诸如伯里克利之整建雅典，希律王之经营耶路撒冷，奥古斯都之统治罗马等。欧洲舞台排演着柏拉图、恺撒与基督的三幕戏剧。

旧石器时代初期的双面砍砸石器

拉斯科洞穴的壁画是迄今已发现的史前艺术最杰出的作品之一。

旧石器时代的女性裸体雕刻《维伦多夫维纳斯》(*Venus of Willendorf*)，特别夸张双乳、肚腹和臀部在身体中的比例，是一个象征多产的形象。

毛利文化中象征权力的玉石短棍

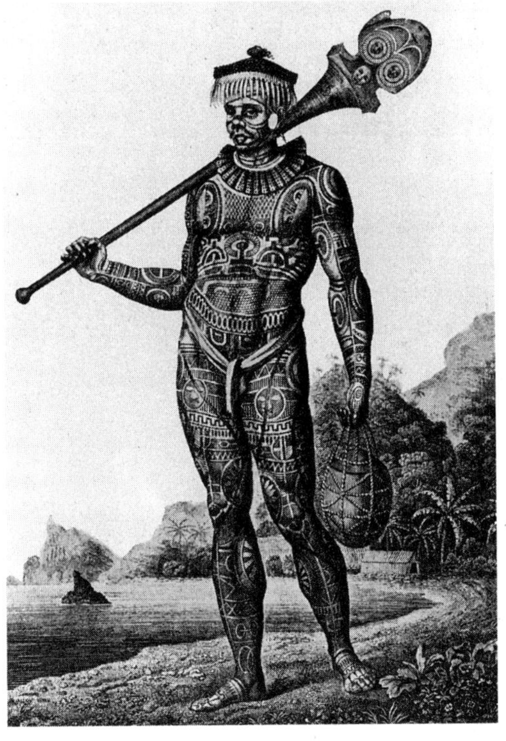

上 | 一个湖边的新石器时代人类定居点
下 | 文身的原始部落勇士

古埃及宗教的苍天女神哈托尔（中）和埃及第四王朝第五代（某些传统说法是第六代）国王门卡乌拉（右）

| 门卡乌拉和他的妻子

拉赫泰普和内弗莱特（Nefret）（埃及第四王朝，约公元前 2580 年）

上 | 古埃及国王阿肯那顿（公元前 1353 年至前 1336 年在位）
下 | 古埃及王后奈费尔提蒂（Nefertiti）

阿肯那顿和奈费尔提蒂带领 3 个女儿接受太阳神阿吞的光芒照射。

| 拉美西斯二世最钟爱的妻子奈费尔塔利（Nefertari）（墓墙壁画）

| 古埃及用以在阴间保佑死者的陪葬文集《死者之书》

古埃及法老图坦卡蒙木乃伊的外棺

湿地狩猎图

| 家庭和乐图

| 两块象征纳尔迈（Narmer）国王胜利的铭刻板

| 雕塑书记员

罗塞塔石碑，最上部为埃及象形文字，再下来的部分是通俗体文字，而希腊文字则是在最底端。

拿破仑殖民时期的一幅画《埃及纪念碑》的局部，纪念碑铭文的解读成功，使人们读懂古埃及象形文字。

左 | 美索不达米亚的男性祈祷者（公元前 2750 年至前 2600 年）
右 | 拉格什国王安纳吐姆的雕塑

掠夺者的碑（stele of vultures）记录了公元前 2500 年拉格什国王安纳吐姆对阿克沙克的征服。

乌尔的石雕，以一连串的景象展现乌尔人处于战争或和平中的情景。在战争时，他们手持武器，驾着马拉的战车。

以牛头作装饰的乌尔金竖琴（约公元前 2600 年至前 2400 年）

古代阿卡德时期的亚述统治者萨尔贡一世（约公元前 2250 年）

|《汉谟拉比法典》的碑文

| 亚述纳西拔二世时期的人头飞牛雕塑

伊什塔尔城门，古巴比伦城主要通道上的巨大城门，用烧制砖砌筑（约公元前 575 年）。

上 | 伊什塔尔城墙上的吼狮

下 | 伊什塔尔城墙上的楔形文字的尼布甲尼撒二世铭文

大流士和薛西斯向群众致意（约公元前 500 年）。

大流士一世宫殿墙壁上的士兵

丨 大流士一世宫殿中的雕刻

阿旃陀石窟先后凿成于公元前 1 世纪至公元 7 世纪之间。

阿旃陀石窟以壁画著称，这是石窟中的一幅菩萨壁画。

| 印度早期（公元前 1 世纪）装饰佛冢的雕刻

带着光环的佛陀立像（贵霜时期，约公元 2 至 3 世纪）

上　10至11世纪朱罗王朝的青铜雕塑等常见雕塑，都显示湿婆张开四臂，脚踏象征人类冥顽的侏儒舞蹈，长发飘荡。

下　在印度，轮被看成是精神力量和躯体功能相互渗透、相互作用的焦点。

维查耶那加尔，梵文意为胜利城，原是婆罗门文化和达罗毗荼艺术的重要中心，于 1565 年被毁。

洒红节（亦译欢悦节）中，人们互相泼洒各色的水和粉，不分种姓、性别、社会地位和年龄，力求尽欢。

黑天和哥哥大力罗摩（Balarama）杀死昏恶的国王庚斯（Kamsa）。

这幅画表现了旁遮普锡克王国的葬礼中寡妇随夫自焚的情形，这种旧俗在印度叫萨蒂。

印度第二代莫卧儿皇帝胡马雍正在接受伊斯兰教神秘主义苏菲派的祝福。

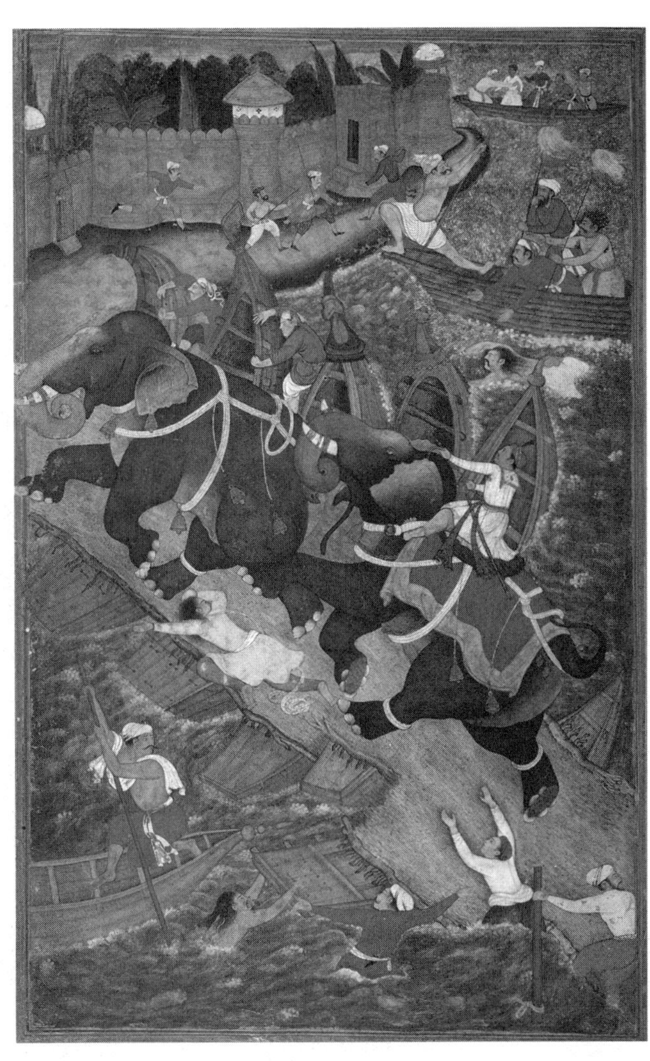

印度莫卧儿皇帝阿克巴驾着他的大象和另一只大象赛跑。

贾汗季将苏菲派的德高望重者介绍给各国君主（约 1615 至 1618 年）。

上 | 印度莫卧儿帝国皇帝沙·贾汗的肖像，其是泰姬陵建造者。
下 | 泰姬陵鸟瞰图

印度莫卧儿帝国皇帝奥朗则布的肖像

左 | 《伏羲女娲图》。伏羲女娲，是中国神话里的人类始祖。

右 | 《神农采药图》。神农氏，史称炎帝，被尊为中国的农业及医药之神。

一件商代的主要用于祭祀礼仪的青铜器

《孔子像》。孔子是中国最著名的教育家、哲学家和政治思想家，其思想影响了整个东亚文化。

《庄生梦蝶图》(刘贯道)。庄子梦为蝴蝶，醒来仍是庄子，因而说："不知周之梦为蝴蝶欤？蝴蝶之梦为周欤？"

秦始皇墓葬中的兵马俑

汉代的辎车画像砖，汉代的砖主要用来雕刻装饰建筑，偶尔会出现养老、秘戏、采桑等社会风俗侧面。

《高逸图》（局部）（孙位），为《竹林七贤图》残卷。左为饮酒放浪，惯作青白眼的阮籍；右为好老庄学说，而性格介然不群的山涛。

《引路菩萨图》(局部)。“贞观之治”和“开元盛世”时期的唐代经济繁荣、社会富庶，宗教题材作品更世俗化，显示出明显的人情味。

上 | 据考证，《唐人宫乐图》完成于晚唐，正值饮茶之风昌盛之时。
下 | 《摹张萱捣练图卷》（局部）（传 宋徽宗）表现了贵族妇女捣练缝衣的工作场面。

《清明上河图》（局部）（北宋 · 张择端），生动地记录了中国 12 世纪城市生活的面貌。

《伯牙鼓琴图》（元 · 王振鹏），描绘了伯牙为知音钟子期弹琴的故事，表现的是一种中国人人际交往的理想境界。

《榜葛剌进麒麟图》（明·朱瞻基），中国常以中央大国自居，对外交往采藩属国或外国使臣入朝贡献方物的朝贡制度。

《观榜图》（明·仇英）。科举是中国古代国家用考试选拔官员的制度，主要确定有关应考者是不是一个君子，而不是看他是否拥有专业知识。

《五代祖宗容像》。中国儒家伦理思想以孝为家庭、社会和谐稳定的基础，强调善事父母、爱利尊长。

康熙帝读书像轴。17 世纪末，清朝皇帝巧妙地运用怀柔政策，像历代皇帝一样用孔孟之道教育臣民，提倡学习儒家经典，受到中国文人学者的拥戴。

乾隆皇帝接见马戛尔尼的情景。18 世纪末以后，封闭、缓慢发展的中国开始面临西方的挑战。

上左 | 绳文时代晚期的黏土雕像
上右 | 绳文时代晚期的泥板
下左 | 弥生时代的铜铎（青铜器）
下右 | 古坟时代的狩猎纹镜（青铜器）

日本镰仓时代的《吉备大臣入唐》绘卷。奈良时期日本政府多次派遣官方使团前往唐朝宫廷，每一次都带大批学生去中国留学。

《平治物语绘卷之夜袭三条殿又三条殿烧讨场面》。1159 年冬，京都发生政变，史称“平治之乱”，平清盛集结兵力全歼敌人，此后他大权在握，挟天子以令诸侯。

表现《源氏物语》的绘画手卷。《源氏物语》写于 11 世纪初，对人的感情和大自然的美极其敏感，体现了日本人的独特审美特质。

《源赖朝像》。源赖朝是日本幕府制度的创始人。

《蒙古袭来》绘词（局部）。元朝统治者忽必烈在 1274 年和 1281 年两次派军队入侵日本，第一次入侵称“文永之战”（上、中），第二次入侵称“弘安之战”（下）。

姬路城（Himeji-jo）地处兵库县南部交通要冲，名胜古迹很多，是日本的历史名城。

一套江户时代的武士盔甲

《洛中洛外图卷》（江户时代）（局部）。古代日本首都平安京简称“洛阳”，京都市街洛中及洛外的名胜古迹、节令活动和生活场景，一览无遗地呈现在此画面上。

上 | 江户时代的演员
下 | 屏风上的江户时代风月场所

屏风画《在日本的南蛮人》。德川家康为建立幕府的贸易垄断权，不仅与葡萄牙天主教徒而且与新教的荷兰和英国保持通商。

《神奈川巨浪》(葛饰北斋),《富士山三十六景》之一。

上 |《梅花园中的合唱团》
下 |《行驶在浦贺港的蒸汽机船》

上　版画《天皇检阅军队》（1887 年）

下　版画《欢迎军队从牙山凯旋》（1894 年）

明治维新开创了一个政治、经济、社会变革的新纪元，极大地促进了日本的现代化和西化；随之以对外战争赢得西方世界的尊重，并首次以世界主要强国之姿出现在国际舞台。

图书在版编目（CIP）数据

东方的遗产 /（美）威尔·杜兰特著；台湾幼狮文化译.
— 成都：天地出版社，2018.10（2023. 2 重印）
（文明的故事）
ISBN 978-7-5455-4135-9

Ⅰ.①东… Ⅱ.①威… ②台… Ⅲ.①文化史—世界
Ⅳ.①K103

中国版本图书馆CIP数据核字（2018）第209395号

著作权登记号 图进字：21-2018-481

东方的遗产
DONGFANG DE YICHAN

出 品 人	杨 政
著 者	［美］威尔·杜兰特
责任编辑	杨永龙 聂俊珍
特邀编辑	吴晓斌
版权编辑	郭 淼 玉 叶
装帧设计	彭振威
责任印制	葛红梅
出版发行	天地出版社 （成都市槐树街2号 邮政编码：610014）
网 址	http://www.tiandiph.com http://www.天地出版社.com
电子邮箱	tiandicbs@vip.163.com
印 刷	山东临沂新华印刷物流集团有限责任公司
版 次	2018年10月第1版
印 次	2023年2月第5次印刷
成品尺寸	152mm×228mm 1/16
印 张	65.5
字 数	950千
图 片	114幅
定 价	188.00元
书 号	ISBN 978-7-5455-4135-9

咨询电话：（028）87734639（总编室）